MW00723362

DICCIONARIO
ESPAÑOL-INGLÉS

ENGLISH-SPANISH
DICTIONARY

DPAJHLY
WGQXVI
KROCTN
QAXHYK

| **Dirección editorial** | **Colaboradores** |
| Raquel López Varela | Jorge Álvarez Turner |

Coordinación editorial
Ana Rodríguez Vega

Maquetación
Carmen Gutiérrez
Carmen García Rodríguez

Redacción y corrección
Leire Amigo Fernández

Transcripción fonética
Silvia Hurtado González
Jorge Álvarez Turner

Equipo lexicográfico Interlex
Leire Amigo Fernández
Pedro Diez Orzas
María Jesús Fernández Sánchez
Alejandra López Varela
Sandra Márcia Pereira
José Antonio Menor Martínez
Tania Pedersen Álvarez
Gema Sanz Espinar

Bases de datos
José Simón Granda,
Universidad de Alcalá

Diseño de cubierta
Francisco Morais

Este diccionario ha sido realizado en el marco del Proyecto Interlex –una herramienta para profesionales
multilingües en internet– que ha sido subvencionado parcialmente por
el Programa MLIS nº 103 (DG XIII) de la Comisión Europea.

QUINTA EDICIÓN, segunda reimpresión 2010

© EDITORIAL EVEREST, S. A.
www.everest.es
Atención al cliente: 902 123 400

Carretera León-La Coruña, km 5 - LEÓN
ISBN: 978-84-241-1235-6
Depósito legal: LE. 557-2009
Printed in Spain - Impreso en España

EDITORIAL EVERGRÁFICAS, S. L.
Carretera León-La Coruña, km 5
LEÓN (España)

INTRODUCCIÓN

La necesidad de comunicarse de los seres humanos hace que el lenguaje sea su principal vehículo de expresión. Para dominar el lenguaje y lograr expresar y comprender mensajes orales o escritos de cualquier lengua, es necesario conocer su léxico y utilizarlo correctamente. El nuevo *Diccionario Vértice Everest español-inglés / english-spanish* está pensado para satisfacer estas necesidades de forma adecuada, facilitando una consulta rápida y práctica.

Sus 40 000 términos, cuidadosamente seleccionados, van acompañados de transcripción fonética en todas las entradas, glosas explicativas, materias, ejemplos de uso con su traducción en ambas direcciones, etc. Además de anexos de verbos irregulares, tabla de pronunciación, alfabeto fonético, cuadros de números, etc.

La selección de términos y contenidos está orientada tanto a su uso en situaciones comunicativas básicas dentro del trabajo o la vida diaria, como a solucionar las principales dificultades de aprendizaje de las lenguas española o inglesa, ya que está diseñado para que los hablantes y estudiantes de ambos idiomas puedan encontrar y entender la información que necesitan.

Su reducido tamaño, ideal para llevarlo en un bolso, mochila o cartera, lo convierte en un elemento imprescindible en viajes, para llevarlo a clase o simplemente para tenerlo siempre cerca sin que ocupe demasiado.

EDITORIAL EVEREST

TRANSCRIPCIÓN FONÉTICA DEL ESPAÑOL

Para la transcripción fonética del español hemos utilizado el sistema de uso más frecuente en todo el mundo, el Alfabeto Fonético Internacional (AFI), aunque adaptado al objetivo de facilitar la interpretación de la transcripción a todos los lectores, ofreciendo información suficiente sobre la correcta pronunciación de las palabras, tomando como referencia la norma culta estándar.

La información sobre la pronunciación se ofrece entre corchetes ([…]) inmediatamente después de la entrada léxica. El lugar en que recae el acento dentro de la palabra se indica mediante una tilde (´) superpuesta al núcleo de la sílaba tónica. Las correspondencias entre los símbolos fonéticos utilizados en este diccionario y las grafías están recogidas en la siguiente tabla:

SÍMBOLO	GRAFÍA	EJEMPLO
Vocales		
[a]	a	casa [kása]
[e]	e	peso [péso]
[o]	o	posar [posár]
[i]	i	pipa [pípa]
[j]	i	viene [bjéne]; aire [ájre]
[u]	u	pulso [púlso]
[w]	u	bueno [bwéno]; auto [áwto]
Consonantes		
[p]	p	palo [pálo]
[t]	t	tapa [tápa]
[k]	c + a, o, u;	cosa [kósa];
	c + cons.;	acción [akθjón];
	qu + e, i; k	queso [késo]; kilo [kílo]
[b]	v; b	vino [bíno]; bar [bár]

SÍMBOLO	GRAFÍA	EJEMPLO
[β]	v; b	avena [aβéna]; deber [deβér]
[d]	d	dama [dáma]
[ð]	d	alado [aláðo]
[g]	g + a, o, u;	gato [gáto];
	g + cons.; gu + e, i	globo [glóbo]; guiso [gíso]
[ɣ]	g + a, o, u	vago [báɣo];
	g + cons.;	agrupar [aɣrupár];
	gu + e, i	reguero [reɣéro]
[f]	f	feo [féo]
[θ]	c + e, i; z+ a, o, u	cielo [θjélo]; zapato [θapáto]
[s]	s	salir [salír]
[ĵ]	y	mayo [máĵo]
[x]	g + e, i;	genio [xénjo];
	j + a, e, i, o, u	jota [xóta]
[tʃ]	ch	mucho [mútʃo]
[m]	m; n	madre [máðre];
		inminente [imminénte]
[n]	n	cana [kána]
[ɱ]	n	infame [iɱfáme]
[ṇ]	n	duende [dwéṇde]
[ṇ]	n	once [óṇθe]
[ŋ]	n	tanga [táŋga]
[ɲ]	ñ	niña [níɲa]
[l]	l	sol [sól]
[ḷ]	l	toldo [tóḷdo]
[l]	l	alzar [aḷθár]
[ʎ]	ll	llamar [ʎamár]
	r	pera [péra]
	r; rr	rosa [r̄ósa]; perro [pér̄o]
	x	examen [eksámen]

ABREVIATURAS USADAS EN ESPAÑOL

abrev.	abreviación, abreviatura	*cult.*	cultismo
adj.	adjetivo		
adv.	adverbio, adverbial	*dat.*	dativo
advers.	adversativo	*dem.*	demostrativo
Aeron.	Aeronáutica	*Dep.*	Deportes
afirm.	afirmativo	*Der.*	Derecho
Agr.	Agricultura	*desp.*	despectivo
Albañ.	Albañilería	*det.*	determinado
amb.	ambiguo	*dialect.*	dialectalismo
Amér.	América	*distrib.*	distributivo
Amér. C.	América Central	*disy.*	disyuntivo
Amér. del N.	América del Norte	*dud.*	duda
Amér. del S.	América del Sur		
Anat.	Anatomía	*Ecol.*	Ecología
Arq.	Arquitectura	*Econ.*	Economía
Arqueol.	Arqueología	*Electrón.*	Electrónica
art.	artículo	*enfát.*	enfático
Astrol.	Astrología	*Equit.*	Equitación
Astron.	Astronomía	*Esc.*	Escultura
Autom.	Automóvil	*Esp.*	España
aux.	auxiliar	*Etn.*	Etnología
		excl.	exclamativo
Biol.	Biología	*expr.*	expresión
Bot.	Botánica		
		f.	femenino
c.	cantidad	*fam.*	familiar
card.	cardinal	*Farm.*	Farmacia
caus.	causal	*fig.*	figurado
Cinem.	Cinematografía	*fin.*	final
col.	coloquial	*Fís.*	Física
compar.	comparativo	*form.*	formal
conces.	concesivo	*fórm.*	fórmula de cortesía
cond.	condicional	*Fot.*	Fotografía
conj.	conjunción	*fras. prov.*	frase proverbial
consec.	consecutivo		
contracc.	contracción	*Gastr.*	Gastronomía
cop.	copulativo	*Geogr.*	Geografía

Geol.	Geología	*neg.*	negativo, negación
gralm.	generalmente	*num.*	numeral
Hist.	Historia	*ord.*	ordinal
ilat.	ilativo	*p.*	participio
impers.	impersonal	*p. us.*	poco usado
Impr.	Imprenta	*pers.*	persona
indef.	indefinido	*Pint.*	Pintura
indet.	indeterminado	*pl.*	plural
Inform.	Informática	*Polít.*	Política
insult.	insulto	*por ext.*	por extensión
int.	interrogativo	*pos.*	posesivo
interj.	interjección	*prnl.*	pronominal
intr.	intransitivo	*prep.*	preposición
inv.	invariable en número	*pron.*	pronombre
l.	lugar	*Quím.*	Química
Ling.	Lingüística		
Lit.	Literatura	*Rel.*	Religión
lit.	literario	*rel.*	relativo
loc.	locución		
loc. adv.	locución adverbial	*s.*	sustantivo
loc. lat.	locución latina	*sing.*	singular
m.	masculino	*superl.*	superlativo
Mat.	Matemáticas		
Mec.	Mecánica	*t.*	tiempo
Med.	Medicina	*Taur.*	Tauromaquia
Meteor.	Metereología	*Teatr.*	Teatro
Mil.	Militar	*Tecnol.*	Tecnología
Miner.	Mineralogía	*tr.*	transitivo
Mit.	Mitología		
mod.	modo	*v.*	verbo
Mús.	Música	*Vet.*	Veterinaria
		vulg.	vulgarismo
n. p.	nombre propio		
Náut.	Náutica	*Zool.*	Zoología

NUMERALES

0	cero	zero		
1	uno	one	primer, primero	first
2	dos	two	segundo	second
3	tres	three	tercer, tercero	third
4	cuatro	four	cuarto	fourth
5	cinco	five	quinto	fifth
6	seis	six	sexto	sixth
7	siete	seven	séptimo	seventh
8	ocho	eight	octavo	eighth
9	nueve	nine	noveno	ninth
10	diez	ten	décimo	tenth
11	once	eleven	undécimo	eleventh
12	doce	twelve	duodécimo	twelfth
13	trece	thirteen	decimotercero	thirteenth
14	catorce	fourteen	decimocuarto	fourteenth
15	quince	fifteen	decimoquinto	fifteenth
16	dieciséis	sixteen	decimosexto	sixteenth
17	diecisiete	seventeen	decimoséptimo	seventeenth
18	dieciocho	eighteen	decimoctavo	eighteenth
19	diecinueve	nineteen	decimonoveno	nineteenth
20	veinte	twenty	vigésimo	twentieth
21	veintiuno	twenty-one	vigésimo primero	twenty-first
22	veintidós	twenty-two	vigésimo segundo	twenty-second
23	veintitrés	twenty-three	vigésimo tercero	twenty-third
24	veinticuatro	twenty-four	vigésimo cuarto	twenty-fourth
25	veinticinco	twenty-five	vigésimo quinto	twenty-fifth
26	veintiséis	twenty-six	vigésimo sexto	twenty-sixth
27	veintisiete	twenty-seven	vigésimo séptimo	twenty-seventh
28	veintiocho	twenty-eight	vigésimo octavo	twenty-eighth
29	veintinueve	twenty-nine	vigésimo noveno	twenty-ninth
30	treinta	thirty	trigésimo	thirtieth
40	cuarenta	forty	cuadragésimo	fortieth
50	cincuenta	fifty	quincuagésimo	fiftieth
60	sesenta	sixty	sexagésimo	sixtieth
70	setenta	seventy	septuagésimo	seventieth
80	ochenta	eighty	octogésimo	eightieth
90	noventa	ninety	nonagésimo	ninetieth
100	cien	a hundred	centésimo	hundredth
200	doscientos	two hundred	ducentésimo	two hundredth
300	trescientos	three hundred	tricentésimo	three hundredth
400	cuatrocientos	four hundred	cuadringentésimo	four hundredth
500	quinientos	five hundred	quingentésimo	five hundredth
600	seiscientos	six hundred	sexcentésimo	six hundredth
700	setecientos	seven hundred	septingentésimo	seven hundredth
800	ochocientos	eight hundred	octingentésimo	eight hundredth
900	novecientos	nine hundred	noningentésimo	nine hundredth
1000	mil	a thousand	milésimo	thousandth
10 000	diez mil	ten thousand	diezmilésimo	ten thousandth

VERBOS ESPAÑOLES

1. presente indicativo, 2. imperfecto, 3. futuro, 4. condicional,
5. indefinido, 6. participio, 7. gerundio, 8. imperativo,
9. presente de subjuntivo, 10. imperfecto de subjuntivo

	1ª conjugación-hablar	2ª conjugación-comer	3ª conjugación-partir
1	hablo, hablas, habla, hablamos, habláis, hablan.	como, comes, come, comemos, coméis, comen.	parto, partes, parte, partimos, partís, parten.
2	hablaba, hablabas, hablaba, hablábamos, hablabais, hablaban.	comía, comías, comía, comíamos, comíais, comían.	partía, partías, partía, partíamos, partíais, partían.
3	hablaré, hablarás, hablará, hablaremos, hablaréis, hablarán.	comeré, comerás, comerá, comeremos, comeréis, comerán.	partiré, partirás, partirá, partiremos, partiréis, partirán.
4	hablaría, hablarías, hablaría, hablaríamos, hablaríais, hablarían.	comería, comerías, comería, comeríamos, comeríais, comerían.	partiría, partirías, partiría, partiríamos, partiríais, partirían.
5	hablé, hablaste, habló, hablamos, hablasteis, hablaron.	comí, comiste, comí, comimos, comisteis, comieron.	partí, partiste, partió, partimos, partisteis, partieron.
6	hablado.	comido.	partido.
7	hablando.	comiendo.	partiendo.
8	habla, hable, hablemos, hablad, hablen.	come, coma, comamos, comed, coman.	parte, parta, partamos, partid, partan.
9	hable, hables, hable, hablemos, habléis, hablen.	coma, comas, coma, comamos, comáis, coman.	parta, partas, parta, partamos, partáis, partan.
10	hablara o hablase, hablaras o hablases, hablara o hablase, habláramos o hablásemos, hablarais o hablaseis, hablaran o hablasen.	comiera o comiese, comieras o comieses, comiera o comiese, comiéramos o comiésemos, comierais o comieseis, comieran o comiesen.	partiera o partiese, partieras o partieses, partiera o partiese, partiéramos o partiésemos, partierais o partieseis, partieran o partiesen.

IRREGULARIDADES ORTOGRÁFICAS

Algunos verbos presentan irregularidades exclusivamente ortográficas, que se corresponden con las presentadas en el siguiente cuadro.

Los terminados en	cambian	por	seguidos de	en los siguientes tiempos
-car (abarcar)	**c**	**qu**	-e	Presente de subjuntivo y de imperativo (*abarque, abarques,...*) y 1ª pers. sing. del pret. perfecto simple (*abarqué*)
-gar (ahogar)	**g**	**gu**	-e	Presente de subjuntivo y de imperativo (*ahogue, ahogues,...*) y 1ª pers. sing. del pret. perfecto simple (*ahogué*)
-zar (abrazar)	**z**	**c**	-e	Presente de subjuntivo y de imperativo (*abrace, abraces, ...*) y 1ª pers. sing. del pret. perfecto simple (*abracé*)
-cer, -cir (ejercer, esparcir)	**c**	**z**	-a, -o	Presente de subjuntivo y de imperativo (*ejerza, ejerzas,...*) y 1ª pers. sing. del presente de indicativo (*ejerzo, esparzo*)
-ger, -gir (proteger, urgir)	**g**	**j**	-a, -o	Presente de subjuntivo y de imperativo (*proteja, protejas,...*) y 1ª pers. sing. del presente de indicativo (*protejo, urjo*)
-guir (distinguir)	**gu**	**g**	-a, -o	Presente de subjuntivo y de imperativo (*distinga, distingas,...*) y 1ª pers. sing. del presente de indicativo (*distingo*)
-quir (delinquir)	**qu**	**c**	-a, -o	Presente de subjuntivo y de imperativo (*delinca, delincas,...*) y 1ª pers. sing. del presente de indicativo (*delinco*)

A

a [á](pl.: aes) *s. f.* (letra) a.

a [á] *prep.* **1.** at; on. **2.** (destino) to. **3.** (finalidad) to. **4.** (compl. indirecto) to. **5.** (hora, momento) at.

ábaco [áβako] *s. m.* abacus.

abad [aβáð] *s. m., Rel.* abbot.

abadesa [aβaðésa] *s. f., Rel.* abbess.

abadía [aβaðía] *s. f., Rel.* abbey.

abajo [aβáχo] *adv.* **1.** (situación) down; below. **2.** (en un edificio) downstairs. ‖ **cuesta ~** downhill. **hacia ~** down; downward.

abalanzarse [aβalanθárse] *v. prnl.* to rush (forward). ‖ **~ a** (hacer algo) to rush into (doing sth). **~ sobre** to leap on.

abandonado, -da [aβandonáðo] *adj.* abandoned; deserted.

abandonar [aβandonár] *v. tr.* **1.** (persona, lugar) to abandon; to leave. **2.** (actividad) to give up. **3.** *Dep.* to withdraw (from).

abandono [aβandóno] *s. m.* **1.** (descuido) neglect. **2.** *Dep.* withdrawal.

abanicar [aβanikár] *v. tr.* to fan. ‖ **abanicarse** *v. prnl.* **2.** to fan oneself.

abanico [aβaníko] *s. m.* **1.** fan. **2.** *fig.* (gama) range [Un gran abanico de productos. *A wide range of products.*]

abaratar [aβaratár] *v. tr.* to cheapen; to reduce (the cost of).

abarca [aβárka] *s. f.* sandal.

abarcar [aβarkár] *v. tr.* **1.** (abrazar) to embrace. **2.** *fig. y fam.* (incluir) to cover; to encompass [Quien mucho abarca, poco aprieta. *Don't try to take on too much or you'll lose everything.*]

abarrotar [aβařotár] *v. tr.* to pack; to overstock; to fill up.

abastecer [aβasteθér] *v. tr.* **1.** to supply; to provide. ‖ **abastecerse** *v. prnl.* (de algo) **2.** to stock up (with sth).

abastecimiento [aβasteθimjénto] *s. m.* supply. ‖ **~ de agua** water supply.

abasto [aβásto] *s. m.* supply. ‖ **no dar ~** not cope with [Tengo tanto trabajo que no doy abasto. *I have so much work that I cannot cope with it.*]

abatido, -da [aβatíðo] *adj.* **1.** (deprimido) depressed. **2.** (desanimado) dejected; despondent.

abatimiento [aβatimjénto] *s. m.* depression; dejection.

abatir [aβatír] *v. tr.* **1.** (derribar) to bring down. **2.** (con un disparo) to shoot down. **3.** *fig.* (deprimir) to dishearten; to depress. ‖ **abatirse** *v. prnl.* **4.** *fig.* (deprimirse) to get depressed; to get disheartened.

abdicar [aβðikár] *v. tr. e intr.* (renunciar) to abdicate.

abdomen [aβðómen] *s. m., Anat.* (vientre) abdomen.

abecedario [aβeθeðárjo] *s. m.* alphabet.

abedul [aβeðúl] *s. m., Bot.* birch.

abeja [aβéχa] *s. f., Zool.* bee.

abejorro [aβeχóřo] *s. m., Zool.* (insecto) bumblebee.

abertura [aβertúra] *s. f.* **1.** opening; gap. **2.** (en una falda) slit.

abeto [aβéto] *s. m., Bot.* fir.

abierto, -ta [aβjérto] *adj.* **1.** open. **2.** *fig.* (espontáneo) open.

abismo [aβísmo] *s. m.* abyss.

abjurar [aβχurár] *v. tr. e intr.*, *form.* (renegar) to abjure; to forswear.

ablandar [aβlandár] *v. tr.* **1.** to soften. **2.** *fig.* (calmar) to soothe. ‖ **ablandarse** *v. prnl.* **3.** to soften. **4.** *fig.* (calmarse) to relent; to melt.

ablución [aβluθjón] *s. f., Rel.* ablution.

abnegación [abneɣaθjón] s. f. self-denial; abnegation frml.

abobado, -da [aβoβáðo] adj. (atontado) stupid; silly; dumb.

abochornar [aβotʃornár] v. tr. **1.** to embarrass. ‖ **abochornarse** v. prnl. **2.** to feel embarrassed.

abofetear [aβofeteár] v. tr. to slap; to smack; to spank.

abogado, -da [aβoɣáðo] s. m. y f. lawyer; solicitor Br. E.

abolengo [aβoléŋgo] s. m. lineage [De rancio abolengo. Of ancient lineage.]

abolir [aβolír] v. tr. to abolish.

abolladura [aβoʎaðúra] s. f. dent.

abollar [aβoʎár] v. tr. **1.** to dent. ‖ **abollarse** v. prnl. **2.** to get dented.

abombar [aβombár] v. tr. **1.** to make convex. ‖ **abombarse** v. prnl. **2.** to become convex.

abominable [aβomináβle] adj. abominable.

abonar [aβonár] v. tr. **1.** Agr. (tierra) to fertilize. **2.** form. (pagar) to pay. **3.** Econ. (depositar) to credit. ‖ **abonarse** v. prnl. **4.** (revista) to subscribe.

abono [aβóno] s. m. **1.** (fertilizante) fertilizer. **2.** (espectáculo, transporte) season ticket. **3.** (pago) payment.

abordaje [aβorðáχe] s. m., Náut. **1.** (ataque) boarding. **2.** (colisión) collisón.

abordar [aβorðár] v. tr. **1.** Náut. to board. **2.** fig. (tarea, problema) to tackle; to approach. **3.** fig. (persona) to accost.

aborigen [aβoríχen] adj. **1.** aboriginal. ‖ s. m. y f. **2.** aborigine.

aborrecer [aβořeθér] v. tr. to detest; to abhor; to hate.

abortar [aβortár] v. tr. e intr. **1.** Med. to abort; to miscarry. **2.** fig. (fracasar) to fail.

aborto [aβórto] s. m. **1.** Med. (por causas naturales) miscarriage. **2.** (provocado) abortion.

abotonar [aβotonár] v. tr. **1.** to button; to button up. ‖ **abotonarse** v. prnl. **2.** (persona) to do one´s buttons up.

abovedar [aβoβeðár] v. tr., Arq. to vault.

abrasar [aβrasár] v. tr. **1.** (quemar) to burn. **2.** (calentar demasiado) to overheat. ‖ **abrasarse** v. prnl. **3.** fig. (de calor) to swelter.

abrazadera [aβraθaðéra] s. f., Tecnol. clamp; brace.

abrazar [aβraθár] v. tr. **1.** to embrace; to hug. ‖ **abrazarse** v. prnl. **2.** to embrace each other; to hug each other.

abrazo [aβráθo] s. m. embrace; hug. ‖ **un ~** (en una carta) best wishes. ‖ (más íntimo) love.

abrebotellas [aβreβotéʎas] s. m. inv. bottle opener.

abrecartas [aβrekártas] s. m. inv. letter opener; paperknife.

abrelatas [aβrelátas] s. m. inv. can opener Am. E.; tin opener Br. E.

abrevadero [aβreβaðéro] s. m. trough.

abrevar [aβreβár] v. tr. to water.

abreviación [aβreβjaθjón] s. f. (abbreviation) abbreviation.

abreviar [aβreβjár] v. tr. **1.** to shorten. **2.** (una palabra) to abbreviate. **3.** (un texto) to abridge. **4.** (acelerar) to speed up.

abreviatura [aβreβjatúra] s. f. abbreviation.

abrigar [aβriɣár] v. tr. **1.** (arropar) to wrap up; to keep warm [Esta chaqueta abriga mucho. This jacket keeps you very warm.] **2.** fig. (proteger) to shelter; to protect. **3.** fig. (esperanzas) to che rish. ‖ **abrigarse** *v. prnl.* **4.** (arroparse) to wrap oneself up. ‖ **al ~ de** (al amparo de) protected from.

abrigo [aβríγo] *s. m.* **1.** coat; overcoat. **2.** (refugio) shelter.

abril [aβríl] *s. m.* April.

abrillantar [aβriʎantár] *v. tr.* **1.** (encerar) to polish. **2.** (sacar brillo) to shine.

abrir [aβrír] *v. tr.* **1.** to open. **2.** (con llave) to unlock. **3.** (map, newspaper) to unfold. ‖ **abrirse** *v. prnl.* **4.** to open. **5.** (sincerarse) to open up. ‖ **~ un túnel** to tunnel.

abrochar [aβrotʃár] *v. tr.* **1.** to do up. **2.** (cierre) to fasten. **3.** (botones) to button. ‖ **abrocharse** *v. prnl.* **4.** (blusa) to button up.

abrumador, -ra [aβrumaðór] *adj.* overwhelming; crushing.

abrumar [aβrumár] *v. tr.* (agobiar) to overwhelm; to overpower.

abrupto, -ta [aβrúpto] *adj.* abrupt. **2.** (camino) steep.

absceso [absθéso] *s. m., Med.* abscess.

absolución [absoluθjón] *s. f.* **1.** Rel. absolution. **2.** Der. acquittal.

absoluto, -ta [absolúto] *adj.* absolute. ‖ **en ~** not at all [No estoy en absoluto sorprendida. *I am not surprised at all.*]

absolver [absolβér] *v. tr.* **1.** Rel. to absolve. **2.** Der. (perdonar) to acquit.

absorber [absorβér] *v. tr.* to absorb.

absorto, -ta [absórto] *adj.* **1.** absorbed; engrossed. **2.** (pasmado) amazed.

abstemio, -mia [abstémjo] *adj.* **1.** teetotal. ‖ *s. m. y f.* **2.** teetotaler.

abstenerse [abstenérse] *v. prnl.* **1.** (votación) to abstain. **2.** (de algo) to abstain; to refrain.

abstinencia [abstinénθja] *s. f.* **1.** abstinence. **2.** (drogas) withdrawal.

abstracto, -ta [abstrákto] *adj.* abstract.

absurdo, -da [absúrðo] *adj.* **1.** absurd. ‖ *s. m.* **2.** absurdity.

abuchear [aβutʃeár] *v. tr.* to boo.

abuelo [aβwélo] *s. m.* **1.** grandfather; grandad *fam.* ‖ **abuela** *s. f.* **2.** grandmother; grandma *fam.* ‖ **abuelos** *s. m. pl.* **3.** grandparents.

abultado, -da [aβultáðo] *adj.* bulky.

abultar [aβultár] *v. tr.* **1.** to take up. **2.** (acrecentar) to enlarge.

abundancia [aβundánθja] *s. f.* abundance; plenty. ‖ **en ~** in abundance.

abundante [aβundánte] *adj.* (cuantioso) abundant; plentiful.

abundar [aβundár] *v. intr.* to be plentiful; to abound.

aburrido, -da [aβuříðo] *adj.* **1.** (estar) bored. **2.** (sér) boring; tiresome.

aburrimiento [aβuřimjénto] *s. m.* **1.** (estado) boredom. **2.** (cosa) bore.

aburrir [aβuřír] *v. tr.* **1.** to bore. ‖ **aburrirse** *v. prnl.* **2.** to get bored. **3.** (de algo) to get tired (of sth).

abusar [aβusár] *v. intr.* **1.** to take too much/many [No deberías abusar de los medicamentos. *You shouldn't take too many medicines.*] **2.** (aprovecharse) to abuse; to take advantage.

abusivo, -va [aβusíβo] *adj.* outrageous; excessive; exorbitant.

abuso [aβúso] *s. m.* abuse. ‖ **~ de confianza** breach of trust.

acá [aká] *adv.* here; over here. ‖ **de ~ para allá** up and down. ¡**ven ~** ! come here!

acabado, -da [akaβáðo] *adj.* **1.** finished. ‖ *s. m.* **2.** Tecnol. finish.

acabar [akaβár] *v. tr.* **1.** to finish; to finish off. ‖ *v. intr.* **2.** to finish; to end. ‖ **acabarse** *v. prnl.* **3.** (terminarse) to finish. **4.** (agotarse) to run out [El azúcar se ha acabado. *Sugar has run out/ We've run out of sugar.*] ‖ ~ **con** (terminar) to put an end to. (comida) to finish off. ~ **de** to have just [Acabo de llegar. *I've just arrived.*]

acacia [akáθja] *s. f., Bot.* acacia.

academia [akaðémja] *s. f.* **1.** (institución) academy. **2.** (centro de enseñanza) school.

acaecer [akaeθér] *v. intr.* to happen. • Only used in the 3rd. person

acaecimiento [akaeθimjénto] *s. m.* event; happening; occurrence.

acallar [akaʎár] *v. tr.* to silence; to quiet *Am. E.*; to quieten *Br. E.*

acalorar [akalorár] *v. tr.* **1.** to heat (up); to warm up. ‖ **acalorarse** *v. prnl.* **2.** (fatigarse) to get breathless.

acampar [akampár] *v. intr.* to camp.

acantilado [akantiláðo] *s. m., Geogr.* cliff; palisade *Am. E.*

acaparar [akaparár] *v. tr.* **1.** (productos) to hoard; to buy up. **2.** *Econ., fig.* (monopolizar) to monopolize.

acariciar [akariθjár] *v. tr.* **1.** to caress. **2.** *fig.* (ilusión, sueño) to cherish. ‖ **acariciarse** *v. prnl.* **2.** to pet.

acarrear [akareár] *v. tr.* **1.** (transportar) to carry; to truck *Am. E.* **2.** *fig.* (ocasionar) to cause; to entail.

acaso [akáso] *adv. dub.* (+ subj.) (quizás) perhaps; maybe. ‖ **por si** ~ just in case [Yo tomaría nota, por si acaso. *I'll take note, just in case.*] • It is also used to stress a question: ¿Acaso no tuviste la culpa? *Was it not your fault?*

acatar [akatár] *v. tr.* (unas normas) to obey; to comply (with).

acaudalado, -da [akawðaláðo] *adj.* (rico) wealthy; rich.

acaudillar [akawðiʎár] *v. tr.* (guiar) to lead; to head.

acceder [akθeðér] *v. tr.* **1.** (consentir) to accede; to agree. **2.** (tener acceso) to enter. **3.** (al trono) to succeed.

accesible [akθesíβle] *adj.* **1.** accessible. **2.** (persona) approachable.

acceso [akθéso] *s. m.* **1.** access; admittance. **2.** *Med.* (ataque) fit.

accesorio, -ria [akθesórjo] *adj.* **1.** (secundario) accessory. ‖ *s. m. y adj.* **2.** accessory; attachment.

accidentado, -da [akθiðentáðo] *adj.* **1.** (viaje) eventful. **2.** (terreno) rough. **3.** (costa) broken. ‖ *s. m. y f.* **4.** injured [Tres accidentados murieron mientras eran trasladados al hospital. *Three injured died when they were being taken to the hospital.*]

accidental [akθiðentál] *adj.* accidental.

accidente [akθiðénte] *s. m.* accident.

acción [akθjón] *s. f.* **1.** action; act. **2.** *Econ.* (en bolsa) share; stock. **3.** (argumento) plot. ‖ **el día de Acción de Gracias** Thanksgiving Day *Am. E.*

accionar [akθjonár] *v. tr.* **1.** (machine) to activate. ‖ *v. intr.* **2.** to gesticulate.

accionista [akθjonísta] *s. m. y f., Econ.* shareholder; stockholder.

acebo [aθéβo] *s. m., Bot.* holly.

acechar [aθet∫ár] *v. tr.* **1.** (vigilar) to watch. **2.** (esperar) to lie in wait for. **3.** (peligro, animal) to stalk.

acecho [aθét∫o] *s. m.* watching. ‖ **estar al** ~ (de algo) to be on the prowl for. ‖ (esperar) to lie in wait for.

aceite [aθéjte] *s. m.* oil. ‖ **~ de girasol** sunflower oil. **~ de oliva** olive oil. **~ de palma** palm oil. **~ para cocinar** cooking oil. **~ virgen** virgin olive oil.

aceitoso, -sa [aθejtóso] *adj.* oily.

aceituna [aθejtúna] *s. f.* olive. ‖ **~ rellena** stuffed olive.

acelerador [aθeleraðór] *s. m., Autom.* accelerator.

acelerar [aθelerár] *v. tr.* **1.** *Autom.* to accelerate. **2.** *fig.* to speed up; to accelerate.

acelga [aθélɣa] *s. f., Bot.* chard.

acémila [aθémila] *s. f.* **1.** *Zool.* mule. **2.** *fig.* (torpe) oaf.

acento [aθénto] *s. m.* **1.** *Ling.* (ortográfico) accent. **2.** (pronunciación) accent. **3.** (fonético) stress; accent.

acentuar [aθentuár] *v. tr.* **1.** *Ling.* (sílaba) to accent; to stress. **2.** *fig.* (resaltar) to accentuate; to emphasize.

acepción [aθepθjón] *s. f., Ling.* (de una palabra) sense; meaning.

acepillar [aθepiʎár] *v. tr.* **1.** (madera) to plane. **2.** (tela) to brush.

aceptable [aθeptáβle] *adj.* acceptable.

aceptación [aθeptaθjón] *s. f.* **1.** (acción) acceptance. **2.** (éxito) success.

aceptar [aθeptár] *v. tr.* to accept.

acequia [aθékja] *s. f.* irrigation channel; irrigation; ditch.

acera [aθéra] *s. f.* (de la calle) sidewalk *Am. E.;* pavement *Br. E.*

acerbo [aθérβo] *adj.* **1.** (sabor) sharp. **2.** *fig.* acerbic; harsh.

acerca de [aθérka] *loc.* about; over [Es una película acerca de la vida de Shakespeare. *It is a film about Shakespeare's life.*]

acercar [aθerkár] *v. tr.* **1.** (aproximar) to bring nearer. **2.** (unir) to bring closer.

‖ **acercarse** *v. prnl.* **2.** to approach; to come closer.

acerico [aθeríko] *s. m.* (alfiletero) pincushion.

acero [aθéro] *s. m.* (metal) steel. ‖ **~ inoxidable** stainless steel.

acertado, -da [aθertáðo] *adj.* apropos; apt; correct; right.

acertar [aθertár] *v. tr. e intr.* **1.** (respuesta) to get right. **2.** (adivinar) to guess. **3.** (objetivo) to hit. ‖ **~ a** (lograr) to manage to.

acertijo [aθertíχo] *s. m.* riddle.

acetona [aθetóna] *s. f., Quím.* acetone.

achacar [atʃakár] *v. tr.* to impute.

achacoso, -sa [atʃakóso] *adj.* (enfermizo) sickly; unhealthy.

achatar [atʃatár] *v. tr.* **1.** to flatten. ‖ **achatarse** *v. prnl.* **2.** to become flat.

achicar [atʃikár] *v. tr.* **1.** (intimidar) to daunt. **2.** (ropa) to take in. **3.** (agua) to bail out. ‖ **achicarse** *v. prnl.* **4.** to feel intimidated.

achicharrar [atʃitʃaŕár] *v. tr.* **1.** to scorch; to burn. ‖ **achicharrarse** *v. prnl.* **2.** (persona) to roast.

achicoria [atʃikórja] *s. f., Bot.* chicory.

achuchar [atʃutʃár] *v. tr.* to squeeze.

aciago, -ga [aθjáɣo] *adj.* fateful.

acicate [aθikáte] *s. m.* **1.** (espuela) spur. **2.** *fig.* (aliciente) spur.

acidez [aθiðéθ] *s. f.* **1.** (sabor) acidity; sourness. **2.** *Quím.* acidity.

ácido, -da [áθiðo] *adj.* **1.** (sabor) acid; sour. ‖ *s. m.* **2.** *Quím.* acid.

acierto [aθjérto] *s. m.* **1.** good decision. **2.** (habilidad) skill. **3.** (respuesta) right answer.

aclamar [aklamár] *v. tr.* to acclaim; to hail.

aclarado [aklaráðo] *s. m.* rinse.

aclarar [aklarár] *v. tr.* **1.** (explicar) to clear up; to explain. **2.** (enjuagar) to rinse. **3.** (quitar color) to lighten. ‖ *v. intr.* **4.** (tiempo) to clear up. ‖ **aclararse** *v. prnl.* **5.** to lighten.

aclimatar [aklimatár] *v. tr.* **1.** to acclimate *Am. E.*; to acclimatize. ‖ **aclimatarse** *v. prnl.* **2.** (acostumbrarse) to become acclimated *Am. E.*; to acclimatize.

acné [akné] *s. m., Med.* acne.

acobardar [akoβarðár] *v. tr.* **1.** to daunt; to unnerve. ‖ **acobardarse** *v. prnl.* **2.** to become frightened; to chicken out *coll.*

acogedor, -ra [akoχeðór] *adj.* **1.** (persona) friendly. **2.** (lugar) cozy; warm.

acoger [akoχér] *v. tr.* **1.** (dar refugio) to take in. **2.** (idea, persona) to welcome. **3.** (proteger) to protect.

acogida [akoχíða] *s. f.* (recibimiento) reception; welcome; greetin.

acolchar [akoltʃár] *v. tr.* **1.** (superficie) to pad. **2.** (tela) to quilt.

acometer [akometér] *v. tr.* **1.** (emprender) to undertake. **2.** (invadir) to seize.

acomodado, -da [akomoðáðo] *adj.* (rico) well-off; rich.

acomodador, -ra [akomoðaðór] *s. m. y f., Cinem. y Teatr.* usher.

acomodar [akomoðár] *v. tr.* **1.** (alojar) to accommodate. **2.** (colocar) to fit in. **3.** (huésped) to take in. ‖ **acomodarse** *v. prnl.* **4.** to make oneself comfortable. **5.** (a algo) to adjust.

acompañamiento [akompaɲamjénto] *s. m.* **1.** accompaniment. **2.** *Gastr.* side dish. **3.** *Mús.* accompaniment.

acompañar [akompaɲár] *v. tr.* to accompany; to go with.

acompasado, -da [akompasáðo] *adj.* (rítmico) rhythmic.

acomplejado [akompleχáðo] *adj.* with a complex. ‖ **estar ~** (por algo) to have a complex (about sth) [Está acomplejado con su nariz. *He has a complex about his nose.*]

acondicionar [akoɲdiθjonár] *v. tr.* to fit out [Acondicionaron la sala para la reunión. *They fitted out the room for the meeting.*]

acongojar [akoŋgoχár] *v. tr.* **1.** to distress; to grieve. ‖ **acongojarse** *v. prnl.* **2.** to become distressed.

aconsejar [akonseχár] *v. tr.* (advertir) to advise; to counsel.

acontecer [akonteθér] *v. intr.* to happen; to occur. •Only used in the 3rd person.

acontecimiento [akonteθimjénto] *s. m.* event; happening.

acoplar [akoplár] *v. tr.* **1.** to join; to fit (together). **2.** *Tecnol.* to couple.

acorazado [akoraθáðo] *s. m.* **1.** *Mil. y Náut.* (barco) battleship. ‖ *adj.* **2.** armored *Am. E.*

acordar [akorðár] *v. tr.* **1.** to agree; to come to an agreement. ‖ **acordarse** *v. prnl.* **2.** to remember.

acorde [akórðe] *adj.* **1.** (conforme) in agreement. ‖ *s. m.* **2.** *Mús.* chord.

acordeón [akordeón] *s. m., Mús.* (instrumento) accordion.

acordonar [akorðonár] *v. tr.* **1.** (calzado) to lace; to lace up. **2.** (lugar) to cordon off.; to seal off.

acorralar [akořalár] *v. tr.* to corner.

acortar [akortár] *v. tr.* **1.** to shorten. **2.** (abreviar) to curtail.

acosar [akosár] *v. tr.* to hound; to harass.

acostar [akostár] *v. tr.* **1.** to put to bed. ‖ **acostarse** *v. prnl.* **2.** to go to bed; to lie down. ‖ **acostarse con algn** to sleep with sb.

acostumbrar [akostumbrár] *v. tr.* **1.** to accustom. ‖ **acostumbrarse** *v. prnl.* **2.** to accustom oneself; to get used to.

acotar [akotár] *v. tr.* **1.** (terreno) to delimit. **2.** (texto) to annotate.

acre [ákre] *adj.* **1.** (sabor) sour; bitter. **2.** (olor) acrid; pungent. **3.** (lenguaje) harsh. ‖ *s. m.* **4.** (medida) acre.

acrecentar [akreθentár] *v. tr.* (aumentar) to increase. ‖ **acrecentarse** *v. prnl.* **2.** to incrase.

acreditar [akreðitár] *v. tr.* **1.** (demostrar) to prove. **2.** *Econ.* to credit. ‖ **acreditarse** *v. prnl.* **3.** to gain a reputation.

acreedor, -ra [akreeðór] *s. m. y f., Econ.* **1.** creditor. ‖ *adj.* **2.** deserving.

acribillar [akriβiʎár] *v. tr.* to riddle [Le acribilláron a balazos. *They riddled him with bullets.*]

acrobacia [akroβáθja] *s. f.* acrobatics *pl.*

acróbata [akróβata] *s. m. y f.* acrobat.

acrónimo [akrónimo] *s. m., Ling.* acronym.

acta [akta] *s. f.* **1.** (de una reunión) minutes *pl.; record.* **2.** (certificado) certificate. ‖ **levantar ~** (de algo) to minute.

actitud [aktitúð] *s. f.* **1.** (disposición) attitude. **2.** (postura) posture.

activar [aktiβár] *v. tr.* **1.** (mecanismo) to activate. **2.** *fig.* (acelerar) to expedite.

actividad [aktiβiðáð] *s. f.* activity.

activo, -va [aktíβo] *adj.* **1.** active. ‖ *s. m.* **2.** *Econ.* asset.

acto [ákto] *s. m.* **1.** act; action. **2.** (ceremonia) ceremony. **3.** *Teatr.* act. ‖ **en el ~** (inmediatamente) right away.

actor [aktór] *s. m., Cinem. y Teatr.* actor.

actriz [aktríθ] *s. f., Cinem. y Teatr.* actress.

actuación [aktwaθjón] *s. f.* **1.** *Cinem. y Teatr.* performance; acting. **2.** (intervención) action.

actual [aktwál] *adj.* current; present.

actualidad [aktwaliðáð] *s. f.* current situation. ‖ **en la ~** at present; nowadays.

actualizar [aktwaliθár] *v. tr.* to update.

actuar [aktuár] *v. intr.* **1.** (obrar) to act. **2.** *Cinem. y Teatr.* to perform.

acuarela [akwaréla] *s. f.* watercolor.

Acuario [akwárjo] *n. p., Astrol.* Aquarius.

acuario [akwárjo] *s. m.* (de peces) aquarium.

acuartelar [akwartelár] *v. tr., Mil.* to quarter; to billet.

acuático [akwátiko] *adj.* aquatic.

acuchillar [akutʃiʎár] *v. tr.* **1.** (persona) to stab; to knife. **2.** (madera) to sand.

acuciar [akuθjár] *v. tr.* **1.** (meter prisa) to rush.

acudir [akuðir] *v. intr.* **1.** (ir) to go. **2.** (venir) to come. **3.** (recurrir) to turn to [Acudió a mí para solucionar el problema. *He turned to me to solve the problem.*] ‖ **~ en ayuda de algn** to go to sb's aid.

acueducto [akweðúkto] *s. m.* aqueduct.

acuerdo [akwérðo] *s. m.* agreement; arrangement. ‖ **de ~** all right. **llegar a un ~** to come to/reach an agreement.

acumulación [akumulaθjón] *s. f.* accumulation; conglomeration.

acumular [akumulár] *v. tr.* **1.** to accumulate; to amass. ‖ **acumularse** *v. prnl.* **2.** to accumulate; to accrue.

acunar [akunár] *v. tr.* to rock.

acuñar [akuɲár] *v. tr.* (monedas) to coin; to mint.

acupuntura [akupuntúra] *s. f.* (técnica china) acupuncture.

acurrucarse [akur̃ukárse] *v. prnl.* (agacharse) to curl up; to snuggle.

acusación [akusaθjón] *s. f.* **1.** accusation. **2.** *Der.* (cargos) charge. **3.** *Der.* (parte) prosecution.

acusado, -da [akusáðo] *s. m. y f.*, *Der.* accused *inv.;* defendant.

acusar [akusár] *v. tr.* **1.** to accuse. **2.** *Der.* to charge; to indict (for sth).

acústico, -ca [akústiko] *adj.* **1.** acoustic. ‖ **acústica** *s. f.* **2.** *Fís.* acoustics (+ sing. vb.). **3.** (de una habitación) acoustics (+ pl. vb.).

adagio[1] [aðáχjo] *s. m.* (proverbio) adage.

adagio[2] [aðáχjo] *s. m.*, *Mús.* adagio.

adaptación [aðaptaθjón] *s. f.* adaptation.

adaptar [aðaptár] *v. tr.* **1.** to adapt. **2.** (ajustar) to adjust. ‖ **adaptarse** *v. prnl.* (a algo) **3.** to adapt oneself (to sth).

adecuado, -da [aðekwáðo] *adj.* (apropiado) suitable; appropriate.

adecuar [aðekwár] *v. tr.* **1.** to fit. ‖ **adecuarse** *v. prnl.* **2.** to fit in [Sus planes se adecúan a los míos. *His plans fit in with mine.*]

adefesio [aðefésjo] *s. m.* freak; (esperpento) eyesore; fright *fam.*

adelantar [aðelantár] *v. tr.* **1.** to move forward. **2.** (corredor, coche) to overtake. ‖ **adelantarse** *v. prnl.* **3.** to go ahead [Me adelantaré y compraré las entradas. *I'll go ahead and buy the tickets.*]

adelante [aðelánte] *adv. l.* **1.** forward [Dio un paso adelante. *He took a step forward.*] ‖ *adv. t.* **2.** forth [From this day forth. *De hoy en adelante.*] ‖ **¡ ~ !** *interj.* **3.** come in! **4.** (invitando a continuar) go on!

adelgazar [aðelɣaθár] *v. tr. e intr.* to lose weight; to slim down.

ademán [aðemán] *s. m.* gesture.

además [aðemás] *adv. c.* besides; moreover [Llegué tarde porque me dormí y, además, había mucho tráfico. *I was late because I overslept and, besides, there was a lot of traffic.*] ‖ **~ de** besides [Además del libro, me compré un sombrero. *Besides the book, I bough a hat.*]

adentrarse [aðentrárse] *v. prnl.* **1.** to go deep into. **2.** (tema) to go into sth in more depth.

adentro [aðéntro] *adv. l.* inside [¿Por qué no entramos adentro? *Why don't we go inside?*] ‖ **pensar para sus adentros** to think to oneself.

adepto, -ta [aðépto] *s. m. y f.* follower; adept.

aderezar [aðereθár] *v. tr.* **1.** *Gastr.* (comida) to season. **2.** *Gastr.* (aliñar) to dress. **3.** *fig.* (adornar) to embellish.

aderezo [aðeréθo] *s. m.* **1.** *Gastr.* (de comidas) seasoning. **2.** *Gastr.* (de ensalada) dressing. **3.** (adorno) embellishment; garnish.

adherente [aðerénte] *adj.* adhesive.

adherir [aðerír] *v. tr.* **1.** to stick (on). ‖ **adherirse** *v. prnl.* **2.** to adhere; to stick. **3.** *fig.* (causa) to adhere to.

adhesión [aðesjón] *s. f.* **1.** adhesion; adherence. **2.** *fig.* (apoyo) support.

adhesivo, -va [aðesíβo] *adj.* **1.** adhesive. ‖ *s. m.* **2.** adhesive.

adicción [aðikθjón] *s. f.* addiction; dependence. ‖ **crear ~** to be addictive.

adición [aðiθjón] *s. f.* addition.

adicto, -ta [aðíkto] *adj.* **1.** fond (of); keen (on). **2.** (a las drogas) addicted. ‖ *s. m. y f.* **3.** supporter; follower. **4.** (a las drogas) addict.

adiestrar [aðjestrár] *v. tr.* to train.

adinerado, -da [aðineráðo] *adj.* (rico) wealthy; rich; well-off.

adiós [aðjós] *interj. y s. m.* goodbye; bye *coll.;* bye-bye, *coll.*

adivinanza [aðiβináŋθa] *s. f.* riddle.

adivinar [aðiβinár] *v. tr.* **1.** (acertar) to guess. **2.** (predecir) to predict; to foretell. ‖ ~ **el pensamiento** to read sb's mind.

adivino, -na [aðiβíno] *s. m. y f.* fortune-teller.

adjetivo [aðχetíβo] *s. m., Ling.* adjective.

adjudicar [aðχuðikár] *v. tr.* **1.** (premio, contrato) to award. **2.** (asignar) to allocate. ‖ **adjudicarse** *v. prnl.* **3.** totake over.

adjuntar [aðχuntár] *v. tr.* to enclose; to attach. **2.** (documento) to annex.

adjunto, -ta [aðχúnto] *adj.* **1.** attached; enclosed. **2.** (profesor) assistant.

administración [aðministraθjón] *s. f.* **1.** (gobierno) administration. **2.** (empresa) management; administration. ‖ ~ **pública** civil service.

administrador, -ra [aðministraðór] *s. m. y f.* manager; administrator.

administrar [aðministrár] *v. tr.* **1.** to give; to administer *frml.* **2.** (dirigir) to manage; to run. **3.** *Der.* (justicia) to dispense.

administrativo, -va [aðministratíβo] *adj.* **1.** administrative. ‖ *s. m. y f.* **2.** (funcionario) official. **3.** (oficinista) office worker.

admirable [aðmiráβle] *adj.* admirable.

admiración [aðmiraθjón] *s. f.* **1.** admiration. **2.** *Ling.* exclamation point; exclamation mark *Br. E.*

admirar [aðmirár] *v. tr.* **1.** (apreciar) to admire. **2.** (contemplar) to admire. **3.** (sorprender) to amaze.

admisible [aðmisíβle] *adj.* admissible; acceptable.

admisión [aðmisjón] *s. f.* admission.

admitir [aðmitír] *v. tr.* **1.** (reconocer) to admit; to acknowledge. **2.** (aceptar) to accept. **3.** (dejar entrar) to admit.

adobar [aðoβár] *v. tr.* **1.** *Gastr.* (alimento) to marinate. **2.** (piel) to tan.

adobe [aðóβe] *s. m.* adobe.

adolescencia [aðolesθénθja] *s. f.* (pubertad) adolescence.

adolescente [aðolesténte] *adj.* **1.** adolescent. ‖ *s. m. y f.* **2.** teenager; adolescent *frml.*

adonde [aðónde] *adv. rel.* where; wherever [La ciudad adonde vamos es muy pequeña. *The town where we are going is very small.*] ●Written separately if the antecedent is not in the sentence: Viajaban a donde querían. *They travelled wherever they wanted*

adónde [aðónde] *adv. int.* where [¿Adónde vas hoy? *Where are you going today?*]

adopción [aðopθjón] *s. f.* (niños) adoption. ‖ **país de** ~ country of adoption.

adoptar [aðoptár] *v. tr.* **1.** (un niño) to adopt. **2.** (idea, costumbre) to adopt.

adoptivo [aðoptíβo] *adj.* **1.** (padres) adoptive [Un padre adoptivo. *An adoptive father.*] **2.** (hijos) adopted [Un niño adoptivo. *An adopted child.*]

adoquín [aðokín] *s. m.* **1.** paving stone. **2.** *fig.* (ignorante) blockhead.

adoquinar [aðokinár] *v. tr.* to pave.

adorable [aðoráβle] *adj.* (encantador) adorable; lovable; cuddly.

adoración [aðoraθjón] *s. f., Rel.* adoration; worship.

adorar [aðorár] *v. tr.* **1.** (persona) to adore. **2.** *Rel.* (deidad) to worship.

adormecer [aðormeθér] *v. tr.* **1.** to make sleepy. **2.** (entumecer) to numb. ‖ **ador-**

mecerse v. prnl. **3.** to feel drowsy. **4.** (entumecerse) to go numb.

adormilarse [aðormilárse] v. prnl. to doze; to sleep lightly.

adornar [aðornár] v. tr. **1.** to adorn. **2.** (piso) to decorate.

adorno [aðórno] s. m. ornament; decoration; adornment.

adosado, -da [aðosáðo] adj. y s. m. (chalet) semidetached.

adquirir [aðkirír] v. tr. **1.** to acquire; to gain. **2.** (comprar) to purchase.

adquisición [aðkisiθjón] s. f. **1.** acquisition. **2.** (compra) purchase.

adrede [aðréðe] adv. mod. deliberately; on purpose [Lo hizo adrede. She did it on purpose.]

aduana [aðwána] s. f. **1.** customs pl. **2.** (edificio) customs house.

aduanero, -ra [aðwanéro] s. m. y f. customs officer.

aducir [aðuθír] v. tr. to allege.

adueñarse [aðweɲárse] v. prnl. **1.** (apoderarse) to take over. **2.** (sensaciones) to seize [Los nervios se apoderaron de mí. I was seized with nerves.]

adulación [aðulaθjón] s. f. (halago) flattery; adulation; cajolery.

adulador, -ra [aðulaðór] adj. **1.** flattering. || s. m. y f. **2.** flatterer.

adular [aðulár] v. tr. to flatter.

adulterar [aðulterár] v. tr. **1.** to adulterate. **2.** fig. (falsificar) to falsify.

adulterio [aðultérjo] s. m. adultery.

adulto, -ta [aðúlto] adj. y s. m. y f. adult; grown-up.

adverbio [aðβérβjo] s. m., Ling. adverb.

adversario, -ria [aðβersárjo] adj. **1.** opposing. || s. m. y f. **2.** (rival) adversary; opponent; rival.

adversidad [aðβersiðáð] s. f. adversity.

adverso, -sa [aðβérso] adj. adverse.

advertencia [aðβerténθja] s. f. **1.** warning. **2.** (consejo) piece of advice.

advertir [aðβertír] v. tr. **1.** to warn [Te advertí que llegarías tarde. I warned you (that) you would be late.] **2.** (percatarse) to notice.

adviento [aðβjénto] s. m., Rel. Advent.

adyacente [aðjaθénte] adj. adjacent.

aéreo, -a [aéreo] adj. **1.** (vista) aerial. **2.** Aeron. air [Tráfico aéreo. Air traffic.]

aeróbic [aeróβik] s. m., Dep. aerobics pl.

aerodinámico, -ca [aeroðinámiko] adj. **1.** Fís. aerodynamic. || **aerodinámica** s. f. sing. **2.** Fís. aerodynamics pl.

aeródromo [aeróðromo] s. m., Aeron. airfield; aerodrome Br. E.

aerolito [aerolíto] s. m., Astron. aerolite.

aeronáutica [aeronáwtika] s. f. aeronautics.

aeronave [aeronáβe] s. f. airship.

aeroplano [aeropláno] s. m. airplane Am. E.; aeroplane Br. E.

aeropuerto [aeropwérto] s. m. airport.

aerosol [aerosól] s. m., Quím. (spray) aerosol; spray can.

afabilidad [afaβiliðáð] s. f. affability.

afable [afáβle] adj. affable; kind.

afamado, -da [afamáðo] adj. famous.

afán [afán] s. m. **1.** (empeño) effort **2.** (anhelo) eagerness.

afanar [afanár] v. tr. **1.** fam. (robar) t[...] lift coll. || **afanarse** v. prnl. **2.** to wor[...] hard. || **afanarse por** to strive to.

afectado, -da [afektáðo] adj. **1.** (fing[...] do) affected. **2.** (emocionalmente) a[...] fected.

afectar [afektár] v. tr. **1.** (impresionar) affect. **2.** (dañar) to play on [Los nervi[...]

me afectan el estómago. *Nerves play on my stomach.*] ‖ **afectarse** *v. prnl.* **3.** to be moved.

afecto, -ta [afékto] *s. m.* **1.** affection; fondness. ‖ *adj.* **2.** (apegado) fond.

afeitar [afejtár] *v. tr.* **1.** to shave. ‖ **afeitarse** *v. prnl.* **2.** to shave. ‖ **espuma de ~** shaving foam.

afeminado, -da [afeminádo] *adj.* effeminate; womanish.

aferrar [aferǎr] *v. tr.* **1.** to grasp. ‖ **aferrarse** *v. prnl.* **2.** to cling; to clutch.

afianzar [afjaŋθár] *v. tr.* **1.** to consolidate [Ha afianzado su posición en el banco. *She consolidated her position in the bank.*] **2.** (asegurar) to secure.

afición [afiθjón] *s. f.* **1.** (inclinación) liking. **2.** (hobby) hobby. **3.** *Dep.* (hinchada) fans; supporters.

aficionado, -da [afiθjonádo] *adj.* **1.** keen; fond. **2.** (no profesional) amateur. ‖ *s. m.* **3.** enthusiast; aficionado. **4.** (no profesional) amateur.

aficionar [afiθjonár] *v. tr.* to make sb fond [Nos aficionó al fútbol. *He made us fond of football.*] ‖ **aficionarse a** (interesarse por algo) to become interested in; to become fond of.

afilador, -ra [afiladór] *adj.* **1.** sharpening. ‖ *s. m. y f.* **2.** (persona) knife grinder. ‖ *s. m.* **3.** (aparato) sharpener.

afilar [afilár] *v. tr.* to sharpen.

afiliar [afiljár] *v. tr.* **1.** to affiliate. ‖ **afiliarse** *v. prnl.* **2.** to join; to make sb a member (of). ‖ **~ a algn a algo** to make sb a member of sth. **afiliarse a un partido** *Polít.* to join a party.

afín [afín] *adj.* **1.** similar [Tienen gustos afines. *They have simila tastes.*] **2.** (próximo) contiguous.

afinar [afinár] *v. tr.* **1.** (instrumento, voz) to tune. **2.** (plan, idea) to fine-tune.

afincarse [afiŋkárse] *v. prnl.* to settle (down); to take root.

afinidad [afiniðáð] *s. f.* affinity.

afirmación [afirmaθjón] *s. f.* (asentimiento) affirmation; assertion.

afirmar [afirmár] *v. tr.* **1.** to state. **2.** (sujetar) to steady. **3.** (afianzar) to reinforce.

aflicción [aflikθjón] *s. f.* affliction; grief.

afligido, -da [aflixido] *adj.* (apenado) sorrowful; distressed.

afligir [aflixír] *v. tr.* **1.** to afflict; to distress. ‖ **afligirse** *v. prnl.* **2.** to grieve.

aflojar [afloxár] *v. tr.* **1.** to slacken. **2.** (el paso) to slow. **3.** *fig.* (relajar) to relax. ‖ **aflojarse** *v. prnl.* **4.** to loosen.

aflorar [aflorár] *v. intr.* **1.** (mineral) to outcrop; to crop out. **2.** *fig.* (sentimiento) to come to the surface.

afluencia [aflwénθja] *s. f.* inflow; influx.

afluente [aflwénte] *s. m., Geogr.* (río) tributary; affluent.

afluir [aflµír] *v. intr.* **1.** (río) to flow. **2.** (personas) to flock.

afonía [afonía] *s. f., Med.* loss of voice.

afónico, -ca [afóniko] *adj.* hoarse. ‖ **quedarse ~** to lose one's voice.

aforo [afóro] *s. m.* capacity; seating capacity; room.

afortunado, -da [afortunádo] *adj.* (dichoso) lucky; fortunate.

afrenta [afrénta] *s. f., form.* (agravio) affront; insult.

africano, -na [afrikáno] *adj. y s. m. y f.* African.

afrontar [afroŋtár] *v. tr.* to confront; to face up to.

afuera [afwéra] *adv.* l. **1.** out; outside [Deja el coche afuera. *Leave the car out-*

side.] ‖ **afueras** s. f. pl. **2.** outskirts [Me gustaría vivir en las afueras de París. *I'd like to live on the outskirts of Paris.*]

agachar [aɣatʃár] v. tr. **1.** to lower; to bow [Agachó la cabeza. *He bowed his head.*] ‖ **agacharse** v. prnl. **2.** to squat; to stoop. **3.** (agazaparse) to crouch.

agalla [aɣáʎa] s. f. **1.** *Zool.* (de pez) gill. **2.** *Bot.* gall; gallnut. ‖ **agallas** s. f. pl. **3.** *fig. fam.* guts *fam.*

agarrador [aɣar̄aðór] s. m. **1.** (trapo) ovencloth. **2.** (asidero) holder.

agarrar [aɣar̄ár] v. tr. **1.** to grab. ‖ **agarrarse** v. prnl. **2.** to hold on [Se agarró a la cuerda. *He held on to the rope.*] **3.** (pelearse) to grapple.

agarrotar [aɣar̄otár] v. tr. **1.** (oprimir) to press. ‖ **agarrotarse** v. prnl. **2.** (músculos) to stiffen.

agasajar [aɣasaxár] v. tr. to fête.

agazaparse [aɣaθapárse] v. prnl. (agacharse) to crouch (down).

agencia [axénθja] s. f. agency [Hoy voy a ir a una agencia de viajes. *Today I am going to a travel agency.*]

agenda [axénda] s. f. **1.** (libro) diary. **2.** (programa) schedule. **3.** (orden del día) agenda.

agente [axénte] s. m. y f. agent. ‖ **~ de policía** policeman. **~ secreto** special agent.

ágil [áxil] adj. agile; nimble.

agilidad [axiliðáð] s. f. agility; nimbleness.

agitación [axitaθjón] s. f. **1.** agitation; stir. **2.** fig. (nerviosismo) excitement.

agitador, -ra [axitaðór] s. m. y f. agitator.

agitar [axitár] v. tr. **1.** (líquido, botella) to shake; to agitate. **2.** (pañuelo) to wave; to flutter. ‖ **agitarse** v. prnl. **3.** (cortina, bandera) to flutter; to flap.

aglomeración [aɣlomeraθjón] s. f. **1.** agglomeration. **2.** (de personas) crush.

aglomerarse [aɣlomerár] v. prnl. **1.** to agglomerate; to conglomerate. **2.** (personas) to crowd.

aglutinante [aɣlutináṇte] adj. **1.** agglutinant; agglutinative.

aglutinar [aɣlutinár] v. tr. **1.** to agglutinate. **2.** fig. (aunar) to bring together. ‖ **aglutinarse** v. prnl. **3.** to agglutinate. **4.** to unite.

agobiar [aɣoβjár] v. tr. **1.** to oppress; to overwhelm [Le agobian los años y las penas. *He is overwhelmed by age and worries.*] ‖ **agobiarse** v. prnl. **2.** col. (estresarse) to get worked up.

agobio [aɣóβjo] s. m. oppression; burden fig. stress.

agolparse [aɣolpárse] v. prnl. to crowd [La gente se agolpó para verla. *People crowded to see her.*]

agonía [aɣonía] s. f. **1.** (antes de morir) agony; death throes. **2.** (angustia) anguish. **3.** (sufrimiento) suffering.

agonizar [aɣoniθár] v. intr. **1.** to be dying; to be in the throes of death. **2.** fig. (desaparecer) to fade away.

agosto [aɣósto] s. m. August. ‖ **hacer uno su ~** to make a fortune.

agotamiento [aɣotamjéṇto] s. m. **1.** (cansancio) exhaustion. **2.** (de recursos) exhaustion.

agotar [aɣotár] v. tr. **1.** (cansar) to exhaust; to wear out. **2.** (existencias) to use up; to exhaust.

agraciado, -da [aɣraθjáðo] adj. **1.** (afortunado) lucky. **2.** (con gracia) graceful. **3.** (guapo) attractive.

agraciar [aɣraθjár] v. tr. **1.** (embellecer) to beautify. **2.** (otorgar) to bestow.

agradable [aɣɾaðáβle] *adj.* agreeable; pleasant; nice.

agradar [aɣɾaðár] *v. tr.* to please.

agradecer [aɣɾaðeθér] *v. tr.* to appreciate; to thank.

agradecido, -da [aɣɾaðeθíðo] *adj.* thankful; grateful. ‖ **estar ~** to be obliged; to be grateful to.

agradecimiento [aɣɾaðeθimjénto] *s. m.* gratitude; gratefulness.

agrado [aɣɾáðo] *s. m.* liking [Su amigo no es de mi agrado. *His friend is not to my liking.*] ‖ **con ~** with pleasure.

agrandar [aɣɾandár] *v. tr.* **1.** to enlarge; to widen. ‖ **agrandarse** *v. prnl.* **2.** (ampliarse) to enlarge.

agravar [aɣɾaβár] *v. tr.* **1.** to aggravate; to make worse. ‖ **agravarse** *v. prnl.* **2.** to worsen; to get worse.

agraviar [aɣɾaβjár] *v. tr.* to offend.

agravio [aɣɾáβjo] *s. m.* affront; wrong.

agredir [aɣɾeðír] *v. tr.* to assault; to attack; to assail.

agregado, -da [aɣɾeɣáðo] *s. m. y f.* **1.** attaché. **2.** (profesor) senior teacher.

agregar [aɣɾeɣár] *v. tr.* **1.** (añadir) to add. ‖ **agregarse** *v. prnl.* **2.** (añadirse a) to join.

agresión [aɣɾesjón] *s. f.* aggression.

agresividad [aɣɾesiβiðáð] *s. f.* aggressiveness; aggression.

agresor, -ra [aɣɾesór] *s. m. y f.* assailant; aggressor; attacker.

agriar [aɣɾjár] *v. tr.* **1.** to sour. **2.** *fig.* (persona) to embitter. ‖ **agriarse** *v. prnl.* **3.** to turn sour.

agrícola [aɣɾíkola] *adj.* agricultural.

agricultor, -ra [aɣɾiku_ltór] *s. m. y f.* (campesino) farmer.

agricultura [aɣɾikulˌtúɾa] *s. f.* agriculture.

agridulce [aɣɾiðúlθe] *adj.* bittersweet.

agrietar [aɣɾjetár] *v. tr.* **1.** to crack. ‖ **agrietarse** *v. prnl.* **2.** to crack. **3.** (skin) to chap.

agrio, -gria [áɣɾjo] *adj.* **1.** sour. **2.** *fig.* (comentario) acid.

agrupación [aɣɾupaθjón] *s. f.* group.

agrupar [aɣɾupár] *v. tr.* **1.** to group. ‖ **agruparse** *v. prnl.* **2.** to group [Se agruparon en torno a su padre. *They grouped around their father.*]

agua [áɣwa] *s. f.* **1.** water. **2.** (lluvia) rain. ‖ **aguas** *s. f. pl.* **3.** (reflejos) water *sing.* ‖ **~ corriente** running water. **~ de colonia** (eau de) cologne. **~ de lluvia** rain water. **~ de manantial** spring water. **~ fuerte** nitric acid. **~ mineral** mineral water. **~ potable** drinking water. **~ salada** salt water. **~ sin gas** still water. **aguas termales** hot springs. **debajo del ~** underwater.

aguacate [aɣwakáte] *s. m., Bot.* avocado.

aguacero [aɣwaθéɾo] *s. m., Meteor.* heavy shower; downpour.

aguadilla [aɣwaðíʎa] *s. f., fam.* ducking.

aguador, -ra [aɣwaðór] *s. m. y f.* water carrier.

aguafiestas [aɣwafjéstas] *s. m. y f. inv., col.* killjoy; wet blanket; spoilsport.

aguafuerte [aɣwafwérte] *s. m.* etching.

aguanieve [aɣwanjéβe] *s. f., Meteor.* sleet.

aguantar [aɣwantár] *v. tr.* **1.** to hold back [No pude aguantar las lágrimas. *I couldn't hold back my tears.*] **2.** (soportar) to bear; to endure; to tolerate [No aguanto su risita. *I cannot bear his false laugh.*] ‖ **aguantarse** *v. prnl.* **3.** to lump it *coll.* [Si no quieres ir, te aguantas. *If you don't want to go, you can lump it.*]

aguante [aɣwáṇte] *s. m.* **1.** (paciencia) endurance; patience. **2.** (fuerza) stamina.

aguar [aɣwár] *v. tr.* **1.** (bebida) to water; to water down. **2.** *fig.* (fastidiar) to spoil. ‖ **aguarse** *v. prnl.* **3.** *fam.* to be spoiled.

aguardar [aɣwarðár] *v. tr. e intr.* to await; to wait for [Aguardaban el fin de la dictadura. *They awaited the end of dictatorship.*]

aguardiente [aɣwarðjéṇte] *s. m.* eau-de vie; liquor.

aguarrás [aɣwařás] *s. m.* turpentine.

agudeza [aɣuðéθa] *s. f.* **1.** sharpness; keenness. **2.** *fig.* (comentario) witticism; witty remark.

agudo, -da [aɣúðo] *adj.* **1.** (afilado) sharp. **2.** (voz) high; highpitched. **3.** (dolor) acute. **4.** (perspicaz) witty.

agüero [aɣwéro] *s. m.* omen; presage. ‖ **pájaro de mal ~** bird of ill omen.

aguijón [aɣixón] *s. m.* **1.** *Zool.* sting. **2.** (vara) goad. **3.** *fig.* (estímulo) spur.

aguijonear [aɣixoneár] *v. tr.* **1.** (animal) to goad. **2.** *fig.* (inquietar) to spur.

águila [áɣila] *s. f., Zool.* eagle.

aguileño, -ña [aɣiléɲo] *adj.* (nariz) aquiline.

aguinaldo [aɣináldo] *s. m.* **1.** Christmas box. **2.** (prima) bonus.

aguja [aɣúxa] *s. f.* **1.** (de costura) needle. **2.** (reloj) hand. **3.** *Arq.* (capitel) spire; steeple. ‖ **agujas** *s. f. pl.* **4.** (raíl) switches *pl. Am. E.;* points *pl. Br. E.* ‖ **buscar una ~ en un pajar** *fig. y fam.* to look for a needle in a haystack.

agujerear [aɣuxereár] *v. tr.* to pierce.

agujero [aɣuxéro] *s. m.* hole.

agujetas [aɣuxétas] *s. f. pl.* stiffness *sing.* ‖ **tener ~** to be stiff.

aguzar [aɣuθár] *v. tr.* to sharpen. ‖ **~ el oído** to prick up one's ears.

¡ah! [á] *interj.* (sorpresa, duda) ah!

ahí [aí] *adv. l.* there [El coche está ahí. *The car is there.*] ‖ **de ~ en adelante** from then on. **de ~ que** (+ subj.) that is why [De ahí que quisiera irse. *That's why he wanted to go.*] **por ~** somewhere [Me dejé tu libro por ahí. *I left your book somewhere.*]

ahijado [ajxáðo] *s. m.* **1.** godson. ‖ **ahijada** *s. f.* **2.** goddaughter. ‖ **ahijados** *s. m. pl.* **3.** godchildren *pl.*

ahínco [aíŋko] *s. m.* eagerness; enthusiasm. ‖ **con ~** eagerly.

ahogar [aoɣár] *v. tr.* **1.** (en agua) to drown. **2.** (asfixiar) to choke. **3.** (grito, lágrimas) to stifle. ‖ **ahogarse** *v. prnl.* **4.** (en agua) to drown. **5.** (asfixiarse) to strangle. ‖ **~ las penas** *fig. y fam.* to drown one's sorrows.

ahogo [aóɣo] *s. m.* breathlessness.

ahondar [aoṇdár] *v. intr.* **1.** (profundizar) to go into great detail; to look in depth [Ahondó en el tema. *He looked at the subject in depth.*] ‖ *v. tr.* **2.** (profundizar) to deepen.

ahora [aóra] *adv. t.* **1.** (en este momento) now [No puedo ir ahora, estoy ocupada. *I cannot go now, I'm busy.*] **2.** (enseguida) in a minute [Ahora te llamo. *I'll call you in a minute.*] **3.** (actualmente) now [La sociedad está ahora concienciada de los problemas ecológicos. *Society is now awared of ecological problems.*] **~ mismo** right now; at once [Hazlo ahora mismo. *Do it right now.*] **de ~ en adelante** from now on [De ahora en adelante leeré más libros. *From now on I'll read more books.*]

ahorcar [aorkár] *v. tr.* **1.** to hang. ‖ **ahorcarse** *v. prnl.* **2.** to hang oneself.

ahorrar [aoŕár] *v. tr.* **1.** (dinero) to save; to economize. **2.** (problemas) spare.

ahorro [aóŕo] *s. m.* **1.** saving. ‖ **ahorros** *s. m. pl.* **2.** savings *pl.* ‖ **cuenta de ahorros** saving account.

ahuecar [awekár] *v. tr.* **1.** (vaciar) to hollow out. **2.** (almohada) to plump (up); to fluff up.

ahumado, -da [awmáðo] *adj.* smoked.

ahumar [awmár] *v. tr.* **1.** (comida) to smoke. **2.** (habitación) to smoke up.

ahuyentar [awjéntar] *v. tr.* **1.** to drive away; to scare away. **2.** *fig.* to dispel.

aimara [aimára] *adj. y s. m. y f.* (etnografía) Aymara.

airado, -da [airáðo] *adj.* irate.

aire [ájre] *s. m.* **1.** air. **2.** (viento) wind. **3.** *fig.* (aspecto) air; appearance. ‖ **~ acondicionado** air conditioning. **al ~ libre** in the open air; outdoors. **en el ~** (en radio, TV) on the air.

airear [ajreár] *v. tr.* to air; to ventilate.

airoso, -sa [ajróso] *adj.* **1.** *Meteor.* windy. **2.** *fig.* (garboso) graceful.

aislado, -da [ajsláðo] *adj.* **1.** isolated. **2.** (incomunicado) cut off. **3.** *Electrón.* insulated.

aislamiento [ajslamjénto] *s. m.* **1.** isolation. **2.** *Electrón.* insulation.

aislante [ajslánte] *adj.* **1.** *Tecnol.* insulating. ‖ *s. m.* **2.** *Tecnol.* insulator.

aislar [ajslár] *v. tr.* **1.** to isolate. **2.** to insulate. ‖ **aislarse** *v. prnl.* **3.** (apartarse) to isolate oneself.

ajedrez [aχeðréθ] *s. m.* **1.** (juego) chess. **2.** (tablero y piezas) chess set.

ajeno, -na [aχéno] *adj.* **1.** (de otro) another's. **2.** (impropio) inappropriate.

3. (extraño) foreign [Es ajeno al proyecto. *He is foreign to the project.*]

ajetreo [aχetréo] *s. m.* bustle; hard work.

ajo [áχo] *s. m., Bot. y Gastr.* garlic. ‖ **estar en el ~** *fam.* to be in the know *fam.*

ajuar [aχwár] *s. m.* **1.** (de novia) trousseau. **2.** (menaje) furnishings.

ajustado, -da [aχustáðo] *adj.* **1.** (ropa) tight; tight-fitting. **2.** (precio) low.

ajustar [aχustár] *v. tr.* **1.** (apretar) to tighten. **2.** (adaptar) to adjust. **3.** (encajar) to fit. **4.** (acordar) to fix. ‖ **ajustarse** *v. prnl.* **5.** to fit.

ajuste [aχúste] *s. m.* **1.** adjustment. **2.** (precios) fixing. ‖ **~ de cuentas** *fig.* settling of scores.

ajusticiar [aχustiθjár] *v. tr.* to execute.

al [ál] *contr. prep. art. determ. m.* to the [Hoy voy al cine. *Today I'm going to the cinema.*]

ala [ála] *s. f.* **1.** wing. **2.** (de sombrero) brim. **3.** *Mil.* flank. **4.** (edificio) wing. **5.** *Polít.* wing. ‖ **ahuecar el ~** *fam.* to beat it *fam.* **cortar a alguien las alas** to clip sb's wing. **estar tocado del ~** *col.* to be nuts *col.*

alabanza [alaβánθa] *s. f.* praise.

alabar [alaβár] *v. tr.* to praise.

alabastro [alaβástro] *s. m.* alabaster.

alacena [alaθéna] *s. f.* larder.

alacrán [alakrán] *s. m., Zool.* scorpion.

alambre [alámbre] *s. m.* wire. ‖ **~ de espino** barbed wire.

alameda [alaméða] *s. f.* **1.** poplar grove. **2.** (lugar de paseo) promenade.

álamo [álamo] *s. m., Bot.* poplar.

alarde [alárðe] *s. m.* display; show. ‖ **hacer ~** (de algo) to display; to show off.

alardear [alarðeár] *v. intr.* (presumir) to boast; to brag.

alargar [alarvár] *v. tr.* **1.** to lengthen. **2.** (prolongar) to prolong. **3.** (estirar) to stretch. || **alargarse** *v. prnl.* **4.** to lengthen. **5.** (prolongarse) to stretch.

alarido [alaríðo] *s. m.* screech; scream; shriek.

alarma [alárma] *s. f.* alarm; alert. || ~ **antirrobo** burglar alarm. **dar la voz de ~** to raise the alarm. **falsa** ~ false alarm.

alarmar [alarmár] *v. intr.* **1.** to alarm. || **alarmarse** *v. prnl.* **2.** to be alarmed.

alba [álβa] *s. f.* dawn; daybreak. || **al romper el ~** at the break of the day.

albañil [alβaɲíl] *s. m. y f.* bricklayer; mason. || **peón de** ~ laborer.

albañilería [alβaɲilería] *s. f.* bricklaying.

albarda [alβárða] *s. f.* packsaddle.

albaricoque [alβarikóke] *s. m., Bot.* (fruit) apricot.

albedrío [alβeðrío] *s. m.* (arbitrio) will. || **libre** ~ free will.

alberca [alβérka] *s. f.* reservoir.

albergar [alβervár] *v. tr.* **1.** (alojar) to house; to accommodate. **2.** *fig.* (duda, odio) to harbor. || **albergarse** *v. prnl.* **3.** (alojarse) to lodge.

albergue [alβérve] *s. m.* lodging; shelter. || ~ **juvenil** youth hostel.

albino, -na [alβíno] *adj. y s. m. y f.* (persona) albino.

albóndiga [alβóndiva] *s. f., Gastr.* meatball.

alborada [alβoráða] *s. f.* (alba) dawn.

alborear [alβoreár] *v. intr., lit.* to dawn.

albornoz [alβornóθ] *s. m.* bathrobe.

alborotar [alβorotár] *v. tr.* **1.** to agitate; to excite. || *v. intr.* **2.** (hacer ruido) to make a racket. || **alborotarse** *v. prnl.* **3.** to get excited. **4.** (el mar) to get rough.

alboroto [alβoróto] *s. m.* uproar; disturbance; fuss.

alborozo [alβoróθo] *s. m.* merriment; joy.

albufera [alβuféra] *s. f., Geogr.* lagoon.

álbum [álβun] *s. m.* album.

alcachofa [alkatʃófa] *s. f.* **1.** *Bot.* artichoke. **2.** (regadera, ducha) rose.

alcalde [alkálde] *s. m.* mayor.

alcaldesa [alkaldésa] *s. f.* mayoress.

alcaldía [alkaldía] *s. f.* **1.** (cargo) mayoralty. **2.** (oficina) mayor's office.

alcance [alkánθe] *s. m.* **1.** reach; grasp. **2.** (importancia) scope; extent. || **al ~ de la mano** at hand. **dar ~ a** to catch up. **fuera del** ~ out of/beyond reach.

alcantarilla [alkantaríʎa] *s. f.* **1.** (conducto) sewer. **2.** (boca) drain.

alcanzar [alkanθár] *v. tr.* **1.** to reach. **2.** (persona) catch up. **3.** (pasar) to pass [¿Puedes alcanzarme la sal? *Could you pass me the salt?*] **4.** (lograr) to attain.

alcaparra [alkapára] *s. f., Bot.* caper.

alcohol [alkoól] *s. m.* **1.** *Quím.* alcohol. **2.** (bebida) alcohol; drink [Ahoga sus penas en alcohol. *She drowns her sorrows in drink.*]

alcohólico, -ca [alkoóliko] *adj. y s. m. y f.* (bebedor) alcoholic.

alcoholismo [alkoolísmo] *s. m.* alcoholism.

alcornoque [alkornóke] *s. m.* **1.** *Bot.* cork oak. **2.** *fig.* (tonto) blockhead.

aldaba [aldáβa] *s. f.* knocker.

aldea [aldéa] *s. f.* small village; hamlet.

aldeano, -na [aldeáno] *adj.* **1.** *fig.* (rústico) rustic. || *s. m. y f.* **2.** villager.

aleación [aleaθjón] *s. f.* alloy.

alear [aleár] *v. tr.* (metales) to alloy.

aleccionar [alekθjonár] *v. tr.* (enseñar) to teach; to instruct.

alegar [aleɣár] *v. tr., Der.* (aducir) to claim; to allege; to plead.

alegrar [aleɣrár] *v. tr.* **1.** to make happy; to cheer. **2.** *fig.* (animar) to enliven. ‖ **alegrarse** *v. prnl.* **3.** to be glad [Me alegro de que estés mejor. *I'm glad (that) you're feeling better.*]

alegre [aléɣre] *adj.* **1.** glad; cheerful; cheery. **2.** (música) lively.

alegría [aleɣría] *s. f.* joy; cheerfulness.

alejar [aleχár] *v. tr.* **1.** to remove; to move away [Alejó el plato para que no lo tocara. *He moved the plate away so that I wouldn't touch it.*] ‖ **alejarse** *v. prnl.* **2.** to go away; to turn away.

alemán, -mana [alemán] *adj.* **1.** German. ‖ *s. m. y f.* **2.** (idioma, persona) German.

alentar [alentár] *v. tr.* **1.** to encourage; to cheer. **2.** (esperanza) to nourish.

alergia [alérχja] *s. f.* allergy.

alero [aléro] *s. m.* **1.** *Arq.* eaves *pl.* **2.** *Autom.* fender *Am. E.*; wing *Br. E.*

alerón [alerón] *s. m.* (de avión) aileron.

alerta [alérta] *s. f.* **1.** alert. ‖ *adv. mod.* **2.** alert [Estamos en alerta. *We are alert.*]

aleta [aléta] *s. f.* **1.** (pez) fin. **2.** (foca, natación) flipper. **3.** (de la nariz) wing.

aletargar [aletarɣár] *v. tr.* **1.** to make lethargic. ‖ **aletargarse** *v. prnl.* **2.** to feel lethargic; to become drowsy.

aletear [aleteár] *v. intr.* **1.** (pájaros) to flutter. **2.** (peces) to fin.

alevín [aleβín] *s. m., Zool.* fry.

alevosía [aleβosía] *s. f.* **1.** (traición) treachery. **2.** (premeditación) premeditation. ‖ **con ~** (premeditadamente) deliberately.

alevoso, -sa [aleβóso] *adj.* **1.** (traidor) treacherous. **2.** (premeditado) premeditated.

alfabetizar [alfaβetiθár] *v. tr.* (educar) to teach to read and write.

alfabeto [alfaβéto] *s. m.* alphabet.

alfalfa [alfálfa] *s. f., Bot.* alfalfa.

alfarería [alfarería] *s. f.* **1.** pottery. **2.** (taller) potter's workshop.

alfarero, -ra [alfaréro] *s. m. y f.* potter.

alférez [alféreθ] *s. m. y f., Mil.* second lieutenant.

alfil [alfil] *s. m.* (ajedrez) bishop.

alfiler [alfilér] *s. m.* **1.** (de costura) pin. **2.** (broche) pin. ‖ **no cabe ni un ~** *fig. y fam.* it's crammed full.

alfombra [alfómbra] *s. f.* **1.** carpet. **2.** (pequeña) rug.

alfombrar [alfombrár] *v. tr.* to carpet.

alforja [alfórχa] *s. f.* saddle-bag; pannier.

alga [álɣa] *s. f.* **1.** *Bot.* alga. **2.** *Bot.* (marina) seaweed.

algarabía [alɣaraβía] *s. f.* (alboroto) shouting; clamor.

algarroba [alɣařóβa] *s. f., Bot.* (fruto) carob (bean).

algarrobo [alɣařóβo] *s. m., Bot.* carob (tree).

algazara [alɣaθára] *s. f.* joy; gaiety.

álgido, -da [álχiðo] *adj.* **1.** *fig.* high; culminating [Éste es el punto álgido de la novela. *This is the high point of the novel.*] **2.** (frío) icy.

algo [álɣo] *pron. indef.* **1.** something [Hay algo sobre tu mesa. *There is something on your desk.*] **2.** (en frases interrog. o condic.) anything [Si quisiera algo, te lo diría. *If I wanted anything, I would tell you.*] ‖ *adv. cant.* **3.** slightly; a little [Está algo delgada. *She is slightly slim.*] ‖ **~ de** a little bit of; some [Tengo algo de dinero. *I've got a little bit of money.*] (en frases interrog. o condic.)

any [¿Quieres algo de leche? *Do you want any milk?*]

algodón [alɣoðón] *s. m.* **1.** cotton. **2.** *Farm.* (hidrófilo) cotton *Am. E.*; cotton wool *Br. E.* ‖ **~ dulce** cotton candy *Am. E.*; candyfloss *Br. E.*

alguacil [alɣwaθíl] *s. m.* bailiff.

alguien [álɣjen] *pron. indef.* **1.** somebody; someone [Había alguien en el jardín. *There was someone in the garden.*] **2.** (en frases interrog. o condic.) anyone; anybody [Había alguien en el jardín. *There was someone in the garden.*]

algún [alɣún] *adj. indef.* some. •Apocopated form of "alguno", used before a m. n.

alguno, -na [alɣúno] *adj. indef.* **1.** some [Seguramente se fue a algún bar. *He probably went to some pub.*] **2.** some; a few [Surgieron algunos problemas. *Some/a few problems cropped up.*] **3.** (en frases interrog. o condic.) any [¿Te queda alguna revista? *Do you have any magazine left?*] **4.** (detrás de un s.) slightest [No tenía duda alguna. *I didn't have the slightest doubt.*] ‖ *pron. indef.* **5.** some; a few [Algunos trabajan mucho. *Some/a few work very hard.*] **6.** (en frases interrog. o condic.) any [Colecciono sellos, ¿tienes alguno? *I collect stamps, do you have any?*] •Before a m. n., it is used the apocopated form "algún": Siempre tiene algún problema. *He always has some problem*

alhaja [aláχa] *s. f.* jewel; gem.

alhelí [alelí] *s. m., Bot.* wallflower.

aliado, -da [aliáðo] *adj.* **1.** allied. ‖ *s. m. y f.* **2.** (socio) ally.

alianza [aljánθa] *s. f.* **1.** (pacto) alliance. **2.** (anillo) wedding ring.

aliarse [aliárse] *v. prnl.* (unirse) to ally oneself; to form an alliance.

alias [áljas] *adv.* **1.** alias. ‖ *s. m. inv.* **2.** (apodo, mote) alias.

alicaído, -da [alikaíðo] *adj.* **1.** *fam.* (desanimado) crestfallen; down in the dumps *coll.* **2.** *fig.* (débil) feeble.

alicatar [alikatár] *v. tr.* to tile.

alicates [alikátes] *s. m. pl.* pliers.

aliciente [aliθjénte] *s. m.* incentive; inducement.

aliento [aljénto] *s. m.* **1.** breath. **2.** *fig.* (vigor) spirit. ‖ **dar ~** to encourage. **sin ~** out of breath.

aligerar [aliχerár] *v. tr.* **1.** to lighten. **2.** (aliviar) to relieve. ‖ **~ el paso** to quicken one's pace. **¡aligera!** *interj.* hurry up!

alijo [alíχo] *s. m.* consignment.

alimaña [alimáɲa] *s. f.* **1.** *Zool.* pest. ‖ **alimañas** *s. f. pl.* **2.** *Zool.* vermin *sing.*

alimentación [alimentaθjón] *s. f.* **1.** (acción) feeding. **2.** (comida) food. **3.** (nutrición) nourishment.

alimentar [alimentár] *v. tr.* **1.** (dar de comer) to feed. **2.** *fig.* (ilusión, sentimiento) to foster. ‖ **alimentarse** *v. prnl.* **3.** to feed oneself.

alimento [aliménto] *s. m.* **1.** (comida) food. **2.** (valor nutritivo) nourishment. ‖ **~ básico** staple.

alinear [alineár] *v. tr.* **1.** to align; to line up. ‖ **alinearse** *v. prnl.* **2.** to align oneself. **3.** *Mil.* to fall in.

aliñar [aliɲár] *v. tr., Gastr.* (una ensalada) to dress.

aliño [alíɲo] *s. m., Gastr.* dressing.

alisar [alisár] *v. tr.* **1.** to smooth (down out). ‖ **alisarse** *v. prnl.* **2.** to smooth (down/out). ‖ **alisarse el pelo** to sleek

alistamiento [alistamjénto] *s. m., Mil.* enlistment; recruitment.

alistarse [alistárse] *v. prnl., Mil.* (enrolarse) to enlist; to join up.

aliviar [aliβjár] *v. tr.* **1.** (carga) to lighten. **2.** (dolor) to ease; to relieve. ‖ **aliviarse** *v. prnl.* **3.** to ease off.

alivio [aliβjo] *s. m.* relief.

aljibe [alχíβe] *s. m.* (cisterna) cistern.

allá [aʎá] *adv. l.* **1.** there [Allá va tu hermana. *There goes your sister.*] ‖ *adv. t.* **2.** back [Allá por los años cuarenta, cambió la moda. *Back in the forties, the sense of fashion changed.*] ‖ **el más ~** the beyond. **más ~** further; further away [Fuimos un poco más allá. *We went a little further.*]

allanar [aʎanár] *v. tr.* **1.** (superficie) to flatten; to level. **2.** *Der.* (entrar a la fuerza) to break in.

allegado, -da [aʎeɣáðo] *adj.* **1.** near. ‖ *s. m. y f.* **2.** close friend.

allí [aʎí] *adv. l.* **1.** there; over there [Allí está mi colegio. *There is my school.*] ‖ *adv. t.* **2.** (entonces) then [Fue allí cuando comenzaron nuestros problemas. *It was then when our problems began.*] ‖ **por ~** that way [La iglesia está por allí. *The church is that way.*]

alma [álma] *s. f.* **1.** soul. **2.** (persona) soul. ‖ **como ~ que lleva el diablo** *fam.* hell for leather. **compañero del ~** soul mate. **ser el ~ de la fiesta** to be the life of the party; to be the life and soul of the party *Br. E.*

almacén [almaθén] *s. m.* warehouse; storehouse. ‖ **grandes almacenes** department store.

almacenar [almaθenár] *v. tr.* (acopiar) to store; to warehouse.

almanaque [almanáke] *s. m.* almanac.

almeja [alméχa] *s. f., Zool.* clam.

almena [alména] *s. f.* (fortificación) merlon; fortification.

almendra [alméndra] *s. f., Bot.* almond.

almendro [alméndro] *s. m., Bot.* (árbol) almond tree.

almíbar [almíβar] *s. m.* syrup.

almidón [almiðón] *s. m.* starch.

almidonar [almiðonár] *v. tr.* to starch.

almirante [almiránte] *s. m., Mil.* admiral.

almirez [almíreθ] *s. m.* mortar.

almohada [almoáða] *s. f.* pillow. ‖ **consultar con la ~** *col.* to sleep on sth *coll.*

almohadilla [almoaðíʎa] *s. f.* **1.** cushion. **2.** (alfiletero) pincushion.

almorzar [almorθár] *v. tr. e intr.* **1.** (al mediodía) to have lunch. **2.** (a media mañana) to have a mid-morning snack.

almuerzo [almwérθo] *s. m.* **1.** (al mediodía) lunch. **2.** (a media mañana) mid-morning snack.

alocado, -da [alokáðo] *adj.* (atolondrado) wild; thoughtless.

alocución [alokuθjón] *s. f.* speech.

alojamiento [aloχamjénto] *s. m.* lodging; accommodations *pl. Am. E.*

alojar [aloχár] *v. tr.* **1.** to lodge; to accommodate. ‖ **alojarse** *v. prnl.* **2.** to stay; to room *Am. E.* [Se aloja en aquel hotel. *She stays at that hotel.*]

alondra [alóndra] *s. f., Zool.* (pájaro) lark; skylark.

alpinismo [alpinísmo] *s. m., Dep.* climbing; mountaineering.

alpino [alpíno] *adj.* alpine.

alpiste [alpíste] *s. m.* birdseed.

alquilar [alkilár] *v. tr.* **1.** (dar en alquiler) to let. **2.** (recibir en alquiler) to rent; to hire. ‖ **"se alquila piso"** flat to rent.

alquiler [alkilér] *s. m.* **1.** (acción) rental *Am. E.;* hire *Br. E.* **2.** (precio) rent.

alquitrán [alkitrán] *s. m.* tar.

alquitranar [alkitranár] *v. tr.* to tar.

alrededor [alɾeðeðór] *adv. l.* **1.** around [Se sentaron alrededor. *They sat around.*] || **alrededores** *s. m. pl.* **2.** surroundings. || ~ **de** (place) around [El pájaro vuela alrededor del árbol. *The bird flies around the tree.*] | (aproximadamente) around [Tiene alrededor de 30 años. *He is around 30 years old.*] **de** ~ surrounding [La zona de alrededor le pertenece. *He owns the surrounding area.*]

alta [álta] *s. f.* **1.** registration (with Social Security). **2.** *Med.* discharge. || **dar de** ~ *Med.* to discharge. **darse de** ~ **en** (en administración) to register with.

altanería [altanería] *s. f.* haughtiness.

altanero, -ra [altanéro] *adj.* (arrogante) haughty; supercilious.

altar [altár] *s. m., Rel.* altar. || **llevar/conducir al** ~ (casarse) to lead to the altar.

altavoz [altaβóθ] *s. m.* loudspeaker.

alteración [alteraθjón] *s. f.* **1.** alteration; change. **2.** *fig.* (alboroto) disturbance.

alterar [alterár] *v. tr.* **1.** to change. **2.** (perturbar) to disturb. || **alterarse** *v. prnl.* **3.** to get upset.

altercado [alterkáðo] *s. m.* quarrel.

alternar [alternár] *v. tr.* **1.** to alternate. || *v. intr.* **2.** (con gente) to socialize.

alternativo, -va [alternatíβo] *adj.* **1.** alternative.

alterno, -na [altérno] *adj.* alternate.

alteza [altéθa] *s. f.* highness.

altibajos [altiβáxos] *s. m. pl.* ups and downs [Su carrera ha tenido muchos altibajos. *Her career has had a lot of ups and downs.*]

altitud [altitúð] *s. f.* altitude.

altivo, -va [altíβo] *adj.* haughty; lofty.

alto, -ta [álto] *adj.* **1.** (persona, edificio, árbol) tall. **2.** (montaña, precio, etc.) high. **3.** (voz) loud. || *adv. l.* **4.** high [No llego, está muy alto. *I don't reach, it's too high.*] || *adv. mod.* **5.** loud [No hables tan alto. *Don't talk so loud.*] || **en** ~ aloft [Levantó el trofeo en alto. *She held the trophy aloft.*] aloud [No lo digas en alto. *Don't say it aloud.*] **en lo** ~ **de** up [La casa está en lo alta de la montaña. *The house is up the hill.*] **pasar por** ~ to overlook. **por todo lo** ~ in style.

¡alto! [álto] *interj.* halt!; stop!

altruismo [altruísmo] *s. m.* altruism.

altura [altúra] *s. f.* **1.** height. **2.** (altitud) elevation; altitude. || **alturas** *s. f. pl.* **3.** (cumbres) heights *pl.* || **a estas alturas** at this stage. **estar a la** ~ **de las circunstancias** to rise to the occasion. **no estar a la** ~ **de** to be unequal to.

alubia [alúβja] *s. f., Bot.* (judía) bean; haricot bean.

alucinación [aluθinaθjón] *s. f.* hallucination. || **tener alucinaciones** to hallucinate.

alucinar [aluθinár] *v. intr.* **1.** to hallucinate. || *v. tr.* **2.** to amaze.

alucine [aluθíne] *s. m., fam.* amazing thing. || **de** ~ amazing.

alud [alúð] *s. m.* avalanche.

aludir [aluðír] *v. intr.* to allude; to refer to

alumbrado [alumbráðo] *adj.* **1.** lighted. || *s. m.* **2.** lighting.

alumbrar [alumbrár] *v. tr.* **1.** to light. || *v. tr. e intr.* **2.** (dar a luz) to give birth to

aluminio [alumínjo] *s. m.* (metal) aluminum *Am. E.* || **papel de** ~ tinfoil; aluminum foil.

alumno, -na [alúnno] *s. m. y f.* **1.** (de colegio) pupil. **2.** (de universidad) student. ‖ **~ interno** boarder.

alusión [alusjón] *s. f.* allusion; reference.

aluvión [aluβjón] *s. m.* **1.** alluvium. **2.** *fig.* barrage; flood.

alza [álθa] *s. f.* rise.

alzar [alθár] *v. tr.* **1.** (levantar) to raise; to lift. ‖ **alzarse** *v. prnl.* **2.** (levantarse) to get up. **3.** *Polít.* (sublevarse) to revolt; to rise up.

amabilidad [amaβiliðáð] *s. f.* kindness.

amable [amáβle] *adj.* kind; nice.

amado, -da [amáðo] *adj.* beloved.

amaestrar [amaestrár] *v. tr.* (animales) to train.

amago [amáɣo] *s. m., Med.* indication *f.*

amainar [amajnár] *v. tr. e intr.* **1.** (tormenta) to ease off; to abate. **2.** (deseo) to wane.

amamantar [amamantár] *v. tr.* (dar el pecho) to breastfeed; to nurse.

amanecer [amaneθér] *s. m.* **1.** dawn; daybreak. ‖ *v. intr.* **2.** to dawn. ‖ **al ~** at daybreak; at dawn; at sunrise.

amansar [amansár] *v. tr.* **1.** (animal) to tame. **2.** (persona) to tame; to calm down. ‖ **amansarse** *v. prnl.* **3.** (calmarse) to become tame.

amante [amánte] *adj.* **1.** fond [Es un gran amante de la ópera. *He is very fond of opera.*] ‖ *s. m. y f.* **2.** lover.

amapola [amapóla] *s. f., Bot.* poppy.

amar [amár] *v. tr.* **1.** to love. ‖ **amarse** *v. prnl.* **2.** to love each other.

amargar [amarɣár] *v. tr.* **1.** to make bitter. **2.** *fig.* to embitter. ‖ **amargarse** *v. prnl.* **3.** to become bitter.

amargo, -ga [amárɣo] *adj.* **1.** (sabor) bitter. **2.** *fig.* (recuerdo) bitter; painful.

amargura [amarɣúra] *s. f.* bitterness.

amarillento, -ta [amariʎénto] *adj.* yellowish.

amarillo, -lla [amaríʎo] *adj.* yellow.

amarrar [amaṝár] *v. tr.* **1.** (atar) to tie up; to bind. **2.** *Náut.* (embarcación) to moor.

amasar [amasár] *v. tr.* **1.** *Gastr.* to knead. **2.** *fig.* (una fortuna) to amass.

amasijo [amasíxo] *s. m.* **1.** (revoltijo) jumble. **2.** *Albañ.* (de yeso) mixture.

amateur [amatér] *adj. y s. m. y f.* (aficionado) amateur.

amazona [amaθóna] *s. f.* **1.** (jinete) horsewoman. **2.** *Mit.* Amazon.

ámbar [ámbar] *s. m.* amber.

ambición [ambiθjón] *s. f.* ambition.

ambicionar [ambiθjonár] *v. tr.* to aspire (to sth); to have as an aspiration.

ambientador [ambjentaðór] *s. m.* air freshener.

ambientar [ambjentár] *v. tr.* (novela, película) to set [La obra se ambientaba en los años veinte. *The play was set in the 1920s.*] **2.** (dar abiente) to give atmosphere to.

ambiente [ambjénte] *s. m.* **1.** (entorno) environment. **2.** *fig.* air; atmosphere.

ambigüedad [ambiɣweðáð] *s. f.* (doble sentido) ambiguity.

ambiguo, -gua [ambíɣwo] *adj.* (de doble sentido) ambiguous.

ámbito [ámbito] *s. m.* field; sphere [Este hecho pertenece al ámbito profesional. *This fact belongs to the professional field.*] ‖ **de ~ nacional** nationwide.

ambos, -bas [ámbos] *adj. pl.* (también pron.) both [Había gente en ambas orillas del río. *There were people on both banks of the river.*]

ambulancia [ambulánθja] *s. f.* ambulance.

ambulante [ambulánte] *adj.* (itinerante) traveling; itinerant.

amedrentar [ameðrentár] *v. tr.* **1.** to frighten. || **amedrentarse** *v. prnl.* **2.** (asustarse) to feel frightened. **3.** (acobardarse) to become intimidated.

amén [amén] *interj. y s. m., Rel.* amen.

amenaza [amenáθa] *s. f.* threat; menace.

amenazar [amenaθár] *v. tr.* to threaten [Amenazó con volver. *She threatened to come back.*]

ameno, -na [améno] *adj.* entertaining; enjoyable; amusing; funny.

americano, -na [amerikáno] *adj. y s. m. y f.* American.

ametralladora [ametraʎaðóra] *s. f.* (arma) machine gun; sub-machine-gun.

amigable [amiɣáβle] *adj.* (amistoso) friendly; amicable.

amígdala [amíɣðala] *s. f., Anat.* tonsil.

amigo, -ga [amíɣo] *s. m. y f.* **1.** friend [Es un gran amigo mío. *He is a great friend of mine.*] || *adj.* **2.** fond [Es muy amiga de fiestas. *She is very fond of parties.*]

amilanar [amilanár] *v. tr.* **1.** to daunt. || **amilanarse** *v. prnl.* **2.** to be daunted.

aminorar [aminorár] *v. tr.* to reduce.

amistad [amistáð] *s. f.* friendship.

amistoso, -sa [amistóso] *adj.* friendly.

amnistía [annistía] *s. f., Polít.* amnesty.

amo, -ma [ámo] *s. m.* **1.** (señor) master. **2.** (dueño) owner. || **ama** *s. f.* **3.** (señora) mistress. || **ama de casa** housewife. **ama de llaves** housekeeper.

amodorrarse [amoðoŕárse] *v. prnl.* (adormilarse) to feel drowsy.

amonestación [amonestaθjón] *s. f.* **1.** (advertencia) reprimand. **2.** *Dep.* (tar-jeta) warning. || **amonestaciones** *s. f. pl.* **3.** *Rel.* banns.

amonestar [amonestár] *v. tr.* **1.** to reprimand. **2.** *Dep.* to warn; to caution. **3.** *Rel. y Der.* to publish the banns.

amoníaco o amoniaco [amoníako] *s. m., Quím.* ammonia.

amontonar [amontonár] *v. tr.* **1.** (apilar) to pile up; to heap. **2.** (acumular) to gather. || **amontonarse** *v. prnl.* **3.** (objetos, trabajos) to pile up. **4.** (personas) to crowd; to gather.

amor [amór] *s. m.* love. || ~ **propio** self-esteem. **hacer el** ~ to make love. ¡**por** ~ **de Dios!** for God's sake!

amordazar [amorðaθár] *v. tr.* **1.** (persona) to gag. **2.** (perro) to muzzle. **3.** *fig.* to silence.

amorfo, -fa [amórfo] *adj.* amorphous.

amorío [amorío] *s. m.* love affair.

amortajar [amortaχár] *v. tr., Rel.* to shroud; to wrap in a shroud.

amortiguar [amortiɣwár] *v. tr.* **1.** (golpe) to absorb; to cushion. **2.** (sonido) to muffle. **3.** (dolor) to alleviate.

amortización [amortiθaθjón] *s. f.* **1.** (de una hipoteca) redemption.

amortizar [amortiθár] *v. tr.* **1.** to get one' money's worth out of [Espero amortiza la grabadora. *I hope I get my money worth out of the recorder.*]

amotinar [amotinár] *v. tr.* **1.** to incite rebellion. || **amotinarse** *v. prnl.* **2.** M (sublevarse) to mutiny.

amparar [amparár] *v. tr.* **1.** to prote **2.** (ayudar) to support. || **amparar** *v. prnl.* **3.** to seek protection. **4.** (defe derse) to take shelter.

amparo [ampáro] *s. m.* protection; sh ter. || **al** ~ **de** under the protection of.

ampliación [ampljaθjón] *s. f.* (prolongación) enlargement; extension.

ampliar [ampliár] *v. tr.* **1.** to extend; to enlarge. **2.** (conocimiento) to widen.

amplificar [amplifikár] *v. tr.* to amplify.

amplio, -plia [ámpljo] *adj.* **1.** (espacioso) spacious; ample. **2.** *fig.* large.

amplitud [amplitúð] *s. f.* extent; breadth.

ampolla [ampóʎa] *s. f.* **1.** (de quemadura) blister. **2.** *Farm.* (en frasco) ampoule.

ampuloso, -sa [ampulóso] *adj.* pompous; bombastic.

amputar [amputár] *v. tr.* **1.** *Med.* to amputate. **2.** *fig.* to cut off.

amueblar [amweβlár] *v. tr.* to furnish.

amuleto [amuléto] *s. m.* amulet; charm.

amurallar [amuraʎár] *v. tr.* to wall.

ánade [ánaðe] *s. m.*, *Zool.* (pato) duck.

anagrama [anaɣráma] *s. m.* anagram.

anales [análes] *s. m. pl.* annals.

analfabeto, -ta [analfaβéto] *adj. y s. m. y f.* (inculto) illiterate.

análisis [análisis] *s. m. inv.* analysis.

analizar [analiθár] *v. tr.* to analyze.

analogía [analoxía] *s. f.* analogy.

análogo, -ga [análoɣo] *adj.* (similar) analogous; similar; alike.

anarquía [anarkía] *s. f.*, *Polít.* anarchy.

anarquista [anarkísta] *adj. y s. m. y f.*, *Polít.* anarchist.

anatomía [anatomía] *s. f.* anatomy.

anatómico, -ca [anatómiko] *adj.* anatomical; anatomic.

anca [áŋka] *s. f.*, *Zool.* (caballo) haunch. ‖ **ancas de rana** *Gastr.* frogs' legs.

ancho, -cha [ántʃo] *adj.* **1.** wide; broad. ‖ *s. m.* **2.** width [Mide el ancho de la habitación. *Measure the width of the room.*] ‖ **a sus anchas** at ease.

anchoa [antʃóa] *s. f.*, *Zool.* anchovy.

anchura [antʃúra] *s. f.* width; breadth.

anciano, -na [anθjáno] *adj.* **1.** aged; elderly. ‖ *s. m. y f.* **2.** elderly person.

ancla [áŋkla] *s. f.*, *Náut.* anchor.

anclar [aŋklár] *v. tr. e intr.*, *Náut.* to anchor (a ship).

andaluz, -za [andalúθ] *adj. y s. m. y f.* Andalusian.

andamio [andámjo] *s. m.*, *Alban.* (para construcciones) scaffold.

andar [andár] *v. intr.* **1.** (caminar) to walk. **2.** (funcionar) to work; to run. **3.** *fam.* (estar) to be [¿Cómo andas? *How are you?*] ‖ *s. m.* **4.** walk; gait. ‖ **¡anda!** *interj.* **5.** (sorpresa) well! **6.** (vamos) go on! ‖ ~ **a gatas** to creep along.

andas [ándas] *s. f. pl.*, *Rel.* portable platform (used in processions).

andén [andén] *s. m.* **1.** (para el tren) platform. **2.** *Náut.* quay.

andrajo [andráxo] *s. m.* (harapo) rag.

andrajoso, -sa [andraxóso] *adj.* ragged; in tatters; in rags; poor.

anécdota [anéɣðota] *s. f.* anecdote.

anegar [aneɣár] *v. tr.* **1.** (inundar) to flood; to drown. ‖ **anegarse** *v. prnl.* **2.** (inundarse) to be flloded.

anemia [anémja] *s. f.*, *Med.* (empobrecimiento de la sangre) anemia *Am. E.*

anémico, -ca [anémiko] *adj.*, *Med.* (débil) anemic *Am. E.*

anestesia [anestésja] *s. f.* **1.** *Med.* (proceso) anesthesia *Am. E.* **2.** *Med.* (sustancia) anesthetic *Am. E.*

anexionar [aneksjonár] *v. tr.* to annex.

anexo, -xa [anékso] *adj.* **1.** attached. ‖ *s. m.* **2.** annex *Am. E.*

anfibio, -bia [amfíβjo] *adj.* **1.** amphibious. ‖ *s. m. y f.* **2.** *Zool.* amphibian.

anfiteatro [aɱfiteátro] *s. m.* **1.** amphitheater *Am. E.* **2.** *Cinem. y Teatr.* gallery.

anfitrión [aɱfitrjón] *s. m.* **1.** host. ‖ **anfitriona** *s. f.* **2.** hostess.

ánfora [áɱfora] *s. f.* (cántaro) amphora.

angarillas [aŋɡaríʎas] *s. f. pl.* (carretilla) handbarrow sing.

ángel [áɲxel] *s. m., Rel.* angel.

angina [aŋxina] *s. f.* **1.** *Med.* (de pecho) angina (pectoris).

angoleño, -ña [aŋɡoléɲo] *adj. y s. m. y f.* Angolan.

angosto, -ta [aŋɡósto] *adj., form.* (estrecho) narrow.

anguila [aŋɡíla] *s. f., Zool.* eel.

angula [aŋɡúla] *s. f., Zool.* elver.

angular [aŋɡulár] *adj.* angular.

ángulo [áŋɡulo] *s. m.* **1.** *Mat.* angle. **2.** (rincón) corner.

angustia [aŋɡústja] *s. f.* anguish; distress.

angustiar [aŋɡustjár] *v. tr.* **1.** to distress. ‖ **angustiarse** *v. prnl.* **2.** to get distressed.

anhelar [anelár] *v. tr.* (ansiar) to yearn (for); to long (for).

anhelo [anélo] *s. m.* desire; longing.

anidar [aniðár] *v. intr.* **1.** (pájaro) to nest. **2.** *fig.* (residir) to dwell.

anilla [aníʎa] *s. f.* **1.** (metálica) ring. ‖ **anillas** *s. f. pl.* **2.** *Dep.* rings *pl.*

anillo [aníʎo] *s. m.* (sortija) ring. ‖ **~ de boda** wedding ring.

animación [animaθjón] *s. f.* **1.** bustle [Había mucha animación en la fiesta. *There was a lot of bustle at the party.*] **2.** (viveza) liveliness.

animado, -da [animáðo] *adj.* (vivo) lively; animated; entertaining.

animal [animál] *adj.* **1.** animal. **2.** *fam.* (grosero) rude. **3.** *fam.* (necio) stupid. ‖ *s. m.* **4.** animal. **5.** *fam.* (bruto) brute.

animar [animár] *v. tr.* **1.** (alegrar) to cheer; to enliven. **2.** (alentar) to encourage [Me animó a presentarme al examen. *She encouraged me to take the exam.*] ‖ **animarse** *v. prnl.* **3.** to cheer up.

ánimo [ánimo] *s. m.* **1.** spirits [Tienes que levantar el ánimo. *You have to keep your spirits up.*] **2.** (valor) courage. **3.** (intención) intention [Vino con el ánimo de ayudarnos. *He came with the intention of helping us.*] **4.** (aliento) encouragement. ‖ **¡ ~ !** *interj.* **5.** cheer up!

animoso, -sa [animóso] *adj.* (audaz) courageous; spirited.

aniquilar [anikilár] *v. tr.* (exterminar) to annihilate; to wipe out; to destroy.

anís [anís] *s. m.* **1.** *Bot.* (planta) anise. **2.** *Bot.* (semilla) aniseed. **3.** (licor) anisette.

aniversario [aniβersárjo] *s. m.* anniversary. ‖ **~ de boda** wedding anniversary.

ano [áno] *s. m., Anat.* anus.

anoche [anótʃe] *adv. t.* last night [Me llamó anoche. *He called me last night.*] ‖ **antes de ~** the night before last.

anochecer [anotʃeθér] *v. m.* **1.** nightfall; dusk. ‖ *v. impers.* **2.** to get dark. ‖ **al ~** at nightfall.

anomalía [anomalía] *s. f.* anomaly.

anómalo, -la [anómalo] *adj.* (anormal) anomalous.

anonadar [anonaðár] *v. tr.* to dumbfound; to take aback.

anónimo, -ma [anónimo] *adj.* **1.** anonymous. ‖ *s. m.* **2.** anonymous message. **3.** (obra) anonymous work.

anorexia [anoréksja] *s. f., Med.* anorexia.

anormal [anormál] *adj.* abnormal.

anotación [anotaθjón] *s. f.* (nota) note annotation; comment.

anotar [anotár] *v. tr.* **1.** to note (down); to write down. **2.** *Dep.* to score.

anquilosarse [aŋkilosárse] *v. prnl.* **1.** *Med.* (articulación) to ankylose. **2.** *fig.* (economía, ideas) to stagnate.

ansia [ánsja] *s. f.* **1.** (deseo) eagerness; longing. **2.** (ansiedad) anxiety.

ansiar [ansjár] *v. tr.* (anhelar) to yearn (for sth); to long (for sth).

ansiedad [ansjéðáð] *s. f.* anxiety.

ansioso, -sa [ansjóso] *adj.* **1.** anxious. **2.** (deseoso) longing; eager.

antagonismo [antaɣonísmo] *s. m.* (rivalidad) antagonism.

antagonista [antaɣonísta] *adj.* **1.** antagonistic. || *s. m. y f.* **2.** antagonist.

antaño [antáɲo] *adv. t.* long ago.

ante¹ [ánte] *s. m.* **1.** (piel) suede. **2.** *Zool.* (antílope) elk; moose.

ante² [ánte] *prep.* **1.** (lugar) in front of [Por fin estaba ante la Torre Eiffel. *He was finally in front of the Eiffel Tower.*] **2.** (en presencia de) before [Debe comparecer ante el juez. *He is due to appear before the judge.*] **3.** (causa) because of [Ante su negligencia, le despidieron. *He was fired because of his negligence.*] || **~ todo** (en primer lugar) first and foremost.

anteanoche [anteanótʃe] *adv. t.* the night before last.

antebrazo [anteβráθo] *s. m., Anat.* (desde el codo a la muñeca) forearm.

antecámara [antekámara] *s. f.* antechamber.

antecedente [anteθeðénte] *adj.* **1.** antecedent. || *s. m.* **2.** precedent. || **antecedentes** *s. m. pl.* **3.** background.

antecesor, -ra [anteθesór] *s. m. y f.* **1.** (predecesor) predecessor. **2.** (antepasado) ancestor.

antelación [antelaθjón] *s. f.* precedence. || **con ~** beforehand; in advance [Compró las entradas con antelación. *He bought the tickets in advance.*]

antemano, de [antemáno] *loc. adv. t.* in advance; beforehand [Lo sabía de antemano. *He knew it beforehand.*]

antena [anténa] *s. f.* **1.** (radio, TV) antenna *Am. E.*; aerial *Br. E.* **2.** *Zool.* antenna.

anteojo [anteóχo] *s. m.* **1.** telescope. || **anteojos** *s. m. pl.* **2.** (prismáticos) binoculars. **3.** *Amér.* (gafas) spectacles.

antepasado, -da [antepasáðo] *s. m. y f.* ancestor. || *adj.* previous.

antepecho [antepétʃo] *s. m.* **1.** (de ventana) sill. **2.** (baranda) parapet.

antepenúltimo, -ma [antepenúltimo] *adj. y s. m. y f.* third from last.

anteponer [anteponér] *v. tr.* **1.** (poner delante) to put before. **2.** (preferir) to put before; to prefer [Antepone su trabajo a su matrimonio. *He puts his job before his marriage.*]

anterior [anterjór] *adj.* (previo) previous; preceding.

antes [ántes] *adv. t.* **1.** before; earlier [¿Por qué no me lo dijiste antes? *Why didn't you tell me before?*] **2.** (antiguamente) in the past [Antes, la juventud se quejaba menos. *In the past, young people complained less.*] || **~ de** before [El día antes del examen, se rompió una pierna. *He broke a leg the day before the exam.*] **~ de que + subj** before (sb does sth). **~ de + inf** before (doing sth). **~ que** (preferencia) before [La amistad antes que el dinero. *Friendship before money.*]

antesala [antesála] *s. f.* (recibidor) anteroom. || **hacer ~** to wait.

antibiótico [antiβjótiko] *adj. y s. m., Med. y Farm.* antibiotic.

anticiclón [antiθiklón] *s. m., Meteor.* anticyclone.

anticipar [antiθipár] *v. tr.* **1.** (viaje) to bring forward. **2.** (dinero) to advance. || **anticiparse a** (adelantarse) to anticipate [Se anticiparon a nuestras preguntas. *They anticipated our questions.*]

anticipo [antiθipo] *s. m.* **1.** foretaste; preview [Esto es sólo un anticipo. *This is only a foretaste.*] **2.** *Econ.* (de dinero) advance.

anticonceptivo, -va [antikonθeptiβo] *adj.* **1.** contraceptive. || *s. m.* **2.** *Med. y Farm.* contraceptive.

anticuado, -da [antikwáðo] *adj.* (antiguo) old-fashioned; antiquated.

anticuario, -ria [antikwárjo] *s. m. y f.* antiquary; antique dealer.

antídoto [antíðoto] *s. m.* antidote.

antifaz [antifáθ] *s. m.* mask.

antiguamente [antíɣwaménte] *adv.* in the past; formerly.

antigüedad [antiɣweðáð] *s. f.* **1.** (periodo) antiquity; age. **2.** (objeto) antique. **3.** (en empleo) seniority.

antiguo, -gua [antíɣwo] *adj.* **1.** (viejo) old; ancient. **2.** (anterior) former; old [Ésta era mi antigua casa. *This was my former house.*]

antillano, -na [antiʎáno] *adj. y s. m. y f.* West Indian.

antipatía [antipatía] *s. f.* antipathy; dislike.

antipático, -ca [antipátiko] *adj.* unpleasant; unfriendly.

antípoda [antípoða] *adj.* **1.** antipodal. || **antípodas** *s. f. pl.* **2.** antipodes.

antiséptico, -ca [antiséptiko] *adj. y s. m., Farm.* antiseptic.

antítesis [antítesis] *s. f. inv.* antithesis.

antojarse [antoxárse] *v. prnl.* **1.** to fancy; to feel like [Ahora se le antoja un helado. *Now he fancies an ice cream.*] **2.** (suponer) to imagine [Se me antoja que llegará tarde. *I imagine he will be late.*]

antojo [antóxo] *s. m.* **1.** (en embarazo) craving. **2.** (capricho) whim. **3.** *col.* (en la piel) birthmark.

antología [antoloxía] *s. f.* anthology.

antónimo [antónimo] *adj.* **1.** *Ling.* antonymous. || *s. m.* **2.** antonym.

antorcha [antórtʃa] *s. f.* torch.

antro [ántro] *s. m., col.* (tugurio) dump *coll.*; cavern; hole.

antropófago, -ga [antropófaɣo] *adj.* **1.** cannibalistic; anthropophagous. || *s. m. y f.* **2.** cannibal.

anual [anuál] *adj.* annual.

anualidad [anwaliðáð] *s. f.* annual payment; annuality.

anuario [anwárjo] *s. m.* yearbook.

anudar [anuðár] *v. tr.* **1.** to tie; to knot. || **anudarse** *v. prnl.* **2.** to tie; to knot.

anulación [anulaθjón] *s. f.* (cancelación) annulment; cancellation.

anular[1] [anulár] *v. tr.* **1.** (contrato) to cancel; to rescind. **2.** (matrimonio) to annul. **3.** (sentencia) to quash.

anular[2] [anulár] *adj.* **1.** ring-shaped. || *s. m.* **2.** (dedo) ring finger.

anunciar [anunθjár] *v. tr.* **1.** (avisar) to announce [Anunció su compromiso *She announced her engagement.*] **2.** (publicidad) to advertize.

anuncio [anúnθjo] *s. m.* **1.** (aviso) announcement. **2.** (publicidad) advertisement. || **poner un** ~ to advertize.

anverso [ambérso] *s. m.* **1.** (moneda) obverse. **2.** (página) recto.

anzuelo [aṇθwélo] *s. m.* (para pescar) fishhook. ‖ **tragar/morder/picar el ~** to swallow the bait.

añadidura [aɲaðiðúɾa] *s. f.* (adición) addition. ‖ **por ~** in addition.

añadir [aɲaðíɾ] *v. tr.* to add.

añejo, -ja [aɲéχo] *adj.* **1.** (vino, queso) mature; vintage. **2.** (antiguo) old.

añicos [aɲíkos] *s. m. pl.* bits; smithereens. ‖ **hacer ~** to shatter; to smash to pieces.

año [áɲo] *s. m.* year. ‖ **~ bisiesto** leap year. **Año Nuevo** New Year. **¿cuántos años tiene usted?** how old are you? **tener treinta años** to be thirty years old.

añoranza [aɲoɾáṇθa] *s. f.* (morriña) longing; homesickness.

añorar [aɲoɾáɾ] *v. tr.* to yearn (for sth); to miss; to long (for sth).

apabullar [apaβuʎáɾ] *v. tr., fam.* to overwhelm; to confuse.

apacentar [apaθeṇtáɾ] *v. tr.* (ganado) to pasture; to graze.

apacible [apaθíβle] *adj.* placid; mild.

apaciguar [apaθiɣwáɾ] *v. tr.* **1.** to pacify; to appease. ‖ **apaciguarse** *v. prnl.* **2.** (calmarse) to calm down.

padrinar [apaðɾináɾ] *v. tr.* **1.** (un niño) to be godfather to. **2.** (en una boda) to be the best man for. **3.** (artista) to sponsor.

pagado, -da [apaɣáðo] *adj.* **1.** off; out [La radio está apagada. *The radio is off.*] **2.** (apocado) lifeless. **3.** (color) dull.

pagar [apaɣáɾ] *v. tr.* **1.** (cigarrillo, fuego, luz) to put out. **2.** (aparatos eléctricos) to switch off; to turn off.

pagón [apaɣón] *s. m.* blackout; power cut [Hubo un apagón ayer por la noche. *There was a power cut yesterday night.*]

aisado, -da [apajsáðo] *adj.* **1.** oblong. **2.** *Inform.* landscape.

apalabrar [apalaβɾáɾ] *v. tr.* to come to/reach a verbal agreement (on sth).

apalear [apaleáɾ] *v. tr.* to beat.

apaño [apáɲo] *s. m.* **1.** *fam.* (chapuza) botch *fam.* **2.** (remiendo) mend.

aparador [apaɾaðóɾ] *s. m.* sideboard.

aparato [apaɾáto] *s. m.* **1.** appliance; device. **2.** (boato) pomp. **3.** *Anat.* system [El aparato circulatorio. *The circulatory system.*] ‖ **aparatos** *s. m. pl.* **4.** (de gimnasia) apparatus *sing.*

aparcamiento [apaɾkamjéṇto] *s. m., Autom.* **1.** (acción) parking. **2.** (lugar) parking lot *Am. E.;* car park *Br. E.*

aparcar [apaɾkáɾ] *v. tr.* **1.** *Autom.* to park. **2.** (aplazar) to shelve.

aparecer [apaɾeθéɾ] *v. intr.* **1.** to appear. **2.** (presentarse) to turn up.

aparejador, -ra [apaɾeχaðóɾ] *s. m. y f., Arq.* quantity surveyor.

aparejar [apaɾeχáɾ] *v. tr.* **1.** (preparar) to prepare. **2.** *Equit.* (para montar) to saddle. **3.** *Equit.* (a un carro) to harness. **4.** *Náut.* to rig (out).

aparejo [apaɾéχo] *s. m.* **1.** (equipo) gear; equipment. **2.** *Equit.* (arreos) harness. **3.** *Náut.* rig.

aparentar [apaɾeṇtáɾ] *v. tr.* **1.** (fingir) to feign. **2.** (parecer) to look [Aparenta menos años. *He looks younger.*]

aparente [apaɾéṇte] *adj.* **1.** (evidente) apparent. **2.** (simulado) seeming.

aparición [apaɾiθjón] *s. f.* **1.** appearance. **2.** (fantasma) apparition.

apariencia [apaɾjéṇθja] *s. f.* appearance. ‖ **guardar las apariencias** to keep up appearances.

apartado, -da [apaɾtáðo] *adj.* **1.** (distante) remote. ‖ *s. m.* **2.** (párrafo) section. ‖ **~ de correos** post office box.

apartamento [apartaménto] *s. m.* (piso) apartment *Am. E.;* flat *Br. E.*

apartar [apartár] *v. tr.* **1.** (alejar) to move away. **2.** (separar) to set aside [Apartó un trozo de pizza para mí. *He set a piece of pizza aside for me.*] **3.** (de un cargo) to remove. ‖ **apartarse** *v. prnl.* **4.** (alejarse) to move away. **5.** (separarse) to stand aside [Se apartó para que pudiera pasar. *He stood aside to let me pass.*]

aparte [apárte] *adj.* **1.** (diferente) different; separate [Este tema merece un capítulo aparte. *This topic deserves a separate chapter.*] ‖ *adv. l.* **2.** (a un lado) aside [Me llamo aparte para discutir el tema. *She called me aside to discuss the subject.*] ‖ *adv. mod.* **3.** (por separado) separately [Lava los pantalones aparte. *Wash the trousers separately.*] ‖ **~ de** (excepto) apart from [Me gustan todas excepto la amarilla. *I like them all apart from the yellow one.*]

apasionado, -da [apasjonádo] *adj.* passionate; fervent.

apasionar [apasjonár] *v. tr.* **1.** to excite; to fascinate. ‖ **apasionarse** *v. prnl.* **2.** (entusiasmarse) to get excited.

apatía [apatía] *s. f.* apathy.

apeadero [apeadéro] *s. m.* halt.

apear [apeár] *v. tr.* **1.** to take down. ‖ **apearse** *v. prnl.* **2.** (bajarse) to get off; to alight *frml.* **3.** (del caballo) to dismount.

apedrear [apedreár] *v. tr.* **1.** (tirar piedras) to throw stones. **2.** (matar a pedradas) to stone (to death).

apego [apéyo] *s. m.* affection; love.

apelación [apelaθjón] *s. f., Der.* (recurso) appeal. ‖ **interponer una ~** *Der.* to lodge an appeal.

apelar [apelár] *v. intr.* **1.** *fig.* (recurrir) to call upon [Apeló a su sentido común. *He appealed to their common sense.*] **2.** *Der.* (reclamar) to appeal.

apellido [apeλído] *s. m.* surname.

apelotonar [apelotonár] *v. tr.* **1.** (amontonar) to pile up. ‖ **apelotonarse** *v. prnl.* **2.** (gente) to crowd; to mass.

apenar [apenár] *v. tr.* **1.** (entristecer) to sadden; to grieve. ‖ **apenarse** *v. prnl.* **2.** to be grieved.

apenas [apénas] *adv. neg.* **1.** hardly; scarcely [Apenas tuve tiempo de comer. *I hardly had any time to eat.*] ‖ *conj. t.* **2.** as soon as; no sooner... than... [Apenas limpió los cristales, comenzó a llover. *No sooner had she cleaned the windows than it began to rain.*]

apéndice [apéndiθe] *s. m.* **1.** (en documentos) appendix. **2.** *Anat.* (intestino) appendix.

apendicitis [apendiθítis] *s. f., Med.* (inflamación del apéndice) appendicitis.

apercibir [aperθiβír] *v. tr.* **1.** (preparar) to prepare. **2.** (advertir) to warn. ‖ **apercibirse** *v. prnl.* **3.** (notar) to notice.

aperitivo [aperitíβo] *s. m.* **1.** (comida) appetizer. **2.** (bebida) aperitif.

apertura [apertúra] *s. f.* opening.

apesadumbrar [apesadumbrár] *v. tr.* sadden; to grieve.

apestar [apestár] *v. intr.* **1.** (oler mal) stink. **2.** *fig.* to stink [Todo el plan apesta. *The whole plan stinks.*] ‖ *v.* **3.** (contagiar) to infect with the plague.

apetecer [apeteθér] *v. tr.* to feel like; fancy [¿Te apetece dar un paseo? *you fancy going for a walk.*]

apetito [apetíto] *s. m.* appetite. ‖ **abrir** to whet one's appetite.

apiadar [apjaðár] *v. tr.* **1.** to move to pity. ‖ **apiadarse** *v. prnl.* **2.** (conmoverse) to take pity.

ápice [ápiθe] *s. m.* **1.** (cima) apex. **2.** *fig.* iota [No tiene ni un ápice de malicia. *He has not an iota of malice.*]

apicultura [apikuḷtúra] *s. f.* beekeeping.

apilar [apilár] *v. tr.* **1.** to pile up; to heap up. ‖ **apilarse** *v. prnl.* **2.** to pile up.

apiñar [apiɲár] *v. tr.* **1.** (amontonaR) to pack; to squash. ‖ **apiñarse** *v. prnl.* **2.** (gente) to crowd.

apio [ápjo] *s. m., Bot.* celery.

apisonar [apisonár] *v. tr.* (con apisonadora) to roll.

aplacar [aplakár] *v. tr.* **1.** (rabia) to appease; to soothe. ‖ **aplacarse** *v. prnl.* **2.** to calm down.

aplanar [aplanár] *v. tr.* **1.** to smooth; to level. ‖ **aplanarse** *v. prnl.* **2.** *fig.* (persona) to get disheartened.

aplastar [aplastár] *v. tr.* **1.** to squash. **2.** *fig.* (destruir) to crush. **3.** *fig. y fam.* (apabullar) to dumbfound.

aplaudir [aplawðír] *v. tr.* to applaud.

aplauso [apláwso] *s. m.* applause; clap.

aplazamiento [aplaθamjénto] *s. m.* postponement; adjournment.

aplazar [aplaθár] *v. tr.* (posponer) to postpone; to adjourn; to defer.

aplicación [aplikaθjón] *s. f.* **1.** application. **2.** *Inform.* application.

aplicar [aplikár] *v. tr.* **1.** to apply. **2.** (designar) to assign. ‖ **aplicarse** *v. prnl.* **3.** (esforzarse) to apply oneself.

aplomar [aplomár] *v. tr.* **1.** *Albañ.* to plumb. ‖ **aplomarse** *v. prnl.* **2.** to compose oneself.

aplomo [aplómo] *s. m.* (serenidad) composure; aplomb.

apocarse [apokárse] *v. prnl., fig.* to be intimidated; to feel humiliated.

apoderado, -da [apoðeráðo] *s. m. y f.,* **1.** agent. **2.** *Der.* proxy.

apoderar [apoðerár] *v. tr.* **1.** to empower. **2.** *Der.* to grant power of attorney. ‖ **apoderarse** *v. prnl.* **3.** (adueñarse) to take possession; to seize.

apodo [apóðo] *s. m.* nickname.

apogeo [apoχéo] *s. m.* peak; apogee.

apolillar [apoliʎár] *v. tr.* **1.** to eat away at; to make holes in. ‖ **apolillarse** *v. prnl.* **2.** to get moth-eaten.

apología [apoloχía] *s. f.* apology.

apoplejía [apopleχía] *s. f., Med.* apoplexy.

aporrear [apořeár] *v. tr.* (golpear) to beat; to heat [¡Deja de aporrear la puerta! *Stop beating on the door!*]

aportación [aportaθjón] *s. f.* contribution; input.

aportar [aportár] *v. tr.* to contribute.

aposento [aposénto] *s. m., form.* (cuarto) room.

aposta [apósta] *adv. mod.* on purpose [Lo hizo aposta. *He did it on purpose.*]

apostar [apostár] *v. tr.* **1.** to bet. **2.** (colocar) to station. ‖ *v. intr.* **3.** to bet [Apuesto por Antonio. *I bet on Antonio.*] ‖ **apostarse** *v. prnl.* **4.** to bet [Se apostó su casa. *He bet his house.*]

apóstol [apóstol] *s. m., Rel.* apostle.

apóstrofo [apóstrofo] *s. m., Ling.* apostrophe.

apoteosis [apoteósis] *s. f. inv.* apotheosis.

apoyar [apojár] *v. tr.* **1.** to rest; to lean [Apoyó la cabeza en mi hombro. *She rested her head on my shoulder.*] **2.** (respaldar) to back; to support. ‖ **apoyarse** *v. prnl.* **3.** to lean.

apoyo [apo'jo] *s. m.* **1.** (soporte) support. **2.** *fig.* (respaldo) support; backing.

apreciable [apreθjáβle] *adj.* (notable) noticeable; appreciable.

apreciación [apreθjaθjón] *s. f.* **1.** appreciation. **2.** (percepción) interpretation.

apreciado, -da [apreθjáðo] *adj.* valued.

apreciar [apreθjár] *v. tr.* **1.** (estimar) to appreciate. **2.** (percibir) to see.

aprecio [apréθjo] *s. m.* esteem.

apremiar [apremjár] *v. tr.* **1.** to press. ‖ *v. intr.* **2.** (urgir) to be urgent; to press [El tiempo apremia. *Time is pressing.*]

aprender [aprendér] *v. tr.* to learn.

aprendiz, -za [aprendíθ] *s. m. y f.* (principiante) apprentice; trainee.

aprendizaje [aprendíθáχe] *s. m.* **1.** (proceso) learning. **2.** (de un oficio) apprenticeship; traineeship.

aprensión [aprensjón] *s. f.* (miedo) apprehension; fear.

aprensivo, -va [aprensíβo] *adj.* apprehensive; overanxious.

apresar [apresár] *v. tr.* **1.** to seize. **2.** (ladrón, presa) to capture.

apresurado, -da [apresuráðo] *adj.* (acelerado) hurried; hasty; rushed.

apresurar [apresurár] *v. tr.* **1.** to hurry up. ‖ **apresurarse** *v. prnl.* **2.** to hurry; to make haste.

apretado, -da [apretáðo] *adj.* **1.** (ajustado) tight. **2.** (apretujado) cramped.

apretar [apretár] *v. tr.* **1.** (tornillo) to tighten. **2.** (puño, dientes) to clench. **3.** (botón) to press. **4.** (estrechar) to squeeze. ‖ **apretarse** *v. prnl.* **5.** (apretujarse) to squeeze up. ‖ **~ el paso** to quicken one's pace.

apretón [apretón] *s. m.* squeeze. ‖ **~ de manos** handshake.

aprieto [aprjéto] *s. m.* predicament; scrape *coll.;* fix.‖ **estar en un ~** to be in a predicament. **poner en un ~** to put on the spot.

aprisa [aprísa] *adv. mod.* **1.** quickly [Lo ha hecho aprisa. *He has done it quickly.*] ‖ **¡~!** *interj.* **2.** quick!

aprisionar [aprisjonár] *v. tr.* **1.** to imprison. **2.** *fig.* (sujetar) to hold tight.

aprobación [aproβaθjón] *s. f.* **1.** approval. **2.** (de una ley, proyecto) passing.

aprobado [aproβáðo] *s. m.* (en un examen) pass; passing grade.

aprobar [aproβár] *v. tr.* **1.** to approve. **2.** (examen) to pass. **3.** *Polít.* (ley) to pass.

apropiado, -da [apropjáðo] *adj.* (adecuado) suitable; appropriate.

apropiarse [apropjárse] *v. prnl.* to appropriate [Se apropió del dinero. *He appropiated the money.*]

aprovechar [aproβetʃár] *v. tr.* **1.** (utilizar) to use. **2.** (sacar provecho) to take advantage. ‖ **aprovecharse** *v. prnl.* **3.** to take advantage. ‖ **¡que aproveche!** enjoy your life!

aprovisionar [aproβisjonár] *v. tr.* to supply; to provision.

aproximación [aproksimaθjón] *s. f.* **1.** approximation. **2.** (países) rapprochement. ‖ **por ~ by** approximation.

aproximar [aproksimár] *v. tr.* **1.** to bring closer. ‖ **aproximarse** *v. prnl.* **2.** to approach.

aptitud [aptitúð] *s. f.* aptitude; flair.

apto, -ta [apto] *adj.* **1.** (apropiado) suitable; fit. **2.** (capaz) capable.

apuesta [apwésta] *s. f.* bet.

apuesto, -ta [apwésto] *adj.* (guapo) good-looking; handsome.

apuntador, -ra [apuɳtaðór] *s. m. y f.,* *Teatr.* prompter. ‖ **concha del ~** *Teatr.* prompter's box.

apuntalar [apuɳtalár] *v. tr.* (asegurar con puntales) to prop up; to shore up.

apuntar [apuɳtár] *v. tr.* **1.** (señalar) to point (at). **2.** (anotar) to note (down). **3.** (un arma) to aim. **4.** *Teatr.* to prompt. ‖ **apuntarse** *v. prnl.* **5.** (inscribirse) to enroll.

apunte [apúɳte] *s. m.* **1.** (nota) note [Coge apuntes en clase. *She takes notes in class.*] **2.** (esbozo) sketch.

apuñalar [apuɲalár] *v. tr.* to stab.

apurado, -da [apuráðo] *adj.* **1.** (situación) difficult. **2.** (con prisa) in a hurry [Siempre anda apurado. *He is always in a hurry.*]

apurar [apurár] *v. tr.* **1.** (presionar) to push. **2.** (vaciar) to finish off. ‖ **apurarse** *v. prnl.* **3.** (darse prisa) to hurry. **4.** (angustiarse) to worry.

apuro [apúro] *s. m.* **1.** (aprieto) predicament; fix *coll.* **2.** (económico) hardship. **3.** (vergüenza) embarrassment.

aquel, l, -quella, -quello [akél] *adj. dem. sing.* **1.** that [Aquel coche es de mi madre. *That car is my mother's.*] ‖ *pron. dem. sing.* **2.** that [Aquella es mi casa. *That is my house.*] ‖ **aquellos -llas** *adj. dem. pl.* **3.** those [Tengo que limpiar aquellas lámparas. *I have to clean those lamps.*] ‖ *pron. dem. pl.* **4.** those [Aquellos son los documentos que tienes que firmar. *Those are the documents you have to sign.*] •To avoid any confusion, the m. and f. forms of the pron. are written with an accent: "aquél", "aquélla", "aquéllos" y "aquéllas".

quella [akéʎa] *adj. y pron. f.* *aquel.

aquello [akéʎo] *adj. y pron. m.* *aquel.

aquí [akí] *adv. l.* here; over here [Tu chaqueta está aquí. *Your jacket is here.*] ‖ **~ y allá** here and there [Había flores aquí y allá. *There were flowers here and there.*] **por ~** this way [Pase por aquí, por favor. *Come this way, please.*]

aquietar [akjetár] *v. tr.* **1.** to calm; to quieten down. ‖ **aquietarse** *v. prnl.* **2.** to calm down.

árabe [áraβe] *adj.* **1.** Arab; Arabian. ‖ *s. m. y f.* **2.** (persona) Arab. ‖ *s. m.* **3.** (idioma) Arabic.

arado [aráðo] *s. m., Agr.* plow *Am. E.*

arancel [araɳθél] *s. m., Econ.* tariff. ‖ **~ de aduanas** customs duties.

arandela [araɳdéla] *s. f., Tecnol.* washer.

araña [arápa] *s. f.* **1.** *Zool.* spider. **2.** (lámpara) chandelier.

arañar [arapár] *v. tr.* to scratch.

arañazo [arapáθo] *s. m.* scratch.

arar [arár] *v. tr., Agr.* to plow *Am. E.*

arbitraje [arβitráxe] *s. m.* **1.** *Dep.* (fútbol, boxeo) refereeing. **2.** *Dep.* (tenis, béisbol) umpiring. **3.** *Der.* arbitration.

arbitrar [arβitrár] *v. tr. e intr.* **1.** (conflicto) to arbitrate; to adjudicate. **2.** *Dep.* (fútbol, boxeo) to referee. **3.** *Dep.* (tenis, béisbol) to umpire.

arbitrariedad [arβitrarjeðáð] *s. f.* **1.** (condición) arbitrariness. **2.** (acto) arbitrary act.

arbitrario, -ria [arβitrárjo] *adj.* (caprichoso) arbitrary; capricious.

arbitrio [arβítrjo] *s. m.* **1.** (juicio) judgment *Am. E.* **2.** (voluntad) will.

árbitro, -tra [árβitro] *s. m. y f.* **1.** (en un conflicto) arbitrator. **2.** *Dep.* (fútbol, boxeo) referee. **3.** *Dep.* (tenis, béisbol) umpire.

árbol [árβol] *s. m.* **1.** *Bot.* tree. **2.** *Tecnol.* shaft. ‖ **~ genealógico** family tree.

arboleda [arβoléða] *s. f.* grove; wood.

arbusto [arβústo] *s. m., Bot.* shrub; bush.

arca [árka] *s. f.* **1.** chest; coffer. ‖ **arcas** *s. f. pl.* **2.** coffers *pl.* ‖ **Arca de Noé** *Rel.* Noah's Ark.

arcada [arkáða] *s. f.* **1.** *Arq.* (soportal) arcade. **2.** *Med.* (náusea) retch.

arcaico, -ca [arkájko] *adj.* archaic.

arcén [arθén] *s. m.* **1.** *Autom.* shoulder. **2.** *Autom.* (de autopista) hard shoulder.

archipiélago [artʃipjélaɣo] *s. m., Geogr.* archipelago.

archivador [artʃiβaðór] *s. m.* **1.** (mueble) filing cabinet. **2.** (carpeta) ring binder; file.

archivar [artʃiβár] *v. tr.* **1.** (documentos) to file. **2.** *Inform.* to save.

archivo [artʃiβo] *s. m.* **1.** (lugar) archive. **2.** (documentos) file; record.

arcilla [arθíʎa] *s. f.* clay.

arcipreste [arθipréste] *s. m.* archpriest.

arco [árko] *s. m.* **1.** *Arq.* arch. **2.** *Mat.* arc. **3.** *Dep.* y *Mus.* bow. ‖ **~ iris** rainbow.

arder [arðér] *v. intr.* **1.** (cosa) to burn. **2.** (resplandecer) to blaze.

ardid [arðíð] *s. m.* trick; ruse.

ardiente [arðjénte] *adj.* **1.** burning. **2.** (apasionado) ardent; passionate.

ardilla [arðíʎa] *s. f., Zool.* squirrel.

ardor [arðór] *s. m.* **1.** burning sensation. **2.** *fig.* (ansia) ardor *Am. E.* ‖ **~ de estómago** *Med.* heartburn.

arduo, -dua [árðwo] *adj.* arduous.

área [área] *s. f.* **1.** area. **2.** *Mat.* area. **3.** *Dep.* penalty area.

arena [aréna] *s. f.* sand. ‖ **arenas movedizas** quicksand *sing.*

arenal [arenál] *s. m.* sands *pl.*

arengar [areŋgár] *v. tr.* to harangue.

arenisco, -ca [arenísko] *adj.* sandy.

arenoso, -sa [arenóso] *adj.* sandy.

arenque [aréŋke] *s. m., Zool.* (pez) herring.

arete [aréte] *s. m.* (pendiente) earring.

argamasa [arɣamása] *s. f.* mortar.

argentino, -na [arχentíno] *adj.* **1.** (gobierno) Argentine (before n). **2.** (escritor, música, etc.) Argentinian. ‖ *s. m. y f.* **3.** (persona) Argentinian.

argolla [arɣóʎa] *s. f.* ring.

argot [arɣót] *s. m.* slang.

argumentar [arɣumentár] *v. tr.* to argue; to have an argument.

argumento [arɣuménto] *s. m.* **1.** (razonamiento) argument. **2.** *Lit.* y *Cinem.* (trama) plot.

aridez [ariðéθ] *s. f.* **1.** (sequedad) aridity. **2.** *fig.* (tema) dryness.

árido, -da [áriðo] *adj.* **1.** (estéril) arid. **2.** *fig.* (aburrido) dry.

Aries [áries] *n. p., Astrol.* Aries.

arisco [arísko] *adj.* unfriendly; unsociable; cold; surly.

arista [arísta] *s. f., Mat.* edge.

aristocracia [aristokráθja] *s. f.* **1.** aristocracy. **2.** (nobleza) nobility.

arma [árma] *s. f.* weapon. ‖ **~ blanc** knife. **~ de fuego** firearm. **licencia d armas** gun license.

armada [armáða] *s. f., Mil.* navy.

armador [armaðór] *s. m.* shipowner.

armadura [armaðúra] *s. f.* **1.** *Mil.* armo **2.** *Arq.* frame.

armamento [armaménto] *s. m.* arm ment; ammunitoin; arms.

armar [armár] *v. tr.* **1.** (dar armas) to a **2.** (montar) to set up. ‖ **armar** *v. prnl.* **3.** to arm oneself ‖ **armarla**

4. *fam.* to kick up a fuss. ‖ **¡buena la has armado!** you've really done it now!

armario [armárjo] *s. m.* **1.** (de ropa) closet *Am. E.*; wardrobe. **2.** (de cocina) cupboard. ‖ **~ empotrado** built-in closet.

armazón [armaθón] *s. m., Albañ.* skeleton; frame; framework.

armiño [armíɲo] *s. m., Zool.* stoat; ermine.

armisticio [armistíθjo] *s. m., Mil.* armistice (agreement during a war).

armonía [armonía] *s. f.* harmony.

armónica [armónika] *s. f., Mús.* (instrumento) harmonica.

armonioso, -sa [armonjóso] *adj.* harmonious. **3.** (relaciones) friendly.

armonizar [armoniθár] *v. tr.* **1.** *Mús.* to harmonize. ‖ *v. intr.* **2.** (estilo, tendencias) to harmonize.

aro [áro] *s. m.* hoop; ring. ‖ **entrar/pasar por el ~** *fig. y fam.* to toe the line.

aroma [aróma] *s. f.* **1.** aroma. **2.** (del vino) bouquet.

arpa [árpa] *s. f., Mús.* harp.

arpía [arpía] *s. f.* **1.** *Mit.* Harpy. **2.** *fig.* (mujer) harpy; shrew.

arpillera [arpiʎéra] *s. f.* sackcloth.

arpón [arpón] *s. m.* harpoon.

arquear [arkeár] *v. tr.* to arch; to bend.

arqueología [arkeoloxía] *s. f.* archeology *Am. E.*

arquero, -ra [arkéro] *s. m. y f.* archer.

arquitecto, -ta [arkitékto] *s. m. y f.* architect. ‖ **~ técnico** (aparejador) quantity surveyor.

arquitectura [arkitektúra] *s. f.* (arte) architecture.

arrabal [araβál] *s. m.* suburb.

arraigar [araxár] *v. intr.* **1.** *Bot.* to take root. ‖ **arraigarse** *v. prnl.* **2.** (ideas) to take root. **3.** (asentarse) to settle down.

arraigo [aráxo] *s. m.* deep-rooted [Esta costumbre tiene mucho arraigo. *This custom is very deep-rooted.*]

arrancar [araŋkár] *v. tr.* **1.** to pull up. **2.** (una página) to tear out; to rip off. **3.** (una confesión) to extract. **4.** (el motor) to start. ‖ *v. intr.* **5.** *Autom.* (el coche) to start.

arranque [aráŋke] *s. m.* **1.** *Mec.* starting mechanism. **2.** *fig.* (comienzo) start. **3.** *fam.* (arrebato) outburst; fit.

arrasar [arasár] *v. tr.* **1.** to demolish. ‖ *v. intr.* **2.** (vencer) to sweep the board.

arrastrar [arastrár] *v. tr.* **1.** to drag; to pull. **2.** (viento, corriente) to sweep. **3.** (devastar) to lead [El hambre le arrastró a robar. *Hunger led him to steal.*] ‖ *v. intr.* **4.** to trail. ‖ **arrastrarse** *v. prnl.* **5.** to crawl. **6.** (humillarse) to grovel.

arrastre [arástre] *s. m.* (acción) dragging. ‖ **estar para el ~** *fig. y fam.* to be on one's last legs.

arrebatado, -da [areβatáðo] *adj.* (impulsivo) impetuous; impulsive.

arrebatar [areβatár] *v. tr.* **1.** to snatch; to grab [Me lo arrebató de entre las manos. *He snatched it out my hands.*] ‖ **arrebatarse** *v. prnl.* **2.** (alterarse) to become furious.

arrebato [areβáto] *s. m.* fit; outburst.

arrebujarse [areβuxárse] *v. prnl.* (arroparse) to wrap oneself up.

arreciar [areθjár] *v. intr.* **1.** to grow worse. **2.** (aumentar) to get more severe.

arrecife [areθife] *s. m., Geogr.* reef. ‖ **~ de coral** *Geogr.* coral reef.

arreglado, -da [areɣláðo] *adj.* **1.** (ordenado) tidy; neat. **2.** (bien vestido) smart.

arreglar [aɾeɣlár] *v. tr.* **1.** (ordenar) to tidy; to clean up. **2.** (reparar) to mend; to fix. **3.** (un asunto) to settle. **4.** *Mús.* to arrange. ‖ **arreglarse** *v. prnl.* **5.** (ponerse guapa) to dress up; to get ready [Tengo que arreglarme para salir. *I have to get ready to go out.*]

arreglo [aɾéɣlo] *s. m.* **1.** repair. **2.** (acuerdo) arrangement. **3.** *Mús.* arrangement.

arremangar [aɾemaŋɡár] *v. tr.* **1.** (mangas, pantalones) to roll up. ‖ **arremangarse** *v. prnl.* **2.** (mangas) to roll one's sleeves up.

arremeter [aɾemetér] *v. intr.* (abalanzarse) to charge [La policía arremetió contra los estudiantes. *The police charged at the students.*]

arremolinarse [aɾemolinárse] *v. prnl.* **1.** to whirl. **2.** *fig.* (gente) to crowd.

arrendador, -ra [aɾendaðóɾ] *s. m. y f.* (casero) landlord; lessor.

arrendamiento [aɾendamjénto] *s. m.* **1.** (contrato) lease. **2.** (precio) rent.

arrendar [aɾendár] *v. tr.* **1.** (dar en arriendo) to lease; to let. **2.** (tomar en arriendo) to lease; to rent.

arrendatario, -ria [aɾendatárjo] *s. m. y f.* (inquilino) lessee; tenant.

arrepentido, -da [aɾepentíðo] *adj.* remorseful; repentant; penitent.

arrepentirse [aɾepentírse] *v. prnl.* **1.** to regret [Te arrepentirás de no haber venido. *You'll regret not having come.*] **2.** *Rel.* to repent [Se arrepintieron de sus pecados. *They repented of their sinns.*]

arrestar [aɾestár] *v. tr.* to arrest.

arriar [aɾiár] *v. tr.* **1.** *Náut.* (velas) to lower. **2.** *Náut.* (banderas) to strike.

arriba [aɾíβa] *adv. l.* **1.** (posición) on top; above. **2.** (dirección) up [¡Vete arri-

ba! *Go up!*] **3.** (en un edificio) upstairs. ‖ **¡ ~ las manos!** hands up! **de ~** top [¿Puedes pasarme el libro de arriba? *Could you pass me the top book?*] (en un edificio) upstairs [Mis vecinos de arriba son muy amables. *The people upstairs are very friendly.*] **de ~ abajo** up and down [Tu madre me mira de arriba abajo. *Your mother looks me up and down.*] **estar ~** to be upstairs. **hacia ~** upward; up [Miró hacia arriba. *He looked up.*]

arribar [aɾiβár] *v. intr.* to arrive. ‖ **~ a puerto** (recalar) to put into port.

arriendo [aɾjéndo] *s. m.* renting; hire.

arriero, -ra [aɾiéro] *s. m. y f.* muleteer.

arriesgado, -da [aɾjesɣáðo] *adj.* (peligroso) risky; hazardous; dangerous.

arriesgar [aɾjesɣár] *v. tr.* **1.** to risk. **2.** (jugarse) to stake. ‖ **arriesgarse** *v. prnl.* **3.** to risk; to take the risk.

arrimar [aɾimár] *v. tr.* **1.** to bring closer. ‖ **arrimarse** *v. prnl.* **2.** to come closer. **3.** (apoyarse) to lean on.

arrinconar [aɾiŋkonár] *v. tr.* **1.** (poner en un rincón) to put in a corner. **2.** (acorralar) to corner. **3.** (desatender) to neglect. ‖ **arrinconarse** *v. prnl.* **4.** to cut oneself off.

arroba [aɾóβa] *s. f.* Inform. (@) at.

arrodillarse [aɾoðiʎárse] *v. prnl.* (hincarse) to kneel (down).

arrogancia [aɾoɣánθja] *s. f.* arrogance.

arrogante [aɾoɣánte] *adj.* arrogant.

arrojado, -da [aɾoxáðo] *adj.* (valiente) bold; brave.

arrojar [aɾoxár] *v. tr.* **1.** to throw; to cast. **2.** (lava, llamas) to erupt. ‖ **arrojarse** *v. prnl.* **3.** (tirarse) to throw oneself; to hurl oneself.

arrojo [aῗóχo] *s. m.* daring; boldness.

arrollar [aῗoλár] *v. tr.* **1.** (enrollar) to coil; to wind; to roll up. **2.** (atropellar) to run over. **3.** *fig.* (derrotar) to crush; to overwhelm.

arropar [aῗopár] *v. tr.* **1.** to wrap up. **2.** (en la cama) to tuck up. || **arroparse** *v. prnl.* **3.** to wrap oneself up.

arroyo [aῗóλo] *s. m.* **1.** *Geogr.* stream; brook. **2.** (de la calle, cuneta) gutter. || **poner/plantar en el ~** to kick out.

arroz [aῗóθ] *s. m.* rice. || **~ con leche** *Gastr.* rice pudding. **~ integral** brown rice. **~ largo** long- grain.

arruga [aῗúγa] *s. f.* **1.** fold. **2.** (en la piel) wrinkle; line. **3.** (en tela, papel) wrinkle *Am. E.*; crease.

arrugar [aῗuγár] *v. tr.* **1.** (la piel) wrinkle. **2.** (tejido, papel) to wrinkle *Am. E.*; to crease. || **arrugarse** *v. prnl.* **3.** (encogerse) to get wrinkled.

arruinar [aῗwinár] *v. tr.* **1.** (empobrecer) to ruin. **2.** (destruir) to ruin; to wreck.

arrullar [aῗuλár] *v. tr.* **1.** *Zool.* (palomas) to coo (at). **2.** (bebé) to lull to sleep.

arsenal [arsenál] *s. m.* **1.** *Mil.* arsenal; armory. **2.** *fig.* mine [Mi vecina es un arsenal de cotilleos. *My neighbor is a mine of gossips.*] **3.** *Náut.* shipyard.

arte [árte] *s. amb.* **1.** art. **2.** (habilidad) skill. || **artes** *s. f. pl.* **3.** *pey.* (tretas) wiles. || **bellas artes** fine arts. **malas artes** *fig.* trickery; deceit *sing.*

artefacto [artefákto] *s. m.* device. || **~ explosivo** explosive device.

arteria [artérja] *s. f.* **1.** *Anat.* artery. **2.** (carretera) artery.

artesa [artésa] *s. f.* kneading trough.

artesanía [artesanía] *s. f.* **1.** (actividad) craftsmanship. **2.** (obra) craftwork.

artesano, -na [artesáno] *s. m. y f.* artisan; craftsman.

artesonado [artesonáðo] *s. m., Arq.* coffered ceiling.

ártico, -ca [ártiko] *adj.* arctic.

articulación [artikulaθjón] *s. f.* **1.** *Anat.* articulation; joint. **2.** *Ling.* articulation.

articular [artikulár] *v. tr.* to articulate.

artículo [artíkulo] *s. m.* **1.** *Ling.* article. **2.** *Econ.* article; item. **3.** (en periódico) article. **4.** *Der.* article.

artificial [artifiθjál] *adj.* artificial.

artificio [artifíθjo] *s. m.* **1.** (astucia) artifice. **2.** (artilugio) device.

artillería [artiλería] *s. f., Mil.* artillery; gunnery.

artimaña [artimáɲa] *s. f.* **1.** ruse; stratagem. || **artimañas** *s. f. pl.* **2.** wiles.

artista [artísta] *s. m. y f.* artist.

artístico [artístiko] *adj.* artistic.

arzobispo [arθoβíspo] *s. m., Rel.* (prelado) archbishop.

as [ás] *s. m.* **1.** (juegos) ace. **2.** *fig.* (campeón) ace.

asa [ása] *s. f.* handle.

asado, -da [asáðo] *adj.* **1.** roast; roasted. || *s. m.* **2.** *Gastr.* roast.

asalariar [asalarjár] *v. tr.* (contratar) to hire; to employ.

asaltar [asaltár] *v. tr.* **1.** (ciudad, fortaleza) to attack; to storm. **2.** (atracar) to rob; to raid.

asalto [asálto] *s. m.* **1.** assault; attack. **2.** (con robo) robbery. **3.** *Dep.* (en boxeo) round.

asamblea [asambléa] *s. f.* **1.** (reunión) meeting; assembly. **2.** (cuerpo) assembly.

asar [asár] *v. tr.* **1.** *Gastr.* to roast. || **asarse** *v. prnl.* **2.** to broil *Am. E.* || **~ a la parrilla** *Gastr.* to grill.

ascendencia [asθendénθja] *s. f.* ancestry; descent [Soy de ascendencia italiana. *I am of Italian descent.*]

ascender [asθendér] *v. intr.* **1.** (profesionalmente) to promote. **2.** (subir) to rise; to ascend. **3.** (por una montaña) to climb. **4.** (una cantidad) to amount to.

ascendiente [asθendjénte] *s. m. y f.* **1.** (antepasado) ancestor; forebear. **2.** (influencia) influence.

ascensión [asθensjón] *s. f.* ascent.

ascenso [asθénso] *s. m.* **1.** (promoción) promotion. **2.** (de sueldo) rise. **3.** (cuesta) climb.

ascensor [asθensór] *s. m.* (elevador) elevator *Am. E.*; lift *Br. E.*

asco [ásko] *s. m.* repugnance; disgust. ‖ **¡qué ~ !** how disgusting!

asear [aseár] *v. tr.* **1.** to clean. **2.** (ordenar) to tidy. ‖ **asearse** *v. prnl.* **3.** (lavarse) to wash oneself.

asediar [aseðjár] *v. tr., Mil.* to besiege. ‖ **~ a preguntas** *fig.* to besiege with questions.

asedio [aseðjo] *s. m.* **1.** *Mil.* siege; blockade. **2.** *fig.* (acoso) harassment.

asegurar [aseɣurár] *v. tr.* **1.** *Econ.* to insure. **2.** (garantizar) to assure; to guarantee. **3.** (fijar) to secure. ‖ **asegurarse** *v. prnl.* **4.** (cerciorarse) to make sure. **5.** *Econ.* to insure oneself.

asentar [asentár] *v. tr.* **1.** to base [Asentó la teoría en datos fiables. *He based the theory on reliable information.*] **2.** (colocar) to seat. ‖ **asentarse** *v. prnl.* **3.** (establecerse) to settle [La tribu se asentó en el pueblo. *The tribe settled in the village.*]

asentimiento [asentimjénto] *s. m.* (consetimiento) assent *frml.*

asentir [asentír] *v. intr.* **1.** (admitir) to assent. **2.** (con la cabeza) to nod.

aseo [aséo] *s. m.* **1.** (limpieza) cleanliness. **2.** (lugar) toilet. ‖ **aseos** *s. m. pl.* **3.** rest room *Am. E.* ‖ **~ personal** personal cleanliness.

asequible [asekíβle] *adj.* **1.** accesible; achievable [Fíjate una meta asequible. *Set yourself an achievable goal.*] **2.** (precio) reasonable.

aserción [aserθjón] *s. f.* (afirmación) assertion; statement.

aserrar [aserár] *v. tr.* to saw.

aserrín [aserín] *s. m.* sawdust.

aserto [asérto] *s. m., form.* (afirmación) assertion; statement.

asesinar [asesinár] *v. tr.* **1.** (matar) to murder; to kill. **2.** *Polít.* (a un personaje público) to assassinate.

asesinato [asesináto] *s. m.* **1.** murder. **2.** (magnicidio) assassination.

asesino, -na [asesíno] *adj.* **1.** murderous. ‖ *s. m. y f.* **2.** murderer; killer. **3.** *Polít.* (por razones políticas) assassin.

asesor, -ra [asesór] *s. m. y f.* **1.** adviser; consultant. ‖ **~ fiscal** tax advisor.

asesorar [asesorár] *v. tr.* **1.** to advise; to counsel. ‖ **asesorarse** *v. prnl.* **2.** to consult.

asestar [asestár] *v. tr.* (un golpe) to deliver; to deal. ‖ **~ una puñalada** to stab.

aseverar [aseβerár] *v. tr.* (afirmar) to assert; to asseverate.

asfaltar [asfaltár] *v. tr.* to asphalt.

asfalto [asfálto] *s. m.* asphalt.

asfixia [asfiksja] *s. f., Med.* (ahogo) asphyxia; suffocation.

asfixiar [asfiksjár] *v. tr.* **1.** (ahogar) to asphyxiate; to suffocate. ‖ **asfixiarse** *v. prnl.* **2.** to suffocate.

así [así] *adv. mod.* **1.** like that; like this; so [No me hables así. *Do not talk to me like that.*] ‖ *adj.* **2.** such [No me casaría con un hombre así. *I wouldn't marry such a man.*] ‖ ~ **-so** [La película estuvo así así. *The film was so-so.*] ~ **pues** therefore [Hacía frío; así pues, nos quedamos en casa. *It was cold; therefore, we stayed at home.*] ~ **que** so [Ya me encuentro mejor así que iré a la fiesta. *I'm feeling better so I'll go to the party.*] **y ~ sucesivamente** and so on/forth.

asiático, -ca [asjátiko] *adj. y s. m. y f.* Asian.

asiduo, -dua [asíðwo] *adj.* **1.** (persistente) assiduous. **2.** (frecuente) frequent.

asiento [asjénto] *s. m.* **1.** seat. **2.** (de bicicleta) saddle. **3.** *Cinem. y Teatr.* seat. **4.** *Econ.* entry. ‖ **asientos** *s. m. pl.* **5.** seating. ‖ **tomar ~** to take a seat.

asignar [asiɣnár] *v. tr.* (designar) to assign; to allocate; to allot.

asignatura [asiɣnatúra] *s. f.* subject.

asilo [asílo] *s. m.* **1.** (institución) asylum; sanctuary. **2.** *fig.* (refugio) refuge; protection. ‖ ~ **político** political asylum.

asimilar [asimilár] *v. tr.* **1.** (información, alimentos) to assimilate [Hay que asimilar el éxito al trabajo. *You have to assimilate success to/with work.*] **2.** (asemejar) to assimilate.

asimismo o así mismo [asimísmo] *adv. mod.* also; likewise [Asimismo reconoció que yo tenía razón. *He also admitted that I was right.*]

asir [asír] *v. tr.* (agarrar) to seize; to grab.

asistencia [asisténθja] *s. f.* **1.** (presencia) attendance. **2.** (ayuda) assistance; aid.

asistente [asisténte] *s. m. y f.* assistant. ‖ ~ **social** social worker.

asistir [asistír] *v. tr.* **1.** (ayudar) to assist. **2.** (enfermos) to care for. ‖ *v. intr.* **3.** to attend; to be present [Asistió a la inauguración. *He attended the opening.*]

asma [ásma] *s. m., Med.* asthma.

asno [ásno] *s. m.* **1.** *Zool.* donkey. **2.** *fam.* (persona) jackass.

asociación [asoθjaθjón] *s. f.* **1.** association. **2.** *Econ.* partnership.

asociar [asoθjár] *v. tr.* **1.** to associate [Asocia esa idea con la muerte. *He associates that idea with death.*] ‖ **asociarse** *v. prnl.* **2.** to team up. **3.** *Econ.* to go into partnership.

asolar [asolár] *v. tr.* to devastate.

asomar [asomár] *v. tr.* **1.** to stick [Asomó la cabeza por la puerta. *She stuck her head round the door.*] ‖ *v. intr.* **2.** to show [Asoman los primeros rayos de luz. *The first rays of light are appearing.*] ‖ **asomarse** *v. prnl.* **3.** (aparecer) to show. **4.** (a la ventana) to lean out.

asombrar [asombrár] *v. tr.* **1.** to amaze; to astonish. ‖ **asombrarse** *v. prnl.* **2.** (sorprenderse) to be amazed.

asombro [asómbro] *s. m.* amazement; astonishment; surprise.

aspa [áspa] *s. f.* **1.** (cruz) cross. **2.** (de molino) sail.

aspecto [aspékto] *s. m.* **1.** (apariencia) appearance; look. **2.** (faceta) aspect.

aspereza [asperéθa] *s. f.* **1.** roughness. **2.** (del terreno) roughness.

áspero, -ra [áspero] *adj.* **1.** (tacto) rough; harsh. **2.** (escarpado) rugged. **3.** (voz) gruff. **4.** (brusco) brusque.

aspillera [aspiʎéra] *s. f., Mil.* loophole.

aspiración [aspiraθjón] *s. f.* **1.** (al respirar) inspiration. **2.** (ambición) aspiration; ambition. **3.** *Ling.* aspiration.

aspirador, -ra [aspiraðór] *s. m. y f.* vacuum cleaner.

aspirante [aspiránte] *s. m. y f.* (para un puesto) applicant; candidate.

aspirar [aspirár] *v. tr.* **1.** (respirar) to breathe in; to inhale. **2.** (aparato) to suck. ‖ *v. intr.* **3.** *fig.* (desear) to aspire; to aim [Aspira a ser el vencedor. *He aspires to be the winner.*]

aspirina [aspiríña] *s. f.*, *Farm.* aspirin.

asquear [askeár] *v. tr.* (repugnar) to sicken; to nauseate *coll.*; to revolt.

asqueroso, -sa [askeróso] *adj.* **1.** disgusting [La cocina tiene un olor asqueroso. *The kitchen has a disgusting smell.*] **2.** (escrupuloso) fastidious.

asta [ásta] *s. f.* **1.** (de bandera) staff; pole. **2.** *Zool.* (cuerno) horn. **3.** *Mil.* (de lanza, flecha) shaft. ‖ **a media ~** at half-mast.

asterisco [asterísko] *s. m.* asterisk.

astigmatismo [astigmatísmo] *s. m.*, *Med.* (oftalmología) astigmatism.

astil [astíl] *s. m.* **1.** (de herramienta) handle. **2.** (de flecha, lanza) shaft. **3.** (de balanza) beam.

astilla [astíʎa] *s. f.* chip; splinter.

astillar [astiʎár] *v. tr.* **1.** to splinter. ‖ **astillarse** *v. tr.* **2.** to splinter.

astillero [astiʎéro] *s. m.* shipyard.

astringente [astriŋxénte] *adj. y s. m.*, *Med.* astringent.

astro [ástro] *s. m.* **1.** *Astron.* star. **2.** *fig.* (actor, etc.) star. ‖ **~ rey** *lit.* sun.

astrología [astroloxía] *s. f.* astrology.

astronauta [astronáwta] *s. m. y f.* (cosmonauta) astronaut; cosmonaut.

astronave [astronáβe] *s. f.* spaceship.

astronomía [astronomía] *s. f.* astronomy.

astucia [astúθja] *s. f.* **1.** (sagacidad) astuteness. **2.** (picardía) cunning; craftiness; slyness. **3.** (ardid) ruse.

astuto, -ta [astúto] *adj.* (sagaz) astute; cunning; shrewd.

asumir [asumír] *v. tr.* (aceptar) to assume; to take upon oneself. ‖ **el control ~** asumir el control

asunto [asúnto] *s. m.* **1.** (personales) affair; business [¡Métete en tus asuntos! *Mind your own business!*] **2.** (cuestión) matter. **3.** (argumento) subject.

asustado [asustáðo] *adj.* afraid.

asustar [asustár] *v. tr.* **1.** to frighten; to scare. ‖ **asustarse** *v. prnl.* **2.** (aterrorizarse) to get scared; to be frightened.

atacar [atakár] *v. tr.* to attack.

atado [atáðo] *adj.* **1.** (amarrado) tied. ‖ *s. m.* **2.** (hatillo) bundle.

atajar [ataxár] *v. intr.* **1.** to take a short cut. ‖ *v. tr.* **2.** (interrumpir) to intercept.

atajo [átaxo] *s. m.* short cut.

atalaya [ataláʝa] *s. f.* **1.** (torre) watchtower. **2.** (lugar) lookout.

atañer [ataɲér] *v. intr.* (concernir) to concern [Este asunto no te atañe. *This business doesn's concern you.*]

ataque [atáke] *s. m.* **1.** attack. **2.** *Med.* seizure [Le dio un ataque epiléptico. *He had an epileptic seizure.*]

atar [atár] *v. tr.* **1.** to tie. **2.** (animales) tether. ‖ *v. intr.* **3.** *fig.* to tie down [La familia ata mucho. *Family really ties you down.*] ‖ **~ corto a alguien** *fig. y fam.* to keep sb on a tight rein.

atardecer [atarðeθér] *s. m.* **1.** dusk. ‖ *v. impers.* **2.** to get dark. ‖ **al ~** at sunset.

atascar [ataskár] *v. tr.* **1.** to block; to clog. ‖ **atascarse** *v. prnl.* **2.** (tubería) to clog. **3.** (mecanismo) to jam. **4.** (en un examen) to get stuck [Me atasqué en la tercera pregunta. *I got stuck on the third question.*]

atasco [atásko] *s. m.* traffic jam; jam.

ataúd [ataúð] *s. m.* coffin.

atavío [ataβío] *s. m.* **1.** (adorno) ornament. **2.** (vestido) dress.

atemorizar [atemoriθár] *v. tr.* (asustar) to frighten; to scare.

atención [ateŋθjón] *s. f.* attention. ‖ **prestar ~** to pay attention.

atender [atendér] *v. tr.* **1.** (cuidar) to attend; to look after. **2.** (clientes) to serve [Está atendiendo a un cliente. *He is serving a client.*] ‖ **~ a razones** to listen to reason.

atenerse [atenérse] *v. intr.* (a) to abide by [Debes atenerte a las consecuencias. *You have to abide by the consequences.*]

atentado [atentáðo] *s. m.* **1.** attack [Ataque terrorista. *Terrorist attack.*] **2.** (ofensa) offense [Eso es un atentado contra la libertad. *That is an offence against freedom.*]

atento, -ta [aténto] *adj.* **1.** (concentrado) attentive. **2.** (amable) polite.

atenuar [atenuár] *v. tr.* **1.** (mitigar) to attenuate. **2.** (importancia) to lessen. **3.** *Der.* (rebajar) to extenuate *frml.*

ateo, -a [atéo] *s. m. y f.* atheist.

aterir [aterír] *v. tr.* (de frío) to freeze.

aterrar [ateřár] *v. tr.* to terrify.

aterrizaje [ateřiθáxe] *s. m., Aeron.* landing. ‖ **~ forzoso** forced landing.

aterrizar [ateřiθár] *v. tr., Aeron.* to land.

aterrorizar [ateřoriθár] *v. tr.* **1.** (atemorizar) to terrify. **2.** *Polít.* to terrorize.

atesorar [atesorár] *v. tr.* (acaparar) to hoard; to amass.

atestado [atestáðo] *s. m., Der.* (judicial) statement; attestation *frml.*

atestar¹ [atestár] *v. tr.* (abarrotar) to pack; to stuff.

atestiguar [atestiɣwár] *v. tr.* (testificar) to testify; to bear testimony.

atiborrar [atiβořár] *v. tr.* **1.** to pack; to cram. ‖ **atiborrarse** *v. prnl.* **2.** (de comida) to stuff oneself.

ático [átiko] *s. m.* penthouse.

atinar [atinár] *v. intr.* **1.** (adivinar) to hit upon [Atinó con la respuesta. *He hit upon the answer.*] **2.** (acertar) to succeed [No atinó a consolarle. *She didn't succeed in comforting him.*]

atisbar [atisβár] *v. tr.* **1.** (espiar) to peep. **2.** *fig.* (vislumbrar) to discern.

atizar [atiθár] *v. tr.* **1.** (el fuego) to poke. **2.** *fig.* (pasiones) to stir up.

atlas [átlas] *s. m. inv., Geogr.* atlas.

atleta [atléta] *s. m. y f., Dep.* athlete.

atletismo [atletísmo] *s. m., Dep.* athletics *sing.*

atmósfera o atmosfera [atmósfera] *s. f.* **1.** *Astron.* atmosphere. **2.** *fig.* (ambiente) air; atmosphere. **3.** *Mec.* atmosphere.

atolladero [atoλaðéro] *s. m.* **1.** (lodazal) mire; quagmire. **2.** *fig.* (aprieto) jam *coll.* ‖ **salir del ~** *fig.* to get out of a jam.

atolondrado, -da [atolondráðo] *adj.* scatterbrained; reckless.

atómico, -ca [atómiko] *adj.* atomic.

átomo [átomo] *s. m., Fís.* atom.

atónito, -ta [atónito] *adj.* astonished; amazed. ‖ **dejar ~** to astound.

átono, -na [átono] *adj., Ling.* (sílaba) unstressed; atonic.

atontado, -da [atontáðo] *adj.* **1.** foolish; silly. **2.** (aturdido) groggy *coll.*

atontar [atoṇtár] *v. tr.* **1.** (aturdir) to stun; to stupefy. || **atontarse** *v. prnl.* **2.** (aturdirse) be confused.

atormentar [atormeṇtár] *v. tr.* **1.** (físicamente) to torture. **2.** *fig.* (importunar) to torment [Lo atormentaban las dudas. *He was tormented by doubts.*]

atornillar [atorniʎár] *v. tr.* to screw.

atosigar [atosiɣár] *v. tr., fig.* to harass.

atracar¹ [atrakár] *v. tr.* **1.** (robar) to hold up; to rob. **2.** *fam.* (atiborrar) to stuff. || **atracarse** *v. prnl.* **3.** *fam.* (de comida) to stuff oneself.

atracar² [atrakár] *v. tr. e intr., Náut.* (anclar) to dock.

atracción [atrakθjón] *s. f.* **1.** attraction. **2.** (espectáculo) ride [Prometió montarse en todas las atracciones. *He promised to go on all the rides.*]

atraco [atráko] *s. m.* robbery; hold-up. || **~ a mano armada** armed robbery.

atractivo, -va [atraktíβo] *adj.* **1.** attractive. || *s. m.* **2.** (encanto) charm; attraction.

atraer [atraér] *v. tr.* to attract.

atragantarse [atraɣaṇtárse] *v. prnl.* to choke [Se atragantó con un garbanzo. *She choked on a chickpea.*]

atrancar [atraŋkár] *v. tr.* **1.** (puerta) to bar. **2.** (atascar) to block up.

atrapar [atrapár] *v. tr.* to catch; to trap.

atrás [atrás] *adv. l.* **1.** behind [Dejamos el bosque atrás. *We left the forest behind.*] **2.** back; backward [No des un paso atrás. *Do not take one step backward.*] || *adv. t.* **3.** earlier [Se fue dos días atrás. *She left two days ago.*] || **¡ ~ !** *interj.* **4.** get back! || **hacia ~** back; backward.

atrasar [atrasár] *v. tr.* **1.** (retrasar) to delay; to set back. **2.** (reloj) to put back.

|| **atrasarse** *v. prnl.* **3.** to remain behind. **4.** (en estudios) to fall behind.

atraso [atráso] *s. m.* **1.** delay. **2.** (de un país) backwardness.

atravesar [atraβesár] *v. tr.* **1.** to cross. **2.** (montañas) to get over. **3.** (bala) to go through [La bala le atravesó el brazo. *The bullet went through his arm.*] **4.** *fig.* to go through [Atraviesa una mala época. *She is going through bad times.*]

atrayente [atraʝéṇte] *adj.* attractive; appealing; charming.

atreverse [atreβérse] *v. prnl.* to dare.

atrevido, -da [atreβíðo] *adj.* **1.** (osado) daring; bold. **2.** (descarado, valiente) shameless; audacious.

atrevimiento [atreβimjéṇto] *s. m.* **1.** audacity; nerve. **2.** (insolencia) insolence.

atribuir [atriβúir] *v. tr.* to attribute; to ascribe [La policía le atribuye varios crímenes. *The police attributes several crimes to him.*]

atributo [atriβúto] *s. m.* attribute.

atril [atríl] *s. m.* **1.** (para libros) lectern. **2.** *Mús.* (para partituras) music stand.

atrio [átrjo] *s. m.* atrium.

atrocidad [atroθiðáð] *s. f.* (salvajada) atrocity; outrage.

atrofia [atrófja] *s. f., Med.* (anquilosamiento) atrophy; degeneration.

atropellar [atropeʎár] *v. tr.* **1.** (con coche) to knock down; to run over. **2.** *fig.* (derechos, sentimientos) to trample; trample on.

atroz [atróθ] *adj.* **1.** (brutal) atrocious; appalling. **2.** (horrible) awful [Tiene una escritura atroz. *She has an awful writing.*]

atuendo [atwéṇdo] *s. m., form.* (vestimenta) outfit; attire; dress.

atufar [atufár] *v. tr.* (oler mal) to stink out; to stink up [El humo atufó toda la habitación. *The smoke stank up the whole room.*]

atún [atún] *s. m., Zool.* tuna; tunny.

aturdido, -da [aturðíðo] *adj.* dazed.

aturdir [aturðír] *v. tr.* **1.** to daze; to stun. || **aturdirse** *v. prnl.* **2.** *fig.* (confundirse) to get confused; to get flustered.

audacia [awðáθja] *s. f.* (coraje) boldness; audacity; courage.

audaz [awðáθ] *adj.* daring; bold.

audición [awðiθjón] *s. f.* **1.** (acción) hearing. **2.** *Cinem. y Teatr.* (prueba) audition.

audiencia [awðjénθja] *s. f.* **1.** (recepción) hearing; audience. **2.** (público) audience.

audiovisual [awðjoβiswál] *adj.* audiovisual. || **presentación ~** audiovisual presentation

auditivo, -va [awðitíβo] *adj.* **1.** (problema) hearing. **2.** (nervio) auditory.

auditor [awðitór] *s. m.* auditor.

auditorio [awðitórjo] *s. m.* **1.** (público) audience. **2.** (local) auditorium.

auge [áwχe] *s. m.* **1.** height. **2.** *Econ.* (económico) boom. || **estar en ~** to boom.

augurar [awɣurár] *v. tr.* (adivinar) to augur; to spell.

augurio [awɣúrjo] *s. m.* augury.

aula [áwla] *s. f.* **1.** (en escuela) classroom. **2.** (en universidad) lecture room.

aullar [awʎár] *v. intr.* to howl.

aullido [awʎíðo] *s. m.* howl.

aumentar [awmentár] *v. tr.* **1.** (incrementar) to increase. **2.** (precio) to raise. || *v. intr.* **3.** to increase; to rise.

aumento [awménto] *s. m.* rise; increase.

aun [áwn] *adv. mod.* even if [Aun estando de vacaciones, tengo que trabajar. *Even*

if I am on holidays, I have to work.] || **~ así** even so [Tiene mucho dinero pero, aun así, no es feliz. *He has a lot of money but, even so, he is not happy.*] **~ cuando** (+ subj.) even if [Aun cuando pueda ir en coche, yo le aconsejo que ande. *Even if you could go by car, I advise you to walk.*]

aún [áwn] *adv. t.* **1.** (en frases negat.) yet [El novio no ha llegado aún. *The groom has not arrived yet.*] **2.** (en frases afirmat.) still [Aún tengo que hablar contigo. *I still have to talk to you.*] **3.** (en comparaciones) even [Este coche es aún más caro. *This car is even more expensive.*] || **~ no** not yet.

aunar [awnár] *v. tr.* to combine; to join.

aunque [áwŋke] *conj. conces.* **1.** (+ indic.) though; although [Aunque yo no quería, me invitó a cenar. *Although I didn't want to, he invited me to dinner.*] **2.** (+ subj.) even if [Aunque esté enfermo, iré a tu boda. *Even if I'm sick, I'll go to your wedding.*] **3.** if [Era un hombre feliz, aunque desgraciado. *He was a rich, if unhappy man.*]

aupar [awpár] *v. tr.* **1.** (elevar) to lift up. || **auparse** *v. prnl.* **2.** to get up.

aureola [awreóla] *s. f.* aureole; halo.

auricular [awrikulár] *s. m.* **1.** (de teléfono) receiver. || **auriculares** *s. m. pl.* **2.** headphones *pl.*

aurífero, -ra [awrífero] *adj.* (con oro) auriferous *frml.*

aurora [awróra] *s. f.* (alba) dawn; daybreak. || **~ austral** aurora australis. **~ boreal** aurora borealis.

auscultar [awskultár] *v. tr., Med.* to sound (with a stethoscope).

ausencia [awsénθja] *s. f.* absence.

ausentarse [awsentárse] *v. prnl.* (largarse) to go away; to absent oneself.

austero, -ra [awstéro] *adj.* austere.

austral [awstrál] *adj.* southern.

australiano, -na [awstraljáno] *adj. y s. m. y f.* Australian.

austríaco, -ca o austriaco, -ca [awstríako] *adj. y s. m. y f.* Austrian.

auténtico, -ca [awténtiko] *adj.* (genuino) authentic; genuine.

auto[1] [áwto] *s. m.* **1.** *Der.* (escritura) writ; decree. **2.** *Lit.* (milagro) miracle play.

auto[2] [áwto] *s. m., Amér.* car.

autobiografía [awtoβjoɣrafía] *s. f.* autobiography.

autobús [awtoβús] *s. m., Autom.* bus.

autocar [awtokár] *s. m., Autom.* coach.

autóctono, -na [awtóktono] *adj.* indigenous; native; autochthonous.

autoescuela [awtoeskwéla] *s. f., Autom.* driving school.

autógrafo [awtóɣrafo] *s. m.* autograph.

autómata [awtómata] *s. m.* automaton.

automático, -ca [awtomátiko] *adj.* **1.** automatic. ǁ *s. m.* **2.** (corchete) snap.

automóvil [awtomóβil] *s. m., Autom.* car; automobile *Am. E.*

automovilismo [awtomoβilísmo] *s. m.* **1.** *Autom.* motoring. **2.** *Dep.* motor racing.

autonomía [awtonomía] *s. f.* **1.** autonomy. **2.** *Esp.* (comunidad autónoma) autonomous region.

autónomo, -ma [awtónomo] *adj.* **1.** (independiente) autonomous. ǁ *s. m. y f.* **2.** self-employed worker.

autopista [awtopísta] *s. f.* freeway *Am. E.;* motorway *Br. E.*

autopsia [awtopsja] *s. f.* autopsy; postmorten (examination).

autor, -ra [awtór] *s. m. y f.* **1.** author; writer. **2.** (de un crimen) perpetrator.

autoridad [awtoriðáð] *s. f.* authority.

autoritario, -ria [awtoritárjo] *adj.* (mandón) authoritarian.

autorización [awtoriθaθjón] *s. f.* (permiso) authorization.

autorizar [awtoriθár] *v. tr.* **1.** (permitir) to authorize. **2.** *Der.* to legalize.

autorretrato [awtoreträto] *s. m.* self-portrait.

autoservicio [awtoserβíθjo] *s. m.* **1.** (restaurante) self-service restaurant. **2.** (tienda) supermarket.

autostop [awtostóp] *s. m.* hitchhiking. ǁ **hacer ~** to hitchhike.

autovía [awtoβía] *s. f.* divided highway *Am. E.;* dual carriageway *Br. E.*

auxiliar [awksiljár] *adj.* **1.** auxiliary. ǁ *s. m. y f.* **2.** assistant. ǁ *v. tr.* **3.** to help.

auxilio [awksíljo] *s. m.* help. ǁ **primeros auxilios** first aid.

aval [aβál] *s. m., Econ.* guarantee.

avalancha [aβalántʃa] *s. f.* avalanche.

avalar [aβalár] *v. tr., Econ.* to guarantee.

avance [aβánθe] *s. m.* advance. ǁ **~ informativo** newsbrief *Am. E.*

avanzado, -da [aβaŋθáðo] *adj.* advanced ǁ **de edad ~** elderly.

avanzar [aβaŋθár] *v. tr.* **1.** to advance to push forward. ǁ *v. intr.* **2.** to advance to move forward. **3.** (progresar) t progress.

avaricia [aβaríθja] *s. f.* avarice; greed.

avaro, -ra [aβáro] *adj.* **1.** greedy. ǁ *s. m* *y f.* **2.** greedy person.

avasallar [aβasaʎár] *v. tr.* to subjugate; subdue. ǁ **avasallarse** *v. prnl.* **2.** to yiel

Ave [áβe] *sigla* (Alta Velocidad Españo[l] high-speed train.

ave [áβe] *s. f.* bird. ‖ ~ **de corral** fowl. ~ **rapaz** bird of prey. **aves de corral** poultry *sing.*

avecinar [aβeθinár] *v. tr.* **1.** to bring nearer. ‖ **avecinarse** *v. prnl.* **2.** (aproximarse) to approach.

avellana [aβeʎána] *s. f., Bot.* hazelnut.

avellano [aβeʎáno] *s. m., Bot.* hazel.

avemaría [aβemaría] *s. f., Rel.* Hail Mary.

avena [aβéna] *s. f.* **1.** *Bot.* (planta) oat. **2.** (semillas) oats *pl.*

avenida [aβeníða] *s. f.* **1.** (calle) avenue. **2.** (de un río) flood; spate.

aventajado, -da [aβentaxáðo] *adj.* **1.** (privilegiado) advantageous; favorable. **2.** (sobresaliente) outstanding.

aventajar [aβentaxár] *v. tr.* (superar) to surpass; to excel.

aventura [aβentúra] *s. f.* **1.** (experiencia) adventure. **2.** (riesgo) venture; risk. **3.** (amorosa) affair.

aventurar [aβenturár] *v. tr.* **1.** to hazard; to risk. **2.** (opinión) to dare; to venture. ‖ **aventurarse** *v. prnl.* **3.** to venture.

aventurero, -ra [aβenturéro] *s. m. y f.* (explorador) adventurer.

avergonzado, -da [aβerɣonθáðo] *adj.* ashamed; embarrassed.

avergonzar [aβerɣonθár] *v. tr.* **1.** to shame; to embarrass. ‖ **avergonzarse** *v. prnl.* **2.** to be ashamed.

avería [aβería] *s. f.* **1.** (en productos) damage. **2.** *Autom.* breakdown.

averiado, -da [aβerjáðo] *adj.* **1.** *Autom.* broken-down. **2.** (máquina) out of order.

averiar [aβerjár] *v. tr.* **1.** (estropear) to cause a malfunction. ‖ **averiarse** *v. prnl.* **2.** to break down.

averiguar [aβeriɣwár] *v. tr.* to find out.

aversión [aβersjón] *s. f.* aversion; dislike.

avestruz [aβestrúθ] *s. m., Zool.* ostrich.

aviación [aβjaθjón] *s. f.* aviation.

aviador, -ra [aβjaðór] *s. m. y f., Mil.* pilot; air force pilot.

avidez [aβiðéθ] *s. f.* eagerness; avidity.

ávido, -da [áβiðo] *adj.* avid; eager.

avinagrado, -da [aβinaɣráðo] *adj.* **1.** (sabor) vinegary. **2.** (carácter) sour.

avinagrar [aβinaɣrár] *v. tr.* **1.** *fig.* to embitter. ‖ **avinagrarse** *v. prnl.* **2.** (carácter) to turn sour.

avión[1] [aβjón] *s. m.* airplane *Am. E.;* aeroplane *Br. E.;* plane. ‖ ~ **de/a reacción** *Aeron.* jet plane.

avión[2] [aβjón] *s. m., Zool.* (pájaro) martin.

avioneta [aβjonéta] *s. f.* light aircraft.

avisar [aβisár] *v. tr.* **1.** (notificar) to notify; to inform. **2.** (prevenir) to warn.

aviso [aβíso] *s. m.* **1.** notice. **2.** (advertencia) advice; warning.

avispa [aβíspa] *s. f., Zool.* wasp.

avispero [aβispéro] *s. m.* wasps' nest.

avistar [aβistár] *v. tr.* to sight.

avituallar [aβitwaʎár] *v. tr.* to provision; to victual; to supply with food.

avivar [aβiβár] *v. tr.* **1.** (el fuego) to fan; to stoke. **2.** *fig.* (estimular) to enliven.

axila [áksila] *s. f., Anat.* armpit.

aya [aʝa] *s. f.* governess.

ayer [aʝér] *adv. t.* **1.** yesterday [Ayer le vi. *Yesterday I saw him.*] ‖ *s. m.* **2.** past [No se puede vivir en el pasado. *You cannot live in the past.*] ‖ **antes de** ~ the day before yesterday.

ayuda [aʝúða] *s. f.* help; aid.

ayudante [aʝuðánte] *s. m. y f.* assistant.

ayudar [aʝuðár] *v. tr.* to help; to aid.

ayunar [aʝunár] *v. intr.* to fast.

ayunas, en [aʝúnas] *loc.* on an empty stomach [Tómate la pastilla en ayunas.

You should take the pill on an empty stomach.]

ayuno [aˈxúno] *s. m.* fast.

ayuntamiento [aˈʝuntamjénto] *s. m.* **1.** (corporación) town council; city council. **2.** (edificio) town hall; city hall.

azabache [aθaβátʃe] *s. m., Miner.* jet.

azada [aθáða] *s. f., Agr.* hoe.

azafata [aθafáta] *s. f.* **1.** (en un avión) air hostess. **2.** (en un programa, congreso) hostess.

azafrán [aθafrán] *s. m., Gastr.* saffron.

azahar [azaár] *s. m.* **1.** (del naranjo) orange blossom. **2.** (del limonero) lemon blossom.

azar [aθár] *s. m.* chance. ‖ **al ~** at random. **juegos de ~** games of chance.

azarar [aθarár] *v. tr.* to embarrass.

azaroso, -sa [aθaróso] *adj.* (arriesgado) hazardous; risky; dangerous.

azor [aθór] *s. m., Zool.* goshawk.

azotaina [aθotájna] *s. f., fam.* spanking.

azotar [aθotár] *v. tr.* **1.** (con látigo) to whip; to flog. **2.** (lluvia, olas) to lash. **3.** *fig.* (hambre) to scourge [El hambre azotaba la región. *Famine scourged the region.*]

azote [aθóte] *s. m.* **1.** (con látigo) lash. **2.** (a un niño) spank. **3.** (del viento, olas) lashing. **4.** *fig.* (desgracia) scourge.

azotea [aθotéa] *s. f.* flat roof.

azúcar [aθúkar] *s. m. y f.* sugar. ‖ **~ moreno** brown sugar.

azucarar [aθukarár] *v. tr.* to sugar.

azucarillo [aθukaríʎo] *s. m.* (terrón) sugar lump; sugar cube.

azucena [aθuθéna] *s. f., Bot.* white lily.

azufre [aθúfre] *s. m., Quím.* sulfur *Am. E.*

azul [aθúl] *adj. y s. m.* blue. ‖ **~ celeste** sky blue. **~ marino** navy blue.

azulejo [aθuléxo] *s. m.* glazed tile.

azuzar [aθuθár] *v. tr.* **1.** (perros) to halloo. **2.** *fig.* (incitar) to egg on. ‖ **azuzarle los perros a alguien** *fig.* to set the dogs on sb.

B

b [bé] *s. f.* (letra) b.

baba [báβa] *s. f.* **1.** (de niño) dribble. **2.** (de adultos, animales) spittle. **3.** (de caracol) slime. ‖ **caérsele la ~** to dote.

babear [baβeár] *v. intr.* **1.** (niños) to dribble. **2.** (adultos, animales) to slaver; to slobber. **3.** *fig.* to drool.

babero [baβéro] *s. m.* bib.

babi [báβi] *s. m.* child's smock.

babor [baβór] *s. m., Náut.* port.

babosa [baβósa] *s. f., Zool.* slug.

baboso, -sa [baβóso] *adj.* **1.** (niño) dribbly. **2.** *fig. fam.* (empalagoso) sloppy. ‖ *s. m. y f.* **3.** (con babas) slaverer.

babucha [baβútʃa] *s. f.* slipper.

baca [báka] *s. f., Autom.* roof rack; luggage rack.

bacalao [bakaláo] *s. m., Zool.* codfish; cod. ‖ **cortar el ~** *fig. y fam.* to wear the trousers/pants.

bache [bátʃe] *s. m.* **1.** (en carretera) pothole; hole. **2.** *fig.* hard times; bad patch [Está pasando un bache. *He is going through hard times.*]

bachiller [batʃiʎér] *s. m. y f.* high school graduate.

bachillerato [batʃiʎeráto] *s. m.* secondary education.

bacilo [baθílo] *s. m., Biol.* bacillus.

bacteria [baktérja] *s. f., Biol.* bacterium.

báculo [bákulo] *s. m.* **1.** (bastón) walking stick. **2.** *fig.* (apoyo) support; comfort. ‖ **~ pastoral** *Rel.* crosier.

badajo [baðáχo] *s. m.* clapper.

badana [baðána] *s. f.* **1.** sheepskin. ‖ **badanas** *s. m. y f. pl.* **2.** *fam.* lazybones.

bádminton o badminton [báðminton] *s. m., Dep.* badminton.

bafle [báfle] *s. m.* baffle; loudspeaker.

bagaje [baɣáχe] *s. m.* **1.** (equipaje) baggage. **2.** *fig.* experience. ‖ **~ intelectual** intellectual background.

bagatela [baɣatéla] *s. f., fig.* trifle.

bahía [baía] *s. f., Geogr.* bay.

bailaor, -ra [bajlaór] *s. m. y f.* (de flamenco) flamenco dancer.

bailar [bajlár] *v. tr. e intr.* to dance. ‖ **~ al son que le tocan** to toe the line. **otro que tal baila** he's just as bad.

bailarín, -rina [bajlarín] *s. m. y f.* dancer. ‖ **~ de ballet** ballet dancer.

baile [bájle] *s. m.* **1.** dance. **2.** (fiesta) dance; ball. ‖ **~ de disfraces** fancy dress ball. **~ clásico** ballet *m*.

baja [báχa] *s. f.* **1.** (descenso) fall; drop. **2.** (laboral) leave [Está de baja (por enfermedad). *He's on sick leave.*] **3.** (certificado) medical certificate. **4.** *Mil.* casualty. ‖ **darse de ~** (enfermedad) to take sick leave. ‖ (de un club) to resign.

bajada [baχáða] *s. f.* **1.** fall [Ha habido una bajada de precios. *There have being a fall in prices.*] **2.** (pendiente) descent.

bajar [baχár] *v. intr.* **1.** (alejándose) to go down. **2.** (acercándose) to come down. **3.** (disminuir) to fall; to drop [El dólar ha bajado. *The dollar fell.*] **4.** (de bicicleta, avión, autobús) to get off. **5.** (de coche) to get out. ‖ *v. tr.* **6.** (descender) to take down [¿Puedes bajar esa caja? *Can you take that box down?*] **7.** (precios) to lower; to reduce. **8.** *Inform.* to download.

bajo, -ja [báχo] *adj.* **1.** low [El techo es demasiado bajo. *The roof is too low.*] **2.** (persona) short. ‖ *s. m.* **3.** first floor *Am. E.*; ground floor *Br. E.* [Vivo en el bajo. *I live on the first floor.*] **4.** *Mús.* bass. ‖ *adv. mod.* **5.** (hablar) quietly;

low. **6.** (volar) low. || *prep.* **7.** under [Llovía y nos pusimos bajo techo. *It rained and we got under cover.*] || ~ **cero** below zero. ~ **la lluvia** in the rain.

bajón [baxón] *s. m.* **1.** *fam.* sharp drop; slump. **2.** *fam.* (físico) relapse. **3.** *fam.* (de ánimos) depression.

bala [bála] *s. f.* **1.** *Mil.* bullet. **2.** (fardo) bale. || ~ **de cañón** cannonball. ~ **perdida** stray bullet. **como una** ~ *fam.* like a shot *fam.*

balance [balánθe] *s. m.* **1.** *Econ.* (cálculo) balance. **2.** *Econ.* (documento) balance sheet. || **hacer un** ~ to take stock.

balancear [balanθeár] *v. tr.* **1.** (equilibrar) to balance. **2.** (mecer) to rock. **3.** (columpiar) to swing. || **balancearse** *v. prnl.* **4.** (mecedora) to rock. **5.** (columpio) to swing.

balancín [balanθín] *s. m.* **1.** (mecedora) rocking chair. **2.** (de jardín) couch hammock. **3.** (columpio) seesaw. **4.** (de equilibrista) balance pole.

balanza [balánθa] *s. f.* balance; scales *pl.*

balar [balár] *v. intr.* to bleat; to baa.

balaustre o balaústre [baláwstre] *s. m.* baluster.

balazo [baláθo] *s. m.* **1.** (disparo) shot. **2.** (herida) bullet wound.

balbucear [balβuθeár] *v. intr.* (balbucir, farfullar) to stammer; to babble.

balbucir [balβuθír] *v. intr.* to stammer.

balcón [balkón] *s. m.* **1.** balcony. **2.** (mirador) vantage point.

balda [bálda] *s. f.* shelf.

balde [bálde] *s. m.* bucket; pail.

balde, de [bálde] *loc.* (gratuito) free. || **en** ~ (en vano) in vain.

baldío, -a [baldío] *adj.* **1.** (sin cultivar) waste; uncultivated. **2.** (vano) useless [Su esfuerzo no fue baldío. *Her effort wasn't useless.*]

baldosa [baldósa] *s. f.* floor tile.

balido [balído] *s. m.* bleat.

ballena [baʎéna] *s. f., Zool.* whale.

ballenato [baʎenáto] *s. m., Zool.* (cría de la ballena) whale calf.

ballesta [baʎésta] *s. f.* (arma) crossbow.

ballet [balét] *s. m.* ballet.

balneario [balneárjo] *s. m.* **1.** spa; health; resort. || *adj.* **2.** thermal.

balón [balón] *s. m., Dep.* ball. || **echar balones fuera** *col.* to dodge the issue.

balonazo [balonáθo] *s. m.* (con un balón) hit (with a ball). || **recibir un** ~ to be hit by a ball.

baloncesto [balonθésto] *s. m., Dep.* basketball.

balonmano [balommáno] *s. m., Dep.* handball.

balonvolea [balomboléa] *s. m., Dep.* volleyball.

balsa¹ [bálsa] *s. f.* pool. || **como una** ~ **de aceite** (agua) as calm as a millpond., *fig.* swimmingly [La reunión marchó como una balsa de aceite. *The meeting went swimmingly.*]

balsa² [bálsa] *s. f., Náut.* raft.

bálsamo [bálsamo] *s. m.* balsam; balm.

baluarte [balwárte] *s. m.* **1.** (fortaleza) bastion. **2.** *fig.* (amparo) bastion; stronghold.

bambú [bambú] *s. m., Bot.* bamboo.

banana [banána] *s. f., Bot.* banana.

banca¹ [bánka] *s. f.* **1.** *Econ.* (actividad) banking [Trabajó en la banca. *He worked in banking.*] **2.** (grupo de bancos) banks [La banca está en huelga. *The banks are on strike.*]

banca² [bánka] *s. f.* (asiento) stool; bench

bancarrota [baŋkařóta] *s. f., Econ.* (ruina) bankruptcy. ‖ **estar en ~** *Econ.* (en la ruina) to be bankrupt.

banco [báŋko] *s. m.* **1.** *Econ.* bank. **2.** (asiento) bench. **3.** (de iglesia) pew. ‖ **~ de datos** data bank.

banda[1] [bánda] *s. f.* **1.** (condecoración) sash. **2.** *Dep.* (rugby) touchline. ‖ **~ sonora** soundtrack.

banda[2] [bánda] *s. f.* **1.** (de músicos) band. **2.** (de delincuentes) gang. **3.** (lado) side. ‖ **~ armada** armed gang.

bandada [bandáða] *s. f.* **1.** (de pájaros) flock. **2.** (de personas) shoal.

bandeja [bandéχa] *s. f.* **1.** tray. **2.** *Autom.* rear shelf. ‖ **servir algo a alguien en ~** to hand sth to sb on a plate.

bandera [bandéra] *s. f.* flag. ‖ **~ blanca** white flag. **estar lleno hasta la ~** *fig. y fam.* to be bursting at the seams. **jurar ~** *Mil.* to salute the flag.

banderilla [banderíλa] *s. f.* **1.** *Taur.* banderilla. **2.** *Gastr.* (tapa) appetizer.

banderín [banderín] *s. m.* pennant.

bandido, -da [bandíðo] *s. m. y f.* (malhechor) bandit; outlaw; swindler.

bando[1] [bándo] *s. m.* (sección) camp [En la reunión había dos bandos. *In the meeting there were two camps.*]

bando[2] [bándo] *s. m.* (edicto) edict.

bandolera [bandoléra] *s. f., Mil.* (para munición) bandolier.

bandolero, -ra [bandoléro] *s. m. y f.* highwayman; brigand.

bandurria [bandúřja] *s. f., Mús.* type of mandolin (with 6 pairs of strings).

banqueta [baŋkéta] *s. f.* (taburete) stool.

banquete [baŋkéte] *s. m.* banquet.

banquillo [baŋkíλo] *s. m.* **1.** *Der.* (de acusados) dock. **2.** *Dep.* bench.

bañador [baɲaðór] *s. m.* **1.** (de mujer) bathing suit *Am. E.*; swimming costume *Br. E.* **2.** (de hombre) swimming trunks.

bañar [baɲár] *v. tr.* **1.** (lavar) to bathe *Am. E.*; to bath *Br. E.* **2.** (cubrir) to coat. **3.** (pulsera) to plate. **4.** *form.* (mar, río) to bathe; to wash. ‖ **bañarse** *v. prnl.* **5.** (en el mar, río) to bathe. **6.** (en la bañera) to take/have a bath.

bañera [baɲéra] *s. f.* bath; bathtub.

bañista [baɲísta] *s. m. y f.* bather; swimmer.

baño [báɲo] *s. m.* **1.** (en la bañera) bath. **2.** (en el mar, piscina) swim. **3.** (cuarto) bathroom. **4.** (de oro, plata) plating. ‖ **~ de sol** sunbath. **~ María** *Gastr.* bain-marie. **~ turco** Turkish bath. **traje de ~** bathing suit.

bar [bár] *s. m.* **1.** (establecimiento) bar. **2.** (mueble) cocktail cabinet.

baraja [baráχa] *s. f.* (naipes) deck *Am. E.*; pack *Br. E.* (of cards).

barajar [baraχár] *v. tr.* **1.** (cartas) to shuffle. **2.** (opciones) to consider [Baraja varias posibilidades. *He is considering several possibilities.*]

baranda [baránda] *s. f.* handrail; banister.

barandilla [barandíλa] *s. f.* rail; handrail.

baratija [baratíχa] *s. f.* trinket.

barato, -ta [baráto] *adj.* **1.** cheap [Esta mesa es más barata. *This table is cheaper.*] ‖ *adv. mod.* **2.** cheap; cheaply.

barba [bárβa] *s. f.* **1.** (pelo) beard. ‖ **barbas** *s. f. pl.* **2.** *Zool.* beard *sing.* ‖ **~ de chivo** goatee (beard).

barbacoa [barβakóa] *s. f.* barbecue.

barbaridad [barβariðáð] *s. f.* **1.** (disparate) drivel. **2.** (atrocidad) atrocity. ‖ **una ~** *fam.* tons *pl.* [Vino una barbaridad de gente. *Tons of people came.*]

bárbaro, -ra [bárβaro] *adj.* **1.** (cruel) cruel; barbaric. **2.** *fig.* (inculto) rough. ‖ *s. m. y f.* **3.** *Hist.* barbarian.

barbecho [barβétʃo] *s. m., Agr.* fallow. ‖ **en ~** *Agr.* fallow [El granjero dejó esta tierra en barbecho. *The farmer let this land lie fallow.*]

barbero, -ra [barβéro] *s. m. y f.* barber.

barbilla [barβíʎa] *s. f., Anat.* chin.

barca [bárka] *s. f.* boat. ‖ **~ de remos** *Náut.* rowboat *Am. E.*

barcaza [barkáθa] *s. f., Náut.* lighter.

barco [bárko] *s. m.* **1.** *Náut.* boat. **2.** (grande) ship. ‖ **~ cisterna** tanker. **~ de pesca** fishing boat. **~ de vela** sailing boat. **~ pirata** pirate ship.

barniz [barníθ] *s. m.* **1.** (para madera) varnish. **2.** (para cerámica) glaze.

barnizar [barniθár] *v. tr.* **1.** (madera) to varnish. **2.** (cerámica) to glaze.

barómetro [barómetro] *s. m.* barometer.

barón [barón] *s. m.* **1.** baron. ‖ **baronesa** *s. f.* **2.** baroness.

barquilla [barkíʎa] *s. f.* **1.** (de un globo) basket. **2.** *Náut.* log.

barquillo [barkíʎo] *s. m., Gastr.* wafer.

barra [bářa] *s. f.* **1.** (de oro, metal) bar. **2.** (mostrador) bar. **3.** (vara) rod. **4.** (de pan) baguette. ‖ **barras paralelas** *Dep.* parallel bars.

barraca [bǎřáka] *s. f.* **1.** (chabola) shack. **2.** (de feria) booth; stall.

barracón [bǎřakón] *s. m.* bunkhouse.

barranco [bǎřáŋko] *s. m., Geogr.* ravine.

barrena [bǎřéna] *s. f.* gimlet; drill.

barrenar [bǎřenár] *v. tr., Tecnol.* to drill.

barrendero, -ra [bǎřeɳdéro] *s. m. y f.* sweeper; street sweeper.

barreno [bǎřéno] *s. m.* **1.** (taladro) large drill. **2.** (agujero para explosivos) bore.

barreño [bǎřéɲo] *s. m.* large bowl.

barrer [bǎřér] *v. tr.* **1.** (el suelo) to sweep. **2.** *fig.* (arrastrar) to sweep away. ‖ **~ para dentro/casa** *fig. y fam.* to look after number one.

barrera [bǎřéra] *s. f.* **1.** barrier. **2.** *fig.* obstacle. ‖ **~ del sonido** sound barrier.

barriada [bǎřjáða] *s. f.* (barrio) district (for working class).

barrica [bǎříka] *s. f.* barrel.

barricada [bǎřikáða] *s. f.* barricade.

barriga [bǎříɣa] *s. f.* **1.** *fam.* belly; stomach. **2.** (de una vasija) belly.

barril [bǎříl] *s. m.* barrel; cask.

barrio [bářjo] *s. m.* neighborhood; quarter. ‖ **~ bajo** slum. **~ chino** Chinatown. **~ comercial** business district. **~ residencial** residential area. **irse al otro ~** *col.* to kick the bucket *coll.*

barrizal [bǎřiθál] *s. m.* (lodazal) quagmire; muddy area; mire.

barro [bářo] *s. m.* **1.** mud. **2.** (arcilla) clay. ‖ **de ~** earthen [Me compré una jarra de barro. *I bought an earthen jug.*]

barroco, -ca [bǎřóko] *adj. y s. m.* **1.** (arte) baroque. ‖ *adj. 2. fig.* overelaborate.

barrote [bǎřóte] *s. m.* bar.

barruntar [bǎřuɳtár] *v. tr.* **1.** (sospechar) to suspect. **2.** (presentir) to have a feeling; to guess.

barullo [bǎřúʎo] *s. m.* **1.** *col.* (alboroto) din; racket. **2.** *col.* (lío) mess.

basar [basár] *v. tr.* **1.** (fundamentar) to base (Basó su teoría en el experimento. *He based his theory on the experiment.*) ‖ **basarse** *v. prnl.* **2.** to be based [Sus sospechas se basan en pequeños detalles. *Her suspicions are based on small details.*]

báscula [báskula] *s. f. sing.* scales *pl.*

base [báse] *s. f.* **1.** (parte inferior) base. **2.** (conocimiento) basis [Ésta es la base de su razonamiento. *That's the basis of her reasoning.*] **3.** *Quím.* base. **4.** *Mil.* base. **5.** *fig.* basis. ‖ **~ de datos** database. ‖ **~ naval** naval base.

básico, -ca [básiko] *adj.* basic.

basílica [basílika] *s. f., Rel.* basilica.

bastante [bastánte] *adj. indef.* **1.** enough [No te preocupes, tengo bastante dinero. *Don't worry, I have enough money.*] ‖ *adv. cant.* **2.** enough [No has estudiado bastante. *You haven't studied hard enough.*] **3.** rather; quite [Su novio es bastante guapo. *Her boyfriend is quite handsome.*]

bastar [bastár] *v. intr.* **1.** to suffice. ‖ **¡basta!** *interj.* **2.** ¡that's enough!

bastardo, -da [bastárðo] *adj.* **1.** bastard. **2.** *insult.* base. ‖ *s. m. y f.* **3.** bastard.

bastidor [bastiðór] *s. m.* **1.** frame. **2.** (de lienzo) stretcher. **3.** *Autom.* chassis. ‖ **bastidores** *s. m. pl.* **4.** *Teatr.* wings *pl.* ‖ **entre bastidores** *Teatr.* backstage.

basto, -ta [básto] *adj.* **1.** (áspero) rough. **2.** (grosero) coarse; rude. ‖ **bastos** *s. m. pl.* **3.** (cards) clubs *pl.*

bastón [bastón] *s. m.* **1.** walking stick; cane. **2.** (de esquí) ski stick/pole.

bastoncillo [bastonθíλo] *s. m.* cotton swab *Am. E.;* cotton bud *Br. E.*

basura [basúra] *s. f.* **1.** rubbish; garbage *Br. E.* **2.** (recipiente) dustbin *Br. E.;* garbage can *Am. E.* ‖ **cubo de ~** trash can *Am. E.* **tirar algo a la ~** to trow something away.

basurero, -ra [basuréro] *s. m. y f.* **1.** (persona) dustman *Br. E.;* garbage man *Am. E.* **2.** (lugar) rubbish dump *Br. E.;* garbage dump *Am. E.*

bata [báta] *s. f.* **1.** (para casa) dressing gown; robe. **2.** (de trabajo) smock; overall *Br. E.* ‖ **~ blanca** (de médico) white coat; lab coat.

batacazo [batakáθo] *s. m.* bump; thump.

batalla [batáλa] *s. f.* battle.

batallar [bataλár] *v. intr.* to battle.

batallón [bataλón] *s. m.* **1.** *Mil.* battalion. **2.** (multitud) gang.

batata [batáta] *s. f., Bot.* sweet potato.

batería [batería] *s. f.* **1.** *Electrón.* battery. **2.** *Mús.* drums *pl.* **3.** *Mil.* battery.

batida [batíða] *s. f.* **1.** (de cazadores) battue. **2.** (de la policía) raid.

batido [batíðo] *s. m.* milk shake.

batidora [batiðóra] *s. f.* mixer.

batir [batír] *v. tr.* **1.** (huevos) to beat. **2.** *Gastr.* (nata) to whip. **3.** (alas) to flap. **4.** (derrotar) to beat. **5.** (inspeccionar) to beat. **6.** (ola) to batter [Las olas batían las rocas. *Waves battered against the rocks.*] **7.** (palmas) to clap. ‖ **batirse en duelo** to fight a duel.

batuta [batúta] *s. f., Mús.* baton. ‖ **llevar la ~** *fam.* to rule the roost.

baúl [baúl] *s. m.* trunk.

bautismo [bawtísmo] *s. m., Rel.* (bautizo) baptism; christening.

bautizar [bawtiθár] *v. tr., Rel.* (cristianar) to baptize; to christen.

bautizo [bawtíθo] *s. m., Rel.* (bautismo) baptism; christening.

baya [báʝa] *s. f., Bot.* berry.

bayeta [baʝéta] *s. f.* dishcloth.

bayoneta [baʝonéta] *s. f., Mil.* bayonet.

baza [báθa] *s. f.* (en cartas) trick. ‖ **meter ~** *fig. y fam.* to butt in; to interfere.

bazar [baθár] *s. m.* bazaar.

bazo [báθo] *s. m., Anat.* spleen.

beatificar [beatifikár] *v. tr., Rel.* to beatify.

beato, -ta [beáto] *adj., Rel.* blessed.

bebé [beβé] *s. m.* baby.

beber [beβér] *v. tr.* e *intr.* to drink.

bebida [beβíða] *s. f.* drink; beverage. ‖ **bebidas alcoholicas** liquor.

beca [béka] *s. f.* grant; scholarship.

becario, -ria [bekárjo] *s. m. y f.* scholarship holder.

becerro, -rra [beθéro] *s. m. y f., Zool.* (novillo) calf.

bedel, -la [beðél] *s. m. y f.* porter.

begonia [beɣónja] *s. f., Bot.* begonia.

beicon [béjkon] *s. m.* bacon.

beige [béjs] *adj. y s. m.* beige.

béisbol [béjsβol] *s. m., Dep.* baseball.

belén [belén] *s. m.* **1.** *Rel.* (nacimiento) crèche *Am. E.;* crib. **2.** *fig.* (desorden) confusion; mess.

belga [bélɣa] *adj. y s. m. y f.* Belgian.

bélico, -ca [béliko] *adj.* military.

belicoso, -sa [belikóso] *adj.* (de guerra) warlike; bellicose.

belleza [beʎéθa] *s. f.* beauty.

bello, -lla [béʎo] *adj.* beautiful.

bellota [beʎóta] *s. f., Bot.* acorn.

bencina [benθína] *s. f., Quím.* benzine.

bendecir [bendeθír] *v. tr., Rel.* to bless. ‖ **~ la mesa** to say grace.

bendición [bendiθjón] *s. f.* **1.** *Rel.* blessing. **2.** (ceremonia) benediction.

bendito, -ta [bendíto] *adj.* **1.** *Rel.* blessed. **2.** (feliz) happy.

beneficencia [benefiθénθja] *s. f.* (caridad) charity; beneficence.

beneficiar [benefiθjár] *v. tr.* **1.** (favorecer) to benefit. ‖ **beneficiarse** *v. prnl.* **2.** to benefit [Se benefició de la situación. *He benefitted from the situation.*]

beneficio [benefíθjo] *s. m.* **1.** *Econ.* profit. **2.** (bien) benefit. ‖ **a ~ de** in aid of [Fui a un concierto a beneficio de las víctimas de la guerra. *I went to a concert in aid of the victims of the war.*]

beneficioso, -sa [benefiθjóso] *adj.* (rentable) beneficial; useful.

benéfico, -ca [benéfiko] *adj.* (caritativo) charitable; benevolent.

benevolencia [beneβolénθja] *s. f.* (caridad) benevolence; kindness.

benigno, -na [benígno] *adj.* **1.** benign.

benjamín, -mina [benχamín] *s. m. y f.* youngest [Soy el benjamín de la familia. *I'm the youngest of the family.*]

berberecho [berβerétʃo] *s. m., Zool.* (common) cockle.

berenjena [bereŋχéna] *s. f., Bot.* eggplant *Am. E.;* aubergine *Br. E.*

bermellón [bermeʎón] *s. m.* vermilion.

bermudas [bermúðas] *s. m. pl.* (bañador) Bermuda shorts.

berrear [bereár] *v. intr.* **1.** (animal) to bellow. **2.** *fig.* (persona) to squall.

berrido [beríðo] *s. m.* **1.** (de becerro) bellow. **2.** (de persona) squall.

berrinche [beríntʃe] *s. m., fam.* tantrum; rage. ‖ **coger un ~** to throw a tantrum.

berro [béro] *s. m., Bot.* watercress.

berza [bérθa] *s. f., Bot.* cabbage.

besamel [besamél] *s. f.* white sauce.

besar [besár] *v. tr.* **1.** to kiss. ‖ **besarse** *v. prnl.* **2.** to kiss.

beso [béso] *s. m.* kiss. ‖ **tirar un ~** to blow a kiss.

bestia [béstja] *s. f.* **1.** beast. ‖ *s. m. y f.* **2.** *fig. y fam.* (bruto) brute.

bestial [bestjál] *adj.* **1.** (brutal) bestial. **2.** *fam.* (extraordinario) terrific *fam.*

bestialidad [bestjaliðáð] *s. f.* **1.** bestiality; brutality. **2.** (gran cantidad) tons [Come una bestialidad. *He eats tons.*]

besugo [besúɾo] *s. m.* **1.** *Zool.* sea bream. **2.** *fam.* (idiota) twirp *coll.*

betún [betún] *s. m.* shoe polish.

biberón [biβeɾón] *s. m.* feeding bottle.

Biblia [bíβlja] *s. f., Rel.* Bible.

bibliografía [biβljoɤɾafía] *s. f.* bibliography.

biblioteca [biβljotéka] *s. f.* **1.** (lugar) library. **2.** (mueble) bookcase; bookshelves *pl.* || ~ **pública** public library. **carné de la** ~ library card.

bicarbonato [bikaɾβonáto] *s. m., Quím.* bicarbonate; baking soda.

bicho [bítʃo] *s. m.* **1.** (insecto) bug. **2.** *col.* (persona inquieta) monkey. || ~ **raro** *col.* oddball *coll.*; weirdo, *coll.*

bicicleta [biθikléta] *s. f.* bicycle. || **ir en bici** to bike *coll.*

bicolor [bikolóɾ] *adj.* two-colored.

bidé [biðé] *s. m.* bidet.

bidón [biðón] *s. m.* drum.

bien [bjén] *s. m.* **1.** good [El bien y el mal. *Good and evil.*] **2.** good; benefit [Hazlo por el bien de tus hijos. *Do it for the good/benefit of your children.*] || *adv. m.* **3.** well [Canta muy bien. *He sings very well.*] **4.** (correctamente) properly [¿Has cerrado bien la puerta? *Did you lock the door properly?*] **5.** (estar) fine [No te preocupes, estoy bien. *Don't worry, I'm fine.*] **6.** (correcto) right [El ejercicio está bien. *The exercise is right.*] **7.** (intensificador) very [Esta casa es bien cara. *This house is very expensive.*] || *interj.* **8.** right [Bien, ¿quién va a ir? *Right, who is going*] || **¡ ~ !** *interj.* **9.** good!; well done! || **bien... bien...** either... or... [Iré bien por la mañana, bien al mediodía. *I'll go either in the morning or in the afternoon.*] **bienes muebles** *Econ.* personal property.

bienal [bjenál] *adj. y s. f.* biennial.

bienaventurado, -da [bjenaβeɲtuɾáðo] *adj.* **1.** *Rel.* (dichoso) blessed.

bienaventuranza [bjenaβeɲtuɾánθa] *s. f.* **1.** bliss. || **bienaventuranzas** *s. f. pl.* **2.** *Rel.* Beatitudes *pl.*

bienestar [bjenestáɾ] *s. m.* well-being; welfare. || ~ **social** social welfare.

bienio [bjénjo] *s. m.* biennium; two-year period.

bienvenida [bjembeníða] *s. f.* welcome. || **dar la** ~ to welcome.

bienvenido, -da [bjembeníðo] *adj.* **1.** welcome. || **¡ ~ !** *interj.* **2.** welcome!

bies [bjés] *s. m. inv.* (costura) bias. || **al** ~ (en diagonal) on the bias.

bifocal [bifokál] *adj.* bifocal.

bifurcarse [bifuɾkáɾse] *v. prnl.* to fork.

bigote [biɤóte] *s. m.* **1.** (de persona) mustache *Am. E.* **2.** (de animal) whisker.

bilingüe [bilíŋgwe] *adj.* bilingual.

bilis [bilís] *s. f.* **1.** *Med.* bile. **2.** *fig.* spleen.

billar [biʎáɾ] *s. m.* **1.** (juego) billiards *pl.* **2.** (con 22 bolas) snooker. || ~ **americano** pool. || ~ **ruso** snooker.

billete [biʎéte] *s. m.* **1.** (de tren, autobús...) ticket. **2.** (de lotería) ticket. **3.** (de dinero) bill *Am. E.;* note *Br. E.* || ~ **de ida y vuelta** round-trip ticket *Am. E.;* return ticket *Br. E.* ~ **sencillo** single ticket.

billetera [biʎetéɾa] *s. f.* (monedero) billfold *Am. E.;* wallet *Br. E.*

billetero [biʎetéɾo] *s. m.* (monedero) billfold *Am. E.;* wallet *Br. E.*

billón [biʎón] *s. m.* (dinero) trillion *Am. E.;* billion *Br. E.*

bimestre [biméstɾe] *s. m.* two months.

bingo [bíŋgo] *s. m.* **1.** (juego) bingo. **2.** (local) bingo hall.

biodegradable [bjoðeɣraðáβle] *adj.* (residuos) biodegradable.

biografía [bjoɣrafía] *s. f.* biography.

biología [bjoloχía] *s. f.* biology.

biombo [bjómbo] *s. m.* folding screen.

biquini [bikíni] *s. m.* bikini.

birlar [birlár] *v. tr., col.* to filch; to lift.

birria [bíʀja] *s. f.* **1.** *col.* rubbish; crap [Tu trabajo es una birria. *Your essay is rubbish.*] **2.** *col.* (cosa fea) monstrosity.

bis [bís] *adv. c.* **1.** *Mús.* bis. ‖ *s. m.* **2.** (repetición) encore.

bisabuelo, -la [bisaβwélo] *s. m.* **1.** great-grandfather. ‖ **bisabuela** *s. f.* **2.** great-grandmother. ‖ **bisabuelos** *s. m. pl.* **3.** great-grandparents *pl.*

bisagra [bisáɣra] *s. f.* hinge.

bisbisear [bisβiseár] *v. tr., fam.* to whisper; to mutter; to mumble.

bisel [bisél] *s. m.* bevel.

biselar [biselár] *v. tr.* to bevel.

bisiesto [bisjésto] *adj. y s. m.* (año) leap year.

bisílabo, -ba [bisílaβo] *adj.* two-syllable.

bisnieto, -ba [bisnjéto] *s. m.* **1.** great-grandson. ‖ **bisnieta** *s. f.* **2.** great-granddaughter. ‖ **bisnietos** *s. m. pl.* **3.** great-grandchildren.

bisonte [bisónte] *s. m., Zool.* bison.

bistec [bisték] *s. m.* steak.

bisturí [bisturí] *s. m., Med.* scalpel.

bisutería [bisutería] *s. f.* costume jewelry *Am. E.*; imitation jewelry.

bizco, -ca [bíθko] *adj.* **1.** cross-eyed. ‖ *s. m. y f.* **2.** cross-eyed person. **quedarse ~** *fam.* to be flabbergasted.

bizcocho [biθkótʃo] *s. m., Gastr.* sponge cake.; sponge finger.

blanco, -ca [bláŋko] *adj.* **1.** white. **2.** (de piel) fair-skinned. ‖ *s. m.* **3.** (color)

white. **4.** (objetivo) target [Le gusta tirar al blanco. *He likes shooting at the target.*] **5.** *fig.* target; butt [Fue el blanco de las críticas. *She was the target of criticism.*] ‖ *s. m. y f.* **6.** white person. ‖ **en ~** blank [Dejé la mitad del examen en blanco. *I left half of the exam blank.*] **quedarse en ~** to go blank.

blancura [blaŋkúra] *s. f.* whiteness.

blandir [blaɲdír] *v. tr., lit* (espada) to brandish.

blando, -da [blándo] *adj.* **1.** (cama) soft. **2.** (carácter) soft; weak. **3.** (tierno) tender.

blandura [blaɲdúra] *s. f.* **1.** softness. **2.** *fig.* (indulgencia) softness; weakness.

blanquear [blaŋkeár] *v. tr.* **1.** to whiten. **2.** (paredes) to whitewash. **3.** *fig.* (dinero) to launder.

blanqueo [blaŋkéo] *s. m.* **1.** whitening. **2.** (de dinero) laundering.

blasfemar [blasfemár] *v. intr.* **1.** *Rel.* to blaspheme. **2.** *fig.* (maldecir) to curse.

blasfemia [blasfémja] *s. f.* **1.** *Rel.* blasphemy. **2.** *fig.* (grosería) profanity.

blasón [blasón] *s. m., Hist.* (heráldica) coat of arms.

blasonar [blasonár] *v. tr.* **1.** to emblazon. ‖ *v. intr.* **2.** *fig.* to boast.

bledo [bléðo] *s. m., Bot.* blite. ‖ **me importa un ~** *fam.* I couldn't care less. I don't give a damn.

blindar [bliɲdár] *v. tr.* to shield.

bloc [blók] *s. m.* pad; notepad.

bloque [blóke] *s. m.* block.

bloquear [blokeár] *v. tr.* **1.** to block; obstruct [Los trabajadores bloquearon la entrada. *The workers blocked the entrance.*] **2.** *Mil.* to blockade.

bloqueo [blokeó] *s. m.* **1.** (comercial) freeze. **2.** *Mil.* blockade.

blusa [blúsa] *s. f.* blouse.

blusón [blusón] *s. m.* loose blouse.

boa [bóa] *s. f., Zool.* boa.

bobada [boβáða] *s. f.* nonsense [¡Deja de decir bobadas! *Stop talking nonsense!*]

bobina [boβína] *s. f.* **1.** bobbin; reel. **2.** *Electrón.* coil. ‖ **~ de hilo** cotton reel.

bobo, -ba [bóβo] *adj.* **1.** stupid; silly. ‖ *s. m. y f.* **2.** (tonto) fool; idiot.

boca [bóka] *s. f.* **1.** *Anat.* mouth. **2.** *fig.* (de túnel, etc) mouth; entrance. ‖ **andar de ~ en ~** to be common knowledge. **~ a ~** kiss of life [Me hizo el boca a boca. *He gave me the kiss of life.*] **~ de riego** hydrant. **hacérsele la ~ agua a alguien** to make sb's mouth water. **no decir esta ~ es mía** not to say a word. **quedarse con la ~ abierta** to gape.

bocacalle [bokakáʎe] *s. f.* (calle secundaria) side street.

bocadillo [bokaðíʎo] *s. m.* **1.** sandwich; submarine. **2.** (en cómics) balloon; speech bubble.

bocado [bokáðo] *s. m.* **1.** (mordisco) mouthful. **2.** (tentempié) bite [Ayer no probó bocado. *Yesterday he didn't have a bite to eat.*]

bocajarro, a [bokaxáro] *loc.* **1.** (disparar) at point-blank range. **2.** (de improviso) point-blank.

bocamanga [bokamáŋga] *s. f.* cuff.

bocanada [bokanáða] *s. f.* **1.** (de humo) puff. **2.** (de líquido) mouthful. **3.** (ráfaga) blast; gust.

bocata [bokáta] *s. m., fam.* (bocadillo) sandwich; submarine.

bocazas [bokáθas] *s. m. y f. inv., col.* (fanfarrón) bigmouth; blabbermouth.

boceto [boθéto] *s. m.* **1.** (esbozo) sketch. **2.** (proyecto) outline.

bochorno [botʃórno] *s. m.* **1.** *Meteor.* sultry weather. **2.** *fig.* (vergüenza) shame.

bochornoso [botʃornóso] *adj.* **1.** *Meteor.* muggy; sultry. **2.** (vergonzoso) shameful; embarrassing.

bocina [boθína] *s. f., Autom.* horn. ‖ **tocar la ~** to blow one's horn.

boda [bóða] *s. f.* wedding. ‖ **bodas de oro** golden wedding. **bodas de plata** silver wedding.

bodega [boðéɣa] *s. f.* **1.** wine cellar; wine vault. **2.** (tienda) wine shop. **3.** *Náut.* (of ship) hold.

bodegón [boðeɣón] *s. m.* **1.** *Pint.* still life. **2.** (para comer) eating house.

body [bóði] *s. m.* body.

bofetada [bofetáða] *s. f.* (sopapo) slap; blow (in the face).

bofetón [bofetón] *s. m.* hard slap.

boga [bóɣa] *s. f.* vogue. ‖ **en ~** in vogue [Esto está muy en boga. *This is very in.*]

bohemio, -mia [boémjo] *adj. y s. m. y f.* (artista) bohemian.

boicot [bojkót] *s. m.* boycott.

boicotear [bojkoteár] *v. tr.* to boycott.

boina [bójna] *s. f.* beret.

bol [ból] *s. m.* bowl.

bola [bóla] *s. f.* **1.** (pelota) ball. ‖ *s. f.* **2.** *fam.* (mentira) lie; fib *fam.* ‖ **bolas** *s. f. pl.* **3.** *vulg.* (testículos) balls.

bolero [boléro] *s. m.* **1.** *Mús.* bolero. **2.** (chaqueta) bolero.

boletín [boletín] *s. m.* bulletin. ‖ **~ de notas** school report. **~ informativo** news bulletin. **Boletín Oficial del Estado** official Gazette.

boleto [boléto] *s. m.* **1.** (de lotería) ticket.

bólido [bóliðo] *s. m., Autom.* racing car.

bolígrafo [bolíɣrafo] *s. m.* pen; ballpoint.

boliviano, -na [boliβjáno] *adj. y s. m. y f.* Bolivian.

bollo¹ [bóʎo] *s. m.* **1.** (de pan) roll; bread roll. **2.** (dulce) bun. ‖ **~ suizo** *Gastr.* sugared bun.

bollo² [bóʎo] *s. m., fam.* **1.** (abolladura) dent. **2.** (chichón) bump; swelling.

bolo [bólo] *s. m.* **1.** tenpin. ‖ **bolos** *s. m. pl.* **2.** (juego) tenpins *Am. E.*

bolsa¹ [bólsa] *s. f.* **1.** bag. **2.** *Zool.* (del canguro) pouch. ‖ **~ de papel** paper bag; sack *Am. E.*

bolsa² [bólsa] *s. f., Econ.* stock exchange.

bolsillo [bolsíʎo] *s. m.* (en la ropa) pocket. ‖ **edición de ~** pocket edition.

bolso [bólso] *s. m.* (de mujer) handbag; purse *Am. E.*

bomba¹ [bómba] *s. f., Míl.* bomb. ‖ **~ atómica** atomic bomb. **pasarlo ~** *col.* to have a whale of a time *col.*

bomba² [bómba] *s. f., Tecnol.* (de aire, hidráulica) pump.

bombacho [bombátʃo] *adj.* baggy [Me compré unos pantalones bombachos. *I bought a pair of baggy trousers.*]

bombardear [bombarðeár] *v. tr.* **1.** *Míl.* to bomb. **2.** *fig.* (acosar) to bombard [Me bombardeó a preguntas. *He bombarded me with questions.*]

bombardeo [bombarðéo] *s. m., Míl.* bombing; bombardment.

bombazo [bombáθo] *s. m.* **1.** (explosión) bomb explosion. **2.** *fig. y fam.* (noticia) bombshell.

bombear [bombeár] *v. tr.* to pump.

bombero [bombéro] *s. m.* **1.** fireman. ‖ **bombera** *s. f.* **2.** firewoman.

bombilla [bombíʎa] *s. f.* bulb.

bombo [bómbo] *s. m.* **1.** *Mús.* bass drum. **2.** (publicidad) hype. ‖ **a ~ y platillo**

fig. with a great song and dance. **dar ~ a algo** to hype (sth).

bombón [bombón] *s. m.* **1.** chocolate. **2.** *fam.* (mujer) stunner *coll.* [Su mujer es un bombón. *His wife is a real stunner.*]

bombona [bombóna] *s. f.* (de gas) gas canister/cylinder.

bonachón, -chona [bonatʃón] *adj.* (buenazo) good-natured; kind.

bonanza [bonánθa] *s. f.* **1.** *Meteor.* fair weather. **2.** (prosperidad) prosperity.

bondad [bondáð] *s. f.* kindness; goodness. ‖ **tener la ~ de** to be so kind as to [Tuvo la bondad de acompañarme. *He was so kind as to come with me.*]

bondadoso, -sa [bondaðóso] *adj.* good-natured; kind-hearted; kindly.

bonificar [bonifikár] *v. tr.* to discount.

bonito [boníto] *s. m., Zool.* tuna.

bonito, -ta [boníto] *adj.* nice; lovely.

bono [bóno] *s. m.* **1.** *Econ.* bond. **2.** (vale) voucher.

bonobús [bonoβús] *s. m.* 10-journey bus ticket; bus pass.

bonoloto [bonolóto] *s. f.* multi-draw state lottery.

bonsái [bonsáj] *s. m., Bot.* bonsai.

boñiga [boɲíɣa] *s. f.* dung.

boquerón [bokerón] *s. m., Bot.* anchovy

boquete [bokéte] *s. m.* (orificio) hole narrow opening; small gap.

boquiabierto, -ta [bokjaβjérto] *adj.* (asombrado) open-mouthed.

boquilla [bokíʎa] *s. f.* **1.** (de cigarrillo cigarette holder. **2.** *Mús.* mouthpiece **3.** (de manga pastelera) nozzle. ‖ **de** *col.* lip service [Sólo lo dice de boquill *He's just paying lip service.*]

borda [bórða] *s. f., Náut.* gunwale. ‖ **po la ~** *Náut.* overboard.

bordado, -da [borðáðo] *adj.* **1.** (en costura) embroidered. **2.** *col.* (perfecto) excellent [El examen me salió bordado. *I did an excellent exam.*] ‖ *s. m.* **3.** embroidery; needlework.

bordar [borðár] *v. tr.* to embroider.

borde[1] [bórðe] *s. m.* **1.** edge. **2.** (de un recipiente) rim. ‖ **estar al ~ de** be on the brink of [Está al borde de la desesperación. *He is on the brink of despair.*]

borde[2] [bórðe] *adj.* rude.

bordear [borðeár] *v. tr.* to skirt.

bordillo [borðíʎo] *s. m.* (de la acera) curb *Am. E.*; kerb *Br. E.*

bordo, a [bórðo] *loc. adv.* on board [Ya está a bordo. *She is already on board.*]

boreal [boreál] *adj.* boreal.

borla [bórla] *s. f.* (costura) tassel.

borrachera [boraʧéra] *s. f.* drunkenness.

borracho, -cha [boráʧo] *adj.* **1.** (bebido) drunk. ‖ *s. m. y f.* **2.** drunkard.

borrador [boraðór] *s. m.* **1.** (escrito) draft *Am. E.* **2.** (para pizarra) eraser *Am. E.*; duster *Br. E.*

borrar [borár] *v. tr.* **1.** (con goma) to erase; to rub out. **2.** (cinta, archivo) to delete. **3.** (tachar) to cross out.

borrasca [boráska] *s. f.* **1.** *Meteor.* depression. **2.** *Meteor.* (tormenta) squall.

borrascoso, -sa [boraskóso] *adj., Meteor.* (tiempo) squally.

borrego, -ga [boréɣo] *s. m. y f.* **1.** *Zool.* lamb. **2.** *col.* (persona) simpleton.

borrico [boríko] *s. m.* **1.** *Zool.* donkey. **2.** *fam.* (persona) fool.

borrón [borón] *s. m.* smudge; inkblot. ‖ **hacer ~ y cuenta nueva** *fam.* to wipe the slate clean *fam.*

borroso, -sa [boróso] *adj.* **1.** (confuso) blurred. **2.** (recuerdo, idea) vague.

bosque [bóske] *s. m.* forest; woods *pl.*

bosquejo [boskéxo] *s. m.* **1.** (esbozo) sketch. **2.** (proyecto) outline.

bostezar [bosteθár] *v. intr.* to yawn.

bostezo [bostéθo] *s. m.* yawn.

bota [bóta] *s. f.* **1.** boot. **2.** (de vino) wineskin. ‖ **~ botas camperas** cowboy boots.

botadura [botaðúra] *s. f., Náut.* launch.

botánico, -ca [botániko] *adj.* **1.** botanical. ‖ *s. m. y f.* **2.** botanist. ‖ **botánica** *s. f.* **3.** (ciencia) botany.

botar [botár] *v. tr.* **1.** (una pelota, un balón) to bounce. **2.** (un barco) to launch. ‖ *v. intr.* **3.** (saltar) jump. **4.** (balón) to bounce.

bote[1] [bóte] *s. m.* (salto) bounce.

bote[2] [bóte] *s. m.* **1.** (lata) can; tin *Br. E.* **2.** (tarro) jar. **3.** (de juegos) pot [¿Quién ganó el bote? *Who won the pot?*] ‖ **tener a alguien en el ~** *fam.* to have sb in one's pockets.

bote[3] [bóte] *s. m., Náut.* boat. ‖ **~ de remos** *Náut.* rowboat *Am. E.* **~ salvavidas** *Náut.* lifeboat.

botella [botéʎa] *s. f.* bottle.

botica [botíka] *s. f.* (farmacia) pharmacy; chemist's (shop).

botijo [botíxo] *s. m.* earthenware drinking jug with spout.

botín[1] [botín] *s. m.* (de un robo) booty; spoils *pl.*

botín[2] [botín] *s. m.* (zapato) ankle boot.

botiquín [botikín] *s. m.* **1.** medicine chest/cabinet. **2.** (maletín) first-aid kit.

botón [botón] *s. m.* button.

botones [botónes] *s. m. sing.* **1.** (en hotel) bellboy *Am. E.*; page. **2.** (en oficina) office boy.

boutique [butík] *s. f.* boutique.

bóveda [bóβeða] *s. f., Arq.* vault.

bovino, -na [boβíno] *adj. y s. m. y f.,* *Zool.* (vacuno) bovine.

boxeador, -ra [bokseaðór] *s. m. y f.,* *Dep.* (púgil) boxer.

boxear [bokseár] *v. intr., Dep.* to box.

boxeo [bokséo] *s. m., Dep.* boxing.

boy scout [bojeskáwt] *s. m., angl.* (explorador) boy scout.

boya [bója] *s. f., Náut.* buoy.

bozal [boθál] *s. m.* muzzle.

bracero [braθéro] *s. m.* laborer.

braga [bráγa] *s. f.* panties *pl. Am. E.;* knickers *pl. Br. E.*

bragueta [braγéta] *s. f.* fly; flies *pl.*

bramar [bramár] *v. intr.* **1.** (animal) to bellow. **2.** (persona) to roar. **3.** (viento, mar) to roar.

bramido [bramíðo] *s. m.* **1.** (de animal) bellow. **2.** (de persona) bellow. **3.** (del mar, viento) boom.

branquia [bráŋkja] *s. f., Zool.* gill.

brasa [brása] *s. f.* ember.

brasero [braséro] *s. m.* brazier.

brasileño, -ña [brasiléɲo] *adj. y s. m. y f.* Brazilian.

bravo, -va [bráβo] *adj.* **1.** (valiente) brave; courageous. **2.** (animal) fierce. ‖ ¡ ~ ! *interj.* **3.** well done!; bravo.

braza [bráθa] *s. f.* (estilo de natación) breaststroke [Está nadando a braza. *She is doing the breaststroke.*]

brazada [braθáða] *s. f.* **1.** (al nadar) stroke. **2.** (cantidad) armful.

brazalete [braθaléte] *s. m.* **1.** (de una pieza) bangle. **2.** (de eslabones) bracelet.

brazo [bráθo] *s. m.* **1.** *Anat.* arm. **2.** (de una silla) arm. ‖ ~ **armado** military arm. ~ **de gitano** *Gastr.* jelly roll *Am. E.;* Swiss roll *Br. E.* **con los brazos abier-** tos with open arms. **ser el ~ derecho de alguien** to be sb's right-hand man.

brea [bréa] *s. f.* tar; pitch.

brebaje [breβáxe] *s. m.* brew.

brecha [brétʃa] *s. f.* **1.** (en la pared) breach; opening; gap. **2.** (en la cabeza) gash. **3.** *fig.* breach.

breva [bréβa] *s. f.* early fig. ‖ **no caerá esa ~** *fig. y fam.* fat chance.

breve [bréβe] *adj.* brief; short. ‖ **en ~** shortly; before long.

brevedad [breβeðáð] *s. f.* brevity; briefness. ‖ **a la mayor ~ posible** as soon as possible.

bribón, -bona [briβón] *adj.* **1.** (vago) idle. ‖ *s. m. y f.* **2.** (pícaro) scamp; rascal.

bricolaje [brikoláxe] *s. m.* do-it-yourself.

brida [bríða] *s. f.* bridle.

brigada [briγáða] *s. f.* **1.** *Mil.* brigade. **2.** (de policías, trabajadores) squad.

brillante [briʎánte] *adj.* **1.** bright; shiny. **2.** *fig.* (extraordinario) brilliant.

brillantina [briʎantína] *s. f.* brilliantine.

brillar [briʎár] *v. intr.* to shine.

brillo [bríʎo] *s. m.* shine; luster.

brincar [briŋkár] *v. intr.* to leap; to hop.

brinco [bríŋko] *s. m.* leap; bound.

brindar [brindár] *v. intr.* **1.** to toast. ‖ *v. tr.* **2.** (ofrecer) to afford. ‖ **brindarse** *v. prnl.* **3.** to volunteer [Se brindó a ayudarme. *She volunteered to help me.*]

brindis [bríndis] *s. m.* toast.

brío [brío] *s. m.* **1.** (ímpetu) energy; force. **2.** (valor) spirit; dash.

brisa [brísa] *s. f.* breeze.

británico, -ca [britániko] *adj.* **1.** British; Britannic *frml.* ‖ *s. m. y f.* **2.** (persona) British person; Briton.

brocha [brótʃa] *s. f.* brush; paintbrush. ‖ ~ **de afeitar** shaving brush .

broche [brótʃe] *s. m.* **1.** (de monedero, maletín) clasp. **2.** (joya) brooch.

broma [bróma] *s. f.* **1.** joke [Me gastó una broma. He played a joke on me.] ‖ **en** ~ in fun. **gastar bromas** to play jokes.

bromear [bromeár] *v. intr.* to joke.

bromista [bromísta] *adj.* **1.** (guasón) waggish. ‖ *s. m. y f.* **2.** joker; wag.

bronca [brónka] *s. f.* *fam.* (disputa) quarrel. ‖ **echarle la** ~ **a alguien** to give somebody a rocket.

bronce [brónθe] *s. m.* bronze.

bronceador [bronθeaðór] *s. m.* **1.** (crema) suntan lotion. **2.** (aceite) suntan oil.

broncear [bronθeár] *v. tr.* **1.** (el sol) to tan. **2.** (dar color) to bronze. ‖ **broncearse** *v. prnl.* **3.** to get a suntan; to tan.

bronco, -ca [brónko] *adj.* **1.** (voz) rough; gruff. **2.** *fig.* (carácter) surly.

bronquio [brónkjo] *s. m., Anat.* bronchus; bronchial tube.

bronquitis [bronkítis] *s. m., Med.* bronchitis.

brotar [brotár] *v. intr.* **1.** *Bot.* (plantas) to bud; to sprout. **2.** (agua) to spring. **3.** *fig.* (aparecer) to break out.

brote [bróte] *s. m.* **1.** *Bot.* (renuevo) shoot. **2.** *fig.* (estallido) outbreak.

brujería [bruxería] *s. f.* (hechicería) witchcraft; sorcery.

brujo [brúxo] *s. m.* **1.** (hechicero) wizard. ‖ **bruja** *s. f.* **2.** witch.

brújula [brúxula] *s. f.* compass.

bruma [brúma] *s. f., Meteor.* mist.

brumoso, -sa [brumóso] *adj.* (nebuloso) misty; hazy.

bruñido, -da [bruɲíðo] *s. m.* **1.** burnish.

brusco, -ca [brúsko] *adj.* **1.** (rudo) rough; brusque. **2.** (repentino) sudden. **3.** (bajada) abrupt; sharp.

brusquedad [bruskeðáð] *s. f.* abruptness; brusqueness.

brutal [brutál] *adj.* **1.** (crimen) brutal; savage. **2.** (enorme) huge.

brutalidad [brutaliðáð] *s. f.* brutality.

bruto, -ta [brúto] *adj.* **1.** (tonto) dumb. **2.** (grosero) brutish. ‖ *s. m. y f.* **3.** (persona violenta) brute. ‖ *s. m.* **4.** *Zool.* (animal) beast. ‖ **peso** ~ gross weight.

bucal [bukál] *adj., Anat.* oral; mouth.

bucear [buθeár] *v. intr.* to dive.

buceo [buθéo] *s. m.* diving.

buche [bútʃe] *s. m.* **1.** *Zool.* (de aves) crop. **2.** *Zool.* *fam.* (de animales) maw. **3.** *Anat.*, *fam.* (estómago) maw.

bucle [búkle] *s. m.* **1.** (rizo) ringlet; curl. **2.** *Inform.* loop.

budismo [buðísmo] *s. m., Rel.* Buddhism.

buen [bwén] *adj.* good [Es un buen marido. He is a good husband.] •Apocopated form of "bueno", used before a m. n.

buenaventura [bwenaβentúra] *s. f.* (adivinación) good fortune.

bueno, -na [bwéno] *adj.* **1.** good. **2.** (agradable) nice. **3.** (clima) fine. ‖ *interj.* **4.** *col.* well [Bueno, vámonos. Well, let's go.] **5.** (de acuerdo) all right. ‖ **de buenas** in a good mood. •Before a m. n., it is used the apocopated form "buen"

buey [bwéj] *s. m., Zool.* ox; bullock.

búfalo, -la [búfalo] *s. m. y f., Zool.* buffalo.

bufanda [bufánda] *s. f.* scarf.

bufar [bufár] *v. intr.* to snort.

bufé [bufé] *s. m.* buffet.

bufete [buféte] *s. m.* **1.** (de abogados) lawyer's office [Ha abierto un bufete. He has set up as a lawyer.]

bufido [bufíðo] *s. m.* snort.

bufón, -fona [bufón] *s. m. y f.* (payaso) clown; buffoon.

buhardilla [bwarðíʎa] *s. f.* **1.** (desván) attic. **2.** (ventana) domer.

búho [búo] *s. m., Zool.* owl.

buhonero, -ra [bwonéro] *s. m. y f., ant.* (mercader) peddler.

buitre [bwítre] *s. m.* **1.** *Zool.* vulture. **2.** *fig.* (persona) vulture.

bujía [buχía] *s. f., Autom.* spark pl.

bula [búla] *s. f.* (papal) bull.

bulbo [búlβo] *s. m., Anat. y Bot.* bulb.

bulevar [buleβár] *s. m.* boulevard.

bulimia [bulímja] *s. f., Med.* bulimia.

bulla [búʎa] *s. f.* **1.** (alboroto) racket. **2.** (muchedumbre) crowd.

bullicio [buʎíθjo] *s. m.* **1.** (ruido) bustle [No me gusta el bullicio de la ciudad. *I don't like the bustle of the city.*]

bullir [buʎír] *v. intr.* **1.** (hervir) to boil. **2.** (burbujear) to bubble.

bulto [búlto] *s. m.* **1.** (volumen) bulk. **2.** *Med.* (hinchazón) lump; bump. **3.** (paquete) package.

buñuelo [buɲwélo] *s. m.* fritter.

buque [búke] *s. m., Náut.* ship; vessel. ‖ ~ **de guerra** *Náut.* warship. ~ **escuela** training ship.

burbuja [burβúχa] *s. f.* bubble.

burbujear [burβuχeár] *v. intr.* to bubble.

burdo, -da [búrðo] *adj.* **1.** (persona) coarse. **2.** (tela) coarse.

burgués, -guesa [burγés] *adj. y s. m. y f.* bourgeois.

burguesía [burγesía] *s. f.* (clase media) bourgeoisie; middle class.

buril [buríl] *s. m.* burin.

burla [búrla] *s. f.* derision; mockery; humbug. ‖ **hacer** ~ to mock.

burlar [burlár] *v. tr.* **1.** to evade [Consiguió burlar a la policía. *He managed to evade the police.*] ‖ **burlarse** *v. prnl.* **2.** to mock; to jeer [Se burló de mí. *She mocked (at) me.*]

burlesco, -ca [burlésko] *adj.* (jocoso) burlesque; comic.

burlón, -lona [burlón] *adj.* **1.** mocking; sneering. ‖ *s. m. y f.* **2.** joker.

burocracia [burokráθja] *s. f.* bureaucracy; administration.

burro, -rra [búřo] *adj.* **1.** *fam.* stupid. ‖ *s. m. y f.* **2.** *Zool.* ass; donkey. **3.** *fam.* (estúpido) idiot.

bus [bús] *s. m., fam.* bus.

busca [búska] *s. f.* **1.** search [Voy en busca de mi hermano. *I'm going in search of my brother.*] ‖ *s. m.* **2.** *fam.* (busca-personas) beeper *Am. E.;* bleeper.

buscar [buskár] *v. tr.* **1.** to look for; to search for; to seek [¿Buscas tus llaves? *Are you looking for your keys?*] **2.** (en lista, diccionario) to look up.

búsqueda [búskeða] *s. f.* search; hunt.

busto [bústo] *s. m.* **1.** (escultura) bust. **2.** *Anat.* (pecho de mujer) bust.

butaca [butáka] *s. f.* **1.** (sillón) easy chair. **2.** *Cinem. y Teatr.* seat.

butano [butáno] *s. m., Quím.* butane.

butifarra [butifářa] *s. f., Gastr.* kind of sausage.

buzo [búθo] *s. m.* diver.

buzón [buθón] *s. m.* mailbox *Am. E.;* letter box *Br. E.* ‖ ~ **de voz** voice mailbox.

C

c [θé] *s. f.* (letra) c.

cabal [kaβál] *adj.* **1.** (exacto) exact. **2.** (honrado) upright. ‖ **estar en sus cabales** not to be in one's right mind.

cabalgar [kaβalɣár] *v. intr.* to ride.

cabalgata [kaβalɣáta] *s. f.* cavalcade.

caballa [kaβáʎa] *s. f.*, *Zool.* (pez) mackerel *inv.*

caballar [kaβaʎár] *adj.* equine.

caballería [kaβaʎería] *s. f.* **1.** *Mil.* cavalry. **2.** (montura) mount.

caballeriza [kaβaʎeríθa] *s. f.* stable.

caballero [kaβaʎéro] *s. m.* **1.** (señor) gentleman; sir. **2.** (cortés) gentleman [Eres todo un caballero. *You are a real gentleman.*] **3.** *Hist.* knight. ‖ **~ andante** knight errant.

caballeroso, -sa [kaβaʎeróso] *adj.* (cortés) chivalrous; gentlemanly.

caballete [kaβaʎéte] *s. m.* **1.** *Pint.* (de pintor) easel. **2.** *Anat.* (de la nariz) bridge.

caballo [kaβáʎo] *s. m.* **1.** *Zool.* horse. **2.** (ajedrez) knight. **3.** *jerg.* (heroína) smack. ‖ **a ~** *Equit.* on horseback. **~ de carreras** *Equit.* racehorse. **~ de vapor** *Autom.* horsepower.

cabaña [kaβáɲa] *s. f.* cabin; hut.

cabecear [kaβeθeár] *v. intr.* **1.** (negar con la cabeza) to shake one's head. **2.** (dar cabezadas) to nod. ‖ *v. tr.* **3.** *Dep.* to head.

cabecera [kaβeθéra] *s. f.* **1.** head. **2.** (de la cama) headboard. **3.** (de una página) headline. **4.** (junto a la cama) bedside [Pasó toda la noche a su cabecera. *She sat the whole night at his bedside.*] **5.** (de periódico) flag; masthead.

cabecilla [kaβeθíʎa] *s. m. y f.* ringleader.

cabellera [kaβeʎéra] *s. f.* hair.

cabello [kaβéʎo] *s. m.* **1.** (uno) hair. **2.** (conjunto) hair [Tiene el cabello rubio. *She has fair hair.*]

caber [kaβér] *v. intr.* **1.** to fit [La mesa no cabe por la puerta. *The table doesn't fit through the door.*] ‖ *v. impers.* **2.** there is room [Caben dos cajas. *There is room for two boxes.*] ‖ **no ~ en sí** *fam.* to be over the moon.

cabeza [kaβéθa] *s. f.* **1.** *Anat.* head. **2.** (de un clavo) head. **3.** (de ajos) bulb (of garlic). **4.** *fig.* head [El presidente estaba en la cabeza de la manifestación. *The president was at the head of the demonstration.*] ‖ *s. m.* **5.** head [Yo soy el cabeza de familia. *I am the head of the family.*] ‖ **~ de chorlito** *fam.* scatterbrain. **~ de ganado** head of cattle. **~ de turco** scapegoat. **estar a la ~ de** to head. **perder la ~** to lose one's head. **por ~** each; a head. **ser un ~ dura** to be a pigheaded.

cabezada [kaβeθáða] *s. f.* nod. ‖ **dar una ~** to have a nap.

cabezonería [kaβeθonería] *s. f.*, *fam.* pig-headedness.

cabezota [kaβeθóta] *adj.* **1.** (obstinado) pigheaded. ‖ *s. m. y f.* **2.** (terco) pigheaded person.

cabezudo, -da [kaβeθúðo] *adj.* **1.** (cabezota) pigheaded. ‖ *s. m.* **2.** carnival figure with a huge head.

cabida [kaβíða] *s. f.* **1.** capacity. **2.** (extensión) extension.

cabildo [kaβíldo] *s. m.* **1.** (concejo) town council. **2.** *Rel.* chapter.

cabina [kaβína] *s. f.* cabin; booth. ‖ **~ telefónica** telephone booth *Am. E.*; telephone box *Br. E.*

cabizbajo, -ja [kaβiθβáχo] *adj.* (abatido) crestfallen.

cable [káβle] *s. m.* **1.** *Electrón.* cable; wire. **2.** (cuerda) cable. **3.** (telegrama) cable. ‖ **echar un ~ a alguien** *col.* to give sb a hand.

cabo [káβo] *s. m.* **1.** (extremo) end. **2.** (soga) rope. **3.** *Geogr.* cape. **4.** *Mil.* corporal. ‖ **atar cabos** to put two and two together. **llevar a ~** to carry out.

cabotaje [kaβotáχe] *s. m.* cabotage.

cabra [káβra] *s. f., Zool.* goat. ‖ **estar como una ~** *fam.* to be as mad as a hatter; to be off one's head.

cabrear [kaβreár] *v. tr.* **1.** *fam.* to annoy. ‖ **cabrearse** *v. prnl.* **2.** (mosquearse) to get angry; to get mad.

cabreo [kaβréo] *s. m. fam.* anger.

cabrío, -a [kaβrío] *adj.* caprine; goatish. ‖ **macho ~** *Zool.* billy goat.

cabriola [kaβrjóla] *s. f.* (niño) caper. ‖ **hacer cabriolas** (caballo) to prance.

cabrito [kaβríto] *s. m., Zool.* kid.

cabrón, -brona [kaβrón] *s. m. y f. vulg.* (bastardo) swine; bastard.

cacahuete [kakawéte] *s. m., Bot.* peanut; monkey nut. ‖ **crema de ~** peanut butter.

cacao [kakáo] *s. m.* **1.** *Bot.* cacao. **2.** (polvo, bebida) cocoa. **3.** *fam.* (lío) mess.

cacarear [kakareár] *v. intr.* **1.** (gallo) to crow. **2.** (gallina) to cluck. ‖ *v. tr.* **3.** *fig. fam.* (jactarse de) to crow (about).

cacería [kaθería] *s. f.* hunt; hunting.

cacerola [kaθeróla] *s. f.* saucepan; pan.

cachalote [katʃalóte] *s. m., Zool.* cachalot; sperm whale.

cacharro [katʃáro] *s. m.* **1.** crock. **2.** *fam.* (cachivache) contraption. ‖ **cacharros** *s. m. pl.* **3.** *fam.* (de cocina) pots and pans.

cachear [katʃeár] *v. tr.* to search.

cachiporra [katʃipóra] *s. f.* (porra) club; truncheon *Br. E.*

cachivache [katʃiβátʃe] *s. m.* **1.** *desp.* (trasto) thing. ‖ **cachivaches** *s. m. pl.* **2.** (cacharros) junk *sing.*

cacho [kátʃo] *s. m.* (pedazo) piece [¿Quieres un cacho de pan? *Do you want a piece of bread?*]

cachondearse [katʃondeárse] *v. prnl., col.* to make fun.

cachondeo [katʃondéo] *s. m., col.* (guasa) lark; laugh.

cachondo, -da [katʃóndo] *adj.* **1.** *vulg.* (excitado) hot. ‖ *s. m. y f.* **2.** *fam.* (divertido) real laugh; real scream [Tu hermano es un cachondo. *Your brother is a real scream.*]

cachorro, -rra [katʃóro] *s. m. y f.* **1.** *Zool.* (de perro) puppy. **2.** *Zool.* (de león, oso...) cub.

cacique [kaθíke] *s. m.* **1.** (dominador) overlord. **2.** *Amér.* (en tribu indígena) cacique.

caco [káko] *s. m., col.* thief.

cactus [káktus] *s. m. inv., Bot.* cactus.

cada [káða] *adj. distr.* **1.** (individualmente) each [Tengo una cosa en cada mano. *I have one thing in each hand.*] **2.** (colectivamente) every [Cada restaurante tiene su menú. *Every restaurant has a menu.*] **3.** (delante de numeral) every [Viene cada cinco días. *He comes every five days.*] ‖ **~ dos días** every other day. **~ uno** each [Tiene varias empresas, cada una con un nombre distinto. *He has several companies, each with a different name.*] (personas) everyone [Cada uno sabe lo que tiene que hacer. *Everyone knows what he has to do.*]

cadalso [kaðálso] *s. m.* **1.** (patíbulo) scaffold. **2.** (estrado) platform.

cadáver [kaðáβer] *s. m.* **1.** (de persona) corpse. **2.** (muerto) body.

cadavérico, -ca [kaðaβériko] *adj.* (pálido) ghastly; deathly.

cadena [kaðéna] *s. f.* **1.** chain. **2.** (TV) channel. || **~ de música** music center. **~ montañosa** *Geogr.* mountain range. **~ perpetua** *Der.* life imprisonment. **tirar de la ~** (del servicio) to pull the chain.

cadencia [kaðénθja] *s. f.* (ritmo) cadence; rhythm.

cadera [kaðéra] *s. f., Anat.* hip [Estaba de pie con las manos en las caderas. *She stood with her hands on her hips.*]

cadete [kaðéte] *s. m.* **1.** *Mil.* cadet. **2.** *Amér.* (aprendiz de comercio) apprentice.

caducar [kaðukár] *v. intr.* **1.** to expire.

caduco, -ca [kaðúko] *adj.* **1.** *Bot.* deciduous. **2.** (decrépito) decrepit.

caer [kaér] *v. intr.* **1.** to fall. || **caerse** *v. prnl.* **2.** to fall; to fall down [Ayer me caí por las escaleras. *Yesterday I fell down the stairs.*] || **~ en la cuenta** to realize. **~ enfermo** to fall ill. **~ muy bajo** *fam.* to stoop very low. **dejar ~** to drop. **no tener donde caerse muerto** *fig. y fam.* not to have a penny to one's name.

café [kafé] *s. m.* **1.** coffee. **2.** (cafetería) café. || **~ con leche** white coffee. **~ descafeinado** decaffeinated coffee. **~ irlandés** Irish coffee. **~ solo** black coffee. **~ soluble** instant coffee.

cafeína [kafeína] *s. f.* caffeine.

cafetera [kafetéra] *s. f.* **1.** (para hacer café) coffee maker. **2.** (para servir) coffeepot. **3.** *fam.* (coche) old heap.

cafetería [kafetería] *s. f.* café; coffee shop.

cagar [kaɣár] *v. intr.* **1.** *vulg.* to shit. || *v. tr.* **2.** *fam.* (fastidiar) to screw up. || **cagarse** *v. prnl.* **3.** *vulg.* to shit oneself.

cagarruta [kaɣarúta] *s. f.* droppings *pl.*

caída [kaíða] *s. f.* **1.** fall. **2.** (de precios, temperatura) drop. **3.** (del cabello) loss.

caído, -da [kaíðo] *adj.* **1.** fallen. **2.** *fig.* (desanimado, abatido) downhearted. || **caídos** *s. m. pl.* **3.** (en combate) fallen [Han levantado un monumento a los caídos. *A monument to the fallen has been put up.*]

caja [káxa] *s. f.* **1.** box. **2.** (en supermercados) checkout. **3.** (en bancos) window. **4.** (ataúd) coffin. || **~ de ahorros** savings bank. **~ de cambios** *Autom.* gearbox. **~ de música** music box. **~ fuerte/de caudales** safe; strongbox. **~ negra** *Aeron.* black box; flight recorder. **~ registradora** till. **echar/despedir a alguien con cajas destempladas** to send sb packing.

cajero, -ra [kaxéro] *s. m. y f., Econ.* cashier; teller. || **~ automático** cash machine; cash dispenser *Br. E.*

cajetilla [kaxetíλa] *s. f.* (de tabaco) pack *Am. E.*; packet *Br. E.*

cajón [kaxón] *s. m.* drawer. || **~ de sastre** *fig.* jumble.

cal [kál] *s. f., Quím.* lime. || **~ viva** quicklime. **cerrar a ~ y canto** to close firmly.

cala [kála] *s. f., Geogr.* cove.

calabaza [kalaβáθa] *s. f.* **1.** *Bot.* pumpkin. **2.** *fam.* (suspenso) fail. || **dar calabazas** *fam.* (a un pretendiente) to give the brush-off; to jilt.

calabobos [kalaβóβos] *s. m. inv., Meteor., fam.* (llovizna) drizzle.

calabozo [kalaβóθo] *s. m.* **1.** (prisión) jail; prison. **2.** (celda) cell.

calada [kaláða] *s. f.*, *col.* (de cigarrillo) drag *coll.*; puff.

calado [kaláðo] *s. m.* **1.** (en tejido) openwork. **2.** *Náut.* draft *Am. E.*; draught *Br. E.* **3.** (en madera) fretwork. || *adj.* **4.** (por la lluvia) soaked.

calamar [kalamár] *s. m.*, *Zool.* squid *inv.* || **calamares a la romana** *Gastr.* squid fried in batter.

calambre [kalámbre] *s. m.* **1.** *Med.* (muscular) cramp. **2.** (descarga eléctrica) electric shock.

calamidad [kalamiðáð] *s. f.* **1.** calamity. **2.** *fig.* (persona) good-for-nothing.

calandria [kalándrja] *s. f.*, *Zool.* (pájaro) calandra lark.

calaña [kalána] *s. f.*, *pey.* ilk.

calar [kalár] *v. tr.* **1.** (empapar) to soak. **2.** (perforar) to pierce. **3.** (a una persona) to rumble *Br. E.*; to have sb's number *slang* [Ya te he calado. *I've got your number.*] || **calarse** *v. prnl.* **4.** (mojarse) to get soaked. **5.** (un motor) to stall.

calavera [kalaβéra] *s. f.* **1.** *Anat.* skull. **2.** *fig.* (juerguista, mujeriego) rake.

calcar [kalkár] *v. tr.* **1.** (un dibujo) to trace. **2.** *fig.* (imitar) to copy.

calcáreo, -a [kalkáreo] *adj.*, *Geol.* (con cal) calcareous.

calcetín [kalθetín] *s. m.* sock.

calcinar [kalθinár] *v. tr.* **1.** *Quím.* to calcine. **2.** *fig.* (quemarse completamente) to burn [El fuego calcinó toda la cocina. *The fire burnt the whole kitchen.*]

calcio [kálθjo] *s. m.*, *Quím.* calcium.

calco [kálko] *s. m.* **1.** (de un dibujo) tracing. **2.** (copia) carbon copy [Es un calco de su hermana. *She is the car-*bon copy of her sister.*] **3.** *Ling.* loan translation.

calcomanía [kalkomanía] *s. f.* transfer.

calculadora [kalkulaðóra] *s. f.*, *Mat.* calculator.

calcular [kalkulár] *v. tr.* **1.** to calculate; to compute. **2.** *fig.* (estimar) to reckon [Calculo que tardará dos horas. *I reckon he will take two hours.*]

cálculo [kálkulo] *s. m.* **1.** (operación) calculation. **2.** *Mat.* calculus. **3.** *Med.* (renal, biliar) calculus; stone.

caldear [kaldeár] *v. tr.* **1.** (habitación) to heat. **2.** *fig.* (excitar) to heat up.

caldera [kaldéra] *s. f.* boiler.

caldero [kaldéro] *s. m.* caldron.

caldo [káldo] *s. m.*, *Gastr.* stock. || **~ de cultivo** *Biol.* culture medium. *fig.* | (terreno) breeding ground.

calefacción [kalefakθjón] *s. f.* heating. || **~ central** central heating.

calendario [kalendárjo] *s. m.* calendar.

calentador [kalentaðór] *s. m.* heater. | | **~ de agua** water heater.

calentar [kalentár] *v. tr.* **1.** to heat. **2.** (comida) to warm up. || *v. intr.* **3.** *Dep.* to limber up. || **calentarse** *v. prnl.* **4.** to warm up. **5.** (habitación) to heat up. **6.** *fig.* (enfadarse) to become heated.

calentón [kalentón] *s. m.* **1.** *Autom.* (motor) overheating. **2.** *vulg.* (en sentido sexual) horny devil *slang.*

calentura [kalentúra] *s. f.* **1.** *Med.* (fiebre) fever. **2.** (en labios) cold sore.

calibre [kalíβre] *s. m.* **1.** (de arma) caliber. **2.** *fig.* (importancia) caliber [Un escritor de ese calibre. *A writer of h? caliber.*]

calidad [kaliðáð] *s. f.* quality. || **~ de vid?** quality of life.

cálido, -da [káliðo] *adj.* (también fig.) warm [Le dieron una cálida bienvenida. *They gave him a warm welcome.*]

caliente [kaljénte] *adj.* **1.** hot. **2.** (no excesivo) warm. **3.** *fig.* (acalorado) heated. **4.** *fam.* (excitado) hot.

calificación [kalifikaθjón] *s. f.* **1.** (apelativo) qualification. **2.** (puntuación) grade *Am. E.*; mark *Br. E.*

calificar [kalifikár] *v. tr.* **1.** to describe; to consider [Calificó la novela de sentimental. *She described the novel as sentimental.*] **2.** (poner nota) to grade *Am. E.*; to mark *Br. E.*

calificativo, -va [kalifikatíβo] *adj.* **1.** *Ling.* qualifying [Adjetivo calificativo. *Qualifying adjective.*] ‖ *s. m.* **2.** *Ling.* qualifier.

caligrafía [kaliɣrafía] *s. f.* **1.** (arte) calligraphy. **2.** (de una persona) handwriting. ‖ **ejercicios de ~** handwriting exercises.

cáliz [káliθ] *s. m.* **1.** *Rel.* (recipiente) chalice. **2.** *Bot.* calyx.

callado, -da [kaʎáðo] *adj.* **1.** quiet. **2.** (reservado) secretive.

callar [kaʎár] *v. intr.* **1.** (no hablar) to keep quiet. **2.** (dejar de hablar) to shut up. ‖ **quien calla otorga** silence gives consent.

calle [káʎe] *s. f.* **1.** street. **2.** *Dep.* lane.

callejear [kaʎeχeár] *v. intr.* to hang around the streets.

callejero, -ra [kaʎeχéro] *adj.* **1.** street. **2.** (perro) stray. ‖ *s. m.* **3.** street map.

callejón [kaʎeχón] *s. m.* alley; lane. ‖ **~ sin salida** blind alley; dead end.

callista [kaʎísta] *s. m. y f.* chiropodist.

callo [káʎo] *s. m.* **1.** *Med.* (en dedos del pie) corn. **2.** *Med.* (en la planta del pie

y palma de la mano) callus. ‖ **callos** *s. m. pl.* **3.** *Gastr.* tripe.

calloso, -sa [kaʎóso] *adj.* callous.

calma [kálma] *s. f.* **1.** (tranquilidad) calm; lull. **2.** (compostura) cool; composure. ‖ **con ~** calmly. **tomárselo con ~** to take it easy.

calmante [kalmánte] *s. m.* **1.** *Farm.* (para el dolor) painkiller. **2.** *Farm.* (para los nervios) tranquilizer.

calmar [kalmár] *v. tr.* **1.** to calm (down); to quieten down. **2.** (miedos) to lull. ‖ **calmarse** *v. prnl.* **3.** (persona) to calm down. **4.** (tormenta) to abate.

calor [kalór] *s. m.* **1.** heat. **2.** *fig.* (afecto) warmth.

caloría [kaloría] *s. f.* calorie.

calumnia [kalúnnja] *s. f.* (difamación) slander; calumny *frml.*

calumniar [kalunnjár] *v. tr.* (difamar) to calumniate; to slander.

caluroso, -sa [kaluróso] *adj.* **1.** *Meteor.* (día, clima) hot. **2.** *fig.* (cariñoso) warm.

calva [kálβa] *s. f.* bald patch.

calvario [kalβárjo] *s. m.* **1.** *Rel.* calvary. **2.** *fig.* (sufrimiento) ordeal.

calvinista [kalβinísta] *adj. y s. m. y f.,* *Rel.* Calvinist.

calvo, -va [kálβo] *adj.* **1.** bald. ‖ *s. m. y f.* **2.** bald person.

calzada [kalθáða] *s. f.* pavement *Am. E.*; roadway.

calzado [kalθáðo] *s. m.* footwear [Trabaja en la industria del calzado. *She works in the shoe industry.*]

calzador [kalθaðór] *s. m.* shoehorn.

calzar [kalθár] *v. tr.* **1.** (poner) to put somebody's shoes on [Tienes que calzar a la niña. *You have to put the girl's shoes on.*] **2.** (llevar) to wear [Siempre calza botas. *She is always wearing shoes.*] **3.** (rueda, puerta) to chock. ‖ **calzarse** *v. prnl.* **4.** to put one's shoes on.

calzón [kalθón] *s. m.* **1.** (ropa interior) drawers *pl.* **2.** (pantalón corto) shorts *pl.*

calzoncillos [kalθonθíλos] *s. m. pl.* underpants *pl.*; shorts *pl. Am. E.*

cama [káma] *s. f.* bed. ‖ **~ de matrimonio** double bed. **~ individual** single bed. **guardar ~** to stay in bed. **irse a la ~** to go to bed.

camada [kamáða] *s. f., Zool.* litter.

camafeo [kamaféo] *s. m.* cameo.

camaleón [kamaleón] *s. m., Zool.* (reptil) chameleon.

cámara [kámara] *s. f.* **1.** chamber. **2.** *Fot.* (aparato) camera. **3.** *Polít.* (de parlamento) house. ‖ *s. m. y f.* **4.** (TV, cinem.) cameraman. ‖ **a ~ lenta** in slow motion. **~ de gas** gas chamber. **~ frigorífica** cold store.

camarada [kamaráða] *s. m. y f.* **1.** (compañero) colleague. **2.** *Polít.* comrade.

camarero [kamaréro] *s. m.* **1.** waiter. ‖ **camarera** *s. f.* **2.** waitress. **3.** (en un hotel) chambermaid.

camarón [kamarón] *s. m., Zool.* prawn.

camarote [kamaróte] *s. m., Náut.* cabin.

camastro [kamástro] *s. m.* (cama vieja) rickety old bed.

cambiar [kambjár] *v. tr.* **1.** to change. **2.** (intercambiar) to exchange; to swap. ‖ *v. intr.* **3.** (dinero) to change. ‖ **cambiarse** *v. prnl.* **4.** (de ropa) to change. ‖ **~ de domicilio** to move.

cambio [kámbjo] *s. m.* **1.** *Econ.* change. **2.** exchange [Cambio de divisas. *Foreign exchange.*] **3.** (dinero) change [¿Tienes cambio para el teléfono? *Do you have any change for the telephone?*] ‖ **a ~** in return [Me dio un coche a cambio. *He gave a car in return.*] **a ~ de** in exchange for [Me dio una radio a cambio de mi chaqueta. *He gave a radio in exchange for my jacket.*] **a ~ de que** as long as [Iré a cambio de que me compres la entrada. *I'll go as long as you buy the ticket for me.*] **~ suelto** small change. **en ~** instead [Yo le quiero, en cambio él me odia. *I love him but he hates me.*]

cambista [kambísta] *s. m. y f., Econ.* moneychanger.

camello [kaméλo] *s. m., Zool.* camel.

camelo [kamélo] *s. m., fam.* hoax.

camerino [kameríno] *s. m., Teatr.* dressing room.

camilla [kamíλa] *s. f.* stretcher.

caminante [kaminánte] *s. m. y f.* walker; traveler *Am. E., lit.*

caminar [kaminár] *v. intr.* **1.** to walk. ‖ *v. tr.* **2.** (viajar) to travel.

caminata [kamináta] *s. f.* walk; hike.

camino [kamíno] *s. m.* **1.** (senda) track; path. **2.** (ruta) way [Tomé el camino más largo. *I took the longest way.*] ‖ **a medio ~** halfway. **ir por buen ~** *fig.* to be on the right way. **ponerse en ~** to set off.

camión [kamjón] *s. m.* truck *Am. E.*; lorry *Br. E.* ‖ **~ cisterna** tanker.

camioneta [kamjonéta] *s. f.* van.

camisa [kamísa] *s. f.* shirt. ‖ **perder hasta la ~** *fig. y fam.* to lose one's shirt.

camiseta [kamiséta] *s. f.* **1.** (exterior) T-shirt. **2.** (ropa interior) undershirt *Am. E.*; vest *Br. E.*

camisón [kamisón] *s. m.* nightdress; nightgown.

camorra [kamóřa] *s. f., fam.* row. ‖ **buscar ~** to pick a quarrel.

campamento [kampaménto] *s. m.* camp. ‖ **~ de verano** summer camp.

campana [kampána] *s. f.* bell. ‖ **~ extractora** extractor hood.

campanario [kampanárjo] *s. m.* belfry; bell tower.

campanilla [kampaníʎa] *s. f.* **1.** *Mús.* handbell; small bell. **2.** *Anat.* uvula. **3.** *Bot.* bellflower.

campante [kampánte] *adj.* **1.** *fam.* (contento) unconcerned. ‖ **quedarse tan ~ col.** not to bat an eyelid/eye.

campaña [kampána] *s. f.* **1.** *Polít. y Mil.* campaign [Hoy empieza la campaña electoral. *Today begins the election campaign.*]

campechano, -na [kampetʃáno] *adj.* (llano) hearty; good natured.

campeón, -peona [kampeón] *s. m. y f.* (as) champion.

campeonato [kampeonáto] *s. m., Dep.* championship.

campesino, -na [kampesíno] *s. m. y f.* **1.** (agricultor) peasant; countryman. ‖ *adj.* **2.** (campestre) rural; country.

campestre [kampéstre] *adj.* (agreste) rural; country.

camping [kámpin] *s. m.* **1.** (actividad) camping. **2.** (lugar) campsite [Nos vamos al camping de Toria. *We go to the campingsite in Toria.*]

campo [kámpo] *s. m.* **1.** country; countryside. **2.** *Agr.* field. **3.** (ámbito) field. **4.** *Dep.* field. ‖ **~ a través** cross-country. **~ de batalla** battlefield. **~ de concentración** concentration camp. **~ magnético** magnetic field. **dejar el ~ abierto a alguien** *fam.* to leave the field clear for sb.

camuflaje [kamufláχe] *s. m.* camouflage; disguise.

camuflar [kamuflár] *v. tr.* (ocultar) to camouflage; to disguise.

can [kán] *s. m., Zool., lit.* dog.

cana [kána] *s. f.* grey/white hair.

canadiense [kanaðjénse] *adj. y s. m. y f.* Canadian.

canal [kanál] *s. m.* **1.** (natural, TV) channel. **2.** *Anat.* (artificial) canal. ‖ **~ de riego** irrigation canal.

canalización [kanaliθaθjón] *s. f.* **1.** canalization. **2.** (tubería) piping.

canalizar [kanaliθár] *v. tr.* **1.** (aguas) to channel. **2.** (río) to canalize.

canalla [kanáʎa] *s. m. y f.* scoundrel; cur.

canalón [kanalón] *s. m.* gutter.

canapé [kanapé] *s. m., Gastr.* canapé.

canario [kanárjo] *s. m., Zool.* canary.

canasta [kanásta] *s. f. Dep.* basket.

canastilla [kanastíʎa] *s. f.* **1.** (de bebé) layette. **2.** (cesto pequeño) small basket.

canasto [kanásto] *s. m.* (cesto) basket.

cancelar [kanθelár] *v. tr.* **1.** to cancel. **2.** *Inform.* to abort. **3.** (deuda) to pay.

cáncer [kánθer] *s. m.* **1.** *Med.* cancer. ‖ **Cáncer** *n. p.* **2.** *Astrol.* Cancer.

canceroso, -sa [kanθeróso] *adj., Med.* cancerous.

cancha [kántʃa] *s. f., Dep.* (pista) court [Hay una cancha de baloncesto. *There is a basketball court.*]

canciller [kanθiʎér] *s. m.* chancellor.

canción [kanθjón] *s. f.* song. ‖ **~ de cuna** lullaby. **la misma ~** the same old song [Siempre estamos con la misma canción. *It's always the same old song.*]

cancionero [kanθjonéro] *s. m.* **1.** *Lit.* collection of poems. **2.** *Mús.* songbook.

candado [kandáðo] *s. m.* padlock.

candela [kandéla] *s. f.* **1.** (vela) candle. **2.** (lumbre) fire.

candelabro [kaṇdelá βro] *s. m.* candelabrum; candlestick.

candelero [kaṇdeléro] *s. m.* candlestick. ‖ **estar en el ~** *fig.* to be in the limelight.

candente [kaṇdénte] *adj.* (tema) burning.

candidato, -ta [kaṇdiðáto] *s. m. y f.* (aspirante) candidate.

candidez [kaṇdiðéθ] *s. f.* (ingenuidad) ingenuousness; candor *Am. E.*

cándido, -da [kándiðo] *adj.* **1.** (ingenuo) naive. **2.** (sin malicia) guileless.

candil [kaṇdil] *s. m.* oil lamp.

candor [kaṇdór] *s. m.* candor *Am. E.*

canela [kanéla] *s. f.* cinnamon.

canesú [kanesú] *s. m.* yoke; bodice.

cangrejo [kaŋgréχo] *s. m.* **1.** (de mar) crab. **2.** (de río) crayfish.

canguro [kaŋgúro] *s. m.* **1.** *Zool.* kangaroo. ‖ *s. m. y f.* **2.** *Esp., fig.* babysitter.

caníbal [kaníβal] *adj. y s. m. y f.* cannibal.

canica [kaníka] *s. m.* (juego) marble [¿Quieres jugar a las canicas? *Do you want to play marbles?*]

canijo, -ja [kaníχo] *adj., fam.* puny.

canilla [kaníʎa] *s. f.* **1.** *Anat.* long bone. **2.** (de máquina de coser) bobbin.

canino, -na [kaníno] *adj.* **1.** canine. ‖ *s. m.* **2.** (diente) canine.

canjear [kaŋχeár] *v. tr.* to exchange.

canoa [kanóa] *s. f.* canoe.

canon [kánon] *s. m.* canon.

canónigo [kanóniγo] *s. m., Rel.* canon.

canonizar [kanoniθár] *v. tr., Rel.* (a un beato) to canonize.

canoso, -sa [kanóso] *adj.* **1.** (persona) gray-haired. **2.** (pelo) white; gray.

cansado, -da [kansáðo] *adj.* **1.** (fatigado) tired. **2.** (aburrido) boring.

cansancio [kansánθjo] *s. m.* (fatiga) tiredness; weariness.

cansar [kansár] *v. tr.* **1.** to tire; to weary. ‖ **cansarse** *v. prnl.* **2.** to get tired.

cantante [kaṇtánte] *s. m. y f.* singer. ‖ **llevar la voz ~** *fig.* to rule the roost.

cantaor, -ra [kaṇtaór] *s. m. y f.* (de flamenco) flamenco singer.

cantar [kaṇtár] *v. tr. e intr.* **1.** to sing. **2.** *fam.* (delatar) to squeal.

cántaro [kántaro] *s. m.* pitcher. ‖ **llover a cántaros** *fig.* to rain cats and dogs.

cante [kánte] *s. m.* traditional popular singing.

cantera [kaṇtéra] *s. f.* **1.** *Miner.* (de piedra) quarry. **2.** *Dep. fig.* breeding ground.

cantidad [kaṇtiðáð] *s. f.* **1.** quantity; amount. **2.** (de dinero) suma.

cantimplora [kaṇtimplóra] *s. f.* water bottle; canteen.

cantina [kaṇtína] *s. f.* **1.** cafeteria. **2.** (en una fábrica, colegio) canteen.

canto¹ [kánto] *s. m.* **1.** *Mús.* singing [Da clases de canto. *She gives singing lessons.*]. **2.** *Mús.* (canción) song.

canto² [kánto] *s. m.* (borde) edge.

cantor, -ra [kaṇtór] *adj.* **1.** singing. ‖ *s. m. y f.* **2.** singer.

canturrear [kaṇtureár] *v. intr., fam.* (tararear) to sing softly.

canuto [kanuto] *s. m.* **1.** (tubo) tube. **2.** *jerg.* (porro) joint.

caña [káɲa] *s. f.* **1.** *Bot.* (planta) reed. **2.** *Bot.* (tallo) cane. **3.** (de cerveza) glass of beer. ‖ **~ de azúcar** sugar cane. **~ de pescar** fishing rod.

cañada [kaɲáða] *s. f.* (para el ganado) cattle track.

cáñamo [káɲamo] *s. m.* **1.** *Bot.* hemp. **2.** (tejido) hempen cloth.

cañería [kaɲería] *s. f.* piping.

cañizo [kaɲíθo] s. m. framework of interwoven canes.

caño [káɲo] s. m. **1.** (tubo) pipe. **2.** (de una fuente) spout.

cañón [kaɲón] s. m. **1.** cannon. **2.** (de escopeta) barrel. **3.** Geogr. canyon.

caoba [kaóβa] s. f. **1.** Bot. mahogany (tree). **2.** (madera) mahogany. ‖ adj. y s. m. **3.** (color) auburn; mahogany.

caos [káos] s. m. (enredo) chaos.

caótico, -ca [kaótiko] adj. chaotic.

capa [kápa] s. f. **1.** (mano) layer; coat. **2.** (ropa) cloak; cape. ‖ ~ de ozono ozone layer. de ~ caída fam. downcast.

capacidad [kapaθiðáð] s. f. **1.** (facultad) ability; capability. **2.** (cabida) capacity.

capar [kapár] v. tr. to castrate.

caparazón [kaparaθón] s. m. **1.** shell; carapace. **2.** fig. (refugio) cover.

capataz, -za [kapatáθ] s. m. y f. foreman.

capaz [kapáθ] adj. able; capable.

capellán [kapeʎán] s. m., Rel. chaplain.

caperuza [kaperúθa] s. f. **1.** pointed hood. **2.** (tapa) cap.

capicúa [kapikúa] adj. palindromic frml. [161 es un número capicúa. 161 reads the same both ways.]

capilar [kapilár] adj. **1.** hair. ‖ s. m. **2.** Anat. capillary.

capilla [kapíʎa] s. f. chapel. ‖ ~ ardiente funeral chapel.

capirote [kapiróte] s. m. pointed hood.

capital [kapitál] adj. **1.** (esencial) capital; main. ‖ s. f. **2.** (ciudad) capital. ‖ s. m. **3.** Econ. capital.

capitalista [kapitalísta] adj. y s. m. y f., Econ. capitalist.

capitán, -tana [kapitán] s. m. y f., Mil. (de barco) captain.

capitel [kapitél] s. m., Arq. capital.

capitular [kapitulár] adj. **1.** capitular. ‖ v. intr. **2.** to capitulate. **3.** (pactar) to come to terms. ‖ sala ~ chapter house.

capítulo [kapítulo] s. m. chapter. ‖ ser ~ aparte to be a different story.

capota [kapóta] s. f., Autom. folding hood.

capricho [kaprítʃo] s. m. caprice; whim.

caprichoso, -sa [kapritʃóso] adj. (antojadizo) capricious; whimsical.

Capricornio [kaprkórnjo] n. p., Astrol. Capricorn.

cápsula [kápsula] s. f. capsule.

captar [kaptár] v. tr. **1.** (ondas) to pick up. **2.** (sentido) to grasp. **3.** (atención) to capture.

captura [kaptúra] s. f. capture.

capturar [kapturár] v. tr. **1.** (apresar) to capture. **2.** (cazar) to catch.

capucha [kapútʃa] s. f. hood.

capullo [kapúʎo] s. m. **1.** Bot. (brote) bud. **2.** Zool. cocoon.

caqui [káki] adj. y s. m. **1.** (color) khaki. ‖ s. m. **2.** Bot. persimmon.

cara [kára] s. f. **1.** Anat. face. **2.** (expresión) look [Tenía cara de susto. She had a look of fright.] **3.** (lado) side. ‖ ~ a ~ face to face. ~ o cruz heads or tails. echar a ~ o cruz to toss [Lo echaron a cara o cruz. They tossed for it.] tener mala ~ to look ill.

carabela [karaβéla] s. f., Náut. caravel.

carabina [karaβína] s. f. **1.** Mil. (arma) carbine; rifle. **2.** fig. y fam. (mujer de compañía) chaperon.

caracol [karakól] s. m. **1.** Zool. (de tierra) snail. **2.** (de pelo) spit curl Am. E.

caracola [karakóla] s. f., Zool. conch.

carácter [karákter] s. m. **1.** character. **2.** fig. (índole) character. ‖ de buen ~ good-natured. •Su pl. es "caracteres"

característica [karakterístika] *s. f.* (cualidad) characteristic.

característico, -ca [karakterístiko] *adj.* characteristic.

caracterizar [karakteriθár] *v. tr.* **1.** to characterize. ‖ **caracterizarse** *v. prnl.* **2.** to be characterized. **3.** (disfrazarse) to dress up.

caradura [karaðúra] *s. m. y f., fam.* sassy *Am. E.*; cheeky *Br. E.* [Es un caradura. *He is a sassy devil.*]

¡caramba! [karámba] *interj.* good heavens!; good grief!

caramelo [karamélo] *s. m.* **1.** (dulce) candy *Am. E.*; sweet *Br. E.* **2.** (azúcar fundido) caramel.

caravana [karaβána] *s. f.* **1.** (expedición) caravan. **2.** (atasco) traffic jam. **3.** (remolque) trailer *Am. E.*; caravan *Br. E.*

carbón [karβón] *s. m., Miner.* coal. ‖ **~ vegetal** *Miner.* charcoal.

carbonero, -ra [karβonéro] *adj.* **1.** coal. ‖ *s. m. y f.* **2.** coal merchant.

carbonizar [karβoniθár] *v. tr.* **1.** to carbonize. ‖ **carbonizarse** *v. prnl.* **2.** to carbonize.

carbono [karβóno] *s. m., Quím.* carbon.

carburador [karβuraðór] *s. m., Mec.* carburetor *Am. E.*

carburo [karβúro] *s. m., Quím.* carbide.

carcajada [karkaχáða] *s. f.* guffaw.

cárcel [kárθel] *s. f.* prison; jail.

carcelero, -ra [karθeléro] *s. m. y f.* jailer; warden; gaoler.

carcoma [karkóma] *s. f., Zool.* woodworm.

carcomer [karkomér] *v. tr.* **1.** (carcomas) to eat away at. **2.** *fig.* (envidia, etc.) to consume.

carcomido, -da [karkomíðo] *adj.* worm-eaten.

cardenal¹ [karðenál] *s. m., Rel.* cardinal.

cardenal² [karðenál] *s. m., Med.* (hematoma) bruise.

cardíaco, -ca [karðíako] *adj.* cardiac; heart. ‖ **ataque ~** *Med.* heart attack.

cardinal [karðinál] *adj.* cardinal.

cardo [kárðo] *s. m.* **1.** *Bot.* thistle. **2.** *Bot.* (comestible) cardoon.

carecer [kareθér] *v. intr.* (estar desprovisto de) to lack [Carece de sentido común. *She lacks common sense.*]

carencia [karénθja] *s. f.* **1.** (escasez) lack. **2.** *Med.* deficiency.

carestía [karestía] *s. f.* **1.** (escasez) scarcity; lack; shortage. **2.** *Econ.* (encarecimiento) high cost.

careta [karéta] *s. f.* (máscara) mask. ‖ **quitar la ~** to unmask.

carga [kárɣa] *s. f.* **1.** (acción) loading. **2.** (mercancía) load; freight. **3.** *Electrón.* charge. **4.** *fig.* (responsabilidad) burden.

cargador [karɣaðór] *s. m.* **1.** loader. **2.** (de pistola) clip. **3.** (de pilas) charger.

cargamento [karɣaménto] *s. m.* **1.** load. **2.** (en barco o avión) cargo.

cargante [karɣánte] *adj., fam.* (molesto) annoying; unpleasant.

cargar [karɣár] *v. tr.* **1.** to load. **2.** (llenar) to fill. **3.** (cobrar) to charge. **4.** *fig.* to bear [Cargó con los gastos. *He bore the expenses.*]

cargo [kárɣo] *s. m.* **1.** post; office. **2.** (acusación) charge. **3.** *Der.* charge [Tenía dos niños a su cargo. *She was in charge of two children.*] ‖ **a ~ de** in charge of. **~ de conciencia** remorse.

caricatura [karikatúra] *s. f.* caricature.

caricia [karíθja] *s. f.* caress.

caridad [kariðáð] *s. f.* charity. ‖ **obra de ~** charitable deed.

caries [kárjes] *s. f. inv.* **1.** (proceso) tooth decay; caries *frml.* **2.** cavity [Tenía dos caries. *I had two cavities.*]

cariño [karíɲo] *s. m.* **1.** affection; fondness. **2.** (apelativo) honey. ‖ **coger ~ a alguien** to take a liking to somebody.

cariñoso, -sa [kariɲóso] *adj.* (afectuoso) loving; affectionate.

carisma [karísma] *s. m.* charisma.

caritativo, -va [karitatíβo] *adj.* charitable.

cariz [karíθ] *s. m.* complexion.

carmesí [karmesí] *adj. y s. m., lit.* (color) crimson; dark red.

carnal [karnál] *adj.* **1.** carnal; fleshy. **2.** (pariente) first.

carnaval [karnaβál] *s. m.* carnival.

carne [kárne] *s. f.* **1.** (de animal) meat. **2.** (de persona) flesh. ‖ **~ de cerdo** pork. **~ de cordero** *Zool.* lamb. | *Gastr.* mutton. **~ de gallina** goosepimples. **~ de novillo asada** *Gastr.* roast beef. **~ de ternera** veal. **~ picada** mince. **echar carnes** to put on weight. **ser de ~ y hueso** to be flesh and blood.

carné [karné] *s. m.* card. ‖ **~ de conducir** driver's license *Am. E.*; driving licence *Br. E.* **~ de identidad** identity card. **~ de miembro** membership card.

carnero [karnéro] *s. m., Zool.* ram.

carnicería [karniθería] *s. f.* **1.** butcher's (shop). **2.** *fig.* (matanza) butchery.

carnicero, -ra [karniθéro] *s. m. y f.* **1.** butcher. **2.** *fig.* (médico) sawbones.

carnívoro, -ra [karníβoro] *adj.* **1.** *Zool.* carnivorous. ‖ *s. m.* **2.** *Zool.* carnivore.

carnoso, -sa [karnóso] *adj.* fleshy.

caro, -ra [káro] *adj.* expensive; dear. ‖ **costar ~** to cost a lot.

carpa [kárpa] *s. f.* **1.** *Zool.* carp. **2.** (de circo) big tent; marquee.

carpeta [karpéta] *s. f.* folder.

carpintería [karpintería] *s. f.* **1.** (taller) carpenter's workshop. **2.** (actividad) carpentry.

carpintero, -ra [karpintéro] *s. m. y f.* carpenter; joiner.

carrera [kařéra] *s. f.* **1.** *Dep.* race. **2.** (universitaria) studies. **3.** (profesional) career. **4.** (en la media) run. ‖ **carreras** *s. f. pl.* **5.** *Dep.* racing. ‖ **~ de caballos** horse racing. **~ de obstáculos** *Dep.* steeplechase. **~ de relevos** *Dep.* relay race. **~ de vallas** hurdles. **las carreras** (de caballos) the races *Br. E.*

carrerilla [kařeríʎa] *s. f.* run-up [Cogieron carrerilla. *They took a run-up.*] ‖ **de ~** by heart [Me sé el poema de carrerilla. *I know the poem by heart.*]

carreta [kařéta] *s. f.* cart.

carrete [kařéte] *s. m.* **1.** (bobina) spool. **2.** (de caña de pescar) reel. **3.** (de fotos) roll of film.

carretera [kařetéra] *s. f.* road; highway. ‖ **~ de circunvalación** bypass. **mapa de carreteras** route map.

carretero [kařetéro] *s. m.* **1.** cartwright. **2.** (conductor) carter.

carretilla [kařetíʎa] *s. f.* wheelbarrow.

carril [kaříl] *s. m.* **1.** *Autom.* lane. (de tren) rail. **2.** (surco) furrow.

carrillo [kaříʎo] *s. m., Anat.* cheek.

carro [káro] *s. m.* **1.** cart. **2.** *Amér.* (coche) car. ‖ **~ de combate** *Mil.* tank.

carrocería [kařoθería] *s. f., Autom.* bodywork; body.

carromato [kařomáto] *s. m.* covered wagon; caravan.

carroza [kařóθa] *s. f.* **1.** (de caballos) carriage. **2.** (de carnaval) float. ‖ *s. m. y f.* **3.** *fam.* (persona anticuada) old fogy.

carruaje [kařwáχe] *s. m.* carriage.

carrusel [kařusél] *s. m.* carousel *Am. E.;* merry-go-round.

carta [kárta] *s. f.* **1.** letter. **2.** (mapa) chart. **3.** (naipe) card. **4.** (de restaurante) menu. ‖ **~ blanca** carte blanche. **echar las cartas a alguien** to tell sb's fortune. **poner las cartas boca arriba** *fig.* to put one's cards on the table.

cartel[1] [kartél] *s. m.* poster; bill.

cartelera [karteléra] *s. f.* **1.** *Cinem. y Teatr.* billboard *Am. E.;* hoarding *Br. E.* **2.** (en periódicos) listings *pl.* ‖ **en ~** running [La película todavía está en cartelera. *The movie is still running.*]

cartera [kartéra] *s. f.* **1.** (monedero) wallet. **2.** (para documentos) briefcase.

carterista [karterísta] *s. m. y f.* (ratero) pickpocket.

cartero, -ra [kartéro] *s. m. y f.* postman; mailman *Am. E.*

cartilla [kartíλa] *s. f.* reader. ‖ **~ de ahorros** bankbook. **~ de racionamiento** ration book. **leerle la ~ a alguien** *fam.* to read sb the riot act.

cartón [kartón] *s. m.* **1.** (material) cardboard. **2.** (de leche, tabaco, etc.) carton. ‖ **~ piedra** papier-mâché.

cartuchera [kartutʃéra] *s. f.* **1.** (estuche) cartridge belt. **2.** (cinturón) cartridge belt.

cartucho [kartútʃo] *s. m.* cartridge.

cartulina [kartulína] *s. f.* card.

casa [kása] *s. f.* **1.** house. **2.** (edificio) building. **3.** (empresa) firm. **4.** (dinastía) house. ‖ **~ de campo** country house. **~ de huéspedes** boarding house. **~ de locos** *fam.* madhouse. **echar/tirar la ~ por la ventana** to push the boat out *Br. E., coll.*

casado, -da [kasáðo] *adj.* married.

casamiento [kasamjénto] *s. m.* (matrimonio) marriage; wedding.

casar[1] [kasár] *v. tr.* **1.** to marry. ‖ *v. intr.* **2.** (piezas, colores) to match. ‖ **casarse** *v. prnl.* **3.** to marry; to get married [Se casó con mi hermana. *He married my sister/He got married to my sister.*]

cascabel [kaskaβél] *s. m.* bell. ‖ **poner el ~ al gato** *fam.* to stick one's neck out.

cascada [kaskáða] *s. f.* waterfall; cascade.

cascanueces [kaskanwéθes] *s. m. inv.* nutcracker.

cascar [kaskár] *v. tr.* **1.** (romper) to crack. **2.** *col.* (pegar) to clobber. ‖ *v. intr.* **3.** *fam.* (hablar) to chat. ‖ **cascarse** *v. prnl.* **4.** (romperse) to crack.

cáscara [káskara] *s. f.* **1.** (de huevo, nuez) shell. **2.** (de fruta) rind; peel. **3.** (de plátano, patata) skin.

cascarón [kaskarón] *s. m.* shell. ‖ **recién salido del ~** *fam.* wet behind the ears.

cascarrabias [kaskaráβjas] *adj. inv.* **1.** cantankerous. ‖ *s. m. y f. inv.* **2.** grouch; short-tempered person.

casco [kásko] *s. m.* **1.** helmet. **2.** (de botella) bottle. **3.** (de caballo) hoof. ‖ **~ antiguo** old quarter.

caserío [kaserío] *s. m.* **1.** (casa) country house. **2.** (poblado) hamlet.

casero, -ra [kaséro] *adj.* **1.** (comida) home-made. **2.** (hogareño) home-loving. ‖ *s. m. y f.* **3.** (arrendador) landlord.

caserón [kaserón] *s.* big ramshackle house.

caseta [kaséta] *s. f.* (de feria) stand.

casete [kaséte] *s. amb.* **1.** (cinta) cassette (tape). ‖ *s. m.* **2.** (radiocasete) cassette (player).

casi [kási] *adv. cant.* **1.** almost; nearly [Casi gana. *He almost won.*] **2.** (en frases negativas) hardly [Casi no puedo hablar. *I can hardly talk.*] || **casi, casi** very nearly.

casilla [kasíʎa] *s. f.* **1.** (compartimento) pigeonhole. **2.** (en formularios) box. **3.** (de ajedrez, crucigrama) square.

casino [kasíno] *s. m.* **1.** casino.

caso [káso] *s. m.* **1.** (situación) case. **2.** *Der.* case; affair. **3.** *Ling.* case. || **en ~ de** in case of. **en todo ~** in any case [En todo caso puedes hacerlo mañana. *You can always do it tomorrow.*] **hacer ~** to pay attention. **hacer ~ omiso de** to take no notice of. **no venir al ~** to be beside the point. **ser un ~ perdido** *col.* to be a dead loss.

caspa [káspa] *s. f.* dandruff.

casquete [kaskéte] *s. m.* skullcap. || **~ glaciar** *Geogr.* icecap.

casta [kásta] *s. f.* **1.** (grupo social) caste. **2.** (raza) race.

castaña [kastáɲa] *s. f., Bot.* chestnut. || **sacar las castañas del fuego a alguien** *fig. y fam.* to get sb off the hook.

castañetear [kastaɲeteár] *v. tr.* **1.** (castañuelas) to play the castanets. || *v. intr.* **2.** (dientes) to chatter.

castaño, -ña [kastáɲo] *adj.* **1.** brown; chestnut. || *s. m.* **2.** *Bot.* chestnut (tree). **3.** (color) chestnut. || **pasar de ~ oscuro** *fig. y fam.* to be beyond a joke.

castañuela [kastaɲwéla] *s. f., Mús.* castanets *pl.* [Toca las castañuelas. *He plays the castanets.*]

castellano [kasteʎáno] *adj.* **1.** Castilian. || *s. m. y f.* **2.** (persona) Castilian. || *s. m.* **3.** (idioma) Spanish; Castilian.

castidad [kastiðáð] *s. f.* chastity. || **voto de ~** vow of chastity.

castigar [kastiɣár] *v. tr.* **1.** to punish; to chastise. **2.** *Der.* to penalize.

castigo [kastíɣo] *s. m.* punishment. || **~ corporal** corporal punishment.

castillo [kastíʎo] *s. m.* castle. || **~ de arena** sand castle. **hacer castillos en el aire** *fig. y fam.* to build castles in the air.

castizo, -za [kastíθo] *adj.* traditional.

casto, -ta [kásto] *adj.* chaste.

castrar [kastrár] *v. tr.* to castrate.

casual [kaswál] *adj.* chance; fortuitous.

casualidad [kaswaliðáð] *s. f.* chance; accident. || **por ~** by chance.

cataclismo [kataklísmo] *s. m., fig.* **1.** cataclysm. **2.** *Geogr.* catastrophe.

catalán, -lana [katalán] *adj.* **1.** Catalan; Catalonian. || *s. m. y f.* **2.** (persona) Catalan; Catalonian. || *s. m.* **3.** (idioma) Catalan.

catalejo [kataléχo] *s. m.* spyglass.

catalogar [kataloɣár] *v. tr.* **1.** to catalog *Am. E.* **2.** (clasificar) to classify.

catálogo [katáloɣo] *s. m.* catalog *Am. E.*

cataplasma [kataplásma] *s. f., Med.* (emplasto) poultice; cataplasm *frml.*

catar [katár] *v. tr.* to taste.

catarata [kataráta] *s. f.* **1.** (cascada) waterfall; falls *pl.* **2.** *Med.* cataract.

catarro [katáro] *s. m.* **1.** *Med.* (inflamación) catarrh. **2.** *Med.* (resfriado) cold.

catastro [katástro] *s. m.* land registry.

catástrofe [katástrofe] *s. f.* (desastre) catastrophe; disaster.

catear [kateár] *v. tr., fam.* (un examen) to flunk *Am. E., coll.*; to fail.

catecismo [kateθísmo] *s. m., Rel.* catechism.

cátedra [káteðra] *s. f.* (universitaria) chair; professorship.

catedral [kateðrál] *s. f.* cathedral.

catedrático, -ca [kateðrátiko] *s. m. y f.* (de universidad) professor.

categoría [kateɣoɾía] *s. f.* **1.** category; class. **2.** (rango) rank.

cateto, -ta [katéto] *s. m. y f.* (paleto) yokel *humour;* hick *Am. E. , pej.*

cateto [katéto] *s. m., Mat.* leg (side of a right triangle forming the right angle).

catolicismo [katoliθísmo] *s. m., Rel.* Catholicism.

católico, -ca [katóliko] *adj. y s. m. y f., Rel.* Catholic.

catorce [katóɾθe] *adj. num. card. inv.* (también pron. num. y s. m.) **1.** fourteen. ‖ *adj. num. ord. inv.* (también pron. num.) **2.** fourteenth; fourteen [Vivió en el siglo catorce. *He lived on the fourteenth century.*]

catre [kátre] *s. m.* (camastro) cot *Am. E.;* campbed *Br. E.*

cauce [káwθe] *s. m.* **1.** (de río) bed. **2.** *fig.* (canal) channel.

caucho [káwtʃo] *s. m.* rubber.

caudal [kawðál] *s. m.* **1.** (de río) flow. **2.** (riqueza) wealth.

causa [káwsa] *s. f.* **1.** (razón) cause; reason. **2.** (ideal) cause [Lo hago por la causa. *I do it for the cause.*] ‖ **a/por ~ de** because of.

causar [kawsár] *v. tr.* to cause.

cautela [kawtéla] *s. f.* caution; wariness.

cautivar [kawtiβár] *v. tr.* **1.** (tomar prisionero) to capture. **2.** *fig.* (seducir) to captivate; to charm.

cautiverio [kawtiβérjo] *s. m.* captivity.

cautivo, -va [kawtíβo] *adj. y s. m. y f.* (prisionero) captive.

cauto, -ta [káwto] *adj.* cautious.

cava [káβa] *s. m.* cava (sparkling wine).

cavar [kaβár] *v. tr.* to dig.

caverna [kaβérna] *s. f.* cavern; cave.

caviar [kaβjár] *s. m.* caviar.

cavidad [kaβiðáð] *s. f.* cavity.

cavilar [kaβilár] *v. tr. e intr.* to ponder.

cayado [kaʝáðo] *s. m.* **1.** (de pastor) crook. **2.** *Rel.* (de obispo) crosier.

caza [káθa] *s. f.* **1.** hunting. **2.** (animales) game. **3.** *fig.* (persecución) chase. ‖ *s. m.* **4.** *Aeron.* fighter (plane).

cazador, -ra [kaθaðór] *s. m. y f.* **1.** hunter. ‖ **cazadora** *s. f.* **2.** (especie de chaqueta) jacket. ‖ **~ furtivo** poacher.

cazar [kaθár] *v. tr.* **1.** to hunt. **2.** (perseguir) to chase.

cazo [káθo] *s. m.* **1.** (cacerola) small saucepan. **2.** (cucharón) ladle.

cazuela [kaθwéla] *s. f.* casserole.

CD-ROM [θeðeɾón] *s. m.* (Compact Disc-Read Only Memory), *Inform.* CD-ROM.

cebada [θeβáða] *s. f., Bot.* barley.

cebar [θeβár] *v. tr.* to fatten up.

cebo [θéβo] *s. m.* (trampa, anzuelo) bait.

cebolla [θeβóʎa] *s. f., Bot.* onion. ‖ **aros de ~** *Gastr.* onion rings.

cebolleta [θeβoʎéta] *s. f., Bot.* scallion spring onion.

cebra [θéβra] *s. f., Zool.* zebra. ‖ **pas. de ~** zebra crossing.

cecear [θeθeár] *v. intr.* to lisp.

cecina [θeθína] *s. f., Gastr.* cured mea salt beef.

cedazo [θeðáθo] *s. m.* sieve.

ceder [θeðér] *v. tr.* **1.** (transferir) to tran fer. ‖ *v. intr.* **2.** to give in; to yield [Al nal cedió. *He finally gave in.*]

cédula [θéðula] *s. f.* bond.

cegar [θeɣár] *v. tr.* to blind.

ceguera [θeɣéra] *s. f.* blindness.

ceja [θéχa] *s. f., Anat.* eyebrow. ‖ **tener alguien entre ~ y ~** *fig. y fam.* to ha it in for sb.

cejilla [θeχíʎa] *s. f., Mús.* (guitarra) cap

celada [θeláða] *s. f.* trap.

celador, -ra [θelaðór] *s. m. y f.* warden.

celda [θélda] *s. f.* cell.

celebrar [θeleβrár] *v. tr.* **1.** to celebrate. **2.** (una reunión) to hold. **3.** (alegrarse) to be delighted. ‖ **celebrarse** *v. prnl.* **4.** to take place.

célebre [θéleβre] *adj.* (famoso) celebrated; famous; well-known.

celebridad [θeleβriðáð] *s. f.* celebrity.

celeridad [θeleriðáð] *s. f.* celerity; speed.

celeste [θeléste] *adj.* **1.** (del cielo) celestial. **2.** (color) sky-blue. ‖ *s. m.* **3.** (color) sky blue.

celestial [θelestjál] *adj.* **1.** celestial; heavenly. **2.** *fig.* (delicioso) delighful.

celibato [θeliβáto] *s. m.* celibacy.

célibe [θéliβe] *adj. y s. m. y f.* celibate.

celo¹ [θélo] *s. m.* **1.** (esmero) zeal. **2.** *Zool.* (macho) rut. **3.** *Zool.* (hembra) heat. ‖ **celos** *s. m. pl.* **4.** jealousy *sing.* ‖ **dar celos** to make jealous. **estar en** ~ *Zool.* (macho) to be in rut. ‖ *Zool.* (hembra) to be in heat. **tener celos** to be jealous.

celo² [θélo] *s. m.* (cinta adhesiva) Scotch tape *Am. E.*;sellotape *Br. E.*

celofán [θelofán] *s. m.* cellophane.

celoso, -sa [θelóso] *adj.* **1.** (cuidadoso) zealous. **2.** (envidioso) jealous.

célula [θélula] *s. f., Biol.* cell.

celular [θelulár] *adj., Biol.* cellular; cell.

cementar [θementár] *v. tr.* to caseharden.

cementerio [θementérjo] *s. m.* (camposanto) cemetery; graveyard.

cemento [θeménto] *s. m.* **1.** (polvo) cement. **2.** (masa) concrete.

cena [θéna] *s. f.* supper; dinner.

cenagoso, -sa [θenaɣóso] *adj.* (fangoso) boggy; swampy; marshlike.

cenar [θenár] *v. tr.* **1.** to have for dinner [Cenó una hamburguesa. *She had a hamburger for dinner.*] ‖ *v. intr.* **2.** to have dinner; to have supper.

cencerro [θeηθéro] *s. m.* cowbell. ‖ **estar como un** ~ to be nuts *fig. y fam.*

cenicero [θeniθéro] *s. m.* ashtray.

ceniza [θeníθa] *s. f.* ash. ‖ **cenizas** *s. f. pl.* **2.** (restos mortales) ashes.

censo [θénso] *s. m.* census. ‖ ~ **electoral** electoral register; electoral roll.

censor, -ra [θensór] *s. m. y f.* **1.** censor. **2.** (criticón) critic.

censura [θensúra] *s. f.* **1.** (de libro, película) censorship. **2.** (crítica) censure.

censurar [θensurár] *v. tr.* **1.** (libro, película) to censor. **2.** (criticar) to censure; to criticize.

centella [θeηtéʎa] *s. f.* **1.** (rayo) lightning. **2.** (chispa) spark.

centellear [θeηteʎeár] *v. intr.* **1.** (luz, joyas) to sparkle. **2.** (estrella) to twinkle.

centena [θeηténa] *s. f.* hundred [Unidades, decenas y centenas. *Units, tenths and hundreds.*]

centenar [θeηtenár] *s. m.* a/one hundred [Recibió centenares de llamadas. *He received hundreds of calls.*] ‖ **a centenares** in hundreds.

centenario, -ria [θeηtenárjo] *adj. y s. m. y f.* **1.** (persona) centenarian. ‖ *s. m.* **2.** (aniversario) centennial; centenary.

centeno [θeηténo] *s. m., Bot.* rye. ‖ **pan de** ~ rye bread.

centésimo, -ma [θeηtésimo] *adj. num. ord.* (también pron. num.) **1.** hundredth [Es la centésima vez que lo hago. *It is the hundredth time I've done it.*] ‖ *adj. num. fracc.* (también s. m. y f.) **2.** hundredth [Ganó por una centésima de segundo. *She won by a hundredth of a second.*]

centígrado, -da [θentívraðo] *adj.* centigrade [30 grados centígrados. *30 degrees centigrade.*]

centigramo [θentivrámo] *s. m.* (unidad de peso) centigram.

centilitro [θentilítro] *s. m.* centiliter.

centímetro [θentímetro] *s. m.* centimeter *Am. E.*

céntimo, -ma [θéntimo] *adj. num.* (también s. m. y f.) **1.** hundredth. ‖ *s. m.* **2.** (moneda) cent (de euro, EE.UU., Canadá, Países Bajos). ‖ **sin un ~** (arruinado) penniless.

centinela [θentinéla] *s. m. y f.* **1.** *Mil.* sentry. **2.** *fig.* (vigilante) watch.

central [θentrál] *adj.* **1.** central. ‖ *s. f.* **2.** (oficina) head office. **3.** (eléctrica) power station.

centralita [θentralíta] *s. f.* switchboard.

centralizar [θentraliθár] *v. tr.* **1.** to centralize. ‖ **centralizarse** *v. prnl.* **2.** to become centralized.

centrar [θentrár] *v. tr.* **1.** to center. ‖ **centrarse** *v. prnl.* **2.** to center on.

céntrico, -ca [θéntriko] *adj.* central; downtown *Am. E.*

centro [θéntro] *s. m.* **1.** center; middle. **2.** (de la ciudad) downtown *Am. E.;* centre *Br. E.* ‖ **~ comercial** mall *Am. E.;* shopping centre *Br. E.* **~ de atención** spotlight.

ceñir [θeɲír] *v. tr.* **1.** to be tight [Este jersey te ciñe demasiado. *This sueter is too tight for you.*] **2.** (rodear) to encircle. ‖ **ceñirse a** to stick to; to keep to [Cíñete a los hechos. *Stick to the facts.*]

ceño [θéɲo] *s. m.* frown. ‖ **fruncir el ~** to knit one's brow *frml.*

ceñudo, -da [θeɲúðo] *adj.* frowning.

cepa [θépa] *s. f.* **1.** *Agr.* (tocón) stump. **2.** *Agr.* (de vid) stock. ‖ **de pura ~** *fig.* authentic.

cepillar [θepiʎár] *v. tr.* **1.** to brush. **2.** (madera) to plane. ‖ **cepillarse** *v. prnl.* **3.** (el pelo) to brush.

cepillo [θepíʎo] *s. m.* **1.** brush. **2.** (de pelo) hairbrush. **3.** (de carpintero) plane. **4.** (en la iglesia) collection box. ‖ **~ de dientes** toothbrush.

cera [θéra] *s. f.* wax.

cerámica [θerámika] *s. f.* **1.** (arte) ceramics *sing.;* pottery. **2.** (objeto) piece of pottery.

cerca[1] [θérka] *s. f.* fence.

cerca[2] [θérka] *adv. l.* near; close [El supermercado está muy cerca. *The supermarket is very close.*] ‖ **~ de** (lugar) near; close to [El parque está cerca de mar. *The park is near the sea.*] | (aproximación) almost; nearly [Vendieron cerca de mil ejemplares. *They sold nearly a thousand copies.*]

cercado [θerkáðo] *s. m.* **1.** (valla) fence. **2.** (lugar) enclosure.

cercanía [θerkanía] *s. f.* **1.** nearness. ‖ **cercanías** *s. f. pl.* **2.** surroundings *pl.*

cercano, -na [θerkáno] *adj.* **1.** (en el tiempo) near; close. **2.** (en el espacio) nearby. **3.** (pariente) close.

cercar [θerkár] *v. tr.* **1.** (vallar) to fence (in); to enclose. **2.** (rodear) to surround. **3.** *Mil.* to besiege; to surround.

cerciorarse [θerθiorárse] *v. prnl.* make sure [Se cercioró de que la puerta estaba cerrada. *He made sure (that) the door was closed.*]

cerco [θérko] *s. m.* **1.** (círculo) ring. **2.** (marco) frame. **3.** *Mil.* (asedio) siege.

cerda [θérða] *s. f.* (pelo) bristle.

cerdo, -da [θérðo] *s. m.* **1.** *Zool.* pig. **2.** (carne) pork. ‖ *s. m. y f.* **3.** *insult.* (sucio) pig. **4.** *insult.* (despreciable) swine. ‖ **cerda** *s. f.* **5.** *Zool.* sow.

cereal [θereál] *adj. y s. m.* **1.** cereal. ‖ **cereales** *s. m. pl.* **2.** cereal *sing.*

cerebro [θeréβro] *s. m.* **1.** *Anat.* brain. **2.** *fig.* (inteligencia) brains *pl.* [Es el cerebro de la operación. *She's the brains behing the operation.*]

ceremonia [θeremónja] *s. f.* **1.** ceremony. **2.** (solemnidad) solemnity.

cereza [θeréθa] *s. f., Bot.* cherry.

cerezo [θeréθo] *s. m., Bot.* cherry tree.

cerilla [θeríʎa] *s. f.* match. ‖ **caja de cerillas** box of matches.

cerner [θernér] *v. tr.* to sieve; to sift. ‖ **cernerse sobre** to hover over. | *fig.* (peligro, amenaza) to hang over.

cero [θéro] *s. m.* (también adj. y pron. num.) **1.** zero. **2.** *Dep.* (tenis) love. ‖ ~ **absoluto** *Fís.* absolute zero. **ser un ~ a la izquierda** to be a mere cipher.

cerrado, -da [θeřáðo] *adj.* **1.** closed; shut. **2.** *Meteor.* (nublado) overcast. **3.** *fig.* (introvertido) reserved.

cerradura [θeřaðúra] *s. f.* lock.

cerrajero, -ra [θeřaχéro] *s. m. y f.* locksmith.

cerrar [θeřár] *v. tr.* **1.** to close; to shut. **2.** (discusión) to end. **3.** (carta) to seal. **4.** (abrigo, cremallera) to fasten. **5.** (negocio) to shut down. ‖ **cerrarse** *v. prnl.* **6.** to close; to shut. ‖ ~ **con llave** to lock. ~ **un trato** to strike a deal.

cerro [θéro] *s. m., Geogr.* hill.

cerrojo [θeřóχo] *s. m.* bolt. ‖ **echar el** ~ (a una puerta) to bolt.

certamen [θertámen] *s. m.* contest.

certero, -ra [θertéro] *adj.* accurate.

certeza [θertéθa] *s. f.* certainty.

certidumbre [θertiðúmbre] *s. f.* (certeza) certainty; certitude.

certificado, -da [θertifikáðo] *adj.* **1.** (carta) registered. ‖ *s. m.* **2.** certificate. ‖ ~ **médico** medical certificate.

certificar [θertifikár] *v. tr.* **1.** to certify. **2.** (carta) to register.

cervecería [θerβeθería] *s. f.* **1.** bar. **2.** (fábrica) brewery.

cerveza [θerβéθa] *s. f.* beer; ale. ‖ ~ **de barril** draft beer *Am. E.;* draught beer *Br. E.* ~ **negra** stout.

cerviz [θerβíθ] *s. f.* nape (of the neck).

cesar [θesár] *v. intr.* **1.** to stop; to cease. **2.** (en el trabajo) to leave. ‖ ~ **de** to stop [No cesa de gritar. *He doesn't stop shouting.*] **sin** ~ nonstop.

cesárea [θesárea] *s. f., Med.* cesarean.

cese [θése] *s. m.* **1.** cessation. **2.** (despido) dismissal.

cesión [θesjón] *s. f.* cession.

césped [θéspeð] *s. m.* grass; lawn.

cesta [θésta] *s. f.* basket.

cesto [θésto] *s. m.* basket.

cetro [θétro] *s. m.* scepter.

ch [tʃé] *s. f.* ch (letter of the Spanish alphabet).

chabacano, -na [tʃaβakáno] *adj.* (ordinario) vulgar; tawdry.

chabola [tʃaβóla] *s. f.* shanty.

chachi [tʃátʃi] *adj. inv., fam.* cool; great.

chafar [tʃafár] *v. tr.* **1.** to squash. **2.** *fam.* (planes) to spoil. **3.** (peinado) to flatten. ‖ **chafarse** *v. prnl.* **4.** to be squashed.

chal [tʃál] *s. m.* shawl; wrap.

chalado, -da [tʃaláðo] *adj.* nuts.

chalé [tʃalé] *s. m.* house. ‖ ~ **adosado** semi-detached house.

chaleco [tʃaléko] *s. m.* vest *Am. E.;* waistcoat *Br. E.* ‖ ~ **salvavidas** life jacket.

chalupa [tʃalúpa] *s. f., Náut.* shallop.

champán [tʃampán] *s. m.* champagne.

champiñón [tʃampiɲón] *s. m., Bot.* mushroom.

champú [tʃampú] *s. m.* shampoo.

chamuscar [tʃamuskár] *v. tr.* **1.** to singe; to scorch. ‖ **chamuscarse** *v. prnl.* **2.** (quemarse) to burn.

chanchullo [tʃantʃúʎo] *s. m., fam.* scam; fiddle; wangle.

chancla [tʃáŋkla] *s. f.* (para la playa) thong *Am. E.;* flip-flop *Br. E.*

chándal [tʃándal] *s. m.* tracksuit; jogging suit. •Su pl. es "chándales"

chantaje [tʃantáxe] *s. m.* blackmail.

chapa [tʃápa] *s. f.* **1.** (de metal) sheet. **2.** (de madera) veneer.

chaparrón [tʃapaɾón] *s. m.* **1.** *Meteor.* shower. **2.** *fig.* (de preguntas) spate.

chapotear [tʃapoteár] *v. intr.* to splash.

chapucear [tʃapuθeár] *v. tr.* to botch *coll.;* to make a mess of.

chapucería [tʃapuθería] *s. f.* botch *coll.*

chapucero, -ra [tʃapuθéro] *adj.* **1.** slapdash. ‖ *s. m. y f.* **2.** botcher; bungler.

chapuza [tʃapúθa] *s. f.* **1.** *col.* (mal hecho) botch; botched job. **2.** (trabajo ocasional) odd job.

chapuzón [tʃapuθón] *s. m.* dip.

chaqueta [tʃakéta] *s. f.* jacket. ‖ ~ **de lana** cardigan.

chaquetón [tʃaketón] *s. m.* coat.

charanga [tʃaɾáŋga] *s. f.* **1.** *Mús.* brass band. **2.** *fam.* (alboroto) din.

charca [tʃáɾka] *s. f.* pool; pond.

charco [tʃáɾko] *s. m.* puddle; pool.

charcutería [tʃaɾkutería] *s. f.* pork butcher's shop.

charla [tʃáɾla] *s. f.* **1.** chat; talk. **2.** (conferencia) lecture; talk.

charlar [tʃaɾlár] *v. intr., fam.* (hablar) to chat; to talk.

charlatán, -tana [tʃaɾlatán] *adj.* **1.** talkative; chatty. ‖ *s. m. y f.* **2.** chatterbox. **3.** (vendedor) hawker.

charol [tʃaɾól] *s. m.* **1.** (barniz) lacquer. **2.** (cuero) patent leather; patent.

chascarrillo [tʃaskaɾíʎo] *s. m., fam.* (chiste) joke; funny story.

chasco [tʃásko] *s. m.* (decepción) disappointment.

chasquear [tʃaskeár] *v. tr.* **1.** (la lengua) to click. **2.** (látigo) to crack. **3.** (desilusionar) to disappoint.

chasquido [tʃaskíðo] *s. m.* **1.** (de lengua) click. **2.** (de látigo) crack.

chatarra [tʃatáɾa] *s. f.* **1.** (escoria) scrap. **2.** (trastos) junk.

chato, -ta [tʃáto] *adj.* **1.** (nariz) flat. **2.** (persona) flat-nosed. ‖ ~ **de vino** glass of wine.

chaval [tʃaβál] *s. m.* **1.** (mozo) lad. ‖ **chavala** *s. f.* **2.** lass.

chelín [tʃelín] *s. m., Econ.* (antigua moneda británica) shilling.

chepa [tʃépa] *s. f., fam.* hunch; hump.

cheque [tʃéke] *s. m.* check *Am. E.* ‖ **cheques de viajes** traveler's checks.

chequeo [tʃekéo] *s. m., Med.* checkup.

chicharra [tʃitʃáɾa] *s. f.* **1.** *Zool.* cicada **2.** (timbre) buzzer.

chichón [tʃitʃón] *s. m.* bump; lump.

chicle [tʃíkle] *s. m.* chewing gum.

chico, -ca [tʃíko] *adj.* **1.** small. ‖ *s. m.* **2.** boy; lad. ‖ **chica** *s. f.* **3.** girl; lass **4.** (criada) maid.

chiflado, -da [tʃifláðo] *adj.* **1.** *fam.* crazy; cracked *coll.* ‖ *s. m. y f.* **2.** nutcase

chileno, -na [tʃiléno] *adj. y s. m. y f.* (persona) Chilean.

chillar [tʃiʎár] *v. intr.* to scream; to shriek. ‖ **¡no chilles!** stop moaning!

chillón, -llona [tʃiʎón] *adj.* **1.** *fam.* screaming. **2.** (voz) shrill; high-pitched. **3.** (llamativo) gaudy.

chimenea [tʃimenéa] *s. f.* **1.** (conducto) chimney. **2.** (hogar) fireplace.

chimpancé [tʃimpanθé] *s. m., Zool.* (mono) chimpanzee.

chinche [tʃíntʃe] *s. f., Zool.* bug.

chincheta [tʃintʃéta] *s. f.* thumbtack *Am. E.;* drawing pin *Br. E.*

chinela [tʃinéla] *s. f.* **1.** (zapatilla) slipper. **2.** (chancla) thong *Am. E.;* flip-flop *Br. E.*

chino, -na [tʃíno] *adj. y s. m. y f.* Chinese.

chiquillo, -lla [tʃikíʎo] *s. m. y f.* kid.

chirriar [tʃiʐjár] *v. intr.* **1.** (puerta) to squeak; to creak. **2.** (neumáticos, frenos) to screech.

chisme [tʃísme] *s. m.* **1.** (cotilleo) gossip. **2.** *fam.* (trasto) thing.

chispa [tʃíspa] *s. f.* **1.** spark. **2.** (ingenio) wit. **3.** *fam.* (pizca) spark. **4.** *fam.* (borrachera) drunkenness.

chispazo [tʃispáθo] *s. m.* spark.

chispeante [tʃispeánte] *adj.* **1.** sparkling. **2.** *fig.* (ingenioso) sparkling; witty; brilliant.

chispear [tʃispeár] *v. intr.* **1.** to spark. ‖ *v. impers.* **2.** (lloviznar) to spit.

chisporrotear [tʃispoʐoteár] *v. intr.* to spark; to throw out sparks.

chiste [tʃíste] *s. m.* joke; funny story. ‖ **contar un ~** to tell a joke.

chistera [tʃistéra] *s. f.* **1.** *fam.* (sombrero) top hat. **2.** (cesta) basket.

chistoso, -sa [tʃistóso] *adj.* funny; witty.

¡chitón! [tʃitón] *interj., fam.* hush!

chivarse [tʃiβárse] *v. prnl., col.* to squeal.

chivo, -va [tʃíβo] *s. m. y f., Zool.* kid. ‖ **~ expiatorio** scapegoat.

chocante [tʃokánte] *adj., fam.* shocking.

chocar [tʃokár] *v. tr.* **1.** to collide; to crash. **2.** (sorprender) to shock. **3.** *fig.* (disputar) to clash.

chochear [tʃotʃeár] *v. intr.* (un anciano) to gaga; to be senile.

chocho, -cha [tʃótʃo] *adj.* (un anciano) gaga; doddering *pej.*

chocolate [tʃokoláte] *s. m.* chocolate; cocoa. ‖ **~ con leche** milk chocolate

chocolatina [tʃokolatína] *s. f.* (tableta) chocolate bar.

chófer [tʃófer] *s. m.* **1.** chauffeur. **2.** (de vehículos colectivos) driver. •Su pl. es "chóferes"

chollo [tʃóʎo] *s. m.* **1.** (compra) bargain. **2.** (tarea) cushy job.

choque [tʃóke] *s. m.* **1.** collision; crash. **2.** (riña) jostle. **3.** *fig.* (lucha) clash. **4.** *Med.* shock.

chorizo [tʃoríθo] *s. m.* chorizo (highly seasoned pork sausage).

chorrear [tʃoʐeár] *v. intr.* to drip.

chorro [tʃóʐo] *s. m.* jet; stream. ‖ **salir a ~** to spurt; to squirt.

choza [tʃóθa] *s. f.* hut; shack.

chubasco [tʃuβásko] *s. m., Meteor.* squall; shower.

chubasquero [tʃuβaskéro] *s. m.* (para la lluvia) raincoat.

chuchería [tʃutʃería] *s. f.* **1.** knick-knack; trinket. **2.** (golosina) titbit *Am. E.*

chucho [tʃútʃo] *s. m., fam.* (perro) mutt *Am. E.* dog.

chufa [tʃúfa] *s. f.* **1.** *Bot.* (árbol) chufa. **2.** *Bot.* (fruto) tiger nut.

chuleta [tʃuléta] *s. f.* **1.** *Gastr.* chop; cutlet. **2.** (para copiar en examen) crib. ‖ ~ **de cerdo** *Gastr.* pork chop. ~ **de cordero** *Gastr.* lamb chop.

chulo, -la [tʃúlo] *adj.* **1.** *fam.* (bonito) cute; neat. **2.** *fam.* (persona) nervy *Am. E.* **3.** (descarado) cheeky.

chupado, -da [tʃupáðo] *adj.* **1.** *fig. fam.* (escuálido) lean; skinny. **2.** (fácil) dead easy. ‖ ~ **de cara** gaunt.

chupar [tʃupár] *v. tr.* to suck.

chupete [tʃupéte] *s. m.* pacifier *Am. E.; dummy Br. E.*

churro [tʃúro] *s. m.* **1.** *Esp., Gastr.* churro (strip of fried dough). **2.** *fam.* (chapuza) botch; mess.

churruscar [tʃuruskár] *v. tr.* **1.** to burn. ‖ **churruscarse** *v. prnl.* **2.** to burn.

chusco, -ca [tʃúsko] *adj.* **1.** droll; funny. ‖ *s. m.* **2.** *fam.* piece (of bread).

chusma [tʃúsma] *s. f.* **1.** rabble; riffraff. **2.** (muchedumbre) mob.

chutar [tʃutár] *v. intr., Dep.* to shoot.

cicatriz [θikatríθ] *s. f., Med.* scar. •Su pl. es "cicatrices"

cicatrizar [θikatriθár] *v. tr.* **1.** *Med.* (una herida) to heal. ‖ **cicatrizarse** *v. prnl.* **2.** *Med.* to cicatrize.

ciclismo [θiklísmo] *s. m., Dep.* cycling.

ciclista [θiklísta] *s. m. y f., Dep.* cyclist.

ciclo [θíklo] *s. m.* cycle; period.

ciclón [θiklón] *s. m., Meteor.* (huracán) cyclone; hurricane.

ciego, -ga [θjéɣo] *adj.* **1.** blind; sightless. ‖ *s. m. y f.* **2.** blind person. ‖ **a ciegas** blindly. **quedarse** ~ to go blind.

cielo [θjélo] *s. m.* **1.** sky. **2.** *Rel.* heaven. ‖ **del** ~ from above. **llovido del** ~ *fam.* (oportuno) heaven-sent. **remover** ~ **y tierra** *fig.* to move heaven and earth.

cien [θjén] *adj. num. card. inv.* (también pron. num. y s. m.) **1.** a/one hundred. ‖ *adj. num. ord.* (también pron. num.) **2.** hundredth; a/one hundred [El capítulo cien. *The hundredth chapter.*] ‖ **por** ~ percent [Asistió el cien por cien de los estudiantes. *A hundred percent of the students came.*]

ciénaga [θjénaɣa] *s. f., Geogr.* (pantano) swamp; bog; marsh.

ciencia [θjénθja] *s. f.* **1.** science. **2.** (saber) knowledge; learning. ‖ **ciencias naturales** natural science.

cieno [θjéno] *s. m.* mud; mire; slime.

científico, -ca [θjentífiko] *adj.* **1.** scientific. ‖ *s. m. y f.* **2.** scientist.

ciento [θjénto] *adj. num. card.* **1.** a/one hundred [Ciento ochenta. *A hundred and eighty.*] ‖ *adj. num. ord.* **2.** a/one hundred. ‖ **cientos** *s. pl.* **3.** hundreds [Hay cientos de manchas en la alfombra. *There are hundreds of stains on the carpet.*] ‖ **por** ~ percent [Esta falda tiene un treinta por ciento de descuento. *This skirt has a thirty percent discount.*]

cierre [θjére] *s. m.* **1.** closing; shutting. **2.** (de negocio) closure. **3.** (de cremallera) zipper *Am. E.*

cierto, -ta [θjérto] *adj.* **1.** certain. **2.** (seguro) sure. **3.** (verdadero) true. ‖ **por** ~ by the way [Por cierto, ¿quién es él? *By the way, who is he?*]

ciervo, -va [θjérβo] *s. m. y f.* **1.** *Zool.* deer *inv.* ‖ *s. m.* **2.** *Zool.* (macho) stag; hart. ‖ **cierva** *s. f.* **3.** *Zool.* (hembra) hind doe.

cifra [θífra] *s. f.* **1.** *Mat.* (número) figure number. **2.** (código) cipher; code.

cifrar [θifrár] *v. tr.* to encode.

cigarra [θiɣáɾa] *s. f., Zool.* cicada.

cigarrillo [θiɣaříʎo] *s. m.* cigarette.

cigarro [θiɣářo] *s. m.* **1.** (puro) cigar. **2.** (cigarrillo) cigarette.

cigüeña [θiɣwéɲa] *s. f., Zool.* stork.

cilíndrico, -ca [θilíndriko] *adj.* cylindrical; cylindrical.

cilindro [θilíndro] *s. m.* cylinder.

cima [θíma] *s. f.* **1.** top; peak; summit. **2.** (posición) top.

cimentar [θimentár] *v. tr.* **1.** *Albañ.* to lay the foundations of. **2.** *fig.* (una amistad) to strengthen.

cimiento [θimjénto] *s. m., Albañ.* foundation. •Se usa más en pl.

cinc [θíŋk] *s. m., Quím.* zinc.

cincel [θinθél] *s. m.* chisel.

cincelar [θinθelár] *v. tr.* (labrar) to chisel; to carve; to engrave.

cincha [θínt∫a] *s. f., Equit.* cinch *Am. E.*; girth *Br. E.*

cinco [θíŋko] *adj. num. card. inv.* (también pron. num. y s. m.) **1.** five. || *adj. num. ord. inv.* (también pron. num.) **2.** fifth; five [El capítulo cinco. *The fifth chapter.*] || **choca esos ~** *col.* give me five.

cincuenta [θiŋkwénta] *adj. num. card. inv.* (también pron. num. y s. m.) **1.** fifty. || *adj. num. ord. inv.* (también pron. num.) **2.** fiftieth; fifty [El tomo cincuenta. *The fiftieth volume.*]

cine [θíne] *s. m.* cinema. || **~ mudo** silent movies *Am. E.*; silent films *Br. E.*

cinematógrafo [θinematóɣrafo] *s. m.* movie projector *Am. E.*

cínico, -ca [θíniko] *adj.* **1.** cynical. || *s. m.* **2.** (falso) cynic.

cinismo [θinísmo] *s. m.* cynicism.

cinta [θínta] *s. f.* **1.** ribbon. **2.** *Tecnol.* tape. **3.** *Cinem.* film. || **~ adhesive** adhesive tape. **~ métrica** tape measure.

cintura [θintúra] *s. f., Anat.* waist.

cinturón [θinturón] *s. m.* **1.** belt. **2.** (de una ciudad) belt. || **~ de seguridad** *Autom.* safety belt.

ciprés [θiprés] *s. m., Bot.* cypress.

circo [θírko] *s. m.* circus.

circuito [θirkuíto] *s. m.* circuit.

circulación [θirkulaθjón] *s. f.* **1.** circulation. **2.** *Autom.* (tráfico) traffic.

circular¹ [θirkulár] *v. intr.* **1.** to circulate. **2.** (vehículos) to run.

circular² [θirkulár] *adj.* **1.** circular. || *s. f.* **2.** (orden) circular.

círculo [θírkulo] *s. m.* **1.** circle. **2.** (asociación) club. || **~ vicioso** *fig.* vicious circle.

circundar [θirkundár] *v. intr.* to surround; to encompass.

circunferencia [θirkumferénθja] *s. f., Mat.* circumference.

circunstancia [θirkunstánθja] *s. f.* circumstance.

cirio [θírjo] *s. m.* candle.

ciruela [θirwéla] *s. f., Bot.* plum. || **~ claudia** *Bot.* greengage. **~ pasa** *Bot.* prune.

ciruelo [θirwélo] *s. m., Bot.* plum tree.

cirugía [θiruxía] *s. f., Med.* surgery.

cirujano, -na [θiruxáno] *s. m. y f., Med.* surgeon.

cisma [θísma] *s. m.* **1.** *Rel.* schism. **2.** *Polít.* (division) split.

cisne [θísne] *s. m., Zool.* swan.

cisterna [θistérna] *s. f.* **1.** (depósito) tank; cistern. **2.** (retrete) cistern.

cita [θíta] *s. f.* **1.** appointment. **2.** (amorosa) date. **3.** *Lit.* (de un texto) quotation.

citación [θitaθjón] *s. f.* **1.** summons *sing.* **2.** *Der.* citation.

citar [θitár] *v. intr.* **1.** (dar cita) to arrange to meet. **2.** *Der.* to summon; to convoke. **3.** (mencionar) to quote.

cítrico, -ca [θítriko] *adj.* **1.** citric; citrus. ‖ **cítricos** *s. m. pl.* **2.** citrus.

ciudad [θjuδáδ] *s. f.* town; city.

ciudadano, -na [θjuδaδáno] *adj.* **1.** (cívico) civic. ‖ *s. m. y f.* **2.** citizen.

cívico, -ca [θíβiko] *adj.* civic.

civil [θíβil] *adj.* **1.** civil. **2.** (no militar) civilian. ‖ *s. m. y f.* **3.** civilian. ‖ **casarse por lo ~** to get married in a registry office. **derecho ~** civil law.

civilización [θiβiliθaθjón] *s. f.* (desarrollo) civilization.

civilizar [θiβiliθár] *v. tr.* **1.** to civilize. ‖ **civilizarse** *v. prnl.* **2.** (educarse) to become civilized.

cizaña [θiθáɲa] *s. f.* **1.** *Bot.* darnel. **2.** *fig.* (discordia) discord. ‖ **sembrar ~** *fig.* to sow discord.

clamar [klamár] *v. tr.* (gritar) to clamor for *Am. E.*; to cry out.

clamor [klamór] *s. m.* (grito) clamor *Am. E.*; outcry.

clan [klán] *s. m.* clan; family.

clandestino, -na [klandestíno] *adj.* clandestine; underground.

clara [klára] *s. f.* **1.** (de huevo) white. **2.** *fam.* (bebida) shandy.

claraboya [klaraβóʝa] *s. f., Arq.* skylight.

clarear [klareár] *v. intr.* **1.** (amanecer) to dawn. ‖ *v. tr.* **2.** *Meteor.* (despejar) to clear up.

claridad [klariδáδ] *s. f.* **1.** brightness. **2.** (inteligibilidad) clearness; clarity.

clarificar [klarifikár] *v. tr.* to clarify.

clarín [klarín] *s. m., Mús.* bugle.

clarinete [klarinéte] *s. m.* **1.** *Mús.* (instrumento) clarinet. **2.** *Mús.* (persona) clarinettist.

clarividencia [klariβiδéɲθja] *s. f.* clairvoyance; far-sightedness.

claro, -ra [kláro] *adj.* **1.** clear; evident. **2.** (líquido) thin. **3.** (color) light. **4.** (cielo) serene. ‖ *s. m.* **5.** gap; space. ‖ *adv.* **6.** clearly. ‖ **¡~ !** *interj.* **7.** of course!; sure! ‖ **a las claras** openly. **más ~ que el agua** crystal clear.

clase [kláse] *s. f.* **1.** class. **2.** (tipo) kind; specie. **3.** (aula) classroom. ‖ **~ obrera** working class. **dar clases particulares** to coach.

clasificación [klasifikaθjón] *s. f.* **1.** classification. **2.** *Dep.* league.

clasificar [klasifikár] *v. tr.* **1.** (organizar) to classify; to class. **2.** (libros, cartas) to sort; to grade.

claudicar [klawδikár] *v. intr.* (rendirse) to yield; to give in.

claustro [kláwstro] *s. m.* **1.** *Arq.* cloister. **2.** (de profesores) staff.

cláusula [kláwsula] *s. f.* **1.** clause. **2.** (de un contrato) covenant.

clausura [klawsúra] *s. f.* (cierre) closure. ‖ **monja de ~** *Rel.* cloistered nun.

clausurar [klawsurár] *v. tr.* to close.

clavar [klaβár] *v. tr.* **1.** to nail. **2.** *fam.* (cobrar caro) to overcharge. ‖ **~ la vista** to stare; to fix.

clave [kláβe] *s. f.* **1.** key; clue. **2.** (código) code. **3.** *Mús.* (signo) clef.

clavel [klaβél] *s. m., Bot.* carnation; pink.

clavícula [klaβíkula] *s. f., Anat.* clavicle; collarbone.

clavija [klaβíχa] *s. f.* **1.** *Tecnol.* peg **2.** *Electrón.* (enchufe) plug; pin.

clavo [kláβo] *s. m.* **1.** nail. **2.** *Bot.* clove ‖ **dar en el ~** to hit the nail on the head

claxon [klákson] *s. m., Autom.* horn hooter. •Su pl. es "cláxones"

clemencia [kleméɲθja] *s. f.* (piedad mercy; clemency.

clérigo [klériɣo] *s. m., Rel.* (cura) clergyman; priest.

clero [kléro] *s. m., Rel.* clergy; priesthood.

cliché [klitʃé] *s. m.* **1.** *Fot.* (negativos) negative. **2.** *fig.* cliché.

cliente, -ta [kljénte] *s. m. y f.* (consumidor) customer; client.

clientela [kljentéla] *s. f. sing.* (público) customers *pl.*; clientele.

clima [klíma] *s. m. , Meteor.* climate.

clínica [klínika] *s. f.* clinic.

clip [klíp] *s. m.* clip.

cloaca [kloáka] *s. f.* sewer.

cloro [klóro] *s. m., Quím.* chlorine.

clorofila [klorofíla] *s. f., Biol.* chlorophyl *Am. E.*

club [klúb] *s. m.* club. •Su pl. es "clubs" o "clubes"

coagular [koaɣulár] *v. tr.* **1.** to coagulate. ‖ **coagularse** *v. prnl.* **2.** to coagulate.

coágulo [koáɣulo] *s. m.* (de sangre) clot.

coalición [koaliθjón] *s. f.* coalition.

coartada [koartáða] *s. f.* alibi.

coartar [koartár] *v. tr.* **1.** to hinder. **2.** *fig.* (cohibir) to restrict.

coba [kóβa] *s. f., fam.* soft-soap. ‖ **dar ~** *fam.* to flatter; to butter up.

cobarde [koβárðe] *adj.* **1.** cowardly. ‖ *s. m. y f.* **2.** coward; chicken *slang.*

cobardía [koβarðía] *s. f.* cowardice.

cobertizo [koβertíθo] *s. m.* **1.** shed. **2.** (para herramientas) tool shed.

cobertor [koβertór] *s. m.* **1.** (colcha) bedspread. **2.** (manta) blanket.

cobijar [koβixár] *v. tr.* **1.** to lodge. ‖ **cobijarse** *v. prnl.* **2.** to shelter.

cobra [kóβra] *s. f., Zool.* cobra.

cobrador [koβraðór] *s. m.* **1.** (de luz, agua) collector. **2.** (de tren, autobús) conductor.

cobrar [koβrár] *v. tr.* **1.** to charge; to collect. **2.** (sueldo) to earn. **3.** (recuperar) to recover. ‖ **~ demasiado** (clavar) to overcharge. **~ fuerzas** to gain strength.

cobre [kóβre] *s. m., Miner.* copper.

cobro [kóβro] *s. m.* **1.** (recaudación) collection. **2.** (de cheque) cashing.

cocaína [kokaína] *s. f.* (droga) cocaine.

cocción [kokθjón] *s. f.* **1.** *Gastr.* cooking. **2.** (agua) boiling.

cocer [koθér] *v. tr.* **1.** *Gastr.* (cocinar) to cook. **2.** (hervir) to boil. **3.** (bread) to bake. ‖ *v. intr.* **4.** (hervir) to boil. ‖ **~ demasiado** *Gastr.* to overdo.

coche [kótʃe] *s. m.* **1.** *Autom.* auto *Am. E.;* car. **2.** (de tren) carriage. **3.** (de caballos) coach. ‖ **~ cama** sleeping car. **~ de alquiler** rental car. **~ de bomberos** fire engine. **~ fúnebre** hearse. **~ patrulla** police car.

cochera [kotʃéra] *s. f.* garage.

cochero [kotʃéro] *s. m., Autom.* (de coche de caballos) coachman.

cochino, -na [kotʃíno] *adj.* **1.** *fam.* (sucio) filthy; disgusting. ‖ *s. m. y f.* **2.** *Zool.* hog *Am. E.;* pig.

cocido [koθíðo] *s. m., Esp., Gastr.* stew (with chickpeas, meat, chorizo...).

cociente [koθjénte] *s. m., Mat.* quotient.

cocina [koθína] *s. f.* **1.** (lugar) kitchen. **2.** (fogón) stove *Am. E.;* cooker *Br. E.* **3.** (arte culinario) cuisine; cookery. ‖ **batería de ~** kitchen utensil. **~ de gas** gas cooker.

cocinar [koθinár] *v. tr. e intr.* to cook.

cocinero, -ra [koθinéro] *s. m. y f.* cook.

coco[1] [kóko] *s. m., Bot.* coconut.

coco[2] [kóko] *s. m.* (fantasma) boogeyman. ‖ **ser un ~** *fam.* to be butt ugly.

cocodrilo [kokoðrílo] *s. m., Zool.* crocodile. ‖ **lágrimas de ~** *fig. y fam.* crocodile fears.

cocotero [kokotéro] *s. m., Bot.* coconut tree; coconut palm.

cóctel [kóktel] *s. m.* cocktail.

codera [koðéra] *s. f.* elbow patch.

codicia [koðíθja] *s. f.* avarice; greed.

código [kóðiɣo] *s. m.* (códice) code. ‖ **~ civil** *Der.* civil law.

codo [kóðo] *s. m., Anat.* elbow.

codorniz [koðorniθ] *s. f., Zool.* quail.

coeficiente [koefiθjénte] *s. m., Mat.* coefficient. ‖ **~ de inteligencia** intelligence quotient

coexistir [koeksistír] *v. intr.* to coexist.

cofia [kófja] *s. f.* cap.

cofradía [kofraðía] *s. f.* brotherhood.

cofre [kófre] *s. m.* **1.** (baúl) chest; coffer. **2.** (para dinero) box.

coger [koxér] *v. tr.* **1.** to take; to hold. **2.** (atrapar) to catch; to seize. **3.** (recoger) to pick; to gather. **4.** (bus, tren) to take; to catch. ‖ **cogerse** *v. prnl.* **5.** (agarrarse) to hold on. ‖ **~ un resfriado** *Med.* to catch a cold.

cogida [koxíða] *s. f., Taur.* goring.

cogido [koxíðo] *adj.* **1.** (atrapado) caught. ‖ *s. m.* **2.** (doblez) fold. ‖ **cogidos de la mano** hand in hand.

cogollo [koɣóʎo] *s. m.* **1.** (de lechuga, col) heart. **2.** (brote) shoot.

cogote [koɣóte] *s. m.* **1.** *Anat.* (nuca) scruff of the neck. **2.** *Anat.* (cuello) neck; nape.

cohabitar [koaβitár] *v. intr.* (convivir) to live together; to cohabit.

coherencia [koerénθja] *s. f.* coherence.

coherente [koerénte] *adj.* coherent.

cohete [koéte] *s. m.* rocket.

coincidencia [kojnθiðénθja] *s. f.* coincidence. ‖ **¡qué ~ !** what a coincidence!

coincidir [kojnθiðír] *v. intr.* **1.** to coincide. **2.** (opiniones) to accord.

cojear [koxeár] *v. intr.* **1.** (personas) to limp; to hobble. **2.** (muebles) to wobble.

cojín [koxín] *s. m.* cushion.

cojo, -ja [kóxo] *adj.* **1.** (persona) lame; crippled. **2.** (mueble) wobbly. ‖ *s. m. y f.* lame person.

col [kól] *s. f., Bot.* cabbage. ‖ **~ de Bruselas** *Bot.* Brussels sprout.

cola¹ [kóla] *s. f.* **1.** *Zool.* tail. **2.** (de vestido) train. **3.** (fila) line *Am. E.;* queue *Br. E.* **4.** (lugar) end. ‖ **hacer ~** *fam.* to stand in line *Am. E.;* to queue *Br. E.*

cola² [kóla] *s. f.* (para pegar) glue.

colaborar [kolaβorár] *v. intr.* **1.** (cooperar) to collaborate. **2.** (en medios de comunicación) to contribute.

colada [koláða] *s. f.* wash; laundry. ‖ **hacer la ~** to do the washing.

colador [kolaðór] *s. m.* **1.** (de té) strainer. **2.** (para verduras) colander.

colapso [kolápso] *s. m., Med.* collapse.

colar [kolár] *v. tr.* **1.** (líquido) to strain; to filter. ‖ *v. intr.* **2.** *fam.* to wash [Tu historia no va a colar. *Your story is not going to wash.*] ‖ **colarse** *v. prnl.* **3.** (en el cine, bus) to sneak in. **4.** *fam.* (equivocarse) to get wrong; to be wrong **5.** (escabullirse) to slip in.

colcha [kóltʃa] *s. f.* bedspread; counterpane; bedcover *Br. E.*

colchón [koltʃón] *s. m.* mattress.

colchoneta [koltʃonéta] *s. f., Dep.* mat air bed; small mattress.

colección [kolekθjón] *s. f.* collection.

coleccionar [kolekθjonár] *v. tr.* (recopilar) to collect; to gather.

colecta [kolékta] *s. f.* **1.** collection. **2.** *Rel.* (para la Iglesia) collect.

colectividad [kolektiβiðáð] *s. f.* (población) community; group.

colectivo, -va [kolektíβo] *adj.* **1.** collective. ‖ *s. m.* **2.** (gremio) group.

colector [kolektór] *s. m.* **1.** (sumidero) sewer; drain. **2.** *Electrón.* collector.

colega [koléγa] *s. m. y f.* **1.** colleague. **2.** *col.* (amigo) mate.

colegial [koleχjál] *adj.* **1.** collegiate. ‖ *s. m.* **2.** schoolboy; pupil. ‖ **colegiala** *s. f.* **3.** schoolgirl.

colegiata [koleχjáta] *s. f.* collegiate church.

colegio [koléχjo] *s. m.* school; public school *Am. E.* ‖ **~ de enseñanza primaria** elementary school *Am. E.*; grammar school *Am. E.* **~ de enseñanza media** high school. **~ privado** private school. **~ universitario** college.

cólera [kólera] *s. f.* **1.** *fig.* (ira) anger; wrath. **2.** *Med.* cholera.

colérico, -ca [kolériko] *adj.* **1.** furious; wrathful. **2.** *Med.* choleric.

colesterol [kolesteról] *s. m., Med.* cholesterol; cholestern.

coleta [koléta] *s. f.* ponytail. ‖ **cortarse la ~** *Taur.* to retire from bullfighting.

coletilla [koletíʎa] *s. f., Ling.* tag.

colgadura [kolγaðúra] *s. f.* **1.** dropes *pl. Am. E.* hangings *pl.*; drapery *pl.* **2.** (en una pared) hanging.

colgar [kolγár] *v. tr.* **1.** to hang. **2.** (ahorcar) to hang. ‖ *v. intr.* **3.** (pender) to hang; to dangle.

cólico [kóliko] *s. m., Med.* colic.

coliflor [koliflór] *s. f., Bot.* cauliflower.

colilla [kolíʎa] *s. f.* **1.** (de un cigarrillo) butt; stub. **2.** (de un puro) stump.

colina [kolína] *s. f., Geogr.* hill; slope.

colisión [kolisjón] *s. f.* **1.** collision. **2.** (accidente) crash. **3.** (discusión) clash.

collado [koʎáðo] *s. m.* hillock.

collar [koʎár] *s. m.* **1.** necklace. **2.** (para animales) collar.

colmar [kolmár] *v. tr.* **1.** (vaso) to fill to the brim. **2.** (ambiciones) to fulfill.

colmena [kolména] *s. f., Zool.* (de abejas) beehive; hive.

colmillo [kolmíʎo] *s. m.* **1.** *Anat.* eyetooth. **2.** *Zool.* (de elefante) tusk. **3.** *Zool.* (de perro) fang.

colmo [kólmo] *s. m.* height. ‖ **¡es el ~ !** that is the last straw!

colocación [kolokaθjón] *s. f.* **1.** (acto) placing. **2.** (lugar) position; situation. **3.** (empleo) job; employment.

colocar [kolokár] *v. tr.* **1.** to place; to put. **2.** (ubicar) to locate. **3.** (una maquinaria) to instal. **4.** (una bomba) to plant. **5.** (emplear) to settle. ‖ **colocarse** *v. prnl.* **6.** to find a job. ‖ **~ mal** to misplace. **volver a ~** to relay.

colombiano, -na [kolombjáno] *adj. y s. m. y f.* Colombian.

colonia¹ [kolónja] *s. f.* **1.** colony; settlement. **2.** (campamento) summer camp.

colonia² [kolónja] *s. f.* (agua de colonia) cologne.

colonizar [koloniθár] *v. tr.* (poblar) to colonize; to settle.

colono [kolóno] *s. m.* **1.** *Agr.* farmer. **2.** (habitante) colonist; settler.

coloquio [kolókjo] *s. m.* talk; colloquy *frml.*; discussion.

color [kolór] *s. m.* **1.** color. **2.** (tinte) hue. ‖ **mudar de ~** to change color.

colorado, -da [koloráðo] *adj.* (rojo) red. ‖ **ponerse ~** to blush.

colorante [koloránte] *adj.* **1.** coloring. ‖ *s. m.* **2.** coloring.

colorear [koloreár] *v. tr.* **1.** to color. **2.** (teñir) to tinge. ‖ *v. intr.* **3.** (sonrojarse) to redden.

colorete [koloréte] *s. m.* rouge. ‖ **darse de ~** to rouge.

colorido [koloríðo] *s. m.* coloring.

colosal [kolosál] *adj.* **1.** colossal. **2.** *fig.* (extraordinario) gigantic; huge.

coloso [kolóso] *s. m.* colossus.

columna [kolúnna] *s. f.* **1.** column. **2.** *Arq.* (pilar) pillar.

columpio [kolúmpjo] *s. m.* swing.

coma[1] [kóma] *s. m., Med.* coma.

coma[2] [kóma] *s. f., Líng.* comma.

comadre [komáðre] *s. f.* **1.** *fam.* woman friend. **2.** (madrina) godmother.

comadrona [komaðróna] *s. f.* midwife.

comandante [komandánte] *s. m.* **1.** *Mil.* commandant; commander. **2.** *Mil.* (graduación) major.

comando [komándo] *s. m.* **1.** *Mil.* commando. **2.** *col.* command.

comarca [komárka] *s. f.* region.

comba [kómba] *s. f.* **1.** (curvatura) curve. **2.** (juego) skipping. **3.** (cuerda) skipping rope.

combate [kombáte] *s. m.* **1.** *Mil.* combat; battle. **2.** *Dep.* (boxeo) fight. **3.** (lucha) struggle.

combatir [kombatír] *v. tr.* **1.** to combat. **2.** (luchar) to wrestle. ‖ *v. intr.* **3.** to struggle; to conflict. ‖ **~ en duelo** to duel.

combinación [kombinaθjón] *s. f.* **1.** combination; union. **2.** (prenda de mujer) underskirt.

combinar [kombinár] *v. tr.* **1.** to combine. **2.** (cosas) to compound. ‖ **combinarse** *v. prnl.* **3.** to combine.

combustible [kombustíβle] *adj.* **1.** combustible. ‖ *s. m.* **2.** combustible. **3.** (carburante) fuel.

combustión [kombustjón] *s. f.* (ignición) combustion; burning.

comedero [komeðéro] *s. m.* feeder; manger; feeding trough.

comedia [koméðja] *s. f.* **1.** *Teatr.* comedy. **2.** (obra) play. **3.** *fig.* (engaño) sham; farce. ‖ **~ de costumbres** comedy of manners.

comedido, -da [komeðíðo] *adj.* **1.** moderate. **2.** (cortés) polite; courteous.

comedor [komeðór] *s. m.* dining room.

comensal [komensál] *s. m. y f.* guest.

comentar [komentár] *v. tr.* **1.** to comment; to explain. **2.** (discutir) to discuss; to talk about. **3.** (retransmitir por TV o radio) to commentate.

comentario [komentárjo] *s. m.* **1.** (observación) comment; remark. **2.** (crítica) commentary. ‖ **comentarios** *s. m. pl.* **3.** (murmuración) gossip.

comenzar [komenθár] *v. tr. e intr.* **1.** (iniciar) to begin; to start; to commence. ‖ *v. tr.* **2.** initiate.

comer [komér] *v. tr. e intr.* **1.** to eat. ‖ **comerse** *v. prnl.* **2.** to eat up. ‖ **darse de ~** to feed.

comerciante [komerθjánte] *s. m. y f.* trader; merchant; tradesman. ‖ **~ al por mayor** *Econ.* wholesaler. **~ al por menor** *Econ.* retailer.

comerciar [komerθjár] *v. intr.* to trade.

comercio [komérθjo] *s. m.* **1.** commerce; trade. **2.** (tienda) store *Am. E.*; shop *Br. E.* ‖ **~ exterior** *Polít* foreign trade.

comestible [komestíβle] *adj.* **1.** eatable; edible. ‖ **comestibles** *s. m. pl.* **2.** eatables. ‖ **tienda de comestibles** grocery store *Am. E.*; grocer's *Br. E.*

cometa [kométa] *s. m.* **1.** *Astron.* comet. ‖ *s. f.* **2.** (juguete) kite.

cometer [kometér] *v. tr.* **1.** (delito) to commit; to perpetrate. **2.** (un pecado) to sin. ‖ **~ un error** to make a mistake.

cometido [kometíðo] *s. m.* (misión) task; commission.

cómic [kómik] *s. m.* comic.

comicios [komíθjos] *s. m. pl., Polít.* (elecciones) elections.

comida [komíða] *s. f.* **1.** (alimento) food. **2.** (acción) meal. ‖ **~ abundante** square meal. **~ basura** junk food. **~ y alojamiento** board and lodging.

comienzo [komjénθo] *s. m.* (inicio) beginning; start. ‖ **en sus comienzos** in it´s early stages.

comillas [komíλas] *s. f. pl., Ling.* inverted commas; quotation marks [Pon la palabra entre comillas. *Put the word in inverted commas.*]

comilón, -ona [komilón] *adj.* **1.** greedy. ‖ *s. m. y f.* **2.** (tragón) glutton.

comisaría [komisaría] *s. f.* police station.

comisario, -ria [komisárjo] *s. m. y f.* **1.** (de policía) inspector; superintendent *Br. E.* **2.** (delegado) commissioner.

comisión [komisjón] *s. f.* **1.** (pago) commission. **2.** (delegación) committee. ‖ **~ permanente** standing committee.

comité [komité] *s. m.* committee.

comitiva [komitíβa] *s. f.* retinue; suite.

como [kómo] *adv. mod.* **1.** as [Me habló como un padre. *He talked to me as a father.*] ‖ *adv. comp.* **2.** like [Me he comprado un coche como el tuyo. *I bought a car like yours.*] **3.** (por ejemplo) as; like; such as [Quiero visitar una gran ciudad, como Nueva York. *I want to visit a big city, as New York.*] ‖ *conj. caus.* **4.** since; as [Como está lloviendo, me quedo en casa. *Since it is raining, I am staying at home.*] ‖ *conj. cond.* **5.** (+ subj.) if [Como no me llames, me voy. *If you don't call me, I'll go out.*]

cómo [kómo] *s. m.* **1.** how [Quiere lograr su objetivo sin importarle el cómo. *He wants to achieve his goal and never minds about the how.*] ‖ *adv. int.* **2.** how [¿Cómo estás? *How are you?*] **3.** (por qué) why [¿Cómo no me avisaste? *Why didn't you tell me?*] ‖ **¿cómo?** *interj.* **4.** *col.* what? ‖ **~ si** as if; as though [Habló como si conociera el tema. *He talked as if he knew the subject.*]

cómoda [kómoða] *s. f.* chest of drawers.

comodidad [komoðiðáð] *s. f.* (bienestar) comfort; convenience.

cómodo, -da [kómoðo] *adj.* **1.** comfortable. **2.** (útil) handy; convenient.

compacto, -ta [kompákto] *adj.* **1.** compact; dense. **2.** (apretado) tight.

compadecer [kompaðeθér] *v. tr.* **1.** to feel sorry for; to pity. ‖ **compadecerse** *v. prnl.* **2.** to take pity [Compadécete de él. *Take pity on him.*]

compaginar [kompaχinár] *v. tr.* **1.** to combine. ‖ **compaginarse** *v. prnl.* **2.** to be compatible.

compañero, -ra [kompaɲéro] *s. m. y f.* **1.** companion; partner; fellow. **2.** (amigo, compinche) mate; pal. **3.** (de habitación) room mate. ‖ **~ de clase** classmate. **~ de equipo** team mate

compañía [kompaɲía] *s. f.* **1.** company. **2.** (empresa) corporation. **3.** (militar, circo) troop. ‖ ~ **aérea** airline. ~ **de seguros** insurance company. **en** ~ **de** with. **malas compañías** bad company.

comparación [komparaθjón] *s. f.* comparison. ‖ **en** ~ **con** compared to.

comparar [komparár] *v. tr.* to compare.

comparecencia [kompareθénθja] *s. f.*, *Der.* appearance.

comparecer [kompareθér] *v. intr.*, *Der.* to appear. ‖ **no** ~ to default.

compartir [kompartír] *v. tr.* **1.** (repartir) to divide. **2.** (casa, opinión) to share.

compás [kompás] *s. m.* **1.** *Mat.* (instrumento) compasses *pl.* **2.** *Mús.* (ritmo) time; meter *Am. E.* ‖ **llevar el** ~ (bailando) to keep time.

compasión [kompasjón] *s. f.* compassion; pity. ‖ **tener** ~ to feel sorry.

compasivo, -va [kompasíβo] *adj.* compassionate; sympathetic.

compatible [kompatíβle] *adj.* (máquinas, ideas) compatible.

compatriota [kompatrjóta] *s. m. y f.* compatriot; (hombre) fellow countryman; (mujer) fellow countrywoman.

compendiar [kompendjár] *v. tr.* to summarize; to abridge.

compendio [kompéndjo] *s. m.* **1.** summary; abridgment; synopsis. **2.** (libro) compendium.

compenetrarse [kompenetrárse] *v. prnl.* **1.** *Quím.* to interpenetrate. **2.** (personas) to get on with; to get along with. ‖ ~ **con algo** to identify with.

compensación [kompensaθjón] *s. f.* compensation; indemnity.

compensar [kompensár] *v. tr.* to compensate; to indemnify.

competencia [kompeténθja] *s. f.* **1.** (rivalidad) competition; rivalry. **2.** (habilidad) competence.

competente [kompeténte] *adj.* competent; capable.

competer [kompetér] *v. tr.* (atañer) to be sb's responsibility.

competidor [kompetiðór] *s. m. y f.* rival.

competir [kompetír] *v. intr.* **1.** to compete. **2.** (rivalizar) to rival. ‖ ~ **en una carrera** *Dep.* to race.

compinche [kompíntʃe] *s. m. y f.*, *fam.* (secuaz) chum; pal.

complacer [komplaθér] *v. tr.* **1.** (agradar) to please. **2.** to oblige *frml.*

complejo, -ja [kompléχo] *adj. y s. m.* **1.** complex. ‖ *adj.* **2.** complicated.

complemento [kompleménto] *s. m.* **1.** complement. **2.** *Ling.* object. ‖ ~ **directo** *Ling.* direct object.

completamente [kompletaménte] *adv.* completely; quite.

completar [kompletár] *v. tr.* **1.** to complete. **2.** (acabar) to finish.

completo, -ta [kompléto] *adj.* **1.** complete; full. **2.** (hotel) no vacancy.

complexión [kompleksjón] *s. f.*, *Anat.* build; constitution.

complicar [komplikár] *v. tr.* **1.** to complicate. **2.** to make difficult. ‖ **complicarse** *v. prnl.* **3.** to get complicated.

cómplice [kómpliθe] *s. m. y f.* accomplice.

complot [komplót] *s. m.* plot; conspiracy. •Su pl. es "complots".

componer [komponér] *v. tr.* **1.** to compose; to compound. **2.** (reparar) mend; to repair. **3.** (música) to compose. ‖ **componerse** *v. prnl.* **4.** (arreglarse) make up. ‖ **componérselas** *fam. v. prnl.* **5.** to manage.

comportamiento [komportamjénto] *s. m.* behavior *Am. E.*; conduct. ‖ **mal ~** misbehavior.

comportarse [komportárse] *v. prnl.* to behave. ‖ **~ mal** to misbehave.

composición [komposiθjón] *s. f.* **1.** composition; makeup. **2.** (acuerdo) settlement.

compositor, -ra [kompositór] *s. m. y f., Mús.* composer.

compostura [kompostúra] *s. f.* **1.** (reparación) repair;mending. **2.** (prudencia) composure; moderation.

compota [kompóta] *s. f., Gastr.* (dulce) compote; jam.

compra [kómpra] *s. f.* purchase. ‖ **ir de compras** to go shopping.

comprar [komprár] *v. tr.* **1.** to buy; to purchase. **2.** *fig.* (sobornar) to buy off.

compraventa [kompraβénta] *s. f.* transaction.

comprender [komprendér] *v. tr.* **1.** to understand; to comprehend. **2.** (darse cuenta) to realize.

comprensivo, -va [komprensíβo] *adj.* understanding.

compresa [komprésa] *s. f., Med.* compress. ‖ **~ femenina** sanitary napkin *Am. E.*; sanitary towel *Br. E.*

comprimido, -da [komprimíðo] *adj.* **1.** compressed. ‖ *s. m.* **2.** *Farm.* tablet.

comprimir [komprimír] *v. tr.* **1.** to compress. **2.** (apretar) to squeeze; to press.

comprobación [komproβaθjón] *s. f.* verification; check; proof.

comprobar [komproβár] *v. tr.* **1.** to verify; to check. **2.** (demostrar) to prove.

comprometerse [komprometérse] *v. prnl.* **1.** to promise; to undertake [Se comprometió a ayudarme. *She un-*

dertook to help me.] **2.** (novios) to get engaged.

compromiso [kompromíso] *s. m.* **1.** (arreglo) compromise. **2.** (cita) engagement. **3.** (financiero) obligation. **4.** (situación difícil) plight.

compuerta [kompwérta] *s. f.* **1.** *Tecnol.* (de una presa) floodgate; sluice. **2.** (de submarino) hatch.

compuesto, -ta [kompwésto] *adj.* **1.** compound; composite. **2.** (cometido) composed. **3.** (elegante) trim. ‖ *s. m.* **4.** *Quím.* y *Ling.* compound.

computador, -ra [komputaðór] *s. m. y f., Inform.* (ordenador) computer.

computar [komputár] *v. tr.* (calcular) to compute; to calculate.

comulgar [komulγár] *v. intr., Rel.* to take communion.

común [komún] *adj.* **1.** common. **2.** (corriente) ordinary; usual; habitual. **3.** (inferior) vulgar. ‖ **poco ~** uncommon.

comunicación [komunikaθjón] *s. f.* **1.** communication. **2.** (un escrito) notice.

comunicar [komunikár] *v. tr. e intr.* **1.** to communicate. ‖ *v. tr.* **2.** (informar) to report; to inform; to notify.

comunidad [komuniðáð] *s. f.* **1.** community. **2.** (agrupación) guild; society.

comunión [komunjón] *s. f.* communion.

comunismo [komunísmo] *s. m., Polít.* communism.

con [kón] *prep.* **1.** with [Fui con mi madre. *I went with my mother.*] **2.** (instrumento) with [Corta el papel con las tijeras. *Cut the paper with scissors.*] **3.** (descripción) with [Ese hombre con chaqueta es mi padre. *That man with a jacket is my father.*] **4.** to [Hablé con la profesora. *I talked to the teacher.*] **5.** (comportamiento) toward [No tuviste una actitud muy positiva con su idea. *You were not very positive towards his idea.*] ‖ **~ lo cual** whereupon.

cóncavo, -va [kóŋkaβo] *adj.* **1.** concave.

concebir [konθeβír] *v. tr. e intr.* **1.** (un plan, un hijo) to conceive. ‖ *v. tr.* **2.** (idea, etc.) to entertain.

conceder [konθeðér] *v. tr.* **1.** to grant; (premio) to award. **2.** (admitir) to concede; to allow.

concejal, -la [konθeɣál] *s. m.* councilor; alderman *Am. E.*

concejo [konθéxo] *s. m.* (ayuntamiento) town council; town hall.

concentrar [konθentrár] *v. tr.* **1.** to concentrate. **2.** (centrar la atención) to focus; to center. ‖ **concentrarse** *v. prnl.* **3.** to concentrate. **4.** (tropas) to mass.

concepción [konθepθjón] *s. f.* conception; idea.

concepto [konθépto] *s. m.* **1.** concept; idea. **2.** *Lit.* conceit.

concerniente [konθernjénte] *adj.* concerning. ‖ **~ a** concerning.

concernir [konθernír] *v. tr.* to concern; to refer to.

concertar [konθertár] *v. tr.* **1.** to concert *frml.* **2.** (una cita) to arrange.

concesión [konθesjón] *s. f.* concession; grant. **2.** (de un premio) awarding.

concha [kóntʃa] *s. f.* shell.

conciencia [konθjénθja] *s. f.* **1.** awareness; consciousness. **2.** (moral) conscience. ‖ **a ~** conscientiously.

concierto [konθjérto] *s. m.*, *Mús.* concert. ‖ **~ de música pop** pop concert.

conciliador, -ra [konθiljaðór] *adj.* **1.** conciliatory. ‖ *s. m. y f.* **2.** (moderador) conciliator; peacemaker.

conciliar [konθiljár] *v. tr.* to conciliate.

concilio [konθiljo] *s. m.*, *Rel.* council.

conciso, -sa [konθíso] *adj.* (preciso) concise; brief; short.

conciudadano, -na [konθjuðaðáno] *s. m. y f.* fellow citizen; countryman.

concluir [konkluír] *v. tr.* **1.** to conclude; to finish. **2.** (negocio) to wind up.

conclusión [konklusjón] *s. f.* **1.** (final) conclusion; end. **2.** (deducción) result.

concluyente [konkluyénte] *adj.* (determinante) conclusive; decisive.

concordar [konkorðár] *v. tr.* **1.** (amigos) to reconcile. ‖ *v. intr.* **2.** to accord.

concordia [konkórðja] *s. f.* (armonía) concord; harmony.

concretar [konkretár] *v. tr.* (precisar) to make concrete; to specify.

concreto, -ta [konkréto] *adj.* concrete.

concurrencia [konkuréŋθja] *s. f.* **1.** concurrence *frml.* **2.** (asistencia) turnout. **3.** (público) crowd.

concurrir [konkuřír] *v. intr.* **1.** to meet. **2.** (coincidir) to concur.

concurso [konkúrso] *s. m.* competition; contest. ‖ **~ de belleza** beauty contest.

condecoración [kondekoraθjón] *s. f.* decoration; medal.

condecorar [kondekorár] *v. tr.* (poner una medalla) to decorate.

condena [kondéna] *s. f.* **1.** penalty. **2.** *Der.* (sentencia) conviction; sentence.

condenado, -da [kondenáðo] *adj.* **1.** *Der.* condemned; convicted. **2.** *Rel.* damned.

condenar [kondenár] *v. tr.* **1.** to condemn; to damn. **2.** (fallar un plan) to doom. **3.** *Der.* to convict.

condensador [kondensaðór] *s. m.* *Electrón.* condenser.

condescendencia [kondesθendéṇθja] *s. f.* compliance; complaisance.

condescender [kondesθendér] *v. intr.* **1.** (dignarse) to condescend. **2.** (ceder) to comply; to consent.

condición [kondiθjón] *s. f.* **1.** (situación) condition; state. **2.** (índole) status; position. || **condiciones** *s. f. pl.* **3.** terms.

condimentar [kondimentár] *v. tr., Gastr.* to season; to flavor.

condimento [kondiménto] *s. m., Gastr.* condiment; seasoning.

condiscípulo, -a [kondisθípulo] *s. m.* fellow student.

condón [kondón] *s. m.* condom.

condonar [kondonár] *v. tr., form.* (deuda) to cancel.

conducción [kondukθjón] *s. f.* **1.** *Autom.* driving. **2.** *Fís.* conduction. **3.** (transporte) transportation.

conducir [konduθír] *v. tr.* **1.** (coche) to drive. **2.** (gente) to lead. **3.** (electricidad) to conduct; to carry. **4.** (negocio) to manage. **5.** (líquido) to convey. || **conducirse** *v. prnl.* **6.** to conduct oneself. || **~ a alguien a algo** to lead sb to sth.

conducta [kondúkta] *s. f.* behavior; conduct. || **mala ~** misbehavior.

conducto [kondúkto] *s. m.* **1.** (tubería) pipe; conduit. **2.** *Anat.* canal. || **por ~ de** through.

conductor, -ra [konduktór] *adj.* **1.** conductive. || *s. m.* **2.** *Autom.* driver; chauffeur. **3.** *Electrón.* conductor.

conectar [konektár] *v. tr.* **1.** to connect; to link. **2.** *Electrón.* to switch on.

conejo, -ja [konéχo] *s. m., Zool.* rabbit. || **conejillo de Indias** guinea pig.

conexión [koneksjón] *s. f.* **1.** *Tecnol.* connection. **2.** (relación) relation.

confección [komfekθjón] *s. m.* **1.** (de ropa) tailoring; manufacture. **2.** (realización) making; confection.

confeccionar [komfekθjonár] *v. tr.* **1.** (elaborar) to make; to make up. **2.** *Gastr.* (un plato) to cook.

confederación [komfeðeraθjón] *s. f.* confederation; confederacy.

conferencia [komferénθja] *s. f.* **1.** (reunión) conference. **2.** (charla) lecture. **3.** (llamada a larga distancia) trunk call. || **dar una ~** to lecture.

conferir [komferír] *v. tr.* (honor, privilegio) to confer.

confesar [komfesár] *v. tr.* **1.** to confess. || **confesarse** *v. prnl.* **2.** to confess.

confesonario [komfesonárjo] *s. m., Rel.* confessional.

confeti [komféti] *s. m.* confetti.

confiado, -da [komfjáðo] *adj.* **1.** trustful; unsuspecting; confiding. **2.** (seguro) confident.

confianza [komfjánθa] *s. f.* **1.** (seguridad) confidence. **2.** (fe) trust; faith. || **de ~** reliable. **de poca ~** untrustworthy.

confiar [komfjár] *v. tr.* **1.** (entregar) to entrust. **2.** (secreto) to confide; to commit. || *v. intr.* **3.** (tener fe) to trust [Confío en ella. *I trust her.*] || **confiarse** *v. prnl.* **4.** to confide. || **~ en** to rely on.

confidencia [komfiðénθja] *s. f.* confidence; secret.

confidencial [komfiðenθjál] *adj.* (secreto) confidential; private.

confidente [komfiðénte] *s. m. y f.* **1.** (hombre) confidant; (mujer) confidante. **2.** (de la policía) informer.

confín [komfín] *s. m.* limit; border.

confinar [komfinár] *v. tr.* **1.** *Der.* to confine. **2.** (territorio) to border.

confirmación [koɱfirmaθjón] *s. f.* (corroboración) confirmation.

confirmar [koɱfirmár] *v. tr.* to confirm; to ratify; to prove [La excepción confirma la regla. *The exception proves the rule.*]

confiscar [koɱfiskár] *v. tr.* to confiscate.

confite [koɱfíte] *s. m.* candy *Am. E.*

confitería [koɱfitería] *s. f.* confectionery; candy store *Am. E.*

conflicto [koɱflíkto] *s. m.* conflict; clash.

confluencia [koɱflwénθja] *s. f.* confluence.

confluir [koɱfluír] *v. intr.* (ríos) to meet.

conformar [koɱformár] *v. tr.* **1.** (configurar) to shape. **2.** to conform. ‖ **conformarse** *v. prnl.* **3.** to resign oneself.

conforme [koɱfórme] *adj.* **1.** satisfied; happy. ‖ **~ a** according to; in accordance with.

conformidad [koɱformiðáð] *s. f.* **1.** conformity. **2.** (acuerdo) agreement.

confortable [koɱfortáβle] *adj.* (cómodo) comfortable.

confortar [koɱfortár] *v. tr.* to comfort; to console; to cheer.

confundir [koɱfundír] *v. tr.* **1.** (equivocar) to confuse; to mistake. **2.** (mezclar) to mix up. **3.** (turbar) to embarrass. ‖ **confundirse** *v. prnl.* **4.** (equivocarse) to get confused.

confusión [koɱfusjón] *s. f.* **1.** confusion; disorder. **2.** (turbación) embarrassment.

confuso, -sa [koɱfúso] *adj.* **1.** confused; vague. **2.** (recuerdo) hazy. **3.** (estilo) obscure.

congelación [koɲxelaθjón] *s. f.* **1.** freezing. **2.** *Med.* frostbite.

congelador [koɲxelaðór] *s. m.* (refrigerador) freezer; deep-freeze.

congelar [koɲxelár] *v. tr.* **1.** (helar) to freeze. **2.** (comida) to deep-freeze.

congeniar [koɲxenjár] (con) *v. intr.* (simpatizar) to get on with.

congénito, -ta [koɲxénito] *adj.* (innato) congenital; innate.

congestión [koɲxestjón] *s. f.* **1.** congestion. **2.** (atasco) jam.

congoja [koɲgóxa] *s. f.* **1.** (angustia) anguish. **2.** (pena) sorrow; heartache.

congregación [koɲgreɣaθjón] *s. f.* **1.** *Rel.* congregation. ‖ *s.* **2.** (de monjas) sisterhood.

congregar [koɲgreɣár] *v. tr.* **1.** to congregate. ‖ **congregarse** *v. prnl.* **2.** to congregate.

Congreso [koɲgréso] *s. m.* Congress.

cónico [kóniko] *adj.* conic.

conjetura [koɲxetúra] *s. f.* conjecture; guess. ‖ **por ~** guesswork.

conjugar [koɲxuɣár] *v. tr.* to conjugate.

conjunción [koɲxuɲθjón] *s. f., Ling.* conjunction.

conjunto [koɲxúnto] *adj.* **1.** (compartido) joint. ‖ *s. m.* **2.** aggregate; whole. ‖ **en ~** as a whole.

conjurar [koɲxurár] *v. tr.* **1.** to conjure ‖ *v. intr.* **2.** to conspire; to plot.

conmemoración [kommemoraθjón] *s. f.* **1.** commemoration. **2.** (acto) remembrance.

conmigo [kommíɣo] *contr. prep. y pron. pers. 1ª sing.* with me [¿Por qué no bailas conmigo? *Why don't you dance with me?*]

conmoción [kommoθjón] *s. f.* **1.** conmotion; shock. **2.** *Med.* concussion.

conmover [kommoβér] *v. tr.* **1.** to touch to affect. ‖ **conmoverse** *v. prnl.* **2.** be moved; to be touched.

conmutar [kommutár] *v. tr.* **1.** to exchange. **2.** *Der.* (sentencia, pena) to commute.

cono [kóno] *s. m., Mat.* cone.

conocedor, -ra [konoθeðór] *adj.* **1.** expert. ‖ *s. m. y f.* **2.** connoisseur; expert.

conocer [konoθér] *v. tr.* **1.** to know; (a algn) to be acquainted with sb. **2.** (por primera vez) to meet. ‖ **conocerse** *v. prnl.* **3.** (uno mismo) to know oneself. **4.** (uno a otro) to know each other. ‖ **dar a ~** to make known; to announce.

conocido, -da [konoθíðo] *adj.* **1.** well-known. **2.** (voz, cara) familiar. **3.** (famoso) celebrated. ‖ *s. m. y f.* **4.** acquaintance.

conocimiento [konoθimjénto] *s. m.* **1.** (saber) knowledge; acquaintance. **2.** (sentido) consciousness. ‖ **conocimientos** *s. m. pl.* **3.** knowledge; know-how. ‖ **~ práctico** skill. **perder el ~** to lose consciousness. **recobrar el ~** to regain consciousness.

conquista [koŋkísta] *s. f.* conquest.

conquistar [koŋkistár] *v. tr.* **1.** *Mil.* (país, ciudad) to conquer. **2.** (puesto, título) to win.

consagrar [konsaɣrár] *v. tr.* **1.** *Rel.* to consecrate. **2.** (dedicar) to devote; to dedicate. ‖ **consagrarse** *v. prnl.* **3.** to devote oneself.

consciente [konsθjénte] *adj.* conscious; aware.

consecuencia [konsekwénθja] *s. f.* consequence; result. ‖ **en ~** (por consiguiente) consequently.

consecutivo, -va [konsekutíβo] *adj.* (seguido) consecutive.

conseguir [konseɣír] *v. tr.* **1.** (una cosa) to get; to obtain. **2.** (objetivo, fin) to achieve; to attain.

consejo [konséχo] *s. m.* **1.** advice. **2.** *Polít.* council. ‖ **un ~** a piece of advice.

consenso [konsénso] *s. m.* consensus.

consentimiento [konsentimjénto] *s. m.* consent.

consentir [konsentír] *v. tr.* **1.** to permit; to allow. **2.** (mimar) to pamper. ‖ *v. intr.* **3.** to consent.

conserje [konsérχe] *s. m.* **1.** concierge. **2.** (portero) porter.

conserva [konsérβa] *s. f.* **1.** (en lata) conserve. **2.** (mermelada) preserves *pl.* ‖ **alimentos en ~** canned food.

conservación [konserβaθjón] *s. f.* **1.** conservation. **2.** (de alimentos) preservation. **3.** (mantenimiento) maintenance.

conservador, -ra [konserβaðór] *adj.* **1.** *Polít.* conservative. ‖ *s. m.* **2.** conservative. **3.** (de un museo) curator.

conservar [konserβár] *v. tr.* **1.** to conserve; to preserve. **2.** (mantener) to maintain. ‖ **conservarse** *v. prnl.* **3.** to keep. ‖ **~ en lugar fresco** to keep in a cool place. **~ en tarros** to pot.

conservatorio [konserβatórjo] *s. m., Mús.* conservatory.

considerable [konsiðeráβle] *adj.* considerable; substantial.

consideración [konsiðeraθjón] *s. f.* **1.** (reflexión) consideration. **2.** (respeto) regard. ‖ **tomar en ~** to take under consideration.

considerar [konsiðerár] *v. tr.* **1.** to consider; to account. **2.** (estimar) to regard; to take into consideration.

consigna [konsíɣna] *s. f.* **1.** *Mil.* order. **2.** (de equipaje) checkroom *Am. E.*; left luggage. **3.** (señal, lema) watchword.

consignar [konsignár] *v. tr.* **1.** (cantidad) to assign. **2.** *Econ.* (mercancía) to consign. **3.** (hacer constar) to point out.

consigo [konsíγo] *contr. prep. y pron. pers.* **1.** (con él) with him. **2.** (con ella) with her. **3.** (con usted) with you. **4.** (con ellos) with them [¿Trajeron el documento consigo? *Did they bring the document with him?*]

consistencia [konsisténθja] *s. f.* (estabilidad) consistency; firmness.

consistente [konsisténte] *adj.* (resistente) consistent; firm.

consistir [konsistír] *v. intr.* **1.** to consist (of). **2.** (radicar) to lie (in).

consola [konsóla] *s. f.* console.

consolar [konsolár] *v. tr.* (animar) to console; to comfort.

consolidar [konsoliðár] *v. tr.* **1.** to consolidate. **2.** (amistad) to strengthen. ‖ **consolidarse** *v. prnl.* **3.** to consolidate.

consomé [konsomé] *s. m.*, *Gastr.* (caldo) consommé.

consonante [konsonánte] *adj. y s. f.*, *Ling.* consonant.

consorte [konsórte] *s. m. y f.* (esposo) husband; wife; partner. **2.** (en familia real) consort.

conspiración [konspiraθjón] *s. f.* (confabulación) conspiracy; plot.

conspirar [konspirár] *v. intr.* (confabularse) to conspire; to plot.

constancia [konstánθja] *s. f.* constancy; perseverance.

constante [konstánte] *adj.* **1.** constant; steady. ‖ *s. f.* **2.** constant.

constar [konstár] (de) *v. intr.* to consist of; to be included.

constelación [konstelaθjón] *s. f.*, *Astron.* constellation.

constipado [konstipáðo] *s. m.* cold.

constiparse [konstipárse] *v. prnl.* to catch a cold; to catch a chill.

constitución [konstituθjón] *s. f.* (composición) constitution.

constituir [konstituír] *v. tr.* **1.** (formar) to constitute. **2.** (crear) to establish.

constreñir [konstreñír] *v. tr.* **1.** (forzar) to constrain; to compel. **2.** *Med.* (arteria) to constrict.

construcción [konstrukθjón] *s. f.* **1.** construction. **2.** (edificio) building.

construir [konstruír] *v. tr.* **1.** (figura geométrica, frases) to construct. **2.** (edificios, sociedad) to build.

consuelo [konswélo] *s. m.* (ánimo) consolation; comfort.

cónsul [kónsul] *s. m. y f.*, *Polít.* consul.

consulado [konsuláðo] *s. m.* **1.** *Polít.* (oficina) consulate. **2.** (cargo) consulship.

consulta [konsúlta] *s. f.* **1.** consultation. **2.** (de libros) (before n) reference. **3.** *Med.* (despacho) consulting room.

consultar [konsultár] *v. tr.* to consult.

consumación [konsumaθjón] *s. f.* consummation; completion.

consumado, -da [konsumáðo] *adj.* **1.** consummate *frml.* **2.** (deportista, tista) accomplished.

consumar [konsumár] *v. tr.* **1.** to complete. **2.** (crimen) to commit. **3.** (matrimonio) to consummate.

consumición [konsumiθjón] *s. f.* **1.** consumption. **2.** (bebida) drink.

consumidor, -ra [konsumiðór] *s. m.* consumer.

consumir [konsumír] *v. tr.* **1.** (gastar) consume; to spend. **2.** (destruir) to destroy. ‖ **consumirse** *v. prnl.* **3.** (persona) to waste away.

consumo [konsúmo] *s. m.* consumption. ‖ ~ **de drogas** drug addiction.

contabilidad [kontaβiliðáð] *s. f.* accounting; bookkeeping.

contable [kontáβle] *adj.* **1.** (enumerable) countable. ‖ *s. m.* **2.** *Econ.* accountant; bookkeeper.

contacto [kontákto] *s. m.* contact.

contado, -da [kontáðo] *adj.* scarce.

contador [kontaðór] *s. m.* **1.** (narrador) teller. **2.** (de luz, de agua, de gas) meter. ‖ ~ **de agua** water meter.

contagiar [kontaxjár] *v. tr.* **1.** *Med.* (enfermedad) to transmit. **2.** (a una persona) to infect. ‖ **contagiarse** *v. prnl.* **3.** to become infected.

contagio [kontáxjo] *s. m., Med.* (infección) contagion; infection.

contagioso, -sa [kontaxjóso] *adj., Med.* (infeccioso) contagious; infectious.

contaminación [kontaminaθjón] *s. f.* **1.** contamination. **2.** (atmosférica, acústica) pollution.

contaminar [kontaminár] *v. tr.* **1.** to contaminate; to infect. **2.** (aire, agua) to pollute. ‖ **contaminarse** *v. prnl.* **3.** to become contaminated.

contar [kontár] *v. intr.* **1.** *Mat.* to count; to number. **2.** (un cuento) to tell; to narrate. ‖ ~ **con** to rely on.

contemplar [kontemplár] *v. tr.* (observar) to contemplate; to gaze.

contemporáneo, -a [kontemporáneo] *adj. y s. m. y f.* contemporary.

contención [konteɲθjón] *s. f.* (moderación) moderation; control.

contencioso, -sa [konteɲθjóso] *adj.* **1.** contentious. **2.** *Der.* litigious. ‖ *s. m.* **3.** dispute.

contenedor [konteneðór] *s. m.* container.

contener [kontenér] *v. tr.* **1.** to contain; to hold. **2.** (reprimir) to restrain; to repress. ‖ **contenerse** *v. prnl.* **3.** to contain oneself; to catch oneself.

contenido [konteníðo] *adj.* **1.** moderate. ‖ *s. m.* **2.** content.

contentar [kontentár] *v. tr.* **1.** (contentar) to content. **2.** (satisfacer) to please. ‖ **contentarse con** to be satisfied with. **ser fácil de** ~ *fam.* to be easy to please.

contento, -ta [konténto] *adj.* **1.** happy; glad. ‖ *s. m.* **2.** contentment; happiness.

contestación [kontestaθjón] *s. f.* (respuesta) answer; reply.

contestar [kontestár] *v. tr.* (al teléfono, una pregunta) to answer; to reply.

contexto [konteksto] *s. m.* context.

contienda [kontjénda] *s. f.* (disputa) contest; dispute.

contigo [kontíɣo] *contr. prep. y pron. pers. 2ª sing.* with you [¿Ha ido tu hermano contigo? *Has your brother gone with you?*]

contiguo, -gua [kontíɣwo] *adj.* **1.** contiguous; next. **2.** (habitación) adjacent. **3.** (terreno) adjoining.

continencia [kontinénθja] *s. f.* continence; restraint.

continente [kontinénte] *adj.* **1.** continent. ‖ *s. m.* **2.** *Geogr.* continent. **3.** (recipiente) container.

contingencia [kontinxénθja] *s. f.* contingency; eventuality.

continuación [kontinwaθjón] *s. f.* continuation. ‖ **a** ~ below.

continuar [kontinwár] *v. tr.* **1.** to continue; to carry on. ‖ *v. intr.* **2.** to continue.‖ **continuarse** *v. prnl.* **3.** to continue

continuo, -nua [kontínwo] *adj.* **1.** (seguido) continuous; endless. **2.** (reiterado) continual.

contonearse [kontoneárse] *v. prnl.* (menearse) to swing one's hips.

contorno [kontórno] *s. m.* **1.** outline. **2.** *Geogr.* contour. || **contornos** *s. m. pl.* **3.** (alrededores) vicinity.

contra [kóntra] *prep.* **1.** (oposición) against [Va en contra de la ley. *It's against the law.*] **2.** (posición) against [Pon la mesa contra la pared. *Put the table against the wall.*] || *s. f.* **3.** opposition [Expresó fuerte oposición contra a los planes. *She expressed strong opposition to the plans.*] || **en ~ de** against [Las pruebas están en contra de él. *The evidence is against him.*]

contrabajo [kontraβáxo] *s. m.* **1.** *Mús.* (instrumento) double bass. **2.** *Mús.* (instrumentista) double bass player.

contrabandista [kontraβandísta] *s. m. y f.* smuggler; contrabandist.

contrabando [kontraβándo] *s. m.* **1.** (mercancías) contraband. **2.** (acción) smuggling.

contracción [kontrakθjón] *s. f.* (encogimiento) contraction.

contradecir [kontraðeθír] *v. tr.* to contradict. **2.** (oponerse) to run against.

contradictorio, -ria [kontraðiktórjo] *adj.* contradictory.

contraer [kontraér] *v. tr.* **1.** to contract. **2.** (enfermedad) to catch. **3.** (hábito) to acquire. || **~ matrimonio** to marry.

contrafuerte [kontrafwérte] *s. m., Arq.* buttress. **2.** (en zapatos) stiffener.

contrahecho, -cha [kontraétʃo] *adj.* deformed; hunchbacked.

contraindicación [kontrajndikaθjón] *s. f., Med.* contraindication.

contraluz [kontralúθ] *s. m. y f.* back light. || **a ~** against the light.

contramaestre [kontramaéstre] *s. m., Náut.* boatswain.

contraorden [kontraórðen] *s. f., form.* countermand.

contrapartida [kontrapartíða] *s. f.* compensation; indemnification. || **como ~** in contrast.

contrapeso [kontrapéso] *s. m.* counterweight; counterbalance.

contraponer [kontraponér] *v. tr.* **1.** (contrastar) to contrast. **2.** (oponer) to oppose. || **contraponerse** *v. prnl.* **3.** (oponerse) to be opposed.

contrariar [kontrariár] *v. tr.* **1.** (oponerse) to oppose. **2.** (enfadar) to vex.

contrariedad [kontrarjeðáð] *s. f.* **1.** (oposición) contrariety. **2.** (contratiempo) setback.

contrario, -ria [kontrárjo] *adj.* **1.** (opuesto) opposite. **2.** (perjudicial) contrary. || *s. m. y f.* **3.** enemy; rival. **4.** (deporte) opponent. || **al ~** on the contrary; rather. **de lo ~** or else. **lo ~** opposite. **llevar l contraria** to opposite. **por el ~** on th contrary.

contrarrestar [kontrarestár] *v. tr.* **1.** (h cer frente) to resist. **2.** (compensar) offset; to counteract.

contraseña [kontraséɲa] *s. f.* counte sign; password; watchword.

contrastar [kontrastár] *v. intr.* **1.** (op nerse) to contrast. || *v. tr.* **2.** (peso medidas) to check.

contraste [kontráste] *s. m.* contrast.

contrata [kontráta] *s. f.* contract.

contratar [kontratár] *v. tr.* **1.** to contr 2. (empleados) to take on. **3.** (a un portista) to sign up.

contratiempo [kontratjémpo] *s. m.*
1. (contrariedad) reverse; setback.
2. (accidente) mishap.

contrato [kontráto] *s. m.* contract; agreement. ‖ **~ de trabajo** contract of employement.

contravenir [kontraβenír] *v. tr.* (a) *Der.* to contravene; to infringe.

contrayente [kontraˇjénte] *s. m. y f.*
1. (el novio) bridegroom. **2.** (la novia) bride.

contribución [kontriβuθjón] *s. f.* **1.** (ayuda) contribution. **2.** *Econ.* (pagar impuestos) tax; rates *pl.*

contribuir [kontriβuír] *v. tr. e intr.* **1.** to contribute. ‖ *v. intr.* **2.** *Econ.* (pagar impuestos) to pay taxes.

contrincante [kontrinkánte] *s. m. y f.* (oponente) opponent; rival.

contrito, -ta [kontríto] *adj.* contrite.

control [kontról] *s. m.* **1.** control. **2.** (inspección) check. ‖ **~ de natalidad** birth control. **~ policial** roadblock.

controlar [kontrolár] *v. tr.* **1.** to control. **2.** (comprobar) to check.

controversia [kontroβérsja] *s. f.* (polémica) controversy; argument.

contusión [kontusjón] *s. f.* (magulladura) contusion *frml.*; bruise.

convalecencia [kombaleθénθja] *s. f.* (recuperación) convalescence.

convalecer [kombaleθér] *v. intr.* to convalesce; to recover; to recuperate.

convencer [kombenθér] *v. tr.* (persuadir) to convince.

convención [kombenθjón] *s. f.* **1.** *Polít.* (pacto) treaty; pact. **2.** (asamblea) convention; congress.

conveniencia [kombenjénθja] *s. f.* **1.** suitability. **2.** (provecho) convenience.

conveniente [kombenjénte] *adj.* **1.** (oportuno) suitable; convenient. **2.** (aconsejable) advisable.

convenio [kombénjo] *s. m.* (acuerdo) agreement; treaty.

convenir [kombenír] *v. intr.* **1.** (en algo) to agree (about/on sth). **2.** (ser apropiado) to suit; to good for.

convento [kombénto] *s. m.* **1.** (de monjas) convent. **2.** (de monjes) monastery.

converger o convergir [komberχér] *v. intr.* to converge.

conversación [kombersaθjón] *s. f.* **1.** conversation; talk. **2.** (charla) chat.

conversar [kombersár] *v. intr.* **1.** to converse; to talk. **2.** (charlar) to chat.

convertir [kombertír] *v. tr.* **1.** (transformar) to turn. **2.** *Rel.* to convert. ‖ **convertirse** *v. prnl.* (transformasrse) to take into sth.

convexo, -xa [kombékso] *adj.* convex.

convicción [kombikθjón] *s. f.* (creencia) conviction; assurance.

convidar [kombiðár] *v. tr.* **1.** (invitar) to invite; to offer. ‖ **convidarse** *v. prnl.* **2.** to invite himself.

convite [kombíte] *s. m.* **1.** (fiesta) party. **2.** (banquete) banquet.

convivencia [kombiβénθja] *s. f.* life together; coexistence.

convivir [kombiβír] *v. intr.* **1.** to live together. **2.** *Polít.* to coexist.

convocar [kombokár] *v. tr.* to convoke; to call together; to summon.

convocatoria, -ria [kombokatórja] *s. f.* notification; call.

convoy [kombój] *s. m., Autom.* convoy.

convulsión [kombulsjón] *s. f.* **1.** *Med.* convulsion. **2.** *Polít.* agitation.

conyugal [konjuvál] *adj.* conjugal *frml.*; marital. ‖ **vida ~** married life.

cónyuge [kónˇjuχe] *s. m. y f.* **1.** spouse; partner. ‖ **cónyuges** *s. m. pl.* **2.** married couple.

coñac [koɲák] *s. m.* cognac; brandy.

coño [kóɲo] *s. m.* **1.** *vulg.* cunt. ‖ ¡ ~ ! *interj.* **2.** *col.* jeez!; bloody hell!

cooperación [kooperaθjón] *s. f.* (colaboración) cooperation.

cooperar [kooperár] *v. intr.* (colaborar) to cooperate; to work together.

cooperativa [kooperatíβa] *s. f.* (asociación) cooperative.

coordinar [koorðinár] *v. tr.* to coordinate.

copa [kópa] *s. f.* **1.** (vaso) wineglass. **2.** (de árbol) top. **3.** (bebida alcohólica) drink. **4.** *Dep.* cup.

copia [kópja] *s. f.* **1.** copy; imitation. **2.** (duplicado) counterpart.

copiar [kopjár] *v. tr.* **1.** (imitar) to imitate. **2.** (reproducir) to copy.

copioso, -sa [kopjóso] *adj.* **1.** (comida, cosecha) abundant; plentiful. **2.** (información, ejemplos) copious.

copista [kopísta] *s. m. y f.* copyist.

copla [kópla] *s. f.* **1.** *Lit.* stanza. **2.** (canción popular) song. **3.** (verso, estrofa) verse. ‖ **coplas** *s. f. pl.* folk songs.

copo [kópo] *s. m.* flake. ‖ **~ de avena** rolled oasts. **~ de nieve** snowflake.

coquetear [koketeár] *v. intr.* to flirt.

coqueto, -ta [kokéto] *adj.* **1.** (sonrisa, mirada) flirtatious; coquettish. **2.** (lugar, cosa) cute. ‖ *s. m. y f.* **3.** flirt.

coraje [koráχe] *s. m.* **1.** courage. **2.** (ánimo) spirit. **3.** (ira) temper.

coral¹ [korál] *adj.* **1.** *Mús.* choral. ‖ *s. f.* **2.** *Mús.* choral.

coral² [korál] *s. m., Zool.* coral.

coraza [koráθa] *s. f.* **1.** (armadura) cuirass. **2.** *Zool.* (caparazón) shell.

corazón [koraθón] *s. m.* **1.** *Anat.* heart. **2.** (de frutas) core. ‖ **de buen ~** open-hearted.

corazonada [koraθonáða] *s. f.* (presentimiento) presentiment; feeling.

corbata [korβáta] *s. f.* necktie *Am. E.*; tie.

corcel [korθél] *s. m.* steed *lit.*

corchete [kortʃéte] *s. m.* **1.** (para abrochar) hook and eye. ‖ **corchetes** *s. m. pl.* **2.** *Impr.* square brackets.

corcho [kórtʃo] *s. m.* cork.

cordel [korðél] *s. m.* cord; string.

cordero, -ra [korðéro] *s. m., Zool.* lamb.

cordial [korðjál] *adj.* cordial *frml.*; friendly.

cordillera [korðiλéra] *s. f., Geogr* mountain range.

cordón [korðón] *s. m.* **1.** (cuerda) cord; string. **2.** (de zapatos) shoelace; lace ‖ **~ umbilical** *Anat.* umbilical cord.

cordura [korðúra] *s. f.* **1.** *Med.* sanity **2.** (prudencia) rudence.

corear [koreár] *s. f., Mús.* to chorus.

coreografía [koreoɣrafía] *s. f.* chorec graphy.

cornada [kornáða] *s. f., Taur.* thrust.

cornamenta [kornaménta] *s. f.* **1.** horr *pl.* **2.** (de ciervo) antlers *pl.*

corneta [kornéta] *s. f.* **1.** *Mús.* (instru mento) cornet; bugle. ‖ *s. m.* **2.** *Mi* (persona) cornet player; bugler.

cornisa [kornísa] *s. f., Arq.* cornice.

coro [kóro] *s. m.* **1.** *Mús.* choir. **2.** *Tea* chorus. ‖ **a ~** all together.

corona [koróna] *s. f.* **1.** (de ramas, flore wreath; garland. **2.** (aureola) ha **3.** crown. ‖ **~ de laurel** laurel wreath.

coronar [koronár] *v. tr.* **1.** to crow **2.** (llegar a la cima) to top.

coronel [koronél] *s. m., Mil.* colonel.

coronilla [koroníʎa] *s. f., Anat.* (cogote) crown (of the head). ‖ **estar hasta la ~** to be fed up.

corporación [korporaθjón] *s. f., Econ.* (organismo) corporation.

corporal [korporál] *adj.* **1.** corporal; bodily. **2.** (trabajo) physical.

corpóreo, -a [korpóreo] *adj.* (tangible) bodily; corporeal *frml.*

corpulencia [korpulénθja] *s. f.* (fortaleza) corpulence; stoutness.

corpulento, -ta [korpulénto] *adj.* (fuerte) corpulent; stout.

corral [korrál] *s. m.* **1.** (ganado) corral *Am. E.*; stockyard. **2.** (granja) yard.

correa [korréa] *s. f.* **1.** (tira) strap. **2.** *Tecnol.* belt. **3.** (de reloj) watchband *Am. E.*; watchstrap *Br. E.* **4.** (de perro) leash *Am. E.*; lead *Br. E.*

corrección [korrekθjón] *s. f.* **1.** (rectificación) correction; amendment. **2.** (cortesía) correctness; courtesy. **3.** (de un texto) revision.

correcto, -ta [korrékto] *adj.* **1.** (sin errores) correct; right. **2.** (comportamiento) seemly *frml.*

corredizo, -za [korreðíθo] *adj.* **1.** (puerta) sliding. **2.** (nudo) running.

corredor, -ra [korreðór] *adj.* **1.** running. ‖ *s. m. y f.* **2.** *Dep.* runner. **3.** (de bolsa) broker. **4.** (pasillo, galería) corridor. ‖ **~ de bolsa** *Econ.* stockbroker.

corregir [korreχír] *v. tr.* **1.** to correct; to right. **2.** *Educ.* (ejercicios) to mark. **3.** (reprender) to punish.

correo [korréo] *s. m.* **1.** mail *Am. E.*; post *Br. E.* **2.** (mensajero) courier. ‖ **~ aéreo** airmail; air mail. **~ electrónico** *Inform.* e-mail. **~ urgente** special delivery. **echar al ~** to post; to mail. **tren ~** mail train.

correr [korrér] *v. tr.* **1.** to run. **2.** *Dep.* (caballo, piloto) to race. **3.** (apresurarse) to hurry. **4.** (sangre, río) to flow. ‖ *v. intr.* **5.** (un riesgo) to run. **6.** (muebles) to slide. **7.** (líquido) to stream. ‖ **estar al cargo de** to be in charge of.

correspondencia [korrespondénθja] *s. f.* **1.** correspondence. **2.** (cartas) mail.

corresponder [korrespondér] *v. intr.* **1.** to correspond. **2.** (tocar) to concern. **3.** (un favor) to repay. ‖ **~ a** to return.

correspondiente [korrespondjénte] *adj.* corresponding; correspondent *frml.*

corresponsal [korresponsál] *s. m. y f.* (de radio, TV) correspondent.

corrida [korríða] *s. f.* (carrera) running.

corriente [korrjénte] *adj.* **1.** (agua) running; flowing. **2.** (común) standard; common. **3.** (mes, año) current. ‖ *s. f.* **4.** (de aire) draft *Am. E.*; draught *Br. E.* **5.** (de agua) current; stream. ‖ **al ~** (bien informado) up [Mi padre siempre está al corriente de las noticias. *My father is always up on the news.*] **~ y moliente** ordinary. **estar al ~ de algo** to be acquainted with sth; to keep abreast of. **poner a alguien al ~ de algo** to acquaint (sb with sth).

corrillo [korríʎo] *s. m.* **1.** clique. **2.** (grupo) huddle; ring.

corro [kórro] *s. m.* **1.** ring. **2.** (de personas) circle.

corroborar [korroβorár] *v. tr.* (ratificar) to corroborate.

corroer [korroér] *v. tr.* **1.** to corrode.

corromper [korrompér] *v. tr.* **1.** (pudrir) to rot. **2.** (pervertir) to corrupt. ‖ **corromperse** *v. prnl.* **3.** (pudrirse) to rot. **4.** (pervertirse) to become corrupted.

corrosión [korrosjón] *s. f.* corrosion.

corrosivo, -va [kořosíβo] *adj.* corrosive.

corrupción [kořupθjón] *s. f.* **1.** corruption. **2.** (depravación) perversion.

corruptor, -ra [kořuptór] *adj.* **1.** corrupting. ‖ *s. m. y f.* **2.** corrupter.

corsario, -ria [korsárjo] *adj.* **1.** privateer. ‖ *s. m. y f.* **2.** *Náut.* (persona, barco) corsair; privateer.

corsé [korsé] *s. m.* (prenda) corset. ‖ **~ ortopédico** surgical corset.

cortado, -da [kortáðo] *adj.* **1.** (tímido) embarrassed. **2.** (troceado) cut. ‖ *adj. y s. m.* **3.** coffee with a dash of milk.

cortadura [kortaðúra] *s. f.* **1.** (corte) cut. ‖ **cortaduras** *s. f. pl.* **2.** (recortes) cuttings; clippings.

cortante [kortánte] *adj.* **1.** cutting; sharp. **2.** (viento) biting.

cortaplumas [kortaplúmas] *s. m. inv.* penknife.

cortar [kortár] *v. tr.* **1.** to cut. **2.** (talar) to cut down. **3.** (suministro) to cut off. **4.** (interrumpir) to interrupt. **5.** (madera, carne) to chop. **6.** (en tajadas) to slice. **7.** (en tijera) to shear. ‖ **cortarse** *v. prnl.* **8.** (leche, etc) to curdle; to go off. ‖ **~ la hierba** to mow. **sin ~** (hierba, etc) uncut.

corte[1] [kórte] *s. m.* **1.** cut. **2.** (filo de un cuchillo, de un libro) edge. **3.** (con tijeras) snip. ‖ **~ de pelo** haircut.

corte[2] [kórte] *s. f.* **1.** (de reyes) court. ‖ **cortes** *s. f. pl.* **2.** parliament *sing.* ‖ **hacer la ~ a** to court.

cortejar [korteχár] *v. tr.* to court; to woo.

cortejo [korteχo] *s. m.* **1.** (galanteo) courtship; wooing. **2.** (comitiva) entourage. **3.** (fúnebre) procession.

cortés [kortés] *adj.* courteous; polite.

cortesano, -na [kortesáno] *adj.* **1.** court. ‖ *s. m. y f.* **2.** courtier.

cortesía [kortesía] *s. f.* (educación) courtesy; politeness. ‖ **por ~ de** by courtesy of. **visita de ~** courtesy call.

corteza [kortéθa] *s. f.* **1.** (de árbol) bark. **2.** (de fruta) peel. **3.** (de queso) rind. **4.** (de pan) crust. **5.** *Anat.* cortex. ‖ **~ terrestre** crust of the earth

cortijo [kortíχo] *s. m.* (en Andalucía) farmhouse; farm.

cortina [kortína] *s. f.* curtain; drape *Am. E.* ‖ **~ de humo** smokescreen. **poner cortinas** to curtain.

corto, -ta [kórto] *adj.* **1.** short. **2.** (escaso) scant. **3.** (de poca inteligencia) dim. **4.** (tímido) shy.

corzo, -za [kórθo] *s. m. y f.* **1.** *Zool.* roe; roe deer. **2.** (macho) roebuck.

cosa [kósa] *s. f.* thing. ‖ **cada ~** everything. **~ común** commonplace. **~ de** matter of. **~ inexistente** nonentity. **es ~ tuya** it is up to you.

coscorrón [koskořón] *s. m.* bump; knock (on the head).

cosecha [kosétʃa] *s. f.* **1.** *Agr.* harvest; crop. **2.** (año del vino) vintage.

cosechar [kosetʃár] *v. tr.* **1.** (recoger) to harvest; to crop. **2.** (éxitos) to reap. ‖ *v. intr.* **3.** to harvest.

coser [kosér] *v. tr.* **1.** to sew. **2.** (una herida) to stitch. ‖ **máquina de ~** sewing machine.

cosido [kosíðo] *adj.* **1.** sewn-on. ‖ *s. m.* **2.** sewing. **3.** *Med.* stitching.

cosmético, -ca [kosmétiko] *adj. y s. m.* **1.** cosmetic. ‖ *s. f.* **2.** cosmetics *pl.* **3.** (maquillaje) makeup.

cosmopolita [kosmopolíta] *adj. y s. m. y f.* cosmopolitan.

cosmos [kósmos] *s. m. inv.* cosmos.

coso [kóso] *s. m., Taur.* bullring *lit.*

cosquillas [koskíʎas] *s. f. pl.* tickling *sing.*; tickle *sing.* ‖ **hacer ~** to tickle. **tener ~** to be ticklish.

cosquilleo [koskiʎéo] *s. m.* tickling. ‖ **producir ~** to tingle.

costa[1] [kósta] *s. f., Econ.* (coste) cost; price. ‖ **costas** *s. f. 2. Der.* (gastos) costs. **a ~ de** at the expense of. **a toda ~** at any price; at any expense; neck or nothing.

costa[2] [kósta] *s. f. 1. Geogr.* (litoral) coast. **2.** (playa) shore *Am. E.*; beach *Br. E.* **3.** (orilla del mar) seashore.

costado [kostáðo] *s. m. 1.* (lado) side. **2.** *Mil.* (flanco) flank. **3.** (de un barco) broadside.

costal [kostál] *s. m.* sack; bag.

costar [kostár] *v. intr.* to cost. ‖ **~ un ojo de la cara** to cost an arm and a leg. **cueste lo que cueste** whatever it costs.

costarricense [kostaři̟θénse] *adj. y s. m. y f.* Costa Rican.

coste [kóste] *s. m., Econ.* cost; price. ‖ **~ de la vida** cost of living.

costear[1] [kosteár] *v. tr. 1.* to finance. ‖ **costearse** *v. prnl. 2.* (subvencionarse) to finance oneself.

costear[2] [kosteár] *v. intr., Náut.* to sail along the coast; to coast.

costilla [kostíʎa] *s. f. 1. Anat.* rib. **2.** *Gastr.* cutlet. ‖ **costillas** *s. f. pl. 3. Anat. fam.* back [Me duelen las costillas. *My back aches.*]

costoso, -sa [kostóso] *adj.* (caro) costly; expensive.

costra [kóstra] *s. f. 1.* (de pan) crust. **2.** *Med.* (de una herida) scab.

costumbre [kostúmbre] *s. f. 1.* (hábito) habit. **2.** (tradición) custom. ‖ **costumbres** *s. f. pl. 3.* manners.

costura [kostúra] *s. f. 1.* (acción) sewing; needlework. **2.** (puntadas) seam. ‖ **alta ~** high fashion.

costurero [kosturéro] *s. m.* sewing basket; sewing case.

cota[1] [kóta] *s. f.* tabard. ‖ **~ de malla** (coraza) coat of mail.

cota[2] [kóta] *s. f., Geogr.* (altura) height above sea level.

cotejar [koteχár] *v. tr.* to compare.

cotidiano, -na [kotiðjáno] *adj.* daily; everyday; day to day.

cotilla [kotíʎa] *adj. y s. m. y f., fam.* (chismoso) gossip.

cotilleo [kotiʎéo] *s. m.* gossip.

cotización [kotiθaθjón] *s. f., Econ.* quotation; price.

cotizar [kotiθár] *v. tr., Econ.* (en bolsa) to quote; to price.

coto [kóto] *s. m.* (de caza, pesca) reserve. ‖ **~ de caza** game preserve.

cotorra [kotóřa] *s. f. 1. Zool.* magpie *Am. E.*; parrot. ‖ *s. m. y f. 2. fig.* (persona) chatterbox; windbag.

coyuntura [koʝuntúra] *s. f. 1.* (circunstancia) opportunity. **2.** *Anat.* joint.

coz [kóθ] *s. f.* kick. ‖ **dar coces** to kick.

cráneo [kráneo] *s. m., Anat.* skull; cranium.

craso, -sa [kráso] *adj. 1.* thick. **2.** (persona) fat; greasy. **3.** (error) gross; crass.

cráter [kráter] *s. m.* crater.

creación [kreaθjón] *s. f.* creation.

creador, -ra [kreaðór] *adj. 1.* creative. ‖ *s. m. y f. 2.* creator.

crear [kreár] *v. tr. 1.* to create. **2.** (institución) to found; to institute *frml.*

crecer [kreθér] *v. intr. 1.* to grow. **2.** (un río) to swell. **3.** (precio) to rise. **4.** (la luna) to wax.

crecida [kreθíða] *s. f.* (de un río) flood.

crecido, -da [kreθíðo] *adj.* **1.** (persona) grown; grown-up. **2.** (número) large. **3.** (río, lago) swollen.

creciente [kreθjénte] *adj.* **1.** (interés, necesidad) increasing; growing. **2.** (luna) crescent.

crecimiento [kreθimjénto] *s. m.* (desarrollo) growth; increase.

credencial [kreðenθjál] *adj.* **1.** credential. ‖ **credenciales** *s. f. pl.* **2.** credentials.

crédito [kréðito] *s. m.* **1.** *Econ.* credit. **2.** (confianza) belief. **3.** (renombre, fama) standing; repute. ‖ **a ~** *Econ.* on credit.

crédulo, -la [kréðulo] *adj.* credulous.

creencia [kreénθja] *s. f.* belief.

creer [kreér] *v. tr.* **1.** (tener fe, confianza) to believe. **2.** (pensar, juzgar) to think. ‖ *v. intr.* **3.** *Rel.* (ser creyente) to believe. ‖ **creo que sí** I think so.

crema [kréma] *s. f.* cream.

cremallera [kremaλéra] *s. f.* zipper *Am. E.*; zip-fastener *Br. E.*

crepitar [krepitár] *v. intr.* to crackle.

crepúsculo [krepúskulo] *s. m.* (atardecer) twilight; dusk *frml.*

crespo, -pa [kréspo] *adj.* (pelo) curly.

cresta [krésta] *s. f.* **1.** (de gallo) comb. **2.** *Geogr.* (de montaña) crest; summit; ridge. **3.** (de ola) crest.

cretino, -na [kretíno] *adj.* cretinous. ‖ *s. m. y f.* **2.** cretin.

creyente [kreʝénte] *adj.* **1.** believing. ‖ *s. m. y f.* **2.** *Rel.* believer.

cría [kría] *s. f.* **1.** (animales) breeding; raising. **2.** (camada) brood; litter.

criadero [krjaðéro] *s. m.* **1.** hatchery. **2.** (de plantas) nursery.

criado, -da [kriáðo] *adj.* **1.** (persona) bred. ‖ *s. m. y f.* **2.** servant. ‖ **criada** *s. f.* **3.** maid.

criador, -ra [krjaðór] *s. m. y f.* breeder.

crianza [kriánθa] *s. f.* **1.** *Agr.* raising; rearing. **2.** (de animales) breeding. **3.** (lactancia) nursing. **4.** (educación) nurture.

criar [kriár] *v. tr.* **1.** (animales) to breed. **2.** (nutrir, amamantar) to nurse. **3.** (producir) to grow.

criatura [krjatúra] *s. f.* **1.** (ser) creature. **2.** (niño) child; babe.

criba [kríβa] *s. f.* (tamiz) sieve; riddle.

cribar [kriβár] *v. tr.* **1.** (colar) to sieve; to sift. **2.** *fig.* (candidatos) to screen.

crimen [krímen] *s. m.* crime. •Su pl. es "crímenes"

criminal [kriminál] *adj.* **1.** criminal. ‖ *s. m. y f.* **2.** (malhechor) criminal. **3.** *Der.* felon.

crin [krín] *s. f.* **1.** (del caballo) mane. **2.** (material) horsehair. •Su pl. es "crines"

crío, -a [krío] *s. m.* **1.** *fam.* boy; kid. ‖ **cría** *s. f.* **2.** *fam.* girl; kid.

criollo, -lla [krióλo] *adj. y s. m. y f.* **1.** *Hist.* Creole. **2.** *Ling.* creole.

crisis [krísis] *s. f. inv.* crisis. ‖ **~ nerviosa** *Med.* nervous breakdown.

crisol [krisól] *s. m.* crucible.

crispar [krispár] *v. tr.* **1.** (causar contracción) to tense. **2.** *fig.* (a una persona) to irritate.

cristal [kristál] *s. m.* **1.** crystal. **2.** (de ventana) pane (window).

cristalino, -na [kristalíno] *adj.* **1.** (agua) crystal clear; crystalline *lit.* **2.** (transparente) transparent. ‖ *s. m.* **3.** *Med.* crystalline lens.

cristalizar [kristaliθár] *v. tr. e intr.*, *Quím.* to crystallize.

cristiandad [kristjaŋdáð] *s. f., Rel.* Christendom.

cristianismo [kristjanísmo] *s. m., Rel.* Christianity.

cristiano, -na [kristjáno] *adj. y s. m. y f., Rel.* Christian. ‖ **hablar en ~** (hablar claro) to speak clearly.

criterio [kritérjo] *s. m.* **1.** criterion. **2.** (juicio) judgment. **3.** (discernimiento) discernment. **4.** (opinión) point of view.

crítica [krítika] *s. f.* criticism.

criticar [kritikár] *v. tr.* **1.** to criticize; to censure *frml.* ‖ *v. intr.* **2.** (murmurar) to gossip.

crítico, -ca [krítiko] *adj.* **1.** critical. ‖ *s. m. y f.* **2.** (de arte, teatro) critic.

croar [kroár] *v. intr.* to croak.

cromo [krómo] *s. m.* **1.** *Quím.* (metal) chromium. **2.** (estampa) picture card.

cromosoma [kromosóma] *s. m., Biol.* chromosome.

crónica [krónika] *s. f.* **1.** *Hist.* chronicle. **2.** (en medios de comunicación) article; report. ‖ **~ rosa** gossip column.

crónico, -ca [króniko] *adj.* chronic.

cronista [kronísta] *s. m. y f.* **1.** *Hist.* chronicler. **2.** (periodista) journalist; reporter.

cronología [kronoloɣía] *s. f.* (secuencia) chronology.

cronómetro [kronómetro] *s. m.* **1.** *Dep.* stopwatch. **2.** *Tecnol.* chronometer.

croqueta [krokéta] *s. f., Gastr.* croquette.

croquis [krókis] *s. m. inv.* sketch.

cruce [krúθe] *s. m.* **1.** (acción) crossing. **2.** *Autom.* (de calles) crossroads. **3.** *Biol.* (de razas) cross.

crucero [kruθéro] *s. m.* **1.** *Arq.* transept. **2.** *Náut.* (viaje) cruise.

crucificar [kruθifikár] *v. tr.* to crucify.

crucifijo [kruθifíxo] *s. m.* crucifix.

crucigrama [kruθiɣráma] *s. m.* crossword; crossword puzzle.

crudeza [kruðéθa] *s. f.* **1.** (de alimento) rawness. **2.** (rudeza) crudeness. **3.** (del clima) severity.

crudo, -da [krúðo] *adj.* **1.** (sin cocinar) raw. **2.** (sin refinar) crude. ‖ *s. m.* **3.** (petróleo) crude.

cruel [kruél] *adj.* cruel.

crueldad [krweldáð] *s. f.* cruelty.

crujido [kruxíðo] *s. m.* **1.** (de madera) creak. **2.** (de papel, hojas) rustle.

crujiente [kruxjénte] *adj.* crunchy.

crujir [kruxír] *v. intr.* **1.** (puerta) to creak. **2.** (hojas, papel) to rustle. **3.** (de zapatos) to squeak.

cruz [krúθ] *s. f.* **1.** cross. **2.** (de un moneda) tails *pl.* ‖ **en ~** (diagonal) crosswise.

cruzado, -da [kruθáðo] *adj.* **1.** crossed. **2.** (animal, planta) crossbred. ‖ *s. m.* **3.** *Hist.* crusader.

cruzamiento [kruθamjénto] *s. m.* (de raza) crossbreeding.

cruzar [kruθár] *v. tr.* **1.** to cross. ‖ **cruzarse** *v. prnl.* **2.** (con alguien) to pass sb. ‖ **~ los dedos** to cross one's fingers.

cuaderno [kwaðérno] *s. m.* **1.** (de notas) notebook. **2.** (de ejercicios) exercise book.

cuadra [kwáðra] *s. f.* **1.** *Equit.* stable. **2.** *Amér. quit.* (manzana de casas) block (of houses).

cuadrado, -da [kwaðráðo] *adj.* **1.** *Mat.* square. ‖ *s. m.* **2.** *Mat.* square.

cuadrangular [kwaðraŋgulár] *adj., Mat.* quadrangular.

cuadrante [kwaðránte] *s. m.* **1.** (instrumento) quadrant. **2.** (de un instrumento) dial.

cuadrar [kwaðrár] *v. intr.* **1.** (cuentas) to tally. **2.** *Mat.* to square. ‖ **cuadrarse** *v. prnl.* **3.** *Mil.* to salute.

cuadrícula [kwaðríkula] *s. f.* grid.

cuadrilátero [kwaðrilátero] *s. m.* **1.** *Mat.* quadrilateral. **2.** (en boxeo) ring.

cuadrilla [kwaðríʎa] *s. f.* **1.** quadrille. **2.** (grupo) group. **3.** (de jóvenes, ladrones) band.

cuadro [kwáðro] *s. m.* **1.** (pintura) painting. **2.** (grabado) picture. **3.** *Mat.* square. **4.** *Tecnol.* frame. **5.** *Teatr.* scene. ‖ **a cuadros** checked. **~ al óleo** oil painting.

cuadrúpedo [kwaðrúpeðo] *adj.* four-footed; quadruped.

cuádruple [kwáðruple] *sust. num. mult.* (también *adj.*) quadruple; four times [Veintiocho es el cuádruple de siete. *Twenty-eight is four times seven.*]

cuajada [kwaҳáða] *s. f.*, *Gastr.* curd.

cuajar [kwaҳár] *v. tr.* **1.** (leche, salsa) to curd; to curdle. **2.** (flan, yogur) to set. ‖ **cuajarse** *v. prnl.* **3.** (leche) to curdle.

cual [kwál] *conj. comp.*, *lit.* like [Lo vi cual era en realidad. *I saw him as he really was.*] ‖ **cada ~** everyone; each. **el ~** which (object); who (person); whom (person) [La mesa con la cual me tropecé se rompió. *The table over which I tripped broke.*]

cuál [kwál] *pron. int.* which [¿Cuáles son tus colores favoritos? *Which are your favorite colors?*]

cualidad [kwaliðáð] *s. f.* **1.** (virtud, aptitud) quality; attribute. **2.** (característica) characteristic.

cualquier [kwalkjér] *adj. indef.* any [Dame cualquier libro. *Give me any book.*] • Apocopated form of "cualquiera", used before a n.

cualquiera [kwalkjéra] *adj. indef.* **1.** any [Cualquier solución será bienvenida. *Any solution will be very welcome.*] ‖ *pron. indef.* **2.** anyone [Cualquiera puede hacerlo. *Anyone can do it.*] **3.** (de dos) either [Tengo dos ordenadores, puedes utilizar cualquiera. *I've got two computers, you can use either of them.*] ‖ **a cualquier parte** anywhere [En agosto me iré a cualquier parte. *In August, I will go anywhere.*] • Before a n., it is used the apocopated form "cualquier": Dame cualquier cosa. *Give me anything.* pl.: cualesquiera.

cuando [kwándo] *conj. t.***1.** when [Llegué cuando las tiendas estaban cerradas. *I arrived when the shops were closed.*] ‖ *conj. cond.* **2.** if [Cuando él lo dice, será verdad. *If he says so, it must be true.*] ‖ *conj. advers.* **3.** when [Vive solo cuando podría vivir conmigo. *He lives on his own when he could live with me.*] **~ quiera que** *lit.* whenever; whensoever (form.) [Cuando quiera que tenga dinero, te pagaré. *I will pay you whenever I have money.*] **de ~ en ~** from time to time.

cuándo [kwándo] *adv. int.* **1.** when [¿Cuándo llega tu hermana? *When does your sister arrive?*] ‖ *s. m.* **2.** when [Dime el cuándo y el dónde. *Tell me the where and when.*] ‖ *adv. excl.* **3.** when [¡Cuándo aprenderá! *When is he going to learn!*]

cuanto, -ta [kwánto] *pron. rel.* everything; whatever [Me da cuanto necesito. *He gives me everything I need.*] ‖ **cuántas veces** how often [¿Cuántas veces te duchas? *How often do you have a shower?*] **~ más mejor** the more the

better. **en ~** as soon as [En cuanto lle-
gues, nos vamos. *We will go, as soon as
you arrive.*] **en ~ a** in regard to; as regards; concerning; regarding; respecting
[No mencionó nada en cuanto a su pasado. *He didn't mention anything in
regard to his past.*] **por ~** inasmuch as
[Tú no puedes ir por cuanto eres menor
de edad. *You cannot go inasmuch as
you are a minor.*]

cuánto [kwánto] *pron. excl.* **1.** what a lot
of [¡Cuántas banderas! *What a lot of
flags!*] || *pron. int.* (también pron. excl.)
2. (singular) how much [¿Cuánto pan
quieres? *How much bread do you
want?*] **3.** (plural) how many [¿Cuántos
huevos hay en una docena? *How many
eggs are there in a dozen?*] || *pron. int.
n.* **4.** how long ..? [¿Cuánto duró la reunión? *How long was the meeting?*]

cuarenta [kwarénta] *adj. num. card. inv.*
(también pron. num. y s. m.) **1.** forty.
|| *adj. num. ord. inv.* (también pron.
num.) **2.** fortieth; forty [Vivo en el piso
catorce. *I live on the fourteenth floor.*]
|| **cantar las ~ a algn** *fig. fam.* to give sb
a piece of one's mind.

cuarentena [kwareṇténa] *s. f., Med.*
quarantine.

cuartear [kwarteár] *v. tr.* **1.** (carne, manzana) to quarter. **2.** (partir) to divide.
|| **cuartearse** *v. prnl.* **3.** (agrietarse) to
crack; to split.

cuartel [kwartél] *s. m.* **1.** barracks. **2.** (re-
sidencia de oficiales) quarters. || **~ ge-
neral** headquarters *pl.*

cuartilla [kwartíʎa] *s. f.* (hoja) sheet of
paper.

cuarto, -ta [kwárto] *adj. num. ord.* (también pron. num.) **1.** fourth; four [Llegó

el cuarto a la meta. *He was the fourth to
reach the finishing line.*] || *adj. num.
fracc.* (también s. m. y f.) **2.** quarter
[Una cuarta parte. *A quarter.*] || *s. m.* **3.**
room. || **~ creciente** *Astron.* first quar-
ter. **~ de baño** bathroom. **~ de estar** living room. **~ de galón** quart. **~ de los
niños** nursery. **~ de penique** far-thing.
~ menguante *Astron.* last quarter. **~
para fumar** smoking room. **cuartos
de final** *Dep.* quarterfinal. **cuatro
cuartos** *fig. y fam.* peanuts. **de tres al
~** *pey.* third-rate. **no tener un ~** *fig.y
fam.* to be penniless.

cuarzo [kwárθo] *s. m., Miner.* quartz.

cuatro [kwátro] *adj. num. card. inv.*
(también pron. num. y s. m.) **1.** four.
|| *adj. num. ord. inv.* (también pron.
num.) **2.** fourth; four [Capítulo cuatro.
Fourth chapter.] || **~ ojos** *insult.* four-
eyes.

cuatrocientos, -tas [kwatroθjéntos]
adj. num. card. inv. (también pron.
num. y s. m.) four hundred.

cuba [kúβa] *s. f.* cask; barrel.

cubalibre [kuβalíβre] *s. m.* (bebida alcohólica) rum and coke.

cubano, -na [kuβáno] *adj. y s. m. y f.*
Cuban.

cubertería [kuβertería] *s. f.* cutlery.

cúbico [kúβiko] *adj. cubic.

cubierta [kuβjérta] *s. f.* **1.** cover; covering. **2.** *Arq.* (tejado) roof. **3.** (de un
barco) deck. **4.** *Autom.* tire *Am. E.*

cubierto [kuβjérto] *s. m.* piece of cutlery.

cubilete [kuβiléte] *s. m.* (para juegos) cup.

cubo [kúβo] *s. m.* **1.** bucket; pail. **2.** *Mat.*
cube. || **~ de la basura** dustbin.

cubrir [kuβrír] *v. tr.* **1.** to cover. **2.** (con
líquido, rebozar) to coat. **3.** (plaza va-

cante) to fill. **4.** (un edificio) to roof. ‖ **cubrirse** *v. prnl.* **5.** (revestirse) to cover oneself.

cucaña [kukáɲa] *s. f.* (juego) greasy pole.

cucaracha [kukarátʃa] *s. f., Zool.* cockroach; roach *fam.*

cuchara [kutʃára] *s. f.* **1.** spoon. **2.** *Tecnol.* scoop. ‖ **~ de café** teaspoon. **~ de postre** dessert spoon. **~ sopera** tablespoon; soup spoon.

cucharada [kutʃaráða] *s. f.* spoonful.

cucharilla [kutʃaríʎa] *s. f.* teaspoon.

cucharón [kutʃarón] *s. m.* ladle.

cuchichear [kutʃitʃeár] *v. intr.* (hablar bajo) to whisper.

cuchilla [kutʃíʎa] *s. f.* **1.** (grande) knife. **2.** (de arma blanca) blade.

cuchillo [kutʃíʎo] *s. m.* knife. ‖ **~ de cocina** kitchen knife. **~ de monte** hunting knife.

cuclillas [kuklíʎas] **en ~** *loc. adv.* crouching. ‖ **ponerse en ~** to squat.

cuco, -ca [kúko] *adj.* **1.** *fam.* (bonito) nice. **2.** (astuto) crafty; sly. ‖ *s. m. y f.* **3.** crafty. ‖ *s. m.* **4.** *Zool.* cuckoo.

cucurucho [kukurútʃo] *s. m.* **1.** (de papel, barquillo) cone. **2.** (de helado) ice cream. **3.** (barquillo) ice-cream cone.

cuello [kwéʎo] *s. m.* **1.** *Anat.* neck. **2.** (de vestido, camisa) collar.

cuenca [kwéŋka] *s. f.* **1.** *Anat.* (del ojo) socket. **2.** *Geogr.* (de un río) basin.

cuenco [kwéŋko] *s. m.* (recipiente) bowl.

cuenta [kwénta] *s. f.* **1.** bead. **2.** (cálculo) count. **3.** *Econ.* (factura) bill *Br. E.* **4.** *Econ.* (en un banco, comercio) account. **5.** (en competición) score. ‖ **~ corriente** current account. **darse ~ de** *fam.* to realize. **en resumidas cuentas** in short. **tener en ~** to take into account.

cuentagotas [kwentaɣótas] *s. m. inv., Med.* dropper.

cuento [kwénto] *s. m.* **1.** (para niños) tale. **2.** *Lit.* (narración corta) short story. ‖ **~ de hadas** fairy tale. **~ de nunca acabar** endless story.

cuerda [kwérða] *s. f.* **1.** string. **2.** *Anat.* cord. **3.** *Mat.* chord. ‖ **bajo ~** underhand. **cuerdas vocales** *Anat.* vocal cords. **dar ~** (al reloj) to wind.

cuerdo, -da [kwérðo] *adj.* **1.** sane. **2.** (sensato) sensible.

cuerno [kwérno] *s. m.* **1.** horn. **2.** (ciervo) antler. ‖ **ponerle los cuernos a** to cuckold *fam.*

cuero [kwéro] *s. m.* **1.** (piel de animal) leather. **2.** (de persona) skin. ‖ **~ cabelludo** *Med.* scalp. **de ~** (before n) leather. **en cueros** (desnudo) naked.

cuerpo [kwérpo] *s. m.* **1.** *Anat.* body. **2.** *Mil.* corps; body. ‖ **~ a ~** hand-to-hand. **~ diplomático** diplomatic corps.

cuesta [kwésta] *s. f.* slope; hill. ‖ **a cuestas** on one's back. **~ abajo** downhill. **~ arriba** uphill.

cuestión [kwestjón] *s. f.* **1.** (pregunta) question. **2.** (asunto) matter. ‖ **~ candente** burning question. **~ pendiente** open question.

cuestionario [kwestjonárjo] *s. m.* questionnaire *Gal.*

cueva [kwéβa] *s. f.* cave.

cuidado [kwjðáðo] *s. m.* **1.** care; carefulness. **2.** precaution. ‖ **¡ ~ !** *interj.* **3.** look out! ‖ **tener ~** to take care. to mind.

cuidadoso, -sa [kwiðaðóso] *adj.* **1.** (atento) careful. **2.** (cauteloso) chary. **3.** (escrupuloso) scrupulous.

cuidar [kwjðár] *v. tr.* **1.** to care for. **2.** *Med.* (pacientes) to nurse. ‖ **cuidarse** *v. intr.*

3. to take care of oneself. ‖ ~ **de** to look after; to take care of.

culata [kuláta] *s. f.* (de arma) butt.

culebra [kuléβra] *s. f., Zool.* snake.

culo [kúlo] *s. m.* **1.** *Anat.* (trasero) bottom *fam.* **2.** ass *Am. E.* , *vulg.*

culpa [kúlpa] *s. f.* **1.** (error) fault. **2.** *Der.* guilt. **3.** (responsabilidad) blame. **4.** (pecado) sin. ‖ **echar la ~** to blame. **libre de ~** guiltless.

culpable [kulpáble] *adj.* **1.** guilty. **2.** *Der.* culpable.

culpar [kulpár] *v. tr.* to blame.

cultivar [kultiβár] *v. tr.* **1.** *Agr.* (campo, tierras) to farm. **2.** (campo, amistad) to cultivate. **3.** (perlas, bacterias) to culture. **4.** (plantas) to grow. ‖ **cultivarse** *v. prnl.* **5.** (ejercitar el talento) to grow.

cultivo [kultíβo] *s. m.* **1.** cultivation. **2.** (de tierra) farming. **3.** (de plantas) growing. **4.** *Biol.* culture.

culto, -ta [kúlto] *adj.* **1.** (persona, pueblo) cultured; educated. **2.** (cultivado) cultivated. **3.** (palabra, expresión) learned. ‖ *s. m.* **4.** (homenaje) worship. **5.** (religión) cult.

cultura [kultúra] *s. f.* culture.

culturismo [kulturísmo] *s. m., Dep.* bodybuilding.

cumbre [kúmbre] *s. f.* **1.** (de una montaña) summit; top. **2.** (culminación) pinnacle *fig.*

cumpleaños [kumpleáɲos] *s. m. inv.* birthday. ‖ **¡feliz ~ !** happy birthday!

cumplido, -da [kumplíðo] *adj.* **1.** (cortés) courteous. ‖ *s. m.* **2.** (cortesía) compliment. ‖ **por ~** out of courtesy.

cumplimentar [kumplimentár] *v. tr.* **1.** (rellenar) to fulfill *Am. E.* **2.** (felicitar) to congratulate.

cumplimiento [kumplimjénto] *s. m.* **1.** (observación) fulfillment *Am. E.* **2.** (cumplido) courtesy. **3.** (finalización) completion.

cumplir [kumplír] *v. tr.* **1.** (realizar) to fulfill *Am. E.*; to perform. **2.** (una promesa) to keep. **3.** (años) to be. **4.** (normas, reglas) to comply. **5.** *Der.* (condena) to serve. ‖ **~ su palabra** to keep one's word. **hacer ~ una ley** *Der.* to enforce.

cúmulo [kúmulo] *s. m.* **1.** (montón) heap; pile. **2.** *Meteor.* (nube) cumulus.

cuna [kúna] *s. f.* **1.** (tradicional) cradle. **2.** (con barandas) crib *Am. E.* **3.** *fig.* (inicio) origin; beginning.

cundir [kuɲdír] *v. intr.* (extenderse) to spread [Me cunde mucho el tiempo. *I seen to get a lot done.*]

cuneta [kunéta] *s. f.* (zanja) ditch.

cuña [kúɲa] *s. f., Tecnol.* wedge.

cuñado, -da [kuɲáðo] *s. m.* **1.** brother-in-law. ‖ **cuñada** *s. f.* **2.** sister-in-law.

cuño [kúɲo] *s. m.* (molde) stamp.

cuota [kwóta] *s. f.* **1.** (de un club o asociación) membership fees. **2.** (porción) quota; share.

cupo [kúpo] *s. m.* **1.** (cantidad establecida) quota. **2.** (parte) share.

cupón [kupón] *s. m.* **1.** *Econ.* (vale) cupon. **2.** (de lotería) ticket.

cúpula [kúpula] *s. f., Arq.* dome; cupola.

cura [kúra] *s. m.* **1.** *Rel.* (sacerdote) priest. ‖ *s. f.* **2.** *Med.* (curación) cure.

curación [kuraθjón] *s. f.* **1.** (cura) cure. **2.** (de herida) healing.

curandero, -ra [kuraɲdéro] *s. m. y f.* quack.

curar [kurár] *v. tr.* **1.** (sanar; carne, pescado) to cure. **2.** (enfermedad) to treat. ‖ *v. intr.* **3.** (herida) to heal. ‖ **curarse de** (sanar) to recover from.

curiosear [kurjoseár] *v. intr.* (en asuntos ajenos) to pry.

curiosidad [kurjosiðáð] *s. f.* (indiscreción, objeto raro) curiosity.

curioso, -sa [kurjóso] *adj.* **1.** (indiscreto) curious. **2.** (entrometido) nosy *pej.* **3.** (ordenado) neat. **4.** (raro) singular.

curro [kuřo] *s. m.* job.

cursar [kursár] *v. tr.* **1.** (estudiar) to study; to attend a course. **2.** (enviar, tramitar) to send.

cursi [kúrsi] *adj.* **1.** *fam.* pretentious *fam.* **2.** (ostentoso) flashy.

cursillo [kursíʎo] *s. m.* short course.

curso [kúrso] *s. m.* **1.** (escolar) course. **2.** (de un río) course; circulation. **3.** (dirección) direction. ‖ **año en** ~ current year. **~ académico** academic year.

cursor [kursór] *s. m., Inform.* cursor.

curtido, -da [kurtíðo] *adj.* **1.** (rostros) tanned. **2.** (experimentado) experienced. ‖ *s. m. y f.* **3.** (piel) tanning.

curtidor, -ra [kurtiðór] *s. m. y f.* tanner.

curtir [kurtír] *v. tr.* **1.** *fig.* (piel) to tan. **2.** *fig.* (endurecer) to harden *fig.* ‖ **curtirse** *v. prnl.* **3.** *fig.* (piel) to become tanned. **4.** *fig.* (endurecerse) to become hardened.

curva [kúrβa] *s. f.* **1.** curve. **2.** (en carretera) bend.

curvilíneo, -nea [kurβilíneo] *adj., Mat.* curvilinear.

curvo, -va [kúrβo] *adj.* (objeto) curved.

cúspide [kúspiðe] *s. f.* **1.** *Geogr.* (de una montaña) top; **2.** (culminación) peak *fig.*

custodia [kustóðja] *s. f.* **1.** (tutela, vigilancia) custody.

custodiar [kustoðjár] *v. tr.* (proteger, guardar) to guard.

cutis [kútis] *s. m. inv.* (piel de la cara) skin; complexion.

cuyo, -ya [kúʝo] *pron. rel.* whose [Ésa es mi amiga cuyo hermano murió. *That is my friend whose brother died.*]

D

d [dé] *s. f.* (letra) d.

dádiva [dáðiβa] *s. f.* (regalo) gift; present.

dado¹ [dáðo] *s. m.* **1.** (para juegos) die *frml.* ‖ **dados** *s. m. pl.* **2.** (para juegos) dice. ‖ **echar los ~** (en juegos) to throw the dice.

dado² [dáðo] *adj.* (determinado, proclive) given. ‖ **~ que** inasmuch as.

dador, -ra [daðór] *adj.* **1.** giving. ‖ *s. m. y f.* **2.** giver.

daga [dáγa] *s. f.* dagger.

dálmata [dálmata] *adj. y s. m. y f., Zool.* (perro) Dalmatian.

daltonismo [daltonísmo] *s. m., Med.* color-blindness; daltonism *form.*

dama [dáma] *s. f.* **1.** *form.* (señora) lady. **2.** (en ajedrez, naipes) queen. ‖ **damas** *s. pl.* **3.** (juego) checkers *Am. E.;* draughts *Br. E.* ‖ **~ de honor** (de novia) bridesmaid.

damnificar [dannifikár] *v. tr.* **1.** (personas) to hurt. **2.** (cosas) to damage.

danza [dánθa] *s. f.* (arte, baile) dance.

danzar [danθár] *v. tr.* to dance.

dañar [daɲár] *v. tr.* **1.** (cosas) to damage. **2.** (personas) to hurt; to harm. **3.** (memoria, vista, oido) to impair.

daño [dáɲo] *s. m.* **1.** (a cosa) damage. **2.** (a persona) hurt; harm; injury. ‖ **hacer ~** to hurt; to harm. **hacerse ~** to hurt oneself.

dar [dár] *v. tr.* **1.** (consejos, recuerdos; conceder) to give. **2.** (entregar algo) to hand out. **3.** (el gas, la luz, etc.) to turn on. **4.** (recado) to pass on. **5.** (clase) to teach. **6.** (un paseo, darse un baño) to take. ‖ **~ asco** (asquear) to sicken.

dardo [dárðo] *s. m.* dart.

datar [datár] *v. tr.* to date.

dátil [dátil] *s. m., Bot.* (fruto) date.

dato [dáto] *s. m.* **1.** fact; datum. ‖ **datos** *s. m. pl.* **2.** data.

de [dé] *prep.* **1.** (origen) from [He comes from Miami. *Viene de Miami.*] **2.** (relación, material, contenido) of [Quiero un vaso de agua. *I want a glass of water.*] **3.** (descripción) in [Mi madre es aquella mujer de azul. *My mother is that lady in red.*] **4.** (sobre) of [¿Por qué no te compras este libro de Picasso? *Why don't you buy a book on Picasso?*] **5.** (indicando el agente) by [She was accompanied by a friend. *Vino acompañada de una amiga.*] **6.** (causa) of; with; from [Estaba llorando de rabia. *She was crying with rage.*] **7.** out of [Siete de cada diez personas se van de vacaciones. *Seven out of ten people go on holiday.*] **8.** (c. superlativo) of [Ésta es la playa más hermosa del mundo. *This is the most beautiful beach of the world.*] **9.** (temporal) at [De día/noche, hace mucho frío. *In the morning/At night it is very cold.*] **10.** (+ inf.) (condicional) if [De haberlo sabido, te hubiera comprado algo. *If I had known, I would have bought you something.*] **11.** (platos) for [Tenemos helado de postre. *We have ice cream for dessert.*] ‖ **de... a...** *loc.* **12.** (extensión) from...to... [De aquí a mi casa se puede ir andando. *From here to my house, you can go walking.*] **13.** (aproximadamente) or [Ayer dormí de diez a once horas. *Yesterday, I slept ten or eleven hours.*] ‖ **~ dos en dos** two by two [Salieron de dos en dos. *They went out two by two.*]

debajo [deβáχo] *adv. l.* below; underneath [Si las llaves no están sobre la mesa, deben de estar debajo. *If the keys aren't on the table, they must be underneath.* || ~ **de** under; below [Tu chaqueta está debajo de mi abrigo. *Your jacket is under my coat.*]

debate [deβáte] *s. m.* **1.** debate. **2.** (más informal) discussion.

debatir [deβatír] *v. tr.* **1.** to debate. **2.** (más informal) to discuss. || **debatirse** *v. prnl.* **3.** to struggle.

debe [déβe] *s. m.*, Econ. debit.

deber [deβér] *s. m.* **1.** (deber) duty. **2.** (responsabilidad) responsibility. || *v. tr.* **3.** (dinero, favor, etc.) to owe. **4.** (en presente y futuro) must [Debe comer. *He must eat.*] **5.** (en condicional) ought to [Debería haber ido ayer. *I should have gone yesterday.*] || *v. aux.* **6.** (probabilidad) must [Deben de estar fuera. *They must be out.*] **7.** (obligación) must [Debes decírselo. *You must tell her.*] || **deberes** *s. m. pl.* **8.** homework *sing.*

debido, -da [deβíðo] *adj.* due. || ~ **a** due to. owing to.

débil [déβil] *adj.* **1.** (flojo) weak; feeble. **2.** (luz) dim. **3.** (consonante, persona) soft. **4.** (pulso, voz) thready.

debilidad [deβiliðáð] *s. f.* **1.** (física) debility. **2.** (de personalidad) weakness; feebleness.

debilitar [deβilitár] *v. tr.* **1.** to weaken; to debilitate. || **debilitarse** *v. prnl.* **2.** to weaken; to grow weak.

débito [déβito] *s. m.* **1.** (deuda) debt. **2.** (debe) debit.

debut [deβút] *s. m.* debut; presentation.

década [dékaða] *s. f.* decade.

decadencia [dekaðénθja] *s. f.* **1.** (estado) decadence. **2.** (proceso) decline; decay.

decaer [dekaér] *v. intr.* **1.** (imperio, civilización) to decay. **2.** (debilitarse) to weaken. **3.** (calidad, popularidad) to decline. **4.** (ánimo, fuerzas) to flag. **5.** (interés, producción) to fall off.

decaído, -da [dekaíðo] *adj.* low; down [Últimamente estoy decaída, todo me sale mal. *I feel down lately, everything goes wrong.*]

decano, -na [dekáno] *s. m.* (Universidad) dean.

decapitar [dekapitár] *v. tr.* (descabezar) to behead; to decapitate.

decena [deθéna] *s. f.*, Mat. ten.

decencia [deθénθja] *s. f.* **1.** (decoro) decency. **2.** (honradez) honesty.

decenio [deθénjo] *s. m.* decade.

decente [deθénte] *adj.* **1.** (decoroso) decent. **2.** (honrado) honest. **3.** (correcto) proper; seemly. **4.** (limpio) clean.

decepción [deθepθjón] *s. f.* disappointment; disenchantment.

decepcionar [deθepθjonár] *v. tr.* (desilusionar) to disappoint.

decibelio [deθiβéljo] *s. m.*, Fís. decibel.

decidido [deθiðíðo] *adj.* (persona, carácter) determined; decided; resolute.

decidir [deθiðír] *v. tr.* **1.** to decide. **2.** (fijar, acordar) to determine. **3.** (llegar a un acuerdo) to agree [Tenemos que decidir que vamos a hacer. *We have to agree what we are going to do.*] || *v. intr.* **4.** to decide. || **decidirse** *v. prnl.* **5.** to make up one's mind.

decimal [deθimál] *adj. y s. m.* decimal.

décimo, -ma [déθimo] *adj. num. ord.* (también pron. num.) **1.** tenth; ten [Era el décimo de la fila. *He was the tenth in line.*] || *adj. num. fracc.* (también s. m.) **2.** tenth [Se llevó una décima parte del dinero. *He took one tenth of the money.*] ‖ *s. m.* **3.** (de lotería) tenth share of a lottery ticket.

decir[1] [deθír] *s. m.* saying.

decir[2] [deθír] *v. tr.* **1.** (expresar) to say. **2.** (contar) to tell. **3.** (hablar) to talk; to speak. ‖ **¿cómo dice?** pardon? ~ **adiós** to say goodbye. **es ~** that is to say. **se dice** people say.

decisión [deθisjón] *s. f.* **1.** (resolución) decision. **2.** (firmeza de carácter) resolution; determination.

decisivo, -va [deθisíβo] *adj.* **1.** (resultado, momento) decisive. **2.** (prueba) conclusive.

declamar [deklamár] *v. tr. e intr.* (recitar) to declaim; to recite.

declaración [deklaraθjón] *s. f.* **1.** declaration. **2.** (afirmación) statement.

declarar [deklarár] *v. tr.* **1.** to declare. **2.** (afirmar) to state. **3.** *Der.* (culpable o inocente) to find. ‖ *v. intr.* **4.** to declare. **5.** *Der.* to testify *frml.* ‖ **declararse** *v. prnl.* **6.** (manifestarse) to declare oneself.

declinación [deklinaθjón] *s. f.* **1.** (caída) decline. **2.** *Ling.* declension. **3.** *Astrol.* declination.

declinar [deklinár] *v. tr.* **1.** (rechazar) to decline; to refuse. **2.** *Ling.* to decline. ‖ *v. intr.* **3.** (decaer) to decline.

declive [deklíβe] *s. m.* **1.** (del terreno) slope; incline *frml.* **2.** (decadencia) decline.

decolorar [dekolorár] *v. tr.* to bleach.

decoración [dekoraθjón] *s. f.* decoration.

decorar [dekorár] *v. tr.* to decorate.

decoro [dekóro] *s. m.* **1.** (pudor, respeto) decorum. **2.** (dignidad) decency. **3.** (coreción) propriety.

decoroso, -sa [dekoróso] *adj.* **1.** (decente, digno) decent. **2.** (correcto) decorous.

decrecer [dekreθér] *v.* **1.** (afición, interés) to decrease. **2.** (cantidad) to fall.

decrépito, -ta [dekrépito] *adj.* decrepit.

decretar [dekretár] *v. tr.* (dictar) to decree; to ordain.

decreto [dekréto] *s. m.* decree; order.

dedal [deðál] *s. m.* thimble.

dedicar [deðikár] *v. tr.* **1.** (ofrecer) to dedicate. **2.** (tiempo, esfuerzos) to devote.

dedicatoria [deðikatórja] *s. f.* dedication.

dedo [déðo] *s. m.* **1.** *Anat.* (de la mano) finger. **2.** *Anat.* (del pie) toe. ‖ ~ **gordo** *Anat.* (del pie) big toe. | (de la mano) thumb.

deducción [deðukθjón] *s. f.* deduction.

deducir [deðuθír] *v. tr.* **1.** (inferir) to deduce. **2.** *Econ.* (descontar) to deduct.

defectivo, -va [defektíβo] *adj., Ling.* (verbo) defective.

defecto [defékto] *s. m.* **1.** fault. **2.** (imperfección) defect.

defectuoso, -sa [defektuóso] *adj.* (deficiente) defective; faulty.

defender [defendér] *v. tr.* **1.** to defend. **2.** (proteger) to protect.

defensa [defénsa] *s. f.* **1.** defense *Am. E.* ‖ *s. m.* **2.** *Dep.* (en futbol, rugby) fullback; defender.

defensor, -ra [defensór] *s. m.* **1.** defender. **2.** *Dep.* (hincha) supporter. **3.** (abogado) advocate.

deferencia [deferénθja] *s. f.* reference.

deficiencia [defiθjénθja] *s. f.* **1.** deficiency. **2.** (insuficiencia) lack.

deficiente [defiθjénte] *adj.* **1.** deficient; faulty. **2.** (insuficiente) insufficient ‖ ~ **mental** mentally retarded person.

déficit [défiθit](pl.: -s) *s. m.* **1.** *Econ.* déficit. **2.** (escasez) shortage.

definición [definiθjón] *s. f.* definition.

definir [definír] *v. tr.* to define.

definitivo, -va [definitíβo] *adj.* definitive; final. ‖ **en definitiva** finally.

deformar [deformár] *v. tr.* **1.** to deform. **2.** (cara) to disfigure. **3.** *fig.* (imagen, realidad) to distort.

deforme [defórme] *adj.* deformed.

deformidad [deformiðáð] *s. f.* malformation; deformity.

defraudar [defrawðár] *v. tr.* **1.** (decepcionar) to disappoint. **2.** (estafar) to defraud; to cheat.

defunción [defunθjón] *s. f.* (muerte) death; demise *frml.*

degeneración [deχeneraθjón] *s. f.* (corrupción) degeneration. ‖ **~ moral** moral degeneration.

degenerar [deχenerár] *v. intr.* (ir a peor) to degenerate.

degollar [deɣoʎár] *v. tr.* **1.** (cortar la garganta) to slit the throat. **2.** (decapitar) to behead; to decapitate.

degradar [deɣraðár] *v. tr.* **1.** (humillar) to degrade. ‖ **degradarse** *v. prnl.* **2.** (humillarse) to demean oneself.

degüello [deɣwéʎo] *s. m.* **1.** (degolladura) throat-cutting. **2.** (decapitación) beheading.

degustar [deɣustár] *v. tr.* to sample.

dehesa [deésa] *s. f.* meadow; pasture.

deidad [dejðáð] *s. f.* deity.

dejadez [deχaðéθ] *s. f.* **1.** (descuido general) negligence. **2.** (pereza) laziness.

dejar [deχár] *v. tr.* **1.** to leave. **2.** (familia) to abandon. **3.** (permitir) to let. **4.** (prestar) to lend. **5.** (trabajo) to quit. ‖ **~ atónito** to amaze. **~ atrás** to outrun. **~ entrar** to admit. to let in. **~ sin habla** to dumbfound.

deje [déχe] *s. m.* accent.

del [dél] *contr. prep. art. determ.* (de + el) of the.

delantal [delantál] *s. m.* **1.** (para cocinar) apron. **2.** (de escolar) pinafore.

delante [delánte] *adv. l.* in front; ahead [Iba delante para ver lo que pasaba. He went ahead to see what was happenig.] ‖ **~ de** in front of; before; ahead of [¿Quién está delante de ti? Who is in front of you?] **ir ~** to precede. **ir por ~** to go ahead.

delantera [delantéra] *s. f.* **1.** (parte) front. **2.** (patas de animal) fore. **3.** (ventaja) lead. **4.** *Dep.* (futbol) forward line.

delantero, -ra [delantéro] *adj.* **1.** front. ‖ *s. m. y f.* **2.** (de una prenda, casa) front. **3.** *Dep.* (jugador) forward.

delatar [delatár] *v. tr.* to denounce. ‖ **~ a un cómplice** to squeal.

delegación [deleɣaθjón] *s. f.* **1.** (grupo) delegation. **2.** (oficina) branch.

delegado, -da [deleɣáðo] *adj.* **1.** delegated. ‖ *s. m. y f.* **2.** (representante) delegate. **3.** *Econ.* representative.

delegar [deleɣár] *v. tr.* to delegate.

deleitar [delejtár] *v. tr.* **1.** to delight. ‖ **deleitarse** *v. prnl.* **2.** to delight in.

deleite [deléjte] *s. m.* delight; pleasure.

deletrear [deletreár] *v. tr.* to spell.

delfín [delfín] *s. m., Zool.* dolphin.

delgadez [delɣaðéθ] *s. f.* **1.** (flacura) thinness. **2.** (esbeltez) slenderness.

delgado, -da [delɣáðo] *adj.* **1.** (flaco) thin. **2.** (esbelto) slender; slim.

deliberar [deliβerár] *v. tr.* to deliberate.

delicadeza [delikaðéθa] *s. f.* delicacy; daintiness. ‖ **falta de ~** tactlessness.

delicado, -da [delikáðo] *adj.* **1.** (fino) delicate. **2.** (débil) weak; fragile.

delicia [delíθja] *s. f.* delight; pleasure.

delicioso, -sa [deliθjóso] *adj.* **1.** (comida) delicious. **2.** (día, clima) delightful.

delimitar [delimitár] *v. tr.* to delimit.

delincuente [delinkwénte] *adj. y s. m. y f.* **1.** delinquent. ‖ *s. m. y f.* **2.** criminal.

delineante [delineánte] *s. m.* **1.** draftsman *Am. E.;* draughtsman *Br. E.* ‖ *s. f.* **2.** draftswoman *Am. E.;* draughtswoman *Br. E.*

delinquir [delinkír] *v. intr., Der.* to break the law; to commit on offense.

delirar [delirár] *v. intr.* to be delirious.

delirio [delírjo] *s. m.* **1.** *Med.* delirium; madness. **2.** frenzy *fam.*

delito [delíto] *s. m.* crime; offense.

delta [délta] *s. m.* **1.** *Geogr.* (de un río) delta. ‖ *s. f.* **2.** (letra griega) delta.

demagogia [demaɣóxja] *s. f.* demagogy.

demanda [demánda] *s. f.* **1.** demand. **2.** (petición) petition.

demandar [demandár] *v. tr.* **1.** to demand. **2.** *Der.* (denunciar) to sue.

demás [demás] *adj. indef.* **1.** other; rest of [Lee los demás mensajes. *Read the other messages/the rest of the messages.*] ‖ *pron. indef.* **2.** other; rest [Los demás llegaron más tarde. *The rest/others arrived later.*] ‖ **por lo ~** apart from that.

demasiado, -da [demasjáðo] *adj. indef.* (también pron. indef.) **1.** too much (uncount. n.); too many (count. n.) [Había demasiada comida en la fiesta. *There was too much food in the party.*] ‖ *adv. cant.* **2.** (+ adj.) too [Esta casa es demasiado cara. *This house is too expensive.*] **3.** too much [Duermes demasiado. *You sleep too much.*]

demencia [deménθja] *s. f.* (locura) madness; insanity; dementia.

demente [deménte] *adj.* **1.** (loco) demented; insane. ‖ *s. m. y f.* **2.** mental patient; lunatic *offens.*

democracia [demokráθja] *s. f., Polít.* democracy.

demócrata [demókrata] *adj.* **1.** democratic. ‖ *s. m. y f.* **2.** democrat.

democrático, -ca [demokrátiko] *adj., Polít.* democratic.

demoler [demolér] *v. tr.* **1.** to demolish. **2.** (edificio) to pull down.

demonio [demónjo] *s. m.* devil; demon.

demora [demóra] *s. f.* delay.

demorar [demorár] *v. tr.* **1.** (aplazar) to delay. ‖ **demorarse** *v. prnl.* **2.** (detenerse) to linger.

demostración [demostraθjón] *s. f.* demonstration; show.

demostrar [demostrár] *v. tr.* **1.** to demonstrate. **2.** (probar) to prove. **3.** (interés, sentimiento) to show.

demostrativo, -va [demostratíβo] *adj. y s. m., Ling.* demonstrative.

denegar [deneɣár] *v. tr.* **1.** (rechazar) to refuse. **2.** (negar) to deny. **3.** *Der.* to reject.

denigrar [deniɣrár] *v. tr.* (hablar mal de) to denigrate *frml.;* to defame.

denominación [denominaθjón] *s. f.* denomination; name. ‖ **~ de origen** appellation d'origine.

denominador [denominaðór] *s. m., Mat.* denominator.

denominar [denominár] *v. tr.* (nombrar) to name; to denominate *frml.*

denotar [denotár] *v. tr.* (indicar) to denote; to indicate.

densidad [densiðáð] *s. f., Fís.* (líquido, material) density; thickness.

denso, -sa [dénso] *adj.* dense; thick.

dentado [dentáðo] *adj.* toothed.

dentadura [dentaðúra] *s. f.* teeth. ‖ ~ **postiza** false teeth; dentures *pl.*

dentera [dentéra] *s. f.* (envidia) envy *fam.* ‖ **dar** ~ (sensación desagradable) to set one's teeth on edge.

dentífrico, -ca [dentífriko] *adj.* **1.** tooth. ‖ *s. m.* **2.** (pasta de dientes) toothpaste.

dentista [dentísta] *s. m. y f.* (odontólogo) dentist; dental surgeon.

dentro [déntro] *adv.* **1.** (en el espacio) in; inside; indoors. **2.** (de límites, posibilidades) within. ‖ ~ **de** in [Llegará dentro de dos días. *She will arrive in two days.*] in; into. ~ **de** within [Dentro de los límites de la ciudad. *Within the city limits.*]

denuncia [denúnθja] *s. f.* **1.** accusation. **2.** (condena) denunciation. ‖ **presentar una** ~ to report.

denunciar [denunθjár] *v. tr.* **1.** (delito) to report. **2.** (condenar) to denounce.

deparar [deparár] *v. tr.* **1.** (proveer) to provide. **2.** (ofrecer) to present.

departamento [departaménto] *s. m.* **1.** (de un empresa, institución) department. **2.** (ferrocarril) compartment.

dependencia [dependénθja] *s. f.* **1.** (estado, condición) dependence. **2.** (oficina) office.

depender [dependér] *v. intr.* to depend.

dependiente [dependjénte] *adj.* **1.** dependent. ‖ *s. m. y f.* **2.** shop assistant.

depilar [depilár] *v. tr.* to depilate.

deplorar [deplorár] *v. tr.* to deplore; to lament; to regret deeply.

deponer [deponér] *v. tr.* **1.** (un líder) to depose. **2.** (dejar) to abandon.

deportar [deportár] *v. tr.* to deport.

deporte [depórte] *s. m.* sport.

deportista [deportísta] *adj.* **1.** sporty. ‖ *s. m.* **2.** (atleta) sportsman. ‖ *s. f.* **3.** sportswoman.

deportivo, -va [deportíβo] *adj.* **1.** sports. **2.** (actitud, espíritu) sporting.

deposición [deposiθjón] *s. f.* deposition.

depositar [depositár] *v. tr.* **1.** *Econ.* to deposit. **2.** (colocar) to place; to put. ‖ **depositarse** *v.* **3.** (posos, polvo) to settle.

depósito [depósito] *s. m.* **1.** *Econ.* (bancario) deposit. **2.** (almacén) store; warehouse. **3.** (de agua, gasolina) tank. ‖ ~ **de agua** water tank. ~ **de cadáveres** morgue *Am. E.*; mortuary *Br. E.*

depravación [depraβaθjón] *s. f.* (vicio) depravity; depravation.

depreciación [depreθjaθjón] *s. f., Econ.* depreciation.

depreciar [depreθjár] *v. tr.* **1.** to depreciate. ‖ **depreciarse** *v. prnl.* **2.** to depreciate.

depredador, -ra [depreðaðór] *adj.* **1.** predatory. ‖ *s. m. y f.* **2.** *Zool.* predator.

depresión [depresjón] *s. f.* **1.** depression. **2.** *Geogr.* trough.

deprimir [deprimír] *v. tr.* **1.** to depress. ‖ **deprimirse** *v. prnl.* **2.** to be depressed; to get depressed.

deprisa [deprísa] *adv.* **1.** fast. ‖ **¡** ~ **!** *interj.* **2.** quick! ‖ **ir** ~ to rush.

depuración [depuraθjón] *s. f.* (purificación) purification; depuration.

depurar [depurár] *v. tr.* **1.** (agua) to purify; to depurate. **2.** (sangre) to cleanse. **3.** *Polít.* to purge.

derecha [derétʃa] *s. f.* **1.** (mano) right hand. **2.** (lugar) right. ‖ **a la** ~ on the right; to the right.

derecho, -cha [derétʃo] *adj.* **1.** (de la derecha) right. **2.** (recto) upright; straight. **3.** (de pie) standing. ‖ *s. m.* **4.** *Der.* (conjunto de leyes) law. **5.** (privilegio) right. ‖ *adv.* **6.** directly. ‖ **derechos de reproducción** copyright. **facultad de ~** law school.

deriva [deríβa] *s. f., Náut.* drift. ‖ **a la ~** *Náut.* adrift. **ir a la ~** *Náut.* to drift.

derivado, -da [deriβáðo] *adj.* **1.** derivative. ‖ *s. m.* **2.** *Quím.* y *Ling.* derivative.

derivar [deriβár] *v. tr.* **1.** to derive. **2.** (cambiar de dirección) to direct. ‖ **derivarse** *v. prnl.* **3.** (deducirse) to derive; to come from.

derogar [derovár] *v. tr., Der.* (invalidar) to repeal; to abolish.

derramar [derʃamár] *v. tr.* **1.** (líquido) to spill; to pour. **2.** (lágrimas) to weep.

derrame [derʃáme] *s. m.* **1.** (de líquido) spilling; pouring. **2.** *Med.* (de sangre) shedding. **3.** (pérdida) leak.

derrapar [derʃapár] *v. intr., Autom.* to skid.

derretir [derʃetír] *v. tr.* **1.** to melt. **2.** (hielo, nieve) to thaw. ‖ **derretirse** *v. prnl.* **3.** (metal) to melt. **4.** (hielo, nieve) to thaw.

derribar [derʃiβár] *v. tr.* **1.** (edificio, muro) to demolish. **2.** (avión) to shoot down. **3.** (persona) to floor. **4.** (gobierno) to overthrow; to bring down.

derrochador [derʃotʃaðór] *adj.* **1.** wasteful; spendthrift. ‖ *s. m. y f.* **2.** spendthrift; profligate.

derrochar [derʃotʃár] *v. tr.* to waste; to squander. ‖ **~ simpatía** to be full of good humor.

derroche [derʃótʃe] *s. m.* **1.** (de dinero, bienes) waste. **2.** (exceso) extravagance. **3.** (abundancia) abundance.

derrota [derʃóta] *s. f., Mil.* defeat; rout.

derrotar [derʃotár] *v. tr.* to defeat; to rout.

derruir [derʃuír] *v. tr.* to demolish.

derrumbar [derʃumbár] *v. tr.* **1.** to demolish. ‖ **derrumbarse** *v. prnl.* **2.** (un edificio) to collapse.

desabotonar [desaβotonár] *v. tr.* to unbutton. ‖ **desabotonarse** *v. prnl.* **2.** to unbutton.

desabrido, -da [desaβríðo] *adj.* **1.** (comida) tasteless; insipid. **2.** (tiempo) unpleasant. **3.** (persona) dull.

desabrochar [desaβrotʃár] *v. tr.* **1.** to unbutton; to unfasten. ‖ **desabrocharse** *v. prnl.* **2.** (prenda) to come undone.

desacato [desakáto] *s. m.* **1.** (falta de respeto) disrespect; irreverence. **2.** *Der.* (desobediencia) contempt.

desaconsejar [desakonseχár] *v. tr.* to dissuade; to advise against.

desacorde [desakórðe] *adj.* discordant.

desacreditar [desakreðitár] *v. tr.* **1.** to discredit. **2.** (menospreciar) to disparage.

desactivar [desaktiβár] *v. tr.* (neutralizar) to deactivate; to defuse.

desacuerdo [desakwérðo] *s. m.* (conflicto) disagreement; discord. ‖ **en ~ con** in disagreement with.

desafiar [desafiár] *v. tr.* **1.** (a una persona) to challenge. **2.** (un peligro) to defy.

desafinar [desafinár] *v. tr.* **1.** to play out of tune. ‖ *v. intr.* **2.** (instrumento) to be out of tune. ‖ **desafinarse** *v. prnl.* **3.** to go out of tune.

desafío [desafío] *s. m.* **1.** (reto) challenge. **2.** (duelo) duel. **3.** (a la muerte) defiance.

desafortunado, -da [desafortunáðo] *adj.* **1.** (persona) unlucky. **2.** (suceso) unfortunate.

desagradable [desaɣɾaðáβle] *adj.* disagreeable; unpleasant; nasty.

desagradar [desaɣɾaðár] *v. intr.* (disgustar) to displease.

desagradecido, -da [desaɣɾaðeθíðo] *adj. m. y f.* **1.** (persona) ungrateful. **2.** (trabajo, tarea) thankless.

desagrado [desaɣɾáðo] *s. m.* (molestia) displeasure.

desagraviar [desaɣɾaβjár] *v. tr.* **1.** (excusarse) to make amends (to sb for sth). **2.** (compensar) to indemnify.

desagravio [desaɣɾáβjo] *s. m.* **1.** (satisfacción) amends. **2.** (compensación) compensation.

desaguar [desaɣwár] *v. tr.* **1.** (vaciar la lavadora, bañera) to drain; to empty. ‖ *v. intr.* **2.** (desembocar) to drain; to flow. **3.** (vaciarse) to drain off.

desagüe [desáɣwe] *s. m.* **1.** (acción) drainage. **2.** (de un patio, etc) outlet; drain.

desahogado, -da [desaoɣáðo] *adj.* **1.** (espacioso) roomy. **2.** (posición económica) comfortable.

desahogar [desaoɣár] *v. tr.* **1.** (dolor) to relieve. **2.** (desfogar) to vent; to give vent to; to pour out. ‖ **desahogarse** *v. prnl.* **3.** (enfado/frustración) to vent one's anger/frustration.

desahogo [desaóɣo] *s. m.* **1.** (alivio) relief. **2.** (económico) comfort.

desahuciar [desawθjár] *v. tr.* **1.** (desalojar a un inquilino) to evict; to give someone notice to quit *Am. E.* **2.** (quitar esperanzas) to deprive of hope. **3.** (a un enfermo) to give up hope for.

desahucio [desáwθjo] *s. m.* eviction.

desairar [desajrár] *v. tr.* **1.** (menospreciar) to slight; to snub; to spurn. **2.** (cosa) to disregard.

desajustar [desaχustár] *v. tr.* **1.** (máquina) to put out of order. ‖ **desajustarse** *v. prnl.* **2.** (aflojarse) to loosen.

desalar [desalár] *v. tr.* to desalt.

desalentar [desalentár] *v. tr.* to discourage *fig.*; to dishearten, *fig.*

desaliento [desaljénto] *s. m.* **1.** (desánimo) discouragement. **2.** (abatimiento) dismay; depression.

desalmado, -da [desalmáðo] *adj.* (cruel) cruel; inhuman; heartless.

desalojar [desaloχár] *v. tr.* **1.** (inquilino) to evict. **2.** (personas) to dislodge. **3.** (por un peligro) to evacuate.

desamparado [desamparáðo] *adj.* **1.** (persona) helpless. **2.** (lugar) forsaken.

desamparar [desamparár] *v. tr.* to abandon; to desert; to forsake *fig.*

desandar [desandár] *v. tr.* to retrace.

desangrar [desaŋɡrár] *v. tr.* to bleed.

desanimar [desanimár] *v. tr.* **1.** to discourage; to dishearten. ‖ **desanimarse** *v. prnl.* **2.** to become discouraged.

desánimo [desánimo] *s. m.* (desaliento) discouragement; dejection.

desaparecer [desapareθér] *v. intr.* **1.** to disappear. **2.** (disipar) to dissipate. **3.** (el sol, la luz) to vanish.

desaparición [desapariθjón] *s. f.* (ausencia) disappearance.

desapercibido, -da [desaperθiβíðo] *adj.* (inadvertido) unnoticed.

desaprensivo [desaprensíβo] *adj.* (sin escrúpulos) unscrupulous.

desaprobar [desaproβár] *v. tr.* **1.** to disapprove of. **2.** (rechazar) to reject

desaprovechar [desaproβetʃár] *v. tr.* (tiempo, dinero) to waste.

desarmar [desarmár] *v. tr.* **1.** (a un criminal) to disarm. **2.** (aparato, mueble) to dismantle. **3.** (rompecabezas, puzzle) to take to pieces.

desarme [desárme] *s. m., Mil. y Polít.* disarmament.

desarraigar [desaraxár] *v. tr.* to uproot.

desarrollar [desaroʎár] *v. tr.* **1.** to develop. ‖ **desarrollarse** *v. prnl.* **2.** to develop.

desarrollo [desaróʎo] *s. m.* **1.** (crecimiento) development. **2.** (incremento) growth.

desasir [desasír] *v. tr.* **1.** to release. **2.** (soltar) to disengage. ‖ **desasirse** *v. prnl.* **3.** (soltarse) to get loose.

desastre [desástre] *s. m.* disaster.

desastroso, -sa [desastróso] *adj.* disastrous; unsuccessful.

desatar [desatár] *v. tr.* **1.** to untie; to unfasten. **2.** (ira, violencia) to loose. **3.** (la lengua) to loosen. ‖ **desatarse** *v. prnl.* **4.** (soltarse) to loosen.

desatascar [desataskár] *v. tr.* (desatrancar) to unblock; to clear.

desatender [desatendér] *v. tr.* (no prestar atención) to disregard.

desatento [desaténto] *adj.* **1.** (descuidado) regardless. **2.** (distraído) inattentive.

desatinado, -da [desatináðo] *adj.* **1.** unwise; foolish. ‖ *s. m. y f.* **2.** fool.

desatino [desatíno] *s. m.* **1.** (locura) folly. **2.** (equivocación) blunder; bungle.

desatornillar [desatorniʎár] *v. tr.* to unscrew.

desatrancar [desatraŋkár] *v. tr.* **1.** (desatascar) to unclog. **2.** (puerta con tranca) to unbar; to unplug.

desavenencia [desaβenénθja] *s. f.* (desacuerdo) discord; disagreement.

desayunar [desajunár] *v. intr.* to have breakfast; to breakfast *frml.*

desayuno [desajúno] *s. m.* breakfast.

desbandada [desβandáða] *s. f.* (estampida) stampede. ‖ **salir en ~** to run off in all directions.

desbarajuste [desβaraxúste] *s. m.* (desorden) confusion; disorder.

desbaratar [desβaratár] *v. tr.* to ruin.

desbocado, -da [desβokáðo] *adj.* **1.** (cuello, escote) loose. **2.** (caballo) runaway.

desbocarse [desβokárse] *v. prnl.* (caballo) to bolt.

desbordar [desβorðár] *v. tr. e intr.* **1.** to overflow. ‖ **desbordarse** *v. prnl.* **2.** to overflow; to flood.

descabellado, -da [deskaβeʎáðo] *adj.* (disparatado) wild; madcap.

descafeinado, -da [deskafejnáðo] *adj.* **1.** decaffeinated. **2.** *fig.* diluted. ‖ *s. m.* **3.** (café) decaffeinated coffee.

descalabrar [deskalaβrár] *v. tr.* **1.** to wound in the head. ‖ **descalabrarse** *v. prnl.* **2.** to wound in one's head.

descalabro [deskaláβro] *s. m.* misfortune.

descalificar [deskalifikár] *v. tr.* (desacreditar) to disqualify.

descalzar [deskalθár] *v. tr.* **1.** (a alguien) to take off sb's shoes. ‖ **descalzarse** *v. prnl.* **2.** to take off one's shoes.

descalzo, -za [deskálθo] *adj.* barefoot.

descambiar [deskambjár] *v. tr.* (compra) to change *fam.*

descaminado, -da [deskamináðo] *adj.* (desacertado) ill-advised.

descamisado, -da [deskamisáðo] *adj.* **1.** (sin camisa) shirtless; without a shirt. **2.** *fig.* (pobre) ragged.

descansar [deskansár] *v. tr.* **1.** to rest; to have a rest. **2.** (dormir) to sleep. **3.** (reposar) to repose.

descansillo [deskansíλo] *s. m.* landing.

descanso [deskánso] *s. m.* **1.** rest; break. **2.** (alivio) relief. **3.** (rellano) landing. **4.** *Cinem. y Teatr.* interval. ‖ **darle a uno un** ~ to give someone a break.

descapotable [deskapotáβle] *adj.* **1.** *Autom.* convertible. ‖ *s. m.* **2.** *Autom.* convertible.

descarado, -da [deskaráðo] *adj.* **1.** (insolente) cheeky; barefaced. **2.** (desvergonzado) shameless.

descarga [deskárγa] *s. f.* **1.** (de mercancías) unloading. **2.** *Electrón.* (de un arma) discharge.

descargador [deskarγaðór] *s. m., Náut.* (de muelle) docker.

descargar [deskarγár] *v. tr.* **1.** (mercancías) to unload. **2.** (arma) to fire. **3.** (de una obligación) to release. **4.** *Electrón.* to discharge. **5.** *Inform.* (bajar) to download. ‖ *v. intr.* **6.** *Meteor.* (nubes) to burst.

descargo [deskárγo] *s. m.* **1.** unloading. **2.** (de obligación) release. **3.** (de deuda) discharge.

descaro [deskáro] *s. m.* **1.** cheek; imprudence. **2.** (atrevimiento) audacity. **3.** (insolencia) insolence.

descarrilar [deskařilár] *v. intr.* **1.** (tren) to derail. ‖ **descarrilarse** *v. prnl.* **2.** (tren) to jump the tracks *coll.*

descastado, -da [deskastáðo] *adj.* **1.** uncaring. **2.** ungrateful. ‖ *s. m.* **3.** uncaring person. **4.** ungrateful person.

descendencia [desθendénθja] *s. f.* **1.** (hijos) offspring. **2.** (origen) descent.

descender [desθendér] *v. intr.* **1.** to descend *frml.;* to come down. **2.** (temperatura) to fall.

descendiente [desθendjénte] *s. m. y f.* descendant; offspring.

descenso [desθénso] *s. m.* **1.** (desde una altura) descent. **2.** (de la temperatura) fall; drop.

descerrajar [desθeřaxár] *v. tr.* **1.** to force. **2.** (descorrer el pestillo) to unbolt.

descifrar [desθifrár] *v. tr.* **1.** to decipher. **2.** (mensaje) to decode.

descodificar [deskoðifikár] *v. tr.* to decode; to decipher.

descolgar [deskolγár] *v. tr.* **1.** to take down. **2.** (cortinas, cuadros) to unhook. ‖ **descolgarse** *v. prnl.* **3.** to get off.

descollar [deskoʎár] *v. intr.* (despuntar) stand out; to excel.

descolorido, -da [deskoloríðo] *adj.* **1.** (desteñido) faded. **2.** (que pierde color) discolored.

descompensar [deskompensár] *v. tr.* to unbalance.

descomponer [deskomponér] *v. tr.* **1.** to decompose. ‖ **descomponerse** *v. prnl.* **2.** (cadaver, alimento) to decompose *frml.* **3.** (perder la paciencia) to lose one's temper.

descomposición [deskomposiθjón] *s. f.* **1.** decomposition. **2.** *fam.* diarrhea.

descompuesto, -ta [deskompwésto] *adj.* **1.** (alimento) rotten; decomposed. **2.** (indispuesto) queasy; nauseous. **3.** (aparato) broken.

descomunal [deskomunál] *adj.* **1.** (fuerza, estatura) enormous. **2.** (apetito) huge.

desconcertar [deskonθertár] *v. tr.* **1.** to disconcert. **2.** (desorientar) to confuse.**3.** (confundir) to confound ‖ **desconcertarse** *v. prnl.* **4.** to be disconcerted.

desconcierto [deskonθjérto] *s. m.* **1.** order. **2.** (confusión) bewilderment.

desconectar [deskonektár] *v. tr.* **1.** (televisión, luz) to switch off *fam.* **2.** (interrumpir) to disconnect.

desconfiado, -da [deskoɱfiáðo] *adj.* (receloso) distrustful; suspicious.

desconfiar [deskoɱfiár] *v. intr.* (recelar) to distrust; to mistrust.

desconocer [deskonoθér] *v. tr.* to ignore. ‖ **~ algo** to be unacquainted.

desconocido, -da [deskonoθíðo] *adj.* **1.** unknown. **2.** (muy cambiado) unrecognizable *fam.* ‖ *s. m. y f.* **3.** unknown.

desconocimiento [deskonoθimjénto] *s. m.* (ignorancia) ignorance.

descontar [deskontár] *v. tr.* to discount.

descontento [deskonténto] *adj.* **1.** unhappy. ‖ *s. m.* **2.** (una población) dissatisfaction. **3.** (una persona) discontent.

descontrol [deskontról] *s. m.* **1.** (desorden) chaos; disorder. **2.** (falta de mesura) recklessness.

desconvocar [deskombokár] *v. tr.* (cancelar) to call off.

descorchar [deskortʃár] *v. tr.* to uncork.

descorrer [deskoŕér] *v. tr.* (cortinas, un cerrojo) to draw.

descortés [deskortés] *adj.* discourteous *frml.;* impolite; rude.

descortesía [deskortesía] *s. f.* **1.** (acto descortés) discourtesy. **2.** (cualidad) impoliteness.

descoser [deskosér] *v. tr.* **1.** to unstitch. ‖ **descoserse** *v. prnl.* **2.** (soltarse) to come unstitched.

descosido [deskosíðo] *adj.* **1.** (dobladillo, costura) unstitched. **2.** (desordenado) disjointed. ‖ *s. m.* **3.** open seam.

descoyuntar [deskoʝuntár] *v. tr.* **1.** *Med.* (hueso) to dislocate. ‖ **descoyuntarse** *v. prnl.* **2.** to become dislocated.

descrédito [deskréðito] *s. m.* (desprestigio) discredit; disrepute.

describir [deskriβír] *v. tr.* to describe.

descripción [deskripθjón] *s. f.* description; describing.

descuartizar [deskwartiθár] *v. tr.* (cortar en trozos) to quarter.

descubierto, -ta [deskuβjérto] *adj.* **1.** (encontrado) discovered. **2.** (sin cubierta) uncovered; open. **3.** (cabeza) bareheaded. ‖ *s. m.* **4.** *Econ.* overdraft.

descubridor, -ra [deskuβriðór] *s. m. y f.* (inventor) discoverer.

descubrimiento [deskuβrimjénto] *s. m.* **1.** discovery. **2.** (persona) find. **3.** (de criminal, fraude) detection.

descubrir [deskuβrír] *v. tr.* **1.** to discover. **2.** (conspiración) to uncover. **3.** (petróleo) to find. **4.** (enterarse) to find out. **5.** (inaugurar) to unveil. **6.** (vislumbrar) to detect. **7.** (revelar) to reveal; to show. **8.** (delatar) to betray. **9.** (un error) to spot. ‖ **descubrirse** *v. prnl.* **10.** (quitarse el sombrero) to take off one's hat; to take off one's cap.

descuento [deskwénto] *s. m.* **1.** (rebaja) discount. **2.** (del sueldo) deduction.

descuidado, -da [deskwiðáðo] *adj.* **1.** (negligente) careless; negligent. **2.** (desaseado) unkempt *frml.* **3.** (olvidadizo) forgetful.

descuidar [deskwiðár] *v. tr.* **1.** to neglect; to overlook. ‖ **descuidarse** *v. prnl.* **2.** to be careless.

descuido [deskwíðo] *s. m.* **1.** (falta de cuidado) negligence; carelessness. **2.** (distracción) oversight; mistake.

desde [désðe] *prep.* **1.** (en el tiempo) since; from [Vivimos aquí desde 1987. *We have lived here since 1987.*] **2.** (en el espacio) from [Vine andando desde la iglesia. *I came walking from the church.*] **3.** (perspectiva) from [Desde ese punto de vista, tiene razón. *From that point of view, he is right.*] ‖ **desde... hasta...** *loc.* **4.** from...to... [Ha estado de vacaciones desde junio hasta agosto. *She has been on holidays from June to August.*] ‖ **~ allí** thence *lit.* **~ cuándo** how long ..? [¿Desde cuándo vas a la piscina? *How long have you been going to the swimming pool?*] **~ entonces** ever since; from then on; since; thenceforth *liter.*; thence *arc* [Desde entonces, vivo solo. *From then on, I have lived on my own.*] **~ que** since [Desde que se marchó, no puedo dormir. *Since he left, I cannot sleep.*]

desdecir [desðeθír] *v. intr.* **1.** (desmentir) to deny. ‖ **desdecirse** *v. prnl.* **2.** (retractarse) to retract.

desdén [desðén] *s. m.* (desprecio) disdain; scorn; contempt.

desdeñar [desðeɲár] *v. tr.* (despreciar) to scorn; to despise.

desdicha [desðítʃa] *s. f.* **1.** (desgracia) misfortune. **2.** (infelicidad) unhappiness. **3.** (pobreza) misery.

desdichado, -da [desðitʃáðo] *adj.* **1.** (sin suerte) unfortunate; unlucky; wretched. **2.** (infeliz) unhappy. ‖ *s. m. y f.* **3.** wretch; annoying person.

desdoblar [desðoβlár] *v. tr.* **1.** (extender) to unfold. **2.** (duplicar) to split. ‖ **desdoblarse** *v. prnl.* **3.** to split into two.

desear [deseár] *v. tr.* **1.** (con pasión) to desire. **2.** (querer) to want. **3.** (anhelar) to wish.

desecar [desekár] *v. tr.* **1.** to dry; to desiccate. ‖ **desecarse** *v. prnl.* **2.** to dry up.

desechable [desetʃáβle] *adj.* disposable; throw-away.

desechar [desetʃár] *v. tr.* **1.** (renunciar) to refuse. **2.** (tirar) to throw out.

desecho [desétʃo] *s. m.* **1.** (despojo) waste. **2.** (basura, residuos) rubbish.

desembalar [desembalár] *v. tr.* to unpack.

desembarazado [desembaraθáðo] *adj.* (desenvuelto) free and easy.

desembarazar [desembaraθár] *v. tr.* (librar) to free. ‖ **desembarazarse de** to get rid of.

desembarcadero [desembarkaðéro] *s. m., Náut.* wharf; pier.

desembarcar [desembarkár] *v. tr.* **1.** (mercancías) to unload. ‖ *v. tr., intr. y prnl.* **2.** (pasajeros) to disembark. **3.** (tropas) to land. ‖ **desembarcarse** *v. prnl.* **4.** to disembark.

desembocadura [desembokaðúra] *s. f.* **1.** (de río) mouth. **2.** (salida) outlet.

desembocar [desembokár] *v. intr.* **1.** (río) to flow. **2.** (calle) to lead to.

desembolsar [desembolsár] *v. tr.* (pagar) to pay out; to outlay.

desembolso [desembólso] *s. m.* (pago) payment; outlay; expenditure.

desempeñar [desempeɲár] *v. tr.* **1.** (recuperar lo empeñado) to redeem. **2.** (cumplir una obligación, un deber) to fulfill; to perform. **3.** (papel) to play.

desempleo [desempléo] *s. m.* unemployment. ‖ **subsidio de ~** unemployment compensation *Am. E.*

desempolvar [desempolβár] *v. tr.* **1.** (cosas) to dust. **2.** (lo olvidado) to revive.

desencadenar [desenkaðenár] *v. tr.* **1.** to unchain. **2.** (desatar) to unleash. **3.** (provocar) to cause. ‖ **desencadenarse** *v. prnl.* **4.** (desatarse) to break loose.

desencajar [deseŋkaχár] *v. tr.* **1.** *Mec.* to take apart. **2.** (mandíbula) to dislocate. ‖ **desencajarse** *v. prnl.* **3.** (pieza) to come out of position. **4.** (mandíbula) to become dislocated.

desencanto [deseŋkánto] *s. m.* disenchantment; disappointment.

desenchufar [desentʃufár] *v. tr., Electrón.* to unplug; to disconnect.

desenfado [deseɱfáðo] *s. m.* **1.** (desenvoltura) self-confidence; assurance. **2.** (libertad) freedom.

desenfrenado, -da [deseɱfrenáðo] *adj.* **1.** (en vicios, pasiones) unbridled. **2.** (estilo de vida, en una fiesta) wild.

desenfreno [deseɱfréno] *s. m.* **1.** abandon. **2.** (vicio) licentiousness; wildness.

desenfundar [deseɱfundár] *v. tr.* (un arma) to draw; to pull out.

desenganchar [deseŋgantʃár] *v. tr.* **1.** (soltar) to unhook. ‖ **desengancharse** *v. prnl.* **2.** *slang.* to come off drugs.

desengañar [deseŋgaɲár] *v. tr.* **1.** to undeceive *lit.* **2.** (quitar la ilusión) to disillusion. ‖ **desengañarse** *v. prnl.* **3.** (decepcionarse) to become disillusioned.

desengaño [deseŋgáɲo] *s. m.* disillusionment; disappointment.

desengrasar [deseŋgrasár] *v. tr.* to remove the grease from.

desenlace [desenláθe] *s. m., Lit.* y *Cinem.* ending.

desenmarañar [desemmaraɲár] *v. tr.* (pelo, madeja) to disentangle.

desenmascarar [desemmaskarár] *v. tr.* **1.** to unmask. **2.** (estafador, culpable) to expose.

desenredar [desenřeðár] *v. tr.* **1.** (lío) to straighten out. **2.** (pelo, lana) to disentangle. ‖ **desenredarse** *v. prnl.* **3.** to extricate oneself.

desenrollar [desenřoʎár] *v. tr.* to unroll.

desenroscar [desenřoskár] *v. tr.* (desenrollar) to unscrew; to uncoil.

desentenderse [desentendérse] (de) *v. prnl.* **1.** to ignore. **2.** (no ocuparse) to wash one's hands of sth.

desenterrar [desenteřár] *v. tr.* **1.** to dig up. **2.** (hueso, tesoro) to unearth. **3.** (cadaver) to exhume.

desentonar [desentonár] *v. intr.* **1.** *Mús.* to go out of tune. **2.** (colores, apariencia) to jar.

desentrañar [desentraɲár] *v. tr.* **1.** (destripar) to disembowel. **2.** (un misterio, problema) to unravel.

desenvainar [desembajnár] *v. tr.* (espada) to unsheathe; to draw.

desenvoltura [desemboltúra] *s. f.* **1.** (soltura) grace; ease. **2.** (desvergüenza) boldness; insolence.

desenvolver [desembolβér] *v. tr.* **1.** (paquete) to unwrap. **2.** (hechos, sucesos) to disentangle; to develop. ‖ **desenvolverse** *v. prnl.* **3.** (manejarse) to manage.

desenvuelto [desembwélto] *adj.* (hábil) confident; natural.

deseo [deséo] *s. m.* desire; wish.

deseoso, -sa [deseóso] *adj.* (ansioso) eager; desirous; anxious.

desequilibrar [desekiliβrár] *v. tr.* **1.** to unbalance. ‖ **desequilibrarse** *v. prnl.* **2.** to become mentally disturbed.

desertar [desertár] *v. intr.* **1.** *Mil.* to desert. **2.** (abandonar obligaciones) to forsake *fam.*; to abandon.

desértico, -ca [desértiko] *adj.* **1.** (clima) desert (delante del s.). **2.** (despoblado) deserted.

desertor, -ra [desertór] *s. m. y f.* deserter.

desesperación [desesperaθjón] *s. f.* (desaliento) desperation; despair.

desesperanzar [desesperanθár] *v. tr.* to despair; to make lose hope.

desesperar [desesperár] *v. tr.* **1.** to exasperate. || *v. intr.* **2.** to despair. || **desesperarse** *v. prnl.* **3.** to become exasperated.

desestimar [desestimár] *v. intr.* **1.** (menospreciar) to underestimate. **2.** (propuesta, petición, recurso) to reject.

desfachatez [desfatʃatéθ] *s. f.* cheek.

desfalcar [desfalkár] *v. tr.*, *Econ.* to embezzle; to misappropriate.

desfalco [desfálko] *s. m.*, *Econ.* embezzlement; misapproppriation.

desfallecer [desfaʎeθéɾ] *v. intr.* **1.** (debilitarse) to weaken. **2.** (desvanecerse) to faint [Estoy que desfallezco. *I feel faint.*]

desfase [desfáse] *s. m.* imbalance. || **haber un ~** to be out of step; to be out of phase [Existe un gran desfase tecnológico entre ambos países. *Technologically, these countries are out of phase.*]

desfavorable [desfaβoráβle] *adj.* (adverso) unfavorable *Am. E.*

desfigurar [desfiɣurár] *v. tr.* **1.** (cara) to disfigure. **2.** (cuerpo) to deform. **3.** (cuadro, monumento) to deface.

desfiladero [desfiladéro] *s. m.*, *Geogr.* defile; gorge; throat.

desfilar [desfilár] *v. intr.*, *Mil.* to parade; to march past.

desfile [desfíle] *s. m.* **1.** *Mil.* parade; march. **2.** *Rel.* procession.

desflorar [desflorár] *v. tr.*, *lit.* (muchacha) to deflower *lit.*

desfogar [desfoɣár] *v. tr.* **1.** (sentimientos) to vent. || **desfogarse** *v. prnl.* **2.** to vent one's anger/frustration.

desgajar [desɣaxár] *v. tr.* **1.** (arrancar) to tear off. **2.** (romper) to break off. || **desgajarse** *v. prnl.* **3.** (separarse) to come off.

desgana [desɣána] *s. f.* **1.** (inapetencia) lack of appetite. **2.** (falta de entusiasmo) boredom.

desgarrar [desɣarár] *v. tr.* (romper) to tear; to rend.

desgastar [desɣastár] *v. tr.* **1.** (consumir) to wear out. **2.** (deteriorar) to wear down. **3.** (cuerda, hilo) to fray.

desgaste [desɣáste] *s. m.* wear.

desgracia [desɣráθja] *s. f.* **1.** misfortune *frml.* **2.** (pena) affliction. **3.** (desdicha) misery. || **caer en ~** to fall from grace. **por ~** unfortunately.

desgranar [desɣranár] *v. tr.* **1.** (guisantes) to shell. **2.** (trigo) to thresh. **3.** *fig.* (pormenorizar) to reel off.

desguazar [desɣwaθár] *v. tr.* **1.** (coche, avión) to scrap. **2.** (barco) to break up.

deshabitado, -da [desaβitáðo] *adj.* **1.** (región) uninhabited. **2.** (edificio) unoccupied.

deshacer [desaθéɾ] *v. tr.* **1.** (paquete) to undo. **2.** (destruir) to destroy. **3.** (derretir) to melt. || **deshacerse de** to get rid of.

desharrapado, -da [desarapáðo] *adj.* **1.** ragged; shabby. || *s. m. y f.* **2.** shabby person; tramp.

deshelar [deselár] *v. tr.* **1.** (congelador) to defrost. **2.** (cañería) to thaw.

desheredar [desereðár] *v. tr.* to disinherit.

deshidratar [desiðratár] *v. tr.* **1.** to dehydrate. || **deshidratarse** *v. prnl.* **2.** to become dehydrated.

deshielo [desjélo] *s. m.* **1.** thaw. **2.** (congelador) defrosting.

deshilachar [desilatʃár] *v. tr.* **1.** to fray. || **deshilacharse** *v. prnl.* **2.** to fray.

deshinchar [desintʃár] *v. tr.* **1.** (globo, balón) to deflate. || **deshincharse** *v. prnl.* **2.** (globo, balón) to deflate.

deshojar [desoχár] *v. tr.* **1.** (flor) to pull the petals off. **2.** (libro) to tear the pages out of. || **deshojarse** *v. prnl.* **3.** (flor) to lose its petals.

deshollinador, -ra [desoχinaðór] *s. m. y f.* chimney sweep.

deshonesto, -ta [desonésto] *adj.* **1.** (sin honestidad) dishonest. **2.** (impudor) immodest; indecent.

deshonor [desonór] *s. m.* dishonor.

deshonra [desónra] *s. f.* dishonor.

deshonrar [desonrár] *v. tr.* to dishonor.

deshora, a [desóra] *loc. adv. t.* (intempestivamente) inopportunely.

desidia [desíðja] *s. f.* apathy; laziness.

desierto, -ta [desjérto] *adj.* **1.** (calle, pueblo) deserted. **2.** (paisaje) bleak. || *s. m.* **3.** *Geogr.* desert.

designar [designár] *v. tr.* **1.** to designate. **2.** (nombrar) to name. **3.** (indicar) to point out; to indicate. || **~ como candidato** to nominate.

desigual [desiɣwál] *adj.* uneven. **2.** (diferente) unequal; different. **3.** (no liso) rough.

desigualdad [desiɣwaldáð] *s. f.* **1.** inequality. **2.** (desequilibrio) disparity.

desilusión [desilusjón] *s. f.* **1.** (falta de ilusiones) disillusionment. **2.** (decepción) disappointment.

desilusionar [desilusjonár] *v. tr.* **1.** to disillusion. **2.** (decepcionar) to disappoint. || **desilusionarse** *v. prnl.* **3.** to be disappointed.

desinencia [desinénθja] *s. f.* ending.

desinfectar [desiɱfektár] *v. tr.* (esterilizar) to disinfect.

desinflar [desiɱflár] *v. tr.* to deflate.

desintegrar [desinteɣrár] *v. tr.* **1.** to disintegrate. || **desintegrarse** *v. prnl.* **2.** to disintegrate.

desinterés [desinterés] *s. m.* **1.** (altruismo) unselfishness. **2.** (objetividad) disinterestedness.

desistir [desistír] *v. intr.* to desist.

deslavazado, -da [deslaβaθáðo] *adj.* (argumento) disjointed; disconnected.

desleal [desleál] *adj.* disloyal.

deslealtad [deslealtáð] *s. f.* disloyalty.

desliar [desliár] *v. tr.* to untie.

desligar [desliɣár] *v. tr.* **1.** (desatar) to untie. **2.** (separar) to separate. || **desligarse** *v. prnl.* **3.** to extricate.

deslindar [deslindár] *v. tr.* **1.** (terrenos) to demarcate. **2.** (ideas) to separate.

desliz [deslíθ] *s. m.* **1.** (traspié) stumble. **2.** (error) slip; mistake.

deslizar [desliθár] *v. tr.* **1.** (pasar) to slip; to slide. || *v. intr.* **2.** (resbalar) to slide. || **deslizarse** *v. prnl.* **3.** (patinar, escurrirse) to slip; to slide. **4.** (sobre agua) to glide.

deslucido, -da [desluθíðo] *adj.* dull.

deslucir [desluθír] *v. tr.* **1.** to dull. **2.** (quitar atractivo) to spoil.

deslumbrar [deslumbrár] *v. tr.* **1.** to dazzle. **2.** (cegar) to blind. **3.** (fascinar) to fascinate.

desmantelar [desmantelár] *v. tr.* (desarmar) to dismantle.

desmarcarse [desmarkárse] *v. prnl., Dep.* to slip the coverage *Am. E.;* to slip one's marker *Br. E.* || **~ de** *fig.* to dissociate oneself from; to distance oneself from.

desmayarse [desmaˈjárse] *v. prnl.* to faint; to lose consciousness.

desmayo [desmájo] *s. m.* faint.

desmedido, -da [desmeðíðo] *adj.* (desmesurado) excessive.

desmejorar [desmeχorár] *v. tr.* **1.** to impair. || *v. intr.* **2.** (físico) to lose one's looks. || **desmejorarse** *v. prnl.* **2.** (empeorar) to deteriore.

desmembrar [desmembrár] *v. tr.* **1.** *Med.* to dismember. **2.** (dividir) to divide.

desmemoriado, -da [desmemorjáðo] *adj.* forgetful; absent-minded.

desmentir [desmentír] *v. tr.* **1.** to deny. **2.** (contradecir) to belie; to contradict.

desmenuzar [desmenuθár] *v. tr.* **1.** (deshacer) to crumble. **2.** (pollo) to shred. **3.** *fig.* to examine in detail.

desmerecer [desmereθér] *v. tr.* (alabanza, recompensa) to be unworthy of.

desmesurado [desmesuráðo] *adj.* (enorme) enormous; disproportionate.

desmontar [desmontár] *v. tr.* **1.** to dismount. **2.** (mueble) to take apart. **3.** (motor, arma) to demount. || *v. intr.* **4.** (jinete) to dismount.

desmoralizarse [desmoraliθárse] *v. prnl.* to get demoralized.

desmoronar [desmoronár] *v.* **1.** to destroy; to desintegrate. || **desmoronarse** *v. prnl.* **2.** to crumble.

desnatar [desnatár] *v. tr.* (leche) to skim.

desnivel [desniβél] *s. m.* unevenness.

desnudar [desnuðár] *v. tr.* **1.** to undress; to strip; to desintegrate. || **desnudarse** *v. prnl.* **2.** to undress; to get undressed.

desnudez [desnuðéθ] *s. f.* **1.** (de una persona) nakedness. **2.** (de una habitación, un paisaje) bareness.

desnudo, -da [desnúðo] *adj.* **1.** (cuerpo) naked; nude. **2.** (árbol, brazo) bare. || *s. m.* **3.** (arte) nude.

desnutrición [desnutriθjón] *s. f.* malnutrition; undernourishment..

desobedecer [desoβeðeθér] *v. tr.* (contravenir) to disobey.

desobediente [desoβeðjénte] *adj.* **1.** disobedient. || *s. m. y f.* **2.** disobedient person.

desocupado, -da [desokupáðo] *adj.* **1.** (vacío) vacant; unoccupied. **2.** (ocioso) free. **3.** (sin trabajo) unemployed.

desocupar [desokupár] *v. tr.* **1.** (armario) to empty. **2.** (casa, habitación) to vacate.

desodorante [desoðoránte] *adj. y s. m.* deodorant.

desoír [desoír] *v. tr.* to ignore.

desolación [desolaθjón] *s. f.* **1.** (aflicción) desolation. **2.** *fig.* (pena) grief.

desolar [desolár] *v. tr.* **1.** (devastar) to devastate. **2.** (desolar) to desolate.

desollar [desoʎár] *v. tr.* to skin; to flay.

desorbitado, -da [desorβitáðo] *adj.* (exagerado) exorbitant.

desorden [desórðen] *s. m.* **1.** (desarreglo) disorder; mess. **2.** (disturbio) riot.

desordenar [desorðenár] *v. tr.* **1.** to mess up. || **desordenarse** *v. prnl.* **2.** (fichas, hojas) to get out of order.

desorganizar [desorvaniθár] *v. tr.* to disorganize; to disrupt.

desorientar [desorjentár] *v. tr.* **1.** (extraviar) to mislead. **2.** (desconcertar) to confuse. || **desorientarse** *v. prnl.* **3.** (perderse) to lose one's bearings.

despabilar [despaβilár] *v. tr.* **1.** (despertar) to wake up. **2.** (avivar el ingenio) to wise up. || **despabilarse** *v. prnl.* **3.** (despertarse) to wake up.

despachar [despatʃár] *v. tr.* **1.** (resolver) to get through. **2.** (enviar) to send **3.** (en una tienda) to serve.

despacho [despátʃo] *s. m.* **1.** (oficina) office. **2.** (en casa) study. **3.** (venta) sale.

despacio [despáθjo] *adv.* **1.** (lentamente) slowly. ‖ **¡ ~ !** *interj.* **2.** take it easy.

despampanante [despampanánte] *adj., fam.* stunning.

desparejado, -da [despareχáðo] *adj.* (suelto) odd; unpaired.

desparpajo [desparpáχo] *s. m., fam.* (desenvoltura) self-confidence.

desparramar [desparamár] *v. tr.* **1.** (esparcir) to scatter. **2.** (líquido) to spill. ‖ **desparramarse** *v. prnl.* **3.** to scatter. **4.** (líquido) to spill.

despecho [despétʃo] *s. m.* spite.

despectivo, -va [despektíβo] *adj.* (desdeñoso) contemptuous.

despedazar [despeðaθár] *v. tr.* (descuartizar) to tear to pieces.

despedida [despeðíða] *s. f.* goodbye; farewell. ‖ **cena de ~** farewell dinner. **~ de soltera** hen party. **~ de soltero** stag party.

despedir [despeðír] *v. tr.* **1.** (del trabajo) to sack. **2.** (decir adiós) to say goodbye. **3.** (arrojar) to hurl. **4.** (olor, gas) to emit. ‖ **despedirse** *v. prnl.* **5.** to say goodbye.

despegar [despeɣár] *v. tr.* **1.** to unstick. ‖ *v. intr.* **2.** (avión) to take off. ‖ **despegarse** *v. prnl.* **3.** to come unstuck.

despegue [despéɣe] *s. m.* (de un avión) take-off.

despeinar [despejnár] *v. tr.* **1.** to mess up; to dishevel. ‖ **despeinarse** *v. prnl.* **2.** to mess up one's hair.

despejado, -da [despeχáðo] *adj.* **1.** (cielo) clear; cloudless. **2.** (persona) bright.

despejar [despeχár] *v. tr.* **1.** (el tiempo, desocupar) to clear. **2.** (aclarar algo) to

disentangle. ‖ **despejarse** *v. prnl.* **3.** (tiempo) to clear up.

despellejar [despeʎeχár] *v. tr.* **1.** (a un animal) to skin; to flay. **2.** *fig.* (criticar) to criticize.

despenalizar [despenaliθár] *v. tr., Der.* to legalize; to decriminalize.

despensa [despénsa] *s. f.* **1.** larder; pantry. **2.** *Náut.* storeroom.

despeñar [despeɲár] *v. tr.* **1.** to throw over a cliff. ‖ **despeñarse** *v. prnl.* **2.** to throw oneself over a cliff; to hurl oneself over a cliff.

desperdiciar [desperðiθjár] *v. tr.* to waste; to throw away.

desperdicio [desperðíθjo] *s. m.* **1.** waste; wasting. ‖ **desperdicios** *s. m. pl.* **2.** (basura) rubbish *sing.*

desperdigar [desperðiɣár] *v. tr. y prnl.* to scatter; to separate. ‖ **desperdigarse** *v. prnl.* **2.** (dispersarse) to separate.

desperezarse [despereθárse] *v. prnl.* to stretch.

desperfecto [desperfékto] *s. m.* **1.** (defecto) flaw. **2.** (daño) damage.

despertador [despertaðór] *s. m.* (reloj) alarm clock.

despertar [despertár] *v. tr.* **1.** to wake up; to awake. ‖ **despertarse** *v. prnl.* **2.** to awake.

despiadado, -da [despjaðáðo] *adj.* **1.** (ataque, crítica) merciless; cruel. **2.** (persona) ruthless.

despido [despíðo] *s. m.* dismissal; layoff.

despierto, -ta [despjérto] *adj.* **1.** awake. **2.** (espabilado) wide-awake.

despilfarrar [despilfarár] *v. tr.* (malgastar) to waste; to squander.

despilfarro [despilfáro] *s. m.* (derroche) wastefulness.

despistar [despistár] *v. tr.* **1.** (hacer perder la pista) to throw off the scent. **2.** *fig.* (confundir) to confuse.

despiste [despíste] *s. m.* **1.** (error) slip. **2.** (distracción) absentmindedness.

desplazamiento [desplaθamjénto] *s. m.* **1.** (viaje) journey. **2.** *Náut.* displacement. **3.** (traslado) move.

desplazar [desplaθár] *v. tr.* **1.** to displace. ǁ **desplazarse** *v. prnl.* **2.** to move.

desplegar [despleɣár] *v. tr.* **1.** (abrir) to unfold. **2.** (extender) to spread. ǁ **desplegarse** *v. prnl.* **3.** to spread out.

desplomarse [desplomárse] *v. prnl.* to collapse; to break down.

desplumar [desplumár] *v. tr.* **1.** (ave) to pluck. **2.** *fig.* (estafar) to fleece.

despoblar [despoβlár] *v. tr.* **1.** to depopulate. ǁ **despoblarse** *v. prnl.* **2.** to become depopulated. ǁ **~ de árboles** to deforest.

despojar [despoχár] *v. tr.* **1.** (quitar) to strip. **2.** *fig.* (de bienes) to divest; to deprive. ǁ **despojarse** *v. prnl.* **3.** (desnudarse) to undress.

desposarse [desposárse] *v. prnl.* (casarse) to get married.

déspota [déspota] *s. m. y f.* despot.

despótico [despótiko] *adj.* despotic.

despotricar [despotrikár] *v. intr.* (quejarse) to complain.

despreciable [despreθjáβle] *adj.* **1.** despicable; contemptible. **2.** (en calidad) worthless. **3.** (en cantidad) negligible.

despreciar [despreθjár] *v. tr.* **1.** (desdeñar) to despise; to scorn. **2.** (rechazar) to spurn. **3.** (menospreciar) to belittle.

desprecio [despréθjo] *s. m.* (desdén) scorn; contempt; slight. ǁ **decir con ~** to sneer.

desprender [desprendér] *v. tr.* **1.** (soltar) to loosen. **2.** (separar) to detach; to separate. ǁ **desprenderse** *v. prnl.* **3.** (soltarse) to come away.

desprendido [desprendído] *adj.* (generoso) unselfish; generous.

despreocupado, -da [despreokupáðo] *adj.* unconcerned.

despreocuparse [despreokupárse] *v. prnl.* not bother; not be concerned [Se despreocuparon de sus hijos. *They were not concerned about their children.*]

desprestigiar [desprestiχjár] *v. tr.* **1.** (desacreditar) to discredit. ǁ **desprestigiarse** *v. prnl.* **2.** to lose prestige.

desprevenido, -da [despreβeníðo] *adj.* unprepared. ǁ **pillar a alguien ~** to catch sb unawares

desproporción [desproporθjón] *s. f.* disproportion.

despropósito [despropósito] *s. m.* (disparate) nonsense; silly remark.

desprovisto [desproβísto] *adj.* devoid.

después [despwés] *adv. t.* later; later on; then; after; afterward; next [Después nos fuimos al cine. *Then, we went to the cinema.*] ǁ **~** after [Después de la fiesta, se fue a dormir. *After the party, he went to sleep.*] ǀ (indicando orden) next to [Después de mi madre, eres la mujer más importante de mi vida. *Next to my mother, you are the most important person in my life.*] ǀ (lugar) past [La piscina está después del colegio. *The swimming pool is past the school.*] ǀ **~ de todo** after all [Después de todo, es tu hermana. *After all, she is your sister.*] **mucho ~** long after [Ella se marchó mucho después. *She left long after.*]

despuntar [despuntár] *v. tr.* **1.** to blunt. ‖ *v. intr.* **2.** (planta) to sprout. **3.** (el día) to dawn.

desquiciar [deskiθjár] *v. tr.* **1.** (desajustar) to unhinge. **2.** *fig.* (trastornar) to upset.

desquitarse [deskitárse] *v. prnl.* (resarcirse) to get even with.

destacar [destakár] *v. tr.* **1.** *fig.* to emphasize; to point up. **2.** *Mil.* to detach. ‖ *v. intr.* **3.** (descollar) to stand out. ‖ **destacarse** *v. prnl.* **4.** to stand out.

destajo [destáχo] *s. m.* piecework. ‖ **a ~** (con afán) eagerly. **trabajar a ~** to do piecework.

destapar [destapár] *v. tr.* **1.** (abrir) to open. **2.** *fig.* (descubrir) to uncover ‖ **destaparse** *v. prnl.* **3.** (en la cama) to throw the covers off.

destello [destéλo] *s. m.* **1.** (brillo) gleam. **2.** (de metal) glint. **3.** (resplandor) sparkle; flash.

destemplado, -da [destempláðo] *adj.* **1.** (enfermo) indisposed. **2.** (tiempo) unpleasant.

desteñir [desteɲír] *v. tr.* **1.** to discolor; to fade. ‖ **desteñirse** *v. prnl.* **2.** (decolorarse) to lose color.

desternillarse [desterniλárse] *v. prnl., fig. y fam.* (de risa) to split one's sides laughing; to die laughing; to kill oneself laughing.

desterrar [desterár] *v. tr.* (expulsar) to exile; to banish.

destetar [destetár] *v. tr.* to wean.

destierro [destjéro] *s. m.* exile; banishment. ‖ **vivir en el ~** to live in exile.

destilación [destilaθjón] *s. f.* distillation.

destilar [destilár] *v. tr.* **1.** (alcohol, petróleo) to distill. **2.** *Med.* (sangre, pus) to exude *fig.*

destilería [destilería] *s. f.* distillery; still.

destinar [destinár] *v. tr.* **1.** to destine *lit.* **2.** (asignar) to assign. **3.** *Mil.* (asignar a un puesto) to post.

destinatario, -ria [destinatárjo] *s. m. y f.* (receptor) addressee.

destino [destíno] *s. m.* **1.** (suerte) destiny. **2.** (rumbo) destination. **3.** (puesto de trabajo) post. **4.** (sino) fate; doom.

destitución [destituθjón] *s. f.* **1.** dismissal. **2.** (de un presidente, dictador) deposition.

destituir [destituír] *v. tr.* **1.** (despedir) to dismiss. **2.** (de un presidente, dictador) to remove from office.

destornillador [destorniλaðór] *s. m.* screwdriver.

destreza [destréθa] *s. f.* **1.** (habilidad) skill. **2.** (maña) dexterity.

destripar [destripár] *v. tr.* **1.** (a un animal) to gut; to disembowel. **2.** (destrozar) to smash.

destronar [destronár] *v. tr.* **1.** (monarca) to dethrone. **2.** (gobierno) to overthrow *fig.*

destrozar [destroθár] *v. tr.* **1.** (romper) to destroy. **2.** (nervios, salud) to shatter.

destrozo [destróθo] *s. m.* destruction.

destrucción [destrukθjón] *s. f.* (devastación) destruction. ‖ **muerte y ~** death and destruction.

destructor, -ra [destruktór] *adj.* **1.** destructive. ‖ *s. m.* **2.** *Náut.* destroyer.

destruir [destruír] *v. tr.* **1.** to destroy. **2.** *fig.* (figura, proyecto) to ruin *fig.* **3.** *fig.* (confianza, esperanzas) to shatter.

desunión [desunjón] *s. f.* separation.

desunir [desunír] *v. tr.* to split; to divide.

desuso [desúso] *s. m.* disuse. ‖ **caído en ~** (obsoleto) obsolete.

desvaído, -da [desβaíðo] *adj.* **1.** (color) faded. **2.** (persona) gaunt.

desvalido, -da [desβalíðo] *adj.* helpless; destitute. ‖ **los desvalidos** the needy.

desvalijar [desβaliχár] *v. tr.* **1.** (casa, tienda) to ransack. **2.** (persona) to rob.

desvalorizar [desβaloriθár] *v. tr., Econ.* (moneda) to devalue.

desván [desβán] *s. m.* attic; loft.

desvanecer [desβaneθér] *v. tr.* **1.** (disipar) to dispel *fig.* ‖ **desvanecerse** *v. prnl.* **2.** (desmayarse) to swoon *lit.* **3.** (disiparse) to vanish; to evanesce.

desvanecimiento [desβaneθimjénto] *s. m.* **1.** (desaparición) disappearance. **2.** (desmayo) swoon *lit.*

desvariar [desβariár] *v. intr.* (delirar) to talk nonsense; to rave.

desvelar[1] [desβelár] *v. tr.* **1.** (quitar el sueño) to keep awake. ‖ **desvelarse** *v. prnl.* **2.** to stay awake.

desvelar[2] [desβelár] *v. tr.* (descubrir) to reveal; to discover.

desvelo [desβélo] *s. m.* (insomnio) insomnia; wakefulness.

desventaja [desβentáχa] *s. f.* (inconveniente) disadvantage; drawback.

desventura [desβentúra] *s. f.* misfortune.

desventurado, -da [desβenturáðo] *adj.* unfortunate; unlucky.

desvergonzado, -da [desβerɣonθáðo] *adj.* **1.** shameless. **2.** (descarado) impertinent. ‖ *s. m. y f.* **3.** shameless person.

desvergüenza [desβerɣwénθa] *s. f.* (descaro) shamelessness.

desvestir [desβestír] *v. tr.* **1.** to undress. ‖ **desvestirse** *v. prnl.* **2.** to undress.

desviación [desβiaθjón] *s. f.* **1.** deviation. **2.** (desvío) diversion. **3.** (carretera de circunvalación) bypass.

desviar [desβiár] *v. tr.* **1.** (tráfico, fondos) to divert. **2.** (golpe) to deflect. ‖ **desviarse** *v. prnl.* **3.** (de su curso) to deviate. **4.** (vehículo) to turn off.

desvío [desβío] *s. m.* diversion; detour.

desvirtuar [desβirtuár] *v. tr.* **1.** (la verdad, los hechos) to distort. **2.** (razonamiento) to detract from. **3.** (debilitar) to weaken.

desvivirse [desβiβírse] *v. prnl.* (esforzarse) to be completely devoted [Se desvive por sus hijos. *He is completely devoted to his sons.*]

detallar [detaʎár] *v. tr.* to detail.

detalle [detáʎe] *s. m.* detail.

detallista [detaʎísta] *adj.* **1.** (perfeccionista) perfectionist. **2.** (considerado) considerate. ‖ *s. m. y f.* **3.** *Econ.* retailer.

detectar [detektár] *v. tr.* to detect.

detective [detektíβe] *s. m. y f.* detective.

detención [deteŋθjón] *s.* **1.** *Der.* (arresto) arrest. **2.** *Der.* (encarcelamiento) detention; arrest.

detener [detenér] *v. tr.* **1.** to stop; to halt. **2.** *Der.* to arrest; to detain. ‖ **detenerse** *v. prnl.* **3.** to stop.

detenido, -da [deteníðo] *adj.* **1.** (detallado) detailed. **2.** (parado) stopped. ‖ *s. m. y f.* **3.** prisoner.

detentar [detentár] *v. tr., Der.* (poder, título) to hold illegitimately.

detergente [deterχénte] *adj. y s. m.* detergent.

deteriorar [deterjorár] *v. tr.* **1.** (estropear) to spoil. ‖ **deteriorarse** *v. prnl.* **2.** to deteriorate.

determinación [determinaθjón] *s. f.* **1.** (decisión) decision. **2.** (valor) determination; resolution.

determinante [determinánte] *adj.* **1.** (decisivo) determining; decisive; deciding. || *s. m.* **2.** *Ling.* determiner. **3.** *Mat.* determinant.

determinar [determinár] *v. tr.* **1.** to determine. **2.** (decide) to decide.

detestar [detestár] *v. tr.* to detest; to hate; to abhor *frml.*

detonación [detonaθjón] *s. f.* **1.** (acción) detonation. **2.** (ruido) explosion; bang.

detonar [detonár] *v. intr.* to detonate.

detrás [detrás] *adv.* **1.** behind [El jardín está detrás. *The garden is behind.*] || **de ~** back [La calle de detrás. *The back street.*] **~ de** behind; after [He aparcado el coche detrás del colegio. *I have parked the car behind the school.*] **por ~** at the back [Esta camisa se abrocha por detrás. *This shirt does up at the back.*] behind [Pasa el cable por detrás del sillón. *Run the wire behin the armchair.*]

detrimento [detriménto] *s. m.* (perjuicio) detriment; harm.

deuda [déwða] *s. f., Econ.* debt. || **contraer deudas** to incur debts.

deudor, -ra [dewðór] *adj.* **1.** indebted. || *s. m. y f.* **2.** debtor.

devaluación [deβalwaθjón] *s. f.* (depreciación) devaluation.

devanar [deβanár] *v. tr.* **1.** (hilo) to wind. **2.** (almabre) to coil.

devastación [deβastaθjón] *s. f.* (destrucción) devastation.

devastar [deβastár] *v. tr.* to devastate; to desolate.

devoción [deβoθjón] *s. f., Rel.* devotion; devoutness; piety.

devolución [deβoluθjón] *s. f.* **1.** (de un artículo) return; restitution *frml.* **2.** (de dinero) refund. **3.** *Der.* devolution.

devolver [deβolβér] *v. tr.* **1.** (restituir) to give back; to return. **2.** *Econ.* (reembolsar) to refund. **3.** (confianza, salud) to restore. || **~ un golpe** to strike back.

devorar [deβorár] *v. tr.* to devour.

devoto, -ta [deβóto] *adj.* **1.** *Rel.* devout. **2.** (a un amigo) devoted. **3.** (a una obra, lugar) devotional. || *s. m. y f.* **4.** (seguidor) devotee.

día [día] *s. m.* day. || **al ~** up-to-date. **al otro ~** the following day. **algún ~** someday. **¡buenos días!** good morning! **cada ~** every day. **de ~** in the daytime; by day. **~ libre** day off. **poner al ~** to update. **quince días** fortnight. **un ~ sí y otro no** every other day.

diabetes [djaβétes] *s. f., Med.* diabetes.

diablo [djáβlo] *s. m.* devil; demon.

diablura [djaβlúra] *s. f.* (travesura) devilry; mischief.

diadema [djaðéma] *s. f.* **1.** (corona) diadem; crown. **2.** (media corona) tiara.

diáfano [djáfano] *adj.* **1.** diaphanous. **2.** (agua) limpid *lit.* **3.** (transparente) transparent.

diagnosticar [djagnostikár] *v. tr., Med.* (una enfermedad) to diagnose.

diagnóstico [djagnóstiko] *s. m., Med.* (de una enfermedad) diagnosis.

diagonal [djaɣonál] *adj. y s. f.* diagonal.

diagrama [djaɣráma] *s. m.* diagram. || **~ de flujo** *Inform.* flow chart; flow diagram.

dialecto [djalékto] *s. m.* dialect. || **~ del East End de Londres** Cockney.

dialogar [djaloɣár] *v. intr.* (conversar) to have a conversation; to talk.

diálogo [diáloɣo] *s. m.* dialogue.

diamante [djamánte] *s. m.* diamond.

diámetro [djámetro] *s. m., Mat.* diameter.

diana [djána] *s. f.* **1.** *Mil.* reveille. **2.** *Dep.* target. **3.** (para dardos) dartboard. ‖ **dar en la/hacer ~** *Dep.* to hit the bull's-eye.

diapositiva [djaposití βa] *s. f., Fot.* slide; transparency.

diario, -ria [djárjo] *adj.* **1.** daily; everyday. ‖ *s. m.* **2.** (libro personal) diary. **3.** (periódico) newspaper. ‖ **a ~** daily; every day.

diarrea [djařéa] *s. f., Med.* diarrhea.

dibujante [diβuxánte] *s. m. y f.* **1.** (de bosquejos) sketcher. **2.** (de dibujos animados) cartoonist. **3.** (de moda) designer.

dibujar [diβuxár] *v. tr.* (trazar) to draw; to sketch. ‖ **~ a lápiz** to crayon.

dibujo [diβúxo] *s. m.* **1.** drawing; sketching. **2.** *Tecnol.* design. ‖ **dibujos animados** cartoons.

dicción [dikθjón] *s. f.* diction.

diccionario [dikθjonárjo] *s. m.* dictionary. ‖ **~ de bolsillo** pocket dictionary.

dicha [dítʃa] *s. f.* **1.** (suerte) good fortune. **2.** (alegría) happiness; felicity.

dicho [dítʃo] *s. m.* (refrán) saying; proverb. ‖ *adj.* said.

dichoso, -sa [ditʃóso] *adj.* **1.** (feliz) happy. **2.** (afortunado) fortunate; lucky.

diciembre [diθjémbre] *s. m.* December.

dictado [diktáðo] *s. m.* dictation.

dictador, -ra [diktaðór] *s. m. y f., Polít.* (tirano) dictator.

dictadura [diktaðúra] *s. f.* dictatorship.

dictamen [diktámen] *s. m.* **1.** (opinión) opinion. **2.** *Der.* (juicio) dictum; judgement.

dictar [diktár] *v. tr.* **1.** (texto) to dictate. **2.** (sentencia) to pronounce.

didáctico, -ca [diðáktiko] *adj.* didactic.

diecinueve [djeθinwéβe] *adj. num. card. inv.* (también pron. num. y s. m.) **1.** nineteen. ‖ *adj. num. ord. inv.* (también pron. num.) **2.** nineteenth; nineteen [Fila diecinueve. *Nineteenth row.*]

dieciocho [djeθiótʃo] *adj. num. card. inv.* (también pron. num. y s. m.) **1.** eighteen. ‖ *adj. num. ord. inv.* (también pron. num.) **2.** eighteenth; eighteen [Capítulo dieciocho. *Eighteenth chapter.*]

dieciséis [djeθiséjs] *adj. num. card. inv.* (también pron. num. y s. m.) **1.** sixteen. ‖ *adj. num. ord. inv.* (también pron. num.) **2.** sixteenth; sixteen [Nació en el siglo dieciséis. *He was born in the sixteenth century.*]

diecisiete [djeθisjéte] *adj. num. card. inv.* (también pron. num. y s. m.) **1.** seventeen. ‖ *adj. num. ord. inv.* (también pron. num.) **2.** seventeenth; seventeen [Ocupa el puesto diecisiete de la competición. *She is on the seventeenth place of the competition.*]

diente [djénte] *s. m.* **1.** *Anat.* tooth. **2.** (de ajo) clove. **3.** *Tecnol.* cog. ‖ **dientes** *s. m. pl.* **4.** teeth. ‖ **~ de leche** milk tooth. **dientes de leche** milk teeth.

diéresis [djéresis] *s. f. inv., Ling.* diaeresis.

diestro [djéstro] *adj.* **1.** (derecho) right. **2.** (hábil) skillful; expert. ‖ *s. m. y f.* **3.** (torero) bull-fighter. ‖ **diestra** *s. f.* **4.** right hand.

dieta¹ [djéta] *s. f.* (regimen) diet. ‖ **estar a ~** to be on a diet.

dieta² [djéta] *s. f., Polít.* assembly.

diez [djéθ] *adj. num. card. inv.* (también pron. num. y s. m.) **1.** ten. ‖ *adj. num. ord. inv.* (también pron. num.) **2.** ten; tenth [Haz los ejercicios del capítulo diez. *Do exercesises on the tenth chapter.*]

diezmar [djeθmár] *v. tr.* to decimate.

diezmo [djéθmo] *s. m.* tithe.

difamación [difamaθjón] *s. f.* **1.** (escrito) libel. **2.** (oralmente) slander.

difamar [difamár] *v. tr.* **1.** to defame; to slander. **2.** (por escrito) to libel. **3.** (criticar) to malign.

diferencia [diferénθja] *s. f.* **1.** difference. **2.** (distinción) distinction. ‖ **a - de** unlike. **~ de opinión** disagreement.

diferenciar [diferenθjár] *v. tr.* **1.** to differentiate. ‖ *v. intr.* **2.** to differ. ‖ **diferenciarse** *v. prnl.* **3.** to differ.

diferente [diferénte] *adj.* **1.** different; unlike. **2.** (motivos, maneras) various.

diferido, -da [diferíðo] *adj.* recorded; prerecorded.

diferir [diferír] *v. tr.* **1.** (aplazar) to postpone; to defer. ‖ *v. intr.* **2.** (distinguirse) to differ; to be different.

difícil [difíθil] *adj.* difficult; awkward.

dificultad [difikultáð] *s. f.* **1.** difficulty. **2.** (problema) trouble.

dificultar [difikultár] *v. tr.* **1.** (complicar) to make difficult. **2.** (estorbar) to obstruct; to restrict.

difundir [difundír] *v. tr.* **1.** (luz, calor) to diffuse. **2.** *fig.* (noticia, enfermedad) to spread *fig.* **3.** (divulgar) to divulge. ‖ **difundirse** *v. prnl.* **4.** *fig.* (enfermedad) to spread *fig.*

difunto, -ta [difúnto] *adj.* **1.** deceased; late [Su difunta madre. *Her late mother.*] ‖ *s. m. y f.* **2.** deceased.

difuso, -sa [difúso] *adj.* diffuse.

digerir [diχerír] *v. tr.* to digest.

digestión [diχestjón] *s. f.* digestion.

digestivo, -va [diχestíβo] *adj.* **1.** digestive [Las manzanas son digestivas. *Apples are digestive.*] ‖ *s. m.* **2.** *Med.* digestive

[Beba este digestivo cada ocho horas. *Drink this digestive every eight hours.*]

digital [diχitál] *adj.* digital.

dígito [díχito] *s. m.* digit.

dignidad [digniðáð] *s. f.* **1.** (cualidad) dignity. **2.** (persona) dignitary.

digno, -na [dígno] *adj.* (merecedor) worthy; deserving. ‖ **~ de** worth. **~ de confianza** trustworthy.

digresión [divresjón] *s. f.* digression.

dilación [dilaθjón] *s. f.* delay. ‖ **sin ~** forthwith; without delay.

dilapidar [dilapiðár] *v. tr.* (gastar) to squander; to waste.

dilatación [dilataθjón] *s. f.* **1.** *Med.* dilation. **2.** *Fís.* expansion.

dilatar [dilatár] *v. tr.* **1.** (agrandar) to expand. **2.** *Med.* to dilate. ‖ **dilatarse** *v. prnl.* **3.** *Med.* to dilate.

dilema [diléma] *s. m.* dilemma.

diligencia [diliχénθja] *s. f.* **1.** (esmero) diligence. **2.** (ocupación) errand. **3.** (carruaje) diligence; stagecoach.

diligente [diliχénte] *adj.* diligent.

dilucidar [diluθiðár] *v. tr.* (aclarar) to elucidate; to clarify.

diluir [diluír] *v. tr.* **1.** to dilute; to dissolve. ‖ **diluirse** *v. prnl.* **2.** to dilute.

diluvio [dilúβjo] *s. m.* (lluvia) deluge.

dimanar [dimanár] *v. intr.* (emanar) to spring from; to emanate.

dimensión [dimensjón] *s. f.* dimension; size. ‖ **de gran ~** very large.

diminutivo, -va [diminutíβo] *adj. y s. m., Ling.* diminutive.

diminuto [diminúto] *adj.* tiny; minute.

dimisión [dimisjón] *s. f.* resignation. ‖ **presentar la ~** to hand in one's resignation.

dimitir [dimitír] *v. tr.* to resign.

dinámico [dinámiko] *adj.* dynamic.

dinamita [dinamíta] *s. f.* dynamite.

dinar [dinár] *s. m., Econ.* (moneda árabe) dinar.

dinastía [dinastía] *s. f.* dynasty.

dinero [dinéro] *s. m.* money. ‖ ~ **en efectivo** cash. ~ **suelto** change.

dinosaurio [dinosáwrjo] *s. m.* dinosaur.

dintel [dintél] *s. m., Arq.* lintel.

diócesis [djóθesis] *s. f. inv., Rel.* diocese.

dioptría [djoptría] *s. f., Med.* diopter.

dios [djós] *s. m.* **1.** god. ‖ **diosa** *s. f.* **2.** goddess. ‖ **Dios** *n. p. m.* **3.** *Rel.* God. ‖ **a la buena de Dios** *fam.* without malice. **por Dios** for God's sake! **¡por Dios!** goodness!; for heaven's sake! **¡por el amor de Dios!** for God's sake!

diploma [diplóma] *s. m.* diploma.

diplomacia [diplomáθja] *s. f., Polít.* (tacto) diplomacy.

diplomático, -ca [diplomátiko] *adj.* **1.** (carrera, pasaporte) diplomatic. **2.** (persona, manera) tactful. ‖ *s. m. y f.* **3.** diplomat.

diptongo [diptóŋgo] *s. m., Líng.* diphthong.

diputado, -da [diputáðo] *s. m. y f., Polít.* representative *Am. E.;* deputy.

dique [díke] *s. m.* **1.** *Náut.* dyke. **2.** *Náut.* (de contención) dam.

dirección [direkθjón] *s. f.* **1.** (administración) administration. **2.** (dirigentes) management. **3.** (de una obra, película) direction. **4.** (tendencia) trend. **5.** (señas) address. **6.** *Autom.* steering.

directivo, -va [direktíβo] *adj.* **1.** managing. ‖ *s. m. y f.* director; manager. ‖ **junta directiva** board of directors.

directo [dirékto] *adj.* **1.** direct. **2.** (vuelo, viaje) nonstop. ‖ **en** ~ (radio, TV) live.

director, -ra [direktór] *s. m. y f.* **1.** director. **2.** (gerente) manager. **3.** (de una escuela) principal *Am. E.* **4.** (de prensa) editor. ‖ **directora** *s. f.* **5.** directress.

dirigible [diriχíβle] *adj. y s. m.* **1.** *Náut.* dirigible. ‖ *s. m.* **2.** airship.

dirigir [diriχír] *v. tr.* **1.** to direct. **2.** (empresa) to manage. **3.** (orientar) to aim. ‖ **dirigirse** *v. prnl.* **4.** (ir) to go. **5.** (acercarse) to approach.

discapacitado, -da [diskapaθitáðo] *adj.* **1.** *Med.* handicapped; disabled. ‖ *s. m. y f.* **2.** *Med.* handicapped person; disabled person.

discernir [disθernír] *v. tr.* (distinguir) to discern; to distinguish.

disciplina [disθiplína] *s. f.* **1.** discipline. **2.** (asignatura) subject.

discípulo, -la [disθípulo] *s. m. y f.* **1.** (alumno) pupil. **2.** (seguidor) disciple.

disco [dísko] *s. m.* **1.** disk *Am. E.* **2.** *Mús.* record. **3.** (del teléfono) dial.

discografía [diskovrafía] *s. f., form.* discography *frml.*

díscolo [dískolo] *adj.* disobedient.

disconformidad [diskomformiðáð] *s. f.* disagreement; disconformity.

discontinuo, -nua [diskontínwo] *adj.* discontinuous; disconformity.

discordia [diskórðja] *s. f.* discord.

discoteca [diskotéka] *s. f.* **1.** record collection. **2.** discotheque.

discreción [diskreθjón] *s. f.* **1.** discretion; tact. **2.** (reserva) prudence.

discrepar [diskrepár] *v. intr.* **1.** (disentir) to disagree; to dissent *frml.* **2.** (diferenciarse) to differ.

discreto, -ta [diskréto] *adj. m. y f.* **1.** (prudente) discreet; tactful. **2.** (moderado) reasonable.

discriminar [diskriminár] *v. tr.* **1.** to discriminate against. **2.** (diferenciar) to discriminate between.

disculpa [diskúlpa] *s. f.* **1.** (pretexto) excuse. **2.** (pedir perdón) apology.

disculpar [diskulpár] *v. tr.* **1.** to excuse; to pardon. ‖ **disculparse** *v. prnl.* **2.** to apologize. ‖ **disculparse con algn por algo** to apologize to sb for sth.

discurrir [diskuŕír] *v. intr.* **1.** (transitar) to walk. **2.** (tiempo) to go by. **3.** (agua, río) to flow. **4.** (razonar) to reason. ‖ *v. tr.* **5.** to invent.

discurso [diskúrso] *s. m.* **1.** (conferencia) speech. **2.** (disertación) dissertation.

discusión [diskusjón] *s. f.* **1.** (charla) discussion. **2.** (disputa) argument.

discutir [diskutír] *v. tr.* **1.** (hablar) to discuss. **2.** (contradecir) to question. **3.** (cuestionar) to dispute. ‖ *v. intr.* **4.** to discuss. **5.** (pelear) to argue (about/over sth).

disecar [disekár] *v. tr.* **1.** *Med.* (diseccionar) to dissect. **2.** (para conservar) to stuff. **3.** *Bot.* to dry.

diseccionar [disekθjonár] *v. tr., Anat. y Zool.* to dissect.

diseminar [diseminár] *v. tr.* (desparramar) to disseminate; to spread.

disentir [disentír] *v. intr.* (discrepar) to dissent; to disagree.

diseñar [disepár] *v. tr.* to design.

diseño [disépo] *s. m.* design.

disertación [disertaθjón] *s. f.* (discurso) dissertation; discourse.

disfraz [disfráθ] *s. m.* **1.** disguise. **2.** (prenda) fancy dress.

disfrazar [disfraθár] *v. tr.* **1.** to disguise. **2.** *fig.* (voz, sentimientos) to disguise. ‖ **disfrazarse** *v. prnl.* **3.** to dress up.

disfrutar [disfrutár] *v. tr.* to enjoy.

disfrute [disfrúte] *s. m.* **1.** enjoyment. **2.** (aprovechamiento) benefit.

disgregar [disɣreɣár] *v. tr.* **1.** (desintegrar) to disintegrate. **2.** (dispersar) to disperse. ‖ **disgregarse** *v. prnl.* **3.** (deshacerse) to disintegrate.

disgustar [disɣustár] *v. tr.* **1.** to upset. **2.** (desagradar) to displease. ‖ **disgustarse** *v. prnl.* **3.** to get upset.

disgusto [disɣústo] *s. m.* **1.** (enfado) displeasure. **2.** (desilusión) chagrin. **3.** (repugnancia) disgust.

disimular [disimulár] *v. tr.* **1.** to hide; to conceal. **2.** (defecto) to disguise.

disimulo [disimúlo] *s. m.* dissemblance.

disipar [disipár] *v. tr.* **1.** (duda, temor) to dissipate. **2.** (fortuna) to squander. **3.** (juventud) to misspend.

dislocación [dislokaθjón] *s. f.* **1.** dislocation. **2.** (desplazamiento) displacement.

dislocar [dislokár] *v. tr.* **1.** (hueso) to dislocate; to displace. ‖ **dislocarse** *v. prnl.* **2.** (hueso) to dislocate.

disminución [disminuθjón] *s. f.* (mengua) decrease; diminution.

disminuir [disminwír] *v. tr.* **1.** to decrease; to abate. ‖ *v. intr.* **2.** to diminish.

disolución [disoluθjón] *s. f.* **1.** (contrato, matrimonio) annulment. **2.** (organización) dissolution.

disolver [disolβér] *v. tr.* **1.** to dissolve. **2.** (anular) to annul. ‖ **disolverse** *v. prnl.* **3.** (azucar, aspirina) to dissolve.

disparador [disparaðór] *s. m.* **1.** (de arma) trigger. **2.** *Fot.* shutter release.

disparar [disparár] *v. tr.* **1.** (arma de fuego) to fire. **2.** (bala, flecha) to shoot; to fire. ‖ **dispararse** *v. prnl.* **3.** to shoot up. **4.** (arma) to go off.

disparatado, -da [disparatáðo] *adj., fam.* absurd; crazy.

disparate [disparáte] *s. m.* **1.** (desatino) blunder; nonsense. **2.** (tonterías) rubbish; foolish act.

disparo [dispáro] *s. m.* **1.** shot. **2.** (tiro) gunshot.

dispensa [dispénsa] *s. f.* dispensation.

dispensar [dispensár] *v. tr.* **1.** to dispense. **2.** (otorgar) to grant. **3.** (disculpar) to pardon; to forgive.

dispensario [dispensárjo] *s. m., Med.*, clinic; dispensary.

dispersar [dispersár] *v. tr.* **1.** (separar) to disperse. **2.** (esparcir) to scatter. ‖ **dispersarse** *v. prnl.* **3.** to disperse; to scatter.

disponer [disponér] *v. tr.* **1.** (arreglar) to arrange; to dispose *frml.* **2.** (ordenar) to order. ‖ **disponerse** *v. prnl.* **3.** (prepararse) to prepare.

disponible [disponíβle] *adj.* available.

disposición [disposiθjón] *s. f.* **1.** (uso) disposition; disposal. **2.** (colocación) arrangement.

dispositivo [disposítiβo] *s. m.* device.

dispuesto, -ta [dispwésto] *adj.* **1.** ready. **2.** (a algo) agreeable (to sth).

disputa [dispúta] *s. f.* **1.** (discusión) dispute; argument; quarrel. **2.** (controversia) controversy.

disputar [disputár] *v. tr. e intr.* **1.** (discutir) to dispute; to question; to argue. **2.** (competir) to contest.

disquete [diskéte] *s. m., Inform.* diskette; floppy disk.

distancia [distánθja] *s. f.* (espacio) distance. ‖ **acortar distancias** to bridge the gap. **a ~** off. **¿a qué ~ ?** how far? **de larga ~** long-distance. **mantener a ~** to keep off.

distante [distánte] *adj.* **1.** distant. **2.** (lugar) remote. **3.** (persona) aloof.

distender [distendér] *v. tr.* **1.** *fig.* to ease **2.** *Med.* (articulación) to dislocate. ‖ **distenderse** *v. prnl.* **3.** *Med.* (hacerse un esguince) to sprain.

distinción [distinθjón] *s. f.* **1.** distinction. **2.** (honor) privilege.

distinguido [distinɡíðo] *adj.* **1.** (ilustre) distinguished. **2.** (elegante) elegant.

distinguir [distinɡír] *v. tr.* **1.** (diferenciar) to distinguish. **2.** (ver) to make out. ‖ *v. intr.* **3.** (diferenciar) to discriminate. ‖ **distinguirse** *v. prnl.* **4.** (sobresalir) to distinguish oneself.

distintivo, -va [distintíβo] *adj.* **1.** distinctive. ‖ *s. m.* **2.** (de policía) badge. **3.** (rasgo) feature.

distinto, -ta [distínto] *adj.* (diferente) different; unlike.

distorsión [distorsjón] *s. f.* distortion.

distracción [distrakθjón] *s. f.* **1.** distraction. **2.** (entretenimiento) amusement; diversion.

distraer [distraér] *v. tr.* **1.** (atención) to distract. **2.** (divertir) to entertain; to amuse.‖ **distraerse** *v. prnl.* **3.** (divertirse) to amuse oneself.

distraído, -da [distraíðo] *adj.* (abstraído) absent-minded; inattentive.

distribución [distriβuθjón] *s. f.* **1.** distribution. **2.** (entrega) delivery.

distribuir [distriβuír] *v. tr.* **1.** to distribute; to deliver. **2.** (repartir) to allocate; to pass out; to divide.

distrito [distríto] *s. m.* **1.** (barrio) district. **2.** (sector) region. ‖ **~ electoral** *Polít.* constituency.

disturbio [distúrβjo] *s. m.* disturbance; riot. ‖ **disturbios callejeros** riots.

disuadir [diswaðír] *v. tr.* (convencer de lo contrario) to dissuade; to deter.

disyuntiva [disʝuntíβa] *s. f.* dilemma.

diurno, -na [diúrno] *adj.* **1.** day **2.** (planta, animal) diurnal.

divagar [diβaɣár] *v. intr.* **1.** (desviarse) to digress; to ramble. **2.** (vagar) to wander.

diván [diβán] *s. m.* couch; divan.

divergencia [diβerχénθja] *s. f.* (diferencia) divergence.

divergir [diβerχír] *v. intr.* to diverge.

diversidad [diβersiðáð] *s. f.* diversity; variety.

diversión [diβersjón] *s. f.* (divertimento) fun; amusement.

diverso, -sa [diβérso] *adj.* **1.** diverse. **2.** (diferente) different. ǁ **diversos** *adj. pl.* **3.** several; various.

divertido, -da [diβertíðo] *adj.* **1.** (de risa) amusing; funny. **2.** (entretenido) entertaining; fun.

divertir [diβertír] *v. tr.* **1.** to amuse; to entertain. ǁ **divertirse** *v. prnl.* **2.** to enjoy oneself; to have a good time.

dividendo [diβiðéndo] *s. m., Mat.* dividend.

dividir [diβiðír] *v. tr.* **1.** to divide; to split. **2.** (repartir) to share. ǁ **dividirse** *v. prnl.* **3.** to divide.

divinidad [diβiniðáð] *s. f.* **1.** (cualidad) divinity. **2.** (dios pagano) deity.

divino, -na [diβíno] *adj.* **1.** divine. **2.** *fig.* (encantador) adorable

divisa [diβísa] *s. f.* **1.** (emblema) badge; emblem. **2.** (lema) motto. **3.** *Econ.* (moneda) currency.

divisar [diβisár] *v. tr.* (distinguir) to make out.

división [diβisjón] *s. f.* **1.** division. **2.** (de partido) split.

divisor, -ra [diβisór] *adj.* **1.** dividing. ǁ *s. m.* **2.** divider. **3.** *Mat.* divisor.

divisorio, -ria [diβisórjo] *adj.* dividing.

divo, -va [díβo] *s. m. y f.* celebrity; star.

divorciar [diβorθjár] *v. tr.* **1.** to divorce. ǁ **divorciarse** *v. prnl.* **2.** (separarse) to get divorced.

divorcio [diβórθjo] *s. m.* divorce. ǁ **demanda de ~** divorce petition.

divulgar [diβulɣár] *v. tr.* **1.** (noticias) to spread. **2.** (secretos) to divulge.

DNI [deneí] *sigla* (Documento Nacional de Identidad) identity card.

do [dó] *s. m., Mús.* do.

dobladillo [doβlaðíʎo] *s. m.* hem.

doblaje [doβláχe] *s. m., Cinem.* dubbing.

doblar [doβlár] *v. tr.* **1.** (duplicar) to double. **2.** (plegar) to fold. **3.** (torcer) to bend. ǁ *v. intr.* **4.** (girar) to turn. **5.** (campanas) to toll. ǁ **doblarse** *v. prnl.* **6.** (precios) to double. **7.** (plegarse) to fold.

doble [dóβle] *adj.* **1.** double. ǁ *s. m.* **2.** double. ǁ *adv.* **3.** double.

doblegar [doβleɣár] *v. tr.* **1.** (doblar) to bend. ǁ **doblegarse** *v. prnl.* **2.** (someterse) to give in; to yield.

doblez [doβléθ] *s. m.* (pliegue) fold; crease.

doce [dóθe] *adj. num. card. inv.* (también pron. num. y s. m.) **1.** twelve. ǁ *adj. num. ord. inv.* (también pron. num.) **2.** twelfth; twelve [En el capítulo doce, aparece una foto de Marilyn Monroe. *On chapter twelve, there is a picture of Marilyn Monroe.*]

docena [doθéna] *s. f.* dozen.

docente [doθénte] *adj.* **1.** teaching (before n). ǁ *s. m. y f.* **2.** teacher. ǁ **personal docente** teaching staff.

dócil [dóθil] *adj.* docile; obedient.

docilidad [doθiliðáð] *s. f.* (sumisión) docility; meekness; obedience.

docto, -ta [dókto] *adj.* learned.

doctor, -ra [doktór] *s. m. y f.* doctor.

doctorado [doktoráðo] *s. m.* (universidad) doctorate; PhD.

doctrina [doktrína] *s. f.* **1.** (ideología) doctrine. **2.** (enseñanza) teaching.

documental [dokumentál] *adj. y s. m., Cinem.* documentary.

documentar [dokumentár] *v. tr.* **1.** to document. || **documentarse** *v. prnl.* **2.** (investigar) to research.

documento [dokuménto] *s. m.* document. || **Documento Nacional de Identidad** (DNI) identity card.

dogma [dógma] *s. m.* dogma.

dólar [dólar] *s. m., Econ.* (moneda americana) dollar.

dolencia [dolénθja] *s. f.* (afección) ailment; complaint; affliction.

doler [dolér] *v. intr.* **1.** to ache; to hurt. || **dolerse** *v. prnl.* **2.** (quejarse) to complain.

dolor [dolór] *s. m.* **1.** pain; ache. **2.** (agudo) agony. **3.** (pena) grief; sorrow. || **~ de cabeza** headache. **~ de estómago** stomachache. **~ de garganta** sore throat.

dolorido, -da [doloríðo] *adj.* **1.** (dañado) sore; aching. **2.** (afligido) hurt.

doloroso, -sa [doloróso] *adj.* **1.** painful. **2.** (pérdida) grievous.

domar [domár] *v. tr.* **1.** (animal) to tame. **2.** (caballo, zapatos) to break in.

domesticar [domestikár] *v. tr.* **1.** to mesticate. **2.** (animal) to tame.

doméstico, -ca [doméstiko] *adj.* **1.** domestic. || *s. m. y f.* **2.** domestic.

domicilio [domiθiljo] *s. m.* **1.** home; residence. || **servicio a ~** delivery service.

dominación [dominaθjón] *s. f.* (dominio) domination; dominance.

dominar [dominár] *v. tr.* **1.** to dominate. **2.** (adversario) to overpower. **3.** (conocer a fondo) to master. || **dominarse** *v. prnl.* **4.** to control oneself.

domingo [domíŋgo] *s. m.* (día de la semana) Sunday. || **Domingo de Ramos** Palm Sunday. **Domingo de Resurrección** Easter Sunday.

dominicano, -na [dominikáno] *adj. y s. m. y f.* Dominican.

dominio [domínjo] *s. m.* **1.** *Polít.* dominion. **2.** *Inform.* domain. **3.** (control) mastery; control. || **~ público** *Der.* public domain.

dominó [dominó] *s. m.* **1.** (juego) dominoes *pl.* **2.** (ficha) domino.

don¹ [dón] *s. m.* **1.** (regalo) gift; present. **2.** (talento) talent.

don² [dón] *s. m.* (tratamiento) Mr [Buenos días D. Alonso. *Good morning, Mr. Alonso.*]

donación [donaθjón] *s. f.* donation.

donante [donánte] *s. m. y f.* donor. || **~ de sangre** *Med.* blood donor.

donar [donár] *v. tr.* to donate; to give.

donativo [donatíβo] *s. m.* donation.

doncella [donθéʎa] *s. f.* **1.** *arc.* (virgen) maiden *lit.;* virgin. **2.** *arc.* (criada) maid *lit.;* housemaid.

donde [dónde] *adv. rel.* where [Esta es la ciudad donde nací. *This is the city where I was born.*] || **de ~** whence *lit.* [No se conoce el lugar de donde viene. *The place whence it comes is unknown.*]

dónde [dónde] *s. m.* **1.** where. || *adv. int.* **2.** where [¿Dónde vas a comer? *Where are you going to eat?*]

doña [dóɲa] *s. f.* (tratamiento) Mrs [Doña Luisa ha llegado. *Mrs Luisa has arrived.*]

dopaje [dopáχe] *s. m.*, *Dep.* drug-taking.

dorado, -da [doráðo] *adj.* golden.

dorar [dorár] *v. tr.* **1.** (cubrir con oro) to gild. **2.** (tostar) to brown.

dormir [dormír] *v. tr. e intr.* **1.** to sleep. ǁ **dormirse** *v. prnl.* **2.** to fall asleep.

dormitar [dormitár] *v. intr.* to doze.

dormitorio [dormitórjo] *s. m.* **1.** (en una casa) bedroom. **2.** (en un colegio) dormitory.

dorso [dórso] *s. m.* back. ǁ **al ~** overleaf.

dos [dós] *adj. num. card. inv.* (también pron. num. y s. m.) **1.** two. ǁ *adj. num. ord. inv.* (también pron. num.) **2.** second; two [Me senté en la fila dos. *I sat down in the second row.*] ǁ **cada ~ por tres** *fam.* constantly. **como ~ y ~ son cuatro** *fam.* as sure as eggs is eggs. **en un ~ por tres** *fam.* in a flash.

doscientos, -tas [dosθjéntos] *adj. num. card.* (también pron. num., s. m. y adj. num. ord.) two hundred.

dosel [dosél] *s. m.* canopy.

dosificar [dosifikár] *v. tr.* to dose.

dosis [dósis] *s. f. inv.* dose.

dotación [dotaθjón] *s. f.* **1.** (acción) endowment. **2.** *Náut.* (tripulación) crew.

dotar [dotár] *v. tr.* **1.** to endow; to provide. **2.** (una oficina) to staff.

dote [dóte] *s. f.* **1.** (bienes) dowry. ǁ **dotes** *s. f. pl.* **2.** gift *sing.*

dragar [draɣár] *v. tr.* to dredge.

dragón [draɣón] *s. m.*, *Mit.* dragon.

drama [dráma] *s. m.* drama.

dramaturgo, -ga [dramatúrɣo] *s. m. y f.*, *Teatr.* playwright; dramatist.

drástico, -ca [drástiko] *adj.* drastic.

drenaje [drenáχe] *s. m.* drainage.

droga [dróɣa] *s. f.* **1.** drug. **2.** *Dep.* dope. ǁ **drogas ~** hard drug. **traficar con drogas** to traffic in drugs.

drogadicto [droɣaðíkto] *s. m. y f.* (drogodependiente) drug addict.

drogar [droɣár] *v. tr.* **1.** to drug; to dope. ǁ **drogarse** *v. prnl.* **2.** (doparse) to take drugs; to dope.

drogodependiente [droɣoðepéndjénte] *loc. s.* (drogadicto) drug addict.

droguería [droɣería] *s. f.* drugstore *Am. E.*

dromedario [dromeðárjo] *s. m.*, *Zool.* dromedary.

dualidad [dwaliðáð] *s. f.* duality.

ducha [dútʃa] *s. f.* shower.

ducharse [dutʃárse] *v. prnl.* to shower.

ducho, -cha [dútʃo] *adj.* expert.

dúctil [dúktil] *adj.* ductile; flexible.

duda [dúða] *s. f.* doubt. ǁ **fuera de toda ~** out of question. **sin lugar a ~** beyond question.

dudar [duðár] *v. intr.* **1.** to doubt. **2.** (vacilar) to hesitate.

dudoso, -sa [duðóso] *adj.* **1.** (incierto) uncertain. **2.** (indeciso) indecisive. **3.** (questionable) dubious.

duelo[1] [dwélo] *s. m.* (combate) duel.

duelo[2] [dwélo] *s. m.* **1.** (dolor) grief; sorrow. **2.** (luto) mourning.

duende [dwénde] *s. m.* **1.** goblin. **2.** (duendecillo) sprite.

dueño, -ña [dwéɲo] *s. m. y f.* **1.** owner. **2.** (de una casa) landlord. ǁ **dueña** *s. f.* **3.** (de una casa) landlady.

dulce [dúlθe] *adj.* **1.** (sabor) sweet. **2.** (carácter, voz) soft; gentle. ǁ *s. m.* **3.** candy *Am. E.* ǁ **dulces** *s. m. pl.* **4.** sweets.

dulcificar [dulθifikár] *v. tr.* to sweeten.

dulzura [dulθúra] *s. f.* **1.** sweetness. **2.** *fig.* (ternura) gentleness.

duna [dúna] *s. f., Geogr.* dune.

dúo [dúo] *s. m., Mús.* duet.

duodécimo, -ma [dwoðéθimo] *adj. num. ord.* (también pron. num.) **1.** twelfth; twelve [Trabaja en el duodécimo piso. *He works on the twelfth floor.*] ‖ *adj. num. fracc.* (también s. m. y f.) **2.** twelfth [Exige una duodécima parte del botín. *He demands one twelfth of the haul.*]

dúplex [dúpleks] *s. m. inv.* (piso doble) duplex *Am. E.*

duplicado [duplikáðo] *s. m.* (copia) duplicate. ‖ **por ~** in duplicate.

duplicar [duplikár] *v. tr.* **1.** to duplicate. **2.** (cifras) to double.

duración [duraθjón] *s. f.* duration; length.

durante [duránte] *prep.* during; over; for [Estuvo en Roma durante dos semanas. *He stayed in Rome for two weeks.*] ‖ **~ años** for years.

durar [durár] *v. intr.* **1.** to last. **2.** (ropa, zapatos) to wear (well).

dureza [duréθa] *s. f.* **1.** hardness. **2.** (carácter) toughness. **3.** (severidad) harshness; severity.

durmiente [durmjénte] *adj.* **1.** sleeping. ‖ *s. m. y f.* **2.** sleeper.

duro, -ra [dúro] *adj.* **1.** hard. **2.** (carácter) tough; cruel. **3.** (clima, luz) harsh. **4.** (vida) rough. ‖ *adv.* **5.** hard.

E

e¹ [é] *s. f.* (letra) e.

e² [é] *conj. copul.* and [Vinieron David e Irene. *David and Irene came.*] • Used before words beginning with "i" or "hi"

ebanista [eβanísta] *s. m. y f.* (carpintero) cabinetmaker.

ébano [éβano] *s. m.*, *Bot.* ebony.

ebrio, -bria [éβrjo] *adj.* (borracho) drunk; intoxicated.

ebullición [eβuʎiθjón] *s. f.* boiling.

echar [etʃár] *v. tr.* **1.** (lanzar) to throw. **2.** (líquido, sal, etc.) to pour. **3.** (expulsar) to expel. ‖ **echarse** *v. prnl.* **4.** (tumbarse) to lie; to lie down. ‖ **~ a perder** to ruin; to spoil. **~ abajo** to demolish. **~ de menos** to miss. **~ una mano** to lend a hand. **echarse a perder** (comida) to go bad. **¿qué echan?** (cine, TV) what's on?

eclesiástico, -ca [eklesjástiko] *adj.* **1.** *Rel.* ecclesiastic; ecclesiastical. ‖ *s. m.* **2.** clergyman.

eclipsar [eklipsár] *v. tr.* **1.** *Astron.* to eclipse. **2.** *fig.* to outshine. ‖ **eclipsarse** *v. prnl.* **3.** *Astron.* to be eclipsed.

eclipse [eklípse] *s. m.*, *Astron.* eclipse.

eco [éko] *s. m.* echo. ‖ **hacer ~** to echo.

ecología [ekoloxía] *s. f.* ecology.

ecologismo [ekoloxísmo] *s. m.* environmentalism; conservationism.

ecologista [ekoloxísta] *adj.* **1.** ecological; ecology. ‖ *s. m. y f.* **2.** ecologist.

economato [ekonomáto] *s. m.*, *Econ.* company store.

economía [ekonomía] *s. f.* **1.** economy. **2.** (ahorro) saving. **3.** (cualidad) thrift.

económico, -ca [ekonómiko] *adj.* **1.** economic. **2.** (barato) economical. **3.** (persona) thrifty.

economizar [ekonomiθár] *v. tr.* (ahorrar) to economize; to save.

ecosistema [ekosistéma] *s. m.*, *Ecol.* ecosystem.

ecuador [ekwaðór] *s. m.*, *Geogr.* equator. ‖ **paso del ~** (educación) trip organized by students in their half-way stage degree.

ecuatoriano [ekwatorjáno] *adj. y s. m. y f.* Ecuadorian; Ecuadoran.

ecuestre [ekwéstre] *adj.* equestrian.

edad [eðáð] *s. f.* age. ‖ **de ~** elderly [Estoy rodeada de personas con 50 años de edad. *I am surrounded of people aged 50.*] **¿qué ~ tienes?** how old are you?

edición [eðiθjón] *s. f.* **1.** *Impr.* (publicación) publication. **2.** (tirada) edition. ‖ **~ especial** (en una publicación) special edition. **~ pirata** pirate edition.

edicto [eðíkto] *s. m.* edict; proclamation.

edificar [eðifikár] *v. tr.* **1.** (construir) to build. **2.** *fig.* (enseñar) to edify; to uplift.

edificio [eðifíθjo] *s. m.* building.

editar [eðitár] *v. tr.* **1.** (libros) to publish. **2.** *Inform.* to edit.

editor, -ra [eðitór] *adj.* **1.** publishing. ‖ *s. m. y f.* **2.** (que publica) publisher. **3.** (redactor de editoriales) editor.

editorial [eðitorjál] *adj.* **1.** editorial. **2.** (casa, actividad) publishing. ‖ *s. f.* **3.** (empresa) publishing company; publishers. ‖ *s. m.* **4.** (artículo) editorial; leader artide.

edredón [eðreðón] *s. m.* quilt; duvet *Br. E.;* comforter *Am. E.*

educación [eðukaθjón] *s. f.* **1.** education. **2.** (urbanidad) bringing-up.

educado, da [eðukáðo] *adj.* polite.

educar [eðukár] *v. tr.* **1.** (enseñar) to educate; to teach. **2.** (entrenar) to train.

educativo, -va [eðukatíβo] *adj.* educational. || **sistema ~** education system.

edulcorante [eðulkoránte] *s. m.* (sacarina) sweetener.

efectivo, -va [efektíβo] *adj.* **1.** effective. **2.** (real) real. || *s. m.* **3.** *Econ.* cash. || **en ~** in cash.

efecto [efékto] *s. m.* **1.** effect. || **efectos** *s. m. pl.* **2.** effects. || **efectos personales** personal effects. **en ~** quite! **llevar a ~** to carry out.

efectuar [efektuár] *v. tr.* to carry out. || **~ un pago** *Econ.* to make a payment.

efeméride [efemériðe] *s. f.* **1.** (acontecimiento) event. **2.** (conmemoración) commemoration.

efervescencia [eferβesθénθja] *s. f.* effervescence.

efervescente [eferβesθénte] *adj.* effervescent. || **comprimido ~** *Farm.* effervescent tablet.

eficacia [efikáθja] *s. f.* **1.** (persona) efficiency. **2.** (cosas) efficacy.

eficaz [efikáθ] *adj.* **1.** (persona) efficient. **2.** (acción) effective; efficacious.

eficiente [efiθjénte] *adj.* efficient.

efigie [efiχje] *s. f.* effigy.

efímero, -ra [efímero] *adj.* (fugaz) ephemeral; short-lived; fleeting.

efusión [efusjón] *s. f.* **1.** effusion. **2.** (afecto) effisiveness.

efusivo [efusíβo] *adj.* effusive.

egoísmo [eγoísmo] *s. m.* egoism; selfishness.

egoísta [eγoísta] *adj.* **1.** selfish. || *s. m. y f.* **2.** egoist selfish person.

eje [éχe] *s. m.* **1.** axis. **2.** *Tecnol.* (de rueda) axle. **3.** *fig.* (centro) hub.

ejecución [eχekuθjón] *s. f.* **1.** execution. **2.** *Mús.* performance.

ejecutar [eχekutár] *v. tr.* **1.** to execute. **2.** (cumplir) to fulfill. **3.** *Mús.* to perform; to play. **4.** *Inform.* to run.

ejecutivo, -va [eχekutíβo] *adj. y s. m. y f.* executive. || **el poder ~** *Polít.* the executive.

ejemplar [eχemplár] *adj.* **1.** exemplary; model. || *s. m.* **2.** (libro) copy. **3.** *Zool. y Bot.* specimen.

ejemplo [eχémplo] *s. m.* example. || **dar ~** to set an example. **por ~** for example. **servir de ~** to serve as an example.

ejercer [eχerθér] *v. tr.* **1.** to exercise; frml. **2.** (influencia) to exert. || *v. intr.* **3.** (un oficio) to practice.

ejercicio [eχerθíθjo] *s. m.* **1.** exercise. **2.** (práctica) practice. || **ejercicios espirituales** spiritual retreat.

ejercitar [eχerθitár] *v. tr.* to exercise.

ejército [eχérθito] *s. m.* army.

el [él] *art. determ. m. sing.* the [El libro e rojo. *The book is red.*]

él [él] *pron. pers. nomin. 3ª pers. m. sin* **1.** he [Él compró una camisa. *H* bought a shirt.] **2.** it. || *pron. pers. pre* **3.** him [Hay una llamada para él. *The is a telephone call for him.*] **4.** (cos animal) it [Siempre está con su perr no puede vivir sin él. *She is always wi her dog, she cannot live without* i || **~ mismo** himself [Él mismo lo rec noció. *He admitted it himself.*]

elaborar [elaβorár] *v. tr.* **1.** (product to produce. **2.** (plan) to elaborate; work out.

elástico [elástiko] *adj. y s. m.* elastic.

elección [elekθjón] *s. f.* **1.** choice. **2.** (un candidato) election.

elector, -ra [elektór] *s. m. y f., Polít.* elector; voter. ‖ **grupo de electores** *Polít.* constituency.

electoral [elektorál] *adj.* electoral; election. ‖ **campaña ~** election campaign.

electricidad [elektriθiðáð] *s. f.* (energía) electricity.

eléctrico, -ca [eléktriko] *adj.* (tren, luz) electric; electrical.

electrizar [elektriθár] *v. tr.* to electrify.

electrocutar [elektrokutár] *v. tr.* to electrocute.

electrodoméstico, -ca [elektroðoméstiko] *adj.* 1. electrical. ‖ *s. m.* 2. electrical appliance.

electrónico, -ca [elektróniko] *adj.* 1. electronic. ‖ **electrónica** *s. f.* 2. electronics *sing.*

elefante, -ta [elefánte] *s. m., Zool.* elephant. ‖ **manada de ~** herd of elephants.

elegancia [eleváŋθja] *s. f.* (estilo) elegance; style; smartness.

elegante [elevánte] *adj.* elegant; stylish; smart.

elegía [eleχía] *s. f., Lit.* elegy.

elegir [eleχír] *v. tr.* 1. (escoger) to choose; to select. 2. *Polít.* (candidato) to elect.

elemental [elementál] *adj.* 1. (fundamental) elemental. 2. (fácil) elementary; rudimentary. 3. (básico) basic.

elemento [eleménto] *s. m.* 1. element. 2. (miembro) member.

elevación [eleβaθjón] *s. f.* 1. elevation; rise. 2. *Geogr.* (altitud) height.

elevado, -da [eleβáðo] *adj.* 1. (posición) elevated. 2. (alto) tall; high. 3. *fig* (estilo) lofty.

elevar [eleβár] *v. tr.* 1. (levantar) to elevate; to raise. ‖ **elevarse** *v. prnl.* 2. (subir) to rise. 3. (erguirse) to stand.

eliminar [eliminár] *v. tr.* 1. to eliminate. 2. (obstáculo) to remove.

eliminatoria [eliminatórja] *s. f., Dep.* heat; qualifying round.

elipse [elípse] *s. f., Mat.* ellipse.

élite o elite [élite] *s. f.* elite.

elixir [eliksír] *s. m.* elixir.

ella [éʎa] *pron. pers. nomin. 3ª pers. f. sing.* 1. she [Ella es mi prima. *She is my cousin.*] 2. (cosa, objeto) it [Ésta es mi perra, ella es mi mejor amiga. *This is my dog, it is my best friend.*] ‖ *pron. pers. prep.* 3. her [Lo he hecho todo por ella. *I've done everything for her.*] 4. (cosa, objeto) it. ‖ **~ misma** herself [Ella misma solucionó el problema. *She solved the problem herself.*]

ello [éʎo] *pron. pers. nomin. 3ª pers. n. sing.* 1. it [Ello influye negativamente. *It has a negative influence.*] ‖ *pron. pers. prep.* 2. it [No pienses demasiado en ello. *Don't think too much about it.*]

ellos, -llas [éʎos] *pron. pers. nomin. 3ª pers. pl.* 1. they [Ellos siempre salen por las noches. *They always go out at night.*] ‖ *pron. pers. prep.* 2. them [Había una araña encima de ellos. *There was a spider above them.*] ‖ **~ mismos** themselves [Lo dijeron ellos mismos. *They said it themselves.*]

elocuencia [elokwéŋθja] *s. f.* eloquence.

elocuente [elokwénte] *adj.* (expresivo) eloquent; articulate.

elogiar [eloχjár] *v. tr.* (alabar) to praise; to eulogize; to compliment.

elogio [elóχjo] *s. m.* 1. praise; eulogy *lit.* ‖ **elogios** *s. m. pl.* 2. praise.

eludir [eluðír] *v. tr.* 1. (evitar) to evade; to avoid; to dodge. 2. (escapar) to elude; to escape.

emancipar [emaɲθipár] *v. tr.* **1.** to emancipate. ‖ **emanciparse** *v. prnl.* **2.** to become emancipated.

embadurnar [embaðurnár] *v. tr.* (manchar) to smear; to daub.

embajada [embaχáða] *s. f.* **1.** embassy. **2.** (comunicación) message.

embajador [embaχaðór] *s. m.* **1.** (diplomático) ambassador. ‖ **embajadora** *s. f.* **2.** (diplomática) ambassadress.

embalar [embalár] *v. tr.* to pack.

embalsamar [embalsamár] *v. tr.* (un cadáver) to embalm.

embalse [embálse] *s. m.* **1.** (depósito) reservoir; dam. **2.** (acción) damming.

embarazada [embaraθáða] *adj.* **1.** pregnant. ‖ *s. f.* **2.** pregnant woman.

embarazo [embaráθo] *s. m.* **1.** pregnancy. **2.** (apuro) embarrassment *frml.* **3.** (estorbo) encumbrance. ‖ **test de ~** *Farm.* pregnancy test.

embarazoso, -sa [embaraθóso] *adj.* (violento) embarrassing; awkward.

embarcación [embarkaθjón] *s. f.* (nave) boat; craft *frml.*

embarcadero [embarkaðéro] *s. m.* **1.** *Náut.* pier; quay. **2.** *Náut.* (para mercancías) wharf.

embarcar [embarkár] *v. tr.* **1.** (avión) to board. **2.** *Náut.* (personas) to embark. **3.** *Náut.* (mercancías) to ship. ‖ **embarcarse** *v. prnl.* **4.** (barco) to embark. **5.** (avión) to board.

embarco [embárko] *s. m.* embarkation.

embargar [embarɣár] *v. tr.* **1.** *Der.* (bienes) to seize; to impound. **2.** (mercancías) to embargo. **3.** *fig.* (la emoción) to overwhelm.

embargo [embárɣo] *s. m.* **1.** *Der.* sequestration; seizure [El juez va a ordenar el embargo de mi casa. *The judge is going to order the seizure of my house.*] **2.** embargo. ‖ **sin** ~ however; nevertheless; nonetheless; notwithstanding; all the same; though [Quiere adelgazar, sin embargo, no deja de comer. *She wants to lose weight, however, she doesn't stop eating.*]

embarque [embárke] *s. m.* **1.** (pasajeros) boarding; embarkation. **2.** (mercancías) loading. ‖ **tarjeta de** ~ *Aeron.* boarding card.

embarrar [embařár] *v. tr.* to mud.

embarullar [embaruʎár] *v. tr.* **1.** *fam.* (desordenar) to muddle (up). **2.** *fam.* (a alguien) to confuse.

embaucar [embawkár] *v. tr.* (engatusar) to deceive; to dupe; to fool.

embeber [embeβér] *v. tr.* **1.** (líquido) to soak up. ‖ *v. intr.* **2.** (prendas) to shrink. ‖ **embeberse en** (abstraerse) to become absorbed in.

embelesar [embelesár] *v. tr.* **1.** to charm; to fascinate. ‖ **embelesarse** *v. prnl.* **2.** to be fascinated.

embellecer [embeʎeθér] *v. tr.* **1.** to beautify; to embellish. ‖ **embellecerse** *v. prnl.* **2.** to beautify oneself.

embestida [embestíða] *s. f.* **1.** onslaught. **2.** *Taur.* charge.

embestir [embestír] *v. tr.* **1.** *Taur.* to charge. **2.** (atacar) to rush. ‖ ~ **contra** *Taur.* to charge at.

emblema [embléma] *s. m.* **1.** (insignia) emblem. **2.** (símbolo) symbol.

émbolo [émbolo] *s. m., Tecnol.* piston.

embolsar [embolsár] *v. tr.* **1.** to pocket. **2.** (meter en una bolsa) to bag.

emborrachar [embořatʃár] *v. tr.* **1.** to get drunk. ‖ **emborracharse** *v. prnl.* **2.** to get drunk.

emborronar [emborronár] *v. tr.* **1.** (manchar) to smudge. **2.** (con tinta) to blot. ‖ **emborronarse** *v. prnl.* **3.** to get blot.

emboscada [emboskáða] *s. f.* ambush.

embotellamiento [emboteʎamjénto] *s. m.* **1.** (de un producto) bottling. **2.** *Autom.* traffic jam.

embotellar [emboteʎár] *v. tr.* to bottle.

embrague [embráɣe] *s. m., Autom.* clutch.

embravecerse [embraβeθérse] *v. prnl.* **1.** (enfadarse) to fly into a rage. **2.** (el mar) to get rough.

embriagado, da [embrjaɣáðo] *adj.* (borracho) drunken.

embriagar [embrjaɣár] *v. tr.* **1.** (perfume) to intoxicate *lit.* **2.** (emborrachar) to get drunk. ‖ **embriagarse** *v. prnl.* **3.** to get drunk.

embriaguez [embrjaɣéθ] *s. f.* drunkenness; intoxication.

embrión [embrjón] *s. m., Biol.* embryo.

embrollar [embroʎár] *v. tr.* **1.** (una situación) to complicate. **2.** (a una persona) to confuse. **3.** (enredar) to entangle.

embrollo [embróʎo] *s. m.* **1.** (de cables) tangle. **2.** (lío) muddle.

embrujar [embruxár] *v. tr.* **1.** to bewitch. **2.** (cautivar) to enchant.

embrutecer [embruteθér] *v. tr.* **1.** to brutalize. **2.** (atontar) to stultify. ‖ **embrutecerse** *v. prnl.* **3.** to brutalize.

embudo [embúðo] *s. m.* funnel.

embuste [embúste] *s. m.* **1.** trick; story. **2.** (mentira) lie.

embustero, -ra [embustéro] *adj.* **1.** lying. ‖ *s. m. y f.* **2.** (mentiroso) liar.

embutido [embutíðo] *s. m.* **1.** *Gastr.* (salchicha) sausage. **2.** *Gastr.* (fiambre) cold meat.

embutir [embutír] *v. tr.* **1.** to stuff. **2.** (incrustar) to inlay.

emergencia [emerxénθja] *s. f.* **1.** (situación difícil) emergency. **2.** (salida) emergence.

emerger [emerxér] *v. intr.* to emerge.

emigración [emiɣraθjón] *s. f.* emigration; migration.

emigrante [emiɣránte] *adj. y s. m. y f.* emigrant.

emigrar [emiɣrár] *v. intr.* **1.** (expatriarse) to emigrate. **2.** (aves) to migrate.

eminencia [eminénθja] *s. f.* **1.** *fig.* (persona) eminence **2.** *fig.* (mérito) prominence. **2.** *Geogr.* height.

eminente [eminénte] *adj.* **1.** *fig.* eminent; distinguished. **2.** (elevado) high.

emisario, -ria [emisárjo] *s. m. y f.* (mensajero) emissary.

emisora [emisóra] *s. f.* **1.** (de radio) radio station. **2.** (de televisión) television station.

emitir [emitír] *v. tr.* **1.** to emit. **2.** (programa) to broadcast. **3.** (comunicado, acciones) to issue.

emoción [emoθjón] *s. f.* **1.** (sentimiento) emotion. **2.** (expectación) excitement.

emocionar [emoθjonár] *v. tr.* **1.** (conmover) to move. **2.** (excitar) to thrill. ‖ **emocionarse** *v. prnl.* **3.** (conmoverse) to be moved to tears.

emotivo, -va [emotíβo] *adj.* **1.** emotional. **2.** (palabras) emotive.

empacho [empátʃo] *s. m.* **1.** (de comida) indigestion. **2.** *fig.* surfeit.

empadronar [empaðronár] *v. tr.* **1.** to register. ‖ **empadronarse** *v. prnl.* **2.** to register.

empalagoso, -sa [empalaɣóso] *adj.* **1.** (sabor) sickly. **2.** (en elogios) fulsome.

empalizada [empaliθáða] *s. f.* (estacada) palisade; fence; stockade.

empalmar [empalmár] *v. tr.* **1.** (unir) to join; to connect. ‖ *v. intr.* **2.** (tren) to connect.

empanada [empanáða] *s. f., Gastr.* pie; pasty. ‖ **~ de carne** *Gastr.* meat pie.

empanadilla [empanaðíʎa] *s. f., Gastr.* tuna/meat pasty.

empanar [empanár] *v. tr., Gastr.* (rebozar) to bread.

empañar [empanár] *v. tr.* **1.** (cristal) to mist up; to steam up. ‖ **empañarse** *v. prnl.* **2.** to steam up.

empapar [empapár] *v. tr.* **1.** to soak; to saturate. ‖ **empaparse** *v. prnl.* **2.** *Gastr.* (con leche, miel) to be soaked. **3.** (mojarse) to get wet through.

empapelar [empapelár] *v. tr.* **1.** (paredes) to paper. **2.** (envolver) to wrap in paper.

empaque[1] [empáke] *s. m.* **1.** (acción) packing. **2.** (materiales) packaging.

empaque[2] [empáke] *s. m.* presence.

empaquetar [empaketár] *v. tr.* to pack; to package; to parcel up.

emparedado [empareðáðo] *s. m.* (bocadillo) sandwich.

emparejar [empareχár] *v.* **1.** (cosas) to match. **2.** (personas) to pair (off).

empastar [empastár] *v. tr.* **1.** *Med.* (dientes) to fill. **2.** (libro) to bind.

empaste [empáste] *s. m.* (de un diente) filling [Tiene dos empastes. *He has two fillings.*]

empatar [empatár] *v. tr., Dep.* to tie *Am. E.*; to draw *Br. E.*

empate [empáte] *s. m., Dep.* tie *Am. E.*; draw *Br. E.* [Empate a uno. *Tie one to one.*]

empedernido, -da [empeðerníðo] *adj.* (bebedor, fumador) hardened; inveterate; confirmed.

empedrado [empeðráðo] *adj.* **1.** paved; cobbled. ‖ *s. m.* **2.** paving.

empedrar [empeðrár] *v. tr.* to pave.

empeine [empéjne] *s. m.* (pie, zapato) instep.

empellón [empeʎón] *s. m.* shove.

empeñar [empenár] *v. tr.* **1.** (cosas) to hock *Am. E.*; to pawn. **2.** (palabra, honor) to pledge. ‖ **empeñarse** *v. prnl.* **3.** (esforzarse) to strive to. ‖ **empeñarse en** (obstinarse) to insist on.

empeño [empéɲo] *s. m.* **1.** (deuda) pledge. **2.** (afán) determination. **3.** (esfuerzo) effort.

empeorar [empeorár] *v. tr.* **1.** to make worse; to deteriorate; to worsen. ‖ *v. intr.* **2.** to get worse; to deteriorate ‖ **empeorarse** *v. prnl.* **3.** to get worse.

empequeñecer [empekeɲeθér] *v. tr.* to dwarf; to belittle *fig.*

emperador [emperaðór] *s. m.* emperor.

emperatriz [emperatríθ] *s. f.* empress.

empezar [empeθár] *v. tr. e intr.* **1.** (a hacer algo) to begin. **2.** (algo) to start.

empinado [empináðo] *adj.* **1.** (hacia arriba) steep. **2.** (alto) high; tall.

empinar [empinár] *v. tr.* **1.** to raise. ‖ **empinarse** *v. prnl.* **2.** to stand on tiptoe.

emplasto [emplásto] *s. m., Med.* (cataplasma) plaster; poultice.

emplazar[1] [emplaθár] *v. tr.* (colocar) locate; to situate.

emplazar[2] [emplaθár] *v. tr., Der.* (citar) to summons. ‖ **~ a la huelga** to call on strike.

empleado, -da [empleáðo] *s. m. y* employee; clerk.

emplear [empleár] *v. tr.* **1.** (dar empleo) to employ. **2.** (usar) to use; to utilize.

empleo [empléo] *s. m.* **1.** (trabajo) employment. **2.** (puesto) job; post. **3.** (uso) use. || **modo de ~** instructions for use.

empobrecer [empoβreθér] *v. tr.* **1.** to impoverish. || **empobrecerse** *v. prnl.* **2.** (arruinarse) to become poor; to become impoverished.

empollar [empoʎár] *v. tr.* **1.** to hatch; to brood. **2.** (estudiar) to swot *coll.*; to cram. || **empollarse** *v. prnl.* **3.** (estudiarse) to swot.

empollón, -na [empoʎón] *s. m. y f.* (student) grind *Am. E.*; swot *Br. E.*

empolvar [empolβár] *v. tr.* **1.** (nariz) to powder. || **empolvarse** *v. prnl.* **2.** (nariz) to powder.

empotrar [empotrár] *v. tr.* **1.** (encajar) to embed. || **empotrarse** *v. prnl.* **2.** to embed itself.

emprendedor [emprendeðór] *adj.* enterprising; resourceful.

emprender [emprendér] *v. tr.* (acometer) to undertake; to start; to begin.

empresa [emprésa] *s. f.* **1.** (tarea) undertaking. **2.** (compañia) enterprise; firm; company.

empresario [empresárjo] *s. m.* **1.** businessman. **2.** (de pompas fúnebres) undertaker. || **empresaria** *s. f.* **3.** businesswoman.

empujar [empuχár] *v. tr.* **1.** to push; to shove. **2.** *fig.* to force.

empuje [empúχe] *s. m.* **1.** (fuerza) push; thrust. **2.** (dinamismo) drive.

empujón [empuχón] *s. m.* **1.** push; shove. || **dar un ~ a alguien** to give somebody a shove.

empuñar [empuɲár] *v. tr.* to wield.

emular [emulár] *v. tr.* **1.** (imitar) to emulate *frml.* **2.** (rivalizar) to rival.

en [én] *prep.* **1.** in [Mi hermana vive en Francia. *My sister lives in France.*] **2.** (al lado de) at [Te espero en la parada de autobús. *I'll wait for you at the bus stop.*] **3.** (dentro) in; into [Pon el lápiz en el cajón. *Put the pencil into the drawer.*] **4.** (means of transport) by [Voy a trabajar en tren. *I go to work by train.*] **5.** (meses, años) in [Su primer hijo nació en junio. *Her first son was born in June.*] **6.** (días de la semana) on [Mi cumpleaños cae en viernes. *My birthday falls on Friday.*] **7.** (durante) in [Se arregló en diez minutos. *She got ready in ten minutes.*] || **~ casa** at home.

enajenación [enaχenaθjón] *s. f.* alienation *frml.*; distraction.

enajenar [enaχenár] *v. tr.* **1.** Der. (propiedad) to alienate. **2.** (vender) to sell. **3.** *fig.* (volver loco) to drive mad.

enamorado, -da [enamoráðo] *adj.* **1.** in love; lovesick. || *s. m. y f.* **2.** (novio, amante) sweetheart; lover. || **estar ~ de** to be in love with.

enamorar [enamorár] *v. tr.* **1.** to win the love of. || **enamorarse** *v. prnl.* **2.** to fall in love.

enano, -na [enáno] *adj.* **1.** dwarfish; dwarf. || *s. m. y f.* **2.** dwarf.

enardecer [enarðeθér] *v. tr.* (pasiones) to inflame; to rouse.

encabezamiento [eŋkaβeθamjénto] *s. m.* **1.** (carta) heading; head. **2.** (periódico) headline; title.

encabezar [eŋkaβeθár] *v. tr.* **1.** to head. **2.** (la liga, una lista) to top. **3.** (carta) to put a heading to.

encabritarse [eŋkaβritárse] *v. prnl.* **1.** to rear (up). **2.** *fig.* (enfurecerse) to get cross *fig.*

encadenar [eŋkaðenár] *v. tr.* **1.** to chain. **2.** (con grilletes) to shackle; to fetter. **3.** *fig.* (atar) to tie down

encajar [eŋkaxár] *v. tr.* **1.** to fit; to insert. **2.** (un golpe) to give. **3.** *Tecnol.* to gear.

encaje [eŋkáxe] *s. m.* **1.** (acoplamiento) fit. **2.** (bordado) lace.

encajonar [eŋkaxonár] *v. tr.* **1.** (poner en cajas) to encase; to box; to pack. **2.** (entre dos cosas) to sandwich. **3.** (en sitio estrecho) to squeeze in. ‖ **encajonarse** *v. prnl.* **4.** to narrow.

encalar [eŋkalár] *v. tr.* to whitewash.

encallar [eŋkaʎár] *v. intr., Náut.* (un barco) to run aground.

encaminar [eŋkaminár] *v. tr.* **1.** to direct. ‖ **encaminarse** *v. prnl.* **2.** to be directed [Sus esfuerzos se encaminan hacia ese objetivo. *Her efforts are directed towards achieving that aim.*] **3.** (a un lugar) to head [Se encaminó hacia el puente. *She headed towards the bridge.*]

encantado, -da [eŋkantáðo] *adj.* **1.** (satisfecho) delighted; satisfied. **2.** (embrujado) enchanted. **3.** (persona) bewitched.

encantador, -ra [eŋkantaðór] *adj.* **1.** (cautivador) charming; lovely. **2.** (con duende) bewitching. ‖ *s. m. y f.* **3.** (cautivador) charmer. **4.** (mago) enchanter. ‖ **~ de serpientes** snake charmer.

encantar [eŋkantár] *v. tr.* **1.** (gustar) to charm; to delight; to be keen on. **2.** (cautivar) to fascinate. **3.** (hechizar) to bewitch; to enchant.

encanto [eŋkánto] *s. m.* **1.** charm; enchantment. **2.** (hechizo) spell.

encañonar [eŋkaɲonár] *v. tr.* to point a gun [Le encañonó durane diez minutos. *He pointed his gun at him for ten minutes.*]

encapotarse [eŋkapotárse] *v. prnl., Meteor.* (nublarse) to cloud over; to become overcast.

encapricharse [eŋkapritʃárse] (con) *v. prnl., fam.* to be infatuated with.

encaramar [eŋkaramár] *v. tr.* **1.** to raise. ‖ **encaramarse** *v. prnl.* **2.** (subirse) to climb (up). **3.** (trepar) to clamber.

encarcelar [eŋkarθelár] *v. tr.* (a un preso) to jail; to imprison.

encarecer [eŋkareθér] *v. tr.* **1.** to raise the price of. **2.** (rogar) to beg. ‖ **encarecerse** *v. prnl.* **3.** (precios) to rise.

encargado, -da [eŋkarváðo] *s. m. y f.* **1.** person in change. **2.** (de una casa) warden. **3.** *Econ.* manager.

encargar [eŋkarvár] *v. tr.* **1.** (encomendar) to entrust. **2.** *Econ.* (solicitar) to order. ‖ **encargarse de** to take charge of.

encargo [eŋkárvo] *s. m.* **1.** (recado) errand. **2.** (tarea) job. **3.** *Econ.* order; commission.

encariñarse [eŋkariɲárse] *v. prnl.* to grow fond [Me he encariñado con el bebé. *I've grown fond of the baby.*]

encarnado, -da [eŋkarnáðo] *adj.* (rojo) red. ‖ **ponerse ~** to blush.

encarnar [eŋkarnár] *v. tr.* to embody.

encarnizado, -da [eŋkarniθáðo] *adj.* (lucha) bloody; fierce.

encasillar [eŋkasiʎár] *v. tr.* **1.** (poner en casillas) to pigeonhole. **2.** (clasificar) to classify [Su obra puede ser encasillada como modernista. *His work can be classified as modernist.*]

encauzar [eŋkawθár] *v. tr.* to channel.

encenagarse [enθenaɣárse] *v. prnl.* **1.** to get covered in mud. **2.** *fig.* to sink in depravity.

encendedor [enθendeðór] *s. m.* lighter.

encender [enθendér] *v. tr.* **1.** to light. **2.** (prender fuego) to fire. **3.** (luz, gas) to turn on. ‖ **encenderse** *v. prnl.* **4.** (llama) to light. **5.** (prender, despertar) to kindle.

encendido, -da [enθendíðo] *adj.* **1.** (ardiendo) burning. **2.** (luz, funcionando) on. ‖ *s. m.* **3.** *Autom.* ignition.

encerado, -da [enθeráðo] *s. m.* (pizarra) blackboard.

encerar [enθerár] *v. tr.* to wax; to polish.

encerrar [enθerár] *v. tr.* **1.** to shut in. **2.** (con llave) to lock up. **3.** (confinar) to confine. ‖ **encerrarse** *v. prnl.* **4.** to lock oneself.

encerrona [enθeróna] *s. f., fam.* trap.

encharcar [entʃarkár] *v. tr.* **1.** to flood. ‖ **encharcarse** *v. prnl.* **2.** to get flooded.

enchufar [entʃufár] *v. tr.* **1.** *Electrón.* to plug in. **2.** (unir) to connect.

enchufe [entʃúfe] *s. m.* **1.** *Electrón.* (macho) plug. **2.** (hembra) socket. **3.** *fam.* (influencia) connection.

encía [enθía] *s. f., Anat.* gum.

enciclopedia [enθiklopéðja] *s. f.* encyclopaedia.

encierro [enθjéro] *s. m.* **1.** (confinamiento) confinement. **2.** *Taur.* encierro (act of taking the bulls to a place next to the bullring, where they are kept before the bullfight).

encima [enθíma] *adv. l.* **1.** (arriba) above; on top [La tarta tiene una cereza encima. *The cake has a cherry on top.*] ‖ *adv. cant.* **2.** on top of that [Y, encima, no deja de quejarse. *And, on top of that,*

he doesn't stop complaining.] ‖ ~ **de** (sobre) on; on top of; above; over; upon. (además) on top of [Encima de llegar tarde, vino con su hijo. *On top of coming late, she brought her son with her.*] **por** ~ on top; over [Espolvoree azúcar por encima. *Sprinkle sugar over it/on top.*] ‖ (sobre la cabeza) overhead [El avión pasó por encima. *The plane flew overhead.*] ‖ (de pasada) hastily; superficially [Limpió la casa por encima. *He cleaned the house superficially.*] **por** ~ **de** (sobre) above; over; o'er.

encina [enθína] *s. f., Bot.* holm oak.

encinta [enθínta] *adj.* (embarazada) pregnant; expecting.

enclenque [enklénke] *adj.* **1.** (enfermizo) sickly; unhealthy. **2.** (débil) feeble.

encoger [enkoxér] *v. tr.* **1.** to shrink. **2.** (amilanar) to intimidate *fig.* ‖ *v. intr.* **3.** to shrink. ‖ **encogerse** *v. prnl.* **4.** (ropa) to shrink.

encolar [enkolár] *v. tr.* **1.** to glue. **2.** (lienzo, papel) to size.

encolerizar [enkoleriθár] *v. tr.* (enfurecer) to enrage; to infuriate.

encontrar [enkontrár] *v. tr.* **1.** to find. **2.** (a algn por casualidad) to meet. ‖ **encontrarse** *v. prnl.* **3.** (por casualidad) to meet. **4.** (descubrir) to find oneself. **5.** (físicamente) to feel. ‖ ~ **un trabajo** to find a job. **encontrarse con alguien** to meet somebody.

encorvado [enkorβáðo] *adj.* bent.

encorvar [enkorβár] *v. tr.* **1.** to bend. **2.** (espalda) to hump. ‖ **encorvarse** *v. prnl.* **3.** to curve. **4.** (el cuerpo) to stoop.

encrespar [enkrespár] *v. tr.* **1.** (pelo) to curl. **2.** (irritar) to irritate. ‖ **encrespar-**

se *v. prnl.* **3.** (pelo) to curl. **4.** (persona) to become irritated. **5.** (mar) to get choppy.

encrucijada [eŋkruθiχáða] *s. f.* **1.** crossroads. **2.** (cruce) crossing.

encuadernación [eŋkwaðernaθjón] *s. f.* binding.. || **taller de ~** bindery.

encuadernar [eŋkwaðernár] *v. tr.* to bind. || **sin ~** unbound.

encuadrar [eŋkwaðrár] *v. tr.* **1.** (incluir) to insert. **2.** (imágenes) to frame. **3.** *fig.* (encerrar) to contain.

encubrir [eŋkuβrír] *v. tr.* **1.** (ocultar) to hide; to conceal. **2.** (criminal) to shelter. **3.** (delito) to cover up.

encuentro [eŋkwéntro] *s. m.* **1.** meeting; encounter. **2.** *Dep.* game; match.

encuesta [eŋkwésta] *s. f.* **1.** (sondeo) poll; survey. **2.** (investigación) inquiry.

endeble [endéβle] *adj.* feeble; weak.

endemoniado, -da [endemonjáðo] *adj.* **1.** possessed (by the devil). **2.** (diabólico) diabolical. **3.** (travieso) devilish.

enderezar [endereθár] *v. tr.* **1.** to straighten. **2.** (poner vertical) to set upright. || **enderezarse** *v. prnl.* **3.** to straighten up.

endeudarse [endewðárse] *v. prnl.* to get oneself into debt [Me endeudé con el banco. *I got myself into debt with the bank.*]

endibia o endivia [endíβja] *s. f., Bot.* endive.

endulzar [enduḷθár] *v. tr.* **1.** (azucarar) to sweeten; to sugar. **2.** *fig.* (suavizar) to soften; to mitigate.

endurecer [endureθér] *v. tr.* **1.** to harden. **2.** *fig.* (fortalecer) to toughen.

enemigo, -ga [enemíγo] *adj.* **1.** enemy; hostile. || *s. m. y f.* **2.** enemy; foe.

enemistad [enemistáð] *s. f.* enmity.

enemistar [enemistár] *v. tr.* **1.** to make enemies. || **enemistarse** *v. prnl.* **2.** to become enemies.

energético, -ca [enerχétiko] *adj.* **1.** energy [La crisis energética fue muy importante en los años 70. *The energy crisis was very import-ant in the 70s.*] **2.** (alimento) nutritious.

energía [enerχía] *s. f.* **1.** energy; drive. **2.** (fuerza) force. **3.** *Electrón.* power. || **~ eléctrica** electric power.

enérgico [enérχiko] *adj.* **1.** energetic. **2.** (protesta) vigorous. **3.** (ejercicio) strenuous.

enero [enéro] *s. m.* January.

enfadar [emfaðár] *v. tr.* **1.** to anger; to make angry. || **enfadarse** *v. prnl.* **2.** to get angry; to get annoyed.

enfado [emfáðo] *s. m.* anger; huff.

énfasis [émfasis] *s. amb.* **1.** (fuerza) emphasis. **2.** *Ling.* accent.

enfático, -ca [emfátiko] *adj.* emphatic.

enfermar [emfermár] *v. intr.* **1.** to get sick; to sicken. || **enfermarse** *v. prnl.* **2.** (ponerse enfermo) to fall ill.

enfermedad [emfermeðáð] *s. f.* **1.** *Med.* illness; disease. **2.** *fig.* (mal) malady || **baja por ~** sick leave.

enfermería [emfermería] *s. f.* **1.** (clínica) infirmary. **2.** (carrera) nursing.

enfermero, -ra [emferméro] *s. m. y f., Med.* nurse.

enfermizo, -za [emfermíθo] *adj.* (persona) sickly; unhealthy.

enfermo, -ma [emférmo] *adj.* **1.** *Med.* ill; sick. || *s. m. y f.* **2.** patient.

enfervorizar [emferβoriθár] *v. tr.* **1.** to fire the enthusiasm. || **enfervorizarse** *v. prnl.* **2.** to get enthusiastic.

enfilar [eɱfilár] *v. tr.* (dirección) to take.

enfocar [eɱfokár] *v. tr.* **1.** to focus. **2.** *fig.* (un problema) to look at *fig.*

enfoque [eɱfóke] *s. m.* **1.** *fig.* point of view; approach [Su enfoque es correcto. *Her approach is right.*] **2.** (acción) focusing. **3.** (efecto) focus.

enfrentar [eɱfrentár] *v. tr.* **1.** (encarar) to confront; to face (up to). ‖ **enfrentarse** *v. prnl.* **2.** (encararse) to face. **3.** *Dep.* (a un rival) to meet.

enfrente [eɱfrénte] *adv.* **1.** opposite; facing. **2.** *fig.* opposed to.

enfriamiento [eɱfrjamjénto] *s. m.* **1.** (proceso) cooling. **2.** *Med.* (catarro) cold; chill.

enfriar [eɱfriár] *v. tr.* **1.** (alimentos) to cool; to chill. ‖ **enfriarse** *v. prnl.* **2.** (tener frío) to get cold. **3.** (resfriarse) to catch a cold. **4.** (alimentos) to cool down.

enfundar [eɱfundár] *v. tr.* **1.** to put (in its case). **2.** (espada) to sheathe.

enfurecer [eɱfureθér] *v. tr.* **1.** to infuriate; to enrage. ‖ **enfurecerse** *v. prnl.* **2.** to become furious; to rage.

engalanar [engalanár] *v. tr.* **1.** (adornar) to decorate; to embellish. ‖ **engalanarse** *v. prnl.* **2.** to adorn oneself.

enganchar [engantʃár] *v. tr.* **1.** to hook. **2.** (caballos) to hitch.

enganche [engántʃe] *s. m.* **1.** hook. **2.** (de tren) coupling.

engañar [engaɲár] *v. tr.* **1.** to deceive; to fool. **2.** (estafar) to cheat; to trick. ‖ **engañarse** *v. prnl.* **3.** (ilusionarse) to deceive oneself.

engaño [engáɲo] *s. m.* **1.** deceit. **2.** (truco) trick. **3.** (error) deception.

engañoso, -sa [engaɲóso] *adj.* **1.** (palabras) deceitful. **2.** (apariencias) deceptive.

engarzar [engarθár] *v. tr.* **1.** (joya) to set. **2.** *fig.* to link.

engastar [engastár] *v. tr.* to set.

engatusar [engatusár] *v. tr., fam.* to coax; to wheedle.

engendrar [engendrár] *v. tr.* **1.** *Biol.* to beget; to engender *frml.* **2.** *Biol.* (hijos) to father.

engendro [enxéndro] *s. m.* **1.** *Biol.* fetus. **2.** (criatura deforme) malformed child. **3.** (feo) freak.

englobar [engloβár] *v. tr.* **1.** (incluir) to include. **2.** (abarcar) to embrace.

engordar [engorðár] *v. tr.* **1.** (cebar) to fatten; to make fat. ‖ *v. intr.* **2.** (persona) to get fat; to put on weight.

engorro [engóro] *s. m.* nuisance; bother.

engranaje [engranáxe] *s. m., Tecnol.* (ensamblaje) gear; gears *pl.*

engrandecer [engrandeθér] *v. tr.* **1.** (aumentar) to enlarge. **2.** (exagerar) to exaggerate. **3.** *fig.* (realzar, ensalzar) to extoll.

engrasar [engrasár] *v. tr.* (lubricar) to grease; to lubricate.

engrosar [engrosár] *v. tr.* **1.** (incrementar) to enlarge. **2.** (hinchar) to swell; to bloat; to increase.

engrudo [engrúðo] *s. m.* paste.

engullir [enguʎír] *v. tr.* (tragar) to devour; to gulp (down).

enhebrar [eneβrár] *v. tr.* **1.** (aguja) to thread. **2.** (perlas) to string.

enhorabuena [enoraβwéna] *s. f.* **1.** congratulations *pl.* ‖ **¡ ~ !** *interj.* **2.** congratulations! ‖ **dar la ~ a** to congratulate.

enigma [eníɣma] *s. m.* **1.** enigma. **2.** (problema) puzzle. **3.** (misterio) riddle.

enigmático [eniɣmátiko] *adj.* (misterioso) enigmatic; mysterious.

enjabonar [eŋxaβonár] *v. tr.* **1.** to soap. **2.** (barba) to lather.

enjambre [eŋxámbre] *s. m.* **1.** *Zool.* swarm. **2.** *Zool.* (de abejas) hive. **3.** *fig.* (multitud) horde.

enjaular [eŋxawlár] *v. tr.* **1.** (animal) to cage. **2.** (encarcelar) to jail *fam.*

enjuagar [eŋxwayár] *v. tr.* to rinse.

enjuague [eŋxwáγe] *s. m.* rinse; rinsing. || ~ **bucal** mouthwash.

enjugar [eŋxuvár] *v. tr.* **1.** to wipe away. **2.** (las lágrimas) to dry.

enjuiciar [eŋxujθjár] *v. tr.* **1.** *fig.* (juzgar) to judge; to examine. **2.** *Der.* (juicio civil) to sue.

enjuto, -ta [eŋxúto] *adj.* lean; skinny.

enlace [enláθe] *s. m.* **1.** link; connection. **2.** (matrimonial) marriage.

enlatar [enlatár] *v. tr.* (meter en latas) to can; to tin *Br. E.*

enlazar [enlaθár] *v. tr.* **1.** (conectar) to link; to connect. **2.** (atar) to tie. || **enlazarse** *v. prnl.* **3.** (unirse) to be linked.

enloquecer [enlokeθér] *v. tr.* **1.** (volver loco) to drive crazy; to madden. || *v. intr.* **2.** (volverse loco) to go mad.

enlucir [enluθír] *v. tr.* **1.** (enyesar) to plaster. **2.** (limpiar) to polish.

enlutar [enlutár] *v. tr.* **1.** to dress in mourning. **2.** *fig.* to plunge into mourning. || **enlutarse** *v. prnl.* **3.** to go into mourning.

enmarañar [emmaraɲár] *v. tr.* **1.** (pelo, lana) to tangle. **2.** *fig.* (asunto) to complicate. || **enmarañarse** *v. prnl.* **3.** (pelo) to mat. **4.** *fig.* (complicarse) to get confused.

enmascarar [emmaskarár] *v. tr.* **1.** (poner una máscara) to mask. **2.** *fig.* (ocultar) to disguise. || **enmascararse** *v. prnl.* **3.** to put on a mask.

enmendar [emmeṇdár] *v. tr.* **1.** (corregir) to correct. **2.** (conducta) to improve. **3.** *Der.* to amend. || **enmendarse** *v. prnl.* **4.** to mend one's ways.

enmienda [emmjéṇda] *s. f.* **1.** emendation *frml.* **2.** (corrección) correction. **3.** *Der. y Polít.* amendment.

enmohecer [emmoeθér] *v. tr.* **1.** (ropa) to make moldy. **2.** (metal) to rust. || **enmohecerse** *v. prnl.* **3.** (ropa, pan) to become moldy. **4.** (metal) to become rusty.

enmudecer [emmuðeθér] *v. tr.* (callar) to silence.

ennegrecer [enneɣreθér] *v. tr.* (poner negro) to blacken; to turn black.

ennoblecer [ennoβleθér] *v. tr.* (hacer noble) to ennoble *frml.*

enojar [enoxár] *v. tr.* **1.** to anger; to make angry. || **enojarse** *v. prnl.* **2.** to get angry; to lose one's temper.

enojo [enóxo] *s. m.* anger.

enorgullecer [enorʝuʎeθér] *v. tr.* **1.** to pride; to make proud. || **enorgullecerse** *v. prnl.* **2.** to be proud.

enorme [enórme] *adj.* (grande) huge; enormous; vast.

enormidad [enormiðáð] *s. f.* (grandeza) enormity; hugeness.

enraizar [enr̄ajθár] *v. intr.* **1.** (planta) to take root. || **enraizarse** *v. prnl.* **2.** (persona) to settle *fig.*

enrarecer [enr̄areθér] *v. tr.* **1.** to rarefy. || **enrarecerse** *v. prnl.* **2.** (aire) to rarefy. **3.** (relaciones) to become strained.

enredadera [enr̄eðaðéra] *s. f., Bot.* creeper; climbing plant.

enredar [enr̄eðár] *v. tr.* **1.** (enmarañar) to entangle; to tangle up. **2.** *fig.* (involucrar) to involve. || **enredarse** *v. prnl.*

3. (lana, cuerda) get tangled. **4.** *fig.* (en un asunto) to get involved.

enredo [eɲréðo] *s. m.* **1.** (maraña) tangle. **2.** *fig.* (lío) muddle; mix-up.

enrejado [eɲrexáðo] *s. m.* **1.** railing. **2.** (rejilla) grating. **3.** (de ventana) lattice.

enrejar [eɲrexár] *v. tr.* **1.** (puerta, ventana) to put a grille on. **2.** (terreno) to fence in.

enrevesado [eɲreβesáðo] *adj.* (difícil) complicated; intricate; difficult.

enriquecer [eɲrikeθér] *v. tr.* **1.** (hacer rico) to make rich. **2.** *fig.* (mejorar) to enrich *fig.* ‖ **enriquecerse** *v. prnl.* **3.** (hacerse rico) to get rich.

enrojecer [eɲroxeθér] *v. tr.* **1.** (volver rojo) to redden. ‖ *v. intr.* **2.** (ruborizarse) to blush. ‖ **enrojecerse** *v. prnl.* **3.** (volverse rojo) to crimson; to redden. **4.** (cielo) to turn red.

enrolarse [eɲrolárse] *v. prnl.* to enlist.

enrollar [eɲroʎár] *v. tr.* **1.** (papel) to roll up. **2.** (hilo) to wind up. **3.** (cable) to coil. ‖ **enrollarse** *v. prnl.* **4.** (hablando) to chatter. ‖ **enrollarse como las persianas** *fig.* to go on and on.

enroscar [eɲroskár] *v.* **1.** (torcer, doblar) to twist. **2.** (tornillo) to screw in. ‖ **enroscarse** *v. prnl.* **3.** to coil; to wind.

ensaimada [ensajmáða] *s. f., Gastr.* typical Majorcan round pastry.

ensalada [ensaláða] *s. f., Gastr.* salad.

ensaladilla [ensalaðíʎa] *s. f., Gastr.* (rusa) Russian salad.

ensalzar [ensalθár] *v. tr.* **1.** (elogiar) to extoll; to praise. **2.** (enaltecer) to exalt.

ensamblar [ensamblár] *v. tr.* (acoplar) to assemble; to join.

ensanchar [ensantʃár] *v. tr.* **1.** to widen; to enlarge. **2.** (jersey) to stretch; to let

out. ‖ **ensancharse** *v. prnl.* **3.** (río, valle) to broaden.

ensanche [ensántʃe] *s. m.* **1.** (de calle) widening; extension. **2.** (de ciudad) urban development. **3.** (de negocio) expansion.

ensangrentar [ensaŋgrentár] *v. tr.* to stain with blood.

ensartar [ensartár] *v. tr.* **1.** (cuentas) to string. **2.** (enhebrar) to thread. **3.** (mencionar) to reel off.

ensayar [ensajár] *v. tr.* **1.** to test; to try out. **2.** *Teatr.* to rehearse.

ensayo [ensájo] *s. m.* **1.** test; trial. **2.** *Teatr.* rehearsal. **3.** *Lit.* essay. ‖ **~ general** *Teatr.* dress rehearsal.

enseguida o en seguida [ense y íða] *adv. t.* at once; immediately.

ensenada [ensenáða] *s. f., Geogr.* (bahía) inlet; cove.

enseñanza [enseɲánθa] *s. f.* **1.** education. **2.** (docencia) teaching.

enseñar [enseɲár] *v. tr.* **1.** (educar) to teach. **2.** (mostrar) to show.

enseres [enséres] *s. m. pl.* **1.** (bártulos) belongings. **2.** (bienes) chattels.

ensillar [ensiʎár] *v. tr.* to saddle.

ensimismarse [ensimismárse] *v. prnl.* (embelesarse) to become engrossed.

ensordecer [ensorðeθér] *v. tr.* **1.** to deafen. ‖ *v. intr.* **2.** to go deaf.

ensuciar [ensuθjár] *v. tr.* **1.** to dirty; to soil *frml.* ‖ **ensuciarse** *v. prnl.* **2.** (mancharse) to get dirty. **3.** (ropa) to soil.

ensueño [enswéɲo] *s. m.* **1.** (sueño) dream; fantasy. **2.** (ilusión) illusion. **3.** (soñando despierto) daydream.

entablar [entaβlár] *v. tr.* **1.** (recubrir) to board; to board up. **2.** (una conversación) to start.

entablillar [entaβliʎár] *v. tr.* to splint.

entallar[1] [entaʎár] *v. tr.* (esculpir, tallar) to sculpture; to carve.

entallar[2] [entaʎár] *v. intr.* (venir bien) to fit.

entender [entendér] *v. tr.* **1.** to understand; to comprehend. **2.** (darse cuenta) to realize. ‖ *v. intr.* **3.** to understand. ‖ **entenderse** *v. prnl.* **4.** (comprenderse) to be understood. **5.** (llevarse bien) to get along with. ‖ **a mi ~** in my opinion. **~ mal** misunderstand.

entendido, -da [entendíðo] *adj.* **1.** (comprendido) understood. **2.** (hábil) skilled. ‖ *s. m. y f.* **3.** (experto) expert.

entendimiento [entendimjénto] *s. m.* **1.** (acuerdo) understanding. **2.** (inteligencia) mind; intellect.

enterar [enterár] *v. tr.* **1.** to inform. ‖ **enterarse** *v. prnl.* **2.** to hear; to learn [Me enteré de la boda por la radio. *I heard about the wedding on the radio.*] **3.** (averiguar) to find out.

entereza [enteréθa] *s. f.* **1.** (fuerza moral) strength of character. **2.** (totalidad) entirety. **3.** *fig.* (honradez) integrity *fig.*

enternecer [enterneθér] *v. tr.* **1.** *fig.* (apiadar) to touch; to move. **2.** (ablandar) to soften. ‖ **enternecerse** *v. prnl.* **3.** *fig.* (emocionarse) to be touched.

entero, -ra [entéro] *adj.* **1.** (total) whole. **2.** (intacto) unbroken. **3.** *fig.* (recto) honest *fig.* ‖ **por ~** completely.

enterramiento [enteramjénto] *s. m.* **1.** (sepulcro) burial; interment *frml.* **2.** (ceremonia) funeral.

enterrar [enterár] *v. tr.* **1.** to bury; to inter. *frml.* **2.** *fig.* to forget. ‖ **enterrarse** *v. prnl.* **3.** *fig.* to bury oneself.

entidad [entiðáð] *s. f.* **1.** (organización) entity; organization. **2.** (empresa) firm.

entierro [entjéro] *s. m.* **1.** burial; interment *frml.* **2.** (ceremonia) funeral.

entonación [entonaθjón] *s. f., Ling.* intonation.

entonar [entonár] *v. tr.* **1.** (canción) to sing. **2.** *Med.* (músculos) to tone up. **3.** (colores) to tone. ‖ *v. intr.* **4.** (canción) to intone. ‖ **entonarse** *v. prnl.* **5.** *fam.* to get in the party mood *fam.*

entonces [entónθes] *adv. t.* **1.** then [Then, I opened the window. *Entonces, abrí la ventana.*] **2.** then (delante del s.) [Mi entonces marido viajaba demasiado. *My then husband traveled too much.*] ‖ **en aquel ~** at that time. **para ~** by then [Para entonces había dejado de llover. *By then, it had stopped raining.*]

entornar [entornár] *v. tr.* to half close.

entorno [entórno] *s. m.* environment.

entorpecer [entorpeθér] *v. tr.* **1.** (sentidos) to dull. **2.** (impedir) to obstruct; to impede. ‖ **entorpecerse** *v. prnl.* **3.** (sentidos) to dull.

entrada [entráða] *s. f.* **1.** entrance. **2.** (puerta) way in. **3.** *Cinem. y Teatr.* ticket; admission. **4.** (acceso) admittance. **5.** (puerta) door.

entraña [entrána] *s. f. sing.* **1.** *fig.* core [La entraña de la discusión. *The core of the discussion.*] ‖ **entrañas** *s. f. pl.* **2.** *Anat.* entrails; bowels. **3.** *fig.* bowels [Las entrañas de la tierra. *The bowels of the earth.*]

entrañable [entranáβle] *adj.* **1.** (íntimo) close; intimate. **2.** (afectuoso) loving.

entrañar [entranár] *v. tr.* **1.** to entail; to imply. **2.** (esconder) to hide.

entrar [entrár] *v. intr.* **1.** to come in; to go in; to enter. **2.** (ir bien) to fit [No me entra el vestido. *That dress doesn't fit me.*] ‖ **~ en** *fig.* (asociación) to go into.

entre [éntre] *prep.* **1.** between [En la foto mi hermana está entre tú y yo. *In the picture, my sister is between you and me.*] **2.** (más de dos objetos) among [Entre todas, ésta es la que más me gusta. *Among all, this is the one I like most.*] **3.** between [Hicimos la tarta entre todos. *We baked the cake between all of us.*]

entreacto [entreákto] *s. m., Teatr.* (intermedio) interval; intermission.

entrecejo [entreθéxo] *s. m.* (ceño) frown. ‖ **fruncir el ~** to frown.

entrecomillar [entrekomiʎár] *v. tr.* **1.** (cita) to put in quotation marks. **2.** (palabra) to put in inverted commas.

entredicho [entreðítʃo] *s. m.* **1.** (prohibición) prohibition. **2.** *Der.* injunction. **3.** *Rel.* interdict.

entrega [entréɣa] *s. f.* **1.** (de mercancías) delivery. **2.** (de documentos) surrender. **3.** (de publicaciones) installment.

entregar [entreɣár] *v. tr.* **1.** to deliver. **2.** (deberes) to give in; to hand in. ‖ **entregarse** *v. prnl.* **3.** (rendirse) to give in.

entrelazar [entrelaθár] *v. tr.* (enlazar) to interlace; to entwine.

entremés [entremés] *s. m.* **1.** *Gastr.* hors d'oeuvre. **2.** *Teatr.* interlude.

entremeter [entremetér] *v. tr.* to place between [Entremetió su libro en ese montón de papeles. *He placed his book in that pile of papers.*]

entremezclar [entremeθklár] *v. tr.* **1.** to intermingle; to mix. ‖ **entremezclarse** *v. prnl.* **2.** to intermingle.

entrenador [entrenaðór] *s. m., Dep.* coach *Am. E.*; trainer *Br. E.*

entrenamiento [entrenamjénto] *s. m., Dep.* training.

entrenar [entrenár] *v. tr.* **1.** *Dep.* to train; to coach. ‖ **entrenarse** *v. prnl.* **2.** *Dep.* to train; to coach.

entresacar [entresakár] *v. tr.* (seleccionar) to select; to extract.

entresuelo [entreswélo] *s. m.* mezzanine; second floor *Am. E.*

entretanto [entretánto] *adv.* meanwhile; in the meantime.

entretener [entretenér] *v. tr.* **1.** (entorpecer) to detain. **2.** (divertir) to entertain; to amuse. **3.** (demorar) to delay. ‖ **entretenerse** *v. prnl.* **4.** (demorarse) to dawdle. **5.** (divertirse) to amuse oneself.

entretenimiento [entretenimjénto] *s. m.* **1.** (distracción) entertainment; amusement. **2.** (mantenimiento) upkeep.

entretiempo, de [entretjémpo] *loc.* (ropa) lightweight.

entrever [entreβér] *v. tr.* **1.** (vislumbrar) to glimpse. **2.** *fig.* (adivinar) to guess.

entrevista [entreβísta] *s. f.* interview.

entrevistar [entreβistár] *v. tr.* **1.** to interview. ‖ **entrevistarse** *v. prnl.* **2.** (en una entrevista formal) to meet.

entristecer [entristeθér] *v. tr.* **1.** to sadden; to make sad. ‖ **entristecerse** *v. prnl.* **2.** to grow sad.

entrometerse [entrometérse] *v. prnl.* to meddle; to nose.

entronizar [entroniθár] *v. tr.* **1.** (ensalzar) to exalt. **2.** (monarca) to enthrone.

entumecerse [entumeθérse] *v. prnl.* (agarrotarse) to go numb.

enturbiar [enturβjár] *v. tr.* **1.** (agua) to make cloudy; to muddy. **2.** *fig.* to confuse

entusiasmar [entusjasmár] *v. tr.* **1.** to excite; to delight. ‖ **entusiasmarse** *v. prnl.* **2.** (apasionarse) to get excited.

entusiasmo [entusjásmo] *s. m.* enthusiasm [Lo hice con mucho entusiasmo. *I did it full of enthusiasm.*]

entusiasta [entusjásta] *adj.* **1.** enthusiastic; keen. ‖ *s. m. y f.* **2.** enthusiast. **3.** *Dep.* (seguidor) fan.

enumeración [enumeraθjón] *s. f.* (cómputo) enumeration; list.

enumerar [enumerár] *v. tr.* (enunciar) to enumerate *frml.*; to list.

enunciar [enunθjár] *v. tr.* **1.** (teoría) to enunciate. **2.** (palabras) to state; to declare; to pronounce.

envainar [embajnár] *v. tr.* to sheathe.

envalentonar [embalentonár] *v. tr.* **1.** to encourage. ‖ **envalentonarse** *v. prnl.* **2.** to become bolder.

envanecer [embaneθér] *v. tr.* **1.** to make vain; to make conceited. ‖ **envanecerse** *v. prnl.* **2.** to become vain; to become conceited.

envasar [embasár] *v. tr.* **1.** (en botellas) to bottle. **2.** (enlatar) to can. **3.** (en paquetes) to pack.

envase [embáse] *s. m.* **1.** packing. **2.** (botella) bottling. **3.** (lata) canning. **4.** (recipiente) container.

envejecer [embeχeθér] *v. tr.* **1.** to age. ‖ *v. intr.* **2.** (parecer viejo) to grow old; to age. **3.** (un vino) to mature.

envenenar [embenenár] *v. tr.* **1.** to poison. ‖ **envenenarse** *v. prnl.* **2.** (involuntariamente) to be poisoned. **3.** (voluntariamente) to poison oneself.

envergadura [emberɣaðúra] *s. f.* **1.** *Náut.* (de una vela) breadth. **2.** *Zool.* wingspan. **3.** *fig.* importance.

envés [embés] *s. m.* **1.** (de una tela) wrong side. **2.** (de página) reverse.

enviado, -da [embiáðo] *s. m. y f.* **1.** (mensajero) messenger. **2.** (corresponsal de TV, prensa) correspondent. **3.** *Polít.* envoy.

enviar [embiár] *v. tr.* **1.** to send. **2.** *Econ.* to dispatch. **3.** (por barco) to ship. ‖ **~ por correo** to mail.

enviciar [embiθjár] *v. tr.* **1.** to corrupt; to spoil. ‖ **enviciarse** *v. prnl.* **2.** to become addicted.

envidia [embíðja] *s. f.* envy; jealousy.

envidiar [embiðjár] *v. tr.* to envy.

envidioso, -sa [embiðjóso] *adj.* envious [Está muy envidioso del éxito de su exnovia. *He is very envious of her ex-girlfriend's success.*]

envilecer [embileθér] *v. tr.* (degradar) to degrade; to debase.

envío [embío] *s. m.* **1.** (acción de enviar) sending. **2.** (remesa) consignment. **3.** (de dinero) remittance.

enviudar [embjuðár] *v. intr.* **1.** (hombre) to become a widower. **2.** (mujer) to become a widow.

envoltorio [emboltórjo] *s. m.* **1.** (de un regalo) wrapping. **2.** (de un caramelo) wrapper. **3.** (bulto) bundle.

envoltura [emboltúra] *s. f.* **1.** *Biol.* covering. **2.** (de un regalo) wrapping **3.** (embalaje) wrapper.

envolver [embolβér] *v. tr.* **1.** (paquete regalo) to wrap; to wrap up. **2.** *fig.* (involucrar) to involve *fig.* **3.** (humo, tristeza) to envelop. ‖ **envolverse** *v. prnl.* **4.** (en una manta) to wrap up. **5.** (en un delito, asunto) to become involved. **papel de ~** wrapping paper.

enyesar [en̠jesár] *v. tr.* to plaster.

enzarzar [enθarθár] *v. tr.* **1.** to set at odds. ‖ **enzarzarse** *v. tr.* **2.** to get involved (in a dispute).

épico, -ca [épiko] *adj., Lit.* epic.

epidemia [epiδémja] *s. f.* epidemic.

epílogo [epíloɣo] *s. m.* epilog.

episodio [episóδjo] *s. m.* **1.** *Lit.* episode. **2.** (suceso) incident.

epístola [epístola] *s. f., Lit.* epistle *frml.*

época [époka] *s. f.* **1.** time; age; period. **2.** *Hist.* era; epoch.

epopeya [epopéʝa] *s. f., Lit.* (poema) epic; epic poem.

equidad [ekiδáδ] *s. f.* **1.** *Der.* equity *frml.* **2.** (templanza) justice.

equilibrar [ekiliβrár] *v. tr.* **1.** to balance. **2.** (situación) to even. ‖ **equilibrarse** *v. prnl.* **3.** to balance.

equilibrio [ekiliβrjo] *s. m.* balance; equilibrium. ‖ **perder el ~** to lose one's balance.

equilibrista [ekiliβrísta] *s. m. y f.* (funámbulo) tightrope walker.

equinoccio [ekinókθjo] *s. m.* equinox.

equipaje [ekipáχe] *s. m.* baggage *Am. E.;* luggage *Br. E.* ‖ **hacer el ~** to pack.

equipar [ekipár] *v. tr.* **1.** (proveer) to equip. ‖ **equiparse** *v. prnl.* **2.** (abastecerse) to equip oneself.

equiparar [ekiparár] *v. tr.* (comparar) to compare; to liken.

equipo [ekipo] *s. m.* **1.** (de materiales, utensilios) equipment; apparatus. **2.** (de personas) team. **3.** (ropas, útiles) outfit.

equitación [ekitaθjón] *s. f.* horseback riding *Am. E.;* riding.

equitativo, -va [ekitatíβo] *adj.* (justo) equitable; fair.

equivalencia [ekiβaléŋθja] *s. f.* (igualdad) equivalence.

equivalente [ekiβalénte] *adj.* **1.** equivalent (to). ‖ *s. m.* **2.** equivalent.

equivaler [ekiβalér] *v. intr.* (ser igual) to be equivalent (to).

equivocación [ekiβokaθjón] *s. f.* **1.** error; mistake. **2.** (malentendido) misunderstanding.

equivocar [ekiβokár] *v. tr.* **1.** to get wrong. ‖ **equivocarse** *v. prnl.* **2.** to make a mistake; to be wrong.

equívoco [ekiβoko] *adj.* **1.** ambiguous; equivocal. ‖ *s. m.* **2.** (malentendido) misunderstanding.

era[1] [éra] *s. f.* era; age.

era[2] [éra] *s. f., Agr.* threshing floor.

eremita [eremíta] *s. m.* hermit.

erguir [erɣír] *v. tr.* **1.** to raise. **2.** (poner derecho) to straighten. ‖ **erguirse** *v. prnl.* **3.** (torre) to rear (up).

erigir [eriχír] *v. tr.* to build; to erect.

erizado, -da [eriθáδo] *adj.* bristling. ‖ **~ de** bristling with.

erizar [eriθár] *v. tr.* **1.** to bristle. ‖ **erizarse** *v. prnl.* **2.** to bristle.

erizo [eríθo] *s. m.* **1.** *Zool.* hedgehog. **2.** *Bot.* burr. ‖ **~ de mar** *Zool.* sea urchin.

ermita [ermíta] *s. f.* hermitage; chapel.

ermitaño, -ña [ermitáɲo] *s. m. y f.* (asceta) hermit; recluse.

erosión [erosjón] *s. f., Geol.* erosion.

erótico, -ca [erótiko] *adj.* erotic.

errante [eránte] *adj.* wandering; errant.

errar [erár] *v. tr.* **1.** (objetivo) to miss. ‖ *v. intr.* **2.** (vagar) to wander; to roam. **3.** (equivocarse) to err.

errata [eráta] *s. f., Impr.* misprint.

erróneo, -nea [eróneo] *adj.* **1.** (equivocado) erroneous *frml.;* wrong. **2.** (falaz) fallacious.

error [eřór] *s. m.* **1.** error; mistake. **2.** (lapsus) lapse. ‖ **por ~** by mistake.

eructar [eruktár] *v. intr.* to belch; to burp *coll.* [Los bebés tienen que eructar después de comer. *Babies have to belch after eating.*]

erudición [eruðiθjón] *s. f.* (cultura) learning; scholarship.

erudito, -ta [eruðíto] *adj.* **1.** (lenguaje) erudite. **2.** (persona) learned. ‖ *s. m. y f.* **3.** scholar.

erupción [erupθjón] *s. f.* **1.** eruption. **2.** *Med.* (en la piel) rash. **3.** *fig.* (de violencia) outbreak. ‖ **entrar en ~** to erupt.

esa [ésa] *pron. dem. f.* *ese.

esbelto, -ta [esβélto] *adj.* (delgado) slim; slender; willowy.

esbozar [esβoθár] *v. tr.* **1.** (figura) to sketch. **2.** (idea) to outline.

escabeche [eskaβétʃe] *s. m., Gastr.* (en vinagre) pickle; souse [Sardinas en escabeche. *Pickled sardines.*]

escabroso, -sa [eskaβróso] *adj.* **1.** (áspero) uneven; rough. **2.** *fig.* (difícil) tough. **3.** (obsceno) scabrous.

escabullirse [eskaβuʎírse] *v. prnl.* (escaparse) to sneak away.

escafandra [eskafándra] *s. f.* diving suit.

escala [eskála] *s. f.* **1.** (para medir) scale. **2.** (escalera) ladder. **3.** (de colores) range. ‖ **a gran ~** on a large scale. **hacer ~ en** to call at.

escalador, -ra [eskalaðór] *s. m. y f.* climber; mountaineer.

escalar [eskalár] *v. tr.* **1.** to climb; to scale. **2.** (socialmente) to climb.

escalera [eskaléra] *s. f.* **1.** staircase; stairs *pl.* **2.** (escala) ladder. **3.** (cartas) sequence. ‖ **~ de caracol** spiral staircase. **~ de servicio** service stairs.

escalerilla [eskaleríʎa] *s. f.* **1.** *Náut.* (barco) gangplank; gangway. **2.** (avión) steps [Retiraron la escalerilla antes del despegue. *They took the steps away before the takeoff.*]

escalfar [eskalfár] *v. tr., Gastr.* (huevos) to poach.

escalinata [eskalináta] *s. f.* staircase.

escalofrío [eskalofrío] *s. m.* **1.** shiver. **2.** *Med.* (de fiebre) chill.

escalón [eskalón] *s. m.* **1.** (peldaño) step; stair. **2.** (grado) grade **3.** *fig.* (al éxito) ladder.

escalonar [eskalonár] *v. tr.* **1.** (pagos, vacaciones) to stagger. **2.** (terreno) to terrace. **3.** *Mil.* to echelon.

escalope [eskalópe] *s. m., Gastr.* escalope.

escama [eskáma] *s. f.* **1.** *Zool.* scale. **2.** (de piel, jabón) flake.

escamar [eskamár] *v. tr.* **1.** (un pez) to scale. **2.** *fig. y fam.* to make wary.

escamotear [eskamoteár] *v. tr.* **1.** (hacer desaparecer) to make vanish. **2.** *fig. y fam.* (robar) to lift.

escampar [eskampár] *v. intr., Meteor.* (aclarar) to clear up.

escanciar [eskanθjár] *v. tr.* (sidra, vino) to pour; to serve.

escandalizar [eskandaliθár] *v. tr.* **1.** to shock; to scandalize. ‖ **escandalizarse** *v. prnl.* **2.** to be scandalized.

escándalo [eskándalo] *s. m.* **1.** (alboroto, jaleo) commotion. shock. **2.** (desvergüenza) scandal. **3.** *fig.* (asombro) ‖ **provocar un ~** to cause a scandal.

escaño [eskáɲo] *s. m.* **1.** (banco) bench; settle. **2.** *Polít.* seat.

escapada [eskapáða] *s. f.* escape.

escapar [eskapár] *v. intr.* **1.** (huir) to escape; to run away. ‖ **escaparse** *v. prn.*

2. to get away. ‖ **escaparse de** (un lugar) to escape from.

escaparate [eskaparáte] *s. m.* (de una tienda) shop window.

escapatoria [eskapatórja] *s. f.* **1.** escape. **2.** (salida, solución) way out.

escape [eskápe] *s. m.* **1.** (huida) escape; getaway. **2.** (de gas) leak.

escapulario [eskapulárjo] *s. m., Rel.* scapular; scapulary.

escarabajo [eskaraβáχo] *s. m., Zool.* (también automóvil) beetle.

escaramuza [eskaramúθa] *s. f.* **1.** *Mil.* skirmish. **2.** *fig.* (riña) quarrel.

escarbar [eskarβár] *v. tr.* **1.** to scrabble; to scratch. **2.** (dientes, oídos) to pick. **3.** (fuego) to poke.

escarcha [eskártʃa] *s. f., Meteor.* frost.

escarlata [eskarláta] *adj. inv.* **1.** scarlet. ‖ *s. f.* **2.** (color) scarlet.

escarlatina [eskarlatína] *s. f., Med.* scarlatina; scarlet fever.

escarmentar [eskarmentár] *v. tr.* **1.** to punish severely; to teach sb a lesson. ‖ *v. intr.* **2.** to learn one's lesson.

escarmiento [eskarmjénto] *s. m.* (castigo) punishment; lesson. ‖ **dar un ~ a** to teach sb a lesson.

escarnecer [eskarneθér] *v. tr., lit.* (mofarse) to mock; to ridicule.

escarnio [eskárnjo] *s. m.* mockery; scoff.

escarola [eskaróla] *s. f., Bot.* endive.

escarpado [eskarpáðo] *adj.* **1.** (inclinado) steep; sheer. **2.** (montañas) craggy; rugged.

escarpia [eskárpja] *s. f.* hook; spike.

escasear [eskaseár] *v. intr.* (faltar) to be scarce; to fall short.

escasez [eskaséθ] *s. f.* **1.** (carencia) shortage; scarcity. **2.** (miseria) penury.

escaso, -sa [eskáso] *adj.* **1.** scant; limited. **2.** (recursos) slender. **3.** (insuficiente) short; scanty.

escatimar [eskatimár] *v. tr.* to curtail.

escayola [eskaʝóla] *s. f.* **1.** plaster. **2.** *Med.* plaster cast [Le han quitado la escayola. *He has had his plaster cast taken off.*]

escena [esθéna] *s. f.* **1.** scene. **2.** *Teatr.* (escenario) stage.

escenario [esθenárjo] *s. m.* **1.** *Teatr.* stage. **2.** *fig.* (de un suceso) scene

escenografía [esθenoɣrafía] *s. f.* **1.** (arte) scenography. **2.** (decorado) scenery.

escéptico [esθéptiko] *adj.* **1.** skeptic. ‖ *s. m. y f.* **2.** skeptic.

escisión [esθisjón] *s. f.* (división) division; scission *frml.*

esclarecer [esklareθér] *v. tr.* **1.** (iluminar) to brighten; to light up. **2.** *fig.* (crimen, misterio) to clear up.

esclavitud [esklaβitúð] *s. f.* **1.** slavery. **2.** (servidumbre) servitude. **3.** (cautiverio) bondage.

esclavizar [esklaβiθár] *v. tr.* to enslave.

esclavo, -va [eskláβo] *adj.* **1.** slave. ‖ *s. m. y f.* **2.** slave. ‖ **esclava** *s. f.* **3.** (brazalete) bangle.

esclusa [esklúsa] *s. f.* **1.** (de un canal) lock. **2.** (de una presa) floodgate; sluicegate.

escoba [eskóβa] *s. f.* broom.

escobilla [eskoβíʎa] *s. f.* **1.** brush. **2.** (del baño) toilet brush. **3.** (del limpiaparabrisas) wiper blade.

escocer [eskoθér] *v. tr. e intr.* **1.** *Med.* (herida, ojos) to smart; to sting. **2.** *fig.* (desagradar) to displease.

escocés, -sa [eskoθés] *adj.* **1.** (ciudad, persona) Scottish. **2.** (whisky) Scotch.

|| *s. m. y f.* **3.** (persona) Scot. || *s. m.* **4.** (hombre) Scotsman. || **escocesa** *s. f.* **5.** Scotswoman.

escoger [eskoxér] *v. tr.* **1.** (elegir) to choose; to select. **2.** *Polít.* (candidato) to elect. || ~ **entre** (elegir) to pick out.

escogido, -da [eskoxíðo] *adj.* **1.** (mercancía) choice. **2.** (clientela) select.

escolar [eskolár] *adj.* **1.** scholastic; school. || *s. m. y f.* **2.** pupil.

escollo [eskóʎo] *s. m.* **1.** *Náut.* (arrecife) reef; rock. **2.** *fig.* (dificultad) pitfall.

escolta [eskólta] *s. f.* **1.** escort. **2.** *Náut.* convoy. || ~ **personal** bodyguard.

escoltar [eskoltár] *v. tr.* **1.** to escort. **2.** *Náut.* to convoy.

escombro [eskómbro] *s. m.* (desperdicio) waste.

esconder [eskondér] *v.* **1.** to hide; to conceal *frml.* || **esconderse** *v. prnl.* **2.** to hide; to lurk.

escondite [eskondíte] *s. m.* **1.** (para cosas) hiding place. **2.** (juego) hide-and-seek. || **jugar al** ~ to play hide-and-seek.

escondrijo [eskondríxo] *s. m.* (escondite) hiding place.

escopeta [eskopéta] *s. f.* shotgun.

escoplo [eskóplo] *s. m.* chisel.

escoria [eskórja] *s. f.* **1.** (de metal) dross; refuse. **2.** (de una fundición) slag. **3.** *fig.* (de la sociedad) dregs *pl.*; scum.

Escorpio [eskórpjo] *n. p., Astrol.* Scorpio.

escorpión [eskorpjón] *s. m., Zool.* scorpion.

escotado [eskotáðo] *adj.* (blusa, vestido) low-necked; décolleté *frml.*

escote [eskóte] *s. m.* neck; neckline.

escotilla [eskotíʎa] *s., Náut.* (abertura) hatch; hatchway.

escozor [eskoθór] *s. m.* stinging sensation.

escribano, -na [eskriβáno] *s. m. y f.* **1.** *Der.* court clerk. **2.** (notario) notary. **3.** *Hist.* scribe.

escribir [eskriβír] *v. tr. e intr.* **1.** to write. || **escribirse** *v. prnl.* **2.** to write to each other. || ~ **a máquina** to type.

escrito [eskríto] *s. m.* (documento) writing; document.

escritor, -ra [eskritór] *s. m. y f.* writer.

escritorio [eskritórjo] *s. m.* (mueble) desk; writing desk; bureau *Br. E.*

escritura [eskritúra] *s. f.* **1.** writing; script. **2.** *Der.* (documento) deed.

escrúpulo [eskrúpulo] *s. m.* scruple; qualm. || **sin escrúpulos** unprincipled; unscrupulous. **tener escrúpulos** to scruple.

escrupuloso, -sa [eskrupulóso] *adj.* **1.** scrupulous. **2.** (aprensivo) fastidious.

escrutar [eskrutár] *v. tr.* **1.** (examinar) to scrutinize. **2.** *Polít.* (votos) to count.

escrutinio [eskrutínjo] *s. m.* **1.** (examen) scrutiny. **2.** *Polít.* (de votos) canvass *Am. E.*

escuadra [eskwáðra] *s. f.* **1.** (instrumento triangular) set square. **2.** (de coches) fleet. **3.** *Mil.* squad.

escuadrilla [eskwaðríʎa] *s. f.* **1.** *Mil.* (de aviones) flight. **2.** *Mil. y Náut.* squadron.

escuadrón [eskwaðrón] *s. m.* **1.** *Mil.* squadron. **2.** (más pequeño) troop.

escuálido, -da [eskwáliðo] *adj.* **1.** (flaco) skinny. **2.** (sucio) squalid.

escucha [eskútʃa] *s. f.* **1.** listening. **2.** *Mil.* scout. || ~ **telefónica** wiretap.

escuchar [eskutʃár] *v. tr.* **1.** to listen (to). **2.** (consejo) to heed.

escudo [eskúðo] *s. m.* **1.** *Mil.* shield. **2.** (antigua moneda portuguesa) escudo. || ~ **de armas** (emblema) coat of arms.

escudriñar [eskuðriɲár] *v. tr.* **1.** (examinar) to scrutinize. **2.** (mirar intensamente) to scan.

escuela [eskwéla] *s. f.* school.

escueto, -ta [eskwéto] *adj.* (parco) plain; unadorned; bare.

esculpir [eskulpír] *v. tr.* **1.** (estatua) to sculpture. **2.** (en metales) to engrave. **3.** (en madera) to carve.

escultor, -ra [eskultór] *s. m. y f.*, *Esc.* sculptor.

escultura [eskultúra] *s. f.* **1.** sculpture. **2.** (madera) carving.

escupir [eskupír] *v. intr.* to spit.

escupitajo [eskupitáχo] *s. m.*, *fam.* (de saliva) gob of spit.

escurreplatos [eskuReplátos] *s. m. inv.* draining rack.

escurridizo [eskuRiðíθo] *adj.* slippery.

escurrir [eskuRír] *v. tr.* **1.** to drain. **2.** (ropa) to wring. || *v. intr.* **3.** (líquido) to drip. || **escurrirse** *v. prnl.* **4.** to drain. **5.** (líquido) to drip. **6.** (objeto) to slip.

esdrújulo, -la [esðrúχulo] *adj.* **1.** *Ling.* proparoxytone. || **esdrújula** *s. f.* **2.** *Ling.* proparoxytone.

ese, -sa, -so [ése] *adj. dem. sing.* **1.** that [No toques ese ordenador. *Don't touch that computer.*] || *pron. dem. sing.* **2.** that [Pásame ése rojo, por favor. *Pass me that red one, please.*] || **esos -sas** *adj. dem. pl.* **3.** those [¿Quieres esos pantalones? *Do you want those jeans?*] | *pron. dem. pl.* **4.** those [Ésas son tus carpetas. *Those are your folders.*] •To avoid any confusion, the m. and f. forms of the pron. are written with an accent: "ése", "ésa", "ésos" y "ésas".

esencia [esénθja] *s. f.* **1.** essence. **2.** (naturaleza) marrow. **3.** (perfume) scent.

esencial [esenθjál] *adj.* **1.** essential; vital. **2.** (principal) main.

esfera [esféra] *s. f.* **1.** sphere. **2.** (círculo) circle; round. **3.** (de un reloj) dial.

esférico, -ca [esfériko] *adj.* spherical.

esfinge [esfíɲχe] *s. f.* sphinx.

esforzarse [esforθárse] *v. prnl.* to make an effort; to try hard [Se esforzó por resolver el problema. *He made a real effort to solve the problem.*]

esfuerzo [esfwérθo] *s. m.* effort; endeavor; exertion.

esfumar [esfumár] *v. tr.* **1.** (color) to soften. || **esfumarse** *v. prnl.* **2.** (esperanzas, etc) to fade away. **3.** (persona) to vanish.

esgrima [esɣríma] *s. f.*, *Dep.* fencing.

esgrimir [esɣrimír] *v. tr.* **1.** (un arma) to wield; to brandish. **2.** *fig.* (un argumento) to put forward. || *v. intr.* **3.** (hacer esgrima) to fence.

esguince [esɣínθe] *s. m.*, *Med.* sprain.

eslabón [eslaβón] *s. m.* link.

eslogan [eslóɣan] *s. m.* slogan.

esmaltar [esmaltár] *v. tr.* to enamel.

esmalte [esmálte] *s. m.* **1.** (barniz) enamel. **2.** (de uñas) varnish. || **~ de uñas** nail polish.

esmerado, -da [esmeráðo] *adj.* **1.** careful; neat. **2.** (fino) delicate.

esmeralda [esmerálda] *s. f.* emerald.

esmerarse [esmerárse] *v. prnl.* (esforzarse) to take great pains; to put one's best foot forward.

esmero [esméro] *s. m.* great care.

esmoquin [esmókin] *s. m.* **1.** tuxedo *Am. E.*; dinner jacket *Br. E.*

eso [éso] *pron. dem. n. sing.* that [¡No digas eso! *Don't say that!*]

esófago [esófaɣo] *s. m.*, *Anat.* esophagus; gullet.

espabilar [espaβilár] *v. tr.* **1.** (despertar) to wake up. ‖ **espabilarse** *v. prnl.* **2.** to get one's act together *coll.*

espacial [espaθjál] *adj.* spatial.

espaciar [espaθjár] *v. tr.* to space (out).

espacio [espáθjo] *s. m.* **1.** space. **2.** (capacidad) room. **3.** (hueco) gap. ‖ **~ en blanco** blank space. **espacios verdes** green spaces.

espacioso, -sa [espaθjóso] *adj.* (amplio) spacious; roomy.

espada [espáða] *s. f.* (arma) sword. ‖ **entre la ~ y la pared** *fig. y fam.* between the devil and the deep blue sea.

espadachín [espaðatʃín] *s. m.* **1.** swordsman. **2.** *pey.* (bravucón) bully.

espagueti [espaɣéti] *s. m.* **1.** *Gastr.* piece of spaguetti. ‖ **espaguetis** *s. m. pl.* **2.** *Gastr.* spaguetti *pl.*

espalda [espálda] *s. f.* **1.** *Anat.* back. ‖ **espaldas** *s. f. pl.* **2.** *Anat.* back. ‖ **a espaldas de** behind someone's back. **a sus/mis espaldas** behind (+ pron.) [Mi madre tiene treinta años de experiencia a sus espaldas. *My mother has thirty years' experience behind her.*] **ser ancho de espaldas** to be broad-shouldered.

espantajo [espantáxo] *s. m.* scarecrow.

espantapájaros [espantapáxaros] *s. m. inv.* scarecrow.

espantar [espantár] *v. tr.* **1.** (asustar) to frighten; to scare. **2.** *fam.* (asombrar) to appall. ‖ **espantarse** *v. prnl.* **3.** to get frightened.

espanto [espánto] *s. m.* **1.** fright; scare. **2.** (terror) terror.

espantoso, -sa [espantóso] *adj.* **1.** (horrible) dreadful. **2.** (atroz) appalling. **3.** (comportamiento, gusto) abominable.

español, -la [espaɲól] *adj.* **1.** Spanish. ‖ *s. m.* **2.** (idioma) Spanish. ‖ *s. m. y f.* **3.** (persona) Spaniard.

esparadrapo [esparaðrápo] *s. m., Farm.* plaster; sticking plaster.

esparcir [esparθír] *v. tr.* **1.** to spread. **2.** (derramar) to scatter; to spill. **3.** *fig* (divulgar) to disseminate. ‖ **esparcirse** *v. prnl.* **4.** to spread; to scatter. **5.** *fig* (relajarse) to relax.

espárrago [espáɾaɣo] *s. m., Bot.* asparagus. ‖ **~ triguero** *Bot.* wild asparagus.

esparto [espárto] *s. m., Bot.* esparto; esparto grass.

espasmo [espásmo] *s. m., Med.* spasm.

espátula [espátula] *s. f.* **1.** spatula. **2.** (arte) palette knife.

especia [espéθja] *s. f.* spice.

especial [espeθjál] *adj.* **1.** special. **2.** (peculiar) peculiar. ‖ **en ~** especially.

especialidad [espeθjaliðáð] *s. f.* specialty [Su especialidad es el rosbif. *Her specially es roast beef.*]

especialista [espeθjalísta] *adj.* **1.** specialist. ‖ *s. m. y f.* **2.** specialist. **3.** (experto) expert.

especializar [espeθjaliθár] *v. tr.* **1.** to specialize. ‖ **especializarse** *v. prnl.* **2.** to specialize [Se especializó en derecho penal. *She specialized in criminal law.*]

especie [espéθje] *s. f.* **1.** *Biol.* species *inv.* **2.** (clase) kind; sort. ‖ **en ~** in kind.

especificar [espeθifikár] *v. tr.* to specify.

específico, -ca [espeθífiko] *adj.* (determinado) specific.

espectáculo [espektákulo] *s. m.* **1.** (teatro y TV) show; performance. **2.** (escena) spectacle; sight.

espectador, -ra [espektaðór] *s. m. y f.* **1.** *Dep.* spectator. **2.** (de un incidente) onlooker.

espectro [espéktro] *s. m.* **1.** spectrum. **2.** (fantasma) specter; ghost.

especular [espekulár] *v. tr.* **1.** (conjeturar) to speculate about. ‖ *v. intr.* **2.** (comerciar) to speculate on. **3.** (hacer cábalas) to speculate.

espejismo [espeχísmo] *s. m.* **1.** (fenómeno óptico) mirage. **2.** *fig.* (ilusión) illusion.

espejo [espéχo] *s. m.* mirror.

espeleología [espeleoloχía] *s. f., Dep.* speleology.; spelunking

espeluznante [espeluθnánte] *adj.* (aterrador) hair-raising; spooky.

espera [espéra] *s. f.* **1.** (acción de esperar) wait; waiting. **2.** (expectativa) expectation. ‖ **a la ~** waiting

esperanza [esperánθa] *s. f.* hope.

esperar [esperár] *v. tr.* **1.** (aguardar) to wait for. **2.** (desear) to hope. **3.** (tener expectativa de) to expect. **4.** (con ansia) to look forward. ‖ *v. intr.* **5.** to wait; to hold on.

esperma [espérma] *s. amb., Biol.* semen; sperm. ‖ **banco de ~** sperm bank. •Chiefly used as m. n.

espermatozoide [espermatoθójðe] *s. m., Biol.* spermatozoon.

espesar [espesár] *v. tr.* to thicken.

espeso, -sa [espéso] *adj.* **1.** thick. **2.** (bosque, niebla) dense.

espesor [espesór] *s. m.* thickness.

espesura [espesúra] *s. f.* **1.** (de un bosque) thicket. **2.** (groso) density.

espía [espía] *s. m. y f.* spy.

espiar [espiár] *v. tr.* **1.** to spy on; to peep. ‖ *v. intr.* **2.** to spy.

espiga [espíγa] *s. f.* **1.** *Bot.* (de flores) spike. **2.** *Bot.* (de trigo) ear.

espina [espína] *s. f.* **1.** *Bot.* (de un rosal) thorn. **2.** *Bot.* (de un cactus) prickle. **3.** (de pez) bone; fishbone. **4.** *Anat.* (dorsal) spine.

espinaca [espináka] *s. f., Bot.* spinach.

espinazo [espináθo] *s. m., Anat.* spine; backbone.

espinilla [espiníʎa] *s. f.* **1.** *Anat.* shin. **2.** (punto negro) blackhead.

espino [espíno] *s. m., Bot.* hawthorn.

espinoso, -sa [espinóso] *adj.* **1.** *Bot.* (planta) thorny; spiny. **2.** (cactus) prickly. **3.** *fig* (problema) knotty.

espionaje [espjonáχe] *s. m.* spying; espionage. ‖ **~ industrial** industrial espionage.

espiral [espirál] *adj.* **1.** spiral. ‖ *s. f.* **2.** spiral. ‖ **escalera en ~** spiral staircase.

espirar [espirár] *v. tr. e intr.* (respirar) to breathe out; to exhale.

espíritu [espíritu] *s. m.* **1.** spirit. **2.** *Rel.* soul. **3.** (fantasma) ghost.

espiritual [espiritwál] *adj.* spiritual.

espita [espíta] *s. f.* faucet *Am. E.*; tap *Br. E.*

esplendidez [esplendiðéθ] *s. f.* splendor; magnificence.

espléndido, -da [espléndiðo] *adj.* **1.** splendid. **2.** (generoso) generous.

esplendor [esplendór] *s. m.* **1.** splendor. **2.** (resplandor, brillo) brilliance; glow.

espliego [espljéγo] *s. m., Bot.* lavender.

espolear [espoleár] *v. tr.* to spur on.

espolvorear [espolβoreár] *v. tr.* to sprinkle; to powder.

esponja [espónχa] *s. f.* sponge.

esponjar [esponχár] *v. intr.* **1.** to fluff on. ‖ **esponjarse** *v. prnl.* **2.** (pelo) to go fluffy. **3.** (toalla) to become fluffy.

esponjoso, -sa [espoŋχóso] *adj.* **1.** fluffy. **2.** (masa, bizcocho) spongy.

esponsales [esponsáles] *s. m. pl., form.* betrothal *sing.*; nuptials *pl.*

espontáneo, -nea [espontáneo] *adj.* **1.** spontaneous. ‖ *s. m. y f.* **2.** spectator.

esporádico, -ca [esporáðiko] *adj.* (eventual) sporadic; intermittent.

esposar [esposár] *v. tr.* to handcuff; to manacle.

esposas [espósas] *s. f. pl.* (para los detenidos) handcuffs.

esposo, -sa [espóso] *s. m. y f.* **1.** spouse. ‖ *s. m.* **2.** husband. ‖ **esposa** *s. f.* **3.** (mujer) wife.

esprint [esprín] *s. m., Dep.* sprint.

espuela [espwéla] *s. f.* spur.

espuma [espúma] *s. f.* **1.** foam. **2.** (del jabón) lather. **3.** (de cerveza) froth. **4.** (para el pelo) mousse. ‖ **hacer ~** to foam. **subir como la ~** *fig.* to soar.

espumadera [espumaðéra] *s. f.* (instrumento de cocina) skimmer.

espumoso, -sa [espumóso] *adj.* **1.** foamy. **2.** (jabón) lathery. **3.** (cerveza) frothy. ‖ *s. m.* **4.** sparkling wine.

esqueje [eskéχe] *s. m.* **1.** *Agr.* (para plantar) cutting. **2.** *Bot.* (para injertar) scion.

esquela [eskéla] *s. f.* (mortuoria) death notice.

esqueleto [eskeléto] *s. m.* **1.** *Anat.* skeleton. **2.** *Albañ.* framework.

esquema [eskéma] *s. m.* **1.** scheme. **2.** (de un libro, informe) skeleton; plan. **3.** (resumen) outline.

esquemático [eskemátiko] *adj.* schematic [Un diagrama esquemático. *A schematic diagram.*]

esquí [eskí] *s. m.*, **1.** (tabla) ski. **2.** *Dep.* skiing. ‖ **~ acuático** water-skiing. **esta-**

ción de ~ ski resort. **monitor de ~** ski instructor. **pista de ~** ski run.

esquiar [eskiár] *v. intr., Dep.* to ski.

esquilar [eskilár] *v. tr.* (ovejas) to shear; to fleece.

esquina [eskína] *s. f.* (en la calle) corner.

esquivar [eskiβár] *v. tr.* **1.** to avoid. **2.** (eludir) to elude; to evade.

esta [ésta] *pron. dem. f.* *este.

estabilidad [estaβiliðáð] *s. f.* stability.

estabilizar [estaβiliθár] *v. tr.* **1.** to stabilize. ‖ **estabilizarse** *v. prnl.* **2.** to stabilize.

estable [estáβle] *adj.* stable.

establecer [estaβleθér] *v. tr.* **1.** to establish. **2.** (fundar) to found. **3.** (bases) to lay down. ‖ **establecerse** *v. prnl.* **4.** to settle down.

establecimiento [estaβleθimjénto] *s. m.* **1.** establishment. **2.** (asentamiento) settlement. **3.** (fundación) institution.

establo [estáβlo] *s. m.* stable; stall.

estaca [estáka] *s. f.* stake.

estación [estaθjón] *s. f.* **1.** (del año) season. **2.** (tren, autobús) station; depot *Am. E.* ‖ **~ de servicio** service station. **~ espacial** space station.

estacionamiento [estaθjonamjénto] *s. m., Autom.* **1.** (acción) parking. **2.** (lugar) parking lot *Am. E.*; car park *Br. E.*

estacionar [estaθjonár] *v. tr.* **1.** *Autom.* (aparcar) to park. **2.** *Mil.* (emplazar tropas) to station.

estadio [estáðjo] *s. m.* **1.** *Dep.* stadium; arena. **2.** (fase) stage.

estadista [estaðísta] *s. m.* **1.** *Polít.* statesman. ‖ *s. f.* **2.** *Polít.* stateswoman. ‖ *s. m. y f.* **3.** *Mat.* statistician.

estadística [estaðístika] *s. f.* **1.** (ciencia) statistics *pl.* **2.** (dato) figure; statistic.

estado [estáðo] *s. m.* **1.** state; condition. **2.** (social) status. ‖ ~ **civil** marital status.

estadounidense [estaðowniðénse] *adj. y s. m. y f.* American.

estafa [estáfa] *s. f.* swindle; trick.

estafador, -ra [estafaðór] *s. m. y f.* swindler; cheater *Am. E.*; cheat.

estafar [estafár] *v. tr., Der.* to swindle; to defraud.

estafeta [estaféta] *s. f.* (oficina de correos) post office.

estalactita [estalaktíta] *s. f., Geol.* (del techo) stalactite.

estalagmita [estalagmíta] *s. f., Geol.* (en el suelo) stalagmite.

estallar [estaʎár] *v. intr.* **1.** to burst. **2.** (bomba) to explode; to go off. **3.** *fig.* (epidemia, guerra) to break out.

estallido [estaʎíðo] *s. m.* **1.** burst; explosion. **2.** (de látigo, trueno) crack. **3.** *fig.* (de una guerra) outbreak.

estambre [estámbre] *s. m., Bot.* stamen.

estampa [estámpa] *s. f.* **1.** (dibulo) picture. **2.** *fig.* (aspecto) appearance. **3.** *Impr.* print.

estampado [estampáðo] *adj.* **1.** printed. ‖ *s. m.* **2.** (tela) print.

estampar [estampár] *v. tr.* **1.** (imprimir, dibujar) to print. **2.** (metal, un sello) to stamp. **3.** (dejar impreso) to engrave; to imprint. **4.** (una firma) to affix.

estampido [estampíðo] *s. m.* (de un arma) bang; boom.

estancamiento [estaŋkamjénto] *s. m.* (estancación) stagnation.

estancar [estaŋkár] *v. tr.* **1.** (contener) to dam up. **2.** (hemorragia) to stanch. **3.** *fig.* (discusión) to deadlock. ‖ **estancarse** *v. prnl.* **4.** to stagnate; to become stagnant. **5.** *fig.* (una negociación) to stall.

estancia [estánθja] *s. f.* **1.** (habitación) room. **2.** (permanencia) stay.

estanco [estáŋko] *s. m.* **1.** (tienda) tobacconist's. **2.** *Hist.* (impuesto) levy (imposed to establish crown monopoly).

estándar [estándar] *adj.* **1.** standard. ‖ *s. m.* **2.** standard.

estandarte [estandárte] *s. m.* (bandera) standard; banner.

estanque [estáŋke] *s. m.* **1.** (embalse) pool; pond. **2.** (depósito) reservoir.

estante [estánte] *s. m.* shelf; rack.

estantería [estantería] *s. f.* (mueble) shelving; shelves *pl.*

estaño [estáɲo] *s. m., Quím.* tin.

estar [estár] *v. intr.* **1.** (existir, hallarse) to be. **2.** (posición) to be; to stand. **3.** (un objeto) to lie. ‖ **¿cómo está usted?** how do you do?

estatal [estatál] *adj.* state.

estático, -ca [estátiko] *adj.* **1.** static. ‖ **estática** *s. f.* **2.** statics *sing.*

estatua [estátwa] *s. f.* statue.

estatura [estatúra] *s. f.* stature; height.

estatuto [estatúto] *s. m.* **1.** *Der.* statute. **2.** (de ciudad) bylaw.

este, -ta, -to [éste] *adj. dem. sing.* **1.** this [Este coche es demasiado caro. *This car is too expensive.*] ‖ *pron. dem. sing.* **2.** this [Éste es mi libro favorito. *This is my favorite book.*] **3.** this one. ‖ **estos -tas** *adj. dem. pl.* **4.** these [Éstas especies están en peligro de extinción. *These species are in danger of extinction.*] ‖ *pron. dem. pl.* **5.** these [Ésas botas no me gustan, prefiero éstas. *I don't like those boots, I prefere these ones.*] •To avoid any confusion, the m. and f. forms of the pron. are written with an accent: "éste", "ésta", "éstos" y "éstas".

este [éste] *s. m., Geogr.* east. ‖ **hacia el ~** eastwards.

estela [estéla] *s. f.* **1.** *Náut.* (de un barco) wake. **2.** (de avión, cohete) trail.

estepa [estépa] *s. f., Geogr.* steppe.

estera [estéra] *s. f.* mat.

estercolar [esterkolár] *v. tr.* (campo) to manure; to dung *Br. E.*

estercolero [esterkoléro] *s. m.* dunghill; dung heap.

estéreo [estéreo] *adj.* **1.** stereo. ‖ *s. m.* **2.** (para escuchar música, radio) stereo.

estéril [estéril] *adj.* **1.** sterile; barren. **2.** *fig.* (vano) futile.

esterilidad [esteriliðáð] *s. f.* **1.** sterility. **2.** (de un terreno) barrenness.

esterilizar [esteriliθár] *v. tr.* to sterilize.

estético, -ca [estétiko] *adj.* **1.** esthetic *Am. E.*; aesthetic *Br. E.* ‖ **estética** *s. f.* **2.** (filosofía) esthetic *Am. E.*; aesthetics *sing. Br. E.*

estetoscopio [estetoskópjo] *s. m., Med.* stethoscope.

estiércol [estjérkol] *s. m.* manure; dung.

estigma [estígma] *s. m.* **1.** stigma. **2.** *lit.* (marca, señal) mark.

estilo [estílo] *s. m.* **1.** style. **2.** (moda) fashion. ‖ **- de vida** way of life.

estilográfica [estiloɤráfika] *s. f.* (pluma) fountain pen.

estima [estíma] *s. f.* esteem; respect. ‖ **tener en gran ~** to prize.

estimación [estimaθjón] *s. f.* **1.** (aprecio) esteem. **2.** (valoración) estimation. **3.** (cálculo) estimate.

estimar [estimár] *v. tr.* **1.** (apreciar) to esteem; to respect. **2.** (considerar) to consider; to think. **3.** (calcular) to estimate. ‖ **estimarse** *v. prnl.* **4.** to be estimated.

estimulante [estimuláɲte] *adj.* **1.** stimulating. ‖ *s. m.* **2.** stimulant.

estimular [estimulár] *v. tr.* **1.** to stimulate. **2.** *fig.* (alentar) to encourage; to enliven. **3.** (el apetito) to whet.

estímulo [estímulo] *s. m.* **1.** *Biol.* y *Fís.* stimulus; stimulation. **2.** *fig.* (incentivo) encouragement. **3.** *Econ.* incentive.

estío [estío] *s. m.* summer.

estipulación [estipulaθjón] *s. f.* (acuerdo) stipulation; condition.

estipular [estipulár] *v. tr.* to stipulate.

estirar [estirár] *v. tr.* **1.** to stretch; to draw out. **2.** (el cuello) to crane one's neck. **3.** *fig.* (un discurso, dinero) to stretch out. ‖ **estirarse** *v. prnl.* **4.** to stretch.

estirón [estirón] *s. m.* **1.** (tirón) pull; jerk. **2.** (crecimiento) sudden growth. ‖ **dar un ~** *fam.* (un niño) to shoot up.

estirpe [estírpe] *s. f.* lineage; stock; race.

estival [estiβál] *adj.* summer.

esto [ésto] *pron. dem. n. pl.* this [No le enseñes esto. *Don't show him this.*]

estocada [estokáða] *s. f., Taur.* thrust; stab.

estofado [estofáðo] *s. m., Gastr.* stew.

estofar [estofár] *v. tr., Gastr.* (guisar) to stew; to braise.

estoico, -ca [estójko] *adj.* **1.** stoic; stoical. ‖ *s. m.* y *f.* **2.** stoic.

estómago [estómaɤo] *s. m., Anat.* stomach. ‖ **dolor de ~** stomach ache.

estopa [estópa] *s.* **1.** (fibra) tow. **2.** (tela) burlap.

estoque [estóke] *s. m.* rapier.

estor [estór] *s. m.* roller blind.

estorbar [estorβár] *v. tr.* **1.** (obstruir) to obstruct. **2.** (impedir) to hinder. **3.** (molestar) to stand in the way. **4.** (retrasar) to set back.

estorbo [estórβo] *s. m.* **1.** (obstáculo) obstruction. **2.** (molestia) hindrance. **3.** (persona) nuisance. **4.** (impedimento) impediment.

estornudar [estornuðár] *v. intr.* to sneeze [Estuve estornudando toda la noche. *I was sneezing all evening.]*

estornudo [estornúðo] *s. m.* sneeze.

estrado [estráðo] *s. m.* **1.** (tarima) platform; dais. ‖ **estrados** *s. m. pl.* **2.** courtrooms.

estrafalario, -ria [estrafalárjo] *adj.* **1.** *fam.* (desaliñado) slovenly; sloppy. **2.** *fig. y fam.* (escéntico) eccentric; extravagant. ‖ *s. m. y f.* **3.** screwball.

estrago [estráγo] *s. m.* ruin; destruction.

estrangulación [estraŋgulaθjón] *s. f.* (asfixia) strangulation.

estrangular [estraŋgulár] *v. tr.* **1.** (persona, animal) to strangle; to choke. **2.** *Tecnol.* (coche) to throttle.

estratagema [estrataχéma] *s. f.* **1.** stratagem. **2.** *fam.* (trampa) trick.

estrategia [estratéχja] *s. f.* strategy.

estrato [stráto] *s. m.* **1.** *Meteor.* (nube) stratus. **2.** *Geol.* stratum. **3.** *fig.* (clase) layer. ‖ ~ **social** social strata.

estraza [estráθa] *s. f.* rag. ‖ **papel de ~** gray paper.

estrechar [estretʃár] *v. tr.* **1.** (carretera) to narrow. **2.** (lazos) to tighten. **3.** (mano) to shake. ‖ **estrecharse** *v. prnl.* **4.** (carretera) to narrow.

estrechez [estretʃéθ] *s. f.* **1.** narrowness. **2.** (de ropa) tightness. **3.** *fig.* (económica) finantial difficulty. **4.** *fig.* (aprieto) jam.‖ ~ **de miras** narrow outlook.

estrecho, -cha [estrétʃo] *adj.* **1.** narrow. **2.** (apretado) tight. **3.** *fig.* (relación) close. ‖ *s. m.* **4.** *Geogr.* strait.

estrella [estréʎa] *s. f., Astron.* star. ‖ **tener buena ~** to be lucky.

estrellar [estreʎár] *v. tr.* **1.** (llenar de estrellas) to star. **2.** *fam.* (hacer pedazos) to smash (to pieces); to shatter. **3.** (huevos) to fry. ‖ **estrellarse** *v. prnl.* **4.** *Autom.* (chocar) to crash. **5.** (hacerse pedazos) to shatter.

estremecer [estremeθér] *v. tr.* **1.** to shake. ‖ **estremecerse** *v. prnl.* **2.** (temblar) to tremble; to quiver. **3.** (de frío) to shiver. **4.** (de miedo) to shudder.

estrenar [estrenár] *v. tr.* **1.** to use for the first time. **2.** (ropa) to wear for the first time. **3.** *Cinem.* (una película) to premiere; to release. ‖ **estrenarse** *v. prnl.* **4.** (iniciarse) to make one's debut. **5.** *Cinem.* (una película) to come out.

estreno [estréno] *s. m.* **1.** *Cinem. y Teatr.* premiere. **2.** (de una persona) debut.

estreñimiento [estreɲimjénto] *s. m., Med.* constipation.

estrépito [estrépito] *s. m.* (ruido) noise; racket; smash.

estrepitoso, -sa [estrepitoso] *adj.* **1.** noisy; loud. **2.** (ruido) clangorous. **3.** (éxito) resounding.

estrés [estrés] *s. m., Med.* stress.

estría [estría] *s. f.* **1.** (ranura) groove. **2.** *fam.* (en la piel) stretch mark.

estribillo [estriβíʎo] *s. m.* **1.** *Mús. y Lit.* refrain. **2.** *Mús.* chorus. **3.** *Ling.* (muletilla) tag.

estribo [estríβo] *s. m.* **1.** *Equit.* stirrup. **2.** (de coche, tren) step. **3.** *Arq.* (de puente) pier. ‖ **perder los estribos** to lose one's temper.

estribor [estriβór] *s. m., Náut.* starboard.

estricto, -ta [estríkto] *adj.* **1.** (severo) severe. **2.** (riguroso) strict; close.

estridente [estriðénte] *adj.* **1.** shrill; strident. **2.** (color) loud.

estrofa [estrófa] *s. f.*, *Lit.* stanza; verse.

estropajo [estropáχo] *s. m.* scourer.

estropeado [estropeáðo] *adj.* out of order.

estropear [estropeár] *v. tr.* **1.** (dañar) to damage. **2.** (arruinar) to ruin. ‖ **estropearse** *v. prnl.* **3.** (comida) to spoil.

estructura [estruktúra] *s. f.* **1.** structure. **2.** *fig.* (armazón) frame. **3.** (complexión) build.

estruendo [estrwéndo] *s. m.* **1.** crash. **2.** *fig* (de aplausos, etc.) thunder. **3.** (de tráfico, máquinas) roar. **4.** *fig.* (alboroto) confusion. **5.** (de truenos) rumble.

estrujar [estruχár] *v. tr.* **1.** (apretar) to squeeze. **2.** (aplastar) to crush. **3.** *fam.* (explotar) to drain.

estuche [estútʃe] *s. m.* **1.** (caja) case; box. **2.** (vaina) sheath.

estudiante [estuðjánte] *s. m. y f.* student. ‖ **carné de ~** student card.

estudiar [estuðjár] *v. tr.* **1.** to study. **2.** (una propuesta) to think over.

estudio [estúðjo] *s. m.* **1.** study. **2.** (encuesta) survey. **3.** (apartamento) studio. **4.** (cine, arte, etc.) studio; workshop.

estudioso, -sa [estuðjóso] *adj.* **1.** studious. ‖ *s. m. y f.* **2.** (erudito) scholar.

estufa [estúfa] *s. f.* (brasero) heater; stove. ‖ **~ de gas** gas fire.

estupefacto, -ta [estupefákto] *adj.* astonished; thunderstruck.

estupendo, -da [estupéndo] *adj.* wonderful; marvelous; terrific; great *fam.*

estupidez [estupiðéθ] *s. f.* **1.** (torpeza) stupidity. **2.** (acto) stupid thing. **3.** (tontería) silliness.

estúpido, -da [estúpiðo] *adj.* **1.** stupid; silly. ‖ *s. m. y f.* **2.** idiot; stupid.

estupor [estupór] *s. m.* **1.** *Med.* stupor. **2.** *fig.* (estupefacción) astonishment.

etapa [etápa] *s. f.* **1.** stage. **2.** *Dep.* leg.

etcétera [etθétera] *s. amb.* et cetera; and so on/forth.

éter [éter] *s. m.*, *Quím.* ether.

eternidad [eterniðáð] *s. f.* eternity.

eterno, -na [etérno] *adj.* (inacabable) eternal; everlasting; endless.

ético, -ca [étiko] *adj.* ethical.

etiqueta [etikéta] *s. f.* **1.** (modales) etiquette; formality. **2.** (rótulo) label.

etnia [étnja] *s. f.* ethnic group.

eucalipto [ewkalípto] *s. m.*, *Bot.* eucalyptus. ‖ **caramelo de ~** eucalyptus candy.

eucaristía [ewkaristía] *s. f.*, *Rel.* (misa) Eucharist.

euforia [ewfórja] *s. f.* euphoria; elation.

euro [éwro] *s. m.* (unidad monetaria europea) euro.

eurodiputado [ewroðiputáðo] *s. m. y f.* euro MP.

europeo, -pea [ewropéo] *adj. y s. m. y f.* European.

eutanasia [ewtanásja] *s. f.* euthanasia; mercy killing.

evacuación [eβakwaθjón] *s. f.* evacuation.

evacuar [eβakwár] *v. tr.* **1.** to evacuate. **2.** *Anat.* to empty.

evadir [eβaðír] *v. tr.* **1.** (respuesta, peligro) to avoid. **2.** (responsabilidad) to shirk; to elude. **3.** (impuestos) to evade. ‖ **evadirse** *v. prnl.* **4.** (escaparse) to get away.

evaluación [eβalwaθjón] *s. f.* **1.** assessment; evaluation. **2.** (de una situación) appraisal. **3.** (exámen) exam.

evaluar [eβaluár] *v. tr.* **1.** to assess. **2.** (datos) to evaluate.

evangélico, -ca [eβaŋχéliko] *adj., Rel.* evangelical.

Evangelio [eβaŋχéljo] *s. m., Rel.* gospel.

evangelista [eβaŋχelísta] *s. m., Rel.* evangelist.

evaporación [eβaporaθjón] *s. f.* (volatilización) evaporation.

evaporar [eβaporár] *v. tr.* **1.** to evaporate. ‖ **evaporarse** *v. prnl.* **2.** to evaporate. **3.** *fig.* to vanish.

evasión [eβasjón] *s. f.* **1.** escape. **2.** *fig.* (de responsabilidad) evasion.

evasiva [eβasíβa] *s. f.* (excusa) excuse; evasion; subterfuge.

evasivo, -va [eβasíβo] *adj.* evasive; elusive.

eventual [eβeṇtwál] *adj.* **1.** eventual; possible. **2.** (trabajador) casual.

evidencia [eβiðéṇθja] *s. f.* (prueba) evidence; proof.

evidente [eβiðéṇte] *adj.* evident; obvious; clear.

evitar [eβitár] *v. tr.* **1.** to avoid. **2.** (impedir) to prevent. **3.** (eludir) to shirk; to elude. ‖ **evitarse** *v. prnl.* **4.** to avoid one another.

evocar [eβokár] *v. tr.* **1.** (pasado) to recall. **2.** (recuerdo) to evoke. **3.** (espíritus) to invoke.

evolución [eβoluθjón] *s. f.* **1.** (cambio) evolution. **2.** (desarrollo) development. **3.** *Mil.* maneuver.

evolucionar [eβoluθjonár] *v. intr.* **1.** to evolve. **2.** (desarrollar) to develop.

exactitud [eksaktitúð] *s. f.* **1.** exactness. **2.** (precisión) accuracy. **3.** (puntualidad) punctuality. ‖ **con ~** accurately.

exacto, -ta [eksákto] *adj.* **1.** exact. **2.** (preciso) accurate. **3.** (correcto) right; correct.

exageración [eksaχeraθjón] *s. f.* exaggeration.

exagerado [eksaχeráðo] *adj.* **1.** exaggerated. **2.** (excesivo) excessive.

exagerar [eksaχerár] *v. tr.* **1.** to exaggerate. **2.** (exceder) to overdo.

exaltación [eksaltaθjón] *s. f.* **1.** exaltation. **2.** (alabanza) praise. **3.** *Rel.* (espiritual) uplift.

exaltado [eksaltáðo] *adj.* **1.** (apasionado) impassioned. **2.** (fanático) hot-heated. ‖ *s. m. y f.* **4.** *Polít.* fanatic.

exaltar [eksaltár] *v. tr.* **1.** (elevar) to raise. **2.** (ensalzar) to exalt; to praise.

examen [eksámen] *s. m.* **1.** exam; examination *frml.*; test *Am. E.* **2.** (indagación) scrutiny. ‖ **~ oral** oral exam. **exámenes finales** finals.

examinar [eksaminár] *v. tr.* **1.** to examine. **2.** (inspeccionar) to inspect. **3.** (poner a prueba) to test. ‖ **examinarse** *v. prnl.* **4.** to take an examination.

exasperar [eksasperár] *v. tr., fam.* (sacar de quicio) to exasperate; to aggravate.

excavación [eskaβaθjón] *s. f.* **1.** *Arqueol.* excavation. **2.** *Constr.* digging.

excavadora [eskaβaðóra] *s. f.* digger; excavator.

excavar [eskaβár] *v. tr.* **1.** to excavate. **2.** *Alban.* to dig.

excedente [esθeðéṇte] *adj.* **1.** (que sobra) excess; surplus. **2.** (excesivo) excessive. ‖ *s. m.* **3.** *Econ.* excess; surplus.

exceder [esθeðér] *v. tr. e intr.* **1.** (superar) to exceed; to surpass. **2.** (sobrepasar) to excel. ‖ **excederse** *v. prnl.* **3.** to go too far.

excelencia [esθeléṇθja] *s. f.* excellence.

excelente [esθeléṇte] *adj.* excellent.

excelso, -sa [esθélso] *adj.* (sublime) lofty; sublime.

excéntrico, -ca [esθéntriko] *adj.* **1.** eccentric. ‖ *s. m. y f.* **2.** (extravagante) eccentric; screwball.

excepción [esθepθjón] *s. f.* exception. ‖ **es la ~ que confirma la regla** it's the exception that proves the rule.

excepcional [esθepθjonál] *adj.* **1.** exceptional. **2.** outstanding. **3.** (raro) unusual. **4.** (único) unique.

excepto [esθépto] *prep.* except; apart from; besides; barring; but; save (arch.) [Todos los sabían excepto yo. *Everybody knew it except me.*] ‖ **~ que** except [Le perdono todo excepto que fume. *I forgive him everything except that he smokes.*]

exceptuar [esθeptuár] *v. tr.* (excluir) to except; to exclude.

excesivo [esθesíβo] *adj.* excessive.

exceso [esθéso] *s. m.* excess; surplus.

excitación [esθitaθjón] *s. f.* **1.** (sentimiento) excitement. **2.** (acción) excitation; agitation.

excitante [esθitánte] *adj.* **1.** exciting. **2.** *Med.* stimulation. ‖ *s. m.* **3.** *Farm.* stimulant.

excitar [esθitár] *v. tr.* **1.** to excite. **2.** (sexualmente) to arouse. ‖ **excitarse** *v. prnl.* **3.** to get excited.

exclamación [esklamaθjón] *s. f.* **1.** exclamation. **2.** (grito) cry; shout. **3.** *Ling.* (signo) exclamation point (exclamation mark, Br. E).

exclamar [esklamár] *v. intr.* to exclaim.

excluir [eskluír] *v. tr.* **1.** to exclude. **2.** (descartar) to rule out. **3.** (omitir) to leave out. **4.** (rechazar) to reject.

exclusión [esklusjón] *s. f.* exclusion.

exclusiva [esklusíβa] *s. f.* **1.** (privilegio) exclusive right. **2.** (en medios de comunicación) exclusive.

exclusivo, -va [esklusíβo] *adj.* (único) exclusive; sole.

excomulgar [eskomulɣár] *v. tr., Rel.* to (repudiar) excommunicate.

excremento [eskreménto] *s. m.* (heces) excrement; faeces *frml.*

excursión [eskursjón] *s. f.* excursion; trip. ‖ **ir de ~** to go on a trip.

excusa [eskúsa] *s. f.* **1.** excuse. **2.** (disculpa) apology.

excusar [eskusár] *v. tr.* **1.** to excuse. **2.** (disculpar) to forgive. ‖ **excusarse** *v. prnl.* **3.** (disculparse) to apologize.

exención [eksenθjón] *s. f.* exemption.

exento, -ta [eksénto] *adj.* exempt; free.

exequias [eksékjas] *s. f. pl., form.* exequies; funeral *sing.*

exhalación [eksalaθjón] *s. f.* **1.** exhalation. **2.** (estrella fugaz) shooting star.

exhalar [eksalár] *v. tr.* **1.** to exhale. **2.** (un gas) to emit. **3.** (suspiro) to breathe.

exhaustivo, -va [eksawstíβo] *adj.* (detallado) exhaustive.

exhausto, -ta [eksáwsto] *adj.* (cansado) exhausted.

exhibir [eksiβír] *v. tr.* **1.** to exhibit. **2.** (mostrar) to show; to display.

exhortar [eksortár] *v. tr.* to exhort.

exigencia [eksiχénθja] *s. f.* **1.** (requisito) exigency. **2.** (pretensión) demand.

exigente [eksiχénte] *adj.* demanding; exacting.

exigir [eksiχír] *v. tr.* **1.** to demand. **2.** (lealtad) to exact. **3.** (requerir) to require.

exiguo, -gua [eksíɣwo] *adj.* **1.** (escaso) exiguous *frml.*; scanty. **2.** (pequeño) small; tiny.

exiliado, -da [eksiljáðo] *adj.* **1.** exiled; in exile. ‖ *s. m. y f.* **2.** exile.

exiliar [eksiljár] *v. tr.* **1.** to exile (esp. en pasiva). ‖ **exiliarse** *v. prnl.* **2.** to go into exile.

eximir [eksimír] *v. tr.* to exempt; to free.

existencia [eksisténθja] *s. f.* **1.** existence. **2.** (vida) life. ‖ **existencias** *s. f. pl.* **3.** *Econ.* stock *sing.*

existir [eksistír] *v. intr.* **1.** to exist; to be. **2.** (vivir) to live.

éxito [éksito] *s. m.* success. ‖ **con ~** successfully. **~ rotundo** smash hit *coll.* **tener ~** to be successful.

éxodo [éksoðo] *s. m.* exodus.

exonerar [eksonerár] *v. tr.* to exonerate.

exorbitante [eksorβitánte] *adj.* (exagerado) exorbitant; excessive.

exótico, -ca [eksótiko] *adj.* exotic.

expansión [espansjón] *s. f.* **1.** expansion. **2.** (crecimiento) growth. **3.** *fig.* (difusión) spreading.

expectación [espektaθjón] *s. f.* expectancy; expectation.

expectativa [espektatíβa] *s. f.* **1.** (esperanza) expectation; expectancy. **2.** (perspectiva) prospect.

expedición [espeðiθjón] *s. f.* **1.** expedition. **2.** (envío) dispatch. **3.** (de mercancías) shipment.

expediente [espeðjénte] *s. m.* **1.** (informe) dossier. **2.** *Der.* (procedimiento) proceedings *pl.* **3.** (recurso) expedient.

expedir [espeðír] *v. tr.* **1.** to dispatch; to send. **2.** (título) to issue.

expedito [espeðíto] *adj.* free; clear.

expensas [espénsas] *s. f. pl.* expenses. ‖ **a ~ de** at the expense of.

experiencia [esperjénθja] *s. f.* **1.** experience. **2.** (experimento) experiment.

experimentado, -da [esperimentáðo] *adj.* **1.** (persona) experienced. **2.** (método) tried; tested.

experimentar [esperimentár] *v. tr.* **1.** (hacer experimentos) to experiment; to test. **2.** (notar) to experience. **3.** (pérdida) to suffer. **4.** (cambio) to undergo.

experimento [esperiménto] *s. m.* (prueba) experiment; test.

experto, -ta [espérto] *adj.* **1.** expert. **2.** (en algo) adept (at sth). **3.** (hábil) skillful. ‖ *s. m.* **4.** expert; adept.

expiar [espiár] *v. tr., Rel.* (pecados) to expiate *frml.;* to atone.

expirar [espirár] *v. intr.* to expire.

explanada [esplanáða] *s. f.* esplanade.

explicación [esplikaθjón] *s. f.* (excusa, aclaración) explanation.

explicar [esplikár] *v. tr.* **1.** to explain. **2.** (una teoría) to expound. ‖ **explicarse** *v. prnl.* **3.** to explain.

explicativo, -va [esplikatíβo] *adj.* explanatory.

explícito [esplíθito] *adj.* explicit.

exploración [esploraθjón] *s. f.* exploration.

explorador, -ra [esploraðór] *adj.* **1.** exploring. ‖ *s. m. y f.* **2.** explorer. **3.** (niño) boy scout. **4.** *Mil.* scout.

explorar [esplorár] *v. tr. e intr.* **1.** to explore. **2.** (posibilidades) to investigate. **3.** *Mil.* to reconnoiter.

explosión [esplosjón] *s. f.* **1.** explosion. **2.** (estallido) blast. **3.** *fig.* (de cólera, júbilo) outburst. ‖ **hacer ~** to explode.

explosivo, -va [esplosíβo] *adj.* **1.** explosive. ‖ *s. m.* **2.** explosive.

explotar [esplotár] *v. tr.* **1.** (beneficiarse) to exploit. **2.** (mina) to work. **3.** (aprovecharse) to trade on *pej.* ‖ *v. intr.* **4.** (bomba) to explode.

exponente [esponénte] *s. m., Mat.* exponent; index.

exponer [esponér] *v. tr.* **1.** to expose. **2.** (mostrar) to exhibit; to show. **3.** (idea) to explain. **4.** (teoría) to expound. **5.** (la vida) to risk. ‖ **exponerse** *v. prnl.* **6.** to expose oneself.

exportación [esportaθjón] *s. f.* export; exportation.

exportar [esportár] *v. tr.* to export.

exposición [esposiθjón] *s. f.* **1.** (arte) exhibition; show. **2.** *Fot.* exposure. **3.** (de hechos) exposition.

exprés [esprés] *adj. inv.* **1.** express. ‖ *s. m.* **2.** (café) espresso.

expresar [espresár] *v. tr.* **1.** to express. **2.** (indicar) to convey. **3.** (opinión) to voice. ‖ **expresarse** *v. prnl.* **4.** to express oneself.

expresión [espresjón] *s. f.* expression. ‖ **libertad de ~** freedom of speech.

expresivo, -va [espresíβo] *adj.* **1.** expressive. **2.** (cariñoso) warm.

expreso, -sa [espréso] *adj.* **1.** (especificado) express. ‖ *s. m.* **2.** (tren) express (train). ‖ *adv.* **3.** express.

exprimir [esprimír] *v. tr.* **1.** (fruta) to squeeze. **2.** (zumo) to squeeze out. **3.** (ropa) to wring. **4.** *fig.* (persona) to exploit.

expropiar [espropjár] *v. tr.* (terreno) to expropriate.

expuesto, -ta [espwésto] *adj.* **1.** (sin protección) exposed. **2.** (peligroso) dangerous. **3.** (sujeto) liable.

expulsar [espulsár] *v. tr.* **1.** (echar) to expel; to eject. **2.** (a un estudiante) to send down *Br. E.* **3.** *Dep.* to send off.

expulsión [espulsjón] *s. f.* expulsion.

exquisito, -ta [eskisíto] *adj.* **1.** exquisite. **2.** (delicioso) delicious. **3.** (gusto) refined.

éxtasis [éstasis] *s. m. inv.* ecstasy.

extender [estendér] *v. tr.* **1.** to extend. **2.** (mapa, mantequila) to spread. **3.** (brazo) to stretch (out). ‖ **extenderse** *v. prnl.* **4.** to extend. **5.** (terreno) to spread (out).

extensión [estensjón] *s. f.* **1.** extension. **2.** (dimensión) extent; size. **3.** (terreno, mar) expanse. **4.** (de tiempo) length. **5.** (difusión) spread.

extenso, -sa [esténso] *adj.* **1.** (amplio) extensive. **2.** (territorio) vast. **3.** (conocimientos) wide.

extenuado, -da [estenuáðo] *adj.* (agoto) exhausted.

extenuar [estenuár] *v. tr.* **1.** (agotar) to exhaust. **2.** (debilitar) to debilitate. ‖ **extenuarse** *v. prnl.* **3.** to exhaust oneself.

exterior [esterjór] *adj.* **1.** exterior. **2.** (aspecto) external; outward. **3.** (revestimiento) outer. ‖ *s. m.* **4.** (parte de fuera) outside; exterior.

exteriorizar [esterjoriθár] *v. tr.* to externalize; to reveal.

exterminar [esterminár] *v. tr.* to exterminate; to destroy.

exterminio [estermínjo] *s. m.* (aniquilación) extermination.

externo, -na [estérno] *adj.* **1.** external; exterior. **2.** (superficial) outward. ‖ *s. m. y f.* **3.** *Educ.* day pupil.

extinguir [estiŋgír] *v. tr.* **1.** (fuego) to extinguish. **2.** (deuda, raza) to wipe out. ‖ **extinguirse** *v. prnl.* **3.** *Biol.* (especie) to die out; to become extinct.

extintor [estintór] *s. m.* (de incendios) extinguisher.

extirpar [estirpár] *v. tr.* **1.** extirpate *frml.* **2.** *fig.* (vicio) to eradicate

extra [éstra] *adj.* **1.** (adicional) extra. ‖ *s. m. y f.* **2.** extra.

extracción [éstrakθjón] *s. f.* extraction. ‖ **~ de dientes** teeth extraction.

extracto [estrákto] *s. m.* **1.** (fragmento) extract; excerpt. **2.** (resumen) abstract.

extraer [estraér] *v. tr.* **1.** to extract; to take out. **2.** (liquido) to abstract. **3.** (muela, arma) to pull out.

extranjero, -ra [estraŋxéro] *adj.* **1.** foreign. ‖ *s. m. y f.* **2.** (persona) foreigner. ‖ **al/en el ~** abroad [En junio, me voy a trabajar al extranjero. *In June, I'm going to work abroad.*]

extrañar [estraɲár] *v. tr.* **1.** (sorprender) to surprise. **2.** (echar de menos) to miss. ‖ **extrañarse** *v. prnl.* **3.** (sorprenderse) to be surprised.

extrañeza [estraɲéθa] *s. f.* **1.** (asombro) surprise. **2.** (rareza) strangeness.

extraño, -ña [estráɲo] *adj.* **1.** strange. **2.** (raro) weird. ‖ *s. m. y f.* **3.** (desconocido) stranger.

extraordinario, -ria [estraorðinárjo] *adj.* **1.** (suceso) extraordinary. **2.** (cir-cunstancias) special. **3.** (coincidencia) remarkable. **4.** (maravilloso) wonderful.

extraterrestre [estrateréstre] *adj.* **1.** extraterrestrial; alien. ‖ *s. m. y f.* **2.** alien.

extravagante [estraβaɣánte] *adj.* **1.** (comportamiento, ideas) extravagant. **2.** (persona, ropa) flamboyant; eccentric. ‖ **de modo ~** outrageously.

extraviarse [estraβiárse] *v. prnl.* (perderse) to get lost; to go astray.

extremar [estremár] *v. tr.* to carry to extremes. ‖ **~ la prudencia** to be extremely careful.

extremaunción [estremawŋθjón] *s. f.*, *Rel.* extreme unction; unction.

extremidad [estremiðáð] *s. f.* **1.** *Anat.* (miembro) extremity. **2.** (extremo) end; tip. ‖ **extremidades** *s. f. pl.* **3.** *Anat.* extremities.

extremo, -ma [estrémo] *adj.* **1.** extreme; utmost. ‖ *s. m.* **2.** (límite) end; extreme. **3.** *Dep.* (jugador) wing.

exuberancia [eksuβeráŋtja] *s. f.* (abundancia) exuberance; profusion; plenty.

exuberante [eksuβeránte] *adj.* exuberant; profuse; luxuriant.

F

f [éfe] *s. f.* (letra) f.

fa [fá] *s. m.* **1.** *Mús.* (nota) F. **2.** *Mús.* (solfeo) fa.

fabada [faβáða] *s. f., Gastr.* (typical meal from Asturias made of beans and pork) bean stew.

fábrica [fáβrika] *s. f.* **1.** (índustria) factory; works *pl.* **2.** (fabricación) manufacture. ‖ **~ de conservas** cannery.

fabricación [faβrikaθjón] *s. f.* **1.** manufacture. **2.** (producción) making.

fabricar [faβrikár] *v. tr.* **1.** to manufacture; to produce; to make [Fabricado en China. *Made in China.*] **2.** *fig.* (inventar) to fabricate.

fábula [fáβula] *s. f.* **1.** *Lit.* fable. **2.** (mito) myth. **3.** *fig.* (mentira) invention.

fabuloso, -sa [faβulóso] *adj.* fabulous.

facción [fakθjón] *s. f.* **1.** *Polít.* faction. ‖ **facciones** *s. f. pl.* **2.** *Anat.* (del rostro) features.

faceta [faθéta] *s. f.* facet [No conocía esa faceta de su personalidad. *I didn't know that facet of his personality.*]

facha[1] [fátʃa] *s. f., fam.* (aspecto) look.

facha[2] [fátʃa] *adj. y s. m. y f.* fascist.

fachada [fatʃáða] *s. f.* **1.** *Arq.* façade; front. **2.** *fam.* (apariencia) façade.

facial [faθjál] *adj.* facial.

fácil [fáθil] *adj.* **1.** easy. **2.** (sencillo) simple. **3.** (respuesta, chiste) facile. **4.** (solución, explicación) glib.

facilidad [faθiliðáð] *s. f.* **1.** ease. **2.** (de palabra) fluency. ‖ **con ~** easily.

facilitar [faθilitár] *v. tr.* **1.** to make easy; to facilitate *frml.* **2.** (proporcionar) to supply; to provide.

factible [faktíβle] *adj.* feasible; possible.

factor [faktór] *s. m.* factor.

factoría [faktoría] *s. f.* factory.

factura [faktúra] *s. f., Econ.* bill; invoice *frml.* ‖ **pasar la ~** to invoice.

facturación [fakturaθjón] *s. f.* **1.** *Econ.* invoicing. **2.** (de equipajes) registration.

facturar [fakturár] *v. tr.* **1.** *Econ.* to bill; to invoice. **2.** (equipaje) to check in.

facultad [fakultáð] *s. f.* **1.** faculty. **2.** *form.* (poder) power. **3.** (universidad) college.

facultar [fakultár] *v. tr.* (autorizar) to authorize; to enable.

facultativo [fakultatíβo] *adj.* **1.** (no obligatorio) optional. **2.** (profesional) professional. ‖ *s. m. y f.* **3.** (doctor) physician *Am. E.*

faena [faéna] *s. f.* **1.** (tarea) task; job. **2.** (trabajo) work. **3.** *fam.* (mala pasada) dirty; trick. ‖ **faenas domésticas** housework *sing.*

faisán [fajsán] *s. m., Zool.* pheasant.

faja [fáxa] *s. f.* **1.** (de mujer) girdle; corset. **2.** (banda) band. **3.** (franja) strip.

fajo [fáxo] *s. m.* **1.** (de papeles) bundle. **2.** (de billetes) wad.

falaz [faláθ] *adj.* **1.** (engañoso) deceitful. **2.** (erróneo) fallacious.

falda [fálda] *s. f.* **1.** skirt. **2.** *Geogr.* (ladera) slope.

faldón [faldón] *s. m.* **1.** (de una prenda de vestir) tail. **2.** (de bebé) christening gown.

falla[1] [fáʎa] *s. f.* (defecto) fault.

falla[2] [fáʎa] *s. f.* model (to be burned in the Fallas).

fallar[1] [faʎár] *v. tr.* **1.** *Der.* (sentencia) to pronounce. **2.** (premio) to award.

fallar[2] [faʎár] *v. intr.* to fail.

fallecer [faʎeθér] *v. intr., form.* (morir) to pass away; to die.

fallecimiento [faλeθimjénto] *s. m., form.* (muerte) death; demise *frml.*

fallo[1] [fáλo] *s. m., Der.* (sentencia) sentence; judgment.

fallo[2] [fáλo] *s.* **1.** (error) mistake. **2.** (defecto) fault.

falsear [falseár] *v. tr.* **1.** (datos) to falsify. **2.** (la realidad) to distort. **3.** (falsificar) to counterfeit.

falsedad [falseðáð] *s. f.* **1.** falseness; untruth. **2.** (mentira) falsehood *frml.*

falsificación [falsifikaθjón] *s. f.* **1.** forgery. **2.** (de moneda) counterfeit.

falsificar [falsifikár] *v. tr.* **1.** to falsify. **2.** (cuadro, firma) to forge. **3.** (moneda) to counterfeit.

falso, -sa [fálso] *adj.* **1.** false. **2.** (erróneo) wrong. **3.** (embustero) deceitful.

falta [fálta] *s. f.* **1.** (carencia) lack. **2.** (error) mistake. **3.** (ausencia) absence. **4.** (defecto) fault. **5.** (necesidad) need. ‖ **sin ~** without fail.

faltar [faltár] *v. intr.* **1.** (una cosa) to be missing. **2.** (una persona) to be absent. **3.** (haber poco) to be lacking. **4.** (no tener) to lack. **5.** (ofender) to insult; to offend. ‖ **¡sólo me faltaba eso!** that's all I needed!

falto [fálto] *adj.* lacking; short.

fama [fáma] *s. f.* **1.** (renombre) fame; renown. **2.** (reputación) reputation.

familia [famílja] *s. f.* family.

familiar [familjár] *adj.* **1.** (de la familia) family. **2.** (conocido) familiar. ‖ *s. m.* **3.** (un pariente) relative.

familiaridad [familjariðáð] *s. f.* (confianza) familiarity.

familiarizarse [familjariθárse] *v. prnl.* to familiarize oneself [Tengo que familiarizarme con el ambiente. *I have*

to familiarize myself with the environment.]

famoso, -sa [famóso] *adj.* (conocido) famous; well-known.

fan [fán] *s. m. y f.* fan.

fanático, -ca [fanátiko] *adj.* **1.** (exaltado) fanatical. ‖ *s. m. y f.* **2.** fanatic.

fandango [fandáŋgo] *s. m., Mús.* (antiguo baile) fandango.

fanfarrón, -na [famfaṛón] *adj.* **1.** *fam.* bragging. ‖ *s. m. y f.* **2.** *fam.* (vanidoso) braggart; show-off.

fanfarronada [famfaṛonáða] *s. f.* (chulería) showing off. **2.** (bravata) boast.

fanfarronear [famfaṛoneár] *v. intr.* **1.** (chulear) to show off. **2.** (bravear) to boast; to brag.

fango [fáŋgo] *s. m.* mud; mire.

fantasear [fantaseár] *v. intr.* to fantasize.

fantasía [fantasía] *s. f.* **1.** (imaginación) fantasy; imagination. **2.** (irrealidad) fancy.

fantasioso, -sa [fantasjóso] *adj.* (soñador) given to fantasizing.

fantasma [fantásma] *s. m.* (espectro) ghost; phantom.

fantástico [fantástiko] *adj.* fantastic.

faquir [fakír] *s. m.* fakir.

faraón [faraón] *s. m.* Pharaoh.

fardar [farðár] *v. intr., col.* (alardear) to show off; to boast.

fardo [fárðo] *s. m.* **1.** (de ropa) bundle; pack. **2.** (de algodón, paja) bale.

farfullar [farfuλár] *v. tr., fam.* to splutter.

faringe [faríŋxe] *s. f., Anat.* pharynx.

faringitis [fariŋxítis] *s. f., Med.* (enfermedad) pharyngitis.

farmacéutico, -ca [farmaθéwtiko] *adj.* **1.** pharmaceutical. ‖ *s. m. y f.* **2.** (licenciado) pharmacist.

farmacia [farmáθja] *s. f.* **1.** (disciplina) pharmacy. **2.** (tienda) pharmacy *frml.*; drugstore *Am. E.*; chemist's *Br. E.*

faro [fáro] *s. m.* **1.** *Náut.* (torre) lighthouse. **2.** (señal) beacon. **3.** *Autom.* headlight.

farol [faról] *s. m.* **1.** (luz) lantern; lamp. **2.** (farola) street lamp.

farola [faróla] *s. f.* street lamp.

farolear [faroleár] *v. intr., fam.* (fanfarronear) to brag; to boast.

farolillo [farolíʎo] *s. m.* **1.** little lantern. **2.** (de papel) Chinese lantern.

farsa [fársa] *s. f.* **1.** *Teatr.* farce. **2.** *fig.* (engaño) sham.

farsante [farsánte] *adj.* **1.** deceitful. || *s. m. y f.* **2.** fake; humbug.

fascículo [fasθíkulo] *s. m.* (cuadernillo) part; installment.

fascinación [fasθinaθjón] *s. f.* (hechizo, embeleso) fascination.

fascinante [fasθinánte] *adj.* fascinating.

fascinar [fasθinár] *v. tr.* **1.** to fascinate. **2.** *fig.* (encantar) to captivate.

fase [fáse] *s. f.* stage; phase.

fastidiar [fastiðjár] *v. tr.* **1.** (molestar) to annoy; to bother. **2.** (hastiar) to sicken.

fastidioso, -sa [fastiðjóso] *adj.* **1.** annoying; tiresome. **2.** (trabajo) irksome.

fastuoso [fastuóso] *adj.* **1.** (cosa) luxurious. **2.** (persona) ostentatious.

fatal [fatál] *adj.* **1.** fatal. || *adv.* **2.** terrible.

fatalidad [fataliðáð] *s. f.* **1.** (destino) fate. **2.** (desgracia) misfortune.

fatiga [fatíγa] *s. f.* (cansancio) fatigue *frml.* || ~ **física y mental** physical and mental fatigue.

fatigar [fatiγár] *v. tr.* **1.** to fatigue; to tire. **2.** *fig.* (molestar) to annoy. || **fatigarse** *v. prnl.* **3.** (cansarse) to get tired. **4.** (ahogarse) to get breathless.

fatuo, -tua [fátwo] *adj.* **1.** (necio) fatuous. **2.** (engreído) conceited.

fauna [fáwna] *s. f., Zool.* fauna.

favor [faβór] *s. m.* favor; help. || **en/a ~ de** in/on behalf of; for. **por ~** please.

favorable [faβoráβle] *adj.* (propicio) favorable; propitious.

favorecer [faβoreθér] *v. tr.* **1.** to favor. **2.** (apoyar) to support. **3.** (sentar bien) to flatter.

favorito, -ta [faβoríto] *adj.* **1.** favorite. || *s. m. y f.* **2.** favorite.

fax [fáks] *s. m.* fax.

faz [fáθ] *s. m., lit.* face.

fe [fé] *s. f.* **1.** *Rel.* faith. **2.** (convicción) belief. || **dar ~ de** to certify.

fealdad [fealdáð] *s. f.* ugliness.

febrero [feβréro] *s. m.* February.

febril [feβríl] *adj.* **1.** feverish. **2.** *fig.* (ajetreado) hectic.

fecha [fétʃa] *s. f.* date. || ~ **de caducidad** (alimentos) use by date *Am. E.*; sell-by date *Br. E.* **fijar una ~** to fix a date. **hasta la ~** down to date; hitherto.

fechar [fetʃár] *v. tr.* to date.

fechoría [fetʃoría] *s. f.* misdeed.

fécula [fékula] *s. f., Gastr.* (en arroz y patatas) starch.

fecundar [fekundár] *v. tr., Biol. y Bot.* (fertilizar) to fertilize.

fecundo, -da [fekúndo] *adj.* **1.** *Biol.* (mujer, región) fertile. **2.** *fig.* (autor) prolific.

federación [feðeraθjón] *s. f.* federation.

federal [feðerál] *adj.* federal.

felicidad [feliθiðáð] *s. f.* **1.** happiness; felicity. || **¡felicidades!** *interj.* **2.** congratulations!

felicitación [feliθitaθjón] *s. f.* (tarjeta) greeting card.

felicitar [feliθitár] *v. tr.* to congratulate.

feligrés, -sa [feliɣrés] *s. m. y f., Rel.* (parroquiano) parishioner.

felino, -na [felíno] *adj.* **1.** *Zool.* feline. ‖ *s. m.* **2.** *Zool.* feline; cat.

feliz [felíθ] *adj.* **1.** (contento) happy. **2.** (afortunado) lucky. **3.** (acertado) fortunate.

felpa [félpa] *s. f.* plush.

felpudo [felpúðo] *s. m.* doormat; mat.

femenino, -na [femeníno] *adj.* **1.** feminine. **2.** *Biol.* female. ‖ *s. m.* **3.** feminine.

fenomenal [fenomenál] *adj.* **1.** *fam.* (fantástico) fantastic; great; tremendous. ‖ *adv.* **2.** wonderfully.

fenómeno [fenómeno] *s. m.* **1.** phenomenon. **2.** (genio) genius. **3.** *fig.* (monstruo) freak.

feo, -a [féo] *adj.* **1.** ugly. **2.** (situación) unpleasant.

féretro [féretro] *s. m.* (ataúd) coffin.

feria [férja] *s. f.* **1.** fair. **2.** (fiesta) festival.

fermentar [fermentár] *v. tr. e intr.* (pudrirse) to ferment.

fermento [ферménto] *s. m.* ferment.

feroz [feróθ] *adj.* fierce; ferocious.

férreo, -a [férreo] *adj.* **1.** ferreous. **2.** *fig.* iron [Voluntad férrea. *Iron will.*]

ferretería [ferretería] *s. f.* **1.** (tienda) hardware shop; ironmonger's *Br. E.* **2.** (mercancías) hardware.

ferrocarril [ferrokaříl] *s. m.* railroad *Am. E.*; railway *Br. E.*

ferry [féri] *s. m.* ferry.

fértil [fértil] *adj.* **1.** (productivo) fertile. **2.** *fig.* (rico) rich.

fertilidad [fertiliðáð] *s. f.* **1.** fertility. **2.** (de la tierra) richness.

fertilización [fertiliθaθjón] *s. f., Biol. y Bot.* fertilization.

fertilizante [fertiliθánte] *adj.* **1.** fertilizing. ‖ *s. m.* **2.** (abono) fertilizer.

fertilizar [fertiliθár] *v. tr.* to fertilize.

fervor [ferβór] *s. m.* fervor; ardor.

fervoroso, -sa [ferβoróso] *adj.* (entusiasta) fervent; fervid.

festejar [festeχár] *v. tr.* **1.** (celebrar) to celebrate. **2.** (agasajar) to feast.

festejo [festéχo] *s. m.* (diversión) entertainment; feast.

festín [festín] *s. m.* feast; banquet.

festival [festiβál] *s. m.* festival.

festividad [festiβiðáð] *s. f.* festivity.

festivo, -va [festíβo] *adj.* **1.** festive. **2.** (alegre) jolly. **3.** (día) holiday.

fetiche [fetítʃe] *s. m.* fetish.

fétido, -da [fétiðo] *adj.* (maloliente) stinking; foul-smelling.

feto [féto] *s. m., Biol.* fetus.

feudal [fewðál] *adj., Hist.* feudal.

fiador, -ra [fjaðór] *s. m. y f.* **1.** guarantor. ‖ *s. m.* **2.** (de una puerta) bolt.

fiambre [fjámbre] *adj.* **1.** *Gastr.* (comida fría) cold. ‖ *s. m.* **2.** *Gastr.* cold meat. **3.** *fam.* (muerto) corpse

fiambrera [fjambréra] *s. f.* (recipiente) lunch box.

fianza [fjánθa] *s. f.* **1.** *Der.* bail. **2.** (aval) deposit; pledge.

fiar [fjár] *v. tr.* **1.** to guarantee. **2.** (confiar) to entrust. ‖ *v. intr.* **3.** to trust. **4.** (dar crédito) to give credit to. ‖ **fiarse** *v. prnl.* **5.** to trust.

fibra [fíβra] *s. f.* **1.** fiber. **2.** *fig.* (vigor) vigor; force.

ficción [fikθjón] *s. f.* fiction.

ficha [fítʃa] *s. f.* **1.** (tarjeta) index card. **2.** (para teléfono) token. **3.** (en juegos) counter.

fichaje [fitʃáχe] *s. m., Dep.* signing.

fichar [fitʃár] *v. tr.* **1.** (policía) to open a file (on sb). **2.** *Dep.* to sign; to sign up. **3.** *fig. y fam.* to work out; to suss *Br. E.* ‖ *v. intr.* **4.** (hora de salir) to punch out *Am. E.;* to clock out *Br. E.* **5.** (hora de entrar) to punch in *Am. E.;* to clock in *Br. E.*

fichero [fitʃéro] *s. m.* **1.** (archivo) index card. **2.** (mueble) filing cabinet.

ficticio, -cia [fiktíθjo] *adj.* (imaginario) fictitious; imaginary.

fidedigno, -na [fiðeðíɣno] *adj.* reliable; trustworthy.

fidelidad [fiðeliðáð] *s. f.* (lealtad) fidelity; loyalty; faithfulness.

fideo [fiðéo] *s. m., Gastr.* noodle. ‖ **estar como un ~** *fam.* to be as thin as a rake.

fiebre [fjéβre] *s. f., Med.* fever; temperature. ‖ **tener ~** to have a temperature.

fiel¹ [fjél] *adj.* **1.** (leal) faithful; loyal. **2.** (exacto) accurate; exact. ‖ *s. m. y f.* **3.** (creyente) believer. ‖ **fieles** *s. m. y f.* **4.** congregation.

fiel² [fjél] *s. m.* (de una balanza) pointer.

fieltro [fjéltro] *s. m.* felt.

fiera [fjéra] *s. f.* **1.** wild animal. **2.** *fam.* (person) fiend.

fiero, -ra [fjéro] *adj.* **1.** (feroz) fierce; ferocious. **2.** (salvaje) wild. **3.** *fig.* (persona) cruel.

fiesta [fjésta] *s. f.* **1.** (reunión) party. **2.** *Rel.* feast. **3.** (vacaciones) holiday. **~ de ~** holiday. **~ nacional** (día festivo) national holiday. ‖ *Taur.* bullfighting. **hacer fiestas a** to caress.

figura [fiɣúra] *s. f.* **1.** figure. **2.** (forma) shape; form.

figurar [fiɣurár] *v. tr.* **1.** (representar) to represent. ‖ *v. intr.* **2.** (aparecer) to figure. ‖ **figurarse** *v. prnl.* **3.** (imaginarse) to figure; to imagine.

figurín [fiɣurín] *s. m.* **1.** (dibujo) sketch. **2.** (revista) fashion magazine. **3.** *fam.* (persona) dandy.

fijar [fixár] *v. tr.* **1.** (sujetar) to fix; to fasten. **2.** (establecer) to establish. **3.** (noticia) to affix. **4.** (fecha, precio, etc.) to set. **5.** (acordar) to settle. ‖ **fijarse** *v. prnl.* **6.** (darse cuenta) to notice. ‖ **~ un precio** to fix a price.

fijo, -ja [fíxo] *adj.* **1.** fixed. **2.** (firme) firm; stable. **3.** (permanente) permanent. **4.** (sueldo, precio) set.

fila [fíla] *s. f.* **1.** file; line. **2.** (de cine, teatro) row; queue *Br. E.* ‖ **en ~ india** in single file. **estar en primera ~** to be in the front row. **poner en ~** to range.

filamento [filaménto] *s. m.* **1.** *Electrón.* filament. **2.** (hilo, fibra) thread.

filantropía [filantropía] *s. f.* philanthropy.

filatelia [filatélja] *s. f.* stamp collecting; philately.

filete [filéte] *s. m.* **1.** (de carne, pescado) filet. **2.** (de carne) steak.

filial [filjál] *adj.* **1.** filial. ‖ *s. f.* **2.** *Econ.* subsidiary; affiliate.

filmar [filmár] *v. tr.* **1.** (escena, suceso) to film. **2.** (una película) to shoot.

filme [fílme] *s. m.* movie *Am. E.;* film *Br. E.*

filmina [filmína] *s. f., Fot.* slide.

filmoteca [filmotéka] *s. f.* film library.

filo [fílo] *s. m.* edge. ‖ **de doble ~** double-edged.

filología [filoloxía] *s. f.* philology.

filón [filón] *s. m.* **1.** *Miner.* vein; lode; seam. **2.** *fig.* (buen negocio) gold mine.

filosofía [filosofía] *s. f.* philosophy.

filósofo [filosófo] *s. m. y f.* philosopher.

filtrar [filtrár] *v. tr.* **1.** to filter. **2.** (información) to leak. ‖ *v. intr.* **3.** filter. ‖ **fil-**

trarse *v. prnl.* **4.** to filter. **5.** (agua, información) to leak.

filtro [fíltro] *s. m.* filter.

fin [fin] *s. m.* **1.** end. **2.** (objetivo) aim; purpose. ‖ **con el ~ de** with the intention of. **el ~ justifica los medios** the end justifies the means. **~ de semana** weekend. **poner ~ a** to put an end to. **por ~** at last. **sin ~** endless.

final [finál] *adj.* **1.** final; last. **2.** (objetivo) ultimate. ‖ *s. m.* **3.** end; finish. ‖ *s. f.* **4.** *Dep.* final. ‖ **al ~ in** the end. **hasta el ~** until the end.

finalidad [finaliðáð] *s. f.* purpose; aim.

finalista [finalísta] *s. m. y f.* **1.** finalist. **2.** (segundo) runner-up.

finalizar [finaliθár] *v. tr.* **1.** to finish. ‖ *v. intr.* **2.** to end.

finalmente [finálménte] *adv.* (por último) finally; lastly.

financiero [fináṇθjéro] *adj.* **1.** financial. ‖ *s. m. y f.* **2.** *Econ.* financier.

finanzas [fináṇθas] *s. f. pl.* finances.

finca [fíŋka] *s. f.* estate; property.

fineza [finéθa] *s. f.* **1.** (delicadeza) fineness; delicacy. **2.** (refinamiento) refinement.

fingir [fíŋxir] *v. tr.* **1.** to feign; to fake. ‖ *v. intr.* **2.** (aparentar) to pretend. ‖ **fingirse** *v. prnl.* **3.** to pretend to be.

fino, -na [fíno] *adj.* **1.** fine. **2.** (delgado) thin. **3.** (de buenas maneras) polite; refined. **4.** (olfato) acute.

finura [finúra] *s. f.* **1.** (de un tejido, porcelana) fineness. **2.** (refinamiento) refinement.

firma [fírma] *s. f.* **1.** (rúbrica) signature. **2.** (acción) signing. **3.** (empresa) company; firm *Br. E.*

firmamento [firmaméṇto] *s. m., Astron.* firmament; sky.

firmar [firmár] *v. tr.* to sign.

firme [fírme] *adj.* **1.** firm. **2.** (estable) stable. **3.** (constante) steady.

firmeza [firméθa] *s. f.* **1.** firmness. **2.** (constancia) steadiness.

fiscal [fiskál] *adj.* **1.** fiscal. ‖ *s. m. y f.* **2.** district attorney *Am. E.*; public prosecutor *Br. E.*

fisco [físko] *s. m.* (hacienda) treasury *Am. E.*; exchequer *Br. E.*

fisgar [fisɣár] *v. intr., fam.* (fisgonear) to snoop; to pry.

fisgón, -na [fisɣón] *adj.* **1.** nosy *pej.* ‖ *s. m. y f.* **2.** (espía) snooper. **3.** *fam.* (curioso) busybody.

fisgonear [fisɣoneár] *v. tr., fam.* to nose around; to poke around.

físico, -ca [físiko] *adj.* **1.** physical. ‖ *s. m. y f.* **2.** (profesión) physicist. ‖ *s. m.* **3.** (aspecto) physique. ‖ **física** *s. f.* **4.** (ciencia) physics *sing.*

fisonomía [fisonomía] *s. f.* (de una persona) physiognomy *frml.*; features; look.

fisura [fisúra] *s. f.* fissure.

flácido [fláθiðo] *adj.* flabby.

flaco, -ca [fláko] *adj.* thin; skinny.

flagelar [flaχelár] *v. tr.* **1.** to flagellate; to scourge. **2.** *fig.* (criticar) to flay. ‖ **flagelarse** *v. prnl.* **3.** to flagellate oneself.

flamante [flamáṇte] *adj.* **1.** (brillante) bright; brilliant. **2.** (nuevo) brand-new.

flamear [flameár] *v. intr.* **1.** (llamear) to flame. **2.** (ondear) to flutter.

flamenco, -ca [flaméŋko] *adj.* **1.** (de Flandes) Flemish. **2.** (música) gypsy. ‖ *s. m. y f.* **3.** (persona) Flemish. ‖ *s. m.* **4.** (idioma) Flemish. **5.** *Zool.* flamingo. **6.** *Mús.* flamenco.

flan [flán] *s. m., Gastr.* caramel custard. ‖ **estar como un ~** *fig.* to feel tired and washed out.

flanco [flánko] *s. m.* flank; side.

flaquear [flakeár] *v. intr.* **1.** (debilitarse) to weaken. **2.** (desanimarse) to lose heart.

flaqueza [flakéθa] *s. f.* **1.** (delgadez) thinness. **2.** *fig.* weakness.

flas [flás] *s. m., Fot.* flash. ‖ **~ informativo** newsflash.

flauta [fláwta] *s. f., Mús.* flute.

flecha [flétʃa] *s. f.* **1.** arrow. **2.** *Arq.* spire.

flechazo [fletʃáθo] *s. m., fig.* (enamoramiento) love at first sight.

fleco [fléko] *s. m.* (adorno) fringe.

flema [fléma] *s. f.* phlegm.

flequillo [flekíʎo] *s. m.* bangs *pl. Am. E.*; fringe *Br. E.*

fletar [fletár] *v. tr.* (barco, avión) to charter.

flete [fléte] *s. m.* **1.** (alquiler) freight. **2.** (carga de un buque) cargo.

flexible [fleksíβle] *adj.* flexible.

flexión [fleksjón] *s. f.* **1.** *Dep.* push-up *Am. E.*; press-up *Br. E.* **2.** *Ling.* inflection.

flexo [flékso] *s. m.* desk lamp.

flirtear [flirteár] *v. intr.* to flirt.

flojear [floχeár] *v. intr.* **1.** (haraganear) to slack. **2.** (debilitarse) to weaken.

flojedad [floχeðáð] *s. f.* **1.** (debilidad) weakness; slackness. **2.** (pereza) laziness *fam.*; flabbiness.

flojo, -ja [flóχo] *adj.* **1.** (suelto) loose; slack. **2.** (débil) weak. **3.** (músculos) soft. **4.** *fig.* (perezoso) lazy.

flor [flór] *s. f.* **1.** *Bot.* flower; blossom. **2.** *fig.* (piropo) compliment.

flora [flóra] *s. f., Bot.* flora.

florecer [floreθér] *v. intr.* **1.** *Bot.* (plantas) to flower; to blossom. **2.** *fig.* (prosperar) to flourish.

florecimiento [floreθimjénto] *s. m.* **1.** *Bot.* flowering. **2.** *fig.* (prosperidad) flourishing.

florero [floréro] *s. m.* **1.** (jarrón) vase. **2.** (florista) florist.

floricultor [florikultór] *s. m. y f.* (florista) flower grower.

florido, -da [floríðo] *adj.* **1.** flowery. **2.** (selecto) select. **3.** *Lit.* (estilo) florid.

florista [florísta] *s. m. y f.* florist.

floristería [floristería] *s. f.* florist's shop.

floritura [floritúra] *s. f.* flourish; embellishment; frill.

flota [flóta] *s. f.* fleet.

flotación [flotaθjón] *s. f.* flotation.

flotador [flotaðór] *s. m.* **1.** float. **2.** (de niño) rubber ring.

flotar [flotár] *v. intr.* to float.

fluctuación [fluktwaθjón] *s. f.* (vacilación) fluctuation.

fluctuar [fluktuár] *v. intr.* **1.** (oscilar) to fluctuate. **2.** (vacilar) to hesitate.

fluidez [flwiðéθ] *s. f.* **1.** *Fís. y Quím.* fluidity. **2.** *fig.* (de expresión) fluency.

fluido [fluíðo] *adj.* **1.** fluid. **2.** *fig.* (lenguaje) fluent. **3.** *fig.* (estilo) smooth. ‖ *s. m.* **4.** (líquido) fluid.

fluir [fluír] *v. intr.* to flow.

flujo [flúχo] *s. m.* **1.** flow. **2.** *Fís.* flux. **3.** *Med.* (secreción) discharge.

flúor [flúor] *s. m.* **1.** (gas) fluorine. **2.** (fluoruro) fluoride.

fluorescente [flworesθénte] *adj.* (fosforescente) fluorescent.

fluvial [fluβjal] *adj.* river; fluvial.

foca [fóka] *s. f., Zool.* seal.

foco [fóko] *s. m.* **1.** *Fís. y Mat.* focus. **2.** (lámpara) spotlight. **3.** *fig.* (núcleo) center. **4.** *Med.* (de infecciones) source.

fofo, -fa [fófo] *adj.* **1.** (esponjoso) soft. **2.** (persona) flabby; pudgy.

fogata [foɣáta] *s. f.* bonfire.

fogón [foɣón] *s. m.* **1.** (cocina) stove. **2.** (quemador) burner.

fogonazo [foɣonáθo] *s. m.* flash.

fogoso, -sa [foɣóso] *adj.* ardent; spirited.

foie-gras [foaɣrás] *s. m., Gastr.* foie gras.

folclore [folklóre] *s. m.* folklore.

folio [fóljo] *s. m.* (hoja) sheet; sheet of paper.

follaje [foλáχe] *s. m., Bot.* foliage.

folleto [foλéto] *s. m.* **1.** (librillo) pamphlet; booklet. **2.** *Econ.* brochure. **3.** (prospecto) leaflet.

follón [foλón] *s. m.* **1.** *fam.* (alboroto) commotion. **2.** (desorden) disorder. ‖ **meterse en un ~** (en un lío) to get into a mess.

fomentar [fomeṇtár] *v. tr.* **1.** (promover) to promote; to foster. **2.** *Med.* to foment. **3.** (objetivos) to further.

fomento [foméṇto] *s. m.* **1.** (impulso) promotion; advancement. **2.** *Med.* fomentation.

fonda [fóṇda] *s. f.* (mesón) inn; hostelry.

fondear [foṇdeár] *v. tr. e intr., Náut.* (barco) to anchor; to dock.

fondo [fóṇdo] *s. m.* **1.** (de una cosa) bottom. **2.** (medida) depth. **3.** (segundo término) background. ‖ **fondos** *s. m. pl.* **4.** *Econ.* (dinero) funds. ‖ **al ~** at the back.

fontanería [foṇtanería] *s. f.* plumbing.

fontanero, -ra [foṇtanéro] *s. m. y f.* plumber.

forajido, -da [foraχído] *s. m. y f.* (bandido) fugitive; outlaw.

forastero, -ra [forastéro] *adj.* **1.** foreign; strange. ‖ *s. m. y f.* **2.** outsider; stranger.

forcejear [forθeχeár] *v. intr.* (luchar) to struggle; to wrestle.

forense [forénse] *adj.* **1.** forensic. ‖ *s. m. y f.* **2.** *Med.* coroner.

forestal [forestál] *adj.* forest.

forjar [forχár] *v. tr.* **1.** (metales) to forge. **2.** *fig.* to create. ‖ **forjarse** *v. prnl.* **2.** *fig.* to create. **3.** to forge for oneself.

forma [fórma] *s. f.* **1.** form; shape. **2.** (manera) way. **3.** (del cuerpo humano) figure.

formación [formaθjón] *s. f.* **1.** formation. **2.** (enseñanza) training. ‖ **~ profesional** technical education.

formal [formál] *adj.* **1.** formal. **2.** (cumplidor) dependable. **3.** *fig.* (persona) serious.

formalidad [formaliðáð] *s. f.* **1.** formality. **2.** (seriedad) seriousness.

formalizar [formaliθár] *v. tr.* **1.** (hacer formal) to formalize. **2.** *Der.* (contrato) to legalize. ‖ **formalizarse** *v. prnl.* **3.** to become serious.

formar [formár] *v. tr.* **1.** to form; to shape. **2.** (constituir) to make up. **3.** (enseñar) to educate; to train. ‖ **formarse** *v. prnl.* **4.** (cobrar forma) to form. **5.** (desarrollarse) to develop.

formatear [formateár] *v. tr., Inform.* to format.

formidable [formiðáβle] *adj.* **1.** (enorme) formidable. **2.** (magnífico) wonderful; terrific.

formón [formón] *s. m.* chisel.

fórmula [fórmula] *s. f.* formula.

formular [formulár] *v. tr.* **1.** to formulate. **2.** (pregunta) to pose. **3.** (quejas) to lodge. ‖ **~ un deseo** to express a desire.

formulario [formulárjo] *s. m.* (documento) form.

fornido, -da [forníðo] *adj.* **1.** well-built; stalwart. **2.** (robusto) robust.

forofo, -fa [forófo] *s. m. y f., fam.* (fan) fan; supporter.

forraje [foráχe] *s. m., Agr.* forage; fodder.

forrar [forár] *v. tr.* **1.** (por dentro) to line. **2.** (por fuera) to cover. ‖ **forrarse** *v. prnl.* **3.** to get rich; scoop.

forro [fóro] *s. m.* **1.** (de un abrigo) lining. **2.** (de un sillón, libro) cover.

fortalecer [fortaleθér] *v. tr.* **1.** (vigorizar) to strengthen; to fortify. ‖ **fortalecerse** *v. prnl.* **2.** to become stronger.

fortaleza [fortaléθa] *s. f.* **1.** (fuerza) strength. **2.** (de espíritu) fortitude. **3.** *Mil.* fortress.

fortificación [fortifikaθjón] *s. f., Mil.* fortification.

fortificar [fortifikár] *v. tr.* **1.** *Mil.* to fortify. **2.** (dar fuerzas) to strengthen.

fortuito, -ta [fortuíto] *adj.* fortuitous; accidental; casual. ‖ **encuentro ~** chance meeting.

fortuna [fortúna] *s. f.* **1.** fortune. **2.** (suerte) luck. **3.** (dinero) pile. ‖ **por ~** fortunately.

forzar [forθár] *v. tr.* **1.** *fig.* (obligar) to force; to constrain. **2.** (para entrar) to break in. **3.** (violar) to rape.

forzoso, -sa [forθóso] *adj.* **1.** (inevitable) necessary; inescapable. **2.** (obligatorio) compulsory.

forzudo, -da [forθúðo] *adj.* brawny.

fosa [fósa] *s. f.* **1.** (sepultura) grave; tomb. **2.** (hoyo) pit. **3.** *Anat.* cavity.

fosforescente [fosforesθénte] *adj.* **1.** *Fís.* phosphorescent. **2.** (color) fluorescent.

fósforo [fósforo] *s. m.* **1.** *Quím.* phosphorus. **2.** (cerilla) match.

fósil [fósil] *adj. y s. m.* fossil.

foso [fóso] *s. m.* **1.** (zanja) ditch; trench. **2.** *Teatr.* pit. **3.** (de fortificación) moat.

fotocopia [fotokópja] *s. f.* photocopy.

fotocopiadora [fotokopjaðóra] *s. f.* photocopier.

fotografía [fotoɣrafía] *s. f.* **1.** (proceso) photography. **2.** (retrato) photograph. ‖ **hacer ~** to take photographs.

fotografiar [fotoɣrafjár] *v. tr.* to photograph; to take a photograph.

fotosíntesis [fotosíntesis] *s. f., Biol.* photosynthesis.

frac [frák] *s. m.* tail coat; tails *pl.*

fracasar [frakasár] *v. intr.* **1.** to fail. **2.** (plan) to fall through.

fracaso [frakáso] *s. m.* **1.** failure. **2.** (de negociaciones) breakdown.

fracción [frakθjón] *s. f.* fraction.

fraccionar [frakθjonár] *v. tr.* **1.** to divide in parts. **2.** *Quím.* to fractionate. ‖ **fraccionarse** *v. prnl.* **3.** to split up.

fractura [fraktúra] *s. f.* fracture.

fracturar [frakturár] *v. tr.* to fracture.

fragancia [fraɣánθja] *s. f.* fragrance; scent.

fragata [fraɣáta] *s. f., Náut.* frigate.

frágil [fráχil] *adj.* **1.** fragile; breakable. **2.** *fig.* (débil) frail.

fragmento [fraɣménto] *s. m.* **1.** fragment. **2.** (pedazo) piece; bit. **3.** (pasaje) excerpt.

fragua [fráɣwa] *s. f.* forge.

fraguar [fraɣwár] *v. tr.* **1.** to forge. **2.** *fig.* (tramar) to plot.

fraile [frájle] *s. m., Rel.* friar.

frambuesa [frambwésa] *s. f., Bot.* (fruta) raspberry.

francés, -sa [franθés] *adj.* **1.** French. ‖ *s. m.* **2.** (idioma) French. **3.** (hombre) Frenchman. ‖ **francesa** *s. f.* **4.** (mujer) Frenchwoman.

franco, -ca [fráŋko] *adj.* **1.** (sincero) frank; open. **2.** *Econ.* (exento) free.

franco [fráŋko] *s. m., Econ.* (antigua moneda francesa) franc.

francófono, -na [fraŋkófono] *adj.* **1.** French-speaking; francophone *frml.* ‖ *s. m. y f.* **2.** French speaker; francophone.

franela [franéla] *s. f.* flannel.

franja [fráŋxa] *s. f.* **1.** fringe. **2.** (banda) band; strip.

franqueo [fraŋkéo] *s. m.* postage.

franqueza [fraŋkéθa] *s. f.* frankness.

franquicia [fraŋkíθja] *s. f.* **1.** (exención) exemption. **2.** *Econ.* (concesión) franchise.

frasco [frásko] *s. m.* bottle; flask.

frase [fráse] *s. f.* **1.** *Ling.* (oración) sentence. **2.** (expresión) phrase. ‖ **~ hecha** *Ling.* idiom; saying.

fraternal [fraternál] *adj.* (amor) brotherly; fraternal.

fraternidad [fraterniðáð] *s. f.* (hermandad) fraternity; brotherhood.

fraude [fráwðe] *s. m.* fraud.

fraudulento [frawðulénto] *adj.* (ilegal) fraudulent.

fray [fráj] *s. m., Rel.* brother.

frecuencia [frekwénθja] *s. f.* frequency. ‖ **con ~** frequently. **con qué ~** how often [How often do you take the bus? *¿Con qué frecuencia vas en autobús?]*

frecuentar [frekwentár] *v. tr.* to frequent.

frecuente [frekwénte] *adj.* **1.** (repetido) frequent. **2.** (usual) common.

fregadero [freɣaðéro] *s. m.* (pila) sink; kitchen sink.

fregar [freɣár] *v. tr.* **1.** (lavar) to wash. **2.** (frotar) to scrub; to rub. **3.** (con fregona) to mop.

fregona [freɣóna] *s. f.* **1.** (utensilio) mop. **2.** *desp.* (mujer) drudge.

freír [freír] *v. tr.* to fry.

frenar [frenár] *v. tr.* **1.** to brake. **2.** *fig.* (contener) to restrain.

frenesí [frenesí] *s. m.* frenzy.

frenético, -ca [frenétiko] *adj.* **1.** (exaltado) frenetic; frantic. **2.** (colérico) mad.

freno [fréno] *s. m.* **1.** *Autom.* brake. **2.** (brida) bridle. **3.** *fig.* curb; check.

frente [frénte] *s. f.* **1.** *Anat.* forehead; brow *lit.* ‖ *s. m.* **2.** front. ‖ **al ~** ahead. **de ~** forward. **en ~ de** in front of. **~ a ~** face to face. **hacer ~ a** (enfrentarse) to confront.

fresa [frésa] *s. f., Bot.* (fruta) strawberry.

fresco, -ca [frésko] *adj.* **1.** cool. **2.** *fig.* (reciente) fresh. **3.** (tela) light. **4.** *fig.* (descarado) sassy; cheeky. ‖ *s. m.* **5.** (frescor) fresh air. **6.** (pintura) fresco.

frescura [freskúra] *s. f.* **1.** (descaro) nerve. **2.** (de temperatura) coolness. **3.** (de verdura, pan) freshness.

fresno [frésno] *s. m., Bot.* (árbol) ash.

frialdad [frjaldáð] *s. f.* **1.** coldness. **2.** *fig.* (indiferencia) indifference.

fricción [frikθjón] *s. f.* **1.** friction. **2.** (friega) rub; rubbing. **3.** (masaje) massage.

friccionar [frikθjonár] *v. tr.* (frotar) to rub; to massage.

friega [frjéɣa] *s. f.* rub.

frigorífico [friɣorífiko] *s. m.* (nevera) refrigerator; icebox *Am. E.*

frío, -a [frío] *adj.* **1.** cold; chilly. **2.** *fig.* (indiferente) indifferent. **3.** (poco amistoso) frigid. ‖ *s. m.* **4.** (cold; coldness. ‖ **hace ~** it is cold. **tengo ~** I am cold.

friolero, -ra [frjoléro] *adj.* sensitive to the cold.

frito, -ta [fríto] *adj.* **1.** *Gastr.* fried. **2.** *fam.* (harto) fed up. ‖ *s. m.* **3.** fry.

frivolidad [friβoliðáð] *s. f.* frivolity.

frívolo, -la [fríβolo] *adj.* **1.** frivolous. **2.** (superficial) shallow.

frondoso, -sa [frondóso] *adj.* **1.** (árbol) leafy. **2.** (vegetación) luxuriant.

frontal [frontál] *adj.* **1.** frontal; direct. ‖ *s. m.* **2.** *Anat.* frontal bone.

frontera [frontéra] *s. f.* **1.** frontier *frml.* **2.** *Geogr.* (línea divisoria) border. **3.** *fig.* (límite) boundary.

fronterizo, -za [fronteríθo] *adj.* (limítrofe) frontier; border.

frontón [frontón] *s. m.* **1.** *Dep.* (juego) pelota. **2.** *Dep.* (cancha) pelota court.

frotar [frotár] *v. tr.* **1.** to rub. ‖ **frotarse** *v. prnl.* **2.** to rub.

fructífero, -ra [fruktífero] *adj., fig.* (productivo) fruitful; profitable.

fructuoso [fruktuóso] *adj.* fruitful.

frugal [fruɣál] *adj.* **1.** (comedido) frugal. **2.** (vida) spartan.

fruncir [frunθír] *v. tr.* **1.** (el ceño) to knit. **2.** (tela) to gather. ‖ **~ el ceño** to frown.

fruslería [fruslería] *s. f.* **1.** (bagatela) frippery; bagatelle. **2.** *fig.* y *fam.* trifle.

frustrar [frustrár] *v. tr.* **1.** (persona) to frustrate. **2.** (planes) to thwart. **3.** (esperanzas) to dash.

fruta [frúta] *s. f.* fruit. ‖ **~ de temporada** seasonal fruit.

frutería [frutería] *s. f.* fruit shop.

frutero, -ra [frutéro] *adj.* **1.** fruit. ‖ *s. m. y f.* **2.** (persona) fruiterer. ‖ *s. m.* **3.** (plato) fruit bowl.

fruto [frúto] *s. m.* **1.** *Bot.* fruit. **2.** *fig.* (resultado) profit. ‖ **~ seco** nut.

fucsia [fúksja] *s. f.* **1.** *Bot.* fuchsia. ‖ *adj. y s. m.* **2.** (color) fuchsia.

fuego [fwéɣo] *s. m.* fire. ‖ **fuegos artificiales** fireworks *pl.* **jugar con ~** *fig.* to play with fire. **pegar ~ a** to set fire to.

fuelle [fwéʎe] *s. m.* bellows *pl.*

fuente [fwénte] *s. f.* **1.** fountain. **2.** (manantial) spring. **3.** (recipiente) serving dish. **4.** *fig.* (origen) source; origin.

fuera [fwéra] *adv. l.* **1.** out; outside [¿El perro está dentro o fuera? *Is the dog inside or outside?*] **2.** (alejado) away [Estaré fuera el año que viene. *I'll be away next year.*] **3.** (en el extranjero) abroad.

fuero [fwéro] *s. m.* **1.** (carta municipal) charter. **2.** (privilegio) privilege. **3.** (autoridad) jurisdiction.

fuerte [fwérte] *adj.* **1.** strong. **2.** (golpe) hard. **3.** (ruido) loud. **4.** (lluvia) heavy. ‖ *s. m.* **5.** *Mil.* fort.

fuerza [fwérθa] *s. f.* **1.** (fortaleza) strength. **2.** (violencia) violence. **3.** (intensidad) intensity. **4.** (resistencia) stamina. ‖ **a la ~** (violencia) by force.

fuga [fúɣa] *s. f.* **1.** (huida) escape; flight. **2.** (de un líquido) leak.

fugacidad [fuɣaθiðáð] *s. f.* brevity.

fugarse [fuɣárse] *v. prnl.* **1.** (huir) to abscond; to escape; to flee. **2.** (para casarse) to elope.

fugaz [fuɣáθ] *adj.* brief.

fugitivo, -va [fuxitíβo] *adj.* **1.** fugitive. ‖ *s. m. y f.* **2.** fugitive; runaway.

fulano, -na [fuláno] *s. m. y f.* **1.** so-and-so. **2.** *pey.* guy.

fular [fulár] *s. m.* **1.** (tejido) foulard **2.** (pañuelo) scarf.

fulgor [fulɣór] *s. m.* **1.** (resplandor) brilliance. **2.** (esplendor) splendor.

fulgurante [fulɣuránte] *adj.* **1.** (que brilla) brilliant. **2.** (dolor) sharp.

fulminante [fulmináṇte] *adj.* **1.** (súbito) sudden. **2.** *Med.* fulminant *frml.*

fulminar [fulminár] *v. tr.* **1.** to strike by lighting. **2.** (al enemigo) to strike dead.

fumador, -ra [fumaðór] *adj.* **1.** smoking. ‖ *s. m. y f.* **2.** smoker.

fumar [fumár] *v. tr. e intr.* to smoke.

fumigar [fumiɣár] *v. tr.* to fumigate.

función [fuṇθjón] *s. f.* **1.** function. **2.** (cargo) duty. **3.** *Cinem. y Teatr.* performance. ‖ **en funciones** acting [El presidente en funciones acudió a la reunión. *The acting president attended the meeting.*]

funcional [fuṇθjonál] *adj.* functional.

funcionamiento [fuṇθjonamjéṇto] *s. m.* **1.** operation. **2.** *Tecnol.* working. **3.** (marcha de una máquina) running. ‖ **mal ~** malfunction.

funcionar [fuṇθjonár] *v. intr.* to function; to work. ‖ **no funciona** out of order.

funcionario [fuṇθjonárjo] *s. m. y f.* (público) civil servant; official.

funda [fúṇda] *s. f.* **1.** (flexible) cover. **2.** (rígida) case. ‖ **~ de almohada** pillowcase.

fundación [fuṇdaθjón] *s. f.* foundation.

fundador, -ra [fuṇdaðór] *s. m. y f.* (creador) founder.

fundamental [fuṇdamentál] *adj.* **1.** fundamental; primary. **2.** (primordial) prime.

fundamentar [fuṇdamentár] *v. tr.* **1.** (establecer) to found. **2.** *fig.* to base.

fundamento [fuṇdaméṇto] *s. m.* (base) foundation; basis; fundament.

fundar [fuṇdár] *v. tr.* **1.** to found. **2.** (empresa) to establish. **3.** *fig.* (basar) to base. ‖ **fundarse** *v. prnl.* **4.** (teoría) to be based.

fundición [fuṇdiθjón] *s. f.* **1.** (fábrica) foundry. **2.** (de metales) smelting.

fundir [fuṇdír] *v. tr.* **1.** (metal, hielo) to melt. **2.** *Tecnol.* to found. **3.** (minerales) to smelt. ‖ **fundirse** *v. prnl.* **4.** (metal, hielo) to melt. **5.** (una bombilla) to burn out.

fúnebre [fúneβre] *adj.* funereal.

funeral [funerál] *adj.* **1.** funeral. ‖ *s. m.* **2.** funeral; exequies.

funeraria [funerárja] *s. f.* undertaker's *Br. E.*; funeral parlor *Am. E.*

funesto, -ta [funésto] *adj.* (nefasto) fatal; disastrous; terrible.

funicular [funikulár] *s. m.* (de tren) funicular (railway).

furgón [furɣón] *s. m.* **1.** van; wagon. **2.** (de tren) boxcar *Am. E.*

furgoneta [furɣonéta] *s. f.* van.

furia [fúrja] *s. f.* fury.

furibundo, -da [furiβúṇdo] *adj.* furious.

furioso, -sa [furjóso] *adj.* **1.** (iracundo) furious. **2.** (violento) violent; tearing.

furor [furór] *s. m.* **1.** furor; rage. **2.** (olas, tempestad) fury. **3.** *fig.* (pasión) frenzy; passion.

furtivo, -va [furtíβo] *adj.* furtive; stealthy. ‖ **cazador ~** poacher.

fusible [fusíβle] *s. m., Electrón.* fuze.

fusil [fusíl] *s. m.* rifle; gun.

fusilamiento [fusilamjéṇto] *s. m.* (ejecución) shooting; execution.

fusilar [fusilár] *v. tr.* to shoot; to execute.

fusión [fusjón] *s. f.* **1.** (unión) fusion; union. **2.** *Econ.* merger; amalgamation.

fusionar [fusjonár] *v. tr.* **1.** (piezas, metales) to fuze. **2.** *Econ.* (empresas) to merge. ‖ **fusionarse** *v. prnl.* **3.** (piezas, metales) to fuze. **4.** *Econ.* (empresas) to merge.

fusta [fústa] *s. f., Equit.* whip. ‖ **~ corta** *Equit.* riding crop.

fuste [fúste] *s. m., Arq.* (de la columna) shaft.

fustigar [fustiɣár] *v. tr.* **1.** (a un caballo) to whip; to horsewhip. **2.** (persona) to lash.

fútbol [fútβol] *s. m., Dep.* soccer *Am. E.*; football *Br. E.* ‖ **partido ~** *Dep.* soccer match *Am. E.*

futbolín [futβolín] *s. m.* table football.

futbolista [futβolísta] *s. m. y f., Dep.* soccer player *Am. E.*; football player.

futuro, -ra [futúro] *adj.* **1.** future [El futuro presidente se enfrentará a una crisis. *The future president will have to face a crisis.*] ‖ *s. m.* **2.** future [El futuro nos traerá sorpresas. *The future will surprise us.*] ‖ **en el ~** in the future.

G

g [χé] *s. f.* (letra) g.

gabán [gaβán] *s. m.* overcoat.

gabardina [gaβarðina] *s. f.* **1.** (prenda) raincoat. **2.** (tela) gabardine.

gabinete [gaβinéte] *s. m.* **1.** (despacho) study. **2.** (de médico, abogado) office. **3.** *Polít.* cabinet.

gacela [gaθéla] *s. f.*, *Zool.* gazelle.

gaceta [gaθéta] *s. f.* gazette.

gafas [gáfas] *s. f. pl.* glasses *pl.* ‖ **funda de ~** spectacles case. **~ de sol** sunglasses *pl.*

gafe [gáfe] *s. m.* (mala suerte) hoodoo; jinx. ‖ **ser ~** to be a jinx.

gaita [gájta] *s. f.* bagpipes *pl.*

gajo [gáχo] *s. m.* **1.** (de uvas) bunch. **2.** (de naranja, limón) segment.

gala [gála] *s. f.* **1.** (vestido) full dress. **2.** (espectáculo) gala. ‖ **galas** *s. m. pl.* **3.** finery. ‖ **hacer ~ de** to vaunt.

galán [galán] *s. m.* gallant; lover.

galante [galánte] *adj.* gallant; attentive.

galantear [galanteár] *v. tr.* (a una mujer) to court; to woo.

galantería [galantería] *s. f.* **1.** (caballerosidad) gallantry. **2.** (piropo) compliment. **3.** (cortesía) courtesy.

galápago [galápaɣo] *s. m.*, *Zool.* (tortuga) freshwater tortoise.

galardón [galarðón] *s. m.* award; prize.

galardonar [galarðonár] *v. tr.* (premiar) to reward.

galaxia [galáksja] *s. f.*, *Astron.* galaxy.

galeón [galeón] *s. m.*, *Náut.* galleon.

galera [galéra] *s. f.*, *Náut.* galley.

galería [galería] *s. f.* **1.** gallery. **2.** (balcón) veranda. **3.** (de una casa) corridor. ‖ **~ de arte** picture gallery.

galés, -esa [galés] *adj.* **1.** Welsh. ‖ *s. m.* **2.** (idioma) Welsh. **3.** (hombre) Welshman. ‖ **galesa** *s. f.* **4.** (mujer) Welshwoman.

galgo, -ga [gálɣo] *s. m.* greyhound.

gallardía [gaʎarðía] *s. f.* **1.** (gracia) gracefulness. **2.** (elegancia) elegance. **3.** (valor) gallantry; bravery.

gallego [gaʎéɣo] *adj. y s. m. y f.* (persona) Galician.

galleta [gaʎéta] *s. f.* **1.** (dulce) cookie *Am. E.*; biscuit *Br. E.* **2.** (salada) cracker. **3.** *fam.* (bofetada) slap. ‖ **caja para galletas** biscuit tin.

gallina [gaʎína] *s. f.* **1.** *Zool.* hen. ‖ *s. m. y f.* **2.** *fam.* (cobarde) coward. ‖ **~ ciega** blind man's buff. **~ ponedora** layer.

gallinero, -ra [gaʎinéro] *s. m.* **1.** (corral) henhouse; coop. **2.** *Cinem. y Teatr.* balcony; gallery.

gallo [gáʎo] *s. m.* **1.** (ave) rooster *Am. E.*; cock *Br. E.* **2.** *Mús.* false note. ‖ **~ de pelea** fighting cock.

galón¹ [galón] *s. m.* **1.** *Mil.* stripe; chevron. **2.** (en costura) braid.

galón² [galón] *s. m.* (medida: 4.55 litros) gallon.

galopar [galopár] *v. intr.*, *Equit.* to gallop.

galope [galópe] *s. m.* gallop.

galvanizar [galβaniθár] *v. tr.* (metal) to galvanize; to electroplate.

gama [gáma] *s. f.* **1.** *Mús.* (escala) scale. **2.** (de colores) range.

gamba [gámba] *s. f.*, *Zool.* shrimp *Am. E.*; prawn *Br. E.* ‖ **cóctel de gambas** prawn cocktail *Br. E.*

gamberro [gambéɾro] *s. m. y f.* **1.** (sin modales) lout. **2.** (violento) hooligan.

gamo, -ma [gámo] *s. m. y f.*, *Zool.* fallow deer.

gamuza [gamúθa] *s. f.* **1.** *Zool.* chamois. **2.** (trapo) dust cloth *Am. E.*

gana [gána] *s. f.* desire. || **de buena ~** willingly. **de mala ~** unwillingly. **no me da la ~** I don't fancy it. **tener ganas de** to feel like. **tener muchas ganas de** to be dying to.

ganadería [ganaðería] *s. f.* **1.** cattle breeding. **2.** (ganado) cattle.

ganadero, -ra [ganaðéro] *adj.* **1.** cattle. || *s. m. y f.* **2.** (persona) cattleman.

ganado [ganáðo] *s. m.* cattle; livestock.

ganador, -ra [ganaðór] *adj.* **1.** winning. || *s. m. y f.* **2.** winner.

ganancia [ganánθja] *s. f.* **1.** gain; profit. **2.** (aumento) increase. || **ganancias** *s. f. pl.* **3.** earnings.

ganar [ganár] *v. tr.* **1.** (sueldo) to earn. **2.** (sacar ventaja) to gain. **3.** (premio) to win. || *v. intr.* **4.** (mejorar) to improve. || **ganarse** *v. prnl.* **5.** to earn.

ganchillo [gantʃíʎo] *s. m.* crochet. || **hacer ~** to crochet.

gancho [gántʃo] *s. m.* **1.** (garfio) hook. **2.** (cebo) bait. **3.** *fig y fam.*(atractivo) sex appeal.

gandul, -la [gandúl] *s. m. y f., fam.* (perezoso) lazybones *inv.;* loafer.

ganga [gáŋga] *s. f.* **1.** *Zool.* sand grouse. **2.** *fig.* (barato) bargain.

ganglio [gáŋgljo] *s. m., Med.* ganglion.

gangoso, -sa [gaŋgóso] *adj.* nasal.

gansada [gansáða] *s. f., fam.* stupidity.

ganso, -sa [gánso] *s. m. y f.* **1.** *Zool.* goose. || *adj. y s. m. y f.* **2.** *fig.* (payaso) clown. **3.** *fig.* (torpe) clumsy. || **gansos** *s. m. pl.* **4.** *Zool.* geese.

gánster o gángster [gánster] *s. m. y f.* gangster.

ganzúa [ganθúa] *s. f.* picklock.

garabatear [garaβateár] *v. tr. e intr.* (emborronar) to scribble; to scrawl.

garabato [garaβáto] *s. m.* **1.** (dibujo) scribble; scrawl. **2.** (gancho) hook.

garaje [garáχe] *s. m.* garage.

garantía [garantía] *s. f.* **1.** (aval) guarantee; warranty. **2.** *Der.* surety.

garantizar [garantiθár] *v. tr.* **1.** (cosa) to guarantee; to warrant *Am. E.* **2.** (a una persona) to assure. **3.** (responder) to vouch (for).

garbanzo [garβánθo] *s. m., Bot.* chickpea. || **~ negro** *fig. y fam.* black sheep.

garbo [gárβo] *s. m.* **1.** (airosidad al andar) poise; jauntiness. **2.** *fig.* (gracia) grace.

gardenia [garðénja] *s. f., Bot.* gardenia.

garfio [gárfjo] *s. m.* hook.

garganta [garɣánta] *s. f.* **1.** *Anat.* throat. **2.** *Geogr.* (desfiladero) gorge.

gargantilla [garɣantíʎa] *s. f.* necklace.

gárgara [gárɣara] *s. f.* gargle; gargling. || **hacer gárgaras** to gargle. •Chiefly in pl.

garita [garíta] *s. f.* **1.** *Mil.* (del centinela) sentry box. **2.** (de portero) lodge.

garra [gářa] *s. f.* **1.** *Zool.* (de animal) claw. **2.** (de ave) talon. **3.** (de persona) paw *pej.* || **garras** *s. f. pl.* **4.** (poder) clutches. || **caer en las garras de** *fig.* to fall into sb's clutches.

garrafa [gářáfa] *s. f.* carafe.

garrafal [gářafál] *adj.* terrible.

garrapata [gářapáta] *s. f., Zool.* tick.

garrapatear [gářapateár] *v. tr. e intr.* *garabatear.

garrotazo [gářotáθo] *s. m.* (golpe) blow (with a club).

garrote [gářóte] *s. m.* **1.** (palo grueso) club; cudgel. **2.** (palo) stick. **3.** *Der.* (método de ejecución) garrote.

garza [gárθa] *s. f., Zool.* heron.

gas [gás] *s. m.* **1.** gas. ‖ **gases** *s. m. pl.* **2.** flatulence *sing.* ‖ **máscara de ~** gas mask.

gasa [gása] *s. f.* gauze.

gaseosa [gaseósa] *s. f.* soda *Am. E.*; lemonade *Br. E.*

gaseoso, -sa [gaseóso] *adj.* **1.** (cuerpo, estado) gaseous. **2.** (bebida) sparkling; carbonated; fizzy *Br. E.*

gas-oil [gasójl] *s. m.* *gasóleo.

gasóleo [gasóleo] *s. m.* **1.** (calefacción) oil; gas oil. **2.** (motores) diesel.

gasolina [gasolína] *s. f.*, *Autom.* gasoline *Am. E.*; petrol *Br. E.* ‖ **depósito de ~** *Autom.* petrol tank. **~ super** *Autom.* super.

gasolinera [gasolinéra] *s. f.* gas station *Am. E.*; petrol station *Br. E.*; garage *Br. E.*

gastado, -da [gastáðo] *adj.* worn-out.

gastar [gastár] *v. tr.* **1.** (tiempo, dinero) to spend. **2.** *fig.* (malgastar) to waste. **3.** (ropa) to wear. **4.** (consumir) to use. ‖ **gastarse** *v.* **5.** (dinero) to spend. **6.** (desgastarse) to wear out.

gasto [gásto] *s. m.* **1.** (cantidad gastada) expense. **2.** (desembolso) expenditure.

gastronomía [gastronomía] *s. f.* gastronomy.

gastrónomo [gastrónomo] *s. m. y f.* gourmet; gastronome.

gatas, a [gátas] *loc. adv. mod.* crawling. ‖ **andar a ~** to crawl; to go on all four.

gatear [gateár] *v.* **1.** to crawl. **2.** (trepar) to clamber.

gatillo [gatíʎo] *s. m.* (de arma) trigger.

gato, -ta [gáto] *s. m. y f.* **1.** *Zool.* cat. **2.** *Autom.* (palanca) jack. ‖ **~ montés** *Zool.* wildcat.

gavilán [gaβilán] *s. m.*, *Zool.* (pájaro) sparrowhawk.

gavilla [gaβíʎa] *s. f.* (de cereales) sheaf.

gaviota [gaβjóta] *s. f.*, *Zool.* seagull; gull.

gay [géj] *adj. y s. m.* gay; homosexual.

gazapo [gaθápo] *s. m.* **1.** (errata) error; misprint. **2.** *fam.* (equivocación) mistake. **3.** *Zool.* young rabbit.

gazpacho [gaθpátʃo] *s. m.*, *Gastr.* cold vegetable soup; gazpacho.

gel [xél] *s. m.* gel.

gelatina [xelatína] *s. f.* **1.** (ingrediente) gelatin. **2.** *Gastr.* jelly.

gélido, -da [xéliðo] *adj.*, *lit.* icy; gelid.

gema [xéma] *s. f.* **1.** *Miner.* gem. **2.** *Bot.* bud.

gemelo, -la [xemélo] *adj. y s. m. y f.* **1.** twin. ‖ *s. m.* **2.** *Anat.* calf muscle. ‖ **gemelos** *s. m. pl.* **3.** (de la camisa) cuff links. **4.** (anteojos) binoculars.

gemido [xemíðo] *s. m.* **1.** (de dolor, pena) moan; groan. **2.** (de un animal) whine.

Géminis [xéminis] *n. p.*, *Astrol.* Gemini.

gemir [xemír] *v. intr.* **1.** (de dolor, pena) to moan; to groan. **2.** (de un animal) to whine.

gen [xén] *s. m.*, *Biol.* gene.

genealogía [xenealoxía] *s. f.* genealogy.

generación [xeneraθjón] *s. f.* generation.

generador [xeneraðór] *s. m.*, *Tecnol.* (alternador) generator.

general [xenerál] *adj.* **1.** general. **2.** (común) usual. ‖ *s. m.* **3.** *Mil.* general. ‖ **en ~** all in all; as a whole.

generalizar [xeneraliθár] *v. intr.* **1.** to generalize. ‖ **generalizarse** *v. prnl.* **2.** to become widespread.

generar [xenerár] *v. tr.* to generate.

género [xénero] *s. m.* **1.** (clase) kind; sort. **2.** *Biol.* genus. **3.** *Econ.* material. **4.** *Lit.* genre. **5.** *Ling.* gender. ‖ **géneros** *s. m. pl.* **6.** (productos) goods.

generosidad [χenerosiðáð] *s. f.* (esplendidez) generosity; unselfishness.

generoso, -sa [χeneróso] *adj.* (desprendido) generous; splendid.

genético, -ca [χenétiko] *adj.* **1.** genetic. ‖ **genética** *s. f.* **2.** genetics *sing.*

genial [χenjál] *adj.* **1.** inspired. **2.** (idea) brilliant. **3.** (afable) genial.

genio [χénjo] *s. m.* **1.** (mal carácter) temper. **2.** (talento) genius. **3.** (carácter) disposition.

genital [χenitál] *adj.* **1.** genital. ‖ **genitales** *s. m. pl.* **2.** *Anat.* genitals.

gente [χénte] *s. f. sing.* **1.** people *pl.* **2.** (familia) folks *pl. Am. E.*

gentil [χentíl] *adj.* **1.** (encantador) charming. **2.** (pagano) heathen; pagan. **3.** *Rel.* (no judío) gentile.

gentileza [χentiléθa] *s. f.* **1.** kindness. **2.** (cortesía) courtesy.

gentilicio [χentilíθjo] *s. m.* name given to the people from a city, region or country [Onubense es el gentilicio de Huelva. *Onubense is the name given to the people from Huelva.*]

gentío [χentío] *s. m.* crowd; throng.

gentuza [χentúθa] *s. f., pey.* (muchedumbre) rabble; mob.

genuino, -na [χenúino] *adj.* genuine.

geografía [χeoɣrafía] *s. f.* geography.

geología [χeoloχía] *s. f.* geology.

geometría [χeometría] *s. f.* geometry.

geométrico, -ca [χeométriko] *adj., Mat.* geometric; geometrical.

geranio [χeránjo] *s. m., Bot.* geranium.

gerencia [χeréŋθja] *s. f.* **1.** (actividad) management. **2.** (cargo) post of manager. **3.** (oficina) manager's office.

gerente [χerénte] *s. m.* (administrador) manager; director.

germano [χermáno] *adj.* **1.** German. **2.** *Hist.* Germanic. ‖ *s. m. y f.* **3.** German.

germen [χérmen] *s. m.* **1.** *Biol.* germ. **2.** *fig.* (fuente) source.

germinar [χerminár] *v. intr.* (brotar) to germinate.

gerundio [χerúndjo] *s. m., Ling.* gerund.

gesta [χésta] *s. f.* heroic deed.

gestación [χestaθjón] *s. f.* gestation.

gestar [χestár] *v. tr.* **1.** to gestate. ‖ **gestarse** *v. prnl.* **2.** to be brewing; to be developing [Se gestaba una huelga. *A strike was brewing.*]

gesticular [χestikulár] *v. intr.* (gestear) to gesticulate; to gesture.

gestión [χestjón] *s. f.* **1.** (trámite) step. **2.** *Econ.* (administración) management.

gestionar [χestjonár] *v. tr.* **1.** (negociar) negotiate. **2.** (dirigir) to manage.

gesto [χésto] *s. m.* **1.** (ademán) gesture. **2.** (mueca) grimace; face.

gestoría [χestoría] *s. f.* agency (that obtains documents for its customers on their behalf).

giba [χíβa] *s. f.* hump.

giboso, -sa [χiβóso] *adj.* hunchbacked.

gigante [χiɣánte] *adj.* **1.** (enorme) giant; gigantic. ‖ *s. m.* **2.** giant.

gigantesco, -ca [χiɣantésko] *adj.* (colosal) gigantic; giant.

gilipollas [χilipóλas] *adj. y s. m. y f., vulg.* jerk; asshole.

gimnasia [χinnásja] *s. f.* **1.** gymnastics *pl.* **2.** (ejercicio) exercise.

gimnasio [χinnásjo] *s. m.* gymnasium; gym; health club *Am. E.*

gimnasta [χinnásta] *s. m. y f.* gymnast.

gimotear [χimoteár] *v. intr.* **1.** to whine; to whimper. **2.** (lloriquear) to snivel.

gincana [ʝiŋkána] *s. f.* gymkhana.

ginebra [χinéβra] *s. f.* (bebida) gin.

ginecólogo, -ga [χinekóloɤo] *s. m. y f., Med.* gynecologist.

gira [χíra] *s. f.* tour; trip; excursion.

girar [χirár] *v. intr.* **1.** (torcer) to turn. **2.** (dar vueltas) to rotate. **3.** (rápidamente) to spin. **4.** (versar) to deal with. **5.** *Econ.* (hacer un giro postal) to draw.

girasol [χirasól] *s. m., Bot.* sunflower.

giratorio [χiratórjo] *adj.* revolving.

giro [χíro] *s. m.* **1.** (movimiento) turn. **2.** *Ling.* (expresión) expression. **3.** *Econ.* (bancario) draft. **4.** (de sucesos) course.

gitano, -na [χitáno] *adj.* **1.** gypsy. ‖ *s. m. y f.* **2.** gypsy.

glacial [glaθjál] *adj.* glacial; icy.

glaciar [glaθjár] *adj.* **1.** glacial. ‖ *s. m.* **2.** *Geol.* glacier.

gladíolo o gladiolo [glaðíolo] *s. m., Bot.* (flor) gladiolus.

glándula [glándula] *s. f., Anat.* gland.

glicerina [gliθeřína] *s. f., Quím.* glycerine.

global [gloβál] *adj.* **1.** (completo) total. **2.** (en conjunto) global. **3.** (mundial) worldwide.

globo [glóβo] *s. m.* **1.** balloon. **2.** (esfera) globe; sphere. **3.** *Dep.* lob. ‖ ~ **terráqueo** globe.

glóbulo [glóβulo] *s. m.* **1.** (globo) globule. **2.** *Biol.* corpuscle. ‖ ~ **blanco** *Biol.* white corpuscle. ~ **rojo** *Biol.* red corpuscle.

gloria [glórja] *s. f.* **1.** glory. **2.** *fig.* (placer) delight. ‖ **estar en la** ~ *fig.* to be in seventh heaven.

gloriarse [gloriárse] *v. intr.* (jactarse) to boast; to glory.

glorieta [glorjéta] *s. f.* **1.** (en un jardín) bower. **2.** (plaza) square. **3.** *Autom.* traffic circle *Am. E.;* roundabout *Br. E.*

glorificar [glorifikár] *v. tr.* **1.** to glorify. ‖ **glorificarse** *v. prnl.* **2.** to glory.

glorioso, -sa [glorjóso] *adj.* glorious.

glosa [glósa] *s. f.* **1.** gloss. **2.** *Lit.* (comentario) commentary.

glosar [glosár] *v. tr.* **1.** (comentar) to comment. **2.** *Lit.* (texto) to gloss.

glosario [glosárjo] *s. m.* glossary.

glotón, -na [glotón] *adj.* **1.** gluttonous; greedy. ‖ *s. m. y f.* **2.** (persona) glutton. ‖ *s. m.* **3.** *Zool.* glutton.

glúteo, -a [glúteo] *adj.* **1.** *Anat.* gluteal. ‖ *s. m.* **2.** *Anat.* gluteus.

gnomo [nómo] *s. m.* gnome.

gobernador, -ra [goβernaðór] *s. m. y f., Polít.* governor.

gobernante [goβernánte] *adj.* **1.** ruling. ‖ *s. m. y f.* **2.** (dirigente) ruler.

gobernar [goβernár] *v. tr.* **1.** (dirigir) to guide. **2.** (país) to govern; to rule. ‖ *v. intr.* **3.** to govern. ‖ **gobernarse** *v. prnl.* **4.** (guiarse) to manage one's affairs. ‖ ~ **mal** to misgovern.

gobierno [goβjérno] *s. m.* **1.** *Polít.* government. **2.** (gestión) management. **3.** (dirección) guidance.

goce [góθe] *s. m.* **1.** enjoyment. **2.** (placer) pleasure; delight.

gofre [gófre] *s. m., Gastr.* waffle.

gol [gól] *s. m., Dep.* goal.

golf [gólf] *s. m., Dep.* golf.

golfo [gólfo] *s. m., Geogr.* gulf.

golfo, -fa [gólfo] *s. m. y f.* scoundrel.

golondrina [golondrína] *s. f., Zool.* (pájaro) swallow.

golosina [golosína] *s. f.* **1.** (caramelos) candy *Am. E.;* sweet *Br. E.* **2.** (exquisitez) tidbit *Am. E.;* titbit *Br. E.*

goloso, -sa [golóso] *adj.* sweet-toothed. ‖ **ser** ~ to have a sweet tooth.

golpe [gólpe] *s. m.* **1.** blow; knock. **2.** (puñetazo) punch. **3.** (cardenal) bruise. **4.** (desgracia) misfortune. **5.** (impacto) collision. **6.** *fig.* (gracia) witticism. **7.** *fig.* (sorpresa) shock.

golpear [golpeár] *v. tr.* **1.** to hit. **2.** (cosas) to knock; to beat. **3.** (personas) to thump. **4.** (colisionar) to bump. ‖ *v. intr.* **5.** to beat; to knock.

golpetear [golpeteár] *v. tr.* (dar golpes) to drum; to pound.

goma [góma] *s. f.* **1.** gum. **2.** (caucho) rubber. **3.** (de borrar) eraser. **4.** (preservativo) condom.

gomina [gomína] *s. f.* hair gel.

góndola [góndola] *s. f.* gondola.

gong o gongo [góŋ] *s. m., Mús.* gong.

gordo, -da [górðo] *adj.* **1.** (carnoso) fat. **2.** (volumen) thick. **3.** (importante) big. ‖ *s. m. y f.* **4.** fat person; fatty *fam.* ‖ *s. m.* **5.** (tocino) fat.

gorgoteo [gorvotéo] *s. m.* gurgle.

gorila [goríla] *s. m.* **1.** *Zool.* gorilla. **2.** *fig.* (guardaespaldas) bodyguard.

gorra [góra] *s. f.* **1.** cap. **2.** (de niño) bonnet. ‖ **de ~** free.

gorrino, -na [goríno] *s. m. y f.* pig.

gorrión [gorión] *s. m., Zool.* sparrow.

gorro [góro] *s. m.* **1.** cap. **2.** (de niño) bonnet. ‖ **estar hasta el ~ de** *fig. y fam.* to be up to here with.

gorrón, -rrona [gorón] *s. m.* (aprovechado) scrounger; sponger *Br. E.*

gorronear [goroneár] *v. intr.* to sponge.

gota [góta] *s. f.* **1.** drop. **2.** *Med.* (enfermedad) gout. ‖ **~ a ~** drop by drop.

gotear [goteár] *v. intr.* **1.** to drip. **2.** (lloviznar) to drizzle.

gotera [gotéra] *s. f.* **1.** (en el tejado) leak. **2.** (mancha) damp stain.

gótico, -ca [gótiko] *adj.* Gothic.

gozar [goθár] *v. tr.* **1.** to enjoy. ‖ *v. intr.* **2.** (divertirse) to enjoy oneself.

gozne [góθne] *s. m.* (bisagra) hinge.

gozo [góθo] *s. m.* **1.** (alegría) joy. **2.** (placer) pleasure. ‖ **no caber en sí de ~** *fig. y fam.* to be beside oneself with joy.

gozoso, -sa [goθóso] *adj.* joyful.

grabación [graβaθjón] *s. f.* recording.

grabado [graβáðo] *s. m.* **1.** (arte) engraving. **2.** (dibujo) picture; print.

grabador, -ra [graβaðór] *s. m. y f.* (arte) engraver.

grabadora [graβaðóra] *s. f.* tape recorder.

grabar [graβár] *v. tr.* **1.** (arte) to engrave. **2.** (discos) to record. **3.** *fig.* (impresionar) to impress.

gracia [gráθja] *s. f.* **1.** *Rel.* grace. **2.** (chiste) joke. **3.** (ingenio) wit; witticism. **4.** (indulto) mercy. ‖ **gracias** *fórm.* **5.** thanks; thank you.

grácil [gráθil] *adj.* graceful.

gracioso, -sa [graθjóso] *adj.* **1.** (divertido) funny; amusing. **2.** (atractivo) graceful. **3.** (título) gracious [Su graciosa Majestad. *Her Gracious Majesty.*]

grada [gráða] *s. f.* **1.** (peldaño) step. **2.** *Dep.* (graderío) stand.

gradación [graðaθjón] *s. f.* gradation.

graderío [graðerío] *s. m.* steps *pl.*

grado [gráðo] *s. m.* **1.** degree. **2.** (nivel) rate. **3.** *Educ.* (curso) grade *Am. E.* **4.** *Mil.* rank. **5.** (gradación) gradation.

graduación [graðwaθjón] *s. f.* **1.** (acto) gradation. **2.** *Mil.* rank; grade. **3.** (en la universidad) graduation.

gradual [graðwál] *adj.* gradual.

graduar [graðuár] *v. tr.* **1.** to graduate. **2.** (medir) to measure. ‖ **graduarse** *v. prnl.* **3.** to get one's degree.

grafía [grafía] *s. f.* spelling.

gráfico, -ca [gráfiko] *adj.* **1.** graphic. ‖ *s. m. y f.* **2.** *Mat.* graph. ‖ *s. m.* **3.** (esquema) diagram.

grafito [grafíto] *s. m., Miner.* graphite.

gragea [graxéa] *s. f., Farm.* pill; tablet.

gramática [gramátika] *s. f.* grammar.

gramatical [gramatikál] *adj., Ling.* grammatical.

gramo [grámo] *s. m.* gram.

gran [grán] *adj.* great [Una gran persona. *A great person.*] •Apocopated form of "grande". It is used before singular noun.

grana¹ [grána] *s. f., Bot.* (semilla) seeding.

grana² [grána] *s. f.* (color) deep red.

granada [granáða] *s. f.* **1.** *Bot.* (fruta) pomegranate. **2.** *Mil.* grenade.

granado, -da [granáðo] *adj.* **1.** (selecto) select. **2.** (crecido) mature. ‖ *s. m.* **3.** *Bot.* (árbol) pomegranate tree.

granate [granáte] *s. m.* **1.** *Miner.* garnet. **2.** (color) deep red; maroon.

grande [gránde] *adj.* **1.** (tamaño) large; big. **2.** (distinguido) great. **3.** (impresionante) grand. ‖ *s. m.* **4.** grandee. •Before noun the apocopated form **gran** is used.

grandeza [grandéθa] *s. f.* **1.** (tamaño) largeness. **2.** (magnitud) magnitude. **3.** (importancia) greatness.

grandioso, -sa [grandjóso] *adj.* (enorme) magnificent; grandiose.

granel, a [granél] *loc. adv.* **1.** *Econ.* (sin envase) in bulk. **2.** (en cantidad) galore.

granero [granéro] *s. m., Agr.* granary; barn.

granito [graníto] *s. m.* (roca) granite.

granizada [graniθáða] *s. f.* hailstorm.

granizado [graniθáðo] *s. m.* ice lolly.

granizar [graniθár] *v. impers., Meteor.* to hail [¡Está granizando! *It's hailing!*]

granizo [graníθo] *s. m.* **1.** (conjunto) hail. **2.** (grano, bola) hail stone.

granja [gránxa] *s. f.* farm.

granjero, -ra [granxéro] *s. m. y f.* farmer.

grano [gráno] *s. m.* **1.** grain. **2.** (semilla) seed. **3.** *Med.* pimple. **4.** (de cereal) corn. ‖ **ir al ~** *fam.* to get to the point.

granuja [granúxa] *s. m.* (bribón) rascal; scoundrel.

granulado, -da [granuláðo] *adj.* **1.** granulated. ‖ *s. m.* **2.** *Farm.* powder [Granulado vitamínico. *Vitamin powder.*]

granular [granulár] *adj.* **1.** granular. ‖ *v. tr.* **2.** to granulate.

grapa [grápa] *s. f.* **1.** staple. **2.** *Tecnol.* cramp.

grapadora [grapaðóra] *s. f.* stapler.

grapar [grapár] *v. tr.* to staple.

grasa [grása] *s. f.* **1.** (manteca) fat. **2.** (suciedad, lubricante) grease.

grasiento, -ta [grasjénto] *adj.* **1.** greasy. **2.** (de aceite) oily.

graso, -sa [gráso] *adj.* **1.** (comida, sustancia) fatty. **2.** (pelo, cutis) greasy.

gratificación [gratifikaθjón] *s. f.* **1.** (recompensa) reward; recompense. **2.** (propina) tip. **3.** (bonificación) bonus.

gratificar [gratifikár] *v. tr.* **1.** (recompensar) to reward. **2.** (satisfacer) to gratify; to satisfy.

gratinar [gratinár] *v. tr., Gastr.* (dorar) to cook au gratin.

gratis [grátis] *adj. y adv.* **1.** free. ‖ *adv.* **2.** gratis.

gratitud [gratitúð] *s. f.* (agradecimiento) gratitude; thankfulness; gratefulness.

grato, -ta [gráto] *adj.* (agradable) pleasant; pleasing.

gratuito, -ta [gratuíto] *adj.* **1.** (gratis) free. **2.** (caprichoso) gratuitous.

grava [gráβa] *s. f.* **1.** (guijos) gravel. **2.** (piedra) crushed stone.

gravamen [graβámen] *s. m.* **1.** *Econ.* (impuesto) tax. **2.** (carga) burden. **3.** (sobre una finca, casa) encumbrance.

gravar [graβár] *v. tr.* **1.** (cargar) to burden. **2.** (impuestos) to tax. **3.** *Der.* (títulos, escrituras) to encumber.

grave [gráβe] *adj.* **1.** (situación) serious; grave. **2.** (muy enfermo) seriously ill. **3.** (crisis) acute.

gravedad [graβeðáð] *s. f.* **1.** seriousness; acuteness. **2.** *Fís.* gravity.

gravitar [graβitár] *v. intr.* to gravitate.

gravoso, -sa [graβóso] *adj.* **1.** (costoso) costly. **2.** (pesado) burdensome.

graznido [graθníðo] *s. m.* **1.** (del cuervo) caw; croak. **2.** (de pato) quack.

greca [gréka] *s. f.* frieze.

gremio [grémjo] *s. m.* **1.** *Hist.* guild. **2.** (sindicato) union.

greña [gréɲa] *s. f.*, *pey.* untidy hair. •Chiefly in pl.

gresca [gréska] *s. f.* **1.** *col.* (alboroto) rumpus; commotion. **2.** *col.* (riña) fight.

griego [grjévo] *adj.* **1.** Greek; Grecian. || *s. m. y f.* **2.** (persona) Greek. || *s. m.* **3.** (idioma) Greek.

grieta [grjéta] *s. f.* **1.** crack; crevice. **2.** *Med.* (en la piel) chap. **3.** *Geol.* seam.

grifo [grífo] *s. m.* faucet *Am. E.*; tap *Br. E.*

grill [gríl] *s. m.* grill.

grillo [gríʎo] *s. m.*, *Zool.* cricket.

grima [gríma] *s. f.* horror.

gripe [grípe] *s. f.*, *Med.* flu; influenza.

gris [grís] *adj.* **1.** (color) gray. **2.** (monótono) drab. || *s. m. y f.* **3.** (color) gray.

grisáceo, -a [grisáθeo] *adj.* grayish.

gritar [gritár] *v. intr.* (chillar) to shout; to yell; to scream.

grito [gríto] *s. m.* **1.** (chillido) shout; yell. **2.** (de miedo) scream.

grogui [gróvi] *adj.* **1.** *col.* groggy; befuddled. **2.** (boxeo) stunned.

grosella [groséʎa] *s. f.*, *Bot.* redcurrant. || ~ **silvestre** *Bot.* gooseberry.

grosería [grosería] *s. f.* **1.** (descortesía) rudeness; impoliteness. **2.** (vulgaridad) vulgarity.

grosero, -ra [groséro] *adj.* **1.** (descortés) rude. **2.** (vulgar) vulgar; crude.

grosor [grosór] *s. m.* thickness.

grotesco, -ca [grotésko] *adj.* grotesque.

grúa [grúa] *s. f.* **1.** *Tecnol.* crane. **2.** *Náut.* (de petróleo) derrick.

grueso, -sa [grwéso] *adj.* **1.** thick. **2.** (persona) stout. || *s. m.* **3.** (grosor) thickness.

grulla [grúʎa] *s. f.*, *Zool.* crane.

grumete [gruméte] *s. m.*, *Náut.* cabin boy.

grumo [grúmo] *s. m.* **1.** lump. **2.** (de sangre) clot. **2.** (de leche) curd.

gruñido [gruɲíðo] *s. m.* **1.** (animal) grunt. **2.** *fig.* (persona) grumble.

gruñir [gruɲír] *v. intr.* **1.** (animal) to growl. **2.** *fam.* (persona) to grouse.

grupo [grúpo] *s. m.* **1.** group. **2.** *Tecnol.* set. || **en** ~ together as a group.

gruta [grúta] *s. f.* **1.** (natural) cave. **2.** (artificial) grotto.

guadaña [gwaðáɲa] *s. f.* scythe.

guantada [gwaɲtáða] *s. f.* slap.

guante [gwáɲte] *s. m.* glove.

guantera [gwaɲtéra] *s. f.*, *Autom.* glove compartment.

guapo, -pa [gwápo] *adj.* **1.** (persona) good-looking; attractive. **2.** *fam.* (hombre) handsome. **3.** (mujer) pretty.

guarda [gwárða] *s. m. y f.* (vigilante) keeper; guard.

guardabarros [gwarðaβáros] *s. m. inv.* fender *Am. E.*; mudguard *Br. E.*

guardabosque [gwarðaβóske] *s. m. y f.* forester.

guardacostas [gwarðakóstas] *s. m. y f. inv.* **1.** (persona) coastguard. ‖ *s. m. inv.* **2.** (buque) coastguard vessel.

guardaespaldas [gwarðaespáldas] *s. m. y f. inv.* (escolta) bodyguard.

guardameta [gwarðaméta] *s. m. y f., Dep.* (portero) goalkeeper.

guardar [gwarðár] *v. tr.* **1.** to keep. **2.** (vigilar) to guard. **3.** (ley) to observe. **4.** (conservar) to preserve. ‖ **guardarse** *v. prnl.* **5.** (cuidarse de) to beware.

guardarropa [gwarðarópa] *s. m.* **1.** (en establecimiento público) cloakroom. **2.** (armario) wardrobe. ‖ *s. m. y f.* **3.** (persona) cloakroom attendant.

guardería [gwarðería] *s. f.* nursery; crèche *Br. E.* ‖ ~ **infantil** nursery school.

guardia [gwárðja] *s. f.* **1.** guard. **2.** (cuidado) care. ‖ *s. m. y f.* **3.** (agente) guard; patrolman *Am. E.*

guardián, -na [gwarðján] *s. m. y f.* (protector) guardian; keeper.

guarecerse [gwareθérse] *v. prnl.* (resguardarse) to take shelter [Tenemos que guarecernos de la lluvia. *We must take shelter from the rain.*]

guarida [gwaríða] *s. f.* **1.** (de animal) lair. **2.** (de persona) haunt. **3.** (refugio) refuge.

guarnición [gwarniθjón] *s. f.* **1.** *Gastr.* garnish. **2.** *Mil.* garrison. **3.** (en ropa) trimming.

guarrada [gwaráða] *s. f.* **1.** (porquería) filthy mess; dirty mess. **2.** (acción indecente) dirty trick.

guarro, -rra [gwáro] *adj.* **1.** (sucio) filthy. **2.** (persona, película) disgusting. ‖ *s. m. y f.* **3.** pig; hog *Am. E.*

guasa [gwása] *s. f., fam.* joke; jest.

guasón, -na [gwasón] *s. m. y f., fam.* (bromista) wag; joker.

guata [gwáta] *s. f.* (algodón) wadding; padding.

guateado [gwateáðo] *adj.* padded.

guatemalteco [gwatemaltéko] *adj. y s. m. y f.* Guatemalan.

guay [gwáj] *adj., fam.* cool.

gubernamental [guβernamentál] *adj.* governmental; government.

guerra [géra] *s. f.* **1.** war; warfare. **2.** (pelea) struggle. ‖ **estar en** ~ to be at war. ~ **mundial** world war.

guerrear [gereár] *v. intr.* to war.

guerrero, -ra [geréro] *adj.* **1.** fighting. **2.** (carácter) warlike. ‖ *s. m. y f.* **3.** (soldado) warrior.

guerrilla [geríʎa] *s. f.* guerrilla group.

guerrillero, -ra [geriʎéro] *s. m. y f.* guerrilla.

guía [gía] *s. m. y f.* **1.** (persona) guide. ‖ *s. f.* **2.** (norma) guidance. **3.** (publicación) directory; guide. ‖ *s. m.* **4.** *Mil.* guide.

guiar [giár] *v. tr.* **1.** to guide. **2.** (dirigir) to lead. **3.** *Autom.* (conducir) to drive.

guijarro [gixáro] *s. m.* pebble.

guillotina [giʎotína] *s. f.* guillotine.

guinda [gínda] *s. f.* **1.** *Bot.* morello cherry. **2.** (confitada) glacé cherry.

guindilla [gindíʎa] *s. f., Bot.* chili.

guiñar [giɲár] *v. tr.* **1.** (un ojo) to wink. ‖ *v. intr.* **2.** to wink.

guiñol [giɲól] *s. m.* puppet theater.

guión [gjón] *s. m.* **1.** (esquema) outline. **2.** *Cine* script. **3.** *Ling.* hyphen; dash.

guionista [gionísta] *s. m. y f., Cinem.* scriptwriter; screenwriter.

guirigay [giriɣáj] *s. m.* hubbub; ruckus.

guirnalda [girnálda] *s. f.* garland.

guisado [gisáðo] *s. f., Gastr.* stew.

guisante [gisánte] *s. m., Bot.* pea.

guisar [gisár] *v. tr.* to stew; to cook.

guiso [gíso] *s. m.* **1.** dish. **2.** *Gastr.* (guisado) stew; casserole.

guitarra [gitãrra] *s. f., Mús.* guitar.

gula [gúla] *s. f.* greed; gluttony.

gusanillo [gusaníʎo] *s. m., fam.* (inquietud) itch. ‖ **con ~** (encuadernación) spiral-bound [Es un libro encuadernado con gusanillo. *It's a spiral-bound book.*]

gusano [gusáno] *s. m.* **1.** *Zool.* worm. **2.** *Zool.* (lombriz de tierra) earthworm. ‖ **~ de seda** *Zool.* silkworm.

gustar [gustár] *v. tr.* **1.** (agradar) to like. **2.** (probar) to try. ‖ *v. intr.* **3.** (complacer) to please. ‖ **como usted guste** as you like.

gustillo [gustíʎo] *s. m.* aftertaste.

gusto [gústo] *s. m.* **1.** taste. **2.** (afición) liking. **3.** (agrado) pleasure. ‖ **con mucho ~** with pleasure.

gustoso, -sa [gustóso] *adj.* **1.** (sabroso) tasty. **2.** (agradable) pleasant. **3.** (con voluntad) willing.

gutural [guturál] *adj.* guttural.

h [átʃe] *s. f.* (letra) h.

haba [áβa] *s. f.*, *Bot.* bean.

haber¹ [aβér] *v. aux.* **1.** (sirve para conjugar otros vbs. en tiempos compuestos.) to have [He comido. *I have eaten.*] ‖ *v. impers.* **2.** (existir) to be [Hay mucha gente en el teatro. Hay dos naranjas en la nevera. *There are a lot of people in the theatre. There are two oranges in the fridge.*] **3.** (ocurrir) to be [Hubo un accidente de coche. *There was a car accident.*] ‖ ~ **de/que** (+ inf) (obligación, necesidad) must [Hemos de averiguar qué pasó. *We must find out what happened.*] **¿qué hay?** what's up?

haber² [aβér] *s. m.* (bienes) property.

habichuela [aβitʃwéla] *s. f.*, *Bot.* (judía) kidney bean.

hábil [áβil] *adj.* **1.** (astuto) clever; smart. **2.** (diestro) skillful. **3.** (experto) skilled.

habilidad [aβiliðáð] *s. f.* **1.** skilfulness. **2.** (destreza) skill. **3.** (astucia) cleverness; cunning.

habilidoso, -sa [aβiliðóso] *adj.* skilful.

habilitar [aβilitár] *v. tr.* **1.** (un espacio) to fit out. **2.** (autorizar) to authorize. **3.** (capacitar) to enable.

habitable [aβitáβle] *adj.* habitable.

habitación [aβitaθjón] *s. f.* **1.** (cuarto) room. **2.** (dormitorio) bedroom.

habitante [aβitánte] *s. m. y f.* inhabitant.

habitar [aβitár] *v. tr.* **1.** (un lugar) to inhabit. ‖ *v. intr.* **2.** (en un lugar) to live.

hábitat [áβitat] *s. m.* habitat.

hábito [áβito] *s. m.* **1.** (costumbre) habit; custom. **2.** *Rel.* habit.

habitual [aβitwál] *adj.* **1.** (frecuente) usual. **2.** (hora, ruta) customary.

habituar [aβitwár] *v. tr.* **1.** to accustom. ‖ **habituarse** *v. prnl.* **2.** (acostumbrarse) to become accustomed.

habla [áβla] *s. f.* **1.** (facultad) speech. **2.** (idioma) language; speaking [English-speaking countries. *Los países de habla inglesa.*] ‖ **al** ~ (contestando al teléfono) speaking. **sin** ~ speechless.

hablador, -ra [aβlaðór] *adj.* **1.** (charlatán) talkative; chatty *coll.* ‖ *s. m. y f.* **2.** (charlatán) chatterbox *coll.* **3.** (indiscreto) bigmouth *coll.*

hablar [aβlár] *v. intr.* **1.** to speak; to talk. **2.** (charlar, conversar) to chat; to talk. **3.** (tratar, mentar) to mention. **4.** (dar un discurso) to speak. ‖ *v. tr.* **5.** (tratar un asunto) to discuss. **6.** (idioma) to speak. ‖ **hablarse** *v. prnl.* **7.** to speak to each other [Llevan sin hablarse 5 meses. *They haven't spoken to each other 5 months.*] ‖ ~ **alto** to speak loud. ~ **de** to talk about. ~ **entre dientes** to mumble. ~ **más alto** to speak up. ~ **por los codos** *fam.* to be a chatterbox.

hacendado, -da [aθendáðo] *adj.* **1.** (potentado) property-owning; landed. ‖ *s. m. y f.* **2.** (terrateniente) landowner.

hacendoso, -sa [aθendóso] *adj.* hardworking; industrious.

hacer [aθér] *v. tr.* **1.** (crear, producir, fabricar) to make [Elena hizo el pastel. *Helen made the cake.*] **2.** (amigos, dinero) to make. **3.** (obrar, ejecutar) to do [Hazme un favor. *Do me a favour.*] **4.** (construir) to build. ‖ *v. impers.* (Se usa siempre en 3ª pers. sing.) **5.** (clima) to be [Hace mucho calor. *It is very hot.*] **6.** (tiempo transcurrido) ago [Sucedió hace mucho tiempo. *It happened long time ago.*] ‖ **hacerse** *v. prnl.* **7.** (volverse) to become. **8.** (mayor) to grow. **9.** (acostumbrarse a) to get used to. ‖ **hacerlo uno lo mejor posible** to do one's best. **hacerse con** to get; to obtain.

hacha [átʃa] *s. f.* (herramienta) ax.

hachís [χatʃís] *s. m.* hashish; hash *col.*

hacia [áθja] *prep.* **1.** (dirección) toward [Éste es el camino hacia la libertad. *This is the way toward freedom.*] **2.** (aproximación) toward [Me encontré con ella hacia las seis. *I met her toward six o'clock.*]

hacienda [aθjénda] *s. f.* **1.** (finca) farm; estate. **2.** (propiedad) property. **3.** (de ganadería) ranch *Am. E.*

hada [áða] *s. f.* fairy.

hado [áðo] *s. m., lit.* fate; destiny.

halagar [alaɣár] *v. tr.* **1.** (lisonjear) to flatter. **2.** (agradar) to please.

halago [aláɣo] *s. m.* (adulación) flattery; compliment; praise.

halcón [alkón] *s. m., Zool.* falcon; hawk.

hálito [álito] *s. m.* **1.** (aliento) breath. **2.** (vapor) vapor.

hall [χól] *s. m.* hall.

hallar [aʎár] *v. tr.* **1.** (encontrar) to find. **2.** (descubrir) to discover. ‖ **hallarse** *v. prnl.* **3.** (estar) to be (situated). **4.** (sentirse) to feel.

hallazgo [aʎáθɣo] *s. m.* **1.** (descubrimiento) finding; discovery. **2.** (cosa encontrada) find.

halo [álo] *s. m.* halo.

halterofilia [alterofílja] *s. f., Dep.* (levantamiento de peso) weight-lifting.

hamaca [amáka] *s. f.* hammock.

hambre [ámbre] *s. f.* hunger.; starvation. ‖ **morirse de ~** to starve to death. **tener ~** to be hungry.

hambriento [ambrjénto] *adj.* **1.** hungry; starving. ‖ *s. m. y f.* **2.** hungry person.

hamburguesa [amburɣésa] *s. f., Gastr.* hamburger.

hámster [χánster] *s. m., Zool.* hamster.

hangar [aŋgár] *s. m., Aeron.* (para guardar los aviones) hangar.

haragán, -gana [araɣán] *adj.* **1.** idle; lazy. ‖ *s. m. y f.* **2.** lazy person.

harapiento [arapjénto] *adj.* ragged.

harapo [arápo] *s. m.* (andrajo) rag.

harina [arína] *s. f.* **1.** flour. **2.** (de avena, maíz) meal.

hartar [artár] *v. tr.* **1.** (saciar) to satiate. **2.** *fig.* (fastidiar) to sicken. ‖ **hartarse** *v. prnl.* **3.** (de comida) to fill; to gorge. **4.** (cansarse) to get fed up.

harto, -ta [árto] *adj.* **1.** (repleto) full. **2.** (cansado) fed up; tired. ‖ **estar ~** to be fed up with.

hasta [ásta] *prep.* **1.** (en el tiempo) until; till [Hasta el viernes no llega. *He doesn't arrive until Friday.*] **2.** (en el espacio) to [Voy a coger el tren desde Madrid hasta Barcelona. *I'll take the train from Madrid to Barcelona.*] **3.** (en cantidades) up to; as far as [Ha logrado hasta un 80% de los votos. *He has received up to 80% of the votes.*] ‖ *adv.* **4.** even [Hasta mi hermana pequeña lo sabe. *Even my younger sister knows it.*] ‖ **~ aquí** so far [Hasta aquí todo va bien. *So far, everything is alright.*] **~ que** until; till [Hasta que no vine no salió. *He didn't go out until I came.*]

hastiar [astiár] *v. tr.* **1.** to weary. **2.** (aburrir) to bore. ‖ **hastiarse** *v. prnl.* **3.** to weary; to sicken.

hastío [astío] *s. m.* **1.** (repugnancia) disgust. **2.** (tedio) weariness; boredom.

hatajo [atáχo] *s. m.* **1.** *pey.* (de gente) bunch. **2.** (rebaño) herd; flock.

haya [áʝa] *s. f.* **1.** *Bot.* (árbol, madera) beech. **2.** *Bot.* (árbol) beechtree.

haz[1] [áθ] *s. m.* **1.** *Agr.* (de trigo) sheaf. **2.** (de cosas) bundle. **3.** (de luz) beam.

haz[2] [áθ] *s. f.* (cara) face.

hazaña [aθáɲa] *s. f.* **1.** (acción heróica) deed; exploit. **2.** (con gran esfuerzo) feat; achievement.

hazmerreír [aθmeřeír] *s. m.* (monigote) laughing stock.

hebilla [eβíʎa] *s. f.* **1.** (de zapato) buckle. **2.** (de cinturón) clasp.

hebra [éβra] *s. f.* **1.** (de hilo) thread; strand. **2.** *Bot.* (fibra) fiber.

hebreo, -brea [eβréo] *adj.* **1.** Hebrew. ǁ *s. m. y f.* **2.** Hebrew. **3.** *Ling.* (idioma) Hebrew.

hecatombe [ekatómbe] *s. f.* **1.** *Hist.* (sacrificio) hecatomb. **2.** *fig.* (catástrofe) disaster; catastrophe. **3.** (mortandad) mortality.

hechicero, -ra [etʃiθéro] *adj.* **1.** bewitching. ǁ *s. m.* **2.** wizard; sorcerer. ǁ **hechicera** *s. f.* **3.** (bruja) witch.

hechizar [etʃiθár] *v. tr.* **1.** (embrujar) to cast a spell on. **2.** *fig.* to bewitch; to charm. ǁ ~ **a alguien** to cast a spell on somebody.

hechizo [etʃíθo] *s. m.* **1.** charm; enchantment. **2.** (maleficio) spell.

hecho, -cha [étʃo] *adj.* **1.** complete. **2.** (maduro) mature. ǁ *s. m.* **3.** (acto) deed. **4.** (dato) fact. **5.** (suceso) event. ǁ *interj.* **6.** done! ǁ **¡bien ~ !** well done! **de ~** in fact; actually.

hechura [etʃúra] *s. f.* **1.** (forma) shape; form. **2.** (estructura) structure. **3.** (confección) cut.

hectárea [ektárea] *s. f.* hectare.

hectogramo [ektoγrámo] *s. m.* (unidad de peso) hectogram.

hectolitro [ektolítro] *s. m.* hectoliter.

hectómetro [ektómetro] *s. m.* (unidad de medida) hectometer.

hediondo [eðjóndo] *adj.* **1.** (apestoso) stinking. **2.** *fig.* (asqueroso) filthy.

hedor [eðór] *s. m., lit.* stench; stink.

hegemonía [eχemonía] *s. f.* hegemony.

helada [eláða] *s. f., Meteor.* frost; freeze.

helado [eláðo] *adj.* **1.** frozen. **2.** (glacial) icy; frosty. **3.** *fig.* (recibimiento) chilly. ǁ *s. m.* **4.** ice cream.

helar [elár] *v. intr.* **1.** (congelar) to freeze. **2.** *fig.* (dejar atónito) to amaze. ǁ **helarse** *v. prnl.* **3.** (congelarse) to freeze.

helecho [elétʃo] *s. m., Bot.* fern; bracken.

hélice [éliθe] *s. f.* (de avión, barco) propeller.

helicóptero [elikóptero] *s. m., Aeron.* helicopter.

helipuerto [elipwérto] *s. m.* heliport.

hematoma [ematóma] *s. m., Med.* (moratón, cardenal) bruise.

hembra [émbra] *adj. inv.* **1.** female. ǁ *s. f.* **2.** (mujer) woman. **3.** *Zool. y Bot.* female.

hemeroteca [emerotéka] *s. f.* newspaper library.

hemiciclo [emiθíklo] *s. m.* **1.** semicircle. **2.** (sala del congreso) chamber. **3.** (espacio central) floor.

hemisferio [emisférjo] *s. m., Geogr.* hemisphere. ǁ ~ **norte** northern hemisphere.~ **sur** southern hemisphere.

hemorragia [emořáχja] *s. f., Med.* hemorrhage.

henchir [entʃir] *v. tr.* **1.** (llenar) to fill; to stuff. ǁ **henchirse** *v. prnl.* **2.** to stuff oneself.

hender [eɲdér] *v. tr.* **1.** (agrietar) to crack. **2.** (madera) to split.

hendidura [eɲdiðúra] *s. f.* **1.** *Geogr.* crack; fissure. **2.** (grieta) cleft. **3.** *Med.* (en la piel) chap.

heno [éno] *s. m., Bot.* hay.

heptágono [eptáyono] *s. m.* heptagon.

heraldo [eráldo] *s. m., Hist.* herald.

herbívoro, -ra [erβíβoro] *adj.* **1.** *Zool.* herbivorous. ‖ *s. m. y f.* **2.** *Zool.* herbivore.

herbolario [erβolárjo] *s. m. y f.* **1.** (persona) herbalist. ‖ *s. m.* **2.** (tienda) herbalist's (shop).

heredad [ereðáð] *s. f.* **1.** *form.* (finca) country estate; estate. **2.** (conjunto de bienes) private estate.

heredar [ereðár] *v. tr.* (percibir una herencia) to inherit; to come into.

heredero, -ra [ereðéro] *s. m.* **1.** heir. ‖ **heredera** *s. f.* **2.** heiress.

hereje [eréxe] *s. m. y f., Rel.* heretic.

herejía [erexía] *s. f., Rel.* heresy.

herencia [eréɲθja] *s. f.* **1.** *Der.* inheritance; legacy. **2.** *Biol.* heredity. **3.** *fig.* heritage.

herida [eríða] *s. f.* wound; injury.

herido, -da [eríðo] *adj.* **1.** (físicamente) wounded; injured. **2.** (emocionalmente) hurt. ‖ *s. m. y f.* **3.** wounded person.

herir [erír] *v. tr.* **1.** (causar heridas) to wound; to injure. **2.** (golpear) to hit. **3.** *fig.* (ofender) to offend.

hermanastro [ermanástro] *s. m.* **1.** (mediohermano) stepbrother. ‖ **hermanastra** *s. f.* **2.** stepsister.

hermandad [ermaɲdáð] *s. f.* **1.** (de hombres) brotherhood. **2.** (de mujeres) sisterhood. **3.** *Rel.* fraternity.

hermano [ermáno] *s. m.* **1.** brother. ‖ **hermana** *s. f.* **2.** sister.

hermético, -ca [ermétiko] *adj.* **1.** airtight; hermetic. **2.** *fig.* impenetrable.

hermoso, -sa [ermóso] *adj.* **1.** (bello) beautiful; lovely. **2.** (guapo) handsome.

hermosura [ermosúra] *s. f.* **1.** (cualidad) beauty; loveliness. **2.** (persona) beauty.

hernia [érnja] *s. f., Med.* hernia; rupture.

héroe [éroe] *s. m.* hero.

heroico, -ca [erójko] *adj.* heroic.

heroína[1] [eroína] *s. f.* (mujer) heroine.

heroína[2] [eroína] *s. f.* (droga) heroin.

heroísmo [eroísmo] *s. m.* heroism.

herradura [eraðúra] *s. f.* horseshoe.

herramienta [eramjénta] *s. f., Tecnol.* tool. ‖ **caja de ~** toolbox.

herrar [erár] *v. tr.* **1.** (caballo) to shoe. **2.** (ganado) to brand.

herrería [erería] *s. f.* **1.** (taller del herrero) blacksmith's. **2.** *Tecnol.* (fundición) forge; ironworks.

herrero [eréro] *s. m.* blacksmith; smith.

hervidero [erβiðéro] *s. m.* **1.** (borboteo) bubbling. **2.** *fig.* (muchedumbre) swarm; crowd. **3.** *fig.* (lugar) hotbed.

hervir [erβír] *v. intr.* **1.** to boil. **2.** (burbujear) to bubble.

heterogéneo, -a [eteroxéneo] *adj.* (variado) heterogeneous.

hexágono [eksáyono] *s. m.* hexagon.

hez [éθ] *s. f.* **1.** (poso) dregs *pl.*; sediment. **2.** *fig.* (escoria) scum *pej.* ‖ **heces** *s. f. pl.* **3.** (excrementos) faeces.

hiato [iáto] *s. m., Ling.* hiatus.

hibernación [iβernaθjón] *s. f.* (invernación) hibernation.

hibernar [iβernár] *v. intr.* to hibernate.

híbrido, -da [íβriðo] *adj. y s m.* hybrid.

hidalgo, -ga [iðályo] *s. m. y f.* (noble) gentleman; nobleman.

hidratar [iðratár] *v. tr.* (piel) to moisturize.

hidráulico, -ca [iðráwliko] *adj.* hydraulic.

hidroavión [iðroaβjón] *s. m., Aeron.* hydroplane *Am. E.*; seaplane *Br. E.*

hidrógeno [iðróχeno] *s. m., Quím.* hydrogen.

hiedra [jéðra] *s. f., Bot.* ivy.

hiel [jél] *s. f.* **1.** (bilis) bile. **2.** (amargura) gall; bitterness.

hielo [jélo] *s. m.* ice.

hiena [jéna] *s. f., Zool.* hyena.

hierba [jérβa] *s. f.* **1.** grass. **2.** *Gastr.* herb. ‖ **finas hierbas** mixed herbs. **mala ~** *Bot.* weed. | *fig.* (persona) bad lot.

hierbabuena [jerβaβwéna] *s. f., Bot.* (menta) mint.

hierro [jéro] *s. m.* (metal) iron.

hígado [íγaðo] *s. m., Anat.* liver.

higiene [iχjéne] *s. f.* hygiene.

higiénico, -ca [iχjéniko] *adj.* hygienic; sanitary. ‖ **papel ~** toilet paper. **rollo de papel ~** toilet roll.

higo [íγo] *s. m., Bot.* fig. ‖ **de higos a brevas** *fig.* once in a blue moon.

higuera [iγéra] *s. f., Bot.* fig tree.

hijastro [iχástro] *s. m.* **1.** stepson. ‖ **hijastra** *s. f.* **2.** stepdaughter.

hijo [íχo] *s. m. y f.* **1.** son; child. ‖ **hija** *s. f.* **2.** daughter. ‖ **hijos** *s. m. y f. pl.* **3.** children. **~ político** son-in-law. **~ único** only child.

hilar [ilár] *v. tr.* **1.** to spin. **2.** *fig.* (idea, plan) to work out.

hilera [iléra] *s. f.* (fila) line; row.

hilo [ílo] *s. m.* thread. ‖ **~ dental** dental floss.

hilvanar [ilβanár] *v. tr.* **1.** (coser) to baste *Am. E.*; to tack *Br. E.* **2.** *fig.* (ideas) to link; to throw.

himno [ínno] *s. m., Mús.* hymn. ‖ **~ nacional** *Mús.* national anthem.

hincapié, hacer [iŋkapjé] *loc. v.* to put special emphasis on; to emphasize.

hincar [iŋkár] *v. tr.* (clavar) to drive; to thrust. ‖ **~ el diente** (comer) to sink one's teeth into.

hincha [íntʃa] *s. m. y f.* fan; supporter.

hinchado, -da [intʃáðo] *adj.* **1.** inflated; **2.** *Med.* swollen.

hinchar [intʃár] *v. tr.* **1.** to swell. **2.** (inflar) to inflate; to blow up. ‖ **hincharse** *v. prnl.* **3.** *Med.* to swell (up).

hinchazón [intʃaθón] *s. m.* **1.** *Med.* swelling. **2.** (bulto) lump.

hinojo [inóχo] *s. m., Bot.* fennel.

hipermercado [ipermerkáðo] *s. m.* large supermarket; hypermarket.

hípica [ípika] *s. f.* (carreras) horse racing.

hípico, -ca [ípiko] *adj.* **1.** horse. **2.** (ecuestre) equestrian.

hipnotizar [ipnotiθár] *v. tr.* **1.** to hypnotize. **2.** (fascinar) to mesmerize.

hipo [ípo] *s. m.* hiccup; hiccuogh.

hipocondríaco, -ca [ipokondríako] *adj.* **1.** hypochondriacal. ‖ *adj. y s. m. y f.* **2.** hypocondriac.

hipocresía [ipokresía] *s. f.* hypocrisy.

hipócrita [ipókrita] *adj.* **1.** hypocritical. ‖ *s. m. y f.* **2.** hypocrite.

hipódromo [ipóðromo] *s. m.* **1.** *Equit.* racetrack *Am. E.*; racecourse *Br. E.* **2.** *Hist.* hippodrome.

hipopótamo [ipopótamo] *s. m., Zool.* hippopotamus; hippo *coll.*

hipoteca [ipotéka] *s. f., Econ.* mortgage.

hipotecar [ipotekár] *v. tr.* to mortgage.

hipotenusa [ipotenúsa] *s. f., Mat.* hypotenuse.

hipótesis [ipótesis] *s. f.* hypothesis.

hippy o hippie [χípi] *adj. y s. m. y f.* hippie.

hirviente [irβjénte] *adj.* (agua) boiling.

hispánico [ispániko] *adj.* Hispanic; Spanish.

hispano, -na [ispáno] *adj.* **1.** (español) Spanish. **2.** (hispanoamericano) Spanish American; Latin American; Hispanic *Am. E.* ‖ *s. m. y f.* **3.** (español) Spaniard. **4.** (hispanoamericano) Spanish American; Latin American; Hispanic *Am. E.*

hispanoamericano [ispanoamerikáno] *adj. y s. m. y f.* Spanish American; Latin American.

hispanohablante [ispanoaβlánte] *adj.* **1.** Spanish-speaking. ‖ *s. m. y f.* **2.** Spanish-speaker.

histérico, -ca [istériko] *adj.* hysterical.

histerismo [isterísmo] *s. m.* hysteria.

historia [istórja] *s. f.* **1.** (estudio del pasado) history. **2.** (cuento) story; tale.

historiador, -ra [istorjaðór] *s. m. y f.* (cronista) historian.

histórico [istóriko] *adj.* **1.** (real) historical. **2.** *fig.* (de gran importancia) historic.

historieta [istorjéta] *s. f.* **1.** (cuento) tale. **2.** (tira cómica) comic strip.

hito [íto] *s. m.* **1.** (hecho) landmark. **2.** (señal) milestone; boundary stone.

hobby [χóβi] *s. m.* hobby.

hocico [oθíko] *s. m., Zool.* (de animal) muzzle; snout.

hockey [χókej] *s. m., Dep.* hockey.

hogar [oγár] *s. m.* **1.** (de la chimenea) hearth; fireplace. **2.** *fig.* (casa) home. ‖ **sin ~** homeless.

hogaza [oγáθa] *s. f.* (de pan) large round loaf (of bread).

hoguera [oγéra] *s. f.* bonfire.

hoja [óχa] *s. f.* **1.** *Bot.* (de árbol) leaf. **2.** (de un libro) page. **3.** (de madera, metal) sheet.

hojalata [oχaláta] *s. f.* tinplate.

hojaldre [oχáldre] *s. m., Gastr.* puff paste *Am. E.*; puff pastry *Br. E.*

hojarasca [oχaráska] *s. f., Bot.* (hojas) dead leaves.

hojear [oχeár] *v. tr.* **1.** (revista, catálogo) to leaf through; flick through. **2.** (un libro) to glance through.

¡hola! [óla] *interj.* hello!; hi! *coll.*

holgado, -da [olγáðo] *adj.* **1.** (ropa) loose; loose-fitting. **2.** (espacioso) commodious; roomy. **3.** (económicamente) comfortable.

holgazán, -na [olγaθán] *adj.* **1.** idle; lazy. ‖ *s. m. y f.* **2.** idler; lazy person.

holgura [olγúra] *s. f.* **1.** (ropa) looseness. **2.** (espacio) space. **3.** (bienestar ecnómico) comfort.

holocausto [olokáwsto] *s. m.* (destrucción) holocaust.

hombre [ómbre] *s. m.* **1.** man. ‖ **¡ ~ !** *interj.* **2.** (sorpresa) hey! ¡hombre Juan! ¿Qué tal estás? *Hey John! How are you?*

hombrera [ombréra] *s. f.* (almohadilla) shoulder pad.

hombro [ómbro] *s. m., Anat.* shoulder.

homenaje [omenáχe] *s. m.* homage.

homicida [omiθíða] *adj.* **1.** homicidal. ‖ *s. m. y f.* **2.** murderer; homicide.

homicidio [omiθíðjo] *s. m.* **1.** *Der.* homicide; murder. **2.** *Der.* (involuntario) manslaughter.

homogéneo, -nea [omoχéneo] *adj.* homogeneous; uniform.

homosexual [omosekswál] *adj. y s. m. y f.* homosexual; gay.

honda [ónda] *s. f.* (arma) sling.

hondo, -da [óndo] *adj.* **1.** (profundo) deep. **2.** (muy íntimo) profound. ‖ *s. m.* **3.** (fondo) depth.

hondonada [oṇdonáða] s. f. Geogr. (valle) hollow; depression.

hondureño [oṇduréno] adj. y s. m. y f. (persona) Honduran.

honestidad [onestiðáð] s. f. 1. (integridad) honesty. 2. (castidad) purity; chastity. 3. (pudor) decency.

honesto, -ta [onésto] adj. m. y f. 1. (honrado) honest; honorable. 2. (recatado) chaste.

hongo [óŋgo] s. m. 1. Bot. fungus. 2. (comestible) mushroom. ‖ **sombrero de ~** derby hat Am. E.; bowler hat Br. E.

honor [onór] s. m. 1. honor. ‖ **honores** s. m. pl. 2. (homenaje) honors. ‖ **palabra de ~** on my oath.

honorable [onoráβle] adj. (distinguido) honorable; dignified.

honra [óṇra] s. f. 1. (dignidad) honor. 2. (reputación) reputation.

honradez [oṇraðéθ] s. f. 1. honesty. 2. (integridad) integrity. ‖ **falta de ~** dishonesty.

honrado [oṇráðo] adj. 1. (de fiar) honest; honorable. 2. (decente) upright; decent.

honrar [oṇrár] v. tr. to honor; to respect.

hora [óra] s. f. 1. hour. 2. (momento puntual) time. 3. (de clase) period. ‖ **a última ~** at the last moment. **~ de acostarse** bedtime. **~ de comer** mealtime. **~ del té** teatime. **~ punta** rush hour. **horas extras** overtime. **¿qué ~ es?** what time is it?

horadar [oraðár] v. tr. 1. (agujerear) to bore. 2. (perforar) to pierce; to perforate.

horario [orárjo] s. m. schedule Am. E.; timetable Br. E.

horca [órka] s. f. 1. (patíbulo) gallows pl.; gibbet. 2. Agr. pitchfork; hayfork. 3. (de ajos, cebollas) string.

horchata [ortʃáta] s. f. sweet milky drink made from chufa nuts or almonds.

horda [órða] s. f. horde.

horizontal [oriθoṇtál] adj. y s. m. y f. horizontal.

horizonte [oriθóṇte] s. m. horizon.

horma [órma] s. f. 1. (molde) mold. 2. (de zapato) last.

hormiga [ormíɣa] s. f., Zool. ant.

hormigón [ormiɣón] s. m., Albañ. (cemento) concrete.

hormiguear [ormiɣeár] v. intr. 1. to itch. 2. fig. (pulular) to swarm; to teem.

hormigueo [ormiɣéo] s. m. tingling.

hormiguero [ormiɣéro] s. m. 1. (nido) ant's nest. 2. (montículo) ant hill.

hormona [ormóna] s. f., Biol. hormone.

hornada [ornáða] s. f. (pan, pasteles) batch; baking.

hornear [orneár] v. tr. to bake.

hornillo [orníʎo] s. m. 1. Tecnol. small furnace. 2. (de cocinar) stove.

horno [órno] s. m. 1. (de cocina) oven. 2. Tecnol. furnace. 3. (para cerámica) kiln. ‖ **no está el ~ para bollos** fig. y fam. it is not the right time.

horóscopo [oróskopo] s. m. horoscope.

horquilla [orkíʎa] s. f. 1. (para el pelo) hairpin. 2. (de bicicleta) fork.

horrendo, -da [oréndo] adj. (horroroso) horrible; horrifying.

hórreo [óreo] s. m., Agr. granary.

horrible [oríβle] adj. 1. horrible; awful. 2. (tiempo) terrible. 3. (feo) hideous.

horror [orór] s. m. horror; dread.

horrorizar [ororiθár] v. tr. (horripilar) to horrify; to appall; to terrify; to appal.

horroroso, -sa [ororóso] adj. 1. horrifying. 2. fam. (muy feo) hideous.

hortaliza [ortalíθa] s. f. vegetable.

hortelano [orteláno] *s. m. y f.* gardener.

hortensia [orténsja] *s. f., Bot.* (flor) hydrangea.

hortera [ortéra] *adj.* vulgar; tawdry.

horticultura [ortikuɫtúra] *s. f.* horticulture; gardening.

hosco, -ca [ósko] *adj.* **1.** (poco sociable) sullen; surly. **2.** (tenebroso) dark.

hospedaje [ospeðáxe] *s. m.* lodging.

hospedar [ospeðár] *v. tr.* **1.** to lodge; to accommodate. ‖ **hospedarse** *v. prnl.* **2.** (alojarse) to lodge; to stay.

hospedería [ospeðería] *s. f.* (posada) inn; hostelry.

hospicio [ospíθjo] *s. m.* **1.** (para huérfanos) orphanage. **2.** (para peregrinos) hospice.

hospital [ospitál] *s. m.* hospital.

hospitalario, -ria [ospitalárjo] *adj.* (acogedor) hospitable; welcoming.

hospitalidad [ospitaliðáð] *s. f.* (acogida) hospitality.

hostal [ostál] *s. m.* cheap hotel; hostel.

hostelería [ostelería] *s. f.* **1.** (negocio) hotel business. **2.** (estudios) hotel management.

hostelero [osteléro] *s. m.* **1.** (mesonero) landlord. ‖ **hostelera** *s. f.* **2.** landlady.

hostia [óstja] *s. f.* **1.** *Rel.* Host. **2.** *vulg.* (bofetón) slap.

hostigar [ostiɣár] *v. tr.* **1.** *fig.* (molestar) to pester. **2.** *Mil.* to harass. **3.** (caballerías) to whip; to lash.

hostil [ostíl] *adj.* hostile; unfriendly.

hostilidad [ostiliðáð] *s. f.* **1.** hostility. ‖ **hostilidades** *s. f. pl.* **2.** hostilities.

hotel [otél] *s. m.* hotel.

hoy [ój] *adv. t.* **1.** today [Hoy es su aniversario de boda. *Today is their wedding anniversary.*] ‖ **de ~ en adelante** from now on. ~ **en día** nowadays. ~ **por** ~ at the present time [Hoy por hoy no sé nada de ese proyecto. *At the present time I don't know anything about that project.*]

hoya [ója] *s. f.* **1.** (hoyo grande) pit. **2.** *Geogr.* valley.

hoyo [ójo] *s. m.* (agujero) hole; pit.

hoz [óθ] *s. f.* **1.** *Agr.* sickle. **2.** *Geogr.* (desfiladero) gorge; ravine.

hucha [útʃa] *s. f.* (para el dinero) moneybox; piggybank.

hueco, -ca [wéko] *adj.* **1.** (vacío) hollow; empty. **2.** (presumido) vain. ‖ *s. m.* **3.** (cavidad) hollow; cavity. **4.** (espacio) gap. **5.** *fig.* (vacante) vacancy.

huelga [wélɣa] *s. f.* strike. ‖ **declararse en ~** to go on strike. ~ **de hambre** hunger strike.

huella [wéʎa] *s. f.* **1.** (de persona, animal) footprint. **2.** (de dedo) print. **3.** (marca) mark. **4.** (de coche) track. ‖ **huellas** *s. f. pl.* **5.** trail. ‖ ~ **digital** fingerprint.

huérfano, -na [wérfano] *adj.* **1.** orphan. **2.** (de padre) fatherless. **3.** (de madre) motherless. ‖ *s. m. y f.* **4.** orphan.

huerta [wérta] *s. f.* **1.** (huerto grande) garden; vegetable garden. **2.** (con árboles frutales) orchard.

huerto [wérto] *s. m.* **1.** (de verduras) garden; vegetable garden. **2.** (de árboles frutales) orchard.

hueso [wéso] *s. m.* **1.** *Anat.* bone. **2.** *Bot.* (de fruta) pit *Am. E.*; stone *Br. E.* ‖ **estar en los huesos** *fam.* to be all skin and bone.

huésped [wéspeð] *s. m. y f.* **1.** (invitado) guest. **2.** (en hotel, etc.) lodger; boarder. **3.** (anfitrión) host. ‖ **casa de huéspedes** boarding house; lodging house.

hueva [wéβa] *s. f.* (de pez) roe.

huevo [wéβo] *s. m.* egg. ‖ ~ **duro** hard-boiled egg. ~ **escalfado** poached egg. ~ **frito** fried egg. **huevos revueltos** scrambled eggs.

huida [uíδa] *s. f.* (fuga) flight; escape.

huidizo, -za [wiδíθo] *adj.* **1.** (tímido) shy. **2.** (esquivo) elusive.

huir [uír] *v. tr.* **1.** (escapar) to flee. **2.** (evadir) to avoid. ‖ *v. intr.* **3.** (escapar) to flee; to run away.

hule [úle] *s. m.* **1.** (material) oilcloth. **2.** (ropa impermeable) oilskin.

hulla [úʎa] *s. f.*, *Miner.* coal.

humanidad [umaniδáδ] *s. f.* **1.** (género humano) mankind. **2.** (cualidad) humanity. **3.** (bondad) compassion.

humanista [umanísta] *s. m. y f.* (pensador) humanist.

humanitario [umanitárjo] *adj.* **1.** humanitarian. **2.** (benévolo) humane.

humano, -na [umáno] *adj.* **1.** human. **2.** (humanitario) humane. ‖ **género** ~ mankind; humanity. **ser** ~ human being.

humareda [umaréδa] *s. f.* (nube de humo) cloud of smoke.

humeante [umeánte] *adj.* **1.** (humo) smoky; smoking. **2.** (vaho) steaming.

humear [umeár] *v. intr.* **1.** (chimenea, hoguera) to smoke. **2.** (sopa, café) to steam.

humedad [umeδáδ] *s. f.* **1.** (del clima) humidity. **2.** (vaporización) moisture. **3.** (de pared) dampness.

humedecer [umeδeθér] *v. tr.* **1.** to moisten; to dampen. ‖ **humedecerse** *v. prnl.* **2.** to become damp.

húmedo [úmeδo] *adj.* **1.** (mojado) moist; damp; wet. **2.** *Meteor.* humid; moist.

humildad [umilδáδ] *s. f.* (modestia) humility; humbleness.

humilde [umílde] *adj.* **1.** (modesto) humble. **2.** (sumiso) meek.

humillación [umiʎaθjón] *s. f.* (ofensa) humiliation; humbling.

humillar [umiʎár] *v. tr.* **1.** to humiliate; to humble. ‖ **humillarse** *v. prnl.* **2.** (doblegarse) to humble oneself.

humo [úmo] *s. m.* **1.** smoke. **2.** (gases) fumes *pl.* **3.** (vapor) steam. ‖ **humos** *s. pl.* **4.** *fig.* conceit *sing.* ‖ **echar humos** to fume.

humor [umór] *s. m.* **1.** humor. **2.** (disposición) mood. ‖ **de buen** ~ in a good mood. **de mal** ~ in a bad mood.

humorista [umorísta] *s. m. y f.* (cómico) humorist; comedian.

hundir [unðír] *v. tr.* **1.** to sink; to founder. ‖ **hundirse** *v. prnl.* **2.** to sink. **3.** *fig.* (venirse abajo) to collapse.

huracán [urakán] *s. m.*, *Meteor.* (ciclón) hurricane.

huraño [uráɲo] *adj.*, *pey.* (antisocial) unsociable; sullen.

hurgar [urvár] *v. tr.* **1.** to poke. **2.** *fam.* (fisgar) to snoop.

hurón [urón] *s. m.*, *Zool.* ferret.

hurtar [urtár] *v. tr.* to steal.

husmear [usmeár] *v. tr.* **1.** (oler) to sniff; to scent. **2.** *fam.* (curiosear) to pry out.

huso [úso] *s. m.* spindle.

I

i [í] *s. f.* (letra) i.

iberoamericano, -na [iβeroamerikáno] *adj. y s. m. y f.* Latin American.

iceberg [iθeβér] *s. m.* iceberg.

icono [ikóno] *s. m.* icon.

ida [íða] *s. f.* **1.** going. **2.** (salida) departure. ‖ **de ~ y vuelta** return. **idas y venidas** comings and goings.

idea [iðéa] *s. f.* **1.** idea; notion. **2.** (concepto) concept. ‖ **cambiar de ~** to change one's mind.

ideal [iðeál] *adj.* ideal; perfect.

idealista [iðealísta] *adj.* **1.** idealistic. ‖ *s. m. y f.* **2.** idealist.

idealizar [iðealiθár] *v. tr.* to idealize.

idear [iðeár] *v. tr.* (plan) to devise; to invent; to conceive.

ídem [íðen] *pron.* idem.

idéntico, -ca [iðéntiko] *adj.* identical.

identidad [iðentiðáð] *s. f.* identity.

identificar [iðentifikár] *v. tr.* to identify. ‖ **identificarse con** to identify with.

ideología [iðeoloχía] *s. f.* ideology.

idioma [iðjóma] *s. m.* language. ‖ **escuela de idiomas** language school.

idiota [iðjóta] *adj.* **1.** idiotic; foolish. ‖ *s. m. y f.* **2.** idiot; fool.

idiotez [iðjotéθ] *s. f.* idiocy; stupidity.

idólatra [iðólatra] *adj.* **1.** (fanático) idolatrous. ‖ *s. m.* **2.** (hombre) idolater. ‖ *s. f.* **3.** (mujer) idolatress.

idolatría [iðolatría] *s. f.* idolatry.

ídolo [íðolo] *s. m.* idol.

idóneo, -a [iðóneo] *adj.* fit; suitable.

iglesia [iɣlésja] *s. f.* church.

iglú [iɣlú] *s. m.* igloo.

ignominia [iɣnomínja] *s. f.* ignominy.

ignorancia [iɣnoránθja] *s. f.* ignorance.

ignorante [iɣnoránte] *adj.* **1.** (iletrado) ignorant; unlearned. ‖ *s. m. y f.* **2.** (inculto) ignorant person.

ignorar [iɣnorár] *v. tr.* **1.** (desconocer) to be ignorant of; to be unaware of. **2.** (no hacer caso) to ignore.

igual [iɣwál] *adj.* **1.** (equivalente) equal. **2.** (similar) alike. **3.** (mismo) same. ‖ *s. m.* **4.** equal. ‖ *adv.* **5.** (del mismo modo) alike. ‖ **iguales** *s. m. y f. pl.* **6.** equals.

igualar [iɣwalár] *v. tr.* **1.** to equalize. **2.** (nivelar) to level. **3.** (pulir) to smooth. ‖ **igualarse** *v. prnl.* **4.** (equivaler) to be equal to.

igualdad [iɣwaldáð] *s. f.* **1.** equality. **2.** (uniformidad) sameness.

ikurriña [ikuříɲa] *s. f.* (bandera) Basque Country flag.

ilegal [ileɣál] *adj.* **1.** illegal. **2.** (ilícito) illicit. **3.** (comercio) unlawful.

ilegible [ileχíβle] *adj.* illegible.

ilegítimo, -ma [ileχítimo] *adj.* **1.** illegitimate. ‖ *s. m. y f.* **2.** (hijo) bastard.

ileso, -sa [iléso] *adj.* unhurt; unharmed.

ilícito [ilíθito] *adj.* illicit; unlawful.

ilimitado, -da [ilimitáðo] *adj.* (infinito) unlimited; boundless.

ilógico, -ca [ilóχiko] *adj.* illogical.

iluminación [iluminaθjón] *s. f.* **1.** illumination. **2.** (alumbrado) lighting.

iluminar [iluminár] *v. tr.* **1.** to illuminate; to light (up). **2.** *Rel., fig.* (a una persona) to enlighten.

ilusión [ilusjón] *s. f.* **1.** illusion. **2.** (esperanza) hope. **3.** (quimera) delusion; chimera. ‖ **hacerse ~** to build up one's hopes.

ilusionar [ilusjonár] *v. tr.* **1.** (esperanzar) to build up hopes. **2.** (entusiasmar) to excite. ‖ **ilusionarse** *v. prnl.* **3.** (esperanzarse) to build one's hopes up. **4.** (entusiasmarse) to be excited.

ilusionista [ilusjonísta] *s. m. y f.* (mago) conjurer; illusionist.

iluso, -sa [ilúso] *adj.* **1.** (crédulo) gullible. ‖ *s. m. y f.* **2.** dreamer; dupe.

ilusorio, -ria [ilusórjo] *adj., form.* (irreal) illusory; unreal.

ilustración [ilustraθjón] *s. f.* **1.** illustration. **2.** *form.* (erudición) learning.

ilustrar [ilustrár] *v. tr.* **1.** to illustrate. **2.** (aclarar) to explain. **3.** (instruir) to enlighten. ‖ **ilustrarse** *v. prnl.* **4.** (instruirse) to learn.

ilustre [ilústre] *adj.* (célebre) illustrious; distinguished.

imagen [imáχen] *s. f.* **1.** image. **2.** (dibujo) picture. **3.** *Rel.* (estatua) statue.

imaginación [imaχinaθjón] *s. f.* (inventiva) imagination.

imaginar [imaχinár] *v. tr.* **1.** to imagine. **2.** (idear) to think up. **3.** (suponer) to suppose. ‖ **imaginarse** *v. prnl.* **4.** to imagine.

imaginario, -ria [imaχinárjo] *adj.* (ficticio) imaginary; fictitious.

imaginativo [imaχinatíβo] *adj.* (iluso) imaginative; fanciful.

imán [imán] *s. m.* magnet.

imbécil [imbéθil] *s. m. y f.* imbecile; fool.

imitación [imitaθjón] *s. f.* (copia) imitation; copy.

imitar [imitár] *v. tr.* to imitate; to copy.

impaciencia [impaθjénθja] *s. f.* (inquietud) impatience.

impaciente [impaθjénte] *adj.* (inquietud) impatient.

impacto [impákto] *s. m.* impact.

impar [impár] *adj.* **1.** *Mat.* (número) odd. ‖ *s. m.* **2.** (número) odd number.

imparcial [imparθjál] *adj.* impartial.

impasible [impasíβle] *adj.* impassive.

impávido, -da [impáβiðo] *adj.* (intrépido) intrepid; fearless.

impecable [impekáβle] *adj.* (intachable) impeccable; faultless.

impedimento [impeðiménto] *s. m.* **1.** (obstáculo) impediment; obstacle. **2.** (físico) handicap.

impedir [impeðír] *v. tr.* **1.** (obstruir) to impede; to obstruct. **2.** (estorbar) to prevent. **3.** (dificultar) to hinder.

impenetrable [impenetráβle] *adj.* (inaccesible) impenetrable.

impepinable [impepináβle] *adj., fam.* (cierto) certain; sure.

imperar [imperár] *v. intr.* (predominar) to rule; to prevail.

imperativo, -va [imperatíβo] *adj.* **1.** imperative; vital. ‖ *s. m.* **2.** imperative.

imperceptible [imperθeptíβle] *adj.* (inapreciable) imperceptible.

imperdible [imperðíβle] *s. m.* (pasador) safety pin.

imperecedero, -ra [impereθeðéro] *adj.* (perdurable) imperishable.

imperfección [imperfekθjón] *s. f.* **1.** imperfection. **2.** (defecto) defect; fault.

imperfecto, -ta [imperfékto] *adj.* **1.** imperfect. **2.** (defectuoso) faulty. ‖ *s. m.* **3.** *Ling.* imperfect.

imperio [impérjo] *s. m.* empire.

impermeable [impermeáβle] *adj.* **1.** (material) waterproof. **2.** *Tecnol.* impermeable. ‖ *s. m.* **3.** (chubasquero) raincoat; mac *Br. E., coll.*

impersonal [impersonál] *adj.* impersonal (también Ling.).

impertinencia [impertinénθja] *s. f.* (indiscreción) impertinence.

impertinente [impertinénte] *adj.* **1.** impertinent. **2.** inappropiate.

imperturbable [imperturβáβle] *adj.* **1.** imperturbable. **2.** (rostro) impassive.

ímpetu [ímpetu] *s. m.* **1.** (impulso) impetus; impulse. **2.** (violencia) violence.

impetuoso, -sa [impetuóso] *adj.* **1.** (violento) violent. **2.** (impulsivo) impetuous.

impío, -a [impío] *adj.* impious; ungodly.

implacable [implakáβle] *adj.* (despiadado) implacable; relentless.

implantar [implantár] *v. tr.* **1.** *Med.* to implant. **2.** (reformas) to introduce.

implicar [implikár] *v. tr.* **1.** (involucrar) to implicate; to involve. **2.** (entrañar) to imply.

implícito, -ta [implíθito] *adj.* implicit.

implorar [implorár] *v. tr.* (suplicar) to implore; to beg.

imponente [imponénte] *adj.* **1.** (impresionante) impressive; imposing. **2.** (terrorífico) eerie. ‖ *s. m. y f.* **3.** depositor.

imponer [imponér] *v. tr.* **1.** to impose. ‖ **imponerse** *v. prnl.* **2.** (hacerse respetar) to assert oneself.

impopular [impopulár] *adj.* unpopular.

importación [importaθjón] *s. f.* **1.** *Econ.* importation; import. ‖ **importaciones** *s. f. pl.* **2.** (mercancías) imports.

importancia [importánθja] *s. f.* importance. ‖ **sin ~** unimportant.

importante [importánte] *adj.* important; significant; considerable.

importar [importár] *v. tr.* **1.** (del extranjero) import. ‖ *v. intr.* **2.** (interesar) to matter. **3.** (preocuparse) to care. ‖ **no importa** never mind.

importe [impórte] *s. m.* **1.** (cantidad) amount. **2.** (valor) value.

imposible [imposíβle] *adj.* impossible.

imposición [imposiθjón] *s. f.* **1.** imposition. **2.** (impuesto) tax.

impostor, -ra [impostór] *s. m. y f.* (farsante) imposter.

impostura [impostúra] *s. f.* imposture.

impotencia [impoténθja] *s. f.* impotence (también Med.).

impracticable [impraktikáβle] *adj.* **1.** impracticable; unviable. **2.** (intransitable) impassable.

impreciso [impreθíso] *adj.* (vago) imprecise; vague.

impregnar [impregnár] *v. tr.* **1.** (empapar) to soak; to impregnate. ‖ **impregnarse** *v. prnl.* **2.** (empaparse) to become impregnated.

imprenta [imprénta] *s. f.* **1.** (actividad) printing. **2.** (aparato) printing press; press. **3.** (taller) printer's.

imprescindible [impresθindíβle] *adj.* (indispensable) essential; indispensable; absolutely necessary.

impresión [impresjón] *s. f.* **1.** impression. **2.** (huella) imprint. **3.** *Impr.* printing. ‖ **causar ~** to make an impression.

impresionante [impresjonánte] *adj.* (despampanante) impressive; striking.

impresionar [impresjonár] *v. tr.* **1.** (sorprender) to impress. **2.** (conmover) to touch; to affect. ‖ **impresionarse** *v. prnl.* **3.** to be shocked.

impreso, -sa [impréso] *adj.* **1.** printed. ‖ *s. m.* **2.** (formulario) form. ‖ **impresos** *s. m. pl.* **3.** printed matter.

impresora [impresóra] *s. f., Inform.* printer.

imprevisto, -ta [impreβísto] *adj.* **1.** unforeseen; unexpected. ‖ **imprevistos** *s. m. pl.* **2.** incidentals.

imprimir [imprimír] *v. tr.* **1.** (estampar) to stamp. **2.** *Impr.* (textos) to print. **3.** (diseño) to transfer.

improbable [improβáβle] *adj.* (imposible) improbable; unlikely.

improductivo, -va [improðuktíβo] *adj.* (estéril) unproductive.

improperio [impropérjo] *s. m.* insult.

impropio, -pia [imprópjo] *adj.* **1.** (inadecuado) inappropriate; unsuitable. **2.** (incorrecto) improper.

improvisación [improβisaθjón] *s. f.* improvisation.

improvisar [improβisár] *v. tr.* (hacer sobre la marcha) to improvise.

improviso, de [improβíso] *loc. adv.* unexpected; suddenly.

imprudencia [impruðénθja] *s. f.* **1.** (descuido) imprudence. **2.** (indiscreción) indiscretion.

imprudente [impruðénte] *adj.* **1.** imprudent; unwise. **2.** (indiscreto) indiscreet.

impúdico, -ca [impúðiko] *adj.* **1.** (desvergonzado) shameless. **2.** (indecente) immodest; improper.

impuesto, -ta [impwésto] *adj.* **1.** imposed. ‖ *s. m.* **2.** *Econ.* tax; duty. ‖ **impuestos** *s. m. pl.* **3.** taxation.

impugnar [impugnár] *v. tr.* **1.** (contradecir) to oppose; to contradict. **2.** *Der.* to impugn *frml.*

impulsar [impulsár] *v. tr.* **1.** (impeler) to impel. **2.** (incitar) to urge.

impulsivo, -va [impulsíβo] *adj.* (impulsivo, impetuoso) impulsive.

impulso [impúlso] *s. m.* **1.** impulse. **2.** *fig.* (sentimiento) urge.

impune [impúne] *adj.* unpunished.

impunidad [impuniðáð] *s. f.* impunity.

impureza [impuréθa] *s. f.* impurity.

impuro, -ra [impúro] *adj.* impure.

imputar [imputár] *v. tr.* to impute.

in vitro [imbítro] *adj. y adv.* in vitro.

inacabable [inakaβáβle] *adj.* (interminable) interminable; endless.

inaccesible [inakθesíβle] *adj.* **1.** inaccessible; unapproachable. **2.** (inalcanzable) unattainable.

inaceptable [inaθeptáβle] *adj.* (inadmisible) unacceptable; inadmissible.

inactividad [inaktiβiðáð] *s. f.* inactivity.

inactivo, -va [inaktíβo] *adj.* (pasivo) inactive; idle.

inadaptación [inaðaptaθjón] *s. f.* maladjustment; failure to adapt.

inadecuado, -da [inaðekwáðo] *adj.* **1.** (insuficiente) inadequate. **2.** (inapropiado) unsuitable.

inagotable [inaɣotáβle] *adj.* (interminable) inexhaustible; endless.

inaguantable [inaɣwantáβle] *adj.* (insoportable) unbearable; intolerable.

inalámbrico [inalámbriko] *adj.* (teléfono) cordless.

inalterable [inalteráβle] *adj.* **1.** unalterable. **2.** (impasible) unmoved.

inanimado, -da [inanimáðo] *adj.* (inerte) inanimate.

inaudible [inawðíβle] *adj.* inaudible.

inaudito, -ta [inawðíto] *adj.* **1.** (nunca oído) unheard of. **2.** (sin precedente) unprecedented. **3.** *fig.* (escandaloso) outrageous.

inauguración [inawɣuraθjón] *s. f.* (apertura) opening; inauguration.

inaugurar [inawɣurár] *v. tr.* (abrir) to open; to inaugurate.

incalculable [iŋkalkuláβle] *adj.* (innumerable) incalculable; inestimable.

incandescente [iŋkandesθénte] *adj.* (al rojo vivo) incandescent.

incansable [iŋkansáβle] *adj.* (infatigable) indefatigable; tireless.

incapacidad [iŋkapaθiðáð] *s. f.* **1.** incapacity; inability. **2.** (física) disability. **3.** (ineptitud) incompetence.

incapaz [iŋkapáθ] *adj.* **1.** incapable. **2.** *Der.* (descalificado) incompetent. || **ser** ~ to be unable.

incauto, -ta [iŋkáwto] *adj.* **1.** (imprudente) incautious; unwary. **2.** (crédulo) gullible.

incendiar [iŋθeŋdjár] *v. tr.* to set on fire.

incendio [iŋθéŋdjo] *s. m.* fire; blaze. || **alarma contra incendios** fire alarm.

incentivo, -va [iŋθentíβo] *s. m.* (aliciente) incentive; stimulus.

incertidumbre [iŋθertiðúmbre] *s. f.* (duda) uncertainty; doubt.

incesante [iŋθesánte] *adj.* incessant.

incesto [iŋθésto] *s. m.* incest.

incidencia [iŋθiðéŋθja] *s. f.* **1.** (suceso) incidence; occurrence. **2.** (repercusión) effect; impact; consequence.

incidente [iŋθiðénte] *s. m.* incident.

incienso [iŋθjénso] *s. m.* incense.

incierto, -ta [iŋθjérto] *adj.* uncertain.

incinerar [iŋθinerár] *v. tr.* **1.** (cadáver) to cremate. **2.** (basura) to incinerate.

incisión [iŋθisjón] *s. f., Med.* (corte) incision; cut.

incisivo, -va [iŋθisíβo] *adj.* **1.** (cortante) cutting. **2.** *fig.* (mordaz) incisive. || *s. m.* **3.** *Med.* (diente) incisor.

incitación [iŋθitaθjón] *s. f.* incitement.

incitar [iŋθitár] *v. tr.* to incite.

inclemente [iŋkleménte] *adj.* **1.** *form.* inclement. **2.** *form.* (clima) intemperate.

inclinación [iŋklinaθjón] *s. f.* **1.** inclination. **2.** (pendiente) slope. **3.** (reverencia) bow. **4.** (tendencia) tendency.

inclinado [iŋklináðo] *adj.* (torcido) inclined; sloping.

inclinar [iŋklinár] *v. tr.* **1.** to incline. **2.** (cabeza) to bow. **3.** *fig.* (persuadir) to induce. || **inclinarse** *v. prnl.* **4.** to incline. **5.** (en señal de respeto) to bow. **6.** (doblarse) to bend.

incluir [iŋkluír] *v. tr.* **1.** to include. **2.** (contener) to comprise. **3.** (adjuntar) to enclose.

inclusive [iŋklusíβe] *adv.* **1.** inclusive. || *prep.* **2.** including.

incluso [iŋklúso] *adj.* **1.** included. || *prep.* **2.** including [Todos fueron castigados, incluso mi hernamo. *They all were punished, including my brother.*] || *adv. exclus.* **3.** even [Incluso tú puedes aprender alemán. *Even you can learn German.*]

incógnito, -ta [iŋkógnito] *adj.* **1.** (desconocido) unknown. || **incógnita** *s. f.* **2.** *Mat.* unknown. **3.** (misterio) enigma; mystery. || **de** ~ incognito.

incoherente [iŋkoerénte] *adj.* (incongruente) incoherent.

incoloro [iŋkolóro] *adj.* colorless.

incombustible [iŋkombustíβle] *adj.* incombustible; fireproof.

incomodar [iŋkomoðár] *v. tr.* **1.** to inconvenience. **2.** (fastidiar) to annoy. || **incomodarse** *v. prnl.* **3.** to feel uncomfortable.

incomodidad [iŋkomoðiðáð] *s. f.* **1.** (falta de comodidad) discomfort; uncomfortableness. **2.** (molestia) inconvenience; bother.

incómodo, -da [iŋkómoðo] *adj.* (embarazoso) uncomfortable.

incomparable [iŋkomparáβle] *adj.* (inmejorable) incomparable.

incompatibilidad [iŋkompatiβiliðáð] *s. f.* incompatibility.

incompatible [iŋkompatíβle] *adj.* (opuesto) incompatible.

incompetente [iŋkompeténte] *adj.* (incapaz) incompetent.

incompleto [iŋkompléto] *adj.* **1.** incomplete. **2.** (inacabado) unfinished.

incomprendido, -da [iŋkompreṇdíðo] *adj.* misunderstood.

incomprensible [iŋkomprensíβle] *adj.* incomprehensible.

incomunicar [iŋkomunikár] *v. tr.* **1.** (aislar) to isolate; to cut off. **2.** (recluso) to put in solitary confinement.

inconcebible [iŋkoṇθeβíβle] *adj.* (inimaginable) inconceivable.

incondicional [iŋkoṇdiθjonál] *adj.* **1.** unconditional. ‖ *s. m. y f.* **2.** stalwart.

inconfundible [iŋkomfuṇdíβle] *adj.* (característico) unmistakable.

inconsciencia [iŋkonsθjéṇθja] *s. f.* **1.** *Med.* unconsciousness; oblivion. **2.** *fig.* (irreflexión) thoughtlessness.

inconsciente [iŋkonsθjénte] *adj.* **1.** (involuntario) unwitting; unconscious. **2.** *Med.* unconscious.

inconsecuente [iŋkonsekwénte] *adj.* (inconstante) inconsistent.

inconsistente [iŋkonsisténte] *adj.* **1.** (material) flimsy. **2.** (inestable) inconsistent. **3.** (argumentos) weak.

inconstancia [iŋkonstáṇθja] *s. f.* **1.** (inestabilidad) inconstancy. **2.** (versatilidad) versatility.

inconstante [iŋkonstáṇte] *adj.* **1.** inconstant. **2.** (inestable) unsteady; unstable. **3.** (variable) changeable.

incontable [iŋkontáβle] *adj.* (innumerable) uncountable; countless.

incontenible [iŋkonteníβle] *adj.* (incontrolable) uncontrollable; irrepressible.

incontestable [iŋkontestáβle] *adj.* (irrefutable) unanswerable.

inconveniencia [iŋkombenjéṇθja] *s. f.* inconvenience.

inconveniente [iŋkombenjénte] *adj.* **1.** inconvenient. **2.** (inoportuno) inopportune. **3.** (inapropiado) unsuitable. ‖ *s. m.* **4.** (obstáculo) obstacle. **5.** (desventaja) drawback. **6.** (problema) difficulty.

incordiar [iŋkorðjár] *v. tr., col.* (fastidiar) to annoy; to bug *coll.*

incorporar [iŋkorporár] *v. tr.* **1.** to incorporate. **2.** (abarcar) to embody. ‖ **incorporarse** *v. prnl.* **3.** (a un puesto, equipo) to join. **4.** (levantarse) to sit up.

incorrección [iŋkořekθjón] *s. f.* **1.** (falta) incorrectness; inaccuracy. **2.** (gramatical) mistake. **3.** (descortesía) discourtesy; impoliteness.

incorrecto, -ta [iŋkořékto] *adj.* **1.** incorrect; wrong. **2.** (indecoroso) improper.

incorregible [iŋkořeχíβle] *adj.* (empedernido) incorrigible.

incrédulo, -la [iŋkréðulo] *adj.* **1.** incredulous. **2.** *Rel.* unbelieving. ‖ *s. m. y f.* **3.** skeptical. **4.** *Rel.* unbeliever.

increíble [iŋkreíβle] *adj.* (inconcebible) incredible; unbelievable.

incremento [iŋkreménto] *s. m.* **1.** (aumento) increase. **2.** (salarial) increment.

incrustar [iŋkrustár] *v. tr.* **1.** to encrust. **2.** (joyas) to inlay.

incubación [iŋkuβaθjón] *s. f., Med. y Biol.* incubation.

incubadora [iŋkuβaðóra] *s. f.* incubator.

incubar [iŋkuβár] *v. tr.* to incubate.

inculcar [iŋkulkár] *v. tr.* to inculcate.

inculpar [iŋkulpár] *v. tr.* (acusar) to accuse; to inculpate.

inculto, -ta [iŋkúlto] *adj.* **1.** (ignorante) uncultured; uneducated. **2.** *Agr.* (terreno) uncultivated.

incumbir [iŋkumbír] *v. intr.* to be incumbent; to be sb's responsibility.

incumplir [iŋkumplír] *v. tr.* **1.** (contrato) to breach. **2.** (promesa, ley) to break.

incurable [iŋkuráβle] *adj.* incurable.

incursión [iŋkursjón] *s. f.* **1.** incursion. **2.** *Mil.* (asalto) raid.

indagar [indayár] *v. tr.* (investigar) to investigate; to search; to inquire into.

indecencia [indeθénθja] *s. f.* indecency; immodesty; obscenity.

indecente [indeθénte] *adj.* **1.** indecent. **2.** (impúdico) obscene.

indecisión [indeθisjón] *s. f.* indecision.

indeciso, -sa [indeθíso] *adj.* **1.** (dudoso) indecisive. **2.** (por decidir) undecided. **3.** (vacilante) hesitant.

indefenso, -sa [indefénso] *adj.* **1.** (niño, animal) defenseless. **2.** (fortaleza) undefended.

indefinido, -da [indefiníðo] *adj.* (vago) indefinite; vague.

indemne [indénne] *adj.* **1.** (persona) unharmed; unhurt. **2.** (cosa) undamaged.

indemnización [indenniθaθjón] *s. f.* **1.** indemnification. **2.** *Econ.* (compensación) indemnity; compensation.

indemnizar [indenniθár] *v. tr.* (compensar) to indemnify; to compensate.

independencia [independénθja] *s. f.* (emancipación, liberación) independence.

independiente [independjénte] *adj.* independent.

independizar [independiθár] *v. tr.* **1.** to make independent. ‖ **independizarse** *v. prnl.* **2.** to become independent.

indescriptible [indeskriptíβle] *adj.* (inexplicable) indescribable; inexplicable.

indeseable [indeseáβle] *adj. y s. m. y f.* undesirable.

indestructible [indestruktíβle] *adj.* (inalterable) indestructible.

indeterminado, -da [indetermináðo] *adj.* **1.** (impreciso) indeterminate. **2.** (no establecido) undetermined.

indicación [indikaθjón] *s. f.* **1.** (aclaración) indication. **2.** (señal) sign.

indicador, -ra [indikaðór] *s. m.* **1.** indicator. **2.** *Tecnol.* (dispositivo) gage. **3.** (para posición) marker.

indicar [indikár] *v. tr.* (señalar) to indicate; to show.

indicativo, -va [indikatíβo] *adj. y s. m. y f.* **1.** indicative. ‖ *s. m.* **2.** *Ling.* (modo) indicative.

índice [índiθe] *s. m.* **1.** *Anat.* (dedo) forefinger. **2.** index. **3.** (catálogo) catalog.

indicio [indíθjo] *s. m.* **1.** sign. **2.** (en indagaciones) clue.

indiferencia [indiferénθja] *s. f.* (apatía) indifference; apathy.

indiferente [indiferénte] *adj.* (apático) indifferent; unconcerned. ‖ **me es ~** it is all the same to me.

indígena [indíxena] *adj.* **1.** indigenous; native (before n). ‖ *s. m. y f.* **2.** native.

indigencia [indixénθja] *s. f.* (pobreza) poverty; indigence.

indigente [indixénte] *adj.* **1.** (necesitado) destitute; indigent. ‖ *s. m. y f.* **2.** indigent; pauper.

indigestión [indixestjón] *s. f.* (empacho) indigestion.

indigesto [indixésto] *adj.* undigested.

indignación [indignaθjón] *s. f.* (enfado) indignation; anger.

indignar [iɲdiɣnár] *v. tr.* **1.** to make indignant. ‖ **indignarse** *v. prnl.* **2.** to become indignant.

indigno, -na [iɲdíɣno] *adj.* unworthy.

indio [índjo] *adj. y s. m. y f.* Indian.

indirecto, -ta [iɲdirékto] *adj.* indirect.

indiscreción [iɲdiskreθjón] *s. f.* (imprudencia) indiscretion; imprudence.

indiscreto, -ta [iɲdiskréto] *adj.* (imprudente) indiscreet; tactless.

indiscutible [iɲdiskutíβle] *adj.* (irrebatible) indisputable; unquestionable.

indispensable [iɲdispensáβle] *adj.* (necesario) indispensable; essential.

indisposición [iɲdisposiθjón] *s. f.* **1.** *form.* indisposition; unwillingness. **2.** *Med.* (dolencia) disease.

individual [iɲdiβiðwál] *adj.* individual. ‖ **habituación** ~ single room.

individuo [iɲdiβíðwo] *s. m.* **1.** individual. **2.** *pey.* (tipo) guy.

índole [índole] *s. f.* **1.** (carácter) character; nature. **2.** (clase) kind.

indolencia [iɲdoléɲθja] *s. f.* (desidia) indolence; laziness.

indolente [iɲdolénte] *adj.* indolent; lazy.

indomable [iɲdomáβle] *adj.* **1.** (animal) untamable. **2.** (pueblo) ungovernable. **3.** (pasión) indomitable.

indómito, -ta [iɲdómito] *adj.* **1.** (no domado) untamed. **2.** (indomable) indomitable; uncontrollable.

inducción [iɲdukθjón] *s. f.* induction.

inducido [iɲduθíðo] *adj.* induced.

inducir [iɲduθír] *v. tr.* **1.** (incitar) to induce. **2.** (persuadir) to persuade. **3.** (atraer) to entice.

indudable [iɲduðáβle] *adj.* **1.** undoubted. **2.** (incuestionable) unquestionable; indubitable.

indulgencia [iɲdulxéɲθja] *s. f.* (benevolencia) indulgence; leniency.

indultar [iɲdultár] *v. tr.* **1.** *Der.* (perdonar) to pardon. **2.** *Der.* (de la pena de muerte) to reprieve. **3.** (eximir) to exempt.

indulto [iɲdúlto] *s. m.* **1.** *Der.* pardon. **2.** *Der.* (de la pena de muerte) reprieve.

indumentaria [iɲdumentárja] *s. f.* (vestimenta) clothing.

industria [iɲdústrja] *s. f.* industry.

industrial [iɲdustrjál] *adj.* **1.** industrial. ‖ *s. m. y f.* **2.** industrialist.

industrializar [iɲdustrjaliθár] *v. tr.* **1.** to industrialize. ‖ **industrializarse** *v. prnl.* **2.** to become industrialized.

inédito, -ta [inéðito] *adj.* **1.** unpublished. **2.** (desconocido) unknown.

ineficaz [inefikáθ] *adj.* **1.** (inútil) ineffective; inefficacious. **2.** (ineficiente) inefficient; incompetent.

ineludible [ineluðíβle] *adj.* (inevitable) inescapable; inevitable; unavoidable.

inepto, -ta [inépto] *adj.* (incompetente) inept; incompetent.

inercia [inérθja] *s. f.* inertia.

inerte [inérte] *adj.* inert.

inesperado, -da [inesperáðo] *adj.* **1.** (fortuito) unexpected; unforeseen. **2.** (imprevisto) sudden. **3.** (repentino) abrupt.

inestabilidad [inestaβiliðáð] *s. f.* **1.** (inseguridad) instability. **2.** (de una estructura) unsteadiness.

inestable [inestáβle] *adj.* (variable) unstable; unsound.

inestimable [inestimáβle] *adj.* (valioso) invaluable; inestimable.

inevitable [ineβitáβle] *adj.* (irremediable) inevitable; unavoidable.

inexactitud [ineksaktitúθ] *s. f.* (incorrección) inaccuracy; incorrectness.

inexacto, -ta [ineksákto] *adj.* (equívoco) inexact; inaccurate; inexistent.

inexistente [ineksisténte] *adj.* nonexistent; inexistent.

inexperto [inespérto] *adj.* (sin experiencia) inexperienced.

inexplicable [inesplikáβle] *adj.* (incomprensible) inexplicable.

infalible [imfalíβle] *adj.* 1. (persona, método) infallible. 2. (puntería) unerring.

infame [imfáme] *adj.* infamous; despicable; odious.

infamia [imfámja] *s. f.* infamy.

infancia [imfánθja] *s. f.* (niñez) childhood; infancy.

infante [imfánte] *s. m.* 1. infante; prince. ‖ **infanta** *s. f.* 2. infanta; princess.

infantería [imfantería] *s. f., Mil.* infantry.

infantil [imfantíl] *adj.* 1. children's. 2. (ingenuo) childlike. 3. *pey.* infantile.

infarto [imfárto] *s. m., Med.* heart attack. ‖ **~ de miocardio** *Med.* myocardial infarction; heart attack.

infatigable [imfativáβle] *adj.* (incansable) indefatigable; tireless.

infección [imfekθjón] *s. f.* infection.

infeccioso, -sa [imfekθjóso] *adj., Med.* (contagioso) infectious.

infectar [imfektár] *v. tr.* 1. to infect. ‖ **infectarse** *v. prnl.* 2. to become infected.

infeliz [imfelíθ] *adj.* 1. unhappy; wretched. 2. (desdichado) unfortunate.

inferior [imferjór] *adj.* 1. (en el espacio) lower. 2. (en una jerarquía) inferior. ‖ *s. m. y f.* 3. inferior; subordinate.

inferioridad [imferjoriðáθ] *s. f.* inferiority. ‖ **complejo de ~** inferiority complex.

inferir [imferír] *v. tr.* 1. (deducir) to infer; to deduce. 2. (causar) to cause.

infernal [imfernál] *adj.* infernal.

infestar [imfestár] *v. tr.* to infest.

infidelidad [imfiðeliðáθ] *s. f.* (deslealtad) infidelity; unfaithfulness.

infiel [imfjél] *adj.* 1. unfaithful; disloyal. 2. *Rel.* infidel. ‖ *s. m. y f.* 3. *Rel.* infidel.

infierno [imfjérno] *s. m.* hell.

infiltrar [imfiltrár] *v. tr.* 1. to infiltrate. ‖ **infiltrarse** *v. prnl.* 2. to infiltrate.

ínfimo [ímfimo] *adj.* 1. *form.* (bajo) lowest; undermost. 2. (malo) worst.

infinidad [imfiniðáθ] *s. f.* infinity.

infinitivo [imfinitíβo] *s. m., Ling.* (modo) infinitive.

infinito [imfiníto] *adj.* 1. infinite; endless. 2. *fig.* boundless. ‖ *s. m.* 3. infinite. 4. *Mat.* infinity.

inflamable [imflamáβle] *adj.* flammable; inflammable *Br. E.*

inflamación [imflamaθjón] *s. f.* 1. *Med.* inflammation. 2. *Quím.* ignition.

inflamar [imflamár] *v. tr.* 1. (encender) to set on fire. 2. *Med.* to inflame. ‖ **inflamarse** *v. prnl.* 3. to become inflamed.

inflar [imflár] *v. tr.* 1. (hinchar) to inflate; to blow up. 2. *fig.* (exagerar) to exagerate. 3. *Náut.* (vela) to swell. ‖ **inflarse** *v. prnl.* 4. (hincharse) to inflate. 5. *Náut.* (vela) to swell.

inflexible [imfleksíβle] *adj.* inflexible.

infligir [imfliχír] *v. tr.* to inflict.

influencia [imflwénθja] *s. f.* influence.

influir [imfluír] *v. tr.* 1. to influence. ‖ *v. intr.* 2. to have influence.

influjo [imflúχo] *s. m.* influence.

información [imformaθjón] *s. f.* information. ‖ **oficina de ~** information bureau.

informador, -ra [iɱformaðór] *s. m. y f.* **1.** (informante) informer. **2.** (periodista) reporter.

informal [iɱformál] *adj.* **1.** informal. **2.** (comportamiento) incorrect. **3.** (persona) unreliable.

informar [iɱformár] *v. tr.* **1.** to inform. ‖ *v. intr.* **2.** to report. ‖ **informarse** *v. prnl.* **3.** to find out.

informática [iɱformátika] *s. f.* computer science; computing.

informativo, -va [iɱformatiβo] *adj.* **1.** informative; explanatory. ‖ *s. m.* **2.** (TV, radio) news program.

informe [iɱfórme] *s. m.* **1.** report. **2.** (dictamen) statement.

infortunio [iɱfortúnjo] *s. m.* misfortune.

infracción [iɱfrakθjón] *s. f.* (quebrantamiento) offense; breach; infraction *frml.*

infringir [iɱfriŋxír] *v. tr.* (quebrantar) to infringe; to break.

infructuoso, -sa [iɱfruktuóso] *adj.* (improductivo) fruitless; unsuccessful.

infundado, -da [iɱfundáðo] *adj.* (falso) unfounded; groundless.

infundir [iɱfuṇdír] *v. tr.* to infuse.

infusión [iɱfusjón] *s. f.* infusion.

ingeniar [iŋxenjár] *v. tr.* **1.** to think up. ‖ **ingeniarse** *v. prnl.* **2.** to manage. ‖ **ingeniárselas** *loc. v..* **3.** to contrive.

ingeniería [iŋxenjería] *s. f.* engineering.

ingeniero [iŋxenjéro] *s. m.* engineer.

ingenio [iŋxénjo] *s. m.* **1.** (talento) talent. **2.** (agudeza) wit. **3.** (habilidad) ingenuity; creativeness.

ingenioso, -sa [iŋxenjóso] *adj.* **1.** ingenious; inventive. **2.** (divertido) witty.

ingente [iŋxénte] *adj.* huge; enormous.

ingenuidad [iŋxenwiðáð] *s. f.* (inocencia) ingenuousness.

ingenuo, -nua [iŋxénwo] *adj.* (inocente) ingenuous; naive.

ingerir [iŋxerír] *v. tr.* to ingest.

ingle [íŋgle] *s. f., Anat.* groin.

inglés, -sa [iŋglés] *adj.* **1.** English. ‖ *s. m.* **2.** (idioma) English. **3.** (hombre) Englishman. ‖ **inglesa** *s. f.* **4.** (mujer) Englishwoman.

ingratitud [iŋgratitúð] *s. f.* ingratitude.

ingrato, -ta [iŋgráto] *adj.* **1.** (desleal) ungrateful. **2.** (cometido) thankless.

ingrediente [iŋgredjénte] *s. m.* (componente) ingredient.

ingresar [iŋgresár] *v. tr.* **1.** *Econ.* (dinero en un banco) to deposit; to bank. ‖ *v. intr.* **2.** (en un colegio) to enter. **3.** (en una organización) to join. **4.** (en un hospital) to admit.

ingreso [iŋgréso] *s. m.* **1.** (entrada) entry. **2.** (admisión) admission. **3.** *Econ.* deposit. ‖ **ingresos** *s. m. pl.* **4.** income.

inhábil [ináβil] *adj.* **1.** (torpe) unskillful; clumsy. **2.** (incapaz) unfit.

inhalar [inalár] *v. tr.* to inhale.

inhumano, -na [inumáno] *adj.* **1.** (falto de compasión) inhumane. **2.** (cruel) inhuman.

inicial [iniθjál] *adj. y s. f.* initial.

iniciar [iniθjár] *v. tr.* **1.** initiate. **2.** (comenzar) to begin.

iniciativa [iniθjatíβa] *s. f.* initiative.

inicio [iníθjo] *s. m.* beginning; start.

inicuo [iníkwo] *adj.* (perverso) wicked; iniquitous *frml.*

iniquidad [inikiðáð] *s. f.* (maldad) iniquity; wickedness.

injertar [iŋxertár] *v. tr., Agr. y Med.* (implantar) to graft.

injerto [iŋxérto] *s. m., Agr. y Med.* (implante) graft.

injuria [iŋxúrja] *s. f.* **1.** (insulto) insult. **2.** (agravio) offense.

injuriar [iŋxurjár] *v. tr.* **1.** (insultar) to insult. **2.** (ultrajar) to offend.

injusticia [iŋxustíθja] *s. f.* injustice.

injusto, -ta [iŋxústo] *adj.* unjust; unfair.

inmaculado [immakuláðo] *adj.* **1.** immaculate. **2.** (superficie) spotless.

inmaduro, -ra [immaðúro] *adj.* (verde) immature.

inmediaciones [immeðjaθjónes] *s. f. pl.* (alrededores) neighborhood *sing.;* surrounding area.

inmediato, -ta [immeðjáto] *adj.* (instantáneo) immediate; instant.

inmenso, -sa [imménso] *adj.* (enorme) immense; huge.

inmerecido [immereθíðo] *adj.* (injusto) undeserved; unmerited.

inmersión [immersjón] *s. f.* **1.** immersion. **2.** (de submarino) dive.

inmerso, -sa [immérso] *adj.* **1.** immersed; submerged. **2.** *fig.* involved [Está inmersa en el proyecto. *She is involved in the proyect.*]

inmigración [immiɣraθjón] *s. f.* (migración) immigration.

inmigrante [immiɣránte] *adj. y s. m. y f.* immigrant.

inmigrar [immiɣrár] *v. intr.* to immigrate [Mucha gente inmigró al norte. *Many people immigrated to the north.*]

inminente [imminénte] *adj.* imminent.

inmoral [immorál] *adj.* immoral.

inmortal [immortál] *adj.* immortal.

inmortalidad [immortaliðáð] *s. f.* immortality.

inmortalizar [immortaliθár] *v. tr.* **1.** to immortalize. ‖ **inmortalizarse** *v. prnl.* **2.** to be immortalized.

inmóvil [immóβil] *adj.* immobile.

inmueble [immwéβle] *s. m.* building. ‖ **bienes inmuebles** real state.

inmundicia [immuṇdíθja] *s. f.* filth.

inmundo, -da [immúṇdo] *adj.* **1.** (asqueroso) filthy. **2.** *fig.* nasty.

inmutable [immutáβle] *adj.* immutable.

innato, -ta [innáto] *adj.* innate; inborn.

innecesario, -ria [inneθesárjo] *adj.* unnecessary; needless.

innegable [inneɣáβle] *adj.* undeniable.

innovación [innoβaθjón] *s. f.* (renovación) innovation.

innovar [innoβár] *v. tr.* to innovate.

innumerable [innumeráβle] *adj.* (incalculable) innumerable; countless.

inocencia [inoθénθja] *s. f.* innocence.

inocentada [inoθeṇtáða] *s. f.* practica joke; April Fool's joke (played on December 28th).

inocente [inoθéṇte] *adj.* **1.** innocent guiltless. **2.** (broma, chiste) harmless ‖ *s. m. y f.* **3.** innocent.

inodoro, -ra [inoðóro] *adj.* **1.** odorless ‖ *s. m.* **2.** (váter) toilet.

inofensivo [inofensíβo] *adj.* (pacífico harmless; inoffensive.

inolvidable [inolβiðáβle] *adj.* (imborra ble) unforgettable.

inoportuno, -na [inoportúno] *ad* **1.** inopportune. **2.** (visita, sugerenci unwelcome.

inorgánico, -ca [inorɣániko] *adj.* (tan bién Quím.) inorganic.

inoxidable [inoksiðáβle] *adj.* **1.** rustproc **2.** (acero) stainless.

inquietar [iŋkjetár] *v. tr.* **1.** to worry; disturb. **2.** (alborotar) to agitate. **3.** (ala mar) to alarm. ‖ **inquietarse** *v. prr* **4.** to worry.

inquieto, -ta [iŋkjéto] *adj.* **1.** worried; anxious. **2.** (agitado) restless.

inquietud [iŋkjetúð] *s. f.* **1.** worry; anxiety. **2.** (agitación) restlessness.

inquilino, -na [iŋkilíno] *s. m. y f.* **1.** (arrendatario) tenant; lessee. **2.** (también Zool.) (huesped) lodger.

insaciable [insaθjáβle] *adj.* insatiable.

inscribir [inskriβír] *v. tr.* **1.** (grabar) to inscribe. **2.** (matricular) to enroll. **3.** (registrar) to record. || **inscribirse** *v. prnl.* **4.** (registrarse) to register. **5.** (matricularse) to enroll.

inscripción [inskripθjón] *s. f.* **1.** (escrito) inscription. **2.** (matriculación) enrollment. **3.** (en el censo) registration.

insecticida [insektiθíða] *adj. y s. m.* (para moscas, cucarachas,…) insecticide.

insecto [insékto] *s. m., Zool.* insect.

inseguridad [inseɣuriðáð] *s. f.* **1.** (falta de confianza) insecurity. **2.** (duda) uncertainty. **3.** (peligro) insecurity.

inseguro, -ra [inseɣúro] *adj.* **1.** insecure. **2.** (dubitativo) uncertain. **3.** (peligroso) unsafe.

insensato, -ta [insensáto] *adj.* **1.** foolish; stupid. || *s. m. y f.* **2.** fool.

insensible [insensíβle] *adj.* insensitive.

inseparable [inseparáβle] *adj.* (unido) inseparable.

insertar [insertár] *v. tr.* to insert.

inservible [inserβíβle] *adj.* (inútil) useless; ineffective.

insigne [insíɣne] *adj.* famous; illustrious.

insignia [insíɣnja] *s. f.* **1.** (emblema) badge. **2.** (bandera) flag; banner. **3.** *Náut.* pennant.

insignificante [insiɣnifikánte] *adj.* insignificant; trivial.

insinuar [insinuár] *v. tr.* to insinuate.

insípido, -da [insípiðo] *adj.* **1.** insipid; tasteless. **2.** *fig.* (soso) dull.

insistencia [insisténθja] *s. f.* (perseverancia) insistence; persistence.

insistente [insisténte] *adj.* insistent.

insistir [insistír] *v. intr.* to insist.

insolación [insolaθjón] *s. f.* **1.** *Med.* sunstroke; insolation. **2.** *Meteor.* insolation *frml.*

insolencia [insolénθja] *s. f.* insolence.

insolente [insolénte] *adj.* **1.** rude; insolent. **2.** (descarado) cheeky.

insólito, -ta [insólito] *adj.* (inusual) unusual; unheard of.

insoluble [insolúβle] *adj.* insoluble.

insolvente [insolβénte] *adj., Econ.* (sin recursos económicos) insolvent; broke.

insomnio [insónnjo] *s. m.* insomnia.

insoportable [insoportáβle] *adj.* (inaguantable) unbearable; intolerable.

inspección [inspekθjón] *s. f.* inspection.

inspeccionar [inspekθjonár] *v. tr.* (revisar) to inspect; to check.

inspector, -ra [inspektór] *s. m. y f.* (supervisor) inspector.

inspiración [inspiraθjón] *s. f.* **1.** (estímulo) inspiration. **2.** (aspiración) inhalation.

inspirar [inspirár] *v. tr.* **1.** to inspire. **2.** (aspirar) to inhale. || **inspirarse** *v. prnl.* **3.** to be inspired by.

instalación [instalaθjón] *s. f.* (colocación) installation.

instalar [instalár] *v. tr.* **1.** to install *Am. E.* **2.** (erigir) to set up. || **instalarse** *v. prnl.* **3.** (persona) to settle down; to instal oneself.

instancia [instánθja] *s. f.* **1.** request; petition. **2.** (escrito) application form. || **a instancias de** at the request of.

instantáneo, -a [instantáneo] *adj.* **1.** (inmediato) instantaneous. ‖ **instantánea** *s. f.* **2.** *Fot.* snapshot.

instante [instánte] *s. m.* instant; moment. ‖ **a cada** ~ constantly. **al** ~ immediately.

instar [instár] *v. tr.* to urge.

instaurar [instawrár] *v. tr.* (establecer) to establish.

instigar [instiɣár] *v. tr.* (inducir) to instigate; to incite.

instintivo [instintíβo] *adj.* instinctive.

instinto [instínto] *s. m.* instinct.

institución [instituθjón] *s. f.* (establecimiento) institution; establishment.

instituir [instituír] *v. tr.* (establecer) to institute; to establish.

instituto [institúto] *s. m.* institute. ‖ ~ **de enseñanza secundaria** high school *Am. E.*; secondary school *Br. E.* ~ **de formación profesional** technical college.

institutriz [institutríθ] *s. f.* governess.

instrucción [instrukθjón] *s. f.* **1.** instruction. **2.** (enseñanza) teaching. **3.** (preparación) training.

instructor [instruktór] *s. m. y f.* instructor.

instruido, -da [instruíðo] *adj.* (culto) educated; learned.

instruir [instruír] *v. tr.* **1.** to instruct. **2.** (enseñar) to educate; to teach. **3.** *Mil.* (soldados) to drill; to train. ‖ **instruirse** *v. prnl.* **4.** to learn.

instrumento [instruménto] *s. m.* **1.** instrument. **2.** (herramienta) tool.

insubordinar [insuβorðinár] *v. tr.* **1.** to stir up. ‖ **insubordinarse** *v. prnl.* **2.** to be insubordinate.

insuficiencia [insufiθjénθja] *s. f.* **1.** insufficiency. **2.** (inadecuación) inadequacy.

insuficiente [insufiθjénte] *adj.* (escaso) insufficient; inadequate.

insular [insulár] *adj., Geogr.* insular.

insultar [insultár] *v. tr.* **1.** to insult; to abuse. **2.** (ofender) to offend.

insulto [insúlto] *s. m.* insult. ‖ **intercambio de insultos** slanging match.

insumiso, -sa [insumíso] *adj. y s. m. y f.* antimilitarist (refusing to do military service or social assistance).

insuperable [insuperáβle] *adj.* **1.** (dificultad) insurmountable. **2.** (calidad, precio) unbeatable.

intachable [intatʃáβle] *adj.* (respetable) unimpeachable; blameless.

intacto [intákto] *adj.* intact.

integración [inteɣraθjón] *s. f.* (inserción) integration.

integrar [inteɣrár] *v. tr.* **1.** to make up; to compose. **2.** *Mat., fig.* to integrate. ‖ **integrarse** *v. prnl.* **3.** integrate.

integridad [inteɣriðáð] *s. f.* integrity.

íntegro, -gra [ínteɣro] *adj.* **1.** whole; entire. **2.** (honesto) honest; upright.

intelectual [intelektwál] *adj. y s. m. y f.* (erudito) intellectual.

inteligencia [inteliɣénθja] *s. f.* **1.** (intelecto) intelligence. **2.** (comprensión) understanding.

inteligente [inteliɣénte] *adj.* intelligent.

intemperie, a la [intempérje] *loc. adv. mod.* outdoors; in the open air.

intempestivo, -va [intempestíβo] *adj.* (inoportuno) untimely; inopportune.

intención [intenθjón] *s. f.* intention; purpose. ‖ **con toda** ~ deliberately.

intencionado, -da [intenθjonáðo] *adj.* (premeditado) deliberate; intentional.

intensidad [intensiðáð] *s. f.* **1.** intensity. **2.** (de emoción, convicción) strength.

intensificar [intensifikár] *v. tr.* **1.** to intensify; to heighten. || **intensificarse** *v. prnl.* **2.** to intensify.

intenso, -sa [inténso] *adj.* **1.** intense. **2.** (sentimiento) deep. **3.** (vivo) vivid.

intentar [intentár] *v. tr.* to try; to attempt.

intento [inténto] *s. m.* **1.** (propósito) intention; purpose. **2.** (tentativa) attempt; try. || ~ **fallido** failed attempt.

interactivo, -va [interaktíβo] *adj., Inform.* interactive.

intercalar [interkalár] *v. tr.* (interponer) to intercalate; to sandwich.

intercambiar [interkambjár] *v. tr.* to exchange; to interchange; to swap.

intercambio [interkámbjo] *s. m.* **1.** exchange; interchange. **2.** (trueque) swap.

interceder [interθeðér] *v. intr.* (mediar) to intercede.

interceptar [interθeptár] *v. tr.* to intercept.

interés [interés] *s. m.* **1.** interest. **2.** (importancia) concern. **3.** *Econ.* (parte) share. || **de** ~ noteworthy.

interesado, -da [interesáðo] *adj.* **1.** interested. **2.** (egoísta) selfish.

interesante [interesánte] *adj.* interesting. || **ser** ~ *fam.* to be interesting.

interesar [interesár] *v. tr.* **1.** to interest. **2.** (afectar) to concern. || **interesarse** *v. prnl.* **3.** to be interested in.

interfaz [[interfáθ] *s. f., Inform.* interface.

interferencia [interferénθja] *s. f.* (también radio) interference.

interfono [interfóno] *s. m.* intercom.

interino, -na [interíno] *adj.* temporary; provisional. || **profesor** ~ substitute teacher *Am. E.;* supply teacher *Br. E.*

interior [interjór] *adj.* **1.** interior; inside. **2.** *Econ.* internal. **3.** *Geogr.* inland. || *s. m.* **4.** interior; inside. || **del** ~ inland.

interjección [interχekθjón] *s. f., Ling.* interjection.

interlocutor, -ra [interlokutór] *s. m. y f.* speaker; interlocutor.

intermediario, -ria [intermeðjárjo] *adj.* **1.** intermediary. || *s. m. y f.* **2.** intermediary; mediator; go between. || *s. m.* **3.** *Econ.* middleman.

intermedio [interméðjo] *adj.* **1.** intermediate. || *s. m.* **2.** (intervalo) interval; intermission.

interminable [intermináβle] *adj.* endless; interminable; never-ending.

intermitente [intermiténte] *adj.* **1.** intermittent. || *s. m.* **2.** *Autom.* turn signal *Am. E.;* indicator *Br. E.*

internacional [internaθjonál] *adj.* (mundial) international; worldwide.

internado [internáðo] *s. m.* (colegio) boarding school.

internar [internár] *v. tr.* **1.** *Polít.* to intern. **2.** (en un hospital) to confine. || **internarse** *v. prnl.* **3.** (penetrar) to penetrate.

internauta [internáwta] *s. m. y f., Inform.* surfer.

internet [internét] *s. m., Inform.* internet.

interno, -na [intérno] *adj.* **1.** internal; interior. || *s. m. y f.* **2.** (alumno) boarder. **3.** *Med.* intern *Am. E.*

interponer [interponér] *v. tr.* **1.** to interpose. || **interponerse** *v. prnl.* **2.** to interpose; to intervene.

interpretación [interpretaθjón] *s. f.* **1.** interpretation. **2.** *Cinem. y Teatr.* acting; performance.

interpretar [interpretár] *v. tr., Mús. y Teatr.* to interpret.

intérprete [intérprete] *s. m. y f.* **1.** (traductor) interpreter. **2.** *Mús.* (cantante) singer. **3.** *Teatr.* (de un papel) performer.

interrogación [interoɣaθjón] *s. f.* 1. interrogation. 2. *Ling.* (signo) question mark. ‖ **signo de ~** *Ling.* question mark.

interrogante [interoɣánte] *adj.* 1. questioning. ‖ *s. m.* 2. *Ling.* question mark.

interrogar [interoɣár] *v. tr.* 1. to question. 2. (a un testigo) to interrogate.

interrogativo, -va [interoɣatíβo] *adj., Ling.* interrogative.

interrumpir [interumpír] *v. tr.* (suspender) to interrupt.

interrupción [interupθjón] *s. f.* 1. interruption. 2. (en una transmisión) break.

interruptor [interuptór] *s. m., Electrón.* (de la luz) switch.

intersección [intersekθjón] *s. f.* 1. *Mat.* intersection. 2. (en carreteras) crossroads; junction.

interurbano, -na [interurβáno] *adj.* 1. (autobús, llamada) long-distance. 2. (tren) intercity.

intervalo [interβálo] *s. m.* 1. interval. 2. (en el espacio) gap.

intervención [interβenθjón] *s. f.* 1. intervention. 2. *Med.* operation.

intervenir [interβenír] *v. intr.* 1. (participar) to take part; intervene. 2. (controlar) to supervise. 3. *Med.* (operar) to operate on.

intestino [intestíno] *s. m., Anat.* intestine; bowel. ‖ **~ delgado** small intestine.

intimar [intimár] *v. intr.* (entablar amistad) to become close.

intimidad [intimiðáð] *s. f.* 1. (amistad) intimacy. 2. *Der.* (privacidad) privacy.

intimidar [intimiðár] *v. tr.* to intimidate.

íntimo, -ma [íntimo] *adj.* 1. intimate. 2. (vida) private; personal. 3. (amistad) close [Amigo íntimo. *Close friend.*]

intolerable [intoleráβle] *adj.* (insoportable) intolerable; unbearable.

intolerancia [intoleránθja] *s. f.* (intransigencia) intolerance.

intolerante [intoleránte] *adj.* intolerant.

intoxicar [intoksikár] *v. tr.* to poison.

intranquilidad [intrankiliðáð] *s. f.* 1. (preocupación) uneasiness. 2. (agitación) restlessness.

intranquilo, -la [intrankílo] *adj.* (inquieto) restless; worried.

intransigente [intransixénte] *adj., form.* (intolerante) intransigent.

intransitivo, -va [intransitíβo] *adj., Ling.* (verbo) intransitive.

intrepidez [intrepiðéθ] *s. f.* (osadía) intrepidity; valor.

intrépido, -da [intrépiðo] *adj.* (osado) intrepid; fearless.

intriga [intríɣa] *s. f.* 1. (maquinación) intrigue. 2. (plan) plot.

intrigar [intriɣár] *v. tr.* 1. (interesar) to intrigue. ‖ *v. intr.* 2. (maquinar) to plot; to scheme.

intrínseco [intrínseko] *adj.* intrinsic.

introducción [introðukθjón] *s. f.* introduction.

introducir [introðuθír] *v. tr.* 1. to introduce. 2. (meter) to insert. 3. (poner en uso) to bring in. ‖ **introducirse en** (meterse) to enter.

introvertido, -va [introβertíðo] *adj.* 1. introverted. ‖ *s. m. y f.* 2. introvert.

intruso [intrúso] *adj.* 1. intrusive. ‖ *s. m. y f.* 2. intruder.

intuición [intwiθjón] *s. f.* intuition.

intuir [intuír] *v. tr.* to sense; to intuit *frml.*

intuitivo, -va [intwitíβo] *adj.* intuitive.

inundación [inundaθjón] *s. f.* (riada) flood; deluge.

inundar [inuṇdár] *v. tr.* **1.** to flood; to inundate *frml.* **2.** *fig.* to swamp. ‖ **inundarse** *v. prnl.* **3.** to get flooded.

inusitado, -da [inusitáðo] *adj.* unusual.

inútil [inútil] *adj.* **1.** useless. **2.** (innecesario) needless.

inutilidad [inutiliðáð] *s. f.* uselessness.

inutilizar [inutiliθár] *v. tr.* (invalidar) to render useless.

invadir [imbaðír] *v. tr.* to invade.

invalidar [imbaliðár] *v. tr.* to invalidate.

inválido, -da [imbáliðo] *adj.* **1.** (nulo) invalid. **2.** *Med.* (minusválido) disabled. ‖ *s. m. y f.* **3.** invalid. **4.** *Med.* (minusválido) disabled person.

invariable [imbarjáβle] *adj.* invariable.

invasión [imbasjón] *s. f.* invasion.

invencible [imbeṇθíβle] *adj.* **1.** invincible. **2.** (miedo, timidez) insuperable.

invención [imbeṇθjón] *s. f.* invention.

inventar [imbeṇtár] *v. tr.* to invent.

inventario [imbeṇtárjo] *s.* **1.** (lista) inventory. **2.** (operación) stocktaking.

invento [imbéṇto] *s. m.* invention.

inventor [imbeṇtór] *s. m. y f.* inventor.

invernadero [imbernaðéro] *s. m.* greenhouse. ‖ **efecto ~** greenhouse effect.

invernal [imbernál] *adj.* wintry.

invernar [imbernár] *v. intr.* **1.** (pasar el invierno) to winter. **2.** *Zool.* to hibernate.

inverosímil [imberosímil] *adj.* (increíble) improbable; unlikely.

inversión [imbersjón] *s. f.* **1.** inversion. **2.** *Econ.* investment.

inverso [imbérso] *adj.* **1.** inverse. **2.** (contrario) reverse.

invertebrado, -da [imberteβráðo] *adj. y s. m., Zool.* invertebrate.

invertir [imbertír] *v. tr.* **1.** to invert. **2.** (dirección) to reverse.

investigación [imbestiɣaθjón] *s. f.* **1.** investigation. **2.** (indagación) inquiry. **3.** (científica) research.

investigar [imbestiɣár] *v. tr.* **1.** (indagar) to investigate. **2.** (estudiar) to research; to do research into.

investir [imbestír] *v. tr.* to invest.

invidente [imbiðéṇte] *adj.* **1.** *form.* blind. ‖ *s. m. y f.* **2.** *form.* blind person.

invierno [imbjérno] *s. m.* winter.

invisible [imbisíβle] *adj.* invisible.

invitación [imbitaθjón] *s. f.* invitation.

invitar [imbitár] *v. tr.* to invite.

invocar [imbokár] *v. tr.* (llamar) to invoke; to call on.

involucrar [imbolukrár] *v. tr.* **1.** to involve. ‖ **involucrarse** *v. prnl.* **2.** (implicarse) to get involved.

involuntario, -ria [imboluṇtárjo] *adj.* (espontáneo) involuntary.

inyección [iɲjekθjón] *s. f., Med.* injection. ‖ **poner una ~** *Med.* to give an injection.

inyectar [iɲjektár] *v. tr.* to inject.

ir [ír] *v. intr.* **1.** to go. **2.** (andar, caminar) to walk. **3.** (viajar) to travel. **4.** (funcionar) to work. **5.** (sentar bien) to suit. ‖ **irse** *v. prnl.* **6.** (marcharse) to go away; to be off. **7.** (líquido, gas) to leak. **8.** (mano, pie) to slip [Se le fue el pie. *His foot slipped.*] ‖ **¡vamos!** *interj.* **9.** come on! ‖ **~ a casa** to go home.

ira [íra] *s. f.* wrath; anger.

iracundo [irakúṇdo] *adj.* **1.** irascible; wrathful. **2.** (enfadado) irate.

irascible [irasθíβle] *adj.* irascible.

iris [íris] *s. m. inv., Anat.* iris. ‖ **arco ~** *Meteor.* rainbow.

irlandés, -sa [irlaṇdés] *adj.* **1.** Irish. ‖ *s. m.* **2.** (idioma) Irish. **3.** (hombre)

Irishman. ‖ **irlandesa** *s. f.* **4.** (mujer) Irishwoman.

ironía [ironía] *s. f.* irony.

irónico, -ca [iróniko] *adj.* ironic.

irracional [iřaθjonál] *adj.* irrational.

irradiar [iřaðjár] *v. tr.* to radiate.

irreal [iřeál] *adj.* unreal.

irrealizable [iřealiθáβle] *adj.* **1.** (proyecto) unfeasible. **2.** (deseo) unattainable; unreachable.

irreflexivo [iřefleksíβo] *adj.* **1.** (acción) rash. **2.** (persona) unthinking; thoughtless; impetuous.

irregular [iřeɣulár] *adj.* irregular.

irremediable [iřemeðjáβle] *adj.* **1.** (irremisible) irremediable. **2.** (vicio, enfermedad) incurable.

irresistible [iřesistíβle] *adj.* irresistible.

irresponsable [iřesponsáβle] *adj.* (insensato) irresponsible; reckless.

irrisorio [iřisórjo] *adj.* (ridículo) derisory; laughable.

irritable [iřitáβle] *adj.* irritable.

irritación [iřitaθjón] *s. f.* irritation.

irritado [iřitáðo] *adj.* sore [Ojos irritados. *Sore eyes.*]

irritar [iřitár] *v. tr.* **1.** to irritate. **2.** (enfadar) to annoy. ‖ **irritarse** *v. prnl.* **3.** *Med.* (piel, ojos) to become irritated. **4.** (enfadarse) to get angry.

irrumpir [iřumpír] *v. intr.* to burst in.

irrupción [iřupθjón] *s. f.* irruption.

isla [ísla] *s. f., Geogr.* island; isle *lit.*

islamismo [islamísmo] *s. m., Rel.* Islamism.

isleño, -ña [isléŋo] *adj.* **1.** island. **2.** *Geogr.* (gente) insular. ‖ *s. m. y f.* **3.** islander.

islote [islóte] *s. m.* small island; islet.

istmo [ísmo] *s. m., Geogr.* isthmus.

italiano, -na [italjáno] *adj.* **1.** Italian. ‖ *s. m. y f.* **2.** (idioma, persona) Italian.

itinerario [itinerárjo] *s. m.* (recorrido, ruta) itinerary; route.

Iva [íβa] *sigla* (Impuesto sobre el Valor Añadido) VAT (Value-Added Tax).

izquierda [iθkjérða] *s. f., Polít.* left; leftwing. ‖ **a la ~** on the left [La escalera está a la izquierda. *The stairs are on the left.*]

izquierdo, -da [iθkjérðo] *adj.* left.

J

j [χóta] *s. f.* (letra) j.

jabalí [χaβalí] *s. m., Zool.* wild boar.

jabalina [χaβalína] *s. f., Dep.* javelin.

jabato, -ta [χaβáto] *s. m. y f.* **1.** *Zool.* wild boar piglet. ‖ *fam.* daredevil. ‖ *adj. y s. m. y f.* **2.** *fam.* daredevil.

jabón [χaβón] *s. m.* soap. ‖ **dar ~** to soap. **dar ~ a alguien** *fig. y fam.* to soft-soap someone. **~ de afeitar** shaving soap. **~ de tocador** toilet soap. **pastilla de ~** bar of soap.

jabonera [χaβonéra] *s. f.* soap dish.

jaca [χáka] *s. f., Zool.* cob; pony.

jacinto [χaθínto] *s. m., Bot.* hyacinth.

jaco [χáko] *s. m., pey.* nag.

jactancia [χaktánθja] *s. f.* boasting.

jactancioso [χaktanθjóso] *adj.* **1.** boastful. ‖ *s. m. y f.* **2.** braggart.

jadeante [χaðeánte] *adj.* breathless.

jadear [χaðeár] *v. intr.* to pant.

jalea [χaléa] *s. f.* jelly.

jaleo [χaléo] *s. m.* **1.** (alboroto) racket; uproar. **2.** (confusión) mess.

jamás [χamás] *adv. t.* never.

jamón [χamón] *s. m.* ham. ‖ **~ de York** boiled jam. **~ serrano** cured jam.

jaque [χáke] *s. m.* (en ajedrez) check. ‖ **dar ~ mate a** (ajedrez) to checkmate.

jaqueca [χakéka] *s. f.* headache.

jarabe [χaráβe] *s. m.* syrup.

jardín [χarðín] *s. m.* garden. ‖ **~ botánico** botanical garden. **~ de infancia** nursery school; kindergarten.

jardinera [χarðinéra] *s. f.* window box.

jardinería [χarðinería] *s. f.* gardening.

jardinero, -ra [χarðinéro] *s. m. y f.* gardener.

jarra [χára] *s. f.* **1.** jar. **2.** (jarro) jug.

jarro [χáro] *s. m.* (recipiente) pitcher *Am. E.;* jug *Br. E.*

jarrón [χarón] *s. m.* vase.

jaula [χáwla] *s. f.* **1.** (para animales) cage. **2.** (embalaje) crate.

jauría [χawría] *s. f.* (de perros) pack.

jazmín [χaθmín] *s. m., Bot.* jasmine.

jazz [χás] *s. m., Mús.* jazz.

jefatura [χefatúra] *s. f.* **1.** (cargo) leadership. **2.** (sede) headquarters. ‖ **~ de policía** police headquarters.

jefe [χéfe] *s. m.* **1.** chief. **2.** (superior) boss. **3.** *Polít.* leader.

jeque [χéke] *s. m.* sheik.

jerarquía [χerarkía] *s. f.* **1.** (organización) hierarchy. **2.** (categoría) rank.

jerga [χérva] *s. f.* jargon; slang.

jergón [χervón] *s. m.* straw mattress.

jerigonza [χeriγónθa] *s. f.* jargon.

jeringa [χerínga] *s. f., Med.* syringe.

jeringuilla [χeringíλa] *s. f., Med.* (hypodermic) syringe.

jeroglífico, -ca [χeroγlífiko] *adj.* **1.** hieroglyphic. ‖ *s. m.* **2.** *Ling.* (escritura) hieroglyph.

jersey [χerséj] *s. m.* pullover; sweater; jumper *Br. E.*

jesuita [χeswíta] *adj. y s. m.* Jesuit.

jeta [χéta] *s. f.* **1.** (hocico) snout. **2.** *fam.* (cara) face. ‖ **tener ~** *fam.* to have got a nerve [¡Qué jeta tiene! *She's got a nerve!*]

jilguero [χilvéro] *s. m., Zool.* goldfinch.

jinete [χinéte] *s. m.* rider; horseman.

jira [χíra] *s. f.* (merienda campestre) picnic; outing.

jirafa [χiráfa] *s. f., Zool.* giraffe.

jocoso [χokóso] *adj.* humorous; jocular.

joder [χoðér] *v. tr. e intr.* **1.** *vulg.* (copular) to fuck *slang.* ‖ *v. intr.* **2.** *vulg.* (fastidiar) to piss off *slang* [¡Deja de joderme! *Stop pissing me off!*] ‖ **joderse**

v. prnl. **3.** *fam.* to get screwed up [Se nos jodieron las vacaciones. *Our holidays got screwed up.*] ‖ ¡ ~ ! *interj.* **4.** *col.* for fuck's sake!

jolgorio [χolɣórjo] *s. m., fam.* gaiety.

jornada [χornáða] *s. f.* **1.** (laboral) working day. **2.** (trayecto) journey.

jornal [χornál] *s. m.* (salario por día) day's wage; day's pay.

jornalero [χornaléro] *s. m. y f.* (bracero) day laborer.

joroba [χoróβa] *s. f.* hump.

jorobado, -da [χoroβáðo] *adj.* (giboso) hunchbacked; humpbacked.

jorobar [χoroβár] *v. tr., fam.* (fastidiar) to bother; to annoy.

jota [χóta] *s. f., Mús.* (baile español) jota.

joven [χóβen] *adj.* **1.** young. ‖ *s. m. y f.* **2.** (hombre) youth. **3.** (mujer) girl.

jovial [χoβjál] *adj.* jovial; cheerful.

joya [χója] *s. f.* **1.** jewel. **2.** *fig.* (cosa, persona) gem.

joyero, -ra [χojéro] *s. m. y f.* **1.** (persona) jeweler. ‖ *s. m.* **2.** (caja) jewel case.

juanete [χwanéte] *s. m., Med.* bunion.

jubilación [χuβilaθjón] *s. f.* **1.** (retiro) retirement. **2.** (dinero) pension.

jubilado, -da [χuβiláðo] *adj.* **1.** retired. ‖ *s. m. y f.* **2.** retired person; retiree *Am. E.*

jubilar [χuβilár] *v. tr.* **1.** to retire; to pension off. ‖ *v. intr.* **2.** *form.* to rejoice. ‖ **jubilarse** *v. prnl.* **3.** (retirarse) to retire. **4.** (alegrarse) to rejoice.

jubileo [χuβiléo] *s. m.* jubilee.

júbilo [χúβilo] *s. m.* joy; rejoicing.

judaísmo [χuðaísmo] *s. m., Rel.* Judaism.

judía [χuðía] *s. f., Bot.* bean.

judicial [χuðiθjál] *adj.* judicial.

judío, -a [χuðío] *adj.* **1.** *Rel.* Jewish. ‖ *s. m. y f.* **2.** *Rel.* Jew.

judo [χúðo] *s. m., Dep.* judo.

juego [χwéɣo] *s. m.* **1.** play. **2.** (pasatiempo, partido) game. **3.** *Dep.* sport. ‖ **hacer** ~ to match. ~ **limpio** fair play.

juerga [χwérɣa] *s. f., fam.* binge. ‖ **ir de** ~ to go out on a binge.

juerguista [χwerɣísta] *s. m.* reveler.

jueves [χwéβes] *s. m.* Thursday [El jueves tengo una reunión. *I have a meeting on Thursday.*] ‖ **Jueves Santo** Maundy Thursday.

juez [χwéθ] *s. m., Der.* judge; magistrate *Br. E.* ‖ ~ **de paz** justice of the peace.

jugada [χuɣáða] *s. f.* **1.** play. **2.** (ajedrez) move. ‖ ~ **mala** dirty trick.

jugador, -ra [χuɣaðór] *s. m. y f.* player.

jugar [χuɣár] *v. intr.* **1.** (divertirse) to play [Los chicos están jugando. *The kids are playing.*] **2.** (apostar fuerte) to gamble. ‖ *v. tr.* **3.** (un partido, un juego) to play. ‖ **jugarse** *v. prnl.* **4.** (arriesgar) to risk [Los bomberos se juegan la vida por nosotros. *Firemen risk their lives for us.*] ‖ ~ **duro** play rough.

jugarreta [χuɣaréta] *s. f., fam.* dirty trick.

juglar, -glaresa [χuɣlár] *s. m. y f., His.* minstrel; jongleur.

jugo [χúɣo] *s. m.* **1.** (líquido) juice. **2.** *fig.* (sustancia) substance.

jugoso, -sa [χuɣóso] *adj.* **1.** (carne, fruta) juicy; succulent. **2.** *fig.* (sustancioso) substantial.

juguete [χuɣéte] *s. m.* toy.

juguetear [χuɣeteár] *v. intr.* (jugar) play; to frolic.

juguetería [χuɣetería] *s. f.* toy store.

juguetón, -tona [χuɣetón] *adj.* playful; frolicsome; boisterous.

juicio [χwíθjo] *s. m.* **1.** (facultad mental) judgment. **2.** (opinión) opinion. **3.** *D.*

(proceso) trial. || **a mi ~** in my opinion.
perder el ~ to lose one's mind.

juicioso, -sa [χwiθjóso] *adj.* (sensato)
sensible; wise.

julio¹ [χúljo] *s. m.* (mes) July.

julio² [χúljo] *s. m., Fís.* joule.

jumento [χuménto] *s. m.* donkey.

junco¹ [χúŋko] *s. m., Bot.* (planta) rush;
reed.

junco² [χúŋko] *s. m., Náut.* junk.

jungla [χúŋgla] *s. f.* jungle.

junio [χúnjo] *s. m.* June.

júnior [júnjor] *adj.* junior.

junta [χúnta] *s. f.* **1.** (reunión) meeting;
conference. **2.** (conjunto de personas)
board; council. **3.** (sesión) session.

juntar [χuntár] *v. tr.* **1.** (unir) to join; to
unite. **2.** (reunir) to collect. **3.** (gente) to
gather (people). || **juntarse** *v. prnl.*
4. (unirse) to join. **5.** (gente) to gather.

junto, -ta [χúnto] *adj.* (plural) together
[Siempre van juntos de compras. *They
always go shopping together.*] || **estar ~
a** to neighbor. **~ a** next to; by; alongside; beside; nigh. arc. [Mi coche está
junto al tuyo. *My car is next to yours.*]
~ con with [Vino junto con su madre.
He came with his mother.] together
with; along with [Ella es, junto con mi
madre, la persona que más quiero. *She*

*is, along with my mother, the person I
love the most.*]

jurado, -da [χuráðo] *adj.* **1.** sworn. || *s. m.*
2. (grupo) jury. **3.** *Der.* (individuo) juror;
member of the jury.

juramento [χuraménto] *s. m.* **1.** *Der.*
oath. **2.** (blasfemia) curse. || **bajo ~** on
oath. **tomar ~ a** to swear in.

jurar [χurár] *v. tr. intr.* to swear.

jurídico [χuríðiko] *adj.* legal; juridical.

jurisdicción [χurisðikθjón] *s. f.* jurisdiction.

justamente [χústaménte] *adv.* **1.** (con
justicia) fairly. **2.** (precisamente) just.

justicia [χustíθja] *s. f.* justice. || **hacer ~ a**
to do justice to.

justificante [χustifikánte] *s. m.* receipt;
voucher. || **~ de asistencia** certificate of
attendance.

justificar [χustifikár] *v. tr.* **1.** to justify.
2. (probar) to verify.

justo, -ta [χústo] *adj.* **1.** just; fair; even.
2. (preciso) right. **3.** (ajustado) tight.
|| *adv.* **4.** (exactamente) just.

juvenil [χuβeníl] *adj.* **1.** youthful. || *s. m.
y f.* **2.** *Dep.* junior.

juventud [χuβentuð] *s. f.* **1.** (edad)
youth. **2.** (jóvenes) young people.

juzgado [χuθγáðo] *s. m.* court; tribunal.

juzgar [χuθγár] *v. tr.* **1.** to judge. **2.** (considerar) to think.

K

k [ká] *s. f.* (letra) k.

kamikaze [kamikáθe] *s. m.* kamikaze.

karaoke [karaóke] *s. m.* karaoke [Ayer por la noche, John estuvo cantando en un karaoke. *Yesterday night, John was singing in a karaoke bar.*]

kárate [kárate] *s. m., Dep.* karate.

karateca o karateka [karatéka] *s. m. y f., Dep.* karateka.

katiuska [katjúska] *s. f.* (bota) gumboot; Wellington boot *Br. E.*

ketchup [kéttʃup] *s. m., angl.* ketchup.

kilo [kílo] *s. m.* (unidad de peso) kilo; kilogram [El azúcar se vende por kilos. *Sugar is sold by the kilo.*]

kilogramo [kiloɤrámo] *s. m.* kilogram.

kilométrico [kilométriko] *adj.* kilometrical [Tuvimos que recorrer una distancia kilométrica. *We had to cover a kilometrical distance.*]

kilómetro [kilómetro] *s. m.* kilometer.

kilovatio [kilovátjo] *s. m.* (1 000 vatios) kilowatt.

kiosco [kjósko] *s. m.* kiosk.

kiwi [kíwi] *s. m.* **1.** *Bot.* kiwi fruit. **2.** *Zool.* kiwi.

koala [koála] *s. m., Zool.* koala.

L

l [éle] *s. f.* (letra) l.

la¹ [lá] *art. f. sing.* **1.** the [¡Pon la mesa! *Lay the table!*] ‖ *pron. pers. acus. 3ª pers. f. sing.* **2.** her [¿La vas a llamar tú? *Are you going to call her?*] **3.** (cosa, animal) it. **4.** (usted) you.

la² [lá] *s. m.* **1.** *Mús.* (nota) A. **2.** *Mús.* (solfeo) la.

laberinto [laβerínto] *s. m.* maze; labyrinth.

labia [láβja] *s. f.* glibness.

labio [láβjo] *s. m.*, *Anat.* lip.

labor [laβór] *s. f.* (trabajo) work; task.

laborable [laβoráβle] *adj.* **1.** (día) working (before n). **2.** *Agr.* (tierra) arable.

laboral [laβorál] *adj.* labor; work.

laboratorio [laβoratórjo] *s. m.* laboratory; lab *coll.*

laborioso, -sa [laβorjóso] *adj.* **1.** (persona) hardworking; industrious. **2.** (duro trabajo) laborious.

labrador, -ra [laβraðór] *s. m.*, *Agr.* (agricultor) farmer.

labranza [laβránθa] *s. f.*, *Agr.* farming.

labrar [laβrár] *v. tr.* **1.** to work. **2.** *Agr.* (la tierra) to farm; to cultivate.

labriego, -ga [laβrjéγo] *s. m.* (agricultor) peasant; farmer.

laca [láka] *s. f.* **1.** (para el pelo) hairspray. **2.** (resina) lac. **3.** (barniz) lacquer.

lacar [lakár] *v. tr.* to lacquer.

lacio [láθjo] *adj.* **1.** (pelo) lank; limp. **2.** (flojo) flabby.

lacón [lakón] *s. m.*, *Gastr.* ham (de la pata delantera).

lacónico, -ca [lakóniko] *adj.* laconic.

lacre [lákre] *s. m.* sealing wax.

lacrimógeno, -na [lakrimóχeno] *adj.* **1.** (persona) weepy. **2.** (gas) tear gas.

lactancia [laktánθja] *s. f.* breast-feeding; lactation.

lactante [laktánte] *adj.* suckling.

lácteo, -tea [lákteo] *adj.* milky. ‖ **productos lácteos** dairy produce.

ladear [laðeár] *v. tr.* **1.** to tip; to tilt. **2.** (cabeza) to lean. ‖ **ladearse** *v. prnl.* **3.** (inclinarse) to tip; to tilt.

ladera [laðéra] *s. f.*, *Geogr.* slope; hillside.

ladino, -na [laðíno] *adj.* (taimado) sly; cunning; crafty.

lado [láðo] *s. m.* side. ‖ **a este ~ de** this side of [A este lado de la casa están las habitaciones. *The bedrooms are on this side of the house.*] **a mi ~** by my side. **a un ~** aside. **al ~** beside. **al ~ de** by; beside; next to [Mi casa está al lado del parque. *My house is beside the park.*] **al otro ~** on the other side; across [Está al otro lado. *It is on the other side.*] **al otro ~ de** beyond; over; across [El valle está al otro lado de las montañas. *The valley is beyond the mountains.*] **de ~** sideways; broadside [Ponlo de lado. *Put it sideways.*] **de un ~ a otro** across [Hay una carretera de un lado a otro del pueblo. *There is a road across the village.*] **de un ~ a otro de** across [Mi padre levantó una valla de un lado a otro del jardín. *My father put up a fence across the garden.*] **dejar a un ~** to set aside. **del ~ de** on sb's side [Estoy de tu lado. *I'm on your side.*] **estar al ~ de** to side. **hacerse a un ~** to step aside. **por otro ~** on the other hand [On the other hand, I want to stay. *Por otro lado, quiero quedarme.*] **por un ~** on the one hand [Por un lado, quiero irme. *On the one hand, I want to go.*]

ladrar [laðrár] *v. intr.* to bark.

ladrido [laðríðo] *s. m.* bark; barking.

ladrillo [laðríʎo] *s. m.* brick.

ladrón, -drona [laðrón] *adj.* **1.** thieving. || *s. m. y f.* **2.** thief; robber. **3.** (de casas) burglar. || *s. m.* **4.** *Electrón.* multiple socket.

lagar [laɣár] *s. m.* press.

lagartija [laɣartíχa] *s. f., Zool.* wall lizard.

lagarto [laɣárto] *s. m., Zool.* lizard.

lago [láɣo] *s. m., Geogr.* lake.

lágrima [láɣrima] *s. f.* tear.

lagrimal [laɣrimál] *s. m.* **1.** *Anat.* corner of the eye. || *adj.* **2.** lachymal.

laguna [laɣúna] *s. f.* **1.** *Geogr.* (lago) lagoon. **2.** *fig.* (vacío) gap.

laico, -ca [lájko] *adj.* **1.** *Rel.* secular; lay. || *s. m.* **2.** *Rel.* layman. || **laica** *s. f.* **3.** *Rel.* laywoman.

lama [láma] *s. m., Rel.* (sacerdote budista) lama.

lamentable [lamentáβle] *adj.* **1.** (deplorable) lamentable; deplorable. **2.** (triste) regrettable.

lamentar [lamentár] *v. tr.* **1.** (sentir) to regret. **2.** (deplorar) to lament. to deplore. || **lamentarse** *v. prnl.* **3.** (quejarse) to complain. **4.** *col.* (gemir) to moan *Br. E.*

lamento [laménto] *s. m.* **1.** (expresiones) lament. **2.** (dolor físico) groan; moan. **3.** (por tristeza) wail.

lamer [lamér] *v. tr.* to lick.

lametón [lametón] *s. m., fam.* lick.

lámina [lámina] *s. f., Impr.* (plancha) sheet; plate.

laminar [laminár] *v. tr.* **1.** to laminate. **2.** (metal) to roll.

lámpara [lámpara] *s. f.* lamp; light. || **~ de pie** pedestal lamp.

lamparón [lamparón] *s. m.* (mancha) stain.

lana [lána] *s. f.* (material) wool. || **de ~** woolen.

lanar [lanár] *adj.* wool-bearing. || **ganado ~** *Zool.* sheep *pl.*

lancha [lántʃa] *s. f.* **1.** *Náut.* launch. **2.** *Mil.* barge. || **~ salvavidas** lifeboat.

langosta [laŋgósta] *s. f.* **1.** *Zool.* (insecto) locust. **2.** *Zool.* (crustáceo) lobster.

langostino [laŋgostíno] *s. m., Zool.* prawn.

languidecer [laŋgiðeθér] *v. intr.* (debilitarse) to languish.

lánguido, -da [láŋgiðo] *adj.* **1.** languid. **2.** (débil) weak.

lanza [lánθa] *s. f.* (arma) lance; spear.

lanzadera [lanθaðéra] *s. f.* shuttle.

lanzado, -da [lanθáðo] *adj.* **1.** *fam.* (impulsivo) impulsive; impetuous. **2.** *fam.* (decidido) enterprising.

lanzamiento [lanθamjénto] *s. m.* **1.** throwing. **2.** *Econ.* launch.

lanzar [lanθár] *v. tr.* **1.** to throw. **2.** (producto, proyecto) to launch. **3.** (una mirada) to dart. || **lanzarse** *v. prnl.* **4.** (arrojarse) to fling oneself.

lapa [lápa] *s. f., Zool.* limpet.

lapicero [lapiθéro] *s. m.* pencil.

lápida [lápiða] *s. f.* **1.** (mortuoria) tombstone; gravestone. **2.** (conmemorativa) tablet; memorial stone.

lápiz [lápiθ] *s. m.* **1.** pencil. **2.** (de colores) crayon; colored pencil.

lapso [lápso] *s. m.* (de tiempo) lapse.

lapsus [lápsus] *s. m. inv.* (olvido) slip. || **~ linguae** slip of the tongue.

largar [larɣár] *v. tr.* **1.** (soltar) to release. || *v. intr.* **2.** (hablar) to get out. || **largarse** *v. prnl.* **3.** (marcharse) to beat it *fam.*; to skip *Am. E.*

largo, -ga [lárɣo] *adj.* **1.** (longitud, tiempo) long. **2.** (tiempo) lengthy. ‖ *s. m.* **3.** (longitud) length. ‖ **a lo ~ de** along. **pasar de ~** to pass by.

largometraje [larɣometráχe] *s. m.*, *Cinem.* (película) feature film.

larguero [larɣéro] *s. m.* **1.** *Albañ.* stringer. **2.** (fútbol) crossbar.

larguirucho [larɣirútʃo] *adj., fam.* lank.

larva [lárβa] *s. f.*, *Zool.* larva.

las [lás] *art. determ. pl.* **1.** the [Las ventanas están sucias. *The windows are dirty.*] ‖ *pron. pers. acus. 3ª pl. f.* **2.** them [¿Las ves con frecuencia? *Do you see them frequently?*] **3.** (a ustedes) you.

láser [láser] *s. m.* laser.

lástima [lástima] *s. f.* (pena) pity. ‖ **¡qué ~ !** what a pity!

lastimar [lastimár] *v. tr.* **1.** (herir) to hurt; to injure. **2.** (ofender) to offend.

lastimoso [lastimóso] *adj.* pitiful.

lastre [lástre] *s. m.* **1.** *Náut.* ballast. **2.** *fig.* (carga) burden.

lata [láta] *s. f.* (envase) can *Am. E.;* tin *Br. E.* ‖ **dar la ~** (molestar) to bother.

latente [laténte] *adj.* latent.

lateral [laterál] *adj.* **1.** side; lateral. ‖ *s. m.* **2.** side passage.

latido [latíðo] *s. m.* **1.** (del corazón) beat. **2.** (de una herida) throb.

latigazo [latiɣáθo] *s. m.* (golpe) lash.

látigo [látiɣo] *s. m.* whip.

latiguillo [latiɣíʎo] *s. m.*, *Ling.* tag; pet expression [Es un latiguillo que utiliza mucho. *It is one of his pet expressions.*]

latín [latín] *s. m.* (lengua) Latin.

latino, -na [latíno] *adj.* **1.** Latin. **2.** (latinoamericano) Latin American. ‖ *s. m. y f.* **3.** Latin. **4.** (latinoamericano) Latin American.

latir [latír] *v. tr.* (palpitar) to beat; to throb.

latitud [latitúð] *s. f.*, *Geogr.* latitude.

latón [latón] *s. m.* brass.

latoso, -sa [latóso] *adj.* **1.** annoying. ‖ *s. m. y f.* **2.** bore.

laúd [laúð] *s. f.*, *Mús.* lute.

laurel [lawrél] *s. m.* **1.** *Bot.* laurel. ‖ **laureles** *s. m. pl.* **2.** (triunfo) laurels. ‖ **dormirse en los laureles** *fig. y fam.* to rest on one's laurels.

lava [láβa] *s. f.* lava.

lavable [laβáβle] *adj.* washable.

lavabo [laβáβo] *s. m.* **1.** (pila) washbowl *Am. E.;* washbasin *Br. E.* **2.** (mueble) washstand. **3.** (baños) washroom *Am. E.;* lavatory *Br. E.*

lavadero [laβaðéro] *s. m.* laundry.

lavadora [laβaðóra] *s. f.* washing machine; washer.

lavafrutas [laβafrútas] *s. m. inv.* finger bowl.

lavandería [laβander ía] *s. f.* **1.** laundry. **2.** (automática) laundromat *Am. E.;* launderette *Br. E.*

lavaplatos [laβaplátos] *s. m. inv.* (lavavajillas) dishwasher.

lavar [laβár] *v. tr.* **1.** to wash. **2.** (dinero) launder. **3.** scrub. ‖ **lavarse** *v. prnl.* **4.** to wash oneself. ‖ **~ y planchar** launder. **lavarse las manos** to wash one's hands.

lavativa [laβatíβa] *s. f.*, *Med.* enema.

lavavajillas [laβaβaχíʎas] *s. m. inv.* **1.** (máquina) dishwasher. **2.** (detergente) dish liquid *Am. E.;* washing-up liquid *Br. E.*

laxante [laɣsánte] *adj. y s. m.*, *Med.* laxative.

lazada [laθáða] *s. f.* bow; bowknot.

lazarillo [laθaríλo] *s. m.* guide (for a blind person).

lazo [láθo] *s. m.* **1.** (adorno) bow. **2.** (nudo) knot. **3.** (trampa) snare; trap.

le [lé] *pron. pers. dat. 3ª sing.* **1.** (él) him. **2.** (ella) her. **3.** (cosa, animal) it. **4.** (usted) you [¿Le entregó la carta? *Did he gave you the letter?*] ‖ *pron. pers. acus. 3ª pers. m. sing.* **5.** *Esp.* (sólo para personas) him [¿Le viste? *Did you see him?*]

leal [leál] *adj.* loyal; faithful.

lealtad [lealtáð] *s. f.* loyalty; fidelity.

lebrel [leβrél] *s. m., Zool.* (perro) greyhound; hound.

lección [lekθjón] *s. f.* lesson.

lechazo [letʃáθo] *s. m., Gastr.* (cordero lechal) sucking lamb.

leche [létʃe] *s. f.* milk. ‖ ~ **condensada** condensed milk. ~ **desnatada** skimmed milk. ~ **en polvo** powdered milk. ~ **entera** whole milk. **mala** ~ *fam.* bad mood ~ **pasteurizada** pasteurized milk. **repartidor de** ~ milkman.

lechera [letʃéra] *s. f.* (jarra) milk jug.

lechería [letʃería] *s. f.* dairy; creamery.

lechero, -ra [letʃéro] *adj.* **1.** (producción) milk. **2.** (industria) dairy. ‖ *s. m.* **3.** milkman. ‖ **lechera** *s. f.* **4.** milkmaid.

lecho [létʃo] *s. m.* **1.** (cama) bed. **2.** *Geogr.* (del río) riverbed.

lechón [letʃón] *s. m.* (cochinillo) suckling pig *Am. E.;* sucking pig *Br. E.*

lechoso, -sa [letʃóso] *adj.* milky.

lechuga [letʃúɣa] *s. f., Bot.* lettuce.

lechuza [letʃúθa] *s. f., Zool.* barn owl.

lectivo, -va [lektíβo] *adj.* (día) school. ‖ **horas lectivas** teaching hours.

lector, -ra [lektór] *adj.* **1.** reading. ‖ *s. m. y f.* **2.** reader. **3.** (universidad) assistant.

lectura [lektúra] *s. f.* reading. ‖ **sala de** ~ reading room.

leer [leér] *v. tr.* to read. ‖ ~ **en alta voz** to read out.

legado [leɣáðo] *s. m.* **1.** *Der.* legacy. **2.** *Rel.* (enviado) legate.

legal [leɣál] *adj.* **1.** legal. **2.** (lícito) lawful. **3.** *fam.* (persona) trustworthy.

legalizar [leɣaliθár] *v. tr.* **1.** to legalize. **2.** (un documento) to authenticate.

legaña [leɣáɲa] *s. f.* sleep.

legar [leɣár] *v. tr.* to bequeath; to leave.

legendario, -ria [lexendárjo] *adj.* (mítico) legendary.

legible [lexíβle] *adj.* legible; readable.

legión [lexjón] *s. f.* legion.

legionario, -ria [lexjonárjo] *adj.* **1.** legionary. ‖ *s. m.* **2.** (romano) legionary. **3.** *Mil.* (de otras fuerzas militares) legionnaire.

legislación [lexislaθjón] *s. f.* legislation.

legislar [lexislár] *v. intr.* to legislate.

legislatura [lexislatúra] *s. f.* (mandato) term of office.

legitimar [lexitimár] *v. tr.* **1.** to legitimize. **2.** (documento) to authenticate.

legítimo, -ma [lexítimo] *adj.* **1.** legitimate. **2.** (genuino) genuine.

legua [léɣwa] *s. f.* (medida) league.

legumbre [leɣúmbre] *s. f., Bot.* legume.

leguminoso, -sa [leɣuminóso] *adj.* **1.** *Bot.* leguminous. ‖ **leguminosa** *s. f.* **2.** *Bot.* leguminous plant.

lejanía [lexanía] *s. f.* (distancia) distance.

lejano, -na [lexáno] *adj.* **1.** distant. **2.** *fig.* remote. ‖ **más** ~ furthermost.

lejía [lexía] *s. f.* bleach.

lejos [léxos] *adv.* far; far away. ‖ **a lo** ~ in the distance; beyond [¿Puedes ver el pueblo a lo lejos? *Can you see the vil-*

lage in the distance? **está lejísimos** it's miles away. **~ de** far from; away from [Mantente lejos de mí. *Keep away from me.*] far from [Lejos de enfadarse conmigo, me dio un beso. *Far from getting mad at me, she kissed me.*]

lelo, -la [lélo] *adj.* **1.** (estúpido) stupid; silly. ‖ *s. m. y f.* **2.** fool.

lema [léma] *s. m.* **1.** (consigna) motto. **2.** *Polít.* (eslogan) slogan.

lencería [leŋθería] *s. f.* **1.** (ropa interior femenina) lingerie. **2.** (ropa blanca) linen. **3.** (tienda) linen shop.

lengua [léŋgwa] *s. f.* **1.** *Anat.* tongue. **2.** *Ling.* language. ‖ **~ materna** mother tongue; native language. **~ viperina** venomous tongue.

lenguado [leŋgwáðo] *s. m., Zool.* sole.

lenguaje [leŋgwáχe] *s. m.* language.

lengüeta [leŋgwéta] *s. m.* **1.** (de un zapato) tongue. **2.** *Mús.* reed.

lengüetazo [leŋgwetáθo] *s. m.* big lick.

lente [lénte] *s. m. y f.* **1.** lens. ‖ **lentes** *s. m. y f. pl.* **2.** spectacles; glasses. ‖ **lentes de contacto** contact lens.

lenteja [lentéχa] *s. f., Bot.* lentil.

lentejuela [lenteχwéla] *s. f.* sequin; spangle. ‖ **vestido de lentejuelas** sequined dress.

lentilla [lentíʎa] *s. f.* contact lens.

lentitud [lentitúð] *s. f.* slowness.

lento, -ta [lénto] *adj.* slow; tardy.

leña [léɲa] *s. f.* **1.** firewood; wood. **2.** *fig. y fam.* (paliza) beating. ‖ **echar ~ al fuego** to add fuel to the fire.

leñador, -ra [leɲaðór] *s. m. y f.* woodcutter; lumberjack.

leño [léɲo] *s. m.* log.

Leo [léo] *n. p., Astrol.* Leo.

león [león] *s. m., Zool.* lion.

leonera [leonéra] *s. f.* **1.** (del león) lion's den. **2.** *fam.* (lugar desordenado) tip.

leopardo [leopárðo] *s. m., Zool.* leopard. ‖ **~ hembra** leopardess.

leotardo [leotárðo] *s. m.* pantyhose *Am. E.*; tights *pl. Br. E.* •Also in pl.

lepra [lépra] *s. f., Med.* leprosy.

leproso [lepróso] *adj.* **1.** *Med.* leprous. ‖ *s. m. y f.* **2.** *Med.* leper.

lerdo, -da [lérðo] *adj.* **1.** (lento) slow. **2.** (torpe) clumsy.

les [lés] *pron. pers. dat. 3ª pers. pl.* (También pron. pers. acus. en género masc.) **1.** (a ellos) them. **2.** (a ustedes) you [Les entrego esta placa conmemorativa. *I give you this commemorative plaque.*]

lesbiana [lesβjána] *s.f.* lesbian *f.*

lesión [lesjón] *s. f.* **1.** *Med.* lesion; injury. **2.** (perjuicio) harm.

lesionar [lesjonár] *v. tr.* (herir) to injure; to hurt.

letal [letál] *adj.* lethal.

letanía [letanía] *s. f.* **1.** *Rel.* litany. **2.** *fig. fam.* (retahíla) long list.

letargo [letárγo] *s. m.* lethargy.

letra [létra] *s. f.* **1.** letter. **2.** (caligrafía) handwriting; writing. ‖ **letras** *s. f. pl.* **3.** arts. ‖ **~ mayúscula** capital letter. **~ minúscula** lowercase letter.

letrado, -da [letráðo] *adj.* **1.** learned. ‖ *s. m. y f.* **2.** *form.* lawyer.

letrero [letréro] *s. m.* **1.** (cartel) sign. **2.** (etiqueta) label.

letrina [letrína] *s. f.* latrine.

letrista [letrísta] *s. m. y f.* lyricist.

levadizo, -za [leβaðíθo] *adj.* liftable.

levadura [leβaðúra] *s. f., Gastr.* yeast. ‖ **~ en polvo** baking powder.

levantamiento [leβantamjénto] *s. m.* **1.** lifting *m.* **2.** (sublevación) uprising.

levantar [leβantár] *v. tr.* **1.** to raise; to lift. **2.** (construir) to erect. **3.** (elevar) to upraise. ‖ **levantarse** *v. prnl.* **4.** to rise; to get up. **5.** (en pie) to stand up.

Levante [leβánte] *s. m.* region of Spain extending from Castellón to Murcia.

leve [léβe] *adj.* **1.** (ligero) light; slight. **2.** (castigo) mild.

léxico [lévsiko] *s. m., Ling.* **1.** (diccionario, glosario) lexicon. **2.** *Ling.* (vocabulario) vocabulary.

ley [léj] *s. f.* **1.** *Der.* law; act. **2.** *Dep.* rule. ‖ ~ **marcial** martial law. ~ **seca** dry law *Am. E.* **según la** ~ by law.

leyenda [leχénda] *s. f.* **1.** legend. **2.** (inscripción) inscription.

liana [ljána] *s. f., Bot.* liana.

liar [liár] *v. tr.* **1.** (atar) to tie; to bind. **2.** (un cigarrillo) to roll. ‖ **liarse** *v. prnl.* **3.** *fam.* (confundirse) to get confused; to get mixed up. **4.** (tener un romance) to become lovers.

libar [liβár] *v. tr.* to suck.

liberación [liβeraθjón] *s. f.* **1.** (de un pueblo, país) liberation. **2.** (de la cárcel) release. ‖ ~ **de la mujer** women's liberation.

liberal [liβerál] *adj.* **1.** liberal. **2.** (generoso) generous. ‖ *s. m. y f.* **3.** *Polít.* (progresista) Liberal.

liberalidad [liβeraliðáð] *s. f.* (generosidad) generosity; liberality *frml.*

liberar [liβerár] *v. tr.* **1.** (un país) to liberate. **2.** (a un prisionero) to free.

libertad [liβertáð] *s. f.* freedom; liberty. ‖ **en** ~ at liberty. ~ **condicional** parole. ~ **de palabra** freedom of speech. **poner en** ~ to discharge.

libertador, -ra [liβertaðór] *adj.* **1.** liberating. ‖ *s. m. y f.* **2.** liberator.

libertar [liβertár] *v. tr.* to liberate.

libertinaje [liβertináχe] *s. m.* (desenfreno) licentiousness.

libra [líβra] *s. f.* **1.** (peso, moneda inglesa) pound. ‖ **Libra** *n. p.* **2.** *Astrol.* Libra.

librador, -ra [liβraðór] *s. m. y f., Econ.* drawer.

libranza [liβránθa] *s. f., Econ.* order of payment.

librar [liβrár] *v. tr.* **1.** to save. **2.** *Der.* to free. **3.** (liberar) to liberate. ‖ **librarse** *v. prnl.* **4.** (deshacerse de) to get rid of.

libre [líβre] *adj.* **1.** free. **2.** (lugar) unoccupied. **3.** (asiento) vacant.

librería [liβrería] *s. f.* **1.** (tienda) bookstore *Am. E.*; bookshop *Br. E.* **2.** (mueble) bookcase.

librero, -ra [liβréro] *s. m. y f.* (vendedor de libros) bookseller.

libreta [liβréta] *s. f.* notebook.

libro [líβro] *s. m.* book. ‖ ~ **de cocina** cookbook *Am. E.* ~ **de texto** textbook.

licencia [liθénθja] *s. f.* **1.** license *Am. E.* **2.** (permiso) permission.

licenciado, -da [liθenθjáðo] *s. m. y f.* **1.** graduate. **2.** (en Filosofía y Letras) BA.

licenciar [liθenθjár] *v. tr.* **1.** (permitir) to license. **2.** *Mil.* (soldado) to discharge. ‖ **licenciarse** *v. prnl.* **3.** (graduarse) to graduate.

licenciatura [liθenθjatúra] *s. f.* degree.

licencioso [liθenθjóso] *adj.* (atrevido) licentious; dissolute.

liceo [liθéo]· *s. m.* **1.** (sociedad literaria) literary society. **2.** (escuela) high school.

lícito, -ta [líθito] *adj.* **1.** (legal) lawful. **2.** (justo) fair.

licor [likór] *s. m.* **1.** (alcohol) liquor; spirits *pl.* **2.** (dulce) liqueur.

licra o lycra [líkra] *s. f.* lycra.

licuar [likwár] *v. tr.* **1.** *Gastr.* to liquidize. **2.** *Fís. y Quím.* to liquefy.

líder [líðer] *s. m. y f.* leader; chief.

liderar [liðerár] *v. tr.* to lead.

lidiar [liðjár] *v. tr.* **1.** *Taur.* to fight. || *v. intr.* **2.** (batallar) to fight; to battle.

liebre [ljéβre] *s. f.*, *Zool.* hare.

liendre [ljéndre] *s. f.*, *Zool.* nit.

lienzo [ljénθo] *s. m.* **1.** linen. **2.** (arte) canvas; painting.

liga [líɣa] *s. f.* **1.** *Polít. y Dep.* league. **2.** (de medias) garter.

ligadura [liɣaðúra] *s. f.* **1.** (atadura) bond. **2.** *Med. y Mús.* ligature.

ligar [liɣár] *v. tr.* **1.** (atar) to bind; to tie. **2.** (unir) to join. || *v. intr.* **3.** (conquistar) to pick up.

ligereza [liɣeréθa] *s. f.* **1.** lightness; thinness. **2.** (agilidad) nimbleness. **3.** (frivolidad) levity *frml.*

ligero, -ra [liɣéro] *adj.* **1.** (de peso) light. **2.** (ágil) nimble. **3.** *fig.* (de poca importancia) slight. || *adv.* **4.** (rápido) fast. || **a la ligera** lightly.

light [lájt] *adj. m. y f.* **1.** light. **2.** (comida) low-calorie. **3.** (cigarrillos) low-tar. **4.** (bebidas) diet.

ligón [liɣón] *s. m.*, *col.* (casanova) Casanova; Don Juan.

ligue [líɣe] *s. m.* pick-up.

lija [líxa] *s. f.* **1.** *Tecnol.* (papel) sandpaper. **2.** *Zool.* dogfish.

lijar [lixár] *v. tr.*, *Tecnol.* to sand; to sand down; to sandpaper.

lila [líla] *s. f.*, *Bot.* lilac.

lima¹ [líma] *s. f.*, *Bot.* lime.

lima² [líma] *s. f.* (herramienta) file. || **~ de uñas** nail file.

limar [limár] *v. tr.* to file.

limitación [limitaθjón] *s. f.* (límite) limitation; limit.

limitar [limitár] *v. tr.* to limit; to restrict. || **~ con** to border on.

límite [límite] *s. m.* **1.** limit. **2.** (frontera) boundary. **3.** (fin) end. || **~ de velocidad** speed limit.

limítrofe [limítrofe] *adj.* bordering.

limón [limón] *s. m.*, *Bot.* lemon.

limonada [limonáða] *s. f.* lemonade.

limonero [limonéro] *s. m.*, *Bot.* lemon tree.

limosna [limósna] *s. f.* alms *pl. arch.*

limpiabotas [limpjaβótas] *s. m. y f. inv.* bootblack *Am. E.*; shoeblack.

limpiaparabrisas [limpjaparaβrísas] *s. m. inv.*, *Autom.* windshield wiper *Am. E.*; windscreen wiper *Br. E.*

limpiar [limpjár] *v. tr.* **1.** to clean. **2.** (con un trapo) to wipe. **3.** (zapatos) to shine. || **limpiarse** *v. prnl.* **4.** to clean.

límpido [límpiðo] *adj., lit.* limpid *lit.*

limpieza [limpjéθa] *s. f.* **1.** (estado) cleanliness. **2.** (acción) cleaning. **3.** (pulcritud) neatness. **4.** (pureza) purity. || **~ en seco** dry-cleaning.

limpio, -pia [límpjo] *adj.* **1.** clean. **2.** (moralmente) pure. **3.** (aseado) tidy. **4.** (despejado) clear. || **jugar ~** to play fair. **pasar a ~** to make a fair copy.

limusina [limusína] *s. f.*, *Autom.* (coche de lujo de gran tamaño) limousine.

linaje [lináxe] *s. m.* lineage; descend.

lince [línθe] *adj.* **1.** (astuto) shrewd. || *s. m.* **2.** *Zool.* lynx.

linchar [lintʃár] *v. tr.* to lynch.

lindar [lindár] *v. intr.* (limitar) to adjoin. || **~ con** to border on.

linde [línde] *s. m. y f.* boundary.

lindo, -da [líndo] *adj.* pretty; nice. || **de lo ~** a great deal.

línea [línea] *s. f.* **1.** line. **2.** (silueta) figure.

lingote [liŋɡóte] *s. m.* ingot.

lingüístico, -ca [liŋɡwístiko] *adj.* **1.** linguistic. ‖ **lingüística** *s. f.* **2.** (ciencia del lenguaje) linguistics *sing.*

linimento [liniménto] *s. m.*, *Farm.* (ungüento) liniment.

lino [líno] *s. m.* **1.** *Bot.* flax. **2.** (textil) linen [Me he comprado una falda de lino. *I bought a linen skirt.*]

linterna [lintérna] *s. f.* **1.** (farol) lantern. **2.** (de pilas) torch. ‖ ~ **mágica** magic lantern.

lío [lío] *s. m.* **1.** (paquete) bundle. **2.** *fam.* (desorden) mess. **3.** *fig. y fam.* (relación sentimental) liaison.

lioso, -sa [lióso] *adj.*, *fam.* (complicado) trouble-making.

liquen [líken] *s. m.*, *Bot.* lichen.

liquidación [likiðaθjón] *s. f.* **1.** (de una cuenta) settlement; liquidation *frml.* **2.** (venta) sale. ‖ ~ **total** clearance sale.

liquidar [likiðár] *v. tr.* **1.** *Quím.* (licuar) to liquefy. **2.** *Econ.* (una deuda) to liquidate.

líquido, -da [líkiðo] *adj.* **1.** liquid. **2.** *Econ.* (sueldo) net. ‖ *s. m.* **3.** (sustancia) liquid. **4.** (efectivo) cash.

lira¹ [líra] *s. f.*, *Mús.* lyre.

lira² [líra] *s. f.*, *Econ.* (antigua moneda italiana) lira.

lírico, -ca [líriko] *adj.* **1.** (poético) lyric; lyrical. ‖ *s. m.* **2.** lyric poet. ‖ **lírica** *s. f.* **3.** (poesía) lyric poetry.

lirio [lírjo] *s. m.*, *Bot.* iris, lily.

lisiado, -da [lisjáðo] *adj.* **1.** (impedido) crippled. ‖ *s. m.* **2.** cripple.

liso, -sa [líso] *adj.* **1.** (superficie) smooth; even. **2.** (colores) plain. **3.** (pelo) straight.

lisonja [lisóŋχa] *s. f.* flattery.

lisonjear [lisoŋχeár] *v. tr.* **1.** (halagar) to flatter. **2.** *fig.* to please.

lisonjero, -ra [lisoŋχéro] *adj.* **1.** flattering. ‖ *s. m. y f.* **2.** flatterer.

lista [lísta] *s. f.* **1.** (de nombres, números) list. **2.** (raya) stripe; band. ‖ ~ **de precios** price list. **pasar** ~ to call the roll.

listado [listáðo] *adj.* **1.** striped. ‖ *s. m.* **2.** listing; enumeration.

listín [listín] *s. m.* list. ‖ ~ **telefónico** telephone directory.

listo, -ta [lísto] *adj.* **1.** (inteligente) smart; bright; clever. **2.** (preparado) ready. **3.** (diligente) quick.

listón [listón] *s. m.* **1.** (de madera) strip. **2.** (de tela) ribbon.

litera [litéra] *s. f.* **1.** (en dormitorio) bunk. **2.** (en un barco, tren) berth.

literal [literál] *adj.* literal.

literario, -ria [literárjo] *adj.* literary.

literato, -ta [literáto] *s. m. y f.* writer.

literatura [literatúra] *s. f.* literature.

litigio [litíχjo] *s. m.*, *Der.* lawsuit; litigation. ‖ **en** ~ in dispute.

litoral [litorál] *adj.* **1.** *Geogr.* coastal; littoral. ‖ *s. m.* **2.** *Geogr.* coast; littoral.

litro [lítro] *s. m.* (medida) liter.

liturgia [litúrχja] *s. f.*, *Rel.* liturgy.

liviano, -na [liβjáno] *adj.* **1.** (poco peso) light. **2.** (inconstante) fickle.

lívido, -da [líβiðo] *adj.* livid.

llaga [ʎáɣa] *s. f.* **1.** *Med.* (úlcera) sore; ulcer. **2.** *Med.* (en la boca) canker. **3.** (pesar) sorrow.

llama¹ [ʎáma] *s. f.* (de fuego) flame. ‖ **en llamas** ablaze; blazing.

llama² [ʎáma] *s. f.*, *Zool.* llama.

llamada [ʎamáða] *s. f.* **1.** call. **2.** (a la puerta) knock. **3.** (al timbre) ring.

llamador [ʎamaðór] *s. m.* (aldaba) door knocker; knocker.

llamamiento [ʎamamjénto] *s. m.* (llamada) call; appeal.

llamar [ʎamár] *v. tr.* **1.** to call. **2.** (convocar) to summon. **3.** (designar) to name. ‖ *v. intr.* **4.** (a la puerta) to knock. **5.** (al timbre) to ring. ‖ **llamarse** *v. prnl.* **6.** to be called. ‖ ~ **por teléfono** to call up *Am. E.;* to ring up.

llamativo, -va [ʎamatíβo] *adj.* **1.** showy. **2.** (color, ropa) loud.

llaneza [ʎanéθa] *s. f.* simplicity; straighforwardness; naturalness.

llano, -na [ʎáno] *adj.* **1.** (plano) level; even. **2.** (estilo) plain. **3.** (claro) clear. ‖ *s. m.* **4.** (superficie) plain.

llanta [ʎánta] *s. f., Autom.* rim.

llanto [ʎánto] *s. m.* weeping; crying.

llanura [ʎanúra] *s. f.* **1.** (de un terreno) smoothness; evenness. **2.** *Geogr.* plain.

llave [ʎáβe] *s. f.* **1.** key. **2.** *Mec.* (llave inglesa) wrench. **3.** (del gas, agua) faucet *Am. E.;* tap *Br. E.*

llavero [ʎaβéro] *s. m.* key ring.

llegada [ʎeɣáða] *s. f.* arrival.

llegar [ʎeɣár] *v. intr.* **1.** to arrive; to come; to reach. **2.** (ser bastante) to be enough. **3.** (alcanzar) to reach. ‖ ~ **a ser** to become. ~ **tarde** to be late.

llenar [ʎenár] *v. tr.* **1.** to fill. **2.** (satisfacer) to fulfill; to satisfy. **3.** (hasta el borde) to fill up.

lleno, -na [ʎéno] *adj.* **1.** full. ‖ *s. m.* **2.** *Cinem. y Teatr.* (aforo) full house.

llevadero, -ra [ʎeβaðéro] *adj.* (tolerable) bearable; tolerable.

llevar [ʎeβár] *v. tr.* **1.** to take. **2.** (transportar) to carry. **3.** (guiar) to lead. ‖ *v. intr.* **4.** (camino, pasos) to lead. ‖ **lle-**

varse *v. prnl.* **5.** (coger) to take. **6.** (arrastar) to carry away. ‖ ~ **a cabo** (un plan) to accomplish. ~ **puesto** to wear. **llevarse bien** to get on well. **para** ~ take away.

llorar [ʎorár] *v. intr.* **1.** to weep; to cry. **2.** (gemir) to groan. **3.** (ojos) to water. ‖ *v. tr.* **4.** (persona, muerte) to mourn. ‖ **ponerse a** ~ burst into tears.

llorera [ʎoréra] *s. f., col.* cry.

llorica [ʎoríka] *s. m. y f., fam.* crybaby.

lloriquear [ʎorikeár] *v. intr.* **1.** to whimper; to snivel. **2.** (bebé) to mewl.

lloriqueo [ʎorikéo] *s. m.* whimpering; sniveling.

lloro [ʎóro] *s. m.* crying; weeping.

llorón, -na [ʎorón] *adj.* **1.** tearful; weeping. ‖ *s. m. y f.* **2.** crybaby.

llover [ʎoβér] *v. impers.* to rain.

llovizna [ʎoβíθna] *s. f.* drizzle.

lloviznar [ʎoβiθnár] *v. impers.* to drizzle.

lluvia [ʎúβja] *s. f.* **1.** *Meteor.* rain. **2.** *fig.* (regalos, insultos) shower.

lluvioso, -sa [ʎuβjóso] *adj.* rainy; wet.

lo [ló] *art. determ. n. sing.* (+ adj.) **1.** the ...thing [Lo más importante es la salud. *Health is the most important thing.*] ‖ *pron. pers. acus. 3ª pers. m. sing.* **2.** him [Lo llamé en cuanto pude. *I called him as soon as I could.*] **3.** (cosa, animal) it [Lo oí en la radio. *I heard it on the radio.*] ‖ ~ **que** what [Compra lo que quieras. *Buy what you want.*]

loar [loár] *v. tr., lit.* to praise.

lobato [loβáto] *s. m., Zool.* wolf cub.

lobo [lóβo] *s. m., Zool.* wolf.

lóbrego, -ga [lóβreɣo] *adj.* gloomy; dark.

lóbulo [lóβulo] *s. m., Anat.* lobe.

local [lokál] *adj.* **1.** local. ‖ *s. m.* **2.** (comercial) premises *pl.;* place.

localidad [lokaliðáð] *s. f.* **1.** *form.* (población) locality. **2.** *Cinem. y Teatr.* (sitio) seat. **3.** *Cinem. y Teatr.* (entrada) ticket.

localizar [lokaliθár] *v. tr.* **1.** (ubicar) to locate. **2.** (fuego, epidemia) to localize. || **localizarse** *v. prnl.* **3.** (dolor) to be/become localized.

loción [loθjón] *s. f.* lotion.

loco, -ca [lóko] *adj.* **1.** mad; crazy. **2.** *fig.* wild. || *s. m. y f.* **3.** lunatic. || **estar ~ por** *fam.* to be crazy about. **volver ~** to drive sb mad; to madden.

locomoción [lokomoθjón] *s. f.* (traslation) locomotion.

locomotora [lokomotóra] *s. f.* (de tren) locomotive; engine.

locuaz [lokwáθ] *adj.* (hablador) talkative; loquacious *frml.*; verbose.

locución [lokuθjón] *s. f., Ling.* (modismo) phrase; locution.

locura [lokúra] *s. f., Med.* (demencia) madness; insanity.

locutor, -ra [lokutór] *s. m. y f.* (radio, TV) announcer.

locutorio [lokutórjo] *s. m.* telephone booth.

lodazal [loðaθál] *s. m.* quagmire.

lodo [lóðo] *s. m.* mud.

logia [lóxja] *s. f.* (masónica) lodge.

lógico, -ca [lóxiko] *adj.* **1.** logical. || **lógica** *s. f.* **2.** logic.

logotipo [loɣotípo] *s. m.* logo; logotype.

lograr [loɣrár] *v. tr.* **1.** (obtener) to get; to obtain. **2.** (conseguir) to achieve; to attain. **3.** (un premio) to win. || **lograrse** *v. prnl.* **4.** to succeed.

loma [lóma] *s. f., Geogr.* **1.** hill; knoll. **2.** (más pequeño) hillock.

lombriz [lombríθ] *s. f.* worm; earthworm. || **~ intestinal** *Med.* pinworm.

lomo [lómo] *s. m.* **1.** *Anat.* (de animal) back. **2.** *Gastr.* loin. **3.** (de libro) spine.

lona [lóna] *s. f.* (tela) canvas; tarpaulin.

loncha [lóntʃa] *s. f.* (rodaja) slice. || **~ de bacon** *Gastr.* rasher.

longaniza [loŋganíθa] *s. f., Gastr.* (embutido) pork sausage.

longitud [loŋxitúð] *s. f.* **1.** length. **2.** *Geogr.* longitude.

longitudinal [loŋxitudinál] *adj.* longitudinal.

lonja¹ [lóŋxa] *s. f.* (loncha) slice.

lonja² [lóŋxa] *s. f.* **1.** (edificio) exchange. **2.** (mercado) marketplace.

look [lúk] *s. m.* look.

lord [lór] *s. m.* lord.

loro [lóro] *s. m., Zool.* parrot.

los [lós] *art. determ. pl.* **1.** the [Los enemigos avanzaban hacia la ciudad. *The enemies were advancing on the city.*] || *pron. pers. acus. 3ª pers. m. pl.* **2.** them [Los llamé para ver si venían. *I called them to see if they were coming.*]

losa [lósa] *s. f.* **1.** (del suelo) flagstone; slab. **2.** (de tumba) tombstone.

lote [lóte] *s. m.* **1.** (porción) share. **2.** *Econ.* lot. **3.** *Inform.* batch.

lotería [lotería] *s. f.* lottery.

loto¹ [lóto] *s. m., Bot.* lotus.

loto² [lóto] *s. f., fam.* lottery.

loza [lóθa] *s. f.* **1.** (vajilla) crockery. **2.** (de buena calidad) china.

lozanía [loθanía] *s. f.* **1.** luxuriance. **2.** (energía) vigor. **3.** (frescura) freshness.

lozano, -na [loθáno] *adj.* **1.** (vegetales) luxuriant. **2.** (vigoroso) vigorous.

lubina [luβína] *s. f., Zool.* (pez) sea bass.

lubricante [luβrikánte] *adj.* **1.** lubricating. || *s. m.* **2.** lubricant.

lubricar [luβrikár] *v. tr.* to lubricate.

lucero [luθéro] *s. m.* **1.** *Astrol.* bright star. **2.** (Venus) Venus. ‖ **~ de la tarde** evening star. **~ del alba** morning star.

lucha [lútʃa] *s. f.* **1.** fight. **2.** (para conseguir algo) struggle. **3.** *Dep.* wrestling.

luchar [lutʃár] *v. intr.* **1.** to fight. **2.** (para conseguir algo) to struggle. **3.** *Dep.* to wrestle.

lucidez [luθiδéθ] *s. f.* **1.** lucidity. **2.** (inteligencia) clarity.

lúcido, -da [lúθiδo] *adj.* lucid.

luciérnaga [luθjérnaya] *s. f.*, *Zool.* glowworm; firefly.

lucio [lúθjo] *s. m.* (pez) pike.

lucir [luθír] *v. tr.* **1.** to illuminate. **2.** *fig.*(manifestar cualidades) to display. ‖ *v. intr.* **3.** (brillar) to shine. ‖ **lucirse** *v. prnl.* **4.** (hacer algo bien) to do it very well. **5.** (presumir) to show off.

lucrativo [lukratíβo] *adj.* lucrative; profitable.

lucro [lúkro] *s. m.* profit; gain.

lúdico [lúδiko] *adj.* playful; recreational.

luego [lwéyo] *adv. t.* **1.** (después) later; later on; then; next [Luego iremos de compras. *We will go shopping later.*] ‖ *conj. ilat.* **2.** therefore [Pienso, luego existo. *I think, therefore I am.*] ‖ **desde ~** of course! [-¿Te gusta?-Desde luego. *-Do you like it? -Of course.*] *p. us.* (inmediatamente) right away. **¡hasta ~ !** see you!; see you later; so long!

lugar [luyár] *s. m.* **1.** place. **2.** (sitio) spot. ‖ **en ~ de** instead of. **en primer ~** first of all. **en segundo ~** second. **tener ~** to take place.

lúgubre [lúyuβre] *adj.* gloomy; dismal.

lujo [lúxo] *s. m.* luxury.

lujoso, -sa [luxóso] *adj.* luxurious.

lujuria [luxúrja] *s. f.* lust.

lumbre [lúmbre] *s. f.* **1.** (fuego) fire. **2.** (luz) light.

lumbrera [lumbréra] *s. f.* **1.** *fam.* (inteligente) genius; whiz. ‖ **lumbreras** *s. f. pl.* **2.** *fig.* eyes.

luminoso, -sa [luminóso] *adj.* **1.** luminous. **2.** *fig.* (idea) bright.

luna [lúna] *s. f.* **1.** *Astrol.* moon. **2.** (espejo) mirror. ‖ **~ de miel** honeymoon. **~ llena** full moon.

lunar [lunár] *adj.* **1.** *Astron.* lunar. ‖ *s. m.* **2.** (en la piel) beauty spot; mole. **3.** (redondel) spot.

lunático, -ca [lunátiko] *adj. y s. m. y f.* (chalado) lunatic.

lunes [lúnes] *s. m. inv.* Monday.

lupa [lúpa] *s. f.* magnifying glass.

lúpulo [lúpulo] *s. m.*, *Bot.* hop.

lusitano, -na [lusitáno] *adj. y s. m. y f.* Portuguese.

luso, -sa [lúso] *adj. y s. m. y f.* (portugués) Portuguese.

lustre [lústre] *s. m.* **1.** (brillo) shine; luster. **2.** (esplendor) splendor.

lustro [lústro] *s. m.* five-year period; lustrum *frml.*

luterano, -na [luteráno] *adj. y s. m. y f.*, *Rel.* Lutheran.

luto [lúto] *s. m.* **1.** mourning. **2.** *fig.* (pena) sorrow. ‖ **estar de ~** to be in mourning. **~ riguroso** deep mourning.

luxemburgués, -sa [luvsemburvés] *adj.* **1.** Luxembourgian. ‖ *s. m. y f.* **2.** Luxembourger.

luz [lúθ] *s. f.* **1.** light. **2.** *fam.* (electricidad) electricity. ‖ **~ del día** daylight.

lycra [líkra] *s. f.* *licra.

M

m [éme] *s. f.* (letra) m.

macabro, -bra [makáβro] *adj.* macabre.

macaco, -ca [makáko] *s. m. y f., Zool.* (mono) macaque.

macarra [makářa] *adj.* **1.** thuggish. ‖ *s. m. y f.* **2.** *col.* (chulo) thug; tough-looking person.

macarrón [makařón] *s. m., Gastr.* **1.** (pasta) macaroni. **2.** (galleta) macaroon.

macedonia [maθeðónja] *s. f., Gastr.* (ensalada de frutas) fruit salad.

maceta [maθéta] *s. f.* (tiesto) flowerpot; pot; plant pot.

machacar [matʃakár] *v. tr.* **1.** (triturar) to crush; to pound. **2.** (moler) to grind. **3.** (aplastar) to mash. ‖ **machacarse** *v. prnl.* **4.** *fam.* (mano) to smash.

machacón, -na [matʃakón] *adj.* (insistente) insistent; importunate.

machete [matʃéte] *s. m.* machete.

machismo [matʃísmo] *s. m.* male chauvinism; machismo.

machista [matʃísta] *adj. y s. m.* male chauvinist; macho.

macho [mátʃo] *adj.* **1.** male. **2.** *fam.* (viril) macho. ‖ *s. m.* **3.** (animal, planta) male. **4.** *Tecnol.* pin.

macizo, -za [maθíθo] *adj.* **1.** (sólido) solid. **2.** (atractivo) smashing. ‖ *s. m.* **3.** *Arq.* section. **4.** *Geogr.* massif.

macuto [makúto] *s. m.* (bolso de viaje) knapsack; haversack.

madeja [maðéχa] *s. f.* (de lana) hank; skein.

madera [maðéra] *s. f.* **1.** wood. **2.** (para la construcción) lumber *Am. E.;* timber *Br. E.* ‖ **de ~** wooden.

madero [maðéro] *s. m.* **1.** (tronco) beam; timber. **2.** *fam.* (policía) cop.

madrastra [maðrásta] *s. f.* stepmother.

madraza [maðráθa] *s. f.* adoring mother; doting mother.

madre [máðre] *s. f.* **1.** mother. **2.** *Rel.* (monja) nun. **3.** (origen) origin.

madreselva [maðresélβa] *s. f., Bot.* (planta) honey-suckle.

madriguera [maðriγéra] *s. f.* **1.** (de conejos) burrow. **2.** *fig.* (de criminales) den; lair; hideout.

madrina [maðrína] *s. f.* **1.** godmother. **2.** (protectora) protectress.

madrugada [maðruγáða] *s. f.* (alba) dawn. ‖ **de ~** at daybreak.

madrugar [maðruγár] *v. intr.* (levantarse temprano) to get up early.

madrugón [maðruγón] *s. m., fam.* to get up at the crack of dawn.

madurar [maðurár] *v. tr. e intr.* **1.** (fruta) to ripen. **2.** *fig.* (personas) to mature.

madurez [maðuréθ] *s. f.* **1.** (de la fruta) ripeness. **2.** *fig.* (sensatez, edad adulta) maturity; manhood.

maduro, -ra [maðúro] *adj. m. y f.* **1.** (fruta) ripe. **2.** *fig.* (entrado en años, sensato) mature.

maestría [maestría] *s. f., lit.* (habilidad) skill; mastery. ‖ **con ~** masterly.

maestro, -tra [maéstro] *adj.* **1.** (magistral) masterly; expert. **2.** (principal) main. ‖ *s. m. y f.* **3.** teacher. **4.** (especialista) master. **5.** (experto) adept. ‖ **~ de escuela** school teacher. **llave ~** master key.

mafia [máfja] *s. f.* Mafia.

magdalena [maγðaléna] *s. f., Gastr.* muffin.

magia [máχja] *s. f.* magic.

mágico, -ca [máχiko] *adj.* **1.** (número, poderes) magic. **2.** (lugar) magical.

magisterio [maχistérjo] *s. m.* **1.** (carrera) teacher training. **2.** (enseñanza) education; teaching [Ejerceré el magisterio durante varios años. *I will be a teacher for several years.*] **3.** (conjunto de profesores) teachers *pl.*

magistrado, -da [maχistrádo] *s. m. y f.*, *Der.* magistrate; judge.

magistral [maχistrál] *adj.* **1.** (interpretación, libro) masterly. **2.** (actitud, tono) magisterial *frml.*

magnate [magnáte] *s. m. y f.* (potentado) magnate; tycoon.

magnetismo [magnetísmo] *s. m.* (atracción) magnetism.

magnetizar [magnetiθár] *v. tr.* **1.** (imantar) to magnetize. **2.** (hipnotizar) to hypnotize. **3.** *fig.*(fascinar) to mesmerize.

magnetófono o magnetofón [magnetófono] *s. m.* tape recorder.

magnífico, -ca [magnífiko] *adj.* (espléndido) splendid; magnificent; superb.

magnitud [magnitúd] *s. f.* magnitude.

magnolia [magnólja] *s. f.*, *Bot.* magnolia.

mago, -ga [máγo] *s. m.* **1.** (ilusionista) magician. **2.** (brujo) wizard.

magrebí [maγreβí] *adj. y s. m. y f.* Maghrebi.

magro, -gra [máγro] *adj.* **1.** (sin grasa) lean. || *s. m.* **2.** (carne de cerdo) lean; loin.

magullar [maγuʎár] *v. tr.* to bruise.

mahonesa [maonésa] *s. f.* mayonnaise.

maillot [maʎót] *s. m.* **1.** (natación) swimsuit. **2.** (ciclismo) jersey [Perdió el maillot amarillo en la última etapa. *He lost the yellow jersey in the last stage.*]

maíz [maíθ] *s. m.*, *Bot.* corn *Am. E.*; maize *Br. E.* || **palomitas de ~** popcorn.

majadero, -ra [maχaδéro] *adj.* **1.** silly; stupid. || *s. m. y f.* **2.** fool.

majareta [maχaréta] *adj.* **1.** *col.* nuts; crazy. || *s. m. y f.* **2.** *col.* loony.

Majestad [maχestáð] *s. f.* majesty.

majestuoso, -sa [maχestuóso] *adj.* (regio) majestic; stately.

majo [máχo] *adj.* **1.** (agradable, bonito) nice. **2.** *fam.* (guapo) attractive.

majorette [maχorét] *s. f.* drum majorette *Am. E.*; majorette.

mal [mál] *adj.* **1.** bad. **2.** (incorrecto) wrong. || *s. m.* **3.** evil. **4.** *Med.* (enfermedad) illness; disease. **5.** (daño) harm. || *adv.* **6.** badly; poorly. **7.** (equivocadamente) wrong; wrongly.

malabarismo [malaβarísmo] *s. m.* juggling. || **hacer ~** to juggle.

malabarista [malaβarísta] *s. m. y f.* (prestidigitador) juggler.

maldad [maldáð] *s. f.* (crueldad) evil; wickedness; badness.

maldecir [maldeθír] *v. tr. e intr.* (jurar) to curse; to damn.

maldición [maldiθjón] *s. f.* **1.** curse; malediction. || **¡~!** *interj.* **2.** damnation!

maldito, -ta [maldíto] *adj.* **1.** (perverso) wicked. **2.** (condenado) cursed; damned.

maleable [maleáβle] *adj.* malleable.

malecón [malekón] *s. m.* **1.** (dique) dyke. **2.** (de tren) embankment.

maleducado [maleδukáðo] *adj.* (grosero) rude; bad-mannered.

maleficio [malefiθjo] *s. m.* curse; spell.

maléfico, -ca [maléfiko] *adj.* **1.** evil. **2.** (influencia) harmful.

malestar [malestár] *s. m.* **1.** discomfort. **2.** *fig.* (inquietud) uneasiness.

maleta [maléta] *s. f.* **1.** suitcase. **2.** (de mano) valise. || **hacer la ~** to pack.

maletero [maletéro] *s. m.*, *Autom.* truck *Am. E.*; boot *Br. E.*

maletín [maletín] *s. m.* briefcase.

malévolo, -la [maléβolo] *adj.* (malvado) malevolent; spiteful.

maleza [maléθa] *s. f.* **1.** undergrowth; underbrush. **2.** (arbustos) scrub; thicket.

malgastar [malɣastár] *v. tr.* **1.** to waste. **2.** (recursos) to squander. **3.** (dinero) to misspend; to throw away.

malhablado, -da [malaβláðo] *adj.* **1.** (deslenguado) foul-mouthed. ‖ *s. m. y f.* **2.** foul-mouthed person.

malhechor, -ra [maletʃór] *adj.* **1.** criminal. ‖ *s. m. y f.* **2.** (delincuente) criminal; wrongdoer.

malhumor [malumór] *s. m.* (mal carácter) bad mood; sullenness.

malhumorado, -da [malumoráðo] *adj.* bad-tempered; ill-humored.

malicia [maliθja] *s. f.* **1.** (maldad) wickedness; evilness. **2.** (astucia) slyness. **3.** (mala intención) malice; spite. **4.** (sospecha) suspicion.

malicioso, -sa [maliθjóso] *adj.* **1.** (con mala intención) malicious; spiteful. **2.** (astuto) mischievous.

maligno, -na [malíɣno] *adj.* **1.** malignant. **2.** (influencia) malign.

malla [máʎa] *s. f.* **1.** (de red) mesh. **2.** (para gimnasia) leotard. **3.** (de armadura) mail.

malo, -la [málo] *adj.* **1.** bad. **2.** (malvado) evil. **3.** (travieso) naughty. **4.** (enfermo) ill. ‖ *s. m. y f.* **5.** villain. ‖ **malos tratos** ill-treatment. **por las buenas o por las malas** by hook or by crook. **por las malas** by force.

malograr [maloɣrár] *v. tr.* **1.** (desperdiciar) to waste; to lose. ‖ **malograrse** *v. prnl.* **2.** (perderse) to fail. **3.** (fracasar) to fall through. **4.** (morir) to die young.

maloliente [maloljénte] *adj.* (apestoso) stinking; smelly.

malpensado, -da [malpensáðo] *adj.* evil-minded.

malsano, -na [malsáno] *adj.* **1.** (dañino) unhealthy. **2.** (morboso) morbid.

malsonante [malsonánte] *adj.* **1.** (grosero) rude. **2.** (cacofónico) ill-sounding.

malta [málta] *s. f.* (cereal) malt.

maltratar [maltratár] *v. tr.* to maltreat.

maltrecho, -cha [maltrétʃo] *adj.* (maltratado) ill-treated.

malva [málβa] *adj. inv.* **1.** mauve. ‖ *s. f.* **2.** *Bot.* mallow. ‖ *s. m.* **3.** (color) mauve.

malvado, -da [malβáðo] *adj.* **1.** wicked; villainous. ‖ *s. m. y f.* **2.** villain.

malversar [malβersár] *v. tr.* (fondos) to embezzle; to misappropriate.

mama [máma] *s. f.* **1.** *Anat.* breast. **2.** *Zool.* mammary gland.

mamá [mamá] *s. f., col.* (madre) mom *Am. E.*; mum *Br. E.*

mamar [mamár] *v. tr.* **1.** to suck. ‖ *v. intr.* **2.** (bebé) to feed. **3.** (animal) to suckle. ‖ **mamarse** *v. prnl.* **4.** (emborracharse) to get drunk.

mamarracho [mamařátʃo] *s. m.* sight.

mamífero [mamífero] *adj.* **1.** mammalian. ‖ *s. m.* **2.** *Zool.* mammal.

mamón, -na [mamón] *s. m., jerg.* swine; moron; pillock.

mamotreto [mamotréto] *s. m.* **1.** *pey.* (objeto) useless thing; huge thing. **2.** *pey.* (libro) hefty volume; huge volume.

mampara [mampára] *s. f.* screen.

mamporro [mampóřo] *s. m., fam.* clout.

mampostería [mamposteía] *s. f.* masonry; rubblework.

mamut [mamút] *s. m., Zool.* mammoth.

maná [maná] *s. f.* manna.

manada [manáða] *s. f.* **1.** *Zool.* (de ganado) herd. **2.** *Zool.* (de ovejas) flock. **3.** *Zool.* (de lobos, perros) pack.

manager [mánaʝer] *s. m. y f.*, angl. *Dep. y Mús.* manager.

manantial [manaṇtjál] *s. m.* **1.** (de agua) spring. **2.** *fig.* (origen) source; origin. ‖ **agua de ~** spring water.

manar [manár] *v. intr.* **1.** to flow; to stream. **2.** *fig.* (abundar) to abound.

manazas [manáθas] *s. m. y f. inv.*, pey. (torpe) clumsy idiot.

mancha [máṇtʃa] *s. f.* **1.** stain; spot. **2.** *fig.* (defecto) blemish. **3.** *fig.* (deshonra) taint; dishonor; stain.

manchar [maṇtʃár] *v. tr.* **1.** to stain. **2.** (ensuciar) to dirty. **3.** *fig.* (mancillar) to blemish; to taint. ‖ **mancharse** *v. prnl.* **4.** (ensuciarse) to stain; to spot.

mancillar [maṇθiʎár] *v. tr.*, *lit.* (honor) to sully; to besmirch.

manco, -ca [máṇko] *adj.* **1.** (sin un brazo) one-armed. **2.** (sin una mano) one-handed. **3.** *fig.* (defectuoso) defective.

manda [máṇda] *s. f.*, *Der.* legacy.

mandamiento [maṇdamjéṇto] *s. m.* **1.** (orden) command; order. **2.** *Rel.* commandment.

mandar [maṇdár] *v. tr.* **1.** (ordenar) to order. **2.** (enviar) to send. **3.** (dirigir) to lead. ‖ *v. intr.* **4.** to be in charge of.

mandarina [maṇdarína] *s. f.*, *Bot.* (fruta) mandarin (orange); tangerine.

mandato [maṇdáto] *s. m.* **1.** (orden) order; command. **2.** *Polít.* (legislatura) mandate. **3.** *Der.* writ.

mandíbula [maṇdíβula] *s. f.*, *Anat.* jaw.

mandil [maṇdíl] *s. m.* (delantal) apron.

mandioca [maṇdjóka] *s. f.* **1.** *Bot.* (planta) cassava. **2.** (fécula) tapioca [Hace tortitas de mandioca. *He cooks tapioca pancakes.*]

mando [máṇdo] *s. m.* **1.** (autoridad) command. **2.** (mandato) mandate. **3.** (persona) authorities *pl.* ‖ **estar al ~ de** to be in charge of. **~ a distancia** remote control.

mandón [maṇdón] *adj.*, *fam.* (despótico) bossy; domineering.

manecilla [maneθíʎa] *s. f.* (de un reloj) hand.

manejar [maneχár] *v. tr.* **1.** (usar, utilizar) to use. **2.** (manipular) to manage; to handle. ‖ **manejarse** *v. prnl.* **3.** (comportarse) to behave. **4.** (arreglarselas) to manage. **5.** (desenvolverse) to handle.

manejo [manéχo] *s. m.* **1.** (uso) handling; use. **2.** *fig.* (de un negocio) management.

manera [manéra] *s. f.* **1.** way; manner. **2.** (clase) kind; sort. ‖ **maneras** *s. f. pl.* **3.** (modales) manners *pl.* ‖ **a mi ~** in my own way. **de ninguna ~** by no means. **~ de pensar** way of thinking.

manga [máṇga] *s. f.* **1.** (de camisa) sleeve. **2.** (manguera) hose.

mangar [maṇgár] *v. tr.*, *col.* (robar) to swipe; to pinch.

mango[1] [máṇgo] *s. m.* (asa) handle; haft.

mango[2] [máṇgo] *s. m.* **1.** *Bot.* (árbol) mango tree. **2.** *Bot.* (fruta) mango.

manguera [maṇgéra] *s. f.* hose.

manguito [maṇgíto] *s. m.* **1.** (para las manos) muff. **2.** (de oficinista) oversleeve. **3.** *Tecnol.* sleeve.

maní [maní] *s. m.*, *Bot.* (cacahuete) peanut. Pl.: manís.

manía [manía] *s. f.* **1.** *Med.* mania. **2.** (obsesión) obsession. **3.** (afición exagerada) craze; rage.

maníaco [maníako] *adj. y s. m. y f.* **1.** *Med.* manic. **2.** *fam.* (obseso) maniac.

maniatar [manjatár] *v. tr.* (atar las manos) to tie the hands of.

maniático, -ca [manjátiko] *adj.* cranky. ‖ *s. m. y f.* **2.** crank.

manicomio [manikómjo] *s. m.* insane asylum *Am. E.;* mental hospital *Br. E.*

manicura [manikúra] *s. f.* manicure.

manifestación [manifestaθjón] *s. f.* **1.** (declaración) declaration; statement. **2.** *Polít.* demonstration.

manifestar [manifestár] *v. tr.* **1.** (declarar) to declare; to state. **2.** (demostrar) to show. ‖ **manifestarse** *v. prnl.* **3.** (declararse) to declare oneself.

manifiesto, -ta [manifjésto] *adj.* **1.** (evidente) manifest; evident. **2.** (declarado) overt. ‖ *s. m.* **3.** *Polít.* manifesto. **4.** *Náut.* manifest.

manilla [maníʎa] *s. f.* **1.** (de reloj) hand. **2.** (tirador) handle.

manillar [maniʎár] *s. m.* handlebar (se usa más en pl.).

maniobra [manjóβra] *s. f.* **1.** (de un vehículo) maneuver. **2.** (estratagema) stratagem. **3.** *fig.* (manejo) handling. ‖ **maniobras** *s. f. pl.* **4.** maneuvers.

maniobrar [manjoβrár] *v. tr.* **1.** (un vehículo) to maneuver. **2.** (manejar) to handle. **3.** to manipulate (a alguien). ‖ *v. intr.* **4.** to maneuver [Tuve que maniobrar para aparcar en esta calle. *I had to maneuver to park in this street.*] **5.** *Mil.* to maneuver.

manipular [manipulár] *v. tr.* **1.** to manipulate. **2.** (mercancías) to handle.

maniquí [manikí] *s. m.* **1.** (en escaparates) dummy; mannequin. ‖ *s. m. y f.* **2.** (modelo) model. **3.** *fig.* (marioneta) puppet.

manirroto, -ta [maniróto] *adj.* **1.** wasteful; spendthrift. ‖ *s. m. y f.* **2.** (derrochador) spendthrift.

manitas [manítas] *s. m. y f. inv., fam.* handyperson. ‖ **hacer ~** to hold hands.

manivela [maniβéla] *s. f., Tecnol.* crank; handle.

manjar [maɲxár] *s. m.* **1.** (alimento) food; nourishment; dish. **2.** (comida exquisita) delicacy.

mano [máno] *s. f.* **1.** *Anat.* hand. **2.** (naipes) lead [Eres mano. *It is your lead.*] **3.** (de pintura) coat. ‖ **a ~** (asequible) at hand. **dar la ~** (para saludar) to shake hands. **de la ~** hand in hand. **de primera ~** at first hand. **de segunda ~** second-hand [Me he comprado un coche de segunda mano. *I bought a second-hand car.*] **echar una ~ a algn** *fig.* to give sb a hand. **~ de obra** labor.

manojo [manóxo] *s. m.* bunch; handful. ‖ **ser un ~ de nervios** *fig. y fam.* to be a bundle of nerves.

manopla [manópla] *s. f.* mitten.

manosear [manoseár] *v. tr.* **1.** to handle. **2.** *col.* (meterle mano) to grope.

manotazo [manotáθo] *s. m.* slap.

mansión [mansjón] *s. f.* mansion.

manso, -sa [mánso] *adj.* **1.** (animal) tame. **2.** (persona) meek.

manta [mánta] *s. f.* **1.** blanket. **2.** (de viaje) rug. ‖ **~ eléctrica** electric blanket.

mantear [manteár] *v. tr.* (vapulear) to toss in a blanket.

manteca [mantéka] *s. f.* **1.** (de animal) fat. **2.** (de cerdo) lard.

mantecada [maṇtekáða] *s. f., Gastr.* (madalena) square muffin.

mantecado [maṇtekáðo] *s. m.* (helado) ice cream.

mantel [maṇtél] *s. m.* tablecloth.

mantelería [maṇtelería] *s. f.* table linen.

mantener [maṇtenér] *v. tr.* **1.** (sostener) to maintain. **2.** (conservar) to keep up. **3.** (alimentar) to support. ‖ **mantenerse** *v. prnl.* **4.** (sostenerse) to maintain. **5.** (conservarse) to keep. **6.** (alimentarse) to feed oneself. **7.** (continuar) to continue. ‖ **~ apartado** to keep away. **mantenerse en contacto con** to keep in touch with.

mantenimiento [maṇtenimjéṇto] *s. m.* maintenance; service.

mantequilla [maṇtekíʎa] *s. f.* butter.

mantilla [maṇtíʎa] *s. f.* **1.** (de mujer) mantilla. **2.** (de bebé) terry diaper.

manto [máṇto] *s. m.* **1.** (capa) cloak; mantle. **2.** (de ceremonia) robe.

mantón [maṇtón] *s. m.* shawl.

manual [manwál] *adj.* **1.** manual. ‖ *s. m.* **2.** (libro de referencia) manual.

manualidades [manwaliðáðes] *s. f. pl.* handicrafts.

manufactura [manufaktúra] *s. f.* (fabricación) manufacture.

manufacturar [[manufakturár] *v. tr.* to (fabricar) manufacture.

manuscrito, -ta [manuskríto] *adj.* **1.** hand-written; manuscript *frml.* ‖ *s. m.* **2.** manuscript.

manutención [manuteṇjón] *s. f., Der.* maintenance; sustenance.

manzana [maṇθána] *s. f.* **1.** *Bot.* apple. **2.** (de pisos) block.

manzanilla [maṇθaníʎa] *s. f.* **1.** (planta) camomile. **2.** (bebida) camomile tea.

manzano [maṇθáno] *s. m., Bot.* (árbol) apple tree.

maña [mápa] *s. f.* **1.** (habilidad) skill; knack *coll.* **2.** (artimaña) guile *pej.*; trick.

mañana [mapána] *s. f.* **1.** (parte del día) morning. ‖ *s. m.* **2.** (futuro) future; tomorrow (no art.) [¿Qué nos deparará el mañana? *What will tomorrow bring?*] ‖ *adv. t.* **3.** tomorrow [Mañana es mi cumpleaños. *Tomorrow is my birthday.*] ‖ **¡hasta ~ !** see you tomorrow! **~ por la ~** tomorrow morning. **por la ~** in the morning [Iremos de compras por la mañana. *We'll go shopping in the morning.*]

mañoso, -sa [mapóso] *adj.* (hábil) skillful; dextrous.

mapa [mápa] *s. m.* map.

mapamundi [mapamúndi] *s. m.* map of the world.

maqueta [makéta] *s. f.* mock-up.

maquillaje [makiʎáxe] *s. m.* makeup.

maquillar [makiʎár] *v. tr.* **1.** to make up. ‖ **maquillarse** *v. prnl.* **2.** to put makeup on; to make oneself up.

máquina [mákina] *s. f.* **1.** machine. **2.** *Autom.* (motor) engine. ‖ **~ de afeitar** shaver. **~ de escribir** typewriter.

maquinar [makinár] *v. tr.* to plot.

maquinaria [makinárja] *s. f.* **1.** (conjunto de máquinas) machinery. **2.** (mecanismo) mechanism.

maquinilla [makiníʎa] *s. f.* (de afeitar) safety razor.

maquinista [makiníста] *s. m. y f.* **1.** (de tren) engineer *Am. E.*; driver *Br. E.* **2.** (operario) machinist; machine operator.

mar [már] *s. amb., Geogr.* sea. ‖ **alta ~** high seas. **~ adentro** out to sea. **por ~** by sea.

marabunta [maraβúnta] *s. f.* marabunta.

maraca [maráka] *s. f., Mús.* maraca.

maraña [maráɲa] *s. f.* **1.** (maleza) jungle. **2.** (enredo) tangle.

maratón [maratón] *s. m., Dep.* (carrera) marathon.

maravilla [maraβíʎa] *s. f.* **1.** marvel; wonder. **2.** (asombro) amazement.

maravilloso, -sa [maraβiʎóso] *adj.* (fantástico) marvelous; wonderful.

marca [márka] *s. f.* **1.** (señal) mark. **2.** (de ganado; comercial) brand. **3.** *Dep.* record. **4.** (huella física y espiritual) imprint. ‖ **~ de fábrica** trade mark.

marcador [markaðór] *s. m.* **1.** *Dep.* scoreboard. **2.** (indicador) marker. **3.** (para libros) bookmark.

marcar [markár] *v. tr.* **1.** (con una señal) to mark. **2.** (número de teléfono) to dial. **3.** *Dep.* (gol) to score.

marcha [mártʃa] *s. f.* **1.** march. **2.** (velocidad) speed. **3.** *Tecnol.* (funcionamiento) running. **4.** (curso) course; progress. **5.** (partida) departure. ‖ **dar ~ atrás** to back. **en ~** on the move. **~ atrás** reverse.

marchar [martʃár] *v. intr.* **1.** (ir) to go. **2.** (funcionar) to function. **3.** (caminar) to walk. **4.** *Mil.* to march. ‖ **marcharse** *v. prnl.* **5.** (irse) to go away; to leave.

marchitar [martʃitár] *v. tr.* **1.** to shrivel; to wilt. ‖ **marchitarse** *v. prnl.* **2.** *Bot.* (flores) to shrivel; to wither. **3.** *fig.* (persona) to fade away.

marchito, -ta [mártʃito] *adj.* **1.** withered. **2.** *lit.* (belleza) faded.

marcial [marθjál] *adj.* martial.

marciano, -na [marθjáno] *adj. y s. m. y f.* Martian.

marco [márko] *s. m.* **1.** (de un cuadro) frame. **2.** (de una puerta) doorframe. **3.** *fig.* (entorno) setting; framework. **4.** *Econ.* (antigua moneda alemana) mark.

marea [maréa] *s. f.* tide. ‖ **~ alta** high tide. **~ baja** low tide.

marear [mareár] *v. tr.* **1.** (molestar) to bother; to annoy. ‖ **marearse** *v. prnl.* **2.** (tener náuseas) to feel sick. **3.** (en el mar) to be seasick.

marejada [mareχáða] *s. f.* swell; surge.

mareo [maréo] *s. m.* **1.** *Med.* (náusea) sickness; nausea. **2.** (en el mar) seasickness. **3.** *fig.* (confusión) muddle.

marfil [marfíl] *s. m.* ivory.

margarina [marɣarína] *s. f.* margarine.

margarita [marɣaríta] *s. f.* **1.** *Bot.* (pequeña) daisy. **2.** *Bot.* (grande) marguerite. ‖ *s. m.* **3.** (cóctel) margarita.

margen [márχen] *s. amb.* **1.** (borde) border; edge. **2.** (de un río) riverside; bank. **3.** (de la carretera) side. **4.** (papel) margin. ‖ **dar ~ a** *fam.* to give a chance. •Se usa más como masculino

marginado, -da [marχináðo] *adj.* **1.** marginalized. ‖ *s. m. y f.* **2.** derelict. ‖ **~ social** reject from society.

marginar [marχinár] *v. tr.* **1.** marginalize. **2.** (excluir) to exclude.

mariachi [marjátʃi] *s. m., Mús.* mariachi.

marica [maríka] *adj., insult.* (homosexual) queer.

marido [maríðo] *s. m.* husband.

marihuana [mariwána] *s. f., Bot.* (droga) marijuana; ganja.

marimacho [marimátʃo] *s. m., fam.* mannish woman; virago.

marina [marína] *s. f.* **1.** *Náut.* (organización) navy. **2.** *Náut.* (barcos) fleet.

marinero, -ra [marinéro] *adj.* **1.** sea. ‖ *s. m.* **2.** sailor; seaman.

marino, -na [marino] *adj.* **1.** (brisa, corriente) sea. **2.** (organismo) marine . **3.** (azul) navy. ‖ *s. m. y f.* **4.** sailor; seaman.

marioneta [marjonéta] *s. f.* **1.** puppet. ‖ **marionetas** *s. f. pl.* **2.** puppet show.

mariposa [maripósa] *s. f.*, *Zool.* (insecto) butterfly.

mariquita [marikíta] *s. f.* **1.** (insecto) ladybug *Am. E.*; ladybird *Br. E.* ‖ *s. m.* **2.** (homosexual) queer *offens.*

mariscal [mariskál] *s. m.*, *Mil.* marshal.

marisco [marísko] *s. m.*, *Gastr.* seafood; shellfish.

marisma [marísma] *s. f.*, *Geogr.* (laguna salada) marsh; swamp.

marítimo, -ma [marítimo] *adj.* (marino) sea; maritime.

marmita [marmíta] *s. f.* (cooking) pot.

mármol [mármol] *s. m.* marble.

marmota [marmóta] *s. f.* **1.** *Zool.* marmot. **2.** *fig.* (dormilón) sleepyhead.

maroma [maróma] *s. f.*, *Náut.* (cuerda) rope; cable.

marranada [maranáða] *s. f.* **1.** *fig. y fam.* (mala jugada) filthy act. **2.** (cosa sucia) filthy thing.

marrano [maráno] *adj.* **1.** filthy; dirty. ‖ *s. m.* **2.** (animal) hog *Am. E.*; pig. **3.** *fig. y fam.* (canalla) swine.

marrón [marón] *adj.* **1.** (color) brown. ‖ *s. m.* **2.** (color) brown.

marroquí [marokí] *adj. y s. m. y f.* Moroccan.

marrullería [maruλería] *s. f.* ruse.

martes [mártes] *s. m. inv.* Tuesday.

martillear [martiλeár] *v. tr. e intr.* **1.** to hammer. ‖ *v. tr.* **2.** *fig.* (ruido) to pound. **3.** (atormentar) to torment.

martillo [martíλo] *s. m.* hammer.

martingala [martiŋgála] *s. f.* (artimaña) trick.

mártir [mártir] *s. m. y f.* martyr.

martirio [martírjo] *s. m.* **1.** (muerte) martyrdom. **2.** *fig.* (sufrimiento) torment; ordeal.

martirizar [martiriθár] *v. tr.* **1.** to martyr. **2.** *fig.* (atormentar) to torment.

marxismo [marsísmo] *s. m.*, *Polít.* Marxism.

marzo [márθo] *s. m.* March.

mas [más] *conj. advers.*, *form.* but [Quise marcharme, mas no pude. *I wanted to go, but I couldn't.*]

más [más] *adj. indef. inv.* **1.** (comp.) more [No quiero tener más problemas. *I don't want to have more problems.*] **2.** (superl.) most [Es la cantante que ha vendido más discos. *She is the singer who has sold (the) most records.*] **3.** (después de pron. indef. o int.) else [¿Viene alguien más? *Is anyone else coming?*] ‖ *Adv. c.* **4.** (comp.) more [Come más. *Eat more.*] **5.** (superl.) most [Es la casa más cara que he visto. *It is the most expensive house I've ever seen.*] ‖ *prep.* **6.** *Mat.* plus [Cuatro más dos igual a seis. *Four plus two equals six.*] ‖ *s. m.* **7.** plus sign. ‖ **de lo ~** really [La fiesta estuvo de lo más aburrida. *The party was really boring.*] **de ~** spare [¿Tienes un bolígrafo de más? *Do you have a spare pen?*] **~ bien** or rather. **~ de** (medida) over [Pesa más de 80 Kg. *He weights over 80 kg.*] **~ o menos** more or less. **~ que** rather than [Necesito ropa más que comida. *I need clothes rather than food.*]

masa [mása] *s. f.* **1.** (conglomerado) mass. **2.** *Gastr.* dough; pastry.

masacre [masákre] *s. f.* massacre.

masaje [masáχe] *s. m.* massage. ‖ **dar ~** to massage.

mascar [maskár] *v. tr.* **1.** to chew. **2.** *fig.* (mascullar) to mumble.

máscara [máskara] *s. f.* mask. ‖ **~ antigás** gas mask.

mascarilla [maskaríʎa] *s. f.* **1.** mask. **2.** (cosmético) face pack.

mascota [maskóta] *s. f.* **1.** (animal) pet. **2.** (amuleto) mascot.

masculino [maskulíno] *adj.* **1.** masculine. **2.** *Biol.* male. **3.** (varonil) manly. ‖ *s. m.* **4.** *Ling.* masculine.

mascullar [maskuʎár] *v. tr.* (farfullar) to mumble; to mutter.

masía [masía] *s. f.* country house (in Aragon or Catalonia).

masilla [masíʎa] *s. f.* putty.

masonería [masonería] *s. f.* freemasonry; masonry.

masoquismo [masokísmo] *s. m.* masochism.

máster [máster] *s. m.* master's degree.

masticar [mastikár] *v. tr.* **1.** (mascar) to chew; to masticate *frml.* **2.** *fig.* (rumiar) ruminate.

mástil [mástil] *s. m.* **1.** *Náut.* mast. **2.** (de guitarra) neck.

mastín [mastín] *s. m., Zool.* (raza de perro) mastiff.

mastodonte [mastodónte] *s. m.* **1.** (animal prehistórico) mastodon. **2.** *fig.* giant [Es un mastodonte. *He is a giant.*]

masturbarse [masturβárse] *v. prnl.* to masturbate.

mata [máta] *s. f.* **1.** *Bot.* (arbusto) bush; shrub. **2.** (de hierba) tuft.

matadero [mataðéro] *s. m.* slaughterhouse *Am. E.*; abattoir *Br. E.*

matador [mataðór] *adj.* **1.** killing. ‖ *s. m.* **2.** *Taur.* matador.

matamoscas [matamóskas] *s. m. inv.* **1.** (paleta) flyswatter. **2.** (spray) fly spray.

matanza [matánθa] *s. f.* **1.** (carnicería) slaughter; killing. **2.** (piezas del cerdo) pork products.

matar [matár] *v. tr.* **1.** (asesinar) to slaughter; to kill. **2.** (reses) to butcher. **3.** (sed) to quench. **4.** (hambre) to satisfy. ‖ **matarse** *v. prnl.* **5.** (asesinarse) to kill oneself. **6.** *fig.* (esforzarse) to try hard. ‖ **~ el tiempo** to kill time.

matasanos [matasános] *s. m. inv., fam.* (médico) quack.

matasellos [mataséʎos] *s. m. inv.* **1.** (instrumento) canceler. **2.** (marca) postmark.

matasuegras [mataswéγras] *s. m. inv.* party blower.

mate¹ [máte] *adj.* (sin brillo) mat; matt.

mate² [máte] *s. m.* (ajedrez) mate. ‖ **jaque ~** (ajedrez) checkmate.

matemática [matemátika] *s. f.* mathematics; math *coll.* ●Chiefly in pl.

matemático, -ca [matemátiko] *adj.* **1.** mathematical. ‖ *s. m. y f.* **2.** (persona) mathematician.

materia [matérja] *s. f.* **1.** (sustancia) matter. **2.** (asignatura) subject. **3.** *Tecnol.* material.

material [materjál] *adj.* **1.** material. ‖ *s. m.* **2.** *Econ.* material. **3.** *Tecnol.* equipment. ‖ **materiales de construcción** building materials .

materialista [materjalísta] *adj.* **1.** materialistic. ‖ *s. m. y f.* **2.** materialist.

maternal [maternál] *adj.* maternal.

maternidad [materniðáð] *s. f.* **1.** maternity; motherhood. **2.** (hospital) maternity hospital.

materno, -na [matérno] *adj.* **1.** maternal. **2.** (lengua) mother.

matinal [matinál] *adj.* **1.** morning; matinal. ‖ *s. f.* **2.** matinée.

matiz [matíθ] *s. m.* **1.** (color) shade; hue. **2.** (rasgo) nuance.

matizar [matiθár] *v. tr.* **1.** *fig.* (puntualizar) to be more precise about. **2.** (dar color) to tinge.

matón [matón] *s. m.* **1.** (criminal) thug. **2.** *fam.* (en la escuela) bully.

matorral [matořál] *s. m.* (arbusto) thicket; brushwood.

matrícula [matríkula] *s. f.* **1.** (lista) roll; list. **2.** (registro) register. **3.** (inscripción) registration.

matricular [matrikulár] *v. tr.* **1.** to register; to enroll. ‖ **matricularse** *v. prnl.* **2.** to register; to enroll.

matrimonio [matrimónjo] *s. m.* **1.** (institución) marriage; matrimony. **2.** (boda) wedding. ‖ **~ civil** civil marriage. **~ de conveniencia** marriage of convenience.

matriz [matríθ] *s. f.* **1.** *Anat.* womb; uterus. **2.** *Mat.* matrix.

matrona [matróna] *s. f., Med.* (comadrona) midwife.

maullar [mawʎár] *v. intr.* (de gato) to miaow; to mew.

maullido [mawʎíðo] *s. m.* miaow; mew.

máxima [máɣsima] *s. f.* maxim.

máximo, -ma [máɣsimo] *adj.* **1.** maximum. **2.** (temperatura, velocidad) top. ‖ *s. m.* **3.** maximum. ‖ **al ~** to the maximum.

mayo [májo] *s. m.* May.

mayonesa [majonésa] *s. f.* mayonnaise.

mayor [majór] *adj. compar.* **1.** greater. **2.** (ropa, ciudad) larger. **3.** (persona) older. **4.** (hermanos, hijos) elder. ‖ *adj.*

sup. **5.** greatest. **6.** (ropa, ciudad) largest. **7.** (persona) oldest. **8.** (hermanos, hijos) eldest. ‖ *adj.* **9.** (principal) main; chief; major. ‖ *s. m.* **10.** (jefe) superior; chief. ‖ **mayores** *s. m. pl.* **11.** (adultos) grownups. ‖ **la ~ parte de** most [La mayor parte de mis amigos vive en Madrid. *Most of my friends live in Madrid.*]

mayordomo [majořðómo] *s. m.* butler.

mayoría [majořía] *s. f.* majority. ‖ **la ~ de** [La mayoría de habitantes trabaja en la industria. *Most inhabitants work in industry.*] **~ de edad** age of majority.

mayúsculo, -la [majúskulo] *adj.* **1.** (letra) capital. **2.** *fig.* tremendous. ‖ **mayúscula** *s. f.* **3.** capital (letter).

maza [máθa] *s. f.* **1.** (arma) mace; pounder. **2.** *Mús.* drumstick.

mazapán [maθapán] *s. m., Gastr.* (dulce) marzipan.

mazmorra [maθmóřa] *s. f.* dungeon.

mazo [máθo] *s. m.* **1.** (herramienta) mallet. **2.** (manojo) bunch.

mazorca [maθóřka] *s. f., Agr.* (de maíz) cob; corncob.

me [mé] *pron. pers. 1ª sing.* **1.** (objeto) me [Me llamó por la tarde. *He called me in the afternoon.*] ‖ *pron. pers. refl.* **2.** myself [Ayer me compré un vestido. *Yesterday I bought myself a dress.*]

mear [meár] *v. intr.* **1.** *vulg.* to piss; to pee. ‖ **mearse** *v. prnl.* **2.** *vulg.* to wet oneself; to pee oneself.

mecánica [mekánika] *s. f.* **1.** (ciencia) mechanics *sing.* **2.** (mecanismo) mechanism.

mecánico, -ca [mekániko] *adj.* **1.** mechanical. **2.** (repetitivo) repetitive. ‖ *s. m. y f.* **3.** mechanic.

mecanismo [mekanísmo] *s. m.* **1.** mechanism. **2.** (engranaje) gear.

mecano [mekáno] *s. m.* (juego) Meccano (marca registrada).

mecanografía [mekanoɣrafía] *s. f.* typewriting; typing.

mecanógrafo [mekanóɣrafo] *s. m. y f.* (dactilógrafo) typist.

mecedora [meθeðóra] *s. f.* rocking chair.

mecer [meθér] *v. tr.* **1.** to rock. **2.** (bebé) to dandle. ‖ **mecerse** *v. prnl.* **3.** to rock. **4.** (columpiarse) to swing.

mecha [métʃa] *s. f.* **1.** (de una vela) wick. **2.** (de un explosivo) fuze.

mechero [metʃéro] *s. m.* **1.** lighter. **2.** (quemador) burner.

mechón [metʃón] *s. m.* **1.** (de pelo) lock. **2.** (de lana) tuft.

medalla [meðáʎa] *s. f.* medal.

medallón [meðaʎón] *s. m.* medallion.

media¹ [méðja] *s. f.* (promedio) average; mean [La temperatura media. *The mean temperature.*]

media² [méðja] *s. f.* **1.** (de media pierna) sock *Am. E.*; stocking. ‖ **medias** *s. f. pl.* **2.** (de pierna entera) pantyhose *Am. E.*; tights *Br. E.*

mediación [meðjaθjón] *s. f.* (intervención) mediation; intervention.

mediador, -ra [meðjaðór] *s. m. y f.* (intermediario) mediator.

mediano, -na [meðjáno] *adj.* **1.** medium. **2.** *fig.* (mediocre) mediocre.

medianoche [meðjanótʃe] *s. f.* midnight. ‖ **a ~** at midnight.

mediante [meðjánte] *prep.* by means of; through.

mediar [meðjár] *v. intr.* **1.** (pasar el tiempo) to elapse. **2.** (interceder) to mediate; to intervene.

medicación [meðikaθjón] *s. f., Med.* treatment; medication.

medicamento [meðikaménto] *s. m., Farm.* (fármaco) medicine.

medicina [meðiθína] *s. f.* (ciencia, medicamento) medicine. ‖ **ejercer la ~** to practice medicine.

medicinal [meðiθinál] *adj.* medicinal.

medición [meðiθjón] *s. f.* **1.** (acción) measuring. **2.** *form.* (medida) measurement.

médico, -ca [méðiko] *adj.* **1.** medical certificate. ‖ *s. m. y f.* **2.** doctor; physician. ‖ **~ de cabecera** family doctor; general practitioner.

medida [meðíða] *s. f.* **1.** measure. **2.** (medición) measurement; measuring. **3.** (de zapatos, camisa) size. **4.** (disposición) action. ‖ **hecho a la ~** tailor-made; custom-made.

medieval [meðjeβál] *adj.* medieval.

medio, -dia [méðjo] *adj. num.* **1.** (mitad) half [¿Quieres media manzana? *Do you want half an apple?*] ‖ *adj.* **2.** (detrás del s.) (promedio) average [La altura media del país es 1,77 m. *The country's average height is 1.77 m.*] ‖ *s. m.* **3.** (centro) middle; center [Estaba sentado en el medio de la plaza. *He was sitting in the middle of the square.*] **4.** (recurso) means [El tren es un medio de transporte. *The train is a means of transport.*] **5.** (entorno) environment [Vive en un medio rural. *He lives in a rural environment.*] ‖ *sust. num. fracc.* **6.** *Mat.* half. ‖ *adv. mod.* **7.** half [Esto, medio dormida. *I'm half asleep.*] ‖ **medios** *s. m. pl.* **8.** (económicos) resources; means [Su familia no tiene los medios para hacerlo. *Her family doesn't have the resources to do it.*] ‖ **a ~** (+ inf.

half (+ participle) [Siempre deja los platos a medio fregar. *He always leaves the dishes half washed.*] **en ~** in the middle. (dos objetos) between [Hay una mesa, un armario y una silla en medio. *There is a table, a cupboard and a chair (in) between.*] **en ~ de** in the middle of; amid [There is a fountain in the middle of the park. *Hay una fuente en medio del parque.*] **ir a medias** go halves; go fifty-fifty. **~ ambiente** envir-onment. **por ~ de** by means of; through [Lograron el documento por medio de un conocido. *They got the document through an acquantance.*] **y media** half past [Son las doce y media. *It is half past twelve.*]

medioambiental [meðjoambjentál] *adj.* environmental.

mediocre [meðjókre] *adj.* mediocre.

mediodía [meðjoðía] *s. m.* **1.** midday; noon. **2.** (hora de comer) lunch time. ‖ **a ~** at noon; at midday.

medir [meðír] *v. tr.* **1.** to measure. **2.** *Lit.* (versos) to scan. **3.** (considerar) to weigh up. ‖ **medirse** *v. prnl.* **4.** to measure oneself.

meditar [meðitár] *v. tr. e intr.* (reflexio-nar) to meditate; to ponder.

medrar [meðrár] *v. intr.* **1.** (animal, planta) to thrive; to grow. **2.** *fig.* (pros-perar) to prosper; to flourish.

médula [méðula] *s. f., Anat.* (tuétano) marrow. ‖ **~ espinal** *Anat.* spinal cord.

medusa [meðúsa] *s. f., Zool.* medusa; jellyfish.

megafonía [meɣafonía] *s. f.* (equipo) public-address system; PA system.

megáfono [meɣáfono] *s. m.* **1.** (altavoz) megaphone. **2.** (altavoz) loudspeaker.

mejicano, -na [mexikáno] *adj. y s. m. y f.* *mexicano.

mejilla [mexíʎa] *s. f., Anat.* cheek.

mejillón [mexiʎón] *s. m., Zool.* mussel.

mejor [mexór] *adj. compar.* **1.** better [Compra este champú, es mejor. *Buy this shampoo, it is better.*] ‖ *adj. sup.* **2.** best [Es el mejor cocinero que conoz-co. *He is the best cook I've ever known.*] ‖ *adv. mod. compar.* **3.** better [Juega mejor al tenis. *He plays tennis better.*] ‖ *adv. mod. sup.* **4.** best [Ésta es la pisci-na donde mejor se nada. *This is the swimming pool where you can swim best.*] ‖ **~ dicho** or rather.

mejora [mexóra] *s. f.* improvement.

mejorar [mexorár] *v. tr.* **1.** to improve; to better. ‖ *v. intr.* **2.** to improve; to get better. ‖ **mejorarse** *v. prnl.* **3.** to get better. ‖ **ir mejorando** to be on the mend.

mejoría [mexoría] *s. f.* improvement.

mejunje [mexúnxe] *s. m., pey.* (potin-gue) mixture; concoction.

melancolía [melaŋkolía] *s. f.* (nostalgia) melancholy.

melena [meléna] *s. f.* **1.** (de persona) long hair. **2.** (de león) mane.

melindroso [melindróso] *adj.* (remilga-do) affected; finicky.

mella [méʎa] *s. f.* **1.** (hendidura) notch; nick. **2.** (hueco) hollow. **3.** (daño mo-ral) harm. ‖ **hacer ~ a** to have an effect on; to make an impression on.

mellizo, -za [meʎíθo] *adj. y s. m. y f.* (gemelo) twin.

melocotón [melokotón] *s. m., Bot.* (fru-ta) peach. ‖ **~ en almíbar** peach in syrup.

melodía [meloðía] *s. f.* melody; tune.

melodioso, -sa [meloðjóso] *adj.* (melódico) melodious; tuneful.

melodrama [meloðráma] *s. m.* (drama) melodrama.

melón [melón] *s. m., Bot.* melon.

meloso, -sa [melóso] *adj.* **1.** honeyed; sweet. **2.** *fig.* (zalamero) smooth. **3.** (pegajoso) sticky.

membrana [membrána] *s. f.* membrane.

membrete [membréte] *s. m.* letterhead; heading.

membrillo [membríʎo] *s. m.* **1.** *Bot.* (árbol) quince tree. **2.** (fruta) quince. || **dulce de ~** *Gastr.* quince jelly.

memo, -ma [mémo] *adj.* simple; foolish.

memorable [memoráβle] *adj.* (inolvidable) memorable.

memoria [memórja] *s. f.* **1.** memory. **2.** (recuerdo) recollection. **3.** (informe) report.|| **memorias** *s. f. pl.* **4.** (biografía) memoirs. || **de ~** by heart. **en ~ de** in memory of. **hacer ~** to remember.

menaje [menáχe] *s. m.* (muebles) furniture. || **artículos de ~** household items. **~ de cocina** kitchenware.

mención [menθjón] *s. f.* mention. || **~ honorífica** honorable mention.

mencionar [menθjonár] *v. tr.* **1.** to mention. **2.** (como ejemplo) to instance.

mendicante [mendikánte] *adj. y s. m. y f., Rel.* (que pide limosna) mendicant.

mendigar [mendiɣár] *v. intr.* to beg.

mendigo [mendíɣo] *s. m. y f.* (pordiosero) beggar; mendicant.

mendrugo [mendrúɣo] *s. m.* **1.** (de pan) crust. **2.** *fig. y fam.* (zoquete) thickhead.

menear [meneár] *v. tr.* **1.** to move; to shake. **2.** (rabo) to wag. **3.** *fam.* (caderas) to wiggle. || **menearse** *v. prnl.* **4.** to shake. **5.** (rabo) to wag.

menestra [menéstra] *s. f., Gastr.* vegetable stew (with meat or harn).

mengano, -na [meŋgáno] *s. m. y f.* so-and-so *fam.*

mengua [méŋgwa] *s. f.* (disminución) decline; diminution.

menguante [meŋgwánte] *adj.* **1.** declining; diminishing. **2.** (luna) waning.

menguar [meŋgwár] *v. tr.* **1.** (decrecer) to diminish. **2.** (en punto) to decrease. || *v. intr.* **3.** (decrecer) to diminish. **4.** (luna) to wane.

menhir [menír] *s. m.* menhir.

menisco [menísko] *s. m., Anat.* (cartílago) meniscus.

menor [menór] *adj. compar.* **1.** (número) lesser. **2.** (más pequeño) smaller. **3.** (joven) younger. || *adj. sup.* **4.** (número) least. **5.** (el más pequeño) smallest. **6.** (joven) youngest. || *adj.* **7.** (inferior) minor. || **~ de edad** minor.

menos [ménos] *adj. indef. inv.* **1.** (comp., sing.) less [Este alimento tiene menos colesterol. *This food has less cholesterol.*] **2.** (superl., sing.) least [La persona que bebe menos agua. *The person who drinks the least water.*] **3.** (comp., pl.) fewer [Ayer hubo menos llamadas. *Yesterday, there were fewer calls.*] || *adv. c.* **4.** (comp.) less [Mi nuevo jefe habla menos. *My new boss talks less.*] **5.** (superl.) least [Soy el que comí menos. *I'm the one who ate the least.*] || *prep.* **6.** but [Nos metimos todos en el agua menos tú. *We all went into the water but you.*] **7.** *Mat.* minus [Ocho menos cinco es igual a tres. *Eight minus five equals three.*] || *s. m.* **8.** *Mat.* minus sign. || **a ~ que** unless [A menos que llueva, iré a verte. *Unless it rains, I'll go and see you.*] **~ mal** thank goodness. **por lo ~** at least [Por lo menos había veinte personas en el salón. *There were at least twenty people in the living room.*]

menospreciar [menospreθjár] *v. tr.* **1.** (subestimar) to underestimate; to undervalue. **2.** (despreciar) to despise; to scorn; to disdain.

menosprecio [menospréθjo] *s. m.* **1.** (subestimación) underestimation; undervaluation. **2.** (desprecio) scorn.

mensaje [mensáxe] *s. m.* message.

mensajero, -ra [mensaxéro] *s. m. y f.* messenger; courier.

menstruación [menstrwaθjón] *s. f.* (regla) menstruation.

mensual [menswál] *adj.* monthly.

mensualidad [menswaliðáð] *s. f.* **1.** (salario) monthly salary. **2.** (cuota) monthly payment.

menta [ménta] *s. f., Bot.* mint.

mental [mentál] *adj.* mental. ‖ **enfermo ~** mental patient.

mentalidad [mentaliðáð] *s. f.* mentality.

mentar [mentár] *v. tr.* to mention.

mente [ménte] *s. f.* **1.** mind. **2.** (inteligencia) intelligence. ‖ **~ cerrada** closed mind. **tener en ~** to have in mind.

mentecato [mentekáto] *adj.* **1.** silly; foolish. ‖ *s. m.* **2.** (idiota) fool.

mentir [mentír] *v. intr.* to lie.

mentira [mentíra] *s. f.* **1.** lie. **2.** (acto) lying. **3.** (invención) invention. ‖ **~ piadosa** white lie. **parece ~** it seems impossible.

mentiroso, -sa [mentiróso] *adj.* **1.** (embustero) lying. ‖ *s. m. y f.* **2.** liar.

mentolado, -da [mentoláðo] *adj.* mentholated; menthol.

mentón [mentón] *s. m., Anat.* chin.

menú [menú] *s. m.* **1.** *Gastr.* menu. **2.** *Inform.* menu. ‖ **~ del día** today's menu.

menudencia [menuðénθja] *s. f.* **1.** (pequeñez) smallness. **2.** (nimiedad) trifle.

menudo, -da [menúðo] *adj.* **1.** (cosa) tiny; small. **2.** (persona) slight. **3.** (sin importancia) insignificant. ‖ **menudos** *s. m. pl.* **4.** (de ave) giblets. ‖ **a ~** often.

meñique [meníke] *s. m., Anat.* (dedo) little finger.

meollo [meóλo] *s. m.* **1.** *Anat.* (seso) brains *pl.* **2.** *Anat.* (médula) marrow. **3.** *fig.* (quid) essence.

meón, -na [meón] *adj. y s. m. y f.* wetting. ‖ **ser un ~** *col.* forever need to have a pee.

mequetrefe [meketréfe] *s. m. y f., fam.* squirt; whippersnapper.

mercader [merkaðér] *s. m., arc.* (comerciante) merchant.

mercadillo [merkaðíλo] *s. m.* (rastro) street market.

mercado [merkáðo] *s. m.* market; mart. ‖ **~ de valores** *Econ.* stock market. **~ negro** black market.

mercancía [merkanθía] *s. f.* **1.** commodity. ‖ **mercancías** *s. f. pl.* **2.** goods; merchandise.

mercante [merkánte] *adj.* merchant. ‖ **barco ~** merchant.

mercantil [merkantíl] *adj.* (comercial) mercantile; commercial.

mercería [merθería] *s. f.* notions store *Am. E.;* haberdashery *Br. E.*

mercurio [merkúrjo] *s. m., Quím.* mercury.

merecer [mereθér] *v. tr.* **1.** to deserve; to merit. ‖ *v. intr.* **2.** to be worth. ‖ **~ la pena** to be worthwhile.

merecido [mereθíðo] *s. m.* deserts *pl.* ‖ **recibir su ~** to get one's just deserts.

merendar [merendár] *v. intr.* to have an afternoon snack; to have tea.

merendero [merendéro] *s. m.* (en el campo) picnic area.

merendola [merendóla] *s. f., fam.* (en el campo) picnic.

merengue [meréŋge] *s. m., Gastr.* (dulce) meringue.

meridiano, -na [meriðjáno] *s. m., Astron. y Geogr.* meridian.

meridional [meriðjonál] *adj.* **1.** *Geogr.* southern; meridional. ‖ *s. m. y f.* **2.** southerner.

merienda [merjénda] *s. f.* **1.** afternoon snack; tea. **2.** (en el campo) picnic. ‖ **ir a una ~** to go on a picnic.

mérito [mérito] *s. m.* **1.** merit. **2.** (valor) worth; value.

merluza [merlúθa] *s. f.* **1.** (pescado) hake. **2.** *fam.* (borrachera) drunkenness.

mermar [mermár] *v. tr.* **1.** to decrease. ‖ *v. intr.* **2.** to decrease; to diminish. **3.** (ropa) to shrink.

mermelada [mermeláða] *s. f.* jam. ‖ **~ de naranja** marmalade.

mero, -ra [méro] *adj.* mere.

mero [méro] *s. m., Zool.* grouper.

merodear [meroðeár] *v. intr.* **1.** (deambular) to prowl. **2.** *Mil.* to maraud.

mes [més] *s. m.* month.

mesa [mésa] *s. f.* **1.** table. **2.** (de trabajo) desk. ‖ **poner la ~** to lay the table; to set the table. **sentarse a la ~** to sit down on the table.

meseta [meséta] *s. f.* **1.** *Geogr.* plateau. **2.** *Arqueol.* landing.

mesilla [mesíʎa] *s. f.* bedside table.

mesón [mesón] *s. m.* old-style restaurant.

mesonero, -ra [mesonéro] *s. m. y f.* **1.** (posadero) innkeeper *arch.* **2.** (de un bar) landlord.

mestizo, -za [mestíθo] *adj.* **1.** of mixed race. ‖ *s. m. y f.* **2.** half-breed; mestizo.

mesura [mesúra] *s. f.* moderation.

meta [méta] *s. f.* **1.** (en una carrera) finish. **2.** *Dep.* goal. **3.** *fig.* (objetivo) purpose; objective.

metabolismo [metaβolísmo] *s. m., Med.* metabolism.

metáfora [metáfora] *s. f., Lit.* metaphor.

metal [metál] *s. m.* **1.** metal. **2.** *Mús.* brass. **3.** *fig.* money.

metálico [metáliko] *adj.* **1.** metallic. ‖ *s. m.* **2.** (dinero) cash.

metalurgia [metalúrχja] *s. f.* metallurgy.

metalúrgico, -ca [metalúrχiko] *adj.* **1.** metallurgic. ‖ *s. m. y f.* **2.** (persona) metal-worker.

metamorfosis [metamorfósis] *s. f.* (cambio) metamorphosis.

meteorito [meteoríto] *s. m., Astrol.* meteorite.

meteoro [meteóro] *s. m., Astrol.* meteor.

meteorología [meteoroloχía] *s. f.* meteorology.

metepatas [metepátas] *s. m. y f. inv., col.* bigmouth [Es una metepatas. *She's always putting her foot in it.*]

meter [metér] *v. tr.* **1.** (colocar) to place. **2.** (introducir) to introduce. **3.** (causar) to make; to cause. ‖ **meterse** *v. prnl.* **4.** (entrometerse) to poke one's nose. ‖ **meterse en líos** to get into trouble.

meticuloso [metikulóso] *adj.* (minucioso) meticulous; precise.

metódico, -ca [metóðiko] *adj.* (cuidadoso) methodical.

método [métoðo] *s. m.* **1.** (procedimiento) method. **2.** (sistema) system.

metomentodo [metomentóðo] *s. m. y f. inv., fam.* (entrometido) busybody.

metralla [metráʎa] *s. f.* **1.** *Mil.* (munición) shrapnel. **2.** (trozos) grapeshot.

metralleta [metraʎéta] *s. f., Mil.* (armas) sub-machine-gun.

metro¹ [métro] *s. m.* (medida) meter.

metro² [métro] *s. m., fam.* subway *Am. E.*; underground *Br. E.*

metrobús [metroβús] *s. m.* 10-journey metro and bus ticket.

mexicano, -na [meχikáno] *adj. y s. m. y f.* Mexican.

mezcla [méθkla] *s. f.* (agregado) mix; mixture; blend.

mezclar [meθklár] *v. tr.* **1.** (unir) to mix; to blend. **2.** (desordenar, involucrar) to mix up. || **mezclarse** *v. prnl.* **3.** to mix; to mingle.

mezquindad [meθkindáð] *s. f.* (avaricia) meanness; niggardliness.

mezquino, -na [meθkíno] *adj.* **1.** (avaro) mean; niggard. **2.** (escaso) paltry. **3.** (vil) vile; miserly.

mezquita [meθkíta] *s. f., Rel.* mosque.

mi¹ [mí] *adj. pos. 1ª sing.* my [¿Conoces a mi novia? *Do you know my girlfriend?*]

mi² [mí] *s. m.* **1.** *Mús.* (nota) E. **2.** *Mús.* (solfeo) mi.

mí [mí] *pron. pers. prep. 1ª sing.* me; myself [Vino hacia mí. *He came towards me.*]

michelín [mitʃelín] *s. m., fam.* roll of fat.

mico, -ca [míko] *s. m. y f.* **1.** *Zool.* (mono) long-tailed monkey. **2.** *fam.* (feo) very ugly person.

microbio [mikróβjo] *s. m., Biol.* (microorganismo) microbe.

microbús [mikroβús] *s. m., Autom.* small bus.

microfilme [mikrofílme] *s. m.* (para guardar información escrita) microfilm.

micrófono [mikrófono] *s. m.* microphone; mic *coll.*

microondas [mikroóndas] *s. m.* microwave; microwave oven.

microorganismo [mikroorɣanísmo] *s. m.* microorganism.

microscópico, -ca [mikroskópiko] *adj.* (diminuto) microscopic.

microscopio [mikroskópjo] *s. m.* microscope. || **~ electrónico** electron microscope.

miedo [mjéðo] *s. m.* fear; fright. || **dar ~** to be scary. **~ escénico** stage fright. **tener ~ a/de** to be afraid of.

miedoso, -sa [mjeðóso] *adj.* **1.** fearful. || *s. m. y f.* **2.** (cobarde) coward.

miel [mjél] *s. f.* honey. || **luna de ~** honeymoon.

miembro [mjémbro] *s. m.* **1.** *Anat.* limb. **2.** (socio) member.

mientras [mjéntras] *conj. t.* **1.** while [Mientras comía, él veía las noticias. *While I was eating, he was watching the news.*] **2.** (+ subj.) as long as [Mientras pueda, iré al gimnasio. *As long as I can, I'll go to the gym.*] || **~ que** while; whereas [Él tiene dos hermanos, mientras que yo ninguno. *He has two brothers, whereas I don't have any.*] **~ tanto** meanwhile; in the meantime [Me fui a comprar y, mientras tanto, él hizo la comida. *I went shopping and, in the meantime, he cooked.*]

miércoles [mjérkoles] *s. m.* Wednesday.

mierda [mjérða] *s. f.* **1.** *vulg.* (excremento) shit. **2.** *vulg.* (suciedad) crap. **3.** *col.*

crap [Esta película es una mierda. *This film is crap.*] **4.** crappy [¡Qué mierda de trabajo! *What a crappy job.*]

miga [míɣa] *s. f.* **1.** (de pan) crumb. **2.** (trocito) bit. **3.** *fig.* (meollo) essence. ‖ **migas** *s. f. pl.* **4.** breadcrumbs fried in oil with several ingredients. ‖ **hacer buenas migas** to get on well.

migaja [miɣáxa] *s. f.* **1.** (de pan) crumb. **2.** *fig.* bit. ‖ **migajas** *s. f. pl.* **3.** (de pan) crumbs. **4.** *fig.* (sobras) leftovers.

migración [miɣraθjón] *s. f.* migration.

mil [míl] *adj. num. card. inv.* (también pron. num.) **1.** thousand [Tengo tres mil sellos. *I have got three thousand stamps.*] ‖ *adj. num. ord. inv.* (también pron. num.) **2.** thousandtH. ‖ *s. m.* (se usa más en pl.) **3.** thousand [He visto esta película miles de veces. *I've watched this film thousands of times.*] ‖ **a las ~ y quinientas** very late [Llegó a las mil y quinientas. *He arrived very late.*] **por ~** per thousand.

milagro [miláɣro] *s. m.* miracle. ‖ **de ~** by a miracle. **hacer milagros** to work wonders.

milagroso, -sa [milaɣróso] *adj.* **1.** miraculous. **2.** *fig.* (maravilloso) wonderful.

milenario, -ria [milenárjo] *adj.* **1.** thousand-year-old; millenarian. ‖ *s. m.* **2.** millennium.

milenio [milénjo] *s. m.* millennium.

milésimo, -ma [milésimo] *adj. num. ord.* (también pron.) **1.** thousandth. ‖ *adj. num. fracc.* (también s. m. y f.) **2.** thousandth [Ganó por una milésima de segundo. *He won by one thousandth of a second.*]

milhojas [milóxas] *s. m. inv.*, *Gastr.* millefeuille *Br. E.;* puff pastry.

mili [míli] *s. f., fam.* (servicio militar) military service [Hizo la mili en Cuenca. *He did his military service in Cuenca.*]

milicia [milíθja] *s. f.* militia.

miligramo [miliɣrámo] *s. m.* milligram.

mililitro [mililítro] *s. m.* milliliter.

milímetro [milímetro] *s. m.* millimeter.

militante [militánte] *adj. y s. m. y f.* *Polít.* (afiliado) militant.

militar¹ [militár] *adj.* **1.** military. ‖ *s. m. y f.* **2.** (oficial) soldier. ‖ **servicio ~** military service.

militar² [militár] *v. intr.*, *Polít.* (en un partido) to be a militant.

milla [míʎa] *s. f.* (medida) mile.

millar [miʎár] *s. m.* thousand [Había un millar de personas. *There were a thousand people.*]

millardo [miʎárdo] *s. m.* billion *Am. E.;* thousand million *Br. E.*

millón [miʎón] *s. m.* **1.** *Mat.* million [Madrid tiene cinco millones de habitantes. *Madrid has five million inhabitants.*] **2.** (se usa más en pl.) (número indet.) million [Acudieron millones de personas al entierro. *Millions of people went to the burial.*]

millonada [miʎonáda] *s. f., col.* fortune.

millonario, -ria [miʎonárjo] *adj. y s. m. y f.* millionaire.

millonésimo, -ma [miʎonésimo] *adj. num.* (también s. m. y f.) millionth.

milrayas [milřájas] *adj. y s. m.* striped fabric.

mimar [mimár] *v. tr.* **1.** (persona) to spoil; to pamper. **2.** (animal) to pet.

mimbre [mímbre] *s. m.* **1.** wicker. **2.** (arbusto) osier. ‖ **cesta de ~** wicker basket.

mimbrera [mimbréra] *s. f.* **1.** *Bot.* (arbusto) osier. **2.** *Bot.* (sauce) willow.

mimetismo [mimetísmo] *s. m., Biol.* (adaptación) mimesis; mimicry.

mímica [mímika] *s. f.* mime.

mimo[1] [mímo] *s. m. y f., Teatr.* mime.

mimo[2] [mímo] *s. m.* **1.** (caricia) caress. (condescendencia) pampering. ‖ **con gran ~** *fam.* with love and care.

mimoso, -sa [mimóso] *adj.* spoiled.

mina [mína] *s. f.* **1.** *Miner.* mine. **2.** (de lápiz) lead. ‖ **~ de carbón** colliery *Br. E.*

minar [minár] *v. tr.* **1.** *Miner. y Mil.* to mine. **2.** *fig.* to undermine.

mineral [minerál] *adj.* **1.** mineral. ‖ *s. m.* **2.** (sustancia) mineral.

minería [minería] *s. f.* **1.** mining industry. **2.** *Miner.* mining.

minero, -ra [minéro] *adj.* **1.** mining. ‖ *s. m. y f.* **2.** miner.

miniatura [miniatúra] *s. f.* miniature.

minifalda [minifálda] *s. f.* (prenda para mujer) miniskirt; mini *fam.*

mínimo [mínimo] *adj.* **1.** *Mat.* minimum. **2.** (muy pequeño) tiny; minute. ‖ *s. m.* **3.** minimum. ‖ **como ~** at least. **ni lo más ~** not in the least.

minino, -na [miníno] *s. m. y f., fam.* (gato) pussy (cat).

ministerio [ministérjo] *s. m., Polít.* department *Am. E.*; ministry *Br. E.* ‖ **Ministerio de Asuntos Exteriores** *Polít.* State Department *Am. E.*; Foreign Office *Br. E.* **Ministerio de Marina** Navy Department *Am. E.* **Ministerio del Interior** *Polít.* Ministry of the Interior *Am. E.*; Home Office *Br. E.*

ministro, -tra [minístro] *s. m. y f., Polít.* secretary *Am. E.*; minister. ‖ **Ministro de Hacienda** *Polít.* Secretary of the Treasure *Am. E.* **primer ~** *Polít.* Prime Minister.

minoría [minoría] *s. f.* minority.

minucioso [minuθjóso] *adj.* (meticuloso) meticulous; close.

minúsculo, -la [minúskulo] *adj.* (pequeño) minuscule; small.

minusválido, -da [minusβálido] *adj.* **1.** *Med.* disabled; handicapped. ‖ *s. m. y f.* **2.** *Med.* (discapacitado) handicapped person; disabled person.

minutero [minutéro] *s. m.* minute hand.

minuto [minúto] *s. m.* minute.

mío, -a [mío] *adj. pos. 1ª sing.* **1.** (detrás del s.) my; of mine [Me lo dijo un primo mío. *A cousin of mine told me.*] ‖ *pron. pos.* **2.** mine [Ése es el mío, no te equivoques. *That one is mine, don't make a mistake.*]

miope [mjópe] *adj.* **1.** *Med.* myopic; short-sighted. ‖ *s. m. y f.* **2.** *Med.* myopic person.

miopía [mjopía] *s. f., Med.* (vista corta) myopia.

mira [míra] *s. f.* **1.** *Tecnol.* sight. **2.** *fig.* (objetivo) aim; purpose. ‖ **de amplias miras** broad-minded. **de miras estrechas** narrow-minded.

mirada [miráða] *s. f.* **1.** look. **2.** (rápida) glance. **3.** (fija) stare. ‖ **~ hostil** glare.

mirado, -da [miráðo] *adj.* **1.** (considerado) thoughtful. **2.** (cauto) cautious. ‖ **bien ~** highly regarded.

mirador [miraðór] *s. m.* viewpoint.

miramiento [miramjénto] *s. m.* **1.** (cautela) caution. **2.** (consideración) consideration. ‖ **sin miramientos** without respect.

mirar [mirár] *v. tr.* **1.** to look at; to view. **2.** (observar) to watch. **3.** *fig.* (considerar) to regard. **4.** (fijamente) to gaze. ‖ *v. intr.* **5.** to look; to glance. ‖ **mirar-**

se *v. prnl.* **6.** (dos personas) to look at each other. ‖ **¡mira!** *interj.* **7.** look! ‖ **~ detenidamente** to peer. **~ por** *fig.* (atender) to look after.

mirilla [miríʎa] *s. f.* peephole.

mirlo [mírlo] *s. m., Zool.* blackbird.

mirón, -ona [mirón] *adj.* **1.** onlooking. ‖ *s. m. y f.* **2.** (espectador) onlooker. **3.** *pey.* voyeur.

misa [mísa] *s. f., Rel.* mass. ‖ **decir ~** *Rel.* to say mass. **~ de difuntos** *Rel.* Requiem mass. **~ mayor** *Rel.* High Mass.

miserable [miseráβle] *adj.* **1.** (pobre) wretched; poor; miserable. **2.** (avaro) mean. **3.** (perverso) wicked; vile. ‖ *s. m. y f.* **4.** (perverso) wretch.

miseria [misérja] *s. f.* **1.** (desgracia) misery. **2.** (pobreza) poverty.

misericordia [miserikórðja] *s. f.* (compasión) mercy; compassion; pity.

mísero, -ra [mísero] *adj.* **1.** (pobre) miserable; wretched. **2.** (avaro) mean.

misil [misíl] *s. m., Mil.* missile *Am. E.*

misión [misjón] *s. f.* mission.

misionero, -ra [misjonéro] *adj.* **1.** missionary. ‖ *s. m. y f.* **2.** *Rel.* missionary.

mismo, -ma [mísmo] *adj.* **1.** (igual) same. **2.** (con énfasis) very; actual [Le vi en ese mismo momento. *I saw him at that very moment.*] ‖ *pron. indef.* **3.** same [Es el mismo abrigo que compramos ayer. *This is the same coat we bought yesterday.*] ‖ **al ~ tiempo** together [Los problemas vinieron al mismo tiempo. *The problems came together.*] **aquí ~** right here.

miss [mís] *s. f.* miss. ‖ **concurso de misses** beauty contest.

míster [míster] *s. m.* **1.** (concurso de belleza masculino) mister. **2.** *Dep.* (entrenador) trainer; coach.

misterio [mistérjo] *s. m.* mystery.

misterioso, -sa [misterjóso] *adj.* (oculto) mysterious.

místico, -ca [místiko] *adj.* **1.** mystic; mystical. ‖ *s. m. y f.* **2.** mystic.

mitad [mitáð] *s. f.* **1.** (una parte) half [Can I take one half of the money? **2.** (el centro) middle. ‖ **~ y ~** half and half.

mitigar [mitiγár] *v. tr.* **1.** *form.* to mitigate; to palliate. **2.** (dolor) to relieve. **3.** (soledad) to alleviate.

mitin [mítin] *s. m., Polít.* political meeting ; political rally.

mito [míto] *s. m.* myth.

mitología [mitoloχía] *s. f.* mythology.

mixto [míksto] *adj.* mixed.

mobiliario [moβiljárjo] *s. m.* furniture.

moca [móka] *s. m.* mocha.

mocasín [mokasín] *s. m.* moccasin.

mochila [motʃíla] *s. f.* backpack *Am. E.;* rucksack *Br. E.*

mochuelo [motʃwélo] *s. m.* **1.** *Zool.* little owl; owlet. **2.** *fig. fam.* (fastidio) bore.

moco [móko] *s. m.* **1.** mucus. **2.** (de una vela) drippings *pl.*

mocoso, -sa [mokóso] *adj.* **1.** snotty. ‖ *s. m. y f.* **2.** *fam.* brat.

moda [móða] *s. f.* fashion; vogue. ‖ **a la ~** fashionable. **de ~** in fashion; in. **~ pasajera** fad. **pasado de ~** old-fashioned.

modales [moðáles] *s. m. pl.* manners *pl.* [Tiene muy malos modales. *He has very bad manners.*]

modelar [moðelár] *v. tr.* **1.** to model **2.** (dar forma) to shape. ‖ **modelarse** *v. prnl.* **3.** to model oneself.

modelo [moðélo] *adj.* **1.** model. ‖ *s. m.* **2.** (ejemplo) model. **3.** (patrón) pattern. ‖ *s. m. y f.* **4.** model.

moderación [moðeraθjón] *s. f.* (comedimiento) moderation.

moderado [moðeráðo] *adj.* **1.** (comedido) moderate; temperate. ‖ *s. m. y f.* **2.** *Polít.* moderate.

moderador, -ra [moðeraðór] *s. m. y f.* (intermediario) moderator.

moderar [moðerár] *v. tr.* **1.** to moderate. **2.** (atenuar) to temper. ‖ **moderarse** *v. prnl.* **3.** (calmarse) to moderate.

modernizar [moðerniθiár] *v. tr.* **1.** (actualizar) to modernize. ‖ **modernizarse** *v. prnl.* **2.** to modernize.

moderno, -na [moðérno] *adj.* **1.** modern. **2.** (a la moda) fashionable.

modestia [moðéstja] *s. f.* modesty.

modesto [moðésto] *adj.* **1.** modest. **2.** (humilde) humble. **3.** (sin pretensiones) unassuming.

módico, -ca [móðiko] *adj.* (moderado) reasonable; moderate.

modificación [moðifikaθjón] *s. f.* (rectificación) alteration; modification.

modificar [moðifikár] *v. tr.* (corregir) to modify; to alter.

modismo [moðísmo] *s. m., Ling.* idiom.

modisto, -ta [moðísto] *s. m. y f.* **1.** (diseñador) designer. ‖ *s. m.* **2.** (sastre) couturier.

modo [móðo] *s. m.* **1.** way; manner *frml.* **2.** *Ling.* mood [El modo indicativo. *The indicative mood.*] **3.** *Mús.* mode. ‖ **de algún ~** in some respect. somehow. **de este ~** thus [De este modo, podré verte. *Thus, I'll be able to see you.*] **de ~ que** (así que) so [Tengo mucho trabajo, de modo que no puedo ir contigo. *I have a lot of work, so I can't go with you.*] ‖(finalidad) so that [Llegaré pronto de modo que podamos ir al teatro. *I'll arrive*

early so that we can go to the theatre.] **de otro ~** otherwise [Haz lo que te digo; de otro modo, no podrás salir. *Do what I tell you; otherwise, you won't be allowed to go out.*] **de todos modos** anyway; anyhow [Estoy seguro de ello; de todos modos, lo comprobaré. *I'm sure of that but I'll check it anyway.*]

modorra [moðóra] *s. f.* (somnolencia) drowsiness; sleepiness.

modular[1] [moðulár] *v. tr. e intr.* (articular) to modulate.

modular[2] [moðulár] *adj.* modular.

módulo [móðulo] *s. m.* module; unit.

mofa [mófa] *s. f.* mockery.

mofeta [moféta] *s. f., Zool.* skunk.

moflete [mofléte] *s. m., Anat.* (mejilla) chubby cheek.

mogollón [moγoʎón] *s. m., fam.* loads; thousands [Había mogollón de gente. *There were loads of people.*]

mohín [moín] *s. m.* pout. ‖ **hacer un ~** to make an angry face.

moho [móo] *s. m.* **1.** *Bot.* (en fruta, pan) mold; mildew. **2.** (en metal) rust.

mojar [moχár] *v. tr.* **1.** to wet. **2.** (empapar) to drench. **3.** (humedecer) to moisten. **4.** (sumergiendo algo) to dip. ‖ **mojarse** *v. prnl.* **5.** to get wet. **6.** (a propósito) to wet. **7.** *fig.* (comprometerse) to commit oneself.

mojigato, -ta [moχiγáto] *adj.* **1.** prudish; priggish. ‖ *s. m. y f.* **2.** prude.

mojón [moχón] *s. m.* (señal) landmark; boundary stone. ‖ **~ kilométrico** *Autom.* milestone.

molar[1] [molár] *adj.* **1.** (de diente) molar. ‖ *s. m.* **2.** (diente) molar.

molar[2] [molár] *v. intr., jerg.* (gustar) to dig [Me mola un montón. *I really dig it.*]

molde [mólde] *s. m.* **1.** mold. **2.** *Tecnol.* cast. **3.** *fig.* (modelo) model.

moldear [moldeár] *v. tr.* **1.** to mold. **2.** *Tecnol.* to cast. **3.** (cabello) to give a soft perm to.

moldura [moldúra] *s. f., Arq.* molding.

mole [móle] *s. f.* (bulto grande) mass; bulk; fat lump (José Ángel es una mole. *Jose Ángel is a fat lump.*)

molécula [molékula] *s. f., Biol.* molecule.

moler [molér] *v. tr.* **1.** to grind; to mill. **2.** (machacar) to pound. **3.** *fig. y fam.* (agotar) to tire out.

molestar [molestár] *v. tr.* **1.** to disturb; to bother; to annoy. **2.** (causar molestias) to inconvenience. ‖ **molestarse** *v. prnl.* **3.** (tomarse la molestia) to bother.

molestia [moléstja] *s. f.* **1.** bother; nuisance. **2.** (fastidio) annoyance. **3.** *Med.* (malestar) discomfort.

molesto, -ta [molésto] *adj.* **1.** (enfadado) annoyed; bothered. **2.** (fastidioso) annoying. **3.** (incómodo) inconvenient. **4.** (inquieto) uncomfortable. **5.** (con dolor) troublesome.

molinero, -ra [molinéro] *adj.* **1.** milling. ‖ *s. m. y f.* **2.** miller.

molinillo [moliníʎo] *s. m.* (de café) mill; grinder.

molino [molíno] *s. m.* mill. ‖ **~ de viento** windmill.

mollera [moʎéra] *s. f., fam.* (cabeza) brains *pl.*; sense. ‖ **duro de ~** *fam.* (terco) stubborn.

molusco [molúsko] *s. m., Zool.* (almejas, mejillones) mollusk *Am. E.*

momentáneo, -nea [momentáneo] *adj.* (temporal) momentary.

momento [moménto] *s. m.* moment. ‖ **a cada ~** at every moment. **al ~** at once.

de ~ so far; for the time being. **de ~** for the moment. **de un ~ a otro** any minute now. **en algún ~** sometime (Iré a verte en algún momento. *I'll see you sometime.*) **en un ~** in no time. **¡un ~ !** hold on!

momia [mómja] *s. f.* mummy.

mona [móna] *s. f., Zool.* (hembra) monkey. ‖ **coger una ~** *fam.* (borrachera) to get drunk.

monada [monáða] *s. f.* **1.** *col.* lovely person; gorgeous person (Su novia es una monada. *He has a gorgeous girlfriend.*) **2.** (cosas) gorgeous thing; beautiful thing (Tiene una monada de casa. *She has a beautiful house.*)

monaguillo [monaɣíʎo] *s. m., Rel.* (ayudante del cura) altar boy.

monarca [monárka] *s. m. y f.* monarch.

monarquía [monarkía] *s. f.* monarchy.

monasterio [monastérjo] *s. m., Rel.* (convento) monastery.

monda [mónda] *s. f.* (piel) peel. ‖ **ser la ~** *col.* (divertido) to be a real scream. *fam.* (sentido negativo) to be the limit.

mondadientes [mondaðjéntes] *s. m. inv.* (palillo) toothpick.

mondar [mondár] *v. tr.* **1.** (pelar fruta) to peel. **2.** (frutos secos) to shell. **3.** (limpiar) to clean.

moneda [monéða] *s. f.* **1.** (pieza) coin. **2.** *Econ.* (unidad monetaria) currency; money. ‖ **casa de la ~** mint. **~ de curso legal** legal tender. **pagar en la misma ~** to pay back in their own coin.

monedero [moneðéro] *s. m.* purse.

monería [monería] *s. f.* prank. ‖ **hacer monerías** *col.* to mess around/about.

mongólico, -ca [mongóliko] *adj.* **1.** *Med., pey.* mongoloid. **2.** *pey.* (tonto) moronic.

‖ *s. m. y f.* **3.** *Med., pey.* person suffering from Down's syndrome; mongol. **4.** *pey.* (tonto) moron. ‖ *adj. y s. m. y f.* **5.** (de Mongolia) Mongolian.

monigote [moniɣóte] *s. m.* **1.** *fig. y fam.* paper doll. **2.** *fig. y fam.* (pelele) puppet; fool.

monitor, -ra [monitór] *s. m. y f.* **1.** instructor; coach. **2.** (campamento) monitor. **3.** (aparato) monitor.

monja [mónχa] *s. f., Rel.* nun; sister.

monje [mónχe] *s. m., Rel.* monk.

mono, -na [móno] *adj.* **1.** *fam.* cute; nice. ‖ *s. m. y f.* **2.** *Zool.* monkey; ape. ‖ *s. m.* **3.** (traje de faena) overalls. **4.** (síndrome de abstinencia) cold turkey.

monóculo [monókulo] *s. m.* monocle.

monólogo [monóloɣo] *s. m.* monolog.

monopatín [monopatín] *s. m.* (para jugar) skateboard.

monopolio [monopóljo] *s. m.* (monopolización) monopoly.

monopolizar [monopoliθár] *v. tr.* (acaparar) to monopolize.

monosílabo, -ba [monosílaβo] *adj.* **1.** *Ling.* monosyllabic. ‖ *s. m.* **2.** *Ling.* monosyllable.

monotonía [monotonía] *s. f.* **1.** (de un sonido) monotone. **2.** *fig.* (rutina) monotony.

monótono, -na [monótono] *adj.* (aburrido) monotonous.

monstruo [mónstrwo] *s. m.* **1.** monster. **2.** *fig.* (fenómeno) genius.

monstruoso, -sa [monstruóso] *adj.* **1.** monstrous. **2.** (enorme) huge.

montacargas [montakárɣas] *s. m. inv.* freight elevator *Am.E.*; service lift *Br. E.*

montador, -ra [montaðór] *s. m. y f.* **1.** (operario) fitter. **2.** *Cinem.* film editor.

montaje [montáχe] *s. m.* **1.** assembly. **2.** *Cinem.* montage. **3.** (engarce) mount. **4.** *fig.* (farsa) farce.

montante [montánte] *s. m.* **1.** *Econ.* (total) total amount. **2.** *Albañ.* (soporte) upright; post.

montaña [montáɲa] *s. f.* **1.** *Geogr.* mountain. **2.** *fig.* (montón) pile. ‖ **~ rusa** roller coaster; switchback *Br. E.*

montañero, -ra [montaɲéro] *s. m. y f.* (alpinista) mountaineer.

montañismo [montaɲísmo] *s. m.* mountaineering; mountain climbing.

montañoso, -sa [montaɲóso] *adj.* (rocoso) mountainous; mountain.

montar [montár] *v. tr.* **1.** to mount. **2.** (cabalgar) to ride. **3.** (ensamblar) to assemble. **4.** (un equipo, negicio) to set up. **5.** (claras, nata) to whip. **6.** *Cinem.* to edit. ‖ *v. intr.* **7.** (en un animal) to ride.

monte [mónte] *s. m., Geogr.* (montaña) mountain; mount *lit.*

montículo [montíkulo] *s. m., Geogr.* (loma) hillock; mound.

montón [montón] *s. m.* **1.** (pila) pile; heap. **2.** (de gente) crowd. **3.** (masa) accumulation. ‖ **a montones** lots of.

montura [montúra] *s. f.* **1.** (cabalgadura) mount. **2.** *Equit.* (silla de montar) saddle. **3.** (de gafas) frame; rim. **4.** (de joyas) setting.

monumental [monuméntál] *adj.* **1.** monumental. **2.** *fig.* enormous; huge [Cometió un error monumental. *He made a huge mistake.*]

monumento [monuménto] *s. m.* monument. ‖ **~ conmemorativo** memorial.

moño [móɲo] *s. m.* (peinado) bun; topknot. ‖ **estar hasta el ~** *fam.* to be fed up to the back teeth.

moquero [mokéro] *s. m.* hankie.

moqueta [mokéta] *s. f.* fitted carpet.

mora [móra] *s. f.* **1.** *Bot.* (zarzamora) blackberry. **2.** *Bot.* (del moral) mulberry.

morada [moráða] *s. f., form.* (casa) dwelling; abode *lit.*

morado, -da [moráðo] *adj.* (color) purple. ‖ **ponerse ~** *fam.* to stuff oneself.

moral [morál] *adj.* **1.** moral. ‖ *s. f.* **2.** (ánimo) morale. **3.** (ética) ethics *pl.* **4.** (moralidad) morals *pl.*

moraleja [moraléχa] *s. f.* (enseñanza) moral.

moralidad [moraliðáð] *s. f.* morality.

moralina [moralína] *s. f., pey.* false morality; superficial morality.

morar [morár] *v. intr., form.* to dwell.

morboso [morβóso] *adj.* **1.** (enfermo) sick. **2.** (malsano) morbid; ghoulish.

morcilla [morθíla] *s. f., Gastr.* blood sausage *Am. E.*; black pudding *Br. E.*

mordaz [morðáθ] *adj.* **1.** mordant. **2.** *fig.* (crítica) biting; sarcastic. **3.** *fig.* (comentario) acid.

mordaza [morðáθa] *s. f.* **1.** (en la boca) gag. **2.** *Tecnol.* clamp.

mordedura [morðeðúra] *s. f.* bite.

morder [morðér] *v. tr.* **1.** to bite. **2.** (mordisquear) to nibble. ‖ *v. intr.* **3.** to bite. ‖ **morderse la lengua** (reprimirse) to hold one's tongue.

mordisco [morðísko] *s. m.* bite; nibble.

mordisquear [morðiskeár] *v. tr.* (morder poco a poco) to nibble (at).

moreno, -na [moréno] *adj.* **1.** (color) brown. **2.** (pelo, tez, etc.) dark. **3.** (bronceado) suntanned. **4.** (raza negra) black. ‖ *s. m. y f.* **5.** (de tez) dark-skinned person. **6.** (de pelo) dark-haired person.

morfema [morféma] *s. f., Ling.* morpheme.

morfología [morfoloχía] *s. f., Ling.* morphology.

moribundo, -da [moriβúndo] *adj.* **1.** dying; moribund *frml.* ‖ *s. m. y f.* **2.** dying person.

morir [morír] *v. intr.* **1.** to die. **2.** *fig.* (acabar) to end up. ‖ **morirse** *v. prnl.* **3.** to die. ‖ **~ de risa** to die laughing.

moro, -ra [móro] *adj.* **1.** *Hist.* Moorish. **2.** (árabe) Arab. **3.** (musulmán) Muslim. ‖ *s. m. y f.* **4.** *Hist.* Moor. **5.** (árabe) Arab. **6.** (musulmán) Muslim.

moroso, -sa [moróso] *adj.* **1.** (holgazán) slow. ‖ *s. m. y f.* **2.** (deudor) debtor.

morral [morál] *s. m.* **1.** (para el pienso) nosebag. **2.** (mochila) knapsack.

morriña [moříɲa] *s. f., fam.* (añoranza) homesickness.

morro [móřo] *s. m., Zool.* (hocico) snout; nose. ‖ **¡ vaya~ !** what a cheek!

morsa [mórsa] *s. f., Zool.* walrus.

morse [mórse] *s. m.* Morse code.

mortadela [mortaðéla] *s. f.* mortadella.

mortaja [mortáχa] *s. f., Rel.* (sudario) shroud.

mortal [mortál] *adj.* **1.** mortal. **2.** (letal) fatal; deadly. ‖ *s. m. y f.* **3.** mortal.

mortalidad [mortaliðáð] *s. f.* mortality.

mortandad [mortandáð] *s. f.* **1.** (mortalidad) mortality. **2.** (matanza) carnage.

mortero [mortéro] *s. m.* mortar.

mortífero, -ra [mortífero] *adj.* (letal) deadly; murderous.

mortificar [mortifikár] *v. tr.* **1.** to mortify. ‖ **mortificarse** *v. prnl.* **2.** to mortify.

mortuorio, -ria [mortwórjo] *adj.* (fúnebre) mortuary.

mosaico, -ca [mosájko] *s. m.* mosaic.

mosca [móska] *s. f., Zool.* fly. ‖ **por si las moscas** *fam.* just in case.

moscardón [moskarðón] *s. m.* **1.** (mosca grande) blowfly. **2.** *fig. y fam.* (pesado) nuisance.

moscatel [moskatél] *adj. y s. m.* (uva y vino) muscatel.

moscón [moskón] *s. m.* **1.** *Zool.* botfly. **2.** *fig. y fam.*(persona) pest.

mosquear [moskeár] *v. tr.* **1.** *fam.* (molestar) to annoy. **2.** *fam.* (hacer sospechar) to make sb suspicious. ‖ **mosquearse** *v. prnl.* **3.** *fam.* (sospechar) to smell a rat *coll.* **4.** *fam.* (disgustarse) to get mad; to get cross.

mosquetero [mosketéro] *s. m., Hist.* musketeer.

mosquitero [moskitéro] *s. m.* (red contra mosquitos) mosquito net.

mosquito [moskíto] *s. m.,* gnat; mosquito.

mostaza [mostáθa] *s. f., Gastr. y Bot.* mustard.

mosto [mósto] *s. m.* grape-juice.

mostrador, -ra [mostraðór] *s. m.* **1.** (de una tienda) counter. **2.** (de un bar) bar.

mostrar [mostrár] *v. tr.* **1.** to show. **2.** (exponer) to display; to exhibit. ‖ **mostrarse** *v. prnl.* **3.** to show (oneself).

mota [móta] *s.* speck; mote.

mote [móte] *s. m.* (apodo) nickname. ‖ **poner motes** to nickname.

motel [motél] *s. m.* motel.

motín [motín] *s. m.* **1.** *Mil.* (de tropas) mutiny. **2.** (disturbio) riot; rebellion.

motivar [motiβár] *v. tr.* (causar) to motivate; to cause.

motivo [motíβo] *s. m.* **1.** motive; reason. **2.** (arte) motif. **3.** (tema) theme; subject.

moto [móto] *s. f., Autom.* motorcycle.

motocicleta [motoθikléta] *s. f., Autom.* motorcycle.

motocross [motokrós] *s. m., Dep.* motocross.

motor [motór] *adj.* **1.** motor. ‖ *s. m.* **2.** motor; engine. ‖ **motora** *s. f.* **3.** *Náut.* motorboat.

motorista [motorísta] *s. m. y f.* **1.** (que va en moto) motorcyclist. **2.** (automovilista) motorist.

mousse [mús] *s. f., Gastr.* mousse.

movedizo, -za [moβeðíθo] *adj.* **1.** (inseguro) unsteady. **2.** *fig.* changeable.

mover [moβér] *v. tr.* **1.** to move. **2.** (cambiar de lugar) to shift. **3.** (la cola) to wag. **4.** *fig.* (inducir) to induce. ‖ **moverse** *v. prnl.* **5.** to move.

movible [moβíβle] *adj.* movable.

móvil [móβil] *adj.* **1.** mobile. **2.** (mueble) movable. ‖ *s. m.* **3.** (motivo) motive; cause. **4.** (teléfono) mobile.

movilizar [moβiliθár] *v. tr.* **1.** (tropas) to mobilize. ‖ **movilizarse** *v. prnl.* **2.** to mobilize.

movimiento [moβimjénto] *s. m.* **1.** movement. **2.** *Tecnol.* motion. **3.** (agitación) stir. ‖ **en ~** moving. **poner en ~** to set in motion.

mozambiqueño, -ña [moθambikéɲo] *adj. y s. m. y f.* Mozambiquean.

mozo, -za [móθo] *adj.* **1.** (joven) young. **2.** (soltero) single. ‖ *s. m.* **3.** lad. **4.** (camarero) waiter. ‖ **moza** *s. f.* **5.** girl.

muchacho [mutʃátʃo] *s. m.* **1.** (chico) boy; lad *Br. E.* **2.** (sirviente) servant. ‖ **muchacha** *s. f.* **3.** (chica) girl; lass *Br. E.* **4.** *fam.* (de servicio) maid.

muchedumbre [mutʃeðúmbre] *s. f.* crowd; multitude *lit.*

mucho, -cha [mútʃo] *adj. indef.* **1.** a lot of; much (uncount. n.); many (count. n.) [Tiene mucho dinero pero pocos amigos. *He has a lot of money but few friends.*] || *pron. indef.* **2.** a lot; much (cont. n.); many (count. n.) [Compra leche, no queda mucha. *Buy some milk, there isn't much left.*] || *adv. c.* **3.** a lot; much [Eso está mucho mejor. *That is much better.*] || **~ tiempo** a long time.

mucosidad [mukosiðáð] *s. f.* (moco) mucosity; mucus.

muda [múða] *s. f.* **1.** (de ropa) change of clothes. **2.** *Zool.* (en animales) molt. **3.** (de la voz) breaking.

mudanza [muðánθa] *s. f.* **1.** (cambio) change. **2.** (de casa) removal; move. || **mozo de ~** mover *Am. E.;* remover.

mudar [muðár] *v. tr.* **1.** (cambiar) to change. **2.** (trasladar) to move. || **mudarse** *v. prnl.* **3.** (de casa) to move; to remove. **4.** (de ropa) to change. || **~ de pluma** *Zool.* to molt.

mudo [múðo] *adj.* **1.** dumb. **2.** *fig.* (callado) speechless. **3.** *Ling.* mute. || *s. m. y f.* **4.** mute; dumb person.

mueble [mwéβle] *adj.* **1.** movable. || *s. m.* **2.** piece of furniture. || **muebles** *s. m. pl.* **3.** furniture *sing.*

mueca [mwéka] *s. f.* face; grimace. || **hacer muecas** to make faces; to grimace.

muela [mwéla] *s. f.* **1.** (diente) tooth. **2.** (de atrás) back tooth. || **~ del juicio** wisdom tooth.

muelle¹ [mwéʎe] *s. m.* (resorte) spring.

muelle² [mwéʎe] *s. m.* **1.** *Náut.* (embarcadero) pier; wharf. **2.** (andén del tren) freight platform. || **~ de carga** loading dock *Am. E.*

muérdago [mwérðaɣo] *s. m., Bot.* (planta) mistletoe.

muerte [mwérte] *s. f.* **1.** death. **2.** (homicidio) murder. || **de mala ~** (cutre) grotty. **~ natural** natural death.

muerto, -ta [mwérto] *adj.* **1.** dead. **2.** (color) dull. **3.** (sin vida) lifeless. || *s. m. y f.* **4.** (difunto) dead person. **5.** (cadaver) corpse. || **estar ~ de cansancio** to be dead tired. **hacerse el ~** to play possum. **~ de frio** frozen to death. **~ de hambre** starving.

muesca [mwéska] *s. f.* **1.** (grieta) nick; notch. **2.** (para encajar) slot; groove.

muestra [mwéstra] *s. f.* **1.** sample. **2.** (modelo) model. **3.** (señal) sign.

muestrario [mwestrárjo] *s. m.* (catálogo) collection of samples.

mugido [muɣíðo] *s. m.* **1.** (de vaca) moo. **2.** (de toro) bellow.

mugir [muɣír] *v. intr.* **1.** (vaca) to moo; to low. **2.** (toro) to bellow.

mugre [múɣre] *s. f.* dirt; filth.

mugriento [muɣrjénto] *adj.* (muy sucio) filthy; grimy.

mujer [muxér] *s. f.* **1.** woman. **2.** (esposa) wife. || **las mujeres** womankind. **~ de vida alegre** prostitute.

mula [múla] *s. f., Zool.* mule; hinny. || **~ de carga** *Zool.* pack mule.

mulato, -ta [muláto] *adj. y s. m. y f.* (de raza blanca y negra) mulatto.

muleta [muléta] *s. f.* **1.** (apoyo, bastón) crutch. **2.** *Taur.* muleta; red cloth.

muletilla [muletíʎa] *s. f.* (estribillo) tag; pet expression.

mullido, -da [muʎíðo] *adj.* soft; springy.

mulo [múlo] *s. m., Zool.* mule.

multa [múlta] *s. f.* fine; forfeit.

multar [multár] *v. tr.* to fine.

multicolor [muḷtikolór] *adj.* (colorido) multicolored.

multicopista [muḷtikopísta] *adj. y s. f.* (copiadora) duplicator.

multiforme [muḷtifórme] *adj.* (varias formas) multiform.

multimillonario, -ria [muḷtimiʎonárjo] *adj. y s. m. y f.* multimillionaire.

multinacional [muḷtinaθjonál] *adj.* **1.** multinational. || *s. f.* **2.** multinational; multinational company.

múltiple [múḷtiple] *adj.* **1.** multiple. || **múltiples** *adj.* **2.** (muchos) manifold.

multiplicación [muḷtiplikaθjón] *s. f.*, *Mat.* multiplication.

multiplicar [muḷtiplikár] *v. tr. e intr.* **1.** *Mat.* to multiply. || **multiplicarse** *v. prnl.* **2.** (procrearse) to multiply. **3.** (estar en todo) to be everywhere. || **tabla de ~** multiplication table.

múltiplo [múḷtiplo] *s. m.*, *Mat.* multiple.

multitud [muḷtitúð] *s. f.* **1.** (de personas) crowd; horde. **2.** (de cosas) multitude. || **la ~** the masses.

mundano [muṇdáno] *adj.* (mundanal) worldly; earthly.

mundial [muṇdjál] *adj.* **1.** (universal) world; worldwide. || *s. m.* **2.** *Dep.* world championship.

mundo [múṇdo] *s. m.* **1.** world. **2.** (tierra) earth. || **el Tercer Mundo** the Third World. **nada del otro ~** nothing special. **por nada del ~** not for all the tea in China *coll.* **tener ~** to be experienced. **todo el ~** everybody.

munición [muniθjón] *s. f.* **1.** *Mil.* ammunition; munitions *pl.* **2.** (aprovisionamiento) supplies.

municipal [muniθipál] *adj.* **1.** municipal. || *s. m. y f.* **2.** (policía) policeman.

municipio [muniθipjo] *s. m.* **1.** (territorio administrativo) municipality. **2.** (ayuntamiento) town council.

muñeca [muɲéka] *s. f.* **1.** *Anat.* wrist. **2.** (juego) doll. **3.** *fam.* darling. || **~ de trapo** rag doll.

muñeco, -ca [muɲéko] *s. m.* doll.

muñequera [muɲekéra] *s. f.* wrist band.

muñón [muɲón] *s. m.*, *Anat.* stump.

mural [murál] *adj. y s. m.* mural.

muralla [muráʎa] *s. f.* wall; rampart.

murciélago [murθjélaɣo] *s. m.*, *Zool.* bat.

murmullo [murmúʎo] *s. m.* **1.** murmur. **2.** (susurro) whisper.

murmuración [murmuraθjón] *s. f.* gossip; backbiting.

murmurar [murmurár] *v. intr.* **1.** to murmur. **2.** (susurrar) to whisper. **3.** *fig. y fam.*(criticar) to backbite. **4.** *fig.* (refunfuñar) to mutter; to grumble.

muro [múro] *s. m.* wall.

musa [músa] *s. f.* **1.** *Mit.* Muse. **2.** *Lit.* (inspiración) muse.

musaraña [musarápa] *s. f.*, *Zool.* shrew. || **pensar en las musarañas** *fam.* to daydream.

muscular [muskulár] *adj.* muscular.

músculo [múskulo] *s. m.*, *Anat.* muscle.

musculoso [muskulóso] *adj.* muscular.

muselina [muselína] *s. f.* muslin.

museo [muséo] *s. m.* museum. || **~ de arte** art gallery. **~ de cera** wax museum. **~ de ciencias naturales** natural science museum. **pieza de ~** museum piece.

musgo [músɣo] *s. m.*, *Bot.* moss.

música [músika] *s. f.* music. || **~ ambiental** background music.

musical [musikál] *adj.* **1.** musical. || *s. m.* **2.** (comedia) musical.

músico [músiko] *adj.* **1.** musical. ‖ *s. m. y f.* **2.** musician.

musitar [musitár] *v. intr.* to whisper; to murmur.

muslo [múslo] *s. m., Anat.* thigh.

mustio, -tia [mústjo] *adj.* **1.** (persona) sad; gloomy. **2.** *Bot.* (plantas) withered.

musulmán, -na [musulmán] *adj. y s. m. y f., Rel.* Muslim; Moslem.

mutante [mutáṇte] *adj. y s. m. y f.* mutant.

mutilación [mutilaθjón] *s. f.* mutilation.

mutilar [mutilár] *v. tr.* to mutilate.

mutismo [mutísmo] *s. m.* **1.** silence. **2.** *Med.* mutism.

mutuo, -tua [mútwo] *adj.* mutual; reciprocal.

muy [mwí] *adv. intens.* very [El edificio es muy alto. *The building is very high.*]

N

n [éne] *s. f.* (letra) n.

nabo [náβo] *s. m., Bot.* turnip.

nácar [nákar] *s. m.* nacre.

nacer [naθér] *v. intr.* **1.** (una persona) to be born. **2.** (un río) to rise.

nacido, -da [naθíðo] *adj.* born. ‖ **recién ~** newborn.

nacimiento [naθimjénto] *s. m.* **1.** birth. **2.** *fig.* (procedencia) origin; beginning. **3.** (belén) crib.

nación [naθjón] *s. f.* **1.** nation. **2.** (país, estado) country.

nacional [naθjonál] *adj.* **1.** national. **2.** *Econ.* domestic. ‖ *s. m. y f.* **3.** national. ‖ **vuelos nacionales** domestic flights.

nacionalidad [naθjonaliðáð] *s. f.* (ciudadanía) nationality.

nacionalismo [naθjonalísmo] *s. m., Polít.* nationalism.

nacionalista [naθjonalísta] *adj. y s. m. y f., Polít.* nationalist.

nacionalizar [naθjonaliθár] *v. tr.* **1.** *Econ.* to nationalize. ‖ *v. prnl.* **nacionalizarse** **2.** to become nationalized.

nada [náða] *s. f.* **1.** nothingness. ‖ *pron. indef.* **2.** nothing (en or. afirmativas); anything (en or. negativas o interrogativas); none [No hay nada que comer. *There is nothing to eat.*] ‖ *adv. neg.* **3.** not at all [No me gusta nada. *I don't like it at all.*] ‖ **de ~** not at all.

nadador, -ra [naðaðór] *s. m. y f., Dep.* swimmer.

nadar [naðár] *v. intr.* **1.** *Dep.* to swim. **2.** (flotar) to float.

nadie [náðje] *pron. indef.* **1.** (en or. afirmativas) nobody; no one [Nadie me dijo que te casabas. *Nobody told me you were getting married.*] **2.** (en or. negativas) anyone; anybody [No había nadie en casa. *There wasn't anybody at home.*]

nado, a [náðo] *loc. adv.* swimming.

naftalina [naftalína] *s. f., Quím.* naphtalene; naphthaline.

nailon [nájlon] *s. m.* nylon.

naipe [nájpe] *s. m.* playing card.

nalga [nálγa] *s. f.* **1.** *Anat.* buttock. ‖ **nalgas** *s. f. pl.* **2.** *Anat.* buttocks; buttom.
• Se usa más en pl.

nana [nána] *s. f.* lullaby.

napia [nápja] *s. f., col.* (nariz) schnozzle *Am. E., slang;* nose.

napolitana [napolitána] *s. f., Gastr.* pastry filled with chocolate.

naranja [naránɣa] *s. f.* **1.** *Bot.* orange. ‖ *adj. y s. m.* **2.** (color) orange. ‖ **zumo de ~** orange squash.

naranjada [naranɣáða] *s. f.* orangeade.

naranjo [naránɣo] *s. m., Bot.* (árbol) orange tree.

narciso¹ [narθíso] *s. m., Bot.* (flor) narcissus; daffodil.

narciso² [narθíso] *s. m., fig.* (persona) narcissist.

narcótico, -ca [narkótiko] *adj. y s. m., Med.* (sedante) narcotic.

narcotráfico [narkotráfiko] *s. m.* drug trafficking.

nardo [nárðo] *s. m.* **1.** *Bot.* tuberose. **2.** *Bot.* (planta aromática) spikenard.

nariz [naríθ] *s. f., Anat.* nose. ‖ **estar hasta las narices de** to be fed up with. **sonarse la ~** to blow one's nose.

narración [naraθjón] *s. f.* **1.** *Lit.* (relato) narration; story. **2.** (acción de narrar) account.

narrador, -dora [naraðór] *s. m. y f.* **1.** narrator. **2.** *Lit.* storyteller.

narrar [narár] *v. tr.* to narrate; to tell.

narrativa [nařatíβa] *s. f., Lit.* narrative.

nasal [nasál] *adj. y s. f.* nasal.

nata [náta] *s. f.* **1.** (de leche hervida) skin. **2.** (crema) cream. ‖ ~ **montada** whipped cream.

natación [nataθjón] *s. f., Dep.* swimming.

natal [natál] *adj.* **1.** natal. **2.** (país) native.

natalidad [nataliðáð] *s. f.* birth rate. ‖ **control de** ~ birth control.

natillas [natíʎas] *s. f. pl., Gastr.* (postre) custard *sing*.

nativo, -va [natíβo] *adj. y s. m. y f.* (aborigen) native.

natural [naturál] *adj.* **1.** natural. **2.** (sin elaboración) plain. **3.** (espontáneo) unaffected. ‖ *s. m. y f.* **4.** (nativo) native. ‖ *s. m.* **5.** (temperamento) temper.

naturaleza [naturaléθa] *s. f.* **1.** nature. **2.** (modo de ser) disposition. **3.** (complexión) physical constitution. ‖ ~ **muerta** still life.

naturalidad [naturaliðáð] *s. f.* (sencillez) naturalness.

naturalizar [naturaliθár] *v. tr.* **1.** to naturalize. ‖ **naturalizarse** *v. prnl.* **2.** to become naturalized.

naufragar [nawfravár] *v. intr.* **1.** to cast away. **2.** (barco) to be wrecked. **3.** (persona) to be shipwrecked. **4.** *fig.* (fracasar) to fail.

naufragio [nawfráxjo] *s. m.* **1.** *Náut.* shipwreck. **2.** *fig.* (fracaso) failure.

náusea [náwsea] *s. f., Med.* nausea; sickness. ‖ **tener náuseas** to feel sick.

nauseabundo [nawseaβúndo] *adj.* nauseating; sickening; nauseous.

náutico, -ca [náwtiko] *adj.* **1.** nautical. ‖ **náutica** *s. f.* **2.** navigation; seamanship. ‖ **club** ~ yacht club.

navaja [naβáxa] *s. f.* **1.** (cuchillo) penknife; jackknife. **2.** *Zool.* (molusco) razor clam. ‖ ~ **de afeitar** razor.

navajero, -ra [naβaxéro] *s. m. y f.* criminal; thief armed with a knife.

naval [naβál] *adj.* naval.

nave [náβe] *s. f.* **1.** *Náut.* ship. **2.** *Arq.* (de una iglesia) nave. **3.** (industrial) premises. ‖ ~ **espacial** (aeronave) spaceship. ~ **lateral** *Arq.* aisle.

navegable [naβeváβle] *adj.* **1.** (canal, río) navigable. **2.** (barco) seaworthy.

navegación [naβevaθjón] *s. f.* **1.** *Náut.* navigation; sailing. **2.** (viaje) sea journey. ‖ ~ **aérea** air navigation.

navegante [naβeváɲte] *s. m. y f., Náut.* (marino) navigator.

navegar [naβevár] *v. intr.* **1.** to navigate. **2.** *Náut.* (por mar) to sail. **3.** (en internet) to surf.

Navidad [naβiðáð] *s. f.* **1.** Christmas. ‖ **Navidades** *s. f. pl.* **2.** Christmas time. ‖ **árbol de** ~ Christmas tree.

navideño, -ña [naβiðéɲo] *adj.* Christmas.

navío [naβío] *s. m., Náut.* ship; vessel.

neblina [neβlína] *s. f., Meteor.* mist.

necedad [neθeðáð] *s. f.* **1.** (cualidad) foolishness. **2.** (estupidez) nonsense.

necesario [neθesárjo] *adj.* **1.** necessary. **2.** (inevitable) inevitable.

neceser [neθesér] *s. m.* **1.** (de aseo) toilet case; sponge case. **2.** (más grande) dressing case. ‖ ~ **de costura** sewing case.

necesidad [neθesiðáð] *s. f.* **1.** necessity; need. **2.** (pobreza) want. ‖ **hacer sus necesidades** to relieve oneself.

necesitado, -da [neθesitáðo] *adj.* **1.** (pobre) needy; poor. ‖ *s. m. y f.* **2.** needy person.

necesitar [neθesitár] *v. tr.* **1.** to need; to require. **2.** (carecer) to lack.

necio, -cia [néθjo] *adj.* **1.** (tonto) stupid; foolish. **2.** (terco) stubborn. ‖ *s. m. y f.* **3.** idiot; fool. **4.** (terco) blockhead.

nécora [nékora] *s. f., Zool.* (crustáceo) small edible sea crab.

néctar [nektár] *s. m.* nectar.

nectarina [nektarína] *s. f., Bot.* (fruta) nectarine.

nefasto, -ta [nefásto] *adj.* (desastroso) disastrous; fatal.

negación [neɣaθjón] *s. f.* **1.** negation; denial. **2.** *Ling.* (negativa) negative.

negado, -da [neɣáðo] *adj. y s. m. y f.* (inepto) useless; inept.

negar [neɣár] *v. tr.* **1.** to deny. **2.** (denegar) to refuse; to deny. **3.** (prohibir) to prohibit. ‖ **~ con la cabeza** to shake one's head. **negarse a** to refuse to.

negativa [neɣatíβa] *s. f.* **1.** negative. **2.** (a una pregunta, acusación) denial; negation. **3.** (a una oferta) refusal.

negativo, -va [neɣatíβo] *adj.* **1.** negative. ‖ *s. m.* **2.** *Fot.* negative. **3.** *Mat.* minus.

negligencia [neɣliɣénθja] *s. f.* negligence.

negligente [neɣliɣénte] *adj.* **1.** negligent; neglectful. ‖ *s. m. y f.* **2.** negligent person.

negociar [neɣoθjár] *v. tr. e intr.* **1.** to negotiate. ‖ *v. intr.* **2.** *Econ.* (comerciar) to trade; to deal.

negocio [neɣóθjo] *s. m.* **1.** business. **2.** (negociación) deal; transaction. ‖ **~ redondo** *fam.* good business.

negrita [neɣríta] *s. f., Impr.* bold; bold type; boldface [Pon el título en negrita. *Put the heading in bold.*]

negro, -gra [néɣro] *adj.* **1.** black. **2.** (de color más oscuro) dark. ‖ *s. m.* **3.** (co-

lor) black. ‖ *s. m. y f.* **4.** (raza) black; Negro *offens.*; nigger, *offens.* ‖ **negra** *s. f.* **5.** *Mús.* (nota musical) quarter note *Am. E.*; crotchet *Br. E.*

negruzco [neɣrúθko] *adj.* blackish.

nene, -na [néne] *s. m. y f.* **1.** baby; child. ‖ **nena** *s. f.* **2.** *fam.* (chica joven) babe.

nervio [nérβjo] *s. m.* **1.** *Anat.* nerve. **2.** *Anat.* (tendón) tendon. **3.** *Arq. y Bot.* rib. **4.** *fig.* (fuerza) vigor; strength. ‖ **crispar los nervios** *fam.* to get on one's nerves.

nerviosismo [nerβjosísmo] *s. m.* nervousness; nerves *pl.*

nervioso, -sa [nerβjóso] *adj.* **1.** (inquieto) nervous. ‖ **poner ~** to unnerve.

neto, -ta [néto] *adj.* **1.** *Econ.* (líquido) net. **2.** (claro) clear; neat.

neumático, -ca [newmátiko] *adj.* **1.** pneumatic. ‖ *s. m.* **2.** tire.

neumonía [newmonía] *s. f., Med.* (pulmonía) pneumonia.

neutral [newtrál] *adj.* neutral.

neutralizar [newtraliθár] *v. tr.* (tb. Fís.) to neutralize.

neutro, -tra [néwtro] *adj.* **1.** *Ling. y Biol.* neuter. **2.** (imparcial, color) neutral.

nevada [neβáða] *s. f.* snowfall.

nevado, -da [neβáðo] *adj.* snowcapped.

nevar [neβár] *v. intr.* to snow.

nevera [neβéra] *s. f.* (frigorífico) ice-box *Am. E.*; refrigerator.

nexo [nékso] *s. m.* **1.** (enlace) link. **2.** *Ling.* connective.

ni [ní] *conj. copul.* (en or. negativas) or [No tengo sueños ni metas. *I don't have any dreams or goals.*] ‖ **ni... ni...** neither... nor... [Ni mi madre ni mi hermana me vieron. *Neither my mother nor my sister saw me.*]

nicaragüense [nikaraɣwénse] *adj. y s. m. y f.* Nicaraguan.

nicho [nítʃo] *s. m.* **1.** (hornacina) niche. **2.** (hueco) recess.

nicotina [nikotína] *s. f.*, *Quím.* nicotine.

nidada [niðáða] *s. f.* **1.** (de huevos) clutch. **2.** (de polluelos) hatch.

nido [níðo] *s. m.* nest.

niebla [njéβla] *s. f.*, *Meteor.* fog.

nieto [njéto] *s. m.* **1.** grandson. ‖ **nieta** *s. f.* **2.** granddaughter. ‖ **nietos** *s. m. y f. pl.* **3.** grandchildren.

nieve [njéβe] *s. f.*, *Meteor.* snow.

nigromante [niɣromáȵte] *s. m. y f.* (brujo) necromancer.

ningún [niŋgún] *adj. indef.* **1.** no [No había ningún niño. *There was no child.*] ‖ **de ~ modo** by no means. ‖ *Apocopated form of "ninguno", used before a m. n.*

ninguno, -na [niŋgúno] *adj. indef.* **1.** (en frases negativas) any [No tengo ninguna esperanza. *I don't have any hope.*] **2.** (en frases afirmativas) no [No hay ninguna ciudad con más encanto. *There is no city with more charm.*] ‖ *pron. indef.* **3.** (de dos) neither [Tengo dos hermanas pero ninguna se me parece. *I have two sisters but neither looks like me.*] **4.** (de más) none [Ninguno de los asistentes aplaudió al final del concierto. *None of those present applauded at the end of the concert.*] **5.** (en frases negativas) any [No visité ninguno de los museos. *I didn't visit any of the museums.*]

ninot [ninót] *s. m.* image of a figure burnt in Valencia.

niña [nína] *s. f.* (del ojo) pupil.

niñato, -ta [nináto] *s. m. y f.*, *pey.* (mocoso) immature person.

niñera [ninéra] *s. f.* (tata) nursemaid *Am. E.*; nanny.

niñería [ninería] *s. f.* childish action.

niñez [niné θ] *s. f.* childhood.

niño, -ña [níno] *s. m. y f.* **1.** child. ‖ *s. m.* **2.** boy. **3.** (niña) girl ‖ **niños** *s. m. pl.* **4.** children *pl.*

niqui [níki] *s. m.* polo shirt.

nitidez [nitiðéθ] *s. f.* **1.** clarity; sharpness. **2.** (en la atmósfera) brightness.

nítido, -da [nítiðo] *adj.* clear; bright.

nitrógeno [nitróxeno] *s. m.*, *Quím.* nitrogen.

nivel [niβél] *s. m.* **1.** (altura) level. **2.** (categoría) standard. ‖ **~ de vida** standard of living. **~ del mar** sea level. **paso a ~** (tren) grade crossing

nivelar [niβelár] *v. tr.* **1.** to grade *Am. E.*; to level. **2.** *Econ.* to balance.

no [nó] (*pl.*: noes) *s. m.* **1.** (respuesta) no [Estoy seguro de que su respuesta va a ser un no categórico. *I'm sure that her answer is going to be a categorical no.*] **2.** (voto) no [Ganaron los noes. *The noes had it.*] ‖ *adv. neg.* **3.** (modificando verbos, adverbios,...) not [No quiero nada tuyo. *I do not want anything from you.*] **4.** (en respuestas) no [No, nunca he estado en París. *No, I have never been in Paris.*] **5.** no (+ comp.) [This house is no cheaper than the other one. *Esta casa no es más barata que la otra.*]

noble [nóβle] *adj.* **1.** noble. ‖ *s. m.* **2.** nobleman. ‖ *s. f.* **3.** noblewoman.

nobleza [noβléθa] *s. f.* nobility.

noche [nótʃe] *s. f.* night. ‖ **buenas noches** (saludo) good evening! (despedida) good night. **esta ~** tonight. **~ de bodas** wedding night. **Noche de Reyes** Twelfth Night. **todas las noches** nightly

Nochebuena [notʃeβwéna] *s. f.* (24 de diciembre) Christmas Eve.

Nochevieja [notʃeβjéχa] *s. f.* (31 de diciembre) New Year's Eve.

noción [noθjón] *s. f.* **1.** notion. ‖ **nociones** *s. f. pl.* **2.** (conocimientos) basic knowledge; smattering *sing.*

nocivo, -va [noθíβo] *adj.* (perjudicial) harmful; noxious.

noctámbulo, -la [noktámbulo] *adj.* **1.** nightawk *Am. E.;* night owl. ‖ *s. m. y f.* **2.** nightawk *Am. E.*

nocturno, -na [noktúrno] *adj.* **1.** night. **2.** *Zool.* y *Bot.* nocturnal. ‖ *s. m.* **3.** *Mús.* nocturne. ‖ **clases nocturnas** evening classes.

nodriza [noðríθa] *s. f.* (ama de cría) wet nurse. ‖ **nave ~** (buque, avión) supply ship.

nogal [noɣál] *s. m.* **1.** *Bot.* (árbol) walnuttree. **2.** (madera) walnut. ‖ **~ americano** *Bot.* hickory.

nómada [nómaða] *adj.* **1.** (errante) nomadic. ‖ *s. m. y f.* **2.** nomad.

nombrado [nombráðo] *adj.* **1.** (mencionado) mentioned. **2.** (designado) designated. **3.** (célebre) famous.

nombramiento [nombramjénto] *s. m.* **1.** (designación) appointment. **2.** (documento) commission.

nombrar [nombrár] *v. tr.* **1.** to name. **2.** (mencionar) to mention. **3.** (para un cargo) to appoint.

nombre [nómbre] *s. m.* **1.** name. **2.** (fama) reputation. **3.** *Ling.* noun. ‖ **a ~ de** adressed to. **en ~ de** (en representación de) in/on behalf of. ‖(apelando a) in the name of. **~ de pila** Christian name. **~ propio** proper name. **~ y apellido** full name.

nómina [nómina] *s. f.* **1.** (plantilla de empleados) pay roll. **2.** (recibo de pago) payslip. **3.** (paga) wages.

nominal [nominál] *adj.* **1.** nominal. **2.** *Ling.* noun.

nominativo, -va [nominatíβo] *adj.* **1.** *Econ.* (cheque) nominal. ‖ *s. m.* **2.** *Ling.* nominative.

non [nón] *adj.* **1.** (número) odd. ‖ *s. m.,* **2.** *Mat.* odd number. ‖ **pares y nones** odds and evens.

nordeste [norðéste] *s. m., Geogr.* northeast.

nórdico, -ca [nórðiko] *adj.* **1.** (del norte) northern. **2.** (escandinavo) Nordic. ‖ *s. m.* **3.** *Ling.* (idioma) Norse. ‖ *s. m. y f.* **4.** (persona) Norseman.

noria [nórja] *s. f.* **1.** (para sacar agua) waterwheel; noria. **2.** (para divertirse) ferris wheel *Am. E.*

norma [nórma] *s. f.* norm; rule.

normal [normál] *adj.* **1.** normal. **2.** (habitual) natural. **3.** *Tecnol.* standard.

normativo, -va [normatíβo] *adj.* **1.** normative. ‖ **normativa** *s. f.* **2.** rules *pl.;* regulations *pl.* ‖ **sistema ~** set of rules; set of regulations.

noroeste [noroéste] *s. m., Geogr.* northwest.

norte [nórte] *adj.* **1.** northern. ‖ *s. m.* **2.** *Geogr.* north. ‖ **al ~** *Geogr.* north. **hacia el ~** northward.

norteamericano, -na [norteamerikáno] *adj. y s. m. y f.* (North) American.

nos [nós] *pron. pers. 1ª pl.* **1.** (objeto) us [No nos quiso decir nada. *She didn't want to tell us anything.*] ‖ *pron. pers. recípr.* **2.** each other [Nos miramos fijamente. *We stared at each other.*] ‖ *pron. pers. refl.* **3.** ourselves [Siempre nos preguntamos lo mismo. *We always ask ourselves the same thing.*]

nosotros, -tras [nosótros] *pron. pers. nomin. 1ª pl.* **1.** we [Nosotros vamos al cine. *We are going to the cinema.*] ‖ *pron. pers. prep.* **2.** us [Tiene una sorpresa para nosotros. *She has a surprise for us.*] ‖ ~ **mismos** ourselves [Diseñamos la casa nosotros mismos. *We design the house ourselves.*]

nostalgia [nostálxja] *s. f.* **1.** nostalgia. **2.** (morriña) homesickness.

nota [nóta] *s. f.* **1.** (anotación) note. **2.** *Educ.* (calificación) grade *Am. E.*; mark *Br. E.* **3.** *Mús.* note. **4.** (comentario) remark. **5.** (cuenta) bill.

notable [notáβle] *adj.* **1.** notable; noteworthy. **2.** (considerable) considerable. **3.** (extraordinario) remarkable; outstanding. ‖ *s. m.* **4.** *Educ.* credit (mark).

notar [notár] *v. tr.* **1.** to notice; to note. ‖ **notarse** *v. prnl.* **2.** (sentirse) to feel.

notario [notárjo] *s. m.* notary.

noticia [notíθja] *s. f.* **1.** news *sing.* ‖ **noticias** *s. f. pl.* **2.** (noticiario) news; tidings. ‖ ~ **bomba** bombshell.

noticiario [notiθjárjo] *s. m.* news. ‖ ~ **cinematográfico** newsreel.

notificación [notifikaθjón] *s. f., form.* advice; notification *frml.*

notificar [notifikár] *v. tr.* (comunicar) to notify; to advise.

notoriedad [notorjeðáð] *s. f.* **1.** fame. **2.** (mala fama) notoriety. **3.** knowledge [Es de notoriedad pública que están en números rojos. *It is common knowledge that they are in the red.*]

notorio, -ria [notórjo] *adj.* **1.** (público) well-known. **2.** (evidente) evident; obvious.

novatada [noβatáða] *s. f.* practical joke. ‖ **pagar la ~** to learn the hard way.

novato, -ta [noβáto] *adj.* **1.** inexperienced; raw. ‖ *s. m. y f.* **2.** (principiante) beginner; novice. **3.** (en la Universidad) fresher *Br. E.*

novecientos, -tas [noβeθjéntos] *adj. num. card.* (también *pron. num.* y *s. m.*) nine hundred.

novedad [noβeðáð] *s. f.* **1.** (cosa nueva) novelty. **2.** (cualidad) newness. ‖ **novedades** *s. f. pl.* **3.** (noticias) news. **4.** (en moda) fashions. ‖ **sin ~** without incident.

novedoso, -sa [noβeðóso] *adj.* (original) novel; innovative.

novel [noβél] *adj.* **1.** new; inexperienced. ‖ *s. m. y f.* **2.** beginner.

novela [noβéla] *s. f., Lit.* novel.

novelesco, -ca [noβelésko] *adj.* **1.** (característico de las novelas) novelistic; fictional. **2.** (fantástico) fantastic.

novelista [noβelísta] *s. m. y f.* novelist.

novena [noβéna] *s. f., Rel.* novena.

noveno [noβéno] *adj. num. ord.* (también *pron. num.*) **1.** ninth; nine [Vive en el noveno piso. *She lives on the ninth floor.*] ‖ *adj. num. fracc.* (también *s. m.* y *f.*) **2.** ninth [Te puedes comer una novena parte de la tarta. *You can eat one ninth of the cake.*]

noventa [noβénta] *adj. num. card. inv* (también *pron. num.* y *s. m.*) **1.** ninety ‖ *adj. num. ord. inv.* **2.** ninetieth; ninety [El capítulo noventa es el último. *The ninetieth chapter is the last one.*]

noviazgo [noβjáθγo] *s. m.* (relación) engagement; courtship.

novicio, -cia [noβíθjo] *s. m. y f., Rel* (monje) novice.

noviembre [nobjémbre] *s. m.* (mes del año) November.

novillada [noβiʎáða] *s. f., Taur.* bull-fighting with young bulls.

novillero, -ra [noβiʎéro] *s. m. y f., Taur.* apprentice bullfighter.

novillo, -lla [noβíʎo] *s. m.* **1.** *Zool.* young bull; steer. ‖ **novilla** *s. f.* **2.** *Zool.* heifer. ‖ **hacer novillos** *fam.* to hooky *Am. E.;* to play truant.

novio [nóβjo] *s. m.* **1.** boyfriend. **2.** (prometido) fiancé. **3.** (en una boda) bridegroom. ‖ **novia** *s. f.* **4.** girlfriend. **5.** (prometida) fiancée. **6.** (en la boda) bride. ‖ **los novios** the bride and groom. **vestido de novia** wedding dress.

nubarrón [nuβaрón] *s. m., Meteor.* (nube grande) storm cloud.

nube [núβe] *s. f., Meteor.* (de polvo, insectos, etc.) cloud. ‖ **~ de verano** *Meteor.* summer shower. **poner a uno por las nubes** to praise sb to the skies.

nublado, -da [nuβláðo] *adj.* **1.** *Meteor.* cloudy; overcast. ‖ *s. m.* **2.** *Meteor.* storm cloud.

nublarse [nuβlárse] *v. prnl., Meteor.* to cloud over.

nuboso, -sa [nuβóso] *adj., Meteor.* (nublado) cloudy.

nuca [núka] *s. f., Anat.* nape; back of the neck.

nuclear [nukleár] *adj.* nuclear.

núcleo [núkleo] *s. m.* **1.** nucleus. **2.** (centro) core.

nudillo [nuðíʎo] *s. m., Anat.* knuckle.

nudismo [nuðísmo] *s. m.* nudism.

nudista [nuðísta] *adj. y s. m. y f.* nudist.

nudo [núðo] *s. m.* **1.** knot. **2.** *fig.* (vínculo) bond; tie. ‖ **~ corredizo** slipknot.

nudoso, -sa [nuðóso] *adj.* knotty.

nuera [nwéra] *s. f.* daughter-in-law.

nuestro, -tra [nwéstro] *adj. pos. 1ª pl.* **1.** our; of ours [Nos vamos de vacaciones con nuestros amigos. *We are going on holidays with our friends.*] ‖ *pron. pos.* **2.** ours [Vuestras hijas estudian pero las nuestras trabajan. *Your daughters are studying but ours are working.*]

nueve [nwéβe] *adj. num. card. inv.* (también pron. num. y s. m.) **1.** nine. ‖ *adj. num. ord. inv.* (también pron. num.) **2.** ninth; nine [A finales del siglo nueve. *At the end of the ninth century.*]

nuevo, -va [nwéβo] *adj.* **1.** new [Tiene novio nuevo. *She has a new boyfriend.*] **2.** (antes del s.) further [Se ha producido una nueva explosión. *A further explosion has taken place.*] ‖ **como ~** as good as new. **de ~** again [Tengo que escribir la redacción de nuevo. *I have to write the essay again.*]

nuez [nwéθ] *s. f.* **1.** *Bot.* walnut. **2.** *Anat.* Adam's apple. ‖ **~ moscada** nutmeg.

nulidad [nuliðáð] *s. f.* **1.** *Der.* nullity. **2.** *fam.* (persona) nonentity.

nulo, -la [núlo] *adj.* **1.** (no válido) void; invalid. **2.** (incapaz) useless.

numeración [numeraθjón] *s. f.* **1.** numeration. **2.** (números) numbers *pl.* **3.** (sistema numérico) numerals *pl.*

numerador [numeraðór] *s. m., Mat.* numerator.

numeral [numerál] *adj. y s. m.* numeral.

numerar [numerár] *v. tr.* to number.

numérico, -ca [numériko] *adj.* (matemático) numerical.

número [número] *s. m.* **1.** number; figure. **2.** (de zapatos) size.

numeroso, -sa [numeróso] *adj.* (cuantioso) numerous.

nunca [núŋka] *adv. t.* never; ever (in neg. sentences) [No he ido nunca a un concierto. *I've never been to a concert.*] ‖ ~ **jamás** never ever [Nunca jamás haré eso. *I'll never ever do that.*] ~ **más** never again [Nunca más beberé alcohol. *I'll never drink alcohol again.*]

nupcial [nupθjál] *adj.* nuptial; bridal.

nupcias [núpθjas] *s. f. pl.* (boda) wedding *sing.;* nuptials *pl.*

nutria [nútrja] *s. f., Zool.* otter.

nutrición [nutriθjón] *s. f.* (alimentación) nutrition; nourishment.

nutrido, -da [nutríðo] *adj.* **1.** (alimentado) nourished. **2.** *fig.* (abundante) large; numerous.

nutrir [nutrír] *v. tr.* **1.** to nourish; to feed. **2.** *fig.* (fortalecer algo) to encourage. **3.** (suministrar) to provide.‖ **nutrirse** *v. prnl.* **4.** (alimentarse) to feed.

nutritivo, -va [nutritíβo] *adj.* nutritious; nourishing.

Ñ

ñ [éɲe] *s. f.* (letra) ñ.

ñam ñam [ɲamɲám] *interj. fam.* yum-yum [Mañana comemos en un chino, ñam ñam. *Tomorrow we'll eat in a Chinese restaurant, yum-yum.*]

ñame [ɲáme] *s. m., Bot.* yam.

ñandú [ɲandú] *s. m., Zool.* rhea [El único ñandú que he visto ha sido en el zoológico de mi ciudad. *The only rhea I have seen it was in the zoo of my town.*]

ñango, -ga [ɲáŋgo] *adj.* (debilucho) wimpish.

ñaño, -ña [ɲáɲo] *s. m., Amér.* (soso) brother.

ñoñería [ɲoɲeɾía] *s. f.* mawkishness; insipidness.

ñoñez [ɲoɲéθ] *s. f.* insipidness.

ñoño, -ña [ɲóɲo] *adj. y s. m. y f.* namby-pamby.

ñoqui [ɲóki] *s. m., Gastr.* gnocchi *pl.* [Ayer por la noche, fuimos a comer ñoquis a un restaurante italiano. *Yesterday evening,, we went to eat gnocchi in an Italian restaurant.*]

ñorbo, -ña [ɲóɾβo] *s. m., Bot.* (flor) passion flower.

ñu [ɲú] *s. m., Zool.* gnu; wildebeest [Vimos ñus en nuestro viaje a África. *We saw gnus in our trip to Africa.*]

O

o¹ [ó] *s. f.* (letra) o.

o² [ó] *conj. disy.* or [Tiene uno o dos hermanos. *She has one or two brothers.*] ‖ **o... o...** either... or... [Come siempre o ensalada o verdura. *She always eats either salad or vegetables.*] •It becomes "u" before "o" or "ho": Diez u once. *Ten or eleven*

oasis [oásis] *s. m. inv.* oasis.

obcecación [oβθekaθjón] *s. f.* (ofuscamiento) obstinacy; stubbornness.

obedecer [oβeðeθér] *v. tr. e intr.* (acatar) to obey.

obediencia [oβeðjénθja] *s. f.* (acatamiento) obedience; compliance.

obediente [oβeðjénte] *adj.* obedient.

obertura [oβertúra] *s. f., Mús.* overture.

obesidad [oβesiðáð] *s. f.* obesity.

obeso, -sa [oβéso] *adj.* **1.** obese. ‖ *s. m. y f.* **2.** obese person.

obispo [oβíspo] *s. m.* bishop.

objeción [oβχeθjón] *s. f.* objection. ‖ **poner objeciones** to demur.

objetar [oβχetár] *v. tr.* **1.** to object. ‖ *v. intr.* **2.** to demur.

objetivo, -va [oβχetíβo] *adj.* **1.** objective. ‖ *s. m.* **2.** *Fot.* lens. **3.** (meta) objective; aim. **4.** (diana) target.

objeto [oβχéto] *s. m.* **1.** object. **2.** (finalidad) purpose. ‖ **con el ~ de** for the sake of. **hombre o mujer ~** sex object.

objetor, -ra [oβχetór] *s. m. y f., Mil.* objector. ‖ **~ de conciencia** *Mil.* conscientious objector.

oblea [oβléa] *s. f., Gastr.* wafer.

oblicuo, -cua [oβlíkwo] *adj.* **1.** oblique. **2.** (mirada) sidelong.

obligación [oβliɣaθjón] *s. f.* **1.** (deber) obligation; duty. **2.** (responsabilidad) responsibility. **3.** *Econ.* bond. ‖ **~ moral** moral obligation.

obligar [oβliɣár] *v. tr.* **1.** (forzar) to force; to obligate. ‖ **obligarse** *v. prnl.* **2.** to commit oneself.

obligatorio [oβliɣatórjo] *adj.* (forzoso) compulsory; obligatory.

oboe [oβóe] *s. m.* **1.** *Mús.* (instrumento) oboe. ‖ *s. m. y f.* **2.** *Mús.* (persona) oboist.

obra [óβra] *s. f.* **1.** work. . **2.** *Lit.* (libro) book. **3.** *Arq.* building ‖ **obras** *s. f. pl.* **4.** repairs. ‖ **~ de beneficencia** benefaction. **~ de consulta** reference book. **~ maestra** masterpiece.

obrador [oβraðór] *s. m.* (horno) cake shop workshop.

obrar [oβrár] *v. tr.* **1.** (hacer) to work. ‖ *v. intr.* **2.** (actuar) to act; to do.

obrero, -ra [oβréro] *adj.* **1.** working. ‖ *s. m. y f.* **2.** worker. **3.** (de trabajo fisico) laborer.

obsceno, -na [obsθéno] *adj.* obscene.

obscuro, -ra [obscúro] *adj.* **1.** dark. **2.** *fig.* (idea) obscure.

obsequiar [obsekjár] *v. tr.* to give presents; to present; to offer.

obsequio [obsékjo] *s. m., form.* (regalo) gift; present.

observación [obserβaθjón] *s. f.* **1.** observation. **2.** (comentario) remark; comment.

observador, -ra [obserβaðór] *adj.* **1.** observant. ‖ *s. m. y f.* **2.** observer.

observar [obserβár] *v. tr.* **1.** to observe; to watch. **2.** (notar) to notice. **3.** (comentar) to remark.

observatorio [obserβatórjo] *s. m., Astron.* observatory.

obsesión [obsesjón] *s. f.* obsession.

obstaculizar [obstakuliθár] *v. tr.* (estorbar) to hinder; to hamper.

obstáculo [obstákulo] *s. m.* **1.** obstacle. **2.** (estorbo) hindrance.

obstante, no [obstánte] *loc. conj.* **1.** (sin embargo) however; nevertheless; nonetheless; notwithstanding; still [No obstante, no estoy de acuerdo. *However, I disagree.*] ‖ *loc. prep.* **2.** (a pesar de) out of spite; despite [No obstante sus protestas, el proyecto siguió adelante. *Despite their protests, the proyect went on.*]

obstinación [obstinaθjón] *s. f.* (testarudez) obstinacy; stubbornness.

obstinado, -da [obstináðo] *adj.* (testarudo) obstinate; stubborn.

obstinarse [obstinárse] *v. prnl.* (emperrarse) to persist.

obstrucción [obstrukθjón] *s. f.* **1.** obstruction. **2.** *Med.* blockade.

obstruir [obstruír] *v. tr.* **1.** to obstruct. **2.** *fig.* (impedir) to hinder.

obtención [obtenθjón] *s. f.* **1.** obtaining. **2.** (con dinero) purchase.

obtener [obtenér] *v. tr.* to obtain; to get.

obturador [obturaðór] *s. m., Fot.* shutter.

obturar [obturár] *v. tr.* to block.

obtuso, -sa [obtúso] *adj.* obtuse.

obvio, -via [óββjo] *adj.* obvious.

oca [óka] *s. f., Zool.* goose.

ocasión [okasjón] *s. f.* **1.** (oportunidad) opportunity; chance. **2.** (momento) occasion; moment. ‖ **de ~** (barato) bargain; cut-price. (no nuevo) second-hand.

ocasional [okasjonál] *adj.* **1.** (de vez en cuando) occasional; casual. **2.** (fortuito) fortuitous; accidental.

ocasionar [okasjonár] *v. tr.* **1.** (causar) to cause; to bring about. **2.** (originar) to give rise to. **3.** (conllevar) to entail.

ocaso [okáso] *s. m.* **1.** (del sol) sunset. **2.** (occidente) west. **3.** *fig.* (final) decline.

occidental [okθiðentál] *adj.* **1.** Western; occidental. ‖ *s. m. y f.* **2.** westerner.

occidente [okθiðénte] *s. m.* (oeste) west; occident.

océano [oθéano] *s. m.* ocean.

ochenta [otʃénta] *adj. num. card. inv.* (también pron. num. y s. m.) **1.** eighty. ‖ *adj. num. ord. inv.* (también pron. num.) **2.** eightieth; eighty [¿Has leído el capítulo ochenta? *Have you read chapter eighty?*]

ocho [ótʃo] *adj. num. card.* (también pron. num. y s. m.) **1.** eight. ‖ *adj. num. ord. inv.* (también pron. num.) **2.** eighth; eight [Resume la página ocho. *Make a summary of page eight.*]

ochocientos [otʃoθjéntos] *adj. num. card. m.* (también pron. num. y s.) eight hundred.

ocio [óθjo] *s. m.* leisure; idleness *pej.* ‖ **tiempo de ~** spare time.

ociosidad [oθjosiðáð] *s. f.* idleness.

ocioso [oθjóso] *adj.* **1.** (desocupado) idle; inactive. **2.** (inútil) pointless.

ocre [ókre] *s. m.* (color) ocher.

octavilla [oktaβíʎa] *s. f.* pamphlet; leaflet.

octavo, -va [oktáβo] *adj. num. ord.* (también pron. num.) **1.** eighth; eight [Es su octavo coche. *That's his eighth car.*] ‖ *adj. num. fracc.* (también s. m. y f.) **2.** eighth [Se bebió un octavo de la botella. *He drank one eighth of the bottle.*]

octubre [oktúbre] *s. m.* October.

ocular [okulár] *adj.* **1.** ocular. ‖ *s. m.* **2.** (lente) eyepiece.

oculista [okulísta] *s. m. y f., Med.* (oftalmólogo) oculist; ophthalmologist.

ocultar [okultár] *v. tr.* **1.** to hide; to conceal. **2.** (la verdad) to withhold. ‖ **ocultarse** *v. prnl.* **3.** to hide (oneself).

oculto, -ta [okúlto] *adj.* (escondido) hidden; concealed.

ocupación [okupaθjón] *s. f.* **1.** occupation. **2.** (actividad) activity. **3.** (empleo) employment; job.

ocupado [okupáðo] *adj.* **1.** (persona) busy. **2.** (asiento) occupied; taken. **3.** (teléfono) engaged.

ocupar [okupár] *v. tr.* **1.** to occupy. **2.** (un espacio) to take up. **3.** (una casa) to inhabit. **4.** (un cargo) to hold. **5.** (emplear) to employ. ‖ **ocuparse de** (de algo) to attend to.

ocurrencia [okuréŋθja] *s. f.* **1.** occurrence. **2.** (idea) idea. **3.** (dicho original) witty remark.

ocurrir [okuřír] *v. intr.* **1.** (suceder) to happen; to occur. ‖ **ocurrirse** *v. prnl.* **2.** (un plan) to strike on. ‖ **volver a ~** to recur.

odiar [oðjár] *v. tr.* to hate.

odio [óðjo] *s. m.* hatred; hate; loathing.

odioso, -sa [oðjóso] *adj.* **1.** (digno de odio) hateful. **2.** (detestable) odious; detestable; horrible.

odontólogo, -ga [oðoṇtóloɣo] *s. m. y f.*, *Med.* (dentista) dental surgeon; odontologist.

oeste [oéste] *s. m.* (punto cardinal) west. ‖ **hacia el ~** westward.

ofender [ofendér] *v. tr.* to offend. ‖ **ofenderse** *v. prnl.* **2.** to take offense.

ofensa [ofénsa] *s. f.* **1.** offense. **2.** (insulto) insult.

ofensivo, -va [ofensíβo] *adj.* **1.** offensive. **2.** (insultante) insulting. ‖ **ofensiva** *s. f.* **3.** *Mil.* offensive.

oferta [oférta] *s. f.* **1.** offer. **2.** (propuesta) proposal. **3.** *Econ.* bid; tender. ‖ **~ y demanda** supply and demand.

oficial [ofiθjál] *adj.* **1.** official. ‖ *s. m. y f.* **2.** (empleado) clerk. **3.** *Mil.* officer.

oficina [ofiθína] *s. f.* office. ‖ **~ central** headquarters. **~ de correos** post office.

oficio [ofiθjo] *s. m.* **1.** (ocupación) occupation. **2.** (con especialización) trade. **3.** (cometido) office. **4.** (comunicación escrita) official note. **5.** *Rel.* service. ‖ **¿cuál es tu ~ ?** what do you do?

ofrecer [ofreθér] *v. tr.* **1.** (dar) to offer. **2.** (proponer) to propose. **3.** (un regalo) to give. ‖ **ofrecerse** *v. prnl.* **4.** (prestarse) to offer; to volunteer.

ofrecimiento [ofreθimjéṇto] *s. m.* offer.

ofrenda [ofréṇda] *s. f.*, *Rel.* offering; gift.

oftalmólogo, -ga [oftalmóloɣo] *s. m. y f.*, *Med.* (oculista) ophthalmologist.

ofuscar [ofuskár] *v. tr.* **1.** (deslumbrar) to dazzle. **2.** *fig.* (confundir) to confuse.

ogro [óɣro] *s. m.* ogre.

oídas, de [oíðas] *loc.* (saber, conocer) to have heard about.

oído [oíðo] *s. m.* **1.** (sentido) hearing. **2.** *Anat.* ear. ‖ **de ~** by ear. **ser todo oídos** *fam.* to be all ears.

oír [oír] *v. tr.* **1.** to hear. **2.** (escuchar) to listen to. ‖ **no oído** unheard. **~ por casualidad** to overhear.

ojal [oxál] *s. m.* buttonhole.

¡ojalá! [oxalá] *interj.* I wish!; I hope so!

ojeada [oxeáða] *s. f.* glance; peep. ‖ **echar una ~** to take a quick look.

ojear [oxeár] *v. tr.* to glance.

ojera [oxéra] *s. f.* ring under the eyes; bag under the eyes [Hoy tienes ojeras. *Today you have rings under your eyes.*]
• Se usa más en pl.

ojo [óχo] *s. m.* **1.** *Anat.* (de aguja) eye. **2.** (agujero) hole. **3.** (del puente) span. ‖ **echar un ~ a** *fig. y fam.* to have an eye on. **en un abrir y cerrar de ojos** *fig.* in the twinkling of an eye. **guiñar el ~ a alguien** to wink at somebody. **¡mucho ~ !** watch out! **~ de la cerradura** (de la cerradura) keyhole.

ola [óla] *s. f.* **1.** wave. **2.** *fig.*(oleada) swell. ‖ **~ de calor** *Meteor.* heat wave. **~ de frío** *Meteor.* cold spell.

oleada [oleáða] *s. f.* swell; wave.

oleaje [oleáχe] *s. m.* swell.

óleo [óleo] *s. m.* (sustancia) oil. ‖ **pintura al ~** *Arte* oil painting.

oler [olér] *v. tr.* **1.** (percibir un olor) to smell. **2.** *fig.* (sospechar) to sniff out. ‖ *v. intr.* **3.** to smell. ‖ **~ mal** to stink.

olfatear [olfateár] *v. tr.* **1.** (oler) to smell; to sniff. **2.** *fig. y fam.* (indagar) to sniff out. **3.** (sospechar) to suspect

olfato [olfáto] *s. m.* **1.** (sentido) smell. **2.** *fig.* (instinto) instinct.

olimpiada o olimpíada [olimpjáða] *s. f., Dep.* Olympic Games.

olímpico, -ca [olímpiko] *adj.* **1.** *Dep.* Olympic. **2.** *fig.* (altanero) haughty.

olisquear [oliskeár] *v. tr.* **1.** to sniff. **2.** *fig.* (curiosear) to nose.

oliva [olíβa] *s. f., Bot.* olive.

olivar [oliβár] *s. m., Agr.* olive grove.

olivo [olíβo] *s. m., Bot.* olive tree.

olla [óλa] *s. f.* pot; stew pot. ‖ **~ a presión** pressure cooker.

olmo [ólmo] *s. m., Bot.* elm; elmtree.

olor [olór] *s. m.* smell; odor. ‖ **~ corporal** body odor. **~ penetrante** tang.

oloroso, -sa [oloróso] *adj.* **1.** odorous; fragrant; sweet-smelling. ‖ *s. m.* **2.** (vino de Jerez) oloroso.

olvidar [olβiðár] *v. tr.* **1.** to forget. ‖ **¡olvídame!** *interj.* **2.** get lost! ‖ **olvidarse de** to forget.

olvido [olβíðo] *s. m.* **1.** (falta de memoria) oblivion. **2.** (descuido) forgetfulness. **3.** (indiferencia) obscurity.

ombligo [omblíγo] *s. m.* **1.** *Anat.* navel; belly button *coll.* **2.** *fig.* (centro) center.

omisión [omisjón] *s. f.* omission; default.

omitir [omitír] *v. tr.* (callar) to omit; to leave out.

once [ónθe] *adj. num. card. inv.* (también pron. num. y s. m.) **1.** eleven. ‖ *adj. num. ord. inv.* (también pron. num.) **2.** eleventh; eleven [El capítulo once trata de la religión. *Chapter eleven is about religion.*]

onceavo, -va [onθeáβo] *adj. num. m.* (también s. m.) eleventh [Tres onceavos. *Three elevenths.*]

onda [ónda] *s. f.* wave. ‖ **~ corta** short wave. **~ media** (radio) medium wave.

ondear [ondeár] *v. intr.* **1.** (bandera, pelo) to wave. **2.** (agua) to ripple.

ondulación [ondulaθjón] *s. f.* **1.** undulation; wave. **2.** (del agua) ripple.

ondulado [onduláðo] *adj.* **1.** (pelo) wavy. **2.** (terreno) undulating.

ondular [ondulár] *v. tr.* **1.** (bandera, pelo) to wave. **2.** (agua) to ripple. ‖ *v. intr.* **3.** (moverse) to undulate.

onomástica [onomástika] *s. f.* (santo) saint's day .

opaco, -ca [opáko] *adj.* **1.** (no transparente) opaque. **2.** *fig.* (sin brillo) dull.

opción [opθjón] *s. f.* **1.** (elección) option; choice. **2.** (alternativa) alternative.

ópera [ópera] *s. f., Mús.* opera.

operación [operaθjón] *s. f.* **1.** operation. **2.** *Econ.* transaction.

operador, -ra [operaðór] *s. m. y f.*
1. (en telecomunicaciones) operator.
2. (cine, TV) cameraman.

operar [operár] *v. tr.* **1.** (llevar a cabo) to
bring about. **2.** *Med.* to operate on.
‖ *v. intr.* **3.** (trabajar, actuar) to operate
[La policía está operando en todo el país.
*The police are operating all over the
country.*]

operario, -ria [operárjo] *s. m. y f., form.*
(obrero) workman; machinist.

opinar [opinár] *v. intr.* (pensar) to think;
to consider; to be of the opinion.

opinión [opinjón] *s. f.* **1.** opinion; view.
2. (reputación) reputation. ‖ **cambiar
de ~** to change one's mind.

oponente [oponénte] *s. m. y f.* opponent;
opposite number.

oponer [oponér] *v. tr.* **1.** to oppose; to
resist. ‖ **oponerse** *v. prnl.* **2.** (objetar)
to object. **3.** (contenerse) to resist.
‖ **oponerse a** to oppose.

oportunidad [oportuniðáð] *s. f.* (ocasión) chance; opportunity. ‖ **dar una ~**
to give a chance.

oportuno, -na [oportúno] *adj.* **1.** opportune. **2.** (conveniente) pertinent.
3. (ingenioso) witty.

oposición [oposiθjón] *s. f.* **1.** (enfrentamiento) opposition. **2.** (examen) examination.

opositor, -ra [opositór] *s. m. y f.* **1.** opponent. **2.** (de un examen) candidate.

opresión [opresjón] *s. f.* **1.** oppression.
2. *Med.* (en el pecho) tightness.

opresor [opresór] *s. m. y f.* oppressor.

oprimir [oprimír] *v. tr.* **1.** (apretar) to
press. **2.** *fig.* (tiranizar) to oppress.

oprobio [opróβjo] *s. m.* (injuria, ofensa)
reproach; opprobrium *frml.*

optar [optár] *v. tr.* **1.** (elegir una cosa) to
choose; to select. ‖ *v. intr.* **2.** (elegir) to
opt. ‖ **~ a** to be a candidate for (a position). **~ por** to choose.

optativo [optatíβo] *adj.* optional.

óptica [óptika] *s. f.* **1.** *Fís.* optics. **2.** (tienda) optician's (shop). **3.** *fig.* point of
view; viewpoint.

óptico, -ca [óptiko] *adj.* **1.** optical; optic.
‖ *s. m. y f.* **2.** optician.

optimismo [optimísmo] *s. m.* optimism.

optimista [optimísta] *adj.* **1.** optimistic;
sanguine. ‖ *s. m. y f.* **2.** optimist.

óptimo, -ma [óptimo] *adj.* (perfecto)
optimum; super *fam.*

opuesto, -ta [opwésto] *adj.* **1.** (de enfrente) opposite. **2.** (contrario) reverse;
contrary; opposed.

opulencia [opuléñθja] *s. f.* (riqueza)
opulence; wealth.

oración [oraθjón] *s. f.* **1.** *Ling.* sentence;
clause. **2.** *Rel.* prayer.

orador, -ra [oraðór] *s. m. y f.* speaker;
orator *frml.*

oral [orál] *adj.* oral.

orangután [oraŋgután] *s. m., Zool.* (mono) orangutan.

orar [orár] *v. intr., Rel.* to pray.

oratoria [oratórja] *s. f.* oratory.

orbe [órβe] *s. m.* **1.** *form.* (esfera) sphere;
orb *frml.* **2.** *form.* (mundo) world.

órbita [órβita] *s. f.* **1.** *Astron.* orbit.
2. *Anat.* (del ojo) socket. **3.** (ámbito)
field.

orca [órka] *s. f., Zool.* killer whale.

orden [órðen] *s. m.* **1.** (colocación, disciplina) order. ‖ *s. f.* **2.** (mandato) order;
mandate; command. **3.** *Rel.* order.
4. *Econ.* (pedido) order. ‖ **~ del día**
agenda. **poner en ~** to tidy.

ordenación [orðenaθjón] *s. f.* **1.** (disposición) arrangement; organization. **2.** *Rel.* (de un sacerdote) ordination; ordainment.

ordenado, -da [orðenáðo] *adj.* **1.** (arreglado) tidy; orderly; in order. **2.** (metódico) methodical.

ordenador [orðenaðór] *s. m., Inform.* (computadora) computer. ‖ ~ **portátil** *Inform.* portable computer.

ordenanza [orðenánθa] *s. f.* **1.** (norma) bylaw; ordinance *frml.* ‖ *s. m.* **2.** (en oficinas) porter. **3.** *Mil.* orderly.

ordenar [orðenár] *v. tr.* **1.** (colocar) to arrange. **2.** (mandar) to order; to command. **3.** *Rel.* (a un sacerdote) to ordain. **4.** *fig.* (encaminar) to direct.

ordeñar [orðeɲár] *v. tr.* to milk.

ordinal [orðinál] *adj.* **1.** ordinal. ‖ *s. m.* **2.** *Mat.* ordinal number.

ordinario, -ria [orðinárjo] *adj.* **1.** (habitual) ordinary; usual. **2.** (vulgar) vulgar; common.

orégano [oréɣano] *s. m., Bot.* oregano.

oreja [oréxa] *s. f., Anat.* ear.

orfanato [orfanáto] *s. m.* orphanage.

orfebre [orféβre] *s. m.* (joyero) goldsmith; silversmith.

orfebrería [orfeβrería] *s. f.* goldsmithing; silversmithing.

organillo [orɣaníʎo] *s. m., Mús.* (instrumento) hurdy-gurdy.

organismo [orɣanísmo] *s. m.* **1.** *Biol.* organism. **2.** (entidad pública) body.

organización [orɣaniθaθjón] *s. f.* (disposición) organization.

organizar [orɣaniθár] *v. tr.* **1.** to organize; to arrange. ‖ **organizarse** *v. prnl.* **2.** to organize oneself.

órgano [órɣano] *s. m.* organ.

orgía [orxía] *s. f.* orgy.

orgullo [orɣúʎo] *s. m.* **1.** (satisfacción, soberbia) pride. **2.** (arrogancia) haughtiness; arrogance.

orgulloso, -sa [orɣuʎóso] *adj.* **1.** (satisfecho) proud. **2.** (arrogante) haughty; lofty.

orientación [orjentaθjón] *s. f.* **1.** orientation. **2.** *Arq.* (de un edificio) aspect.

oriental [orjentál] *adj.* **1.** eastern; oriental. ‖ *s. m. y f.* **2.** Oriental.

orientar [orjentár] *v. tr.* **1.** to orient *Am. E.*; to orientate *Br. E.* **2.** (guiar) to guide. ‖ **orientarse** *v. prnl.* **3.** (ubicarse) to get one's bearings; to orient oneself *Am. E.*

oriente [orjénte] *s. m.* east; orient. ‖ **Oriente Medio** Middle East. **Oriente Próximo** Near East .

orificio [orifíθjo] *s. m.* orifice *frml.*; hole.

origen [oríxen] *s. m.* origin. ‖ **dar ~ a** to give rise to.

original [orixinál] *adj.* **1.** original. **2.** (peculiar) quaint. ‖ *s. m.* **3.** original.

originario, -ria [orixinárjo] *adj.* **1.** (que da origen) originating. **2.** (nativo) native; natural. **3.** (original) original.

orilla [oríʎa] *s. f.* **1.** (borde) border; edge. **2.** (del río) bank. **3.** (del mar) shore.

orina [orína] *s. f.* urine.

orinal [orinál] *s. m.* **1.** chamber pot. **2.** (para niños) pot.

orinar [orinár] *v. intr.* **1.** to urinate; to make water. ‖ **orinarse** *v. prnl.* **2.** (hacerse pis) to wet oneself.

orla [órla] *s. f.* **1.** (en telas, vestidos) edging. **2.** (en texto, dibujo) border. **3.** (en la universidad) graduation photograph.

ornamentar [ornamentár] *v. tr., form.* to ornament; to adorn.

oro [óro] *s. m.* **1.** gold. ‖ **oros** *s. m. pl.* **2.** (baraja española) diamonds. ‖ **de ~** golden. **hacerse de ~** to make a fortune.

orquesta [orkésta] *s. f., Mús.* orchestra.

orquídea [orkíðea] *s. f., Bot.* orchid.

ortiga [ortíɣa] *s. f., Bot.* nettle.

ortodoxo, -xa [ortoðóɣso] *adj. y s. m. y f.* (dogmático) orthodox.

ortografía [ortoɣrafía] *s. f.* spelling; orthography *frml.*

ortopédico, -ca [ortopéðiko] *adj.* **1.** orthopedic. ‖ *s. m. y f.* **2.** (ortopedista) orthopedist.

oruga [orúɣa] *s. f., Zool.* caterpillar.

orujo [orúχo] *s. m.* (aguardiente) eau-de-vie; grape spint.

orzuelo [orθwélo] *s. m., Med.* stye.

os [ós] *pron. pers. 2ª pl.* **1.** (objeto) you [¿Os entregaron el paquete? *Did they give you the package?*] ‖ *pron. pers. recípr.* **2.** each other. ‖ *pron. pers. refl.* **3.** yourselves [Os vais a hacer daño. *You are going to hurt yourselves.*]

osadía [osaðía] *s. f.* (audacia, descaro) boldness; audacity.

osado [osáðo] *adj.* (audaz, descarado) bold; audacious.

osar [osár] *v. intr.* to dare.

oscilación [osθilaθjón] *s. f.* oscillation.

oscilar [osθilár] *v. intr.* **1.** to oscillate. **2.** (balancearse) to sway; to swing.

oscurecer [oskureθér] *v. tr.* **1.** (ensombrecer) to darken; to shadow. **2.** (arte) to shade. ‖ **oscurecerse** *v. prnl.* **3.** (ensombrecerse) to darken.

oscuridad [oskuriðáð] *s. f.* **1.** (falta de luz) dark. **2.** (en un lugar) darkness; gloom. **3.** *fig.* obscurity.

oscuro [oskúro] *adj.* **1.** dark. **2.** *Meteor.* cloudy. **3.** *fig.* (poco claro) obscure.

osezno [oséθno] *s. m., Zool.* bear cub.

oso, -sa [óso] *s. m. y f., Zool.* bear. ‖ **~ blanco** polar bear. **~ hormiguero** ant bear *Am. E.* **~ panda** panda.

ostentación [ostentaθjón] *s. f.* ostentation.

ostentar [ostentár] *v. tr.* **1.** to show. **2.** (exhibir) to flaunt. **3.** (un cargo) to hold. ‖ *v. intr.* **4.** (jactarse) to show off.

ostra [óstra] *s. f., Zool.* oyster.

otear [oteár] *v. tr.* to scan.

otoñal [otoɲál] *adj.* autumnal.

otoño [otóɲo] *s. m.* fall *Am. E.*; autumn.

otorgamiento [otorɣamjénto] *s. m.* **1.** (de poderes) bestowal. **2.** (de favores) granting.

otorgar [otorɣár] *v. tr.* **1.** (conceder) to grant. **2.** (poderes) to bestow. **3.** (dar) to give. **4.** (un premio) to award.

otro, -tra [ótro] *adj. indef.* **1.** other *pl.*; another *sing.* [¿Quieres otro trozo de tarta? *Do you want another piece of cake?*] **2.** else [No puedo encontrar las llaves, deben de estar en otro sitio. *I can't find my keys, they must be somewhere else.*] ‖ *pron. indef.* **3.** other *pl.*; another *sing.* [Le gustaba esa chaqueta pero al final se compró otra. *He liked that jacket but finally bought another.*] ‖ **el ~** the other one.

ovación [oβaθjón] *s. f.* ovation.

oval [oβál] *adj.* oval.

ovalado [oβaláðo] *adj.* oval.

óvalo [óβalo] *s. m.* oval.

ovario [oβárjo] *s. m., Anat.* ovary.

oveja [oβéχa] *s. f., Zool.* sheep; ewe.

ovillo [oβíλo] *s. m.* (de lana) ball of wool.

ovino [oβíno] *adj.* ovine.

ovni [óβni] *s. m.* (Objeto Volante No Identificado) UFO (unidentified flying object).

óvulo [óβulo] *s. m.* **1.** *Biol.* ovum (pl. ova). **2.** *Med.* pessary.

oxidar [ovsiðár] *v. tr.* **1.** *Quím.* to oxidize. **2.** (metales) to rust. ‖ **oxidarse** *v. prnl.* **3.** *Quím.* to oxidize. **4.** (metales) to get rusty. to rust.

óxido [óvsiðo] *s. m.* **1.** (herrumbre) rust. **2.** *Quím.* oxide.

oxigenar [ovsiχenár] *v. tr.* **1.** *Quím.* to oxygenate. ‖ **oxigenarse** *v. prnl.* **2.** *fig.* to get some fresh air.

oxígeno [ovsíχeno] *s. m., Quím.* oxygen.

oyente [oʝénte] *s. m. y f.* **1.** listener. **2.** (educación) occasional student.

ozono [oθóno] *s. m., Quím.* ozone.

P

p [pé] *s. f.* (letra) p.

pabellón [paβeʎón] *s. m.* **1.** (cárcel, edificio) block; building. **2.** *form.* (bandera) flag. **3.** *Arq.* (en exposición) pavilion. ‖ **~ de la oreja** outer ear.

pacer [paθér] *v. tr. e intr.* (pastar) to graze; to pasture.

pachanguero, -ra [patʃaŋgéro] *adj., Mús., fam.* catchy.

pachorra [patʃóra] *s. f., col.* (apatía) sluggishness; slowness.

pachucho, -cha [patʃútʃo] *adj.* **1.** *col.* (fruta) overripe. **2.** (enfermo) poorly.

paciencia [paθjénθja] *s. f.* **1.** patience. **2.** (aguante) endurance. ‖ **perder la ~** to lose one's patience.

paciente [paθjénte] *adj.* **1.** (tolerante) patient; tolerant. ‖ *s. m. y f.* **2.** *Med.* (enfermo) patient.

pacificador [paθifikaðór] *s. m. y f.* (conciliador) peacemaker.

pacificar [paθifikár] *v. tr.* **1.** to pacify. **2.** *fig.* (apaciguar) to calm.

pacífico, -ca [paθífiko] *adj.* (calmado) peaceful; pacific *frml.*

pacifismo [paθifísmo] *s. m.* pacifism.

pacotilla, de [pakotíʎa] *loc.* second-class; second-rate.

pactar [paktár] *v. tr.* (acordar) to agree (to); to stipulate.

pacto [pákto] *s. m.* pact. ‖ **hacer un ~** to make a pact.

padecer [paðeθér] *v. tr.* **1.** (sufrir) to suffer. **2.** *fig.* (cambios) to undergo. ‖ *v. intr.* **3.** (sufrir) to suffer.

padecimiento [paðeθimjénto] *s. m.* (dolencia, afección) suffering.

padrastro [paðrásto] *s. m.* stepfather.

padrazo [paðráθo] *s. m., afect.* doting father; indulgent father.

padre [páðre] *s. m.* **1.** father. **2.** (padre o madre) parent. **3.** *Rel.* (sacerdote) priest. ‖ **padres** *s. m. pl.* **4.** parents. ‖ **~ político** father-in-law.

padrenuestro o padre nuestro [paðrenwéstro] *s. m., Rel.* Lord's prayer.

padrino [paðríno] *s. m.* **1.** *Rel.* (de bautizo) godfather. **2.** (de boda) best man. **3.** *fig.* (patrocinador) sponsor.

padrón [paðrón] *s. m.* census.

paella [paéʎa] *s. f., Gastr.* paella.

paellera [paeʎéra] *s. f.* paella pan.

paga [páɣa] *s. f.* **1.** (pago) payment. **2.** (sueldo) salary; pay.

pagador, -dora [paɣaðór] *s. m. y f.* (administrador) paymaster.

pagano, -na [paɣáno] *adj.* **1.** *Rel.* pagan; heathen *pej.* ‖ *s. m. y f.* **2.** *Rel.* pagan; heathen *pej.*

pagar [paɣár] *v. tr.* **1.** to pay. **2.** (una deuda, un favor) to repay. ‖ *v. intr.* **3.** to pay. ‖ **~ al contado** to pay cash. **~ por adelantado** to pay beforehand. **por ~** unsettled.

pagaré [paɣaré] *s. m.* promissory note; IOU.

página [páxina] *s. f.* page.

pago [páɣo] *s. m.* **1.** *Econ.* payment. **2.** *fig.* (recompensa) return; satisfaction. ‖ **~ a plazos** *Econ.* payment in installments.

país [país] *s. m.* **1.** (unidad política) country. **2.** (gente) nation. **3.** (de un abanico) covering.

paisaje [pajsáxe] *s. m.* (panorama) landscape; scenery.

paisano, -na [pajsáno] *s. m.* **1.** (compatriota) fellow countryman. **2.** *Mil.* (civil) civilian.

paja [páχa] *s. f.* **1.** straw. **2.** *fig.* (hablando, escribiendo) padding; waffle.

pajar [paχár] *s. m.* **1.** (edificio) loft. **2.** (al descubierto) haystack.

pájara [páχara] *s. f.* **1.** *pey.* scheming bitch. **2.** *Dep.* collapse.

pajarita [paχaríta] *s. f.* bow tie. || ~ **de papel** origami bird.

pájaro [páχaro] *s. m., Zool.* bird. || **más vale ~ en mano que ciento volando** *fig.* a bird in the hand is worth two in the bush. **~ carpintero** *Zool.* woodpecker.

paje [páχe] *s. m.* page.

pajizo [paχíθo] *adj.* **1.** (de paja) straw. **2.** (de color de paja) straw-colored.

pala [pála] *s. f.* **1.** shovel. **2.** (para cavar) spade. **3.** (de hélice, remo) blade. **4.** (raqueta) racket. **5.** (para helado, harina, etc.) scoop.

palabra [paláβra] *s. f.* **1.** (vocablo, promesa) word. **2.** (habla) speech. || **de ~** by word of mouth. **~ clave** keyword. **~ de honor** word of honor.

palabrería [palaβrería] *s. f.* (labia) talkativeness.

palabrota [palaβróta] *s. f.* (taco) swearword; four-letter word. || **decir palabrotas** to swear.

palacio [paláθjo] *s. m.* **1.** (del rey) palace. **2.** (casa suntuosa) mansion.

palada [paláða] *s. f.* **1.** (con pala) shovelful. **2.** (de remo) stroke.

paladar [palaðár] *s. m.* **1.** *Anat.* palate. **2.** (gusto) taste.

paladear [palaðeár] *v. tr.* to relish; to taste.

palanca [paláŋka] *s. f.* **1.** *Tecnol.* lever. **2.** (para manos) handle. **3.** (para hacer palanca) pole.

palangana [palaŋgána] *s. f.* washbowl *Am. E.;* washbasin *Br. E.*

palco [pálko] *s. m., Mús.* box.

paleta [paléta] *s. f.* **1.** (de pintor) palette. **2.** (de albañil) trowel.

paletilla [paletíʎa] *s. f., Anat.* (omoplato) shoulder blade.

paleto [paléto] *s. m.* (pueblerino) hick *Am. E.;* rustic; yokel *Br. E.*

palidecer [paliðeθér] *v. intr.* **1.** (una persona) to turn pale. **2.** (con aspecto enfermizo) to whiten.

palidez [paliðéθ] *s. f.* **1.** paleness. **2.** (por enfermedad) pallor.

pálido, -da [páliðo] *adj.* **1.** pale. **2.** (por enfermedad) pallid.

palillero [paliʎéro] *s. m.* (bote de palillos) toothpick holder.

palillo [palíʎo] *s. m.* (mondadientes) toothpick. || **palillos chinos** chopsticks.

palitroque [palitróke] *s. m.* stick (thick and uneven).

paliza [palíθa] *s. f.* (zurra, derrota) beating; thrashing.

palma [pálma] *s. f.* **1.** *Anat.* palm. **2.** *Bot.* palm tree. || **palmas** *s. f. pl.* **3.** (palmadas) clapping *sing.*

palmada [palmáða] *s. f.* **1.** (golpe) slap. **2.** (con ruido) clap.

palmar[1] [palmár] *s. m.* palm grove.

palmar[2] [palmár] *v. intr., fam.* (morir) to die; to snuff.

palmeado, -da [palmeáðo] *adj.* **1.** *Zool.* (pata) webbed. **2.** *Bot.* (hoja, raíz) palmate.

palmear [palmeár] *v. intr.* (aplaudir) to clap; to applaud.

palmera [palméra] *s. f., Bot.* (palma) palm tree; palm.

palmo [pálmo] *s. m.* (medida) span. || ~ **a ~** inch by inch.

palo [pálo] *s. m.* **1.** stick. **2.** *Náut.* mast. **3.** (bastón) staff. **4.** (de la baraja) suit. **5.** (de escoba) broomstick. ‖ **de ~** wooden [Pata de palo. *Wooden leg.*]

paloma [palóma] *s. f.*, *Zool.* **1.** pigeon. **2.** (blanca) dove. ‖ **~ torcaz** ringdove.

palomar [palomár] *s. m.* dove-cot.

palomita [palomíta] *s. f.*, *Dep.* (esp. fútbol) full-length dive. ‖ **palomitas de maíz** popcorn.

palote [palóte] *s. m.* **1.** (caligrafía) line; stroke. **2.** *Mús.* drumstick.

palpar [palpár] *v. tr.* **1.** to touch; to feel. **2.** *Med.* to palpate. **3.** (andar a tientas) to grope.

palpitación [palpitaθjón] *s. f.* **1.** palpitation. **2.** (con dolor) throb.

palpitar [palpitár] *v. intr.* **1.** to palpitate. **2.** (latir) to beat. **3.** (con dolor) to throb.

paludismo [paluðísmo] *s. m.*, *Med.* (malaria) malaria.

palurdo, -da [palúrðo] *adj.* **1.** (grosero) churlish; boorish. ‖ *s. m. y f.* **2.** *pey.* (paleto) hick *Am. E.*; boor.

pamela [paméla] *s. f.* broad-brimmed hat; picture hat.

pampa [pámpa] *s. f.*, *Geogr.* pampa.

pamplina [pamplína] *s. f.* **1.** *fam.* nonsense. ‖ **¡ ~ s!** *s. f. pl.* **2.** rubbish!

pan [pán] *s. m.* **1.** bread. **2.** (barra) loaf. ‖ **~ blanco** white bread. **~ integral** wholewheat bread. **~ rallado** breadcrumbs *pl.*

pana [pána] *s. f.* corduroy.

panadería [panaðería] *s. f.* **1.** (tienda) baker's shop. **2.** (fábrica) bakery.

panadero, -ra [panaðéro] *s. m. y f.* baker.

panal [panál] *s. m.* honeycomb.

panameño, -ña [panaméɲo] *adj. y s. m. y f.* Panamanian.

pancarta [paŋkárta] *s. f.* banner.

pancho, -cha [pántʃo] *adj.* **1.** *col.* (tranquilo) quiet; calm. **2.** *col.* (satisfecho) pleased; satisfied [Lo dijo y se quedó tan pancho. *He said it and he seemed to be very pleased.*]

panda¹ [pánda] *s. m.*, *Zool.* (oso) panda.

panda² [pánda] *s. f.* (pandilla) gang.

pandereta [panderéta] *s. f.*, *Mús.* (instrumento) tambourine.

pandilla [pandíʎa] *s. f.* **1.** (amigos) group. **2.** (criminal) gang.

panecillo [paneθíʎo] *s. m.* (bread) roll.

panel [panél] *s. m.* panel.

panfleto [pamfléto] *s. m.* (político) pamphlet.

pánico [pániko] *s. m.* panic.

panorama [panoráma] *s. m.* **1.** (vista) view. **2.** (escenario) scene.

pantalla [pantáʎa] *s. f.* **1.** *Cinem.* screen. **2.** (de una lámpara) lamp shade. **3.** *fig.* (tapadera) cover.

pantalón [pantalón] *s. m.* pants *pl. Am. E.*; trousers *Br. E.* ‖ **pantalones vaqueros** jeans. • Often used in pl.

pantano [pantáno] *s. m.* **1.** *Geogr.* (natural) marsh; swamp. **2.** *Geogr.* (artificial) dam; reservoir.

pantanoso, -sa [pantanóso] *adj.* **1.** *Geogr.* marshy; swampy. **2.** *fig.* (con dificultades) miry; difficult.

panteón [panteón] *s. m.*, *Arq.* (monumento funerario) pantheon; mausoleum.

pantera [pantéra] *s. f.*, *Zool.* panther.

pantorrilla [pantoříʎa] *s. f.*, *Anat.* calf.

panty [pánti] *s. m.* pantyhose *pl. Am. E.*; tights *pl. Br. E.* Chiefly in pl.

panza [pánθa] *s. f.* **1.** *Anat.* belly; paunch *coll.* **2.** (de una vasija) belly.

panzada [panθáða] *s. f.* (en el agua) belly flop. ‖ **darse una ~ de** *fam.* (comilona) to pig out on sth *Am. E.*; to gorge oneself *Br. E.*

panzudo [panθúðo] *adj.* potbellied.

pañal [paɲál] *s. m. pl.* diaper *Am. E.*; nappy *Br. E.* ‖ **estar en pañales** *fig. y fam.* to be wet behind the ears.

paño [páɲo] *s. m.* cloth. ‖ **~ de cocina** dishcloth. ‖ **traje de ~** woollen suit.

pañuelo [paɲwélo] *s. m.* **1.** (para la nariz) handkerchief. **2.** (complemento) scarf. ‖ **el mundo es un ~** it's a small world. **~ de papel** tissue.

papa[1] [pápa] *s. m., Rel.* Pope.

papa[2] [pápa] *s. f.* (patata) potato.

papá [papá] *s. m., fam.* (padre) pop *Am. E.*; daddy; dad.

papada [papáða] *s. f.* **1.** *Anat.* (de humano) double chin. **2.** (de animal) dewlap.

papagayo [papayáʝo] *s. m., Zool.* parrot.

paparazzi [paparátsi] *s. m. y f.* (fotógrafo) paparazzo.

papel [papél] *s. m.* **1.** paper. **2.** (documento) document. **3.** *Cinem. y Teatr.* part; role. ‖ **~ carbón** carbon paper. **~ moneda** paper money. **~ principal** *Cinem. y Teatr.* leading role.

papelera [papeléra] *s. f.* **1.** wastebasket *Am. E.* **2.** (fábrica) paper mill.

papelería [papelería] *s. f.* **1.** (tienda) stationery store. **2.** (artículos) stationery.

papeleta [papeléta] *s. f.* **1.** (de rifa) raffle ticket. **2.** (de votación) ballot; voting paper *Br. E.* **3.** (de empeño) pawn ticket.

paperas [papéras] *s. f. pl., Med.* (enfermedad) mumps.

papilla [papíʎa] *s. f.* **1.** (para bebés) formula *Am. E.*; baby food. **2.** (para enfermos) pap.

papiro [papíro] *s. m.* **1.** (manuscrito) papyrus. **2.** *Bot.* papyrus.

paquete, -ta [pakéte] *s. m.* **1.** (envío grande) parcel. **2.** (envío pequeño) packet. **3.** (conjunto) package. **4.** *fam.* passenger. **5.** (de cigarrillos) pack. ‖ **~ postal** parcel post.

par [pár] *adj.* **1.** (igual) like. **2.** *Mat.* even. ‖ *s. m.* **3.** (de zapatos, guantes, etc.) pair. **4.** (dos) couple. ‖ **a pares** two at a time. **de ~ en ~** wide-open.

para [pára] *prep.* **1.** (destinatario) for [Esta carta es para ti. *This letter is for you.*] **2.** (+ infinitivo) to (+ infinitivo) [Me voy a Londres para aprender inglés. *I'm going to London to learn English.*] **3.** toward [Toma el dinero para el regalo. *Here is the money toward the present.*] **4.** (plazo) by [Tengo que terminar la redacción para el viernes. *I have to finish the essay by Friday.*] ‖ **¿ ~ qué?** what for?

parábola [parábola] *s. f.* **1.** *Rel.* parable. **2.** *Mat.* parabola.

parabólica [paraβólika] *s. f.* (antena) satellite dish.

parabrisas [paraβrísas] *s. m. inv., Autom.* windshield *Am. E.*; windscreen *Br. E.*

paracaídas [parakaíðas] *s. m. inv.* parachute. ‖ **lanzarse en ~** to parachute.

paracaidismo [parakajðísmo] *s. m.* parachuting.

parachoques [paratʃókes] *s. m. inv., Autom.* fender *Am. E.*; bumper *Br. E.*

parada [paráða] *s. f.* stop. ‖ **~ de autobús** bus stop. **~ de taxis** taxi stand. **sin paradas** nonstop.

paradero [paraðéro] *s. m.* **1.** (lugar) whereabouts *pl.* **2.** *fig.* (fin) end.

parado, -da [paráðo] *adj.* **1.** *fig.* (lento) slow. **2.** (sin trabajo) unemployed. **3.** *Amer.* (en pie) stopped. ‖ *s. m. y f.* **4.** (sin trabajo) unemployed person.

parador [paraðór] *s. m.* (del estado) parador; hotel (de lujo).

paraguas [paráɣwas] *s. m. inv.* umbrella.

paraguayo, -ya [paraɣwáʝo] *adj. y s. m. y f.* Paraguayan.

paragüero [paraɣwéro] *s. m.* umbrella stand.

paraíso [paraíso] *s. m.* **1.** paradise. **2.** *Rel.* heaven. ‖ ~ **fiscal** *Econ.* tax haven.

paraje [paráχe] *s. m.* spot; place.

paralelo, -la [paralélo] *adj.* **1.** parallel. ‖ *s. m.* **2.** *Geogr.* parallel.

parálisis [parálisis] *s. f. inv., Med.* **1.** paralysis. **2.** (cerebral) palsy.

paralítico, -ca [paralítiko] *adj. y s. m. y f., Med.* (impedido) paralytic.

paralizar [paraliθár] *v. tr.* **1.** to paralyze. **2.** (detener) to stop.

páramo [páramo] *s. m., Geogr.* (estepa) bleak plain; moor.

paranormal [paranormál] *adj.* (sobrenatural) paranormal.

paraolimpiada [paraolimpjáða] *s. f., Dep.* Paralympic Games; Paralympics.

parapente [parapénte] *s. m.* **1.** *Dep.* paraskiing; parapente. **2.** (tipo de paracaídas) parapente.

parapeto [parapéto] *s. m.* **1.** parapet. **2.** (muro de defensa) barricade.

parapsicología [parapsikoloχía] *s. f.* parapsychology.

parar [parár] *v. tr.* **1.** to stop. **2.** (detener) to halt *frml.* ‖ *v. intr.* **3.** to stop. **4.** (cesar) to cease *frml.* **5.** (habitar) to stay. ‖ **pararse** *v. prnl.* **6.** to stop. ‖ **sin** ~ nonstop.

pararrayos [pararáʝos] *s. m. inv.* lightning rod *Am. E.;* lightning conductor *Br. E.*

parásito, -ta [parásito] *adj.* **1.** parasitic. ‖ *s. m.* **2.** parasite.

parasol [parasól] *s. m.* (sombrilla) sunshade; parasol.

parcela [parθéla] *s. f.* lot *Am. E.;* parcel.

parche [pártʃe] *s. m.* patch.

parchís [partʃís] *s. m.* (juego) parcheesi *Am. E.;* ludo *Br. E.*

parcial [parθjál] *adj.* **1.** partial. ‖ *s. m. y f.* **2.** (examen) assessment examination. **3.** *Dep.* (resultado) score.

parco, -ca [párko] *adj.* (moderado) frugal; sparing.

pardo [párðo] *adj.* **1.** (color) dun. **2.** (oscuro) dark.

pardusco, -ca [parðúsko] *adj.* dun.

parecer[1] [pareθér] *s. m.* (opinión) opinion. ‖ **según su** ~ according to him.

parecer[2] [pareθér] *v. intr.* to seem; to look. ‖ **al** ~ apparently. **parecerse a** to look like; to resemble [Se parece a su abuelo. *He resembles his father.*]

parecido, -da [pareθíðo] *adj.* **1.** similar; alike. ‖ *s. m.* **2.** (físico) resemblance; likeness. ‖ **bien** ~ good-looking.

pared [paréð] *s. f.* wall.

pareja [paréχa] *s. f.* **1.** pair. **2.** (en una relación) couple. **3.** (compañero) partner.

parentela [parentéla] *s. f.* **1.** (familia) clan *coll.;* tribe, *coll.* **2.** (parientes) relations *pl.*

parentesco [parentésko] *s. m.* (consanguinidad) relationship; kinship.

paréntesis [paréntesis] *s. m.* parenthesis. ‖ **entre** ~ in brackets.

parida [paríða] *s. f., fam.* nonsense; stupid remark; silly thing. ‖ **decir parida**

fam. to talk garbage *Am. E.;* to talk rubbish *Br. E.*

paridad [pariðáð] *s. f.* **1.** parity. **2.** (semejanza) similarity.

pariente, -ta [parjénte] *s. m. y f.* **1.** relative; relation. ‖ **parienta** *s. f.* **2.** (esposa) wife.

paripé [paripé] *s. m., col.* fake. ‖ **hacer el ~** *col.* to put on an act.

parir [parír] *v. tr.* **1.** (mujer, mamífero) to have; to bear *frml.* **2.** (mujer) to give birth to.

parking [párkin] *s. m., Autom.* parking lot *Am. E.;* car park *Br. E.*

parlamentar [parlamentár] *v. intr.* **1.** (hablar) to talk; to chat. **2.** (pactar) to parley.

parlamentario, -ria [parlamentárjo] *adj.* **1.** parliamentary. ‖ *s. m. y f.* **2.** congressman *Am. E.;* M.P. *Br. E.* (Member of Parliament).

parlamento [parlaménto] *s. m.* **1.** parliament. **2.** (discurso) speech. **3.** (negociación) parley.

parlanchín, -china [parlantʃín] *adj.* **1.** chatty. ‖ *s. m. y f.* **2.** *fam.* (hablador) chatterbox *coll.*

parlotear [parloteár] *v. intr., fam.* to chatter; to prattle.

paro [páro] *s. m.* **1.** (detención) stop. **2.** (desempleo) unemployment. **3.** (cierre de una empresa) shutdown.

parodia [paróðja] *s. f.* parody.

parodiar [paroðjár] *v. tr.* to parody.

parpadear [parpaðeár] *v. intr.* **1.** (ojos) to blink. **2.** (luz) to flicker; to wink.

párpado [párpaðo] *s. m., Anat.* eyelid.

parque [párke] *s. m.* park. ‖ **~ de atracciones** amusement park.

parqué [parké] *s. m.* parquet; parquet floor.

parra [pářa] *s. f., Bot.* grapevine; vine.

párrafo [pářafo] *s. m.* paragraph.

parricida [pařiθíða] *s. m. y f.* parricide.

parrilla [pářiʎa] *s. f.* broiler *Am. E.;* grill.

parrillada [pařiʎáða] *s. f.* grill; barbecue.

párroco [pářoko] *s. m., Rel.* parish priest.

parroquia [pařókja] *s. f.* **1.** (área) parish. **2.** *Rel.* (iglesia) parish church. **3.** (clientela) customers *pl.*

parroquiano, -na [pařokjáno] *s. m. y f.* **1.** *Rel.* parishioner. **2.** (cliente) customer.

parte [párte] *s. f.* **1.** part. **2.** (en un reparto) share; portion. **3.** (lugar) place. **4.** (bando) side. ‖ *s. m.* **5.** (informe) report. ‖ **a ninguna ~** nowhere. **a otra ~** elsewhere. **de ~ de** from. **en alguna ~** somewhere [Dejé las llaves en alguna parte. *I left my keys somewhere.*] **en cualquier ~** anywhere. **en ninguna otra ~** nowhere else. **en ninguna ~** nowhere. **en otra ~** elsewhere. **en ~** partly. **en todas partes** everywhere. **por otra ~** on the other hand. **por todas partes** everywhere. **por una ~** on the one hand.

partición [partiθjón] *s. f.* **1.** (reparto) division. **2.** (de un terreno) partition.

participación [partiθipaθjón] *s. f.* **1.** participation. **2.** *Econ.* (acción) stock *Am. E.;* share *Br. E.*

participante [partiθipánte] *adj.* **1.** participating. ‖ *s. m. y f.* **2.** participant. **3.** (concurso) contestant. **4.** *Dep.* competitor.

participar [partiθipár] *v. intr.* **1.** to participate. **2.** (compartir) to share. ‖ *v. tr.* **3.** (informar) to inform.

participativo, -va [partiθipatiβo] *adj.* participatory.

participio [partiθípjo] *s. m., Ling.* participle. ‖ ~ **de pasado** past participle. ~ **de presente** present participle.

partícula [partíkula] *s. f.* particle.

particular [partikulár] *adj.* **1.** (concreto) particular. **2.** (personal) private; personal. **3.** (especial) special. **4.** (raro) peculiar. ‖ *s. m.* **5.** (asunto) matter. ‖ *s. m. y f.* **6.** (persona) individual; fellow.

particularidad [partikulariðáð] *s. f.* (peculiaridad) particularity; peculiarity.

particularmente [partikulárménte] *adv.* particularly; specially.

partida [partíða] *s. f.* **1.** (salida) departure. **2.** (remesa) delivery. **3.** (juego) game. ‖ **echar una** ~ to have a game. ~ **de nacimiento** birth certificate.

partidario, -ria [partiðárjo] *adj.* **1.** partisan. ‖ *s. m. y f.* **2.** follower. **3.** *Dep.* (hincha) supporter. **4.** *Polít.* partisan.

partido, -da [partíðo] *adj.* **1.** (dividido) split; divided. ‖ *s. m.* **2.** *Dep.* (encuentro) game; match *Br. E.* **3.** *Polít.* party.

partir [partír] *v. tr.* **1.** (dividir) to split; to divide. **2.** (romper) to break. **3.** (distribuir) to distribute. **4.** (compartir) to share. ‖ *v. intr.* **5.** (marcharse) to leave; to depart *frml.* **6.** (comenzar) to start. ‖ **partirse** *v. prnl.* **7.** (rajarse) to split; to cleave. ‖ **a** ~ **de** from.

partitura [partitúra] *s. f., Mús.* score.

parto [párto] *s. m., Med.* (alumbramiento) labor; childbirth; delivery. ‖ **estar de** ~ *Med.* to be in labor.

párvulo [párβulo] *s. m. y f.* preschooler *Am. E.;* infant *Br. E.*

pasa [pása] *s. f., Bot.* raisin. ‖ ~ **de Corinto** currant.

pasable [pasáβle] *adj.* (tolerable) passable; fair; tolerable.

pasacalle [pasakáʎe] *s. m., Mús.* passacaglia; lively march.

pasada [pasáða] *s. f.* **1.** (capa) coat. **2.** (con un trapo) wipe. ‖ **de** ~ by the way. **mala** ~ dirty trick.

pasadizo [pasaðíθo] *s. m.* (pasillo) passage; corridor.

pasado, -da [pasáðo] *adj.* **1.** past. **2.** (fruta) overripe. **3.** (anticuado) out-of-date. ‖ *s. m.* **4.** past. ‖ ~ **de moda** old-fashioned. ~ **mañana** the day after tomorrow.

pasador [pasaðór] *s. m.* **1.** (pestillo) latch. bolt. **2.** (de una puerta) door bolt. **3.** (pasapuré) colander; strainer. **4.** (de pelo) bobby pin *Am. E.*

pasaje [pasáxe] *s. m.* **1.** (precio del viaje) fare. **2.** (pasajeros) passengers *pl.* **3.** *Lit.* (de un texto) passage.

pasajero, -ra [pasaxéro] *adj.* **1.** passing. **2.** (romance) transient. ‖ *s. m. y f.* **3.** (viajero) passenger.

pasamontañas [pasamontáɲas] *s. m. inv.* balaclava; ski mask.

pasaporte [pasapórte] *s. m.* passport.

pasapurés [pasapurés] *s. m.* food mill.

pasar [pasár] *v. tr.* **1.** to pass. **2.** (acontecer) to come. **3.** (tiempo) to spend. **4.** (sobrepasar) to exceed. ‖ *v. intr.* **5.** to pass; to go by. **6.** (transcurrir) to pass off. ‖ **pasarse** *v. prnl.* **7.** (olvidarse) to forget. **8.** (extralimitarse) to go too far. ‖ ~ **hambre** to starve. ~ **por** (sufrir) to go through. **pasarlo bien** to have a good time. **pasarse de la raya** to go too far. **pasarse de moda** to go out of fashion. **¿qué pasa?** what's up?

pasarela [pasaréla] *s. f.* **1.** (de modelos) runway *Am. E.;* catwalk *Br. E.* **2.** *Náut.* gangway. **3.** (puente) footbridge.

pasatiempo [pasatjémpo] *s. m.* **1.** (entretenimiento) entertainment; hobby. ‖ **pasatiempos** *s. m. pl.* **2.** (crucigramas) puzzles.

Pascua [páskwa] *s. f.* **1.** *Rel.* (Resurrección) Easter. **2.** (Navidad) Christmas. ‖ **¡Felices Pascuas!** Merry Christmas! **~ judía** *Rel.* Passover.

pase [páse] *s. m.* **1.** (permiso) pass; permit. **2.** *Cinem.* showing.

pasear [paseár] *v. tr.* **1.** (perro) to walk. **2.** *fig.* (exhibir) to show off. ‖ *v. intr.* **3.** to go for a walk.

paseo [paséo] *s. m.* **1.** walk. **2.** (en bici, caballo) ride. **3.** (avenida) promenade. ‖ **dar un ~** to go for a walk. **~ en coche** drive. **¡vete a ~!** get lost!

pasillo [pasíλo] *s. m.* **1.** (corredor) passage; corridor. **2.** (entre dos cosas) aisle.

pasión [pasjón] *s. f.* passion.

pasivo [pasíβo] *adj.* **1.** passive. **2.** (inactivo) inactive.

pasmado, -da [pasmáðo] *adj.* **1.** (asombrado) astonished; amazed. **2.** (atontado) flabbergasted.

pasmar [pasmár] *v. tr.* **1.** to amaze; to astound. ‖ **pasmarse** *v. prnl.* **2.** (asombrarse) to be amazed.

pasmo [pásmo] *s. m.* **1.** (asombro) astonishment. **2.** *fig.* wonder.

pasmoso, -sa [pasmóso] *adj., fam.* (asombroso) surprising; stunning.

paso [páso] *s. m.* **1.** (pisada) step; footstep. **2.** (modo de andar) walk. **3.** (cruce) crossing. **4.** (camino accesible) passage. ‖ **a ~ de tortuga** at snail pace. **abrir ~** to make way. **estar de ~** to be passing through. **~ a nivel** level crossing. **~ a ~** step by step. **~ de peatones** pedestrian crossing.

pasodoble [pasoðóβle] *s. m., Mús.* (baile) paso doble.

pasota [pasóta] *adj. y s. m. y f., fam.* indifferent [Es una pasota. *She couldn't care less.*]

pasta [pásta] *s. f.* **1.** (masa) paste. **2.** *Gastr.* (italiana) pasta. **3.** *Gastr.* (para pan, pasteles) dough. ‖ **~ dentífrica** toothpaste.

pastar [pastár] *v. intr.* (pacer) to graze; to pasture.

pastel [pastél] *s. m.* **1.** (dulce) cake. **2.** (de carne) pie. ‖ **~ de boda** wedding cake.

pastelería [pastele-ía] *s. f.* (tienda) cake shop; confectioner's.

pastilla [pastíλa] *s. f.* **1.** *Med.* pill; tablet. **2.** (de jabón) bar. **3.** (de chocolate) piece. ‖ **~ para la tos** cough drop.

pasto [pásto] *s. m.* **1.** *Agr.* pasture. **2.** (hierba) grass.

pastor, -ra [pastór] *s. m.* **1.** (de ovejas) shepherd. **2.** *Rel.* clergyman; minister. ‖ **pastora** *s. f.* **3.** shepherdess.

pastoso, -sa [pastóso] *adj.* **1.** (sustancia) pasty; doughy. **2.** (voz) mellow.

pata [páta] *s. f.* **1.** *Zool.* (pierna, de mueble) leg. **2.** *Zool.* (pie) foot. **3.** *Zool.* (garra) paw. **4.** *Zool.* (hembra del pato) duck. ‖ **meter la ~** *fam.* to blunder.

patada [patáða] *s. f.* (puntapié) kick. ‖ **dar patadas a** to kick.

patalear [pataleár] *v. intr.* **1.** (con rabia) to stamp. **2.** (un niño) to kick.

pataleta [pataléta] *s. f., fam.* tantrum.

patata [patáta] *s. f.* potato. ‖ **~ asada con piel** jacket potato. **~ caliente** hot potato. **patatas fritas** (en sartén) french fries *Am. E.*; chips *Br. E.* (en bolsa) chips *Am. E.*; crisp. **puré de patatas** mash *Br. E., coll.*

patatús [patatús] *s. m., col.* fit.

paté [paté] *s. m., Gastr.* pâté.

patear [pateár] *v. tr.* to kick; to boot.

patente [paténte] *adj.* **1.** patent; evident. ‖ *s. f.* **2.** *Econ.* (de un invento) patent.

paternal [paternál] *adj.* paternal.

paterno, -na [patérno] *adj.* paternal.

patético, -ca [patétiko] *adj.* pathetic.

patíbulo [patíβulo] *s. m.* **1.** (tablado) scaffold. **2.** (horca) gibbet; gallows.

patilla [patíʎa] *s. f.* **1.** (de pelo) sideburn [Elvis tenía las patillas largas. *Elvis had long sideburns.*] **2.** (de gafas) arm.

patín [patín] *s. m.* **1.** skate. **2.** (bote de pedales) pedal boat. ‖ **patines de ruedas** roller skate.

patinar [patinár] *v. intr.* **1.** (con patines) to skate. **2.** (resbalarse) to skid. **3.** (equivocarse) to slip up. ‖ ~ **sobre ruedas** to roller skate.

patinazo [patináθo] *s. m.* **1.** *Autom.* (derrape) skid. **2.** *fam.* (equivocación) blunder. **3.** (resbalón) skid.

patio [pátjo] *s. m.* patio; courtyard. ‖ ~ **de escuela** schoolyard. ~ **de recreo** playground.

patizambo [patiθámbo] *adj.* **1.** *fam.* (arqueado hacia dentro) knock-kneed. **2.** (arqueado hacia fuera) bandy-legged.

pato [páto] *s. m.* **1.** *Zool.* duck. **2.** *fig. y fam.* (persona torpe) clodhopper.

patoso, -sa [patóso] *adj. col.* clumsy; awkward. ‖ *s. m. y f.* **2.** *col.* klutz *Am. E.;* clumsy idiot.

patraña [patrápa] *s. f.* fib.

patria [pátrja] *s. f.* **1.** homeland. **2.** (país) country. ‖ ~ **chica** hometown.

patrimonio [patrimónjo] *s. m.* **1.** patrimony. **2.** (herencia) inheritance; estate.

patriota [patrjóta] *adj.* **1.** patriotic. ‖ *s. m. y f.* **2.** patriot.

patriotismo [patrjotísmo] *s. m.* patriotism.

patrocinar [patroθinár] *v. tr.* (apadrinar) to sponsor; to patronize.

patrón, -na [patrón] *s. m. y f.* **1.** (protector) sponsor; patron. **2.** *Rel.* (santo) patron saint. **3.** (en casa de huéspedes) landlord. **4.** (jefe) employer. ‖ *s. m.* **5.** (modelo) pattern. **6.** (medida) standard.

patronato [patronáto] *s. m.* **1.** (sociedad) board. **2.** (protección) patronage.

patrono, -na [patróno] *s. m. y f.* **1.** (protector) sponsor; protector. **2.** (jefe) boss. **3.** *Rel.* (santo) patron saint.

patrulla [patrúʎa] *s. f., Mil.* patrol.

patrullar [patruʎár] *v. tr. e intr.* to patrol.

paulatino [pawlatíno] *adj.* gradual.

pausa [páwsa] *s. f.* **1.** pause. **2.** (intervalo) break. **3.** *Teatr.* intermission.

pauta [páwta] *s. f.* **1.** (modelo) guideline. **2.** (norma) norm; standard.

pava [páβa] *s. f.* **1.** *Zool.* (hembra del pavo) turkey hen. **2.** *fig.* (sosa) dull woman.

pavimento [paβiménto] *s. m.* (de la calle, carretera) pavement.

pavo [páβo] *adj.* **1.** *fig. y fam.* (bobo) dumb *Am. E.;* silly. ‖ *s. m.* **2.** *Zool.* turkey. ‖ ~ **real** *Zool.* peacock.

pavor [paβór] *s. m.* **1.** (terror) dread. **2.** (miedo) fear.

payaso, -sa [pajáso] *s. m. y f.* clown. ‖ **hacer el** ~ to clown around.

paz [páθ] *s. f.* **1.** peace. **2.** (silencio) quietness. **3.** (descanso) rest. ‖ **dejar a alguien en** ~ to leave sb alone. **estar en** ~ to be even. **hacer las paces** make up with.

peaje [peáχe] *s. m.* toll.

peatón [peatón] *s. m.* pedestrian.

peatonal [peatonál] *adj.* pedestrian.

peca [péka] *s. f.* freckle.

pecado [pekáðo] *s. m., Rel.* sin.

pecador, -ra [pekaðór] *adj.* **1.** sinful. ‖ *s. m. y f.* **2.** sinner.

pecar [pekár] *v. intr., Rel.* to sin.

pecera [peθéra] *s. f.* **1.** (redonda) goldfish bowl. **2.** (rectangular) fish tank.

pechera [petʃéra] *s. f.* **1.** (de una camisa) front. **2.** (de un vestido) bib; bosom.

pecho [pétʃo] *s. m.* **1.** *Anat.* (tórax) chest. **2.** (mama) breast. ‖ **tomar a ~** to take to heart.

pechuga [petʃúγa] *s. f.* **1.** (de ave) breast. **2.** *fig. y fam..* (de mujer) boob.

peculiar [pekuljár] *adj.* peculiar.

pedagogía [peðaγoχía] *s.* pedagogy *f.*

pedal [peðál] *s. m.* pedal.

pedante [peðánte] *adj.* **1.** pedantic. ‖ *s. m. y f.* **2.** (afectado) pedant.

pedazo [peðáθo] *s. m.* piece; bit.

pedernal [peðernál] *s. m.* flint.

pedestal [peðestál] *s. m.* pedestal.

pediatría [pedjatría] *s. f., Med.* pediatrics.

pedido [peðíðo] *s. m.* **1.** *Econ.* order. **2.** (petición) request.

pedir [peðír] *v. tr.* **1.** to ask for; to ask. **2.** (bar, restaurante) to order. **3.** (solicitar) to request. **4.** *fig.* (necesitar) to require. **5.** (limosna) to beg. ‖ **a ~ de boca** just fine.

pedo [péðo] *s. m.* **1.** fart. **2.** *fig. y fam.* (borrachera) drunkenness. ‖ **estar ~** *col.* to be plastered; to have a load on *Am. E.*; to be pissed *Br. E.*

pedrada, dar una [peðráða] *loc.* to hit with a stone.

pedregoso, -sa [peðreγóso] *adj.* stony.

pedrería [peðrería] *s. f.* precious stones.

pedrisco [peðrísko] *s. m., Meteor.* (granizada) hail; hailstone.

pedrusco [peðrúsko] *s. m., fam.* rough stone.

pega [péγa] *s. f.* **1.** (broma) trick. **2.** *fig.* (obstáculo) inconvenience. ‖ **poner pegas** *fam.* to quibble.

pegadizo, -za [peγaðíθo] *adj.* catchy.

pegajoso, -sa [peγaχóso] *adj.* **1.** (pegadizo) sticky. **2.** (tiempo) clammy. **3.** *fig.* (persona) tiresome.

pegamento [peγaménto] *s. m.* (cola) glue; adhesive.

pegar [peγár] *v. tr.* **1.** to stick. **2.** *fig.*(dar golpes) to hit. **3.** *Med.* (una enfermedad) to transmit. ‖ *v. intr.* **4.** (adherirse) to stick. **5.** (conjuntar) to match. ‖ **pegarse** *v. prnl.* **6.** (adherirse) to stick; to adhere. **7.** (a una persona) to cling. ‖ **pegarse la gran vida** to live up.

pegatina [peγatína] *s. f.* sticker.

pegote [peγóte] *s. m.* **1.** *fam.* (persona) nuisance. **2.** *fam.* (masa) blob.

peinado, -da [pejnáðo] *s. m.* **1.** (en la peluquería) hairdo; coiffure. **2.** *jerg.* (rastreo) sweep.

peinar [pejnár] *v. tr.* **1.** to comb. ‖ **peinarse** *v. prnl.* **2.** to comb one's hair.

peine [péjne] *s. m.* comb.

peineta [pejnéta] *s. f.* ornamental comb.

peladilla [pelaðíʎa] *s. f.* sugared almond.

pelado, -da [peláðo] *p.p. y adj.* **1.** (fruta) peeled. **2.** (calvo) bald. **3.** *fig.*(árbol, terreno) bare. **4.** *fig..* (sin dinero) penniless; broke.

pelaje [peláχe] *s. m., Zool.* coat.

pelambrera [pelambréra] *s. f., fam.* mop (of hair).

pelar [pelár] *v. tr.* **1.** (fruta) to peel. **2.** (desplumar) to pluck. ‖ **pelarse** *v. prnl.* **3.** (cortarse el pelo) to get one's hair cut. **4.** *fig.* (piel) to peel off.

peldaño [peldáɲo] *s. m.* **1.** step; stair. **2.** (de escalera de mano) rung.

pelea [peléa] *s. f.* **1.** (lucha) fight. **2.** (riña) quarrel; row.

pelear [peleár] *v. intr.* **1.** to fight. **2.** (reñir) to quarrel. **3.** *fig.* to struggle. ‖ **pelearse** *v. prnl.* (por algo) **4.** (discutir) to argue (about/over sth); to row.

pelele [peléle] *s. m.* **1.** (muñeco) rag doll. **2.** *fig. y fam..* (persona) puppet.

peletería [peletería] *s. f.* (tienda) fur shop; furrier's.

pelícano [pelíkano] *s. m., Zool.* pelican.

película [pelíkula] *s. f.* **1.** movie *Am. E.;* film *Br. E.* **2.** (capa fina) film. ‖ ~ **del oeste** Western.

peligrar [peliɣrár] *v. intr.* (estar en peligro) to be in danger.

peligro [pelíɣro] *s. m.* **1.** danger. **2.** (riesgo) risk. ‖ **correr** ~ to be in danger. **en** ~ at risk. **poner en** ~ to endanger.

peligroso, -sa [peliɣróso] *adj.* **1.** (arriesgado) dangerous; risky. **2.** (inseguro) unsafe; insecure.

pelirrojo, -ja [pelir̃óxo] *adj.* red-haired; red-headed.

pellejo [peʎéxo] *s. m.* **1.** skin; hide. **2.** (bota) wineskin. ‖ **ponerse en el** ~ **de** *fig.* to put in somebody's shoes.

pelliza [peʎíθa] *s. f.* fur-lined coat.

pellizcar [peʎiθkár] *v. tr.* (pizcar) to pinch; to nip.

pellizco [peʎíθko] *s. m.* pinch; nip.

pelma [pélma] *s. m. y f.* bore.

pelmazo, -za [pelmáθo] *adj.* **1.** *col.* boring; tiresome. ‖ *s. m. y f.* **2.** *col.* bore.

pelo [pélo] *s. m.* hair. ‖ **con pelos y señales**. chapter and verse. **estarle al** ~ to serve one right. **lavar el** ~ (con champú) shampoo. **perder el** ~ to lose one's hair. **por los pelos** close shave. **sin** ~ hairless. **tomar el** ~ to tease; to mickey.

pelón, -ona [pelón] *adj.* **1.** bald; bald-headed. ‖ *s. m. y f.* **2.** baldhead.

pelota [pelóta] *s. f.* ball. ‖ **en pelotas** *col.* naked. **hacer la** ~ *fig. y fam.* to butter up.

pelotera [pelotéra] *s. f., fam.* (discusión) quarrel; row.

pelotón [pelotón] *s. m.* **1.** (grupo) group. **2.** (corrillo) huddle. **3.** *Mil.* squad.

peluca [pelúka] *s. f.* wig.

peluche [pelútʃe] *s. m.* (tejido) plush. ‖ **oso de** ~ teddy bear.

peludo [pelúðo] *adj.* hairy.

peluquería [pelukería] *s. f.* **1.** (de señoras) hairdresser's. **2.** (de hombres) barbershop.

peluquero, -ra [pelukéro] *s. m. y f.* **1.** (de señoras) hairdresser. **2.** (de hombres) barber.

peluquín [pelukín] *s. m.* hairpiece‖ **ni hablar del** ~ *fam.*not on your life.

pelusa [pelúsa] *s. f.* **1.** (vello) fluff; fuzz. **2.** (en un jersey) ball of fluff. **3.** *Bot.* (de planta) down. **4.** *fam.* (entre niños) jealousy.

pena [péna] *s. f.* **1.** (tristeza) sorrow; grief. **2.** (castigo) punishment; penalty. **3.** (dolor) pain. **4.** (dificultad) trouble. ‖ **que vale la** ~ worthwhile.

penacho [penátʃo] *s. m.* **1.** (plumas) tuft; crest. **2.** (adorno de plumas) plume.

penal [penál] *adj.* **1.** penal. ‖ *s. m.* **2.** (cárcel) penitentiary. ‖ **código** ~ penal code.

penalidad [penaliðáð] *s. f.* **1.** (dificultad) hardship. **2.** *Der.* (sanción) punishment.

penalti [penálti] *s. m., Dep.* penalty.

penar [penár] *v. tr.* **1.** (castigar) to punish; to penalize. || *v. intr.* **2.** (sufrir) to suffer.

pender [pendér] *v. intr.* **1.** (colgar) to hang. **2.** (depender) to depend.

pendiente [pendjénte] *adj.* **1.** (que cuelga) hanging. **2.** *fig.* (sin resolver) pending. **3.** (empinado) steep. || *s. m.* **4.** (joya) earring. || *s. f.* **5.** (cuesta) slope.

pendón [pendón] *s. m.* **1.** (estandarte) banner; standard. **2.** *fam.* (mujer) slut.

péndulo [péndulo] *s. m.* pendulum.

pene [péne] *s. m., Anat.* penis.

penetrante [penetránte] *adj.* **1.** penetrating. **2.** (mirada, frío) piercing. **3.** (arma) sharp. **4.** *fig.* (agudo) shrill.

penetrar [penetrár] *v. tr.* **1.** to penetrate. **2.** (una sustancia) to permeate. **3.** (perforar) to pierce. || *v. intr.* **4.** (entrar) to enter; to go in.

penicilina [peniθilína] *s. f., Med.* (antibiótico) penicillin.

península [península] *s. f., Geogr.* peninsula.

penique [peníke] *s. m.* **1.** *Econ.* (moneda inglesa) penny. || **peniques** *s. m. pl.* **2.** *Econ.* pence.

penitencia [peniténθja] *s. f.* **1.** (arrepentimiento) penitence. **2.** *Rel.* penance.

penoso, -sa [penóso] *adj.* **1.** (laborioso) difficult. **2.** (doloroso) grievous; painful. **3.** (lamentable) distressing.

pensador, -dora [pensaðór] *s. m. y f.* (intelectual) thinker.

pensamiento [pensamjénto] *s. m.* **1.** thought. **2.** (idea) idea. **3.** *Bot.* pansy.

pensar [pensár] *v. tr.* **1.** to think. **2.** (creer) to believe. **3.** (proponerse) to intend. || **pensárselo** *v. prnl.* **4.** (meditar-

lo) to think it over. || **~ detenidamente** to think over. **~ en** think up.

pensativo, -va [pensatíβo] *adj.* (meditabundo) thoughtful; pensive.

pensión [pensjón] *s. f.* **1.** (hostal) guest house *Am. E.*; boarding house *Br. E.*; bed and breakfast. **2.** (jubilación) pension. **3.** (asignación) allowance. || **~ alimenticia** alimony.

pensionado [pensjonáðo] *s. m.* (internado) boarding school.

pensionista [pensjonísta] *s. m. y f.* **1.** (jubilado) pensioner. **2.** (estudiante interno) boarder.

pentágono [pentáɣono] *s. m., Mat.* pentagon.

pentagrama [pentaɣráma] *s. m., Mús.* staff; stave.

Pentecostés [pentekostés] *s. m. sing.* **1.** *Rel.* (cristiano) Pentecost; Whisuntide. **2.** *Rel.* (judío) Pentecost.

penúltimo, -ma [penúltimo] *adj. y s. m. y f.* penultimate; last but one.

penumbra [penúmbra] *s. f.* penumbra.

penuria [penúrja] *s. f.* **1.** (escasez) scarcity. **2.** (pobreza) penury.

peña [péɲa] *s. f.* **1.** (roca) rock. **2.** (amigos) group; circle.

peñasco [peɲásko] *s. m., Geogr.* crag.

peón [peón] *s. m.* **1.** (trabajador) laborer; worker. **2.** (en ajedrez) pawn. **3.** (peonza) top. || **~ de albañil** hod carrier.

peonza [peónθa] *s. f.* (spinning) top.

peor [peór] *adj.* compar. **1.** worse [Él es peor profesor que su padre. *He is worse teacher than his father.*] || *adj.* sup. **2.** worst [Ella es la peor alumna del colegio. *She is the worst pupil in the school.*] || *adv.* compar. **3.** worse [Juega peor al football. *He plays football worse.*] || *adv.*

sup. **4.** worst [Éste es el restaurante donde peor se come. *This is the restaurant where you eat worst.*] ‖ **de mal en ~** from bad to worse.

pepino [pepíno] *s. m., Bot.* cucumber.

pepita [pepíta] *s. f.* **1.** *Bot.* (de fruta) seed; pip. **2.** *Miner.* (de oro) nugget. ‖ **~ de oro** gold nugget.

pequeñez [pekeɲéθ] *s. f.* **1.** (de tamaño) smallness. **2.** (de poco valor) trifle.

pequeño, -ña [pekéɲo] *adj.* **1.** little; small. **2.** (bajo) short. **3.** (cifra) low. ‖ *s. m. y f.* **4.** baby.

pequinés, -sa [pekinés] *s. m. y f., Zool.* (raza de perro) Pekinese.

pera [péra] *s. f.* **1.** *Bot.* pear. **2.** *fig. Electrón.* (interruptor) switch.

peral [perál] *s. m., Bot.* pear tree.

percance [perkánθe] *s. m.* mishap.

percatarse [perkatárse] *v. prnl.* to realize; to notice [No se ha percatado de los cambios realizados. *He hasn't noticed the changes made.*]

percebe [perθéβe] *s. m.* **1.** *Zool.* goose barnacle. **2.** *fig. y fam.* (persona) dim.

percepción [perθepθjón] *s. f.* perception. ‖ **extrasensorial** extrasensory perception.

percha [pértʃa] *s. f.* **1.** (colgador) hanger. **2.** (fijo en la pared) rack. ‖ **tener buena ~** *fig. y fam.* to be well-built.

perchero [pertʃéro] *s. m.* **1.** (fijo en la pared) coat rack. **2.** (de pie) coat stand.

percibir [perθiβír] *v. tr.* **1.** to perceive. **2.** (sueldo) to receive.

percusión [perkusjón] *s. f.* percussion.

perder [perðér] *v. tr.* **1.** to lose. **2.** (malgastar) to waste. **3.** (dejar escapar) to miss. **4.** to spare [No hay tiempo que perder. *There's no time to spare.*]

‖ *v. intr.* **5.** (ser derrotado) to lose. **6.** (desteñirse) to fade. ‖ **perderse** *v. prnl.* **7.** (extraviarse) to get lost. **8.** (extraviarse) to miscarry.

perdición [perðiθjón] *s. f.* **1.** ruin. **2.** *Rel.* perdition *lit.*

pérdida [pérðiða] *s. f.* **1.** loss. **2.** (de esfuerzo, tiempo) waste.

perdido [perðíðo] *adj.* lost.

perdigón [perðiɣón] *s. m.* **1.** (bala) pellet; hail-shot. **2.** *Zool.* young partridge.

perdiz [perðíθ] *s. f., Zool.* partridge.

perdón [perðón] *s. m.* **1.** pardon. **2.** *Rel.* forgiveness. **3.** (clemencia) mercy; clemency. ‖ **pedir ~** to apologize.

perdonar [perðonár] *v. tr.* **1.** to forgive. **2.** (excusar) to pardon; to excuse.

perdurar [perðurár] *v. intr.* (durar) to endure; to last.

perecer [pereθér] *v. intr.* to perish.

peregrinación [pereɣrinaθjón] *s. f.* **1.** peregrination. **2.** *Rel.* pilgrimage.

peregrinar [pereɣrinár] *v. intr.* **1.** (de romería) to go on a pilgrimage. **2.** (viajar) to peregrinate.

peregrino, -na [pereɣríno] *adj.* **1.** strange. **2.** (monje) wandering. ‖ *s. m. y f.* **3.** pilgrim.

perejil [pereχíl] *s. m., Bot.* parsley.

perenne [perénne] *adj.* **1.** (imperecedero) perennial; everlasting. **2.** *Bot.* perennial. ‖ **de hoja ~** evergreen.

perentorio, -ria [perentórjo] *adj.* (urgente) peremptory.

pereza [peréθa] *s. f.* laziness; idleness.

perezoso, -sa [pereθóso] *adj.* **1.** lazy; idle. ‖ *s. m.* **2.** *Zool.* sloth. ‖ *s. m. y f.* **3.** (holgazán) lazybones *inv.*

perfección [perfekθjón] *s. f.* perfection. ‖ **a la ~** perfectly; to perfection.

perfeccionamiento [perfekθjonamjénto] *s. m.* (mejora) improvement.

perfeccionar [perfekθjonár] *v. tr.* **1.** to perfect. **2.** (mejorar) to improve.

perfecto, -ta [perfékto] *adj.* **1.** perfect. || *s. m.* **2.** *Ling.* perfect (tense).

perfil [perfíl] *s. m.* **1.** profile. **2.** (silueta) outline; contour.

perfilar [perfilár] *v. tr.* **1.** to profile. **2.** (dar forma) to outline.

perforar [perforár] *v. tr.* **1.** (agujerear) to perforate. **2.** *Miner.* to drill.

perfumar [perfumár] *v. tr.* to perfume. || *v. prnl.* **perfumarse** to put perfume on.

perfume [perfúme] *s. m.* **1.** perfume; scent. **2.** *fig.* (del vino) bouquet.

perfumería [perfumería] *s. f.* perfumery.

pergamino [pergamíno] *s. m.* (piel) parchment.

pericia [períθja] *s. f.* skill; expertise.

periferia [periférja] *s. f.* **1.** periphery. **2.** (alrededores) surroundings. **3.** (de la ciudad) suburb.

perilla [períʎa] *s. f.* **1.** (barba) goatee. **2.** *Anat.* (de la oreja) lobe.

perímetro [perímetro] *s. m.* perimeter.

periódico, -ca [perjóðiko] *adj.* **1.** periódico; periodical. **2.** (publicación) periodical. || *s. m.* **3.** newspaper; paper. || **recorte de ~** news clipping.

periodista [perjoðísta] *s. m. y f.* (reportero) journalist; reporter.

período [períoðo] *s. m.* period.

peripecia [peripéθja] *s. f.* (incidente) incedent; sudden change.

peripuesto, -ta [peripwésto] *adj., col.* dressed up to the nines.

periquete, en un [perikéte] *loc. mod., fam.* in the twinkling of an eye; in a trice.

periquito [perikíto] *s. m., Zool.* (pájaro) parakeet.

periscopio [periskópjo] *s. m.* periscope.

perito, -ta [períto] *adj.* **1.** expert. **2.** (diestro) skilled; skillful. || *s. m. y f.* **3.** (experto) expert.

perjudicar [perχuðikár] *v. tr.* **1.** (dañar) to harm; to damage. **2.** *fig.* (intereses) to prejudice.

perjuicio [perχwíθjo] *s. m.* (daño) damage; harm. || **en ~ de** to the detriment of. **sin ~** without prejudice of.

perjurar [perχurár] *v. intr.* **1.** *Der.* to commit perjury. || *v. tr.* **2.** to swear.

perjuro, -ra [perχúro] *adj.* **1.** perjured. || *s. m. y f.* **2.** perjurer.

perla [pérla] *s. f.* **1.** pearl. **2.** *fig.* (persona) jewel. || **de perlas** perfectly.

permanecer [permaneθér] *v. intr.* **1.** (quedarse) to stay; to remain. **2.** (durar) to last.

permanente [permanénte] *adj.* **1.** permanent. **2.** (comisión) standing. || *s. f.* **3.** (cabello) perm; permanent wave.

permiso [permíso] *s. m.* **1.** (autorización) permission. **2.** (documento) license; permit. **3.** (de baja) leave of absence. || **estar de ~** to be on leave. **~ de conducir** driver's license *Am. E.*

permitir [permitír] *v. tr.* to allow; to permit *frml.* || **permitirse** *v. prnl.* **2.** (un lujo) to afford.

pernicioso, -sa [perniθjóso] *adj., Med.* (dañino) pernicious; harmful.

pernil [perníl] *s. m.* (pata de cerdo) ham.

perno [pérno] *s. m., Tecnol.* bolt.

pernoctar [pernoktár] *v. intr.* (hospedarse) to spend the night.

pero [péro] *s. m.* **1.** but; objection. || *conj. advers.* **2.** yet; but [Llevaba un mapa pero me perdí. *I had a map but I got lost.* ‖ **3.** *adv.* only. ‖ **ponerle peros a algo/alguien** to find fault with sth/sb.

perpendicular [perpeṇdikulár] *adj. y s. f.* perpendicular.

perpetrar [perpetrár] *v. tr., form.* to commit; to perpetrate *frml.*

perpetuar [perpetuár] *v. tr.* (continuar) to perpetuate.

perpetuo, -tua [perpétwo] *adj.* (eterno) perpetual; everlasting.

perplejidad [perpleχiðáð] *s. f.* (irresolución) perplex-ity; bewilderment.

perplejo, -ja [perpléχo] *adj.* (sorprendido) perplexed; confused. ‖ **dejar ~** to perplex. **estar ~** to puzzle.

perra [péřa] *s. f.* **1.** (rabieta) tantrum. **2.** (moneda) coin.

perrera [peřéra] *s. f.* kennel.

perro, -rra [péřo] *s. m.* **1.** *Zool.* dog. ‖ **perra** *s. f.* **2.** *Zool.* bitch. **3.** *fig* (mujer) slut; bitch.

persecución [persekuθjón] *s. f.* **1.** (cosamiento) pursuit. **2.** (por una ideología) persecution.

perseguir [perseɣír] *v. tr.* **1.** to pursue. **2.** (una presa) to hunt. **3.** (por una ideología) to persecute.

perseverancia [perseβeránθja] *s. f.* (tenacidad) perseverance; constancy.

perseverar [perseβerár] *v. intr.* (insistir) to persevere; to insist.

persiana [persjána] *s. f.* **1.** blind. **2.** (contraventana) shutter.

persistencia [persisténθja] *s. f.* (insistencia) persistence; insistence.

persistir [persistír] *v. intr.* to persist.

persona [persóna] *s. f.* person. ‖ **en ~** in person. **por ~** a head.

personaje [personáχe] *s. m.* **1.** (celebridad) personage *frml.* **2.** *Cinem. y Teatr.* character.

personal [personál] *adj.* **1.** (particular) personal. ‖ *s. m.* **2.** (plantilla) personnel; staff. **3.** (gente) people. ‖ **jefe de ~** personnel officer.

personalidad [personaliðáð] *s. f.* (carisma) per-sonality.

personificar [personifikár] *v. tr.* (representar) to personify.

perspectiva [perspektíβa] *s. f.* **1.** perspective. **2.** (posibilidad futura) prospect; outlook. ‖ **en ~** prospective.

perspicacia [perspikáθja] *s. f.* (sutileza) shrewdness.

perspicaz [perspikáθ] *adj.* (sutil) shrewd; perspicacious *frml.*

persuadir [perswaðir] *v. tr.* **1.** to persuade. **2.** (convencer) to convince. ‖ **persuadirse** *v. prnl.* **3.** (convencerse) to become convinced.

persuasión [perswasjón] *s. f.* persuasion.

pertenecer [perteneθér] *v. intr.* to belong (to).

pértiga [pértiɣa] *s. f., Dep.* pole.

pertinente [pertinénte] *adj.* **1.** (oportuno) appropriate. **2.** (relevante) relevant; pertinent.

perturbación [perturβaθjón] *s. f.* (alteración) disturbance.

perturbar [perturβár] *v. tr.* **1.** to disturb. **2.** (mentalmente) to perturb.

peruano, -na [perwáno] *adj. y s. m. y f.* Peruvian.

perverso, -sa [perβérso] *adj.* (malo) perverse; wicked.

pervertir [perβertír] *v. tr.* (enviciar) to corrupt; to pervert.

pesa [pésa] *s. f.* weight.

pesadez [pesaðéθ] *s. f.* **1.** (con mucho peso) heaviness. **2.** *fig.*(fastidio) drag.

pesadilla [pesaðíʎa] *s. f.* nightmare.

pesado, -da [pesáðo] *adj.* **1.** heavy. **2.** *fig.*(molesto) annoying. **3.** *fig.* (aburrido) boring; tiresome.

pesadumbre [pesaðúmbre] *s. f.* (pena) sorrow; grief; affliction.

pésame [pésame] *s. m.* condolences *pl.;* sympathy. ‖ **dar el ~ por** to offer one's condolences for.

pesar¹ [pesár] *s. m.* **1.** (pena) sorrow; grief. **2.** *fig.*(arrepentimiento) contrition. ‖ **a ~ de** out of spite; despite. **a ~ de que** although; even though.

pesar² [pesár] *v. tr. e intr.* **1.** to weigh. ‖ *v. tr.* **2.** (lamentar) to regret. ‖ **pesarse** *v. prnl.* **3.** to weight oneself.

pesca [péska] *s. f.* **1.** (acción) fishing. **2.** (peces) fish. **3.** (cantidad) catch. ‖ **ir de ~** to go fishing.

pescadería [peskaðería] *s. f.* fish shop; fishmonger's *Br. E.*

pescadero, -ra [peskaðéro] *s. m. y f.* fishmonger.

pescadilla [peskaðíʎa] *s. f., Zool.* (pez) young hake.

pescado [peskáðo] *s. m.* fish.

pescador [peskaðór] *s. m.* **1.** fisherman. ‖ **pescadora** *s. f.* **2.** fisherwoman.

pescar [peskár] *v. tr.* **1.** (peces) to fish. **2.** *fig. y fam.*(pillar) to catch.

pescuezo [peskwéθo] *s. m., Anat., fam.* (cogote) neck; scruff.

pesebre [peséβre] *s. m.* **1.** (cajón) manger; stall. **2.** (de Navidad) crib.

peseta [peséta] *s. f.* (antigua moneda española) peseta.

pesimismo [pesimísmo] *s. m.* (escepticismo) pessimism.

pesimista [pesimísta] *adj.* **1.** pessimistic. ‖ *s. m. y f.* **2.** pessimist.

pésimo, -ma [pésimo] *adj.* **1.** dreadful. **2.** *fam.* (comportamiento) abominable.

peso [péso] *s. m.* **1.** weight. **2.** (carga) burden; load. **3.** (balanza) scale. **4.** (moneda latinoamericana) peso.

pesquisa [peskísa] *s. f.* (indagación) inquiry. ‖ **hacer pesquisas** (indagar) to make inquiries.

pestaña [pestáɲa] *s. f., Anat.* eyelash.

pestañear [pestaɲeár] *v. intr.* to blink. ‖ **sin ~** (sin inmutarse) without batting an eyelash.

peste [péste] *s. f.* **1.** *Med.* plague. **2.** (mal olor) stink. **3.** *fig.* (persona, cosa) pest.

pestillo [pestíʎo] *s. m.* **1.** (cerrojo) bolt. **2.** (de una cerradura) latch. ‖ **descorrer el ~** to unlatch; to unbolt.

petaca [petáka] *s. f.* **1.** (para cigarrillos) cigarette case. **2.** (para tabaco de liar) tobacco pouch. **3.** (para bebida) hipflask.

pétalo [pétalo] *s. m., Bot.* petal.

petardo [petárðo] *s. m.* **1.** (explosivo) firecracker; banger *Br. E.* **2.** *Mil.* petard. **3.** *fig.* (pesado) pain in the neck *coll.*

petición [petiθjón] *s. f.* **1.** (acción) request. **2.** *Der.* (solicitud) petition. ‖ **a ~ de** at the request of.

peto [péto] *s. m.* **1.** *Hist.* (de armadura) breastplate. **2.** (prenda de vestir) bib.

petrificar [petrifikár] *v. tr.* **1.** to petrify. ‖ **petrificarse** *v. prnl.* **2.** to become petrified.

petróleo [petróleo] *s. m.* oil; petroleum.

petrolero [petroléro] *s. m.* **1.** *Náut.* (oil) (barco) tanker. **2.** *Náut.* (hombre) oilman *m.*

petulante [petulánte] *adj.* arrogant.

pez[1] [péθ] *s. m.*, *Zool.* fish. ‖ ~ **espada** *Zool.* swordfish. ~ **gordo** *fig. y fam.* (hombre importante) big shot.

pez[2] [péθ] *s. f.* pitch; tar.

pezón [peθón] *s. m.* nipple.

pezuña [peθúɲa] *s. f.*, *Zool.* hoof.

piadoso, -sa [pjaðóso] *adj.* (devoto) devout; pious.

piano [pjáno] *s. m. Mús.* piano. ‖ ~ **de cola** *Mús.* grand piano.

piar [pjár] *v. intr.* to chirp; to tweet.

piara [pjára] *s. f.* (de cerdos) herd.

pica [píka] *s. f.* **1.** *Mil.* pike. **2.** (naipe) spade. **3.** *Taur.* goad.

picado, -da [pikáðo] *adj.* **1.** (material) pricked. **2.** (carne) mince. **3.** (mar) choppy. **4.** (enfadado) cross.

picador, -ra [pikaðór] *s. m.* **1.** *Taur.* picador. **2.** (minero) face worker. ‖ **picadora** *s. f.* **3.** (de carne) mincer.

picadura [pikaðúra] *s. f.* **1.** (de insecto, reptil) bite. **2.** (de abeja) sting. **3.** *Med.* (en un diente) caries; cavity. **4.** (tabaco) cut tobacco.

picante [pikánte] *adj.* **1.** (comida) hot. **2.** *fig.* (comentario) spicy; racy. ‖ *s. m.* **3.** *Gastr.* piquancy.

picaporte [pikapórte] *s. m.* **1.** (pomo) door handle. **2.** (mecanismo) latch.

picar [pikár] *v. tr.* **1.** (agujerear) to puncture; to prick. **2.** (insecto, reptil) to bite. **3.** (abeja) to sting. **4.** (cortar) to chop. **5.** (carne) to mince. **6.** (picotear) to peck. **7.** *fig.* (incitar) to goad. ‖ *v. intr.* **8.** (escocer) to itch. **9.** (la comida) to be hot. **10.** (peces) to strike. **11.** *fig.*(pinchar) to prickle. ‖ **picarse** *v. prnl.* **12.** (alimentos) to go off. **13.** (mar) to get choppy. **14.** *fig.*(ofenderse) to take offense.

picardía [pikarðía] *s. f.* (astucia) craftiness; roguery.

picardías [pikarðías] *s. m. inv.* (pijama) short nightdress.

pícaro, -ra [píkaro] *adj.* **1.** (astuto) crafty; tricky. **2.** (travieso) roguish; naughty. ‖ *s.* **3.** *Lit.* rogue; villain.

picatoste [pikatóste] *s. m.* **1.** (en la sopa) crouton. **2.** (en el chocolate) strip of fried bread.

pichón, -na [pitʃón] *s. m. y f.* **1.** *Zool.* (de paloma) young pigeon. **2.** *Gastr.* pigeon. **3.** *fam.* (como apelativo cariñoso) darling.

picnic [píknik] *s. m.* picnic.

pico [píko] *s. m.* **1.** *Zool.* beak; bill. **2.** (punta) corner. **3.** (de una jarra) spout. **4.** *Geogr.* (cima) peak; top. ‖ **cerrar el ~** *fam.* to shut up. **y ~** odd.

picor [pikór] *s. m.* itch.

picota [pikóta] *s. f.* **1.** pillory. **2.** *Bot.* (cereza) bigarreau cherry.

picotazo [pikotáθo] *s. m.* peck.

picotear [pikoteár] *v. tr.* **1.** to peck. ‖ *v. intr.* **2.** (entre comidas) to nibble.

pictórico, -ca [piktóriko] *adj.* pictorial.

pie [pjé] *s. m.* **1.** foot. **2.** (base) base; stand. ‖ **pies** *s. m. pl.* **3.** feet. ‖ **al ~ de la letra** literally; to the letter. **de los pies a la cabeza** from head to toe. **de ~** standing; up. **ir a ~** to go on foot. **ponerse en ~** to stand up.

piedad [pjeðáð] *s. f.* **1.** (lástima) mercy; pity. **2.** *Rel.* (devoción) devotion; piety.

piedra [pjéðra] *s. f.* **1.** (roca) stone. **2.** (roca) rock. ‖ ~ **de afilar** whetstone. ~ **pómez** pumice stone.

piel [pjél] *s. f.* **1.** *Anat.* skin. **2.** (cuero) leather. **3.** (fruta, patata) peel. ‖ **de ~** leather. ~ **roja** (indio) redskin.

pienso [pjénso] *s. m.* fodder; feed.

pierna [pjérna] *s. f., Anat.* leg.

pieza [pjéθa] *s. f.* **1.** piece. **2.** *Tecnol.* part. **3.** *Teatr.* play. ‖ ~ **de recambio** spare part.

pigmento [pigménto] *s. m.* pigment.

pijada [piχáða] *s. f.* **1.** *col.* (cosa insignificante) little thing. **2.** *col.* (tontería) stupid thing [¡Qué pijadas dices! *What a stupid thing to say!*]

pijama [piχáma] *s. m.* pajamas *pl. Am. E.*; pyjamas *pl. Br. E.*

pijo, -ja [píχo] *adj.* **1.** *col.* posh *fam.* ‖ *s. m.y f.* **2.** *col.* (persona) rich kid *fam.* ‖ *s. m.* **3.** *vulg.* (pene) prick *vulg.*

pila¹ [píla] *s. f.* (montón) pile; heap.

pila² [píla] *s. f.* **1.** (lavadero) basin. **2.** (fregadero) sink. **3.** *Electrón.* battery.

pilar [pilár] *s. m.* **1.** *Arq.* pillar. **2.** *fig.* (apoyo) support.

píldora [píldora] *s. f.* pill. ‖ **dorar la ~** *fig.* to gild the pill. **~ abortiva** *Farm.* morning-after pill. **tomar la ~ anticonceptiva** to take the pill.

pilila [pilíla] *s. f.* (pene) thing *coll.*; weenie, *coll.*

pillar [piʎár] *v. tr.* **1.** (atrapar) to catch. **2.** (robar) to plunder.

pillo, -lla [píʎo] *adj.* **1.** *fam.* (travieso) roguish; rascally. **2.** (astuto) shrewd. ‖ *s. m. y f.* **3.** (travieso) rogue; rascal. **4.** (astuto) crafty devil.

pilón [pilón] *s. m.* basin.

pilotar [pilotár] *v. tr., Aeron.* to pilot.

piloto [pilóto] *adj.* **1.** pilot. ‖ *s. m.* **2.** (de vión, barco) pilot. **3.** (de coches) driver. **4.** (luz) pilot light. **5.** *Autom.* rear wheel. ‖ **piso ~** show flat.

pimentón [pimentón] *s. m., Bot.* **1.** (dulce) paprika. **2.** (picante) cayenne pepper.

pimienta [pimjénta] *s. f.* pepper. ‖ **echarle ~ a** *Gastr.* to pepper.

pimiento [pimjénto] *s. m., Bot.* pepper.

pinacoteca [pinakotéka] *s. f., form.* (colección de arte) art gallery.

pinar [pinár] *s. m.* pinewood.

pincel [pinθél] *s. m.* (arte) paintbrush.

pincelada [pinθeláða] *s. f.* brush stroke.

pinchadiscos [pintʃaðískos] *s. m. inv., fam.* disc jockey; DJ.

pinchar [pintʃár] *v. tr.* **1.** (punzar) to prick. **2.** (una rueda) to puncture. **3.** *fig.* (incitar) to goad; to prod. ‖ **pincharse** *v. prnl.* **4.** *jerg.* (droga) to shoot up.

pinchazo [pintʃáθo] *s. m.* **1.** (punzada) prick; jab. **2.** (de una rueda) flat *Am. E.*; puncture. **3.** (dolor agudo) sharp pain.

pincho [píntʃo] *s. m.* **1.** *Bot.* (espina) prickle. **2.** (aperitivo) bar snack.

ping-pong [pimpón] *s. m., Dep.* Ping-Pong; table tennis.

pingüino [piŋgwíno] *s. m., Zool.* (ave) penguin.

pino [píno] *s. m.* **1.** *Bot.* (árbol) pine tree. **2.** *Bot.* (madera) pine.

pinta¹ [pínta] *s. f.* **1.** (mancha) spot; mark. **2.** *fam.* (aspecto) look.

pinta² [pínta] *s. f.* (medida) pint.

pintada [pintáða] *s. f.* graffiti.

pintado [pintáðo] *adj.* **1.** (coloreado) painted. **2.** (maquillada) made-up. ‖ **recién ~** wet paint.

pintalabios [pintaláβjos] *s. m. inv.* (carmín) lipstick.

pintar [pintár] *v. tr.* **1.** (dar color) to paint. **2.** (dibujar) to draw. ‖ *v. intr.* **3.** to paint. ‖ **pintarse** *v. prnl.* **4.** (maquillarse) to make up.

pintarrajear [pintařaχeár] *v. tr., fam.* to daub; to scribble.

pintaúñas [piṇtaúɲas] *s. m. inv.* (esmalte de uñas) nail polish.

pintor, -ra [piṇtór] *s. m. y f.* painter.

pintoresco, -ca [piṇtorésko] *adj.* 1. (estilo, paisaje) picturesque. 2. (estrafalario) bizarre.

pintura [piṇtúra] *s. f.* 1. (cuadro) painting. 2. (material) paint. || capa de ~ coat of paint. ~ al oleo oil painting. una mano de ~ a lick of paint.

pinza [píṇθa] *s. f.* 1. clothespin *Am. E.;* clothes peg *Br. E.* 2. (para el pelo) bobby pin *Am. E.;* hairpin *Br. E.* || pinzas *s. f. pl.* 3. (para depilar) tweezers.

piña [píɲa] *s. f.* 1. *Bot.* (del árbol) pine cone. 2. *Bot.* (fruta) pineapple. 3. *fig.* (pandilla) group.

piñata [piɲáta] *s. f.* candy container (hung up in parties and hit with a stick to release the candies).

piñón [piɲón] *s. m.* 1. *Bot.* pine-kernel; pine nut. 2. *Mec.* (de bicicleta) sprocket wheel.

pío, -a [pío] *adj.,* 1. *Rel.* (devoto) pious. || *s. m.* 2. *Zool.* (de pájaros) peep; tweet.

piojo [pjóχo] *s. m.* 1. *Zool.* louse. || piojos *s. m. pl.* 2. *Zool.* lice.

pionero, -ra [pjonéro] *adj.* 1. pioneering. || *s. m. y f.* 2. pioneer.

pipa¹ [pípa] *s. f.* 1. (de fumar) pipe. 2. (tonel) hogshead; large barrel.

pipa² [pípa] *s. f.* 1. *Bot.* (pepita de girasol) seed. 2. (de la fruta) pip.

pipí [pipí] *s. m.* 1. *fam.* (orina) pee. 2. *Amér., fam.* (pene) weenie *Am. E.*

pique [píke] *s. m.* (resentimiento) resentment; petty quarrel. || irse a ~ *fig. Náut.* to sink; to shipwreck.

piragua [piráɣwa] *s. f.* 1. canoe. 2. (transporte) pirogue.

pirámide [pirámiðe] *s. f.* pyramid.

pirarse [pirárse] *v. prnl., fam.* (esfumarse) to make oneself scarce.

pirata [piráta] *adj.* 1. pirate. 2. (clandestino) bootleg. || *s. m.* 3. pirate.

piratería [piratería] *s. f.* piracy.

piropo [pirópo] *s. m., fam.* compliment; flattering comment.

pirueta [pirwéta] *s. f.* pirouette.

piruleta [piruléta] *s. f.* lollipop.

pirulí [pirulí] *s. m.* lollipop (conic).

pis [pís] *s. m., fam.* pee.

pisada [pisáða] *s. f.* 1. (paso) footstep. 2. (huella) footprint.

pisapapeles [pisapapéles] *s. m. inv.* paperweight.

pisar [pisár] *v. tr.* 1. (con el pie) to tread on; to step on. 2. (pisotear) to press. || *v. intr.* 3. to tread.

piscifactoría [pisθifaktoría] *s. f.* (criadero de peces) fish farm.

piscina [pisθína] *s. f.* swimming pool.

Piscis [písθis] *n. p., Astrol.* Piscis.

piscolabis [piskoláβis] *s. m. inv.* snack.

piso [píso] *s. m.* 1. (suelo) floor. 2. (vivienda) apartment *Am. E.;* flat *Br. E.* 3. (acera) sidewalk *Am. E.;* pavement *Br. E.* || compartir ~ con alguien to room with somebody *Am. E.* en el ~ inferior downstairs. en el ~ superior upstairs.

pisotear [pisoteár] *v. tr.* 1. (pisar) to trample; to stamp on. || *v. intr.* 2. (atropellar) to trample on.

pisotón [pisotón] *s. m.* stamp.

pista [písta] *s. f.* 1. (superficie) track. 2. (rastro) trail. 3. (indicio) trace; clue. || ~ de aterrizaje landing strip. seguirle la ~ de to track.

pistacho [pistátʃo] *s. m., Bot.* pistachio nut; pistachio.

pistola [pistóla] *s. f.* **1.** (arma) gun; pistol. **2.** (para pintar) spray gun.

pistolera [pistoléra] *s. f.* holster.

pistón [pistón] *s. m., Mec.* piston.

pitar [pitár] *v. tr.* **1.** (pito) to blow. **2.** *Dep.* (arbitrar) to referee. ‖ *v. intr.* **3.** to blow a whistle; to whistle. **4.** (tocar la bocina) to sound the horn.

pitido [pitíðo] *s. m.* whistle.

pitillera [pitiʎéra] *s. f.* cigarette case.

pitillo [pitíʎo] *s. m.* cigarette.

pito [píto] *s. m.* **1.** whistle. **2.** *fam.* (cigarrillo) cigarette. **3.** *vulg.* (pene) weenie. **4.** *Autom.* (bocina) horn.

pitón¹ [pitón] *s. f., Bot.* (serpiente) python.

pitón² [pitón] *s. m.* (del toro) horn.

pitorrearse [pitořeárse] *v. prnl., fam.* to make fun [Deja de pitorrearte de mí. *Stop making fun of me.*]

pizarra [piθářa] *s. f.* **1.** *Miner.* slate. **2.** (encerado) blackboard.

pizca [píθka] *s. f., fam.* pinch. ‖ **ni ~** not a bit. **no me hace ni ~ de gracia** I don't like it at all.

pizza [pítsa] *s. f., Gastr.* pizza.

pizzería [pitsería] *s. f.* pizzeria.

placa [pláka] *s. f.* **1.** plate. **2.** (conmemorativa) plaque. **3.** (de policía) badge. ‖ **~ de matrícula** license plate.

placer¹ [plaθér] *v. tr.* (agradar) to please.

placer² [plaθér] *s. m.* **1.** pleasure; delight. **2.** (divertimento) enjoyment.

plácido, -da [pláθiðo] *adj.* **1.** (tranquilo) placid. **2.** (sosegado) calm.

plaga [pláɣa] *s. f.* **1.** plague. **2.** *Agr.* pest.

plagiar [plaxiár] *v. tr.* to plagiarize.

plan [plán] *s. m.* **1.** plan. **2.** (proyecto) project. **3.** (programa) program; scheme. ‖ **planes** *s. m. pl.* **4.** arrangements.

plana [plána] *s. f.* (de periódico) page [La noticia aparece en primera plana. *The story is on the first page.*]

plancha [plántʃa] *s. f.* **1.** (lámina) plate; sheet. **2.** (utensilio) iron.

planchar [plantʃár] *v. tr.* (la ropa) to iron.

planear¹ [planeár] *v. tr.* to plan.

planear² [planeár] *v. intr.* (un avión, pájaro) to glide.

planeta [planéta] *s. m., Astron.* planet.

planetario [planetárjo] *s. m., Astron.* planetarium.

planicie [planíθje] *s. f., Geogr.* plain.

planificación [planifikaθjón] *s. f.* planning. ‖ **~ familiar** family planing.

plano, -na [pláno] *adj.* **1.** flat; level. **2.** (liso) smooth. ‖ *s. m.* **3.** *Mat.* plane. **4.** (mapa) map. **5.** (nivel) level. ‖ **primer ~** close-up.

planta [plánta] *s. f.* **1.** (del pie) sole. **2.** *Bot.* plant. **3.** (piso) floor. ‖ **~ baja** first floor *Am. E.*; ground floor *Br. E.* **primera ~** second floor *Am. E.*; first floor *Br. E.*

plantación [plantaθjón] *s. f.* **1.** *Agr.* plantation. **2.** (acción) planting.

plantar [plantár] *v. tr.* **1.** *Bot.* to plant. **2.** *fig.* (a alguien) to jilt. ‖ **plantarse** *v. prnl.* **3.** to stand firm.

plantear [planteár] *v. tr.* to plan.

plantel [plantél] *s. m.* clique.

plantilla [plantíʎa] *s. f.* **1.** (para zapatos) insole. **2.** (empleados) staff. **3.** (modelo) model; pattern.

plantío [plantío] *s. m., Agr.* field.

plasmar [plasmár] *v. tr.* **1.** (dar forma) to shape. **2.** (captar) to capture. ‖ **plasmarse** *v. prnl.* **3.** to be expressed.

plasta [plásta] *adj.* **1.** *fig.* (persona) boring. ‖ *s. f.* **2.** (masa blanda) soft lump.

3. (masa aplastada) flat lump. ‖ *s. m. y f.*
4. *fig* (persona) bore; pain in the neck
coll.

plástico, -ca [plástiko] *adj.* **1.** plastic.
‖ *s. m.* **2.** plastic. ‖ **plástica** *s. f.* **3.** plastic art.

plastilina [plastilína] *s. f.* plasticine.

plata [pláta] *s. f.* **1.** *Quím.* silver. **2.** *Amér.*
(dinero) money. ‖ **objetos de ~** silverware.

plataforma [platafórma] *s. f.* platform.

plátano [plátano] *s. m.* **1.** *Bot.* (fruta) banana. **2.** *Bot.* (árbol) plane tree.

platea [platéa] *s. f., Cinem. y Teatr.* orchestra *Am. E.*; ground floor *Am. E.*

platear [plateár] *v. tr.* to silver.

platero, -ra [platéro] *s. m. y f.* (orfebre)
silversmith.

plática [plátika] *s. f.* **1.** *Amér.* (charla)
talk; chat. **2.** *Rel.* (homilía) sermon.

platicar [platikár] *v. intr.* to talk; to chat.

platillo [platíʎo] *s. m.* **1.** (plato pequeño)
saucer. **2.** (de un abalanza) pan. ‖ **platillos** *s. m. pl.* **3.** *Mús.* cymbals.

platino [platíno] *s. m., Quím.* platinum.

plato [pláto] *s. m.* **1.** plate; dish. **2.** (en las
comidas) course. ‖ **~ fuerte** main course.
~ llano shallow dish; soup dish.

plató [plató] *s. m.* (cine y TV) set.

playa [pláʝa] *s. f.* **1.** beach. **2.** (orilla) seashore. **3.** (para el veraneo) seaside.

play-back [pléjβak] *s. m.* playback.

playera [plaʝéra] *s. f.* (zapatilla) canvas
shoe; sneakers *pl. Am. E.*

plaza [pláθa] *s. f.* **1.** (de un pueblo o ciudad) square. **2.** (sitio) room. **3.** (mercado) market. ‖ **~ de toros** *Taur.* bullring.

plazo [pláθo] *s. m.* **1.** (periodo) term.
2. *Econ.* installment. ‖ **a corto ~** in
short-term. **a largo ~** in long-term.

plazoleta [plaθoléta] *s. f.* small square.

plebe [pléβe] *s. f.* **1.** (pueblo) people *pl.*
2. (chusma) plebs *pl.*

plegar [pleɣár] *v. tr.* **1.** (doblar) to fold;
to bend. **2.** (una silla) to fold up. **3.** (en
costura) to pleat. ‖ **plegarse** *v. prnl.*
4. *fig. y fam.*(ceder) to yield.

plegaria [pleɣária] *s. f., Rel.* prayer.

pleito [pléjto] *s. m.* **1.** *Der.* lawsuit; litigation. **2.** (riña) dispute; argument. ‖ **poner un ~** *Der.* to sue.

plenitud [plenitúð] *s. f.* (apogeo) plenitude; fullness.

pleno, -na [pléno] *adj.* full; complete.

pliego [pljéɣo] *s. m.* (hoja) sheet (of paper).

pliegue [pljéɣe] *s. m.* **1.** (doblez) fold;
crease. **2.** (en costura) pleat.

plisar [plisár] *v. tr.* to pleat.

plomada [plomáða] *s. f.* **1.** (plomo)
plumb. **2.** *Náut.* lead.

plomo [plómo] *s. m.* **1.** (metal) lead.
2. *Electrón.* (fusible) fuze. **3.** *fig.* (pelma) bore; drag.

pluma [plúma] *s. f.* **1.** *Zool.* (ave) feather.
2. (para escribir) pen.

plumaje [plumáχe] *s. m.* **1.** (de ave)
plumage. **2.** (adorno) plume.

plumero [pluméro] *s. m.* (para quitar el
polvo) feather-duster.

plumilla [plumíʎa] *s. f.* nib.

plumón [plumón] *s. m.* **1.** *Zool.* (de ave)
down. **2.** (edredón) eiderdown.

plural [plurál] *adj.* **1.** plural. ‖ *s. m.*
2. *Ling.* plural.

pluriempleo [plurjempléo] *s. m.* moonlightning.

plusmarca [plusmárka] *s. f.* record.

población [poβlaθjón] *s. f.* **1.** (habitantes) population. **2.** (ciudad) town; city.

poblado [poβláðo] *s. m.* **1.** (asentamiento) settlement. **2.** (pueblo) village.

poblar [poβlár] *v. tr.* **1.** (con gente) to settle; to people. **2.** (habitar) to inhabit. **3.** (con árboles) to forest *Am. E.*

pobre [póβre] *adj.* **1.** poor. || *s. m. y f.* **2.** pauper. **3.** (mendigo) beggar.

pobreza [poβréθa] *s. f.* **1.** (necesidad) poverty. **2.** (escasez) shortage.

pocho, -cha [pótʃo] *adj.* **1.** (descolorido) off-color. **2.** (podrido) overripe. **3.** *col.* (persona) poorly.

pocilga [poθílγa] *s. f.* pigsty.

pocillo [poθíʎo] *s. m.* cup.

pócima [póθima] *s. f.* **1.** potion. **2.** *pey.* (brebaje) concoction.

poción [poθjón] *s. m.* potion.

poco, -ca [póko] *adj. indef.* (también pron.) **1.** (en singular) little [Queda poca leche. *There is little milk left.*] **2.** (en plural) few [Este restaurante tiene pocas sillas. *This restaurant has few chairs.*] || *adv. c.* **3.** (+ verbo) not a lot [My abuelo habla poco. *My grandparent does not talk a lot.*] || ~ **a** ~ little by little. **por** ~ almost; nearly [Por poco se quema la tostada. *The toast nearly burnt.*] **un** ~ a little [Vamos a trabajar un poco. *Let's work a little.*]

poda [póða] *s. f.* pruning.

podadera [poðaðéra] *s. f.* pruning hook.

podar [poðár] *v. tr.* to prune.

poder[1] [poðér] *s. m.* power. || **por poderes** by proxy.

poder[2] [poðér] *v. tr.* **1.** (capacidad) can; to be able to. **2.** (permiso) can; may. **3.** (ser posible) to be possible. || **no** ~ to be unable. **plenos poderes** full powers.

poderío [poðerío] *s. m.* **1.** (poder) power. **2.** (económico) wealth.

poderoso, -sa [poðeróso] *adj.* **1.** (con poder) powerful. **2.** (rico) wealthy.

podio [póðjo] *s. m., Dep.* podium.

podrido, -da [poðríðo] *adj.* rotten; putrid.

poema [poéma] *s. m., Lit.* poem.

poesía [poesía] *s. f.* **1.** *Lit.* (género) poetry; verse. **2.** *Lit.* (poema) poem.

poeta [poéta] *s. m., Lit.* poet.

poético [poétiko] *adj.* poetic.

poetisa [poetísa] *s. f., Lit.* poetess.

polaina [polájna] *s. f.* spat.

polar [polár] *adj.* polar.

polea [poléa] *s. f.* **1.** *Tecnol.* pulley. **2.** *Náut.* tackle.

polémica [polémika] *s. f.* (controversia) controversy; polemic *frml.*

polémico, -ca [polémiko] *adj.* (controvertido) controversial; polemical.

polen [pólen] *s. m., Bot.* pollen.

poleo [póleo] *s. m., Bot.* pennyroyal.

policía [poliθía] *s. f.* **1.** (cuerpo) police. **2.** (mujer) policewoman. || *s. f.* **3.** (hombre) policeman; bobby *Br. E., coll.* || **llamar a la** ~ to call the police.

policiaco, -ca o policíaco [poliθjáko] *adj.* **1.** police. **2.** (novela) detective.

polideportivo [poliðeportíβo] *s. m.* (centro deportivo) sports center.

poliedro [poljéðro] *s. m., Mat.* polyhedron.

polifacético, -ca [polifaθétiko] *adj.* (versátil) multifaceted.

polifonía [polifonía] *s. f., Mús.* (sinfonía) polyphony.

poligamia [poliγámja] *s. f.* polygamy.

políglota [políγlota] *s. m. y f.* polyglot.

polígono [políγono] *s. m.* **1.** *Mat.* polygon. **2.** (zona) zone. || ~ **industrial** industrial park *Am. E.;* industrial estate *Br. E.*

polilla [políʎa] *s. f., Zool.* moth.

poliomielitis [poljomjelítis] *s. f., Med.* (enfermedad) poliomyelitis.

polisemia [polisémja] *s. f., Ling.* (muchos significados) polysemy.

política [polítika] *s. f.* **1.** *Polít.* politics *sing.* **2.** (estrategia) policy. ‖ **~ exterior** *Polít.* foreign policy.

político, -ca [polítiko] *adj.* **1.** political. **2.** (diplomático) tactful. ‖ *s. m. y f.* **3.** politician. ‖ **~ político** *Polít.* political party.

póliza [póliθa] *s. f.* **1.** (de seguro) policy. **2.** (sello) fiscal stamp.

polizón [poliθón] *s. m., Náut.* stowaway.

pollo [póʎo] *s. m.* chicken.

polluelo, -la [poʎwélo] *s. m. y f.* chick.

polo¹ [pólo] *s. m.* **1.** *Fís.* y *Geogr.* pole. **2.** *fig.* (helado) Popsicle *Am. E.* (marca registrada); ice lolly *Br. E.*

polo² [pólo] *s. m.* **1.** *Dep.* polo. **2.** (niqui) polo shirt.

polución [poluθjón] *s. f.* pollution.

polvareda [polβaréða] *s. f.* dust cloud.

polvo [pólβo] *s. m.* **1.** dust. **2.** *Gastr.* y *Quím.* powder. ‖ **polvos de tocador** face powder.

pólvora [pólβora] *s. f.* gunpowder.

polvoriento, -ta [polβorjénto] *adj.* (lleno de polvo) dusty.

polvorín [polβorín] *s. m., Mil.* (almacén) gunpowder arsenal.

polvorón [polβorón] *s. m., Gastr.* floury sweet with almonds (at Christmas time).

pomada [pomáða] *s. f.* ointment.

pomelo [pomélo] *s. m., Bot.* grapefruit.

pomo [pómo] *s. m.* (de la puerta) handle.

pompa [pómpa] *s. f.* **1.** (burbuja) bubble. **2.** (ostentación) splendor; pomp. ‖ **~ de jabón** soap bubble.

pompis [pómpis] *s. m., fam.* (culo) bottom; butt *Am. E.*, *coll.*

pompón [pompón] *s. m.* pompom.

pómulo [pómulo] *s. m., Anat.* (hueso) cheekbone.

ponche [pónʧe] *s. m.* (bebida) punch.

poncho [pónʧo] *s. m., Amér.* poncho.

ponderar [ponderár] *v. tr.* **1.** (considerar) to ponder; to weigh. **2.** (exagerar) to exaggerate.

poner [ponér] *v. tr.* **1.** to put. **2.** (colocar) to place. **3.** (la mesa) to set; to lay. **4.** (huevos) to lay. **5.** (enchufar) to turn on. ‖ **ponerse** *v. prnl.* **6.** (ropa) to put on. **7.** (el sol) to set. ‖ **ponerse a trabajar** to set to work. **ponerse al día** to catch up. **ponerse en fila** to line up. **ponerse en marcha** to set off.

poni [póni] *s. m., Zool.* pony.

poniente [ponjénte] *s. m.* **1.** (viento) westwind. ‖ **Poniente** *n. p.* **2.** (occidente) West; Occident.

Pontífice [pontífiθe] *s. m., Rel.* (Papa) Pontiff.

pop [póp] *adj. y s. m. inv., Mús.* pop. ‖ **música ~** pop music.

popa [pópa] *s. f., Náut.* stern; poop.

populacho [populáʧo] *s. m.* (chusma) mob; populace.

popular [populár] *adj.* **1.** (famoso) popular. **2.** (cultura) folk.

popularidad [populariðáð] *s. f.* (fama) popularity.

popularizar [populariθár] *v. tr.* (afamar) to popularize.

popurrí [popuří] *s. m.* **1.** potpourri. **2.** *Mús.* medley.

por [pór] *prep.* **1.** (causa) because of [No vino por la tormenta. *He didn't come because of the thunderstorm.*] **2.** (indicando el agente) by [Ésta es una obra escrita por Shakespeare. *This is a play written by Shakespeare*.] **3.** (a través de) through; by; via [El paquete lo mandaron por carretera. *They sent the packet by road*.] **4.** (medio) over [Está hablando por teléfono. *He is talking over the phone*.] **5.** (lugar indeterminado) around; over [Estuve por tu barrio. *I was around your neighborhood*.] **6.** (finalidad) for [Viajo por placer. *I travel for pleasure*.] **7.** (proporción) per; to [Hay veinte alumnos por clase. *There are twenty students per class*.] **8.** (multiplicado por) by [Dos por seis son doce. *Two by six equals twelve*.] **9.** (en juramentos) by [Lo juro por mi familia. *I swear it by my family*.] **10.** in; at [¿Vienes por la mañana o por la noche? *Are you coming in the morning or at night?*] ‖ ~ **...** **que** however [Por caro que sea, me lo voy a comprar. *However expensive it is, I'm going to buy it*.] ~ **qué** why [¿Por qué fuiste? *Why did you go?*]

porcelana [porθelána] *s. f.* (cerámica) porcelain; china.

porcentaje [porθentáχe] *s. m.* (tanto por ciento) percentage; percent.

porche [pórtʃe] *s. m.* porch.

porcino, -na [porθíno] *adj.* porcine.

porción [porθjón] *s. f.* portion; share.

pordiosero, -ra [porðjoséro] *s. m. y f.* (pobre) beggar.

pormenor [pormenór] *s. m.* (detalle) detail; particular.

pornografía [pornoɣrafía] *s. f.* pornography.

poro [póro] *s. m., Anat.* pore.

porque [pórke] *conj. caus.* because; for.

porqué [porké] *s. m.* why; reason.

porquería [porkería] *s. f.* **1.** *fam.* (suciedad) dirt; filth. **2.** *fig.* (de poco valor) rubbish.

porra [póra] *s. f.* **1.** (palo) bludgeon. **2.** *Gastr.* (churro grande) large strip of fried dough.

porrazo [poráθo] *s. m.* blow; thump.

porro [póro] *s. m., jerg.* joint.

porrón [porón] *s. m.* (de vino) glass wine bottle with a long spout.

portaaviones [portaaβjónes] *s. m. inv., Náut.* aircraft carrier.

portada [portáða] *s. f.* **1.** *Arq.* front; fachada. **2.** (de libro) title page. **3.** (de periódico) front page. **4.** (de revista) cover.

portador, -dora [portaðór] *s. m. y f.* **1.** bearer. **2.** *Med.* (de un virus) carrier.

portaequipajes [portaekipáχes] *s. m. inv.* **1.** *Autom.* (maletero) truck *Am. E.*; boot *Br. E.* **2.** *Autom.* (baca) baggage rack; luggage rack.

portafolio o portafolios [portafóljo] *s. m.* (maletín) briefcase.

portal [portál] *s. m.* (zaguán) porch.

portamonedas [portamonéðas] *s. m. inv.* (monedero) purse.

portarretrato [portaretráto] *s. m.* frame; photo frame. •Also in pl.

portarse [portárse] *v. prnl.* (comportarse) to behave; to act. ‖ ~ **bien** to behave oneself. ~ **mal** to misbehave.

portátil [portátil] *adj.* **1.** portable. ‖ *s. m.* **2.** (ordenador) portable computer.

portavoz [portaβóθ] *s. m. y f.* **1.** (hombre) spokesman. **2.** (mujer) spokewoman.

portazo [portáθo] *s. m.* slam; bang.

porte [pórte] *s. m.* **1.** (transporte) carrying; portage. **2.** (aspecto) appearance;

demeanor; bearing. ‖ **portes pagados** postage paid.

portento [porténto] *s. m.* (prodigio) wonder; prodigy.

portería [portería] *s. f.* **1.** (de una casa) lodge. **2.** *Dep.* (fútbol) goal.

portero, -ra [portéro] *s. m. y f.* **1.** (de una vivienda) porter; doorkeeper. **2.** (conserje) janitor *Am. E.* **3.** *Dep.* goalkeeper. ‖ **~ automático** intercom.

pórtico [pórtiko] *s. m.* **1.** *Arq.* portico. **2.** *Arq.* (galería) arcade.

portugués, -sa [portués] *adj.* **1.** Portuguese. ‖ *s. m. y f.* **2.** (idioma, persona) Portuguese.

porvenir [porβenír] *s. m.* future.

posada [posáða] *s. f.* **1.** (mesón) boarding house; inn. **2.** (alojamiento) hospitality. ‖ **dar ~** to take in.

posadero, -ra [posaðéro] *s. m. y f.* (mesonero) innkeeper.

posar¹ [posár] *v. tr.* **1.** (en el suelo) to lay down. ‖ **posarse** *v. prnl.* **2.** (aves) to settle. **3.** (avión) to land.

posar² [posár] *v. intr.* (para un retrato) to pose; to sit.

posavasos [posaβásos] *s. m. inv.* **1.** coaster. **2.** (de cartón) beermat.

poseer [poseér] *v. tr.* **1.** (tener) to own; to possess. **2.** *Dep.* (un record) to hold.

posesión [posesjón] *s. f.* possession. ‖ **tomar ~** to take over.

posesivo, -va [posesíβo] *adj.* (tb. Ling.) possessive.

posibilidad [posiβiliðáð] *s. f.* **1.** possibility. ‖ **posibilidades** *s. f. pl.* **2.** (medios económicos) means; property.

posible [posíβle] *adj.* **1.** possible. **2.** (factible) feasible. ‖ **posibles** *s. f. pl.* **3.** (bienes) means.

posición [posiθjón] *s. f.* **1.** position. **2.** (social) standing.

positivo, -va [positíβo] *adj.* positive.

poso [póso] *s. m.* dregs *pl.;* sediment.

posponer [posponér] *v. tr.* (aplazar) to postpone; to table *Am. E.*

postal [postál] *adj.* **1.** postal. ‖ *s. f.* **2.** (tarjeta) postcard.

poste [póste] *s. m.* **1.** pole. **2.** (columna) pillar. **3.** *Dep.* (larguero) post. ‖ **~ de telégrafos** telegraph pole. **~ indicador** signpost.

póster [póster] *s. m.* poster.

postergar [postervár] *v. tr., Amér.* **1.** (aplazar) to postpone. **2.** (retrasar) to delay.

posteridad [posteriðáð] *s. f.* posterity.

posterior [posterjór] *adj.* **1.** (lugar) posterior; back. **2.** (tiempo) later.

postigo [postíγo] *s. m.* **1.** (puerta) wicket. **2.** (de una ventana) shutter.

postilla [postíʎa] *s. f.* scab.

postizo, -za [postíθo] *adj.* **1.** false. ‖ *s. m.* **2.** (para el pelo) hairpiece.

postre [póstre] *s. m., Gastr.* dessert. ‖ **a la ~** *form.* in the end.

postura [postúra] *s. f.* **1.** (del cuerpo) posture; pose. **2.** (actitud) attitude.

potable [potáβle] *adj.* drinkable.

potaje [potáxe] *s. m., Gastr.* (con legumbres) vegetable soup (generally with pulses).

pote [póte] *s. m.* **1.** pot. **2.** (jarra) jug.

potencia [potéŋθja] *s. f.* power.

potencial [potéŋθjál] *adj.* **1.** potential. ‖ *s. m.* **2.** potential. ‖ **~ humano** manpower.

potenciar [potéŋθjár] *v. tr.* (fomentar) to promote; to boost.

potente [poténte] *adj.* **1.** powerful. **2.** (poderoso) mighty.

potingue [potíŋge] *s. m., pey.* **1.** (brebaje) concoction. **2.** (cosmético) lotion; cream.

potro [pótro] *s. m.* **1.** *Zool.* colt. **2.** *Dep.* (de gimnasia) horse. **3.** (de tortura) rack. ‖ **potra** *s. f.* **4.** *Zool.* filly. **5.** (suerte) luck. ‖ **~ salvaje** *Zool.* bronco *Am. E.*

poyo [pójo] *s. m.* stone bench (built against the wall at the front door).

poza [póθa] *s. f.* pool; pond.

pozo [póθo] *s. m.* **1.** (para sacar agua) well. **2.** *Miner.* shaft.

práctica [práktika] *s. f.* practice.

practicante [praktikánte] *s. m. y f., Med.* (enfermero) nurse.

practicar [praktikár] *v. tr.* to practice.

práctico, -ca [práktiko] *adj.* **1.** practical. **2.** (experimentado) skilled; expert.

pradera [praðéra] *s. f.* (prado) meadow; grassland; prairie.

prado [práðo] *s. m.* meadow.

precario, -ria [prekárjo] *adj.* (peligroso) precarious; unstable.

precaución [prekawθjón] *s. f.* precaution. ‖ **con ~** cautiously.

precaver [prekaβér] *v. tr.* to prevent.

precedente [preθeðénte] *adj.* **1.** preceding. ‖ *s. m.* **2.** (antecedente) precedent. ‖ **sin ~** unprecedented.

preceder [preθeðér] *v. tr. e intr.* (ir delante) to precede; to go before.

precepto [preθépto] *s. m.* (norma) rule; precept *frml.*

preceptor, -ra [preθeptór] *s. m. y f.* (educador) private tutor.

precintar [preθintár] *v. tr.* to seal.

precio [préθjo] *s. m.* **1.** price. **2.** (valor) value. **3.** (costo) cost. ‖ **a mitad de ~** half-price. **poner ~ a** to price.

precioso, -sa [preθjóso] *adj.* **1.** (valioso) precious. **2.** *fig.*(bonito) beautiful; pretty.

precipicio [preθipíθjo] *s. m., Geogr.* (barranco) precipice; cliff.

precipitación [preθipitaθjón] *s. f.* **1.** rush; hurry. **2.** *Meteor.* precipitation.

precipitar [preθipitár] *v. tr.* **1.** (lanzar) precipitate. **2.** (acelerar) to rush. ‖ **precipitarse** *v. prnl.* **3.** (lanzarse) to rush; to hurry.

precisar [preθisár] *v. tr.* **1.** (especificar) to specify. **2.** (necesitar) to need. ‖ *v. intr.* **3.** (ser necesario) to be necessary.

precisión [preθisjón] *s. f.* **1.** precision. **2.** (exactitud) accuracy; exactness.

preciso, -sa [preθiso] *adj.* **1.** precise. **2.** (necesario) essential; necessary. **3.** (exacto) exact; accurate.

precoz [prekóθ] *adj.* precocious.

predecesor, -ra [preðeθesór] *s. m. y f.* (antecesor) predecessor.

predecir [preðeθír] *v. tr.* to predict.

predestinar [preðestinár] *v. tr.* (pre-elegir) to predestinate.

predicado [preðikáðo] *s. m., Ling.* predicate.

predicar [preðikár] *v. tr. e intr., Rel.* (evangelizar) to preach.

predilección [preðilekθjón] *s. f.* (preferencia) predilection.

predisponer [preðisponér] *v. tr.* (contra algo o alguien) to predispose.

predominar [preðominár] *v. tr.* (prevalecer) to predominate; to prevail.

predominio [preðomínjo] *s. m.* (preponderancia) predominance.

preescolar [preeskolár] *adj.* (educación) preschool.

prefabricado, -da [prefaβrikáðo] *adj.* prefabricated.

prefacio [prefáθjo] *s. m., Lit.* preface.

prefecto [prefékto] *s. m.* prefect.

preferencia [preferénθja] *s. f.* (prioridad) preference.

preferir [preferír] *v. tr.* to prefer.

prefijo [prefíχo] *s. m.* **1.** *Ling.* prefix. **2.** (telefónico) area code.

pregón [preχón] *s. m.* **1.** *Hist.* (bando) proclamation. **2.** (en fiestas) opening speech. **3.** (para vender) cry.

pregonar [preχonár] *v. tr.* **1.** (promulgar) to proclaim. **2.** (una noticia, secreto) to make public. || ~ **a los cuatro vientos** *fig.* to trumpet.

pregunta [preχúnta] *s. f.* question.

preguntar [preχuntár] *v. tr.* **1.** to ask; to question. **2.** (interrogar) to interrogate. || **preguntarse** *v. prnl.* **3.** to wonder.

prehistoria [prejstórja] *s. f.* prehistory.

prejuicio [preχwíθjo] *s. m.* prejudice.

prejuzgar [preχuθɣár] *v. tr.* to prejudge.

prelado [preláðo] *s. m., Rel.* prelate.

preliminar [preliminár] *adj.* **1.** (antecedente) preliminary; introductory. || *s. m.* **2.** preliminary.

preludio [prelúðjo] *s. m.* prelude.

prematuro, -ra [prematúro] *adj.* (precoz) premature.

premeditar [premeðitár] *v. tr.* (planear) to premeditate.

premiar [premjár] *v. tr.* (recompensar) to reward; to recompense.

premio [prémjo] *s. m.* **1.** award; prize. **2.** (recompensa) reward; recompense. || ~ **en metálico** prize money.

premura [premúra] *s. f.* haste; urgency.

prenda [prénda] *s. f.* **1.** (garantía) pledge. **2.** (ropa) garment.

prendarse [prendárse] *v. prnl.* to fall in love [Al verme se prendó de mí. *When he saw me, he fell in love with me.*]

prendedor [prendeðór] *s. m.* brooch; pin.

prender [prendér] *v. tr.* **1.** (agarrar) to seize. **2.** (preso) to take. **3.** (con agujas) to pin. **4.** (fuego) to set fire to. || *v. intr.* **5.** (arder) to catch. **6.** (echar raíces) to take root.

prensa [prénsa] *s. f.* press. || **comunicado de** ~ press release.

prensar [prensár] *v. tr.* to press.

preñada [preɲáða] *adj.* **1.** pregnant. **2.** *fig.* (lleno) replete.

preocupación [preokupaθjón] *s. f.* **1.** worry. **2.** (prejuicio) prejudice.

preocupado [preokupáðo] *adj.* (inquieto) worried; concerned.

preocupar [preokupár] *v. tr.* **1.** to worry. || **preocuparse** *v. prnl.* **2.** to worry. || **no te preocupes** never mind. **preocuparse por** to care about.

preparación [preparaθjón] *s. f.* **1.** preparation. **2.** (formación) training.

preparado [preparáðo] *adj.* **1.** ready. || *s. m.* **2.** (de un fármaco) preparation.

preparar [preparár] *v. tr.* **1.** to prepare. || **prepararse** *v. prnl.* **2.** (formarse) to prepare. **3.** (estar dispuesto) to get ready.

preparativos [preparatíßos] *s. m. pl.* preparations [Están con los preparativos de/para la boda. *They are making preparations for the wedding.*]

preposición [preposiθjón] *s. f., Ling.* preposition.

presa [présa] *s. f.* **1.** (animal) prey. **2.** (dique) dam; dyke.

presagiar [presaχjár] *v. tr.* (predecir) to predict; to presage *frml.*

presagio [presáχjo] *s. m.* **1.** omen; presage *frml.* **2.** (augurio) augury.

prescindir [presθindír] *v. intr.* (de algo) **1.** to do without. **2.** (omitir) to omit.

prescribir [preskriβír] *v. tr. e intr.* (disponer) to prescribe.

presencia [presénθja] *s. f.* presence. ‖ **en ~ de** in presence of.

presenciar [presenθjár] *v. tr.* **1.** (estar presente) to be present at. **2.** (ver) to witness.

presentación [presentaθjón] *s. f.* **1.** presentation. **2.** (de personas) introduction. ‖ **carta de ~** letter of introduction.

presentador, -ra [presentaðór] *s. m. y f.* presenter.

presentar [presentár] *v. tr.* **1.** to present. **2.** (mostrar) to display. **3.** (a personas) to introduce. **4.** *Der.* (cargos) to prefer. ‖ **presentarse** *v. prnl.* **5.** (aparecer) to appear. **6.** (un asunto) to arise. **7.** (darse a conocer) to introduce oneself.

presente [presénte] *adj.* **1.** present. ‖ *s. m.* **2.** (momento actual) present; the here and now. **3.** *form.* (regalo) gift. **4.** *Ling.* present (tense). ‖ **tener ~** to bear in mind.

presentimiento [presentimjénto] *s. m.* premonition; presentiment *frml.*

presentir [presentír] *v. tr.* (presagiar) to have a feeling.

preservar [preserβár] *v. tr.* (proteger) to protect; to preserve.

preservativo, -va [preserβatíβo] *adj.* **1.** preservative. ‖ *s. m.* **2.** (condón) condom; sheath.

presidencia [presiðénθja] *s. f., Polít.* presidency.

presidente [presiðénte] *s. m.* president.

presidiario, -ria [presiðjárjo] *s. m. y f.* (preso) convict.

presidio [presíðjo] *s. m.* penitentiary.

presidir [presiðír] *v. tr.* **1.** (dirigir) to preside over. ‖ *v. intr.* **2.** to preside.

presilla [presíʎa] *s. f.* **1.** fastener. **2.** (lazo) loop.

presión [presjón] *s. f.* pressure.

presionar [presjonár] *v. tr.* **1.** (botón) to press. **2.** *fig.* (coaccionar) to put pressure on; to pressure *Am. E.*

preso, -sa [préso] *adj.* **1.** imprisoned. ‖ *s. m. y f.* **2.** (recluso) prisoner.

prestación [prestaθjón] *s. f.* (aportación) lending.

prestamista [prestamísta] *s. m. y f.* moneylender; pawnbroker.

préstamo [préstamo] *s. m.* **1.** loan. **2.** (de prestar) lending. **3.** (de tomar prestado) borrowing. **4.** *Ling.* loan word.

prestar [prestár] *v. tr.* **1.** (dejar prestado) to lend; to loan. **2.** (pedir prestado) to borrow. **3.** (ayuda) to give. **4.** (atención) to pay. ‖ **prestarse** *v. prnl.* **5.** to lend oneself.

prestidigitador, -ra [prestiðiχitaðór] *s. m. y f.* (mago) conjurer; magician.

prestigio [prestíχjo] *s. m.* prestige.

presumido, -da [presumíðo] *adj.* (vanidoso) vain; conceited.

presumir [presumír] *v. tr.* **1.** (suponer) to presume; to suppose. ‖ *v. intr.* **2.** (alardear) to boast.

presunción [presunθjón] *s. f.* **1.** (coquetería) vanity; conceit. **2.** (suposición) presumption.

presunto, -ta [presúnto] *adj.* supposed.

presuntuoso, -sa [presuntuóso] *adj.* (engreído) conceited; vain.

presupuesto [presupwésto] *s. m.* **1.** (cálculo) estimate. **2.** *Econ.* budget.

pretencioso [pretenθjóso] *adj.* (presuntuoso) pretentious.

pretender [pretendér] *v. tr.* **1.** (intentar) to try. **2.** (querer) to want.

pretendiente [pretendjénte] *s. m. y f.* **1.** (al trono) pretender. **2.** (a un puesto) candidate. ‖ *s. m.* **3.** (de una chica) suitor.

pretensión [pretensjón] *s. f.* **1.** (ambición) aspiration. **2.** (soberbia) pretense. ‖ **sin pretensiones** unprententious.

pretérito, -ta [pretérito] *adj.* **1.** *Ling.* (pasado) past. ‖ *s. m.* **2.** *Ling.* preterit.

pretexto [pretéksto] *s. m.* **1.** pretext. **2.** (excusa) excuse.

prevalecer [preβaleθér] *v. intr.* (predominar) to prevail.

prevenir [preβenír] *v. tr.* **1.** (precaver) to prevent. **2.** (impedir) to forestall. **3.** (advertir) to warn.

prever [preβér] *v. tr.* (anticipar) to foresee; to anticipate.

previo, -via [préβjo] *adj.* previous; prior. ‖ **sin ~ aviso** without prior notice.

previsión [preβisjón] *s. f.* **1.** (pronóstico) forecast. **2.** (perspicacia) foresight. ‖ **~ del tiempo** weather forecast.

previsor, -ra [preβisór] *adj.* far-sighted.

previsto, -ta [preβísto] *adj.* **1.** anticipated. **2.** (programado) scheduled.

prima [príma] *s. f.* **1.** (extra) bonus; extra. **2.** (de un seguro) premium.

primario, -ria [primárjo] *adj.* primary. ‖ **educación primaria** elementary education *Am. E.*; primary education *Br. E.*

primavera [primaβéra] *s. f.* spring.

primer [primér] *adj. num. ord.* first [Éste es mi primer libro. *This is my first book.*]
•Apocopated form of "primero", used before a m. n.

primero, -ra [priméro] *adj. num. ord.* (también pron. num. y s. m. y f.) **1.** first [Estoy leyendo su primera novela. *I'm reading his first novel.*] **2.** (fila) front.

‖ *adv. t.* **3.** (en primer lugar) first [Primero voy a planchar. *I'm going to iron first.*] ‖ **de primera** first-class; first-rate. •Before a m. n., it is used the apocopated form "primer".

primicia [primíθja] *s. f.* **1.** *Bot.* first fruit. **2.** (periodística) real exclusive.

primitivo, -va [primitíβo] *adj.* primitive.

primo, -ma [prímo] *s. m. y f.* **1.** (familiar) cousin. **2.** *fig. y fam.* (ingenuo) dupe. ‖ **~ carnal** first cousin. **~ hermano** first cousin.

primogénito, -ta [primoχénito] *adj. y s. m. y f.* first-born.

primor [primór] *s. m.* **1.** (habilidad) skill; care. **2.** (belleza) beauty; loveliness.

primordial [primorðjál] *adj.* (fundamental) fundamental; essential.

princesa [prinθésa] *s. f.* princess.

principado [prinθipáðo] *s. m.* principality.

principal [prinθipál] *adj.* **1.** main; principal. **2.** (jefe) chief. **3.** (más destacado) foremost. ‖ *s. m.* **4.** *Econ.* (director) principal. **5.** (piso) second floor *Am. E.*; first floor *Br. E.*

príncipe [prínθipe] *s. m.* prince. ‖ **~ heredero** crown prince.

principiante [prinθipjánte] *s. m. y f.* beginner; learner.

principio [prinθípjo] *s. m.* **1.** (comienzo) beginning; start. **2.** (fundamento) principle; fundament. **3.** (origen) source. ‖ **al ~** at the beginning; at first. **sin principios** unprincipled.

pringar [priŋgár] *v. tr.* **1.** (ensuciar) to make dirty. ‖ **pringarse** *v. prnl.* **2.** (ensuciarse) to get dirty.

pringue [príŋge] *s. m.* **1.** (grasa) grease. **2.** (suciedad) dirt.

prioridad [prjoriðáð] *s. f.* priority.

prisa [prísa] *s. f.* (rapidez) hurry; rush. ‖ **a toda ~** as fast as possible. **darse ~** to hurry. **tener ~** to be in a hurry.

prisión [prisjón] *s. f.* prison; jail.

prisionero, -ra [prisjonéro] *s. m. y f.* (preso) prisoner.

prisma [prísma] *s. m.* **1.** *Fís.* prism. **2.** *Mat.* prism. **3.** *form.* (perspectiva) perspective [Míralo desde este prisma. *Look at it from this perspective.*]

prismáticos [prismátikos] *s. m. pl.* (gemelos) binoculars *pl.*

privado, -da [priβáðo] *adj.* private.

privar [priβár] *v. tr.* **1.** (despojar) to deprive. **2.** (prohibir) to forbid. ‖ **privarse de** (renunciar) to forego.

privilegio [priβiléxjo] *s. m.* privilege.

pro [pró] *prep.* for. ‖ **en ~ de** pro. **pros y contras** the pros and cons.

proa [próa] *s. f., Náut.* prow; bow.

probabilidad [proβaβiliðáð] *s. f.* probability; likelihood.

probable [proβáβle] *adj.* (posible) probable; likely.

probador, -ra [proβaðór] *s. m.* (en tiendas) fitting room; changing room *Br. E.*

probar [proβár] *v. tr.* **1.** to prove. **2.** (experimentar) to experiment. **3.** (demostrar) to demonstrate. **4.** (alimentos) to taste. **5.** (poner a prueba) to test. **6.** (por primera vez) to try. ‖ *v. intr.* **7.** (intentar) to try. ‖ **probarse** *v. prnl.* **8.** (ropa, zapatos) to try on.

probeta [proβéta] *s. f., Quím.* test tube.

problema [proβléma] *s. m.* problem.

procedencia [proθeðénθja] *s. f.* (origen) origin; source.

proceder[1] [proθeðér] *v. intr.* **1.** to proceed. **2.** (provenir) to come from.

proceder[2] [proθeðér] *s. m., form.* (comportamiento) behavior; conduct *frml.*

procedimiento [proθeðimjénto] *s. m.* **1.** procedure. **2.** (método) method.

procesar [proθesár] *v. tr.* **1.** to process. **2.** *Der.* (enjuiciar) to prosecute.

procesión [proθesjón] *s. f., Rel.* (romería) procession.

proceso [proθéso] *s. m.* **1.** process. **2.** (transcurso) course. **3.** *Der.* trial; suit.

proclamar [proklamár] *v. tr.* **1.** to proclaim. ‖ **proclamarse** *v. prnl.* (declararse) to proclaim.

procrear [prokreár] *v. intr.* (engendrar) to procreate; to breed.

procurador, -dora [prokuraðór] *s. m. y f., Der.* lawyer; attorney.

procurar [prokurár] *v. tr.* **1.** (intentar) to try. **2.** (proporcionar) to get.

prodigar [proðiγár] *v. tr.* to lavish.

prodigio [proðíxjo] *s. m.* **1.** prodigy. **2.** (maravilla) wonder; marvel. **3.** (portento) portent.

prodigioso, -sa [proðixjóso] *adj.* **1.** prodigious. **2.** (maravilloso) wonderful.

pródigo, -ga [próðiγo] *adj. y s. m. y f.* (despilfarrador) prodigal; profligate.

producción [produkθjón] *s. f.* **1.** (acción) production. **2.** (producto) product. **3.** (resultado) output. ‖ **~ en serie** mass production.

producir [produθír] *v. tr.* **1.** to produce. **2.** *fig.* (originar) to cause. ‖ **producirse** *v. prnl.* **3.** to take place.

producto [produkto] *s. m.* **1.** product. **2.** *Agr.* (fruto) produce.

productor, -ra [produktór] *adj.* **1.** producing. ‖ *s. m. y f.* **2.** producer. ‖ **productora** *s. f.* **3.** *Cinem.* production company.

proeza [proéθa] *s. f.* feat; exploit.

profanar [profanár] *v. tr.* **1.** to desecrate; to profane. **2.** (deshonrar) to dishonor.

profano, -na [profáno] *adj.* **1.** *Rel.* profane. **2.** (inexperto) lay. ‖ *s. m.* **3.** (inexperto) layman. ‖ **profana** *s. f.* **4.** (inexperta) laywoman.

profecía [profeθía] *s. f.* prophecy.

proferir [proferír] *v. tr.* to utter.

profesar [profesár] *v. tr.* **1.** (ejercer) to practice. **2.** *Rel.* (una fé) to profess. **3.** (admiración) to feel. ‖ *v. intr.* **4.** *Rel.* to take religious vows.

profesión [profesjón] *s. f.* profession.

profesional [profesjonál] *adj. y s. m. y f.* professional.

profesor, -ra [profesór] *s. m. y f.* **1.** (de escuela) teacher. **2.** (de universidad) professor *Am. E.;* lecturer *Br. E.* ‖ **estudiar para ~** to study to be a teacher. **~ en prácticas** student teacher.

profesorado [profesoráðo] *s. m.* (profesores) teaching staff.

profeta [proféta] *s. m.* prophet.

profetizar [profetiθár] *v. tr.* (presagiar) to prophesy; to foretell.

prófugo, -ga [prófuɣo] *adj.* **1.** fugitive. ‖ *s. m. y f.* **2.** fugitive. ‖ *s. m.* **3.** *Mil.* (desertor) deserter.

profundidad [profundiðáð] *s. f.* **1.** depth. **2.** *fig.* (de pensamientos) profundity.

profundizar [profundiθár] *v. tr.* **1.** (cavar) to deepen. **2.** *fig.* (indagar) to get the heart of.

profundo, -da [profúndo] *adj.* **1.** (hondo) deep. **2.** *fig.* (penetrante) profound. ‖ **poco ~** shallow.

profusión [profusjón] *s. f.* profusion.

programa [proɣráma] *s. m.* **1.** program. **2.** (plan) scheme. **3.** *Educ.* (de asignatura) syllabus. **4.** (calendario) schedule.

programar [proɣramár] *v. tr.* **1.** to program. **2.** (planificar) to plan; to schedule.

progresar [proɣresár] *v. intr.* (evolucionar) to progress; to advance.

progresista [proɣresísta] *adj. y s. m. y f.* (liberal) progressive.

progresivo [proɣresíβo] *adj.* (gradual) progressive.

progreso [proɣréso] *s. m.* progress.

prohibición [projβiθjón] *s. f.* (impedimento) prohibition; ban.

prohibido [projβiðo] *adj.* forbidden; prohibited.

prohibir [projβír] *v. tr.* to prohibit; to ban; to forbid. ‖ **prohibido el paso** no entry; no admittance.

prójimo [próχimo] *s. m.* (semejante) fellow man.

prole [próle] *s. f.* offspring.

proletario, -ria [proletárjo] *adj. y s. m. y f.* proletarian.

prólogo [próloɣo] *s. m.* prolog.

prolongar [prolongár] *v. tr.* **1.** (alargar) to extend. **2.** (hacer durar) to prolong. ‖ **prolongarse** *v. prnl.* **3.** (alargarse) to extend; lengthen.

promedio [promédjo] *s. m.* average.

promesa [promésa] *s. f.* promise.

prometer [prometér] *v. tr.* **1.** to promise. ‖ *v. intr.* **2.** (dar tu palabra) to show promise. ‖ **prometerse** *v. prnl.* **3.** (novios) to get engaged.

prometido, -da [prometíðo] *adj.* **1.** promised. **2.** (una pareja) engaged. ‖ *s. m.* **3.** fiancé. ‖ **prometida** *s. f.* **4.** fiancée.

promoción [promoθjón] *s. f.* **1.** promotion. **2.** (académica) year.

promocionar [promoθjonár] *v. tr.* **1.** (ascender) to promote. **2.** (un producto) to advertize.

promover [promoβér] *v. tr.* **1.** to promote. **2.** (ascender) to raise.

promulgar [promulvár] *v. tr.* **1.** *Der., form.* (una ley) to promulgate. **2.** *fig.* (anunciar) to proclaim.

pronombre [pronómbre] *s. m., Ling.* pronoun.

pronosticar [pronostikár] *v. tr.* **1.** (predecir) to predict; to foretell. **2.** *Meteor.* to forecast.

pronóstico [pronóstiko] *s. m.* **1.** (predicción) forecast; prediction. **2.** *Med.* (diagnóstico) prognosis.

prontitud [prontitúð] *s. f.* promptness.

pronto, -ta [prónto] *adj.* **1.** quick; prompt. **2.** (preparado) ready. ‖ *adv. t.* **3.** (temprano) early [Se levanta muy pronto. *He gets up very early.*] **4.** (en poco tiempo) soon; quickly [Nos casaremos pronto. *We'll get married soon.*] ‖ **de ~** suddenly [De pronto, se abrió la puerta. *Suddenly, the door opened.*] ¡**hasta ~ !** see you! **tan ~ como** as soon as [Te llamo tan pronto como lo sepa. *I'll call you as sooon as a I know it.*] **tan ~ como** as soon as [Tan pronto como pueda, te llamo. *I'll call you as soon as I can.*]

pronunciación [pronunθjaθjón] *s. f.* pronunciation.

pronunciar [pronunθjár] *v. tr.* **1.** to pronounce. **2.** (articular) to enunciate. **3.** *Fig.* (sentencia) to pass. ‖ **pronunciarse** *v. prnl.* **4.** to revolt.

propaganda [propavánda] *s. f.* **1.** (que se recibe por correo) junk mail. **2.** *Econ.* advertisement. **3.** *Polít.* (divulgación) propaganda.

propagar [propavár] *v. tr.* (divulgar) to spread; to propagate *frml.*

propensión [propensjón] *s. f.* **1.** propensity. **2.** (tendencia) tendency; trend.

propenso, -sa [propénso] *adj.* (inclinado) prone; inclined. ‖ **ser ~ a algo** to be apt to sth.

propicio, -cia [propíθjo] *adj.* (favorable) propitious; favorable.

propiedad [propjeðáð] *s. f.* **1.** (posesión) ownership. **2.** (cosa poseída) property. ‖ **de mi ~** of my own. **~ intelectual** copyright.

propietario, -ria [propjetárjo] *s. m. y f.* (dueño) owner; proprietor.

propina [propína] *s. f.* tip. ‖ **dar ~** to tip.

propio, -pia [própjo] *adj.* **1.** (posesión) own. **2.** (peculiar) peculiar. **3.** (adecuado) proper; suitable.

proponer [proponér] *v. tr.* **1.** to propose; suggest. **2.** (ofrecer) to offer. **3.** (tratar de) to purpose. ‖ **proponerse** *v. prnl.* **4.** to aim (to sth). **5.** (intentar) to intend.

proporción [proporθjón] *s. f.* **1.** proportion. **2.** (porcentaje) rate.

proporcionar [proporθjonár] *v. tr.* **1.** to proportion. **2.** (dar) to afford; to supply.

proposición [proposiθjón] *s. f.* (propuesta) proposition; proposal.

propósito [propósito] *s. m.* **1.** (objetivo) aim. **2.** (intención) intention. ‖ **a ~** (adrede) on purpose; deliberately. (por cierto) by the way [A propósito, me gustó mucho la obra. *By the way, I loved the play.*]

propuesta [propwésta] *s. f.* **1.** (sugerencia) proposal; proposition. **2.** (oferta) offer.

propulsar [propulsár] *v. tr.* **1.** (vehículo) to propel; to power. **2.** *fig.* (promover) to promote.

prórroga [prórˠoɣa] *s. f.* (prolongación) extension.

prorrogar [prorˠoɣár] *v. tr.* **1.** (alargar) to extend. **2.** (aplazar) to postpone.

prorrumpir [prorˠumpír] *v. intr.* (surgir) to burst into.

prosa [prósa] *s. f., Lit.* prose.

proscribir [proskriβír] *v. tr.* **1.** to proscribe. **2.** (actividad) to outlaw.

proseguir [proseɣír] *v. tr.* **1.** to continue. ‖ *v. intr.* **2.** to continue; to carry on.

prospecto [prospékto] *s. m.* (folleto) leaflet; prospectus.

prosperar [prosperár] *v. tr.* (mejorar) to prosper; to thrive.

prosperidad [prosperiðáð] *s. f.* (bonanza) prosperity.

próspero, -ra [próspero] *adj.* **1.** prosperous; flourishing; thriving. **2.** (con éxito) successful.

prostitución [prostituθjón] *s. f.* prostitution.

prostituto [prostitúto] *s. m.* **1.** male prostitute. ‖ **prostituta** *s. f.* **2.** prostitute; whore *vulg.*

protagonista [protaɣonísta] *s. m. y f.* **1.** protagonist. **2.** *Cinem., Teatr. y Lit.* main character.

protección [protekθjón] *s. f.* protection.

protector, -ra [protektór] *adj.* **1.** (defensa) protective. ‖ *s. m.* **2.** protector. ‖ **protectora** *s. f.* **3.** protectress.

proteger [proteχér] *v. tr.* to protect.

proteína [proteína] *s. f.* protein.

prótesis [prótesis] *s. f. inv.* **1.** *Med.* (ortopedia) prosthesis. **2.** *Ling.* prosthesis; prothesis.

protesta [protésta] *s. f.* protest; outcry.

protestante [protestánte] *adj. y s. m. y f., Rel.* Protestant.

protestar [protestár] *v. tr. e intr.* (quejarse) to protest.

protocolo [protokólo] *s. m.* protocol.

prototipo [prototípo] *s. m.* **1.** (norma) prototype. **2.** (modelo) model.

protuberancia [protuβeránθja] *s. f.* (bulto) protuberance.

provecho [proβétʃo] *s. m.* **1.** benefit. **2.** *Econ.* (ganancia) profit.

proveedor, -ra [proβeeðór] *s. m. y f.* (suministrador) supplier.

proveer [proβeér] *v. tr.* **1.** (surtir) to provide; to supply. ‖ **proveerse** *v. prnl.* **2.** to get provisions.

provenir [proβenír] *v. intr.* **1.** (proceder) to come. **2.** (originarse) to spring; to originate.

proverbio [proβérβjo] *s. m.* proverb.

providencia [proβiðénθja] *s. f., Rel.* (disposición) providence.

provincia [proβínθja] *s. f.* province.

provisión [proβisjón] *s. f.* **1.** (suministro) provision. ‖ **provisiones** *s. f. pl.* **2.** (suministros) provisions; supplies.

provisional [proβisjonál] *adj.* (temporal) provisional; temporary.

provocador, -dora [proβokaðór] *adj.* **1.** provocative. ‖ *s. m. y f.* **2.** instigator.

provocar [proβokár] *v. tr.* (incitar) to provoke; to instigate.

provocativo, -va [proβokatíβo] *adj.* (provocador) provocative.

proximidad [proβsimiðáð] *s. f.* (cercanía) proximity; nearness.

próximo, -ma [próβsimo] *adj.* **1.** (siguiente) next; following. **2.** (cercano) near; close. **3.** (vecino) neighboring. ‖ ~ **a** close to.

proyectar [proχektár] *v. tr.* **1.** to project. **2.** (planear) to plan. **3.** (película) to screen. **4.** (diseñar) to design. **5.** (luz) to cast. ‖ **proyectarse** *v. prnl.* **6.** to project oneself.

proyectil [proʝektíl] *s. m.* (bala) projectile; missile *Am. E.*

proyecto [proʝékto] *s. m.* **1.** plan. **2.** (idea) project; idea. ‖ **hacer proyectos** to plan.

proyector [proʝektór] *s. m.* **1.** *Cinem.* projector. **2.** (foco) floodlight.

prudencia [pruðénθja] *s. f.* **1.** prudence. **2.** (discrección) discretion.

prudente [pruðénte] *adj.* prudent.

prueba [prwéβa] *s. f.* **1.** proof. **2.** (examen) test. **3.** (de ropa) fitting. ‖ **pruebas** *s. f. pl.* **4.** evidence. ‖ **a ~** on trial. **pasar la ~** to stand the test.

psicología [sikoloχía] *s. f.* psychology.

psiquiatra [sikjátra] *s. m. y f.* psychiatrist.

psiquiatría [sikjatría] *s. f.* psychiatry.

púa [púa] *s. f.* **1.** *Zool.* (de un erizo) spine; quill. **2.** (de peine) tooth. **3.** (de alambre) barb. **4.** (para guitarra) plectrum. ‖ **con púas** spiky.

pubertad [puβertáð] *s. f.* puberty.

pubis [púβis] *s. m. inv., Anat.* pubis.

publicación [puβlikaθjón] *s. f.* publication. ‖ **~ periódica** periodical.

publicar [puβlikár] *v. tr.* **1.** to publish. **2.** (divulgar) to divulge.

publicidad [puβliθiðáð] *s. f.* **1.** publicity. **2.** *Econ.* advertizing.

publicitario, -ria [puβliθitárjo] *adj.* advertizing; publicity.

público, -ca [púβliko] *adj.* **1.** public. ‖ *s. m.* **2.** public; audience. ‖ **a petición del ~** by popular request. **en ~** in public. **hacerse ~** to come out.

puchero [putʃéro] *s. m.* **1.** (recipiente) pot. **2.** (guiso) stew. **3.** (mueca) pout. ‖ **hacer pucheros** to pout.

pudor [puðór] *s. m.* modesty; shyness.

pudrir [puðrír] *v. tr.* **1.** to rot; to decay. ‖ **pudrirse** *v. prnl.* **2.** to rot; to decay.

pueblo [pwéβlo] *s. m.* **1.** (población) village; small town. **2.** (gente) people; folk.

puente [pwénte] *s. m.* bridge. ‖ **~ aéreo** shuttle service. **~ colgante** suspension bridge. **~ peatonal** footbridge.

puerco, -ca [pwérko] *adj.* **1.** dirty; piggish. ‖ *s. m.* **2.** *Zool.* (cerdo) pig; hog. ‖ **~ espín** *Zool.* porcupine.

pueril [pwerál] *adj.* (infantil) puerile; childish.

puerro [pwéro] *s. m., Bot.* leek.

puerta [pwérta] *s. f.* **1.** door. **2.** (de jardín) gate. **3.** *fig.* gateway. **4.** *Dep.* (portería) goal. ‖ **a ~ cerrada** *fig.* behind closed doors. **darle con la ~ en las narices a alguien** *fig. y fam.* to slam the door in someone's face. **de ~ en ~** *fig.* door to door. **~ corrediza** sliding door. **~ giratoria** revolving door. **~ trasera** back door.

puerto [pwérto] *s. m.* **1.** *Náut.* port; harbor. **2.** *Geogr.* (de montaña) mountain pass. ‖ **~ marítimo** seaport.

puertorriqueño [pwertoříkéno] *adj. y s. m. y f.* Puerto Rican.

pues [pwés] *conj.* **1.** *form.* (causa) for; since [No fue pues estaba enfermo. *He didn't go for he was sick.*] **2.** (consecuencia) then [Si lo quieres, pues cómpratelo. *If you want it, then buy it.*] **3.** (duda) well [Pues, no sé que haría yo en tu lugar. *Well, I don't know what I would do in your place.*] ‖ **~ bien** so [Pues bien, como ya dije, no estoy de acuerdo. *So, as I said, I disagree.*]

puesta [pwésta] *s. f.* **1.** *Astron.* setting. **2.** (de huevos) laying. ‖ **~ del sol** sunset.

puesto, -ta [pwésto] *adj.* **1.** (colocado) placed. ‖ *s. m.* **2.** (lugar) place. **3.** (en un mercadillo) stall. **4.** (empleo) position. ‖ **~ que** *form.* since; for [Puesto que no quieres ir, quédate en casa limpiando. *Since you do not want to go, stay at home cleaning.*]

pujanza [puxánθa] *s. f.* vigor; strength.

pujar[1] [puxár] *v. tr.* (pugnar) to struggle.

pujar[2] [puxár] *v. intr.* (con dinero) to bid; to outbid.

pulcro, -cra [púlkro] *adj.* neat; tidy.

pulga [púlɣa] *s. f., Zool.* flea. ‖ **tener malas pulgas** *fam.* to be bad-tempered.

pulgada [pulɣáða] *s. f.* inch.

pulgar [pulɣár] *s. m., Anat.* thumb.

pulgón [pulɣón] *s. m., Zool.* plant louse.

pulido, -da [pulíðo] *adj.* **1.** polished. **2.** (pulcro) neat; clean.

pulir [pulír] *v. tr.* **1.** *Tecnol.* to polish. **2.** (embellecer) to beautify. ‖ **sin ~** raw.

pulmón [pulmón] *s. m., Anat.* lung.

pulmonía [pulmonía] *s. f., Med.* (enfermedad) pneumonia.

pulpa [púlpa] *s. f.* pulp.

púlpito [púlpito] *s. m., Rel.* pulpit.

pulpo [púlpo] *s. m., Zool.* octopus.

pulsar [pulsár] *v. tr.* **1.** (botón) to press. **2.** (timbre) to ring. ‖ *v. intr.* **3.** (latir) to pulsate; to beat.

pulsera [pulséra] *s. f.* bracelet.

pulso [púlso] *s. m.* **1.** *Anat.* pulse. **2.** (firmeza en la mano) steady hand. **3.** *fig.* (tacto) tact; care.

pulverizar [pulβeriθár] *v. tr.* **1.** (un sólido) to pulverize; to powder. **2.** (líquido) to spray.

puma [púma] *s. m., Zool.* puma.

punta [púnta] *s. f.* **1.** tip. **2.** (afilada) point. **3.** (extremo) end. **4.** (clavo) nail.

puntada [puntáða] *s. f.* (en costura) stitch.

puntal [puntál] *s. m.* prop.

puntapié [puntapjé] *s. m.* kick. ‖ **echar a puntapiés** *fig. y fam* to kick out.

puntear [punteár] *v. tr.* **1.** (dibujar) to dot. **2.** *Mús.* (guitarra) to pluck.

puntería [puntería] *s. f.* aim.

puntiagudo, -da [puntjaɣúðo] *adj.* **1.** (en punta) pointed. **2.** (afilado) sharp.

puntilla [puntíʎa] *s. f.* (encaje) lace. ‖ **de puntillas** on tiptoe.

punto [púnto] *s. m.* **1.** point. **2.** *Ling.* (señal) dot. **3.** (costura) stitch. **4.** (lugar) spot; place. ‖ **a ~** just in time. **al ~** at once. **dos puntos** *Ling.* colon. **hacer ~** to knit. **hasta qué ~** how far? **~ culminante** climax. **~ de vista** viewpoint; point of view. **~ final** *Ling.* period *Am. E.*; full stop *Br. E.* **~ y coma** *Ling.* semicolon. **puntos suspensivos** suspension points *Am. E.* **tener a ~** to have ready.

puntuación [puntwaθjón] *s. f.* **1.** *Ling.* punctuation. **2.** (calificación académica) grade *Am. E.*; mark *Br. E.* **3.** *Dep.* score. ‖ **signo de ~** *Ling.* punctuation mark.

puntual [puntwál] *adj.* punctual. ‖ **ser ~** to be on time.

puntualidad [puntwaliðáð] *s. f.* (precisión) punctuality.

puntualizar [puntwaliθár] *v. tr.* (precisar) to specify.

puntuar [puntuár] *v. tr.* **1.** (examen) to grade *Am. E.*; to mark *Br. E.* **2.** *Ling.* (texto) to punctuate. ‖ *v. intr.* **3.** *Dep.* to score (points).

punzada [punθáða] *s. f.* **1.** (pinchazo) prick. **2.** *Med.* stitch. **3.** (dolor) twinge (of pain).

punzante [puṇθáṇte] *adj.* **1.** sharp. **2.** *fig.* (comentario) biting.

punzar [puṇθár] *v. tr.* **1.** (pinchar) to prick; to pierce. **2.** *Med.* to puncture.

punzón [puṇθón] *s. m.* **1.** bradawl. **2.** (de escultor) burin.

puñetazo [puɲetáθo] *s. m.* punch; sock.

puñado [puɲáðo] *s. m.* handful.

puñal [puɲál] *s. m.* dagger.

puño [púɲo] *s. m.* **1.** *Anat.* fist. **2.** (de camisa) cuff. **3.** (de bastón) handle. ‖ **tener a alguien en un ~** to have sb under one's thumb.

pupa [púpa] *s. f.* (daño en lenguaje infantil) pain.

pupila [pupíla] *s. f., Anat.* pupil.

pupitre [pupítre] *s. m.* desk.

puré [puré] *s. m., Gastr.* purée.

pureza [puréθa] *s. f.* purity.

purga [púrɣa] *s. f.* **1.** *Med.* purgative. **2.** *Polít.* purge.

purgante [purɣáṇte] *adj. y s. m.* purgative; laxative.

purgar [purɣár] *v. tr.* **1.** *Med. y Polít.* to purge. **2.** *Autom.* to bleed.

purgatorio [purɣatórjo] *s. m., Rel.* purgatory.

purificación [purifikaθjón] *s. f.* purification.

purificar [purifikár] *v. tr.* to purify.

puro, -ra [púro] *adj.* **1.** pure. **2.** (casto) chaste. ‖ *s. m.* **3.** (cigarro) cigar.

púrpura [púrpura] *s. f.* purple.

pus [pús] *s. m.* pus.

putear [puteár] *v. intr., vulg.* to bother; to molest.

puto [púto] *adj.* **1.** *vulg.* bloody. ‖ *s. m.* **2.** *vulg.* male prostitute.

putrefacción [putrefakθjón] *s. f.* putrefaction.

putrefacto, -ta [putrefákto] *adj.* putrid.

puzle [púθle] *s. m.* puzzle; jigsaw.

Q

q [kú] *s. f.* (letter) q.

que [ké] *pron. rel.* **1.** that; which (object); who (person) [La mujer que está de pie es mi jefa. *The woman that is standing up is my boss.*] || *conj. compl.* **2.** that [Creo que es la mejor solución. *I believe that it is the best solution.*] || *conj. comp.* **3.** than [Este proyecto es mejor que el que propuse yo. *This project is better than the one I proposed.*]

qué [ké] *adj. int.* **1.** what; which [¿Qué casa te gusta? *Which house do you like?*] || *adj. excl.* **2.** what a... [¡Qué coche más bonito! *What a beautiful car!*] || *pron. int.* **3.** what [¿Qué vas a hacer hoy? *What are you going to do today?*] || *pron. excl.* **4.** how [¡Qué lista que es! *How clever she is!*] || **~ de** what a lot of [¡Qué de libros! *What a lot of books!*]

quebradizo, -za [keβraðíθo] *adj.* **1.** (rompedero) brittle. **2.** (débil) fragile; easily broken.

quebrado [keβráðo] *adj.* **1.** (roto) broken. **2.** *Econ.* bankrupt. **3.** *Mat.* fraction. **4.** *Geogr.* (terreno) rough. || *s. m.* **5.** *Mat.* fraction.

quebrantahuesos [keβrantawésos] *s. m.,* *Zool.* bearded vulture.

quebrantar [keβrantár] *v. tr.* **1.** (romper) to break; to shatter. **2.** (una ley, promesa) to transgress. || **quebrantarse** *v. prnl.* **3.** (romperse) to break.

quebrar [keβrár] *v. tr.* **1.** (romper) to break. **2.** *Med.* (un hueso) to fracture. || *v. intr.* **3.** *Econ.* to go bankrupt. || **quebrarse** *v. prnl.* **4.** to break.

quechua [kétʃwa] *adj.* **1.** Quechuan. || *s. m.* **2.** (idioma) Quechuan. || *s. m. y f.* **3.** (persona) Quechua.

quedar [keðár] *v. intr.* **1.** (permanecer) to remain; to stay. **2.** (sobrar) to be left. **3.** (en algo) to agree (about/on sth). || **quedarse** *v. prnl.* **4.** (en un sitio) to remain; to stay. **5.** (estarse parado) to stand.

quehacer [keaθér] *s. m.* work; task.

queja [kéχa] *s. f.* **1.** (disconformidad) complaint. **2.** (de dolor) groan.

quejarse [keχárse] *v. prnl.* **1.** to complain [Siempre te quejas de lo mismo. *You always complain about the same things.*] **2.** (de dolor) to groan; to moan *coll.*

quejica [keχika] *adj.* **1.** *col.* whining. || *s. m. y f.* **2.** *col.* crybaby.

quejido [keχíðo] *s. m.* groan; moan.

quema [kéma] *s. f.* burning.

quemadura [kemaðúra] *s. f.* **1.** *Med.* (por fuego, ácido) burn. **2.** (por líquido caliente) scald. **3.** (por el sol) sunburn.

quemar [kemár] *v. tr.* **1.** (consumir) to burn. **2.** (con líquido caliente) to scald. || **quemarse** *v. prnl.* **3.** (persona) to burn. || **quemado por el sol** sunburned.

querella [keréʎa] *s. f.* **1.** (queja) complaint. **2.** (pelea) dispute; quarrel. **3.** *Der.* charge.

querer[1] [kerér] *s. m.* love.

querer[2] [kerér] *v. tr.* **1.** (amar) to love. **2.** (desear) to want; to wish. **3.** (gustar) to like. **4.** (cosas) to desire. **5.** (tener la voluntad de) to will *frml.* **6.** (sentir cariño) to care for. || **~ decir** to mean. **sin ~** by accident.

querido, -da [keríðo] *adj.* **1.** dear; beloved. || *s. m. y f.* **2.** (amante) lover. **3.** (apelativo cariñoso) darling. || **querida** *s. f.* **4.** (amante) mistress.

quesito [kesíto] *s. m.* cheese wedge *Am. E.;* cheese triangle *Br. E.*

queso [késo] *s. m.* cheese. ‖ **~ de oveja** ewe cheese. **~ en lonchas** sliced cheese. **~ rallado** granted cheese.

quicio [kíθjo] *s. m.* doorpost. ‖ **sacar de ~** *fig.* to exasperate; to drive crazy.

quiebra [kjéβra] *s. f.* **1.** (abertura) crack. **2.** *Econ.* (la bolsa) crash. **3.** *Econ.* (de una empresa) bankruptcy; failure.

quien [kjén] *pron. rel.* **1.** who; that; whom [Ése es el hombre con quien se va a casar. *That is the man whom she is going to marry.*] ‖ *pron. indef.* **2.** whoever [Puedes llamar a quien quieras. *You may call whoever you want.*]

quién [kjén] *pron. int.* (también pron. excl.) **1.** who [¿Quién quería verme? *Who wanted to see me?*] **2.** (+ prep.) whom [¿A quién llamaste? *Whom did you call?*] ‖ **de ~** whose [¿De quién es esta chaqueta? *Whose is this jacket?*]

quienquiera [kjeŋkjéra] *pron. indef.* (+ frase relativa) whoever [Quienquiera que te lo haya dicho, se equivocaba. *Whoever told you that was wrong.*] •Pl.: quienesquiera.

quieto, -ta [kjéto] *adj.* still. ‖ **¡estate ~ !** keep still!

quietud [kjetúð] *s. f.* **1.** (sin movimiento) stillness. **2.** *fig.* (calma) calm; peace.

quijada [kixáða] *s. f., Anat.* (mandíbula) jaw; jawbone.

quilate [kiláte] *s. m.* (valor) karat *Am. E.;* carat *Br. E.*

quilla [kíʎa] *s. f., Náut.* keel.

quimera [kiméra] *s. f.* **1.** *Mit.* chimera. **2.** *fig.* (ilusión) fancy.

quimérico, -ca [kimériko] *adj.* (fantástico) fantastic; chimeric.

químico, -ca [kímiko] *adj.* **1.** chemical. ‖ *s. m. y f.* **2.** chemist.

quimono [kimóno] *s. m.* kimono.

quincallería [kiŋkaʎería] *s. f.* (chatarrería) hardware store.

quince [kínθe] *adj. num. card. inv.* (también pron. num. y s. m.) **1.** fifteen. ‖ *adj. num. ord. inv.* (también pron. num.) **2.** fifteenth; fifteen [Colón descubrió América en el siglo quince. *Colombus discovered América in the fifteenth century.*]

quinceañero, -ra [kinθeañéro] *adj. y s. m. y f.* fifteen-year-old.

quincena [kinθéna] *s. f.* fortnight.

quiniela [kinjéla] *s. f.* **1.** (juego) sports lottery *Am. E.;* pools *Br. E.* **2.** (boleto) sports lottery ticket *Am. E.;* pools coupon *Br. E.* [Me voy a echar la quiniela. *I'm going to hand in the pools coupon.*]

quinientos, -tas [kinjéntos] *adj. num. card.* (también pron. num., s. m. y adj. num. ord.) five hundred.

quinquenio [kiŋkénjo] *s. m.* (lustro) quinquennium.

quinta [kínta] *s. f.* **1.** (casa) country house. **2.** *Mil.* (reemplazo) draft *Am. E.*

quinto, -ta [kínto] *adj. num. ord.* (también pron. num.) **1.** fifth; five [Es su quinto marido. *He is her fifth husband.*] ‖ *adj. num. ord.* (también s.m. y f.) **2.** fifth [Me comí un quinto de la tarta. *I ate one fifth of the cake.*] ‖ *s. m.* **3.** *Mil.* conscript.

quiosco [kjósko] *s. m.* kiosk; newsstand.

quirófano [kirófano] *s. m.* operating room *Am. E.;* operating theatre *Br. E.*

quirúrgico, -ca [kirúrxiko] *adj., Med.* surgical.

quisquilla [kiskíʎa] *s. f. Zool.* shrimp.

quisquilloso, -sa [kiskiʎóso] *adj.*
1. fussy. **2.** (susceptible) touchy. **3.** (caprichoso) choosy. ‖ *s. m. y f.* **4.** fusspot.

quiste [kíste] *s. m., Med.* cyst.

quitaesmalte [kitaesmálte] *s. m.* nail polish remover.

quitamanchas [kitamántʃas] *s. m. inv.* (sacamanchas) stain remover.

quitanieves [kitanjéβes] *s. m. inv.* snowplow *Am. E.*; snowplough *Br. E.*

quitar [kitár] *v. tr.* **1.** to remove. **2.** (apartar) to take away. **3.** (coger) to take. **4.** (tierra, nieve) plow. **5.** (pintura, papel, ropa) to strip. ‖ **quitarse** *v. prnl.* **6.** to get off. ‖ **de quita y pon** detachable. **quitarse de en medio** *fam.* to step aside; to get out of the way.

quitasol [kitasól] *s. m.* (parasol) parasol; sunshade.

quite [kíte] *s. m.* **1.** *Taur.* sidestep. **2.** (esgrima) parry.

quivi [kíβi] *s. m., Bot.* kiwi fruit.

quizá o quizás [kiθá] *adv. dud.* maybe; perhaps [Quizá(s) llegue mañana. *Maybe he will arrive tomorrow.*]

quizás [kiθás] *adv. dud.* *quizá.

R

r [ére] *s. f.* (letra) r.
rábano [rábano] *s. m., Bot.* radish.
rabia [rábja] *s. f.* **1.** *Med.* rabies *sing.*
2. *fig.* (ira) rage; anger.
rabiar [raβjár] *v. intr.* **1.** (enfadarse) to
rage. **2.** *Med.* to have rabies. ‖ ~ **por**
(desear) to be dying for.
rabieta [raβjéta] *s. f.* tantrum.
rabioso, -sa [raβjóso] *adj.* **1.** *Vet.* rabid.
2. *fig.* (enfadado) furious.
rabo [ráβo] *s. m.* **1.** *Zool.* tail. **2.** *Bot.* stalk.
rácano, -na [rákano] *adj.* **1.** *col.* tight-
fisted; stingy. ‖ *s. m. y f.* **2.** *col.* (tacaño)
tightwad *Am. E.*
racha [rátʃa] *s. f.* **1.** (de viento) gust of
wind; squall. **2.** *fig.* (temporada) spell.
racial [raθjál] *adj.* racial; race.
racimo [raθímo] *s. m.* bunch.
raciocinio [raθjoθínjo] *s. m.* **1.** reason.
2. (razonamiento) reasoning.
ración [raθjón] *s. f.* portion.
racional [raθjonál] *adj.* **1.** rational.
2. (razonable) reasonable.
racionar [raθjonár] *v. tr.* to ration.
racismo [raθísmo] *s. m.* racism.
racista [raθísta] *adj. y s m. y f.* racist.
radar [raðár] *s. m.* radar.
radiactividad [raðjaktiβiðáð] *s. f.* radioactivity. • Tb. radioactividad.
radiactivo, -va [raðjaktíβo] *adj.* radioactive. • Tb. radioactivo.
radiador [raðjaðór] *s. m.* radiator.
radiante [raðjánte] *adj.* radiant.
radiar [raðjár] *v. tr.* **1.** (por radio) to broadcast; to radio. **2.** *Med.* to X-ray.
radical [raðikál] *adj.* **1.** radical. ‖ *s. m. y f.*
2. radical. ‖ *s. m.* **3.** *Ling.* (*Mat.*) root.

radicar [raðikár] *v. intr.* **1.** to take root.
2. (estar situado) to be situated.
radio¹ [ráðjo] *s. m.* **1.** *Mat.* radius. **2.** (de
una rueda) spoke. **3.** *Anat.* radius.
4. (distancia) range; radius.
radio² [ráðjo] *s. f.* (aparato) radio.
radio³ [ráðjo] *s. m., Quím.* radium.
radioaficionado, -da [raðjoafiθjonáðo]
s. m. y f. ham operator *Am. E.;* radio
ham.
radiocasete [raðjokaséte] *s. m.* radio-
cassette player.
radiografía [raðjoɣrafía] *s. f.* X-ray.
radioyente [raðjoʝénte] *s. m. y f.* (oyente) listener.
raer [raér] *v. tr.* to scrape (off).
ráfaga [ráfaɣa] *s. f.* **1.** (de viento) gust.
2. (de luz) flash. **3.** (de arma) burst.
raído, -da [raíðo] *adj.* worn-out; shabby.
raíl [raíl] *s. m.* (de tren) rail.
raíz [raíθ] *s. f.* **1.** root. **2.** (origen) origin.
‖ **cortar algo de ~** to nip something in
the bud. **echar raíces** *Bot.* (planta) to
take root. ‖ *fig.* (establecerse) to put
down roots.
raja [ráxa] *s. f.* **1.** (grieta) crack; split.
2. (trozo de fruta) slice.
rajar [raxár] *v. tr.* **1.** to split; to cleave.
2. (agrietar) to crack. **3.** (cortar en roda-
jas) to slice. ‖ *v. intr.* **4.** *fam.* (hablar
mucho) to babble on. ‖ **rajarse** *v. prnl.*
5. to split; to cleave.
rallador [raʎaðór] *s. m.* grater.
rallar [raʎár] *v. tr., Gastr.* to grate.
rally [ráli] *s. m., Dep.* rally.
rama [ráma] *s. f.* branch.
ramaje [ramáxe] *s. m.* foliage.
ramal [ramál] *s. m.* **1.** (cuerda) strand.
2. *Geogr.* branch. **3.** (tren) branch line.
rambla [rámbla] *s. f.* **1.** (cauce) watercourse. **2.** (avenida) boulevard.
ramera [raméra] *s. f.* prostitute; bitch.

ramillete [r̃amiλéte] *s. m.* **1.** (de flores) bouquet. **2.** *fig.* (grupo selecto) bunch.

ramo [r̃ámo] *s. m.* **1.** (de árbol, ciencia) branch. **2.** (de flores) bouquet.

rampa [r̃ámpa] *s. f.* ramp.

rana [r̃ána] *s. f.*, *Zool.* frog.

rancho [r̃ántʃo] *s. m.* **1.** *Mil.* (comida) mess. **2.** (granja) ranch *Am. E.* **3.** *Amér.* (finca) farm; farmhouse.

rancio [r̃áɲθjo] *adj.* **1.** rancid. **2.** *fig.* (anticuado) old-fashioned.

rango [r̃áŋgo] *s. m.* **1.** (categoría) status. **2.** *Mil.* rank. ‖ **de alto ~** highranking.

ranura [r̃anúra] *s. f.* **1.** groove. **2.** (de una máquina) slot.

rap [r̃áp] *s. m.*, *Mús.* rap. ‖ **música ~** rap music.

rapar [r̃apár] *v. tr.* to shave.

rapaz [r̃apáθ] *adj.* **1.** *Zool.* predatory. **2.** *fig.* (persona) rapacious. ‖ *s. m.* **3.** child.

rape [r̃ápe] *s. m.*, *Zool.* (pescado) goosefish *Am. E.*; monkfish.

rapidez [r̃apiðéθ] *s. f.* speed.

rápido, -da [r̃ápiðo] *adj.* **1.** fast; quick. ‖ *adv.* **2.** quickly.

rapiña [r̃apíɲa] *s. f.* robbery; pillage. ‖ **ave de de ~** *Zool.* bird of prey.

raposo, -sa [r̃apóso] *s. m. y f.*, *fam.* fox.

raptar [r̃aptár] *v. tr.* (secuestrar) to kidnap; to abduct.

rapto [r̃ápto] *s. m.* (secuestro) kidnapping; abduction.

raptor, -tora [r̃aptór] *s. m. y f.* (secuestrador) kidnapper.

raqueta [r̃akéta] *s. f.* **1.** *Dep.* racket. **2.** (para la nieve) snowshoe.

raquítico [r̃akítiko] *adj.*, *Med.* (enclenque) rachitic; rickety.

rareza [r̃aréθa] *s. f.* **1.** rarity; rareness. **2.** (singularidad) singularity.

raro, -ra [r̃áro] *adj.* **1.** rare. **2.** (extraño) weird; odd. **3.** (escaso) scarce. ‖ **rara vez** seldom.

ras [r̃ás] *s. m.* level. ‖ **a ~ de** level with.

rascacielos [r̃askaθjélos] *s. m. inv.* (edificios muy altos) skyscraper.

rascar [r̃askár] *v. tr.* **1.** to scratch. **2.** (raspar) to scrape.

rasgar [r̃asɣár] *v. tr.* to tear; to rip.

rasgo [r̃ásɣo] *s. m.* **1.** characteristic; feature. **2.** (de pluma) stroke. ‖ **rasgos** *s. m. pl.* **3.** (faciales) features.

rasgón [r̃asɣón] *s. m.* tear; rip.

rasguño [r̃asɣúɲo] *s. m.* scratch.

raso, -sa [r̃áso] *adj.* **1.** (liso) flat; level. ‖ *s. m.* **2.** (tejido) satin.

raspa [r̃áspa] *s. f.* **1.** (trigo) beard. **2.** (pescado) backbone.

raspador [r̃aspaðór] *s. m.* scraper.

raspar [r̃aspár] *v. tr.* **1.** to scrape. **2.** (arañar) to scratch.

rastrear [r̃astreár] *v. tr.* **1.** (seguir el rastro) to trail; to track. **2.** (averiguar algo) to trace; to find out.

rastreo [r̃astréo] *s. m.* search.

rastrillo [r̃astríλo] *s. m.* rake.

rastro [r̃ástro] *s. m.* **1.** (herramienta) rake. **2.** (huella) trace; sign. **3.** (mercadillo) flea market.

rastrojo [r̃astróxo] *s. m.* stubble.

rata [r̃áta] *s. f.*, *Zool.* rat.

ratero, -ra [r̃atéro] *s. m. y f.* pickpocket.

ratificar [r̃atifikár] *v. tr.* to ratify.

rato [r̃áto] *s. m.* while. ‖ **a ratos** from time to time. **un buen ~** a good time.

ratón [r̃atón] *s. m.* **1.** *Zool.* mouse. **2.** *Inform.* mouse.

ratona [r̃atóna] *s. f.*, *Zool.* female mouse.

ratonera [r̃atonéra] *s. f.* **1.** (trampa) mousetrap. **2.** (del ratón) mousehole.

raudal [r̄awðál] *s. m.* torrent; stream.

raya¹ [r̄ája] *s. f.* **1.** (línea) line. **2.** (de color) stripe. **3.** (del pelo) parting.

raya² [r̄ája] *s. f.*, *Zool.* (pez) skate; ray; rayfish.

rayar [r̄ajár] *v. tr.* **1.** (un papel) to line. **2.** (en tela) to stripe. **3.** (estropear) to scratch. || *v. intr.* **4.** (lindar) to border.

rayo [r̄ájo] *s. m.* **1.** (del sol) ray; beam. **2.** *Meteor.* lightning. || **rayos X** X-rays.

raza [r̄áθa] *s. f.* **1.** race. **2.** (de animal) breed. || **de ~** (perro) pedigree.

razón [r̄aθón] *s. f.* **1.** reason. **2.** (motivo) motive; cause. || **sin ~** for no reason. **tener ~** to be right.

razonable [r̄aθonáβle] *adj.* reasonable.

razonamiento [r̄aθonamjénto] *s. m.* (argumentación) reasoning.

razonar [r̄aθonár] *v. intr.* to reason.

re [r̄é] *s. m.*, *Mús.* **1.** (nota) D. **2.** (solfeo) ray.

reacción [r̄eakθjón] *s. f.* reaction.

reaccionar [r̄eakθjonár] *v. intr.* to react.

reacio, -cia [r̄eáθjo] *adj.* (reticente) reluctant; unwilling.

reactor [r̄eaktór] *s. m.* **1.** *Fís.* reactor. **2.** *Aeron.* (avión) jet engine.

real¹ [r̄eál] *adj.* (verdadero) real.

real² [r̄eál] *adj.* **1.** (de la corona) royal. || *s. m.* **2.** (moneda brasileña) real.

realce [r̄eálθe] *s. m.* **1.** (relieve) relief. **2.** *fig.* (esplendor) splendor.

realidad [r̄ealiðáð] *s. f.* **1.** reality. **2.** (verdad) truth. || **en ~** actually; in fact. **hacerse ~** (sueño) to come true.

realismo [r̄ealísmo] *s. m.* realism.

realista [r̄ealísta] *adj.* **1.** (pragmático) realistic. || *s. m. y f.* **2.** realist.

realizador, -dora [r̄ealiθaðór] *s. m. y f.* (cine y TV) producer.

realizar [r̄ealiθár] *v. tr.* **1.** (llevar a cabo) to carry out; to execute. **2.** (cumplir) to fulfill; to realize.

realzar [r̄ealθár] *v. tr.* **1.** to raise. **2.** *fig.* (embellecer) to enhance; to heighten.

reanimar [r̄eanimár] *v. tr.* **1.** to revive. || **reanimarse** *v. prnl.* **2.** to revive.

reanudar [r̄eanuðár] *v. tr.* to resume.

reaparecer [r̄eapareθér] *v. intr.* (retornar) to reappear.

reavivar [r̄eaβiβár] *v. tr.* to revive.

rebaja [r̄eβáχa] *s. f.* **1.** discount; reduction. || **rebajas** *s. f. pl.* **2.** *Econ.* sale; sales. || **en ~** in the sales.

rebajar [r̄eβaχár] *v. tr.* **1.** (bajar) to lower. **2.** (reducir) to reduce. **3.** (degradar) to debase. || **rebajarse** *v. prnl.* **4.** (degradarse) to demean.

rebanada [r̄eβanáða] *s. f.* slice.

rebañar [r̄eβaɲár] *v. tr.* **1.** (limpiar) to wipe clean. **2.** *fam.* (comida) to mop up; to finish off.

rebaño [r̄eβáɲo] *s. m.* **1.** herd. **2.** *Zool.* (de ovejas) flock.

rebasar [r̄eβasár] *v. tr.* (exceder) to exceed; to go beyond.

rebatir [r̄eβatír] *v. tr.* to refute.

rebeco [r̄eβéko] *s. m.*, *Zool.* chamois.

rebelarse [r̄eβelárse] *v. prnl.* (insubordinarse) to rebel; to revolt.

rebelde [r̄eβélde] *adj.* **1.** rebellious. **2.** (niño) unruly. || *s. m. y f.* **3.** rebel.

rebelión [r̄eβeljón] *s. f.* rebellion.

reblandecer [r̄eβlandeθér] *v. tr.* **1.** to soften. || **reblandecerse** *v. prnl.* **2.** to soften; to become soft.

rebobinar [r̄eβoβinár] *v. tr.* to rewind.

reborde [r̄eβórðe] *s. m.* flange.

rebosar [r̄eβosár] *v. intr.* **1.** (líquido) to overflow. **2.** (abundar) to abound.

rebotar [r̄eβotár] *v. intr.* **1.** (botar) to bounce. || **rebotarse** *v. prnl.* **2.** *fam.* (enfadarse) to get upset.

rebote [r̄eβóte] *s. m.* rebound.

rebozar [r̄eβoθár] *v. tr.*, *Gastr.* (empanar) to cover with batter.

rebuscado, -da [r̄eβuskáðo] *adj.* **1.** (persona) affected. **2.** (lenguaje, expresión) recherché.

rebuscar [r̄eβuskár] *v. tr.* to search.

rebuznar [r̄eβuθnár] *v. intr.* to bray.

rebuzno [r̄eβúθno] *s. m.* bray.

recadero, -ra [r̄ekaðéro] *s. m. y f.* (enviado) messenger.

recado [r̄ekáðo] *s. m.* **1.** message. **2.** (encargo) errand. || **dejar ~** to leave a message.

recaer [r̄ekaér] *v. intr.*, *Med.* to relapse. || **~ sobre** (sospechas) to fall on.

recaída [r̄ekaíða] *s. f.*, *Med.* relapse.

recalcar [r̄ekalkár] *v. tr.* (acentuar) to stress; to emphasize.

recalentar [r̄ekalentár] *v. tr.* **1.** (comida) to reheat. **2.** (calentar demasiado) to overheat. || **recalentarse** *v. prnl.* **3.** to overheat.

recambio [r̄ekámbjo] *s. m.* **1.** (repuesto) spare part. **2.** (de tinta) refill.

recapacitar [r̄ekapaθitár] *v. tr.* (reflexionar) to reconsider.

recapitular [r̄ekapitulár] *v. tr.* (revisar) to recapitulate.

recargar [r̄ekarγár] *v. tr.* **1.** (volver a cargar) to reload. **2.** (sobrecargar) to overload. **3.** *Electrón.* (batería) to recharge. || **recargarse** *v. prnl.* **4.** to reload.

recargo [r̄ekárγo] *s. m.* **1.** surcharge. **2.** (aumento) increase.

recaudación [r̄ekawðaθjón] *s. f.* (colecta) collection.

recaudador, -ra [r̄ekawðaðór] *s. m. y f.* (cobrador) tax collector.

recaudar [r̄ekawðár] *v. tr.* to collect.

recelar [r̄eθelár] *v. tr.* **1.** to suspect. || **recelarse** *v. prnl.* **2.** to be suspicious.

recelo [r̄eθélo] *s. m.* suspicion; distrust.

receloso, -sa [r̄eθelóso] *adj.* (desconfiado) suspicious; distrustful.

recepción [r̄eθepθjón] *s. f.* reception.

recepcionista [r̄eθepθjonísta] *s. m. y f.* receptionist.

receptor, -ra [r̄eθeptór] *adj.* **1.** receiving. || *s. m. y f.* **2.** recipient. || *s. m.* **3.** (aparato) receiver.

receta [r̄eθéta] *s. f.* **1.** *Gastr.* recipe. **2.** *Med.* prescription.

recetar [r̄eθetár] *v. tr.*, *Med.* to prescribe.

rechazar [r̄etʃaθár] *v. tr.* **1.** (repeler) to repel. **2.** (rehusar) to refuse. **3.** (negar) to deny.

rechazo [r̄etʃáθo] *s. m.* rejection.

rechinar [r̄etʃinár] *v. intr.* **1.** to creak; to squeak. **2.** (dientes) to grind.

rechistar [r̄etʃistár] *v. intr.*, *col.* (protestar) to utter a word (of protest).

rechoncho, -cha [r̄etʃóntʃo] *adj.*, *fam.* (rollizo) chubby; plump.

rechupete, de [r̄etʃupéte] *loc.*, *fam.* delicious; yummy.

recibidor [r̄eθiβiðór] *s. m.* entrance hall.

recibimiento [r̄eθiβimjénto] *s. m.* (acogida) reception; welcome.

recibir [r̄eθiβír] *v. tr.* **1.** to receive. **2.** (dar la bienvenida) to welcome. || *v. intr.* **3.** to entertain.

recibo [r̄eθíβo] *s. m.* receipt.

reciclar [r̄eθiklár] *v. tr.* **1.** (restos) to recycle. **2.** (persona) to retrain.

recién [r̄eθjén] *adv.* recently; newly. || **~ llegado** newcomer.

reciente [r̄eθjénte] *adj.* **1.** recent. **2.** (fresco) fresh.

recinto [r̄eθínto] *s. m.* enclosure.

recio, -a [r̄éθjo] *adj.* **1.** robust; strong. **2.** (grueso) thick. **3.** (duro) hard; tough. || *adv.* **4.** loud; loudly.

recipiente [r̄eθipjénte] *s. m.* container.

recíproco, -ca [r̄eθíproko] *adj.* (mutuo) reciprocal.

recital [r̄eθitál] *s. m.* **1.** *Mús.* recital. **2.** *Lit.* (lectura) reading; recital. || **~ de poesía** poetry reading.

recitar [r̄eθitár] *v. tr.* to recite.

reclamación [r̄eklamaθjón] *s. f.* **1.** claim; demand. **2.** (queja) objection.

reclamar [r̄eklamár] *v. tr.* **1.** to claim; to demand. || *v. intr.* **2.** to complaint.

reclamo [r̄eklámo] *s. m.* lure; decoy.

reclinar [r̄eklinár] *v. tr.* **1.** to recline. || **reclinarse** *v. prnl.* **2.** (recostarse) to lean; to recline.

recluir [r̄eklúir] *v. tr.* **1.** (en la cárcel) to imprison. **2.** (en un psiquiátrico) to confine.

reclusión [r̄eklusjón] *s. f.* **1.** seclusion. **2.** (en la cárcel) imprisonment.

recluso, -sa [r̄eklúso] *adj.* **1.** imprisoned. || *s. m. y f.* **2.** prisoner; inmate.

recluta [r̄eklúta] *s. m. y f., Mil.* recruit.

reclutar [r̄eklutár] *v. tr.* to recruit.

recobrar [r̄ekoβrár] *v. tr.* **1.** (recuperar) to recover. **2.** (rescatar) to get back. **3.** (conocimiento) to regain. || **recobrarse** *v. prnl.* **4.** (recuperarse) to recover.

recochineo [r̄ekotʃinéo] *s. m., col.* sarcasm. || **con ~** *col.* gloatingly [Me lo dijo con recochineo. *He said it gloatingly.*]

recodo [r̄ekóðo] *s. m.* bend.

recogedor [r̄ekoxeðór] *s. m.* dustpan.

recoger [r̄ekoxér] *v. tr.* **1.** (levantar) to pick up. **2.** (reunir) to collect. **3.** *Agr.* to harvest. || **recogerse** *v. prnl.* **4.** (retirarse) to retire. **5.** (irse a casa) to go home.

recogimiento [r̄ekoximjénto] *s. m.* withdrawal; recollection.

recolección [r̄ekolekθjón] *s. f.* **1.** (de fondos) collection. **2.** *Agr.* harvest.

recolectar [r̄ekolektár] *v. tr.* **1.** (reunir) to collect. **2.** *Agr.* to harvest.

recomendación [r̄ekomendaθjón] *s. f.* recommendation; reference.

recomendar [r̄ekomendár] *v. tr.* **1.** to recommend. **2.** (aconsejar) to advise.

recompensa [r̄ekompénsa] *s. f.* (premio) reward; recompense. || **en ~ por** as a reward for.

recompensar [r̄ekompensár] *v. tr.* to reward; to recompense.

recomponer [r̄ekomponér] *v. tr.* (arreglar) to repair; to mend.

reconciliar [r̄ekonθiljár] *v. tr.* **1.** to reconcile. || **reconciliarse** *v. prnl.* **2.** (contentarse) to be reconciled.

recóndito, -ta [r̄ekóndito] *adj.* (secreto) hidden; innermost.

reconfortar [r̄ekoɱfortár] *v. tr.* (aliviar) to comfort.

reconocer [r̄ekonoθér] *v. tr.* **1.** to recognize. **2.** (admitir) to admit.

reconocimiento [r̄ekonoθimjénto] *s. m.* **1.** recognition. **2.** *Med.* examination. || **~ médico** physical examination.

reconquista [r̄ekoŋkísta] *s. f., Hist.* reconquest.

reconquistar [r̄ekoŋkistár] *v. tr.* (recuperar) to reconquer; to recapture.

reconstruir [r̄ekonstrúir] *v. tr.* (recomponer) to reconstruct; to rebuild.

recopilación [r̃ekopilaθjón] *s. f.* **1.** (resumen) summary. **2.** (colección) compilation; collection.

recopilar [r̃ekopilár] *v. tr.* to compile.

récord [r̃ékor] *s. m. inv.* record. ‖ **batir un ~** to break the record.

recordar [r̃ekorðár] *v. tr.* **1.** (rememorar) to remember. **2.** (a otro) to remind.

recordatorio [r̃ekorðatórjo] *s. m.* **1.** (aviso) reminder. **2.** (de defunción, comunión) card.

recorrer [r̃ekor̃ér] *v. tr.* **1.** (atravesar) to traverse. **2.** (examinar) to go over; to look over. ‖ **~ a pie** to tramp.

recorrido [r̃ekor̃íðo] *s. m.* **1.** (trayecto) trip. **2.** (de una carretera) course.

recortable [r̃ekortáβle] *s. m.* cutout.

recortado [r̃ekortáðo] *adj.* uneven.

recortar [r̃ekortár] *v. tr.* **1.** to cut out. **2.** (pelo) to trim. **3.** (gastos) to ax.

recorte [r̃ekórte] *s. m.* **1.** cutting. **2.** (de prensa) clipping. **3.** (trozo) snip.

recrear [r̃ekreár] *v. tr.* **1.** (divertir) to entertain. **2.** (volver a crear) to recreate. ‖ **recrearse** *v. prnl.* **3.** (divertirse) to enjoy.

recreativo, -va [r̃ekreatíβo] *adj.* recreational.

recreo [r̃ekréo] *s. m.* **1.** (diversión) recreation. **2.** (en el colegio) playtime.

recriminar [r̃ekriminár] *v. tr.* (echar en cara) to recriminate.

rectángulo [r̃ektáŋgulo] *s. m., Mat.* rectangle.

rectificar [r̃ektifikár] *v. tr.* to rectify.

rectitud [r̃ektitúð] *s. f.* **1.** righteousness. **2.** *fig.* uprightness.

recto, -ta [r̃ékto] *adj.* **1.** (derecho) straight. **2.** (honesto) upright.

recuadro [r̃ekwáðro] *s. m.* box.

recuento [r̃ekwénto] *s. m.* recount.

recuerdo [r̃ekwérðo] *s. m.* **1.** (memoria) memory; remembrance. **2.** *fig.* (regalo) souvenir. ‖ **recuerdos** *s. m. pl.* **3.** regards; reminiscence.

recuperación [r̃ekuperaθjón] *s. f.* recovery; recuperation.

recuperar [r̃ekuperár] *v. tr.* **1.** to recover; to regain. ‖ **recuperarse** *v. prnl.* **2.** to recover; to recuperate.

recurrir [r̃ekur̃ír] *v. intr., Der.* to appeal. ‖ **~ a** (acudir a) to turn to.

recurso [r̃ekúrso] *s. m.* **1.** (medio) resort. ‖ **recursos** *s. m. pl.* **2.** (económicos) resources. **3.** (de una persona) means. ‖ **como último ~** as a last resort.

red [r̃éð] *s. f.* **1.** net. **2.** (de comunicación) network; system.

redacción [r̃eðakθjón] *s. f.* **1.** (ensayo) composition. **2.** (acción) writing. **3.** (oficina) editorial department. **4.** (equipo) editorial staff.

redactar [r̃eðaktár] *v. tr.* **1.** to write. **2.** (un acuerdo) to draw up.

redactor, -ra [r̃eðaktór] *s. m. y f.* editor. ‖ **~ jefe** managing editor.

redada [r̃eðáða] *s. f.* **1.** *fig.* (de la policía) raid. **2.** (en pesca) catch.

redención [r̃eðeŋθjón] *s. f., Rel.* (salvación) redemption.

redentor, -ra [r̃eðentór] *adj.* **1.** redeeming. ‖ *s. m. y f.* **2.** redeemer.

redil [r̃eðíl] *s. m.* fold; sheepfold.

redimir [r̃eðimír] *v. tr.* to redeem.

redoblar [r̃eðoβlár] *v. tr.* **1.** (aumentar) to redouble. ‖ *v. intr.* **2.** (tambor) to roll.

redoble [r̃eðóβle] *s. m.* drumroll.

redondear [r̃eðondeár] *v. tr.* **1.** to round. **2.** (una cantidad) to round off.

redondel [r̃eðondél] *s. m.* ring.

redondo, -da [r̃eðóndo] *adj.* **1.** (circular) round. **2.** *fig.* (perfecto) perfect. ∥ *s. m.* **3.** *Esp., Gastr.* round (of beef).

reducción [r̃eðukθjón] *s. f.* reduction.

reducir [r̃eðuθír] *v. tr.* to reduce.

reelegir [r̃eeleχír] *v. tr.* to re-elect.

reembolsar [r̃eembolsár] *v. tr.* **1.** to reimburse. **2.** (una deuda) to pay back. **3.** (devolver) to refund.

reembolso [r̃eembólso] *s. m.* **1.** refund. **2.** (de dinero prestado) repayment. ∥ **contra ~** cash on delivery.

reemplazar [r̃eemplaθár] *v. tr.* (sustituir) to replace.

reestreno [r̃eestréno] *s. f.* revival.

referencia [r̃eferénθja] *s. f.* reference. ∥ **hacer ~ a** to refer to.

referéndum [r̃eferéndun] *s. m., Polít.* referendum.

referente [r̃eferénte] *adj.* **1.** concerning. ∥ *s. m.* **2.** referent.

referir [r̃eferír] *v. tr.* **1.** (contar) to recount. **2.** (relacionar) to refer; to relate. ∥ **referirse** *v. prnl.* (a algo) **3.** (aludir) to refer to.

refilón, de [r̃efilón] *loc. adv.* **1.** (mirada) out of the corner of one's eye [Le vi de refilón. *I saw him out of the corner of my eye.*] **2.** (referencia) in passing [El director tocó el tema de refilón. *The director referred to the subject in passing.*] ∥ **ver de ~** to catch a glimpse; glance.

refinado [r̃efináðo] *adj.* refined.

refinar [r̃efinár] *v. tr.* to refine.

refinería [r̃efinería] *s. f.* refinery.

reflector [r̃eflektór] *s. m., Electrón.* (foco) spotlight.

reflejar [r̃efleχár] *v. tr.* **1.** to reflect. ∥ **reflejarse** *v. prnl.* **2.** to be reflected.

reflejo, -ja [r̃efléχo] *adj.* **1.** reflected. ∥ *s. m.* **2.** reflection. ∥ **reflejos** *s. m. pl.* **3.** reflex.

reflexión [r̃eflevsjón] *s. f.* reflection.

reflexionar [r̃eflevsjonár] *v. intr.* (recapacitar) to reflect.

reflexivo, -va [r̃eflévsíβo] *adj.* **1.** *Ling.* reflexive. **2.** (persona) reflective.

reflujo [r̃eflúχo] *s. m.* ebb; reflux.

reforestar [r̃eforestár] *v. tr.* to reforest.

reforma [r̃efórma] *s. f.* **1.** reform. **2.** *Albañ.* alteration.

reformar [r̃eformár] *v. tr.* **1.** to reform. **2.** *Albañ.* to renovate.

reformatorio [r̃eformatórjo] *s. m.* (correccional de menores) reformatory.

reforzar [r̃eforθár] *v. tr.* (fortalecer) to reinforce; to strengthen.

refrán [r̃efrán] *s. m.* proverb; saying. ∥ **como dice el ~** as the saying goes.

refrescar [r̃efreskár] *v. tr.* **1.** to refresh; to cool. **2.** (la memoria) to brush up. ∥ *v. intr.* **3.** (el tiempo) to turn cool. ∥ **refrescarse** *v. prnl.* **4.** to get cooler.

refresco [r̃efrésko] *s. m.* soft drink.

refriega [r̃efrjéva] *s. f.* scuffle.

refrigeración [r̃efriχeraθjón] *s. f.* refrigeration; cooling.

refrigerador [r̃efriχeraðór] *s. m.* (frigorífico) icebox *Am. E.*; refrigerator.

refrigerar [r̃efriχerár] *v. tr.* (enfriar) to refrigerate; to cool.

refrigerio [r̃efriχérjo] *s. m.* (piscolabis) refreshments *pl.*

refuerzo [r̃efwérθo] *s. m.* reinforcement.

refugiado, -da [r̃efuχjáðo] *s. m. y f.* (exiliado) refugee.

refugiar [r̃efuχjár] *v. tr.* **1.** to shelter. ∥ **refugiarse** *v. prnl.* **2.** (esconderse) to take refuge; to shelter.

refugio [r̄efúxjo] *s. m.* **1.** refuge. **2.** (protección) shelter.

refunfuñar [r̄efuɱfuɲár] *v. intr., fam.* (gruñir) to grumble.

refutar [r̄efutár] *v. tr.* to refute.

regadera [r̄eɣaðéra] *s. f.* watering can.

regalar [r̄eɣalár] *v. tr.* to give.

regaliz [r̄eɣalíθ] *s. m.* licorice *Am. E.*; liquorice *Br. E.*

regalo [r̄eɣálo] *s. m.* gift; present *Br. E.*

regañadientes, a [r̄eɣaɲaðjéntes] *loc. adv.* relunctantly; grumbling.

regañar [r̄eɣaɲár] *v. tr.* **1.** *fam.* to scold. ‖ *v. intr.* **2.** (reñir) to quarrel. **3.** (quejarse) to grumble.

regañina [r̄eɣaɲína] *s. f., fam.* scolding.

regar [r̄eɣár] *v. tr.* (planta) to water.

regata [r̄eɣáta] *s. f., Náut.* yatch race.

regate [r̄eɣáte] *s. m.* **1.** dodge. **2.** *Dep.* (en fútbol) dribble.

regatear [r̄eɣateár] *v. tr.* **1.** *Econ.* to bargain; to haggle. ‖ *v. intr.* **2.** *Dep.* (fútbol) to dribble.

regazo [r̄eɣáθo] *s. m., Anat.* lap.

regencia [r̄eχénθja] *s. f.* regency.

regenerar [r̄eχenerár] *v. tr.* to regenerate.

regente [r̄eχénte] *adj.* **1.** *Polít.* regent. ‖ *s. m. y f.* **2.** *Polít.* regent.

régimen [r̄éximen] *s. m.* **1.** *Polít.* regime; system. **2.** (dieta) diet.

regimiento [r̄eximjénto] *s. m.* **1.** *Míl.* regiment. **2.** *fam.* (grupo) crowd.

región [r̄exjón] *s. f.* region.

regional [r̄exjonál] *adj.* regional.

regir [r̄exír] *v. tr.* **1.** to govern; to rule. ‖ *v. intr.* **2.** (estar en vigencia) to be in force; to prevail.

registrar [r̄existrár] *v. tr.* **1.** (examinar) to examine. **2.** (buscar) to search; to inspect. **3.** (inscribir) to record.

registro [r̄exístro] *s. m.* **1.** (inscripción) registration. **2.** (libro) register.

regla [r̄éɣla] *s. f.* **1.** (para medir) ruler. **2.** (norma) rule. **3.** (menstruación) period; menstruation. ‖ **por ~ general** as a general rule.

reglamento [r̄eɣlaménto] *s. m. síng.* (reglas) regulations *pl.*; rules *pl.*

regocijarse [r̄eɣoθixárse] *v. prnl.* (alegrarse) to rejoice; to be delighted.

regocijo [r̄eɣoθíxo] *s. m.* **1.** (alegría) joy. **2.** (júbilo) rejoicing.

regresar [r̄eɣresár] *v. intr.* to return.

regreso [r̄eɣréso] *s. m.* return.

reguero [r̄eɣéro] *s. m.* trickle.

regular¹ [r̄eɣulár] *adj.* regular.

regular² [r̄eɣulár] *v. tr.* **1.** (medir) to regulate. **2.** (ajustar) to adjust.

rehabilitar [r̄eaβilitár] *v. tr.* **1.** to rehabilitate. **2.** (renovar) to renovate.

rehacer [r̄eaθér] *v. tr.* **1.** (volver a hacer) to redo. **2.** (reformar) to make over.

rehén [r̄eén] *s. m. y f.* hostage.

rehuir [r̄euír] *v. tr.* **1.** (rechazar) to shun. **2.** (eludir) to shirk.

rehusar [r̄eusár] *v. tr.* to refuse.

reimprimir [r̄eimprimír] *v. tr.* to reprint.

reina [r̄éjna] *s. f.* queen.

reinado [r̄ejnáðo] *s. m.* reign.

reinar [r̄ejnár] *v. intr.* to reign.

reincidir [r̄ejnθiðír] *v. intr.* (recaer) to relapse; to fall back.

reino [r̄éjno] *s. m.* kingdom.

reintegrar [r̄ejnteɣrár] *v. tr.* **1.** (reponer) to reinstate; to restore. ‖ **reintegrarse** *v. prnl.* **2.** (retornar) to return.

reír [r̄eír] *v. intr.* **1.** to laugh. ‖ **reírse** *v. prnl.* **2.** to laugh.

reiterar [r̄ejterár] *v. tr.* to reiterate.

reivindicar [r̄ejβiɲdikár] *v. tr.* to claim.

reja[1] [r̄éχa] *s. f., Agr.* plowshare *Am. E.*

reja[2] [r̄éχa] *s. f.* (en ventana) grille.

rejilla [r̄eχíλa] *s. f.* **1.** grate; grating. **2.** *Tecnol.* grille.

rejuvenecer [r̄eχuβeneθér] *v. tr.* (revitalizar) to rejuvenate.

relación [r̄elaθjón] *s. f.* **1.** relation; relationship. **2.** (conexión) connection. ‖ **en ~ a** in regard to; relative to . **relaciones públicas** public relation.

relacionar [r̄elaθjonár] *v. tr.* **1.** to relate; to connect. ‖ **relacionarse** *v. prnl.* **2.** (con algo) to be related. **3.** (con alguien) to get acquainted.

relajar [r̄elaχár] *v. tr.* **1.** to relax. ‖ **relajarse** *v. prnl.* **2.** to relax.

relamer [r̄elamér] *v. tr.* **1.** to lick. ‖ **relamerse** *v. prnl.* **2.** to lick one's lips.

relámpago [r̄elámpaɣo] *s. m., Meteor.* flash (of lighting).

relampaguear [r̄elampaɣeár] *v. intr., Meteor.* to flash.

relatar [r̄elatár] *v. tr.* **1.** (narrar) to relate. **2.** (hacer relación) to report.

relativo, -va [r̄elatíβo] *adj.* **1.** relative. ‖ *s. m.* **2.** *Ling.* relative.

relato [r̄eláto] *s. m.* **1.** (cuento) story; tale. **2.** (informe) report.

relax [r̄eláʏs] *s. m.* relaxation.

releer [r̄eleér] *v. tr.* reread.

relevante [r̄eleβánte] *adj.* (sobresaliente) notable; outstanding.

relevar [r̄eleβár] *v. tr.* to relieve.

relevo [r̄eléβo] *s. m.* **1.** relief. **2.** *Dep.* (cambio de jugador) relay.

relicario [r̄elikárjo] *s. m.* **1.** *Rel.* reliquary. **2.** (con valor sentimental) locket. **3.** (caja) box.

relieve [r̄eljéβe] *s. m.* **1.** (arte) relief. **2.** *fig.* (importancia) prominence.

religión [r̄eliχjón] *s. f.* religion.

religioso, -sa [r̄eliχjóso] *adj.* **1.** religious. ‖ *s. m.* **2.** (monje) monk. ‖ **religiosa** *s. f.* **3.** (monja) nun.

relinchar [r̄elintʃár] *v. intr.* (caballos) to neigh; to whinny.

relincho [r̄elíntʃo] *s. m.* neigh; whinny.

reliquia [r̄elíkja] *s. f.* relic.

rellano [r̄eʎáno] *s. m.* landing.

rellenar [r̄eʎenár] *v. tr.* **1.** (volver a llenar) to refill. **2.** *Gastr.* to stuff.

relleno [r̄eʎéno] *s. m.* **1.** (de cojines) padding. **2.** (de aves) stuffing. **3.** *Gastr.* (de pasteles) filling.

reloj [r̄elóχ] *s. m.* **1.** (de pulsera) watch. **2.** (de pared) clock.

relojería [r̄eloχería] *s. f.* (tienda) watchmaker's; clockmaker's.

relojero, -ra [r̄eloχéro] *s. m. y f.* watchmaker; clockmaker.

relucir [r̄eluθír] *v. intr.* (brillar) to shine; to shimmer; to glitter.

relumbrar [r̄elumbrár] *v. intr.* (resplandecer) to shine brightly; to gleam.

remachar [r̄ematʃár] *v. tr.* **1.** to rivet. **2.** (clavos) to clinch.

remanente [r̄emanénte] *s. m.* **1.** (restos) remains; remnant. **2.** (de productos) surplus.

remangar [r̄emaŋgár] *v. tr.* to roll up.

remanso [r̄emánso] *s. m.* pool.

remar [r̄emár] *v. intr.* (bote) to row.

remarcar [r̄emarkár] *v. tr.* (subrayar) to underline; to stress.

rematar [r̄ematár] *v. tr.* **1.** (acabar) to finish. **2.** (matar) to kill.

remate [r̄emáte] *s. m.* (fin) end.

remediar [r̄emeðjár] *v. tr.* to remedy.

remedio [r̄eméðjo] *s. m.* **1.** (cura) remedy; cure. **2.** (solución) solution.

rememorar [r̄ememorár] *v.k., form.* (evocar) to recall.

remendar [r̄emeṇdár] *v. tr.* to mend.

remero [r̄eméro] *s. m.* rower.

remesa [r̄emésa] *s. f.* **1.** (de dinero) remittance. **2.** (de mercancías) shipment.

remiendo [r̄emjéṇdo] *s. m.* **1.** (con parches) patch. **2.** (arreglo) mend.

reminiscencia [r̄eminisθénθja] *s. f.* (evocación) reminiscence.

remisión [r̄emisjón] *s. f.* remission.

remite [r̄emíte] *s. m.* (dirección) return address.

remitente [r̄emitéṇte] *s. m. y f.* sender.

remitir [r̄emitír] *v. tr.* **1.** to remit; to send. **2.** (referir) to refer.

remo [r̄émo] *s. m.* **1.** (instrumento) oar; paddle. **2.** *Dep.* rowing.

remodelar [r̄emoðelár] *v. tr.* **1.** *Arq.* to remodel. **2.** (modificar) to reshape. **3.** (organización) to reorganize.

remojar [r̄emoxár] *v. tr.* to soak.

remojo [r̄emóxo] *s. m.* soaking; steeping.

remolacha [r̄emolátʃa] *s. f., Bot.* beet *Am. E.*; beetroot *Br. E.* ‖ ~ **azucarera** *Bot.* sugar beet.

remolcador [r̄emolkaðór] *s. m., Náut.* tug; tugboat.

remolcar [r̄emolkár] *v. tr.* to tow.

remolino [r̄emolíno] *s. m.* **1.** eddy. **2.** (de agua) whirlpool. **3.** (de polvo) whirl. **4.** (en el pelo) cowlick *Am. E.*

remolón, -lona [r̄emolón] *adj.* **1.** *fam.* lazy. ‖ *s. m. y f.* **2.** shirker.

remolque [r̄emólke] *s. m.* **1.** (acción) towing. **2.** *Autom.* (vehículo) trailer.

remontar [r̄emoṇtár] *v. tr.* **1.** (alzar) to raise. **2.** (dificultad) to overcome. ‖ **remontarse** *v. prnl.* **3.** (pájaros, aviones) to soar. **4.** (en el tiempo) to date from.

remordimiento [r̄emorðimjéṇto] *s. m.* (de conciencia) remorse.

remoto, -ta [r̄emóto] *adj.* remote.

remover [r̄emoβér] *v. tr.* to stir.

remozar [r̄emoθár] *v. tr.* renovate.

remuneración [r̄emuneraθjón] *s. f.* (pago) pay; remuneration *frml.*

remunerar [r̄emunerár] *v. tr.* (pagar) to pay; to remunerate *frml.*

renacer [r̄enaθér] *v. intr.* to be reborn.

renacuajo [r̄enakwáxo] *s. m., Zool.* (de rana) tadpole.

rencor [r̄eṇkór] *s. m.* **1.** rancor. **2.** (resentimiento) resentment.

rencoroso [r̄eṇkoróso] *adj.* spiteful.

rendición [r̄eṇdiθjón] *s. f.* surrender.

rendido, -da [r̄eṇdiðo] *adj.* **1.** (sumiso) submissive. **2.** (agotado) exhausted; tired.

rendija [r̄eṇdíxa] *s. f.* **1.** (grieta) crack; crevice. **2.** (hueco) gap.

rendimiento [r̄eṇdimjéṇto] *s. m.* **1.** *Econ.* (producción) output; yield. **2.** *Tecnol.* (de una máquina) efficiency.

rendir [r̄eṇdír] *v. tr.* **1.** (cansar) to exhaust. **2.** (vencer) to conquer. **3.** (producir) to yield. ‖ *v. intr.* **4.** *Econ.* to yield. ‖ **rendirse** *v. prnl.* **5.** (entregarse) to surrender.

renegar [r̄eneɣár] *v. tr.* **1.** (negar) to deny vigorously. ‖ *v. intr.* **2.** (blasfemar) to swear; to curse.

Renfe [r̄éɱfe] *sigla* (Red Nacional de Ferrocarriles Españoles) Spanish National Railroad.

renglón [r̄eŋglón] *s. m.* line.

reno [r̄éno] *s. m., Zool.* reindeer.

renombre [r̄enómbre] *s. m.* renown.

renovar [r̄enoβár] *v. tr.* **1.** to renew. **2.** *Arq.* to renovate. ‖ **renovarse** *v. prnl.* **3.** to be renewed.

renta [r̄énta] *s. f.* **1.** (beneficio) income. **2.** (alquiler) rent. ‖ **declaración de la ~** *Econ.* tax return.

rentable [r̄entáβle] *adj.* profitable.

rentar [r̄entár] *v. tr.* to produce; to yield.

renuncia [r̄enúnθja] *s. f.* **1.** renunciation. **2.** (dimisión) resignation.

renunciar [r̄enunθjár] *v. tr.* **1.** to renounce. ‖ *v. intr.* **2.** to resign.

reñir [r̄eɲír] *v. tr.* **1.** (regañar) to scold. ‖ *v. intr.* **2.** (discutir) to quarrel.

reo [r̄éo] *s. m. y f.* **1.** (culpable) culprit.**2.** *Der.* (inculpado) accused; defendant.

reojo, de [r̄eóʝo] *loc. adv.* out of the corner of one's eye; sideways.

reorganizar [r̄eorγaniθár] *v. tr.* (reajustar) to reorganize.

reparar [r̄eparár] *v. tr.* **1.** to repair; to mend. **2.** (compensar) to compensate. ‖ *v. intr.* **3.** (fijarse) to notice.

reparo [r̄epáro] *s. m.* **1.** (arreglo) repair. **2.** (objeción) objection.

repartir [r̄epartír] *v. tr.* **1.** to deliver. **2.** (distribuir) to distribute. to hand out.

reparto [r̄epárto] *s. m.* **1.** distribution. **2.** (entrega) delivery. ‖ **camioneta de ~** delivery van.

repasar [r̄epasár] *v. tr.* **1.** (revisar) to review *Am. E.*; to revise *Br. E.* **2.** (remendar) to mend.

repaso [r̄epáso] *s. m.* (revisión) review *Am. E.*; revision *Br. E.*

repatear [r̄epateár] *v. intr., fam.* to annoy; to get on one's nerves.

repecho [r̄epétʃo] *s. m.* steep slope.

repelente [r̄epelénte] *adj.* repellent.

repeler [r̄epelér] *v. tr.* to repel.

repelús [r̄epelús] *s. m., col.* shiver. ‖ **dar ~** *col.* to give somebody the creeps; to give somebody the shivers.

repente, de [r̄epénte] *loc. adv. t.* suddenly; all at once.

repentino, -na [r̄epentíno] *adj.* **1.** sudden. **2.** (inesperado) unexpected.

repercutir [r̄eperkutír] *v. intr.* **1.** (resonar) to resound; to echo. **2.** (rebotar) to rebound.

repertorio [r̄epertórjo] *s. m.* repertoire.

repesca [r̄epéska] *s. f.* **1.** *Dep.* repechage. **2.** (examen) retake.

repetición [r̄epetiθjón] *s. f.* repetition.

repetir [r̄epetír] *v. tr. e intr.* to repeat. ‖ **repetirse** *v. prnl.* (un acontecimiento) to recur.

repicar [r̄epikár] *v. tr.* (las campanas) to peal; to ring out.

repipi [r̄epípi] *adj., col.* (resabido) affected; twee *Br. E.*

repisa [r̄epísa] *s. f.* ledge; shelf.

replegar [r̄epleγár] *v. tr.* **1.** (alas) to fold. ‖ **replegarse** *v. prnl.* **2.** (retirarse) to withdraw.

repleto, -ta [r̄epléto] *adj.* full; replete.

replicar [r̄eplikár] *v. intr.* **1.** (contestar) to retort; to reply. **2.** (poner objeciones) to answer back.

repliegue [r̄eplíʝeβe] *s. m.* **1.** (doblez) fold. **2.** *Mil.* (retirada) withdraw.

repoblar [r̄epoβlár] *v. tr.* **1.** to repopulate. **2.** (río) to restock. **3.** (de árboles) reforest *Am. E.*

repollo [r̄epóʎo] *s. m., Bot.* cabbage.

reponer [r̄eponér] *v. tr.* **1.** to replace; to restore. ‖ **reponerse** *v. prnl.* **2.** (recuperarse) to recover.

reportaje [r̄eportáχe] *s. m.* **1.** (en periódicos, revistas) article. **2.** (en televisión) report.

reportero, -ra [r̄eportéro] *s. m. y f.* (corresponsal) reporter.

reposar [r̄eposár] *v. intr.* **1.** (descansar) to rest; to repose. ‖ **reposarse** *v. prnl.* **2.** (líquido) to settle.

reposición [r̄eposiθjón] *s. f.* **1.** (retorno) restoration. **2.** (cambio) replacement.

reposo [r̄epóso] *s. m.* (descanso) rest. ‖ **cura de ~** rest cure.

repostar [r̄epostár] *v. tr.* **1.** (provisiones) to stock up; to fill up with. **2.** *Aeron.* (combustible) to refuel. **3.** *Autom.* (gasolina) to fill up.

repostería [r̄epostería] *s. f.* (pastelería) confectionery.

reprender [r̄eprendér] *v. tr.* (regañar) to scold; to tell off *coll.*

represalia [r̄epresálja] *s. f.* reprisal. ‖ **tomar represalias** to retaliate.

representación [r̄epresentaθjón] *s. f.* **1.** representation. **2.** *Teatr.* performance.

representante [r̄epresentánte] *s. m. y f.* **1.** representative. **2.** *Teatr.* performer.

representar [r̄epresentár] *v. tr.* **1.** to represent. **2.** *Teatr.* to perform. ‖ **~ un papel** to play a role.

representativo [r̄epresentatíβo] *adj.* (característico) representative.

represión [r̄epresjón] *s.* repression.

reprimenda [r̄epriménda] *s. f.* (reprobación) reprimand.

reprimir [r̄eprimír] *v. tr.* to repress.

reprobación [r̄eproβaθjón] *s. f.* reproof.

reprobar [r̄eproβár] *v. tr.* **1.** (cosa) to condemn. **2.** (persona) to reprove.

reprochar [r̄eprotʃár] *v. tr.* to reproach.

reproche [r̄eprótʃe] *s. m.* reproach.

reproducir [r̄eproðuθír] *v. tr.* **1.** to reproduce. ‖ **reproducirse** *v. prnl.* **2.** (multiplicarse) to reproduce.

reptar [r̄eptár] *v. intr.* **1.** (serpiente) to slither. **2.** (cocodrilo) to slide; to crawl.

reptil [r̄eptíl] *adj.* **1.** *Zool.* reptile. ‖ *s. m.* **2.** *Zool.* reptile.

república [r̄epúβlika] *s. f.* republic.

repudiar [r̄epuðjár] *v. tr.* to repudiate.

repuesto [r̄epwésto] *s. m.* **1.** (recambio) spare part. **2.** (provisiones) stock; supply. ‖ **de ~** (piezas) spare.

repugnancia [r̄epugnánθja] *s. f.* (asco) repugnance.

repugnante [r̄epugnánte] *adj.* **1.** repugnant; abhorrent; revolting. **2.** (nauseabundo) nauseating.

repugnar [r̄epugnár] *v. tr.* **1.** to repel. **2.** (asquear) nauseate. ‖ *v. intr.* **3.** (dar asco) to be repugnant.

repulsa [r̄epúlsa] *s. f.* rebuff; rejection.

repulsión [r̄epulsjón] *s. f.* repulsion.

repulsivo [r̄epulsíβo] *adj.* repulsive.

reputación [r̄eputaθjón] *s. f.* reputation.

requemar [r̄ekemár] *v. tr.* to burn.

requerimiento [r̄ekerimjénto] *s. m.* **1.** (requisito) requirement. **2.** (demanda) demand.

requerir [r̄ekerír] *v. tr.* **1.** (necesitar) to require. **2.** (solicitar) to request.

requesón [r̄ekesón] *s. m.*, *Gastr.* curd cheese; cottage cheese.

requisar [r̄ekisár] *v. tr.* to requisition.

requisito [r̄ekisíto] *s. m.* requirement; requisite. ‖ **~ previo** prerequisite.

res [r̄és] *s. f.* **1.** (animal) beast. **2.** (vaca) head of cattle.

resaca [r̄esáka] *s. f.* **1.** *Náut.* undercurrent. **2.** (por exceso de alcohol) hangover. ‖ **tener ~** to have a hangover.

resaltar [r̄esaltár] *v. intr.* (acentuarse) to stand out; to jut (out).

resarcir [r̄esarθír] *v. tr.* to compensate.

resbaladizo, -za [r̄esβalaðíθo] *adj.* (deslizante) slippery.

resbalar [r̄esβalár] *v. intr.* **1.** (deslizarse) to slide. **2.** (caerse) to slip.

resbalón [r̄esβalón] *s. m.* slip.

rescatar [r̄eskatár] *v. tr.* **1.** (liberar) to rescue. **2.** (recuperar un objeto) to recover. **3.** *Mil.* to recapture.

rescate [r̄eskáte] *s. m.* **1.** (liberación) rescue; salvage. **2.** (dinero) ransom.

rescindir [r̄esθindír] *v. tr.* (cancelar) to rescind; to cancel.

resecar [r̄esekár] *v. tr.* **1.** to make something dry. ‖ **resecarse** *v. prnl.* **2.** (deshidratarse) to dry up.

reseco, -ca [r̄eséko] *adj.* parched.

resentimiento [r̄esentimjénto] *s. m.* (resquemor) resentment.

reseña [r̄eséɲa] *s. f.* review.

reseñar [r̄eseɲár] *v. tr.* **1.** to describe. **2.** *Lit.* (comentar) to review.

reserva [r̄esérβa] *s. f.* **1.** (repuesto) reserve. **2.** (reservación) reservation. **3.** (reparo) reticence. ‖ **de ~** spare.

reservado [r̄eserβáðo] *adj.* **1.** reserved. **2.** (persona) retiring. ‖ *s. m.* **3.** (en una discoteca, un restaurante) private room.

reservar [r̄eserβár] *v. tr.* **1.** (guardar) to keep; to set by. **2.** (billete, habitación) to reserve; to book.

resfriado [r̄esfriáðo] *s. m.* cold.

resfriar [r̄esfriár] *v. tr.* **1.** (enfriar) to cool. ‖ **resfriarse** *v. prnl.* **2.** to catch a cold.

resguardar [r̄esɣwarðár] *v. tr.* (defender) to protect; to shield.

resguardo [r̄esɣwárðo] *s. m.* **1.** (defensa) defense; protection. **2.** (vale) voucher. **3.** (recibo) receipt.

residencia [r̄esiðénθja] *s. f.* **1.** (domicilio) residence. **2.** (de estudiantes) dormitory *Am. E.;* hall of residence *Br. E.* ‖ **~ de ancianos** rest home.

residente [r̄esiðénte] *adj.* **1.** resident. ‖ *s. m. y f.* **2.** resident. **3.** (interno) inmate.

residir [r̄esiðír] *v. intr.* (habitar, vivir) to live; to reside *frml.*

residuo [r̄esíðwo] *s. m.* residue.

resignarse [r̄esignárse] *v. prnl.* to resign oneself [Resígnate a perder el juego. *Resign yourself to losing the game.*]

resina [r̄esína] *s. f., Bot.* resin.

resistencia [r̄esisténθja] *s. f.* resistance.

resistente [r̄esisténte] *adj.* **1.** resistant. **2.** (fuerte) strong; tough.

resistir [r̄esistír] *v. tr.* **1.** to resist. **2.** (soportar) to bear. ‖ *v. intr.* **3.** to resist. ‖ **resistirse** *v. prnl.* **4.** to resist.

resolución [r̄esoluθjón] *s. f.* **1.** (solución) solution. **2.** (decisión) resolution.

resolver [r̄esolβér] *v. tr.* **1.** to solve; to resolve. **2.** (decidir) to decide.

resonancia [r̄esonánθja] *s. f.* resonance.

resonar [r̄esonár] *v. intr.* **1.** (retumbar) to resound. **2.** (haber eco) to echo.

resoplar [r̄esoplár] *v. intr.* **1.** (por cansancio) to puff. **2.** (por enfado) to snort.

resorte [r̄esórte] *s. m.* **1.** (muelle) spring. **2.** *fig.* means *pl.*

respaldar [r̄espaldár] *v. tr., fig.* (apoyar) to back; to support.

respaldo [r̄espáldo] *s. m.* **1.** (de un asiento) back. **2.** *fig.* (apoyo) support; backing.

respectivo, -va [r̄espektíβo] *adj.* (correspondiente) respective.

respecto [r̄espékto] *s. m.* (sentido) respect; proportion. ‖ **con ~ a** respecting. ‖ **~ a** regarding.

respetable [r̄espetáβle] *adj.* respectable.

respetar [r̄espetár] *v. tr.* to respect.

respeto [r̄espéto] *s. m.* **1.** respect. ‖ **respetos** *s. m. pl.* **2.** respects [Presentó sus respetos al embajador. *She paid her respects to the ambassador.*] ‖ **falta de ~** disrespect; lack of respect.

respetuoso, -sa [r̄espetuóso] *adj.* (cortés) respectful.

respiración [r̄espiraθjón] *s. f.* breathing; respiration *frml.*

respirar [r̄espirár] *v. intr.* to breathe.

respiro [r̄espíro] *s. m.* breath.

resplandecer [r̄esplandeθér] *v. intr.* (brillar) to shine.

resplandor [r̄esplandór] *s. m.* **1.** brilliance. **2.** (de fuego) glow; blaze.

responder [r̄espondér] *v. tr.* **1.** to answer. ‖ *v. intr.* **2.** *fig.* (reaccionar) to respond; to react. ‖ **~ por** to answer for.

responsabilidad [r̄esponsaβiliðáð] *s. f.* (deber) responsibility.

responsable [r̄esponsáβle] *adj.* responsible. ‖ **ser ~ de** to be responsible for.

respuesta [r̄espwésta] *s. f.* answer; reply.

resquicio [r̄eskíθjo] *s. m.* chink.

resta [r̄ésta] *s. f., Mat.* subtraction.

restablecer [r̄estaβleθér] *v. tr.* **1.** to reestablish. ‖ **restablecerse** *v. prnl.* **2.** (curarse) to recuperate; to recover.

restar [r̄estár] *v. tr.* **1.** (deducir) to deduct. **2.** *Mat.* to subtract. ‖ *v. intr.* **3.** (quedar) to remain.

restaurante [r̄estawránte] *s. m.* (mesón) restaurant.

restaurar [r̄estawrár] *v. tr.* to restore.

restitución [r̄estituθjón] *s. f.* (reposición) return; restitution *frml.*

restituir [r̄estituír] *v. tr.* **1.** (devolver algo) to return. **2.** (restablecer) to restore.

resto [r̄ésto] *s. m.* **1.** rest; remainder. ‖ **restos** *s. m. pl.* **2.** remains.

restregar [r̄estreɣár] *v. tr.* to rub.

restricción [r̄estrikθjón] *s. f.* restriction.

restringir [r̄estriŋxír] *v. tr.* to restrict.

resucitar [r̄esuθitár] *v. tr.* **1.** *Med.* to resuscitate. **2.** *fig.* (restablecer) to revive.

resuelto, -ta [r̄eswélto] *adj.* (decidido) resolute; determined.

resultado [r̄esultáðo] *s. m.* **1.** result. **2.** (consecuencia) outcome.

resultar [r̄esultár] *v. intr.* **1.** to result. **2.** (llegar a ser) to turn out to be. **3.** (salir) to turn out.

resumen [r̄esúmen] *s. m.* summary. ‖ **en ~** in short.

resumir [r̄esumír] *v. tr.* **1.** to sum up. **2.** (recapitular) to summarize.

resurrección [r̄esur̄ekθjón] *s. f., Rel.* (reencarnación) resurrection.

retablo [r̄etáβlo] *s. m.* (arte) altarpiece; reredos *sing.*

retaco [r̄etáko] *adj. y s. m. y f.* **1.** *col.* (persona) dumpling. **2.** (billar) thick and short cue.

retaguardia [r̄etaɣwárðja] *s. f., Mil.* (trasera) rearguard.

retal [r̄etál] *s. m.* remnant.

retar [r̄etár] *v. tr.* **1.** to challenge. **2.** (desafiar) to defy; to dare.

retardar [r̄etarðár] *v. tr.* (demorar) to retard; to delay.

retazo [r̄etáθo] *s. m.* **1.** (retal) remnant. **2.** (pedazo) scrap.

retención [r̄etenθjón] *s. f.* retention.

retener [r̄etenér] *v. tr.* to retain; to keep.

retina [r̄etína] *s. f., Anat.* retina.

retirada [r̄etiráða] *s. f.* withdrawal.

retirado, -da [r̄etiráðo] *adj.* **1.** (alejado) remote. **2.** (jubilado) retired.

retirar [r̄etirár] *v. tr.* **1.** (quitar) to take away. **2.** (jubilar) to retire. **3.** (retractar) to retract. ‖ **retirarse** *v. prnl.* **4.** to retreat. **5.** (jubilarse) to retire.

retiro [r̃etíro] *s. m.* **1.** (lugar tranquilo) retreat. **2.** (jubilación) retirement. **3.** (pensión) pension.

reto [r̃éto] *s. m.* challenge.

retocar [r̃etokár] *v. tr.* to retouch.

retoño [r̃etóɲo] *s. m.* **1.** *Bot.* shoot; sprout. **2.** *fig.* (niño) child.

retoque [r̃etóke] *s. m.* retouching.

retorcer [r̃etorθér] *v. tr.* **1.** to twist. ‖ **retorcerse** *v. prnl.* **2.** to twist. **3.** (persona) to writhe.

retornable [r̃etornáβle] *adj.* returnable.

retornar [r̃etornár] *v. tr.* **1.** (devolver) to return. ‖ *v. intr.* **2.** (volver) to return; to go back.

retorno [r̃etórno] *s. m.* return.

retortijón [r̃etortiχón] *s. m.* (dolor de estómago) stomach cramp.

retozar [r̃etoθár] *v. intr.* (corretear) to gambol; to frolic.

retractar [r̃etraktár] *v. tr.* **1.** to retract. ‖ **retractarse** *v. prnl.* **2.** to retract.

retraer [r̃etraér] *v. tr.* **1.** (encoger) to retract. ‖ **retraerse** *v. prnl.* **2.** (retirarse) to withdrawal.

retraído, -da [r̃etraído] *adj.* **1.** (tímido) shy; retiring. **2.** (solitario) solitary.

retransmitir [r̃etransmitír] *v. tr.* **1.** (TV) to broadcast. **2.** (mensaje) to relay.

retrasado, -da [r̃etrasáðo] *adj.* **1.** (tarde) late. **2.** (reloj) slow. **3.** (niño) backward; retarded.

retrasar [r̃etrasár] *v. tr.* **1.** to delay; to retard. ‖ **retrasarse** *v. prnl.* **2.** to delay.

retraso [r̃etráso] *s. m.* **1.** (demora) delay; hold-up. **2.** (subdesarrollo) backwardness; underdevelopment.

retratar [r̃etratár] *v. tr.* **1.** (en un cuadro) to paint a portrait of. **2.** (en foto) to photograph.

retrato [r̃etráto] *s. m.* **1.** (cuadro) portrait. **2.** (fotografía) photograph.

retrete [r̃etréte] *s. m.* toilet; water closet.

retroceder [r̃etroθeðér] *v. intr.* (dar marcha atrás) to go back.

retroceso [r̃etroθéso] *s. m.* **1.** (movimiento) backward movement. **2.** *Med.* (recaída) relapse.

retrovisor [r̃etroβisór] *s. m.* mirror. ‖ **~ interior** *Autom.* rear-view mirror. **~ lateral** *Autom.* wing mirror.

retumbar [r̃etumbár] *v. intr.* **1.** (tronar) to rumble. **2.** (resonar) to resound.

reúma o reuma [r̃eúma] *s. m., Med.* rheumatism.

reunión [r̃ewnjón] *s. f.* **1.** meeting. **2.** (fiesta) party.

reunir [r̃ewnír] *v. tr.* **1.** (juntar) to join. **2.** (volver a unir) to reunite. ‖ **reunirse** *v. prnl.* **3.** to gather. ‖ **estar reunido** to be in a session.

revancha [r̃eβántʃa] *s. f.* **1.** (venganza) revenge. **2.** *Dep.* return game.

revelación [r̃eβelaθjón] *s. f.* revelation.

revelar [r̃eβelár] *v. tr.* **1.** to reveal. **2.** (secreto) to disclose; to unveil *fig.* **3.** *Fot.* (carrete de fotos) to develop.

reventa [r̃eβénta] *s. f.* **1.** resale. **2.** (de entradas) touting.

reventar [r̃eβentár] *v. tr. e intr.* (estallar) to burst; to explode.

reventón [r̃eβentón] *s. m.* **1.** (estallido) burst. **2.** (de un neumático) blowout.

reverencia [r̃eβerénθja] *s. f.* (inclinación) bow.

reversible [r̃eβersíβle] *adj.* reversible.

reverso [r̃eβérso] *s. m.* **1.** back. **2.** (de una moneda) reverse.

revés [r̃eβés] *s. m.* **1.** back; wrong side. **2.** *fig.* (contrariedad) reverse.

revestimiento [r̃eβestimjénto] *s. m.*, *Tecnol.* coating.

revestir [r̃eβestír] *v. tr.* **1.** (con ropa) to clothe. **2.** (cubrir) to coat.

revisar [r̃eβisár] *v. tr.* **1.** to check. **2.** (hacer una revisión) to service.

revisión [r̃eβisjón] *s. f.* revision.

revisor, -ra [r̃eβisór] *s. m. y f.* (en tren, metro) ticket inspector.

revista [r̃eβísta] *s. f.* **1.** (publicación) magazine. **2.** *Mil.* review. **3.** (inspección) inspection. ‖ ~ **de variedades** *Mús.* music hall.

revistero [r̃eβistéro] *s. m.* (para revistas, libros) magazine rack.

revivir [r̃eβiβír] *v. intr.* to revive.

revocar [r̃eβokár] *v. tr.* **1.** (una ley) to revoke. **2.** *Albañ.* to plaster.

revolcar [r̃eβolkár] *v. tr.* **1.** (derribar) to knock down. ‖ **revolcarse** *v. prnl.* **2.** (dar vueltas) to roll around.

revolotear [r̃eβoloteár] *v. intr.* (mariposear) to flutter; to hover.

revoltijo [r̃eβoltíxo] *s. m.* mess; jumble.

revoltoso, -sa [r̃eβoltóso] *adj.* **1.** (travieso) naughty. **2.** (rebelde) unruly.

revolución [r̃eβoluθjón] *s. f.* revolution.

revolucionar [r̃eβoluθjonár] *v. tr.* (alterar) to revolutionize.

revolver [r̃eβolβér] *v. tr.* **1.** (mezclar) to jumble. **2.** (desordenar) to disturb. **3.** (por náuseas) to upset.

revólver [r̃eβólβer] *s. m.* revolver.

revuelo [r̃eβwélo] *s. m.* **1.** (conmoción) flutter; stir. **2.** (pájaros) fluttering.

revuelta [r̃eβwélta] *s. f.* revolt.

revuelto, -ta [r̃eβwélto] *adj.* **1.** (líquido) cloudy. **2.** (complicado) complicated. **3.** (tiempo) stormy.

rey [r̃éj] *s. m.* (monarca) king.

rezagarse [r̃eθaɣárse] *v. prnl.* (retrasarse) to fall behind.

rezar [r̃eθár] *v. tr.* **1.** *Rel.* to pray. **2.** *fam.* (decir) to say.

rezo [r̃éθo] *s. m.*, *Rel.* prayer.

rezumar [r̃eθumár] *v. tr.* **1.** to ooze. ‖ *v. intr.* **2.** (sudar) to ooze.

ría [r̃ía] *s. f.*, *Geogr.* ria; estuary.

riachuelo [r̃jatʃwélo] *s. m.*, *Geogr.* (arroyo) stream; brook; rill.

riada [r̃jáða] *s. f.* flood.

ribera [r̃iβéra] *s. f.* **1.** (de río) bank. **2.** (de mar) shore. **3.** (zona) riverside.

ribete [r̃iβéte] *s. m.* edging; trimming.

ribetear [r̃iβeteár] *v. tr.* (adornar) to edge; to trim.

rico, -ca [r̃íko] *adj.* **1.** (con dinero) rich; well-off. **2.** (comida) delicious; nice. ‖ **hacerse ~** to get rich.

ridiculizar [r̃iðikuliθár] *v. tr.* (mofarse) to ridicule; to mock.

ridículo [r̃iðíkulo] *adj.* **1.** ridiculous. ‖ *s. m.* **2.** ridicule. ‖ **poner en ~ a alguien** to make a fool of someone.

riego [r̃jéɣo] *s. m.* **1.** *Agr.* irrigation. **2.** (aspersión) watering.

riel [r̃jél] *s. m.* rail.

rienda [r̃jénda] *s. f.* rein. ‖ **dar ~ suelta a** *fig.* to give free rein to. **llevar las riendas** *fig.* to hold the reins.

riesgo [r̃jésɣo] *s. m.* risk; danger.

rifa [r̃ífa] *s. f.* raffle.

rifar [r̃ifár] *v. tr.* to raffle.

rifle [r̃ífle] *s. m.* rifle.

rigidez [r̃ixiðéθ] *s. f.* **1.** (dureza) rigidity; stiffness. **2.** *fig.* (de una norma) strictness.; firmness

rígido [r̃íxiðo] *adj.* **1.** rigid; stiff. **2.** *fig.* (severo) strict; inflexible.

rigor [r̃iɣór] *s. m.* rigor; strictness.

riguroso, -sa [ři̯uróso] *adj.* **1.** rigorous. **2.** (severo) severe; strict.

rima [řima] *s. f.* rhyme.

rimar [řimár] *v. intr.* to rhyme.

rincón [řiŋkón] *s. m.* corner; nook.

ring [řín] *s. m.* ring.

rinoceronte [řinoθerónte] *s. m., Zool.* rhinoceros.

riña [řiɲa] *s. f.* **1.** (pelea) brawl. **2.** (discusión) quarrel; dispute.

riñón [řiɲón] *s. m., Anat.* kidney. || **costar un ~** *fig. y fam.* to cost an arm and a leg.

riñonera [řiɲonéra] *s. f.* money belt.

río [řío] *s. m.* **1.** *Geogr.* river. **2.** *fig.* stream.

riqueza [řikéθa] *s. f.* **1.** wealth; riches *pl.* **2.** (cualidad) richness.

risa [řísa] *s. f.* laugh; laughter.

risco [řísko] *s. m., Geogr.* crag; cliff.

risible [řisíβle] *adj.* laughable.

risueño, -ña [řiswéɲo] *adj.* **1.** (alegre) cheerful. **2.** (sonriente) smiling.

ritmo [řítmo] *s. m.* rhythm.

rito [říto] *s. m., Rel.* rite.

rival [řiβál] *adj.* **1.** rival. || *s. m. y f.* **2.** (adversario) rival.

rivalidad [řiβaliðáð] *s. f.* rivalry.

rivalizar [řiβaliθár] *v. intr.* to rival. || **~ con** to compete with.

rizado, -da [řiθáðo] *adj.* **1.** (pelo) curly. || *s. m.* **2.** curling.

rizar [řiθár] *v. tr.* **1.** (pelo) to curl. **2.** (agua) to ripple. || **rizarse** *v. prnl.* **3.** (el pelo) to curl.

rizo [říθo] *s. m.* **1.** (de pelo) curl. **2.** (agua) ripple.

robar [řoβár] *v. tr.* **1.** (atracar) to rob. **2.** (un objeto) to steal. **3.** (en casa) to burgle. **4.** (naipes) to draw.

roble [řóβle] *s. m.* **1.** *Bot.* (madera) oak. **2.** *Bot.* (árbol) oak tree.

robo [řóβo] *s. m.* **1.** robbery; theft. || **robos** *s. m. pl.* **2.** thieving *sing.*

robot [řoβót] *s. m.* robot.

robustecer [řoβusteθér] *v. tr.* **1.** to strengthen. || **robustecerse** *v. prnl.* **2.** to become stronger.

robusto, -ta [řoβústo] *adj.* (fuerte) robust; strong.

roca [řóka] *s. f.* rock.

roce [řóθe] *s. m.* **1.** (fricción) rubbing; friction. **2.** (rasguño) graze. **3.** (ligero contacto) kiss.

rociar [řoθi̯ár] *v. tr.* to sprinkle; to spray.

rocío [řoθío] *s. m., Meteor.* dew.

rock and roll [řokanřól] *s. m., Mús.* rock and roll.

rodaja [řoðáxa] *s. f.* slice.

rodaje [řoðáxe] *s. m., Cinem.* shooting. || **en ~** *Autom.* running in.

rodapié [řoðapi̯é] *s. m.* baseboard *Am. E.*; skirting board *Br. E.*

rodar [řoðár] *v. tr.* **1.** *Cinem.* (una película) to film. || *v. intr.* **2.** to roll. **3.** *Autom.* (coche) to run.

rodear [řoðeár] *v. tr.* **1.** to surround; to encircle. || *v. intr.* **2.** to go around. || **rodearse** *v. prnl.* **3.** to surround oneself.

rodeo [řoðéo] *s. m.* **1.** (desvío) detour. **2.** *Amér.* (espectáculo) rodeo || **sin rodeos** *fig.* straight away.

rodilla [řoðíʎa] *s. f., Anat.* knee. || **de rodillas** kneeling.

rodillera [řoðiʎéra] *s. f.* **1.** *Dep.* kneepad. **2.** *Med.* knee bandage. **3.** (remiendo) knee patch.

rodillo [řoðíʎo] *s. m.* roller. || **~ de cocina** rolling pin.

roedor [řoeðór] *adj.* **1.** gnawing. || *s. m.* **2.** *Zool.* rodent.

roer [řoér] *v. tr.* to gnaw.

rogar [r̄oɣár] *v. tr.* **1.** to beg; to implore. || *v. intr.* **2.** *Rel.* (rezar) to pray.

rojizo, -za [r̄oxíθo] *adj.* reddish.

rojo, -ja [r̄óxo] *adj.* **1.** red. || *s. m.* **2.** (color) red.

rollizo, -za [r̄oλíθo] *adj.* plump; chubby.

rollo [r̄óλo] *s. m.* **1.** roll. **2.** (de papel) scroll. **3.** (fotográfica) film. **4.** *fig. y fam.* (aburrimiento) bore. || **~ de primavera** *Gastr.* (comida china) spring roll.

romance [r̄ománθe] *adj.* **1.** *Ling.* Romance. || *s. m.* **2.** (aventura amorosa) romance.

románico, -ca [r̄omániko] *adj. y s. m.* **1.** *Arq.* Romanesque. **2.** *Ling.* (lengua) Romance.

romántico, -ca [r̄omántiko] *adj.* (sentimental) romantic.

rombo [r̄ómbo] *s. m.* **1.** *Mat.* rhombus. **2.** (naipes) diamond.

romería [r̄omería] *s. f., Rel.* (peregrinaje) pilgrimage; procession.

romero [r̄oméro] *s. m., Bot.* rosemary.

romo, -ma [r̄ómo] *adj.* **1.** (obtuso) blunt. **2.** *fig.* dull.

rompecabezas [r̄ompekaβéθas] *s. m. inv.* **1.** puzzle. **2.** *fig.* (problema) riddle.

rompeolas [r̄ompeólas] *s. m. inv.* breakwater; jetty.

romper [r̄ompér] *v. tr.* **1.** to break. **2.** (tela, papel) to tear. **3.** (en pedazos) to smash. || *v. intr.* **4.** (olas, acabar) to break. || **romperse** *v. prnl.* **5.** to break. **6.** (hacerse añicos) to smash.

ron [r̄ón] *s. m.* rum.

roncar [r̄oŋkár] *v. intr.* to snore.

ronco, -ca [r̄óŋko] *adj.* (afónico) hoarse.

ronda [r̄ónda] *s. f.* **1.** round. **2.** *Mil.* patrol.

rondalla [r̄ondáλa] *s. f., Mús.* group of serenaders.

rondar [r̄ondár] *v. tr.* **1.** (vigilar) to patrol. **2.** (a una persona) to hang around. || *v. intr.* **3.** (dar una serenata) to serenade. **4.** *fig.* (merodear) to prowl (round).

ronquera [r̄oŋkéra] *s. f.* hoarseness.

ronquido [r̄oŋkíðo] *s. m.* snore; snoring.

ronronear [r̄onr̄oneár] *v. intr.* to purr.

roña [r̄óɲa] *s. f.* **1.** (porquería) dirt; filth. **2.** *Vet.* (sarna) mange.

roñica [r̄oɲíka] *s. m. y f.* skinflint.

roñoso, -sa [r̄oɲóso] *adj.* **1.** (tacaño) stingy. **2.** (sucio) dirty.

ropa [r̄ópa] *s. m.* clothes *pl.*; clothing. || **~ blanca** linen. **~ interior** underwear. **~ sucia** laundry.

ropero [r̄opéro] *s. m.* wardrobe.

rosa [r̄ósa] *s. f.* **1.** *Bot.* (flor) rose. || *s. m.* **2.** (color) pink.

rosal [r̄osál] *s. m.* **1.** (árbol) rosetree. **2.** *Bot.* (arbusto) rosebush; rose.

rosario [r̄osárjo] *s. m., Rel.* rosary. || **rezar el ~** *Rel.* to say the rosary.

rosca [r̄óska] *s. f.* **1.** (espiral) coil; spiral. **2.** *Gastr.* (bollo) ring-shaped roll.

rosco [r̄ósko] *s. m.* **1.** *Gastr.* (panecillo) roll (in a ring shape). **2.** *col.* (en las puntuaciones escolares) zero.

roscón [r̄oskón] *s. m., Gastr.* large ring-shaped bun. || **~ de Reyes** *Gastr.* (dulce) Epiphany's large bun.

rosetón [r̄osetón] *s. m., Arq.* (ventana) rose window; rosette.

rosquilla [r̄oskíλa] *s. f.* kind of donut.

rostro [r̄óstro] *s. m.* **1.** *Anat.* (cara) face. **2.** *fig.* (descaro) cheek.

rotación [r̄otaθjón] *s. f.* rotation.

roto, -ta [r̄óto] *adj.* **1.** broken. **2.** (papel, tela) torn. || *s. m.* **3.** (agujero) hole.

rotonda [r̄otónda] *s. f.* traffic circle *Am. E.*; roundabout *Br. E.*

rotulador [r̄otulaðór] *s. m.* felt-tip pen; marker.

rótulo [r̄ótulo] *s. m.* **1.** (título) title. **2.** (etiqueta) label.

rotundo, -da [r̄otúndo] *adj.* (categórico) categorical.

rotura [r̄otúra] *s. f.* **1.** (rompimiento) breaking. **2.** *Med.* fracture.

roturar [r̄oturár] *v. tr.* to plow up.

roulotte [r̄ulót] *s. f.* (caravana) trailer *Am. E.;* caravan *Br. E.*

rozadura [r̄oθaðúra] *s. f.* **1.** (fricción) friction. **2.** (herida) graze.

rozamiento [r̄oθamjénto] *s. m.* friction.

rozar [r̄oθár] *v. tr.* **1.** (tocar) to touch. **2.** (frotar) to rub.

rubeola [r̄uβéola] *s. f., Med.* (enfermedad) German measles; rubella.

rubí [r̄uβí] *s. m., Miner.* ruby.

rubio, -bia [r̄úβjo] *adj.* fair-haired.

rubor [r̄uβór] *s. m.* blush; flush.

ruborizar [r̄uβoriθár] *v. tr.* **1.** to blush; to flush. || **ruborizarse** *v. prnl.* **2.** (ponerse rojo) to blush; to flush.

rudeza [r̄uðéθa] *s. f.* (brusquedad) roughness; coarseness.

rudimento [r̄uðiménto] *s. m.* rudiment.

rudo, -da [r̄úðo] *adj.* **1.** (tosco) rough; coarse. **2.** (necio) dull. **3.** (grosero) rude.

rueda [r̄wéða] *s. f.* wheel. || **~ de molino** millstone.

ruedo [r̄wéðo] *s. m., Taur.* bullring.

ruego [r̄wéɣo] *s. m.* request.

rufián [r̄ufján] *s. m.* **1.** (granuja) rogue. **2.** (chulo) pimp.

rugby [r̄úgβi] *s. m., Dep.* rugby.

rugido [r̄uɣíðo] *s. m.* roar.

rugir [r̄uxír] *v. intr.* to roar.

rugoso [r̄uɣóso] *adj.* rough.

ruido [r̄wíðo] *s. m.* **1.** noise. **2.** (sonido) sound. **3.** *fig.* (alboroto) din.

ruidoso [r̄wiðóso] *adj.* noisy; loud.

ruin [r̄wín] *adj.* **1.** (vil) vile; base. **2.** (enclenque) puny. **3.** (tacaño) mean.

ruina [r̄wína] *s. f.* **1.** ruin. **2.** *fig.* (persona) downfall. || **ruinas** *s. f. pl.* **3.** *Arq.* (restos) ruins.

ruiseñor [r̄wiseɲór] *s. m., Zool.* (pájaro) nightingale.

ruleta [r̄uléta] *s. f.* roulette. || **~ rusa** Russian roulette.

rulo [r̄úlo] *s. m.* roller.

rumba [r̄úmba] *s. f., Mús.* rumba.

rumbo [r̄úmbo] *s. m.* (dirección) direction; course. || **con ~ a** bound for. **sin ~** aimless.

rumiante [r̄umjánte] *adj.* **1.** *Zool.* ruminant. || *s. m.* **2.** *Zool.* ruminant.

rumiar [r̄umjár] *v. tr.* **1.** (masticar) to chew. **2.** *fig.* (reflexionar) to ruminate.

rumor [r̄umór] *s. m.* **1.** (chisme) rumor. **2.** (murmullo) murmur.

rumorearse [r̄umoreárse] *v. prnl.* to be rumored [Se rumorea que se va a casar. *It is rumoured that she is getting married.*]

rupestre [r̄upéstre] *adj.* **1.** (planta) rock. **2.** (pinturas) cave.

ruptura [r̄uptúra] *s. f.* rupture.

rural [r̄urál] *adj.* rural; country.

rústico, -ca [r̄ústiko] *adj.* **1.** rustic. **2.** *fig.* (tosco) rude. || *s. m. y f.* **3.** peasant.

ruta [r̄úta] *s. f.* route; way.

rutina [r̄utína] *s. f.* **1.** routine. **2.** (hábito) habit. || **salir de la ~** to get out of the rut.

S

s [ése] *s. f.* (letra) s.

sábado [sáβaðo] *s. m.* Saturday.

sabana [saβána] *s. f., Geogr.* savanna.

sábana [sáβana] *s. f.* sheet.

sabañón [saβaɲón] *s. m., Med.* chilblain.

saber¹ [saβér] *s. m.* knowledge; learning.

saber² [saβér] *v. tr.* **1.** to know. **2.** (ser hábil) to be able to; to know how. **3.** (enterarse) to learn. ‖ **hacer ~** to inform.

sabiduría [saβiðuɾía] *s. f.* wisdom.

sabio, -bia [sáβjo] *adj.* **1.** wise. ‖ *s. m. y f.* **2.** wise person; sage.

sabiondo, -da [saβjóndo] *s. m. y f.* (resabido) know-it-all.

sable [sáβle] *s. m.* saber.

sabor [saβór] *s. m.* flavor; taste.

saborear [saβoreár] *v. tr.* **1.** to savor. **2.** *fig.* (deleitar) to relish.

sabotaje [saβotáχe] *s. m.* sabotage.

sabroso, -sa [saβróso] *adj.* **1.** (apetitoso) tasty. **2.** *fig.* (cotilleo) spicy.

sabueso [saβwéso] *s. m.* **1.** *Zool.* bloodhound. **2.** *fig.* (detective) sleuth.

saca [sáka] *s. f.* sack.

sacacorchos [sakakórtʃos] *s. m. inv.* corkscrew.

sacamuelas [sakamwélas] *s. m. y f. inv., fam.* (dentista) dentist.

sacar [sakár] *v. tr.* **1.** to take out. **2.** (obtener) to get. **3.** (conclusiones) to reach; to draw. **4.** (quitar) to remove. **5.** (a la luz) to show. **6.** (publicar) to publish.

sacarina [sakaɾína] *s. f.* saccharin.

sacerdote [saθerðóte] *s. m.* priest. ‖ **hacerse ~** to enter the priesthood.

saciar [saθjár] *v. tr.* **1.** to satiate. **2.** *fig.* (satisfacer deseos) to satisfy.

saco [sáko] *s. m.* sack; bag.

sacramento [sakraménto] *s. m., Rel.* sacrament.

sacrificar [sakrifikár] *v. tr.* **1.** (inmolar) to sacrifice. **2.** *fig.* (animal) to slaughter.

sacrificio [sakrifíθjo] *s. m.* sacrifice.

sacrilegio [sakriléχjo] *s. m.* sacrilege.

sacristán [sakristán] *s. m., Rel.* verger; sexton.

sacudida [sakuðíða] *s. f.* **1.** shaking; shake. **2.** (espasmo) jolt.

sacudir [sakuðír] *v. tr.* **1.** to shake. **2.** (golpear) to beat. **3.** *fig.* (conmover) to shock. ‖ **sacudirse** *v. prnl.* **4.** (quitarse) to shake off.

saeta [saéta] *s. f.* **1.** (dardo) dart. **2.** (flecha) arrow. **3.** *Mús.* flamenco Easter song.

safari [safári] *s. m.* **1.** safari. **2.** (zoo) safari park. ‖ **de ~** on safari.

sagacidad [saɣaθiðáð] *s. f.* sagacity.

sagaz [saɣáθ] *adj.* **1.** (astuto) astute; shrewd. **2.** (listo) clever.

Sagitario [saχitárjo] *n. p., Astrol.* (signo zodiacal) Sagittarius.

sagrado, -da [saɣráðo] *adj., Rel.* (santo) holy; sacred.

sagrario [saɣrárjo] *s. m.* **1.** *Rel.* tabernacle. **2.** (capilla) side chappel.

sal [sál] *s. f.* **1.** salt. **2.** *fig.* (gracia) grace. ‖ **sales de baño** bath salt.

sala [sála] *s. f.* **1.** room. **2.** (para conferencias) hall. **3.** (de estar) sitting room. ‖ **~ de conferencias** lecture hall. **~ de espera** waiting room.

salado, -da [saláðo] *adj.* **1.** (con sal) salted. **2.** (con mucha sal) salty. **3.** *fig.* (con gracia) graceful.

salamandra [salamándra] *s. f., Zool.* salamander.

salar [salár] *v. tr.* to salt.

salario [salárjo] *s. m.* wage; salary. ‖ **~ mínimo** minimum wage.

salazón [salaθón] *s. m.* salting.

salchicha [salt∫it∫a] *s. f., Gastr.* sausage.

salchichón [salt∫it∫ón] *s. m., Gastr.* (similar al salami) seasoned sausage .

saldar [saldár] *v. tr.* **1.** to settle; to pay. **2.** *fig.* (un asunto) to resolve.

saldo [sáldo] *s. m.* **1.** *Econ.* (en cuenta) balance. **2.** (de una deuda) settlement; liquidation.

salero [saléro] *s. m.* **1.** salt shaker *Am. E.;* saltcellar *Br. E.* **2.** *fig. y fam.*(gracia) charm; grace. **3.** *fig. y fam.* (ingenio) wit.

saleroso, -sa [saleróso] *adj.* **1.** *fig. y fam.* (animado) lively. **2.** *fig. y fam.*(ingenioso) witty. **3.** (agradable) charming.

salida [salída] *s. f.* **1.** (partida) departure. **2.** (de un lugar) exit; way out. **3.** *Dep.* start. **4.** *fig. y fam.* (ocurrencia) sally.

saliente [saljénte] *adj.* **1.** prominent. **2.** *fig.* outstanding. || *s. m.* **3.** (de un edificio) projection.

salina [salína] *s. f.* **1.** (mina) salt mine. **2.** (marisma) salt marsh.

salir [salír] *v. intr.* **1.** (personas) to go out. **2.** (transportes) to leave. **3.** (aparecer) to appear. **4.** (sol, luna) to rise. **5.** (una publicación) to come out. || **salirse** *v. prnl.* **6.** (líquido, gas) to leak. || ~ **a pasear** to go for a walk.

saliva [salíβa] *s. f.* saliva; spittle.

salmo [sálmo] *s. m., Rel.* psalm.

salmón [salmón] *adj.* **1.** (color) salmon. || *s. m.* **2.** *Zool.* (pez) salmon.

salmuera [salmwéra] *s. f., Gastr.* brine.

salobre [salóβre] *adj.* **1.** (agua) brackish. **2.** (gusto) briny.

salón [salón] *s. m.* (en una casa) setting room; parlor *Am. E.;* lounge *Br. E.* || ~ **de actos** auditorium *Am. E.* ~ **de belleza** beauty parlor.

salpicar [salpikár] *v. tr.* **1.** to splash. **2.** (esparcir) to spatter.

salsa [sálsa] *s. f.* **1.** *Gastr.* sauce. **2.** (para carne) gravy. **3.** *fig.* spice.

saltamontes [saltamóntes] *s. m. inv., Zool.* grasshopper.

saltar [saltár] *v. intr.* **1.** to jump. **2.** *fig.* (espetar) to blow up. || *v. tr.* **3.** (obstáculos) to jump (over); to leap (over). || **saltarse** *v. prnl.* **4.** (clases) to skip.

saltarín, -rina [saltarín] *adj.* **1.** leaping. || *s. m. y f.* **2.** (alocado) madcap.

salteador [salteaðór] *s. m.* highwayman.

saltear [salteár] *v. tr.* **1.** (asaltar) to hold up. **2.** *Gastr.* to sauté.

salto [sálto] *s. m.* jump; leap.

salubre [salúβre] *adj.* healthy.

salud [salúð] *s. f., Med.* health. || **a la ~ de** (brindis) here's to. **tener ~** *Med.* to thrive.

saludable [saluðáβle] *adj.* healthy.

saludar [saluðár] *v. tr.* **1.** (decir hola) to greet. **2.** *Mil.* to salute.

saludo [salúðo] *s. m.* **1.** (ademán) greeting. **2.** *Mil.* salute.

salva [sálβa] *s. f., Mil.* salvo; gun salute. || ~ **de aplausos** burst of aplause.

salvación [salβaθjón] *s. f.* **1.** salvation. **2.** (rescate) rescue.

salvado [salβáðo] *s. m., Bot.* bran.

salvador, -dora [salβaðór] *adj.* **1.** saving. || *s. m. y f.* **2.** savior.

salvadoreño, -ña [salβaðoréɲo] *adj. y s. m. y f.* Salvadoran; Salvadorian.

salvajada [salβaxáða] *s. f.* savagery.

salvaje [salβáxe] *adj.* **1.** (animal, planta) wild. **2.** (tribu) savage; uncivilized. || *s. m. y f.* **3.** (primitivo) savage.

salvamanteles [salβamantéles] *s. m. inv.* table mat.

salvamento [salβaménto] *s. m.* (rescate) rescue; salvage.

salvar [salβár] *v. tr.* **1.** to save; to rescue. **2.** (dificultad) to overcome. ‖ **salvarse** *v. prnl.* **3.** (de un peligro) to escape.

salvavidas [salβaβiðas] *s. m. inv.* life-belt. ‖ **chaleco ~** life jacket.

salvo, -va [sálβo] *adj.* (ileso) safe; un-hurt. ‖ **a ~** safely; safe.

salvo [sálβo] *prep.* except; barring. ‖ **~ que** unless [Iremos a la playa salvo que llueva. *Unless it rains, we'll go to the beach.*]

salvoconducto [salβokondúkto] *s. m.* (pase) safe-conduct.

samba [sámba] *s. f.*, Mús. (baile) samba.

san [sán] *adj.* saint. •Apócope de "santo"

sanar [sanár] *v. tr.* **1.** to cure. **2.** (herida) to heal. ‖ *v. intr.* **3.** to recover.

sanatorio [sanatórjo] *s. m.* sanatorium.

sanción [sanθjón] *s. f.* sanction.

sancionar [sanθjonár] *v. tr.* to sanction.

sandalia [sandálja] *s. f.* sandal.

sandez [sandéθ] *s. f.* **1.** (dicho) non-sense. **2.** (hecho) stupid thing.

sandía [sandía] *s. f.*, Bot. watermelon.

sándwich [sángwitʃ] *s. m.*, Gastr. (em-paredado) sandwich.

saneamiento [saneamjénto] *s. m.* sani-tation; disinfection.

sanear [saneár] *v. tr.* **1.** to clean up. **2.** *fig.* (arreglar) to reorganize.

sangrar [saŋgrár] *v. tr.*, Med. to bleed.

sangre [sáŋgre] *s. f.* blood. ‖ **a ~ fría** *fig.* in cold blood. **análisis de ~** Med. blo-od test. **donar ~** to give blood.

sangría [saŋgría] *s. f.* **1.** Med. bleeding. **2.** (bebida) sangria (red wine and fruit).

sangriento, -ta [saŋgrjénto] *adj.* bloody.

sanguinario, -ria [saŋginárjo] *adj.* bloodthirsty.

sanguíneo, -nea [saŋgíneo] *adj.*, Med. sanguine; blood.

sanidad [saniðáð] *s. f.* **1.** sanitation. **2.** (calidad de sano) health.

sanitario, -ria [sanitárjo] *adj.* **1.** sani-tary. ‖ *s. m. y f.* **2.** health worker.

sano, -na [sáno] *adj.* healthy. ‖ **~ y sal-vo** safe and sound.

santidad [santiðáð] *s. f.*, Rel. sanctity; holi-ness. ‖ **Su Santidad** His Holiness.

santificar [santifikár] *v. tr.*, Rel. (beatifi-car) to sanctify; to make holy.

santiguarse [santiɣwárse] *v. prnl.*, Rel. to make the sign of the cross.

santo, -ta [sánto] *adj.* **1.** Rel. holy; sac-red. ‖ *s. m. y f.* **2.** saint. ‖ **~ y seña** (con-traseña) password.

santuario [santuárjo] *s. m.*, Rel. (templo) sanctuary; shrine.

saña [sáɲa] *s. f.* **1.** (rabia) rage. **2.** (cruel-dad) cruelty.

sapo [sápo] *s. m.*, Zool. toad.

saque [sáke] *s. m.* **1.** Dep. (tenis) serve; service. **2.** (fútbol) kickoff.

saquear [sakeár] *v. tr.* (asaltar) to sack; to plunder.

saqueo [sakéo] *s. m.* (asalto) sacking; plundering.

sarampión [sarampjón] *s. m.*, Med. (en-fermedad) measles *pl.*

sarcasmo [sarkásmo] *s. m.* sarcasm.

sarcástico [sarkástiko] *adj.* sarcastic.

sarcófago [sarkófaɣo] *s. m.* (ataúd) sar-cophagus.

sardana [sarðána] *s. f.*, Mús. (baile) Cata-lonian folk dance.

sardina [sarðína] *s. f.*, Zool. (pez) sardine.

sargento [sarɣénto] *s. m.*, Mil. sergeant.

sarna [sárna] *s. f.* **1.** (picor) itch. **2.** Med. scabies *sing.* **3.** Zool. mange.

sarta [sárta] *s. f.* string. ‖ **~ de mentiras** *fig.* string of lies.

sartén [sartén] *s. f.* fry pan *Am. E.;* frying pan *Br. E.*

sastre [sástre] *s. m.* tailor.

sastrería [sastrería] *s. f.* **1.** (oficio) tailoring. **2.** (tienda) tailor's (shop).

satélite [satélite] *s. m.* satellite.

satén [satén] *s. m.* satin.

sátira [sátira] *s. f., Lit.* satire; skit.

satírico [satíriko] *adj.* satirical.

sátiro [sátiro] *s. m., Mit.* satyr.

satisfacción [satisfakθjón] *s. f.* (contento, orgullo) satisfaction.

satisfacer [satisfaθér] *v. tr. e intr.* to satisfy.

satisfecho, -cha [satisfétʃo] *adj.* satisfied; pleased. ‖ **me doy por ~** that's good enough for me.

saturar [saturár] *v. tr.* to saturate.

sauce [sáwθe] *s. m., Bot.* willow. ‖ **~ llorón** *Bot.* weeping willow.

sauna [sáwna] *s. f.* sauna.

savia [sáβja] *s. f., Bot.* sap.

saxofón [saɣsofón] *s. m., Mús.* (instrumento) saxophone.

sazón [saθón] *s. f.* **1.** (madurez) ripeness. **2.** (época) season.

sazonar [saθonár] *v. tr.* **1.** *Gastr.* to season; to flavor. **2.** (madurar) to ripen.

se [sé] *pron. pers. refl.* **1.** (él) himself. **2.** (ella) herself. **3.** (cosa, animal) itself. **4.** (usted) yourself. **5.** (impersonal) oneself. **6.** (ellos) themselves. **7.** (ustedes) yourselves [¿Se miran al espejo antes de salir de casa? *Do you look at yourselves in the mirror before leaving home?*] ‖ *pron. pers. recípr.* **8.** each other [Se conocieron hace dos semanas. *They met each other two weeks ago.*]

‖ *pron. pers. 3ª sing.* **9.** (impersonal) you [Se puede pagar con tarjeta. *You may pay using your credit card.*]

sebo [séβo] *s. m.* grease; fat.

secador [sekaðór] *s. m.* (de pelo) hairdryer.

secano [sekáno] *s. m., Agr.* dryland.

secar [sekár] *v. tr.* **1.** to dry. ‖ **secarse** *v. prnl.* **2.** to dry. **3.** (marchitarse) to wither.

sección [sekθjón] *s. f.* **1.** section. **2.** *Econ.* department.

seccionar [sekθjonár] *v. tr.* **1.** (fraccionar) to section. **2.** (cortar) to cut; to sever.

seco, -ca [séko] *adj.* **1.** dry. **2.** (fruto) dried. **3.** (delgado) lean.

secretaría [sekretaría] *s. f.* **1.** secretariat. **2.** (oficina) secretary's office.

secretario, -ria [sekretárjo] *s. m. y f.* secretary.

secreto, -ta [sekréto] *adj.* **1.** secret. ‖ *s. m.* **2.** secret. ‖ **mantener algo en ~** to keep something secret. **~ a voces** open secret.

secta [sékta] *s. f.* sect.

sector [sektór] *s. m.* sector.

secuela [sekwéla] *s. f.* (consecuencia) consequence; result.

secuencia [sekwénθja] *s. f.* sequence.

secuestrar [sekwestrár] *v. tr.* **1.** (raptar) to kidnap. **2.** (un avión) to hijack.

secuestro [sekwéstro] *s. m.* **1.** (rapto) kidnapping. **2.** (de un avión) hijack.

secular [sekulár] *adj.* secular.

secundar [sekuṇdár] *v. tr.* (apoyar) to second; to support.

secundario, -ria [sekuṇdárjo] *adj.* (complementario) secondary.

sed [séð] *s. f.* thirst. ‖ **matar la ~** *fig.* to quench one's thirst. **~ de venganza** thirst for vengeance. **tener ~** to be thirsty.

seda [séða] *s. f.* silk.

sedal [seðál] *s. m.* fishing line.

sedante [seðánte] *adj. y s. m.* sedative.

sede [séðe] *s. f.* **1.** (del gobierno) seat. **2.** *Rel.* see. **3.** (de una compañía) head-quarters.

sedentario, -ria [seðentárjo] *adj.* sedentary. ‖ **vida sedentaria** sedentary life.

sedición [seðiθjón] *s. f.* sedition.

sediento, -ta [seðjénto] *adj.* thirsty.

sedimento [seðiménto] *s. m.* sediment.

seducción [seðukθjón] *s. f.* seduction.

seducir [seðuθír] *v. tr.* **1.** (conquistar) to seduce. **2.** (fascinar) to captivate. **3.** (persuadir) to tempt.

seductor, -ra [seðuktór] *adj.* **1.** (conquistador) seductive. **2.** (persuasivo) tempting. ‖ *s. m. y f.* **3.** seducer.

segador, -ra [seɣaðór] *s. m. y f.* (persona) harvester; reaper.

segadora [seɣaðóra] *s. f.* harvester.

segar [seɣár] *v. tr., Agr.* to reap.

seglar [seɣlár] *adj.* **1.** *Rel.* secular. ‖ *s. m.* **2.** *Rel.* (hombre) layman. ‖ *s. f.* **3.** *Rel.* (mujer) laywoman.

segmento [seɣménto] *s. m.* segment.

segregar [seɣreɣár] *v. tr.* to segregate.

seguido, -da [seɣíðo] *adj.* **1.** (continuo) continuous. **2.** (consecutivo) consecutive; successive. **3.** (recto) straight. ‖ *adv.* **4.** (directo) straight on.

seguidor, -dora [seɣiðór] *s. m. y f.* follower; adherent.

seguir [seɣír] *v. tr.* **1.** to follow. **2.** (perseguir) to pursue. **3.** (continuar) to continue. ‖ *v. intr.* **4.** (proseguir) to go on. **5.** (continuar) to continue. ‖ **seguirse** *v. prnl.* **6.** to follow; to ensue.

según [seɣún] *prep.* **1.** according to; on; from; to [Según mi hermana, nos hemos equivocado. *According to my sister we have maken a mistake.*]

segundo, -da [seɣúndo] *adj. num. ord.* **1.** second; two [Ésta es la segunda edición. *This is the second edition.*] ‖ *s. m.* **2.** second [Un minuto tiene sesenta segundos. *One minute has sixty seconds.*]

seguridad [seɣuriðáð] *s. f.* **1.** security. **2.** (física) safety. **3.** (certeza) sureness. ‖ **con toda ~** sure. **medidas de ~** safety measures. **~ social** national insurance.

seguro, -ra [seɣúro] *adj.* **1.** (sin peligro) safe. **2.** (cierto) sure; certain. **3.** (firme) firm. **4.** (con confianza) confident. ‖ *s. m.* **5.** *Econ.* insurance. **6.** (mecanismo) clap. ‖ **estar ~** to be certain.

seis [séjs] *adj. num. card. inv.* (también pron. num. y s. m.) **1.** six. ‖ *adj. num. ord. inv.* (también pron. num.) **2.** sixth; six [¿Has visto el tomo seis de la enciclopedia? *Have you seen the sixth volume of the encyclopedia?*]

seiscientos, -tas [sejsθjéntos] *adj. num. card. inv.* (también pron. num., s. m. y adj. num. ord.) six hundred.

seísmo [séismo] *s. m.* earthquake.

selección [selekθjón] *s. f.* selection.

seleccionar [selekθjonár] *v. tr.* (elegir) to select; to choose.

selecto, -ta [selékto] *adj.* select; choice.

sellar [seʎár] *v. tr.* **1.** to seal. **2.** (pasaporte) to stamp. **3.** (lugar) to close up.

sello [séʎo] *s. m.* **1.** (de correos) stamp. **2.** (precinto) seal.

selva [sélβa] *s. f.* **1.** (bosque) woods *pl.* **2.** (jungla) jungle.

semáforo [semáforo] *s. m.* traffic lights.

semana [semána] *s. f.* week. ‖ **cada dos semanas** biweekly. **entre ~** during the week.

semanal [semanál] *adj.* weekly.

semanario [semanárjo] *adj.* **1.** weekly. ‖ *s. m.* **2.** (publicación) weekly; magazine.

semántica [semántika] *s. f., Ling.* semantics *sing.*

semblante [semblánte] *s. m.* **1.** (cara) face. **2.** *fig.* (aspecto) look.

sembrar [sembrár] *v. tr.* **1.** to sow. **2.** (con semillas) to seed.

semejante [semeχánte] *adj.* **1.** similar. ‖ *s. m.* **2.** (prójimo) fellow man.

semejanza [semeχánθa] *s. f.* **1.** similarity. **2.** (parecido) resemblance; likeness. ‖ **a ~ de** like; as.

semen [sémen] *s. m., Biol.* semen.

semental [semental] *s. m.* **1.** (macho) stud. **2.** (caballo) stallion.

sementera [sementéra] *s. f.* **1.** (tierra) sown field. **2.** (época) sowing season.

semestre [seméstre] *s. m.* semester.

semicírculo [semiθírkulo] *s. m.* (hemiciclo) semicircle.

semifinal [semifinál] *s. f.* semifinal.

semilla [semíʎa] *s. f.* seed.

seminario [seminárjo] *s. m.* **1.** seminar. **2.** *Rel.* (internado) seminary.

semirrecta [semiřékta] *s. f., Mat.* half of a straight line.

senado [senáðo] *s. m., Polít.* senate.

sencillez [senθiʎéθ] *s. f.* simplicity.

sencillo, -lla [senθíʎo] *adj.* **1.** simple; plain. **2.** (natural) artless. **3.** (ingenuo) simple minded. **4.** (billete) single.

senda [sénda] *s. f.* path; track.

sendero [sendéro] *s. m.* path.

sendos, -das [séndos] *adj.* **1.** (cada uno) each. **2.** (ambos) both.

senil [seníl] *adj.* senile.

seno [séno] *s. m.* **1.** (pecho) bosom. **2.** (mama) breast. **3.** (matriz) womb.

sensación [sensaθjón] *s. f.* **1.** sensation. **2.** (sentimiento) feeling; sense.

sensacional [sensaθjonál] *adj.* (extraordinario) sensational.

sensatez [sensatéθ] *s. f.* good sense.

sensato, -ta [sensáto] *adj.* sensible.

sensibilidad [sensiβiliðáð] *s. f.* **1.** sensibility. **2.** (emociones) sensitivity.

sensible [sensíβle] *adj.* **1.** sensitive. **2.** (perceptible) perceptible.

sensitivo, -va [sensitíβo] *adj.* **1.** (sensible) sensitive. **2.** (de los sentidos) sense.

sensual [senswál] *adj.* **1.** sensuous. **2.** (sexual) sensual.

sentado, -da [sentáðo] *adj.* **1.** sitting; seated. **2.** (establecido) established.

sentar [sentár] *v. tr.* **1.** to sit; to seat. **2.** *fig.* (establecer) to set down. ‖ *v. intr.* **3.** (color, ropa) to suit. ‖ **sentarse** *v. prnl.* **4.** to sit; to sit down. ‖ **~ bien** (comida) to agree with.

sentencia [senténθja] *s. f.* **1.** (decisión) judgment. **2.** (aforismo) maxim. **3.** *Der.* (veredicto) sentence.

sentenciar [sentenθjár] *v. tr.* to sentence.

sentido, -da [sentíðo] *adj.* **1.** (sensible) sensitive. ‖ *s. m.* **2.** sense. **3.** (significado) meaning. **4.** (dirección) direction. ‖ **~ común** common sense. **sexto ~** sixth sense. **tener ~** to make sense.

sentimental [sentimentál] *adj.* sentimental. ‖ **valor ~** sentimental value.

sentimiento [sentimjénto] *s. m.* **1.** feeling. **2.** (dolor) sorrow; grief.

sentir[1] [sentír] *s. m.* **1.** (sentimiento) feeling. **2.** (opinión) opinion; judgment.

sentir[2] [sentír] *v. tr.* **1.** to feel. **2.** (lamentar) to regret. **3.** (oír) to hear ‖ *v. intr.* **4.** (lamentarse) to feel sorry for; to regret. ‖ **sentirse** *v. prnl.* **5.** to feel; to be.

seña [séɲa] *s. f.* **1.** sign. ‖ **señas** *s. f. pl.* **2.** address *sing.* ‖ **hacer señas** to signal.

señal [seɲál] *s. f.* **1.** sign. **2.** (indicio) indication. **3.** (gesto) signal. **4.** (marca) mark. **5.** (cicatriz) scar.

señalar [seɲalár] *v. tr.* **1.** to mark. **2.** (indicar) to point out. **3.** (significar) to denote. ‖ **señalarse** *v. prnl.* **4.** (distinguirse) to distinguish oneself.

señalizar [seɲaliθár] *v. tr.* to signpost (se usa más en pasiva).

señor, -ra [seɲór] *s. m.* **1.** (caballero) gentleman. **2.** (amo) master; owner. **3.** (cortesía) Mr. **4.** (respeto) sir. ‖ **señora** *s. f.* **5.** (dama) lady. **6.** (dueña) mistress. **7.** (cortesía) Mrs. **8.** (respeto) madam. **9.** (esposa) wife.

señorito [seɲoríto] *s. m.* **1.** *desp.* (hijo del amo) master. **2.** *desp.* (niño rico) rich young boy; rich kid. ‖ **señorita** *s. f.* **3.** (respeto) Miss.

separación [separaθjón] *s. f.* separation.

separar [separár] *v. tr.* **1.** to separate. **2.** (destituir) to dismiss. **3.** *Tecnol.* to detach. ‖ **separarse** *v. prnl.* **4.** to separate. **5.** (desprenderse) to come off.

sepia [sépja] *s. f.* **1.** *Zool.* sepia; cuttlefisth. **2.** (color) sepia.

septentrional [septentrjonál] *adj.* (del norte) northern.

septiembre [septjémbre] *s. m.* (mes del año) September.

séptimo, -ma [séptimo] *adj. num. ord.* (también pron. num.) **1.** seventh; seven [Éste es su séptimo mandato. *This is his seventh term in office.*] ‖ *adj. num. fracc.* (también s. m. y f.) **2.** seventh [Te doy la séptima parte del dinero. *I give you one seventh of the money.*]

sepulcro [sepúlkro] *s. m.* tomb; grave.

sepultar [sepultár] *v. tr.* to bury.

sepultura [sepultúra] *s. f.* tomb; grave.

sepulturero [sepulturéro] *s. m.* (enterrador) gravedigger.

sequedad [sekeðáð] *s. f.* **1.** (aridez) dryness. **2.** *fig.* (brusquedad) curtness.

sequía [sekía] *s. f.* drought.

séquito [sékito] *s. m.* **1.** (de un rey) retinue; entourage. **2.** *Polít.* followers *pl.*

ser¹ [sér] *s. m.* being.

ser² [sér] *v. intr.* (origen, nacionalidad, profesión, etc.) to be. ‖ **a no ~ por** but for. **a no ~ que** unless.

serenar [serenár] *v. tr.* **1.** to calm. ‖ **serenarse** *v. prnl.* **2.** (calmarse) to calm down. **3.** (el tiempo) to clear up.

serenata [serenáta] *s. f., Mús.* serenade. ‖ **dar una ~** *Mús.* (rondar) serenade.

serenidad [sereniðáð] *s. f.* serenity; calm.

sereno, -na [seréno] *adj.* **1.** (persona) serene; calm. **2.** *Meteor.* (cielo) clear. ‖ *s. m.* **3.** (vigilante) night watchman.

serie [sérje] *s. f.* **1.** series. **2.** (cadena) sequence. ‖ **en ~** *Inform.* serial.

seriedad [serjeðáð] *s. f.* seriousness.

serio, -ria [sérjo] *adj.* serious.

sermón [sermón] *s. m., Rel.* sermon.

serpentear [serpenteár] *v. intr.* (camino, río) to wind.

serpentina [serpentína] *s. f.* streamer.

serpiente [serpjénte] *s. f., Zool.* snake.

serrano, -na [seráno] *adj.* highland; mountain.

serrar [serár] *v. tr.* to saw.

serrín [serín] *s. m.* sawdust.

serrucho [serútʃo] *s. m.* handsaw.

servicial [serβiθjál] *adj.* (cumplidor) accommodating; obliging.

servicio [serβíθjo] *s. m.* **1.** service. **2.** (retrete) toilet. **3.** (juego) set.

servidor, -ra [serβiðór] *s. m. y f.* (sirviente) servant.

servidumbre [serβiðúmbre] *s. f.* **1.** (esclavitud) servitude. **2.** (sirvientes) servants *pl.;* staff *pl.*

servil [serβíl] *adj.* servile.

servilleta [serβiʎéta] *s. f.* napkin; serviette.

servir [serβír] *v. tr.* **1.** to serve. ‖ *v. intr.* **2.** to serve. **3.** (ser útil) to be useful. ‖ **servirse** *v. prnl.* **4.** (comida) to help oneself. ‖ **servirse de** to use.

sesenta [sesénta] *adj. num. card. inv.* (también pron. num. y s. m.) **1.** sixty. ‖ *adj. num. ord. inv.* (también pron. num.) **2.** sixty; sixtieth [La página sesenta no tiene nada escrito. *There is nothing written on page sixty.*]

sesgar [sesɣár] *v. tr.* to slant.

sesgo [sésɣo] *s. m.* slant; bias.

sesión [sesjón] *s. f.* **1.** session. **2.** (fotográfica) sitting.‖ ~ **de tarde** matinée.

seso [séso] *s. m.* **1.** *Anat.* (cerebro) brain. **2.** *fig.* intelligence. ‖ **sesos** *s. m. pl.* **3.** *Gastr.* brains.

seta [séta] *s. f., Bot.* mushroom.

setecientos, -tas [seteθjéntos] *adj. num. card. inv.* (también pron. num., s. m. y adj. num. ord.) seven hundred.

setenta [seténta] *adj. num. card. inv.* (también pron. y s. m.) **1.** seventy. ‖ *adj. num. ord. inv.* (también pron. num.) **2.** seventieth; seventy [¿Has comprado el número setenta de la revista? *Have you bought the seventieth issue of the magazine?*]

seto [séto] *s. m.* hedge.

seudónimo [sewðónimo] *s. m.* (alias) pseudonym.

severidad [seβeriðáð] *s. f.* **1.** severity. **2.** (rigurosidad) strictness.

severo, -ra [seβéro] *adj.* **1.** severe; stern. **2.** (riguroso) strict. **3.** (estricto) rigid; stringent.

sevillanas [seβiʎánas] *s. f. pl., Mús.* sevillanas (four-part popular dance which originated in Seville.).

sexismo [seɣsísmo] *s. m.* sexism.

sexista [seɣsísta] *adj. y s. m. y f.* sexist.

sexo [séɣso] *s. m.* sex.

sexto, -ta [sésto] *adj. num. ord.* (también pron. num.) **1.** sixth; six [Las mujeres tienen un sexto sentido. *Women have a sexth sense.*] ‖ *adj. num. fracc.* (también s.m. y f.) **2.** sixth [Tocamos a un sexto de tarta. *We get one sixth of the cake.*]

sexual [seɣswál] *adj.* sexual. ‖ **tener relaciones sexuales con alguien** to have sex with somebody.

sexualidad [seɣswaliðáð] *s. f.* sexuality.

sexy [séɣsi] *adj.* sexy.

show [sóu] *s. m.* show.

si¹ [sí] *conj.* **1.** (condicional) if. **2.** (disyuntivo) whether. ‖ **por ~ acaso** just in case. ~ **no** otherwise; or else.

si² [sí] *s. m.* **1.** *Mús.* (nota) B. **2.** *Mús.* (solfeo) ti.

sí¹ [sí] *adv.* **1.** yes. ‖ *s. m.* **2.** yes.

sí² [sí] *pron. pers. refl. 3ª pers.* (detrás de prep) **1.** (él) himself. **2.** (ella) herself. **3.** (cosa, animal) itself. **4.** (ellos) themselves. **5.** (usted) yourself. **6.** (ustedes) yourselves. **7.** (impersonal) oneself [El doctor dijo que es bueno hablar para sí. *The doctor said that it is good to talk to oneself.*]

sida o SIDA [síða] *sigla m.* (Síndrome de Inmuno-deficiencia Adquirida) AIDS.

siderurgia [siðerúrχja] *s. f.* (industria) iron and steel industry.

sidra [síðra] *s. f.* (bebida) cider.

siega [sjéɣa] *s. f.* **1.** *Agr.* (acción) reaping. **2.** *Agr.* (temporada) harvest.

siembra [sjémbra] *s. f.*, *Agr.* sowing.

siempre [sjémpre] *adv. t.* **1.** always; forever [He always drinks water. *Siempre bebe agua.*] **2.** (en todo caso) always [Si no hay plazas de avión, siempre podemos ir en autobús. *If there aren't any plane tickets, we can always go by bus.*] ‖ **como ~** as usual; as ever. **de ~** usual [Ésa es la discusión de siempre. *That is the usual discussion.*] **para ~** forever; for good. **para ~ jamás** for evermore. **por ~ jamás** forever and ever. **~ que** (+ subj) provided (that) [Iré a tu fiesta, siempre que no llueva. *I will go to your party, provided that it doesn't rain.*] (cada vez que) whenever [Siempre que oigo esta canción, me acuerdo de ti. *Whenever I hear this song, I remember you.*] **~ y cuando** provided (that) [Sonreiré, siempre y cuando no me hables. *I will smile, provided you don't talk to me.*]

sien [sjén] *s. f.*, *Anat.* temple.

sierra [sjéɾa] *s. f.* **1.** *Tecnol.* saw. **2.** *Geogr.* mountain range.

siervo, -va [sjéɾβo] *s. m. y f.* slave.

siesta [sjésta] *s. f.* siesta; nap. ‖ **dormir la ~** to nap.

siete [sjéte] *adj. num. card. inv.* (también pron. num. y s. m.) **1.** seven. ‖ *adj. num. ord. inv.* (también pron. num.) **2.** seven; seventh [Mira la fotografía de la página siete. *Look at the picture on page seven.*]

sigilo [sixílo] *s. m.* **1.** (cautela) stealth. **2.** (secreto) secrecy.

sigla [síɣla] *s. f.* abbreviation.

siglo [síɣlo] *s. m.* century.

signatura [signatúra] *s. f.* **1.** signature. **2.** (en bibliotecas) catalog number.

significación [signifikaθjón] *s. f.* **1.** (sentido) meaning. **2.** (importancia) significance.

significado [signifikáðo] *s. m.* meaning.

significar [signifikár] *v. tr.* to mean.

signo [sígno] *s. m.* **1.** sign. **2.** *Ling.* mark.

siguiente [sixjénte] *adj.* (posterior) following; next.

sílaba [sílaβa] *s. f.*, *Ling.* syllable.

silbar [silβár] *v. intr.* **1.** to whistle. **2.** (con un silbato) to blow. **3.** *fig.* (abuchear) to hiss; to boo.

silbato [silβáto] *s. m.* whistle.

silbido [silβíðo] *s. m.* **1.** whistle. **2.** (abucheo) hiss.

silencio [siléŋθjo] *s. m.* silence.

silencioso [sileŋθjóso] *adj.* silent; quiet.

silla [síʎa] *s. f.* chair. ‖ **~ de montar** *Equit.* saddle.

sillín [siʎín] *s. m.* (of bicycle) saddle.

sillón [siʎón] *s. m.* armchair; easy chair.

silueta [silwéta] *s. f.* **1.** (contorno) silhouette. **2.** (figura) figure.

silvestre [silβéstre] *adj.* wild.

sima [síma] *s. f.*, *Geogr.* (abismo) chasm.

simbólico [simbóliko] *adj.* symbolic; symbolical.

simbolizar [simboliθár] *v. tr.* to symbolize.

símbolo [símbolo] *s. m.* symbol.

simetría [simetría] *s. f.* symmetry.

similar [similár] *adj.* similar.

simio [símjo] *s. m.*, *Zool.* ape.

simpatía [simpatía] *s. f.* (agrado) liking.

simpático, -ca [simpátiko] *adj.* (agradable) nice; pleasant.

simpatizar [simpatiθár] *v. intr.* (llevarse bien) to get on well.

simple [símple] *adj.* **1.** simple. ‖ *s. m. y f.*
2. *fig.* (persona) simpleton.

simplicidad [simpliθiðáð] *s. f.* (sencillez) simplicity.

simplificar [simplifikár] *v. tr.* (facilitar)
to simplify.

simulacro [simulákro] *s. m.* (simula-
ción) sham; pretense.

simular [simulár] *v. tr.* **1.** to simulate.
2. (fingir) to feign.

simultáneo, -a [simultáneo] *adj.* (coincidente) simultaneous.

sin [sín] *prep.* without [Siempre sale sin
dinero. *He always goes out without any
money.*]

sinagoga [sinaɣóɣa] *s. f.*, *Rel.* (iglesia de
los judíos) synagogue.

sinceridad [sinθeriðáð] *s. f.* (franqueza)
sincerity; frankness.

sincero, -ra [sinθéro] *adj.* sincere.

síncope [sínkope] *s. m.* syncope.

sincronía [sinkronía] *s. f.* synchrony.

sincronizar [sinkroniθár] *v. tr.* (hacer
coincidir) to synchronize.

sindicato [sindikáto] *s. m.* **1.** (junta) labor union *Am. E.*; trade union *Br. E.* **2.**
Econ. syndicate.

síndrome [síndrome] *s. m.*, *Med.* (síntoma) syndrome.

sinfín [simfín] *s. m.* endless number.

sinfonía [simfonía] *s. f.* symphony.

singular [siŋgulár] *adj.* **1.** *Ling.* singular.
2. (único) unique. **3.** (raro) odd.

siniestro, -tra [sinjéstro] *adj.* **1.** sinister.
‖ *s. m.* **2.** (accidente) accident. **3.** (por
fuerza natural) disaster.

sino¹ [síno] *s. m.* fate; destiny.

sino² [síno] *conj.* but [No quiero a Peter
sino a Paul. *Don't love Peter but Paul.*]
‖ **no sólo... ~ también...** not only... but

also... [No es sólo mi primo sino también
mi amigo. *He is not only my cousin
but also my friend.*]

sinónimo, -ma [sinónimo] *adj.* **1.** *Ling.*
synonymous. ‖ *s. m.* **2.** *Ling.* synonym.

sintagma [sintáɣma] *s. m.*, *Ling.* syntagma.

sintaxis [sintáɣsis] *s. f. inv.*, *Ling.* syntax.

síntesis [síntesis] *s. f. inv.* synthesis.

sintético, -ca [sintétiko] *adj.* (artificial)
synthetic; synthetical.

síntoma [síntoma] *s. m.* **1.** *Med.* symptom. **2.** (señal) indication.

sintonizar [sintoniθár] *v. tr.* to tune in.

sinvergüenza [simberɣwénθa] *adj.*
1. *fam.* (descarado) brazen. ‖ *s. m. y f.*
2. *fam.* scoundrel. **3.** (pícaro) rascal.

siquiera [sikjéra] *adv.* **1.** at least [Cóm-
prale siquiera unos caramelos. *At least
buy him some sweets.*] ‖ *conj.* **2.** even if
[Siquiera ven al fin de semana. *Come,
even if it is only the weekend.*]

sirena [siréna] *s. f.* **1.** (alarma) siren.
2. *Mit.* mermaid.

sirviente [sirβjénte] *s. m. y f.* servant.

sisar [sisár] *v. tr.* to pilfer.

sisear [siseár] *v. tr. e intr.* to hiss.

sistema [sistéma] *s. m.* system.

sistemático [sistemátiko] *adj.* (metódico) systematic; methodical.

sitiar [sitjár] *v. tr.*, *Mil.* (cercar) to surround; to besiege.

sitio¹ [sítjo] *s. m.* **1.** (lugar) place; spot.
2. (espacio) room; space.

sitio² [sítjo] *s. m.*, *Mil.* siege.

situación [sitwaθjón] *s. f.* **1.** situation.
2. (estatus) standing.

situar [situár] *v. tr.* **1.** to place. **2.** (ubicar)
to situate; to locate. ‖ **situarse** *v. prnl.*
3. to be placed.

slip [eslíp] *s. m.* briefs *pl.*

slogan [eslóyan] *s. m., angl.* slogan.

sobaco [soβáko] *s. m., Anat.* armpit.

sobar [soβár] *v. tr.* **1.** to finger. **2.** *vulg.* (manosear) to paw.

soberanía [soβeranía] *s. f.* sovereignty.

soberano, -na [soβeráno] *adj.* **1.** sovereign. **2.** *fig.* supreme. ‖ *s. m. y f.* **3.** (monarca) sovereign.

soberbio, -bia [soβérβjo] *adj.* **1.** (orgulloso) proud. **2.** (arrogante) arrogant. **3.** (magnífico) superb. ‖ **soberbia** *s. f.* **4.** (orgullo) pride. **5.** (arrogancia) arrogance; haughtiness.

sobornar [soβornár] *v. tr.* to bribe.

soborno [soβórno] *s. m.* **1.** (delito) bribery. **2.** (dinero) bribe.

sobra [sóβra] *s. f.* **1.** excess; surplus. ‖ **sobras** *s. f. pl.* **2.** (de comida) scraps.

sobrar [soβrár] *v. tr.* **1.** to exceed; to surpass. ‖ *v. intr.* **2.** (quedar) to remain.

sobrasada [soβrasáða] *s. f., Gastr.* (embutido) spicy pork sausage.

sobre¹ [sóβre] *prep.* **1.** (indicando posición) on; upon; above; over; o'er *poét.* **2.** (acerca de) on; about [Ayer, el presidente escribió sobre ese tema. *Yesterday, the president wrote on that topic.*] **3.** *Econ.* on [Ha pedido una hipoteca sobre su casa. *He has applied for a mortgage over his house.*] ‖ ~ **todo** above all; specially.

sobre² [sóβre] *s. m.* **1.** envelope. **2.** (envase) pack *Am. E.;* sachet *Br. E.*

sobrecarga [soβrekárγa] *s. f.* overload.

sobrecargar [soβrekarγár] *v. tr.* **1.** to overload. **2.** *fig.* (con trabajo, preocupaciones) to overburden.

sobrecoger [soβrekoχér] *v. tr.* **1.** (coger desprevenido) to surprise. ‖ **sobrecogerse** *v. prnl.* **2.** (asustarse) to be scared.

sobredosis [soβreðósis] *s. f. inv.* (de droga) overdose.

sobrehumano, -na [soβrewmáno] *adj.* (sobrenatural) superhuman.

sobrellevar [soβreʎeβár] *v. tr., fig.* (soportar) to bear; to endure.

sobremesa [soβremésa] *s. f.* after-lunch conversation [Hacer sobremesa. *To engage in after-lunch conversation.*]

sobrenatural [soβrenaturál] *adj.* (poderes, energía) supernatural.

sobrepasar [soβrepasár] *v. tr.* (exceder) to exceed; to surpass.

sobresaliente [soβresaljénte] *adj.* **1.** *fig.* outstanding. **2.** *Arq.* projecting.

sobresalir [soβresalír] *v. intr.* **1.** *fig.* (destacar) to outstand. **2.** *Arq.* to project.

sobresaltar [soβresaltár] *v. tr.* **1.** (asustar) to frighten; to startle. ‖ **sobresaltarse** *v. prnl.* **2.** (asustarse) to be startled; to be frightened.

sobresalto [soβresálto] *s. m.* **1.** (susto) fright. **2.** (movimiento) start.

sobrevenir [soβreβenír] *v. intr.* **1.** (ocurrir) to happen. **2.** (resultar) to ensue.

sobrevivir [soβreβiβír] *v. intr.* to survive. ‖ ~ **a** to outlive.

sobriedad [soβrjeðáð] *s. f.* sobriety.

sobrino [soβríno] *s. m.* **1.** nephew. ‖ **sobrina** *s. f.* **2.** niece.

sobrio [sóβrjo] *adj.* **1.** (estilo) sober. **2.** (persona) moderate.

socarrón [sokařón] *adj.* **1.** (sarcástico) sarcastic. **2.** (astuto) sly; cunning.

socavar [sokaβár] *v. tr.* **1.** *Miner.* to dig under. **2.** *fig.* to undermine.

socavón [sokaβón] *s. m.* hole.

sociable [soθjáβle] *adj.* sociable.

social [soθjál] *adj.* social. ‖ **posición** ~ social status.

socialista [soθjalísta] *adj. y s. m. y f.,* *Polít.* socialist.

sociedad [soθjeðáð] *s. f.* **1.** society. **2.** *Econ.* company. ‖ ~ **de consumo** consumer society. ~ **mercantil** trading company.

socio, -cia [sóθjo] *s. m. y f.* **1.** member. **2.** *Econ.* partner. **3.** *fam.* (colega) mate.

socorrer [sokořér] *v. tr.* to help.

socorro [sokóřo] *s. m.* **1.** help. ‖ ¡ ~ ! *interj.* **2.** (¡auxilio!) help!

soez [soéθ] *adj.* rude; crude.

sofá [sofá] *s. m.* sofa; couch. ‖ ~ **cama** sofa bed.

sofisticado [sofistikáðo] *adj.* (refinado) sophisticated.

sofocante [sofokánte] *adj.* suffocating.

sofocar [sofokár] *v. tr.* **1.** (ahogar) to suffocate. **2.** (apagar) to smother. ‖ **sofocarse** *v. prnl.* **3.** (avergonzarse) to get embarrassed.

sofocón [sofokón] *s. m., col.* great grief.

sofrito [sofríto] *s. m., Gastr.* lightly fried onions and tomato.

software [sófrwar] *s. m., Inform.* (soporte lógico) software.

soga [sóɣa] *s. f.* rope.

soja [sóxa] *s. f., Bot.* soy *Am. E.*

sol [sól] *s. m.* **1.** (astro) sun. **2.** (luz del sol) sunshine. ‖ **de ~ a ~** from sunrise to sunset. **salida del ~** sunrise. **tomar el** ~ to sunbathe.

solamente [sólaménte] *adv.* only.

solapa [solápa] *s. f.* **1.** (chaqueta) lapel. **2.** (libro) flap.

solapado, -da [solapáðo] *adj.* sly.

solar¹ [solár] *s. m.* (terreno) lot *Am. E.;* plot *Br. E.*

solar² [solár] *adj.* solar.

soldada [soldáða] *s. f.* pay; wages *pl.*

soldado [soldáðo] *s. m.* soldier. ‖ ~ **de marina** *Mil.* marine.

soldadura [soldaðúra] *s. f.* **1.** (acción) soldering. **2.** (material) solder.

soldar [soldár] *v. tr.* **1.** (metales) to solder; to weld. ‖ **soldarse** *v. prnl.* **2.** *Med.* (huesos) to knit together.

soledad [soleðáð] *s. f.* **1.** (estado) solitude. **2.** (con pesar) loneliness.

solemne [solénne] *adj.* solemn.

solemnidad [solenniðáð] *s. f.* solemnity.

solemnizar [solenniθár] *v. tr., Rel.* (glorificar) to solemnize.

soler [solér] *v. intr.* **1.** (en presente) to be accustomed to. **2.** (en pasado) to use to.

solera [soléra] *s. f., fig.* tradition.

solicitar [soliθitár] *v. tr.* **1.** to ask for; to request. **2.** (un puesto) to apply for.

solicitud [soliθitúð] *s. f.* **1.** application. **2.** (petición) request.

solidaridad [soliðariðáð] *s. f.* solidarity.

solidario, -ria [soliðárjo] *adj.* joint.

solidez [soliðéθ] *s. f.* **1.** solidity. **2.** *fig.* (de un argumento) soundness.

sólido, -da [sóliðo] *adj.* **1.** solid. **2.** *fig.* (firme) firm. ‖ *s. m.* **3.** solid.

solista [solísta] *s. m. y f., Mús.* soloist.

solitario, -ria [solitárjo] *adj.* **1.** (está sólo) solitary. **2.** (se siente sólo) lonely. ‖ *s. m. y f.* **3.** recluse. ‖ *s. m.* **4.** solitaire.

sollozar [soʎoθár] *v. intr.* to sob.

sollozo [soʎóθo] *s. m.* sob.

solo, -la [sólo] *adj.* **1.** (único) single; sole. **2.** (sin compañia) alone. **3.** (solitario) lonely.

sólo [sólo] *adv.* only [Sólo puedo verte el viernes. *I can see you only on Friday.*]

solomillo [solomíʎo] *s. m., Gastr.* (filete) sirloin; filet.

soltar [soltár] *v. tr.* **1.** (desatar) to untie; to loosen. **2.** (dar libertad) to release; to let go of. ‖ **soltarse** *v. prnl.* **3.** (desenvolverse) to become self-confident. **4.** (desatarse) to come loose.

soltero, -ra [soltéro] *adj.* **1.** single; unmarried. ‖ *s. m.* **2.** bachelor. ‖ **soltera** *s. f.* **3.** spinster.

soltura [soltúra] *s. f.* **1.** looseness. **2.** *fig.* (al hablar) fluency.

soluble [solúβle] *adj.* soluble.

solución [soluθjón] *s. f.* **1.** solution.

solucionar [soluθjonár] *v. tr.* **1.** (problema) to solve. **2.** (asunto) to resolve.

solventar [solβentár] *v. tr.* **1.** (gastos) to pay. **2.** (deuda, cuenta) to settle. **3.** (dificultad) to solve.

solvente [solβénte] *adj.* solvent.

sombra [sómbra] *s. f.* **1.** (falta de luz) shade. **2.** (imagen) shadow.

sombrear [sombreár] *v. tr.* to shade.

sombrero [sombréro] *s. m.* hat.

sombrilla [sombríʎa] *s. f.* **1.** (de mano) parasol. **2.** (de playa) sunshade.

sombrío, -a [sombrío] *adj.* **1.** dark. **2.** (oscuro) shady. **3.** *fig.* (persona) gloomy; sullen.

somero, -ra [soméro] *adj.* superficial.

someter [sometér] *v. tr.* **1.** (dominar) to subdue. **2.** (exponer) to subject. ‖ **someterse** *v. prnl.* **3.** to submit.

somier [somjér] *s. m.* spring mattress.

somnífero, -ra [sonnífero] *adj.* **1.** sleep inducing. ‖ *s. m.* **2.** sleeping pill.

somnolencia [sonnolénθja] *s. f.* (amodorramiento) sleepiness; drowsiness.

son [són] *s. m.* sound.

sonajero [sonaχéro] *s. m.* rattle.

sonámbulo, -la [sonámbulo] *s. m. y f.* sleepwalker.

sonar [sonár] *v. intr.* **1.** to sound. **2.** (teléfono, timbre) to ring.

sondear [sondeár] *v. tr.* **1.** (sondar) to sound. **2.** *fig.* to sound out.

sondeo [sondéo] *s. m.* **1.** sounding. **2.** (encuesta) poll.

soneto [sonéto] *s. m., Lit.* sonnet.

sonido [sonído] *s. m.* sound.

sonoro, -ra [sonóro] *adj.* **1.** sonorous. **2.** (resonante) resounding.

sonreír [sonřeír] *v. intr.* to smile.

sonrisa [sonřísa] *s. f.* smile.

sonrojar [sonřoχár] *v. tr.* **1.** to make blush. ‖ **sonrojarse** *v. prnl.* **2.** (ponerse colorado) to blush; to flush.

sonrosado [sonřosáðo] *adj.* rosy; pink.

soñador, -ra [soɲaðór] *s. m. y f.* (iluso) dreamer.

soñar [soɲár] *v. tr.* **1.** to dream. ‖ *v. intr.* **2.** to dream. ‖ ~ **con** to dream of.

soñoliento, -ta [soɲoljénto] *adj.* sleepy.

sopa [sópa] *s. f., Gastr.* soup.

sopapo [sopápo] *s. m., fam.* slap.

sopera [sopéra] *s. f.* tureen.

sopetón [sopetón] *s. m.* slap.

soplador [soplaðór] *s. m.* (glass) blower.

soplar [soplár] *v. intr.* to blow.

soplete [sopléte] *s. m.* blowtorch *Am. E.;* blowlamp *Br. E.*

soplo [sóplo] *s. m.* blow; puff.

soplón, -plona [soplón] *s. m. y f.* **1.** (en el colegio) telltale. **2.** (de la policía) informer; squealer.

sopor [sopór] *s. m.* sleepiness.

soportable [soportáβle] *adj.* bearable.

soportal [soportál] *s. m.* **1.** porch. ‖ **soportales** *s. m. pl.* **2.** arcade *sing.*

soportar [soportár] *v. tr.* **1.** (sostener) to bear; to support. **2.** *fig.* (tolerar) to endure; to bear.

soporte [sopórte] *s. m.* support.

soprano [sopráno] *s. f., Mús.* soprano.

sor [sór] *s. f., Rel.* sister.

sorber [sorβér] *v. tr.* to sip.

sorbo [sórβo] *s. m.* sip.

sordera [sorðéra] *s. f., Med.* deafness.

sordo, -da [sórðo] *adj.* **1.** *Med.* deaf. ‖ *s. m. y f.* **2.** *Med.* deaf person.

sordomudo, -da [sorðomúðo] *adj. y s. m. y f.* deaf-mute.

sorprender [sorprendér] *v. tr.* **1.** to surprise. ‖ **sorprenderse** *v. prnl.* **2.** (asombrarse) to be surprised.

sorprendido [sorprendiðo] *adj.* (asombrado) surprised.

sorpresa [sorprésa] *s. f.* surprise.

sortear [sorteár] *v. tr.* **1.** to draw lots for. **2.** (rifar) to raffle (off). **3.** *fig.* (obstáculos) to avoid; to overcome.

sorteo [sortéo] *s. m.* **1.** draw. **2.** (rifa) raffle.

sortija [sortíχa] *s. f.* (anillo) ring.

sosegado [soseɣáðo] *adj.* **1.** quiet. **2.** (pacífico) peaceful.

sosegar [soseɣár] *v. tr.* **1.** to calm. ‖ **sosegarse** *v. prnl.* **2.** to calm down.

sosería [sosería] *s. f.* **1.** dullness. **2.** (hecho, acción) stupidity.

sosiego [sosjéɣo] *s. m.* calm; quiet.

soso, -sa [sóso] *adj.* **1.** *Gastr.* tasteless. **2.** *fig.* (anodino) dull.

sospecha [sospétʃa] *s. f.* suspicion.

sospechar [sospetʃár] *v. tr.* to suspect.

sospechoso, -sa [sospetʃóso] *adj.* **1.** suspicious. ‖ *s. m. y f.* **2.** suspect.

sostén [sostén] *s. m.* **1.** (apoyo) support. **2.** (alimento) sustenance. **3.** (prenda interior) bra; brassiere.

sostener [sostenér] *v. tr.* **1.** to hold up; to support. **2.** (sujetar) to hold. ‖ **sostenerse** *v. prnl.* **3.** to support oneself.

sota [sóta] *s. f.* (naipes) jack.

sotana [sotána] *s. f., Rel.* (del cura) cassock; soutane.

sótano [sótano] *s. m.* basement; cellar.

souvenir [suβenír] *s. m.* souvenir.

sport [espór] *adj. angl.* (ropa) casual; sports [Van vestidos de sport. *They are casually dressed.*]

spray [espráj] *s. m. angl.* spray.

squash [eskwás] *s. m.angl.Dep.* squash.

stop [estóp] *s. m. angl.* (tráfico) stop sign.

su [sú] *adj. pos. 3ª sing.angl.* **1.** (de él) his. **2.** (de ella) her. **3.** (de ellos) their. **4.** (de cosa, animal) its. **5.** (de usted) your [¿Qué tal está su mujer? *How is your wife?*]

suave [swáβe] *adj.* **1.** soft. **2.** (liso) smooth. **3.** *Meteor.* (temperatura) mild.

suavidad [swaβiðáð] *s. f.* **1.** softness. **2.** (en una superficie) smoothness.

suavizante [swaβiθánte] *s. m.* **1.** (para el pelo) hair conditioner. **2.** (para la ropa) fabric softener.

suavizar [swaβiθár] *v. tr.* **1.** to soften. **2.** (alisar) to smooth.

subalterno [suβaltérno] *adj. y s. m. y f.* (mandado) subordinate; minion.

subasta [suβásta] *s. f.* auction.

subastar [suβastár] *v. tr.* to auction (off).

subcampeón, -ona [subkampeón] *s. m. y f., Dep.* runner-up.

subdesarrollado, -da [subðesaroʎáðo] *adj.* (atrasado) underdeveloped.

súbdito, -ta [súbðito] *adj.* **1.** subject. ‖ *s. m. y f.* **2.** subject.

subida [suβiða] *s. f.* **1.** (ascenso) ascent; climb. **2.** (de precios, temperatura) rise. **3.** (pendiente) slope.

subir [suβír] *v. tr.* **1.** (levantar) to raise; to lift up. **2.** (ascender) to ascend; to climb. **3.** (una cuesta) to go up. ‖ *v. intr.* **4.** (aumentar) to rise.

súbito, -ta [súβito] *adj.* **1.** (repentino) sudden. **2.** (precipitado) hasty.

subjetivo, -va [subχetíβo] *adj.* (parcial) subjective.

subjuntivo [subχuntíβo] *s. m., Ling.* (modo verbal) subjunctive.

sublevación [subleβaθjón] *s. m.* (levantamiento) revolt; rebellion.

sublevar [subleβár] *v. tr.* **1.** to stir up. ‖ **sublevarse** *v. prnl.* **2.** to revolt; to rise.

sublime [sublíme] *adj.* sublime.

submarinismo [submarinísmo] *s. m., Dep.* scuba diving. ‖ **equipo de ~** scuba.

submarino, -na [submaríno] *adj.* **1.** submarine; underwater. ‖ *s. m.* **2.** *Náut.* submarine.

subnormal [subnormál] *adj.* **1.** subnormal; mentally handicapped. **2.** *pey.* (insulto) moronic. ‖ *s. m. y f.* **3.** *Med.* subnormal; mentally handicapped person. **4.** *pey.* (insulto) moron.

subordinado [suβordinádo] *adj.* **1.** *Ling.* subordinate. ‖ *s. m. y f.* **2.** subordinate.

subordinar [suβordinár] *v. tr.* (someter) to subordinate.

subrayar [suβrajár] *v. tr.* to underline.

subsidio [subsídjo] *s. m.* benefit.

subsistencia [subsisténθja] *s. f.* (mantenimiento) subsistence.

subsistir [subsistír] *v. intr.* **1.** to subsist. **2.** (vivir) to exist.

substancia [substánθja] *s. f.* substance.

subsuelo [subswélo] *s. m., Geogr.* subsoil.

subterfugio [subterfúχjo] *s. m.* (excusa) subterfuge.

subterráneo, -a [subteřáneo] *adj.* **1.** underground; subterranean. ‖ *s. m.* **2.** (tunel) subway.

subtítulo [subtítulo] *s. m.* subtitle.

suburbio [suβúrβjo] *s. m.* suburb.

subvencionar [subβenθjonár] *v. tr.* (financiar) to subsidize.

subyugar [subχuvár] *v. tr.* to subjugate.

sucedáneo, -a [suθedáneo] *adj. y s. m.* substitute.

suceder [suθedér] *v. intr.* **1.** (acontecer) to happen; to occur. **2.** (seguir) to follow; to succeed.

sucesión [suθesjón] *s. f.* **1.** succession. **2.** (serie) sequence.

sucesivo, -va [suθesíβo] *adj.* **1.** (siguiente) successive. **2.** (consecutivo) consecutive.

suceso [suθéso] *s. m.* event.

sucesor, -ra [suθesór] *s. m. y f.* successor.

suciedad [suθjedád] *s. f.* **1.** (porquería) dirt. **2.** (estado) dirtiness.

sucinto, -ta [suθínto] *adj.* (conciso) succinct; concise.

sucio, -cia [súθjo] *adj.* (mugriento) dirty. ‖ **jugar ~** *fig.* to play dirty.

suculento [sukulénto] *adj.* succulent.

sucumbir [sukumbír] *v. intr.* (rendirse) to succumb.

sucursal [sukursál] *s. f.* branch.

sudadera [sudadéra] *s. f.* sweatshirt.

sudamericano, -na [sudamerikáno] *adj. y s. m. y f.* South American.

sudar [sudár] *v. tr.* to sweat.

sudeste [sudéste] *adj. y s. m., Geogr.* (sureste) southeast.

sudor [sudór] *s. m.* sweat.

suegro [swévro] *s. m.* **1.** father-in-law. ‖ **suegra** *s. f.* **2.** mother-in-law.

suela [swéla] *s. f.* sole.

sueldo [swéldo] *s. m.* salary; pay.

suelo [swélo] *s. m.* **1.** (tierra) ground. **2.** (de una casa) floor.

suelto, -ta [swélto] *adj.* **1.** loose. **2.** (libre) free. **3.** (sin su pareja) odd. ‖ *s. m.* **4.** *Econ.* (dinero) change.

sueño [swéɲo] *s. m.* **1.** (acto) sleep. **2.** (imágenes) dream. ‖ **tener ~** to be sleepy. **quitar ~** to keep awake.

suero [swéro] *s. m.* **1.** *Med.* serum. **2.** (de la leche) whey.

suerte [swérte] *s. f.* **1.** (fortuna) luck. **2.** (casualidad) chance. **3.** (destino) destiny. ‖ **estar de ~** to be in luck. **mala ~** bad luck. **tener buena ~** to be lucky.

suficiente [sufiθjénte] *adj.* (bastante) enough; sufficient.

sufijo [sufiχo] *s. m., Ling.* suffix.

sufragar [sufraɣár] *v. tr.* (ayudar) to defray; to help.

sufragio [sufráχjo] *s. m.* **1.** *Polít.* suffrage. **2.** *Polít.* (voto) vote.

sufrido, -da [sufriðo] *adj.* **1.** patient; long-suffering. **2.** (color) hardwearing.

sufrir [sufrír] *v. tr.* **1.** to suffer. **2.** (tolerar) to stand. ‖ *v. intr.* **3.** to suffer.

sugerir [suχerír] *v. tr.* to suggest.

suicida [swiθiða] *adj.* **1.** suicidal. ‖ *s. m. y f.* **2.** suicide *frml.*

suicidarse [swiθiðárse] *v. prnl.* (quitarse la vida) to commit suicide.

suicidio [swiθiðjo] *s. m.* suicide.

suite [swit] *s. f.* **1.** (hotel) suite. **2.** *Mús.* (obra musical) suite.

suizo, -za [swiθo] *adj.* **1.** Swiss. ‖ *s. m. y f.* **2.** (persona) Swiss. ‖ *s. m.* **3.** *Gastr.* (bollo) sugared bun.

sujeción [suχeχjón] *s. f.* subjection.

sujetador [suχetaðór] *s. m.* (ropa interior femenina) bra; brassiere.

sujetar [suχetár] *v. tr.* **1.** (fijar) to fasten. **2.** (dominar) to hold down.

sujeto, -ta [suχéto] *adj.* **1.** (atado) fastened. **2.** (sometido) subject. ‖ *s. m.* **3.** (individuo) fellow.

sultán [sultán] *s. m.* sultan.

suma [súma] *s. f.* **1.** (cantidad) sum. **2.** (total) sum. **3.** *Mat.* addition.

sumar [sumár] *v. tr.* **1.** *Mat.* to add; to add up. ‖ **sumarse** *v. prnl.* **2.** (unirse) to join.

sumario [sumárjo] *s. m.* summary.

sumergir [sumerχír] *v. tr.* **1.** to submerge. ‖ **sumergirse** *v. prnl.* **2.** to submerge.

sumidero [sumiðéro] *s. m.* drain.

suministrar [suministrár] *v. tr.* (proveer) to provide; to supply.

suministro [suminístro] *s. m.* (provisión) supply; provision.

sumir [sumír] *v. tr.* **1.** to sink. ‖ **sumirse** *v. prnl.* **2.** (sumergirse) to sink.

sumisión [sumisjón] *s. f.* submission.

sumiso, -sa [sumíso] *adj.* submissive.

sumo, -ma [súmo] *adj.* **1.** great. **2.** (mayor) utmost. ‖ **a lo ~** at most.

suntuoso [suntuóso] *adj.* sumptuous.

superar [superár] *v. tr.* **1.** (ser superior) to surpass; to exceed. **2.** (vencer) to overcome. ‖ **superarse** *v. prnl.* **3.** to top oneself *Am. E., coll.*

superficial [superfiθjál] *adj.* superficial.

superficie [superfíθje] *s. f.* **1.** surface. **2.** *Mat.* area.

superfluo, -flua [supérflwo] *adj.* (innecesario) superfluous.

superior [superjór] *adj.* **1.** (más alto) top; upper. **2.** (mejor) superior. **3.** (en rango) senior. ‖ *s. m.* **4.** (jefe) superior.

superlativo, -va [superlatiβo] *adj. y s. m., Ling.* superlative.

supermercado [supermerkáðo] *s. m.* supermarket.

superstición [superstiθjón] *s. f.* (extraña creencia) superstition.

supersticioso, -sa [superstiθjóso] *adj.* (fetichista) superstitious.

supervivencia [superβiβéṇθja] *s. f.* (sobrevivencia) survival.

superviviente [superβiβjéṇte] *s. m. y f.* survivor.

suplantar [suplaṇtár] *v. tr.* to replace.

suplementario, -ria [suplemeṇtárjo] *adj.* (adicional) supplementary.

suplemento [supleméṇto] *s. m.* (complemento) supplement.

suplente [supléṇte] *adj.* **1.** substitute. ‖ *s. m. y f.* **2.** (sustituto) substitute.

súplica [súplika] *s. f.* **1.** (ruego) plea; entreaty. **2.** *Der.* petition.

suplicar [suplikár] *v. tr.* (rogar) to beg; to implore.

suplicio [supliθjo] *s. m.* **1.** (tortura) torture. **2.** (tormento) torment.

suplir [suplír] *v. tr.* **1.** (compensar) to make up for. **2.** (reemplazar) to stand in for; to substitute for.

suponer [suponér] *v. tr.* to suppose.

supositorio [supositórjo] *s. m., Farm.* suppository.

supremacía [supremaθía] *s. f.* (soberanía) supremacy.

supremo, -ma [suprémo] *adj.* supreme.

supresión [supresjón] *s. f.* suppression.

suprimir [suprimír] *v. tr.* to suppress.

supuesto, -ta [supwésto] *adj.* **1.** (falso) false. **2.** (hipotético) supposed. ‖ *s. m.* **3.** supposition; assumption. **4.** (hipótesis) hypothesis. ‖ **¡por ~ !** of course!; by all means.

supurar [supurár] *v. intr.* to fester.

sur [súr] *adj.* **1.** *Geogr.* southern. ‖ *s. m.* **2.** *Geogr.* south.

surcar [surkár] *v. tr.* **1.** *Agr.* to furrow. **2.** *fig.* (el mar) to plow.

surco [súrko] *s. m.* **1.** *Agr.* furrow. **2.** (señal) rut. **3.** (arruga) wrinkle.

surf [súrf] *s. m., Dep.* surfing. ‖ **hacer ~** *Dep.* to surf.

surgir [surχír] *v. intr.* **1.** (emerger) to arise; to emerge. **2.** (brotar) to sprout.

surtido, -da [surtíðo] *adj.* **1.** (de galletas) assorted;mixed. ‖ *s. m.* **2.** *Econ.* assortment.

surtidor, -ra [surtiðór] *s. m.* **1.** (de gasolina) gas pump. **2.** (chorro) jet; spout. **3.** (fuente) fountain.

surtir [surtír] *v. tr.* to supply; to provide.

susceptible [susθeptíβle] *adj.* (sensible) sensitive; touchy.

suscitar [susθitár] *v. tr.* to cause.

suscribir [suskriβír] *v. tr.* **1.** to subscribe. **2.** (firmar) to sign. ‖ *v. prnl.* **suscribirse** to subscribe.

suspender [suspeṇdér] *v. tr.* **1.** (suprimir) to suspend. **2.** (colgar) to hang. ‖ *v. intr.* **3.** (un examen) to fail.

suspense [suspénse] *s. m.* suspense. ‖ **de ~** (novela, película) thriller.

suspensión [suspensjón] *s. f.* **1.** suspension. **2.** (aplazamiento) postponement.

suspenso, -sa [suspénso] *adj.* **1.** suspended; hanging. ‖ *s. m.* **2.** (en un examen) fail; failure.

suspicaz [suspikáθ] *adj.* (desconfiado) suspicious; distrustful.

suspirar [suspirár] *v. intr.* to sigh.

suspiro [suspíro] *s. m.* sigh.

sustancia [sustáṇθja] *s. f.* substance.

sustantivo [sustaṇtíβo] *s. m., Ling.* noun; substantive *frml.*

sustentar [susteṇtár] *v. tr.* **1.** to support. **2.** (alimentar) to sustain.

sustento [susténto] *s. m.* **1.** (alimento) sustenance. **2.** (apoyo) support.

sustitución [sustituθjón] *s. f.* **1.** (permanente) replacement. **2.** (transitoria) substitution.

sustituir [sustituír] *v. tr.* **1.** (permanentemente) to replace. **2.** (transitoriamente) to substitute.

sustituto, -ta [sustitúto] *s. m. y f.* substitute.

susto [sústo] *s. m.* fright; scare.

sustraer [sustraér] *v. tr.* **1.** *Mat.* (restar) to subtract. **2.** (robar) to steal.

susurrar [susurrár] *v. intr.* to whisper.

susurro [susúro] *s. m.* whisper.

sutil [sutíl] *adj.* **1.** subtle. **2.** (inteligencia) keen; sharp.

sutileza [sutiléθa] *s. f.* subtlety.

sutura [sutúra] *s. f., Med.* suture.

suyo, -ya [sújo] *adj. pos.* **1.** (de él) his; of his. **2.** (de ella) her; of hers. **3.** (de ellos) their; of theirs. **4.** (de usted) your; of yours [Ése amigo suyo parece simpático. *That friend of his looks nice.*] ‖ *pron. pos. 3ª sing.* **5.** (de él) his. **6.** (de ella) hers. **7.** (de ellos) theirs. **8.** (cosa, animal) its. **9.** (impersonal) one's. **10.** (de usted) yours [¿Quiere utilizar este bolígrafo o prefiere el suyo? *Do you want to use this pen or do you prefer yours?*]

T

t [té] *s. f.* (letra) t.

tabaco [taβáko] *s. m.* tobacco.

tabarra [taβáɾa] *s. f.*, *fam.* nuisance; pest. ‖ **dar la ~** *fam.* to bug; to pester.

taberna [taβéɾna] *s. f.* bar; saloon *Am. E.*

tabernero, -ra [taβeɾnéɾo] *s. m. y f.* **1.** (propietario) landlord. **2.** (camarero) bartender; publican.

tabique [taβíke] *s. m.* (pared) partition wall. ‖ **tabique ~** *Anat.* nasal bone.

tabla [táβla] *s. f.* board.

tablado [taβláðo] *s. m.* **1.** (tarima) platform. **2.** (escenario) stage.

tablao [taβláo] *s. m.* tablao (bar or club where flamenco is performed.).

tablero [taβléɾo] *s. m.* panel; board.

tableta [taβléta] *s. f.* **1.** (de chocolate) bar; slab. **2.** *Farm.* tablet; pill.

tablilla [taβlíʎa] *s. f.* (small) board.

tablón [taβlón] *s. m.* (de madera) plank. ‖ **~ de anuncios** bulletin board *Am. E.*; notice board *Br. E.*

tabú [taβú] *s. m.* taboo.

taburete [taβuɾéte] *s. m.* stool.

tacaño, -ña [takáɲo] *adj.* **1.** mean. ‖ *s. m. y f.* **2.** (avaro) miser.

tacatá o tacataca [takatá] *s. m.* (para bebé) walker; go-cart *Am. E.*

tacha [tátʃa] *s. f.* (defecto) defect; fault.

tachar [tatʃáɾ] *v. tr.* to cross out.

tachuela [tatʃwéla] *s. f.* stud; tack.

tácito, -ta [táθito] *adj.* tacit; implicit.

taciturno, -na [taθitúɾno] *adj.* **1.** (callado) uncommunicative; taciturn **2.** *frml.* (triste) gloomy.

taco [táko] *s. m.* **1.** (de madera) plug. **2.** (de comida) cue. **3.** *fig. y fam.* (palabrota) swearword. ‖ **~ de billar** cue.

tacón [takón] *s. m.* heel.

taconear [takoneáɾ] *v. intr.* (zapatear) to stamp; to stamp one's heels.

táctica [táktika] *s. f.* tactics *pl.*

táctil [táktil] *adj.* tactile.

tacto [tákto] *s. m.* **1.** (sentido) touch. **2.** *fig.* (delicadeza) tact.

tahona [taóna] *s. f.* **1.** (molino) flourmill. **2.** (panadería) bakery.

tahúr [taúɾ] *s. m. y f.* cardsharp; gambler.

taimado, -da [tajmáðo] *adj.* sly; crafty.

tajada [taxáða] *s. f.* **1.** slice. **2.** (corte) cut.

tajante [taxánte] *adj.* sharp; categorical.

tajar [taxáɾ] *v. tr.* to chop.

tal [tál] *adj.* **1.** such; such a [Nunca me dijiste tal cosa. *You never told me such (a) thing.*] ‖ *pron. indef.* **2.** such [Eres el jefe y como tal tienes obligaciones. *You are the boss and as such you have some duties.*] ‖ **~ como** just as [Hazlo tal como te dije. *Do it just as I told you.*] **~ para cual** *fam.* two of a kind. **~ vez** perhaps; maybe [Tal vez llueva hoy. *Maybe it rains today.*] **un ~ a** certain; one [Vino una tal Sandra preguntando por ti. *One Sandra came asking for you.*]

tala [tála] *s. f.* felling; cutting.

taladrar [talaðɾáɾ] *v. tr.* **1.** (perforar) to drill. **2.** *fig.* to pierce.

taladro [taláðɾo] *s. m.* (herramienta) drill.

talante [talánte] *s. m.* **1.** (semblante) disposition; mien. **2.** (voluntad) willingness.

talar [taláɾ] *v. tr.* to fell.

talco [tálko] *s. m.*, *Miner.* talc. ‖ **polvos de ~** talcum powder.

talento [talénto] *s. m.* **1.** talent. **2.** (aptitud) ability.

talismán [talismán] *s. m.* talisman.

talla [táʎa] *s. f.* **1.** size. **2.** (estatura) height; stature. **3.** (de madera) carving.

tallar [taʎáɾ] *v. tr.* **1.** (madera) to carve. **2.** (piedras preciosas) to cut.

talle [táʎe] *s. m.* **1.** *Anat.* (cintura) waist. **2.** (de mujer) figure; shape.

taller [taʎér] *s. m.* **1.** *Autom.* garage; repair shop *Am. E.* **2.** *Tecnol.* workshop.

tallo [táʎo] *s. m., Bot.* stem; stalk.

talón [talón] *s. m.* **1.** *Anat.* heel. **2.** *Econ.* (cheque) check.

talonario [talonárjo] *s. m.* (de cheques) checkbook *Am. E.*

talud [talúð] *s. m., Geogr.* slope.

tamaño, -ña [tamáɲo] *s. m.* size.

tambalear [tambaleár] *v. intr.* **1.** (bambolear) to sway; to wobble. ‖ **tambalearse** *v. prnl.* **2.** (una persona) to stagger; to totter. **3.** (mueble) to wobble.

tambaleo [tambaléo] *s. m.* **1.** (de una persona) staggering. **2.** (de un mueble) wobble; wobbling.

también [tambjén] *adv.* **1.** too; as well; also [También tiene un coche. *He has a car, too/He also has a car.*] **2.** so [Tu hermano está cansado y yo, también. *Your brother is tired and so am I.*] **3.** (enfático) then [Se cabreó pero, también, tenía motivos. *He got mad but then he had some reasons to be.*]

tambor [tambór] *s. m., Mús.* drum.

tamiz [tamíθ] *s. m.* sieve.

tamizar [tamiθár] *v. tr.* to sieve.

tampoco [tampóko] *adv. neg.* **1.** neither; nor [No le conozco ni tampoco mi padre. *I don't know him neither does my father.*] **2.** (en frases negativas) either [Yo tampoco le llamé. *I didn't call him either.*]

tampón [tampón] *s. m.* **1.** *Impr.* (para entintar) ink pad. **2.** *Med.* tampon.

tan [tán] *adv.* (comparativo) so. ‖ **~ ... como** as ... as [No es tan alto como yo. *He is not as tall as me.*] •Apocopated form of "tan". It is used before singular noun.

tanatorio [tanatórjo] *s. m.* (depósito de cadáveres) morgue; mortuary.

tanda [tánda] *s. f.* **1.** (turno) turn; shift. **2.** (grupo) gang.

tango [táŋgo] *s. m., Mús.* tango.

tanque [táŋke] *s. m.* **1.** (depósito) tank. **2.** *Mil.* (carro de combate) tank.

tantear [tanteár] *v. tr.* **1.** (palpar) to feel. **2.** *fig.* (probar) to test.

tanto, -ta [tánto] *adj.* **1.** (incontables) so much *sing.* **2.** (contables) so many *pl.* [No pensé que vendría tanta gente. *I didn't think so many people come.*] ‖ *pron.* **3.** (incontables) so much *sing.* [Prefiero que no coma tanto. *I prefer he doesn't eat some much.*] **4.** (contables) so many *pl.* ‖ *adv.* **5.** as [Hoy no hace tanto sol. *It is not as sunny today.*] **6.** (con adj. o adv.) so. ‖ *s. m.* **7.** (punto) point. ‖ **~ por ciento** percentage.

tañer [taɲér] *v. tr.* **1.** to toll. ‖ *v. intr.* **2.** (campana) to peal; to ring out.

tapa [tápa] *s. f.* **1.** lid. **2.** (de una botella) top. **3.** (de un libro) cover. **4.** *Gastr.* (pincho) tapa.

tapadera [tapaðéra] *s. f.* **1.** lid. **2.** *fig.* (de un engaño) cover.

tapar [tapár] *v. tr.* **1.** to cover. **2.** (encubrir) to conceal. ‖ **taparse** *v. prnl.* **3.** (cubrirse) to cover oneself.

taparrabo o taparrabos [tapařáβo] *s. m.* loincloth.

tapete [tapéte] *s. m.* table cover.

tapia [tápja] *s. f.* (muro) wall.

tapicería [tapiθería] *s. f.* **1.** upholstery. **2.** (tapiz) tapestry.

tapiz [tapíθ] *s. m.* tapestry.

tapizar [tapiθár] *v. tr.* to upholster.

tapón [tapón] *s. m.* **1.** stopper. **2.** (de corcho) cork. **3.** (de una botella) cap.

taponar [taponár] *v. tr.* to plug.

taquigrafía [takiɣrafía] *s. f.* stenography; shorthand.

taquilla [takíʎa] *s. f.* **1.** ticket office; box office. **2.** (armario) locker.

taquillero, -ra [takiʎéro] *adj.* **1.** box-office [Es una película muy taquillera en Estados Unidos. *In the United States, this film is a box-office success.*] || *s. m. y f.* **2.** box-office clerk.

tara [tára] *s. f.* (defecto) defect.

tarántula [tarántula] *s. f., Zool.* tarantula.

tararear [tararéár] *v. tr.* to hum.

tardanza [tarðánθa] *s. f.* (demora) delay.

tardar [tarðár] *v. intr.* **1.** (demorar) to delay. **2.** (tomarse tiempo) to take time. || **a más** ~ at the latest; no later than [Tengo que entregar la redacción el viernes a más tardar. *The essay has to be handed in no later than Friday.*]

tarde [tárðe] *adv.* **1.** late. || *s. f.* **2.** (antes de oscurecer) afternoon. **3.** (de noche) evening. || **¡buenas tardes!** good afternoon! **hacerse** ~ to get late. **más** ~ after [Vino una semana más tarde. *He came one week after.*] later; later on [Lo haré más adelante. *I'll do it later on.*] ~ **o temprano** sooner or later.

tardío, -a [tarðío] *adj.* late.

tarea [taréa] *s. f.* task; job. || **tareas domésticas** housework.

tarifa [tarífa] *s. f.* **1.** *Econ.* (precio) rate; tariff. **2.** (en transporte) fare.

tarima [taríma] *s. f.* dais; platform.

tarjeta [tarxéta] *s. f.* card. || ~ **de crédito** credit card. ~ **de visita** calling card *Am. E.* ~ **postal** postcard.

tarrina [tarína] *s. f.* tub.

tarro [táro] *s. m.* jar.

tarta [tárta] *s. f., Gastr.* cake; tart.

tartamudear [tartamuðeár] *v. intr.* (balbucear) to stutter; to stammer.

tartamudo, -da [tartamúðo] *adj.* **1.** (tartajoso) stuttering; stammering. || *s. m. y f.* **2.** stutterer; stammerer.

tartera [tartéra] *s. f.* (fiambrera) lunch pail *Am. E.*; lunch box *Br. E.*

tarugo [tarúʝo] *s. m .* **1.** (de madera, pan) piece. **2.** *fam.* (persona) blockhead.

tarumba [tarúmba] *adj., fam.* confused. || **volverse** ~ *fam.* to go crazy.

tasa [tása] *s. f.* **1.** (precio fijo) rate. **2.** (valoración) valuation. **3.** (impuesto) tax.

tasador, -dora [tasaðór] *s. m. y f.* assessor.

tasar [tasár] *v. tr.* **1.** (poner precio) to fix a price for. **2.** (valorar) to value.

tata [táta] *s. f.* **1.** *fam.* (niñera) nanny. **2.** *fam.* (hermana) sis.

tatami [tatámi] *s. m., Dep.* tatami.

tatarabuelo, -la [tataraβwélo] *s. m.* **1.** great-great-grandfather. || **tatarabuela** *s. f.* **2.** great-great-grandmother.

tataranieto [tataranjéto] *s. m.* **1.** great-great-grandson. || **tataranieta** *s. f.* **2.** great-great-granddaughter.

tatuaje [tatwáxe] *s. m.* **1.** (dibujo) tattoo. **2.** (acción) tattooing.

tatuar [tatuár] *v. tr.* to tattoo.

taurino, -na [tawríno] *adj.* **1.** bullfighting. || *s. m. y f.* **2.** (aficionado) bullfighting. || **fiesta taurina** bullfighting.

Tauro [táwro] *n. p., Astrol.* (signo del zodiaco) Taurus.

tauromaquia [táwromakja] *s. f.* bullfighting; tauromachy.

taxi [táysi] *s. m.* taxi; cab.

taxímetro [taysímetro] *s. m.* taximeter.

taxista [taysísta] *s. m. y f.* taxi driver.

taza [táθa] *s. f.* **1.** cup. **2.** (de té) mug. **3.** (del baño) bowl.

tazón [taθón] *s. m.* bowl.

te [té] *pron. pers. 2ª sing.* **1.** (objeto) you [Te lo estoy advirtiendo. *I'm warning you.*] ‖ *pron. pers. refl.* **2.** yourself [¿Puedes verte en el espejo? *Can you see yourself in the mirror?*]

té [té] *s. m.* **1.** tea. **2.** (reunión) tea party. ‖ **bolsita de** ~ tea bag. ~ **con leche** tea with milk. ~ **con limón** lemon tea.

teatral [teatrál] *adj.* theatrical.

teatro [teátro] *s. m.* theater. ‖ **compañia de** ~ theatrical company.

tebeo [teβéo] *s. m.* comic.

techo [tétʃo] *s. m.* **1.** (interior) ceiling. **2.** (tejado) roof. ‖ **sin** ~ homeless.

techumbre [tetʃúmbre] *s. f.* (techo) roof; roofing.

tecla [tékla] *s. f.* key.

teclado [tekláðo] *s. m.* keyboard.

teclear [tekleár] *v.* to type.

técnico, -ca [tékniko] *adj.* **1.** technical. ‖ *s. m. y f.* **2.** (experto) technician. ‖ **técnica** *s. f.* **3.** (ciencia) technics. **4.** (habilidad) technique.

tecnología [teknoloχía] *s. f.* technology.

tedio [téðjo] *s. m.* boredom.

teja [téχa] *s. f.* tile.

tejado [teχáðo] *s. m.* roof.

tejar [teχár] *v. tr.* to tile.

tejemaneje [teχemanéχe] *s. m.*, *col.* (trapicheo) skulduggery.

tejer [teχér] *v. tr.* **1.** to weave. **2.** (hacer punto) to knit. **3.** (araña) to spin.

tejido [teχíðo] *s. m.* **1.** (tela) fabric. **2.** *Anat.* tissue. **3.** *Amér.* (punto) knitting.

tejón [teχón] *s. m.*, *Zool.* badger.

tela [téla] *s. f.* fabric; cloth.

telar [telár] *s. m.* **1.** (máquina) loom. ‖ **telares** *s. m. pl.* **2.** textile mill.

telaraña [telarána] *s. f.* spiderweb *Am. E.;* cobweb.

tele [téle] *s. f.*, *fam.* TV.

telecomunicación [telekomunikaθjón] *s. f.* telecommunication.

telediario [teleðjárjo] *s. m.* news.

telefax [telefáks] *s. m.* fax.

teleférico [telefériko] *s. m.* (telesilla) cable railway.

telefilme [telefilme] *s. m.* TV movie.

telefonazo [telefonáθo] *s. m.*, *col.* call; buzz *coll.* [Luego te doy un telefonazo. *I'll give you a buzz later.*]

telefonear [telefoneár] *v. tr. e intr.* to telephone; to phone.

telefonillo [telefoníλo] *s. m.*, *Tecnol.* intercom; entryphone.

telefonista [telefonísta] *s. m. y f.* telephone operator.

teléfono [teléfono] *s. m.* telephone; phone. ‖ ~ **portatil** mobile telephone.

telegrafía [teleɣrafía] *s. f.* telegraphy.

telegrafiar [teleɣrafjár] *v. tr.* (cablegrafiar) to telegraph; to wire.

telegráfico, -ca [teleɣráfiko] *adj.* telegraphic.

telégrafo [teléɣrafo] *s. m.* telegraph.

telegrama [teleɣráma] *s. m.* telegram.

telenovela [telenoβéla] *s. f.* soap opera.

telepatía [telepatía] *s. f.* telepathy.

telescopio [teleskópjo] *s. m.*, *Astron.* telescope.

telesilla [telesíλa] *s. m.* chair lift.

telespectador, -dora [telespektaðór] *s. m. y f.* (televidente) viewer.

teletexto [teletésto] *s. m.* teletext.

teletipo [teletípo] *s. m.* **1.** (aparato) teletypewriter *Am. E.;* teleprinter *Br. E.* **2.** (mensaje) message sent by teletypewriter.

televidente [teleβiδénte] *s. m. y f.* (telespectador) viewer.

televisar [teleβisár] *v. tr.* to televise.

televisión [teleβisjón] *s. f.* television.

televisor [teleβisór] *s. m.* television set.

telón [telón] *s. m., Teatr.* curtain.

tema [téma] *s. m.* (asunto) subject; topic. ‖ ~ **de discusión** issue.

temblar [temblár] *v. intr.* **1.** (de frío) to shiver. **2.** *fig.* (miedo) to tremble. **3.** (agitarse) to shake.

temblor [temblór] *s. m.* **1.** tremor. **2.** (de frío) shivering. **3.** (de miedo) trembling.

tembloroso, -sa [tembloróso] *adj.* (trémulo) trembling; tremulous.

temer [temér] *v. tr. e intr.* (tener miedo) to fear; to be afraid of.

temerario, -ria [temeroárjo] *adj.* (atrevido) reckless.

temeridad [temeriδáδ] *s. f.* **1.** (imprudencia) recklessness. **2.** (audacia) boldness.

temeroso, -sa [temeróso] *adj.* **1.** (miedoso) fearful. **2.** (que infunde miedo) frightful; fearful.

temible [temíβle] *adj.* fearsome.

temor [temór] *s. m.* fear.

témpera [témpera] *s. f.* tempera.

temperamento [temperaménto] *s. m.* (naturaleza) temperament.

temperatura [temperatúra] *s. f.* temperature. ‖ **¿qué ~ hace?** what's the temperature?

tempestad [tempestáδ] *s. f., Meteor.* (tormenta) storm; tempest *lit.*

tempestuoso [tempestuóso] *adj.* (tormentoso) stormy; tempestuous.

templado, -da [templáδo] *adj.* **1.** *Meteor.* temperate; mild. **2.** (agua) lukewarm. **3.** (moderado) moderate.

templanza [templánθa] *s. f.* **1.** (moderación) temperance. **2.** *Meteor.* mildness.

templar [templár] *v. tr.* **1.** to temper. **2.** (enfriar) to chill. ‖ *v. intr.* **3.** (calmarse) to moderate.

temple [témple] *s. m.* **1.** (entereza) mettle; spirit. **2.** *Tecnol.* temper.

templo [témplo] *s. m.* temple.

temporada [temporáδa] *s. f.* **1.** (estación) season. **2.** (período) period.

temporal [temporál] *adj.* **1.** temporary; provisional. ‖ *s. m.* **2.** *Meteor.* (tempestad) storm; tempest.

temprano, -na [tempráno] *adj.* **1.** (anticipado) early. ‖ *adv.* **2.** (pronto) early.

tenacidad [tenaθiδáδ] *s. f.* (perseverancia) tenacity.

tenacillas [tenaθíλas] *s. f. pl.* tongs.

tenaz [tenáθ] *adj.* tenacious.

tenaza [tenáθa] *s. f.* **1.** *Tecnol.* pincers; pliers. **2.** *Zool.* pincers. **3.** (para la chimenea) tongs. ●Chiefly in pl.

tendedero [tendeδéro] *s. m.* **1.** (cuerda) clothesline. **2.** (caballete) clotheshorse.

tendencia [tendénθja] *s. f.* (predisposición) tendency; inclination.

tender [tendér] *v. tr.* **1.** (extender) to spread. **2.** (la ropa) to hang out. **3.** (cable) to lay. **4.** (tener tendencia) to tend. ‖ **tenderse** *v. prnl.* **5.** (tumbarse) to lie down.

tendero, -ra [tendéro] *s. m. y f.* storekeeper *Am. E.;* shopkeeper *Br. E.*

tendido [tendíδo] *adj.* **1.** (tumbado) lying down. ‖ *s. m.* **2.** *Taur.* (grada) front rows of seats. **3.** *Electrón.* (de un cable) laying.

tendón [tendón] *s. m., Anat.* tendon.

tenebroso, -sa [teneβróso] *adj.* **1.** dark; gloomy. **2.** (siniestro) sinester.

tenedor, -dora [teneðór] *s. m.* **1.** (cubierto) fork. ‖ *s. m. y f.* **2.** (poseedor) holder.

tener [tenér] *v. tr.* **1.** to have; to have got. **2.** (edad, medidas, sensaciones, sentimientos) to be [Tengo 10 años. Tiene frío. *I am 10 years old. She is cold.*] **3.** (sujetar) to hold. **4.** (poseer) to possess. ‖ **~ que** to have to. (deber) must.

tenia [ténja] *s. f., Med.* tapeworm.

teniente [tenjénte] *s. m. y f., Mil.* (mando militar) lieutenant.

tenis [ténis] *s. m., Dep.* tennis. ‖ **jugar al ~** *Dep.* to play tennis. **pista de ~** *Dep.* tennis court.

tenor [tenór] *s. m., Mús.* tenor.

tensión [tensjón] *s. f.* **1.** tension. **2.** (estrés) stress.

tenso, -sa [ténso] *adj.* tense.

tentación [tentaθjón] *s. f.* temptation.

tentáculo [tentákulo] *s. m., Zool.* (de calamar, pulpo) tentacle.

tentar [tentár] *v. tr.* **1.** (inducir) to tempt. **2.** (tocar) to touch.

tentativa [tentatíβa] *s. f.* attempt.

tentempié [tentempjé] *s. m.* snack.

tenue [ténwe] *adj.* **1.** (débil) faint. **2.** (delgado) slender; thin.

teñir [tepír] *v. tr.* **1.** (cambiar el color) to dye. **2.** (manchar) to stain.

teología [teoloχía] *s. f., Rel.* theology.

teoría [teoría] *s. f.* theory.

terapia [terápja] *s. f.* therapy.

tercer [terθér] *adj. num. ord.* third [Este es mi tercer trabajo. *This is my third job.*] •Apocopated form of "tercero", used before a m. n.

tercero, -ra [terθéro] *adj. num. ord.* (también pron. num.) **1.** third [Soy el tercero de la lista. *I am the third on the list.*] ‖ *adj. y s. m. y f.* **2.** mediator [Necesito la ayuda de un tercero. *I need the help of a mediator.*] ‖ *s. m.* **3.** third party [En la pelea intervino un tercero. *A third party intervened in the dispute.*] ‖ **tercera** *s. f.* **4.** *Autom.* third [Mete la tercera (marcha). *Put it into the third (gear).*] ‖ **seguro a terceros** liability insurance. **Tercer Mundo** Third World. **tercera parte** *Mat.* third [Cómete una tercera parte de la ensalada. *Eat one third of the salad.*] •Before a m. n., it is used the apocopated form "tercer".

terciar [terθjár] *v. intr.* (interceder) to intercede.

tercio [térθjo] *sust. num. m.* third [Tengo un tercio del dinero. *I have a third of the money.*]

terciopelo [terθjopélo] *s. m.* velvet.

terco, -ca [térko] *adj.* (testarudo) stubborn; obstinate; headstrong.

tergal [tervál] *s. m.* Tergal (marca registrada).

tergiversar [terχiβersár] *v. tr.* **1.** (hechos) to distort. **2.** (palabras) to twist.

termas [térmas] *s. f. pl.* hot springs.

terminación [terminaθjón] *s. f.* **1.** (finalización) termination; ending. **2.** (final) end; finish.

terminal [terminál] *adj.* **1.** *Med.* terminal. ‖ *s. m.* **2.** *Inform.* y *Electrón.* terminal. ‖ *s. f.* **3.** *Aeron.* terminal.

terminante [terminánte] *adj.* (definitivo) definitive.

terminar [terminár] *v. tr.* **1.** to finish. ‖ *v. intr.* **2.** (acabar) to end. ‖ **terminarse** *v. prnl.* **3.** (acabarse) to end.

término [término] *s. m.* **1.** (fin) end; finish. **2.** (límite) limit.

termo [térmo] *s. m.* thermos; flask.

termómetro [termómetro] *s. m.* (para medir la temperatura) thermometer.

termostato o termóstato [termostáto] *s. m.* thermostat.

ternera [ternéra] *s. f., Gastr.* (carne) veal.

ternero, -ra [ternéro] *s. m. y f., Zool.* (becerro) calf.

ternura [ternúra] *s. f.* tenderness.

terquedad [terkeðáθ] *s. f.* (obstinación) stubbornness; obstinacy.

terraplén [teraplén] *s. m.* (desnivel) embankment; bank.

terráqueo, -quea [terákeo] *adj.* earth.

terrateniente [teratenjénte] *s. m. y f., Agr.* (propietario) landowner.

terraza [teráθa] *s. f.* terrace.

terremoto [teremóto] *s. m.* (seísmo) earthquake.

terrenal [terenál] *adj.* earthly.

terreno, -na [teréno] *adj.* **1.** earthly. ‖ *s. m.* **2.** *Geogr.* land; ground. **3.** (campo) field.

terrestre [teréstre] *adj.* land.

terrible [teríβle] *adj.* terrible.

terrícola [teríkola] *s. m. y f.* earthling.

territorio [teritórjo] *s. m.* territory.

terrón [terón] *s. m.* lump.

terror [terór] *s. m.* terror.

terrorífico, -ca [terorífiko] *adj.* (horripilante) terrifying; frightening.

terrorismo [terorísmo] *s. m.* terrorism.

terrorista [terorísta] *adj. y s. m. y f.* (activista) terrorist.

terruño [terúɲo] *s. m.* **1.** (tierra) clod. **2.** *fig.* (tierra natal) homeland; native soul.

terso, -sa [térso] *adj.* smooth.

tertulia [tertúlja] *s. f.* **1.** (reunión) gathering. **2.** (grupo) circle.

tesis [tésis] *s. f. inv.* thesis.

tesón [tesón] *s. m.* tenacity.

tesorería [tesorería] *s. f.* treasury.

tesorero, -ra [tesoréro] *s. m. y f.* (administrador) treasurer.

tesoro [tesóro] *s. m.* treasure. ‖ **la caza del ~** treasure hunt. **~ oculto** hoard.

test [tést] *s. m.* test.

testamento [testaménto] *s. m., Der.* will; testament *frml.*

testar [testár] *v. intr.* to make one's will.

testarudo, -da [testarúðo] *adj.* stubborn; obstinate; headstrong.

testículo [testíkulo] *s. m., Anat.* testicle.

testificar [testifikár] *v. tr.* to testify.

testigo [testíγo] *s. m. y f.* witness. ‖ **~ presencial** eyewitness.

testimoniar [testimonjár] *v. tr.* to testify.

testimonio [testimónjo] *s. m.* testimony.

teta [téta] *s. f.* **1.** *Anat., vulg.* (de mujer) tit; boob. **2.** *Zool.* (de animal) teat. **3.** *Zool.* (de vaca) udder.

tetera [tetéra] *s. f.* **1.** teapot. **2.** (para hervir) kettle.

tetilla [tetíʎa] *s. f.* **1.** *Anat.* nipple. **2.** *Zool.* (y de biberón) teat.

tetina [tetína] *s. f.* (para el biberón) teat.

tétrico, -ca [tétriko] *adj.* dismal; gloomy.

textil [testíl] *adj. y s. m.* textile.

texto [tésto] *s. m.* text.

textura [testúra] *s. f.* texture.

tez [téθ] *s. f.* complexion; skin.

ti [tí] *pron. pers. prep. 2ª sing.* you; yourself [Hay una llamada para ti. *There is a telephone call for you.*]

tibia [tíβja] *s. f., Anat.* shinbone; tibia.

tibio, -bia [tíβjo] *adj.* lukewarm; tepid.

tiburón [tiβurón] *s. m.* shark.

tic [tík] *s. m., Med.* tic.

tiempo [tjémpo] *s. m.* **1.** time. **2.** (época) epoch. **3.** *Meteor.* weather. ‖ **a ~** in time. **con el paso del ~** in the course of time. **¿cuánto ~ ...?** how long ..? **hace mucho ~** a long time ago. **~ libre** spare time; leisure.

tienda [tjénda] *s. f.* store *Am. E.*; shop *Br. E.* ‖ **montar una ~ de campaña** to pitch a tent. **~ de campaña** tent. **~ de ultramarinos** grocery store *Am. E.*; grocer's *Br. E.*

tiento [tjénto] *s. m.* **1.** (cuidado) caution; care. **2.** (tacto) touch.

tierno, -na [tjérno] *adj.* **1.** tender; soft. **2.** (reciente) fresh. **3.** *fig.* (cariñoso) loving. **4.** *fig.* (joven) young.

tierra [tjéʀa] *s. f.* **1.** (planeta) earth. **2.** (superficie) land. **3.** (suelo) ground. **4.** (país) country. **5.** (cultivada) soil. ‖ **~ adentro** inland.

tieso, -sa [tjéso] *adj.* **1.** (rígido) rigid; stiff. **2.** (tenso) tense.

tiesto [tjésto] *s. m.* flowerpot.

tigre [tíɣre] *s. m., Zool.* tiger.

tigresa [tiɣrésa] *s. f., Zool.* tigress.

tijera [tiꭓéra] *s. f.* scissors *pl.* •Chiefly in pl.

tila [tíla] *s. f.* **1.** *Bot.* (flor) lime blossom. **2.** (infusión) lime blossom tea.

tildar [tildár] *v. tr.* to brand.

tilde [tílde] *s. m.* **1.** (acento) accent. **2.** *Ling.* (virgulilla) tilde.

tilo [tílo] *s. m., Bot.* (árbol) lime tree; linden *Am. E.*; lime.

timador, -dora [timaðór] *s. m. y f.* (estafador) swindler; cheat.

timar [timár] *v. tr.* to swindle; to cheat.

timbal [timbál] *s. m., Mús.* kettledrum.

timbrar [timbrár] *v. tr.* to stamp.

timbrazo [timbráθo] *s. m.* ring [Dar un timbrazo. *To ring the bell.*]

timbre [tímbre] *s. m.* **1.** bell; doorbell. **2.** (de un sonido) timbre. **3.** (sello) stamp.

timidez [timiðéθ] *s. f.* shyness.

tímido, -da [tímiðo] *adj.* shy; timid.

timo [tímo] *s. m., fam.* swindle; cheat.

timón [timón] *s. m., Náut.* rudder.

timonel [timonél] *s. m., Náut.* helmsman; steersman.

tímpano [tímpano] *s. m.* **1.** *Anat.* eardrum. **2.** *Arq.* tympanum.

tinaja [tináꭓa] *s. f.* large earthen jar.

tinglado [tiŋgláðo] *s. m.* (enredo) mess.

tiniebla [tinjéβla] *s. f.* **1.** (oscuridad) darkness. **2.** *fig.* (desconocimiento) ignorance. •Chiefly in pl.

tino [tíno] *s. m.* **1.** (acierto) aim. **2.** *fig.* (juicio) sense.

tinta [tínta] *s. f.* ink.

tinte [tínte] *s. m.* (colorante) dye.

tintero [tintéro] *s. m.* inkpot.

tinto [tínto] *adj.* **1.** red. ‖ *s. m.* **2.** (vino) red wine.

tintorería [tintorería] *s. f.* dry-cleaner's.

tiña [tíɲa] *s. f., Med.* ringworm.

tío [tío] *s. m.* **1.** (familiar) uncle. **2.** *col.* (individuo) guy. ‖ **tía** *s. f.* **3.** (familiar) aunt.

tiovivo [tjoβíβo] *s. m.* carousel *Am. E.*; merry-go-round *Br. E.*

típico, -ca [típiko] *adj.* typical.

tipo [típo] *s. m.* **1.** type; kind. **2.** (de mujer) figure. ‖ *s. m. y f.* **3.** (individuo) guy; fellow.

tique o ticket [tíke] *s. m.* **1.** (billete) ticket. **2.** (recibo) receipt.

tiquismiquis [tikismíkis] *adj.* **1.** *fam.* picky; fussy. ‖ *s. m. y f.* **2.** *fam.* fussbudget *Am. E.*; fusspot *Br. E.* **3.** (reparo) vain objection.

tira [tíra] *s. f.* **1.** strip. **2.** (lazo) ribbon.

tirabuzón [tiraβuθón] *s. m.* (rizo) curl; ringlet.

tirachinas [tiratʃínas] *s. m. inv.* slingshot *Am. E.;* catapult *Br. E.*

tirada [tiráða] *s. f.* **1.** (juegos) throw. **2.** (edición) edition.

tirado, -da [tiráðo] *adj.* **1.** (barato) dirt-cheap ("dirt cheap" after n). **2.** *fam.* (fácil) dead easy.

tirador, -ra [tiraðór] *s. m. y f.* **1.** (persona) marksman. ‖ *s. m.* **2.** (pomo) knob; handle.

tiranía [tiranía] *s. f.* tyranny.

tiranizar [tiraniθár] *v. tr.* to tyrannize.

tirano, -na [tiráno] *adj.* **1.** tyrannical. ‖ *s. m. y f.* **2.** tyrant.

tirante [tiránte] *adj.* **1.** tight; taut. **2.** *fig.* (situación) tense. ‖ **tirantes** *s. m. pl.* **3.** suspenders *Am. E.;* braces *Br. E.*

tirantez [tirantéθ] *s. f.* **1.** tightness; tenseness. **2.** *fig.* (en una relación) strain.

tirar [tirár] *v. tr.* **1.** to throw. **2.** (a la basura) to throw away. **3.** (derrochar) to squander. **4.** (derribar) to knock down. ‖ *v. intr.* **5.** to pull. **6.** (chimenea) to draw. ‖ **tirarse** *v. prnl.* **7.** (lanzarse) to hurl oneself.

tirita [tiríta] *s. f.* bandaid *Am. E.;* sticking plaster *Br. E.*

tiritar [tiritár] *v. intr.* to shiver.

tiritona [tiritóna] *s. f., fam.* shiver (caused by fever). ‖ **tener una ~** to have the shivers.

tiro [tíro] *s. m.* **1.** (lanzamiento) throw. **2.** (disparo) shot.

tirón [tirón] *s. m.* pull; tug.

tirotear [tiroteár] *v. tr.* to snipe at.

tirria [tírja] *s. f., fam.* grudge.

títere [títere] *s. m.* **1.** puppet. ‖ **títeres** *s. m. pl.* **2.** puppet show.

titilar [titilár] *v.* **1.** *form.* (luz) to flicker. **2.** *form.* (estrella) to twinkle.

titiritero, -ra [titiritéro] *s. m. y f.* **1.** (que anda con títeres) puppeteer. **2.** (acróbata) acrobat.

titubear [tituβeár] *v. intr.* (vacilar) to hesitate; to vacillate.

titubeo [tituβéo] *s. m.* hesitation.

titular¹ [titulár] *s. m. y f.* **1.** (de un pasaporte) holder. ‖ *s. m.* **2.** (de un periódico) headline.

titular² [titulár] *v. tr.* (poner título) to title; to entitle.

título [título] *s. m.* **1.** title. **2.** (de un periódico) headline.

tiza [tíθa] *s. f.* chalk.

tizón [tiθón] *s. m.* brand.

toalla [toáʎa] *s. f.* towel.

tobillera [toβiʎéra] *s. f., Med.* (venda) ankle support.

tobillo [toβíʎo] *s. m., Anat.* ankle.

tobogán [toβoɣán] *s. m.* slide.

tocadiscos [tokaðískos] *s. m. inv.* record player.

tocador [tokaðór] *s. m.* dressing table.

tocante a [tokánte] *loc. adv.* concerning; regarding. ‖ **en lo ~ a** with reference to.

tocar [tokár] *v. tr.* **1.** to touch. **2.** (timbre) to ring. **3.** *Mús.* to play.

tocayo, -ya [tokáʝo] *s. m. y f.* namesake.

tocino [toθíno] *s. m.* **1.** pork fat. **2.** (para freír) bacon.

todavía [toðaβía] *adv.* still; yet.

todo, -da [tóðo] *adj. indef.* **1.** all; all of; whole; every [Llamó a todos sus amigos. *He called all of his friends.*] ‖ *s. m.* **2.** whole [Tres tercios forman un todo. *Three thirds make a whole.*] ‖ *pron. indef.* **3.** everything; all. ‖ **con ~** all the same; even so [No queda mucho tiempo; con todo, lo conseguiremos. *There is not much time left; all the same, we'll* *do ít.*] **del ~** totally; completely [Cierra la puerta del todo. *Close the door completely.*]

todoterreno [todoteřéno] *adj.* **1.** off-road. ‖ *s. m.* **2.** off-road vehicle.

toga [tóɣa] *s. f., Der.* (de los magistrados) gown; robe.

toldo [tóldo] *s. m.* **1.** awning. **2.** (para la playa) sunshade.

tolerancia [toleránθja] *s. f.* tolerance.

tolerar [tolerár] *v. tr.* **1.** to tolerate. **2.** (soportar) to stand for.

tolva [tólβa] *s. f.* hopper.

toma [tóma] *s. f.* **1.** taking. **2.** *Med.* (dosis) dose. **3.** *Mil.* capture.

tomar [tomár] *v. tr.* **1.** to take. ‖ **tomarse** *v. prnl.* **2.** to take.

tomate [tomáte] *s. m., Bot.* tomato. ‖ **salsa de ~** *Gastr.* tomato sauce.

tómbola [tómbola] *s. f.* tombola.

tomillo [tomíʎo] *s. m., Bot.* thyme.

tomo [tómo] *s. m.* volume.

tonalidad [tonaliðáð] *s. f.* **1.** *Mús.* tonality. **2.** (color) tonality.

tonel [tonél] *s. m.* barrel.

tonelada [toneláða] *s. f.* ton.

tonelero, -ra [toneléro] *s. m. y f.* barrel-maker; cooper.

tónico [tóniko] *adj.* **1.** tonic. ‖ *s. m.* **2.** *Med.* (reconstituyente) tonic.

tono [tóno] *s. m.* tone.

tontear [tonteár] *v. intr.* **1.** to fool around. **2.** *fig. y fam.* (coquetear) to flirt.

tontería [tontería] *s. f.* **1.** foolishness. ‖ **tonterías** *s. f. pl.* **2.** rubbish *sing.;* nonsense *sing.* ‖ **decir tonterías** to talk nonsense.

tonto, -ta [tónto] *adj.* **1.** silly; dumb. ‖ *s. m. y f.* **2.** fool; idiot. ‖ **hacer el ~** to play the fool.

topar [topár] *v. tr.* to meet accidently. ‖ **toparse con** (tropezarse) to run into. | (encontrarse) to come upon.

tope [tópe] *s. m.* **1.** (límite) limit; end. **2.** *Náut.* masthead.

tópico, -ca [tópiko] *adj.* **1.** topical. ‖ *s. m.* **2.** cliché. **3.** (tema) topic; subject.

topo [tópo] *s. m., Zool.* mole.

toque [tóke] *s. m.* **1.** touch. **2.** (con el timbre) ring.

toquilla [tokíʎa] *s. f.* shawl.

tórax [tóraɣs] *s. m., Anat.* thorax.

torbellino [torβeʎíno] *s. m.* whirlwind.

torcer [torθér] *v. tr.* **1.** to twist. **2.** (esquina) to turn. **3.** *Med.* to sprain. ‖ *v. intr.* **4.** (girar) to turn. ‖ **torcerse** *v. prnl.* **5.** (doblarse) to twist. **6.** *Med.* to sprain.

torcido, -da [torθíðo] *adj.* twisted.

torear [toreár] *v. tr. e intr., Taur.* to fight.

toreo [toréo] *s. m., Taur.* bullfighting.

torero, -ra [toréro] *s. m., Taur.* (matador) bullfighter; matador.

tormenta [torménta] *s. f., Meteor.* storm.

tormento [torménto] *s. m.* **1.** torment. **2.** (tortura) torture.

torneo [tornéo] *s. m., Dep.* tournament.

tornillo [torníʎo] *s. m.* screw.

torno [tórno] *s. m.* (de carpintero) lathe. ‖ **en~ a/de** around; round.

toro [tóro] *s. m.* **1.** *Zool.* bull. ‖ **toros** *s. m. pl. Taur.* (espectáculo) bullfight.

torpe [tórpe] *adj.* clumsy; awkward.

torpedear [torpeðeár] *v. tr.* to torpedo.

torpedo [torpéðo] *s. m.* torpedo.

torpeza [torpéθa] *s. f.* **1.** (ineptitud) clumsiness. **2.** (poca inteligencia) stupidity; slowness.

torre [tóře] *s. f.* tower.

torrencial [tořenθjál] *adj.* (caudaloso) torrential; drenching.

torrente [toréṇte] *s. m.* **1.** *Geogr.* torrent. **2.** *fig.* flood; stream.

torreón [toreón] *s. m., Mil.* fortified tower.

tórrido, -da [tóřiðo] *adj.* torrid.

torrija [toříχa] *s. f., Gastr.* French toast.

torta [tórta] *s. f.* **1.** *Gastr.* sponge cake. **2.** *fam.* (bofetada) slap.

tortazo [tortáθo] *s. m.* (bofetada) slap.

tortícolis [tortíkolis] *s. m. inv., Med.* (espasmo en el cuello) stiff neck; wyneck.

tortilla [tortíʎa] *s. f.* **1.** *Gastr.* omelet. **2.** *Méx.* tortilla. ‖ ~ **de patata** *Gastr.* Spanish omelet.

tórtola [tórtola] *s. f., Zool.* turtledove.

tortuga [tortúɣa] *s. f., Zool.* turtle *Am. E.*; tortoise *Br. E.*

tortura [tortúra] *s. f.* torture.

torturar [torturár] *v. tr.* to torture.

tos [tós] *s. f.* cough.

tosco [tósko] *adj.* **1.** (basto) rough. **2.** (bruto) rude.

toser [tosér] *v. intr.* to cough.

tosquedad [toskeðáð] *s. f.* (brutalidad) roughness; rudeness.

tostada [tostáða] *s. f.* toast.

tostado, -da [tostáðo] *adj.* **1.** (pan) toasted. **2.** (café) roasted. **3.** (por el sol) tanned; sunburned.

tostar [tostár] *v.* **1.** (pan) to toast. **2.** (café) to roast. ‖ **tostarse** *v. prnl.* **3.** (broncearse) to tan.

tostón [tostón] *s. m., fam.* bore.

total [totál] *adj.* **1.** total; whole. ‖ *s. m.* **2.** (todo) whole. **3.** (suma) sum. ‖ **en ~** altogether.

totalidad [totaliðáð] *s. f.* whole.

tour [túr] *s. m.* tour.

tóxico, -ca [tóɣsiko] *adj.* **1.** *Med.* toxic. ‖ *s. m.* **2.** *Med.* toxin; poison.

tozudo, -da [toθúðo] *adj.* obstinate; stubborn; headstrong.

traba [tráβa] *s. f.* **1.** (enlace) tie; bond. **2.** *fig.* (obstáculo) obstacle.

trabajador, -dora [traβaχaðór] *adj.* **1.** (laborioso) hard-working; industrious. ‖ *s. m. y f.* **2.** worker.

trabajar [traβaχár] *v. tr.* **1.** to work. ‖ *v. intr.* **2.** to work.

trabajo [traβáχo] *s. m.* **1.** work. **2.** (tarea) job. **3.** (empleo) employment. ‖ **hablar de ~** to talk shop.

trabalenguas [traβaléŋgwas] *s. m. inv.* tongue twister.

trabar [traβár] *v. tr.* to join; to unite.

tractor [traktór] *s. m.* tractor.

tradición [traðiθjón] *s. f.* tradition.

tradicional [traðiθjonál] *adj.* traditional.

traducción [traðukθjón] *s. f.* translation.

traducir [traðuθír] *v. tr.* to translate.

traductor, -tora [traðuktór] *s. m. y f.* translator.

traer [traér] *v. tr.* **1.** to bring. **2.** (llevar) to carry. **3.** (causar) to cause.

traficar [trafikár] *v. intr.* **1.** to deal; to trade. **2.** (algo ilegal) to traffic.

tráfico [tráfiko] *s. m.* **1.** (circulación) traffic. **2.** (de mercancías) trade. ‖ **señal de ~** *Autom.* road sign.

tragaluz [traɣalúθ] *s. m., Arq.* skylight.

tragaperras [traɣapéřas] *s. f. inv., fam.* slot machine.

tragar [traɣár] *v. tr.* **1.** (ingerir) to swallow. **2.** (humo) to inhale.

tragedia [traχéðja] *s. f.* tragedy.

trágico, -ca [tráχiko] *adj.* tragic.

trago [tráɣo] *s. m.* **1.** (sorbo) gulp; swallow. **2.** *fig. y fam.* (disgusto) blow.

tragón, -gona [traɣón] *adj.* **1.** (glotón) greedy. ‖ *s. m. y f.* **2.** *fam.* glutton.

traición [trajθjón] *s. f.* treason; treachery.

traicionar [trajθjonár] *v. tr.* to betray.

traidor, -dora [trajðór] *adj.* **1.** treacherous; traitorous. || *s. m. y f.* **2.** traitor.

traje [tráχe] *s. m.* **1.** (de mujer) dress. **2.** (de hombre) suit.

trajín [traχín] *s. m.* (ajetreo) bustle.

trama [tráma] *s. f.* **1.** (malla) weft. **2.** (intriga) intrigue. **3.** *Lit.* (argumento) plot.

tramar [tramár] *v. tr.* to plot.

trámite [trámite] *s. m.* **1.** (etapa) step; stage. **2.** *Der.* transaction.

tramo [trámo] *s. m.* **1.** (de carretera) stretch; section. **2.** (de una escalera) flight.

trampa [trámpa] *s. f.* **1.** (para animales) trap. **2.** (engaño) cheat. || **poner una ~** to set a trap.

trampolín [trampolín] *s. m., Dep.* (natación) springboard.

tramposo, -sa [trampóso] *adj.* **1.** (estafador) tricky. || *s. m. y f.* **2.** cheat.

trance [tráɲθe] *s. m.* **1.** critical situation. **2.** (estado hipnótico) trance.

tranquilidad [traŋkiliðáð] *s. f.* (sosiego) tranquility; peace.

tranquilizante [traŋkiliθánte] *adj.* **1.** soothing. || *s. m.* **2.** *Farm.* tranquilizer.

tranquilizar [traŋkiliθár] *v. tr.* **1.** to tranquilize; to calm. || **tranquilizarse** *v. prnl.* **2.** to calm down.

tranquilo, -la [traŋkílo] *adj.* **1.** calm. **2.** (pacífico) peaceful.

transacción [transakθjón] *s. f., Econ.* transaction.

transatlántico, -ca [transatlántiko] *adj.* **1.** (transoceánico) transatlantic. || *s. m.* **2.** *Náut.* (ocean) liner.

transbordador [transβorðaðór] *s. m., Náut.* ferry. || **~ espacial** space shuttle.

transbordar [transβorðár] *v. tr.* (transferir) to transfer.

transbordo [transβórðo] *s. m.* transfer. || **hacer ~** to transfer

transcribir [transkriβír] *v. tr.* to transcribe.

transcurrir [transkuŕír] *v. intr.* (pasar el tiempo) to pass; to go by; to lapse.

transcurso [transkúrso] *s. m.* (curso) passing; course.

transeúnte [transeúnte] *s. m. y f.* (peatón) passer-by.

transferencia [transferénθja] *s. f.* (traslado) transfer.

transferir [transferír] *v. tr.* to transfer.

transformar [transformár] *v. tr.* **1.** to transform. **2.** (convertir) to convert. || **transformarse** *v. prnl.* **3.** (cambiarse) to turn into.

transfusión o trasfusión [transfusjón] *s. f., Med.* (de sangre) transfusion.

transición [transiθjón] *s. f.* transition.

transistor [transistór] *s. m.* **1.** *Electrón.* transistor. **2.** (radio) transistor radio.

transitable [transitáβle] *adj.* passable.

transitar [transitár] *v. intr.* to travel.

transitivo, -va [transitíβo] *adj., Ling.* (verbo) transitive.

tránsito [tránsito] *s. m.* **1.** transit. **2.** (circulación) traffic.

transitorio, -ria [transitórjo] *adj.* transitory; transient.

transmisor [transmisór] *s. m.* (emisor) transmitter.

transmitir [transmitír] *v. tr.* **1.** to transmit. **2.** (programa) to broadcast. **3.** *Med.* (enfermedad) to pass on.

transparencia [transparénθja] *s. f.* (claridad) transparency.

transparente [transparénte] *adj.* (claro) transparent; diaphanous.

transpirar [transpirár] *v. intr.* **1.** (sudar) to perspire. **2.** *Bot.* to transpire.

transportar [transportár] *v. tr.* **1.** to transport. **2.** (llevar) to carry. ‖ **transportarse** *v. prnl.* **3.** (transferirse) to be transported.

transporte [transpórte] *s. m.* transportation *Am. E.*; transport *Br. E.*

transversal [transβersál] *adj.* **1.** transverse; cross. ‖ *s. f.* **2.** *Mat.* transversal.

tranvía [trambía] *s. m.* (vehículo) streetcar *Am. E.*; tram *Br. E.*

trapecio [trapéθjo] *s. m.* **1.** (espectáculo) trapeze. **2.** *Mat.* trapezoid *Am. E.*

trapecista [trapeθísta] *s. m. y f.* trapeze artist.

trapero [trapéro] *s. m. y f.* junkman *Am. E.*; rag and bone man *Br. E.*

trapo [trápo] *s. m.* **1.** (bayeta) cloth. **2.** (tela) rag. **3.** (para el polvo) dust cloth *Am. E.*; duster *Br. E.*

tras [trás] *prep.* **1.** after; behind [Tras el muro hay una piscina. *Behind the wall there is a swimming pool.*] **2.** (después de) after [Tras la reunión, se fueron al restaurante. *After the meeting, they went to the restaurant.*]

trascendencia [trasθendénθja] *s. f.* (importancia) importance.

trascendental [trasθendentál] *adj.* (importante) momentous.

trasegar [traseɣár] *v. tr.* **1.** to move about. **2.** *fig.* (líquidos) to decant.

trasero, -ra [traséro] *adj.* **1.** back; rear. ‖ *s. m.* **2.** *Anat., col.* bottom.

trasladar [trasladár] *v. tr.* **1.** to move. **2.** (a una persona) to transfer. ‖ **trasladarse** *v. prnl.* **3.** to move.

traslado [trasláðo] *s. m.* **1.** (mudanza) move. **2.** (de destino) transfer.

trasluz, al [traslúθ] *loc. adv.* against the light.

trasnochar [trasnotʃár] *v. intr.* (velar) to keep late hours.

traspapelar [traspapelár] *v. tr.* to mislay.

traspasar [traspasár] *v. tr.* **1.** (atravesar) to go through. **2.** (perforar) to pierce.

traspaso [traspáso] *s. m.* transfer.

traspié [traspjé] *s. m.* stumble; slip.

trasplantar [trasplantár] *v. tr., Med. y Bot.* to transplant.

trastada [trastáða] *s. f., fam.* dirty trick.

traste [tráste] *s. m., Mús.* fret.

trastero [trastéro] *s. m.* (desván) lumber room *Am. E.*; junk room

trastienda [trastjénda] *s. f.* backshop; back room (of a shop).

trasto [trásto] *s. m.* **1.** piece of junk. **2.** *fig. y fam.* (persona) dead loss. ‖ **trastos viejos** lumber *Br. E.*.

trastornar [trastornár] *v. tr.* **1.** (alterar) to upset. **2.** *fig.* (perturbar) to disturb. ‖ **trastornarse** *v. prnl.* **3.** (enloquecer) to become disturbed.

trastorno [trastórno] *s. m.* **1.** disorder. **2.** *Med.* (perturbación) upset.

trata [tráta] *s. f.* trade.

tratable [tratáβle] *adj.* friendly.

tratado [tratáðo] *s. m.* **1.** (acuerdo) treaty. **2.** (libro) treatise.

tratamiento [tratamjénto] *s. m., Med.* (medicación) treatment.

tratante [tratánte] *s. m. y f.* dealer.

tratar [tratár] *v. tr.* **1.** to treat. **2.** (manejar) to handle. ‖ *v. intr.* **3.** (tener relación con) to deal. ‖ **~ de** (intentar) to try to. (discutir sobre) to deal with.

trato [tráto] *s. m.* **1.** (comportamiento) manner; treatment. **2.** (acuerdo) deal. ‖ **¡ ~ hecho!** it is a deal!

trauma [tráwma] *s. m., Med.* trauma.

través [traβés] *s. m.* (contratiempo) reverse. ‖ **a ~** crosswise. **a ~ de** through; across.

travesaño [traβesáɲo] *s. m.* **1.** crosspiece. **2.** *Dep.* (futbol) crossbar.

travesía [traβesía] *s. f.* **1.** (viaje) crossing. **2.** (calle) side street.

travestido, -da o travesti [traβestíðo] *s. m. y f.* transvestite; cross-dresser.

travesura [traβesúra] *s. f.* prank; mischief.

travieso, -sa [traβjéso] *adj.* (revoltoso) naughty; mischievous.

trayecto [traɟékto] *s. m.* **1.** (viaje) journey. **2.** (recorrido) haul.

trayectoria [traɟektórja] *s. f.* **1.** (dirección) path. **2.** *fig.* course.

traza [tráθa] *s. f.* **1.** (apariencia) appearance. **2.** *Arq.* plan; design.

trazado, -da [traθáðo] *s. m.* **1.** *Arq.* (traza) plan; design. **2.** (recorrido) route.

trazar [traθár] *v. tr.* **1.** (dibujar) to draw. **2.** *Arq.* to plan; to design.

trazo [tráθo] *s. m.* **1.** stroke. **2.** (línea) line.

trébol [tréβol] *s. m., Bot.* clover; trefoil.

trece [tréθe] *adj. num. card. inv.* (también pron. num. y s. m.) **1.** thirteen. ‖ *adj. num. ord. inv.* (también pron. num.) **2.** thirteenth; thirteen [En el capítulo trece, tiene un hijo. *On the thirteenth chapter, he has a child.*]

trecho [trétʃo] *s. m.* stretch.

tregua [tréɣwa] *s. f.* **1.** *Mil.* truce. **2.** *fig.* respite. ‖ **sin ~** relentlessly.

treinta [tréjnta] *adj. num. card. inv.* (también pron. num. y s. m.) **1.** thirty. ‖ *adj. num. ord. inv.* (también pron. num.) **2.** thirtieth; thirty [Felicidades en tu treinta cumpleaños. *Congratulations on your thirtieth birthday.*]

tremendo, -da [treméndo] *adj.* **1.** huge; tremendous. **2.** *fig. y fam.* (imponente) imposing.

trémulo [trémulo] *adj.* **1.** (tembloroso) tremulous. **2.** (luz) flickering.

tren [trén] *s. m.* train. ‖ **en ~** by train.

trenca [trénka] *s. f.* duffel coat.

trenza [trénθa] *s. f.* braid *Am. E.*; plait *Br. E.* ‖ **postiza ~** switch.

trenzar [trenθár] *v. tr.* (pelo) to braid *Am. E.*; to plait *Br. E.*

trepador, -dora [trepaðór] *adj.* climbing. ‖ **planta trepadora** creeper.

trepar [trepár] *v. tr.* **1.** to climb. ‖ *v. intr.* **2.** (con dificultad) to clamber; scramble.

trepidar [trepiðár] *v. intr.* (temblar) to vibrate; to shake.

tres [trés] *adj. num. card. inv.* (también pron. num. y s. m.) **1.** three. ‖ *adj. num. ord. inv.* (también pron. num.) **2.** third; three [En la página tres hay diez ejercicios. *On page three, there are ten exercises.*] ‖ **ni a la de ~** *fig. y fam.* for the life of one [No me lo aprendo ni a la de tres. *I can't learn it for the life of me.*]

trescientos, -tas [tresθjéntos] *adj. y s. m.* three hundred. •Also pron.

treta [tréta] *s. f.* trick.

triangular [triaŋgulár] *adj., Mat.* triangular.

triángulo [triáŋgulo] *s. m., Mat.* triangle. ‖ **~ amoroso** *fig.* love triangle.

tribu [tríβu] *s. f.* tribe.

tribulación [triβulaθjón] *s. f.* tribulation.

tribuna [triβúna] *s. f.* **1.** (plataforma) platform. **2.** (para el público) rostrum; stand.

tribunal [triβunál] *s. m., Der.* court.

tributar [triβutár] *v. tr.* (impuestos) to pay (taxes).

tributo [triβúto] *s. m.* (impuesto) tax.

triciclo [triθíklo] *s. m.* tricycle.

tricornio [trikórnjo] *s. m.* (de la Guardia Civil) three-cornered hat; tricorn.

trienio [triénjo] *s. m.* triennium.

trigo [trívo] *s. m.*, *Bot.* wheat. ‖ **germen de ~** *Bot.* wheat germ.

trilla [tríʎa] *s. f.*, *Agr.* threshing.

trilladora [triʎaðóra] *s. f.*, *Agr.* threshing machine.

trillar [triʎár] *v. tr.*, *Agr.* to thresh.

trillizo, -za [triʎíθo] *s. m. y f.* triplet.

trillo [tríʎo] *s. m.*, *Agr.* thresher.

trimestre [triméstre] *s. m.* **1.** three months. **2.** *Educ.* term. **3.** *Econ.* quarter.

trinar [trinár] *v. intr.*, *Mús.* (pájaro) to trill; to warble.

trincar[1] [triŋkár] *v. tr.* (atar) to bind.

trincar[2] [triŋkár] *v. tr.* (partir) to break.

trincar[3] [triŋkár] *v. tr.* to drink.

trinchar [trintʃár] *v. tr.* to carve.

trinchera [trintʃéra] *s. f.*, *Mil.* trench.

trineo [trinéo] *s. m.* sled *Am. E.*; sledge *Br. E.* ‖ **viajar en ~** to sled *Am. E.*; to sledge *Br. E.*

trino [tríno] *s. m.* trill; warble.

trío [trío] *s. m.* trio.

tripa [trípa] *s. f.*, *Anat.* gut; intestine.

triple [tríple] *adj.* **1.** triple. ‖ *s. m.* **2.** (tríplice) triple.

triplicar [triplikár] *v. tr.* **1.** (ventas) to treble. **2.** (cifra) to triple. ‖ **triplicarse** *v. prnl.* **3.** to treble; to triple.

trípode [trípoðe] *s. amb.* tripod.

triptongo [triptóŋgo] *s. m.*, *Ling.* (fonética) triphthong.

tripulación [tripulaθjón] *s. f.* crew.

tripulante [tripulánte] *s. m. y f.* (miembro de la tripulación) crew member.

tripular [tripulár] *v. tr.* to man; to crew.

tris [trís] *s. m.* trice. ‖ **en un ~** in a trice.

trisílabo, -ba [trisílaβo] *adj.* **1.** *Ling.* trisyllabic. ‖ *s. m.* **2.** *Ling.* trisyllable.

triste [tríste] *adj.* sad.

tristeza [tristéθa] *s. f.* sadness.

triturar [triturár] *v. tr.* to grind.

triunfar [trjuɱfár] *v. intr.* to triumph.

triunfo [trjúɱfo] *s. m.* triumph.

trivial [triβjál] *adj.* trivial; banal.

trocear [troθeár] *v. tr.* (desmenuzar) to cut sth into pieces.

trofeo [troféo] *s. m.* trophy.

trola [tróla] *s. f.*, *fam.* lie.

tromba [trómba] *s. f.* watersport.

trombón [trombón] *s. m.*, *Mús.* (instrumento) trombone.

trompa [trómpa] *s. f.* **1.** *Mús.* horn. **2.** *Zool.* (de elefante) trunk.

trompazo [trompáθo] *s. m.*, *col.* blow.

trompeta [trompéta] *s. f.* **1.** *Mús.* (instrumento) trumpet. ‖ *s. m. y f.* **2.** *Mil.* (persona) trumpeter. ‖ **tocar la ~** to trumpet.

trompicón [trompikón] *s. m.* stumble.

trompo [trómpo] *s. m.* top.

tronar [tronár] *v. intr.*, *Meteor.* to thunder.

tronchar [trontʃár] *v. tr.* to snap. ‖ **troncharse de risa** *fam.* to split one's sides with laughter.

tronco [tróŋko] *s. m.* **1.** (de persona, árbol) trunk. **2.** *Bot.* (de una planta) stem. ‖ **dormir como un ~** *fig. y col.* to sleep like a log.

trono [tróno] *s. m.* throne. ‖ **ocupar el ~** to be on the throne.

tropa [trópa] *s. f.* **1.** troop. ‖ **tropas** *s. f. pl.* **2.** *Mil.* troops.

tropel [tropél] *s. m.* (de gente) crowd.

tropezar [tropeθár] *v. intr.* to trip; to stumble. ‖ **~ con** to come across.

tropezón [tropeθón] *s. m.* stumble.

tropical [tropikál] *adj.* tropical.

trópico [trópiko] *s. m.* tropic.

tropiezo [tropjéθo] *s. m.* **1.** (tropezón) stumble. **2.** (desliz) slip. **3.** *fig.* (dificultad) difficulty.

troquel [trokél] *s. m.* die.

trotamundos [trotamúndos] *s. m. y f. inv.* globetrotter; wanderer.

trotar [trotár] *v. intr.* to trot.

trote [tróte] *s. m.* trot.

trovador, -dora [troβaðór] *s. m. y f.* troubadour; minstrel.

trozo [tróθo] *s. m.* piece; bit.

trucha [trútʃa] *s. f., Zool.* trout.

truco [trúko] *s. m.* trick.

trueno [trwéno] *s. m., Meteor.* thunder.

trueque [trwéke] *s. m., Econ.* (intercambio de bienes) barter; exchange.

tu [tú] *adj. pos. 2ª pers. sing.* (antes del s.) your [Llevo tu camisa y tus pantalones. *I'm wearing your shirt and your trousers.*]

tú [tú] *pron. pers. nomin. 2ª sing.* you [Tú comes más que tu hermano. *You eat more than your brother.*] ‖ ~ **mismo** yourself [Tienes que hacerlo tú mismo. *You have to do it yourself.*]

tuba [túβa] *s. f., Mús.* tuba.

tubérculo [tuβérkulo] *s. m.* **1.** *Bot.* tuber. **2.** *Med.* tubercle.

tubería [tuβería] *s. f. sing.* (tubos) pipes *pl.*; piping.

tubo [túβo] *s. m.* tube; pipe.

tuerca [twérka] *s. f., Mec.* nut.

tuerto, -ta [twérto] *adj.* **1.** one-eyed. ‖ *s. m. y f.* **2.** one-eyed person.

tuétano [twétano] *s. m., Anat.* (médula) marrow.

tufo [túfo] *s. m.* **1.** (emanación) fume. **2.** *pey.* (mal olor) stink; stench.

tulipán [tulipán] *s. m., Bot.* tulip.

tumba [túmba] *s. f.* grave; tomb.

tumbar [tumbár] *v. tr.* **1.** to knock down. ‖ **tumbarse** *v. prnl.* **2.** *fam.* to lie down.

tumbo [túmbo] *s. m.* **1.** (sacudida) jolt. **2.** (caída) plunge.

tumbona [tumbóna] *s. f.* (para la playa) sun lounger; deck chair.

tumor [tumór] *s. m., Med.* tumor.

tumulto [tumúlto] *s. m.* **1.** (jaleo) tumult. **2.** *Polít.* (motín) riot.

tumultuoso [tumultuóso] *adj.* (alborotado) tumultuous.

tuna [túna] *s. f., Mús.* tuna (student musical group).

tunante [tunánte] *adj.* **1.** rascally. ‖ *s. m. y f.* **2.** (granuja) rascal; rogue.

tunda [túnda] *s. f., fam.* (paliza) thrashing; beating.

túnel [túnel] *s. m.* tunnel.

túnica [túnika] *s. f.* tunic.

tuno, -na [túno] *s. m. y f.* **1.** rascal; crook. **2.** *Mús.* member of a tune.

tupé [tupé] *s. m.* (pelo) forelock.

tupido, -da [tupíðo] *adj.* (espeso) thick; dense.

turba¹ [túrβa] *s. f.* (combustible) peat.

turba² [túrβa] *s. f.* (muchedumbre) crowd; mob.

turbación [turβaθjón] *s. f.* **1.** (bochorno) embarrassment. **2.** (alteración) disturbance. **3.** (confusión) confusion.

turbante [turβánte] *s. m.* turban.

turbar [turβár] *v. tr.* **1.** (molestar) to disturb. **2.** (desconcertar) to perplex.

turbina [turβína] *s. f.* turbine.

turbio, -bia [túrβjo] *adj.* **1.** turbid. **2.** (agua) muddy.

turbulento, -ta [turβulénto] *adj.* (revuelto) turbulent; troubled.

turismo [turísmo] *s. m.* tourism.

turista [turísta] *s. m. y f.* (visitante) tourist. || **clase ~** tourist class.

turístico, -ca [turístiko] *adj.* tourist.

turnar [turnár] *v. intr.* **1.** to alternate. || **turnarse** *v. prnl.* **2.** to take turns.

turno [túrno] *s. m.* **1.** turn. **2.** (en el trabajo) shift. || **por turnos** in rotation. **~ de noche** night shift.

turquesa [turkésa] *s. f., Miner.* turquoise.

turrón [turrón] *s. m.* a type of nougat made of almonds and honey (eaten at Christmas).

tutear [tuteár] *v. tr.* to address sb using the "tú" form.

tutela [tutéla] *s. f.* **1.** *Der.* guardianship; tutelage. **2.** *fig.* protection.

tutor, -ra [tutór] *s. m. y f.* **1.** *Der.* guardian. **2.** *Educ.* tutor.

tutti-frutti [tutifrúti] *s. m.* tutti-frutti.

tutú [tutú] *s. m.* tutu.

tuyo, -ya [tújo] *adj. pos. 2ª pers. sing.* **1.** your; of yours [Fue una propuesta tuya. *It was your proposal.*] || *pron. pos.* **2.** yours [Éste es mi libro, ¿dónde está el tuyo? *This is my book, where is yours?*]

U

u¹ [ú] *s. f.* (letra) u.

u² [ú] *conj. advers.* (used instead of o before words beginning with o) or [Me llamó a las siete u ocho. *He called me at seven or eight.*] •Used before words beginning with "o" or "ho".

ubicación [uβikaθjón] *s. f.* location.

ubicar [uβikár] *v. tr.* **1.** to place; to locate. ‖ **ubicarse** *v. prnl.* **2.** to be situated.

ubre [úβre] *s. f., Zool.* udder.

ufano, -na [ufáno] *adj.* **1.** (orgulloso) proud. **2.** (engreído) smug.

ujier [uχjér] *s. m.* **1.** (de un tribunal) usher. **2.** (portero) doorkeeper.

úlcera [úlθera] *s. f., Med.* ulcer. ‖ ~ **de estómago** *Med.* stomach ulcer.

ulterior [ulterjór] *adj., form.* ulterior.

ultimar [ultimár] *v. tr.* **1.** to finish. **2.** (concluir) to finalize.

ultimátum [ultimátun] *s. m.* ultimatum.

último, -ma [último] *adj.* **1.** last. **2.** (más reciente) latest. ‖ **por** ~ (finalmente) finally. | (por fin) at last.

ultrajar [ultraχár] *v. tr.* **1.** to outrage. **2.** (insultar) to insult.

ultraje [ultráχe] *s. m.* outrage.

ultraligero, -ra [ultraliχéro] *adj.* **1.** ultralight. ‖ *s. m.* **2.** (avión) microlight.

ultramar, de [ultramár] *s. m.* overseas.

ultramarino, -na [ultramaríno] *adj.* **1.** overseas. ‖ **ultramarinos** *s. m. pl.* **2.** (tienda).grocery store *Am. E.;* grocer's *Br. E.* (shop).

ultravioleta [ultraβjoléta] *adj. inv.* ultraviolet.

ulular [ululár] *v. intr.* **1.** (búho) to hoot. **2.** (viento, animales) to wail; to howl.

umbilical [umbilikál] *adj.* umbilical. ‖ **cordón** ~ *Anat.* umbilical cord.

umbral [umbrál] *s. m.* threshold.

umbrío, -a [umbrío] *adj., lit.* shady.

un, una [ún] *art. indef.* a; an [Tiene un hijo con una enfermedad. *He has a son with an illness.*]

unánime [unánime] *adj.* unanimous.

unanimidad [unanimiðáð] *s. f.* unanimity. ‖ **por** ~ unanimously.

unción [unθjón] *s. f., Rel.* unction.

undécimo, -ma [undéθimo] *adj. num. ord.* (también pron. num.) **1.** eleventh; eleven [Soy el undécimo de la lista. *I am the eleventh on the list.*] ‖ *adj. num. fracc.* (también *s. m.*) **2.** eleventh [La undécima parte. *An eleventh.*]

ungir [unχír] *v. tr., Rel.* to anoint.

ungüento [ungwénto] *s. m.* ointment.

único, -ca [úniko] *adj.* **1.** (solo) only; sole. **2.** (exclusivo) unique.

unicornio [unikórnjo] *s. m., Mit.* (caballo con un cuerno) unicorn.

unidad [uniðáð] *s. f.* **1.** *Econ.* unit. **2.** (unión) unity.

unido, -da [uníðo] *adj.* united.

unifamiliar [unifamiljár] *adj.* of one family. ‖ **vivienda** ~ house.

unificar [unifikár] *v. tr.* to unify.

uniformar [uniformár] *v. tr.* **1.** (regularizar) to standardize. **2.** (alumnos, militares) to uniform.

uniforme [unifórme] *adj.* **1.** (igual) uniform. ‖ *s. m.* **2.** uniform.

unilateral [unilaterál] *adj.* unilateral.

unión [unjón] *s. f.* **1.** (alianza) union. **2.** (unidad) unity.

unir [unír] *v. tr.* **1.** to join; to unite. ‖ **unirse** *v. prnl.* **2.** (juntarse) to join; to unite.

unísono, -na [unísono] *adj.* **1.** unisonous. ‖ *s. m.* **2.** unison. ‖ **al** ~ in unison.

unitario, -ria [unitárjo] *adj.* unitary.

universal [uniβersál] *adj.* universal.

universidad [uniβersiðáð] *s. f.* university. ∥ **~ a distancia** Open University.

universitario, -ria [uniβersitárjo] *adj.* **1.** university. ∥ *s. m. y f.* **2.** (estudiante) university student. **3.** (licenciado) university graduate.

universo [uniβérso] *s. m.* universe.

uno, -na [úno] *adj. num. card. inv.* (también pron. num. y s. m.) **1.** one. ∥ *adj. num. ord. inv.* (también pron. num.) **2.** first; one [Abre el libro por la página uno. *Open the book on page one.*] ∥ *pron. indef.* **3.** *col.* one [Pregunté a uno por la calle. *I asked somebody in the street.*] **4.** you [Uno tiene que saber lo que hay que hacer. *One has to know what has to be done.*] ∥ *adj. indef. pl.* (también pron. indef.) **5.** some [Ayer compré unos regalos para mi familia. *Yesterday I bought some presents for my family.*] •La forma apocopada "un" se utiliza ante un s. m. o un s. f. que empieza por "a" o "ha" acentuada. ∥ **el ~ al otro** each other [Se ayudan el uno al otro. *They help one another.*] **no dar una** *fam.* get nothing right. **~ mismo** oneself [Eso tiene que fijarlo uno mismo. *One has to arrange that oneself.*]

untar [untár] *v. tr.* **1.** (de grasa) to grease. **2.** *fig. y fam.* (sobornar) to suborn.

unto [únto] *s. m.* **1.** (grasa) grease; fat. **2.** (ungüento) ointment.

uña [úɲa] *s. f.* **1.** *Anat.* nail. **2.** *Zool.* (garra) claw. **3.** *Zool.* (pezuña) hoof. ∥ **ser ~ y carne** *fig. y fam.* to be inseparable.

urbanidad [urβaniðáð] *s. f.* (cortesía) courtesy; politeness.

urbanismo [urβanísmo] *s. m.* city planning.

urbanización [urβaniθaθjón] *s. f.* **1.** (proceso) urbanization. **2.** (núcleo residencial) housing estate.

urbano, -na [urβáno] *adj.* urban.

urbe [úrβe] *s. f.* large city; metropolis.

urdir [urðír] *v. tr.* **1.** (tramar) to plot. **2.** (hilos) to warp.

urgencia [urχénθja] *s. f.* **1.** urgency. **2.** (emergencia) emergency.

urgente [urχénte] *adj.* urgent.

urgir [urχír] *v. intr.* to be urgent.

urinario [urinárjo] *adj.* **1.** urinary. ∥ *s. m.* **2.** (váter) urinal.

urna [úrna] *s. f.* **1.** (cofre) urn. **2.** (para votar) bal-lot box.

urogallo [uroɣáʎo] *s. m.,* *Zool.* (ave) capercaillie.

urraca [uřáka] *s. m.,* *Zool.* magpie.

uruguayo, -ya [uruɣwaʝo] *adj. y s. m. y f.* Uruguayan.

usado, -da [usáðo] *adj.* **1.** used. **2.** (gastado) old.

usanza [usánθa] *s. f.* custom; usage.

usar [usár] *v. tr.* **1.** to use. **2.** (ropa) to wear. ∥ **~ mal** to misuse.

uso [úso] *s. m.* **1.** use. **2.** (costumbre) usage; custom. ∥ **mal ~** misuse.

usted [ustéð] *pron. pers. nomin. 3ª sing.* **1.** *form.* you [¿Es usted el señor Marcos? *Are you Mr. Marcos?*] ∥ *pron. pers. prep.* **2.** (+ prep) you [Hay alguien preguntando por usted. *There is someone asking for you.*] ∥ **~ mismo** yourself [Puede hacerlo usted mismo. *You can do it yourself.*] **ustedes mismos** yourselves.

usual [uswál] *adj.* usual; normal.

usuario, -ria [uswárjo] *s. m. y f.* user.

usura [usúra] *s. f.* usury.

usurero, -ra [usuréro] *s. m. y f.* usurer.

usurpar [usurpár] *v. tr.* to usurp.

utensilio [utensíljo] *s. m.* **1.** utensil. **2.** (herramienta) tool.

útero [útero] *s. m., Anat.* womb.

útil¹ [útil] *adj.* useful.

útil² [útil] *s. m.* (herramienta) tool; instrument.

utilidad [utiliðáð] *s. f.* utility; usefulness.

utilitario [utilitárjo] *s. m.* car.

utilización [utiliθaθjón] *s. f.* use; utilization.

utilizar [utiliθár] *v. tr.* (usar) to use; to utilize *frml.*

utopía [utopía] *s. f.* Utopia.

uva [úβa] *s. f.* grape. ‖ **~ pasa** raisin.

V

v [úβe] *s. f.* (letra) v.

vaca [báka] *s. f.* **1.** *Zool.* (animal) cow. **2.** *Gastr.* (carne) beef.

vacaciones [bakaθjónes] *s. f. pl.* holidays. || **estar de ~** to be on holidays.

vacante [bakánte] *adj.* **1.** vacant. **2.** (desocupado) unoccupied. || *s. f.* **3.** vacancy.

vaciar [baθiár] *v. tr.* **1.** (desocupar) to empty. **2.** (verter) to pour.

vacilación [baθilaθjón] *s. f.* hesitation.

vacilante [baθilánte] *adj.* **1.** (poco firme) unsteady; shaky. **2.** *fig.* hesitant.

vacilar [baθilár] *v. intr.* **1.** to hesitate. **2.** (balancearse) to wobble. **3.** (bromear) to joke.

vacío, -a [baθío] *adj.* **1.** empty. **2.** (hueco) hollow. **3.** (desocupado) unoccupied. **4.** (un trabajo) vacant. || *s. m.* **5.** emptiness. **6.** (un trabajo) vacancy.

vacuna [bakúna] *s. f., Med.* vaccine.

vacunación [bakunaθjón] *s. f., Med.* vaccination.

vacunar [bakunár] *v. tr., Med.* **1.** to vaccinate. || **vacunarse** *v. prnl.* **2.** to get oneself vaccinated.

vacuno, -na [bakúno] *adj.* bovine.

vado [báðo] *s. m.* (de un río) ford.

vagabundo, -da [baɣaβúndo] *adj.* **1.** vagrant. || *s. m. y f.* **2.** vagrant; tramp. || **un ~** a rollingstone.

vagancia [baɣánθja] *s. f.* laziness.

vagar [baɣár] *v. intr.* to wander; to roam.

vagina [baxína] *s. f., Anat.* vagina.

vago, -ga [báɣo] *adj.* **1.** lazy; idle. **2.** (indefinido) vague. || *s. m. y f.* **3.** (gandul) idler; lazy person.

vagón [baɣón] *s. m.* **1.** (de pasajeros) car *Am. E.;* coach *Br. E.* **2.** (de mercancías) freight car *Am. E.;* wagon *Br. E.* || **~ restaurante** dining car *Am. E.*

vagoneta [baɣonéta] *s. f., Miner.* small open wagon.

vaguear [baɣeár] *v. intr.* to laze around.

vaguedad [baɣeðáð] *s. f.* vagueness.

vahído [baíðo] *s. m.* dizzy spell.

vaho [báo] *s. m.* **1.** vapor; moisture. || **vahos** *s. m. pl.* **2.** *Med.* inhalation *m. sing.*

vaina [bájna] *s. f.* **1.** (funda) sheath. **2.** *Bot.* (de guisantes, de judías) pod.

vainilla [bajníʎa] *s. f.* vanilla.

vaivén [bajβén] *s. m.* **1.** (balanceo) swing. **2.** (de gente) coming and going.

vajilla [baxíʎa] *s. f. sing.* dishes *pl.*

vale [bále] *s. m.* voucher. || **~ para comprar libros** book token.

valedero, -ra [baleðéro] *adj.* valid.

valenciano, -na [balenθjáno] *adj. y s. m. y f.* Valencian.

valentía [balentía] *s. f.* courage; bravery.

valer [balér] *v. tr.* **1.** (tener un determinado valor) to be worth. **2.** (costar) to cost.

valeroso, -sa [baleróso] *adj.* (valiente) brave; valiant.

valía [balía] *s. f.* worth; value.

validez [baliðéθ] *s. f.* validity.

válido, -da [báliðo] *adj.* valid.

valiente [baljénte] *adj.* (valeroso) brave; valiant; gallant.

valija [balíxa] *s. f.* **1.** case. **2.** *Amér.* suitcase. || **~ diplomática** diplomatic bag.

valioso, -sa [baljóso] *adj.* **1.** valuable. **2.** (rico) wealthy.

valla [báʎa] *s. f.* (cerca) fence. || **~ publicitaria** hoarding.

vallado [baʎáðo] *s. m.* fence.

vallar [baʎár] *v. tr.* to fence.

valle [báʎe] *s. m., Geogr.* valley

valor [balór] *s. m.* **1.** (valía) value; worth. **2.** (precio) price. **3.** (coraje) valor. || **sin ~** worthless.

valoración [baloraθjón] *s. f.* valuation.

valorar [balorár] *v. tr.* **1.** to value.

vals [báls] *s. m.*, *Mús.* waltz.

valva [bálβa] *s. f.* **1.** *Bot.* valve. **2.** *Zool.* (concha) valve.

válvula [bálβula] *s. f.* valve.

vampiro [bampíro] *s. m.* vampire.

vanagloriarse [banaɣlorjárse] *v. prnl.* (alardear) to boast.

vandalismo [bandalísmo] *s. m.* (salvajada) vandalism.

vanguardia [baŋgwárðja] *s. f.* vanguard.

vanidad [baniðáð] *s. f.* vanity.

vanidoso, -sa [baniðóso] *adj.* vain.

vano, -na [báno] *adj.* vain. || **en ~** (inútilmente) in vain.

vapor [bapór] *s. m.* vapor; steam.

vaporizador [baporiθaðór] *s. m.* (pulverizador) vaporizer; spray.

vaporizar [baporiθár] *v. tr.* to vaporize.

vaporoso [baporóso] *adj.* vaporous.

vaquería [bakería] *s. f.* **1.** (establo) cowshed. **2.** (lechería) dairy.

vaquero [bakéro] *s. m.* **1.** cowboy. || **vaqueros** *s. m. pl.* **2.** jeans.

vara [bára] *s. f.* stick.

varadero [baraðéro] *s. m.* dry dock.

varar [barár] *v. tr.*, *Náut.* (un barco) to beach; to dock.

variable [barjáβle] *adj.* variable.

variación [barjaθjón] *s. f.* **1.** variation. **2.** (cambio) change.

variado [barjáðo] *adj.* varied.

variante [barjánte] *s. f.* variant.

variar [bariár] *v. tr. e intr.* to vary.

varicela [bariθéla] *s. f.*, *Med.* (enfermedad) chickenpox; varicella *frml.*

variedad [barjeðáð] *s. f.* variety.

varilla [baríʎa] *s. f.* rod.

vario, -ria [bárjo] *adj.* **1.** various. || **varios -rias** *adj.* **2.** several; various.

varón [barón] *s. m.* man; male.

varonil [baroníl] *adj.* manly; male.

vasallo, -lla [basáʎo] *s. m. y f.* **1.** *Hist.* vassal. **2.** (súbdito) subject.

vasco, -ca [básko] *adj.* **1.** Basque. || *s. m. y f.* **2.** (persona) Basque. || *s. m.* **3.** (idioma) Basque.

vasija [basíχa] *s. f.* vessel.

vaso [báso] *s. m.* **1.** glass. **2.** *Anat.* vessel.

vástago [bástaɣo] *s. m.* **1.** *Bot.* shoot. **2.** *fig.* (hijo) offspring.

vasto, -ta [básto] *adj.* vast; immense.

váter [báter] *s. m.* **1.** *fam.* (cuarto de baño) bathroom. **2.** (retrete) toilet.

vaticinar [batiθinár] *v. tr.* (augurar) to foretell; to predict.

vatio [bátjo] *s. m.*, *Electrón.* watt.

vecindad [beθindáð] *s. f.* (vecindario) neighborhood.

vecindario [beθindárjo] *s. m.* **1.** neighborhood. **2.** (vecinos) inhabitants *pl.*

vecino, -na [beθíno] *s. m. y f.* **1.** neighbor. **2.** (habitante) inhabitant.

veda [béða] *s. f.* **1.** (prohibición) prohibition. **2.** (temporada de caza) closed season.

vedar [beðár] *v. tr.* to prohibit.

vega [béɣa] *s. f.*, *Geogr.* meadow.

vegetación [beχetaθjón] *s. f.*, *Bot.* (flora) vegetation.

vegetal [beχetál] *adj.* **1.** vegetable. || *s. m.* **2.** vegetable; plant.

vegetar [beχetár] *v. intr.* **1.** *Bot.* to grow. **2.** *fig. y fam.* (holgazanear) to vegetate.

vegetariano, -na [beχetarjáno] *adj. y s. m. y f.* vegetarian.

vehemencia [veeménθja] *s. f.* (ímpetu) vehemence.

vehemente [beeménte] *adj.* vehement.

vehículo [beíkulo] *s. m.* vehicle.

veinte [béjnte] *adj. num. card. inv.* (también pron. num. y s. m.) **1.** twenty. || *adj. num. ord. inv.* (también pron. num.) **2.** twentieth; twenty [Adiós al siglo veinte. *Farewell to the twentieth century.*]

veinteañero [bejnteanéro] *adj. y s. m. y f.* twenty-year-old.

veintena [bejnténa] *s. f.* **1.** (veinte) twenty. **2.** (cerca de los veinte) about twenty.

veinticinco [bejntiθíŋko] *adj. num. card.* twenty-five.

veinticuatro [bejntikwátro] *adj. num. card.* twenty-four.

veintidós [bejntiðós] *adj. num. card.* twenty-two.

veintinueve [bejntinwéβe] *adj. num. card.* twenty-nine.

veintiocho [bejntiótʃo] *adj. num. card.* twenty-eight.

veintiséis [bejntiséjs] *adj. num. card.* twenty-six.

veintisiete [bejntisjéte] *adj. num. card.* twenty-seven.

veintitrés [bejntitrés] *adj. num. card.* twenty-three.

veintiún [bejntiún] *adj. num. card.* twenty-one. •Apocopated form of "veintiuno", used before a m. n.

veintiuno, -na [bejntiúno] *adj. num. card.* twenty-one. •Before a m. n., it is used the apocopated form "veintiún"

vejación [beχaθjón] *s. f.* **1.** vexation. **2.** (humillación) humiliation.

vejar [beχár] *v. tr.* to ill-treat.

vejez [beχéθ] *s. f.* old age.

vejiga [beχíɣa] *s. f.* **1.** *Anat.* bladder. **2.** (ampolla) blister.

vela¹ [béla] *s. f.* **1.** (de cera) candle. **2.** (desvelo) wakefulness.

vela² [béla] *s. f.*, *Náut.* sail.

velada [beláða] *s. f.* evening.

velador [belaðór] *s. m.* **1.** (vigilante) watchman. **2.** (mesa) pedestal table.

velar¹ [belár] *v. intr.* (estar despierto) stay awake.

velar² [belár] *v. tr.* **1.** (cubrir con un velo) to veil. **2.** *Fot.* to fog.

velatorio [belatórjo] *s. m.* wake.

velero [beléro] *s. m.*, *Náut.* (barco) sailboat *Am. E.*

veleta [beléta] *s. f.* **1.** weather vane; weathercock. || *s. m. y f.* **2.** *fig.* (persona) fickle person.

vello [béʎo] *s. m.* **1.** (pelo) hair. **2.** *Bot.* (pelusa) bloom.

vellón [beʎón] *s. m.* **1.** (de lana) fleece. **2.** (piel) sheepskin.

velludo, -da [beʎúðo] *adj.* downy; hairy.

velo [bélo] *s. m.* veil.

velocidad [beloθiðáð] *s. f.* (celeridad) speed. || **a toda ~** at full speed.

velódromo [belóðromo] *s. m.*, *Dep.* velodrome *Am. E.*

veloz [belóθ] *adj.* fast; swift.

vena [béna] *s. f.* **1.** vein. **2.** *fig.* (inspiración) poetical inspiration.

venablo [benáβlo] *s. m.* javelin; dart.

venado [benáðo] *s. m.* **1.** *Zool.* deer *inv.*; stag. **2.** *Gastr.* venison.

venal [benál] *adj.* venal.

vencedor, -dora [benθeðór] *s. m. y f.* **1.** victor. **2.** *Dep.* winner.

vencer [benθér] *v. tr.* **1.** (derrotar) to defeat. **2.** (superar) to surpass. **3.** (con quistar) to conquer. ‖ *v. intr.* **4.** (ganar) to win.

venda [bénda] *s. f.* bandage.

vendaje [bendáχe] *s. m., Med.* dressing; bandage.

vendar [bendár] *v. tr.* to bandage.

vendaval [bendaβál] *s. m., Meteor.* gale; strong wind.

vendedor [bendeðór] *s. m.* **1.** salesman. ‖ **vendedora** *s. f.* **2.** saleswoman. ‖ ~ **de periódicos** newsagent.

vender [bendér] *v. tr.* **1.** to sell. ‖ **venderse** *v. prnl.* **2.** to be on sale. **3.** (dejarse sobornar) to sell out.

vendimia [bendímja] *s. f.* **1.** (cosecha) grape harvest. **2.** (tiempo en que se hace) vintage; year.

vendimiar [bendimjár] *v. tr.* (uvas) to pick; to harvest.

veneno [benéno] *s. m.* **1.** (sustancia) poison. **2.** *fig.* (malicia) venom.

venenoso, -sa [benenóso] *adj.* **1.** poisonous. **2.** *fig.* (malicioso) venomous.

venerable [beneráβle] *adj.* venerable.

veneración [beneraθjón] *s. f.* **1.** veneration. **2.** (adoración) worship.

venerar [benerár] *v. tr.* **1.** to venerate. **2.** (adorar) to revere.

venezolano, -na [beneθoláno] *adj. y s. m. y f.* Venezuelan.

vengador, -dora [bengaðór] *s. m. y f.* (justiciero) avenger.

venganza [bengánθa] *s. f.* revenge.

vengar [bengár] *v. tr.* **1.** to avenge. ‖ **vengarse** *v. prnl.* **2.** to take revenge.

vengativo, -va [bengatíβo] *adj.* vindictive; revengeful.

venida [beníða] *s. f.* arrival; coming.

venidero, -ra [beniðéro] *adj.* coming; future. ‖ **en lo** ~ in the future.

venir [benír] *v. intr.* **1.** to come. **2.** (llegar) to arrive.

venta [bénta] *s. f.* **1.** *Econ.* sale. **2.** (posada) inn. ‖ **en** ~ for sale.

ventaja [bentáχa] *s. f.* advantage.

ventajoso, -sa [bentaχóso] *adj.* (conveniente) advantageous. ‖ **posición ventajosa** vantage point.

ventana [bentána] *s. f.* **1.** window. **2.** *Anat.* (de la nariz) nostril.

ventanal [bentanál] *s. m.* large window.

ventanilla [bentaníχa] *s. f.* window.

ventilación [bentilaθjón] *s. f.* ventilation.

ventilador [bentilaðór] *s. m.* **1.** ventilator. **2.** (instrumento) fan.

ventilar [bentilár] *v. tr.* (airear) to ventilate; to air.

ventisca [bentíska] *s. f.* **1.** snowstorm. **2.** (con mucho viento) blizzard.

ventolera [bentoléra] *s. f.* gust of wind.

ventosa [bentósa] *s. f.* **1.** suction cup. **2.** *Zool.* sucker. **3.** *Med.* cupping glass.

ventosear [bentoseár] *v. intr.* (expeler ventosidades) to break wind.

ventosidad [bentosiðáð] *s. f., eufem.* (flatulencia) flatulence; wind.

ventoso, -sa [bentóso] *adj.* windy.

ventrículo [bentríkulo] *s. m., Anat.* ventricle.

ventrílocuo, -cua [bentrílokwo] *s. m. y f.* ventriloquist.

ventura [bentúra] *s. f.* **1.** (felicidad) happiness. **2.** (suerte) luck.

ver¹ [bér] *s. m.* (apariencia) appearance.

ver² [bér] *v. tr.* **1.** to see. **2.** (mirar) to watch; to view. ‖ **verse** *v. prnl.* **3.** (encontrarse) to see each other. **4.** (dejarse ver) to be seen.

vera [béra] *s. f.* edge.

veracidad [beraθiðáð] *s. f.* truthfulness.

veranear [beraneár] *v. intr.* to spend the summer holidays.

veraneo [beranéo] *s. m.* summer holiday. || **lugar de ~** summer holiday resort.

veraniego, -ga [beranjéɣo] *adj.* (estival) summer.

verano [beráno] *s. m.* summer.

veras [béras] *s. f. pl.* truth. || **de ~** really.

veraz [beráθ] *adj.* truthful; veracious.

verbal [berβál] *adj.* verbal.

verbena [berβéna] *s. f.* street party.

verbo [bérβo] *s. m., Ling.* verb.

verdad [berðáð] *s. f.* truth. || **de ~** really. **en ~** truly; in truth.

verdadero, -ra [berðaðéro] *adj.* (real) true; real.

verde [bérðe] *adj.* 1. green. 2. (fruta) unripe. || *s. m.* 3. (color) green.

verdor [berðór] *s. m.* greenness.

verdoso, -sa [berðóso] *adj.* greenish.

verdugo [berðúɣo] *s. m.* 1. executioner. 2. (en la horca) hangman.

verdulero, -ra [berðuléro] *s. m. y f.* foul-mouthed person.

verdura [berðúra] *s. f.* vegetable.

vereda [beréða] *s. f.* path.

veredicto [bereðíkto] *s. m.* verdict.

vergel [berχél] *s. m.* (huerto) orchard.

vergonzoso, -sa [bervonθóso] *adj.* 1. (deshonroso) shameful. 2. (tímido) shy; bashful.

vergüenza [bervwénθa] *s. f.* 1. shame. 2. (bochorno) embarrassment. 3. (timidez) shyness. || **tener ~** to be ashamed.

verídico, -ca [beríðiko] *adj.* truthful.

verificar [berifikár] *v. tr.* 1. to verify. 2. (comprobar) to check.

verja [bérχa] *s. f.* 1. iron gate. 2. (cerca) railing. 3. (reja) grating.

verosímil [berosímil] *adj.* likely.

verruga [beřúɣa] *s. f., Med.* wart.

versado, -da [bersáðo] *adj.* versed.

versar [bersár] *v. intr.* to be about.

versátil [bersátil] *adj.* versatile.

versificar [bersifikár] *v. tr. e intr., Lit.* (poetizar) to versify.

versión [bersjón] *s. f.* 1. version. 2. (traducción) translation.

verso [bérso] *s. m.* verse.

vértebra [bérteβra] *s. f., Anat.* vertebra.

vertebrado, -da [berteβráðo] *adj. y s. m. y f., Zool.* vertebrate.

vertedero [berteðéro] *s. m.* dump; tip.

verter [bertér] *v. tr.* 1. to pour. 2. (derramar) to spill. || *v. intr.* 3. (desembocar) to flow; to run into.

vertical [bertikál] *adj.* 1. vertical. 2. (posición) upright. || *s. f.* 3. *Mat.* vertical. 4. (crucigrama) down *¿Quién me puede decir la cuatro vertical? Who can tell me four down?*

vértice [bértiθe] *s. m., Mat.* vertex.

vertido [bertíðo] *s. m.* dumping.

vertiginoso, -sa [bertiχinóso] *adj.* dizzy; giddy; vertiginous *frml.*

vértigo [bértiɣo] *s. m.* vertigo.

vesícula [besíkula] *s. f., Anat.* vesicle.

vestíbulo [bestíβulo] *s. m.* hall.

vestido [bestíðo] *s. m.* 1. (de mujer) dress. 2. (ropa) clothing; clothes *pl.* || **~ premamá** maternity dress.

vestigio [bestíχjo] *s. m.* 1. trace; vestige. 2. (señal) sign. || **vestigios** *s. m. pl.* 3. (restos de los antepasados) remains.

vestir [bestír] *v. tr.* 1. (llevar puesto) to wear. 2. (a alguien) to dress. || **vestirse** *v. prnl.* 3. to get dressed.

vestuario [bestwárjo] *s. m.* 1. (ropa) wardrobe. 2. (en gimnasios, piscinas) locker room.

veta [béta] *s. f.* **1.** *Miner.* vein; seam. **2.** (en la carne) streak.

veterano, -na [beteráno] *adj. y s. m. y f.* veteran.

veterinario, -ria [beterinárjo] *adj.* **1.** veterinary. ‖ *s. m. y f.* **2.** veterinarian *Am. E.;* vet; veterinary surgeon. ‖ **veterinaria** *s. f.* **3.** veterinary science.

veto [béto] *s. m.* veto.

vez [béθ] *s. f.* time [Voy al cine cuatro veces a la semana. *I go to the cinema four times a week.*] ‖ **a la ~** at the same time [Llegamos a la vez. *We arrived at the same time.*] **a veces** sometimes [A veces me trae comida. *Sometimes he brings me some food.*] **alguna ~** (en preguntas) ever [¿Alguna vez has ido a Francia? *Have you ever been to France?*] **algunas veces** sometimes. **cada ~ que** every time; whenever [Cada vez que salgo, le veo. *Whenever I go out, I see him.*] **de una ~ por todas** once and for all [Termínalo de una vez por todas. *Finish it once and for all.*] **de ~ en cuando** from time to time [De vez en cuado hago submarinismo. *From time to time I go scuba diving.*] **en ~ de** instead of [Fue a la biblioteca en vez de ir a una librería. *He went to the library instead of going to a bookshop.*] **otra ~** again [¿Puedes mandarme la carta otra vez? *Could you send me the letter again?*] **rara ~** rarely [Rara vez limpia la casa. *He rarely cleans the house.*] **una ~ que** once [Una vez que lleguemos, comeremos. *Once we arrive, we'll eat.*]

vía [bía] *s. f.* **1.** (calle) road. **2.** (camino) way. **3.** (raíl) rail. ‖ *prep.* **4.** via [Tengo que ir Madrid-Lyon vía Paris. *I have to go Madrid-Lyon via Paris.*]

viable [bjáβle] *adj.* viable.

viaducto [bjaδúkto] *s. m.* viaduct.

viajante [bjaxánte] *s. m.* **1.** (representante) traveling salesman. ‖ *s. f.* **2.** traveling saleswoman.

viajar [bjaxár] *v. intr.* to travel.

viaje [bjáxe] *s. m.* **1.** trip. **2.** (largo) voyage. ‖ **agencia de viajes** tourist agency. **bolsa de ~** traveling bag. **~ de placer** pleasure trip.

viajero, -ra [bjaxéro] *s. m. y f.* **1.** traveler. **2.** (pasajero) passenger.

vial [bjál] *adj.* road.

viático [bjátiko] *s. m., Rel.* viaticum.

víbora [bíβora] *s. f., Zool.* viper.

vibración [biβraθjón] *s. f.* vibration.

vibrar [biβrár] *v. tr.* **1.** to vibrate. **2.** (la voz) to quaver. ‖ *v. intr.* **3.** to vibrate.

vicario, -ria [bikárjo] *s. m. y f., Rel.* (cura) vicar.

vicepresidente, -ta [biθepresiδénte] *s. m. y f.* vice-president.

viceversa [biθeβérsa] *adv.* vice versa.

viciar [biθjár] *v. tr.* **1.** (corromper) to pervert. **2.** *Der.* to vitiate.

vicio [bíθjo] *s. m.* vice.

vicioso, -sa [biθjóso] *adj.* **1.** vicious. **2.** (pervertido) perverted.

vicisitud [biθisitúδ] *s. f.* **1.** vicissitude. ‖ **vicisitudes** *s. f. pl.* **2.** ups and downs [Estas son las vicisitudes de la vida. *These are life's ups and downs.*]

víctima [bíktima] *s. f.* **1.** victim. **2.** (en un accidente) casualty.

victoria [biktórja] *s. f.* victory.

victorioso, -sa [biktorjóso] *adj.* (vencedor) victorious.

vid [biδ] *s. f., Bot.* vine.

vida [bíδa] *s. f.* life. ‖ **jugarse la ~** to risk one's life. **modo de ~** way of life.

vidente [biðénte] *s. m. y f.* (adivino) clairvoyant; seer.

vídeo [bíðeo] *s. m.* video.

videoclip [bideoklíp] *s. m., Mús.* video.

videoclub [bideoklúb] *s. m.* video club.

videoconsola [bideokonsóla] *s. f.* video game system.

videojuego [bideoχwéγo] *s. m.* video game.

vidriera [biðrjéra] *s. f.* (ventana) stained glass window.

vidrio [bíðrjo] *s. m.* glass.

viejo, -ja [bjéχo] *adj.* **1.** old. ‖ *s. m.* **2.** old man. ‖ **vieja** *s. f.* **3.** old woman.

viento [bjénto] *s. m.* wind.

vientre [bjéntre] *s. m., Anat.* belly.

viernes [bjérnes] *s. m.* Friday.

viga [bíγa] *s. f.* **1.** beam. **2.** (de madera) joist. **3.** (de hierro) girder.

vigente [biχénte] *adj.* in force.

vigésimo, -ma [biχésimo] *adj. num. ord.* (también pron. num. y s. m.) twenty; twentieth [Ayer fue su vigésimo aniversario de boda. *Yesterday, it was their twentieth wedding anniversary.*]

vigía [biχía] *s. f.* **1.** (torre) watchtower. ‖ *s. m. y f.* **2.** (persona) lookout.

vigilancia [biχiláŋθja] *s. f.* (custodia) vigilance; watchfulness.

vigilante [biχilánte] *adj.* **1.** alert. ‖ *s. m. y f.* **2.** (guardia de seguridad) watchman.

vigilar [biχilár] *v. intr.* to watch.

vigilia [biχílja] *s. f.* **1.** (desvelo) wakefulness. **2.** *Rel.* (ayuno) fast.

vigor [biγór] *s. m.* **1.** vigor. **2.** (fuerza) strength.

vigorizar [biγoriθár] *v. tr.* to invigorate.

vigoroso, -sa [biγoróso] *adj.* **1.** vigorous. **2.** (fuerte) strong.

vil [bíl] *adj.* vile; base.

vileza [biléθa] *s. f.* vileness.

villa [bíʎa] *s. f.* **1.** (casa de campo) villa. **2.** *Hist.* (población) town; city.

villancico [biʎanθíko] *s. m., Mús.* carol; Christmas carol.

villanía [biʎanía] *s. f.* villainy.

villano, -na [biʎáno] *s. m. y f.* villain.

vinagre [bináγre] *s. m.* vinegar.

vinagrera [bináγrera] *s. f.* **1.** vinegar bottle. ‖ **vinagreras** *s. f. pl.* **2.** cruet *sing.*

vinagreta [bináγréta] *s. f., Gastr.* (salsa) vinaigrette.

vinajera [binaχéra] *s. f., Rel.* cruet.

vincular [biŋkulár] *v. tr.* to link.

vínculo [bíŋkulo] *s. m.* link; bond.

vinícola [biníkola] *adj.* **1.** wine. **2.** (area, región) wine-producing.

vino [bíno] *s. m.* wine. ‖ **ir de vinos** *fam.* to go on a drinking spree. ~ **tinto** red wine.

viña [bíɲa] *s. f.* vineyard.

viñedo [biɲéðo] *s. m.* vineyard.

viñeta [biɲéta] *s. f.* **1.** vignette. **2.** (dibujo) cartoon.

violación [bjolaθjón] *s. f.* **1.** violation. **2.** (sexual) rape.

violar [bjolár] *v. tr.* **1.** to violate. **2.** (sexualmente) to rape.

violencia [bjolénθja] *s. f.* violence.

violentar [bjolentár] *v. tr.* to force.

violento, -ta [bjolénto] *adj.* violent.

violeta [bjoléta] *s. f.* **1.** *Bot.* (flor) violet. ‖ *s. m.* **2.** (color) violet.

violín [bjolín] *s. m., Mús.* violin.

violonchelo o violoncelo [bjolontʃélo] *s. m., Mús.* cello; violoncello.

virar [birár] *v. intr.* **1.** *Náut.* to tack. **2.** (vehículo) to turn.

virgen [bírχen] *s. m. y f.* virgin.

Virgo [bírγo] *n. p., Astrol.* Virgo.

viril [biríl] *adj.* virile; manly; macho.

virtual [birtwál] *adj.* virtual.

virtud [birtúð] *s. f.* virtue. ‖ **en ~ de** by virtue of.

virtuoso, -sa [birtuóso] *adj.* **1.** (hábil) virtuous. ‖ *s. m. y f.* **2.** *Mús.* virtuoso.

viruela [birwéla] *s. f. Med.* **1.** (enfermedad) smallpox. **2.** *Med.* (marca) pockmark.

virus [bírus] *s. m. inv., Med.* virus.

viruta [birúta] *s. f.* (de madera) shaving.

visado [bisáðo] *s. m.* visa.

visar [bisár] *v. tr.* to visa.

víscera [bísθera] *s. f., Anat.* (entrañas) viscus (pl. viscera).

viscosidad [biskosiðáð] *s. f.* viscosity.

viscoso, -sa [biskóso] *adj.* viscous.

visera [biséra] *s. f.* **1.** (de una gorra) peak. **2.** (de plástico) eyeshade. **3.** (de un casco) visor.

visibilidad [bisiβiliðáð] *s. f.* visibility.

visible [bisíβle] *adj.* **1.** visible. **2.** *fig.* (manifiesto) evident; obvious.

visillo [bisíʎo] *s. m.* lace curtain.

visión [bisjón] *s. f.* **1.** vision. **2.** (vista) sight. **3.** (aparición) vision.

visir [bisír] *s. m., Polít.* vizier.

visita [bisíta] *s. f.* **1.** visit. **2.** (persona) visitor. ‖ **hacer una ~** to pay a visit. **tener ~** to have guests.

visitante [bisitánte] *s. m. y f.* visitor.

visitar [bisitár] *v. tr.* to visit.

vislumbrar [bislumbrár] *v. tr.* (entrever) to glimpse; to make out.

visón [bisón] *s. m., Zool.* mink.

víspera [bíspera] *s. f.* **1.** day before; eve. ‖ **vísperas** *s. f. pl.* **2.** *Rel.* vespers.

vista [bísta] *s. f.* **1.** view. **2.** (visión) sight; vision. **3.** (uno de los sentidos) eyesight. ‖ **a primera ~** at first glance. **de ~**

by sight. **hacer la ~ gorda** *fam.* to close one's eyes. **¡hasta la ~ !** see you! **saltar a la ~** *fig.* to stare one in the face.

vistazo [bistáθo] *s. m.* glance; look.

visto, -ta [bísto] *adj.* obvious; evident. ‖ **~ bueno** approval.

vistoso, -sa [bistóso] *adj.* **1.** (colorido) colorful. **2.** (llamativo) showy; loud.

visual [biswál] *adj.* visual.

vital [bitál] *adj.* vital.

vitalidad [bitaliðáð] *s. f.* vitality.

vitamina [bitamína] *s. f.* vitamin.

vitorear [bitoreár] *v. tr.* to cheer.

vitrina [bitrína] *s. f.* **1.** (para exposición) showcase. **2.** (armario) (glass) cabinet.

viudedad [bjuðeðáð] *s. f.* **1.** (pensión de una viuda) widow's pension. **2.** (pensión de un viudo) widower's pension. **3.** (mujer) widowhood. **4.** (hombre) widowerhood.

viudo, -da [bjúðo] *adj.* **1.** widowed. ‖ *s. m.* **2.** widower. ‖ **viuda** *s. f.* **3.** widow.

vivacidad [biβaθiðáð] *s. f.* (vigor) liveliness; vivacity.

vivaracho, -cha [biβarátʃo] *adj.* (vivaz) vivacious; lively.

vivaz [biβáθ] *adj.* lively; vivacious.

vivencia [biβénθja] *s. f.* experience.

víveres [bíβeres] *s. m. pl.* (provisiones) provisions; supplies.

vivero [biβéro] *s. m.* nursery garden.

viveza [biβéθa] *s. f.* vivacity.

vivienda [biβjénda] *s. f.* **1.** (alojamiento) housing. **2.** (casa) house; home *m.* **3.** (morada) dwelling.

vivir[1] [biβir] *s. m.* life; living.

vivir[2] [biβir] *v. intr.* **1.** to live. **2.** (residir) to reside. **3.** (existir) to be; to exist. ‖ *v. tr.* **4.** to live.

vivo, -va [bíβo] *adj.* **1.** living; alive. **2.** *fig.* vivid. **3.** (color) bright. **4.** (vivaz) vivacious.

vocablo [bokáβlo] *s. m.* **1.** *Ling.* (palabra) word. **2.** *Ling.* (término) term.

vocabulario [bokaβularjo] *s. m.* (léxico) vocabulary.

vocación [bokaθjón] *s. f.* (profesional, religiosa) vocation; calling.

vocal [bokál] *adj.* **1.** vocal. || *s. f.* **2.** *Ling.* vowel. || *s. m. y f.* **3.** (miembro) member.

vocalista [bokalísta] *s. m. y f.* (cantante) vocalist; singer.

vocalizar [bokaliθár] *v. tr.* to vocalize.

vocear [boθeár] *v. tr. e intr.* to shout.

vociferar [boθiferár] *v. intr.* **1.** (chillar) to shout; to yell. || *v. tr.* **2.** to shout.

volador, -dora [bolaðór] *adj.* flying.

volante [bolánte] *adj.* **1.** flying. || *s. m.* **2.** (pliegue) shuttlecock. **3.** *Autom.* steering wheel.

volar [bolár] *v. intr.* **1.** to fly. **2.** *fig.* (desaparecer) to disappear. || *v. tr.* **3.** (estallar) to explode. **4.** (demoler) to blow up. || **irse volando** to fly away.

volátil [bolátil] *adj.* volatile.

volcán [bolkán] *s. m., Geol.* volcano.

volcánico [bolkániko] *adj.* volcanic.

volcar [bolkár] *v. tr.* **1.** to upset; to overturn. || *v. intr.* **2.** (coche) to overturn. || **volcarse** *v. prnl.* **3.** to tip over. **4.** (barco) to capsize.

voleibol [bolejβól] *s. m., Dep.* volleyball.

voltaje [boltáχe] *s. m., Electrón.* voltage.

voltereta [boltereta] *s. m.* somersault.

voltio [bóltjo] *s. m., Electrón.* volt.

voluble [bolúβle] *adj.* fickle.

volumen [bolúmen] *s. m.* **1.** *Mat.* volume. **2.** *Fís.* (sonido) volume. **3.** (tomo) volume; tome.

voluminoso, -sa [boluminóso] *adj.* **1.** voluminous. **2.** (enorme) bulky.

voluntad [boluntáð] *s. f.* **1.** will. **2.** (firmeza) determination.

voluntariado [boluntarjáðo] *s. m. inv.* **1.** *Mil.* voluntary military service. **2.** (voluntarios) volunteers.

voluntario, -ria [boluntárjo] *adj.* **1.** voluntary. || *s. m. y f.* **2.** volunteer; voluntary worker.

voluntarioso, -sa [boluntarjóso] *adj.* willful; headstrong.

voluptuosidad [boluptwosiðáð] *s. f.* voluptuousness.

voluptuoso [boluptuóso] *adj.* (sensual) voluptuous.

volver [bolβér] *v. tr.* **1.** to turn. **2.** to return. || *v. intr.* **3.** (regresar) to return; to get back. **4.** (ir) to go back. || **volverse** *v. prnl.* **5.** (darse la vuelta) to turn. **6.** (llegar a ser) to become. || **~ sobre sus pasos** to retrace one's steps.

vomitar [bomitár] *v. intr.* **1.** to vomit; to be sick *Br. E.* || *v. tr.* **2.** *fig.* (insultos) to hurl.

vómito [bómito] *s. m.* vomit.

voracidad [boraθiðáð] *s. f.* voracity.

voraz [boráθ] *adj.* voracious.

vos [bós] *pron. pers. 2ª sing.* **1.** *arc.* thou *arch.* **2.** *Amér.* you.

vosotros, -tras [bosótros] *pron. pers. nomin. 2ª pl.* **1.** you [¿Queréis cantar vosotros? *Do you want to sing?*] || *pron. pers.* **2.** (+ prep.) you [Tengo un mensaje para vosotros. *I have a message for you.*] || **~ mismos** yourselves [¿Habéis pintado vosotros mismos la casa? *Have you painted the house yourselves?*]

votación [botaθjón] *s. f.* **1.** (acto) voting. **2.** (voto) poll; ballot. || **~ por correo** postal ballot.

votante [botánte] *s. m. y f.* voter.

votar [botár] *v. intr.* to vote.

voto [bóto] *s. m.* **1.** *Polít.* vote. **2.** *Rel.* (promesa) vow.

voz [bóθ] *s. f.* **1.** (sonido) voice. **2.** *Ling.* (palabra) word.

vuelco [bwélko] *s. m.* **1.** upset; tumble. **2.** (caída) spill.

vuelo [bwélo] *s. m.* flight. ‖ **auxiliar de ~** (en un avión) steward.

vuelta [bwélta] *s. f.* **1.** turn. **2.** (giro) whirl. **3.** (regreso) return. **4.** (paseo) walk. **5.** (de monedas) change. ‖ **dar vueltas** to spin; to whirl.

vuestro [bwéstro] *adj. pos. 2ª pl.* **1.** your; of yours [Vuestro hijo es muy alto. *Your son is very tall.*] ‖ *pron. pos. 2ª pl.* **2.** yours [La vuestra es mejor que la nuestra. *Yours is better than ours.*]

vulgar [bulɣár] *adj.* **1.** (ordinario) vulgar; coarse. **2.** (común) common.

vulgaridad [bulɣariðáð] *s. f.* **1.** commonness. **2.** (grosería) vulgarity.

vulgo [búlɣo] *s. m. pl.* ordinary people. ‖ **el ~** *pey.* the masses.

vulnerable [bulneráβle] *adj.* vulnerable.

vulnerar [bulnerár] *v. tr.* to harm.

vulva [búlβa] *s. f., Anat.* vulva.

W

w [úβeðóβle] *s. f.* (letra) w.

walkie-talkie [gwalkitálki] *s. m.* walkie-talkie [Le regalaron un walfie-talkie por su cumpleaños. *They gave him a walkie-talkie for his birthday.*]

walkman [gwálman] *s. m.* Walkman (marca registrada).

wáter [báter] *s. m.* *váter.

waterpolo [gwaterpólo] *s. m., Dep.* water polo.

waterpolista [gwaterpolísta] *s. m. y f., Dep.* water polo player.

WC [uβeθé] *s. m. WC.*

web [gwéb] *s. f.* (www) web.

weekend [gwikén] *s. m., angl.* weekend [Fuimos a pasar el weekend a Cuenca. *We went to Cuenca on the weekend.*]

western [gwéster] *s. m., angl.* Western.

whiskería [gwiskería] *s. m.* bar (selling whiskies).

whisky [gwíski] *s. m.* whiskey. [Solía beber un vaso de whisky con soda todas las noches. *He used to drink a glass of whiskey and soda every night.*] ‖ **~ con hielo** whisky on the rocks. **~ de malta** malt whisky

windsurf [gwínsurf] *s. m., Dep.* windsurfing.

x [ékis] *s. f.* (letra) x.

xenofobia [senofóβja] *s. f.* xenophobia [En Alemania hubo una campaña contra la xenofobia. *In Germany, there was a campaign against xenofobia.*]

xenófobo, -ba [senófoβo] *adj.* **1.** xenophobic. ‖ *s. m. y f.* **2.** xenofobe.

xénon [sénon] *s. m., Quím.* (gas noble) xenon [El símbolo químico del xenón es "xe" o "x". *The chemical symbol for xenon is "xe" or "x".*]

xerocopia [serokópja] *s. f.* (fotocopia) photocopy.

xerófilo, -la [serófilo] *adj., Zool. y Bot.* xerophilous.

xerografía [seroɣrafía] *s. f.* xerography.

xileno [siléno] *s. m.* xylene.

xilófonista [silofonísta] *s. m. y f., Mús.* xylofonista.

xilófono [silófono] *s. m., Mús.* xylophone [Rompió su xilófono en el concierto. *He brokes his xylophone in the concert.*]

xilografía [siloɣrafía] *s. f.* **1.** (arte) xilography. **2.** *Impr.* xylograph.

xilógrafo [silóɣrafo] *s. m.* xilographer.

Y

y¹ [í] *conj. copul.* and.

y² [iɣr̃jéɣa] *s. f.* (letra) y.

ya [ǰá] *adv.* already [Ya lo he hecho. *I've already done it.*] || **~ no** no longer [Ya no existe. *It no longer exists.*] **~ que** inasmuch as [No le conoces ya que no lo has reconocido. *You don't know him inasmuch as you haven't recognized him.*]

yacer [ǰaθér] *v. intr., form.* to lie.

yacimiento [ǰaθimjénto] *s. m., Geol.* (explotación) bed; deposit.

yarda [ǰárða] *s. f.* (medida) yard.

yate [ǰáte] *s. m., Náut.* yacht. || **ir en ~** *Náut.* to yacht.

yedra [ǰéðra] *s. f., Bot.* ivy.

yegua [ǰéɣwa] *s. f., Zool.* mare.

yelmo [ǰélmo] *s. m.* helmet.

yema [ǰéma] *s. f.* **1.** *Bot.* leaf bud. **2.** (de huevo) yolk. **3.** (del dedo) fingertip.

yerba [ǰérβa] *s. f., Bot.* grass.

yermo, -ma [ǰérmo] *adj.* **1.** (despoblado) deserted. **2.** (estéril) barren. || *s. m.* **3.** *Geogr.* wasteland.

yerno [ǰérno] *s. m.* son-in-law.

yerro [ǰér̃o] *s. m., arc.* error; mistake.

yesca [ǰéska] *s. f.* tinder.

yeso [ǰéso] *s. m.* **1.** *Albañ.* plaster. **2.** *Miner.* gypsum.

yo [ǰó] *pron. pers. nomin. 1ª sing.* I [No te preocupes, yo lo hago. *Don' worry, I will do it.*] || **~ mismo** (enfático) myself [Lo prepararé yo mismo. *I'll prepare it myself.*]

yodo [ǰóðo] *s. m., Quím.* iodine.

yoga [ǰóɣa] *s. m.* yoga.

yogur [ǰoɣúr] *s. m., Gastr.* yoghurt.

yóquey [ǰókej] *s. m. y f., Equit.* jockey.

yoyó [ǰoǰó] *s. m.* yo-yo.

yudo [ǰúðo] *s. m., Dep.* judo.

yudoca [ǰuðóka] *s. m. y f., Dep.* judoka.

yugo [ǰúɣo] *s. m.* yoke.

yugular¹ [ǰuɣulár] *adj.* **1.** *Anat.* jugular. || *s. f.* **2.** *Anat.* jugular (vein).

yugular² [ǰuɣulár] *v. tr.* **1.** (degollar) to slit the throat. **2.** *fig.* to nip something in the bud.

yunque [ǰúnke] *s. m.* anvil.

yunta [ǰúnta] *s. f.* (de animales) yoke; team (of oxen).

yuppie [ǰúpi] *s. m. y f.* yuppie.

yuxtaponer [ǰustaponér] *v. tr.* (poner al lado) to juxtapose.

Z

z [θéʧa] *s. f.* (letra) z.

zafarrancho [θafaʐántʃo] *s. m., Náut.* clearing of the decks.

zafarse [θafárse] *v. prnl.* (escaparse) to get away. ‖ **~ de** to get out of.

zafio [θáfjo] *adj.* coarse.

zafiro [θafíro] *s. m., Miner.* sapphire.

zafra¹ [θáfra] *s. f.* oil vessel.

zafra² [θáfra] *s. f.* **1.** (cosecha) sugar cane harvest. **2.** (periodo) sugar cane harvest time.

zafra³ [θáfra] *s. f., Miner.* slag.

zaga [θáɣa] *s. f.* rear. ‖ **a la ~** behind.

zaguán [θaɣwán] *s. m.* hallway; hall.

zalamería [θalamería] *s. f.* (adulación) flattery; cajolery.

zalamero, -ra [θalaméro] *adj.* **1.** flattering. ‖ *s. m. y f.* **2.** (halagador) flatterer.

zamarra [θamáʐa] *s. f.* (pelliza) sheepskin jacket; leather jacket.

zambo, -ba [θámbo] *adj.* bowlegged.

zambomba [θambómba] *s. f.* **1.** *Mús.* drum-like instrument. ‖ **¡ ~ !** *interj.* **2.** *fam.* wow!

zambullir [θambuʎír] *v. tr.* **1.** (persona) to duck. **2.** (cosa) to dive; to plunge. ‖ **zambullirse** *v. prnl.* **3.** (en el agua) to dive; to plunge.

zampar [θampár] *v. tr.* **1.** to gobble. ‖ **zamparse** *v. prnl.* **2.** to gobble.

zanahoria [θanaórja] *s. f., Bot.* carrot.

zanca [θáŋka] *s. f.* leg.

zancada [θaŋkáða] *s. f.* stride.

zancadilla [θaŋkaðíʎa] *s. f.* trip.

zanco [θáŋko] *s. m.* stilt.

zancudo, -da [θaŋkúðo] *adj.* (patilargo) long-legged.

zángano [θáŋgano] *s. m.* **1.** *Zool.* (macho de la abeja) drone. ‖ *s. m. y f.* **2.** *fig. y fam.* (gandúl) lazybones.

zanja [θánχa] *s. f.* ditch; trench.

zanjar [θaŋχár] *v. tr.* **1.** (hacer una zanja) to ditch. **2.** *fig.* (un asunto) to settle.

zapata [θapáta] *s. f.* **1.** (cuña) wedge. **2.** *fig. Autom.* shoe.

zapatear [θapateár] *v. tr.* (en baile) to tap one's feet.

zapatería [θapatería] *s. f.* shoe store *Am. E.*; shoe shop *Br. E.*

zapatero, -ra [θapatéro] *s. m. y f.* shoemaker; cobbler.

zapatilla [θapatíʎa] *s. f.* slipper.

zapato [θapáto] *s. m.* shoe.

zapping [θápin] *s. m., col.* (TV) zapping.

zar [θár] *s. m.* czar; tzar.

zarandear [θaraṇdeár] *v. tr.* to toss.

zarcillo [θarθíʎo] *s. m.* **1.** (pendiente) earring. **2.** *Bot.* tendril.

zarina [θarína] *s. f.* czarina; tzarina.

zarpa [θárpa] *s. f.* paw; claw.

zarpar [θarpár] *v. intr., Náut.* (levar anclas) to weigh anchor.

zarpazo [θarpáθo] *s. m.* swipe.

zarrapastroso, -sa [θaʐapastróso] *adj., fam.* (descuidado) shabby.

zarza [θárθa] *s. f., Bot.* bramble; blackberry bush.

zarzal [θarθál] *s. m., Bot.* bramble patch.

zarzamora [θarθamóra] *s. f., Bot.* (fruto) bramble; blackberry.

zarzaparrilla [θarθaparíʎa] *s. f.* (refresco) sarsaparilla.

zarzuela [θarθwéla] *s. f., Mús.* zarzuela.

zascandil [θaskaṇdil] *s. m. y f., fam.* (enredador) unruly person.

zigzag [θiɣθáɣ] *s. m.* zigzag.

zinc [θín] *s. m.* zinc.

zócalo [θókalo] *s. m., Arq.* plinth; base.

zoco [θóko] *s. m.* souk.

Zodiaco o Zodíaco [θoðjáko] *n. p.*, *Astrol.* zodiac.

zombi [θómbi] *s. m.* **1.** zombie. || *adj. y s. m. y f.* **2.** *fig.* (alelado) zombie.

zona [θóna] *s. f.* zone; area.

zonzo, -za [θóŋθo] *adj. y s. m. y f.*, *Amér.* (soseras) dull.

zoo [θóo] *s. m.* (zoológico) zoo.

zoología [θooloχía] *s. f.* zoology.

zoológico, -ca [θoolóχiko] *adj.* **1.** zoological. || *s. m.* **2.** zoo.

zoom [θún] *s. m.* zoom.

zopenco, -ca [θopéŋko] *adj.* **1.** *fam.* dull. || *s. m. y f.* **2.** *fam.* (tonto) dullard; blockhead.

zoquete [θokéte] *s. m.* **1.** (de madera) block. || *s. m. y f.* **2.** *fig. y fam.* (lerdo) blockhead, stupid.

zorro [θóřo] *s. m.* **1.** *Zool.* fox. || **zorra** *s. f.* **2.** *Zool.* fox. **3.** *fig. y fam.* (prostituta) prostitute; bitch.

zozobra [θoθóβra] *s. f.* **1.** *Náut.* capsizing. **2.** *fig.* (inquietud) anxiety.

zozobrar [θoθoβrár] *v. intr.*, *Náut.* (naufragar) to capsize; to founder.

zueco [θwéko] *s. m.* clog.

zulo [θúlo] *s. m.* cache.

zumbado, -da [θumbáðo] *adj.*, *col.* crazy.

zumbar [θumbár] *v. intr.* **1.** to buzz; to hum. || *v. tr.* **2.** (pegar) to thrash.

zumbido [θumbíðo] *s. m.* buzz; hum.

zumo [θúmo] *s. m.* juice.

zurcido [θurθíðo] *s. m.* darn.

zurcir [θurθir] *v. tr.* to darn.

zurdo, -da [θúrðo] *adj.* **1.** (persona) left-handed. **2.** (mano) left.

zurra [θúřa] *s. f.*, *fam.* beating; hiding.

zurrar [θuřár] *v. tr.*, *fam.* to thrash.

zurriagazo [θuřjaɣáθo] *s. m.*, *fam.* lash.

zurrón [θuřón] *s. m.* bag; haversack.

zutano, -na [θutáno] *s. m. y f.*, *fam.* so-and-so.

DICCIONARIO ESPAÑOL-INGLÉS
ENGLISH-SPANISH DICTIONARY

everest

INTRODUCTION

Human being's need of communication makes language their main vehicle of expression. It is necessary to know its lexicon and to use it correctly to acquire a basic knowledge of the language and to express and understand oral or written messages of any language. The new *Dictionary Vértice Everest español-inglés / english-spanish* was created to satisfy these needs in an appropiate way, facilitating a quick and useful consultation.

Its 40 000 carefully selected terms are accompanied by phonetic transcription in all entries, explanatory notes, matters, usage examples with translations in both directions, etc. Besides irregular verbs, pronunciation tables, phonetic alphabet, number tables, etc.

The selection of terms and contents is geared to its usage in basic communicative situations on the job or in daily life, as well as to solve main difficulties in the learning of Spanish or English, since it is designed so that students and speakers of both languages can find and understand the information they need.

Its reduced size, ideal for carrying in a handbag, rucksack or schoolbag makes it an essential component for travel, taking it to class or simply for having it always near without taking up a lot of space.

EDITORIAL EVEREST

ENGLISH PHONETIC TRANSCRIPTION

The phonetic transcription is based on the International Phonetic Alphabet (IPA) although it is adapted to make the interpretation of the transcription to all readers easy, offering enough information about the correct pronunciation of the words, using the standard rules as reference.

Information about pronunciation is shown in brackets ([...]) after the entries. The place for the accent inside the word is shown with a written accent (') before the nucleus. The correspondences between the phonetic symbols used in this dictionary and the graphic symbols are gathered in the following table:

SYMBOL	GRAPHIC	EXAMPLE
Vowels		
[ɑ:]	a, al, ar	father ['fɑ:ðər], start [stɑ:rt]
[æ]	a, ai	cat [kæt], plait [plæt]
[ʌ]	o, u	love [lʌv], cup [kʌp]
[ɜ:]	ir, or, ur	bird [bɜ:rd], word [wɜ:rd]
[e]	e, ei	ten [ten], friend [frend]
[i:]	ee, ea	see [si:], sea [si:]
[ɪ]	i	city ['sɪtɪ]
[ɔ:]	al, aw, or	all [ɔ:l], law [lɔ:], horse [hɔ:rs]
[ɒ]	o	dog [dɒg],
[u:]	oo, oe, u	food [fu:d], shoe [ʃu:], rude [ru:d]
[ʊ]	oo, u	foot [fʊt], full [fʊl]
[ə]	o, a	color ['kʌlər], about [[ə'baʊt]
Diphthongs		
[aɪ]	i, y	fly ['flaɪ], time [taɪm]
[aʊ]	ou, ow	house [haʊs], how [haʊ]
[eɪ]	a, ai, ay, ei	day [deɪ]
[ɔɪ]	oi, oy	boil [bɔɪl], boy [bɔɪ]
[oʊ]	o, oa	note[noʊt], goat [goʊt]

SYMBOL	GRAPHIC	EXAMPLE
Consonants		
[p]	p, pp	pen [pen], happen ['hæpən]
[t]	t, tt	tea [ti:], button ['bʌtn]
[k]	c , k	cat [kæt], lock [lɒk]
[b]	b, bb	bill [bɪl], lobby ['lɒbi:]
[d]	d, dd	desk [desk], ladder [['lædər]
[g]	g, gg	dog [dɒg], goal [goʊl], goggle ['gɒgəl]
[dʒ]	g, gg, dg, j	age [eɪdʒ], judge ['dʒʌdʒ]
[tʃ]	ch	rich [rɪtʃ]
[f]	f, ff, ph	father [['fɑ:ðər], photography ['fə'tɒgrəfi:]
[v]	v	vain [veɪn]
[θ]	th	think [θɪŋk]
[ð]	th	this [ðɪs], there [ðer]
[s]	s, c	sell [sel], ice [aɪs]
[z]	s, z	rose [roʊz], zoo [zu:]
[ʃ]	sh, ch, s, ti	shoe [ʃu:], machine [mə'ʃi:n], sure [ʃʊr], station ['steɪʃən]
[ʒ]	s, si	measure ['məʒər], vision ['vɪʒən]
[h]	h	hair [her]
[m]	m, mm	man [mæn], hammer ['hæmər]
[n]	n, nn	name [neɪm], dinner ['dɪnər]
[ŋ]	ng, nk	finger ['fɪŋgər], pink [pɪŋk]
[l]	l, ll	lass [læs], valley ['væli:]
[r]	r, rr	read [ri:d], sorry [['sɒri:]
[j]	y, u	yellow ['jeloʊ], use [ju:z]
[w]	w, ua, wh	water ['wɔ:tər], when [wen]

ABBREVIATION USED IN ENGLISH

abbrev.	abbreviation	*der.*	derogative
adj.	adjetive	*dial.*	dialectal
adv.	adverb	*disj.*	disjunctive
adv. phr.	adverbial phrase	*dist .*	distributive
advers.	adversative		
Aeron.	Aeronautical	*Ecol.*	Ecology
affirm.	affirmative	*Econ.*	Economics
Agr.	Agricultural	*Electron.*	Electronics
Am.	America	*emph.*	emphatic
amb.	ambiguous	*excl.*	exclamative
Anat.	Anatomy	*ext.*	by extensión
Archit.	Architecture		
art.	article	*f.*	femenine
Astrol.	Astrology	*fam.*	familiar
Astron.	Astronomy	*fig.*	figurative
aux.	auxiliar	*Film*	Film
		form	formula
Biol.	Biology	*frml.*	formal
Bot.	Botany		
		Gastr.	Gastronomy
C. Am.	Central America	*Geogr.*	Geography
Car	Car	*Geol.*	Geology
card.	cardinal		
caus.	causative	*Hist.*	History
Chem.	Chemistry	*Horse*	Horsemanship
coll.	colloquial		
Comp.	Computing		
compar.	comparative	*idm.*	idiom
conces.	concessive	*impers.*	impersonal
cond.	conditional	*indef.*	indefinite
conj.	conjunction	*indefin.*	indefinite
consec.	consecutive	*int.*	interrogative
contr.	contraction	*interj.*	interjection
copul.	copulative	*intr.*	intransitive
		inv.	invariable
def.	definite		
dem.	demonstrative	*Law*	Law

learn. exp.	learned expression	*pl.*	plural
Ling.	Linguistics	*p.n.*	proper noun
Lit.	Literature	*Polit.*	Politics
loc.	locution	*poss.*	possessive
		prep.	preposition
m.	masculine	*Print.*	Printing
Math.	Mathematics	*prnl.*	pronominal
Mec.	Mechanical Engineering	*pron.*	pronoun
Med.	Medicine		
Meteor.	Meteorology	*quant.*	quatifier
Mil.	Military		
Miner.	Mineralogy	*rare*	rare
mod.	modal	*Rel.*	Religion
Mus.	Music	*rel.*	relative
Myth	Mythology		
		S. Am.	South America
n.	noun	*Sculp.*	Sculpture
N. Am.	North America	*sing.*	singular
Nav.	Navigation	*slang*	slang
neg.	negative	*Sp.*	Spain
num.	numeral	*Sports*	Sports
of doubt	of doubt	*t.*	of time
offens.	offensive	*Taur.*	Tauromachy
of place	of place	*Tech*	Technology
ord.	ordinal	*Theat.*	Theatre
		tr.	transitive
p.	participle		
Paint.	Painting	*v.*	verb
pers.	person	*Vet.*	Veterinary
Pharm	Pharmacy	*vulg.*	vulgar
phras.	phrase		
Phot.	Photography	*Zool.*	Zoology
Phys.	Physics		

NUMERALS

0	zero	cero	
1	one	uno	first	primer, primero
2	two	dos	second	segundo
3	three	tres	third	tercer, tercero
4	four	cuatro	fourth	cuarto
5	five	cinco	fifth	quinto
6	six	seis	sixth	sexto
7	seven	siete	seventh	séptimo
8	eight	ocho	eighth	octavo
9	nine	nueve	ninth	noveno
10	ten	diez	tenth	décimo
11	eleven	once	eleventh	undécimo
12	twelve	doce	twelfth	duodécimo
13	thirteen	trece	thirteenth	decimotercero
14	fourteen	catorce	fourteenth	decimocuarto
15	fifteen	quince	fifteenth	decimoquinto
16	sixteen	dieciséis	sixteenth	decimosexto
17	seventeen	diecisiete	seventeenth	decimoséptimo
18	eighteen	dieciocho	eighteenth	decimoctavo
19	nineteen	diecinueve	nineteenth	decimonoveno
20	twenty	veinte	twentieth	vigésimo
21	twenty-one	veintiuno	twenty-first	vigésimo primero
22	twenty-two	veintidós	twenty-second	vigésimo segundo
23	twenty-three	veintitrés	twenty-third	vigésimo tercero
24	twenty-four	veinticuatro	twenty-fourth	vigésimo cuarto
25	twenty-five	veinticinco	twenty-fifth	vigésimo quinto
26	twenty-six	veintiséis	twenty-sixth	vigésimo sexto
27	twenty-seven	veintisiete	twenty-seventh	vigésimo séptimo
28	twenty-eight	veintiocho	twenty-eighth	vigésimo octavo
29	twenty-nine	veintinueve	twenty-ninth	vigésimo noveno
30	thirty	treinta	thirtieth	trigésimo
40	forty	cuarenta	fortieth	cuadragésimo
50	fifty	cincuenta	fiftieth	quincuagésimo
60	sixty	sesenta	sixtieth	sexagésimo
70	seventy	setenta	seventieth	septuagésimo
80	eighty	ochenta	eightieth	octogésimo
90	ninety	noventa	ninetieth	nonagésimo
100	a hundred	cien	hundredth	centésimo
200	two hundred	doscientos	two hundredth	ducentésimo
300	three hundred	trescientos	three hundredth	tricentésimo
400	four hundred	cuatrocientos	four hundredth	cuadringentésimo
500	five hundred	quinientos	five hundredth	quingentésimo
600	six hundred	seiscientos	six hundredth	sexcentésimo
700	seven hundred	setecientos	seven hundredth	septingentésimo
800	eight hundred	ochocientos	eight hundredth	octingentésimo
900	nine hundred	novecientos	nine hundredth	noningentésimo
1 000	a thousand	mil	thousandth	milésimo
10 000	ten thousand	diez mil	ten thousandth	diezmilésimo

IRREGULAR VERBS

INFINITIVE	PAST	PARTICIPLE	INFINITIVE	PAST	PARTICIPLE
abide	abode/abided	abode/abided	flee	fled	fled
arise	arose	arisen	fling	flung	flung
awake	awoke/awaked	awoke/awaked	fly	flew	flown
be	was/were	been	forbid	forbade	forbidden
bear	bore	born/borne	forget	forgot	forgotten
beat	beat	beaten	forgive	forgave	forgiven
become	became	become	forsake	forsook	forsaken
begin	began	begun	freeze	froze	frozen
bend	bent	bent	get	got	gotten/got
bet	bet/betted	bet/betted	give	gave	given
bid	bid/bade	bid/bade	go	went	gone
bind	bound	bound	grind	ground	ground
bite	bit	bitten	grow	grew	grown
bleed	bled	bled	hang	hung/hanged	hung/hanged
blow	blew	blown	have	had	had
break	broke	broken	hear	heard	heard
breed	bred	bred	hide	hid	hidden
bring	brought	brought	hit	hit	hit
build	built	built	hold	held	held
burn	burnt/burned	burnt/burned	hurt	hurt	hurt
burst	burst	burst	keep	kept	kept
buy	bought	bought	kneel	knelt/kneeled	knelt/kneeled
can	could		know	knew	known
catch	caught	caught	lay	laid	laid
choose	chose	chosen	lead	led	led
come	came	come	lean	leant/leaned	leant/leaned
cost	cost	cost	leap	leapt/leaped	leapt/leaped
creep	crept	crept	learn	learnt/learned	learnt/learned
cut	cut	cut	leave	left	left
deal	dealt	dealt	lend	lent	lent
dig	dug	dug	let	let	let
do	did	done	lie	lay	lain
draw	drew	drawn	light	lit/light	lit/light
dream	dreamed/dreamt	dreamed/dreamt	lose	lost	lost
drink	drank	drunk	make	made	made
drive	drove	driven	may	might	-
dwell	dwelt	dwelt	mean	meant	meant
eat	ate	eaten	meet	met	met
fall	fell	fallen	mistake	mistook	mistaken
feed	fed	fed	mow	mowed	mown/mowed
feel	felt	felt	pay	paid	paid
fight	fought	fought	put	put	put
find	found	found	quit	quit/quitted	quit/quitted

IRREGULAR VERBS

INFINITIVE	PAST	PARTICIPLE	INFINITIVE	PAST	PARTICIPLE
read	read	read	spit	spat	spat
rid	rid	rid	split	split	split
ride	rode	ridden	spoil	spoiled/spoilt	spoild/spoilt
ring	rang	rung	spread	spread	spread
rise	rose	risen	spring	sprang	sprung
run	ran	run	stand	stood	stood
saw	sawed	sawn	steal	stole	stolen
say	said	said	stick	stuck	stuck
see	saw	seen	sting	stung	stung
seek	sought	sought	stink	stank	stunk
sell	sold	sold	stride	strode	stridden
send	sent	sent	strike	struck	struck/stricken
set	set	set	strive	strove	striven
shake	shook	shaken	swear	swore	sworn
shear	sheared	shorn/sheared	sweep	swept	swept
shed	shed	shed	swim	swam	swum
shine	shone	shone	swing	swung	swung
shoot	shot	shot	take	took	taken
show	showed	shown	teach	taught	taught
shrink	shrank	shrunk	tear	tore	torn
shut	shut	shut	tell	told	told
sing	sang	sung	think	thought	thought
sink	sank	sunk	throw	threw	thrown
sit	sat	sat	tread	trod	trodden
sleep	slept	slept	wake	woke	woken
smell	smelt/smelled	smelt/smelled	wear	wore	worn
sow	sowed	sown/sowed	weave	wove/weaved	woven/weaved
speak	spoke	spoken	win	won	won
spell	spelt/spelled	spelt/spelled	wind	wound	wound
spend	spent	spent	write	wrote	written
spin	spun	spun			

A [eɪ] *n.*, *Mus.* la *m.*

a[1] [eɪ] *n.* (letter) a *f.*

a[2] [ə/ə] *art. indefin.* **1.** un [The story of a lioness and an elephant. *La historia de una leona y un elefante.*] **2.** (per) por, a [Twice a week. *Dos veces a la semana.*] • Before vowel "an"

abacus [ˈæbəkəs] *n.* ábaco *m.*

abandon [əˈbændən] *v. tr.* **1.** abandonar. **2.** (give up) renunciar (a algo). **3.** (job) dejar (un trabajo).

abate [əˈbeɪt] *v. tr.* **1.** *frml.* disminuir. ‖ *v. intr.* **2.** *frml.* (storm) amainar. **3.** *frml.* (noise) disminuir.

abattoir [æbətwɑː] *n.*, *Br. E.* matadero *m.*

abbess [ˈəbes] *n.*, *Rel.* abadesa *f.*

abbey [ˈæbiː] *n.*, *Rel.* abadía *f.*

abbot [ˈæbət] *n.*, *Rel.* abad *m.*

abbreviate [əˈbriːviːeɪt] *v. tr.* abreviar.

abbreviation [əbriːviːˈeɪʃən] *n.* **1.** (shortened word) abreviatura *f.* **2.** (act) abreviación *f.*

abdicate [ˈæbdɪkeɪt] *v. tr. & intr.* (renounce) abdicar; renunciar.

abdication [ˌæbdɪˈkeɪʃən] *n.* (renunciation) abdicación *f.*; renuncia *f.*

abdomen [ˈæbdəmən æbˈdəumen] *n.*, *Anat.* abdomen *m.*

abduct [æbˈdʌkt] *v. tr.* raptar; secuestrar.

abduction [æbˈdʌkʃən] *n.* (kidnaping) rapto *m.*; secuestro *m.*

abet [əˈbet] *v. tr.* **1.** instigar; inducir. **2.** (aid) apoyar; secundar.

abhor [æbˈhɔːr] *v. tr.*, *frml.* (detest) aborrecer; detestar.

abide [əˈbaɪd] (p.t. and p.p. abided or abode) *v. tr.* tolerar; soportar.

ability [əˈbɪləti:] *n.* **1.** (faculty) habilidad *f.*; capacidad *f.* **2.** (talent) talento *m.*

ablaze [əˈbleɪz] *adj.* en llamas.

able [ˈeɪbəl] *adj.* capaz. ‖ **to be ~ to** poder; saber [I'm able to read. *Sé leer.*]

abnormal [æbˈnɔːrməl] *adj.* anormal.

aboard [əˈbɔːrd] *adv.* **1.** (on ship, aircraft) a bordo. ‖ *prep.* **2.** a bordo de [I saw her aboard the ship. *La vi a bordo del barco.*]

abolish [əˈbɒlɪʃ] *v. tr.* abolir; suprimir.

abolition [ˌæbəˈlɪʃən] *n.* abolición *f.*; supresión *f.*

abominable [əˈbɒmənəbəl] *adj.* **1.** abominable [The abominable snowman. *El abominable hombre de las nieves.*] **2.** *fam.* (behavior, taste) pésimo; espantoso. **3.** (dreadful) terrible.

abominate [əˈbɒməneɪt] *v. tr.*, *frml.* aborrecer (algo); abominar.

aboriginal [ˌæbəˈrɪdʒənəl] *adj. & n.* aborigen *m. y f.*; indígena *m. y f.*

aborigine [ˌæbəˈrɪdʒəni:] *n.* aborigen *m. y f.*; indígena *m. y f.*

abort [əˈbɔːrt] *v. tr. & intr.* **1.** *Med.* abortar. **2.** *Comput.* cancelar.

abortion [əˈbɔːrʃən] *n.*, *Med.* aborto *m.* (provocado).

abound [əˈbaʊnd] *v. intr.* abundar; rebosar.

about [əˈbaʊt] *prep.* **1.** sobre; acerca de [He is reading a book about the environment. *Está leyendo un libro sobre el medio ambiente.*] ‖ *adv.* **2.** (approximately) aproximadamente.

above [əˈbʌv] *prep.* **1.** (over) encima de; por encima de; sobre [We flied above the clouds. *Volamos por encima de las nubes.*] ‖ *adv.* **2.** (on top) encima; arriba [You should see Paris from above. *Deberías ver París desde arriba.*] ‖ *adj. & n.* **3.** anterior; antedicho. ‖ **~ all** sobre todo. **from ~** de arriba; del cielo.

abreast [ə'brest] *adv.* (side by side) al lado. ‖ **to keep ~ of** estar al corriente de algo; estar al día.

abridge [ə'brɪdʒ] *v. tr.* abreviar; resumir.

abridgment or abridgement [ə'brɪdʒmənt] *n.* resumen *m.*

abroad [ə'brɔːd] *adv.* (in other countries) al/en el extranjero; fuera [Are you going abroad this summer? *¿Te vas al extranjero este verano?*]

abrupt [ə'brʌpt] *adj.* (rough) brusco; abrupto.

absence ['æbsəns] *n.* **1.** ausencia *f.* **2.** (of sth.) falta *f.* (de algo).

absent ['æbsənt] *adj.* (not present) ausente. ‖ **to ~ oneself** ausentarse. **to be ~** (from sth) faltar (a algo).

absent-minded [,æbsənt'maɪndɪd] *adj.* distraído; despistado.

absolute ['æbsə,luːt ,æbsə'luːt] *adj.* **1.** absoluto. ‖ **absolutely** *adv.* **2.** absolutamente; rotundamente.

absorb [əb'sɔːrb, əb'zɔːrb] *v. tr.* **1.** absorber. **2.** (blow) amortiguar.

abstain [əb'steɪn] *v. intr.* abstenerse.

abstinence ['æbstənəns] *n.* abstinencia *f.*

abstract ['æb,strækt, æb'strækt] *adj.* **1.** abstracto. ‖ *v. tr.* **2.** (idea) abstraer. **3.** (substance) extraer.

absurd [əb'sɜːrd, əb'zɜːrd] *adj.* (ridiculous) absurdo; disparatado.

abundance [ə'bʌndəns] *n.* abundancia *f.* ‖ **in ~** en abundancia.

abundant [ə'bʌndənt] *adj.* abundante.

abuse [ə'bjuːs] *n.* **1.** abuso *m.* **2.** (insulting speech) insultos *m. pl.* ‖ *v. tr.* **3.** (misuse) abusar (de algn/algo). **4.** (insult) insultar.

abusive [ə'bjuːsɪv] *adj.* insultante.

abyss [ə'bɪs] *n.* abismo *m.*

acacia [ə'keɪʃə] *n., Bot.* acacia *f.*

academic [,ækə'demɪk] *adj. & n.* académico *m.*

academy [ə'kædəmiː] *n.* academia *f.*

accelerate [ɪk'seləˌreɪt] *v. tr.* **1.** acelerar; apresurar. ‖ *v. intr.* **2.** *Car* acelerar.

accelerator [ɪk'seləˌreɪtər] *n., Car* acelerador *m.*

accent ['æk,sent] *n.* **1.** (pronunciation) acento *m.* **2.** (stress) acento *m.* **3.** *Ling.* acento *m.* **4.** (emphasis) énfasis.

accentuate [ɪk'sentʃuːˌeɪt] *v. tr.* (emphasize) recalcar; acentuar.

accept [ɪk'sept] *v. tr.* **1.** aceptar. **2.** (recognize) admitir; reconocer.

acceptable [ɪk'septəbəl] *adj.* (satisfactory, adequate) aceptable; admisible.

acceptance [ɪk'septəns] *n.* **1.** (of responsability) aceptación *f.* **2.** (approval) aprobación *f.*

access ['ækses] *n.* acceso *m.*

accessory [ɪk'sesəriː] *n.* accesorio *m.*

accident ['æksədənt] *n.* **1.** accidente *m.*; siniestro *m.* **2.** (chance) casualidad *f.*

accidental [,æksə'dentl] *adj.* **1.** accidental; fortuito. ‖ **accidentally** *adv.* **2.** (by chance) por casualidad.

acclaim [ə'kleɪm] *n.* **1.** aclamación *f.* ‖ *v. tr.* **2.** (praise) aclamar.

acclimatize, acclimatise (BrE) [ə'klaɪməˌtaɪz] *v. tr.* **1.** aclimatar. ‖ *v. intr.* **2.** aclimatarse [I'll go earlier in order to acclimatize (myself). *Iré antes para aclimatarme.*]

accommodate [ə'kɒməˌdeɪt] *v. tr.* **1.** (guests) alojar; hospedar. **2.** (adapt) acomodar [The company has to accomodate to its new clients. *La empresa debe acomodarse a los nuevos clientes.*] **3.** (wish, need) satisfacer.

accommodating [əˈkɒmədeɪtɪŋ] *adj.*
servicial; complaciente.

accommodations [əkɒməˈdeɪʃən] *n.,*
Am. E. (lodging) alojamiento *m.*

accompany [əˈkʌmpəni:, əˈkʌmpni:] *v. tr.*
(go with) acompañar.

accomplice [əˈkɒmplɪs] *n.* cómplice *m.*
y f.; compinche *m. y f.*

accomplish [əˈkɒmplɪʃ] *v. tr.* **1.** (task)
realizar; llevar a cabo. **2.** (goal) lograr;
cumplir.

accomplishment [əˈkɒmplɪʃmənt] *n.*
1. (carrying out) realización *f.* **2.** (attainment) logro *m.* **3.** (often pl.) (skill) habilidad *f.*

accord [əˈkɔːrd] *n.* **1.** acuerdo *m.* || *v. intr.*
(with sth) **2.** *frml.* coincidir; concordar
(con algo). || **in ~ with** de acuerdo con.

accordance, with in [əˈkɔːrdəns] *prep.*
phr. de acuerdo con; conforme a.

according to [əˈkɔːrdɪŋ] *prep.* según;
conforme a [He painted the house according to my taste. *Pintó la casa según mi gusto.*]

accost [əˈkɒst, əˈkɔːst] *v. tr.* abordar (a
algn); acercarse a algn.).

account [əˈkaʊnt] *n.* **1.** *Econ.* cuenta *f.*
2. (report) informe *m.* || **current ~**
Econ. cuenta corriente. **on ~ of** a/por
causa de. **on no ~** de ningún modo. **to
take into ~** tener en cuenta.

accountant [əˈkaʊntnt] *n., Econ.* contable *m. y f.*

accumulate [əˈkjʊmjəleɪt] *v. tr.* **1.** acu-
mular. || *v. intr.* **2.** acumularse.

accumulation [əkjuːˈmjəˈleɪʃən] *n.*
1. (mass) montón *m.* **2.** (growth) acumulación *f.*

accuracy [ˈækjərəsi:] *n.* (correctness, precision) exactitud *f.*; precisión *f.*

accurate [ˈækjərɪt] *adj.* **1.** (instrument)
preciso; exacto. **2.** (weapon) certero.
|| **accurately** *adv.* **3.** con exactitud.

accusation [ækjəˈzeɪʃən] *n.* acusación *f.*

accuse [əˈkjuːz] *v. tr.* **1.** acusar. **2.** (blame) inculpar.

accused [əˈkjuːzd] *n. inv., Law* acusado *m.*; inculpado *m.*

accustom [əˈkʌstəm] *v. tr.* (sb to sth)
acostumbrar (a algn a algo); habituar.
|| **to ~ oneself** (to sth) acostumbrarse (a
algo). Habituarse.

accustomed [əˈkʌstəmd] *adj.* acostum-
brado; habituado. || **to be ~ to** estar
acostumbrado a; soler.

ace [eɪs] *n.* **1.** (games) as *m.* **2.** *fig.*
(champion) as *m.* || *adj.* **3.** *coll.* de pri-
mera [He is an ace player. *Es un jugador de primera.*]

acetone [ˈæsətoʊn] *n., Chem.* acetona *f.*

ache [eɪk] *n.* **1.** dolor *m.* || *v. intr.* **2.** doler
[My foot aches. *Me duele el pie.*]

achieve [əˈtʃiːv] *v. tr.* **1.** (attain) lograr;
conseguir. **2.** (finish) llevar a cabo.

achievement [əˈtʃiːvmənt] *n.* **1.** (success) logro *m.* **2.** (feat) hazaña *f.*; logro
m. **3.** (completion) realización *f.*

acid [ˈæsɪd] *adj.* **1.** *Chem.* ácido. **2.** (taste)
ácido. **3.** *fig.* (reply) agrio; mordaz. || *n.*
4. *Chem.* ácido *m.*

acknowledge [ɪkˈnɒlɪdʒ] *v. tr.* **1.** (mistake, fault) admitir; reconocer. **2.** (favor)
agradecer.

**acknowledgment or acknow-
ledgement** [ɪkˈnɒlɪdʒmənt] *n.* **1.** reconocimiento *m.* **2.** (appreciation) agradecimiento *m.*

acne [ˈækniː] *n., Med.* acné *m.*

acorn [ˈeɪkɔːrn] *n., Bot.* bellota *f.*

acoustic [əˈkuːstɪk] *adj.* acústico.

acoustics [əˈkuːstɪks] *n.* **1.** *Phys.* (+ sing. v.) acústica *f.* **2.** (+ pl. v.) (of room) acústica *f.*

acquaint [əˈkweɪnt] *v. tr.* (sb with sth) informar (a algn de algo); poner a alguien al corriente de algo. ‖ **to be acquainted with sb** conocer. **to be acquainted with sth** (be informed) estar al corriente de algo.

acquaintance [əˈkweɪntns] *n.* **1.** (with sth) (knowledge) conocimiento *m.* (de algo). **2.** (person) conocido *m.*

acquiesce [ˌækwiˈes] *v. intr.* (in sth) consentir (en algo); condescender (a algo); conformarse (con algo).

acquire [əˈkwaɪr] *v. tr.* **1.** adquirir. **2.** (habit, reputation) contraer.

acquisition [ˌækwəˈzɪʃən] *n.* adquisición *f.*

acquisitive [əˈkwɪsətɪv] *adj.* (greedy) codicioso; acaparador.

acquit [əˈkwɪt](-tt-) *v. tr.* absolver. ‖ **to ~ oneself** desenvolverse.

acquittal [əˈkwɪtəl] *n., Law* absolución *f.*

acre [ˈeɪkər] *n.* acre *m.*

acrid [ˈækrɪd] *adj.* acre.

acrobat [ˈækrəbæt] *n.* acróbata *m. y f.*; titiritero *m.*

acrobatics [ˌækrəˈbætɪks] *n. pl.* acrobacia *f. sing.*

acronym [ˈækrənɪm] *n., Ling.* acrónimo *m.*

across [əˈkrɒs] *adv.* **1.** (from one side to the other) de un lado a otro. **2.** al otro lado [She always sits across. *Siempre se sienta al otro lado.*] ‖ *prep.* **3.** de un lado a otro de [There is a tree across the road. *Hay un árbol de un lado a otro de la carretera.*] **4.** al otro lado de [The village is across the forest. *El pueblo está al otro lado del bosque.*] **5.** a través

de [The study of society across cultures. *El estudio de la sociedad a través de las culturas.*]

act [ækt] *n.* **1.** acto *m.*; acción *f.* **2.** *Theat.* acto *m.* **3.** *Law* ley *f.* ‖ *v. intr.* **4.** actuar; obrar. **5.** (behave) portarse [Stop acting like a child. *Deja de portarte como un niño.*]

acting [ˈæktɪŋ] *adj.* **1.** interino; en funciones. ‖ *n.* **2.** *Film & Theatr.* interpretación *f.*; actuación *f.*

action [ˈækʃən] *n.* **1.** acción *f.* **2.** (deed) acto *m.* [His actions show his intentions. *Sus actos delatan sus intenciones.*] **3.** actuación *f.;* medida *f.* [We need urgent action. *Necesitamos medidas urgentes.*]

activate [ˈæktəˌveɪt] *v. tr.* activar.

active [ˈæktɪv] *adj.* (energetic) activo.

activity [ækˈtɪvəti] *n.* actividad *f.*

actor [ˈæktər] *n.* **1.** actor *m.*

actress [ˈæktrɪs] *n.* actriz *f.*

actual [ˈæktʃəwəl] *adj.* **1.** real; verdadero [Which is your actual name? *¿Cuál es tu nombre real?*] **2.** mismo [That actual day. *Aquel mismo día.*] ‖ **actually** *adv.* **3.** en realidad; de hecho [Actually, I do want to go with you. *De hecho, sí que quiero acompañarte.*]

acute [əˈkjuːt] *adj.* **1.** (pain, infection) agudo. **2.** (crisis) grave.

adamant [ˈædəmənt] *adj.* firme; categórico. ‖ **to be ~ doot sth** mantenerse firme en algo.

adapt [əˈdæpt] *v. tr.* **1.** adaptar [You can adapt the seat to your height. *Puedes adaptar el asiento a tu altura.*] ‖ *v. intr.* (to sth) **2.** adaptarse (a algo) [I cannot adapt to this kind of weather. *No me puedo adaptar a este tipo de clima.*]

adaptation [ˌædəpˈteɪʃən] *n.* **1.** adaptación *f.* **2.** (of text) versión *f.*

add [æd] *v. tr.* **1.** añadir; agregar [Add more sugar. *Añade más azúcar.*] **2.** *Math.* sumar [Add (on) 20. *Suma 20.*] ‖ **to ~ up** *Math.* sumar [Add up your savings. *Suma tus ahorros.*]

adder [ˈædər] *n., Zool.* víbora *f.*

addict [ˈædɪkt] *n.* adicto *m.*

addicted [əˈdɪktəd] *adj.* (to sth) adicto *m.*

addiction [əˈdɪkʃən] *n.* adicción *f.*

addition [əˈdɪʃən] *n.* **1.** adición *f.* **2.** *Math.* suma *f.* ‖ **in ~** además [In addition, we give you a computer. *Además, le regalamos un ordenador.*] **in ~ to** además de [In addition to the jacket, he is bringing a coat. *Además de la chaqueta, trae el abrigo.*]

additional [əˈdɪʃənəl] *adj.* adicional.

address [ˈædres, əˈdres] *n.* **1.** dirección *f.*; señas *f. pl.* **2.** (speech) discurso *m.* ‖ **return ~** (letter) remite *m.*

addressee [ˌædreˈsiː] *n.* destinatario *m.*

adept [əˈdept] *adj.* **1.** (at sth) experto (en algo); hábil (para algo). ‖ *n.* **2.** experto *m.*; maestro *m.*

adequate [ˈædəkwət] *adj.* **1.** aceptable. **2.** (enough) suficiente.

adhere [ədˈhɪr] *v. intr.* (to sth), *frml.* (stick) adherirse; pegarse.

adhesive [ədˈhiːsɪv] *adj.* **1.** adhesivo; adherente. ‖ *n.* **2.** pegamento *m.*; adhesivo *m.* ‖ **~ tape** celo *m.*

adjacent [əˈdʒeɪsənt] *adj.* adyacente (a algo); contiguo (a algo).

adjective [ˈædʒɪktɪv] *n., Ling.* adjetivo *m.*

adjoin [əˈdʒɔɪn] *v. tr.* lindar (con algo); colindar (con algo).

adjoining [əˈdʒɔɪnɪŋ] *adj.* (contiguous) contiguo; lindante.

adjourn [əˈdʒɜːrn] *v. tr.* aplazar.

adjournment [əˈdʒɜːrmmənt] *n.* aplazamiento *m.*; suspensión *f.*

adjudicate [əˈdʒuːdɪkeɪt] *v. tr.* **1.** *frml.* (dispute) arbitrar. ‖ *v. intr.* (upon sth) **2.** *Law, frml.* arbitrar.

adjust [əˈdʒʌst] *v. tr.* **1.** (instrument) ajustar; regular. ‖ *v. intr.* (to sth) **2.** adaptarse; amoldarse.

adjustment [əˈdʒʌstmənt] *n.* ajuste *m.*

administer [ədˈmɪnəstər] *v. tr.* **1.** (manage) administrar. **2.** *frml.* (medicine, punishment) administrar .

administration [ədˌmɪnəsˈtreɪʃən] *n.* **1.** (government) administración *f.*; gobierno *m.* **2.** (business) administración *f.*; dirección *f.*

administrative [ədˈmɪnəsˌtreɪtɪv] *adj.* administrativo.

administrator [ədˈmɪnɪˌstreɪtər] *n.* administrador *m.*

admirable [ˈædmərəbl] *adj.* admirable.

admiration [ˌædməˈreɪʃən] *n.* (appreciation) admiración *f.*

admire [ədˈmaɪr] *v. tr.* admirar.

admissible [ədˈmɪsəbəl] *adj.* (acceptable) admisible; aceptable.

admission [ədˈmɪʃən] *n.* **1.** admisión *f.*; entrada *f.* [Two countries applied for admission to the European Union. *Dos países han solicitado la entrada en la Unión Europea.*] **2.** (into hospital) ingreso *m.* ‖ **free admission** entrada libre.

admit [ədˈmɪt] *v. tr.* **1.** dejar entrar; admitir. **2.** (confess) admitir; reconocer.

admittance [ədˈmɪtəns] *n.* entrada *f.*

admonish [ədˈmɒnɪʃ] *v. tr.* (sb for sth), *frml.* (scold) amonestar; reprender.

adolescence [ˌædəˈlesns] *n. frml.* adolescencia *f.* [The adolescence is a difficult age. *La adolescencia es una edad difícil.*]

adolescent [ˌædˈlesənt] *adj.* **1.** adolescente. ‖ *n.* **2.** adolescente *m. y f.*

adopt [əˈdɒpt] *v. tr.* **1.** *Law* adoptar. **2.** (idea, custom) adoptar.

adopted [əˈdɒptɪd] *adj.* adoptado; adoptivo [He is my adopted son. *Es mi hijo adoptivo.*]

adoption [əˈdɒpʃən] *n.* adopción *f.*

adoptive [əˈdɒptɪv] *adj.* adoptivo.

adorable [əˈdɒrəbəl] *adj.* adorable.

adoration [ˌædəˈreɪʃən] *n., Rel.* (worship, love) adoración *f.*

adore [əˈdɔːr] *v. tr.* **1.** (love) adorar [My parents adore each other. *Mis padres se adoran.*] **2.** *fam.* (like very much) encantar [I adore chocolate. *Me encanta el chocolate.*]

adorn [əˈdɔːrn] *v. tr.* adornar.

adrift [əˈdrɪft] *adj. & adv., Nav.* a la deriva. ‖ **to go** ~ *Nav.* ir a la deriva.

adroit [əˈdrɔɪt] *adj.* hábil.

adult [əˈdʌlt, ˈædʌlt] *adj. & n.* adulto *m.*; mayor *m.*

adultery [əˈdʌltəri:, əˈdʌltri:] *n.* (infidelity) adulterio *m.*; infidelidad *f.*

advance [ədˈvæns] *n.* **1.** avance *m.*; progreso *m.* **2.** *Econ.* (payment) anticipo *m.* ‖ *v. tr.* **3.** avanzar. **4.** (money) anticipar. ‖ *v. intr.* **5.** (person) avanzar. **6.** (make progress) progresar. ‖ **in** ~ por adelantado [I paid half of the car in advance. *Pagué la mitad del coche por adelantado.*] con antelación [Appointments have to be made two months in advance. *Hay que pedir cita con dos meses de antelación.*] de antemano [I thank you in advance. *Se lo agradezco de antemano.*]

advanced [ədˈvænst] *adj.* avanzado.

advancement [ədˈvænsmənt] *n.* **1.** progreso *m.* **2.** *frml.* (in rank) ascenso *m.*

advantage [ædˈvæntɪdʒ] *n.* ventaja *f.*; provecho *m.* ‖ **to take** ~ aprovecharse (de algo/algn).

advantageous [ˌædvənˈteɪdʒəs, ˌædvænˈteɪdʒəs] *adj.* favorable; ventajoso; provechoso; conveniente.

advent [ˈædvent] *n.* **1.** llegada *f.*; advenimiento *m. form.* ‖ **Advent 2.** *Rel.* adviento *m.*

adventure [ædˈventʃɜːr] *n.* aventura *f.*

adverb [ˈædvɜːrb] *n., Ling.* adverbio *m.*

adversary [ˈædvərˌseri:] *n.* (opponent) adversario *m.*; contrario *m.*

adverse [ˈædvɜːrs ædˈvɜːrs] *adj.* adverso.

adversity [ədˈvɜːrsəti:] *n.* adversidad *f.*

advertisement [ˈædvɜːrtɪzmənt] *n.* anuncio *m.* ‖ **advertisements** (on radio, TV) publicidad *f. sing.*

advertize, advertise (Br.E) [ˈædvərtaɪz] *v. tr.* **1.** anunciar; promocionar. ‖ *v. intr.* **2.** poner un anuncio [I advertised for a baby-sitter. *Puse un anuncio: busco una niñera.*]

advertizing, advertasing (Br.E) [ˈædvɜːrˌtaɪzɪŋ] *n., Econ.* publicidad *f.*

advice [ədˈvaɪs] *n.* **1.** consejo *m.* (also in pl.). **2.** (notification) aviso *m.*; notificación *f.* ‖ **to give** ~ aconsejar.

advisable [ədˈvaɪzəbəl] *adj.* (appropriate) aconsejable; conveniente.

advise [ədˈvaɪz] *v. tr.* **1.** (give advice) aconsejar; asesorar. **2.** (notify) informar; notificar.

adviser [ədˈvaɪzər] *n.* consejero *m.*; asesor *m.*; orientador *m.*

advocate ['ædvəkeɪt] *n.* defensor *m.*

aerial ['erɪəl] *adj.* **1.** aéreo. ‖ *n.* **2.** *Br. E.* (radio and TV) antena *f.*

aerobics ['eroʊbɪks] *n., Sports* aeróbic *m.* [Do you go in for aerobics? ¿Practicas aeróbic?]

aerodrome ['erədroʊm] *n., Br. E., Aeron.* aeródromo *m.*

aeroplane ['erəpleɪn] *n., Br. E.* avión *m.;* aeroplano *m.*

aerosol ['erəsɒl] *n.* aerosol *m.*

aesthetic, aesthetical [esˈθetɪk] *adj.* estético.

afar [əˈfɑːr] *adv., frml.* lejos [They came from afar. Vinieron de lejos.]

affair [əˈfɜːr] *n.* **1.** asunto *m.* [How I got the money is my own affair. Cómo conseguí el dinero es asunto mío.] **2.** (love) amorío *m.;* aventura *f.*

affect [əˈfækt] *v. tr.* **1.** afectar (a algo/algn) [The strike will affect the traffic. La huelga afectará al tráfico.] **2.** (move) conmover; impresionar [His tears affected us all. Sus lágrimas nos conmovieron a todos.]

affection [əˈfəkʃən] *n.* (love) cariño *m.;* afecto *m.;* amor *m.*

affectionate [əˈfekʃənɪt] *adj.* (loving) afectuoso; cariñoso.

affinity [əˈfɪnəti:](pl: -ties) *n.* afinidad *f.*

affirmation [æfɜːrˈmeɪʃən] *n.* afirmación *f.;* asentimiento *m.*

affix ['æfɪks] *v. tr.* **1.** *frml.* (attach, stick) fijar. **2.** *frml.* (signature) estampar.

afflict [əˈflɪkt] *v. tr.* afligir.

affliction [əˈflɪkʃən] *n.* **1.** (suffering) aflicción *f.* **2.** (cause) desgracia *f.*

affluence ['æfluəns] *n.* (prosperity) prosperidad *f.;* riqueza *f.*

affluent ['æfluənt] *adj.* (person) rico.

afford [əˈfɔːrd] *v. tr.* **1.** permitirse [I cannot afford to buy this house. No puedo permitirme comprar esta casa.] **2.** *frml.* (give, supply) proporcionar; brindar.

affront [əˈfrʌnt] *n.* afrenta *f.;* agravio *m.*

afield [əˈfiːld] *adv.* (esp. in the phrase "far afield") lejos [I want to travel far afield. Quiero viajar muy lejos.]

afloat [əˈfloʊt] *adv.* a flote.

afraid [əˈfreɪd] *adj.* (frightened) asustado. ‖ **to be ~ of** tener miedo a/de; temer [I am afraid of my neighbors. Tengo miedo a/de mis vecinos.]

afresh [əˈfreʃ] *adv.* de nuevo.

African ['frɪkən] *adj.* & *n.* africano *m.*

after ['æftər] *adv.* **1.** (later) después; más tarde [He came one week after. Vino una semana después.] ‖ *prep.* **2.** (time) después de; tras [After ten years of marriage, they are getting divorced. Después de diez años de matrimonio, se van a divorciar.] **3.** (behind) tras; detrás de [They entered one after another. Entraron uno tras otro.] ‖ **~ all** después de todo [I did enjoy the party after all. Después de todo me divertí en la fiesta.]

afternoon ['æftərnuːn] *n.* tarde *m.* ‖ **good ~ !** ¡buenas tardes!

aftertaste ['æftərteɪst] *n.* gustillo *m.*

afterward, afterwards (Br.E.) ['æftərwərdz] *adv.* después [I'll clean the house afterward. Limpiaré la casa después.]

again ['əgen] *adv.* de nuevo; otra vez [I have to write the essay again. Tengo que escribir la redacción otra vez.] ‖ **~ and ~** una y otra vez [I've told you again and again. Ya te lo he dicho repetidas veces.]

against [ə'genst] *prep*. **1.** contra [It's against the law. *Va en contra de la ley.*] **2.** (opposed to) en contra de [I am against abortion. *Estoy en contra del aborto.*] **3.** (position) contra [I'm going to put the table against the wall. *Voy a poner la mesa contra la pared.*]

age [eɪdʒ] *n*. **1.** (of a person) edad *f*. **2.** (epoch) era *f*.; época *f*. ‖ *v. tr*. **3.** envejecer [His brother's death aged her. *La muerte de su hermano la envejeció.*] ‖ *v. intr*. **4.** envejecer.

agency ['eɪdʒənsi] *n*. **1.** agencia *f*. **2.** (branch) sucursal *f*. ‖ **through the ~ of** *frml*. por medio de.

agenda [ə'dʒendə] *n*. (list of items to be attended to) orden del día; agenda *f*.

agent ['eɪdʒənt] *n*. agente *m*.

aggravate ['ægrəveɪt] *v. tr*. **1.** agravar; empeorar. **2.** *fam*. (annoy) exasperar.

aggregate ['ægrəgɪt] *n*. conjunto *m*.; total *m*. ‖ **on ~** en conjunto.

aggressor [ə'gresər] *n*. agresor *m*.

agile ['ædʒəl] *adj*. ágil.

agility [ə'dʒɪləti] *n*. agilidad *f*.

agitate ['ædʒəteɪt] *v. tr*. **1.** (liquid, solution) agitar. **2.** (excite) inquietar; alborotar; perturbar.

agitation [ædʒə'teɪʃən] *n*. **1.** agitación *f*. **2.** (shaking) convulsión *f*.

agitator ['ædʒəteɪtər] *n*. agitador *m*.

ago [ə'goʊ] *adv*. hace [I met him two years ago. *Le conocí hace dos años.*]

agog [ə'gɒg] *adj*. ansioso.

agony ['ægəni] *n*. **1.** (pain) dolor *m*. (agudo). **2.** (before death) agonía *f*. **3.** (anguish) angustia *f*.

agree [ə'gri:] *v. tr*. **1.** decidir [We have to agree what we are going to do. *Tenemos que decidir qué vamos a hacer.*] ‖ *v. intr*. **2.** (with sth/sb) estar de acuerdo (con algo/algn) [I agree. *Estoy de acuerdo.*] **3.** (about/on sth) ponerse de acuerdo (en algo); quedar (en algo). **4.** (to sth/sb) acceder (a algo); aceptar (algo) [He agreed to my request. *Accedió a mi petición.*] ‖ **to ~ with** sentar bien [Cheese doesn't agree with me. *El queso no me sienta bien.*]

agreeable [ə'griəbəl] *adj*. **1.** agradable; placentero. **2.** (to sth) (willing) dispuesto (a algo).

agreed [ə'gri:d] *adj*. convenido; acordado [He paid the agreed price. *Pagó el precio convenido.*]

agreement [ə'gri:mənt] *n*. **1.** acuerdo *m*. **2.** (contract) contrato *m*.; convenio *m*. **3.** *Polit*. (pacto) *m*.

agricultural [ægrɪ'kʌltʃərəl] *adj*. agrícola; agrario.

agriculture ['ægrɪkʌltʃər] *n*. agricultura *f*.

ahead [ə'hed] *adv*. **1.** delante [Go ahead, you know the way. *Ve delante, tú conoces el camino.*] **2.** antes [The wedding was planned months ahead. *La boda se planeó meses antes.*] ‖ **~ of** delante de [He was ahead of us. *Iba delante de nosotros.*]

aid [eɪd] *n*. **1.** ayuda *f*.; asistencia *f*. ‖ *v. tr*. **2.** ayudar. ‖ **to go to sb's ~** acudir en ayuda de algn. **in ~ of** a beneficio de.

AIDS ['eɪdz] *acron*. (acquired immune deficiency syndrome) sida *m*.

ailment ['eɪlmənt] *n*. (illness) enfermedad *f*.; dolencia *f*.; achaque *m*.

aim [eɪm] *n*. **1.** (goal) objetivo *m*. **2.** (marksmanship) puntería *f*. **3.** tino *m*. ‖ *v. tr*. **4.** (a weapon) apuntar (con un arma). ‖ *v. intr*. **5.** (to + inf.) proponerse (algo).

aimless ['eɪmləs] *adj.* sin rumbo.

air [er] *n.* **1.** aire *m.* **2.** (look) aire *m.*; aspecto *m.* [He has an air of superiority. *Tiene un aire de superioridad.*] **3.** *(atmosphere)* ambiente *m.* [There was a feeling of mystery in the air. *Había algo de misterio en el ambiente.*] **4.** *(traffic)* aéreo [Air attack. *Ataque aéreo.*] || *v. tr.* **5.** (clothes, room) airear; ventilar. || ~ **conditioning** aire acondicionado. ~ **force** *Mil.* fuerzas aéreas. ~ **freshener** ambientador. ~ **hostess** *Aeron.* azafata *f.* (de vuelo). ~ **shuttle** *Aeron.* puente aéreo. **on the** ~ (radio, TV) en el aire.

aircraft ['er,kræft] *n. inv.* avión *m.* || ~ **carrier** *Nav.* portaaviones *m. inv.*

airdrome ['erədroum] *n., Am. E.* aeródromo *m.*

airline ['er,laɪn] *n.* compañía aérea.

airmail ['ermeɪl] *n.* correo aéreo.

airplane ['er,pleɪn] *n., Am. E.* avión *m.*

airport ['er,pɔ:rt] *n.* aeropuerto *m.*

airship ['erʃɪp] *n.* aeronave *f.*; dirigible *m.*

airtight ['ertaɪt] *adj.* hermético.

aisle [aɪl] *n.* **1.** (gangway) pasillo *m.* **2.** *Archit.* nave lateral.

ajar [ə'dʒɑːr] *adj.* (door, window) entreabierto; entornado.

alarm [ə'lɑːrm] *n.* **1.** (device, warning) alarma *f.* **2.** (fear) temor *m.* || *v. tr.* **3.** alarmar; inquietar. || ~ **clock** despertador *m.* **to be alarmed** alarmarse. **false** ~ falsa alarma.

albeit [ɔːl'biːt] *conj., frml.* aunque.

albino [æl'baɪnou] *adj. & n.* albino *m.*

album ['ælbəm] *n.* álbum *m.*

alcohol ['ælkəhɔːl 'ælkəhɒl] *n.* **1.** *Chem.* alcohol *m.* **2.** (drink) alcohol *m.*

alcoholic [,ælkə'hɒlɪk ,ælkə'hɔːlɪk] *adj. & n.* alcohólico *m.*

alcoholism ['ælkə,hɒ,lɪzəm] *n.* alcoholismo *m.*

alcove ['ælkouv] *n.* (niche) nicho *m.*

alderman ['ɔːldərmən] *n., Am. E.* concejal *m.*; edil *m. y f.*

ale [eɪl] *n.* cerveza *f.*

alert [ə'lɜːrt] *adj.* **1.** alerta; vigilante. || *n.* **2.** alerta *f.*; alarma *f.* || *v. tr.* **3.** poner sobre aviso.

alfalfa [æl'fælfə] *n., Bot.* alfalfa *f.*

alga ['ælgə] *n., Bot.* alga *f.*

alias ['eɪliəs] *adv.* **1.** alias. || *n.* **2.** alias *m.*

alibi ['ælə,baɪ] *n., Law* coartada *f.*

alien ['eɪliən] *adj.* **1.** (foreign) extranjero. **2.** (in science fiction) extraterrestre. **3.** (strange) extraño. || *n.* **4.** (foreigner) extranjero *m.* **5.** (in science fiction) extraterrestre *m. y f.*

alienate ['eɪljəneɪt] *v. tr.* enajenar.

align [ə'laɪn] *v. tr.* alinear.

alike [ə'laɪk] *adj.* **1.** parecido; igual [Men are all alike! *¡Todos los hombres son iguales!*] || *adv.* **2.** igual [They dress alike. *Visten igual.*]

alimony ['ælə,mouni:] *n., Law* pensión alimenticia.

alive [ə'laɪv] *adj.* vivo.

all [ɔːl] *adj. indef.* **1.** todo [I met all his sisters. *Conocí a todas sus hermanas.*] || *pron. indef.* **2.** (everything) todo [I believe all he says. *Creo todo lo que dice.*] **3.** (everybody) todos [Some of them came, but not all. *Algunos de ellos vinieron, pero no todos.*] || ~ **in** ~ en general [All in all, the play was a success. *En general, la obra tuvo éxito.*] ~ **of** todo [All of the students wrote the exam. *Todos los estudiantes hicieron el examen.*] ~ **over** terminado [Their relationship is all over. *Su relación ha terminado.*] ~ **right** ("allright" before n) bien [This computer is old but it's all right for my job. *Este ordenador es antiguo pero está bien para mi trabajo.*] bueno; de acuerdo [All right, you can come. *De acuerdo, puedes venir.*] **not at ~** nada [I'm not at all surprised. *No estoy nada sorprendida.*]

allay [əˈleɪ] *v. tr.* aquietar.

allegation [æləˈgeɪʃən] *n., Law* acusación *f.*; alegato *m.*

allege [əˈledʒ] *v. tr.* alegar; aducir.

allegiance [əˈliːdʒəns] *n.* lealtad *f.*

allergy [ˈælərdʒiː] *n.* alergia *f.*

alleviate [əˈliːvɪeɪt] *v. tr.* aliviar; mitigar.

alley [ˈæliː] *n.* callejuela *f.*; callejón *m.*

alliance [əˈlaɪəns] *n.* alianza *f.*

allied [əˈlaɪd, æˈlaɪd] *adj.* aliado.

allocate [ˈæləˌkeɪt] *v. tr.* **1.** (give) asignar; adjudicar. **2.** (distribute) distribuir.

allot [əˈlɒt](-tt-) *v. tr.* **1.** (designate) asignar. **2.** (distribute) distribuir.

allow [əˈlaʊ] *v. tr.* **1.** (permit) permitir. **2.** (grant) conceder [She is allowed too much freedom. *Le conceden demasiada libertad.*]

allowance [əˈlaʊəns] *n.* **1.** asignación *f.*; pensión *f.* **2.** (of a truth) concesión *f.*

alloy [ˈælɔːɪ] *n.* aleación *f.*

allude [əˈluːd] *v. intr.* (to sth) aludir (a algo); referirse (a algo).

allusion [əˈluːʒən] *n.* (to sth) alusión *f.* (a algo); referencia *f.*

ally [ˈælaɪ] *n.* aliado *m.* ‖ **to ~ oneself** (with) aliarse (con algn.).

almond [ˈɑːmənd] *n., Bot.* almendra *f.* ‖ **~ tree** *Bot.* almendro *m.*

almost [ˈɔːlmoʊst] *adv.* **1.** casi; por poco [He almost died. *Por poco se muere.*] **2.** (circa) cerca de [He has almost a hundred stamps. *Tiene cerca de cien sellos.*]

alms [ɑːmz] *n. pl., arch.* limosna *f. sing.*

aloft [əˈlɒft] *adv.* en alto.

alone [əˈloʊn] *adj.* **1.** solo. ‖ *adv.* **2.** sólo; solamente [She alone can decide it. *Sólo ella puede decidirlo.*] ‖ **to leave sb ~** dejar a alguien en paz.

along [əˈlɒŋ] *prep.* **1.** (the length of) a lo largo de [There are houses along the river. *Hay casas a lo largo del río.*] ‖ *adv.* **2.** (forward) adelante [The bus station is further along. *La estación de autobuses está más adelante.*] ‖ **~ with** junto con [He, along with my friends, objected. *Él, junto con mis amigos, se opuso.*]

alongside [əˈlɒŋsaɪd] *prep.* junto a; a lo largo de [They walked alongside the river. *Caminaron a lo largo del río.*]

aloof [əˈluːf] *adj.* distante (persona).

aloud [əˈlaʊd] *adv.* en voz alta.

alphabet [ˈælfəbet] *n.* alfabeto *m.*; abecedario *m.*

alphabetical [ˌælfəˈbetɪkəl] *adj.* alfabético. ‖ **in ~ order** en/por orden alfabético.

alpine [ˈælˌpaɪn] *adj.* alpino.

already [ɔːlˈrediː] *adv.* ya [I've already done it. *Ya lo he hecho.*]

also [ˈɔːlsoʊ] *adv.* **1.** también [I bought a pen and also a pencil. *Me compré un bolígrafo y también un lápiz.*] **2.** (moreover) además [It is also too late. *Además, es muy tarde.*]

altar [ˈɔːltər] *n., Rel.* altar *m.*

alter [ˈɔːltər] *v. tr.* alterar; cambiar.

alteration [ɔːltəˈreɪʃən] *n.* (adjustment) alteración *f.*; cambio *m.*

alternate [ɒlˈtɜːmɪt] *adj.* **1.** alterno [I work alternate days. *Trabajo días alternos/un día sí otro no.*] ‖ *v. tr.* **2.** alternar. ‖ **on ~ days** cada dos días.

alternative [ɔːl tɜːrnətɪv] *adj.* **1.** alternativo. ‖ *n.* **2.** alternativa *f.*; opción *f.*

although [ɔːlˈðou] *conj.* aunque; a pesar de que [He came although he didn't feel well. *Vino aunque no se sentía bien.*]

altitude [ˈæltəˌtuːd] *n.* altitud *f.*; altura *f.*

altogether [ˌɔːltəˈgeðər] *adv.* **1.** (completely) del todo. **2.** (in sum) en total .

altruism [ˈæl̩truɪzəm] *n.* altruismo *m.*

aluminum, aluminium (Br.E) [əˈluːmənəm] *n.* aluminio *m.*

always [ˈɔːlweɪz, ɔːlwɪːz] *adv.* siempre [He is always late. *Siempre llega tarde.*]

amalgamate [əˈmælgəmeɪt] *v. tr.* **1.** amalgamar. ‖ *v. intr.* **2.** amalgamarse.

amass [əˈmæs] *v. tr.* **1.** (fortune) amasar. **2.** (information) acumular.

amateur [ˈæmətʃər (æmətˈɜːr] *n.* aficionado *m.*; amateur *m. y f*

amaze [əˈmeɪz] *v. tr.* (astonish) asombrar; dejar atónito; pasmar.

amazed [əˈmeɪzd] *adj.* (ashtonished) atónito. ‖ **to be ~ at** quedarse atónito.

amazement [əˈmeɪzmənt] *n.* (astonishment) asombro *m.*; sorpresa *f.*

amazing [əˈmeɪzɪŋ] *adj.*, *coll.* (ashtonishing) alucinante; asombroso.

ambassador [æmˈbæsədər] *n.* (diplomacy) embajador *m.*

ambassadress [æmˈbæsədrɪs] *n.* (diplomacy) embajadora *f.*

amber [ˈæmbər] *n.* ámbar *m.*

ambiguity [ˌæmbəˈgjuːtiː] *n.* ambigüedad *f.*; doble sentido.

ambiguous [æmˈbɪɡjuəs] *adj.* (vague) ambiguo; equívoco.

ambition [æmˈbɪʃən] *n.* ambición *f.*; aspiración *f.* ‖ **to have ~** tener ambición

ambitious [əmˈbɪʃəs] *adj.* **1.** (person) ambicioso. **2.** (plan) grandioso

amble [ˈæmbəl] *v. intr.* (person) deambular; vagar.

ambulance [ˈæmbjələns] *n.* ambulancia *f.*

ambush [ˈæmbuʃ] *n.* emboscada *f.*

amen [eɪˈmen, ˈɑːmen] *interj.* & *n.*, *Rel.* amén *m.*

amend [əˈmend] *v. tr.* **1.** (mistake) corregir. **2.** *Law* enmendar.

amendment [əˈmendmənt] *n.*, *Law* (to legislation) enmienda *f.*

American [əˈmerəkən] *adj.* & *n.* estadounidense *m. y f.*; norteamericano *m.*

amiable [ˈeɪmɪəbəl] *adj.* amable; afable.

amicable [ˈæmɪkəbəl] *adj.* (friendly) amigable; amistoso; afable.

amid, amidst [əˈmɪdst] *prep.* en medio de; entre [He couldn't talk amidst the applause. *No podía hablar en medio de los aplausos.*]

ammonia [əˈmounjə] *n.*, *Chem.* amoníaco *m.*

ammunition [ˌæmjəˈnɪʃən] *n.*, *Mil.* (projectiles) munición *f.*

amnesia [əmˈnesɪə] *n.*, *Med.* amnesia *f.*

amnesty [ˈæmnəstiː] *n.*, *Polit.* amnistía *f.*

among or amongst [əˈmʌŋst] *prep.* entre [Among all, you are the nicest. *Entre todos, tú eres el más bueno.*]

amorous [ˈæmərəs] *adj.* cariñoso.

amorphous [əˈmɔːrfəs] *adj.* amorfo.

amount [əˈmaunt] *n.* **1.** cantidad *f.* **2.** (sum of money) importe *m.*

amphibian [æmˈfɪbɪən] *n.*, *Zool.* (frog, toad) anfibio *m.*

amphibious [æmˈfɪbɪəs] *adj.* anfibio.

amphitheater, amphitheatre (Br.E.) [ˈæmfəθɪətər] *n.* anfiteatro *m.*

ample [ˈæmpəl] *adj.* **1.** (large) amplio. **2.** (abundant) abundante [There is ample evidence. *Hay pruebas suficientes.*]

amplify ['æmpləfaɪ] *v. tr.* **1.** aumentar. **2.** (sound) amplificar.

amputate ['æmpjəteɪt] *v. tr., Med.* (limb) amputar.

amulet ['æmjələt] *n.* amuleto *m.*

amuse [ə'mju:z] *v. tr.* **1.** divertir. **2.** (distract) entretener; distraer.

amusement [ə'mju:zmənt] *n.* distracción *f.*; entretenimiento *m.*

an [æn, ən, n] *art. indef.* un. •A form of the article "a" used before an initial vowel sound: An orange. *Una naranja*

anagram ['ænəgræm] *n.* anagrama *m.*

analogous [ə'næləgəs] *adj.* análogo.

analogy [ə'nælədʒi:] *n.* analogía *f.*

analysis [ə'næləsəs](pl.: -ses) *n.* análisis *m. inv.*

analyze, analyse (Br.E) ['ænəlaɪz] *v. tr.* (examine) analizar.

anarchist ['ænərkɪst] *n., Polit.* anarquista *m. y f.*

anarchy ['ænərki:] *n., Polit.* anarquía *f.*

anatomical [ænə'tɒmɪkəl] *adj.* anatómico.

anatomy [ə'nætəmi:] *n.* anatomía *f.*

ancestor ['æn,sestər] *n.* **1.** (forefather) antepasado *m.* **2.** (forerunner) antecesor *m.*

ancestry ['ænsestri:] *n.* ascendencia *f.*

anchor ['æŋkər] *n.* **1.** *Nav.* ancla *f.* ‖ *v. intr.* **2.** *Nav.* anclar. ‖ **to weigh ~** *Nav.* zarpar; levar anclas.

anchovy ['æntʃəvi:] *n.* anchoa *f.*

ancient ['eɪnʃənt] *adj.* antiguo.

and [ənd, ən, nd, n, ŋ] *conj.* y; e (before "i" or "hi").

Andalusian [ændə'lu:ʃən] *adj. & n.* (south of Spain) andaluz *m.*

anecdote ['ænəkdoʊt] *n.* anécdota *f.*

anemia, anaemia (Br.E) [ə'ni:mɪə] *n., Med.* anemia *f.*

anemic, anaemic (Br.E) [ə'ni:mɪk] *adj., Med.* anémico.

anesthesia, anaesthesia (Br.E) [ænəs'θi:ʒə] *n., Med.* (process) anestesia *f.*

anesthetic [ænəs'θetɪk] *n., Med.* (substance) anestesia *f.*

angel ['eɪndʒəl] *n., Rel.* ángel *m.*

anger ['æŋgər] *n.* **1.** (rage) ira *f.*; cólera *f.* ‖ *v. tr.* **2.** (make angry) enfadar; enojar.

angina [æn'dʒaɪnə] *n., Med.* (pectoris) angina *f.* (de pecho).

angle ['æŋgəl] *n., Math.* ángulo *m.*

Angolan [ən'goʊlən] *adj. & n.* (people) angoleño *m.*

angry ['æŋgri:] *adj.* enfadado; enojado. ‖ **get ~** enfadarse; enojarse.

anguish ['æŋgwɪʃ] *n.* (agony) angustia *f.*; agonía *f.* ‖ **to cause sb anguish** angustiar a algn.

angular ['æŋgjələr] *adj.* (shape) angular.

animal ['ænəməl] *adj.* **1.** animal. ‖ *n.* **2.** animal *m.*

animate ['ænəmeɪt] *v. tr.* animar.

animated ['ænə,meɪtəd] *adj.* animado.

animation [ænə'meɪʃən] *n.* animación *f.*

aniseed ['ænəsi:d] *n., Bot.* anís *m.* ‖ **~ ball** bolita de anís.

ankle ['æŋkəl] *n., Anat.* tobillo *m.*

annals ['ænəlz] *n. pl.* anales *m. pl.*

annex, annexe Br.E ['æneks] *n.* **1.** (document) anexo *m.* ‖ *v. tr.* **2.** anexionar. **3.** (document) adjuntar.

annihilate [ə'naɪəleɪt] *v. tr.* aniquilar.

anniversary [ænɪ'vɜ:rsəri:] *n.* aniversario *m.*

annotate ['ænəteɪt] *v. tr.* anotar.

annotation [ænə'teɪʃən] *n.* anotación *f.*

announce [ə'naʊns] *v. tr.* (proclaim) anunciar; dar a conocer.

announcement [ə'naʊnsmənt] *n.* (statement) anuncio *m.*

announcer [ə'naʊnsər] *n.* (radio, TV) locutor *m.*; comentarista *m. y f.*

annoy [ə'nɔɪ] *v. tr.* fastidiar; cabrear *col.*

annoyance [ə'nɔɪəns] *n.* **1.** fastidio *m.*; molestia *f.* **2.** (feeling) enfado *m.*

annoyed [ə'nɔɪd] *adj.* (angry) enfadado. ‖ **to get ~** enfadarse.

annoying [ə'nɔɪɪŋ] *adj.* (tiresome) fastidioso; pesado; molesto.

annual ['ænjʊəl] *adj.* **1.** anual. ‖ *n.* **2.** (book) anuario *m.*

annul [ə'nʌl] *v. tr.* anular.

annulment [ə'nʌlmənt] *n.* anulación *f.*

anoint [ə'nɔɪnt] *v. tr.*, *Rel.* ungir.

anomalous [ə'nɒmələs] *adj.*, *frml.* (abnormal) anómalo; anormal.

anomaly [ə'nɒməli] *n.* anomalía *f.*

anonymous [ə'nɒnəməs] *adj.* anónimo. ‖ **~ work** anónimo *m.*

anorak ['ænəræk] *n.*, *Br. E.* anorak *m.*

anorexia [ænə'reksɪə] *n.*, *Med.* anorexia (nerviosa) *f.*

another [ə'nʌðər] *adj.* **1.** otro [Do you want another piece of cake? ¿Quieres otro trozo de tarta?] ‖ *pron.* **2.** otro [He liked that jacket but finally bought another. Le gustaba esa chaqueta pero al final se compró otra.]

answer ['ænsər] *n.* **1.** (reply) respuesta *f.*; contestación *f.* ‖ *v. tr. & intr.* **2.** (question) responder; contestar. **3.** (door) abrir. ‖ **to ~ back** replicar.

ant [ænt] *n.*, *Zool.* hormiga *f.* ‖ **ant's nest** *Zool.* hormiguero *m.*

antagonism [æn'tægənɪzəm] *n.* antagonismo *m.*; contrariedad *f.*

antagonist [æn'tægənəst] *n.* antagonista *m. y f.*; adversario *m.*

antagonistic [æn,tægə'nɪstɪk] *adj.* (unfriendly) hostil; agresivo.

antecedent [æntə'si:dənt] *n.* antecedente *m.*; precursor *m.*

antenna [æn'tenə] *n.* **1.** *Zool.* (pl: -nae) antena *f.* **2.** (radio, TV) (pl: -nas) antena *f.*

anterior [æn'tɪrɪər] *adj.*, *frml.* precusor .

anteroom ['æntɪru:m] *n.* antesala *f.*

anthem ['ænθəm] *n.*, *Mus.* himno *m.* ‖ **national ~** *Mus.* himno nacional.

anthology [æn'θɒlədʒi:] *n.* antología *f.*

antibiotic [ænti'baɪ'ɒtɪk] *adj. & n.*, *Pharm.* antibiótico *m.*

anticipate [æn'tɪsəpeɪt] *v. tr.* **1.** (foresee) prever. **2.** (expect) esperar. **3.** (forestall) anticiparse a [I anticipated his question. Me anticipé a su pregunta.]

anticyclone [æntɪ'saɪkloʊn] *n.*, *Meteor.* anticiclón *m.*

antidote ['æntɪdoʊt] *n.* antídoto *m.*

antipathy [æn'tɪpəθɪ] *n.* (to/toward sth/sb) antipatía *f.* (hacia algo/algn).

antiquary or antiquarian [ænti'kweri, ænti'kweriən] *n.* anticuario *m.*

antiquated ['æntəkweɪtɪd] *adj.* (old-fashioned) anticuado; antiguo.

antique [æn'ti:k] *adj.* **1.** antiguo. ‖ *n.* **2.** antigüedad *f.* ‖ **~ dealer** anticuario *m.*

antiquity [æn'tɪkwəti:] *n.* (age) antigüedad *f.*; prehistoria *f.*

antiseptic [æntə'septɪk] *adj. & n.*, *Pharm.* antiséptico *m.*

antithesis [æn'tɪθəsɪs] (pl.: -ses) *n.* antítesis *f. inv.*; oposición *f.*

antler ['æntlər] *n.* **1.** cuerno *m.* ‖ **antlers** *n. pl.* **2.** cornamenta *f. sing.*

antonym ['æntənɪm] *n.*, *Ling.* antónimo *m.*

antonymous [æn'tɒnɪmʊs] *adj.*, *Ling.* antónimo.

anus ['eɪnəs] *n.*, *Anat.* ano *m.*

anvil ['ænvəl] *n.* yunque *m.*

anxiety [æŋ'zaɪəti:] *n.* **1.** (concern) inquietud *f.* **2.** (worry) preocupación *f.* **3.** (eagerness) ansia *f.*

anxious ['æŋkʃəs] *adj.* **1.** (concerned) preocupado. **2.** (worried) inquieto. **3.** (eager) ansioso.

any ['eni:] *adj.* **1.** (in interrog. or condit. sentences with count. n.) alguno [Did he give us any order? ¿Nos dio alguna orden? **2.** (in interrog. or condit. sentences with uncount. n.) algo de [Do you have any food in the fridge? ¿Tienes algo de comida en el frigorífico? **3.** (in negat. sentences) ninguno [Dad is sleeping, don't make any noise. Papá está durmiendo, no hagáis ningún ruido.] **4.** (whatever) cualquiera; cualquier (before n.) [My sister likes any cake. A mi hermana le gusta cualquier tarta.] || *pron.* **5.** (in interrog. or condit. sentences) alguno [My dog had puppies, if you want any, tell me. Mi perra tuvo cachorros; si quieres alguno, dímelo.] **6.** (in negat. sentences) ninguno [I didn't see any of my friends. No vi a ninguno de mis amigos.]

anybody ['enɪbɒdi:] *pron.* **1.** cualquiera [Ask anybody for help. Pídele ayuda a cualquiera.] **2.** (in interrog. or condit. sentences) alguien [Is there anybody with you? ¿Hay alguien contigo? **3.** (in neg. sentences) nadie [He doesn't want to help anybody. No quiere ayudar a nadie.]

anyhow ['enɪhaʊ] *adv.* de todos modos.

anyone ['enɪwʌn] *pron.* **1.** cualquiera [Anyone can do your job. Cualquiera puede hacer tu trabajo.] **2.** (in interrog. or condit. sentences) alguien [If anyone comes, tell him I'll come back in five minutes. Si viene alguien, dile que vuelvo en cinco minutos.] **3.** (in neg. sentences) nadie [I couldn't talk to anyone. No pude hablar con nadie.]

anything ['enɪθɪŋ] *pron.* **1.** (in interrog. or condit. sentences) algo [Do you want to buy anything? ¿Quieres comprar algo? **2.** (in neg. sentences) nada [I don't want anything from you. No quiero nada de ti.]

anyway ['enɪweɪ] *adv.* de todos modos [I am going to go anyway. Yo voy a ir de todos modos.]

anywhere ['enɪwer] *adv.* **1.** (position) en cualquier parte [Your book could be anywhere. Tu libro podría estar en cualquier parte.] **2.** (movement) a cualquier parte [Let's go anywhere! ¡Vámonos a cualquier parte!

apart [ə'pɑːrt] *adj. & adv.* **1.** (separately) por separado; aparte [Keep the books apart. Guarda los libros por separado.] **2.** (at a distance) alejado [Your brother is standing apart from the group. Tu hermano está alejado del grupo.] || ~ **from** excepto; aparte de [Apart from his brother, the whole family was very nice. Toda la familia fue muy amable excepto su hermano.] ~ **from that** por lo demás.

apartment [ə'pɑːrtmənt] *n.*, *Am. E.* apartamento *m.*; piso *m.*

apathy ['æpəθi:] *n.* apatía *f.*

ape [eɪp] *n.* **1.** *Zool.* mono *m.*; simio *m.* || *v. tr.* **2.** (imitate) imitar.

apex ['eɪpeks] *n.* ápice *m.*; cima *f.*

apiece [ə'piːs] *adv.* cada cual; cada uno [He gave them one cake apiece. Les dio una tarta por cabeza.]

apologize, apologise (Br.E) [əˈpɒlədʒaɪz] v. intr. (say sorry) pedir perdón; disculparse.

apology [əˈpɒlədʒi:] n. disculpa f.

apostle [əˈpɒsəl] n., Rel. apóstol m.

apostrophe [əˈpɒstrəfi:] n., Ling. (diacritical mark) apóstrofo m.

apotheosis [əˈpɒθɪəʊsɪs](pl.: -ses) n. apoteosis f. inv.; exaltación f.

appall, appal (Br.E) [əˈpɔ:l] v. tr. (horrify) horrorizar; espantar.

appalling [əˈpɔ:lɪŋ] adj. (terrible) atroz; espantoso; horroroso.

apparatus [ˌæpəˈreɪtəs](pl.: -tus or -tuses) n. **1.** (structure) aparato m. [The apparatus of government. El aparato del gobierno.] **2.** Sports aparatos m. pl.; equipo m.

apparent [əˈpærənt] adj. **1.** (evident) aparente. || **apparently** adv. **2.** aparentemente; al parecer.

apparition [ˌæpəˈrɪʃən] n. aparición f.

appeal [əˈpi:l] n. **1.** Law apelación f. **2.** (request) llamamiento m. **3.** (plea) súplica f. || v. intr. **4.** Law apelar; recurrir [He appealed to a higher court against the sentence. Apeló ante un tribunal superior contra/de la sentencia.]

appealing [əˈpi:lɪŋ] adj. atractivo.

appear [əˈpɪr] v. intr. **1.** aparecer. **2.** (seem) parecer. **3.** Law (before a court) comparecer (ante un tribunal).

appearance [əˈpɪrəns] n. **1.** aparición f. **2.** (look) apariencia f.; aspecto m. **3.** Law comparecencia f.

appease [əˈpi:z] v. tr. **1.** aplacar; apaciguar. **2.** (curiosity) satisfacer.

appendicitis [əˌpendɪˈsaɪtɪs] n., Med. apendicitis f.

appendix [əˈpendɪks](pl.: -dixes or -dices) n. **1.** (in books) apéndice m. **2.** Anat. apéndice m.

appetite [ˈæpətaɪt] n. apetito m.

appetizer, appetiser (Br.E) [ˈæpəˌtaɪzər] n. aperitivo m.

applaud [əˈplɔ:d] v. tr. & intr. aplaudir [They applauded his decision. Aplaudieron su decisión.]

applause [əˈplɔ:z] n. aplauso m.

apple [ˈæpəl] n., Bot. (fruit) manzana f. || ~ **tree** Bot. manzano m.

appliance [əˈplaɪəns] n. aparato m. || **electrical** ~ electrodoméstico m.

applicant [ˈæplɪkənt] n. (candidate) aspirante m. y f.; candidato m.

application [ˌæplɪˈkeɪʃən] n. **1.** (use) aplicación f. **2.** (request) solicitud f. || ~ **form** instancia f.

apply [əˈplaɪ] v. tr. **1.** (lotion, paint) aplicar. || v. intr. **2.** (be applicable) aplicarse. || **to ~ for** (for sth) solicitar (algo).

appoint [əˈpɔɪnt] v. tr. **1.** nombrar [He was appointed managing director. Fue nombrado director ejecutivo.] **2.** (date) señalar; fijar.

appointment [əˈpɔɪntmənt] n. **1.** (engagement) cita f. **2.** (act of appointing) nombramiento m.

apportion [əˈpɔ:rʃən] v. tr. (assign) repartir; distribuir.

appraisal [əˈpreɪzəl] n. **1.** evaluación f. **2.** (of property) tasación f.

appreciable [əˈpri:ʃəbəl] adj. (easily noticed) apreciable; sensible.

appreciate [əˈpri:ʃɪeɪt] v. tr. **1.** (be grateful) agradecer. **2.** (value) apreciar. || v. intr. **3.** (shares, property) revalorizarse.

appreciated [əˈpri:ʃeɪtɪd] adj. apreciado.

appreciation [əˈpriːʃɪeɪʃən] n. (gratitude) agradecimiento m.; gratitud f.

apprehend [æprəˌhend] v. tr. **1.** frml. (arrest) detener; apresar. **2.** (be aware) percibir; advertir.

apprehension [æprəˌhenʃən] n. **1.** frml. (arrest) detención f. **2.** aprensión f.; temor m.

apprehensive [æprəˈhensɪv] adj. (fearful) aprensivo.

apprentice [əˈprentɪs] n. aprendiz m.

apprenticeship [əˈprentɪʃɪp] n. (training period) aprendizaje m.

approach [əˈproʊtʃ] n. **1.** (aproximation) acercamiento m. **2.** (access) acceso m. **3.** (to problems, tasks) enfoque m. ‖ v. intr. **4.** acercarse. ‖ v. tr. **5.** (a person, place) acercarse (a algn/algo). **6.** (make overtures to sb) dirigirse (a algn). **7.** (problem) abordar.

approachable [əˈproʊtʃəbəl] adj. (accessible) accesible; asequible.

appropriate [əˈproʊpriːɪt] adj. **1.** apropiado; adecuado. ‖ v. tr. **2.** (take illegally) apropiarse (de algo). **3.** (allocate) asignar.

approval [əˈpruːvəl] n. (agreement) aprobación f.; visto bueno.

approve [əˈpruːv] v. tr. aprobar.

approximate [əˈprɒksəmɪt] adj. **1.** aproximado. ‖ v. intr. (to sth) **2.** acercarse (a algo); aproximarse (a algo). ‖ **approximately** adv. **3.** aproximadamente.

approximation [əˌprɒksəˈmeɪʃən] n. aproximación f.

apricot [ˈæprɪkɒt] n., Bot. albaricoque m. ‖ ~ **tree** Bot. albaricoquero m.

April [ˈeɪprəl] n. abril m.

apron [ˈeɪprən] n. (pinafore) delantal m.; mandil m.

apt [æpt] adj. **1.** (suitable) oportuno; acertado. **2.** (student) inteligente.

aptitude [ˈæptɪtuːd] n. (for sth) (flair) aptitud f. (para algo).

aquarium [əˈkweriəm](pl.: -riums or -ria) n. acuario m.

Aquarius [əˈkwɔːriəs] p. n., Astrol. (the signs of the zodiac) Acuario.

aquatic [əˈkwætɪk] adj. acuático.

aqueduct [ˈækwədʌkt] n. acueducto m.

aquiline [ˈækwɪlaɪn] adj. aguileño.

Arab [ˈærəb] adj. **1.** árabe. ‖ n. **2.** (person) árabe m. y f.

Arabian [əˈreɪbiən] adj. árabe.

Arabic [ˈærəbɪk] n. (language) árabe m.

arbitrary [ˈɑːrbətrəri:] adj. arbitrario.

arbitrate [ˈɑːrbətreɪt] v. tr. & intr. arbitrar [John arbitrates in the disputes between his sisters. *John arbitra en las disputas entre sus hermanas.*]

arbitration [ˌɑːrbəˈtreɪʃən] n., Law arbitraje m.

arbitrator [ˈɑːrbəˌtreɪtər] n. árbitro m.

arc [ɑːrk] n., Math. arco m.

arcade [ɑːrkeɪd] n. **1.** Archit. arcada f. **2.** (along street) soportales m. pl.

arch [ˈɑːrtʃ] n. **1.** Archit. arco m. ‖ v. tr. & intr. **2.** arquear.

archaic [ɑːrkeɪɪk] adj. arcaico.

archbishop [ˌɑːrtʃˈbɪʃəp] n., Rel. arzobispo m.

archeology, archaeology (Br.E) [ˌɑːrkiˈɒlədʒiː] n. arqueología f.

archer [ˈɑːrtʃər] n. arquero m.

archipelago [ˌɑːrkəˈpeləgoʊ] n., Geogr. (group of islands) archipiélago m.

architect [ˈɑːrkətekt] n. arquitecto m.

architecture [ˈɑːrkətektʃər] n. arquitectura f.

archive [ˈɑːrkaɪv] n. archivo m.

archpriest [ɑːrtʃˈpriːst] *n., Rel.* (a senior priest) arcipreste *m.*

archway [ˈɑːrtʃweɪ] *n.* **1.** (entrance) arco de entrada. **2.** (passage) pasadizo abovedado.

ardent [ˈɑːrdənt] *adj.* (passionate) ardiente; ferviente; apasionado.

ardor, ardour (Br.E) [ˈɑːrdər] *n.* ardor *m.;* fervor *m.* entusiasmo.

arduous [ˈɑːrdʒuəs] *adj.* arduo.

area [ˈerɪə] *n.* **1.** zona *f.;* área *f.* **2.** *Math.* área *f.;* superficie *f.*

arena [əˈriːnə] *n.* **1.** *Sports* (stadium) estadio *m.* **2.** (field) ámbito *m.*

Argentinian [ɑːrdʒənˈtiːnɪən] *adj.* **1.** (writer, music, etc.) argentino. ‖ *n.* **2.** argentino *m.*

argot [ˈɑːrgət] *n., frml.* argot *m.*

argue [ˈɑːrgjuː] *v. intr.* **1.** (over/about sth) discutir (sobre algo); pelearse (por algo). **2.** (for/against sth) (reason) argumentar (a favor/en contra de algo).

argument [ˈɑːrgjəmənt] *n.* **1.** (reason) argumento *m.* **2.** (quarrel) discusión *f.* ‖ **line of ~** argumentación *form.*

arid [ˈærɪd, ˈerɪd] *adj.* árido.

aridity [æˈrɪdəti] *n.* aridez *f.*

Aries [ˈæriːz] *p. n., Astrol.* Aries.

arise [əˈraɪz](p.t. arose; p.p. arisen) *v. intr.* (from sth) (emerge) presentarse; surgir (a raíz de algo).

aristocracy [ˌærəsˈtɒkrəsiː] *n.* aristocracia *f.;* nobleza *f.*

ark [ɑːrk] *n., dial.* arca *f.* ‖ **Noah's Ark** *Rel.* Arca de Noé.

arm¹ [ɑːrm] *n.* **1.** *Anat.* brazo *m.* **2.** (of a chair) brazo *m.* **3.** (subdivision) rama *f.* **4.** (of glasses) patilla *f.* ‖ **~ in ~** cogidos del brazo. **with open arms** con los brazos abiertos.

arm² [ɑːrm] *n.* **1.** (weapon) arma *f.* ‖ *v. tr.* **2.** armar (a algn de/con algo). ‖ *v. intr.* **3.** armarse.

armada [ɑːrˈmɑːdə] *n.* armada *f.*

armament [ˈɑːrməmənt] *n.* armamento *m.*

armchair [ˈɑːrmˌtʃər] *n.* sillón *m.*

armful [ˈɑːrmfəl] *n.* brazada *f.*

armistice [ˈɑːrməstɪs] *n., Mil.* armisticio *m.*

armor, armour (Br.E) [ˈɑːrmər] *n.* **1.** *Mil.* armadura *f.* **2.** (on vehicle) blindaje *m.*

armory, armoury (Br.E) [ˈɑːrməriː] *n.* arsenal *m.*

armpit [ˈɑːrmpɪt] *n., Anat.* sobaco *m.;* axila *f.*

army [ˈɑːrmiː] *n.* ejército *m.*

aroma [əˈroʊmə] *n.* aroma *f.*

around [əˈraʊnd] *adv.* **1.** alrededor; a la redonda [There are no houses for miles around. *No hay ninguna casa en millas a la redonda.*] ‖ *prep.* **2.** (surrounding) alrededor de [They sat around the tree. *Estaban sentados alrededor del árbol.*] **3.** (undetermined place) por [I travelled around Europe. *Viajé por Europa.*] **4.** (approximately) alrededor de; en torno a/de [He got married around 1989. *Se casó en torno a 1989.*]

arrange [əˈreɪndʒ] *v. tr.* **1.** disponer; arreglar. **2.** (plan in advance) organizar. ‖ **to ~ to meet** citar.

arrangement [əˈreɪndʒmənt] *n.* **1.** disposición *f.;* arreglo *m.* **2.** (agreement) acuerdo *m.* **3.** *Mus.* arreglo *m.* ‖ **arrangements** *n. pl.* **4.** planes *m.*

arrest [əˈrest] *n.* **1.** arresto *m.;* detención *f.* ‖ *v. tr.* **2.** arrestar; detener.

arrival [əˈraɪvəl] *n.* llegada *f.*

arrive [əˈraɪv] *v. intr.* llegar; venir.

arrogance [ˈærəgəns] *n.* arrogancia *f.*

arrogant ['ærəgənt] *adj.* arrogante.

arrow ['ærəʊ] *n.* flecha *f.*

arsenal ['ɑːrsənəl] *n.* arsenal *m.*

art [ɑːrt] *n.* **1.** arte *amb.* || **arts** *n. pl.* **2.** letras *f. pl.* || ~ **gallery** museo de arte. **arts and crafts** artes y oficios.

artery ['ɑːrtəri:](pl.: -ries) *n.* **1.** *Anat.* arteria *f.* **2.** (road) arteria *f.*

artful ['ɑːrtfəl] *adj.* astuto.

artichoke ['ɑːrtətʃoʊk] *n., Bot.* alcachofa *f.* || ~ **hearts** *Bot.* corazones de alcachofa.

article ['ɑːrtɪkəl] *n.* **1.** (item) artículo *m.* **2.** (in newspaper) crónica *f.;* artículo *m.;* reportaje *m.* **3.** *Ling.* artículo *m.* **4.** *Law* artículo *m.*

articulate [ɑːrˈtɪkjəleɪt] *adj.* **1.** (person) elocuente. **2.** (distinct) claro. || *v. tr. & intr.* **3.** articular.

articulation [ɑːrtɪkjəˈleɪʃən] *n.* **1.** *Anat.* articulación *f.* **2.** *Ling.* articulación *f.*

artifact, artefact (Br.E) ['ɑːrtəfækt] *n.* artefacto *m.*

artifice ['ɑːrtəfɪs] *n.* artificio *m.*

artificial [ˌɑːrtəˈfɪʃəl] *adj.* artificial.

artillery [ɑːrˈtɪləri:] *n., Mil.* artillería *f.*

artisan ['ɑːrtəzən] *n.* artesano *m.*

artist ['ɑːrtɪst] *n.* artista *m. y f.*

artistic [ɑːrˈtɪstɪk] *adj.* artístico.

artless ['ɑːrtləs] *adj.* **1.** (natural) sencillo. **2.** (ingenious) ingenuo.

as [æz, əz, z] *conj.* **1.** (when) cuando [I saw him as he was leaving. *Le vi cuando salía.*] **2.** (comparison) como [He is Spanish, as I am. *Es español como yo.*] **3.** (since) como [As it was late, we went back home. *Como era tarde, nos volvimos a casa.*] || *adv.* **4.** tanto [It is not as sunny today. *Hoy no hace tanto sol.*] **5.** (for example) como [I don't like capital cities, as London or Madrid. *No me gustan las capitales como Londres o Madrid.*] || ~ **...** ~ tan ... como [This coat is as expensive as my car. *Este abrigo es tan caro como mi coche.*] ~ **if** como si (+ subj.) [He did as if he didn't know me. *Hizo como si no me conociera.*]

ascend [əˈsend] *v. tr.* **1.** (steps, mountain) subir. || *v. intr.* **2.** ascender.

ascendancy or ascendency [əˈsendənsi:] *n.* ascendiente *m.*

ascent [əˈsent] *n.* **1.** (of prices) subida *f.* **2.** (rise) ascenso *m.* **3.** (slope) cuesta *f.*

ascertain [ˌæsərˈteɪn] *v. tr.* averiguar.

ascribe [əsˈkraɪb] *v. tr.* atribuir (algo a algo/algn) [She ascribed her success to good luck. *Ella atribuyó su éxito a la buena suerte.*]

ash¹ [æʃ] *n.* **1.** ceniza *f.* || **ashes** *n. pl.* **2.** cenizas *f.*

ash² [æʃ] *n., Bot.* (tree) fresno *m.*

ashamed [əˈʃeɪmd] *adj.* avergonzado. || **be** ~ avergonzarse (de algo/algn); tener vergüenza (de algo/algn).

ashtray ['æʃtreɪ] *n.* cenicero *m.*

Asian ['eɪʃən] *adj. & n.* asiático *m.*

aside [əˈsaɪd] *adv.* aparte; a un lado.

ask [æsk] *v. tr.* **1.** (question) preguntar. **2.** (request) pedir [I didn't ask your opinion. *No te he pedido tu opinión.*] **3.** (invite) invitar [He asked me to dinner. *Me invitó a cenar.*] || **to** ~ **for** pedir [He is always asking for money. *Siempre está pidiendo dinero.*]

asleep [əˈsliːp] *adj.* **1.** (person) dormido. **2.** (limb) adormecido. || **to fall** ~ quedarse dormido.

asparagus [əsˈpærəgəs] *n., inv. Bot.* espárrago *m.*

aspect ['æspekt] *n.* **1.** (feature) aspecto *m.* **2.** *frml.* (appearance) aspecto *m.*

asphalt ['æsˌfɒlt] *n.* **1.** asfalto *m.* ‖ *v. tr.* **2.** asfaltar. ‖ ~ **road** carretera asfaltada.

asphyxia [æsˈfɪksɪə] *n., Med.* asfixia *f.*

asphyxiate [æsˈfɪksɪˌeɪt] *v. tr.* asfixiar.

aspirant ['æspərənt, əsˈpaɪərənt] *n.* (candidate) aspirante *m. y f.*

aspiration [ˌæspəˈreɪʃən] *n.* **1.** (ambition) aspiración *f.;* pretensión *f.* **2.** *Ling.* aspiración *f.*

aspire [əsˈpaɪr] *v. intr.* (to sth) aspirar (a algo); ambicionar.

aspirin ['æsprɪn, 'æspərɪn] *n., Pharm.* aspirina *f.*

ass[1] [æs] *n.* **1.** *Zool.* asno *m.;* burro *m.* **2.** *coll.* idiota *m. y f.;* burro *m.*

ass[2] [æs] *n., Am. E., vulg.* culo *m.*

assail [əˈseɪl] *v. tr., frml.* **1.** atacar. **2.** *fig.* asaltar. ‖ **assailed by doubts** asaltado por las dudas.

assassin [əˈsæsən] *n.* asesino *m.*

assassinate [əˈsæsəˌneɪt] *v. tr., Polit.* asesinar (a alguien importante).

assassination [əˌsæsəˈneɪʃən] *n.* (murder) asesinato *m.;* crimen *m.*

assault [əˈsɔːlt] *n.* **1.** agresión *f.;* violencia *f.* **2.** *Mil.* asalto *m.* ‖ *v. tr.* **3.** agredir. **4.** *Mil.* atacar; asaltar.

assemble [əˈsembəl] *v. tr.* **1.** (gather) reunir; juntar (gente). **2.** (car) montar; ensamblar.

assembly [əˈsemblɪ] *n.* **1.** (meeting) reunión *m.;* asamblea *f.* **2.** (process) montaje *m.*

assent [əˈsent] *n.* **1.** *frml.* asentimiento *m.* ‖ *v. intr.* **2.** asentir.

assert [əˈsɜːrt] *v. tr.* afirmar.

assertion [əˈsɜːrʃən] *n.* afirmación *f.;* aserción *f.*

assess [əˈses] *v. tr.* **1.** valorar. **2.** (property) tasar [His house was assessed at $100,000. *Su casa fue tasada en 100000 dólares.*] **3.** *fig.* (evaluate) evaluar; juzgar.

assessment [əˈsesmənt] *n.* **1.** (tax) gravamen *m.* **2.** *fig.* evaluación *f.*

asset ['æset] *n.* **1.** ventaja *f.* ‖ *n. pl.* **2.** *Econ.* activo *m. sing.;* bienes *m.*

asshole, arsehole (Br.E) ['æsˌhoʊl] *n., slang* gilipollas *m. y f.*

assiduous [əˈsɪdʒʊəs] *adj.* **1.** (persistent) asiduo. **2.** (student) aplicado. ‖ **assiduously** asiduamente.

assign [əˈsaɪn] *v. tr.* **1.** (allocate) asignar; adjudicar. **2.** (resources) destinar. **3.** (right, interest) conceder.

assignment [əˈsaɪnmənt] *n.* **1.** (allocation) asignación *f.* **2.** (task) tarea *f.*

assimilate [əˈsɪməˌleɪt] *v. tr.* **1.** (information, food) asimilar. **2.** asimilar, asemejar [He assimilates money to/with success. *Asimila el dinero al éxito.*]

assist [əˈsɪst] *v. tr.* asistir; ayudar.

assistance [əˈsɪstəns] *n.* (support) ayuda *f.;* asistencia *f.;* auxilio *m.*

assistant [əˈsɪstənt] *n.* auxiliar *m. y f.;* ayudante *m. y f.* ‖ **shop** ~ dependiente *m.*

associate [əˈsoʊʃɪt, əˈsoʊʃɪet] *adj.* **1.** asociado. ‖ *n.* **2.** socio *m.;* asociado *m.* ‖ *v. tr.* **3.** asociar. ‖ *v. intr.* **4.** (person) relacionarse.

association [əˌsoʊsɪˈeɪʃən] *n.* asociación *f.*

assorted [əˈsɔːrtɪd] *adj.* surtido.

assortment [əˈsɔːrtmənt] *n., Econ.* surtido *m.;* variedad *f.*

assume [əˈsuːm] *v. tr.* **1.** (suppose) suponer. **2.** (responsibilities) asumir.

assumption [əˈsʌmpʃən] *n.* suposición *f.;* supuesto *m.*

assurance [əˈʃʊrəns] *n.* **1.** promesa *f.* **2.** (certainty) convicción *f.*

assure [əˈʃʊr] *v. tr.* asegurar; garantizar.

asterisk [ˈæstəˌrɪsk] *n.* asterisco *m.*

asthma [ˈæzmə] *n., Med.* asma *m.*

astigmatism [əˈstɪɡmətɪzəm] *n., Med.* astigmatismo *m.*

astonish [əˈstɒnɪʃ] *v. tr.* (amaze) asombrar; maravillar; pasmar.

astonishment [əˈstɒnɪʃmənt] *n.* (surprise) asombro *m.*; pasmo *m.*

astound [əˈstaʊnd] *v. tr.* (astonish) dejar atónito; pasmar; asombrar.

astray [əˈstreɪ] *adv.* extraviado. ‖ **to go ~** (be lost) extraviarse.

astringent [əˈstrɪndʒənt] *adj. & n., Med.* (styptic) astringente *m.*

astrology [əˈstrɒlədʒi:] *n.* astrología *f.*

astronaut [ˈæstrənɔ:t] *n.* astronauta *m. y f.*

astronomy [əˈstrɒnəmi:] *n.* astronomía *f.*

astute [əˈstju:t] *adj.* astuto; sagaz.

asylum [əˈsaɪləm] *n.* asilo *m.*

at [æt] *prep.* **1.** (position) en; a [Sit at the table! ¡Siéntate a la mesa!] **2.** (time) a [The play starts at nine o'clock. *La obra empieza a las nueve.*] **3.** (night) por; de [At night, the river reflects the moon. *Por la noche, la luna se refleja en el río.*] **4.** *Comput.* (@) arroba.

atheist [ˈeɪθɪɪst] *n.* ateo *m.*

athlete [ˈæθli:t] *n., Sports* atleta *m. y f.*

athletics [æθˈletɪks] *n. pl., Sports* atletismo *m. sing.*

atlas [ˈætləs] *n.* atlas *m. inv.*

atmosphere [ˈætməsˌfɪr] *n.* **1.** *Astron.* atmósfera *f.* **2.** *fig.* (ambience) ambiente *m.* **3.** *Mec.* atmósfera *f.*

atom [ˈætəm] *n.* átomo *m.*

atomic [əˈtɒmɪk] *adj.* atómico. ‖ **~ bomb** bomba atómica.

atone [əˈtoʊn] *v. intr.* (for) (sins) expiar.

atonic [əˈtɒnɪk] *adj., Ling.* átono.

atrocious [əˈtroʊʃəs] *adj.* atroz.

atrocity [əˈtrɒsəti:] *n.* (barbarity) atrocidad *f.*; barbaridad *f.*

attach [əˈtætʃ] *v. tr.* **1.** (tie) atar. **2.** (letter, document) adjuntar.

attaché [əˈtæʃeɪ] *n.* agregado *m.*

attached [əˈtætʃt] *adj.* adjunto; anexo. ‖ **to be ~ to** tener mucho cariño a.

attachment [əˈtætʃmənt] *n.* **1.** (tool) accesorio *m.* **2.** (affection) cariño *m.*; apego *m.*

attack [əˈtæk] *n.* **1.** (terrorist) atentado *m.* **2.** (terrorist) atentado *m.* ‖ *v. tr. & intr.* **3.** agredir. **4.** *Mil.* atacar; asaltar.

attain [əˈteɪn] *v. tr.* **1.** (goal) lograr; conseguir. **2.** (arrive at) alcanzar.

attainment [əˈteɪnmənt] *n.* logro *m.*

attempt [əˈtempt] *n.* **1.** intento *m.*; tentativa *f.* **2.** (attack) atentado *m.* ‖ *v. tr.* **3.** (try) intentar.

attend [əˈtend] *v. tr. & intr.* **1.** (be present) asistir. **2.** (take care of) atender; cuidar. ‖ *v. intr.* **3.** (pay attention) prestar atención; atender.

attendance [əˈtendəns] *n.* (presence) asistencia *f.*

attention [əˈtenʃən] *n.* atención *f.* ‖ **to pay ~** prestar atención.

attentive [əˈtentɪv] *adj.* **1.** (concentrated) atento. **2.** (helpful) solícito.

attest [əˈtest] *v. tr.* atestiguar.

attic [(ætɪk] *n.* desván *m.*; buhardilla *f.*

attire [əˈtaɪr] *n., frml.* atuendo *m.*

attitude [ˈætətˌtu:d] *n.* actitud *f.*

attorney [əˈtɜ:rni:] *n., Am. E., Law* abogado *m.* ‖ **district ~** *Am. E., Law* fiscal *m. y f.* (del distrito)

attract [əˈtrækt] *v. tr.* atraer.

attraction [əˈtrækʃən] *n.* **1.** (power) atracción *f.* **2.** (feature) atractivo *m.*

attractive [əˈtræktɪv] *adj.* **1.** atractivo; guapo. **2.** (appealing) atrayente.

attribute [ˈætrəbjuːt] *n.* **1.** atributo *m.* ‖ *v. tr.* (sth to sth/sb) **2.** atribuir (algo a algo/algn).

aubergine [ˈɒbərdʒiːn] *n., Br. E., Bot.* berenjena *f.*

auburn [ˈɔːbərn] *adj. & n.* (color) caoba *m.*; castaño rojizo.

auction [ˈɔːkʃən] *n.* **1.** (public sale) subasta *f.* ‖ *v. tr.* **2.** subastar.

audacious [ɔːˈdeɪʃəs] *adj.* **1.** (daring) audaz; osado. **2.** (impudent) atrevido; descarado.

audacity [ɔːˈdæsəti:] *n.* **1.** audacia *f.* **2.** (impudence) atrevimiento *m.*; descaro *m.*

audience [ˈɔːdjəns] *n.* **1.** (spectators) público *m.*; audiencia *f.* **2.** (meeting) audiencia *f.*; audición *f.*

audiovisual [ˌɔːdɪoʊˈvɪʒʊəl] *adj.* audiovisual.

audition [ɔːˈdɪʃən] *n.* audición *f.*

auditor [ˈɔːdətər] *n.* **1.** auditor *m.* **2.** *Am. E.* oyente *m. y f.*

auditorium [ˌɔːdətˈɔːrɪəm] *n., Theat.* auditorio *m.*; salón de actos.

auditory [ˈɔːdətɔːri:] *adj.* auditivo.

augment [ˈɔːgmənt] *v. tr.* (increase) incrementar; aumentar.

augury [ˈɔːgjəri:] *n.* (omen) presagio *m.*; augurio *m.*

August [ˈɔːgəst] *n.* agosto *m.*

aunt [ˈænt, ˈɑːnt] *n.* tía *f.*

aureole [ˈɔːrioʊl] *n.* aureola *f.*

aurora [eˈrɔːrə](pl.: -ras or -rae) *n.* aurora *f.* ‖ **~ australis** aurora austral. **~ borealis** aurora boreal.

austere [ɔːˈstɪr] *adj.* austero.

Australian [ɔːˈstreɪlɪən] *adj. & n.* australiano *m.*

Austrian [ˈɔːstrɪən] *adj. & n.* austríaco *m.*

authentic [ɔːˈθentɪk] *adj.* auténtico.

author [ˈɔːθər] *n.* autor *m.*

authoritarian [ɔːˌθɒrəˈterɪən] *adj. & n.* autoritario *m.*; tiránico *m.*

authority [ɔːˈθɒrəti:] *n.* **1.** autoridad *f.* **2.** (permission) autorización *f.* ‖ **authorities** *n. pl.* **3.** mando *m. sing.*

authorization, authorisation (Br.E) [ˌɔːθərəˈzeɪʃən] *n.* autorización *f.*

authorize, authorise (Br.E) [ˈɔːθəraɪz] *v. tr.* autorizar.

auto [ˈɔːtoʊ] *n., Am. E., fam.* (car) coche *m.*; automóvil *m.*

autobiography [ˌɔːtəbaɪˈɒgrəfi:] *n.* autobiografía *f.*

autograph [ˈɔːtəgræf] *n.* autógrafo *m.*

automatic [ˌɔːtəˈmætɪk] *adj.* automático. ‖ **pilot ~** piloto automático.

automaton [ɔːˈtəmətən](pl.: -tons or -ta) *n.* autómata *m.*

automobile [ˈɔːtəmoʊbiːl] *n., Am. E.* (car) automóvil *m.*

autonomous [ɔːˈtɒnəməs] *adj.* (independent) autónomo; independiente.

autonomy [ɔːˈtɒnəmi:] *n.* autonomía *f.*

autopsy [ˈɔːtɒpsi:] *n.* autopsia *f.*

autumn [ˈɔːtəm] *n.* otoño *m.*

autumnal [ɔːˈtʌmnəl] *adj.* otoñal.

auxiliary [ɔːˈgzɪljeri:] *adj.* **1.** auxiliar. ‖ *n.* **2.** (helper) auxiliar *m.*

available [əˈveɪləbəl] *adj.* disponible.

avalanche [ˈævəˌlæntʃ] *n.* avalancha *f.*; alud *m.*; desprendimiento *m.*

avarice [ˈævərɪs] *n., frml.* avaricia *f.*

avenge [əˈvendʒ] *v. tr.* vengar.

avenue [ˈævəˌnuː] *n.* avenida *f.*

average [ˈævərɪdʒ, ˈævrɪdʒ] *adj.* **1.** medio [The average citizen. *El ciudadano medio.*] ‖ *n.* **2.** media *f.*; promedio *m.*

aversion [əˈvɜːrʃən] *n.* aversión *f.*

aviation [ˌeɪ'vieɪʃən] *n.* aviación *f.*

avid ['ævɪd] *adj.* ávido.

avocado [ˌævə'kɑːdoʊ] *n., Bot.* (tree, fruit) aguacate *m.*

avoid [ə'vɔɪd] *v. tr.* **1.** evitar. **2.** (question, responsibility) evadir; eludir.

await [ə'weɪt] *v. tr.* aguardar; esperar.

awake [ə'weɪk] *adj.* **1.** despierto. ‖ *v. tr.* **2.** despertar. ‖ *v. intr.* **3.** despertarse.

award [ə'wɔːrd] *n.* **1.** premio *m.* ‖ *v. tr.* **2.** (prize) conceder; otorgar. **3.** *Law* (contract) adjudicar.

aware [ə'wer] *adj.* consciente.

awareness [ə'wernəs] *n.* conciencia *f.*

away [ə'weɪ] *adv.* **1.** (far) lejos [The museum is a long way away. *El museo está muy lejos.*] **2.** (absent) fuera; ausente [He'll be away for two weeks. *Estará fuera dos semanas.*] ‖ ~ **from** lejos de [Keep away from the fire. *Mantente lejos del fuego.*]

awful ['ɔːfəl] *adj.* atroz; horrible.

awkward ['ɔːkwərd] *adj.* **1.** (clumsy) torpe. **2.** (embarrassing) embarazoso. **3.** (difficult to deal with) difícil.

awning [ɔːnɪŋ] *n.* toldo *m.*

awry [ə'raɪ] *adj.* torcido. ‖ **to go** ~ salir mal.

ax, axe (Br.E) [æks] *n.* **1.** hacha *f.* ‖ *v. tr.* **2.** (employee) despedir. **3.** (costs) recortar (gastos).

axis ['æksɪz](pl.: axes) *n.* eje *m.*

axle ['æksəl] *n., Mec.* eje *m.;* árbol *m.*

Aymara [eɪ'mɑːrə] *adj. & n.* aimara *m.*

B

B [bi:] *n., Mus.* si *m.*

b [bi:] *n.* (letter) b *f.*

BA [bi:ei] *abbrev.* (Arts) licenciado *m.*

baa [ba:] *n.* **1.** (of sheep, lambs) balido *m.* ‖ *v. intr.* **2.** balar.

babble ['bæbəl] *n.* **1.** (of a child) balbuceo *m.* **2.** (of stream) murmullo *m.* ‖ *v. intr.* **3.** (child) balbucear. **4.** (person) parlotear. ‖ **to ~ on** (speak a lot) rajar.

babe ['beib] *n.* **1.** (baby) bebé *m.* **2.** *Am. E.* (young girl) nena *f.*

baby ['beibi] *n.* bebé *m.*; nene *m.* ‖ **~ food** papilla *f.* **~ teeth** dientes de leche.

babyish ['beibiʃ] *adj.* infantil.

babysitter ['beibi,sitər] *n.* canguro *m. y f. fam.*

bachelor ['bætʃələr 'bætʃlər] *n.* **1.** soltero *m.* **2.** (Arts) licenciado *m.* ‖ **~ pad** piso de soltero.

bacillus [bə'siləs](pl: -cilli) *n., Biol.* bacilo *m.*; microorganismo *m.*

back [bæk] *n.* **1.** *Anat.* (human) espalda. **2.** *Anat.* (animal) lomo. **3.** (object) reverso *m.*; dorso *m.* **4.** (of chair) respaldo *m.* **5.** final [He is at the back of the room. *Está al final de la sala.*] **6.** (cloth) revés [That is the back of the table cloth. *Ése es el revés del mantel.*] ‖ *adj.* **7.** posterior; trasero [This is the back garden. *Éste es el jardín trasero.*] ‖ *v. tr.* **8.** respaldar; apoyar. **9.** (books) encuadernar. ‖ *adv.* **10.** (backward) atrás; hacia atrás [Take two steps back. *Da dos pasos hacia atrás.*] **11.** (time) allá [He was a hippy back in the sixties. *Fue un hippy allá en los sesenta.*] ‖ *v. intr.* **12.** dar marcha atrás. ‖ **at**

the ~ al fondo. por detrás [He is at my back. *El está detrás de mí apoyándome.*]

backbite ['bæk,bait] *v. intr.* (criticize) murmurar; criticar.

backbone ['bæk,boun] *n.* **1.** *Anat.* espinazo *m.* **2.** (fish) raspa *f.*

background ['bæk,graund] *n.* **1.** (art) fondo *m.* **2.** (familiar) antecedentes *m. pl.* ‖ **intellectual ~** bagaje intelectual.

backing ['bækin] *n.* apoyo *m.*; respaldo *m.*

backpack ['bækpæk] *n., Am. E.* mochila *f.*

backstage [,bæk'steidʒ] *adv., Theat.* entre bastidores.

backstreet ['bæk,sti:t] *n.* callejuela *f.*

backward ['bæk,wərd] *adj.* **1.** (child) retrasado. ‖ *adv.* (or "backwards") **2.** atrás; hacia atrás. **3.** al revés [You do everything backward. *Todo lo haces al revés.*] ‖ **~ movement** retroceso *m.*

backwardness ['bækwз:rdnəs] *n.* **1.** (of field) atraso *m.* **2.** (mental) retraso *m.*

backwater ['bæk,wɔ:tər] *n.* (stagnant) agua estancada.

bacon ['beikən] *n.* beicon *m.*

bacterium [bæk'tiriəm](pl: -ria) *n., Biol.* bacteria *f.*; microorganismo *m.*

bad ['bæd] *adj.* malo; mal. ‖ **from ~ to worse** de mal en peor. **to look ~** tener mala cara.

badge [bædʒ] *n.* **1.** insignia *f.* **2.** (of police) placa *f.*

badger ['bædʒər] *n., Zool.* tejón *m.*

badinage ['bædinɑ:ʒ] *n., lit.* chanza.

badly ['bædli:] *adv.* mal.

bad-mannered ['bæd,mæmərd] *adj.* maleducado; grosero.

badminton ['bædmintən] *n., Sports* bádminton *m.*

badness ['bædnəs] *n.* (of behavior) maldad *f.*; malicia *f.*

bad-tempered ['bæd,tempərd] *adj.* (irritable) malhumorado. ‖ **to be ~** tener malas pulgas *fam.*

baffle ['bæfəl] *n.* bafle *m.*

bag [bæg] *n.* **1.** bolsa *f.* **2.** (handbag) bolso *m.* **3.** (sack) saco *m.* ‖ *v. tr.* **4.** (put in bag) embolsar. **5.** (hunting) cazar. ‖ **shopping ~** bolsa de la compra.

bagatelle [,bægə'tel] *n.* (trifle) bagatela *f.*; fruslería *f.*

baggage ['bægɪdʒ] *n.* **1.** *Am. E.* equipaje *m.* **2.** *Mil.* bagaje *m.*

bagpipes ['bæg,paɪps] *n. pl., Mus.* gaita *f. sing.* ‖ **to play the ~** *Mus.* tocar la gaita.

baguette [bæ'get] *n.* barra *f.* (de pan).

bail [beɪl] *n. Law* fianza *f.* ‖ **to ~ out** *Law* pagar la fianza. | *Nav.* (water) achicar.

bailiff ['beɪlɪf] *n., Law* alguacil *m.*

bain-marie ['beɪn,mɔ:ri:] *n., Gastr.* baño María.

bait [beɪt] *n.* **1.** cebo *m.*; gancho *m.* ‖ *v. tr.* **2.** cebar. ‖ **to swallow the ~** tragar/morder/picar el anzuelo.

bake ['beɪk] *v. tr.* **1.** cocer; hervir. **2.** (in oven) hornear.

baker ['beɪkər] *n.* panadero *m.* ‖ **baker's shop** panadería *f.*

bakery ['beɪkəri:](pl.: -ries) *n.* (factory) panadería *f.*; tahona *f.*

baking ['beɪkɪŋ] *n.* (bread, cakes) hornada *f.* ‖ **~ powder** levadura en polvo.

balaclava [bælə'klɑ:va] *n.* (woollen hat) pasamontañas *m. inv.*

balance ['bæləns] *n.* **1.** (scales) balanza *f.* **2.** *Econ.* balance. **3.** (equilibrium) equilibrio *m.* ‖ *v. tr.* **4.** equilibrar.

balcony ['bælkəni:] *n.* **1.** balcón *m.* **2.** *Film & Theatr.* gallinero *m.*

bald [bɔ:ld] *adj.* (person) calvo; pelado. ‖ **~ patch** calva *f.*

baldheaded [,bɔ:ld'hedɪd] *adj.* pelón.

bale [beɪl] *n.* **1.** (of cotton) bala *f.* **2.** (of goods) fardo *m.* ‖ *v. tr.* **3.** (hay, goods) embalar; empacar.

balk [bɔ:k] *n.* **1.** viga *f.* (de madera).

ball [bɔ:l] *n.* **1.** bola *f.*; pelota *f.* **2.** (football) balón *m.* **3.** (party) baile (de etiqueta) *m.* ‖ **balls** *n. pl.* **4.** *vulg.* (testicles) bolas *f. pl.*; huevos *m. pl.* ‖ **fancy dress ~** baile de disfraces.

ballast ['bæləst] *n., Nav.* lastre *m.*

ballerina [,bælə'ri:nə] *n.* bailarina *f.*

ballet ['bæleɪ] *n.* ballet *m.* ‖ **shoes ~** zapatillas de ballet.

balloon [bə'lu:n] *n.* **1.** globo *m.* **2.** (in comics) bocadillo *m.*

ballot ['bælət] *n.* **1.** (vote) votación *f.* **2.** (paper) papeleta *f.* ‖ **~ box** urna *f.*

ballpoint or ballpoint pen ['bɔ:lpɔɪnt] *n.* bolígrafo *m.*

balm [bɑ:m] *n.* bálsamo *m.*

balsam ['bɔlsəm] *n.* bálsamo *m.*

baluster ['bælʌstər] *n.* balaustre *m.*

bamboo [bæm'bu:] *n., Bot.* bambú *m.*

ban [bæn] *n.* **1.** prohibición *f.* ‖ *v. tr.* **2.** prohibir. **3.** (driving) suspender.

banal [bənɑ:l, bə'næl beɪnl] *adj.* trivial.

banality [bə'næləti:] *n.* (triviality) trivialidad *f.*; vulgaridad *f.*

banana [bə'nænə] *n. Bot.* (fruit) plátano *m.*; banana *f.* ‖ **to go ~** *slang* volverse tonto.

band [bænd] *n.* **1.** (of musicians) banda. **2.** (gang) cuadrilla. **3.** (strip) banda.

bandage ['bændɪdʒ] *n.* **1.** venda *f.*; vendaje *m.* ‖ *v. tr.* **2.** vendar.

bandaid ['bænd,eɪd] *n., Am. E.* tirita *f.*

banderilla [bændə'rɪlə] *n., Taur.* banderilla *f.*

bandit ['bændɪt] *n.* bandido *m.*

bandolier or bandoleer [ˌbændəˈlɪr] *n.* bandolera *f.*

baneful [ˈbeɪnfəl] *adj.*, *lit.* (disastrous) funesto; infortunado.

bang [bæŋ] *n.* **1.** golpe *m.* **2.** (explosión) detonación *f.* **3.** (of door) portazo *m.* ‖ **bangs** *n. pl.* **4.** *Am. E.* flequillo *m. sing.*

banger [ˈbæŋər] *n.*, *Br. E.* petardo *m.*

bangle [ˈbæŋgəl] *n.* brazalete *m.*; esclava *f.*

banish [ˈbænɪʃ] *v. tr.* desterrar.

banishment [ˈbænɪʃmənt] *n.* (exile) destierro *m.*; exilio *m.*

banister [ˈbænəstər] *n.* baranda *f.*

bank¹ [bæŋk] *n.* **1.** *Econ.* banco *m.* ‖ *v. tr.* **2.** *Econ.* (money) ingresar. ‖ **~ account** *Econ.* cuenta bancaria. **savings ~** *Econ.* caja de ahorros.

bank² [bæŋk] *n.* (of river) orilla *f.*

bankbook [ˈbæŋkbʊk] *n.*, *Econ.* cartilla de ahorros.

banker [ˈbæŋkər] *n.*, *Econ.* banquero *m.*

banking [ˈbæŋkɪŋ] *n.* banca *f.*

banknote [ˈbæŋknoʊt] *n.* **1.** *Am. E.* pagaré. **2.** *Br. E.* billete de banco.

bankrupt [ˈbæŋkrʌpt] *adj.* quebrado. ‖ **to be ~** *Econ.* estar en bancarrota. **to go ~** quebrar.

bankruptcy [ˈbæŋkrəpsiː] *n.*, *Econ.* bancarrota *f.*; quiebra *f.*

banner [ˈbænər] *n.* **1.** (placard) pancarta *f.* **2.** (flag) estandarte *m.*

banns [bænz] *n. pl.* amonestaciones *f.*

banquet [ˈbæŋkwɪt] *n.* banquete *m.*

banter [ˈbæntər] *v. intr.* bromear.

baptism [ˈbæptɪzəm] *n.* **1.** bautizo *m.* **2.** (sacrament) bautismo *m.*

baptize [bæpˈtaɪz] *v. tr.*, *Rel.* bautizar.

bar [bɑːr] *n.* **1.** (of gold, metal) barra *f.* **2.** (of chocolate) tableta *f.* **3.** (of soap) pastilla *f.* **4.** (pub) bar *m.* **5.** (in a pub) mostrador *m.*; barra *f.* ‖ *v. tr.* **6.** atrancar.‖ **behind bars** entre rejas, en prisión.

barb [bɑːrb] *n.* **1.** (of wire) púa *f.* **2.** (of arrow) lengüeta *f.*

barbarian [bɑːrˈberɪən] *n.* bárbaro *m.*

barbaric [bɑːrˈbærɪk] *adj.* bárbaro.

barbarous [bɑːrˈbærəs] *adj.* **1.** (cruel) bárbaro. **2.** (uncivilized) bárbaro.

barbecue [ˈbɑːrbɪkjuː] *n.* **1.** barbacoa *f.* **2.** (food) parrillada *f.* ‖ *v. tr.* **3.** (food) asar a la parrilla.

barber [ˈbɑːrbər] *n.* (for men) peluquero *m.*; barbero *m.*

barbershop [ˈbɑːrbərˌʃɒp] *n.*, *Am. E.* (for men) peluquería *f.*

bare [ber] *adj.* **1.** (naked) desnudo. **2.** (style) escueto. **3.** (tree, lot) pelado.**4.** (cupboard, room) vacío.

barefaced [ˈberfeɪst] *adj.* descarado.

barefoot [ˈberfʊt] *adj.* descalzo.

bareheaded [ˌberˈhedɪd] *adj.* (uncovered) descubierto; sin sombrero.

barely [ˈberliː] *adv.* apenas.

bareness [ˈbernɪs] *n.* **1.** desnudez *f.* **2.** *fig.* (of style) sencillez *f.*

bargain [ˈbɑːrgɪn] *n.* **1.** trato *m.* **2.** (deal) negocio *m.* **3.** (good buy) chollo *m.*; ganga *f.* ‖ *v. intr.* **4.** negociar. **5.** *Econ.* (haggle) regatear.

barge [bɑːrdʒ] *n.* **1.** (boat) barcaza *f.* **2.** *Mil.* lancha *f.*

bark¹ [bɑːrk] *n.* **1.** (of dog) ladrido *m.* ‖ *v. intr.* **2.** (dog) ladrar.

bark² [bɑːrk] *n.*, *Bot.* (of tree) corteza *f.*

barley [ˈbɑːrliː] *n.*, *Bot.* cebada *f.*

barman [ˈbɑːrmən] *n.* camarero *m.*

barn [bɑːrn] *n.* **1.** granero *m.* **2.** (for cattle) establo *m.*

barn owl [ˈbɑːrnˌaʊl] *n.*, *Zool.* lechuza *f.*

barometer [bəˈrɒmətər] *n.* barómetro *m.*

baron ['bærən] *n.* **1.** barón *m.* ∥ **baroness** *n.* **2.** baronesa *f.*

baroque [bə'rok] *adj.* (art) barroco.

barracks ['bærəks] *n. pl., Mil.* cuartel *m. sing.*

barrage ['bærɑ:ʒ] *n., fig.* aluvión *m.*

barrel ['bærəl] *n.* **1.** (of beer) barril. **2.** (of wine) tonel *m.*; cuba *f.* **3.** (of a gun) cañón *m.*

barren ['bærən] *adj.* estéril.

barrenness ['bærənnıs] *n.* esterilidad *f.*

barricade ['bærə,keıd] *n.* **1.** barricada *f.* ∥ *v. tr.* **2.** levantar barricadas.

barrier ['bærıər] *n.* **1.** barrera *f.* **2.** *fig.* (obstacle) obstáculo *m.*

barring ['bɑ:rıŋ] *prep.* excepto; salvo.

barrister ['bærəstər] *n., Br. E.* abogado *m.*

barrow ['bærou] *n.* carretilla *f.*

bartender ['bɑ:r,tendər] *n., Am. E.* (waiter) tabernero *m.* camarero *m.*

barter ['bɑ:rtər] *n.* **1.** *Econ.* trueque *m.* ∥ *v. tr.* **2.** trocar; cambiar.

base [beıs] *n.* **1.** base *f.* **2.** (foot) pie. ∥ *v. tr.* **3.** basar; fundar. ∥ **to be based** basarse; fundarse.

baseball ['beısbɔ:l] *n., Sports* béisbol *m.*

baseboard ['beıs,bɔ:rd] *n., Archit., Am. E.* (skirting board) rodapié *m.*

basement ['beısmənt] *n.* sótano *m.*

bashful ['bæʃfəl] *adj.* (timid) vergonzoso; tímido; cortado.

bashfulness ['bæʃfəlnıs] *n.* vergüenza *f.*; timidez *f.*; cortedad *f.*

basic ['beısık] *adj.* básico.

basilica [bə'zıləkə] *n., Rel.* basílica *f.*

basin ['beısən] *n.* **1.** palangana *f.* **2.** (sink) pilón *m.* **3.** *Geogr.* (of river) cuenca *f.*

basis ['beısıs](pl.: -ses) *n.* base *f.*; fundamento *m.* ∥ **on the ~ of** sobre la base de; en base a.

basket ['bæskıt] *n.* **1.** cesta *f.*; cesto *m.* **2.** (with handle) canasta *f.* ∥ **picnic ~** cesta de picnic. **sewing ~** costurero *m.*

basketball ['bæskət,bɔ:l] *n., Sports* baloncesto *m.* ∥ **~ coach** *Sports* entrenador de baloncesto.

Basque [bæsk] *adj.* **1.** vasco. ∥ *n.* **2.** (person) vasco *m.* **3.** (language) vasco *m.* ∥ **~ Country flag** ikurriña *f.*

bass [beıs] *n., Mus.* bajo *m.* ∥ **~ drum** *Mus.* bombo *m.*

bastard ['bæstərd] *adj.* **1.** bastardo *m.* **2.** (illegitinate child) bastardo *m.*; ilegítimo *m.* **3.** *vulg.* cabrón *m.*

baste [beıst] *v. tr.* (sew) hilvanar.

bastion ['bæstʃən] *n.* **1.** *Archit.* baluarte *m.* **2.** *fig.* baluarte *m.*

bat¹ [bæt] *n.* (in baseball) bate *m.*

bat² ['bæt] *n., Zool.* murciélago *m.*

batch [bætʃ] *n.* **1.** (of bread, cakes) hornada *f.* **2.** (of goods) lote *m.*

bath [bæθ] *n.* **1.** (wash) baño *m.* **2.** (bathtub) bañera *f.* ∥ *v. tr.* **3.** *Br. E.* bañar. ∥ **to run a ~** llenar la bañera de agua. **to take/have a ~** bañarse. **Turkish ~** baño turco.

bathe [beıð] *v. intr.* **1.** bañarse. ∥ *v. tr.* **2.** (sea, river) bañar.

bather ['bæðər] *n.* bañista *m. y f.*

bathing ['beıðıŋ] *n.* baño *m.*

bathing costume ['beıðıŋkostjum] *sust. phr., Br. E.* bañador *m.*

bathing suit ['beıðıŋsu:t] *sust. phr., Am. E.* bañador *m.*

bathrobe ['bæθ,roub] *n.* albornoz *m.*

bathroom ['bɑ:θru:m] *n.* cuarto de baño. ∥ **Where is the ~** ¿Dónde está el baño?

bathtub ['bæθtʌb] *n.* bañera *f.*

batman ['bæt,mæn] *n., Br. E., Mil.* ordenanza *m.*

baton [bætən] *n.* **1.** *Mus.* batuta *f.* **2.** (truncheon) porra *f.*

battalion [bə'tæljən] *n., Mil.* batallón *m.*

batten ['bætən] *n.* **1.** (on door) listón *m.*

batter ['bætər] *v. tr.* (beat) apalear.

battery ['bætəri:](pl.: ries) *n.* **1.** *Mil.* batería *f.* **2.** *Electron.* batería *f.;* pila *f.*

battle ['bætəl] *n.* **1.** (combat) batalla *f.;* combate *m.* ‖ *v. intr.* **2.** *Mil.* batallar.

battlefield ['bætəl͵fi:ld] *n., Mil.* campo de batalla.

battleship ['bætəl͵ʃɪp] *n., Mil.* (with heavy armor) acorazado.

bawl [bɔ:l] *v. tr.* **1.** gritar. ‖ *v. intr.* **2.** gritar; vociferar. **3.** (weep) berrear [His son was bawling all the afternoon. *Su hijo estuvo berreando toda la tarde.*]

bay¹ [beɪ] *n., Geogr.* bahía *f.*

bay² [beɪ] *n.* **1.** (dog) aullido *m.* ‖ *v. intr.* **2.** (dog) aullar.

bayonet ['beɪənɪt] *n., Mil.* bayoneta *f.*

bazaar [bə'zɑ:r] *n.* bazar *m.*

be [bi:](pres. am are is ; p.t. was were ; p.p. been) *v. intr.* **1.** (origin, nationality, occupation, quality, etc.) ser [She is very beautiful. *Ella es muy guapa.*] **2.** (temporary state, location, etc) estar; andar [How is your brother? *¿Qué tal está tu hermano?*] **3.** (age, feeling) tener [I am cold. *Tengo frío.*] **4.** (age) cumplir [How old are you? *¿Cuántos años cumples?*] **5.** (occur) haber [There was a car accident. *Hubo un accidente de coche.*] **6.** (climate) hacer [It is cold. *Hace frío.*] **7.** (exist) haber [There are a lot of people. There are two oranges in the fridge. *Hay mucha gente. Hay dos naranjas en la nevera.*]

beach [bi:tʃ] *n.* **1.** playa *f.* ‖ *v. tr.* **2.** *Nav.* (ship) varar.

beacon ['bi:kən] *n.* (lighthouse) faro *m.*

bead [bi:d] *n.* cuenta *f.*

beak [bi:k] *n.* **1.** *Zool.* (of a bird) pico *m.* **2.** *fam.* (large and pointed nose) nariz *f.*

beaker ['bi:kər] *n., Chem.* vaso de precipitados.

beam [bi:m] *n.* **1.** (in building) viga *f.* **2.** (ray) rayo *m.* **3.** (of light) haz *m.* (de luz). ‖ *v. intr.* **4.** brillar.

bean [bi:n] *n., Bot.* alubia *f.;* haba *f.*

bear¹ [ber] *v. tr.* **1.** cargar. **2.** (support, endure) aguantar; soportar. **3.** (woman, mammals) parir.

bear² [ber] *n., Zool.* oso *m.* ‖ **~ cub** *Zool.* osezno *m.* **polar ~** *Zool.* oso blanco. **teddy ~** oso de peluche.

bearable ['berəbəl] *adj.* soportable.

beard ['bɪrd] *n.* barba *f.*

bearer ['berər] *n.* portador *m.*

bearing ['berɪŋ] *n.* **1.** (aspect) porte *m.* **2.** (relevance) conexión.

beast [bi:st] *n.* **1.** (animal) bestia; animal. **2.** *fig.* bruto *m.*

beat [bi:t] *v. tr.* **1.** (hit) golpear. **2.** (eggs) batir. ‖ *v. intr.* **3.** (heart) latir. ‖ *n.* **4.** (heart) latido *m.* ‖ **~ it** largarse.

beatify ['bjʊtɪfaɪ] *v. tr., Rel.* beatificar.

beating ['bi:tɪŋ] *n.* **1.** (thrashing) paliza *f.;* tunda *f. fam.* **2.** (heavy defeat) derrota *f.;* fracaso *m.*

beatitude [bi:'ætɪtju:d] *n., Rel.* beatitud *f.*

beautiful [bijutəfəl] *adj.* (pretty) hermoso; precioso; bonito.

beautify [bi:'ætɪfaɪ] *v. tr.* embellecer. ‖ **~ oneself** embellecerse.

beauty ['bju:ti:] *n.* hermosura *f.;* belleza *f.* ‖ **~ spot** (mole) lunar *m.*

because [bɪ'kɔ:z] *conj.* porque. ‖ **~ of** por; a/por causa de; ante *form.* [He was late because of the traffic. *Llegó tarde por causa del tráfico.*]

become ['bɪˈkəm] *v. intr.* llegar a ser.

bed [bed] *n.* **1.** cama *f.* **2.** *Geogr.* (of river) cauce *m.* **3.** *Geol.* yacimiento *m.* ‖ ~ **and breakfast** *Br. E.* pensión *f.* **double** ~ cama de matrimonio. **to go to** ~ irse a la cama. **single** ~ cama individual.

bedroom ['bed,ruːm] *n.* dormitorio *m.;* habitación *f.*

bedside ['bed,saɪd] *n.* cabecera *f.* [He sat at her bedside. *Estuvo a su cabecera.*] ‖ ~ **table** mesilla *f.*

bedspread ['bed,spred] *n.* (duvet) colcha *f.;* edredón *m.*

bedtime ['bed,taɪm] *n.* hora de acostarse.

bee [biː] *n., Zool.* abeja *f.*

beech [biːtʃ] *n., Bot.* haya *f.*

beechtree ['biːtʃ,triː] *n., Bot.* haya *f.*

beef [biːf] *n., Gastr.* (meat) carne vacuna; vaca *f.*

beehive ['biː,haɪv] *n.* colmena *f.*

beekeeping ['biːˌkiːpɪŋ] *n.* apicultura *f.*

beeper ['biːpər] *n., Am. E.* busca *m. fam.*

beer [bɪr] *n.* cerveza *f.* ‖ **glass of** ~ caña *f.* [Do you like beer? *¿Te gusta la cerveza?*]

beermat ['bɪr,mæt] *n.* posavasos *m. inv.* (de cartón).

beet [biːt] *n., Am. E., Bot.* remolacha *m.*

beetle ['biːtəl] *n., Zool.* escarabajo *m.*

beetle-browed ['biːtl,broud] *adj.* cejijunto; de cejas pobladas.

beetroot ['biːt,ruːt] *n., Br. E., Bot.* remolacha *m.*

before [bɪˈfɔːr] *adv.* **1.** antes [Have you been here before? *¿Habías venido antes.*] ‖ *prep.* **2.** delante de; ante. **3.** (preceding in time) antes de [They broke up two weeks before their wedding. *Rompieron su relación dos semanas antes de la boda.*] ‖ *conj.* **4.** antes de que + subj; antes

de+inf. **5.** (rather than) antes que [Friendship before money. *La amistad antes que el dinero.*]

beforehand [bɪˈfɔːr,hænd] *adv.* de antemano; con antelación.

befuddled [bəˈfədəld] *adj.* grogui.

beg ['bəg] *v. tr.* **1.** (money, alms) pedir. **2.** (beseech) rogar; suplicar. ‖ *v. intr.* **3.** mendigar.

beget ['bɪgət] *v. tr.* engendrar; procrear.

beggar ['bəgər] *n.* **1.** mendigo *m.;* pobre *m. y f.* ‖ *v. tr.* **2.** arruinar.

beggarly ['bəgəli] *adj.* (very poor) miserable; mezquino.

begin [bɪˈgɪn] *v. tr. & intr.* (start) empezar; comenzar.

beginner [bɪˈgɪnər] *n.* (novice) novato *m.;* principiante *m. y f.*

beginning [bɪˈgɪnɪŋ] *n.* (a start) principio *m.;* comienzo *m.*

begonia [bɪˈgoʊnjə] *n., Bot.* begonia *f.*

behalf [bəˈhæf] **in/on** ~ **of** *adv. phr.* **1.** (in the interest of) en/a favor de; a beneficio de [A collection on behalf of the blind. *Una colecta en favor de los ciegos.*] **2.** (as representative of) en nombre de [I am acting in behalf of my father. *Actúo en nombre de mi padre.*]

behave [bɪˈheɪv] *v. intr.* comportarse. ‖ ~ **oneself** portarse bien.

behavior, behaviour (Br.E) [bɪˈheɪvjər] *n.* (manner of conducting) comportamiento *m.;* proceder *m.*

behead [bɪˈhed] *v. tr.* decapitar.

behind [bɪˈhaɪnd] *adv.* **1.** detrás; por detrás; atrás. **2.** con retraso; a la zaga [She is always behind with her work. *Siempre va con retraso en el trabajo.*] ‖ *prep.* **3.** detrás de; tras [The cat is behind the chair. *El gato está detrás de la silla.*] **4.** (+ pronoun) a sus/mis espaldas [He has twenty years' experience behind him. *Tiene veinte años de experiencia a sus espaldas.*] ‖ ~ **someone's back** a espaldas de [He is always talking behind his father's back. *Siempre habla a espaldas de su padre.*]

behindhand [bɪ'haɪnd,hænd] *adj.* (backward) atrasado; retrasado.

beige ['beɪʒ] *adj. & n.* (color) beige *m.*

being ['biːɪŋ] *n.* **1.** (person) ser *m.* **2.** (existence) existencia *f.*

belch ['beltʃ] *v. intr.* eructar.

belfry ['belfriː] *n.* campanario *m.*

Belgian ['beldʒən] *adj. & n.* belga *m. y f.*

belie [bɪ'laɪ] *v. tr.* desmentir.

belief [bɪ'liːf] *n.* **1.** (conviction) creencia *f.;* fe *f.* **2.** (confidence) crédito *m.*

believe [bɪ'liːv] *v. tr.* **1.** creer. **2.** (think) pensar. ‖ *v. intr.* **3.** (in God) creer.

believer [bɪ'liːvər] *n., Rel.* creyente *m. y f.;* fiel *m. y f.*

believing [bɪ'liːvɪŋ] *adj.* creyente.

belittle [bɪ'lɪtl] *v. tr.* despreciar.

bell [bel] *n.* **1.** campana *f.* **2.** (on toy, cat) cascabel *m.* **3.** (of door) timbre *m.* ‖ ~ **tower** campanario *m.*

bellboy ['bel,bɔɪ] *n., Am. E.* (bell hop) botones *m. inv.*

belle ['bel] *n.* belleza *f.*

bellflower ['bel,flaʊər] *n., Bot.* (campanula) campanilla *f.*

bellicose ['belɪkoʊs] *adj.* belicoso.

bellow ['beloʊ] *n.* **1.** (of animal) bramido *m.* **2.** (of person) bramido *m.* ‖ *v. intr.* **3.** *Zool.* (roar) bramar.

bellows ['beloʊz] *n. pl.* fuelle *m. sing.*

belly ['beliː] *n., Anat.* vientre *m.;* barriga *f. fam.* ‖ ~ **button** *coll.* ombligo *m.*

belong [bɪ'lɒŋ] *v. intr.* pertenecer.

belongings [bɪ'lɒŋɪŋz] *n. pl.* enseres *m.*

beloved [bɪ'lʌvɪd] *adj.* amado; querido.

below [bɪ'loʊ] *adv.* **1.** (position) abajo; debajo [Mary lives on the floor below. *Mary vive en el piso de abajo.*] **2.** a continuación [See below. *Véase a continuación.*] ‖ *prep.* **3.** (under) debajo de; bajo [The supermarket is below my apartment. *El supermercado está debajo de mi apartamento.*] **4.** (less than) inferior a.

belt [belt] *n.* **1.** (clothing) cinturón *m.* **2.** *Tech.* correa *f.*

bench [bentʃ] *n.* **1.** (seat) banco *m.;* escaño *m.* **2.** *Sports* banquillo *m.*

bend [bend] *n.* **1.** (in road) curva *f.;* recodo *m.* ‖ *v. tr.* **2.** doblar. ‖ *v. intr.* **3.** (bow) inclinarse.

beneath [bɪ'niːθ] *adv.* **1.** debajo. ‖ *prep.* **2.** debajo de; bajo [Your notebook is beneath my coat. *Tu cuaderno está debajo de mi abrigo.*]

benediction [benə'dɪkʃən] *n., Rel.* bendición *f.*

benefaction [,benə'fækʃən] *n.* (donation) obra de beneficencia.

benefactor ['benə,fæktər] *n.* benefactor *m.;* bienhechor *m.*

benefice ['benɪfɪs] *n., Rel.* beneficio *m.*

beneficence [bɪ'nefɪsəns] *n., Rel.* beneficencia *f.*

beneficent [bɪ'nefɪsənt] *adj.* **1.** (act) benéfico. **2.** (person) bienhechor.

beneficial [,benɪ'fɪʃəl] *adj.* beneficioso.

benefit ['benɪfɪt] *n.* **1.** beneficio *m.;* ventaja *f.;* provecho *m.* **2.** (good) bien. **3.** (allowance) subsidio *m.* ‖ *v. tr.* **4.** beneficiar. ‖ *v. intr.* **5.** beneficiarse; sacar provecho.

benevolence [bə'nevələns] *n.* benevolencia *f.*; bondad *f.*

benevolent [bɪ'nevələnt] *adj.* **1.** (kindly) benévolo; bondadoso. **2.** (charitable) benéfico; caritativo.

benign [bɪ'naɪn] *adj.* benigno.

bent [bent] *adj.* encorvado.

benzine ['benzi:n] *n., Chem.* bencina *f.*

bequeath [bɪ'kwi:θ] *v. tr., Law* (inheritance) legar.

beret [bə'reɪ] *n.* boina *f.*

berry ['beri] *n., Bot.* baya *f.*

berth [bɜ:θ] *n.* **1.** (in ship, train) litera *f.* ‖ *v. tr. & intr.* **2.** atracar.

beset [bɪ'set] *v. tr.* acosar.

beside [bɪ'saɪd] *adv.* **1.** al lado. ‖ *prep.* **2.** al lado de; junto a [En esta foto estás al lado de mi hermana. *In this picture, you are beside my sister.*] ‖ **to be ~ oneself** estar fuera de sí. **to be ~ oneself with joy** no caber en sí de gozo. **to be ~ the point** no venir al caso.

besides [bɪ'saɪdz] *adv.* **1.** además [She is intelligent and, besides, pretty. *Es inteligente y, además, guapa.*] ‖ *prep.* **2.** (following a positive) además de; amén de [There are five girls besides me. *Hay cinco chicas además de mí.*] **3.** (following a negative) aparte de; excepto [Nobody knows it beside me. *No lo sabe nadie aparte de mí.*]

besiege [bɪ'siːdʒ] *v. tr.* **1.** *Mil.* asediar; sitiar. **2.** *fig.* (person) acosar; asediar (The singer was besieged by fans after her concert. *La cantante fue acosada por los fans después del concierto.*) ‖ **to ~ with questions** asediar a preguntas.

best [best] *adj. sup.* **1.** mejor [He is my best friend. *Es mi mejor amigo.*] ‖ *adv. sup.* **2.** mejor [Which jacket suits me best? ¿Qué chaqueta me queda mejor? ‖ **to do one's ~** hacerlo uno lo mejor posible [I did my best in the exam. *Hice el examen lo mejor posible.*]

best man ['bestmæn] *n.* (wedding) padrino (de boda) *m.*

bestial ['bestjəl] *adj.* bestial.

bestiality [bestʃælɪtiː] *n.* bestialidad *f.*

bestow [bɪ'stou] *v. tr.* otorgar.

bestowal [bɪ'stouəl] *n.* otorgamiento *m. form.*; concesión *f.*

bet [bet] *n.* **1.** (wager) apuesta *f.* ‖ *v. tr.* **2.** apostar. ‖ *v. intr.* **3.** apostar [I bet on you. *Apuesto por ti.*] **4.** apostarse [He bet his car. *Se apostó su coche.*]

betray [bɪ'treɪ] *v. tr.* traicionar.

better ['betər] *adj. compar.* **1.** mejor [This book is better. *Este libro está mejor.*] ‖ *adv. comp.* (comp. of "well") **2.** mejor [My father cooks better. *Mi padre cocina mejor.*] ‖ *v. tr.* **3.** mejorar [Living conditions have been bettered. *Se han mejorado las condiciones de vida.*] ‖ **to get ~** mejorarse [My arm is taking a long time to get better. *Mi brazo está tardando en reponerse.*]

between [bɪ'twiːn] *prep.* **1.** entre [My house is between the church and the park. *Mi casa está entre la iglesia y el parque.*] **2.** (among) entre [We painted the house between the four of us. *Pintamos la casa entre nosotros cuatro.*] ‖ *adv.* (also "in between") **3.** en medio [There is a museum, a library and a shop (in) be-tween. *Hay un museo, una biblioteca y una tienda en medio.*]

bevel ['bevəl] *n.* **1.** (angled surface) bisel *m.* ‖ *v. tr.* **2.** biselar.

beverage ['bevərɪdʒ] *n.* bebida *f.*

bevy ['bevi:] *n.* bandada *f.* (de pájaros).

beware [bɪ'wer] *v. intr.* tener cuidado.

bewildered [bɪ'wɪldərd] *adj.* (confused) aturdido; turbado.

bewilderment [bɪ'wɪldərmənt] *n.* desconcierto *m.*; perplejidad *f.*

beyond [bɪ'jɔnd] *adv.* **1.** a lo lejos; más allá [You can see the valley beyond. *Se puede ver el valle a lo lejos.*] ‖ *prep.* **2.** al otro lado de; más allá de [Beyond the hills, lays my home town. *Más allá de las colinas, se encuentra mi ciudad natal.*] **3.** (outside the limits) fuera de [He is beyond the reach of the law. *Se encuentra fuera del alcance de la ley.*] ‖ **~ question** sin lugar a duda; fuera de toda duda. **the ~** el más allá.

bias ['baɪəs] *n.* sesgo *m.*

bib [bɪb] *n.* **1.** babero *m.* **2.** (on dress) pechera *f.* **3.** (apron) peto *m.*

Bible ['baɪbəl] *n.*, *Rel.* Biblia *f.*

bibliography [bɪbliˈɒɡrəfi:] *n.* bibliografía *m.*

bicarbonate [baɪ'kɑːrbənɪt] *n.*, *Chem.* bicarbonato *m.*

bicycle ['baɪsɪkəl] *n.* bicicleta *f.*; bici *f. fam.* ‖ **to go by ~** ir en bicicleta.

bid [bɪd] *n.* **1.** (at auction) oferta *f.* ‖ *v. intr.* **2.** pujar; hacer ofertas.

bidet ['bɪːdeɪ] *n.* bidé *m.*

biennial [baɪ'enɪəl] *adj. & n.* bienal *f.*

bifocal [ˌbaɪˈfoʊkəl] *adj.* bifocal.

big [bɪɡ] *adj.* grande.

bigmouth ['bɪɡmaʊθ] *n.*, *coll.* bocazas *m. y f. col.*; fanfarrón *m.*

bike [baɪk] *n.*, *fam.* bici *f. fam.*

bikini [bɪ'kmi:] *n.* biquini *m.*

bile [baɪl] *n. Med.* bilis *f. inv.*; hiel *f.*

bilingual [baɪ'lɪŋɡwəl] *adj.* bilingüe.

bill [bɪl] *n.* **1.** (account) cuenta *f.*; nota *f.* **2.** *Econ.* factura *f.* **3.** *Am. E.* (banknote)

billete *m.* **4.** *Zool.* (of a bird) pico *m.* ‖ *v. tr.* **5.** *Econ.* facturar.

billboard ['bɪl,bɔːrd] *n.*, *Am. E.*, *Film & Theatr.* cartelera *f.*

billet ['bɪlɪt] *v. tr.* **1.** *Mil.* alojar. ‖ *n.* **2.** *Mil.* alojamiento *m.*

billfold ['bɪl,foʊld] *n.*, *Am. E.* (wallet) billetero *m.*; billetera *f.*

billiards ['bɪljərdz] *n.* billar *m.*

billion ['bɪljən] *n.* **1.** *Am. E.* mil millones; millardo *m.* **2.** *Br. E.* billón *m.*

bin [bɪn] *n.* cubo de la basura.

bind [baɪnd](p.t. and p.p. bound) *v. tr.* **1.** atar; trincar; liar; ligar. **2.** (book) encuadernar. **3.** amarrar. **4.** (libro) empastar. ‖ **to put in a ~** poner en un aprieto.

binder ['baɪndər] *n.* carpeta *f.*

binding ['baɪndɪŋ] *n.* encuadernación *f.*

binge [bɪndʒ] *n.* juerga *f.* ‖ **to go out on a ~** ir de juerga.

bingo ['bɪŋɡoʊ](pl.: -gos) *n.* (game) bingo *m.* ‖ **~ hall** bingo *m.*

binoculars [bə'nɒkjələrz] *n. pl.* prismáticos *m.*; gemelos *m.*

biodegradable [ˌbaɪoʊdəˈɡreɪdəbəl] *adj.* biodegradable.

biography [baɪˈɒɡrəfi:] *n.* biografía *f.*

biology [baɪˈɒlədʒi:] *n.* biología *f.*

birch [bɜːrtʃ] *n. Bot.* abedul *m.*

bird [bɜːrd] *n.*, *Zool.* pájaro *m.*; ave *f.*

birdseed ['bɜːrd,si:d] *n.* alpiste *m.*

birth [bɜːrθ] *n.* nacimiento *m.* ‖ **~ certificate** partida de nacimiento. **~ control** control de natalidad. **~ rate** natalidad *f.* **to give ~ to** dar a luz.

birthday ['bɜːrθdeɪ] *n.* cumpleaños *m. inv.* ‖ **happy ~ !** ¡feliz cumpleaños!

birthmark ['bɜːrθ,mɑːrk] *n.* antojo *m.*

birthplace ['bɜːrθ,pleɪs] *n.* lugar de nacimiento.

biscuit ['bɪskɪt] *n.* **1. Br. E.** (sweet) galleta *f. ingl. brit.* **2.** (color) beige *m.*

bishop ['bɪʃəp] *n.* **1.** *Rel.* obispo *m.* **2.** (in chess) alfil *m.*

bison ['baɪsən] *n. inv., Zool.* bisonte *m.*

bit [bɪt] *n.* (fragment) trozo *m.*; pedazo *m.* || **not a** ~ ni pizca.

bitch [bɪtʃ] *n.* **1.** *Zool.*(prostituta) perra *f.* **2.** *vulg.* zorra *f. fam.*; ramera *f.*

bite [baɪt] *n.* **1.** (wound) mordedura *f.* **2.** (act) mordisco *m.* **3.** (insect, reptile) picadura *f.* **4.** (mouthful) bocado *m.* || *v. tr.* **5.** (insect, reptile) morder; picar. || *v. intr.* **6.** morder.

biting [baɪtɪŋ] *adj.* **1.** cortante. **2.** (sarcastic) mordaz; punzante.

bitter ['bɪtər] *adj.* **1.** (taste) amargo. **2.** *fig.* (painful) amargo.

bitterness ['bɪtərnɪs] *n.* amargura *f.*

bittersweet ['bɪtər,swi:t] *adj.* agridulce.

biweekly [,baɪ'wɪkli:] *adv.* **1.** cada dos semanas; quincenalmente.

black ['blæk] *adj.* **1.** (color) negro. **2.** (race) moreno. || *n.* **3.** (color) negro *m.* **4.** (person) negro. **5.** (mourning) luto *m.* || ~ **box** *Aeron.* caja negra.

black pudding ['blæk 'pudɪŋ] *sust. phr., Br. E., Gastr.* morcilla *f.*

blackberry ['blæk,bɒri:] *n., Bot.* (fruit) mora *f.*; zarzamora *f.*

blackbird ['blæk,bɜ:rd] *n., Zool.* mirlo *m.*

blackboard ['blæk,bɔ:rd] *n.* (chalkboard) encerado *m.*; pizarra *f.*

blacken ['blækən] *v. tr.* ennegrecer.

blackhead ['blæk,hɛd] *n.* (in the skin) espinilla *f.*

blackish ['blækɪʃ] *adj.* negruzco.

blackmail ['blæk,meɪl] *n.* chantaje *m.*

blackout ['blæk,aʊt] *n.* apagón *m.*

blacksmith ['blæk,smɪθ] *n.* herrero *m.*

blacksmith's ['blæk,smɪθs] *n.* herrería *f.*

bladder ['blædər] *n., Anat.* vejiga *f.*

blade [bleɪd] *n.* **1.** (of razor, saw, ice skate) cuchilla *f.* **2.** (of oar, etc.) pala *f.*

blame [bleɪm] *n.* culpa *f.*

blameless ['bleɪmlɪs] *adj.* intachable.

blandishment ['blændɪʃmənt] *n.* (flattery) lisonja *f.*

blank [blæŋk] *adj.* **1.** en blanco. || *n.* **2.** blanco. || **to go** ~ quedarse en blanco.

blanket ['blæŋkɪt] *n.* manta *f.*

blaspheme [blæsˈfiːm] *v. intr.* (curse) blasfemar; maldecir.

blasphemy ['blæsfəmi:] *n.* blasfemia *f.*

blast [blæst] *n.* **1.** (of explosives) explosión *f.* **2.** (of wind) bocanada *f.*

blasted [blæstɪd] *adj. coll.* (blighted) maldito; condenado.

blaze [bleɪz] *n.* **1.** (flames) llamarada *f.* **2.** (fierce fire) incendio *m.* **3.** (of sun, light) resplandor *m.* || *v. intr.* **4.** (fire) arder. **5.** *fig.* brillar.

blazing [bleɪzɪŋ] *adj.* en llamas.

bleach [bli:tʃ] *n.* **1.** lejía *f.* || *v. tr.* **2.** (linen) blanquear. **3.** (clothes) decolorar.

bleak [bli:k] *adj.* desierto.

bleat [bli:t] *n.* **1.** (of sheep, goat) balido *m.* || *v. intr.* **2.** (sheep, goat) balar.

bleed ['bli:d] *v. tr., Med.* sangrar.

bleeding ['bli:dɪŋ] *n., Med.* sangría *f.*

bleeper ['bli:pər] *n.* busca *m. fam.*

blemish ['blemɪʃ] *n.* **1.** mancha *f.* || *v. tr.* **2.** (honor) manchar.

blend [blend] *n.* **1.** mezcla *f.* || *v. tr.* **2.** (mix) mezclar.

bless [bles](p.t. and p.p. blessed or blest) *v. tr., Rel.* bendecir. || ~ **you!** ¡Jesús! ¡salud!

blessed ['blest] *adj.* **1.** *Rel.* bendito. **2.** (hallowed) bienaventurado.

blessing ['blesɪŋ] *n.* bendición *f.*

blight [blaɪt] *n., Agr.* plaga *f.*

blind [blaɪnd] *adj.* **1.** ciego. ‖ *n.* **2.** (window) persiana *f.* ‖ *v. tr.* **3.** (sight) cegar. **4.** (dazzle) deslumbrar. ‖ **to go ~** quedarse ciego.

blind alley ['blaɪnd͵alɪ] *n.* (narrow street) callejón sin salida.

blindly ['blaɪndlɪ] *adv.* a ciegas.

blindness ['blaɪndnɪs] *n.* ceguera *f.*

blink [blɪŋk] *v. tr.* parpadear; pestañear.

bliss [blɪs] *n.* felicidad *f.*

blister ['blɪstər] *n.* ampolla *f.*

blizzard ['blɪzərd] *n.* ventisca *f.*

blob ['blɒb] *n.* (lump) pegote *m.*

bloc [blɒk] *n., Polit.* bloque *m.*

block [blɒk] *n.* **1.** bloque *m.* **2.** (group of buildings) manzana *f.* ‖ *v. tr.* **3.** atascar; obstruir. ‖ *v. intr.* **4.** obstruirse.

blockade [blɒˈkeɪd] *n.* **1.** asedio.*m.* **2.** *Med.* obstrucción *f.* **3.** *Mil.* bloqueo *m.* ‖ *v. tr.* **4.** *Mil.* bloquear.

blocked ['blɒkt] *adj.* obstruido.

blood [blʌd] *n.* (gore) sangre *f.* ‖ **in cold ~** a sangre fría.

bloodhound [blʌdhaʊnd] *n., Zool.* (dog) sabueso *m.*

bloodthirsty ['blʌdˌθɜːrst:] *adj.* **1.** sangriento. **2.** (cruel) sanguinario.

bloody ['blʌdi:] *adj.* sangriento. ‖ **~ hell!** *vulg.* ¡coño!

bloom [blu:m] *n., Bot.* flor *f.* ‖ *v. intr.* **2.** *Bot.* florecer.

blossom ['blɒsəm] *n., Bot.* **1.** flor *f.* ‖ *v. intr.* **2.** florecer.

blot [blɒt] *n.* **1.** (of ink) borrón *m.* ‖ *v. tr.* **2.** (of ink) emborronar. **3.** (out) (memories) borrar.

blotch [blɒtʃ] *n.* **1.** (on skin) mancha *f.* **2.** (of ink) borrón.

blouse ['blaʊz] *n.* (clothing) blusa *f.* ‖ **loose ~** blusón *m.*

blow [bloʊ] *n.* **1.** golpe *m.* ‖ *v. intr.* **2.** soplar. **3.** (with a whistle) pitar. ‖ **to ~ one's nose** sonarse la nariz.

blowlamp ['bloʊˌlæmp] *n., Br. E.* (blowtorch) soplete *m.*

blowout ['bloʊˌaʊt] *n., Car* (of tire) reventón *m.*

blowtorch ['bloʊˌtɔːrtʃ] *n., Am. E.* soplete *m.*; soldador *m.*

bludgeon ['blʌdʒən] *n.* **1.** cachiporra *f.*; porra *f.* ‖ *v. tr.* **2.** aporrear.

blue [blu:] *adj. & n.* (color) azul *m.*

blunder ['blʌndər] *n.* **1.** (mistake) patinazo *m. fam.* ‖ *v. intr.* **2.** meter la pata.

blunt [blʌnt] *v. tr.* **1.** desafilar. **2.** (knife) despuntar.

bluntness [blʌntnɪs] *n.* brusquedad *f.*

blur [blɜːr] *v. tr.* **1.** empañar. hacer borroso. **2.** (vision) enturbiar.

blurred [blɜːrd] *adj.* borroso.

blush [blʌʃ] *n.* **1.** (from shame, guilt) rubor *m.* ‖ *v. tr.* **2.** ruborizar. ‖ *v. intr.* **3.** ponerse colorado; ruborizarse.

boa ['boʊə] *n., Zool.* boa *f.*

boar [bɔːr] *n., Zool.* verraco *m.* ‖ **wild ~** *Zool.* jabalí *m.*

board [bɔːrd] *n.* **1.** tabla *f.* **2.** (of chess) tablero *m.* ‖ *v. intr.* **3.** *Nav.* embarcarse.

board and lodging ['bɔːrdænˌdlɒdʒɪŋ] *sust. phr.* (pensión completa) comida y alojamiento.

boarder ['bɔːrdər] *n.* **1.** (in hotel, etc) huésped *m. y f.* **2.** (pupil) interno *m.*

boarding ['bɔːrdɪŋ] *n.* (passengers) embarque *m.*

boast ['boʊst] *n.* **1.** fanfarronada *f.* ‖ *v. intr.* **2.** alardear; fardar.

boaster ['boʊstər] *n.* fanfarrón *m.*

boastful ['boustfəl] *adj.* jactancioso.

boasting ['boustɪŋ] *n.* jactancia *f.*

boat [bout] *n.* **1.** (big) barco *m.* **2.** (small, open) barca *f.*; bote *m.*

boatswain ['boust,weɪn] *n., Nav.* contramaestre *m.*

bobbin ['bɒbɪn] *n.* carrete *m.*; bobina *f.*

bobby ['bɒbi:] *n., Br. E., fam.* policía *m.*

bodice ['bɒdɪs] *n.* corpiño *m.*

bodily ['bɒdəli:] *adj.* corporal; corpóreo.

body ['bɒdi:] *n.* **1.** *Anat.* cuerpo *m.* **2.** (corpse) cadáver *m.* **3.** *fig.* (institution) organismo *m.*

bodybuilding ['bɒdɪ,bɪldɪŋ] *n., Sports* culturismo *m.*

bodyguard ['bɒdɪ,gɑːrd] *n.* guardaespaldas *m. y f. inv.*; gorila *m. col.*

bodywork ['bɒdɪ,wɜːrk] *n., Car* carrocería *f.*

bog [bɒg] *n.* ciénaga *f.*

boggy ['bɒgi] *adj.* cenagoso.

bohemian [bou'hiːmjən] *adj. & n.* (unconventional) bohemio *m.*

boil [bɔɪl] *v. tr.* **1.** hervir. **2.** (food) cocer. || *v. intr.* **3.** *Gastr.* cocer.

boiled [bɔɪld] *adj.* cocido.

boiler ['bɔɪlər] *n.* caldera *f.* || **steam ~** caldera de vapor.

boiling [bɔɪlɪŋ] *adj.* (water) hirviente.

boisterous [(bɔɪstərəs] *adj.* alborotador.

bold [bould] *adj.* (daring, shameless) osado; audaz. || **~ type** *Print.* negrita *f.*

boldface ['bould,feɪs] *n., Print.* negrita *f.*

boldness ['bouldnɪs] *n.* **1.** audacia *f.* **2.** (impudence) atrevimiento *m.*

Bolivian [,bə'lɪvɪən] *adj. & n.* boliviano *m.*

bolster ['boulstər] *n.* **1.** travesaño; cabezal. **2.** (flute) travesero *m.*

bolt [boult] *n.* **1.** (lock) cerrojo *m.*; pestillo *m.* **2.** *Tech.* perno *m.*

bomb [bɒm] *n.* **1.** *Mil.* bomba *f.* || *v. tr.* **2.** *Mil.* bombardear.

bombard [bɒm'bɑːrd] *v. tr.* bombardear.

bombastic [bɒm'bæstɪk] *adj.* ampuloso; rimbombante.

bombing ['bɒmɪŋ] *n., Mil.* bombardeo *m.*

bombshell ['bɒm,ʃel] *n.* (shocking news) bombazo *m.*; noticia bomba.

bond [bɒnd] *n.* **1.** (link) vínculo *m.*; nudo *m.* **2.** *Econ.* bono; obligación *f.*

bondage ['bɒndɪdʒ] *n.* esclavitud *f.*

bone [boun] *n.* **1.** *Anat.* hueso *m.* **2.** (of fishes) espina *f.* || *v. tr.* **3.** (fish) quitar las espinas a. || **to be all skin and ~** *fig. y fam.* estar en los huesos.

bonfire ['bɒn,faɪər] *n.* hoguera *f.*; fogata *f.*

bonnet ['bɒnɪt] *n.* **1.** (for baby) gorro *m.*; gorra *f.* **2.** *Br. E., Car* capó. m.

bonsai ['bɒnsaɪ] *n., Bot.* bonsái *m.*

bonus ['bounəs] *n.* (extra) prima *f.*; gratificación *f.*

boo [buː] *v. tr.* abuchear.

book [buk] *n.* **1.** *Lit.* libro *m.*; obra *f.* || *v. tr.* **2.** (room, ticket) reservar. || **exercise ~** cuaderno *m.*

bookcase ['buk,keɪs] *n.* (piece of furniture) biblioteca *f.*; librería *f.*

bookie ['buki:] *n., fam., Econ.* (bookmaker) corredor de apuestas.

bookkeeper ['buk,kiːpər] *n., Econ.* contable *m. y f.*

bookkeeping ['buk,kiːpɪŋ] *n., Econ.* contabilidad *f.*

booklet ['buklɪt] *n.* folleto *m.*

bookmaker ['buk,meɪkər] *n., Econ.* corredor de apuestas.

bookmark ['buk,mɑːrk] *n.* marcador *m.*

bookseller ['buk,selər] *n.* librero *m.*

bookshop ['buk,ʃɒp] *n., Br. E.* librería *f.*

bookstore ['buk,stɔːr] *n., Am. E.* librería *f.*

boom [bu:m] *n.* **1.** (noise) estampido *m.* **2.** *Econ.* auge. **3.** (of waves, wind) bramido *m.* ‖ *v. intr.* **4.** estar en auge.

boost [bu:st] *v. tr.* estimular; potenciar.

boot [bu:t] *n.* **1.** bota *f.* **2.** *Br. E., Car* maletero *m.*; portaequipajes *m.* ‖ *v. intr.* **3.** patear.

bootblack ['butblæk] *n., Am. E.* limpiabotas *m. y f. inv.*

booth [bu:θ] *n.* **1.** (phone) cabina. **2.** (at fair) barraca *f.* ‖ **telephone ~** locutorio *m.*

bootleg ['bu:tleg] *adj.* pirata.

booty ['bu:ti:] *n.* botín *m.*

border ['bɔ:rdər] *n.* **1.** borde *m.*; margen *amb.* **2.** *Geogr.* (frontier) frontera *f.* ‖ **~ on** lindar con.

bordering ['bɔ:rdərɪŋ] *adj.* limítrofe.

bore[1] [bɔ:r] *n.* (hole) barreno *m.*

bore[2] ['bɔ:r] *n.* **1.** (person) pelma *m. y f.*; pelmazo *m.* **2.** (thing) aburrimiento *m.* ‖ *v. tr.* **3.** aburrir.

bored [bɔ:rd] *adj.* (person) aburrido. ‖ **to get ~** aburrirse.

boredom [bɔ:rdəm] *n.* aburrimiento *m.*

boring [bɔ:rɪŋ] *adj.* pesado; aburrido.

born [bɔ:rn] *adj.* nacido. ‖ **to be ~** nacer.

borrow ['bɒroʊ] *v. tr.* (have on loan) prestar.

borrowing ['bɒroʊɪŋ] *n.* préstamo *m.*

bosom ['buzəm] *n.* pecho *m.*

boss [bɒs] *n.* **1.** (person in charge) jefe *m.* **2.** (employer) patrón.

bossy ['bɔ:si:] *adj.* mandón *fam.*

botanical or botanic [bo'tænɪkəl] *adj.* botánico. ‖ **~ garden** jardín botánico.

botanist ['bɒtənɪst] *n.* botánico *m.*

botany ['bɒtəni:] *n.* botánica *f.*

botch [bɒtʃ] *n.* **1.** *fam.* chapuza *f.*; churro *m.* ‖ *v. tr.* **2.** *coll.* chapucear.

botcher ['bɒtʃər] *n.* chapucero *m.*

both [boʊθ] *adj.* (also as pron.) ambos *pl.* [Both coats are short. *Ambos abrigos son cortos.*]

bother ['bɒðər] *n.* **1.** molestia *f.* ‖ *v. tr.* **2.** (annoy) molestar. ‖ *v. intr.* **3.** (trouble) molestarse.

bothered ['bɒðerd] *adj.* (tiresome) molesto; fastidioso.

bottle ['bɒtl] *n.* **1.** (container) botella *f.* **2.** (of perfume, medicine) frasco *m.* ‖ *v. tr.* **3.** embotellar; envasar. ‖ **baby's ~** biberón *m.* **water ~** cantimplora *f.*

bottle opener ['bɒtəl,oupənər] *n.* abrebotellas *f. inv.*

bottling ['bɒtlɪŋ] *n.* envase *m.*

bottom ['bɒtəm] *n.* **1.** fondo *m.* **2.** *Anat., coll.* (buttocks) trasero *m.*; culo *m.* ‖ *adj.* **3.** de abajo; inferior [El libro está en la estantería de abajo. *The book is on the bottom shelf.*]

bough [baʊ] *n., Bot.* (of tree) rama.

boulevard ['bu:ləvɑ:r] *n.* bulevar *m.*

bounce [baʊns] *n.* **1.** bote *m.* ‖ *v. intr.* **2.** botar; rebotar. ‖ *v. tr.* **3.** (a ball) botar.

bound [baʊnd] *n.* (jump) brinco *m.* ‖ **~ for** con rumbo a.

boundary ['baʊndəri:] *n.* (limit) frontera *f.*; límite *m.*

boundless ['baʊndlɪs] *adj.* (unlimited) infinito; ilimitado; sin límites.

bouquet [bu:'keɪ] *n.* **1.** (of flowers) ramo *m.* **2.** (small) ramillete *m.* **3.** (of wine) aroma *f.*

bourgeois ['bʊrʒwɒ, bʊrʒ'wɒ] *adj. & n.* burgués *m.*

bourgeoisie [bʊrʒwɒ'zi:] *n.* burguesía *f.*

boutique [bu:'ti:k] *n.* boutique *f.*

bovine ['boʊvaɪn (boʊvɪn)] *adj. & n., Zool.* bovino *m.*; vacuno *m.*

bow [boʊ] *n.* **1.** (knot) lazo *m.* **2.** *Mus.* (weapon) arco *m.* **3.** (with head) reverencia *f.*; inclinación *f.* **4.** *Nav.* proa *f.* ‖ *v. intr.* **5.** inclinarse.

bowel ['baʊel] *n.* **1.** *Anat.* intestino *m.* ‖ **bowels** *n. pl.* **2.** *Anat.* entrañas *f.* **3.** *fig.* entrañas *f.* [The bowels of the earth. *Las entrañas de la tierra.*]

bowl [boʊl] *n.* cuenco *m.*; tazón *m.*

bowlegged ['boʊˌlegd 'boʊlegd] *adj.* zambo; patizambo.

bowling ['boʊlɪŋ] *n.* bolos *m. pl.*

bow-window ['boʊ'wɪndoʊ] *n.* (viewpoint) mirador *m.* balcón.m.

box¹ [bɒks] *n.* **1.** caja *f.* **2.** (for jewels) estuche *m.* **3.** (for money) cofre *m.* **4.** *Theat.* palco *m.* ‖ *v. tr.* **5.** encajonar. ‖ **box-office** *adj.* **6.** taquillero [In the United States, this film is a box-office success. *Es una película muy taquillera en Estados Unidos.*] ‖ ~ **office** taquilla *f.*

box² [bɒks] *v. tr. & intr., Sports* boxear.

boxer ['bɒksər] *n., Sports* boxeador *m.*

boxing ['bɒksɪŋ] *n., Sports* boxeo *m.*

boy [bɔɪ] *n.* niño *m.*; chico *m.*

boycott ['bɔɪkɒt] *n.* **1.** boicot *m.* ‖ *v. tr.* **2.** boicotear.

boyfriend ['bɔɪfrend] *n.* novio *m.*

bra [brɑː] *n.* sujetador *m.*; sostén *m.*

brace [breɪs] *n.* **1.** abrazadera *f.* ‖ **braces** *n. pl.* **2.** *Br. E.* tirantes *m.*

bracelet ['breɪslɪt] *n.* brazalete; pulsera *f.*

bracket ['brækɪt] *n.* puntal *m.* ‖ **in brackets** *Print.* entre paréntesis. **square brackets** *Print.* corchetes *m. pl.*

brackish ['brækɪʃ] *adj.* (water) salobre; salado.

brad [bræd] *n.* clavito *m.*

brag [bræg] *v. tr. & intr.* (that/about sth) alardear.

braggart ['brægərt] *n.* fanfarrón *m.*

bragging ['brægɪŋ] *adj.* fanfarrón.

braid [breɪd] *n.* **1.** *Am. E.* trenza *f.* **2.** (ribbon) galón *m.* ‖ *v. tr.* **3.** trenzar.

brain [breɪn] *n.* **1.** *Anat.* cerebro *m.* ‖ **brains** *n. pl.* **2.** *Gastr.* sesos *m. pl.* **3.** *fig.* cerebro *m.* [He is the brains of the group. *Es el cerebro del grupo.*]

braise [breɪz] *v. tr., Gastr.* estofar.

brake [breɪk] *n.* **1.** *Car* freno *m.* ‖ *v. tr.* **2.** *Car* frenar.

bramble ['bræmbəl] *n., Bot.* zarza *f.*; zarzamora *f.* ‖ ~ **patch** *Bot.* zarzal *m.*

bran [bræn] *n., Bot.* salvado *m.*

branch [bræntʃ] *n.* **1.** rama *f.* **2.** (of tree, science) ramo *m.* **3.** (office) sucursal *f.*; delegación *f.*

brand [brænd] *n.* **1.** *Econ.* (for cattle) marca *f.* ‖ *v. tr.* **2.** (cattle) herrar.

brandish ['brændɪʃ] *v. tr.* blandir.

brand-new [brænd'nuː] *adj.* flamante.

brass [bræs] *n.* **1.** (metal) latón *m.* **2.** *Mus.* metal *m.*

brassiere ['bræziːr] *n.* (bra) sujetador *m.*; sostén *m.*

brat [bræt] *n., pej.* (child) mocoso *m., fam.*

brave [breɪv] *adj.* **1.** valiente; valeroso. ‖ *v. tr.* **2.** (challege) desafiar.

bravery ['breɪvəriː] *n.* valentía *f.*; valor *m.*

bravo ['brɑːvoʊ, brɑː'voʊ] *interj.* ¡bravo!

brawl [brɔːl] *n.* riña *f.*; pelea *f.*

brawny ['brɑːni] *adj.* forzudo.

bray [breɪ] *n.* **1.** (of a donkey) rebuzno *m.* ‖ *v. intr.* **2.** rebuznar.

brazen ['breɪzən] *adj.* sinvergüenza.

brazier ['breɪdʒɪər] *n.* brasero *m.*

Brazilian [brə'zɪliən] *adj. & n.* brasileño *m.*

breach [briːtʃ] *n.* **1.** (in wall) brecha *f.* **2.** (violation) infracción *f.* ‖ *v. tr.* **3.** (contract) incumplir.

bread [bred] *n.* **1.** pan *m.* ‖ *v. tr.* **2.** empanar. ‖ white ~ pan blanco. **wholewheat** ~ pan integral.

breadcrumbs ['bred,krʌmz] *n.* pan rallado.

breadth [bredθ] *n.* **1.** (width) anchura *f.* **2.** *fig.* (extent) amplitud *f.*

break [breɪk] *n.* **1.** (in transmission) interrupción *f.* **2.** (pause) descanso *m.;* pausa. ‖ *v. tr.* **3.** romper. **4.** (law, promise) incumplir. ‖ *v. intr.* **5.** romperse. **6.** (waves, day) romper. **7.** (health) quebrantarse. ‖ to ~ down averiarse. to ~ out (fire, epidemic) estallar.

breakable ['breɪkəbəl] *adj.* frágil.

breakdown ['breɪk,daʊn] *n.* **1.** *Car* avería. **2.** (in communications) fracaso *m.* **3.** *Med.* colapso *m.* ‖ nervous ~ *Med.* crisis nerviosa.

breakfast ['brekfəst] *n.* **1.** desayuno *m.* ‖ *v. intr.* **2.** desayunar. ‖ to have ~ desayunar.

breaking ['breɪkɪŋ] *n.* rotura *f.*

breakwater ['breɪk,wɔːtər] *n.* (mole) rompeolas *m. inv.*

breast [brest] *n.* **1.** *Anat.* seno *m.;* pecho *m.* **2.** (of chicken) pechuga *f.*

breastfeed ['brest,fəd] *v. tr.* amamantar.

breaststroke ['brest,stroʊk] *n.* braza *f.* [Can you do the breaststroke? ¿Sabes nadar a braza?]

breath [breθ] *n.* aliento *m.* ‖ out of ~ sin aliento.

breathe [briːð] *v. tr. & intr.* respirar. ‖ to ~ in aspirar. to ~ out espirar.

breathing ['briːðɪŋ] *n.* respiración *f.*

breathless ['breθlɪs] *adj.* jadeante. ‖ to get ~ acalorarse; fatigarse.

breed [briːd] *n.* **1.** (of animal) raza *f.* ‖ *v. tr.* **2.** criar. ‖ *v. intr.* **3.** procrear.

breeder ['briːdər] *n.* (of animals) criador *m.*

breeding ['briːdɪŋ] *n.* **1.** (of animals) cría *f.* **2.** (of person) educación *f.*

breeze [briːz] *n.* brisa *f.*

breezy ['briːziː] *adj.* ventoso.

brevity ['brevəti] *n.* (brief time) brevedad *f.;* fugacidad *f.;* prontitud *f.*

brew [bruː] *n.* **1.** (potion) brebaje *m.* ‖ *v. intr.* **2.** (make beer) fabricar cerveza.

brewery ['bruəri] *n.* cervecería *f.*

bribe [braɪb] *n.* **1.** soborno *m.;* cohecho *m.* ‖ *v. tr.* **2.** sobornar.

bribery ['braɪbəri] *n.* soborno *m.*

brick [brɪk] *n.* **1.** *Constr.* ladrillo *m.* **2.** (ofice) bloque *m.*

bricklayer ['brɪk,leɪər] *n.* albañil *m.*

brickwork ['brɪk,wɜːrk] *n.* enladrillado *m.*

bridal ['braɪdəl] *adj.* nupcial.

bride [braɪd] *n.* novia *f.* ‖ the ~ and groom los novios.

bridegroom ['braɪd,gruːm] *n.* novio *m.*

bridesmaid ['braɪdz,meɪd] *n.* (at a wedding) dama de honor.

bridge [brɪdʒ] *n.* **1.** puente *m.* **2.** *Anat.* (of nose) caballete *m.*

bridle ['braɪdəl] *n.* brida *f.;* freno *m.*

brief [briːf] *adj.* breve; conciso.

briefcase ['briːf,keɪs] *n.* (portable case) portafolio *m.;* cartera *f.*

briefness ['briːfnɪs] *n.* brevedad *f.*

briefs ['briːfs] *n. pl.* slip *m. sing.*

brigade [brɪ'geɪd] *n.*, *Mil.* brigada *f.*

brigand ['brɪgənd] *n.* (bandit) bandido *m.;* bandolero *m.*

bright [braɪt] *adj.* **1.** brillante. **2.** (color) vivo. **3.** (clever) despejado; listo.

brightness ['braɪtnɪs] *n.* **1.** (of day) claridad *f.* **2.** (of color) viveza *f.* **3.** (cleverness) inteligencia *f.*

brilliance ['brɪljəns] *n.* (radiance) brillantez *f.*; esplendor *m.*

brilliant ['brɪljənt] *adj.* **1.** brillante. **2.** (person) brillante; genial.

brilliantine ['brɪljən,ti:n] *n.* brillantina *f.*

brim [brɪm] *n.* **1.** borde *m.* **2.** (of hat) ala *f.*

brine [braɪn] *n., Gastr.* salmuera *f.*

bring [brɪŋ] *v. tr.* traer. || **to ~ about** ocasionar. **to ~ down** (destroy) derribar. **to ~ forward** anticipar. **to ~ in** introducir. **to ~ round** (persuade) persuadir.

briny ['braɪni] *adj.* salobre; salado.

bristle ['brɪsəl] *n.* **1.** (hair) cerda *f.* || *v. intr.* **2.** erizarse; ponerse de punta.

British ['brɪtɪʃ] *adj.* británico. || **~ person** británico *m.*

Briton ['brɪtən] *n.* británico *m.*

brittle ['brɪtəl] *adj.* quebradizo; frágil.

broad [brɔ:d] *adj.* (wide) ancho.

broadcast ['brɔ:d,kæst] *n.* **1.** emisión *f.*; difusión *f.* || *v. tr.* **2.** (radio) emitir. **3.** (TV) transmitir.

broaden ['brɔ:dən] *v. intr.* (river, valley) ensancharse.

broad-minded [,brɔ:d'maɪndɪd] *adj.* de amplias miras; tolerante.

broadside ['brɔ:d,saɪd] *n.* **1.** *Nav.* (side of ship) costado *m.* || *adv.* **2.** de lado [The bus hit the car broadside. *El autobús dio al coche de lado.*]

brochure ['brəʊʃʊr] *n.* folleto *m.*

broil [brɔɪl] *v. intr., Am. E.* asarse (a la parilla).

broiler ['brɔɪlər] *n., Am. E.* parrilla *f.*

broke [brəʊk] *adj., fam.* sin blanca.

broken ['brəʊkən] *adj.* **1.** roto; quebrado. **2.** (machine) estropeado. **3.** (bone) fracturado.

broken-down ['brəʊkən,daʊn] *adj.* (not functioning) averiado; estropeado.

broker ['brəʊkər] *n., Econ.* agente de bolsa; corredor *m.*

bronchitis [brɒŋ'kaɪtɪs] *n., Med.* (illness) bronquitis *f.*

bronchus ['brɒŋkəs](pl.: bronchi) *n., Anat.* bronquio *m.*

bronco ['brɒŋkoʊ] *n., Zool.* potro salvaje.

bronze [brɒnz] *n.* **1.** bronce *m.* || *adj.* **2.** (skin) bronceado.

brooch [brəʊtʃ] *n.* broche *m.*; prendedor *m.*

brood [bru:d] *n.* **1.** (of birds) cría *f.* || *v. intr.* **2.** (hen) empollar.

brook [brʊk] *n., Geogr.* (stream) arroyo *m.*; riachuelo *m.*

broom [bru:m] *n.* escoba *f.*

broth [brɒθ] *n.* caldo *m.*

brother ['brʌðər] *n.* **1.** hermano *m.* **2.** (colleague) colega *m. y f.*

brotherhood ['brʌðər,hʊd] *n.* **1.** hermandad *f.*; fraternidad *f.* **2.** *Rel.* cofradía *f.*; congregación *f.*

brother-in-law ['brʌðərɪnlɔ:] *n.* cuñado *m.*; hermano político.

brotherly ['brʌðərli] *adj.* (fraternal) fraternal; fraterno.

brow [braʊ] *n.* **1.** *Anat.* frente *f.* **2.** (eyebrow) ceja *f.* **3.** (of hill) cumbre *f.*

brown [braʊn] *adj.* **1.** (color) marrón. **2.** (tanned) moreno. **3.** (hair) castaño. || *n.* **4.** (color) marrón *m.* || *v. tr.* **5.** *Gastr.* dorar. *f.* || *v. intr.* **6.** (tan) broncearse.

bruise [bru:z] *n.* **1.** cardenal *m.*; hematoma *m.* || *v. tr.* **2.** magullar.

brush [brʌʃ] *n.* **1.** cepillo *m.* **2.** (large paintbrush) brocha *f.* || *v. tr.* **3.** cepillar. || *v. intr.* **4.** cepillarse. || **shaving ~** brocha de afeitar. **toilet ~** escobilla *f.*

brushwood ['brʌʃ,wu:d] *n.* matorral *m.*; arbusto *m.*

brusque [brʌsk] *adj.* brusco; áspero.

brusqueness ['brʌsknɪs] *n.* (roughness) brusquedad *f.*

Brussels ['brʌsəlz] *p. n.* Bruselas. ‖ ~ **sprout** col de Bruselas.

brutal ['bru:tl] *adj.* brutal.

brutality [bru:'tælɪti] *n.* (savageness) brutalidad *f.*; bestialidad *f.*

brute [bru:t] *n.* bruto *m.*

brutish ['bru:tɪʃ] *adj.* **1.** (cruel) brutal. **2.** (stupid) bruto.

bubble ['bʌbəl] *n.* **1.** burbuja *f.*; pompa *f.* ‖ *v. intr.* **2.** burbujear.

bucket ['bʌkɪt] *n.* cubo *m.*; balde *m.*

buckle ['bʌkəl] *n.* **1.** (fastener) hebilla *f.* ‖ *v. tr.* **2.** (fasten) abrochar.

buckskin ['bʌkˌskɪn] *n.* ante *m.*

bud [bʌd] *n.* **1.** *Bot.* capullo *m.* ‖ *v. intr.* **2.** *Bot.* brotar.

Buddhism ['budɪzəm] *n., Rel.* budismo *m.*

budge ['bʌdʒ] *v. intr.* moverse.

budget ['bʌdʒɪt] *n., Econ.* presupuesto *m.*; cálculo *m.*

buffalo ['bʌfələu](pl.:-es) *n., Br. E., Zool.* búfalo *m.*

buffet¹ [bəˈfeɪ] *n.* bufé *m.*

buffet² ['bʌfɪt] *n.* bofetada *f.*

buffoon [bəˈfu:n] *n.* (clown) bufón *m.*; payaso *m.*

bug [bʌg] *n.* **1.** *Zool.* chinche *f.* **2.** (any insect) bicho *m.*

bugle ['bju:gəl] *n., Mus.* clarín *m.*; corneta *f.*

build [bɪld] *n.* **1.** (constitution) estructura *f.* ‖ *v. tr.* **2.** edificar; construir.

builder ['bɪldər] *n.* constructor *m.*

building ['bɪldɪŋ] *n.* **1.** edificio *m.*; construcción *f.* **2.** *Archit.* obra *f.*

build-up ['bɪldʌp] *n.* acumulación *f.*

bulb [bʌlb] *n.* **1.** *Bot.* bulbo *m.* **2.** *Electron.* bombilla *f.*

bulimia [bjuˈlɪmɪə] *n., Med.* bulimia *f.*

bulk [bʌlk] *n.* **1.** bulto *m.* **2.** (mass) mole *f.* ‖ **in** ~ *Econ.* a granel.

bulky ['bʌlki] *adj.* (difficult to handle) voluminoso; abultado.

bull¹ [bul] *n., Zool.* toro *m.* ‖ **young** ~ *Zool.* novillo *m.*

bull's-eye ['bulˌzaɪ] *n.* (middle of target) diana *f.*

bullet ['bulɪt] *n., Mil.* bala *f.* ‖ ~ **wound** balazo *m.*

bulletin ['bulətn] *n.* boletín *m.* ‖ ~ **board** *Am. E.* tablón de anuncios.

bullfight ['bulˌfaɪt] *n., Taur.* corrida de toros.

bull-fighter ['bulˌfaɪtər] *n., Taur.* torero *m.*; matador *m.*

bullfighting ['bulˌfaɪtɪŋ] *n.* **1.** *Taur.* toreo *m.* **2.** (art) tauromaquia *f.*

bullock ['bulək] *n.* novillo *m.*

bullring ['bulrɪŋ] *n., Taur.* plaza de toros; ruedo *m.*

bully ['buli:] *n.* matón *m.*

bulwark ['bulwərk] *n.* (bastion) baluarte *m.*; bastión *m.*

bumblebee ['bʌmblbi:] *n., Zool.* abejorro *m.*

bump [bʌmp] *n.* **1.** golpe *m.* **2.** (on road) bache *m.* **3.** (on the head) chichón *m.* ‖ *v. tr.* **4.** golpear.

bumper ['bʌmpər] *n., Br. E., Car* parachoques *m. inv.*

bun [bʌn] *n.* **1.** (small roll) bollo *m.* **2.** (on the head) moño *m.*

bunch [bʌntʃ] *n.* **1.** (of flowers) ramo *m.* **2.** (of keys) manojo *m.* **3.** (of grapes) racimo *m.* **4.** *fig.* (selected group) ramillete *m.*

bundle ['bʌndəl] *n.* **1.** lío *m.*; fardo *m.* **2.** (of bills) fajo *m.* **3.** (of wood, grass, etc) haz *m.*

bungle ['bʌngəl] *n.* desatino *m.*

bunion ['bʌnjən] *n., Med.* juanete *m.*

bunk [bʌŋk] *n.* (bed) litera *f.*

buoy [bɔɪ] *n. Nav.* boya *f.*

buoyant ['bɔɪənt] *adj.* **1.** boyante; flotante. **2.** *Econ.* próspero.

burden ['bɜ:rdən] *n.* **1.** (load) carga *f.*; peso *m.* **2.** *fig.* lastre. ‖ *v. tr.* **3.** cargar.

bureau ['bjʊrou](pl.:-x) *n., Br. E.* **1.** (desk) escritorio *m.* **2.** (office) oficina *f.*

bureaucracy [bjʊ'rɒkrəsi:] *n.* (administration) burocracia *f.*

burglar ['bɜ:rglər] *n.* (of houses) ladrón *m.* ‖ ~ **alarm** alarma antirrobo.

burgle ['bɜ:rgəl] *v. tr., fam.* (house) robar [We were burgled while we were on holidays. *Nos robaron mientras estábamos de vacaciones.*]

burial ['beriəl] *n.* (of a dead body) entierro *m.*; enterramiento *m.*

burlesque [bɜ:r'lesk] *adj.* burlesco.

burn [bɜ:rn] *n.* **1.** *Med.* quemadura *f.* ‖ *v. tr.* **2.** quemar. ‖ *v. intr.* **3.** (food, building) quemarse; arder.

burner ['bɜ:rnər] *n.* quemador *m.* (de gas).

burning ['bɜ:rnɪŋ] *adj.* **1.** ardiente; apasionado. **2.** (issue) candente. ‖ ~ **sensation** ardor *m.*

burp [bɜ:rp] *n.* **1.** (belch) eructo *m.* ‖ *v. intr.* **2.** (belch) eructar.

burr [bɜ:r] *n. Bot.* erizo *m.*

burrow ['bʌrou] *n.* **1.** madriguera *f.* ‖ *v. intr.* **2.** hacer un agujero.

bursar ['bɜ:sər] *n.* (of school, university,...) administrador *m.*

burst [bɜ:rst] *n.* **1.** estallido *m.* ‖ *v. tr.* **2.** reventar. ‖ *v. intr.* **3.** (bomb) estallar.

bury ['beri:] *v. tr.* **1.** enterrar; sepultar. **2.** (hide) esconder.

bus [bʌs] *n.* autobús *m.*; bus *m. fam.* ‖ ~ **stop** parada de autobús.

bush [bʊʃ] *n.* arbusto *m.*; mata *f.*

business ['bɪznɪs] *n.* **1.** (commerce) negocio *m.* **2.** (matter) asunto.

businessman ['bɪznɪs,mæn] *n.* hombre de negocios; empresario *m.*

businesswoman ['bɪznɪs,wʊmən] *n.* empresaria *f.*; mujer de negocios.

bust [bʌst] *n.* **1.** (sculpture) busto *m.* **2.** *Anat.* busto *m.*

bustle ['bʌsəl] *n.* ajetreo *m.*; bullicio *m.*

busy ['bɪzi:] *adj.* ocupado.

busybody ['bɪzɪbɒdi:] *n.* fisgón *m.*; metomentodo *m. y f. inv. fam.*

but [bət] *conj.* **1.** pero; mas *form.* [I wanted to go swimming but it was raining. *Quería ir a nadar pero estaba lloviendo.*] **2.** sino [I don't love Peter but Paul. *No quiero a Peter sino a Paul.*] ‖ *prep.* **3.** excepto; menos [Everything got burned but the kitchen. *Se quemó todo excepto la cocina.*] ‖ *n.* **4.** pero *m.*; objeción *m.* ‖ ~ **for** a no ser por [But for your help, I wouldn't be rich. *A no ser por ti, yo no sería rico.*]

butane ['bju:teɪn] *n., Chem.* butano *m.*

butcher ['bʊtʃər] *n.* **1.** carnicero *m.* ‖ *v. tr.* **2.** (slaughter for meat) matar. ‖ **butcher's** *n.* **3.** (shop) carnicería *f.*

butchery ['bʊtʃəri:] *n.* **1.** (killing) matanza *f.*; carnicería *f.* **2.** (work) carnicería *f.*

butler ['bʌtlər] *n.* mayordomo *m.*

butt [bʌt] *n.* **1.** (end) extremo *m.* **2.** (of gun) culata *f.* **3.** (de cigarro) colilla *f.*

butter ['bʌtər] *n.* mantequilla *f.*

butterfly ['bʌtər,flaɪ] *n., Zool.* (insect) mariposa *f.*

button ['bʌtn] *n*. **1**. botón *m*. ‖ *v. tr.* **2**. abotonar; abrochar.

buttonhole [(bʌtn‚houl] *n*. ojal *m*.

buttress ['bʌtrɪs] *n*. **1**. *Archit.* contrafuerte *m*. **2**. *fig.* (support) apoyo *m*.

buy ['baɪ] *v. tr.* comprar; adquirir.

buzz [bʌz] *n*. **1**. (of bee, wasp) zumbido *m*. **2**. *coll.* telefonazo *m*. ‖ *v. intr.* **3**. (bee) zumbar.

buzzer ['bʌzər] *n*. (bell) timbre *m*.

by [baɪ] *adv.* **1**. cerca [He sat by and observed us. *Se sentó cerca y nos observó.*] ‖ *prep.* **2**. (indicating agent) por; de [He was chosen by society. *Fue elegido por la sociedad.*] **3**. (through) por [Please, enter by the front door. *Por favor, entren por la puerta principal.*] **4**. (beside) cerca de; junto a; al lado de [The school is by the post office. *El colegio está al lado de la oficina de correos.*] **5**. (means of transport) en [Why don't you go by bus? *¿Por qué no vas en autobús?*] **6**. (deadline) para [I have to return this book by Monday. *Tengo que entregar este libro para el lunes.*] **7**. *Math.* (multiplied by) por [Five by four equals twenty. *Cinco por cuatro son veinte.*] **8**. (in oaths) por [I swear it by my mother. *Lo juro por mi madre.*] ‖ **~ and ~** al cabo de un rato (en pasado); de aquí a poco (en presente) [By and by, they arrived to the forest. *Al cabo de un rato, llegaron al bosque.*] **~ day** de día. **~ law** según la ley. **~ train** en tren. **two ~ two** de dos en dos [Enter two by two. *Entrad de dos en dos.*]

bye ['baɪ] *interj., fam.* adiós.

bye-bye ['baɪ‚baɪ] *interj.* adiós.

bylaw or bye-law ['baɪlɔ:] *n*. (municipal law) estatuto *m*.; ordenanza *f.*

bypass ['baɪ‚pæs] *n*. (road) carretera de circunvalación.

bystander ['baɪ‚stændər] *n*. espectador. *m*.

C

c [si:] *n.* (letter) c *f.*

cab [kæb] *n.*, *Am. E.* taxi *m.*

cabbage ['kæbɪdʒ] *n.*, *Bot.* col *f.*; repollo *m.*; berza *f.* ‖ **red ~** *Bot.* lombarda *f.*

cabin [kæbɪn] *n.* **1.** cabaña *f.* **2.** (on ship) camarote *m.* **3.** (on plane) cabina *f.*

cabinet ['kæbɪnɪt] *n.* **1.** armario *m.* **2.** (glass) vitrina *f.* **3.** *Polit.* gabinete *m.* ‖ **filing ~** fichero *m.*

cabinetmaker ['kæbɪnɪtˌmeɪkər] *n.* ebanista *m. y f.*; carpintero *m.*

cable ['keɪbəl] *n.* **1.** cable *m.* **2.** (message) cablegrama *m.* ‖ *v. tr.* **3.** cablegrafiar.

cacao [kəˈkaʊ] *n.*, *Bot.* cacao *m.*

cache [kæʃ] *n.* **1.** (arms) zulo *m.*; arsenal secreto. **2.** *Comp.* (memory) cache *m.*

cackle ['kækəl] *n.* ‖ **1.** (hen) cacareo *m.* **2.** *v. intr.* (of hen) cacarear.

cactus ['kæktəs] (pl.: -ti or -tuses) *n. inv.*, *Bot.* cactus *m.*

cadence ['keɪdəns] *n.* cadencia *f.*

cadet [kəˈdet] *n.*, *Mil.* cadete *m.*

Caesarean [siːˈzerɪən] *n.*, *Med.* cesárea *f.*

café [kæˈfeɪ] *n.* café *m.*; cafetería *f.*

caffeine ['kæfiːn] *n.* cafeína *f.*

cage [keɪdʒ] *n.* **1.** jaula *f.* ‖ *v. tr.* **2.** (animals) enjaular.

cajolery [kəˈdʒoʊləriː] *n.* zalamería *f.*

cake [keɪk] *n.* **1.** (sweet) pastel *m.* **2.** *Gastr.* tarta *f.* **3.** (of soap) pastilla *f.* ‖ **~ shop** pastelería *f.*

calamity [kəˈlæmɪtiː] *n.* calamidad *f.*

calculate ['kælkjəˌleɪt] *v. tr.* calcular.

calculation [kælkjəˈleɪʃən] *n.* cálculo (matemático) *m.*

calculator ['kælkjəˌleɪtər] *n.* calculadora *f.* ‖ **~ pocket** calculadora de bolsillo.

caldron, cauldron (Br.E) ['kɔːldrən] *n.* (large pot) caldero *m.*

calendar ['kæləndər] *n.* calendario *m.*

calf¹ [kæf] (pl.: calves) *n.* *Zool.* ternero *m.*; becerro *m.*

calf² ['kælf] *n.*, *Anat.* pantorrilla *f.*

caliber, calibre (Br.E) ['kælɪbər] *n.* **1.** (of gun) calibre *m.* **2.** *fig.* (of person) calibre *m.* [An artist of its caliber. *Un artista de su calibre.*]

call [kɔːl] *n.* **1.** llamada *f.* **2.** (appeal) llamamiento *m.* ‖ *v. tr.* **3.** llamar. ‖ **to be called** llamarse. **to ~ up** *Am. E.* llamar por teléfono.

calligraphy [kəˈlɪgrəfiː] *n.* caligrafía *f.*

calling ['kɔːlɪŋ] *n.* vocación *f.* ‖ **~ card** *Am. E.* tarjeta de visita.

callous ['kæləs] *adj.* **1.** insensible. **2.** (callus) calloso.

callow ['kæloʊ] *adj.* inexperto.

callus ['kæləs] *n.*, *Med.* callo *m.*

calm [kɑːm] *adj.* **1.** tranquilo. ‖ *n.* **2.** calma *f.*; serenidad *f.*; tranquilidad *f.* ‖ *v. tr.* & *intr.* **3.** calmar; sosegar; tranquilizar. ‖ **calmly** *adv.* **4.** con calma. ‖ **to ~ down** calmarse; tranquilizarse.

calorie ['kæləriː] *n.* caloría *f.*

calyx ['keɪlɪks] *n.*, *Bot.* cáliz *m.*

camel ['kæməl] *n.*, *Zool.* camello *m.*

cameo ['kæmioʊ] *n.* camafeo *m.*

camera ['kæmərə] *n.*, *Phot.* cámara *f.*

cameraman ['kæmərəˌmæn, 'kæmərəˌmɛn] *n.* (TV, cinema) cámara *m.*

camomile ['kæməmaɪl] *n.*, *Bot.* manzanilla *f.* ‖ **~ tea** manzanilla *f.*

camouflage ['kæməˌflɑːʒ] *n.* **1.** camuflaje *m.* ‖ *v. tr.* **2.** camuflar.

camp [kæmp] *n.* **1.** campamento *m.* ‖ **summer ~** colonia *f.* (de verano). ‖ **to go camping** ir de camping.

campaign [kæmˈpeɪn] *n.*, *Polit.* & *Mil.* campaña *f.*

campbed ['kæmpbəd] *n., Br. E.* catre *m.*

camping ['kæmpɪŋ] *n.* camping *m.*

campsite ['kæmp.saɪts] *n.* camping *m.*

can¹ [kæn](p.t. could) *v. aux.* **1.** (be able to) poder. **2.** (know how to) saber. **3.** (be permitted to) poder.

can² [kæn] *n.* **1.** *Am. E.* (tin) lata *f.*; bote *m.* **2.** (container) bidón *m.* ‖ *v. tr.* **3.** (fish, fruit) enlatar; envasar. ‖ ~ **opener** abrelatas *m. inv.*

Canadian [kəˈneɪdɪən] *adj. & n.* canadiense *m. y f.*

canal [kəˈnæl] *n.* **1.** *Geogr.* canal *m.* **2.** *Anat.* conducto *m.*

canary [kəˈneri:] *n., Zool.* canario *m.*

cancel ['kænsəl] *v. tr.* cancelar. **2.** (appointment) anular.

cancellation [ˌkænsəˈleɪʃən] *n.* **1.** cancelación *f.* **2.** *Econ.* anulación *f.*

cancer ['kænsər] *n.* **1.** *Med.* cáncer *m.* ‖ **Cancer** *p. n.* **2.** *Astrol.* Cáncer.

cancerous ['kænsərəs] *adj.* canceroso.

candidate ['kændɪdeɪt] *n.* **1.** candidato *m.* **2.** (in exams) opositor *m.*

candle ['kændəl] *n.* **1.** (of wax) vela *f.*; candela *f.* **2.** (in church) cirio *m.*

candlestick ['kændl.stɪk] *n.* candelero *m.*; palmatoria *f.*

candy ['kændi:] *n., Am. E.* caramelo *m.*

candyfloss ['kændɪ.flɒs] *n., Br. E.* (cotton candy) algodón dulce.

cane [keɪn] *n.* **1.** *Bot.* caña *f.* **2.** (stick) bastón *m.* **3.** (furniture) junco *m.*; mimbre *m.*

canine ['keɪ.naɪn] *adj.* **1.** *Zool.* canino. **2.** *Med.* (tooth) canino.

canker ['kæŋkər] *n. Med.* (of the mouth) llaga *f.*; úlcera *f.*

cannery ['kænəri:] *n.* (factory) fábrica de conservas.

cannibal ['kænəbəl] *n.* caníbal *m. y f.*

canning ['kænɪŋ] *n.* envase *m.*

cannon ['kænən](pl.: cannon or -s) *n.* **1.** (of gun) cañón *m.* ‖ *v. intr.* **2.** (collide) chocar (contra).

canny ['kæni:] *adj.* astuto.

canoe [kəˈnu:] *n.* **1.** canoa *f.* **2.** *Sports* piragua *f.*

canon ['kænən] *n.* **1.** (standard) canon *m.* **2.** *Rel.* (clergyman) canónigo *m.*

canonize, canonise (Br.E) ['kænə.naɪz] *v. tr., Rel.* canonizar.

canopy ['kænəpi:] *n.* dosel *m.*

cantankerous [kænˈtæŋkərəs] *adj.* (quarrelsome) cascarrabias; irascible.

canteen [kænˈti:n] *n.* **1.** cantina *f.* **2.** (water bottle) cantimplora *f.*

canvas ['kænvəs] *n.* **1.** (cloth) lona *f.* **2.** (for painting) lienzo *m.*

canvass ['kænvəs] *n.* **1.** *Am. E., Polit.* (votes) escrutinio *m.* ‖ *v. intr.* **2.** hacer campaña electoral.

canyon ['kænjən] *n., Geogr.* cañón *m.*

cap [kæp] *n.* **1.** gorra *f.* **2.** (of pen) caperuza *f.* **3.** (of bottle) tapón *m.*

capability [ˌkeɪpəˈbɪləti:] *n.* capacidad *f.*

capable ['keɪpəbəl] *adj.* capaz; apto.

capacity [kəˈpæsəti:] *n.* **1.** capacidad *f.* **2.** (seating) aforo *m.*

cape [keɪp] *n.* **1.** (clothes) capa *f.* **2.** *Geogr.* cabo *m.*

caper [keɪpər] *n., Bot.* alcaparra *f.*

capillary [kəˈpɪlɑri:] *adj.* capilar.

capital ['kæpətəl] *n.* **1.** (city) capital *f.* **2.** *Econ.* capital *m.*; patrimonio *m.* **3.** (letter) mayúscula *f.*

capitalist ['kæpətəlɪst] *adj. & n.* capitalista *m. y f.*

capitulate [kəˈpɪtʃəleɪt] *v. intr.* capitular.

caprice [kəˈpri:s] *n.* capricho *m.*

capricious [kəˈprɪʃəs] adj. (person) caprichoso; antojadizo.

Capricorn [ˈkæprɪkoːrn] p. n., Astrol. (sign of the zodiac) Capricornio.

capsize [ˈkæpˌsaɪz] v. intr. volcarse.

capsule [ˈkæpsəl] n. cápsula f.

captain [ˈkæptən] n. 1. capitán m. ‖ v. tr. 2. (be captain of) capitanear.

captive [ˈkæptɪv] adj. & n. cautivo m.

captivity [kæpˈtɪvəti] n. cautiverio m.

capture [ˈkæptʃər] n. 1. captura f. 2. Mil. toma f. ‖ v. tr. 3. capturar; apresar.

car [kɑːr] n. 1. coche m.; automóvil m. 2. Am. E. (of train) vagón m.

carafe [kəˈræf] n. garrafa f.

caramel [ˈkærəmel] n. caramelo m.

carat [ˈkærət] n., Br. E. quilate m.

caravan [ˈkærəˌvæn] n. 1. (group) caravana f. 2. Br. E. (vehicle) caravana f.; roulotte f.

caravel [ˈkærəˌvel] n., Nav. carabela f.

carbide [ˈkɑːrbaɪd] n., Chem. carburo m.

carbine [ˈkɑːrbaɪn] n., Mil. (weapon) carabina f.

carbon [ˈkɑːrbən] n., Chem. carbono m. ‖ ~ **copy** calco m. [You're the carbon copy of your father. Eres un calco de tu padre.]

carbonated [ˈkɑːrbəˌneɪtəd] adj. (drink) gaseoso.

carburetor, carburettor (Br.E) [ˈkɑːrbəreɪtər] n., Car carburador m.

card [kɑːrd] n. 1. tarjeta f. 2. (playing card) carta f. 3. (cardboard) cartulina f.

cardboard [ˈkɑːrdboːrd] n. 1. cartón m. 2. (thin) cartulina f.

cardiac [ˈkɑːrdiak] adj. cardíaco. ‖ ~ **arrest** Med. paro cardíaco.

cardigan [ˈkɑːrdɪgən] n. (knitted jacket) chaqueta de lana; rebeca f.

cardinal [ˈkɑːrdnəl] adj. 1. (number, point) cardinal. ‖ n. 2. Rel. cardenal m.

care [ker] n. cuidado m. ‖ ~ **about** preocuparse por. ~ **for** cuidar. **to take ~** (be careful) tener cuidado. **to take ~ of oneself** cuidarse.

career [kəˈrɪr] n. carrera f.

careful [ˈkefəl] adj. (prudent) cuidadoso; esmerado; metódico.

carefulness [ˈkefəlnɪs] n. (care) cuidado m.; esmero m.

careless [ˈkerlɪs] adj. descuidado.

carelessness [ˈkerlɪsnɪs] n. (nonchabalance) descuido m.; despreocupación f.

caress [kəˈres] n. 1. caricia f.; mimo m. ‖ v. tr. 2. acariciar.

cargo [ˈkɑːrgoʊ](pl.:-es) n. (load) carga f.; cargamento m.

caricature [ˈkærəkətʃər] n. 1. caricatura f. ‖ v. tr. 2. caricaturizar.

caries [ˈkeriːz] n. inv., Med. (tooth) caries f.

carnage [ˈkɑːrnɪdʒ] n., fig. (killing) carnicería f.; masacre f.

carnal [ˈkɑːrnəl] adj. carnal.

carnation [kɑːrˈneɪʃən] n., Bot. clavel m.

carnival [ˈkɑːrnəvəl] n. carnaval m.

carnivore [ˈkɑːrnɪvoːr] n., Zool. (animals) carnívoro m.

carnivorous [kɑːrˈnɪvərəs] adj., Zool. carnívoro.

carol [ˈkærəl] n., Mus. (Christmas) villancico m. (navideño).

carousel [ˈkærəsel] n., Am. E. carrusel m.; tiovivo m.

carp [kɑːrp] n., Zool. carpa f.

carpenter [ˈkɑːrpəntər] n. carpintero m.

carpentry [ˈkɑːrpəntri] n. carpintería f.

carpet [ˈkɑːrpɪt] n. 1. alfombra f. ‖ v. tr. 2. alfombrar. ‖ **fitted ~** moqueta f.

carriage ['kærɪdʒ] *n*. **1.** (horse-drawn) carruaje. **2.** *Br. E.* (wagon) coche *m*.

carrier ['kærɪər] *n*. empresa de transportes; transportista *m. y f*.

carrot ['kærət] *n., Bot.* zanahoria *f*.

carry ['kæri:] *v. tr.* **1.** (people, money) llevar. **2.** (transport) transportar. ‖ **to ~ on** continuar; proseguir. **~ on!** ¡adelante! **to ~ out** llevar a cabo.

cart [kɑːrt] *n*. **1.** carro *m*.; carreta *f*. ‖ *v. tr.* **2.** acarrear; carretear.

cartoon [kɑːr'tuːn] *n*. **1.** viñeta *f*. **2.** (caricature) caricatura *f*. ‖ **cartoons** *n. pl.* **3.** dibujos animados.

cartoonist [kɑːr'tuːnɪst] *n*. dibujante *m. y f*. (de historietas).

cartridge ['kɑːrtrɪdʒ] *n*. cartucho *m*.

carve ['kɑːrv] *v. tr.* **1.** (meat) trinchar. **2.** (wood) tallar; esculpir.

carving ['kɑːrvɪŋ] *n*. (carved object) talla *f*.; escultura *f*.

cascade [kæs'keɪd] *n*. cascada *f*.

case¹ [keɪs] *n*. **1.** caso *m*. **2.** *Med.* caso *m*. **3.** *Law* caso *m*. [The lawyer lost his first case. *El abogado perdió su primer caso.*] ‖ **in any ~** en todo caso. **in ~ of** en caso de. **just in ~** por si acaso.

case² ['keɪs] *n*. **1.** (suitcase) maleta *f*. **2.** (for jewels) estuche *m*. **3.** (soft) funda *f*.

cash [kæʃ] *n*. **1.** dinero en efectivo. ‖ *v. tr.* **2.** (a check) cobrar. ‖ **~ machine** cajero automático. **in ~** en efectivo.

cashier [kə'ʃɪər] *n., Econ.* cajero *m*.

casino [kə'siːnoʊ] *n*. casino *m*.

cask [kæsk] *n*. barril *m*.

casket ['kæskɪt] *n*. **1.** cajita *f*. **2.** *Am. E.* (coffin) ataúd *m*.

cassava [kæ'sɑːvə] *n., Bot.* mandioca *f*.

casserole ['kæsəroʊl] *n*. cazuela *f*.

cassette [kæ'set] *n*. **1.** (tape) casete *amb*. **2.** (recorder) casete *m*.

cassock ['kæsək] *n., Rel.* sotana *f*.

cast [kæst](p.t. and p.p. cast) *n*. **1.** *Tech.* molde *m*. ‖ *v. tr.* **2.** arrojar. **3.** (light) proyectar. **4.** *Tech.* moldear. ‖ **to ~ about** buscar. **to ~ away** naufragar.

castanets [kæstə'nets] *n., Mus.* castañuela *f*. (chiefly in pl.).

caste [kæst] *n*. casta *f*.

castigate ['kæstɪgeɪt] *v. tr., frml.* (chastise) castigar; sancionar.

Castilian [kəs'tɪliən] *adj*. **1.** castellano. ‖ *n*. **2.** (person) castellano *m*. ‖ *n*. **3.** (language) castellano *m*.

castle ['kæsəl] *n*. castillo *m*.

castor oil ['kæstər'ɔɪl] *n*. (medicine) aceite de ricino.

castrate [kæs'treɪt] *v. tr.* castrar; capar.

casual ['kæʒəl] *adj*. **1.** casual; ocasional. **2.** (worker) eventual. **3.** (clothes) sport.

casualty ['kæʒəwəlti:] *n*. **1.** (in accident) víctima *f*. **2.** *Mil.* baja.

cat [kæt] *n*. gato *m*.

cataclysm ['kætəklɪzəm] *n*. cataclismo *m*.

Catalan ['kætələn] *adj*. **1.** catalán. ‖ *n*. **2.** (person) catalán *m*. **3.** (language) catalán *m*.

catalog, catalogue (Br.E) ['kætəlɒg] *n*. **1.** catálogo *m*. ‖ *v. tr.* **2.** catalogar.

catapult ['kætəˌpʌlt] *n*. **1.** *Br. E.* tirachinas *m. inv.* ‖ *v. intr.* **2.** salir disparado (de un coche).

cataract ['kætəˌrækt] *n*. catarata *f*.

catarrh [kə'tɑːr] *n., Med.* catarro *m*.

catastrophe [kə'tæstrəfiː] *n*. catástrofe *f*.; hecatombe *f*.

catch [kætʃ](p.t. and p.p. caught) *n*. **1.** (of fish) pesca *f*. **2.** (of lock) pestillo *m*.

3. (trick) trampa. ‖ *v. tr.* **4.** coger; atrapar. **5.** (bus, train) coger. **6.** (illness) contraer. **7.** (capture) capturar. ‖ **to ~ up** (person) alcanzar; dar alcance a. (with news) ponerse al día.

catching ['kætʃɪŋ] *adj., Med.* contagioso.

catchy ['kætʃi:] *adj., Mus.* pegadizo.

catechism ['kætɪkɪzəm] *n., Rel.* catecismo *m.*

categorical [,kætə'gɒrɪkal] *adj.* (unequivocal) tajante; categórico.

category [,kætə'gɒri:] *n.* categoría *f.*

caterpillar ['kætəpɪlər] *n., Zool.* oruga *f.*

cathedral [kə'θi:drəl] *n.* catedral *f.*

Catholic ['kæθəlɪk, 'kæθlɪk] *adj. & n., Rel.* católico *m.*

Catholicism [kə'θɒlɪsɪzəm] *n., Rel.* catolicismo *m.*

cattle ['kætəl] *n. pl.* ganado *m. sing.*

catwalk ['kætwɔ:k] *n., Br. E.* (models) pasarela *f.*

cauliflower ['kɒlɪflauər] *n., Bot.* coliflor *f.*

cause [kɔ:z] *n.* **1.** (reason) causa *f.;* móvil *m.* **2.** (ideal) causa *f.* ‖ *v. tr.* **3.** causar; ocasionar.

caution ['kɔ:ʃən] *n.* **1.** cautela *f.* ‖ *v. tr.* **2.** advertir; amonestar.

cautious ['kɔ:ʃəs] *adj.* (prudent) cauto; mirado; cauteloso.

cavalcade [,kævəl'keɪd, 'kævəl,keɪd] *n.* (parade) cabalgata *f.*

cavalier [,kævə'lɪr] *n.* (gentleman) caballero *m.*

cavalry ['kævəlri:] *n., Mil.* caballería *f.*

cave [keɪv] *n.* cueva *f.;* caverna *f.*

cavern ['kævərn] *n.* caverna *f.*

caviar or caviare ['kævɪɑ:r] *n.* caviar *m.*

cavity ['kævəti:](pl.: -ties) *n.* **1.** (hole) cavidad *f.;* hueco *m.* **2.** (tooth) caries *f. inv.;* picadura *f.*

caw [kɔ:] *n.* **1.** (of raven) graznido *m.* ‖ *v. intr.* **2.** graznar.

CD-ROM [,si:di:'rɒm] *n.* (Compact Disc-Read Only Memory), *Comput.* CD-ROM.

cease ['si:s] *v. intr.* cesar; parar.

ceiling ['si:lɪŋ] *n.* techo *m.*

celebrate ['seləbreɪt] *v. tr.* **1.** celebrar. **2.** (have a party) festejar.

celebrated ['seləbreɪtɪd] *adj.* célebre.

celebrity [sə'lebrəti:] *n.* celebridad *f.;* personaje famoso.

celerity ['seləreɪti:] *n. frml.* celeridad *f.*

celery ['seləri:] *n., Bot.* apio *m.*

celestial [sə'lestʃəl] *adj.* celestial.

celibacy ['selɪbəsi:] *n.* celibato *m.*

celibate ['seləbət] *adj. & n.* (chaste) célibe *m. y f.;* casto *m.*

cell [sel] *n.* **1.** (in prison) celda *f.* **2.** *Biol.* célula *f.*

cellar ['selər] *n.* (underground room) sótano *m.* ‖ **wine ~** bodega *f.*

cello ['tʃelou] *n., Mus.* violonchelo *m.*

cellophane ['seləfeɪn] *n.* celofán *m.*

cellular ['seljələr] *adj., Biol.* celular.

Celsius ['selsɪəs] *adj.* centígrado.

cement [sɪ'ment] *n.* cemento *m.*

cemetery ['seməˌteri:] *n.* (graveyard) cementerio *m.;* camposanto *m.*

censor ['sensər] *n.* **1.** (official) censor *m.* ‖ *v. tr.* **2.** censurar.

censorship ['sensərˌʃɪp] *n.* censura *f.*

censure ['senʃər] *n.* **1.** censura *f.* ‖ *v. tr.* **2.** censurar; criticar.

census ['sensəs] *n.* censo *m.;* padrón *m.*

cent [sent] *n.* céntimo *m.*

centenarian [,sentɪ'neriən] *n.* (100 years old) centenario *m.*

centenary [sen'tənəri:] *adj. & n.* (a 100th anniversary) centenario *m.*

centennial [sen'teniəl] *adj.* & *n.* centenario *m.*

center, centre (Br.E) ['sentər] *n.* **1.** centro *m.* ‖ *v. tr.* **2.** centrar. ‖ **to ~ on** centrarse.

centigrade ['senti,greid] *adj.* centígrado *m.*

centiliter, centilitre (Br.E) ['senti,li:tər] *n.* centilitro *m.*

centimeter, centimetre (Br.E) ['senti,mi:tər] *n.* centímetro *m.*

central ['sentrəl] *adj.* **1.** central. **2.** (house) céntrico.

centralize, centralise (Br.E) ['sentrəlaiz] *v. tr.* centralizar.

century ['sentʃəri:] *n.* siglo *m.*

ceramic [sə'ræmik] *adj.* cerámico.

ceramics [sə'ræmiks] *n. sing.* cerámica *f.*

cereal ['siriəl] *adj.* & *n.* **1.** *Bot.* cereal *m.* ‖ *n.* **2.** (for breakfast) cereales *m. pl.*

ceremony ['serə,mouni:] *n.* (formal act) ceremonia *f.*; acto *m.*

certain ['sɜːrtn] *adj.* **1.** seguro; impepinable *fam.* **2.** (correct, particular) cierto. ‖ **to be ~** estar seguro.

certainty ['sɜːrtnti:] *n.* (belief) certeza *f.*; certidumbre *f.*

certificate [sə'rtifikit] *n.* (document) certificado *m.*; acta *m.*

certify ['sɜːrtəfai] *v. tr.* certificar; dar fe de.

cessation [se'seiʃən] *n.* cese *m.*

cession ['seʃən] *n.* cesión *f.*

ch ['si:eitʃ] *n.* (letter of the Spanish alphabet) ch *f.*

chafe ['tʃeif] *v. tr.* rozar.

chagrin [ʃə'grin] *n.* disgusto *m.*

chain [tʃein] *n.* **1.** cadena *f.* ‖ *v. tr.* **2.** encadenar. ‖ **to pull the ~** (in toilet) tirar de la cadena.

chair [tʃer] *n.* **1.** silla *f.* **2.** (at university) cátedra *f.* ‖ *v. tr.* **3.** (meeting) presidir. ‖ **~ lift** telesilla *m.* **easy ~** sillón *m.*

chalice ['tʃælis] *n.*, *Rel.* cáliz *m.*

chalk [tʃɔːk] *n.* tiza *f.*

challenge ['tʃæləndʒ] *n.* **1.** desafío *m.*; reto *m.* ‖ *v. tr.* **2.** retar; desafiar.

chamber ['tʃeimbər] *n.* cámara *f.*

chambermaid ['tʃeimbər,meid] *n.* camarera *f.* (en un hotel).

chameleon [kə'mi:liən] *n.*, *Zool.* camaleón *m.*

chamois ['ʃæmi] *n.*, *Zool.* gamuza *f.*; rebeco *m.*

champagne [ʃæm'pein] *n.* champán *m.*

champion ['tʃæmpiən] *n.* campeón *m.*

championship ['tʃæmpiən,ʃip] *n.*, *Sports* campeonato *m.* ‖ **world ~** *Sports* mundial *m.*

chance [tʃæns] *n.* **1.** (opportunity) ocasión *f.*; oportunidad *f.* **2.** (coincidence) casualidad *f.* **3.** (luck) suerte *f.* ‖ *adj.* **4.** accidental; casual. ‖ *v. intr.* **5.** *fam.* arriesgarse. ‖ **by ~** por casualidad. **games of ~** juegos de azar.

chancellor ['tʃænsələr] *n.* canciller *m.*

chandelier [,ʃændə'lir] *n.* (lamp) araña *f.* (de luces).

change [tʃeindʒ] *n.* **1.** cambio *m.* **2.** (money) dinero suelto. **3.** (alteration) alteración. ‖ *v. tr.* **4.** cambiar. **5.** (shop) descambiar. ‖ *v. intr.* **6.** (clothing) mudarse. **7.** (of clothes) cambiarse.

changeable ['tʃeindʒəbəl] *adj.* cambiable; inconstante.

channel ['tʃænl] *n.* **1.** canal *m.* ‖ *v. tr.* **2.** canalizar; encauzar.

chant [tʃænt] *n.*, *Rel.* canto (litúrgico) *m.*

chaos ['keiɒs] *n.* caos *m.*; descontrol *m.*

chaotic [kei'ɒtik] *adj.* caótico.

chap [tʃæp] *n.* **1.** *Br. E.* tipo *m.* **2.** (in skin) grieta *f.* ‖ *v. intr.* **3.** agrietarse; rajarse.

chapel ['tʃæpəl] *n.*, *Rel.* capilla *f.*; ermita *f.*

chaperon ['ʃæpərəʊn] *n.* **1.** carabina *f.;* dama de compañía. ‖ *v. tr.* **2.** acompañar (una mujer soltera).

chaplain ['tʃæplɪn] *n., Rel.* capellán *m.*

chapter ['tʃæptər] *n.* capítulo *m.*

character ['kærɪktər] *n.* **1.** carácter *m.;* índole *f.* **2.** *Cinem. y lit.* personaje (en una película, un libro) *m.*

characteristic, characteristical [ˌkærɪktəˈrɪstɪk] *adj.* **1.** característico. ‖ *n.* **2.** característica *f.*

characterize, characterise (Br.E) ['kærɪktəraɪz] *v. tr.* caracterizar. ‖ **to be characterized** caracterizarse.

charcoal ['tʃɑːrˌkoʊl] *n., Miner.* carbón vegetal.

charge [tʃɑːrdʒ] *n.* **1.** carga *f.* **2.** *Law* acusación *f.* **3.** (responsability) cargo *m.* [I was in charge of his son. *Su hijo estaba a mi cargo.*] ‖ *v. tr.* **4.** *Law* acusar. **5.** (customer) cobrar. **6.** (gun, battery) cargar. ‖ **to be in ~ of** estar al cargo de. **to take ~ of** encargarse de.

charger ['tʃɑːrdʒər] *n., Electron.* (of batteries) cargador *m.*

charisma [keˈrɪzmə] *n.* carisma *m.*

charitable ['tʃærətəbəl] *adj.* (for charity) caritativo; benéfico.

charity ['tʃærəti:] *n.* caridad *f.;* beneficencia *f.*

charm [tʃɑːrm] *n.* **1.** encanto *m.;* atractivo *m.* ‖ *v. tr.* **2.** encantar.

charmer ['tʃɑːrmər] *n.* encantador *m.* ‖ **snake ~** encantador de serpientes.

charming [(tʃɑːrmɪŋ] *adj.* (delightful) encantador; gentil.

chart [tʃɑːrt] *n., Nav.* (map) carta *f.* (de navegación).

charter ['tʃɑːrtər] *n.* **1.** (of city) fuero *m.* ‖ *v. tr.* **2.** (boat, plane) fletar.

chase [tʃeɪs] *n.* **1.** caza *f.* ‖ *v. tr.* **2.** cazar. ‖ **to give ~** dar caza.

chasm ['kæzəm] *n., Geogr.* (pit) abismo *m.;* sima *f.*

chassis ['tʃæsɪ] *n.* bastidor *m.*

chaste [tʃeɪst] *adj.* casto; puro.

chastisement [tʃæsˈtaɪzmənt] *n.* (punishment) casti-go *m.*

chastity ['tʃæstəti:] *n.* castidad *f.*

chat [tʃæt] *n.* **1.** charla *f.;* plática *f. Amér.* ‖ *v. intr.* **2.** charlar.

chatter ['tʃætər] *n.* **1.** (of peolpe) cháchara *f.* ‖ *v. intr.* **2.** charlar. **3.** (teeth) castañetear. **4.** (birds) parlotear.

chatterbox ['tʃætərˌbɒks] *n., coll.* parlanchín *m.;* charlatán *m.*

chatty ['tʃæti:] *adj.* charlatán; hablador.

chauffeur ['ʃoʊfər, 'ʃoʊfɜːr] *n.* chófer *m.;* conductor *m.*

cheap [tʃiːp] *adj.* **1.** (inexpensive) barato. ‖ *adv.* **2.** barato.

cheapen ['tʃiːpən] *v. tr.* abaratar.

cheaply ['tʃiːpli:] *adv.* barato.

cheat [tʃiːt] *n.* **1.** trampa *f.;* timo *m.* **2.** (trickster) tramposo *m.* ‖ *v. tr.* **3.** engañar. ‖ *v. intr.* **4.** ser infiel.

cheater ['tʃiːtər] *n., Am. E.* estafador *m.*

check, cheque (Br.E) [tʃek] *n.* **1.** control *m.* **2.** (of facts) comprobación *f.* **3.** *Econ.* talón *m.;* cheque *m.* ‖ *v. tr.* **4.** controlar. **5.** (facts) comprobar. ‖ **to ~ in** (baggage) facturar.

checkbook, chequebook (Br.E) ['tʃekˌbʊk] *n.* talonario *m.* (de cheques).

checked ['tʃekt] *adj.* a cuadros.

checkers ['tʃekərz] *n. pl. Am. E.* (game) damas *f.*

checkmate ['tʃekˌmeɪt] *n.* **1.** (chess) jaque mate *m.* **2.** (chess) dar jaque mate a.

checkout ['tʃek,aʊt] n. (counter) caja f.

checkroom ['tʃek,ru:m] n., Am. E. consigna f.; guardarropa f. inv.

cheek [tʃi:k] n. **1.** Anat. carrillo m.; mejilla f. **2.** fam. (nerve) descaro m.

cheekbone ['tʃi:k,boʊn] n., Anat. pómulo m.; malar m.

cheeky ['tʃi:ki:] adj., Br. E., coll. (imprudent) descarado; fresco.

cheer [tʃɪr] v. tr. **1.** vitorear. **2.** (gladden) alegrar. ‖ ~ **up** alegrarse; animarse. ~ **up!** ¡ánimo!

cheerful ['tʃɪrfəl] adj. alegre; animado.

cheerfulness ['tʃɪəfəlnɪs] n. alegría f.

cheery ['tʃɪri:] adj. alegre.

cheese [tʃi:z] n. queso m. ‖ ~ **triangle** Br. E. quesito m. ~ **wedge** Am. E. quesito m. **granted** ~ queso rallado. **sliced** ~ queso en lonchas.

chef ['ʃef] n. cocinero m.

chemical ['kemɪkəl] adj. químico.

chemist ['kemɪst] n. **1.** (person) químico m. ‖ **chemist's** n. **2.** Br. E. (shop) farmacia f.

chemistry ['kemɪstri:] n. química f.

cherish ['tʃerɪʃ] v. tr. **1.** (cling to) acariciar. **2.** (hope) abrigar.

cherry ['tʃeri:] n., Bot. cereza f.

chess [tʃes] n. (game) ajedrez m.

chest [tʃest] n. **1.** Anat. (thorax) pecho m. **2.** (box) arca; cofre m. ‖ ~ **of drawers** cómoda f.

chestnut ['tʃesnʌt 'tʃesnət] n. **1.** Bot. (tree, wood) castaño m. **2.** Bot. (nut) castaña f. **3.** (color) castaño m. ‖ adj. **4.** castaño.

chew ['tʃu:] v. tr. mascar; masticar.

chewing gum [tʃu:ŋgʌm] sust. phr. chicle m.

chick ['tʃɪk] n. polluelo m.; pollito m.

chicken ['tʃɪkən] n. **1.** pollo m. **2.** slang gallina m. y f.; cobarde m. ‖ **to ~ out** coll. acobardarse.

chickenpox ['tʃɪkən,pɒks] n., Med. (illness) varicela f.

chickpea ['tʃɪk,pi:] n., Bot. garbanzo m.

chicory ['tʃikəri:] n., Bot. achicoria f.

chief [tʃi:f] n. jefe m.; líder m. y f.

chiefly ['tʃi:fli:] adv. ante todo.

chilblain ['tʃɪlbleɪn] n., Med. sabañón m.

child ['tʃaɪld] n. **1.** niño m. **2.** (son) hijo m. ‖ **children** n. pl. **3.** niños m. **4.** (sons and daughters) hijos m.

childbirth ['tʃaɪld,bɜ:rθ] n., Med. parto m.; alumbramiento m.

childhood ['tʃaɪld,hʊd] n. niñez f.; infancia f. ‖ **from** ~ desde niño.

childish ['tʃaɪldɪʃ] adj. pueril.

childlike ['tʃaɪldlaɪk] adj. infantil.

Chilean ['tʃɪlɪən] adj. & n. chileno m.

chili or chilli ['tʃɪli:] n. Bot. guindilla f.

chill [tʃɪl] n. **1.** Med. escalofrío m. ‖ v. tr. **2.** (wine) enfriar.

chilly ['tʃɪli:] adj. frío; helado.

chime [tʃaɪm] n. **1.** (of bells) repique m. ‖ v. intr. **2.** repicar.

chimera [kar'merə] n. quimera f.

chimeric [kar'merɪk] adj. quimérico.

chimerical [kar'merɪkəl] adj. quimérico.

chimney ['tʃɪmni:] n. chimenea f. ‖ ~ **sweep** deshollinador m.

chimpanzee [,tʃɪmpæn'zi:] n., Zool. chimpancé m.

chin [tʃɪn] n., Anat. barbilla f.; mentón m. ‖ **double** ~ Anat. papada f.

china ['tʃaɪnə] n. **1.** (ceramic ware) loza f. **2.** (fine) porcelana f.

Chinese ['tʃaɪni:z] adj. & n. chino m.

chink [tʃɪŋk] n. **1.** (narrow opening) resquicio m. **2.** (crack) grieta f.

chip [tʃɪp] *n.* **1.** (of wood) astilla *f.* ‖ **chips** *n. pl.* **2.** *Am. E.* (in bag) patatas fritas. **3.** *Br. E.* (in fry pan) patatas fritas.

chiropodist [kɪrɒˈpədɪst] *n., Br. E.* callista *m. y f.*; podólogo *m.*

chirp [tʃɜːrp] *v. intr.* **1.** (birds) piar. **2.** (insect) chirriar.

chisel [ˈtʃɪzəl] *n.* **1.** (for stone) cincel *m.* **2.** (for wood) formón *m.* ‖ *v. tr. & intr.* **3.** (art) cincelar.

chivalry [ˈʃɪvəlri:] *n.* **1.** caballerosidad *f.* **2.** *Hist.* caballería *f.*

chlorine [ˈklɔːrɪn] *n.* cloro *m.*

chlorophyl, chlorophyll (Br.E) [ˈklɔːrəfɪl] *n., Biol.* clorofila *f.*

chock [tʃɒk] *v. tr.* calzar.

chocolate [ˈtʃɔːklɪt, ˈtʃɒklɪt] *n.* **1.** chocolate *m.* **2.** (candy) bombón *m.* ‖ **~ bar** chocolatina *f.*

choice [tʃɔɪs] *adj.* **1.** selecto; escogido. ‖ *n.* **2.** elección *f.*; selección *f.* ‖ **by ~** voluntariamente.

choir [ˈkwaɪər] *n., Mus.* coro *m.*

choke [tʃouk] *v. tr.* **1.** ahogar. ‖ *v. intr.* **2.** atragantarse [She choked on a pea. *Se atragantó con un guisante.*]

cholera [ˈkɒlərə] *n., Med.* cólera *m.*

choleric [ˈkɒlərɪk] *adj., Med.* colérico.

cholesterol [kəˈlestərɔːl, kəˌlestəˌroʊl] *n., Med.* colesterol *m.*

choose [tʃuːz] (p.t. chose ; p.p. chosen) *v. tr.* **1.** elegir; escoger. **2.** (player, candidate) seleccionar. ‖ *v. intr.* **3.** optar por; escoger.

choosy [ˈtʃuːzi:] *adj., fam.* quisquilloso.

chop [tʃɒp] *n.* **1.** chuleta *f.* ‖ *v. tr.* **2.** tajar; cortar. **3.** (meat) picar.

choppy [ˈtʃɒpi:] *adj.* (sea) picado. ‖ **to get ~** (sea) picarse; encresparse.

chopsticks [ˈtʃɒpˌstɪks] *n. pl.* palillos chinos.

choral [ˈkɔːrəl] *adj., Mus.* coral.

chord [kɔːrd] *n., Mus.* acorde *m.*

choreography [ˌkɔːriˈɒɡrəfi:] *n.* coreografía *f.*

chorus [ˈkɔːrəs] *n.* **1.** *Mus.* coro *m.* **2.** *Mus.* (refrain) estribillo *m.*

christen [ˈkrɪsən] *v. tr., Rel.* bautizar.

christening [ˈkrɪsənɪŋ] *n., Rel.* **1.** (celebration) bautizo *m.* **2.** (sacrament) bautismo *m.*

Christian [ˈkrɪstiən] *adj. & n., Rel.* cristiano *m.* ‖ **~ name** nombre de pila.

Christianity [ˌkrɪstiˈænəti:] *n., Rel.* cristianismo *m.*

Christmas [ˈkrɪsməs] *n.* Navidad *f.* ‖ **~ carol** *Mus.* villancico *m.* **~ Eve** Nochebuena. **~ time** Navidades *f. pl.* **~ tree** árbol de Navidad. **Merry ~ !** ¡Felices Pascuas!

chromium [ˈkroumiəm] *n., Chem.* cromo *m.*

chromosome [ˈkronuməˌsoum] *n., Biol.* cromosoma *m.*

chronic [ˈkrɒnɪk] *adj.* crónico.

chronicle [ˈkrɒnɪkəl] *n.* crónica *f.*

chronicler [ˈkrɒnɪklər] *n.* cronista *m. y f.*

chronology [krəˈnɒlədʒi:] *n.* cronología *f.*

chronometer [krəˈnɒmɪtər] *n., Tech.* cronómetro *m.*

chubby [ˈtʃʌbi:] *adj.* rechoncho; rollizo.

chum [tʃʌm] *n., fam.* compinche *m.*

church [tʃɜːrtʃ](pl.: hes) *n.* iglesia *f.*

churchyard [ˈtʃɜːrtʃjɑːrd] *n.* (cemetery) cementerio *m.*; camposanto *m.*

churlish [ˈtʃɜːrlɪʃ] *adj.* (rude, surly) palurdo; grosero; maleducado *m.*

cicada [sɪkɑːˈdæ] *n.* chicharra *f.*; cigarra *f.*

cicatrize, cicatrise (Br.E) [ˈsɪkətraɪs] *v. intr., Med.* cicatrizarse.

cider ['saɪdər] *n.* sidra *f.*

cigar [sɪ'gɑːr] *n.* puro *m.;* cigarro *m.*

cigarette [sɪgə'ret] *n.* cigarrillo *m.;* pitillo *m.* ‖ ~ **case** pitillera *f.* ~ **holder** boquilla *f.*

cinema ['sɪnəmə] *n.* cine *m.*

cinnamon ['sɪnəməm] *n.* canela *f.*

cipher ['saɪfər] *n.* **1.** (number) cifra *f.* **2.** (code) código *m.* **3.** (zero) cero *m.*

circle ['sɜːrkəl] *n.* **1.** (shape) círculo *m.* **2.** (of people) corro *m.* ‖ *v. tr.* **3.** (encircle) cercar; rodear.

circuit ['sɜːrkɪt] *n.* circuito *m.*

circular ['sɜːrkjələr] *adj.* **1.** circular. ‖ *n.* **2.** (order) circular *f.*

circulate ['sɜːrkjʊleɪt] *v. tr. & intr.* circular.

circulation [sɜːrkjə'leɪʃən] *n.* **1.** circulación *f.* **2.** (of river) curso *m.*

circumference [sərkʌmfərəns, sərkʌmfrəns] *n.* circunferencia *f.*

circumstance ['sɜːrkəmˌstæns] *n.* circunstancia *f.*

circus ['sɜːrkəs] *n.* circo *m.*

cistern ['sɪstərn] *n.* **1.** (water tank) cisterna *f.* **2.** (lavatory) cisterna *f.*

citation [saɪ'teɪʃən] *n., Law* citación *f.*

citizen ['sɪtɪzən] *adj. & n.* ciudadano *m.*

citrus ['sɪtrəs] *adj.* cítrico.

city ['sɪti] *n.* ciudad *f.*

civic ['sɪvɪk] *adj.* cívico.

civil ['sɪvəl] *adj.* civil.

civilian [sɪ'vɪljən] *adj.* **1.** civil. ‖ *n.* **2.** *Mil.* civil *m.;* paisano *m.*

civilization [sɪvɪlɑ'zeɪʃən] *n.* civilización *f.;* cultura *f.;* pueblo *m.*

civilize, civilise (Br.E) ['sɪvəlaɪz] *v. tr.* civilizar. ‖ **to become civilized** (people) civilizarse.

claim [kleɪm] *n.* **1.** reclamación *f.* ‖ *v. tr.* **2.** reclamar. **3.** (rights) reivindicar.

clairvoyance [kler'vɔɪəns] *n.* (extrasensory perception) clarividencia *f.*

clairvoyant [kler'vɔɪənt] *n.* vidente *m. y f.;* futurólogo *m.*

clam ['klæm] *n., Zool.* almeja *f.* ‖ **razor ~** *Zool.* (mollusk) navaja *f.*

clamber ['klæmbər] *v. intr.* trepar.

clammy ['klæmiː] *adj.* (heat, hands) pegajoso *fam.*

clamor, clamour (Br.E) ['klæmər] *n.* **1.** clamor *m.;* algarabía *f.* ‖ *v. intr.* **2.** clamar; vociferar.

clamp [klæmp] *n.* **1.** abrazadera. **2.** *Tech.* mordaza *f.*

clan [klæn] *n.* clan *m.*

clandestine [klæn'destɪn] *adj.* (secret and concealed) clandestino; oculto.

clap [klæp] *n.* **1.** aplauso *m.* **2.** (of hands) palmada *f.* ‖ *v. tr.* **3.** aplaudir.

clapper ['klæpər] *n.* badajo *m.*

clapping ['klæpɪŋ] *n.* palmas *f. pl.*

clarify ['klærəfaɪ] *v. tr.* aclarar.

clarinet [ˌklærə'net] *n., Mus.* clarinete *m.*

clarinettist [ˌklærɪ'netɪst] *n., Mus.* clarinete *m. y f.*

clarity ['klærɪtiː] *n.* claridad *f.*

clash [klæʃ] *n.* **1.** (fight) choque *m.* ‖ *v. intr.* **2.** chocar.

clasp ['klæsp] *n.* broche *m.*

class ['klæs] *n.* **1.** clase *f.* ‖ *v. tr.* **2.** clasificar; catalogar.

classification [ˌklæsəfə'keɪʃən] *n.* (category) clasificación *f.*

classify ['klæsəˌfaɪ] *v. tr.* clasificar.

classmate ['klæsˌmeɪt] *n.* (in a school) compañero de clase.

classroom ['klæsruːm] *n.* aula *f.;* clase *f.*

clause [klɔːz] *n.* cláusula *f.*

clavicle ['klævɪkəl] *n., Anat.* (collarbone) clavícula *f.*

claw [klɔ:] *n.* **1.** *Zool.* (of animal) garra *f.*; zarpa *f.* **2.** *Zool.* (of cat) uña *f.* ‖ *v. tr.* **3.** (scratch) arañar.

clay [kleɪ] *n.* arcilla *f.*

clean [kli:n] *adj.* **1.** (unsoiled) limpio. ‖ *v. tr.* **2.** (remove dirt) limpiar.

cleaning [ˈkli:nɪŋ] *n.* limpieza *f.*

cleanliness [ˈklenlɪnɪs] *n.* limpieza *f.*; aseo *m.* ‖ **personal ~** aseo personal.

cleanse [ˈklenz] *v. tr.* limpiar.

clear [klɪr] *adj.* **1.** claro. **2.** (sky) despejado. ‖ *v. tr.* **3.** (weather) despejar. **4.** (drains) desatascar. ‖ **clearly** *adv.* **5.** claro. ‖ **to ~ up** aclarar. I (weather) despejarse.

clearing [ˈklɪrɪŋ] *n.* claro *m.*

clearness [ˈklɪrnɪs] *n.* claridad *f.*

clef [klef] *n.*, *Mus.* clave *f.*

cleft [kleft] *n.* **1.** hendidura *f.*; grieta *f.*

clemency [ˈklemənsɪ] *n.* (mercy) clemencia *f.*; perdón *m.*

clench [klentʃ] *v. tr.* apretar.

clergy [ˈklɜ:rdʒɪ] *n.*, *Rel.* clero *m.*

clergyman [ˈklɜ:rdʒɪmən] *n.*, *Rel.* clérigo *m.*

cleric [ˈklerɪk] *n.*, *Rel.* clérigo *m.*

clerk [ˈklɜ:rk] *n.* **1.** oficinista *m. y f.* **2.** (administration) funcionario *m.*

clever [ˈklevər] *adj.* **1.** inteligente; listo. **2.** (skilful) hábil.

cleverness [ˈklevərnɪs] *n.* **1.** inteligencia *f.* **2.** (skill) habilidad *f.*

cliché [klɪˈʃeɪ] *n.* cliché *m.*; tópico *m.*

click [klɪk] *n.* **1.** chasquido *m.* ‖ *v. tr.* **2.** (tongue) chasquear.

client [ˈklaɪənt] *n.* cliente *m. y f.*

clientele [ˌklaɪənˈtel] *n.* clientela *f.*

cliff [klɪf] *n.*, *Geogr.* (by sea) acantilado *m.*

climate [ˈklaɪmɪt] *n.* clima *m.*

climax [ˈklaɪˌmæks] *n.* **1.** punto culminante. **2.** (sexual) orgasmo *m.*

climb [klaɪm] *n.* **1.** ascenso *m.*; subida *f.* ‖ *v. tr.* **2.** (go up) trepar; subir. **3.** (mountain) escalar.

climber [ˈklaɪmər] *n.* escalador *m.*

climbing [ˈklaɪmɪŋ] *n.*, *Sports* alpinismo *m.*

clinch [klɪntʃ] *v. tr.* remachar.

cling [klɪŋ](p.t. and p.p. clung) *v. intr.* **1.** aferrarse. **2.** (clothes) pegarse.

clinic [ˈklɪnɪk] *n.* clínica *f.*

clip [klɪp] *n.* **1.** (for fasteening papers) clip *m.* ‖ *v. tr.* **2.** cortar.

clipping [ˈklɪpɪŋ] *n.* (of newspapers) recorte *m.*

clique [kli:k] *n.*, *pej.* corrillo *m.*

cloak [kloʊk] *n.* **1.** capa *f.*; manto *m.* ‖ *v. tr.* **2.** (cover) encubrir.

cloakroom [ˈkloʊkˌru:m] *n.* (for coats) guardarropa *m.* ‖ **~ attendant** (person) guardarropa *m. y f.*

clock [klɒk] *n.* (on wall) reloj *m.* ‖ **to ~ in** *Br. E.* fichar (la entrada). **to ~ out** *Br. E.* fichar (la salida).

clockmaker [ˈklɒkˌmeɪkər] *n.* relojero *m.*

clog [klɒg] *n.* **1.** zueco *m.* ‖ *v. tr.* **2.** atascar. ‖ *v. intr.* **3.** atascarse.

cloister [ˈklɔɪstər] *n.* claustro *m.*

close[1] [kloʊz] *adj.* **1.** (near) cercano; próximo. **2.** *fig.* (link) estrecho. **3.** (friend) entrañable; íntimo. **4.** (strict) estricto; minucioso. **5.** (relative) cercano. **6.** (hidden) oculto. ‖ *adv.* **7.** cerca [Stay close! ¡Quédate cerca!] ‖ **to become ~** intimar. **~ to** cerca de; próximo a [My house is close to the library. Mi casa está próxima a la biblioteca.]

close[2] [kloʊzd] *n.* **1.** fin *m.* ‖ *v. tr.* **2.** cerrar. **3.** (terminate) clausurar. ‖ *v. intr.* **4.** cerrarse.

closed [kloʊst] *adj.* cerrado.

closeness [ˈkloʊsnɪs] *n.* cercanía *f.*

closet ['klɒsət] *n.*, *Am. E.* armario *m.* || **built-in ~** armario empotrado.

close-up ['kloʊˌsʌp] *n.* primer plano.

closing ['kloʊzɪŋ] *n.* cierre *m.*

closure ['kloʊʒər] *n.* clausura *f.*; cierre *m.*

clot [klɒt] *n.* **1.** (of blood) grumo *m.*; coágulo *m.* || *v. intr.* **2.** coagularse; cuajarse. || **clotted cream** nata cuajada.

cloth [klɒθ] *n.* **1.** (fabric) paño *m.*; tela *f.* **2.** (rag) trapo *m.*

clothes [kloʊðz] *n. pl.* ropa *f. sing.*

clothing ['kloʊðɪŋ] *n.* ropa *f.*

cloud [klaʊd] *n.*, *Meteor.* nube *f.*

cloudless ['klaʊdlɪs] *adj.* (sky) despejado; sin nubes.

cloudy ['klaʊdi] *adj.* **1.** *Meteor.* nublado; nuboso. **2.** (liquid) revuelto. || **to make ~** (water) enturbiar.

clout [klaʊt] *n.*, *fam.* mamporro *m.*

clove [kloʊv] *n.* **1.** *Bot.* clavo *m.* **2.** (of garlic) diente *m.* (de ajo).

clover ['kloʊvər] *n.*, *Bot.* trébol *m.*

clown [klaʊn] *n.* payaso *m.* || **to ~ around** hacer el payaso.

club [klʌb] *n.* **1.** club *m.* **2.** (weapon) porra; cachiporra *f.*

cluck ['klʌk] *v. intr.* cacarear.

clue [klu:] *n.* pista *f.*; indicio *m.*

clumsy ['klʌmsi:] *adj.* torpe; patoso *col.*

cluster ['klʌstər] *n.* **1.** grupo *m.* **2.** *Bot.* racimo. || *v. intr.* **3.** agruparse.

clutch [klʌtʃ] *n.* **1.** *Car* embrague *m.* || *v. tr.* **2.** (grab) agarrar.

coach [koʊtʃ] *n.* **1.** (bus) autocar *m.* **2.** (of horses) coche *m.* **3.** *Am. E.*, *Sports* entrenador *m.* **4.** (of train) vagón *m.* || *v. tr.* **5.** educar. **6.** *Sports* entrenar.

coagulate [koʊˈægjəleɪt] *v. tr.* **1.** (blood) coagular. **2.** (milk) cuajar. || *v. intr.* **3.** (blood) coagularse.

coal [koʊl] *n.*, *Miner.* carbón *m.*

coalition [koʊəˈlɪʃən] *n.*, *Polit.* coalición *f.* || **to form a ~** formar una coalición.

coalman ['koʊlmən] *n.* carbonero *m.*

coarse [kɔ:rs] *adj.* **1.** burdo; basto. **2.** (vulgar) vulgar; rudo.

coast [koʊst] *n.*, *Geogr.* (shoreline, region) costa *f.*; litoral *m.*

coastal ['koʊstəl] *adj.* litoral.

coaster ['koʊstər] *n.* **1.** (drink mat) posavasos *m. inv.* **2.** *Nav.* buque costero.

coastguard ['koʊstˌgɑːrd] *n.* (person) guardacostas *m. y f. inv.* || **~ vessel** (ship) guardacostas *m. inv.*

coat [koʊt] *n.* **1.** abrigo *m.*; chaquetón *m.* **2.** *Zool.* pelaje *m.* **3.** (of paint) capa *f.*; mano *m.* || *v. tr.* **4.** cubrir; revestir.

coating ['koʊtɪŋ] *n.* revestimiento *m.*; capa *f.*; baño *m.*

coax ['koʊks] *v. tr.* engatusar.

cob [kɒb] *n.* (corn) mazorca *f.*

cobalt ['koʊbɒlt] *n.* cobalto *m.*

cobbler ['kɒblər] *n.* zapatero *m.*

cobra ['koʊbrə] *n.*, *Zool.* cobra *f.*

cobweb ['kɒbˌweb] *n.* telaraña *f.*

cocaine [koʊˈkeɪn] *n.* cocaína *f.*

cock [kɒk] *n.* *Br. E.*, *Zool.* gallo *m.*

cockle ['kɒkəl] *n.*, *Zool.* berberecho *m.*

Cockney ['kɒkni:] *n.* dialecto del East End de Londres.

cockpit [kɒkˌpɪt] *n.*, *Aeron.* cabina de mando.

cockroach ['kɒkˌroʊtʃ] *n.*, *Zool.* (insect) cucaracha *f.*

cocktail ['kɒkˌteɪl] *n.* cóctel *m.* || **~ shaker** coctelera *f.*

cocoa [(koʊkoʊ] *n.* **1.** cacao *m.* **2.** (drink) chocolate *m.*

coconut ['koʊkəˌnʌt] *n.*, *Bot.* (fruit) coco *m.* || **~ tree** cocotero *m.*

cocoon [kə'ku:n] *n.*, *Zool.* capullo *m.*

cod [kɒd] *n.*, *Zool.* bacalao *m.*

code [koud] *n.* **1.** código *m.* **2.** (cipher) clave *f.*; cifra *f.*

codfish ['kɒdfɪʃ] *n.*, *Am. E.*, *Zool.* (fish) bacalao *m.*

coefficient [,kouə'fɪʃənt] *n.*, *Math.* coeficiente *m.*

coercion [kou'ɜ:rʃən] *n.* coacción *f.*

coexistence [,kouɪg'zɪstəns] *n.* convivencia *f.*; coexistencia *f.*; congruencia *f.*

coffee ['kɒfi:] *n.* café *m.* ‖ **black ~** café solo. **~ house** café *m.* **~ maker** cafetera *f.* **~ shop** cafetería *f.* **~ with a dash of milk** cortado *m.* **white ~** café con leche.

coffeepot ['kɒfɪ,pɒt] *n.* cafetera *f.*

coffer ['kɒfər, 'kɔ:fər] *n.* cofre *m.*

coffin ['kɒfɪn] *n.* ataúd *m.*; féretro *m.*

cog [kɒg] *n.* diente *m.*

cognac ['kounjæk] *n.* coñac *m.*

coherence or coherency [kou'hɪərəns] *n.* coherencia *f.*

coherent [kou'hɪərənt] *adj.* coherente.

coiffure [kwa:'fjuər] *n.* peinado *m.*

coil [kɔɪl] *n.* **1.** rollo. **2.** *Electron.* bobina *f.* ‖ *v. tr.* **3.** (cable) enrollar.

coin [kɔɪn] *n.* **1.** (piece) moneda *f.* ‖ *v. tr.* **2.** (mint) acuñar.

coincide [kouɪn'saɪd] *v. intr.* coincidir.

coincidence [kou'ɪnsədəns] *n.* coincidencia *f.*

colander ['kɒləndər, 'kʌləndər] *n.* colador *m.*; escurridor *m.*

cold [kould] *adj.* **1.** frío. **2.** *Gastr.* (served) fiambre. ‖ *n.* **3.** frío *m.* **4.** *Med.* resfriado *m.* ‖ **to catch a ~** constiparse; resfriarse.

cold sore ['kould,sɔ:r] *n.* calentura *f.*

cold turkey [kould'tɜ:rkɪ] *sust. phr.* (withdrawal symptoms) mono *m.*

coldness ['kouldnəs] *n.* **1.** frialdad *f.* **2.** (temperature) frío *m.*

colic ['kɒlɪk] *n.*, *Med.* cólico *m.*

collaborate [kə'læbreɪt] *v. intr.* (cooperate) colaborar; cooperar.

collapse [kə'læps] *n.* **1.** *Med.* colapso *m.* ‖ *v. intr.* **2.** hundirse. **3.** (one building) desplomarse; derrumbarse.

collar ['kɒlər] *n.* **1.** (of garment) cuello *m.* **2.** (for animals) collar *m.*

collarbone ['kɒlər,boun] *n.*, *Anat.* (clavicle) clavícula *f.*

colleague ['kɒli:g] *n.* (companion) colega *m. y f.*; compañero *m.*

collect [kə'lekt] *n.* **1.** colecta *f.* ‖ *v. tr.* **2.** (as a hobby) coleccionar. **3.** (donations) recolectar. **4.** (wages) cobrar.

collection [kə'lekʃən] *n.* **1.** colección *f.* **2.** (of donations) recolección *f.* **3.** (of wages) cobro *m.*

collective [kə'lektɪv] *adj.* colectivo.

collector [kə'lektər] *n.* (official) cobrador *m.*; colector *m.*

college ['kɒlɪdʒ] *n.* **1.** colegio universitario. **2.** (university) facultad *f.*

collide [kə'laɪd] *v. intr.* chocar.

colliery ['kɒljəri:] *n.*, *Br. E.*, *Miner.* mina de carbón.

collision [kə'lɪʒən] *n.* (crash) choque *m.*; colisión *f.*

colloquy ['kɒləkwi:](pl.: uies) *n.* coloquio *m.*; conference *f.*

cologne [kə'loun] *n.* agua de colonia.

Colombian [kə'lɒmbɪən] *adj. & n.* colombiano *m.*

colon ['koulən] *n.*, *Ling.* dos puntos.

colonel ['kɜ:rnəl] *n.*, *Mil.* coronel *m.*

colonist ['kɒlənɪst] *n.* colono *m.*

colonize, colonise (Br.E) ['kɒlənaɪz] *v. tr.* colonizar.

colony ['kɒləni:] *n.* colonia *f.*

color, colour (Br.E) ['kʌlər] *n.* **1.** color *m.* ‖ *v. tr.* **2.** colorear.

color-blindness ['kʌlər‚blaindnis] *n.*, *Med.* daltonismo *m.*

coloring, colouring (Br.E) ['kʌlərɪŋ] *adj.* **1.** colorante. ‖ *n.* **2.** colorido *m.* **3.** (substance) colorante.

colorless, colourless (Br.E) ['kʌlələs] *adj.* incoloro; sin color.

colossal [kə'lɒsəl] *adj.* colosal.

colossus [kə'lɒsəs] *n.* (giant) coloso *m.*

colt [koult] *n.*, *Zool.* potro *m.*

column ['kɒləm] *n.* columna *f.* ‖ **gossip ~** crónica rosa.

coma ['koumə] *n.*, *Med.* coma *m.*

comb [koum] *n.* **1.** peine *m.* **2.** (of cock) cresta *f.* ‖ *v. tr.* **3.** peinar. ‖ **to ~ one's hair** peinarse. **ornamental ~** peineta *f.*

combat ['kɒmbæt] *n.* **1.** (fight) combate *m.* ‖ *v. tr.* **2.** combatir; luchar contra.

combination [‚kɒmbə'neɪʃən] *n.* combinación *f.*; concordancia *f.*

combine ['kɒmbaɪn] *v. tr.* **1.** combinar. **2.** (efforts) aunar. ‖ *v. intr.* **3.** combinarse. ‖ *n.* **4.** *Econ.* asociación *f.*

combustible [kəm'bʌstəbəl] *adj.* combustible; inflamable.

combustion [kəm'bʌstʃən] *n.* combustión *f.*; ignición *f.*

come [kʌm] (p.t. came ; p.p. come) *v. intr.* **1.** venir. **2.** (happen) pasar. ‖ **to ~ away** desprenderse. **to ~ down** bajar; descender. **to ~ from** proceder. **to ~ in** entrar. **~ in!** ¡adelante! **to ~ into** heredar. **to ~ on!** ¡vamos! **to ~ out** hacerse público. **1.** (publication) salir. | *Film* (a movie) estrenarse. **~ upon** toparse con.

comedian [kə'mi:djən] *n.* humorista *m. y f.*

comedy ['kɒmədi:] *n.* comedia *f.*

comet ['kɒ‚mət] *n.*, *Astron.* cometa *m.*

comfort ['kʌmfərt] *n.* **1.** comodidad *f.* **2.** (econimic welfare) holgura *f.* **3.** (relief) desahogo *m.* ‖ *v. tr.* **4.** consolar.

comfortable ['kʌmfərtəbəl] *adj.* confortable; cómodo. ‖ **to make oneself ~** acomodarse.

comic ['kɒmɪk] *n.* cómic *m.*; tebeo *m.* ‖ **~ strip** historieta *f.*

comical ['kɒmɪkəl] *adj.* cómico.

coming ['kʌmɪŋ] *n.* venida *f.*; llegada *f.* ‖ **~ and going** (people) vaivén *m.* **comings and goings** idas y venidas.

comma ['kɒmə] *n.*, *Ling.* coma *f.*

command [kə'mɑ:nd] *n.* **1.** (order) mandato *m.*; orden *m.* **2.** *Mil.* comando *m.* ‖ *v. tr.* **3.** (order) ordenar.

commandant ['kɒmən‚dænt] *n.*, *Mil.* (officer) comandante *m.*

commander [kə'mændər] *n.*, *Mil.* comandante *m.*

commandment [kə'mændmənt] *n.*, *Rel.* mandamiento *m.*

commando [kə'mæn‚dou] *n.*, *Mil.* comando *m.*

commemoration [kə‚memə'reɪʃən] *n.* conmemoración *f.*; efeméride *f.*

commence [kə'mens] *v. tr. & intr.*, *frml.* (start) comenzar.

commend [kə'mend] *v. tr.* **1.** alabar; elogiar. **2.** (entrust) encomendar

comment ['kɒment] *n.* **1.** comentario *m.* ‖ *v. tr.* **2.** comentar.

commentary ['kɒməntəri:] *n.* **1.** (analysis) comentario *m.* **2.** *Lit.* glosa *f.*

commerce ['kɒmɜ:rs] *n.* comercio *m.*

commercial [kə'mɜ:rʃəl] *adj.* **1.** mercantil; comercial. ‖ *n.* **2.** (TV) anuncio *m.*

commiserate [kə'mɪzəreɪt] *v. intr.* (feel compassion) compadecerse.

commission [kə'mɪʃən] *n.* **1.** (payment) comisión *f.* **2.** (document) nombramiento *m.*

commissioner [kə'mɪʃənər] *n.* comisionado *m.*; comisario *m.*

commit [kə'mɪt] *v. tr.* cometer.

committee [kə'mɪti:] *n.* comité *m.*

commodious [kə'moʊdɪəs] *adj., frml.* (spacious) holgado.

commodity [kə'mɒdəti:] *n., Econ.* (product) mercancía *f.*; producto *m.*

common ['kɒmən] *adj.* **1.** común; corriente. **2.** *pej.* ordinario.

commonplace ['kɒmənpleɪs] *adj.* **1.** común. ‖ *n.* **2.** cosa común.

communicate [kə'mjʊnɪkeɪt] *v. tr.* comunicar. ‖ *v. intr.* **2.** comunicarse.

communication [kəˌmju:nɪ'keɪʃən] *n.* comunicación *f.*

communion [kə'mju:njən] *n.* comunión *f.* **to take ~** *Rel.* comulgar.

communism ['kɒmjəˌnɪzəm] *n., Polit.* comunismo *m.*

community [kə'mju:nəti:] *n.* **1.** comunidad *f.* **2.** (people) colectividad *f.*

commute [kə'mju:t] *v. tr., Law* conmutar.

compact [kəm'pækt] *adj.* (dense) compacto; macizo.

companion [kəm'pænjən] *n.* (mate) compañero *m.*

company ['kʌmpəni:] *n.* **1.** compañía *f.* **2.** (business enterprise) empresa *f.*

compare [kəm'per] *v. tr.* **1.** comparar. **2.** (texts) cotejar.

comparison [kəm'pærəsen] *n.* comparación *f.*

compartment [kəm'pɑ:rtmənt] *n.* (in a train) departamento *m.*

compass ['kʌmpəs] *n.* **1.** brújula *f.* ‖ **compasses** *n. pl.* **2.** *Math.* compás *m.*

compassion [kəm'pæʃən] *n.* (pity) compasión *f.*; condolencia *f.*

compassionate [kəm'pæʃənɪt] *adj.* compasivo.

compatible [kəm'pætəbəl] *adj.* compatible; coincidente.

compel [kəm'pəl] *v. tr.* **1.** obligar. **2.** (respect) imponer.

compendium [kəm'pendɪəm] *n.* compendio *m.*; resumen *m.*

compensate ['kɒmpənseɪt] *v. tr.* compensar; indemnizar.

compensation [ˌkɒmpen'seɪʃən] *n.* indemnización *f.*; compensación *f.*

compete [kəm'pi:t] *v. intr.* competir.

competence ['kɒmpətəns] *n.* (ability) competencia *f.*; capacidad *f.*

competent ['kɒmpətənt] *adj.* (person) competente; capaz.

competition [ˌkɒmpə'tɪʃən] *n.* **1.** (contest) concurso *m.*; competición *f.* **2.** *Econ.* (rivalry) competencia *f.*

competitor [kəm'petətər] *n.* (contestant) participante *m. y f.*

compilation [ˌkɒmpə'leɪʃən] *n.* recopilación *f.*; compilación *f.*

compile [kəm'paɪl] *v. tr.* recopilar.

complain [kəm'pleɪn] *v. intr.* quejarse; lamentarse.

complaint [kəm'peɪnt] *n.* **1.** queja *f.* **2.** *Law* querella *f.* **3.** *Med.* dolencia *f.* ‖ *v. intr.* **4.** reclamar.

complaisance [kəm'pleɪzəns] *n.* condescendencia *f.*; sumisión *f.*

complement ['kɒmpləmənt] *n.* complemento.

complete [kəm'pli:t] *adj.* **1.** (full) completo; pleno. **2.** hecho. ‖ *v. tr.* **3.** completar.

completely [kəm'pli:tli:] *adv.* completamente; por completo.

completion [kəm'pli:ʃən] *n.* terminación *f.*; colofón *m.*; finalización *f.*

complex ['kɒmpleks] *adj. & n.* complejo *m.* ‖ **to have a ~** (about sth) estar acomplejado (por algo). **with a ~** acomplejado.

complexion [kəm'plekʃən] *n.* (in term of color) tez *f.*; cutis *m.*

compliance [kəm'plaɪəns] *n.* condescendencia *f.*; conformidad *f.*

complicate ['kɒmpləkeɪt] *v. tr.* complicar; dificultar.

complicated ['kɒmpləkeɪtɪd] *adj.* complejo. ‖ **to get ~** complicarse.

compliment ['kɒmplɪmənt] *n.* **1.** (formal) cumplido *m.* **2.** (praise) piropo *m.* ‖ *v. tr.* **3.** felicitar.

comply [kəm'plaɪ] *v. intr.* **1.** (with sth) cumplir. **2.** (obey) obedecer.

compose [kəm'pəʊz] *v. tr.* componer.

composer [kəm'pəʊzər] *n.*, *Mus.* compositor *m.*

composition [ˌkɒmpə'zɪʃən] *n.* **1.** composición *f.* **2.** (essay) redacción *f.*

composure [kəm'pəʊʒər] *n.* (calmness) compostura *f.*; calma *f.*

compound ['kɒm.paʊnd] *adj.* **1.** compuesto. ‖ *n.* **2.** *Chem.* y *Ling.* compuesto *m.* ‖ *v. tr.* **3.** componer.

comprehend [ˌkɒmprɪ'hend] *v. tr.* (understand) comprender.

compress [kəm'pres] *n.* **1.** *Med.* compresa *f.* ‖ *v. tr.* **2.** comprimir.

comprise [kəm'praɪz] *v. tr.* (include) incluir; comprender; constar de.

compromise ['kɒmprə,maɪz] *n.* **1.** compromiso *m.*; acuerdo *m.* ‖ *v. tr.* **2.** comprometer.

compulsory [kəm'pʌlsəri:] *adj.* (obligatory) forzoso; obligatorio.

compute [kəm'pju:t] *v. tr. & intr.* calcular.

computer [kəm'pju:tər] *n.*, *Comput.* ordenador *m.* ‖ **~ science** informática *f.* **portable ~** portátil *m.*; ordenador portátil.

computing [kəm'pju:tɪŋ] *n.* informática *f.*; computación *f.*

comrade ['kɒmræd] *n.* camarada *m.* y *f.*

concave [(kɒn'keɪv] *adj.* cóncavo.

conceal [kən'si:l] *v. tr.* **1.** ocultar. **2.** (facts) encubrir. **3.** *fig.* (emotions) disimular.

concealed [kən'si:ld] *adj.* oculto.

concede [kən'si:d] *v. tr.* conceder.

conceit [kən'si:t] *n.* (pride) presunción *f.*; vanidad *f.*

conceited [kən'si:tɪd] *adj.* engreído; presuntuoso.

conceive [kən'si:v] *v. tr. & intr.* concebir.

concentrate ['kɒnsəntreɪt] *v. tr.* **1.** concentrar. ‖ *v. intr.* **2.** concentrarse.

concentration [ˌkɒnsen'treɪʃən] *n.* concentración *f.* ‖ **~ camp** campo de concentración.

concept ['kɒnsept] *n.* concepto *m.*; idea *f.*

conception [kən'sepʃən] *n.* **1.** *Med.* concepción *f.* **2.** *fig.* idea *f.*

concern [kən'sɜ:rn] *n.* **1.** (business) asunto *m.* **2.** (anxiety) inquietud *f.* **3.** (interest) interés *m.* ‖ *v. tr.* **4.** concernir; atañer. ‖ **not to be concerned** despreocuparse.

concerning [kən'sɜ:rnɪŋ] *prep.* concerniente a; en cuanto a.

concert ['kɒnsərt] *n.* concierto *m.*

concession [kən'seʃən] *n.* concesión *f.*

conch ['kɒntʃ] *n.*, *Zool.* caracola *f.*

concierge [ˌkɒn'sierʒ] *n.* conserje *m.*

conciliate [kən'sɪlɪeɪt] *v. tr.* conciliar.

conciliator [kən'sɪlɪeɪtər] *n.* conciliador *m.*; mediador *m.*

conciliatory [kənˈsɪˌlɪeɪtəri:] *adj.* conciliador; conciliatorio.

concise [kənˈsaɪs] *adj.* conciso; sucinto.

conciseness [kənˈsaɪsnɪs] *n.* (concision) concisión *f.*; brevedad *f.*

conclude [kənˈkluːd] *v. tr.* (complete) concluir; terminar.

conclusion [kənˈkluːʒən] *n.* (end) conclusión *f.*; término *m.*

conclusive [kənˈkluːsɪv] *adj.* (argument) concluyente; decisivo.

concoction [kənˈkɒkʃən] *n., pej.* mejunje *m. pey.*; pócima *f.*

concord [kɒŋˈkɔːrd] *n.* (harmony) concordia *f.*; armonía *f.*

concrete [kɒnˈkriːt] *adj.* **1.** concreto. ‖ *n.* **2.** hormigón *m.* **3.** (in loose usage) cemento *m.*

concur [kənˈkɜːr] *v. intr.* concurrir.

concurrence [kənˈkʌrəns] *n.* (coincidence) concurrencia *f.*

concussion [kənˈkʌʃən] *n., Am. E., Med.* conmoción (cerebral) *f.*

condemn [kənˈdem] *v. tr.* condenar.

condenser [kənˈdensər] *n., Tech* condensador *m.*

condescending [ˌkɒndəˈsendɪŋ] *adj.* condescendiente.

condiment [ˈkɒndəmənt] *n., Gastr.* condimento *m.*; aliño *m.*

condition [kənˈdɪʃən] *n.* **1.** condición *f.* ‖ *v. tr.* **2.** condicionar.

condolences [kənˈdoʊlənsɪz] *n. pl.* pésame *m. sing.* ‖ **to offer one's ~ for** dar el pésame por.

condom [ˈkɒndəm] *n.* condón *m.*; preservativo *m.*

conduct [ˈkɒndʌkt] *n.* **1.** *frml.* (behavior) conducta *f.*; comportamiento *m.* ‖ *v. tr.* **2.** (transmit) conducir.

conduction [kɒnˈdʌkʃən] *n., Phys.* conducción *f.*

conductor [kənˈdʌktər] *n.* **1.** (on bus) cobrador *m.* **2.** *Electron.* conductor *m.* **3.** *Mus.* director *m.*

conduit [ˈkɒndʌɪt] *n.* conducto *m.*

cone [koʊn] *n.* cono *m.* ‖ **ice-cream ~** cucurucho *m.* (de helado).

confectioner's [kənˈfekʃənərs] *n.* pastelería *f.*

confectionery [kənˈfekʃənəri:] *n.* confitería *f.*

confederation [kənˌfedəˈreɪʃən] *n.* (alliance) confederación *f.*

confer [kɒnˈfɜːr] *v. tr.* otorgar; conferir.

conference [ˈkɒnfərəns] *n.* (meeting) conferencia *f.*; junta *f.*

confess [kənˈfes] *v. tr.* **1.** confesar. ‖ *v. intr.* (to sth) **2.** confesarse.

confessional [kənˈfeʃənəl] *n., Rel.* confesonario *m.*

confetti [kənˈfeti:] *n.* confeti *m.*

confidant [ˈkɒnfɪdænt] *n.* confidente *m.*

confide [kənˈfaɪd] *v. tr.* **1.** (trust) confiar. ‖ *v. intr.* **2.** confiarse.

confidence [ˈkɒnfɪdəns] *n.* **1.** confianza *f.* **2.** (secret) confidencia *f.*

confident [ˈkɒnfədənt] *adj.* (sure) seguro; desenvuelto.

confidential [ˌkɒnfəˈdenʃəl] *adj.* (secret) confidencial.

confiding [kənˈfaɪdɪŋ] *adj.* confiado.

confine [kənˈfaɪn] *v. tr.* **1.** (restrict) limitar. **2.** (shut up) encerrar.

confinement [kənˈfaɪnmənt] *n.* encierro *m.*; reclusión *f.*; confinamiento *m.*

confirm [kɒnˈfɜːrm] *v. tr.* (ratify) confirmar; ratificar.

confirmation [ˌkɒnfərˈmeɪʃən] *n.* confirmación *f.*; corroboración *f.*

confiscate ['kɒnfɪskeɪt] v. tr. confiscar; incautarse; decomisar.

conflict ['kɒnflɪkt] n. conflicto m.

confluence ['kɒnfluəns] n. (of rivers) confluencia f.; convergencia f.

conform [kən'fɔ:rm] v. tr. **1.** conformar. ‖ v. intr. **2.** conformarse.

conformity [kən'fɔ:rməti:] n. conformidad f. ‖ **in ~ with** conforme a.

confound [kən'faʊnd] v. tr. confundir; desconcertar.

confront [kən'frʌnt] v. tr. hacer frente a; confrontar.

confuse [kən'fju:z] v. tr. **1.** (perplex) desconcertar. **2.** (mix up) confundir.

confused [kən'fju:zd] adj. **1.** (unclear) confuso. **2.** (person) perplejo. ‖ **to get ~** confundirse.

confusion [kən'fju:ʒən] n. confusión f.

congenital [kɒn'dʒenɪtəl] adj. congénito; innato.

congestion [kən'dʒestʃən] n. **1.** Med. congestión f. **2.** (traffic) retención f.

conglomerate [kəŋ'glɒmərɪt] n. (mass) conglomerado m.

congratulate [kən'grætjə,leɪt] v. tr. felicitar; dar la enhorabuena a.

congratulation [kəŋgrætʃə'leɪʃən] n. **1.** parabién m. ‖ **congratulations** n. pl. **2.** enhorabuena f. sing. ‖ **congratulations!** interj. **3.** ¡felicidades!

congregate ['kɒŋgrɪgeɪt] v. intr. (gather) congregarse.

congregation [,kɒŋgrɪ'geɪʃən] n. **1.** (group) congregación f. **2.** Rel. fieles m. pl; feligreses m. pl.

Congress ['kɒŋgres] n. Congreso m.

congressman ['kɒŋgrəsmən] n. Am. E. parlamentario m.

conic or conical ['kɒnɪk] adj. cónico.

conjecture [kən'dʒektʃər] n. **1.** conjetura f.; suposición f. ‖ v. intr. **2.** conjeturar; suponer.

conjugal ['kɒndʒəgəl] adj., frml. conyugal; matrimonial.

conjugate ['kɒndʒəgeɪt] v. tr. conjugar.

conjunction [kən'dʒʌŋkʃən] n. (union) conjunción f.

conjurer ['kɒndʒərər] n. (sorcerer) ilusionista m. y f.; prestidigitador m.

connect [kə'nekt] v. tr. **1.** Electron. conectar. **2.** (join) unir. **3.** fig. asociar.

connection [kə'nekʃən] n. **1.** conexión f. **2.** (train) enlace m. **3.** fig. relación f.

connective [kə'nektɪv] n., Ling. nexo m.

connoisseur [,kɒnə'sɜ:r] n. conocedor m.

conquer ['kɒŋkə:r] v. tr. **1.** (territory) conquistar. **2.** (enemies, feelings) vencer.

conquest ['kɒŋkwest] n. conquista f.

conscience ['kɒnʃəns] n. conciencia f. ‖ **clear ~** conciencia tranquila.

conscientious [,kɒnʃi'enʃəs] adj. **1.** concienzudo. ‖ **conscientiously** adv. **2.** a conciencia.

conscious ['kɒnʃəs] adj. consciente.

consciousness ['kɒnʃəsnɪs] n. **1.** consciencia f. **2.** Med. conocimiento m. ‖ **to lose ~** perder el conocimiento.

conscript ['kɒnskrɪpt] n. Mil. (recruit) recluta m. y f.; quinto m.

consecrate ['kɒnsəkreɪt] v. tr., Rel. (declare holy) consagrar.

consecutive [kən'sekjətɪv] adj. (successive) consecutivo; sucesivo.

consensus [kən'sensəs] n. consenso m.

consent [kən'sent] n. **1.** consentimiento m. ‖ v. intr. **2.** consentir.

consequence ['kɒnsəkwəns] n. consecuencia f.; resultado m.

consequently ['kɒnsə,kwəntli:] *adv.* en consecuencia.

conservation [,kɒnsɜːr'veɪʃən] *n.* conservación *f.* ‖ ~ **area** *Br. E.* área protegida.

conservative [kən'sɜːrvətɪv] *adj.* **1.** conservador; moderado. ‖ *n.* **2.** *Polit.* conservador *m.*

conservatory [kən'sɜːrvətɔri:] *n.* **1.** *Mus.* conservatorio *m.* **2.** (greenhouse) invernadero *m.*

conserve [kən'sɜːv] *n.* **1.** conserva *f.* ‖ *v. tr.* **2.** (preserve) conservar.

consider [kən'sɪdər] *v. tr.* considerar.

considerable [kən'sɪdərəbəl] *adj.* considerable; notable.

considerate [kən'sɪdərɪt] *adj.* considerado; deferente; atento.

consideration [kən,sɪdə'reɪʃən] *n.* consideración *f.*; diferencia *f.*

considering [kən'sɪdərɪŋ] *prep.* en atención a; teniendo en cuenta.

consign [kən'saɪn] *v. tr., Econ.* (goods) consignar.

consignment [kən'saɪnmənt] *n.* **1.** *Econ.* envío *m.* **2.** (sending) alijo *m.*

consist [kən'sɪst] *v. intr.* consistir. ‖ ~ **of** consistir en; constar de.

consistency or consistence [kən'sɪstənsi:] *n.* **1.** (thickness) consistencia *f.* **2.** (of action) consecuencia *f.*

consistent [kən'sɪstənt] *adj.* **1.** consistente. **2.** (approving) consecuencia *f.*

consolation [kɒnsə'leɪʃən] *n.* (comfort) consuelo *m.*; aliento.*m.*

console [kɒn'soʊl] *n.* **1.** *Tech.* consola *f.* ‖ *v. tr.* **2.** consolar.

consolidate [kən'sɒlədeɪt] *v. tr.* **1.** consolidar. ‖ *v. intr.* **2.** consolidarse.

consonant ['kɒnsənənt] *adj. & n., Ling.* consonante *f.*

consort ['kɒnsɔːrt] *n.* **1.** consorte *m. y f.* **2.** *frml.* (spouse) cónyuge *m. y f.*

conspiracy [kən'spɪrəsi:] *n.* conspiración *f.*; complot *m.*

conspire [kəns'paɪr] *v. intr.* conspirar.

constable ['kʌnstəbəl] *n. Br. E.* policía *m. y f.* ‖ **chief** ~ *Br. E.* jefe de policía.

constancy ['kɒnstənsi] *n.* (perseverance) constancia *f.*; perseverancia *f.*

constant ['kɒnstənt] *adj.* constante.

constantly ['kɒnstəntli:] *adv.* a cada instante; constantemente.

constellation [,kɒnstə'leɪʃən] *n., Astron.* constelación *f.*

consternation [,kɒnstɜːr'neɪʃən] *n.* (dismay) consternación *f.*

constipation [kɒnstɪ'peɪʃən] *n., Med.* estreñimiento *m.*

constituency [kən'stɪtjʊənsi:] *n.* (pl.: cies) *n., Polit.* grupo de electores; distrito electoral.

constitute ['kɒnstɪtjuː] *v. tr.* constituir.

constitution [,kɒnstə'tuːʃən] *n.* constitución *f.*

constrain [kəns'treɪn] *v. tr.* (compel) forzar; obligar.

construct [kəns'trʌkt] *v. tr.* construir.

construction [kəns'trʌkʃən] *n.* construcción *f.*

consul ['kɒnsəl] *n., Polit.* cónsul *m. y f.*

consulate ['kɒnsəlɪt] *n., Polit.* (office) consulado *m.*

consulship ['kɒnsəl,ʃɪp] *n.* consulado *m.*

consult [kən'sʌlt] *v. tr.* consultar.

consultant [kən'sʌltnt] *n.* **1.** asesor *m.* **2.** *Med.* especialista *m. y f.*

consultation [kənsəl'teɪʃən] *n.* consulta *f.*; dictamen *m.*

consulting room [kən'sʌltɪŋruːm] *sust. phr., Med.* consulta *f.*

consume [kən'su:m] *v. tr.* consumir.

consumer [kən'su:mər] *n.* consumidor *m.*; usuario *m.*

consummate ['kɒnsəmeɪt] *v. tr.* consumar.

consummation [ˌkɒnsə'meɪʃən] *n.* (fulfill) consumación *f.*

consumption [kən'sʌmpʃən] *n.* (drinking, eating) consumo *m.*

contact ['kɒntækt] *n.* **1.** contacto *m.* infección *f.* ‖ *v. tr.* **2.** comunicar. ‖ ~ **lens** lentes de contacto; lentilla *f.*

contagion [kən'teɪdʒən] *n., Med.* contagio *m.*; infección *f.*

contagious [kən'teɪdʒəs] *adj.* contagioso; infeccioso.

contain [kən'teɪn] *v. tr.* contener. ‖ **to ~ oneself** (restrain) contenerse.

container [kən'teɪnər] *n.* (receptacle) envase *m.*; recipiente *m.*

contaminate [kən'tæmɪneɪt] *v. tr.* (pollute) contaminar.

contamination [kəntæmə'neɪʃən] *n.* contaminación *f.*

contemplate ['kɒntəmpleɪt] *v. tr.* (look at) contemplar.

contemporary [kən'tempərəri:] *adj.* & *n.* contemporáneo *m.*; coetáneo *m.*

contemptible [kən'temptəbəl] *adj.* despreciable; deleznable.

contemptuous [kən'temptʃuəs] *adj.* despectivo; desdeñoso.

content ['kɒntent] *adj.* **1.** contento; satisfecho. ‖ *n.* **2.** contenido *m.* ‖ *v. tr.* **3.** contentar; complacer.

contentment [kən'tentmənt] *n.* contento *m.*; satisfacción *f.*

contest ['kɒntest] *n.* **1.** contienda *f.* **2.** (competition) concurso.

contestant [kən'testənt] *n.* (contest) participante *m. y f.*

context ['kɒntekst] *n.* contexto *m.*

contiguous [kən'tɪgjuəs] *adj.* (in contact) contiguo; afín.

continence ['kɒntənəns] *n.* (self-restraint) continencia *f.*

continent ['kɒntənənt] *adj.* **1.** continente. ‖ *n.* **2.** *Geogr.* continente *m.*

contingency [kən'tɪndʒənsi:] *n.* (eventuality) contingencia *f.*

continual [kən'tɪnjuəl] *adj.* continuo.

continuation [ˌkəntɪnju'eɪʃən] *n.* continuación *f.*; prolongación *f.*

continue [kən'tɪnju:] *v. tr.* (carry on) continuar; seguir.

continued [kən'tɪnju:d] *adj.* continuado; seguido; ininterrumpido.

continuous [kən'tɪnjuəs] *adj.* continuo; seguido; prolongado.

contour ['kɒn.tur] *n.* contorno *m.*

contraband ['kɒntrə.bænd] *n.* (smuggled goods) contrabando *m.*

contrabandist ['kɒntrə.bændɪst] *n.* (smuggler) contrabandista *m. y f.*

contraceptive [ˌkɒntrə'septɪv] *adj.* **1.** anticonceptivo. ‖ *n.* **2.** anticonceptivo *m.*

contract ['kɒntrækt] *n.* **1.** contrato *m.* ‖ *v. tr.* **2.** (illness, marriage) contraer.

contraction [kən'trækʃən] *n.* contracción *f.*

contradict [ˌkɒntrə'dɪkt] *v. tr.* **1.** (deny) desmentir. **2.** (be contrary to) contradecir.

contradictory [ˌkɒntrə'dɪktəri:] *adj.* (inconsistent) contradictorio.

contraindication [ˌkɒntrə'dɪkʃən] *n., Med.* contraindicación *f.*

contrary ['kɒntrəri:] *adj.* **1.** contrario; opuesto. ‖ **on the ~** al contrario; por el contrario.

contrast ['kɒntrɑ:st] *n.* **1.** contraste *m.* ‖ *v. intr.* **2.** contrastar.

contravene [ˌkɒntrəˈviːn] v. tr., Law contravenir a; infringir.

contribute [ˈkɒntrɪbjuːt] v. tr. & intr. contribuir; aportar.

contribution [ˌkɒntrəˈbjuːʃən] n. **1.** (of money) contribución f. **2.** (of ideas) aportación f.

contrite [kənˈtraɪt] adj. (remorseful) arrepentido; contrito.

contrition [kənˈtrɪʃən] n. arrepentimiento m.; contrición f.

contrive [kənˈtraɪv] v. tr. **1.** idear. || v. intr. **2.** ingeniárselas.

control [kənˈtroul] n. **1.** control m. || v. tr. **2.** (command, check) controlar.

controversial [ˌkɒntrəˈvɜːrʃəl] adj. polémico; controvertido.

controversy [ˈkɒntrəvɜːrsiː] n. controversia f.; polémica f.

contusion [kənˈtjuːʒən] n. contusión f.

conundrum [kəˈnʌndrəm] n. (riddle) adivinanza f.; acertijo m.

convalesce [ˌkɒnvəˈles] v. intr. (recover from illness) convalecer.

convalescence [ˌkɒnvəˈlesəns] n. convalecencia f.

convenience [kənˈviːnjəns] n. (comfort) comodidad f.; conveniencia f.

convenient [kənˈviːnjənt] adj. (opportune) conveniente; oportuno.

convent [ˈkɒnvənt] n., Rel. convento m.

convention [kənˈvenʃən] n. **1.** (talk) convención f. **2.** (meeting) congreso m.

conversation [ˌkɒnvəˈrseɪʃən] n. conversación f.

converse [ˈkɒnvɜːrs] v. intr. conversar; charlar; hablar.

convert [kənˈvɜːrt] v. tr. **1.** Econ. & Rel. convertir. **2.** (alter) transformar. || v. intr. **3.** (change into) convertirse.

convertible [kənˈvɜːrtəbəl] adj. **1.** Car descapotable. || n. **2.** Car descapotable m.

convex [kɒnˈveks] adj. convexo.

convey [kənˈveɪ] v. tr. **1.** (carry) conducir. **2.** (indicate) expresar.

convict [ˈkɒnvɪkt] n. presidiario m.

conviction [kənˈvɪkʃən] n. **1.** Law condena f. **2.** (belief) convicción f.

convince [kənˈvɪns] v. tr. (persuade) convencer; persuadir.

convincing [kənˈvɪnsɪŋ] adj. (persuasive) convincente; persuasivo.

convoy [ˈkɒnvɔɪ] n. convoy m.

convulsion [kənˈvʌlʃən] n. convulsión f.

coo [ˈkuː] v. intr. arrullar.

cook [kʊk] n. **1.** cocinero m. || v. tr. **2.** (prepare food) cocinar; guisar.

cookbook [ˈkʊkbʊk] n. libro de cocina.

cooker [ˈkʊkər] n. (gas, electric) cocina f.

cookery [ˈkʊkəriː] n. cocina f.

cookie [ˈkʊkiː] n., Am. E. (sweet) galleta f.

cooking [ˈkʊkɪŋ] n. cocina f.

cool [kuːl] adj. **1.** fresco. **2.** coll. chachi; guay. || v. tr. **3.** enfriar. || **to turn ~** (weather) refrescar.

coolness [ˈkuːlnɪs] n. **1.** frescura f. **2.** (calmness) serenidad f. **3.** (reserve) fig. frialdad f.

coop [ˈkuːp] n. gallinero m.

cooper [ˈkuːpər] n. tonelero m.

cooperate [koʊˈɒpəreɪt] v. intr. cooperar; colaborar; contribuir.

cooperation [koʊˌɒpəˈreɪʃən] n. cooperación f.; colaboración f.; contribución f.

cooperative [koʊˈɒpərətɪv] adj. **1.** cooperativo. || n. **2.** cooperativa f.

coordinate [koʊˈɔːdɪneɪt] v. tr. coordinar.

cop [kɒp] n., fam. (police officer) poli m. y f.; madero m.

cope [koʊp] *v. intr.* arreglárselas. ‖ **not to ~ with** no dar abasto.

copious ['koʊpjəs] *adj.* (abundant) copioso; abundante; nutrido.

copiousness ['koʊpjəsnɪs] *n.* (abundance) abundancia *f.*; opulencia *f.*

copper ['kɒpər] *n.*, *Miner.* cobre *m.*

copy ['kɒpi:] *n.* **1.** copia *f.* **2.** (book) ejemplar *m.* ‖ *v. tr.* **3.** copiar; imitar.

copyist ['kɒpiɪst] *n.* copista *m. y f.*

copyright ['kɒpɪraɪt] *n.* derechos de reproducción.

coquettish [kɒ'ketɪʃ] *adj., lit.* (cute) coqueto; mono.

coral ['kɒrəl] *n.* coral *m.*

cord [kɔrd] *n.* cuerda *f.*

cordial ['kɔrdjəl] *adj.* cordial; afable.

cordless ['kɔrdlɪs] *adj.* (phone) inalámbrico.

cordon ['kɔrdən] *n.* cordón *m.* ‖ **to ~ off** (police) acordonar.

corduroy ['kɔrdərɔɪ] *n.* pana *f.*

core [kɔːr] *n.* **1.** (center) núcleo *m.* **2.** (of fruit) corazón *m.* **3.** *fig.* entraña *f.*

cork [kɔːrk] *n.* corcho *m.* ‖ **~ oak** (tree) alcornoque *m.*

corkscrew ['kɔːrkˌskruː] *n.* sacacorchos *m. inv.*; descorchador *m.*

corn[1] [kɔːrn] *n.* **1.** (cereal crop) grano *m.* **2.** *Am. E.* (maize) maíz *m.*

corn[2] [kɔːrn] *n.* (hardening) callo *m.*

corncob ['kɔːrnkɒb] *n.* mazorca (de maíz).

corner ['kɔːrnər] *n.* **1.** ángulo. **2.** (outside) esquina *f.* **3.** (inside) rincón *m.* ‖ *v. tr.* **4.** arrinconar; acorralar. **5.** *Econ.* (market) acaparar.

cornet ['kɔːrnɪt] *n.* **1.** *Mus.* corneta *f.* **2.** *Br. E.* cucurucho (de helado) *m.*

cornfield ['kɔːrnfiːld] *n. Am. E.* maizal *m.*

cornice ['kɔːrnɪs] *n., Archit.* cornisa *f.*

coroner ['kɒrənər] *n.* forense *m. y f.*

corporal ['kɔːrpərəl] *adj.* **1.** corporal. ‖ *n.* **2.** *Mil.* cabo *m.*

corporation [ˌkɔːrpəreɪʃən] *n.* **1.** *Econ.* corporación *f.* **2.** *Am. E.* (company) sociedad anónima.

corporeal [kɔːrpɔːriəl] *adj.* corpóreo.

corps [kɔːr] *n.* cuerpo *m.*

corpse [kɔːrps] *n.* cadáver *m.*; muerto *m.*

corpulence ['kɔːrpjʊləns] *n.* corpulencia *f. inv.*; robustez *f.*

corpulent ['kɔːrpjʊlənt] *adj.* (bulky) corpulento; robusto.

corpuscle ['kɔːrpəsəl] *n., Biol.* glóbulo *m.* ‖ **red ~** *Biol.* glóbulo rojo. **white ~** *Biol.* glóbulo blanco.

corral [kɔːræl] *n., Am. E.* corral *m.*

correct [kə'rekt] *adj.* **1.** exacto. **2.** (proper) correcto. ‖ *v. tr.* **3.** corregir.

correction [kə'rekʃən] *n.* corrección *f.*

correctness [kə'rektnɪs] *n.* corrección *f.*

correspond [kɒrəs'pɒnd] *v. intr.* corresponder.

correspondence [ˌkɒrəs'pɒndəns] *n.* correspondencia *f.*

correspondent [ˌkɒrəs'pɒndənt] *n.* (radio, TV) corresponsal *m. y f.*; enviado *m.*

corresponding [ˌkɒrəs'pɒndɪŋ] *adj.* correspondiente.

corridor ['kɒrədər, 'kɒrədɔːr] *n.* (in a building) pasillo *m.*; corredor *m.*

corroborate [kə'rɒbəreɪt] *v. tr.* (confirm) corroborar.

corrode [kə'roʊd] *v. tr.* **1.** (metal) corroer. ‖ *v. intr.* **2.** corroerse.

corrosion [kə'roʊʒən] *n.* corrosión *f.*

corrosive [kə'roʊsɪv] *adj.* corrosivo.

corrupt [kə'rʌpt] *adj.* **1.** corrompido. **2.** (person) corrupto. ‖ *v. tr.* **3.** (deprave) corromper.

corruption [kəˈrʌpʃən] *n.* corrupción *f.*

corset [ˈkɔːrsɪt] *n.* (for woman) faja *f.;* corsé *m.*

cortex [ˈkɔːrteks] *n.* corteza *f.* ‖ **cerebral ~** *Anat.* corteza cerebral.

cosmetic [kɒzˈmetɪk] *adj. & n.* (make-up) cosmético *m.;* maquillaje *m.*

cosmopolitan [ˌkɒzməˈpɒlətn] *adj. & n.* cosmopolita *m. y f.*

cosmos [ˈkɒzmoʊs, ˈkɒzməs] *n., Astron.* cosmos *m. inv.*

cost [kɒst](p.t. and p.p. cost) *n.* **1.** coste *m.* **2.** precio *m.* ‖ *v. intr.* **3.** valer; costar. ‖ **~ a lot** costar caro.

Costa Rican [ˌkɒstəˈriːkən] *adj. & n.* costarricense *m. y f.*

costly [ˈkɒstli] *adj.* costoso.

cot [kɒt] *n., Am. E.* catre *m.*

cottage [ˈkɒtɪdʒ] *n.* chalé pequeño.

cotton [ˈkɒtn] *n.* **1.** algodón *m.* **2.** *Am. E.* algodón *m.* (hidrófilo). ‖ **~ candy** *Am. E.* algodón dulce. **~ wool** *Br. E.* algodón *m.* (hidrófilo).

cotton bud [ˈkɒtnˌbʌd] *sust. phr., Br. E.* bastoncillo (para los oídos).

cotton swab [ˈkɒtnˌswæb] *sust. phr., Am. E.* bastoncillo *m* (para los oídos).

couch [kaʊtʃ] *n.* **1.** (sofa) sofá *m.* **2.** (doctor's) diván *m.*

cough [kɒf] *n.* **1.** tos *f.* ‖ *v. intr.* **2.** toser.

cough drop [ˈkɒfˌdrɒp] *sust. phr., Pharm.* pastilla para la tos.

council [ˈkaʊnsəl] *n.* **1.** concilio *m.* **2.** (board) consejo *m.;* junta *f.* ‖ **town ~** municipio *m.*

councilor, councillor (Br.E) [ˈkaʊnsələr, ˈkaʊnslər] *n., Polit.* concejal *m.;* edil *m. y f.*

counsel [ˈkaʊnsəl] *n.* **1.** (advise) consejo *m.* ‖ *v. tr.* **2.** aconsejar; asesorar.

counselor, counsellor (Br.E) [ˈkaʊnsələr, ˈkaʊnslər] *n.* **1.** consejero *m* **2.** *Am. E.* abogado *m.*

count [kaʊnt] *n.* **1.** cuenta *f.* ‖ *v. tr* **2.** contar. **3.** *Polit.* (votes) escrutar.

counter [ˈkaʊntər] *n.* **1.** (in casino) ficha *f.* **2.** (in a store) mostrador *m.*

counterfeit [ˈkaʊntərˌfɪt] *n.* **1.** falsificación *f.* ‖ *v. tr.* **2.** falsificar.

counterpart [ˈkaʊntərˌpɑːrt] *n.* (document) copia *f.;* duplicado *m.*

counterweight [ˈkaʊntərˌweɪt] *n.* contrapeso *m.*

countless [ˈkaʊntlɪs] *adj.* (innumerable) incontable; innumerable.

country [ˈkʌntri] *n.* **1.** país *m.* **2.** (native land) patria *f.* **3.** (state) nación *f.* ‖ **~ house** casa de campo.

countryman [ˈkʌntrɪmən] *n.* **1.** campesino *m.* **2.** (compatriot) compatriota *m. y f.* **3.** (fellow citizen) conciudadano *m.*

countryside [ˈkʌntrɪˌsaɪd] *n.* campo *m.*

couple [ˈkʌpəl] *n.* **1.** par *m.* **2.** (two people) pareja *f.* ‖ *v. tr.* **3.** juntar. **4.** (machinery) acoplar.

coupling [ˈkʌplɪŋ] *n.* (of train) enganche *m.*

coupon [ˈkuːˌpɒn] *n., Econ.* cupón *m.*

courage [ˈkʌrɪdʒ, ˈkerɪdʒ] *n.* coraje *m.;* valentía *f.;* valor. *m.*

courageous [kəˈreɪdʒəs, kʌˈreɪdʒəs] *adj.* bravo; valiente.

courier [ˈkerɪər, ˈkʊrɪər, ˈkʌrɪər] *n.* (diplomatic person) correo *m.*

course [kɔːrs] *n.* **1.** curso *m.* **2.** (direction) trayectoria. **3.** *fig.* marcha *f.* **4.** (of river) curso. **5.** *Nav.* rumbo *m.* **6.** (at meals) plato *m.* **7.** proceso *m.* **8.** (of road) recorrido *m.* **9.** transcurso *m.* **10.** (of events) giro *m.* ‖ **to attend a ~** cursar.

main ~ *Gastr.* plato fuerte. **of ~ !** desde luego; ¡por supuesto!; ¡claro! **short ~** cursillo *m.*

court [kɔ:rt] *n.* **1.** corte *f.* **2.** tribunal *m.* **3.** *Sports* cancha *f.* **4.** juzgado *m.* ‖ *v. tr.* **5.** cortejar; galantear; hacer la corte a.

courteous ['kɜ:rtɪəs] *adj.* **1.** cortés; comedido. **2.** (person) cumplido.

courtesy ['kɜ:rtəsi:] *n.* **1.** cortesía *f.*; gentileza *f.*; galantería *f.* **2.** (polite behavior) urbanidad *f.* **3.** (compliment) cumplimiento *m.* ‖ **by ~ of** por cortesía de.

courtier ['kɔ:rtiər] *n.* cortesano *m.*

courtrooms ['kɔ:rt,ru:ms] *n. pl., Law* estra-dos *m.*

courtyard ['kɔ:rtjɑ:rd] *n.* patio *m.*

cousin ['kʌzən] *n.* primo *m.*; prima *f.*

couturier [ku:'turiər] *n.* modisto *m.*

cove ['kouv] *n., Geogr.* ensenada *f.*; cala *f.*

covenant ['kʌvənənt] *n.* (binding agreement) pacto *m.*; cláusula *f.*

cover ['kʌvər] *n.* **1.** cubierta *f.* **2.** (of book, lid) tapa *f.* **3.** (of book) forro. *m.* **4.** (of magazine) portada *f.* ‖ *v. tr.* **5.** cubrir. **6.** (with a lid) tapar. **7.** (a book) forrar. ‖ **to ~ up** *fig.* (crime) encubrir. **to ~ with batter** *Gastr.* rebozar.

covering ['kʌvərɪŋ, 'kʌvrɪŋ] *n.* (cover) cubierta *f.*; envoltura *f.*

covert ['kouvərt 'kʌvərt 'kouvɜ:rt] *adj.* disimulado; encubierto.

covetous ['kʌvɪtəs] *adj.* (greedy) codicioso; avaricioso.

cow [kau] *n.* **1.** *Zool.* vaca *f.* ‖ *v. tr.* **2.** acobardar; intimidar.

coward ['kauərd] *n.* cobarde *m. y f.*; gallina *m. y f. fam.*

cowardice ['kauərdis] *n.* cobardía *f.*

cowardly ['kauərdli:] *adj.* cobarde.

cowbell ['kau,bel] *n.* cencerro *m.*

cowboy ['kau,bɔi] *n.* vaquero *m.*

cower ['kauər] *v. intr.* (crouch) agacharse (por miedo o frío).

cozy, cosy (Br.E) ['kouzi:] *adj.* acogedor; agradable.

crab [kræb] *n., Zool.* cangrejo *m.*

crack [kræk] *n.* **1.** grieta *f.* **2.** (of a whip) chasquido *m.* ‖ *v. tr.* **3.** agrietar. **4.** (nuts) cascar. **5.** (whip) chasquear. ‖ *v. intr.* **6.** agrietarse.

cracked [krækt] *adj.* agrietado.

cracker ['krækər] *n.* (salted) galleta *f.*

crackle ['krækəl] *v. intr.* crepitar.

cradle ['kreɪdəl] *n.* **1.** (for baby) cuna *f.* ‖ *v. tr.* **2.** acunar.

craft [kræft] *n.* **1.** (skill) arte. **2.** (boat) embarcación *f.*

craftiness ['kræftinɪs] *n.* (cunning) astucia *f.*; picardía *f.*; sutileza *f.*

craftsman ['kræftsmən] *n.* artesano *m.*

craftsmanship ['kræftsmən,ʃɪp] *n.* (skill) artesanía *f.*

crafty ['kræfti:] *adj.* astuto; zorro *fam.*

crag [kræg] *n., Geogr.* peñasco *m.*; risco *m.*

craggy ['krægi:] *adj.* (rocks, mountains) escarpado; montañoso.

cram ['kræm] *v. tr.* **1.** atiborrar. ‖ *v. intr.* **2.** (study) empollar. ‖ **it's crammed full** no cabe ni un alfiler.

cramp¹ [kræmp] *n., Med.* (contraction) calambre *m.* ‖ **cramps** *n. pl.* (menstrual) molestias menstruales.

cramp² ['kræmp] *n.* **1.** *Tech.* grapa *f.* ‖ *v. tr.* **2.** (fasten with cramps) grapar.

crane [kreɪn] *n.* **1.** (for lifting) grúa *f.* **2.** *Zool.* (bird) grulla *f.*

cranium ['kreɪniəm](pl.: -ia or -iums) *n., Anat.* cráneo *m.*

crank ['kræŋk] *n.* **1.** *Tech.* manivela *f.* **2.** *fam.* (eccentric) maniático *m.*

cranky ['kræŋki:] *adj.* (eccentric) maniático; excéntrico; raro.

crap ['kræp] *n.* **1.** *vulg.* (dirt) mierda *f.* **2.** *fig.* mierda *f.*; birria *f.* [The movie was a load of crap. *La película fue una mierda.*]

crash [kræʃ] *n.* **1.** (noise) estruendo *m.* **2.** *Econ.* quiebra *f.* ‖ *v. intr.* **3.** (plane) estrellarse.

crass [kræs] *adj.* tosco.

crate ['kreɪt] *n.* (container) jaula *f.*

crater ['kreɪtər] *n.* cráter *m.*

crave [kreɪv] *v. tr.* ansiar.

craving ['kreɪvɪŋ] *n.* **1.** ansia *f.* **2.** (in pregnancy) antojo *m.*

crawl [krɔ:l] *v. intr.* **1.** arrastrarse. **2.** (child) andar a gatas; gatear.

crayfish ['kreɪfɪʃ] *n. inv., Zool.* (of river) cangrejo *m.* (de río).

crayon ['kreɪən 'kreɪɒn] *n.* (colored) lápiz *m.* (de color).

craze [kreɪz] *n.* **1.** (fad) manía *f.* **2.** (fashion) moda *f.*

crazy ['kreɪzi:] *adj.* **1.** loco. **2.** (idea) disparatado. ‖ **to be ~ about** estar loco por. **to go ~** volverse tarumba.

creak [kri:k] *v. tr.* **1.** (wood) crujir. **2.** (hinge) chirriar; rechinar.

cream [kri:m] *n.* **1.** (of milk) nata *f.* **2.** (lotion) crema *f.*; potingue *m. pey.* ‖ **wipped ~** nata montada. ‖ **night ~** (cosmetic) crema de noche.

creamery ['kri:məri:] *n.* (shop) lechería *f.*; mantequería *f.*

crease [kri:s] *n.* **1.** (wrinkle) arruga *m.* **2.** (fold) pliegue *m.* ‖ *v. tr.* **3.** (wrinkle) arrugar. ‖ *v. intr.* **4.** (wrinkle up) arrugarse.

create ['krieɪt] *v. tr.* crear.

creation [,kri:'eɪʃən] *n.* creación *f.*

creative [,kri:'eɪtɪv] *adj.* creador.

creator [,kri:'eɪtər] *n.* creador *m.*

creature ['kri:tʃər] *n.* (animal) criatura *f.*

crèche [kreɪʃ] *n.* **1.** *Br. E.* guardería (infantil) *f.* **2.** *Am. E.* (for children) orfanato *m.*

credential [krɪ'denʃəl] *adj.* **1.** credencial. ‖ **credentials** *n. pl.* **2.** credenciales *f. pl.*

credit ['kredɪt] *n.* **1.** crédito *m.* ‖ *v. tr.* **2.** acreditar. **3.** *Econ.* abonar. ‖ **~ card** tarjeta de crédito. **to do ~ to** acreditar. **on ~** *Econ.* a crédito.

creditor ['kredɪtər] *n., Econ.* acreedor *m. y f.*

credulous ['kredjuləs] *adj.* crédulo.

creek [kri:k] *n., Am. E.* (stream) arroyo *m.*; riachuelo *m.*

creep [kri:p] (p.t. and p.p. crept) *v. intr.* (crawl) arrastrarse.

creeper ['kri:pər] *n., Bot.* enredadera *f.*

cremate ['krə:meɪt] *v. tr.* (corpses) incinerar; quemar.

crescent ['kresənt] *adj.* creciente.

crest [krest] *n.* (of hill, cock, wave) cresta *f.*

crestfallen ['krest,fɔ:lən] *adj.* (dejected) cabizbajo; alicaído.

crevice ['krevɪs] *n.* grieta *f.*; rendija *f.*

crew [kru:] *n.* **1.** *Nav.* tripulación *f.* **2.** *Mil.* dotación *f.* ‖ *v. tr.* **3.** tripular.

crib [krɪb] *n.* **1.** (crèche) pesebre *m.* **2.** (for baby) cuna *f.*

crick [krɪk] *n., fam.* (in the neck) calambre *m.*; tortícolis *m. y f.*

cricket ['krɪkɪt] *n.* **1.** *Zool.* grillo *m.* **2.** *Sports* criquet *m.*

crime [kraɪm] *n.* crimen *m.*; delito *m.*

criminal ['krɪmənəl] *adj.* **1.** criminal; malhechor. ‖ *n.* **2.** criminal *m. y f.*; delincuente *m. y f.*

crimson ['krɪmzən] *adj.* & *n.* carmesí *m.*

cripple ['krɪpəl] *n.* **1.** cojo *m.*; lisiado *m.* || *v. tr.* **2.** lisiar; mutilar.

crisis ['kraɪsɪs](pl.: ses) *n.* crisis *f. inv.*

crisp [krɪsp] *adj.* **1.** (fresh) fresco; tierno. **2.** (toast) crujiente. || *n.* **3.** *Br. E.* (in bag) patatas fritas.

crispy ['krɪspi:] *adj.* crujiente.

criss-cross ['krɪs,krɒs] *adj.* entrelazado; entrecruzado.

criterion [kraɪ'tɪrɪən](pl.: ia) *n.* criterio *m.*

critic ['krɪtɪk] *n.* **1.** *Theat.* (art) crítico *m.* **2.** (detractor) detractor *m.*

critical ['krɪtɪkəl] *adj.* crítico.

criticism ['krɪtɪsɪzəm] *n.* crítica *f.*

criticize, criticise (Br.E) ['krɪtə,saɪz] *v. tr.* criticar; hacer una crítica.

croak [krouk] *n.* **1.** (of raven) graznido *m.* **2.** (of frog) canto *m.* || *v. intr.* **3.** graznar. **4.** (frog) croar.

crochet [krou'ʃeɪ] *n.* ganchillo *m.*

crockery ['krɒkəri:] *n.* loza *f.*

crocodile ['krɒkə,daɪl] *n.*, *Zool.* cocodrilo *m.*

crook [kruk] *n.* cayado *m.*

crop [krɒp] *n.* **1.** (produce) cultivo *m.* **2.** (harvest) cosecha *f.*

croquette [krou'ket] *n.*, *Gastr.* croqueta *f.*

crosier ['krouʒər] *n.* cayado *m.*

cross [krɒs] *n.* **1.** cruz *m.* **2.** *Biol.* (roads) cruce *m.* || *adj.* **3.** transversal. **4.** (angry) picado. || *v. tr.* **5.** cruzar. **6.** (street) atravesar. **to ~ out** tachar.

crossbar ['krɒsbɑ:r] *n.*, *Sports* (football) larguero *m.*; travesaño *m.*

crossbow ['krɒs,bou] *n.* ballesta *f.*

crossbred ['krɒsbred] *adj.* (of plants or animals) cruzado.

crossbreeding ['krɒsbri:dɪŋ] *n.* (of animals, plants) cruzamiento *m.*

cross-country ['krɒs,kʌntri] *adj.* & *adv.* campo a través.

cross-dresser ['krɒsd,resər] *n.* (transvestite) travesti-do *m.*

cross-eyed ['krɒsaɪd] *adj.* bizco. || **~ person** bizco *m.*

crossing ['krɒsɪŋ] *n.* **1.** cruce *m.* **2.** (trip) travesía *f.* || **level ~** paso a nivel.

crosspatch ['krɒs,pætʃ] *n.*, *fam.* (grump) gruñón *m.*

crosspiece ['krɒs,pi:s] *n.* travesaño *m.*

crossroads ['krɒs,roudz] *n.* (roads) intersección *f.*; cruce *m.*

crossword ['krɒswɜ:rd] *n.* crucigrama *m.*

crotchet ['krouʃət] *n.*, *Br. E.*, *Mus.* negra *f.*

crouch [krautʃ](down) *v. intr.* agacharse; agazaparse.

crouton ['kru:tən] *n.* (in soup) picatoste *m.*

crow [krou] *n.* **1.** *Zool.* cuervo *m.* || *v. intr.* (about/over) **2.** (cock) cacarear. **3.** *fig.* (boast) cacarear.

crowd [kraud] *n.* **1.** gentío *m.*; multitud *f.* || *v. intr.* **2.** amontonarse.

crown [kraun] *n.* **1.** corona *f.* **2.** *Anat.* coronilla *f.* || *v. tr.* **3.** coronar.

crucible ['kru:səbəl] *n.* crisol *m.*

crucifix ['kru:səfɪks] *n.* crucifijo *m.*

crucify ['krʌsəfaɪ] *v. tr.* crucificar.

crude [kru:d] *adj.* **1.** grosero. **2.** (vulgar) soez. || *n.* **3.** (oil) crudo *m.*

crudeness or crudity ['kru:dnɪs, 'kru:də:ti] *n.* crudeza *f.*

cruel ['kruəl] *adj.* cruel; desalmado.

cruelty ['kruəlti:] *n.* crueldad *f.*

cruet ['kruɪt] *n.* (set) vinagreras *f. pl.*

cruise [kru:z] *n.*, *Nav.* crucero *m.*

cruiser ['kru:zər] *n.* (ship) crucero *m.*

crumb [krʌm] *n.* **1.** (of bread) miga *f.*; migaja *f.* || **crumbs** *n. pl.* **2.** (of bread) migajas *f.*

crumble [ˈkrʌmbəl] *v. tr.* **1.** (bread) desmenuzar. ‖ *v. intr.* **2.** (building) desmoronarse. **3.** *fig.* (hope) desvanecerse.

crumple [ˈkrʌmpəl] *v. tr.* **1.** arrugar. ‖ *v. intr.* **2.** (shrivel) arrugarse.

crunch [krʌntʃ] *v. tr.* (eat noisily) ronzar; mascar haciendo ruido.

crunchy [ˈkrʌntʃi] *adj.* crujiente.

crush [krʌʃ] *n.* **1.** (people) aglomeración; gentío *f.* ‖ *v. tr.* **2.** aplastar. **3.** (squash) estrujar.

crust [krʌst] *n.* (of bread) corteza *f.*

crutch [krʌtʃ] *n.* muleta *f.*

cry [kraɪ] *n.* **1.** grito *m.* **2.** (weep) llorera *f. col.* ‖ *v. intr.* **3.** llorar.

crybaby [ˈkraɪbeɪbi:] *n., fam.* llorica *m. y f.*; llorón *m.*

cryptic, cryptical [ˈkrɪptɪk] *adj.* (secret) enigmático; misterioso.

crystal [ˈkrɪstəl] *n.* cristal *m.* ‖ ~ **clear** más claro que el agua.

crystalline [ˈkrɪstəlaɪn] *adj.* cristalino.

crystallize [ˈkrɪstəlaɪz] *v. tr.* cristalizar.

cub [kʌb] *n.* cachorro *m.*

Cuban [ˈkjuːbən] *adj. & n.* cubano *m.*

cube [kjuːb] *n., Math.* cubo *m.*

cubic [ˈkjuːbɪk] *adj.* cúbico.

cuckold [ˈkʌkəld] *n.* **1.** cornudo *m.* ‖ *v. tr.* **2.** ponerle los cuernos a.

cuckoo [ˈkuku:] *n.* (bird) cuco *m.*

cucumber [ˈkjuːkʌmbər] *n., Bot.* pepino *m.*

cuddle [ˈkʌdəl] *n.* **1.** abrazo *m.* ‖ *v. tr.* **2.** (hold) abrazar.

cuddly [ˈkʌdli:] *adj.* adorable.

cudgel [ˈkʌdʒəl] *n.* **1.** garrote *m.*; porra *f.* ‖ *v. tr.* **2.** aporrear.

cue [kjuː] *n.* taco de billar.

cuff [kʌf] *n.* **1.** (of shirt) puño *m.* **2.** (blow) bofetada *f.*

cuirass [kwɪˈræs] *n.* coraza *f.*

cuisine [ˌkwɪˈziːn] *n.* cocina *f.*

cul-de-sac [ˈkʌldəˌsæk] *n.* (blind alley) callejón sin salida.

culmination [ˌkʌlməˈneɪʃən] *n.* culminación *f.*; apogeo *m.*

culpable [ˈkʌlpəbəl] *adj., Law, frml.* (blameworthy) culpable.

culprit [ˈkʌlprɪt] *n. Law* culpable *m.*; reo *m.*; inculpado *m.*

cult [kʌlt] *n.* culto *m.*

cultivate [ˈkʌltəveɪt] *v. tr.* cultivar.

cultivated [kʌltɪˈveɪtɪd] *adj.* culto.

cultivation [ˌkʌltɪˈveɪʃən] *n., Agr.* cultivo *m.* (de la tierra).

culture [ˈkʌltʃər] *n.* **1.** cultura *f.* ‖ *v. tr.* **2.** (cultivate) cultivar. ‖ ~ **medium** caldo de cultivo.

cultured [ˈkʌltʃərd] *adj.* culto.

cumulus [kjuːˈmələs] *n.* cúmulo *m.*

cunning [ˈkʌnɪŋ] *adj.* **1.** (crafty) astuto. ‖ *n.* **2.** (slyness) astucia *f.*

cunt [kʌnt] *n., vulg.* coño *m.*

cup [kʌp] *n.* **1.** taza *f.* **2.** *Sports* (event) copa *f.* ‖ **measuring** ~ taza de medir.

cupboard [ˈkʌbərd] *n.* armario *m.*

curb [kɜːrb] *n.* **1.** freno *m.* **2.** *Am. E.* bordillo *m.* (de la acera).

curd [kɜːrd] *n., Gastr.* cuajada *f.* ‖ ~ **cheese** *Gastr.* requesón *m.*

curdle [ˈkɜːrdəl] *v. intr.* **1.** (milk) cuajar. **2.** (milk) cuajarse.

cure [kjʊr] *n.* **1.** cura *f.*; curación *f.* ‖ *v. tr.* **2.** (illness; meat, fish) curar.

curiosity [ˌkjʊriˈɒsəti:] *n.* curiosidad *f.*

curious [ˈkjʊriəs] *adj.* curioso.

curl [kɜːrl] *n.* **1.** rizo *m.* ‖ *v. tr.* **2.** (hair) rizar. ‖ *v. intr.* **3.** (hair) rizarse. ‖ ~ **up** acurrucarse.

curly [ˈkɜːrliː] *adj.* (hair) crespo; rizado.

currant ['kʌrənt] *n.* pasa de Corinto.

currency ['kʌrənsi:] *n., Econ.* (type of money) divisa *f.*; moneda *f.*

current ['kʌrənt] *adj.* **1.** actual; corriente. ‖ *n.* **2.** (de aire, etc.) corriente *f.*

curriculum [kəˈrɪkjələm] *n.* currículo *m.*

curse [kɜːrs] *n.* **1.** maldición *f.*; juramento *m.* ‖ *v. tr.* **2.** maldecir. ‖ *v. intr.* **3.** (swear) blasfemar; maldecir.

cursed [kɜːrst] *adj.* maldito.

cursor [kˈɜːrsər] *n., Comput.* cursor *m.*

curtail [kˈɜːrteɪl] *v. tr.* acortar.

curtain [kˈɜːrtn] *n.* **1.** cortina *f.* **2.** *Theat.* telón *m.* ‖ *v. tr.* **3.** poner cortinas.

curve [kɜːrv] *n.* **1.** curva *f.* ‖ *v. intr.* **2.** (bend) encorvarse.

curved [kˈɜːrvd] *adj.* curvo.

curvilinear [kɜːrvɪˈli:nɪər] *adj.* curvilíneo.

cushion [kˈuʃən] *n.* **1.** cojín *m.* ‖ *v. tr.* **2.** (blow) amortiguar.

custard [kˈʌstərd] *n. sing., Gastr.* (dessert) natillas *f. pl.*

custody [kˈʌstədi:] *n.* custodia *f.*

custom [kˈʌstəm] *n.* (tradition) hábito *m.*; costumbre *f.*

customer [kˈʌstəmər] *n.* cliente *m.*

custom-made [kˈʌstəmˌmeɪd] *adj.* hecho a la medida.

customs [kˈʌstəms] *n. pl.* aduana *f. sing.*

cut [kʌt] (p.t. and p.p. cut) *n.* **1.** corte *m.* ‖ *v. tr.* **2.** cortar. ‖ **to ~ down** (a tree) cortar. **to ~ off** cortar. (place) aislar; incomunicar. **to ~ out** recortar.

cute [kˈju:t] *adj.* mono; coqueto.

cutlery [kˈʌtləri:] *n.* cubertería *f.* ‖ **piece of ~** cubierto *m.*

cutlet [kˈʌtlɪt] *n.* chuleta *f.*

cutout [kˈʌtˌaʊt] *n.* recortable *m.*

cut-price [kˈʌtˌpraɪz] *adj., Am. E.* de ocasión.

cutting [kˈʌtɪŋ] *adj.* **1.** cortante. ‖ *n.* **2.** recorte *m.* **3.** *Bot.* esqueje *m.*

cuttlefisth [kˈʌtləˌfɪʃ] *n., Zool.* sepia *f.*

cycle [ˈsaɪkəl] *n.* ciclo *m.*

cycling [ˈsaɪkəlɪŋ] *n., Sports* ciclismo *m.*

cyclist [ˈsaɪklɪst] *n., Sports* ciclista *m. y f.*

cyclone [ˈsaɪkloʊn] *n., Meteor.* ciclón *m.*

cylinder [ˈsɪlɪndər] *n.* cilindro *m.*

cylindrical or cylindric [sɪˈlɪndrɪkəl] *adj.* cilíndrico.

cymbals [ˈsɪmbəlz] *n. pl., Mus.* platillos *m.*

cynic [ˈsɪnɪk] *n.* cínico *m.*

cynical [ˈsɪnɪkəl] *adj.* cínico.

cynicism [ˈsɪnɪsɪzəm] *n.* cinismo *m.*

cypress [ˈsaɪprɪs] *n., Bot.* ciprés *m.*

cyst [sɪst] *n.* quiste *m.*

czar [zɑːr] *n.* zar *m.*

D

D [di:] *n.*, *Mus.* re *m.*

d [di:] *n.* (letter) d *f.*

dabble ['dæbəl] *v. tr.* chapotear.

dad [dæd] *n.*, *fam.* papá *m.*

daddy ['dædi:] *n.*, *fam.* papá *m.*

daffodil ['dæfədɪl] *n.*, *Bot.* narciso *m.*

dagger ['dægər] *n.* daga *f.*; puñal *m.* ‖ **to be at a daggers drawn** *fig. y fam.* (very angry) estar a matar.

daily ['deɪli:] *adj.* **1.** diario; cotidiano. ‖ *adv.* **2.** a diario; diariamente.

daintiness ['deɪntɪnɪs] *n.* delicadeza *f.*; sutileza *f.*; finura *f.*

dainty ['deɪnti] *adj.* delicado.

dairy ['deri:] *n.* **1.** lechería *f.* **2.** (on farm) vaquería *f.* ‖ **~ produce** (cheese, yoghurt) productos lácteos.

dais ['deɪəs] *n.* estrado *m.*; tarima *f.*

daisy ['deɪzi:] *n.*, *Bot.* margarita *f.*

daltonism ['dæltonɪzm] *n.*, *Med.*, *frml.* daltonismo *m.*

dam [dæm] *n.* **1.** presa *f.* **2.** (barrier) dique *m.* ‖ *v. tr.* **3.** represar.

damage ['dæmɪdʒ] *n.* **1.** daño *m.* **2.** perjuicio *m.* **3.** (in machine) avería *f.* ‖ *v. tr.* **4.** (things) dañar; estropear. ‖ **damages** *n. pl.* *Law* daños y perjuicios

damn [dæm] *v. tr.* **1.** condenar. **2.** (curse) maldecir. ‖ **I don't give a ~** *fam.* me importa un bledo.

damned ['dæmd] *adj.* maldito.

damp [dæmp] *adj.* **1.** húmedo. ‖ *n.* **2.** humedad *f.* ‖ **to become ~** humedecerse.

dampen ['dæmpən] *v. tr.* humedecer.

dampness ['dæmpnɪs] *n.* humedad *f.*

dance ['dæns] *n.* **1.** danza *f.*; baile *m.* ‖ *v. tr.* **2.** bailar; danzar.

dancer ['dænsər] *n.* **1.** bailador *m.* **2.** (professional) bailarín *m.*

dancing ['dænsɪŋ] *n.* baile *m.*

dandruff ['dændrʌf] *n.* caspa *f.*

dandy ['dændi:] *n.* dandi *m.*

danger ['deɪndʒər] *n.* peligro *m.*; riesgo *m.* ‖ **to be in ~** correr peligro; peligrar. **out of ~** fuera de peligro.

dangerous ['deɪndʒərəs] *adj.* (perilous) peligroso; expuesto; arriesgado.

dangle ['dæŋgəl] *v. tr. & intr.* colgar.

dapper ['dæpər] *adj.* aseado.

dare [der] *v. tr.* **1.** (challenge) retar. ‖ *v. intr.* **2.** atreverse; osar.

daredevil ['der,devəl] *adj. & n.* atrevido *m.*; osado *m.*

daring ['derɪŋ] *adj.* **1.** atrevido; audaz. ‖ *n.* **2.** (boldness) arrojo *m.*

dark [dɑːrk] *adj.* **1.** oscuro. **2.** (hair, complexion, etc.) moreno. **3.** *fig.* sombrío. ‖ *n.* **4.** oscuridad *f.* ‖ **to get ~** anochecer; hacerse de noche.

darken ['dɑːrkən] *v. tr.* oscurecer. ‖ *v. intr.* **2.** (sky) oscurecerse.

darkness ['dɑːrknɪs] *n.* (in a place) oscuridad *f.* ‖ **in ~** a oscuras

darling ['dɑːrlɪŋ] *adj. & n.* **1.** querido *m.* ‖ *n.* **2.** (honey) muñeca *f. fam.*

darn [dɑːrn] *n.* **1.** zurcido *m.* ‖ *v. tr.* **2.** (mend) zurcir.

dart [dɑːrt] *n.* **1.** (weapon) dardo *m.* ‖ *v. intr.* **2.** precipitarse.

dartboard ['dɑːrt,bɔːrd] *n.* diana *f.*

dash [dæʃ] *n.* **1.** gota *f.* **2.** *Ling.* guión *m.* ‖ *v. tr.* **3.** (break) quebrar. **4.** (hopes) frustrar.

data ['deɪtə] *n. pl.* (information) datos *m.* ‖ **~ bank** banco de datos.

database ['deɪtə,beɪs, 'dætə,beɪs] *n.* base de datos.

date¹ ['deɪt] *n.* **1.** fecha *f.* **2.** (with a friend) cita *f.* ‖ *v. tr.* **3.** datar; fechar.

‖ ~ **from** (time) remontarse. **out of ~**
pasado de moda.

date² ['deɪt] *n., Bot.* (fruit) dátil *m.*

datum ['dætəm] *n. sing.* dato *m.*

daub [dɔ:b] *v. tr.* embadurnar.

daughter ['dɔ:tər] *n.* hija *f.*

daughter-in-law ['dɔ:tərɪnˌlɔ:] *n.* nuera *f.*;
hija política.

daunt [dɔ:nt] *v. tr.* (intimidate) intimidar;
amilanar; atemorizar.

dawdle ['dɔ:dəl] *v. intr.* (lag behind) entretenerse; demorarse.

dawn [dɔ:n] *n.* **1.** amanecer *m.*; alba *f.*
‖ *v. intr.* **2.** amanecer. ‖ **at ~** al amanecer.

day [deɪ] *n.* día *m.* ‖ **~ before** víspera *f.*
~ by ~ día a día; diariamente. **every
other ~** cada dos días. **the following ~**
al otro día.

daybreak ['deɪbreɪk] *n.* amanecer *m.*; alba *f.* ‖ **at ~** al alba.

daydream ['deɪdri:m] *n.* **1.** ensueño *m.*
2. (hope) fantasía *f.* ‖ *v. intr.* **3.** pensar
en las musarañas.

daylight ['deɪlaɪt] *n.* luz del día.

daytime ['deɪtaɪm] *n.* día *m.* ‖ **in the ~**
de día.

daze ['deɪz] *v. intr.* aturdir.

dazed ['deɪzd] *adj.* aturdido.

dazzle ['dæzəl] *v. tr.* **1.** (light) deslumbrar.
‖ *n.* **2.** resplandor *m.*; brillo *m.*

deactivate [di'æktə,veɪt] *v. tr.* desactivar.

dead [ded] *adj.* **1.** muerto. ‖ **~ easy** chupado. **~ end** callejón sin salida. **~ person** muerto *m.*

deaden ['dedən] *v. tr.* amortiguar.

deadlock ['dedˌlɒk] *n.* punto muerto.

deadly ['dedli] *adj.* **1.** mortal. **2.** (weapon) mortífero. **2.** (dull) muy aburrido.

deaf [def] *adj., Med.* sordo. ‖ **~ person**
Med. sordo *m.* **to go ~** ensordecer.

deafen ['dɜ:fən] *v. tr.* ensordecer.

deaf-mute ['def,mjut] *adj. & n.* sordomudo *m.*

deafness ['defnɪs] *n., Med.* sordera *f.*

deal [di:l](p.t. and p.p. dealt) *n.* **1.** (business) negocio *m.* **2.** *Polit.* trato *m.*
‖ *v. intr.* **3.** *Econ.* (trade) negociar.
‖ **a great ~ of** mucho; bastante. **to ~
with** (be about) tratar de.

dealer ['di:lər] *n.* (trade) tratante *m. y f.*;
traficante *m. y f.*

dealings ['di:lɪŋz] *n. pl.* relaciones (personales) *m.*

dean [di:n] *n.* **1.** (University) decano *m.*
2. *Rel.* deán *m.*

dear [dɪər] *adj.* **1.** (loved) querido. **2.** (expensive) caro.

death [deθ] *n.* muerte *f.*

deathly ['dɜ:θlɪ] *adj.* mortal.

debase [dɪ'beɪs] *v. tr.* **1.** (demean) degradar; rebajar. **2.** *fig.* envilecer.

debate [dɪ'beɪt] *n.* **1.** debate *m.* ‖ *v. tr.*
2. debatir; discutir.

debility [dəˈbɪlətiː] *n.* debilidad *f.*

debit ['debɪt] *n.* **1.** debe *m.* **2.** *Econ.* débito *m.* ‖ *v. tr.* **3.** adeudar; cargar.

debris ['deɪbri:] *n.* escombros *m. pl.*

debt [det] *n. Econ.* deuda *f.*

debtor ['detər] *n.* deudor *m.*; moroso *m.*

debut [deɪ'bju:] *n.* **1.** debut *m.* **2.** (of a
person) estreno *m.* ‖ **to make one's ~**
estrenarse.

decade ['dekeɪd] *n.* década *f.*; decenio *m.*

decadence ['dekədəns] *n.* decadencia *f.*

decaffeinated [di:ˈkæfəˌneɪtəd] *adj.*
descafeinado. ‖ **~ coffee** descafeinado *m.*

decay [dɪ'keɪ] *n.* **1.** decadencia *f.* ‖ *v. tr.*
2. pudrir. ‖ *v. intr.* **3.** pudrirse. **4.** *fig.*
(empire, civilization) decaer.

deceased [dɪ'si:st] *adj.* **1.** (dead) ;difunto. || *n.* **2.** difunto *m.*

deceit [dɪ'si:t] *n.* engaño *m.*

deceitful [dɪ'si:tfəl] *adj.* engañoso.

deceive [dɪ'si:v] *v. tr.* engañar.

December [dɪ'sembər] *n.* diciembre *m.*

decency ['di:sənsi:] *n.* (decorum) decencia *f.*; decoro *m.*

decent ['di:sənt] *adj.* **1.** (respectable) decente; honrado. **2.** (politeness) educación *f.*; cortesía *f.*

deception [dɪ'sepʃən] *n.* engaño *m.*

deceptive [dɪ'septɪv] *adj.* engañoso.

decibel ['desəbel 'desə‚bəl] *n., Phys.* decibelio *m.*

decide [dɪ'saɪd] *v. tr.* **1.** decidir. **2.** (matter, question) resolver; determinar.

decided [dɪ'saɪdɪd] *adj.* decidido.

deciding [dɪ'saɪdɪŋ] *adj.* (crucial) determinante; decisivo.

deciduous [dɪ'sɪdʒʊəz] *adj., Bot.* caduco.

decimal ['desəməl] *adj. & n.* decimal *m.*

decimate ['desəmeɪt] *v. tr.* diezmar.

decipher [dɪ'saɪfər] *v. tr.* descifrar.

decision [dɪ'sɪʒən] *n.* decisión *f.* || **good ~** acierto *m.*

decisive [dɪ'saɪsɪv] *adj.* (conclusive) decisivo; concluyente.

deck [dek] *n.* **1.** *Nav.* (of ship) cubierta *f.* **2.** (of bus) piso *m.* **3.** *Am. E.* (of cards) baraja *f.* || *v. tr.* **4.** adornar.

declaration [‚deklə'reɪʃən] *n.* (statement) declaración *f.*

declare [dɪ'kler] *v. tr.* **1.** declarar. **2.** (decision) manifestar. || **to ~ oneself** declararse.

declension [dɪ'klenʃən] *n., Ling.* declinación *f.*

declination [dɪklɑr'neɪʃən] *n., Astrol.* declinación *f.*

decline [dɪ'klaɪn] *n.* **1.** decadencia *f.* **2.** (diminution) mengua *f.* || *v. intr.* **3.** decaer. **4.** (refuse) declinar.

decode [di:'koud] *v. tr.* **1.** (signal) descodificar. **2.** (message) descifrar.

decompose [di:kəm'pouz] *v. tr.* **1.** (rot) descomponer. || *v. intr.* **2.** descomponerse; pudrirse.

decomposition [‚di:kəm'pəzɪʃən] *n.* descomposición *f.*; putrefacción *f.*

decorate ['dekəreɪt] *v. tr.* **1.** adornar; decorar. **2.** (honor) condecorar.

decoration [dekə'reɪʃən] *n.* **1.** adorno *m.* **2.** (decor) decoración *f.* **3.** (medal) condecoración *f.*

decorous ['dekərəs] *adj., frml.* (decent) decoroso; decente.

decorum [dɪ'kɔ:rəm] *n.* decoro *m.*

decoy [dɪ'kɔɪ] *n.* (for birds) reclamo *m.*

decrease [(dɪkri:s] *n.* **1.** disminución *f.* || *v. tr.* **2.** disminuir. || *v. intr.* **3.** mermar.

decree [dɪ'kri:] *n.* **1.** (command) decreto *m.* || *v. tr.* **2.** decretar.

decrepit [dɪ'krepɪt] *adj.* decrépito.

decriminalize [di:'krɪmənə‚laɪz] *v. tr.* (legalize) despenalizar.

dedicate ['dedɪkət] *v. tr.* dedicar.

dedication [‚dedə'keɪʃən] *n.* **1.** dedicación. **2.** (in book) dedicatoria *f.*

deduce [dɪ'du:s] *v. tr.* deducir.

deduct [dɪ'dʌkt] *v. tr.* restar; sustraer.

deduction [dɪ'dʌkʃən] *n.* **1.** deducción *f.* **2.** (sustraction) descuento *m.*

deed [di:d] *n.* **1.** hecho *m.* **2.** (feat) hazaña *f.* **3.** *Law* (document) escritura *f.* || **charitable ~** obra de caridad. **~ box** caja fuerte.

deep [di:p] *adj.* **1.** profundo.

deepen ['di:pən] *v. tr.* (to make deep) profundizar; ahondar.

deep-freeze ['di:p,fri:z] *n.* **1.** congelador *m.* ‖ *v. tr.* **2.** (food) congelar.

deep-rooted ['di:p,ru:tɪd] *adj.* arraigo [This belief is very deep-rooted. *Esta creencia tiene mucho arraigo.*]

deer [dɪr] *n. inv., Zool.* ciervo *m.;* venado *m.*

default [dɪ'fɔ:lt] *n.* **1.** (omission) omisión *f.* ‖ *v. intr.* **2.** *Law* no comparecer.

defeat [dɪ'fi:t] *n.* **1.** *Mil.* derrota *f.* ‖ *v. tr.* **2.** derrotar; vencer.

defect [dɪ'fekt] *n.* (imperfection) defecto *m.;* imperfección *f.*

defective [dɪ'fektɪv] *adj.* defectuoso.

defend [dɪ'fend] *v. tr.* defender.

defendant [dɪ'fendənt] *n.* acusado *m.*

defender [dɪ'fendər] *n.* defensor *m.*

defense, defence (Br.E) [dɪ'fens] *n.* defensa *f.;* protección *f.*

defenseless, defenceless (Br.E) [dɪ'fenslɪs] *adj.* (person) indefenso.

defer [dɪ'fer] *v. tr.* aplazar.

deference ['defərəns] *n.* deferencia *f.*

defiance [dɪ'faɪəns] *n.* desafío *m.*

deficiency [dɪ'fɪʃənsi:] *n.* **1.** deficiencia *f.* **2.** (of vitamins) carencia *f.*

deficient [dɪ'fɪʃənt] *adj.* deficiente.

deficit ['defəsɪt] *n., Econ.* déficit *m.*

defile¹ [dɪ'faɪl] *v. tr.* manchar.

defile² [dɪ'faɪl] *n.* desfiladero *m.*

define [dɪ'faɪn] *v. tr.* definir.

definite ['defənɪt] *adj.* **1.** determinado. **2.** (firm) rotundo.

definition [,defə'nɪʃən] *n.* definición *f.*

definitive [dɪ'fɪnətɪv] *adj.* definitivo.

deflate [dɪ'fleɪt] *v. tr.* (balloon, tire) desinflar; deshinchar.

deflect [dɪ'flekt] *v. tr.* desviar.

deformed [dɪ'fɔ:rmd] *adj.* deforme.

deformity [dɪ'fɔ:rməti:] *n.* deformidad *f.*

defraud [dɪ'frɔ:d] *v. tr.* defraudar; estafar.

defray [dɪ'fraɪ] *v. tr.* sufragar.

defrost [dɪ'frɒst] *v. tr.* **1.** (food) deshelar. **2.** (fridge) descongelar.

defuse [dɪ'fju:z] *v. tr.* desarmar.

defy [dɪ'faɪ] *v. tr.* **1.** (challenge) desafiar; retar. **2.** (order, law) contravenir.

degenerate [dɪ'dʒenəreɪt] *adj.* **1.** degenerado. ‖ *v. intr.* **2.** degenerar.

degeneration [dɪ,dʒenə'reɪʃən] *n.* degeneración *f.*

degree [dɪ'gri:] *n.* **1.** (level) grado *m.* **2.** (university) licenciatura *f.*

dehydrate [dɪ'haɪdreɪt] *v. tr.* deshidratar. ‖ **to become dehydrated** deshidratarse.

deign ['deɪn] *v. intr.* dignarse.

deity ['di:ɪti] *n.* deidad *f.;* divinidad *f.*

dejected [dɪ'dʒektɪd] *adj.* (downhearted) abatido; alicaído; hundido.

dejection [dɪ'dʒekʃən] *n.* (depression) abatimiento *m.;* desánimo *m.*

delay [dɪ'leɪ] *n.* **1.** demora *f.;* retraso *m.* ‖ *v. tr.* **2.** aplazar; postergar. ‖ *v. intr.* **3.** tardar; retrasarse.

delegate ['delɪgɪt] *n.* **1.** delegado *m.;* representante *m.y f.* ‖ *v. tr.* **2.** delegar.

delegation [,delə'geɪʃən] *n.* (group) delegación *f.*

delete [dɪ'li:t] *v. tr.* borrar.

deliberate [də'lɪbərɪt də'lɪbrɪt] *adj.* **1.** intencionado. ‖ *v. intr.* **2.** deliberar.

deliberately [də'lɪbərətli:] *adv.* a propósito; deliberadamente.

delicacy ['delɪkəsi:] *n.* **1.** delicadeza *f.* **2.** (tasty dish) manjar *m.*

delicate ['delɪkɪt] *adj.* delicado.

delicious [də'lɪʃəs] *adj.* exquisito; rico.

delight [dɪ'laɪt] *n.* **1.** (joy) deleite *m.;* placer *m.* ‖ *v. tr.* **2.** deleitar; encantar. ‖ **~ in** deleitarse.

delighted [dɪ'laɪtɪd] *adj.* encantado.

delightful [dɪ'laɪtfəl] *adj.* delicioso.

delimit [dɪ'lɪmɪt] *v. tr.* delimitar; acotar.

delinquent [dɪ'lɪŋkwənt] *adj. & n.* delincuente *m. y f.*; criminal *m. y f.*

delirious [dɪ'lɪrɪəs] *adj.* delirante.

delirium [dɪ'lɪrɪəm] *n., Med.* delirio *m.*; desvarío *m.*

deliver [də'lɪvər] *v. tr.* **1.** (distribute) repartir. **2.** (hand over) entregar.

delivery [də'lɪvəri: də'lɪvri:] *n.* (of goods) entrega *f.*; reparto *m.* ‖ **~ service** servicio a domicilio.

delta ['deltə] *n.* **1.** *Geogr.* delta *m.* **2.** (Greek letter) delta *f.*

deluge ['delju:dʒ] *n.* **1.** (rain) diluvio *m.* **2.** (flood) inundación *f.* **3.** *fig.* (questions) avalancha *f.*

delusion [dɪ'lu:ʒən] *n.* ilusión *f.*; (falsa) falsedad; engaño *m.*

demagogy ['deməgɒgi:] *n.* demagogia *f.*

demand [də'mænd] *n.* **1.** exigencia *f.* **2.** (claim) reclamación *f.* ‖ *v. tr.* **3.** exigir. **4.** (rights) reclamar.

demanding [də'mændɪŋ] *adj.* exigente.

demarcate [,di'mɑ:rkeɪt] *v. tr., frml.* (make out) demarcar.

demean [də'mi:n] *v. tr.* degradar. ‖ **~ oneself** degradarse.

demeanor [də'mi:nər] *n.* porte *m.*

demented [,də'mentɪd] *adj.* demente.

demise [dɪ'maɪz] *n.* (death) defunción *f.*; fallecimiento *m.*

democracy [dɪ'mɒkrəsi:] *n., Polit.* democracia *f.*

democrat ['deməkræt] *n., Polit.* demócrata *m. y f.*

democratic [demə'krætɪk] *adj., Polit.* democrático.

demolish [dɪ'mɒlɪʃ] *v. tr.* demoler; tirar.

demon ['di:mən] *n.* demonio *m.*; diablo *m.*

demonstrate ['demənstreɪt] *v. tr.* (prove) demostrar; probar.

demonstration [,demən'streɪʃən] *n.* **1.** (proof) demostración *f.* **2.** *Polit.* manifestación *f.*

demonstrative [,demən'strətɪv] *adj. & n., Ling.* demostrativo *m.*

demoralize [dɪ'mɒrə,laɪz] *v. tr.* (dishearten) desmoralizar. ‖ **to get demoralized** desmoralizarse.

demur [dɪ'mɜ:r] *v. tr.* objetar.

den [den] *n.* (of animals) madriguera *f.*

denial [dɪ'naɪəl] *n.* **1.** (of accusation, question) negativa *f.* **2.** (rejection) negación *f.*

denomination [də,nɒmə'neɪʃən] *n.* **1.** *Rel.* confesión *f.* **2.** *Econ.* (valve) valor *m.*; denominación *f.*

denominator [dɪ'nɒmə,neɪtər] *n.* denominador *m.*

denote [dɪ'nəʊt] *v. tr.* indicar; señalar.

denouement [deɪ'nu:mɑ:n] *n.* (resolution) desenlace *m.*

denounce [dɪ'naʊns] *v. tr.* denunciar.

dense [dens] *adj.* denso; tupido.

density ['densəti:] *n.* densidad *f.*

dent [dent] *n.* **1.** abolladura *f.* ‖ *v. tr.* **2.** (metal) abollar.

dental ['dentəl] *adj.* dental. ‖ **~ floss** hilo dental. **~ surgeon** *Med.* odontólogo *m.*

dented ['dentɪd] *adj.* dental. ‖ **to get ~** abollarse.

dentist ['dentɪst] *n.* dentista *m. y f.*

dentures ['dentʃərz] *n. pl.* dentadura postiza.

denunciation [dɪ,nʌnsɪ'eɪʃən] *n.* acusación *f.*; denuncia *f.*

deny [dɪ'naɪ] *v. tr.* **1.** negar. **2.** (charge) rechazar. **3.** (report, rumor) desmentir.

deodorant [diːˈoudərənt] *adj.* & *n.* desodorante *m.*

depart [dɪˈpɑːrt] *v. intr.* partir; irse.

department [dɪˈpɑːrtmənt] *n.* **1.** *Econ.* departamento *m.*; sección *f.* **2.** *Am. E.*, *Polit.* ministerio *m.* ‖ **~ store** grandes almacenes. **editorial ~** (office) redacción *f.*

departure [dɪˈpɑːrtʃər] *n.* **1.** partida *f.*; ida *f.* **2.** (of vehicles) salida *f.*

depend [dɪˈpend] *v. intr.* depender; pender. ‖ **that depends** eso depende.

dependable [dɪˈpendəbəl] *adj.* formal.

dependence [dɪˈpendəns] *n.* (reliance) dependencia *f.*

dependent, dependant Br.E. [dɪˈpendənt] *adj.* (reliant) dependiente.

deplorable [dɪˈplɔːrəbəl] *adj.* (regrettable) lamentable; deplorable.

deplore [dɪˈplɔːr] *v. tr.* (regret) deplorar; lamentar; dolerse.

deport [dɪˈpɔːrt] *v. tr.* deportar.

depose [dɪˈpouz] *v. tr.* deponer.

deposit [dɪˈpɒzɪt] *n.* **1.** depósito *m.* **2.** *Geol.* yacimiento *m.* ‖ *v. tr.* **3.** depositar. **4.** (money) ingresar.

deposition [ˌdepəˈzɪʃən] *n.* **1.** deposición *f.* **2.** (of president, dictator) destitución *m.*

depot [ˈdiːpou ˈdepou] *n.* **1.** almacén *m.* **2.** *Am. E.* (train, bus) estación *f.*

depravation [ˈdeprəˈveɪʃən] *n.* depravación *f.*; perversión *f.*

depravity [dɪˈprævəti] *n.* (moral corruption) depravación *f.*

depreciate [ˈdɪprəˈʃeɪt] *v. tr.* **1.** depreciar. ‖ *v. intr.* **2.** depreciarse.

depreciation [dɪˌpriːʃiˈeɪʃən] *n.*, *Econ.* depreciación *f.*

depress [dɪvˈpres] *v. tr.* deprimir; abatir.

depressed [dɪˈprest] *adj.* (dejected) deprimido. ‖ **to be ~** deprimirse. **to get ~** deprimirse; abatirse.

depression [dɪˈpreʃən] *n.* depresión *f.*

deprive [dɪˈpraɪv] *v. tr.* privar; despojar.

depth [depθ] *n.* profundidad *f.*

deputy [ˈdepjəti] *n.* **1.** (substitue) sustituto. **2.** *Polit.* diputado *m.*

derail [dɪˈreɪl] *v. intr.* descarrilar.

derelict [ˈderɪlɪkt] *adj.* abandonado.

deride [dɪˈraɪd] *v. tr.* (mock) ridiculizar; burlarse; reírse de.

derision [dəˈrɪʒən] *n.* burla *f.*

derisory [dɪˈraɪsəriː] *adj.* (laughable) irrisorio; ridículo; risible.

derivative [ˌdeˈrɪvətɪv] *adj.* **1.** derivado. ‖ *n.* **2.** derivado *m.*

derive [dɪˈraɪv] *v. tr.* **1.** derivar. ‖ *v. intr.* **2.** derivarse; proceder.

derrick [ˈderɪk] *n.* **1.** (petroleum) torre de perforar. **2.** *Nav.* grúa *f.*

descend [dɪˈsend] *v. tr.* & *intr.* descender; bajar.

descendant [dɪˈsendənt] *n.* descendiente *m. y f.*; sucesor *m.*

descent [dɪˈsent] *n.* **1.** descenso *m.* **2.** (origin) descendencia *f.*

describe [dɪsˈkraɪv] *v. tr.* describir.

description [dɪsˈkrɪpʃən] *n.* (of person, event) descripción *f.*

desecrate [ˈdesəkreɪt] *v. tr.* profanar.

desert [ˈdezərt] *n.* **1.** desierto *m.* ‖ *v. tr.* **2.** abandonar. ‖ *v. intr.* **3.** desertar.

deserted [dɪˈzɜːrtɪd] *adj.* desierto.

deserter [dɪˈzɜːrtər] *n.* **1.** desertor *m.* **2.** *Mil.* prófugo *m.*

desertion [dɪˈzɜːrʃən] *n.* abandono *m.*

deserve [dɪˈzɜːrv] *v. tr.* merecer.

deserving [dɪˈzɜːrvɪŋ] *adj.* digno; merecedor; acreedor.

design [dɪˈzaɪn] *n.* **1.** (layout) diseño *m.* **2.** (of painting) boceto. **3.** (pattern) dibujo *m.* ‖ *v. tr.* **4.** diseñar.

designate [ˈdesɪgneɪt] *adj.* **1.** designado. ‖ *v. tr.* **2.** (appoint) designar.

designer [dɪˈzaɪnər] *n.* **1.** diseñador *m.* **2.** (fashion) modisto *m.*

desire [dɪˈzaɪr] *n.* **1.** deseo *m.* ‖ *v. tr.* **2.** desear; querer.

desirous [dɪˈzaɪrəs] *adj.* deseoso.

desk [desk] *n.* **1.** escritorio *m.* **2.** (for pupil) pupitre *m.*

desolate [ˈdesəlɪt ˈdezəlɪt] *adj.* desolado.

desolation [ˌdesəˈleɪʃən] *n.* desolación *f.*

despair [dɪsˈper] *n.* **1.** desesperación *f.* ‖ *v. intr.* **2.** desesperar.

desperation [ˌdespəˈreɪʃən] *n.* desesperación *f.;* angustia *f.*

despicable [ˈdespɪkəbəl] *adj.* (comtemptible) despreciable; vil.

despise [dəsˈpaɪz] *v. tr.* despreciar.

despite [dɪsˈpaɪt] *prep.* a pesar de; no obstante [Despite his illness, he went to my wedding. *A pesar de su enfermedad, acudió a mi boda.*]

despondency [dɪsˈpɒndənsiː] *n.* (depression) abatimiento *m.*

despondent [dɪsˈpɒndənt] *adj.* abatido.

despot [ˈdespət] *n.* déspota *m. y f.*

despotic [desˈpɒtɪk] *adj.* despótico.

dessert [dɪˈzɜːrt] *n., Gastr.* postre *m.*

destination [ˌdestəˈneɪʃən] *n.* destino *m.*

destine [ˈdestɪn] *v. tr., lit.* destinar.

destiny [ˈdestəni:] *n.* destino *m.*

destitute [ˈdestɪtuːt] *adj.* indigente; desvalido; necesitado.

destroy [dɪsˈtrɔɪ] *v. tr.* destruir.

destroyer [dɪsˈtrɔɪər] *n., Nav.* destructor *m.*

destruction [dɪsˈtrʌkʃən] *n.* destrucción *f.;* devastación *f.*

destructive [dɪsˈtrʌktɪv] *adj.* destructor; demoledor.

detach [diˈtætʃ] *v. tr., Tech.* (separate) desprender; separar.

detachable [diːˈtætʃəbəl] *adj.* de quita y pon.

detail [ˈdiːteɪl] *n.* **1.** detalle *m.* ‖ *v. tr.* **2.** (describe) detallar.

detailed [ˈdiːteɪld] *adj.* detallado.

detain [dɪˈteɪn] *v. tr.* **1.** (stop) detener. **2.** (delay) retener.

detect [dɪˈtekt] *v. tr.* **1.** (discover) descubrir. **2.** (notice, radar) detectar.

detection [dɪˈtekʃən] *n.* descubrimiento *m.*

detective [dɪˈtektɪv] *n.* detective *m. y f.;* investigador (privado) *m.*

detention [dɪˈtenʃən] *n.* (arrest) detención *f.;* arresto *m.*

deter [dɪˈtɜːr] *v. tr.* disuadir.

detergent [dɪˈtɜːrdʒənt] *adj. & n.* detergente *m.*

deteriorate [dɪˈtɪriəreɪt] *v. intr.* (get worse) deteriorarse; empeorar.

determinant [dɪˈtɜːrmənənt] *n.* determinante *m.*

determination [dɪˌtɜːrməˈneɪʃən] *n.* determinación *f.;* empeño *m.*

determine [dɪˈtɜːrmɪn] *v. tr.* (decide) determinar; decidir.

determined [dɪˈtɜːrmɪnd] *adj.* resuelto.

determiner [dɪˈtɜːrmɪnər] *n., Ling.* terminante *m.*

detest [dɪˈtest] *v. tr.* detestar; aborrecer.

detestable [dɪˈtestəbəl] *adj.* (hateful) detestable; odioso.

detonation [detəˈneɪʃən] *n.* detonación *f.;* estallido *m;* explosión *f.*

detour [ˈdiːtur] *n.* desvío *m.;* rodeo *m.*

detract [dɪˈtrækt] *v. intr.* quitar mérito. ‖ **~ from** desvirtuar.

detriment ['detrəmənt] *n.* detrimento *m.* ‖ **to the ~ of** en perjuicio de.

devaluation [ˌdiːvæljʊ'eɪʃən] *n.* devaluación *f.*; destrucción *f.*

devalue [dɪ'væljʊ] *v. tr.* desvalorizar.

devastation [ˌdevəs'teɪʃən] *n.* devastación *f.*; asolación *f.*

develop [dɪ'veləp] *v. tr.* **1.** desarrollar. **2.** *Phot.* revelar. ‖ *v. intr.* **3.** desarrollarse.

development [dɪ'veləpmənt] *n.* (growth) desarrollo *m.*

deviate ['diːvɪˈrət] *v. intr.* desviarse.

deviation [diːvɪ'eɪʃən] *n.* desviación *f.*

device [dɪ'vaɪs] *n.* dispositivo *m.*; aparato *m.* ‖ **explosive ~** artefacto explosivo.

devil ['devəl] *n.* demonio *m.*; diablo *m.*

devilish ['devlɪʃ] *adj.* (wicked) diabólico; endemoniado.

devise [dɪ'vaɪz] *v. tr.* idear.

devoid [dɪ'vɔɪd] *adj.* desprovisto.

devolution [ˌdiːvə'luːʃən] *n.* devolución *f.*

devote [dɪ'vəʊt] *v. tr.* dedicar.

devoted [dɪ'vəʊtɪd] *adj.* **1.** *Rel.* devoto. **2.** aficionado *m.*

devotee [ˌdevəʊ'tiː] *n.* devoto *m.*

devotion [dɪ'vəʊʃən] *n.* **1.** *Rel.* devoción *f.*; piedad *f.* **2.** (loyalty) lealtad *f.*

devotional [dɪ'vəʊʃənəl] *adj.* (devout) devoto; piadoso.

devour [dɪ'vaʊr] *v. tr.* devorar; engullir.

devout [dɪ'vaʊt] *adj.* devoto; piadoso.

dew [duː] *n.*, *Meteor.* rocío *m.*

dewlap ['duːlæp] *n.* (of animal) papada *f.*

diabetes [ˌdaɪə'biːtɪz ˌdaɪə̩biːtɪs] *n.*, *Med.* diabetes *f.*

diabolical [dɪæ'bɒlɪkəl] *adj.* (possessed by evil) endemoniado; poseído.

diadem ['daɪədem] *n.* diadema *f.*

diaeresis [daɪ'erɪsɪs] *n.*, *Ling.* (sign) diéresis *f. inv.*

diagnose ['daɪəɡ̩nəʊz] *v. tr.* (prescribe) diagnosticar; prescribir.

diagnosis [ˌdaɪəɡ'nəʊsɪs](pl.: -ses) *n.* *Med.* diagnóstico *m.*

diagonal [daɪ'æɡənəl] *adj. & n.* diagonal *f.*

diagram ['daɪəɡræm] *n.* diagrama *m.*; gráfico *m.*

dial ['daɪəl] *n.* **1.** (of clock, barometer) esfera *f.* **2.** (of radio, time-switch) cuadrante *m.* **3.** (of telephone) disco *m.* ‖ *v. tr.* **4.** (a telephone number) marcar.

dialect ['daɪəlekt] *n.* dialecto *m.*

dialogue ['daɪə̩lɒɡ] *n.* diálogo *m.*

diameter [daɪ'æmətər] *n.*, *Math.* diámetro *m.*

diamond ['daɪəmənd] *n.* diamante *m.*

diamonds ['daɪə̩məndz (daɪməndz] *n. pl.* (cards) diamantes *m. pl.*

diaper ['daɪpər 'daɪəpər] *n.*, *Am. E.* (nappy) pañal *m.*

diaphanous [daɪ'æfənəs] *adj.* (transparent) diáfano; transparente.

diarrhea, diarrhoea (Br.E) [ˌdaɪə̩riːə] *n.*, *Med.* diarrea *f.*; descomposición *f.*

diary ['daɪəriː] *n.* **1.** diario *m.* **2.** *Br. E.* (for appointments) agenda *f.*

dice [daɪs] *n. pl.* (game) dados *m. pl.*

dictate ['dɪkteɪt] *v. tr.* dictar.

dictation [dɪk'teɪʃən] *n.* dictado *m.*

dictator [dɪk'teɪər] *n.* dictador *m.*

dictatorship [dɪk'teɪtə̩ʃɪp] *n.*, *Polit.* dictadura *f.*; tiranía *f.*

diction ['dɪkʃən] *n.* **1.** (clarify of speech) dicción *f.* **2.** *Lit.* lenguaje *m.*

dictionary ['dɪkʃənəriː] *n.* diccionario *m.* ‖ **pocket ~** diccionario de bolsillo.

didactic [daɪ'dæktɪk] *adj.* didáctico.

die¹ [daɪ] *v. intr.* morir; morirse; fallecer. ‖ **to be dying to** tener muchas ganas de. **to ~ out** *Biol.* (species) extinguirse.

die[2] ['daɪ] *n.* **1.** (for coins) troquel *m.* **2.** (game) dado *m.*

diesel ['di:səl] *n.* gasóleo *m.*

diet ['daɪət] *n.* **1.** dieta *f.* **2.** (selected food) régimen *m.* ‖ **to be on a ~** estar a dieta.

differ [dɪ'fɜ:r] *v. intr.* **1.** diferenciarse. **2.** (disagree) discrepar.

difference ['dɪfərəns 'dɪfrəns] *n.* diferencia *f.*; desigualdad *f.*

different ['dɪfrənt 'dɪfərənt] *adj.* (not the same) diferente; distinto.

differentiate [,dɪfərenʃɪeɪt] *v. tr.* (distinguish) diferenciar.

difficult ['dɪfɪ,kʌlt] *adj.* difícil.

difficulty ['dɪfɪ,kʌlti:] *n.* dificultad *f.*

diffuse [dɪ'fju:s] *adj.* **1.** difuso. ‖ *v. tr.* **2.** difundir; expandir.

dig ['dɪg] *v. tr.* **1.** cavar. ‖ *n.* **2.** excavación *f.* ‖ **to ~ up** desenterrar.

digest [daɪ'dʒest] *v. tr.* **1.** (food) digerir. **2.** (information) asimilar.

digestion [daɪ'dʒestʃən] *n.* digestión *f.*

digestive [daɪ'dʒestɪv] *adj.* digestivo.

digging ['dɪgɪŋ] *n.* excavación *f.*

digit ['dɪdʒɪt] *n.* **1.** (number) dígito *m.* **2.** *Anat.* dedo *m.*

digital ['dɪdʒɪtəl] *adj.* digital.

dignified ['dɪgnəfaɪd] *adj.* digno; solemne.

dignity ['dɪgnəti:] *n.* dignidad *f.*

digression [daɪ'greʃən] *n.* digresión *f.*

dilate [daɪ'leɪt] *v. tr.* **1.** *Med.* dilatar. ‖ *v. intr.* **2.** *Med.* dilatarse.

dilation [daɪ'leɪʃən] *n.* dilatación *f.*

dilemma [də'lemə] *n.* (difficult situation) dilema *m.*; disyuntiva *f.*

diligence ['dɪlədʒəns] *n.* (care) diligencia *f.*; cuidado *m.*

diligent ['dɪlədʒənt] *adj.* diligente.

dilute [daɪ'lju:t] *v. tr.* **1.** diluir; disolver. ‖ *v. intr.* **2.** diluirse.

dim [dɪm] *adj.* **1.** (light) débil; tenue. **2.** (stupid) corto.

dimension [dɪ'menʃən] *n.* dimensión *f.*

diminish [dɪ'mɪnɪʃ] *v. tr.* **1.** disminuir. **2.** (importance) rebajar. ‖ *v. intr.* **3.** menguar.

diminution [,dɪmɪ'nu:ʃən] *n., frml.* disminución *f.*; mengua *f.*

diminutive [dɪ'mɪnjətɪv] *adj.* & *n., Ling.* diminutivo *m.*

din [dɪn] *n.* ruido *m.*; barullo *m.*

dinar [dɪ'nɑ:r] *n., Econ.* (Arab unit of currency) dinar *m.*

dining car ['daɪnɪŋ,kɑ:r] *sust. phr., Am. E.* vagón restaurante.

dinner ['dɪnər] *n.* (in the evening) cena *f.* ‖ **to have ~** cenar.

dinosaur ['daɪnə,sɔ:r] *n.* dinosaurio *m.*

diocese ['daɪəsɪs] *n., Rel.* diócesis *f. inv.*

diopter, dioptre (Br.E) [daɪ'ɒptər] *n., Med.* dioptría *f.*

dip [dɪp] *n.* **1.** *coll.* (swim) chapuzón *m.* ‖ *v. tr.* **2.** (into liquid) mojar.

diphthong ['dɪp,θɒŋ] *n., Ling.* diptongo *m.*

diploma [dɪ'ploumə] *n.* diploma *m.*

diplomacy [dɪ'ploumasi:] *n.* diplomacia *f.*

diplomat ['dɪplə,mæt] *n.* diplomático *m.*

diplomatic [,dɪplə'mætɪk] *adj.* (polite) diplomático; cortés.

direct [daɪ'rekt] *adj.* **1.** directo. ‖ *v. tr.* **2.** (regulate) dirigir.

direction [də'rekʃən] *n.* dirección *f.*

directly [də'rektli:] *adv.* directamente.

director [də'rektər] *n.* (of company, department) director *m.*; gerente *m.*

directory [də'rektəri:] *n.* (publication) guía *f.*; directorio *m.*

dirt [dɜ:rt] *n.* porquería *f.*; suciedad *f.*

dirt-cheap ['dɜ:rt,tʃi:p] *adj.* tirado.

dirtiness ['dɜ:rtɪnɪs] *n.* suciedad *f.*

dirty ['dɜ:rti:] *adj.* **1.** sucio. ‖ *v. tr.* **2.** ensuciar. ‖ **to get** ~ ensuciarse.

disability [ˌdɪsəˈbɪləti:] *n.* incapacidad *f.*

disabled [ˌdɪsˈeɪbəld] *adj., Med.* minusválido; discapacitado. ‖ ~ **person** *Med.* minusválido *m.*; discapacitado *m.*

disadvantage [ˌdɪsədˈvæntɪdʒ] *n.* desventaja *f.*

disagree [ˌdɪsəˈgri:] *v. intr.* (differ in opinion) disentir; discrepar.

disagreeable [ˌdɪsəˈgrɪəbəl] *adj.* (unpleasant) desagradable.

disagreement [ˌdɪsəˈgri:mənt] *n.* desacuerdo *m.*; disconformidad *f.*

disappear [ˌdɪsəˈpɪər] *v. intr.* desaparecer.

disappearance [ˌdɪsəˈpɪrəns] *n.* desaparición *f.*; desvanecimiento *m.*

disappoint [ˌdɪsəˈpɔɪnt] *v. tr.* **1.** decepcionar. **2.** (hope) defraudar.

disappointed [ˌdɪsəˈpɔɪntɪd] *adj.* decepcionado; desilusionado.

disappointment [ˌdɪsəˈpɔɪntmənt] *n.* decepción *f.*; chasco *m.*

disapprove [ˌdɪsəˈpru:v] *v. tr., Am. E.* rechazar. ‖ ~ **of** desaprobar .

disarm [dɪˈsɑ:rm] *v. tr.* desarmar.

disarmament [ˌdɪsɑ:ˈrməmənt] *n., Mil.* desarme *m.*

disaster [dɪˈzæstər] *n.* desastre *m.*

disastrous [ˌdɪˈzæstrəs] *adj.* desastroso.

disband [dɪsˈbænd] *v. tr.* disolver.

disc ['dɪsk] *n.* *disk.

disc jockey ['dɪsk,dʒɒki] *sust. phr., fam.* pinchadiscos *m. inv.*

discern [dɪˈsɜ:rn] *v. tr.* discernir. atisbar.

discernible [dɪˈsɜ:rnəbəl] *adj.* (perceptible) discernible; perceptible.

discernment [dɪˈsɜ:rnmənt] *n., frml.* discernimiento *m.*; criterio *m.*

discharge [dɪsˈtʃɑ:rdʒ] *n.* **1.** (of a gun) descarga *f.* **2.** (of duty) desempeño *m.* **3.** (of debt) descargo *m.* ‖ *v. tr.* **4.** (task) cumplir. **5.** *Electron.* descargar. **6.** (patient) dar de alta.

disciple [dɪˈsaɪpəl] *n.* discípulo *m.*

discipline ['dɪsəplɪn] *n.* **1.** disciplina *f.* ‖ *v. tr.* **2.** disciplinar.

disclose [dɪsˈkloʊz] *v. tr.* (secret) revelar; descubrir.

discography [dɪsˈkɒgrəfi:] *n., frml.* discografía *f. form.*

discolored, discoloured (Br.E) [ˌdɪsˈkələ:rd] *adj.* descolorido.

discomfort [dɪsˈkʌmfərt] *n.* **1.** incomodidad *f.* **2.** (physical) malestar *m.*

disconcert [ˌdɪskənˈsɜ:rt] *v. tr.* (disturb) desconcertar; turbar.

disconnect [ˌdɪskəˈnekt] *v. tr.* **1.** desconectar. **2.** *Electron.* desenchufar.

discontent [ˌdɪskənˈtent] *n.* descontento *m.*; disgusto *m.*

discontinuous [ˌdɪskənˈtɪnjuəs] *adj.* discontinuo; intermitente.

discord ['dɪskɔ:rd] *n.* discordia *f.*

discordant [dɪsˈkɔ:rdənt] *adj.* disonante.

discotheque ['dɪskə,tek] *n.* discoteca *f.*

discount ['dɪskaʊnt] *n.* **1.** descuento *m.*; rebaja *f.* ‖ *v. tr.* **2.** descontar.

discourage [dɪsˈkʌrɪdʒ] *v. tr.* (depress) desalentar; desanimar.

discouragement [dɪsˈkʌrɪdʒmənt] *n.* (dejection) desaliento *m.*; desánimo *m.*; decaimiento *m.*

discourse ['dɪskɔ:rs] *n.* **1.** disertación *f.* **2.** *Ling.* discurso *m.*

discourteous [dɪsˈkɜ:rtɪəs] *adj.* (impolite) descortés; grosero.

discourtesy [dɪsˈkɜ:rtəsi:] *n., frml.* descortesía *f.*; grosería *f.*

discover [dɪsˈkʌvər] *v. tr.* **1.** (find) descubrir. **2.** (find out) hallar.

discovery [dɪsˈkʌvəri] *n.* (finding) descubrimiento *m.*; hallazgo *m.*

discredit [dɪsˈkredɪt] *n.* **1.** (disgrace) descrédito. ‖ *v. tr.* **2.** desacreditar.

discreet [dɪsˈkriːt] *adj.* discreto.

discretion [dɪsˈkreʃən] *n.* (tact) discreción *f.*; prudencia *f.*

discriminate [dɪsˈkrɪmɪneɪt] *v. intr.* distinguir. ‖ **to ~ between** discriminar (entre).

discuss [dɪsˈkʌs] *v. tr.* discutir.

discussion [dɪsˈkʌʃən] *n.* discusión *f.*

disdain [dɪsˈdeɪn] *n.* **1.** desdén *m.* ‖ *v. tr.* **2.** despreciar; desdeñar.

disdainful [dɪsˈdeɪnfəl] *adj.* desdeñoso.

disease [dɪˈziːz] *n.*, *Med.* enfermedad *f.*

disembark [dɪsəmˈbɑːrk] *v. tr. & intr.* (land) desembarcar.

disengage [dɪsenˈɡeɪdʒ] *v. tr.* (extricate) desasir; soltar; desprender.

disentangle [ˌdɪsenˈtæŋɡəl] *v. tr.* (unravel) desenredar.

disgrace [dɪsˈɡreɪs] *n.* **1.** deshonra *f.* ‖ *v. tr.* **2.** deshonrar.

disguise [dɪsˈɡaɪz] *v. tr.* **1.** disfraz *m.* ‖ *v. tr.* **2.** disfrazar. **3.** *fig.* enmascarar.

disgust [dɪsˈɡʌst] *n.* asco *m.*

disgusting [dɪsˈɡʌstɪŋ] *adj.* asqueroso. **how ~ !** ¡qué asco!

dish [dɪʃ] *n.* plato *m.* ‖ **~ liquid** lavavajillas *m. inv.*

dishcloth [ˈdɪʃˌklɔːθ] *n.* paño de cocina; bayeta *f.*

dishearten [dɪsˈhɑːrtn] *v. tr.* (discourage) desalentar; desanimar.

dishevel [ˌdɪˈʃevəl] *v. tr.* despeinar.

dishonest [dɪsˈɒnɪst] *adj.* deshonesto.

dishonesty [dɪsˈɒnəstiː] *n.* falta de honradez.

dishonor, dishonour (Br.E) [dɪsˈɒnər] *n.* **1.** deshonra *f.* ‖ *v. tr.* **2.** deshonrar.

dishwasher [ˈdɪʃˌwɒʃər] *n.* lavavajillas *m. inv.*; lavaplatos *m. inv.*

disillusion [dɪsəˈluːʒən] *v. tr.* **1.** desilusionar. ‖ *n.* **2.** desilusión *f.*

disinfect [dɪsɪnˈfekt] *v. tr.* desinfectar.

disintegrate [dɪsˈɪntəɡreɪt] *v. intr.* (break up) desintegrarse; disgregarse.

disinterested [dɪˈsɪntərəstɪd] *adj.* (unselfish) desinteresado.

disjointed [dɪsˈdʒɔɪntɪd] *adj.* (incoherent) sin relación; inconexo.

disk, disc (Br.E) [dɪsk] *n.* disco *m.*

diskette [ˌdɪsˈket] *n.*, *Comput.* disquete *m.*

dislike [dɪsˈlaɪk] *n.* aversión *f.*; antipatía *f.*

dislocate [ˈdɪsloʊˌkeɪt] *v. tr.* **1.** dislocar. ‖ *v. intr.* **2.** dislocarse.

dislocation [dɪsloʊˈkeɪʃən] *n.* *Med.* dislocación *f.*

dislodge [dɪsˈlɒdʒ] *v. tr.* desalojar.

disloyal [dɪsˈlɔɪəl] *adj.* desleal; infiel.

disloyalty [ˌdɪsˈlɔɪəltiː] *n.* deslealtad *f.*

dismal [ˈdɪzməl] *adj.* lúgubre; triste.

dismantle [dɪsˈmæntəl] *v. tr.* (take apart) desmantelar; desarmar.

dismay [dɪsˈmeɪ] *n.* (distress) desaliento *m.*; desánimo *m.*

dismiss [dɪsˈmɪs] *v. tr.* **1.** (worker) despedir. **2.** (executive) destituir.

dismissal [dɪsˈmɪsəl] *n.* **1.** (worker) despido *m.* **2.** (executive) destitución *f.*

dismount [dɪsˈmaʊnt] *v. tr.* **1.** desmontar. ‖ *v. intr.* **2.** apearse. **3.** (horseman) desmontar.

disobedient [dɪsəˈbiːdiənt] *adj.* desobediente. ‖ **~ person** desobediente *m. y f.*

disobey [dɪsəˈbeɪ] *v. tr.* desobedecer.

disorder [dɪsˈɔːrdər] *n.* **1.** desorden *m.* **2.** *Med.* trastorno *m.*

disparity [dɪsˈpærəti:] *n.* desigualdad *f.*

dispassionate [dɪsˈpæʃənɪt] *adj.* (impartial) desapasionado.

dispatch or despatch [dɪsˈpætʃ] *n.* **1.** (sending) expedición *f.* **2.** comunicado *m.* **3.** *Mil.* parte *m.* ‖ *v. tr.* **4.** enviar.

dispel [dɪsˈpəl] *v. tr.* disipar; desvanecer.

dispense [dɪsˈpens] *v. tr.* **1.** dispensar. **2.** *Law, fig.* (justice) administrar.

disperse [dɪsˈpɜːrs] *v. tr.* **1.** dispersar. ‖ *v. intr.* **2.** dispersarse.

displace [dɪsˈpleɪs] *v. tr.* desplazar.

displacement [dɪsˈpleɪsmənt] *n.* desplazamiento *m.*

display [dɪsˈpleɪ] *n.* **1.** exhibición *f.;* alarde *m.* ‖ *v. tr.* **2.** mostrar. **3.** (show) exhibir; lucir. **4.** (show off) hacer alarde (de algo).

displease [dɪsˈpliːz] *v. tr.* desagradar.

displeasure [dɪsˈpleʒər] *n.* desagrado *m.;* disgusto *m.*

disposable [dɪsˈpoʊzəbəl] *adj.* (non returnable) desechable.

disposal [dɪsˈpoʊzəl] *n.* **1.** eliminación *f.* **2.** *frml.* (arrangement) disposición *f.*

dispose [dɪsˈpoʊz] *v. tr.* disponer.

disposition [dɪspəˈzɪʃən] *n.* disposición *f.*

dispute [dɪsˈpjuːt] *n.* **1.** disputa *f.* ‖ *v. tr.* **2.** disputar. **3.** (matter) discutir.

disqualify [dɪsˈkwɒlɪfaɪ] *v. tr.* **1.** incapacitar. **2.** *Sports.* descalificar.

disquiet [dɪsˈkwaɪət] *n.* inquietud *f.*

disregard [ˌdɪsrɪˈɡɑːrd] *v. tr.* (ignore) desatender; descuidar.

disrespect [ˌdɪsrəsˈpekt] *n.* (contempt) falta de respeto.

disrupt [dɪsˈrʌpt] *v. tr.* **1.** interrumpir. **2.** (plans) desorganizar.

dissatisfaction [dɪsˌsætɪsˈfækʃən] *n.* (disappointment) descontento *m.*

dissect [dɪˈsekt] *v. tr.* **1.** (person) diseccionar. **2.** (animal) disecar.

disseminate [dɪˈsemənət] *v. tr.* **1.** diseminar. **2.** (spread) esparcir.

dissent [dɪˈsent] *n.* **1.** disensión *f.* ‖ *v. intr.* **2.** disentir.

dissertation [ˌdɪsɜːrˈteɪʃən] *n.* disertación *f.*

dissipate [ˈdɪsɪpet] *v. tr.* disipar.

dissociate [dɪˈsoʊʃɪet] *v. tr.* (separate) disociar; disgregar.

dissolution [ˌdɪsəˈluːʃən] *n.* disolución *f.*

dissolve [dɪˈzɒlv] *v. tr.* **1.** disolver. ‖ *v. intr.* **2.** (liquid) disolverse.

dissuade [dɪˈsweɪd] *v. tr.* disuadir.

distance [ˈdɪstəns] *n.* distancia *f.;* lejanía *f.* ‖ **in the ~** a lo lejos.

distant [ˈdɪstənt] *adj.* **1.** lejano; remoto. **2.** (matter) distante.

distaste [dɪsˈteɪst] *n.* aversión *f.*

distill, distil (Br.E) [dɪsˈtɪl] *v. tr.* destilar.

distillation [ˌdɪstəˈleɪʃən] *n.* destilación *f.*

distillery [dɪsˈtɪləri:] *n.* destilería *f.*

distinction [dɪsˈtɪŋkʃən] *n.* (difference) distinción *f.;* diferencia *f.*

distinctive [dɪsˈtɪŋktɪv] *adj.* (easily identifiable) distintivo; característico.

distinguish [dɪsˈtɪŋwɪʃ] *v. tr.* distinguir.

distinguished [dɪsˈtɪŋgwɪʃt] *adj.* distinguido.

distort [dɪsˈtɔːrt] *v. tr.* **1.** (reality, the truth) deformar. **2.** (facts) tergiversar.

distortion [dɪsˈtɔːrʃən] *n.* **1.** deformación *f.* **2.** (of sound, image) distorsión *f.*

distract [dɪsˈtrækt] *v. tr.* distraer.

distracted [dɪsˈtæktɪd] *adj.* aturdido.

distraction [dɪsˈtrækʃən] *n.* distracción *f.*

distress [dɪsˈtres] *n.* **1.** angustia *f.* ‖ *v. tr.* **2.** angustiar; afligir.

distressed [dɪsˈtrest] *adj.*(upset) afligido; apurado; angustiado.

distressing [dɪsˈtresɪŋ] *adj.* desconsolador; penoso.

distribute [dɪsˈtrɪbjʊt] *v. tr.* **1.** distribuir. **2.** (share out) repartir.

distribution [ˌdɪstrɪˈbjuːʃən] *n.* distribución *f.*; reparto *m.*

district [ˈdɪstrɪk] *n.* **1.** (of country) región *f.* **2.** (of town) barrio *m.* **3.** (administration) distrito *m.*

distrust [dɪsˈtrʌst] *n.* **1.** recelo *m.*; desconfianza *f.* ǁ *v. tr.* **2.** desconfiar.

distrustful [dɪsˈtrʌstfəl] *adj.* desconfiado; receloso.

disturb [dɪsˈtɜːrb] *v. tr.* (bother) molestar; incordiar.

disturbance [dɪsˈtɜːrbens] *n.* **1.** alboroto *m.*; disturbio *m.* **2.** (of routine) alteración *f.* **3.** (worry) preocupación *f.*

disuse [dɪsˈjuːs] *n.* desuso *m.*

ditch [dɪtʃ] *n.* **1.** zanja *f.* **2.** (for irrigation) acequia *f.* **3.** (of roadside) cuneta *f.*

diurnal [daɪˈɜːrnəl] *adj.* (plant, animal) diurno.

divan [dɪˈvæn] *n.* (sofa) diván *m.* ǁ **~ bed** cama turca.

dive [daɪv] *n.* **1.** (underwater) buceo *m.* **2.** (of submarine) inmersión *f.* ǁ *v. intr.* **3.** zambullirse. **4.** (diver) bucear. ǁ *v. tr.* **5.** (thing) zambullir.

diver [ˈdaɪvər] *n.* **1.** (underwater) buzo *m.* **2.** *Sports* saltador *m.*

diverge [dɪˈvɜːrdʒ] *v. intr.* divergir.

divergence [daɪˈvɜːrdʒəns] *n.* (difference) divergencia *f.*; disparidad *f.*

diverse [daɪˈvɜːrs] *adj.* diverso.

diversion [daɪˈvɜːrʃən] *n.* **1.** distracción *f.* **2.** *Br. E., Car* desvío *m.*; desviación *f.*

diversity [dɪˈvɜːrsəti:] *n.* (variety) diversidad *f.*; variedad *f.*

divert [dɪˈvɜːrt] *v. tr.* desviar.

divide [dɪˈvaɪd] *v. tr.* **1.** (split up) dividir. ǁ *v. intr.* **2.** dividirse.

divided [dɪˈvaɪdɪd] *adj.* partido.

dividend [ˈdɪvəˌdend] *n., Math.* dividendo *m.*

divine [dɪˈvaɪn] *adj.* divino.

diving [ˈdaɪvɪŋ] *n.* (underwater) buceo *m.*

divinity [dɪˈvɪnəti:] *n.* divinidad *f.*

division [dɪˈvɪʒən] *n.* **1.** división *f.* **2.** (sharing out) partición *f.*

divorce [dɪˈvɔːrs] *n.* **1.** divorcio *m.* ǁ *v. tr.* **2.** divorciar. ǁ **~ petition** demanda de divorcio. **to get divorced** divorciarse.

divulge [dɪˈvʌldʒ] *v. tr.* (spread) divulgar; difundir; pregonar.

D.I.Y. [diːaɪwaɪ](do-it-yourself) *abbrev.* bricolaje *m.*

dizzy [ˈdɪzi:] *adj.* **1.** (person) mareado. **2.** (height) vertiginoso.

DJ [ˈdiːdʒeɪ](Disc Jockey) *abbrev., fam.* pinchadiscos *m. inv.*

do¹ [duː](p.t. did ; p.p. done) *v. tr.* **1.** hacer. ǁ *v. intr.* **2.** (act) obrar. ǁ **how ~ you ~ ?** ¿cómo está usted? **what ~ you ~ ?** ¿cuál es tu oficio?

do² [duː] *n., Mus.* do *m.*

docile [ˈdɒsəl] *adj.* dócil.

docility [dɒˈsɪləti:] *n.* docilidad *f.*

dock [dɒk] *n.* **1.** *Law* banquillo *m.* **2.** *Nav.* muelle *m.* ǁ *v. intr.* **3.** *Nav.* fondear; atracar (en el muelle).

docker [ˈdɒkər] *n., Nav.* descargador *m.*

dockyard [ˈdɒkjɑːrd] *n.* astillero *m.*

doctor [ˈdɒktər] *n.* médico *m.*; doctor *m.* ǁ **family ~** médico de cabecera.

doctrine [ˈdɒktrɪn] *n.* doctrina *f.*

document [ˈdɒkjəmənt] *n.* **1.** documento *m.* ǁ *v. tr.* **2.** documentar.

documentary [ˌdɒkjəˈmentəri:] *adj. & n., Film* documental *m.*

dodge ['dɒdʒ] *n.* **1.** regate *m.*; evasión *f.* **2.** (trick) truco *m.* || *v. tr.* **3.** esquivar.

dog [dɒg] *n.* perro *m.*; can *m. lit.*

dogma ['dɒgmə] *n.* dogma *m.*

do-it-yourself ['duːɪtˌjɔːrˌself] *n.* bricolaje *m.*

doll [dɒl] *n.* muñeca *f.*

dollar ['dɒlər] *n.*, *Econ.* (American unit of currency) dólar *m.*

dolphin ['dɒlfɪn] *n.*, *Zool.* delfín *m.*

domain [doʊˈmeɪn] *n.*, *Comput.* dominio *m.*; campo *m.*

dome [doʊm] *n.*, *Archit.* (roof) cúpula *f.*

domestic [dəˈmestɪk] *adj.* **1.** doméstico. **2.** (national) nacional. || ~ **flights** *Aeron.* vuelos nacionales.

domesticate [dɒˈmestɪˌkeɪt] *v. tr.*, *Zool.* domesticar; domar.

dominance ['dɒmənəns] *n.* dominación *f.*

dominate ['dɒmɪˌneɪt] *v. tr.* dominar.

domination ['dɒmɪˌneɪʃən] *n.* dominación *f.*; dominio *m.*

domineering [ˌdɒməˈnɪrɪŋ] *adj.* mandón *fam.*; dominante.

Dominican [dəˈmɪnɪkən] *adj.* & *n.* dominicano *m.*

dominion [dəˈmɪnjən] *n.* dominio *m.*

domino ['dɒmənoʊ] *n.* **1.** (piece) dominó *m.* || **dominoes** *n. pl.* **2.** (game) dominó *m. sing.*

donate [doʊˈneɪt] *v. tr.* donar.

donation [doʊˈneɪʃən] *n.* **1.** (act) donación *f.* **2.** (gift) donativo *m.*

donkey ['dɒŋkiː] *n.* burro *m.*

donor ['doʊnər] *n.* donante *m. y f.* || **blood** ~ *Med.* donante de sangre.

doom [duːm] *n.* **1.** destino *m.* || *v. tr.* **2.** (condemn) condenar.

door [dɔːr] *n.* **1.** puerta *f.* **2.** *fig.* entrada *f.* || **back** ~ puerta trasera. ~ **handle** pica-

porte *m.* ~ **knocker** llamador *m.* ~ **to** ~ de puerta en puerta.

doorbell ['dɔːrbel] *n.* timbre *m.*

doorframe ['dɔːˌfreɪm] *n.* marco *m.*

doorkeeper ['dɔːrˌkiːpər] *n.* portero *m.*

doormat ['dɔːrˌmæt] *n.* felpudo *m.*

doorway ['dɔːrweɪ] *n.* entrada *f.*

dope [doʊp] *n.* **1.** *Sports* droga *f.* || *v. tr.* **2.** (an animal) drogar. || *v. intr.* **3.** (person) drogarse; doparse.

dormitory ['dɔːrmɪˌtɔːrɪ] *n.* **1.** *Br. E.* dormitorio *m.* **2.** *Am. E.* (hall) residencia *f.*

dose [doʊs] *n.* dosis *f. inv.*

dossier ['dɒsɪˌeɪ] *n.* expediente *m.*

dot [dɒt] *n.* **1.** *Ling.* punto *m.* || *v. tr.* **2.** puntear.

dote [doʊt] *v. intr.* (on sb) adorar.

double ['dʌbəl] *adj.* **1.** doble. || *n.* **2.** doble *m.* || *adv.* **3.** doble. || *v. tr.* **4.** doblar. **5.** (numbers) duplicar. || *v. intr.* **6.** doblarse. || **double-edged** *adj.* **7.** de doble filo.

double bass ['dʌbəlˌbeɪs] *sust. phr.*, *Mus.* (instrument). contrabajo *m.* || ~ **player** *Mus.* contrabajo *m.*

doubt [daʊt] *n.* **1.** (uncertainty) duda *f.*; incertidumbre *f.* || *v. tr.* **2.** dudar.

dough [doʊ] *n.* **1.** *Gastr.* (for bread) masa *f.* **2.** *Gastr.* (for cakes) pasta *f.*

doughy ['doʊɪ] *adj.* (substance) pastoso *m.*

dove [dʌv] *n.*, *Zool.* paloma *f.*

down[1] [daʊn] *adj.* **1.** decaído. || *adv.* **2.** (position) abajo [It's down there. *Está ahí abajo.*] **3.** (direction) hacia abajo. **4.** (crossword) vertical [Do you know eleven down? *¿Sabes cuál es el once vertical?*] || *v. tr.* **5.** *coll.* abatir. || *prep.* **6.** abajo [She went down the road. *Se dirigió calle abajo.*] ~ **to date** hasta la fecha. ~ **with!** ¡abajo! [Down with the dictatorship! *¡Abajo la dictadura!*]

down² [daʊn] *n.* **1.** *Zool.* (bird) plumón *m.* **2.** (fluff) pelusa *f.* **3.** (face) vello *m.*; pelo *m.*

downcast ['daʊn,kæst] *adj.* abatido.

downfall ['daʊnfɔ:l] *n.* ruina *f.*

downhearted ['daʊn,hɑ:rtɪd] *adj.* (discouraged) caído; desanimado.

downhill ['daʊn,hɪl] *adj.* **1.** de bajada. ‖ *adv.* **2.** cuesta abajo.

download ['daʊn,loʊd] *v. tr.*, *Comput.* bajar; descargar.

downpour ['daʊn,pɔ:r] *n.* aguacero *m.*

downstairs [(daʊnœsterz] *adv.* (in a building) abajo.

downstream ['daʊn'stri:m] *adv.* aguas abajo.

downtown ['daʊn,taʊn] *adj.* **1.** *Am. E.* céntrico. ‖ *n.* **2.** *Am. E.* centro *m.*

downward or downwards ['daʊnwərd] *adv.* hacia abajo [Pull downward! *¡Tira hacia abajo!*]

dowry ['daʊərɪ] *n.* dote *f.*

doze [doʊz] *n.* **1.** (nod) cabezada *f.* ‖ *v. intr.* **2.** dormitar; adormilarse.

dozen ['dʌzən] *n.* docena *f.*

drab [dræb] *adj.* (humdrum) monótono; gris; aburrido.

draft ['dræft] *n.* **1.** borrador *m.* **2.** *Econ.* (check) giro *m.* **3.** *Mil.* quinta *f.* ‖ *v. tr.* **4.** hacer un borrador de. ‖ **~ beer** *Am. E.* cerveza de barril.

draftsman, draughtsman (Br.E) ['dræftsmən] *n.*, *Am. E.* delineante *m.*

draftswoman, draughtswoman (Br.E) ['dræftswʊmən] *n.*, *Am. E.* delineante *f.*

drag [dræg] *n.* **1.** *fam.* (nuisance) pesadez *f.* **2.** *slang* (on cigarette) calada *f.* ‖ *v. tr.* **3.** arrastrar.

dragon ['drægən] *n.*, *Myth.* dragón *m.*

drain [dreɪn] *n.* **1.** desagüe *m.* **2.** (in street) sumidero *m.* ‖ *v. tr.* **3.** (land) desaguar. ‖ *v. intr.* **4.** escurrirse.

drainage ['dreɪnɪdʒ] *n.* **1.** desagüe *m.* **2.** (of fields) drenaje *m.*

drama ['drɑ:mə] *n.* drama *m.*

dramatist ['dræmətɪst] *n.*, *Theat.* (playwright) dramaturgo *m.*

drape [dreɪp] *n.*, *Am. E.* cortina *f.*

drastic ['dræstɪk] *adj.* (severe) drástico.

draught ['dræft] *n. f.* **1.** *Br. E.* corriente *f.* (de aire). **2.** *Br. E.*, *Nav.* calado *m.* ‖ **~ beer** *Br. E.* cerveza de barril.

draughts ['dræfts] *n.*, *Br. E.* (game) damas *pl.*

draw [drɔ:] *n.* **1.** *Br. E.*, *Sports* empate *m.* **2.** (lottery) sorteo *m.* ‖ *v. tr.* (p.t. drew ; p.p. drawn) **3.** (picture) dibujar ; pintar. **4.** (pull) tirar. **5.** (a curtain, bolt) descorrer. ‖ *v. intr.* **6.** (chimney) tirar. **7.** *Br. E.*, *Sports* empatar.

drawback ['drɔ:bæk] *n.* (disadvantage) desventaja *f.*; inconveniente *m.*

drawer ['drɔ:ər] *n.* **1.** cajón *m.* **2.** *Econ.* (of check) librador *m.*

drawing ['drɔ:ɪŋ] *n.* dibujo *m.* ‖ **~ pin** *Br. E.* chincheta *f.*

drawl [drɔ:l] *v. tr.* hablar lentamente.

dread [dred] *n.* horror *m.*; pavor *m.*

dreadful ['dredfəl] *adj.* pésimo; espantoso.

dream [dri:m] *n.* **1.** sueño *m.* ‖ *v. tr.* & *intr.* (p.t. and p.p. dreamt or dreamed) **2.** soñar.

dreamer ['dri:mər] *n.* soñador *m.*

dredge ['dredʒ] *v. tr.* dragar.

dregs [dregz] *n. pl.* (sediment) poso *m. sing.*; sedimento *m. sing.*

drench [drentʃ] *n.* **1.** mojadura *f.*; chupa *f.* ‖ *v. tr.* **2.** (soak) mojar.

drenching [drentʃɪŋ] *adj.* torrencial.

dress [dres] *n.* **1.** vestido *f.* **2.** (for women) traje *m.* ‖ *v. tr.* **3.** vestir. **4.** aliñar; aderezar. ‖ **to ~ up** arreglarse. (in fancy dress) disfrazarse. **to get dressed** vestirse.

dressing ['dresɪŋ] *n.* **1.** (bandage) vendaje *m.* **2.** *Gastr.* aliño *m.* ‖ **~ case** neceser *m.* **~ gown** *Br. E.* bata *f.* **~ room** camerino *m.*

dribble ['drɪbəl] *n.* **1.** baba *f.* **2.** *Sports* regate *m.* ‖ *v. intr.* **3.** (baby) babear. ‖ *v. tr.* **4.** *Sports* regatear.

dried [draɪd] *adj.* **1.** (fruit) seco. **2.** (milk) en polvo.

drift [drɪft] *n. f.* **1.** (of sand) montón *m.* **2.** *Nav.* deriva *f.* ‖ *v. tr.* **3.** (snow, sand) amontonar. ‖ *v. intr.* **4.** *Nav.* ir a la deriva. **5.** (snow, sand) amontonarse.

drill [drɪl] *n.* **1.** taladro *m.* ‖ *v. tr.* **2.** taladrar. **3.** *Miner.* perforar.

drink [drɪŋk] *n.* **1.** bebida *f.* **2.** (alcoholic) copa *f.* ‖ *v. tr. & intr.* (p.t. drank ; p.p. drunk) **3.** beber. ‖ **soft ~** refresco *m.*

drinkable ['drɪŋkəbəl] *adj.* potable.

drinking ['drɪŋkɪŋ] *adj.* bebida *f.* ‖ **~ water** agua potable.

drip [drɪp] *n.* **1.** goteo *m.* ‖ *v. tr.* (p.t. and p.p. dripped or dripp) **2.** gotear. ‖ *v. intr.* **3.** (liquid) escurrir; escurrirse.

drippings ['drɪpɪŋz] *n. pl.* (of candle) moco *m. sing.*

drive [draɪv] *n.* **1.** paseo en coche. **2.** (energy) energía *f.* ‖ *v. tr.* (p.t. drove ; p.p. driven) **3.** *Car* conducir.

drivel ['drɪvəl] *n.* barbaridad *f.*

driver ['draɪvər] *n., Car* conductor *m.;* chófer *m.* ‖ **driver's license** *Am. E.* carné de conducir.

driving ['draɪvɪŋ] *n.* conducción *f.* ‖ **~ licence** *Br. E.* carné de conducir. **~ school** *Car* autoescuela *f.*

drizzle ['drɪzəl] *n. inv., Meteor.* **1.** llovizna *f.* ‖ *v. intr.* **2.** gotear; lloviznar.

dromedary ['drɒmədəri] *n., Zool.* dromedario *m.*

drone ['droun] *n.* zumbido *m.*

drool ['dru:l] *n.* **1.** *Am. E.* (dribble) baba *f.* ‖ *v. intr.* **2.** babear.

drop [drɒp] *n.* **1.** gota *f.* **2.** (fall) caída *f.* **3.** (lessening) baja *f.* ‖ *v. tr.* (p.t. and p.p. pped) **4.** dejar caer. **5.** (price, voice) bajar. ‖ *v. intr.* **6.** caerse. ‖ **~ by ~** gota a gota.

dropper [drɒpər] *n.* cuentagotas *m. inv.*

droppings ['drɒpɪŋz] *n. pl.* (of animals) cagarruta *f. sing.;* excrementos *m.*

dross [drɒs] *n.* **1.** (rubbish) basura *f.* **2.** (of metal) escoria *f.*

drought [draut] *n.* sequía *f.*

drown [draun] *v. tr.* **1.** ahogar. ‖ *v. intr.* **2.** ahogarse; morir ahogado.

drowsiness ['drauzinis] *n.* (sleepiness) modorra *f.;* somnolencia *f.*

drowsy ['drauzi] *adj.* (sleepy) soñoliento. ‖ **feel ~** adormecerse.

drudge [drʌdʒ] *v. intr.* trabajar como un esclavo.

drug [drʌg] (p.t. and p.p. gged) *n.* **1.** droga *f.* ‖ *v. tr.* **2.** drogar. ‖ **~ addict** drogadicto *m.;* drogodependiente *m. y f.* **~ addiction** consumo de drogas. **to take drugs** drogarse.

drugstore ['drʌgstɔːr] *n.* **1.** droguería *f.* **2.** *Am. E.* (shop) farmacia *f.*

drum [drʌm] *n.* **1.** *Mus.* tambor *m.* **2.** (container) bidón *m.* ‖ **drums** *n. pl.* **3.** batería *f.*

drumstick ['drʌmˌstɪk] *n., Mus.* baqueta *f.*

drunk [drʌŋk] *adj.* **1.** borracho; ebrio. ‖ *n.* **2.** borracho *m.* ‖ **to get ~** emborracharse; embriagarse.

drunkard ['drʌŋkərd] n. borracho m.

drunken ['drʌŋkən] adj. (drunk) borracho; embriagado.

drunkenness ['drʌŋkənnɪs] n., frml. embriaguez f.; borrachera f.

dry [draɪ] adj. **1.** seco. ‖ v. tr. (p.t. and p.p. dried) **2.** secar. **3.** (tears) enjugar. ‖ v. intr. **4.** secarse.

dry-cleaner's ['draɪ‚kli:nərs] n. tintorería f.

dry-cleaning ['draɪ‚kli:nɪŋ] n. limpieza en seco.

dryness ['draɪnɪs] n. **1.** sequedad f. **2.** (dullness) aridez f.

duality [du'ælətɪ] n. dualidad f.

dubbing ['dʌbɪŋ] n., Film doblaje m.

dubious [(du:)bɪəs] adj. dudoso.

duck[1] [dʌk] n. **1.** Zool. (male) pato m. **2.** Zool. (female) pata f.

duck[2] ['dʌk] v. tr. **1.** (head) agachar. **2.** (submerge) zambullir. ‖ v. intr. **3.** (bow down) agacharse.

ductile ['dʌktəl] adj. dúctil.

dud ['dʌd] n., fam. (person) calamidad f.

due [dju:] adj., frml. (proper) debido.

duel ['dʊəl] n. **1.** duelo m. ‖ v. intr. **2.** Br. E. batirse en duelo.

duet [dʊ'et] n., Mus. dúo m.

duffel coat or duffle coat ['dʌfəl‚kɔʊt] sust phr. trenca f.

dull [dʌl] adj. **1.** insípido; soso. **2.** (boring) aburrido. **3.** (color) apagado. ‖ v. tr. **4.** entorpecer. ‖ v. intr. **5.** entorpecerse.

dumb [dʌm] adj. **1.** mudo; callado. **2.** Am. E. (stupid) tonto; estúpido.

dumbfound [dʌm'faʊnd] v. tr. (amaze) dejar sin habla; pasmar.

dumbfounded ['dʌm‚faʊndəd] adj. atónito; pasmado.

dummy ['dʌmɪ] n. **1.** (in shop window) maniquí m. **2.** Br. E. chupete m.

dump [dʌmp] n. **1.** (heap) montón de basura. **2.** (place) basurero; vertedero m. **3.** coll. antro.

dumping ['dʌmpɪŋ] n. vertido m.

dun [dʌn] n. (color) pardo; pardusco.

dune [du:n] n., Geogr. duna f.

dung [dʌŋ] n. boñiga f.; estiércol m.

dungeon ['dʌndʒən] n. mazmorra f.; calabozo m.

dupe [du:p] n. **1.** fam. (victim) primo m. ‖ v. tr. **2.** (trick) engañar; embaucar.

duplex ['du:‚pleks] n., Am. E. (appartment) dúplex m. inv.

duplicate ['du:plɪkeɪt] n. **1.** duplicado m. ‖ v. tr. **2.** duplicar. ‖ **in ~** por duplicado.

duplicator ['du:plɪ‚keɪtə] adj. & n. multicopista f.; fotocopiadora f.

duration [dʊ'reɪʃən] n. duración f.

duress [dʊ'res] n. coacción f.

during ['dʊrɪŋ] prep. durante [Don't smoke during the journey. No fumes durante el viaje.]

dusk [dʌsk] n., frml. (nightfall) anochecer m.; crepúsculo m.

dust [dʌst] n. **1.** polvo m. ‖ v. tr. **2.** desempolvar. ‖ **~ cloth** Am. E. trapo m.; gamuza f.

dustbin ['dʌst‚bɪn] n., Br. E. basura f.

duster ['dʌstər] n. **1.** Br. E. trapo m. **2.** (for blackboard) borrador m.

dustman ['dʌstmən] n. basurero m.

dustpan ['dʌst‚pæn] n. recogedor m.

dusty ['dʌstɪ] adj. polvoriento.

duty ['du:tɪ] n. **1.** obligación f.; deber m. **2.** Econ. (tax) impuesto m.

duvet ['du:veɪ] n., Br. E. edredón m.

dwarf [dwɔ:rf] adj. **1.** enano. ‖ n. **2.** enano m. ‖ v. tr. **3.** empequeñecer.

dwell [dwel](p.t. and p.p. dwelled or dwelt) v. intr. morar form.

dwelling ['dwelɪŋ] *n.* (house) morada *f.*; vivienda *f.*

dye [daɪ] *n.* **1.** tinte *m.* ‖ *v. tr.* **2.** teñir; tintar.

dying ['daɪɪŋ] *adj.* moribundo.

dyke ['daɪk] *n., Br. E., Nav.* dique *m.*

dynamic or dynamical [daɪ'næmɪk] *adj.* dinámico.

dynamite ['daɪnəmaɪt] *n.* dinamita *f.*

dynasty ['daɪnəsti:] *n.* dinastía *f.*

E

E [i] *n.*, *Mus.* mi *m.*

e [i] *n.* (letter) e *f.*

each [i:tʃ] *pron.* **1.** cada uno; sendos [He has several companies; each with a different name. *Tiene varias empresas, cada una con un nombre distinto.*] ‖ *adj. inv.* **2.** (individually) cada [I have one thing in each hand. *Tengo una cosa en cada mano.*] ‖ **~ other** el uno al otro [They love each other. *Se aman el uno al otro.*] nos [We stared at each other. *Nos miramos fijamente.*] os [Why do you hate each other? *¿Por qué os odiáis?*] se [They met each other two weeks ago. *Se conocieron hace dos semanas.*]

eager ['i:gər] *adj.* **1.** (anxious) ansioso. **2.** (hopeful) deseoso.

eagle ['i:gəl] *n.*, *Zool.* águila *f.*

ear [ɪr] *n.* **1.** *Anat.* oreja *f.* **2.** (sense) oído *m.* **3.** (wheat) espiga *f.* ‖ **by ~** de oído. **up to one's ears** *fig. y fam.* hasta aquí.

eardrum ['ɪr,drʌm] *n.*, *Anat.* tímpano *m.*

early ['ɜ:rlɪ] *adj.* **1.** temprano. ‖ *adv.* **2.** (before the expected time) temprano; pronto. ‖ **~ in the morning** muy de mañana.

earn [ɜ:rn] *v. tr.* **1.** (money) ganar. ‖ *v. intr.* **2.** (respect) ganarse.

earnings ['ɜ:rnɪŋs] *n. pl.* ganancias *f.*

earring ['ɪrɪŋ] *n.* pendiente *m.*; arete *m.*

earth [ɜ:rθ] *n.* **1.** (planet) tierra *f.* **2.** (world) mundo *m.*

earthen ['ɜ:rθən] *adj.* **1.** de tierra. **2.** (pot) de barro, de arcilla.

earthenware ['ɜ:rθənwer] *n.* **1.** loza *f.* de barro. ‖ *adj.* **2.** de barro.

earthling ['ɜ:rθlɪŋ] *n.* terrícola *m. y f.*

earthly ['ɜ:rθlɪ] *adj.* terrenal; mundano.

earthquake ['ɜ:rθˌkweɪk] *n.*, *Geol.* terremoto *m.*; seísmo *m.*

earthworm ['ɜ:rθˌwɜ:rm] *n.* lombriz *f.* (de tierra); gusano *m.*

earthy ['ɜ:rθɪ] *adj.* **1.** (color, taste) terroso. **2.** *fig.* (bawdy) grosero.

ease ['i:z] *n.* **1.** facilidad *f.* **2.** (comfort) comodidad *f.* ‖ *v. tr.* **3.** facilitar. **4.** (pain) aliviar. ‖ **at ~** *fam.* a sus anchas.

easel ['i:zəl] *n.* (of a painter) caballete *m.*

easily ['i:zəlɪ] *adv.* con facilidad.

east [i:st] *n.* (cardinal point) este *m.*; oriente *m.* ‖ **Middle East** Oriente Medio. **Near East** Oriente Próximo.

Easter ['i:stər] *n.* Pascua *f.*

eastern ['i:stɜ:rn] *adj.* oriental.

eastwards ['i:stˌwɜ:rds] *adv.* hacia el este.

easy ['i:zɪ] *adj.* fácil; sencillo. ‖ **to take it ~** tomárselo con calma.

easy chair ['i:zɪˌtʃer] *n.* butaca *f.*

eat [i:t] (p.t. ate ; p.p. eaten) *v. tr.* comer.

eatable ['i:təbəl] *adj.* **1.** (edible) comestible. ‖ **eatables** *n. pl.* **2.** comestibles *m.*; alimentos *m.*

eaves ['i:vz] *n. pl.* alero *m. sing.*

ebb [eb] *n.* **1.** (marea baja) reflujo *m.* ‖ *v. intr.* **2.** (tide) bajar.

ebony ['ebənɪ] *n.*, *Bot.* ébano *m.*

eccentric [ɪk'sentrɪk] *adj.* **1.** excéntrico. **2.** (person) extravagante; estrafalario. ‖ *n.* **3.** excéntrico *m.*

ecclesiastic [ɪˌkli:zi:'æstɪk] *adj.*, *Rel.* eclesiástico.

ecclesiastical [ɪˌkli:zi:'æstɪkəl] *adj.*, *Rel.* eclesiástico.

echo ['ekoʊ] (pl.: -es) *n.* **1.** eco *m.* ‖ *v. intr.* **2.** resonar; hacer eco.

eclipse [ɪ'klɪps] *n.* **1.** eclipse (de sol, de luna) *m.* ‖ *v. tr.* **2.** eclipsar.

ecologist [ɪ'kɒledʒɪst] *n.* ecologista *m. y f.*; ecólogo *m.*

ecology [ɪˈkɒlədʒiː] *n.* ecología *m.*

economic [ˌekəˈnɒmɪk] *adj.* económico.

economical [ˌekəˈnɒməkəl] *adj.* (affordable) económico; asequible.

economize, economise (Br.E) [ɪˈkɒnəmaɪ] *v. tr.* economizar; ahorrar.

economy [ɪˈkɒnəmiː] *n.* economía *f.*

ecosystem [ˈekouˌsɪstəm] *n.* ecosistema *m.*

ecstasy [ˈekstəsiː] *n.* éxtasis *m. inv.*

Ecuadoran [ekwəˈdɔːran] *adj.* & *n.* ecuatoriano *m.*

Ecuadorian [ekwˈədɔːrɪan] *adj.* & *n.* ecuatoriano *m.*

eddy [ˈedɪ] *n.* remolino *m.*

edge [edʒ] *n.* **1.** (cutting part) filo *m.* **2.** (of object) borde *m.* **3.** (of river) orilla *f.* ‖ *v. tr.* **4.** (a knife) afilar. **5.** (an object) bordear. **6.** (sew) ribetear.

edging [ˈedʒɪŋ] *n.* (in dress) ribete *m.*; orla *f.*; borde, *m.*

edible [ˈedəbəl] *adj.* comestible.

edict [ˈiːdɪkt] *n.* edicto *m.*; bando *m.*

edify [ˈedɪfaɪ] *v. tr.* edificar.

edit [ˈedɪt] *v. tr.* **1.** (correct, cut) editar. **2.** (film, tape) montar.

edition [əˈdɪʃən] *n.* **1.** edición *f.* **2.** (number printed) tirada *f.* ‖ **first ~** (press) primera edición.

editor [ˈedɪtər] *n.* **1.** editor *m.* **2.** (of text) redactor *m.* **3.** (of newspaper) director *m.*

editorial [edɪˈtɔːrəl] *adj.* **1.** editorial. ‖ *n.* **2.** (article) editorial *m.*

educate [ˈedʒəˌkeɪt] *v. tr.* **1.** (teach) educar. **2.** (instruct) instruir.

education [ˌedʒəˈkeɪʃən] *n.* **1.** educación *f.* **2.** (teaching) magisterio *m.*; enseñanza *f.* ‖ **elementary ~** *Am. E.* educación primaria. **primary ~** *Br. E.* educación primaria. **secondary ~** *Br. E.* bachillerato *m.*

educational [ˌedʒəˈkeɪʃənəl] *adj.* educativo. ‖ **~ reform** reforma educativa.

eel [iːl] *n., Zool.* anguila *f.*

eerie [ˈɪərɪ] *adj.* imponente.

effect [ɪˈfekt] *n.* **1.** efecto *m.* ‖ *v. tr.* **2.** efectuar. ‖ **effects** *n.* **3.** efectos *m. pl.*

effective [ɪˈfektɪv] *adj.* **1.** eficaz; competente. **2.** (real) efectivo.

effeminate [ɪˈfemənɪt] *adj.* afeminado.

effervescent [ˌefərˈvesənt] *adj.* (bubbly) efervescente.

efficacious [ˌefəˈkeɪʃəs] *adj.* eficaz.

efficacy [ˈefɪˌkæsiː] *n.* eficacia *f.*

efficiency [əˈfɪʃənsiː] *n.* **1.** eficacia *f.* **2.** *Tech.* (of machine) rendimiento *m.*

efficient [əˈfɪʃənt] *adj.* eficiente; eficaz.

effigy [ˈefɪdʒiː] *n.* efigie *f.*

effort [ˈefərt] *n.* esfuerzo *m.* ‖ **to make an ~** esforzarse.

effusion [ˈefjuːʒən] *n.* efusión *f.*

effusive [ɪˈfjusɪv] *adj.* efusivo.

egg [eg] *n.* huevo *m.* ‖ **fried ~** huevo frito. **hard-boiled ~** huevo duro. **poached ~** huevo escalfado. **scrambled eggs** huevos revueltos.

eggplant [ˈegˌplænt] *n., Am. E., Bot.* (aubergine) berenjena *f.*

egoism [ˈiːgouɪzəm] *n.* egoísmo *m.*

egoist [ˈegouɪst] *n.* egoísta *m. y f.*

eiderdown [ˈaɪdərdaun] *n.* edredón *m.*

eight [eɪt] *col. num. det.* (also pron. and n.) **1.** ocho. ‖ *card. num. adj.* **2.** octavo; ocho [Study page eight. *Estudiad la página ocho.*] ‖ **~ hundred** (also pron. and n.) ochocientos.

eighteen [eɪˈtiːn] *col. num. det.* (also pron. and n.) **1.** dieciocho. ‖ *card. num. adj.* **2.** dieciocho [Today, we will reach chapter eighteen. *Hoy leeremos el capítulo dieciocho.*]

eighteenth [eɪˈtiːnθ] *card. num. adj.* (also n.) dieciocho [He sits on the eighteenth row. *Se sienta en la decimoctava fila.*]

eighth [eɪtθ] *card. num. adj.* (also n.) **1.** octavo; ocho [My sister is the eighth in the line. *Mi hermana es la octava de la fila.*] ‖ *frac. numer. n.* (also adj. and pron.) **2.** octavo [Take one eighth of the money. *Llévate un octavo del dinero.*]

eightieth [ˈeɪtiəθ] *card. num. adj.* (also n.) **1.** ochenta [La fila ochenta está vacía. *The eightieth row is empty.*]

eighty [ˈeɪti] *col. num. det.* (also pron. and n.) **1.** ochenta. ‖ *card. num. adj.* **2.** ochenta [Read page eighty. *Lee la página ochenta.*]

either [ˈaɪðər, ˈiːðər] *adj.* **1.** ambos *pl.* [There were flowers on either side of the road. *Había flores a ambos lados de la carretera.*] ‖ *adv.* **2.** (with a negative) tampoco [It is not the truth but it isn't exactly a lie. *No es la verdad pero tampoco es una mentira.*] ‖ **either... or...** o... o...; bien... bien... [He is coming either on Monday or on Tuesday. *Viene o el lunes o el martes.*]

eject [ɪˈdʒəkt] *v. tr.* expulsar; echar.

elaborate [ɪˈlæbəreɪt] *v. tr.* elaborar.

elapse [ɪˈlæps] *v. intr.* transcurrir.

elastic [ɪˈlæstɪk] *adj. & n.* elástico *m.*

elation [ɪˈleɪʃən] *n.* euforia *f.*

elbow [ˈelboʊ] *n., Anat.* codo *m.* ‖ **~ patch** codera *f.*

elder [ˈeldər] *adj.* **1.** (brothers, sons) mayor. ‖ *n.* **2.** *Bot.* (tree) saúco *m.*

elderly [ˈeldərli] *adj.* anciano; de edad; entrado en años. ‖ **~ person** anciano *m.*

eldest [ˈeldɪst] *adj.* mayor [He is the eldest son. *Es el hijo mayor.*]

elect [ɪˈləkt] *v. tr., Polit.* elegir; escoger.

election [ɪˈlekʃən] *n., Polit.* elección *f.*

elector [ɪˈləktər] *n., Polit.* elector *m.*

electoral [ɪˈletərəl] *adj.* electoral. ‖ **~ register** *Polit.* censo electoral.

electric [ɪˈlektrɪk] *adj.* eléctrico. ‖ **~ shock** *Med.* calambre *m.*

electrical [ɪˈlektrəkəl] *adj.* eléctrico.

electricity [ˌɪlekˈtrɪsəti] *n.* electricidad *f.* ‖ **~ supply** suministro eléctrico.

electrify [ɪˈlektrəˌfaɪ] *v. tr.* **1.** *fig.* electrizar. **2.** (train) electrificar.

electronic [ˌɪlekˈtrɒnɪk] *adj.* (a device) electrónico.

electronics [ˌɪlekˈtrɒnɪks] *n.* (science) electrónica *f. sing.*

elegance [ˈeləgəns] *n.* (smartness, gracefulness) elegancia *f.*; gallardía *f.*

elegant [ˈeləgənt] *adj.* elegante.

elegy [ˈelədʒi:] *n., Lit.* elegía *f.*

element [ˈeləmənt] *n.* elemento *m.*

elemental [eləˈmentəl] *adj.* elemental.

elementary [eləˈmentri:] *adj.* (fundamental) elemental; fundamental.

elephant [ˈeləfənt] *n., Zool.* elefante *m.*

elevated [ˈeləˌveɪtɪd] *adj.* elevado.

elevation [ˌeləˈveɪʃən] *n.* **1.** elevación *f.* **2.** (height) altura ‖ **3.** (altitude) altitud.

elevator [ˈeləveɪtər] *n., Am. E.* ascensor *m.*

eleven [ɪˈlevən] *col. num. det.* (also pron. and n.) **1.** once. ‖ *card. num. adj.* **2.** once; undécimo [I've lost page eleven. *He perdido la página once.*]

elevenses [ɪˈlevənzɪz] *n., Br. E., coll.* (at eleven o'clock) almuerzo *m.*

eleventh [ɪˈlevənθ] *card. num. adj.* (also n.) **1.** once; undécimo [He arrived the eleventh. *Llegó el undécimo.*] ‖ *numer. n.* (also adj. and pron.) **2.** onceavo *m.*; undécimo [He paid one eleventh of the bill. *Pagó la undécima parte de la factura.*]

eliminate [rˈlɪmənəɪtɪ] v. tr. eliminar.

elixir [rˈlɪksər] n. elixir m.

elk [elk] n., Zool. alce m.

ellipse [əˈlɪps] n., Math. elipse f.

elm [elm] n., Bot. olmo m.

elmtree [ˈelmˌtriː] n., Bot. olmo m.

elope [rˈloup] v. tr. (to marry) fugarse (para casarse).

eloquence [ˈeləkwəns] n. elocuencia f.

eloquent [ˈeləkwənt] adj. elocuente.

else [els] adj. otro; más [I can't find my keys, they must be somewhere else. No puedo encontrar las llaves, deben de estar en otro sitio.] **or ~** si no; de lo contrario [Do what I say or else I will kill you. Haga lo que le digo, de lo contrario le mato.]

elsewhere [ˈelsˌwer] adv. en otra parte; a otra parte.

elucidate [rˈluːsɪdeɪt] v. tr. dilucidar.

elude [rˈluːd] v. tr. **1.** (avoid) eludir. **2.** (blow) esquivar evitar.

elusive [rˈluːsɪv] adj. evasivo; huidizo.

elver [ˈelvər] n., Zool. angula f.

e-mail [ˈiːˌmeɪl] n., Comput. correo electrónico.

emancipate [rˈmænsəpeɪt] v. tr. emancipar. **to become emancipated** emanciparse; independizarse.

embankment [emˈbæŋkmənt] n. **1.** terraplén m. **2.** (train) malecón m.

embargo [emˈbɑːrgou](pl.:-es) n. **1.** embargo m. **v. tr. 2.** embargar.

embark [emˈbɑːrk] v. tr. **1.** Nav. embarcar. **v. intr. 2.** Nav. embarcarse.

embarkation [ˌembɑːrˈkeɪʃən] n. **1.** (people) embarco m. **2.** (goods) embarque m.

embarrass [emˈbærəs ɪmˈbærəs] v. tr. avergonzar; abochornar.

embarrassed [emˈbærəst ɪmˈbærəst] adj. avergonzado; cortado.

embarrassing [emˈbærəsɪŋ ɪmˈbærəsɪŋ] adj. embarazoso.

embarrassment [emˈbærəsmənt ɪmˈbærəsment] n. **1.** vergüenza f. **2.** (financial) apuro m (económico).

embassy [ˈembəsiː] (diplomacy) n. embajada f.

embed [emˈbed] v. tr. empotrar; incrustar. **~ itself** empotrarse.

embellish [emˈbelɪʃ] v. tr. **1.** embellecer. **2.** fig. (story) adornar.

embellishment [emˈbelɪʃmənt] n. (decoration) aderezo m.; adorno m.

embezzle [emˈbezəl] v. tr., Econ. (misappropriate) desfalcar; malversar.

embezzlement [emˈbezəlmənt] n., Econ. desfalco m.; malversación f.

embitter [emˈbɪtər] v. tr. amargar.

emblem [ˈembləm] n. (badge) emblema m.; símbolo m.

embody [emˈbɒdi] v. tr. **1.** (personify) encarnar. **2.** (include) incorporar.

embrace [emˈbreɪs ɪmˈbreɪs] n. **1.** abrazo m. **v. tr. 2.** abrazar. **3.** (include) abarcar. **~ each other** (people) abrazarse.

embroider [emˈbrɔɪdər ˌɪmˈbrɔɪdər] v. tr. (clothes) bordar.

embroidery [emˈbrɔɪdəri ɪmˈbrɔɪdəri] n. bordado m.

embryo [ˈembriou] n. embrión m.

emendation [ˌimenˈdeɪʃən] n., frml. enmienda f.; rectificación f.

emerald [ˈemərəld ˈemrəld] n. **1.** esmeralda f. adj. **2.** (color) esmeralda.

emerge [rˈmɜːrdʒ] v. intr. (appear) emerger; surgir.

emergence [rˈmɜːrdʒəns] n. (coming out) salida f.; emergencia f.

emergency [ɪˈmɜːrdʒənsɪ] *n.* emergencia *f.*; urgencia *f.*

emigrant [ˈeməgrənt] *adj.* & *n.* emigrante *m. y f.*; emigrado *m.*

emigrate [ˈemɪgreɪt] *v. intr.* emigrar.

emigration [ˌeməˈgreɪʃən] *n.* emigración *f.*

emissary [ˈeməserɪ] *n.* emisario *m.*

emit [ɪˈmɪt] *v. tr.* **1.** (light, signal) emitir. **2.** (smell, gas) despedir.

emotion [ɪˈmoʊʃən] *n.* emoción *f.*

emotional [ɪˈmoʊʃənəl] *adj.* **1.** (sentimental) afectivo. **2.** (moving) emotivo; conmovedor

emotive [ɪˈmoʊtɪv] *adj.* emotivo.

emperor [ˈempərər] *n.* emperador *m.*

emphasis [ˈemfəsɪs](pl.:-ses) *n.* énfasis *m. inv.* ‖ **to put special ~ on** hacer hincapié; poner énfasis.

emphasize, emphasise (Br.E) [ˈemfəsaɪz] *v. tr.* enfatizar; recalcar.

emphatic [emˈfætɪk] *adj.* enfático.

empire [ˈempaɪər] *n.* imperio *m.*

employ [emˈplɔɪ ɪmˈplɔɪ] *v. tr.* (take on) emplear; contratar; colocar.

employee [ˌemplɔɪˈiː] *n.* (worker) empleado *m.*; trabajador *m.*

employer [ɪmˈplɔɪər emˈplɔɪər] *n.* patrón *m.*; jefe *m.*; empresario *m.*

employment [ɪmˈplɔɪmənt emˈplɔɪmənt] *n.* **1.** empleo *m.* **2.** (work) trabajo *m.*

emporium [ˌemˈpɔːrɪəm] *n.* (large store) emporio *m.*

empress [emˈpres] *n.* emperatriz *f.*

emptiness [ˈemptɪnɪs] *n.* vacío *m.*

empty [ˈemptɪ] *adj.* **1.** vacío. ‖ *v. tr.* **2.** vaciar. ‖ *v. intr.* **3.** vaciarse.

emulate [ˈemjʊleɪt] *v. tr.* emular.

enable [enˈeɪbəl] *v. tr.* habilitar; facultar.

enamel [ɪˈnæməl] *n.* **1.** (for metal, pots) esmalte *m.* ‖ *v. tr.* **2.** esmaltar.

enchant [enˈtʃænt] *v. tr.* encantar; cautivar.

enchanter [enˈtʃæntər] *n.* hechicero *m.*; encantador *m.*; mago *m.*

enchanting [enˈtʃæntɪŋ] *adj.* encantador.

enchantment [enˈtʃæntmənt] *n.* **1.** encanto *m.*; hechizo *m.* **2.** embeleso *m.* **3.** (spell) encantamiento.

encierro [ˌenˈsɪeroʊ] *n., Taur.* encierro *m.*

encircle [enˈsɜːrklə] *v. tr.* (surround) cercar; rodear.

enclose [enˈkloʊz] *v. tr.* (a document) adjuntar; incluir.

enclosure [enˈkloʊʒər] *n.* **1.** cercado *m.*; recinto *m.* **2.** (in a letter) anexo *m.*

encompass [enˈkʌmpəs] *v. tr.* abarcar.

encore [ɒŋˈkɔːr] *interj.* & *n.* bis *m.*

encounter [enˈkaʊntər] *n.* **1.** encuentro *m.* ‖ *v. tr.* **2.** encontrar.

encourage [enˈkʌrɪdʒ] *v. tr.* (give support) animar; alentar.

encouragement [enˈkʌrɪdʒmənt] *n.* estímulo *m.*; aliento *m.*; ánimo *m.*

encumbrance [enˈkʌmbrəns] *n.* (obstacle) estorbo *m.*; obstáculo *m.*

encyclopaedia [enˌsaɪkləˈpiːdiːə] *n.* enciclopedia *f.*

end [end] *n.* **1.** fin *m.* **2.** (of thing) final *m.* **3.** (of table) extremo *m.* **4.** (of pointed object) punta *f.* **5.** (conclusion) conclusión *f.* ‖ *v. tr.* **6.** terminar; acabar. ‖ *v. intr.* **7.** terminarse. ‖ **in the ~** al final.

endanger [enˈdeɪndʒər] *v. tr.* poner en peligro; arriesgar.

endeavor, endeavour (Br.E) [enˈdevər] *n.* (attempt) esfuerzo *m.*

ending [ˈendɪŋ] *n.* **1.** fin *m.* **2.** desenlace *m.*

endive [ˈendaɪv] *n.* **1.** *Am. E., Bot.* endibia *f.* **2.** *Br. E., Bot.* escarola *f.*

endless [ˈendlɪs] *adj.* interminable; sin fin; eterno; inagotable.

endow [en'dau] *v. tr.* dotar.

endurance [en'durəns] *n.* aguante *m.;* paciencia *f.;* resistencia *f.*

endure [en'dur] *v. tr.* **1.** aguantar; soportar. || *v. intr.* **2.** (last) perdurar.

enemy ['enəmı] *adj.* **1.** enemigo. || *n.* **2.** enemigo *m.* || **~ forces** *Mil.* fuerzas enemigas

energetic [enər'dʒetık] *adj.* enérgico.

energy ['enərdʒi:] *n.* energía *f.*

enforce [ın'fɔ:rs en'fɔ:rs] *v. tr.* hacer cumplir una ley.

engage [en'geıdʒ, ın'geıdʒ] *v. tr.* **1.** (attention) atraer. **2.** (hire) contratar.

engaged [en'geıdʒd, ın'geıdʒd] *adj.* **1.** (a couple) prometido. **2.** (telephone) ocupado. || **to get ~** (couple) comprometerse; prometerse.

engagement [en'geıdʒmənt, ın'geıdʒmənt] *n.* **1.** (appointment) compromiso *m.* **2.** (to marry) noviazgo *m.* || **~ ring** anillo de compromiso.

engaging [en'geıdʒıŋ, ın'geıdʒıŋ] *adj.* atractivo; agradable; cautivador.

engender [en'dʒendər] *v. tr.* engendrar.

engine ['endʒın] *n.* **1.** *Car* máquina *f.;* motor *m.* **2.** (of train) locomotora *f.*

engineer [,endʒə'nır] *n.* **1.** ingeniero *m.* **2.** *Am. E.* (train) maquinista *m. y f.*

engineering [,endʒə'nırıŋ] *n.* ingeniería *f.* || **chemical ~** ingeniería química.

English ['ıŋglıʃ] *adj.* **1.** inglés. || *n.* **2.** (language) inglés *m.*

Englishman ['ıŋglıʃmən] *n.* inglés *m.*

Englishwoman ['ıŋglıʃwʊmən] *n.* (person) inglesa *f.*

engraving [en'greıvıŋ, ın'greıvıŋ] *n.* (art) grabado *m.*

engross [en'grous] *v. tr.* absorber.

engrossed [en'groust] *adj.* absorto.

enhance [en'hæns] *v. tr., fig.* (beauty, taste) realzar; remarcar.

enigma [ı'nıgmə] *n.* enigma *m.;* incógnita *f.;* misterio *m.*

enjoy [en'dʒɔı] *v. tr.* **1.** disfrutar. **2.** (sexual meaning) gozar. || *v. intr.* **3.** recrearse. || **to ~ oneself** divertirse. **~ your life!** ¡que aproveche!

enjoyable [en'dʒɔıəbəl] *adj.* ameno.

enjoyment [en'dʒɔımənt] *n.* **1.** disfrute *m.* **2.** (joy) goce *m.;* placer *m.*

enlarge [en'lɑ:rdʒ] *v. tr.* **1.** agrandar. **2.** (broaden) extender; ampliar. || *v. intr.* **3.** agrandarse.

enlargement [en'lɑ:rdʒmənt] *n., Phot.* ampliación *f.*

enlighten [en'laıtən] *v. tr.* **1.** iluminar. **2.** (instruct) ilustrar *form.*

enlist [en'lıst] *v. intr., Mil.* alistarse; enrolarse (en el ejército).

enlistment [en'lıstmənt] *n., Mil.* alistamiento *m.;* enrolamiento *m.*

enmity ['enmıtı:](pl.: ties) *n.* enemistad *f.*

enormity [ı'nɔ:rmətı] *n.* enormidad *f.*

enormous [ı'nɔ:rməs] *adj.* (immense) enorme; desmesurado.

enough [ı'nʌf] *adj.* **1.** bastante; suficiente [Are there enough chairs? ¿Hay bastantes sillas.] || *adv.* **2.** bastante [He doesn't eat enough. No come bastante.] || *pron.* **3.** bastante [I don't want more problems, I have enough now. No quiero más problemas, ya tengo bastantes.] || **that's ~** ¡basta!

enrage [en'reıdʒ] *v. tr.* (anger) enfurecer; encolerizar; irritar.

enrich [en'rıtʃ] *v. tr.* enriquecer.

enroll, enrol (Br.E) [en'roʊl] *v. tr.* **1.** inscribir. **2.** (course) matricular. || *v. intr.* **3.** inscribirse. **4.** matricularse.

enrollment, enrolment (Br.E) [en'roulment] *n.* inscripción *f.*

ensign ['ensən] *n.* estandarte *m.*

enslave [en'sleɪv] *v. tr.* esclavizar.

ensue [en'su:] *v. intr.* (follow) seguirse; sobrevenir.

ensure [ən'ʃu:r] *v. tr.* asegurar.

entail [en'teɪl] *v. tr.* ocasionar; acarrear.

entangle [en'tæŋgəl] *v. tr.* enredar.

enter ['entər] *v. tr.* **1.** (register) ingresar. **2.** (go into) acceder. || *v. intr.* **3.** entrar.

enterprise ['entər,praɪz] *n.* empresa *f.*

enterprising ['entər,praɪzɪŋ] *adj.* (approving) emprendedor.

entertain [entər'teɪn] *v. tr.* **1.** (amuse) divertir. **2.** (idea) concebir. || *v. intr.* **3.** recibir (invitados).

entertaining [entər'teɪnɪŋ] *adj.* ameno; divertido; entretenido.

entertainment [,entər'teɪnmənt] *n.* entretenimiento *m.*; diversión *f.*

enthusiasm [en'θu:zɪ,æzəm] *n.* entusiasmo *m.*; contento *m.*

enthusiast [en'θu:zɪ,æst] *n.* entusiasta *m. y f.*; incondicional.

enthusiastic [en,θu:zɪ'æstɪk] *adj.* entusiasta. || **to get ~** enfervorizarse.

entice [en'taɪs] *v. tr.* inducir.

entire [en'taɪər] *adj.* íntegro.

entirety [en'taɪrtɪ:] *n.* entereza *f.*

entitle [en'taɪtl] *v. tr.* titular.

entity ['entɪtɪ] *n.* entidad *f.*

entourage [,ɒntə'ro:ʒ] *n.* (retinue) séquito *m.*; cortejo *m.*

entrails ['entreɪlz] *n. pl.* entrañas *f.*

entrance[1] ['entrəns] *n.* entrada *f.*

entrance[2] [en'trəns] *v. tr.* embelesar.

entreaty [en'tri:tɪ] *n.* ruego *m.*; súplica *f.*

entry ['entri:] *n.* entrada *f.* || **no ~** prohibido el paso.

entryphone ['entrɪ,foun] *n., Tech.* telefonillo *m.*; portero automático.

enumeration [ɪ,nu:mə'reɪʃən] *n.* enumeración *f.*; listado *m.*

enunciate [ɪ'nʌnsɪeɪt] *v. tr.* pronunciar.

envelop [en'veləp] *v. tr.* envolver.

envelope ['envə,loup] *n.* sobre *m.*

envious ['envɪəs] *adj.* envidioso.

environment [en'vaɪrənmənt] *n., Ecol.* medio ambiente.

environmental [en,vaɪrən'mentəl] *adj., Ecol.* medioambiental.

environs [en'vaɪrənz] *n.* afueras *f. pl.*

envoy ['envɔɪ] *n., Polit.* enviado *m.*; mensajero *m.* || **~ special** enviado especial.

envy ['envi:] *n.* **1.** envidia *f.* || *v. tr.* **2.** envidiar; tener envidia de.

ephemeral [ɪ'femərəl] *adj.* efímero.

epic ['epɪk] *adj.* **1.** épico. || *n.* **2.** *Lit.* (epic poema) epopeya *f.*

epidemic [epə'demɪk] *n., Med.* epidemia *f.* [There is a flu epidemic in the city. *Hay una epidemia de gripe en la ciudad.*]

epilog, epilogue (Br.E) ['epə,lɒg 'epə,lɔ:g] *n.* epílogo *m.*

episode ['epəsoud] *n., Lit.* episodio *m.*

epistle [ɪ'pɪsəl] *n., Lit.* epístola *f.*

epithet ['epəθet] *n., Ling.* epíteto *m.*

epoch ['epək] *n.* época *f.*; era *f.*

equal ['i:kwəl] *adj.* **1.** igual. || *n.* **2.** igual *m. y f.* || **equals** *n. pl.* **3.** iguales *m. y f.* || **to be ~ to** igualarse.

equality [i:'kwɒlətɪ] *n.* igualdad *f.*

equalize, equalise (Br.E) ['ɪkwəlaɪz] *v. tr.* igualar; equiparar.

equator [ɪ'kweɪtər] *n., Geogr.* ecuador *m.*

equestrian [ɪ'kwestrɪən] *adj.* **1.** (skills) ecuestre. || *n.* **2.** *frml.* jinete *m. y f.*

equilibrium [i:kwə'lɪbrɪəm] *n.* (balance) equilibrio *m.*

equine ['iːkwaɪn] *adj., frml.* equino.

equinox ['iːkwənɒks] *n.* equinoccio *m.*

equip [ɪˈkwɪp] *v. tr.* (supply) equipar.

equipment [ɪˈkwɪpmənt] *n.* **1.** (materials) equipo *m.* **2.** (act) equipamiento *m.*

equitable ['ekwɪtəbəl] *adj.* equitativo.

equivalent [ɪˈkwɪvələnt] *adj.* **1.** equivalente (a). ‖ *n.* **2.** equivalente *m.* ‖ **to be ~** equivaler (a).

equivocal [ɪˈkwɪvəkəl] *adj.* equívoco.

era ['erə] *n.* era *f.;* época *f.*

eradicate [ɪˈrædɪkəɪt] *v. tr.* **1.** erradicar; eliminar. **2.** *fig.* extirpar.

erase [ɪˈreɪz] *v. tr.* borrar.

eraser [ɪˈreɪzər] *n.* **1.** goma *f.* (de borrar). **2.** (for blackboard) borrador *m.*

erect [ɪˈrekt] *adj.* **1.** erguido. ‖ *v. tr.* **2.** erigir; levantar.

ermine ['ɜːmən] *n., Zool.* armiño *m.*

erotic [ɪˈrɒtɪk] *adj.* erótico.

err ['ɜr] *v. intr., frml.* errar; equivocarse.

errand ['erənd] *n.* recado *m.;* encargo *m.* ‖ **to run an ~** hacer un recado.

erroneous [eˈrouniəs] *adj.* erróneo.

error ['erər] *n.* error *m.;* equivocación *f.*

erudite ['erədaɪt] *adj., frml.* erudito.

erupt [ɪˈrʌpt] *v. intr.* entrar en erupción.

eruption [ɪˈrʌpʃən] *n.* erupción *f.*

escalope ['eskæloup] *n., Br. E., Gastr.* escalope *m.*

escape [ɪsˈkeɪp] *n.* **1.** fuga *f.;* huida *f.* **2.** (of gas) escape *m.* **3.** (from hunting) evasión *f.* **4.** (from duties, a place) escapatoria *f.* ‖ *v. intr.* **5.** fugarse. **6.** (from danger) salvarse. **7.** (gas) escapar.

escort ['eskɔːrt] *n.* **1.** acompañante *m. y f.* **2.** *Mil.* escolta *f.* ‖ *v. tr.* **3.** acompañar. **4.** *Mil.* escoltar.

escudo [əsˈkjuːdɒ] *n., Econ.* (former Portuguese unit of currency) escudo *m.*

esophagus, oesophagus (Br.E) [ɪˈsɒfəgəs] *n., Anat.* esófago *m.*

especially [ɪsˈpeʃəliː] *adv.* en especial; especialmente; sobre todo.

espionage ['espɪənɑːʒ] *n.* espionaje *m.*

esplanade [ˌespləˈneɪd] *n.* explanada *f.*

essay ['eseɪ] *n., Lit.* ensayo *m.*

essence ['esəns] *n.* esencia *f.*

essential [ɪˈsenʃəl] *adj.* **1.** imprescindible. **2.** (basic) esencial.

establish [ɪsˈtæblɪʃ] *v. tr.* establecer; fijar. ‖ **to ~ oneself** establecerse.

establishment [ɪsˈtæblɪʃmənt] *n.* establecimiento *m.;* creación *f.*

estate [əsˈteɪt] *n.* **1.** finca *f.;* hacienda *f.* **2.** (property) bienes; patrimonio *m.* ‖ **real state** bienes inmuebles.

esteem [əsˈtiːm] *n.* **1.** aprecio *m.;* estima *f.* ‖ *v. tr.* **2.** estimar; apreciar.

estimate ['estɪmeɪt] *n.* **1.** cálculo *m.;* estimación *f.* ‖ *v. tr.* **2.** calcular.

estimation [ˌestəˈmeɪʃən] *n.* estimación *f.*

estrange [ɪsˈtreɪndʒ] *v. tr.* apartar.

estuary ['estʃʊeriː] *n., Geogr.* ría *f.*

etching ['etʃɪŋ] *n., Art* aguafuerte *m.*

eternal [iːˈtɜːməl] *adj.* eterno.

eternity [iːˈtɜːmətɪ] *n.* eternidad *f.*

ether ['iːθər] *n., Chem.* éter *m.*

ethical ['eθɪkəl] *adj.* ético.

ethics ['eθɪks] *n. pl.* ética *f.* *sing.;* moral *f.* *sing.;* moralidad *f.* *sing.*

ethnic ['eθnɪk] *adj.* étnico. ‖ **~ group** etnia *f.* **~ minority** minoría étnica.

etiquette [ˌetəkɪt] *n.* (protocol) etiqueta *f.;* protocolo *m.*

eucalyptus [juːkəˈlɪptəs] *n., Bot.* (tree) eucalipto *m.*

Eucharist ['juːkərəst] *n., Rel.* eucaristía *f.*

eulogize, eulogise (Br.E) ['juːlədʒaɪz] *v. tr.* elogiar; ensalzar.

eulogy [juːlədʒiː](pl.: gies) *n.*; elogio *m.*

euro ['jʊrəʊ] *n.* (European unit of currency) euro *m.*

European [jʊrə'pɪən] *adj. & n.* europeo *m.* || ~ **Economic Community** Comunidad Económica Europea.

euthanasia [juːθə'neɪʒə] *n.* eutanasia *f.*

evacuate [ɪ'vækjuːeɪt] *v. tr.* **1.** evacuar. **2.** (building) desalojar.

evacuation [ɪˌvækjuː'weɪʃən] *n.* evacuación *f.*; desalojo *m.*

evade [ɪ'veɪd] *v. tr.* evadir; eludir.

evaluate [ɪ'væljuːeɪt] *v. tr.* evaluar.

evaluation [ɪˌvæljuː'eɪʃən] *n.* evaluación *f.*

evangelist [ɪ'vændʒəlɪst] *n., Rel.* evangelista *m.*

evaporate [ɪ'væpəreɪt] *v. tr.* **1.** evaporar. || *v. intr.* **2.** evaporarse.

evaporation [ɪˌvæpə'reɪʃən] *n.* evaporación *f.*; gasificación *f.*

evasion [ɪ'veɪʒən] *n.* **1.** *fig.* (of responsability) evasión *f.* **2.** (evasive statement) evasiva *f.*; pretexto *m.*

evasive [ɪ'veɪsɪv] *adj.* evasivo.

eve [iːv] *n.* víspera *f.*

even [i:vən] *adj.* **1.** (flat) liso; llano. **2.** (calm) apacible. **3.** (fair) justo [An even division. *Una división justa.*] **4.** *Math.* (number) par. || *adv.* **5.** hasta; incluso [Even my grandmother can play tennis. *Incluso mi abuela sabe jugar al tenis.*] **6.** (with comparative) aún [This building is even higher. *Este edificio es aún más alto.*] || *v. tr.* **7.** (surface) igualar; allanar. **8.** (situation) equilibrar. || **to be ~** (equal) estar en paz [I don't owe you anything, we're even. *No te debo nada, estamos en paz.*] **~ if** aunque (+ subj.); aun; aun cuando [Today I'm going out, even if it rains. *Hoy*

salgo, aunque llueva.] siquiera. **~ so** aun así; con todo [He is thirty years old but, even so, he acts like a child. *Tiene treinta años pero, aun así, se comporta como un niño.*] **~ then** aun así. **~ though** a pesar de que [Even though we don't have a lot of money, we are buying a house. *Aunque no tenemos mucho dinero, nos vamos a comprar una casa.*] **to get ~ with** desquitarse.

evening ['iːvnɪŋ] *n.* **1.** (early) tarde *f.* **2.** (late) noche *f.* || **good ~ !** (greeting) buenas noches.

event [ɪ'vent] *n.* (happening) suceso *m.*; acontecimiento *m.*

eventful [ɪ'ventfəl] *adj.* accidentado.

eventual [ɪ'ventʃuəl] *adj.* eventual.

ever ['evər] *adv.* **1.** alguna vez [Have you ever driven a car? *¿Has conducido un coche alguna vez?*] **2.** (+ negative) nunca [Don't you ever go out? *¿Nunca sales?*] || **as ~** como siempre. **~ and anon** de vez en cuando (arch). **~ since** desde entonces [I go by bus ever since. *Desde entonces voy en autobús.*]

evergreen ['evərˌgriːn] *adj.* **1.** de hoja perenne. || *n.* **2.** árbol de hoja perenne.

everlasting [ˌevər'læstɪŋ] *adj.* (eternal) eterno; perpetuo.

every ['evri] *adj.* **1.** (each) cada [Every child must go to school. *Cada niño tiene que ir a la escuela.*] **2.** (before a number) cada [It rains every three days. *Llueve cada tres días.*] **3.** todo. || **~ day** a diario. cada día. **~ other day** un día sí y otro no. **~ time** cada vez que.

everybody ['evriˌbɒdiː] *pron.* todos; todo el mundo [Everybody came to my wedding. *Todos vinieron a mi boda.*]

everyday ['evrɪˌdeɪ] *adj.* (daily) diario; cotidiano [This is a small dictionary for everyday use. *Éste es un pequeño diccionario de uso diario.*]

everyone ['evrɪˌwʌn] *pron.* **1.** cada cual; cada uno [Everyone knows what he has to do. *Cada uno sabe lo que tiene que hacer.*] **2.** (everybody) todo el mundo.

everything ['evrɪˌθɪŋ] *pron.* todo [Everything is ready. *Todo está listo.*]

everywhere ['evrɪˌwer] *adv.* por todas partes; en todas partes.

evict [ɪ'vɪkt] *v. tr.* (tenant) desahuciar; desalojar; echar.

eviction [ɪ'vɪkʃən] *n.* desahucio *m.*

evidence ['evədəns] *n.* **1.** (proof) evidencia *f.* **2.** *Law* pruebas *f. pl.*

evident ['evədənt] *adj.* evidente.

evil ['i:vəl] *adj.* **1.** (wicked) malo. ‖ *n.* **2.** (evilness) mal *m.*; maldad *f.*

evil-minded [ˌi:vəl'maɪndɪd] *adj.* (malevolent) malévolo; malvado.

evoke [ɪ'vouk] *v. tr.* evocar.

evolution [ˌevəlu:ʃən] *n.* **1.** evolución *f.* **2.** (gradual change) desarrollo *f.*

evolve [ɪ'vɒlvə] *v. intr.* evolucionar.

ewe [ju:] *n.*, *Zool.* oveja *f.* ‖ ~ **cheese** *Gastr.* queso de oveja.

exact [ɪg'zækt] *adj.* **1.** (precise) exacto; preciso. ‖ *v. tr.* **2.** exigir.

exacting [ɪg'zæktɪŋ] *adj.* exigente.

exactness [ɪg'zæktnɪs] *n.* (precision) exactitud *f.*; precisión *f.*

exaggerate [ɪg'zædʒəˌreɪt] *v. tr.* (increase) exagerar; inflar; aumentar.

exaggerated [ɪgˌzædʒə'reɪtɪd] *adj.* exagerado; abultado.

exaggeration [ɪgˌzædʒəˌreɪʃən] *n.* (overstatement) exageración *f.*

exaltation [ɪgˌsæl'teɪʃən] *n.*, *frml.* exaltación *f.*; ensalzamiento *m.*

exam [ɪg'zæm] *n.*, *fam.* examen *m.*

examination [ɪgˌzæmə'neɪʃən] *n.* **1.** examen *m.* **2.** *Med.* reconocimiento *m.* ‖ **assessment** ~ parcial *m.*

examine [ɪg'sæmɪn] *v. tr.* **1.** examinar. **2.** (customs) registrar.

example [ɪg'zæmpəl] *n.* ejemplo *m.* ‖ **for ~** por ejemplo. **to serve as an ~** servir de ejemplo. **to set an ~** dar ejemplo.

exasperate [ɪg'zæspəˌreɪt] *v. tr.* (irritate) exasperar; irritar.

excavate ['ekskəveɪt] *v. tr.* excavar.

excavation [ˌekskə'veɪʃən] *n.* excavación *f.*

excavator ['ekskəˌveɪtər] *n.* (machine) excavadora *f.*

exceed [ɪk'si:d] *v. tr.* **1.** exceder; pasar. **2.** (speed limit) sobrepasar. **3.** (limits) rebasar.

excel [ek'sl] *v. tr.* exceder.

excellence ['eksələns] *n.* excelencia *f.*

excellent ['eksələnt] *adj.* excelente.

except [ɪk'sept] *v. tr.* **1.** exceptuar [My mother excepted, the whole family is blond. *Exceptuando a mi madre, toda la familia es rubia.*] ‖ *prep.* **2.** (+ for) excepto; salvo [Everybody knew it except me. *Todos lo sabían excepto yo.*] ‖ *conj.* **3.** (+ that) excepto que [I forgive you everything except that you smoke. *Te perdono todo excepto que fumes.*]

exception [ɪk'sepʃən] *n.* excepción *f.*

exceptional [ɪk'sepʃənəl] *adj.* (extraordinary) excepcional; extraordinario.

excerpt ['eksɜːrpt] *n.* (extract) fragmento *m.*; extracto *m.*

excess ['ekses, ɪk'ses] *n.* **1.** exceso *m.* ‖ *adj.* **2.** excedente.

excessive [ɪk'sesɪv] *adj.* excesivo.

exchange [ɪksˈtʃeɪndʒ] *n.* **1.** intercambio *m.*; cambio *m.* **2.** (building) lonja *f.* **3.** (of goods) canje *m.* ‖ *v. tr.* **4.** cambiar. **5.** (goods) canjear.

exchequer [eksˈtʃekər] *n.*, Br. E. (treasury) fisco *m.*

excite [ɪɡˈsaɪt] *v. tr.* **1.** (stimulate) excitar. **2.** (move) ilusionar. **3.** (enthuse) entusiasmar.

excited [ɪkˈsaɪtəd] *adj.* excitado.

excitement [ɪkˈsaɪtmənt] *n.* **1.** emoción *f.* **2.** (feeling) excitación *f.*

exciting [ɪkˈsaɪtɪŋ] *adj.* excitante.

exclaim [eksˈkleɪm] *v. tr. & intr.* (cry out) exclamar; gritar.

exclamation [ekskləˈmeɪʃən] *n.* exclamación *f.* ‖ ~ **point** *Am. E.* (exclamation mark, Br.E) exclamación *f.*

exclude [ekˈskluːd] *v. tr.* **1.** excluir. **2.** (except) exceptuar.

exclusion [ɪksˈkluːʒən] *n.* exclusión *f.*

exclusive [ɪksˈkluːsɪv] *adj.* **1.** exclusivo. ‖ *n.* **2.** (in press) exclusiva *f.*

excommunicate [ekskəˈmjuːnɪkeɪt] *v. tr., Rel.* excomulgar.

excrement [ˈekskrəmənt] *n., frml.* excremento *m.*; deposición *f.*

excursion [ɪksˈkɜːrʃən] *n.* excursión *f.*

excuse [ɪksˈkjuːz] *n.* **1.** excusa *f.*; disculpa *f.* **2.** (pretext) pretexto *m.*

execute [ˈeksəkjuːt] *v. tr.* **1.** (carry out) ejecutar; llevar a cabo. **2.** (person) ajusticiar. **3.** *Mus.* interpretar.

execution [ˈeksəkjuːʃən] *n.* ejecución *f.*

executioner [eksəˈkjuːʃənər] *n.* verdugo *m.*; ejecutor *m.*

executive [ɪɡˈzekjətɪv] *adj. & n., Econ.* ejecutivo *m.* ‖ **the ~ el** poder ejecutivo.

exemplary [ɪɡˈzempləri:] *adj.* ejemplar; modélico.

exempt [ɪɡˈzempt] *adj.* **1.** exento. ‖ *v. tr.* **2.** eximir; indultar.

exemption [ɪɡˈzempʃən] *n.* (exoneration) exención *f.*; exoneración.

exercise [ˈeksərˌsaɪz] *n.* **1.** ejercicio *m.* ‖ *v. tr.* **2.** ejercer.

exert [ɪɡˈsɜːrt] *v. tr.* ejercer. ‖ **to ~ oneself** esforzarse.

exertion [ɪɡˈzɜːrʃən] *n.* esfuerzo *m.*

exhale [eksˈheɪl] *v. tr.* **1.** exhalar. ‖ *v. intr.* **2.** (breathe out) espirar.

exhaust [ɪɡˈzɔːst] *v. tr.* **1.** extenuar. **2.** (consume) agotar. **3.** (fatigue) agotar.

exhausted [ɪɡˈzɔːstɪd] *adj.* agotado.

exhaustion [ɪɡˈzɔːstʃən] *n.* **1.** (fatigue) agotamiento *m.*; cansancio. **2.** (consumption) agotamiento *m.*

exhaustive [ɪɡˈzɔːstɪv] *adj.* exhaustivo.

exhibit [ɪɡˈzɪbɪt] *v. tr.* exhibir.

exhibition [eksəˈbɪʃən] *n.* **1.** (art) exposición *f.* **2.** (display) demostración *f.*

exhume [ɪkˈsuːm] *v. tr.* exhumar.

exigency or exigence [ˈeksɪdʒənsi:] *n.* (need) exigencia *f.*

exiguous [eɡˈzɪɡjʊəs] *adj., frml.* (scanty) exiguo; pequeño.

exile [ˈeɡzaɪl ˈeksaɪl] *n.* **1.** (state) destierro *m.* **2.** (person) exiliado *m.* ‖ *v. tr.* **3.** exiliar; desterrar.

exist [ɪɡˈzɪst] *v. intr.* existir.

existence [ɪɡˈzɪstəns] *n.* existencia *f.*

exit [ˈeɡzɪt, ˈeksɪt] *n.* salida *f.* ‖ **emergency ~** salida de emergencia.

exodus [ˈeksədəs] *n.* éxodo *m.*

exonerate [ɪɡˈzɒnəreɪt] *v. tr.* exonerar.

exorbitant [ɪɡˈzɔːrbɪtənt] *adj.* (excessive) exorbitante; desorbitado.

exotic [ɪɡˈzɑtɪk] *adj.* exótico.

expand [ɪɡˈspænd] *v. tr.* **1.** (increase) ampliar. **2.** (gas) dilatar.

expanse [ɪks'pæns] *n.* extensión *f.*

expansion [ɪks'pænʃən] *n.* expansión *m.;* extensión *f.;* ampliación *f.*

expect [ɪks'pekt] *v. tr.* esperar.

expectancy or expectance [ɪks'pektənsi:] *n.* expectación *f.*

expectation [ɛkspek'teɪʃən] *n.* expectativa *f.;* espera *f.*

expedient [ɪks'pi:dɪənt] *n.* expediente *m.*

expedition [ɛkspə'dɪʃən] *n.* expedición *f.*

expel [ɪks'pel] *v. tr.* **1.** echar. **2.** (student) expulsar.

expenditure [ɪks'pendɪtʃər] *n.* (spending) gasto *m.;* desembolso *m.*

expense [ɪks'pens] *n.* (cost) gasto *m.* ‖ **at any ~** a toda costa. **at the ~ of** a expensas de; a costa de.

expensive [ɪks'pensɪv] *adj.* (dear) caro; costoso.

experience [ɪks'pɪrɪəns] *n.* **1.** experiencia *f.;* vivencia *f.* ‖ *v. tr.* **2.** (sensation) experimentar.

experienced [ɪks'pɪrɪənst] *adj.* experimentado; con experiencia.

experiment [ɪks'perəmənt] *n.* **1.** experimento *m.;* ensayo *m.* ‖ *v. tr.* **2.** experimentar; probar.

expert ['eksp3:rt] *adj.* **1.** experto; perito. ‖ *n.* **2.** experto *m.;* perito *m.* **3.** (specialist) especialista *m. y f.*

expertise [ɛksp3:'rti:z] *n.* pericia *f.*

expiate ['ekspɪeɪt] *v. tr., Rel., frml.* (make amends for) expiar; purgar.

expire [ɪks'paɪr] *v. intr.* caducar.

expiry [ɪks'paɪəri:] *n.* caducidad *f.*

explain [ɪks'pleɪn] *v. tr.* **1.** explicar. **2.** (clarify) aclarar. **3.** (an idea) exponer. ‖ *v. intr.* **4.** explicarse.

explanation [ɛksplə'neɪʃən] *n.* explicación *f.;* aclaración.

explanatory [ɪks'plænətəri:] *adj.* explicativo; aclaratorio.

explicit [ɪks'plɪsɪt] *adj.* explícito.

explode [ɪks'plɔʊd] *v. tr. & intr.* hacer explosión; explotar.

exploit ['ɪksplɔɪt] *n.* **1.** hazaña *f.;* proeza *f.* ‖ *v. tr.* **2.** explotar.

exploration [ɪk,splə'reɪʃən] *n.* exploración *m.;* investigación *f.*

explore [ɪk'splɔ:r] *v. tr.* explorar.

explorer [ɪks'plɔ:rər] *n.* explorador *m.*

explosion [ɪks'plɔʊʒən] *n.* explosión *f.;* detonación *f.*

explosive [ɪks'plɔʊsɪv] *adj.* **1.** explosivo. ‖ *n.* **2.** explosivo *m.*

exponent [ɪks'pɔʊnənt] *n.* exponente *m.*

export [ɪks'pɔ:rt] *n.* **1.** exportación *f.* ‖ *v. tr.* **2.** exportar.

expose [ɪk'spɔʊz] *v. tr.* **1.** (exhibit) exponer. **2.** (unmask) desenmascarar. ‖ **~ oneself** exponerse.

exposed [ɪk'spɔʊzəd] *adj.* expuesto.

exposition [ɛkspə'zɪʃən] *n.* (exhibition) exposición *f.*

exposure [ɪks'pɔʊʒər] *n.* **1.** (sun, light) exposición *f.* **2.** *Phot.* fotografía *f.*

expound [ɪks'pɔʊnd] *v. tr.* (explain) exponer; explicar.

express [ɪks'pres] *adj.* **1.** expreso. ‖ *n.* **2.** (train) expreso *m.* ‖ *adv.* **3.** expreso. ‖ *v. tr.* **4.** expresar.

expression [ɪks'preʃən] *n.* expresión *f.*

expressive [ɪks'presɪv] *adj.* expresivo.

expressway [ɪk'spres,weɪ] *n., Am. E.* (motorway) autopista *f.*

expulsion [ɪks'pʌlʃən] *n.* expulsión *f.*

exquisite ['ekskwɪzɪt 'ɪkskwɪzɪt] *adj.* (delicious) exquisito; delicioso.

extend [ɪk'stend] *v. tr.* **1.** extender; prolongar. ‖ *v. intr.* **2.** extenderse.

extension [ɪks'tenʃən] *n.* **1.** extensión *f.* **2.** (of time) prórroga *f.*

extensive [ɪks'tensɪv] *adj.* extenso.

extent [ɪks'tent] *n.* **1.** extensión *f.;* amplitud *f.* **2.** (scope) alcance *m.*

exterior [eks'tɪrɪər] *adj.* **1.** exterior; externo. ‖ *n.* **2.** exterior *m.*

exterminate [ɪk'stɜ:rmɪn] *v. tr.* (rats, insects) exterminar; aniquilar.

extermination [ɪks,tɜrmə'neɪʃən] *n.* (of people) exterminio *m.*

external [ɪks'tɜ:məl] *adj.* (outward) externo; exterior.

externalize, externalise (Br.E) [ɪks'tɜ:rməlaɪz] *v. tr.* exteriorizar.

extinct [ɪk'stɪŋkt] *adj.* extinguido.

extinguish [ɪk'stɪŋwɪʃ] *v. tr.* (put out) extinguir; apagar.

extinguisher [ɪk'stɪŋwɪʃər] *n.* (fire) extintor *m.*

extort [ɪks'tɔ:rt] *v. tr.* **1.** extorsionar. **2.** (confession, promise) arrancar.

extra ['ekstrə] *adj.* **1.** extra. ‖ *adv.* **2.** de más [Do you have a spare pen? ¿Tienes un bolígrafo de más?] ‖ *n.* **3.** extra *m.* y *f.* **4.** (bonus) prima *f.*

extract [ɪks'trækt] *n.* **1.** extracto *m.;* fragmento *m.* ‖ *v. tr.* **2.** extraer. **3.** (a confession) arrancar.

extraction [ɪks'trækʃən] *n.* extracción *f.*

extraordinary [ɪks'trɔ:rdneri:] *adj.* extraordinario; especial.

extravagance [ɪks'trævəgəns] *n.* **1.** extravagancia *f.* **2.** (lavishness) derroche *m.;* despilfarro *m.*

extravagant [ɪks'trævəgənt] *adj.* **1.** estrafalario; extravagante. **2.** (wasteful) derrochador *m.;* despilfarrador *m.*

extreme [ɪks'tri:m] *adj.* **1.** extremo. ‖ *n.* **2.** extremo *m.*

extremity [ɪks'treməti] *n., Anat.* (hand, feet) extremidad *f.*

extricate ['ekstrɪkeɪt] *v. intr.* desligarse. ‖ **to ~ oneself** desenredarse.

exuberance [ɪg'zu:bərəns] *n.* (vigor) exuberancia *f.;* exceso *m.*

exuberant [ɪg'zu:bərənt] *adj.* (vigorous) exuberante; rico.

exude [ɪg'zu:d] *v. tr. & intr.* sudar; exudar; rezumar.

eye [aɪ] *n. Anat.* ojo *m.*

eyebrow ['aɪ,braʊ] *n., Anat.* ceja *f.*

eyecup ['aɪ,kʌp] *n., Am. E.* lavaojos *m.*

eyelash ['aɪ,læʃ] *n., Anat.* pestaña *f.*

eyelid ['aɪlɪd] *n., Anat.* párpado *m.*

eyeshade ['aɪ,ʃeɪd] *n.* (of plastic) visera *f.*

eyesight ['aɪsaɪt] *n.* vista *f.*

eyesore ['aɪ,sɔ:r] *n.* adefesio *m.*

eyetooth ['aɪ,tu:θ] *n., Anat.* colmillo *m.*

eyewitness ['aɪ,wɪtnɪs] *n.* testigo presencial.

F

F ['ef] *n., Mus.* fa *m.*

f ['ef] *n.* (letter) f *f.*

fa or fah [fæ] *n., Mus.* fa *m.*

fable ['feɪbəl] *n., Lit.* fábula *f.*

fabric ['fæbrɪk] *n.* tela *f.*; tejido *m.*

fabricate ['fæbrɪkeɪt] *v. tr.* fabricar.

fabulous ['fæbjələs] *adj.* fabuloso.

façade [fə'sɑːd] *n.* **1.** *Archit.* fachada *f.* **2.** *fam.* (appearance) fachada *f.*

face [feɪs] *n.* **1.** *Anat.* cara *f.*; rostro *m.* **2.** (expression) mueca *f.*; gesto *m.* ‖ *v. tr.* **3.** (person) encararse con. ‖ *v. intr.* **4.** enfrentarse. ‖ **~ down** boca abajo. **~ to ~** cara a cara. **~ up** boca arriba.

facial ['feɪʃəl] *adj.* facial.

facile ['fæsəl] *adj.* fácil.

facing ['feɪsɪŋ] *adv.* **1.** enfrente. ‖ *prep.* **2.** frente a. ‖ *n.* **3.** revestimiento

fact [fækt] *n.* hecho *m.* ‖ **in ~** de hecho.

faction ['fækʃən] *n., Polit.* facción *f.*

factor ['fæktər] *n.* factor *m.*

factory ['fæktəri:] *n.* fábrica *f.*

faculty ['fækəlti] *n.* facultad *f.*

fad [fæd] *n.* (trend) moda pasajera.

fade [feɪd] *v. tr.* **1.** (color) desteñir. ‖ *v. intr.* **2.** (feeling, memories) desvanecerse. ‖ **to ~ away** (hopes, etc.) esfumarse.

faded ['feɪdəd] *adj.* **1.** desvaído; pálido. **2.** (photo) descolorido. **3.** (flower) marchito *lit.*; mustio.

fail [feɪl] *n.* **1.** suspenso *m.* ‖ *v. tr.* **2.** (exam) suspender; catear *col.* ‖ *v. intr.* **3.** fallar. **4.** (be unsuccessful) fracasar. ‖ **without ~** sin falta.

failing ['feɪlɪŋ] *n.* falta *f.*

failure ['feɪljər] *n.* **1.** fracaso *m.* **2.** (mechanical) avería *f.*

faint [feɪnt] *n., Med.* **1.** desmayo *m.* ‖ *v. intr.* **2.** desmayarse.

fair [fer] *adj.* **1.** justo. **2.** (considerable) bueno. **3.** (skin) blanco. ‖ *n.* **4.** feria *f.* ‖ **~ play** juego limpio.

fair-haired ['fer,herd] *adj.* rubio.

fairly ['fɜːrli] *adv.* justamente.

fairy ['feri:] *n.* hada *f.*

faith [feɪθ] *n.* **1.** *Rel.* fe *f.* **2.** (trust) confianza *f.* ‖ **in good ~** jde buena fe.

faithful ['feɪθfəl] *adj.* fiel; leal.

faithfulness ['feɪθfəlnɪs] *n.* (loyalty) fidelidad *f.*; lealtad *f.*

fake [feɪk] *adj.* **1.** falso. *n.* **2.** falsificación. **3.** (person) farsante *m. y f.* ‖ *v. tr.* **4.** falsificar. **5.** (feign) fingir.

fakir ['fæ'kɪr] *n.* faquir *m.*

falcon ['fælkən, 'fɔːlkən] *n., Zool.* (bird) halcón *m.*

fall [fɔːl] *n.* **1.** caída *m.* **2.** *Am. E.* (season) otoño *m.* ‖ *v. intr.* (p.t. fell p.p. fallen) **3.** caer; caerse. **4.** (price) bajar. ‖ **falls** *n. pl.* **5.** (waterfall) catarata *f.*; cascada *f.* ‖ **to ~ asleep** dormirse.**to ~ behind** rezagarse. **to ~ down** caerse. **to ~ ill** caer enfermo. **to ~ in** *Mil.* alinearse. **~ through** (plan) fracasar.

fallacious [fə'leɪʃəs] *adj.* **1.** *frml.* falaz; erróneo. **2.** (deceitful) engañoso.

fallow ['fæloʊ] *adj., Agr.* en barbecho [This year he'll let his land fallow. *Este año dejará la tierra en barbecho.*]

false [fɔːls] *adj.* **1.** (untrue) falso. **2.** (tooth, hair) postizo.

falsehood ['fɔːls,hʊd] *n., frml.* (lie) falsedad *f.*; mentira *f.*

falsify ['fɔːlsə,faɪ] *v. tr.* **1.** (documents) falsificar. **2.** (truth) falsear.

fame [feɪm] *n.* fama *f.*

famed ['feɪmd] *adj.* famoso; afamado.

familiar [fə'mɪljər] *adj.* **1.** familiar. **2.** (well-known) conocido.

familiarity [fə,mɪlj'ærəti:] *n.* familiaridad *f.*; confianza *f.*

family ['fæməli:] *n.* familia *f.* ‖ ~ **name** *Am. E.* apellido *m.*

famous ['feɪməs] *adj.* famoso; célebre.

fan [fæn] *n.* **1.** abanico *m.* **2.** *Electron.* ventilador *m.* **3.** (admirer) fan *m. y f.*; hincha *m. y f.*; aficionado *m. y f.* ‖ ~ **club** club de admiradores.

fanatic [fə'nætɪk] *n.* fanático *m.*

fanciful ['fænsɪfəl] *adj.* imaginativo.

fancy ['fænsi:] *n.* **1.** imaginación *f.*; fantasía *f.* ‖ *v. tr.* **2.** imaginarse. **3.** (want) antojarse. ‖ ~ **dress** disfraz *m.*

fang [fæŋ] *n., Zool.* colmillo *m.*

fantasize, fantasise (Br.E) ['fæntə,saɪz] *v. intr.* fantasear.

fantastic [fæn'tæstɪk] *adj.* (great) fantástico; fenomenal.

fantasy ['æntəsi:] *n.* fantasía *f.*

far [fɑːr](comp: farther or further; superl: farthest or furthest) *adj.* **1.** lejano [He lives in a far city. *Vive en una ciudad lejana.*] ‖ *adv.* **2.** lejos [The church is too far. *La iglesia está demasiado lejos.*] **3.** muy; mucho (+ comparative adj./adv.) [That's far better. *Eso está mucho mejor.*] ‖ **as ~ as** hasta [Go as far as the bridge. *Ve hasta el puente.*] en lo tocante a [As far as the project, I think it is a good idea. *En lo tocante al proyecto, creo que es una buena idea.*] **by ~** con mucho [It is the best solution by far. *Es, con mucho, la mejor solución.*] **~ away** lejos. **~ from** lejos de [Far from helping me, he pushed me. *Lejos de ayudarme, me empujó.*] **how ~ ?** ¿a qué distancia? [How far is Madrid? *¿A qué distancia está Madrid?*, fig. hasta qué punto [How far do you agree with him?

¿Hasta qué punto estás de acuerdo con él?] **so** ~ hasta ahora; de momento [So far everything is going just as planned. *De momento todo va según lo previsto.*]

farce [fɑːrs] *n.* **1.** *Theat.* farsa *f.*; comedia *f.* **2.** *fig.* montaje *m.*; fiasco *m.*

fare [fer] *n.* **1.** (on trains, buses) pasaje *m.*; billete *m.* **2.** (cost) tarifa *f.*

farewell ['fer,wel] *n.* adiós *m.*; despedida *f.* ‖ ~ **speech** discurso de despedida.

farm [fɑːrm] *n.* **1.** granja *f.* ‖ *v. tr.* **2.** (land) cultivar.

farmer ['fɑːrmər] *n.* granjero *m.*; labrador *m.*; agricultor *m.*

farmhouse ['fɑːrm,haʊs] *n.* cortijo *m.*; rancho *m. Amér.*

farming ['fɑːrmɪŋ] *n., Agr.* **1.** *Agr.* cultivo *m.*; labranza *f.* ‖ *adj.* **2.** agrícola.

far-sighted ['fɑːr,saɪtəd] *adj.* previsor.

fart [fɑːrt] *n.* pedo *m.*

farther ['fɑːrðər] *adj.* **1.** nuevo. ‖ *adv.* **2.** (at a greater distance) más allá; más lejos [My house is even farther. *Mi casa está más lejos incluso.*] **3.** (furthermore) además.

farthing ['fɑːrðɪŋ] *n.* (arcaico) cuarto de penique.

fascinate ['fæsθɪneɪt] *v. tr.* fascinar.

fascinating ['fæsə,neɪtɪŋ] *adj.* fascinante; increíble.

fascination [,fæsə'neɪʃən] *n.* fascinación *f.*; atracción *f.*

fashion ['fæʃən] *n.* **1.** moda *f.* ‖ **old-fashioned** *adj.* **2.** pasado de moda. ‖ **high ~** alta costura. **in ~** de moda.

fashionable ['fæʃənəbəl] *adj.* de moda.

fast[1] [fæst] *adj.* **1.** rápido; veloz. **2.** (tight) firme. ‖ *adv.* **3.** rápidamente; deprisa. ‖ **as ~ as possible** a toda prisa.

fast² [fɑːst] *n.* **1.** ayuno *m.;* vigilia *f.* ‖ *v. intr.* **2.** ayunar.

fasten ['fæsən] *v. tr.* **1.** (fix) fijar. **2.** (belt) abrochar. **3.** (laces) atar.

fastener ['fæˌsənər] *n.* presilla *f.*

fastening ['fæsənɪŋ] *n.* cerradura *f.*

fastidious [fæs'tɪdɪəs] *adj.* **1.** quisquilloso. **2.** (demanding) exigente.

fat [fæt] *adj.* **1.** gordo. ‖ *n.* **2.** grasa *f.;* gordo *m.* **3.** (animal) manteca *f.* ‖ ~ **cat** *slang* pez gordo. **to get** ~ engordar.

fatal ['feɪtəl] *adj.* **1.** (injury) mortal. **2.** (disastrous) nefasto; funesto. **3.** (important) fatal.

fate [feɪt] *n.* destino *m.*

fateful ['feɪtfəl] *adj.* (disastrous) aciago; funesto; desafortunado.

father ['fɑːðər] *n.* **1.** padre *m.* ‖ *v. tr.* **2.** engendrar. ‖ **doting** ~ padrazo *m.*

father-in-law ['fɑːðərɪnˌlɔː] *n.* suegro *m.;* padre político.

fatherless ['fɑːðərˌlɪs] *adj.* huérfano (de padre).

fathom ['fæðəm] *n., Nav.* braza *f.*

fatigue [fə'tiːg] *n.* **1.** *frml.* fatiga *f.;* cansancio *m.* ‖ *v. tr.* **2.** fatigar; cansar.

fatten ['fætən] *v. tr. & intr.* engordar.

fatty ['fætɪ] *adj.* **1.** (food, substance) graso. ‖ *n.* **2.** *fam.* (person) gordo *m.*

fatuous ['fætjʊəs] *adj.* fatuo.

faucet ['fɔːsɪt] *n., Am. E.* grifo *f.;* llave *f.*

fault [fɔːlt] *n.* **1.** culpa *f.* **2.** (defect) defecto *m.;* falta *f.* ‖ **to find** ~ **with sth/sb** ponerle peros a algo/alguien.

faultless ['fɔːltlɪs] *adj.* impecable; irreprochable; intachable.

faulty ['fɔːltɪ] *adj.* defectuoso.

fauna ['fɔːnə] *n., Zool.* fauna *f.*

favor, favour (Br.E) ['feɪvər] *n.* **1.** favor *m.* ‖ *v. tr.* **2.** favorecer.

favorable, favourable (Br.E) ['feɪvərəbəl] *adj.* favorable; propicio.

favorite ['feɪvərɪt] *adj.* **1.** favorito. ‖ *n.* **2.** favorito *m.*

fawn¹ [fɔːn] *n., Zool.* cervato *m.*

fawn² [fɔːn] *v. intr., fig.* adular.

fax ['fæks] *n.* fax *m.;* telefax *m.*

fear [fɪr] *n.* **1.** temor *m.;* miedo *m.* ‖ *v. tr.* **2.** temer; tener miedo.

fearful ['fɪrfəl] *adj.* (person) temeroso; miedoso; asustadizo.

fearless ['fɪrlɪs] *adj.* intrépido; audaz.

fearsome ['fɪrsəm] *adj.* temible.

feasibility [ˌfiːzə'bɪləti:] *n.* viabilidad *f.*

feasible ['fiːzəbəl] *adj.* factible; posible.

feast [fiːst] *n.* **1.** banquete *m.* **2.** *Rel.* fiesta *f.* ‖ *v. tr.* **3.** festejar.

feat [fiːt] *n.* hazaña *f.;* proeza *f.*

feather ['feðər] *n., Zool.* pluma *f.*

feature ['fiːtʃər] *n.* **1.** rasgo *m.;* característica *f.* ‖ **features** *n. pl., Anat.* rasgos *m.;* facciones *f.* ‖ ~ **film** *Film* largometraje *m.*

February ['februəri:] *n.* febrero *m.*

fed up [fed] *adj. phr.* frito; harto. ‖ **to be** ~ estar hasta la coronilla. **to be** ~ **with** estar harto de. **to get** ~ hartarse.

federal ['fedərəl] *adj.* federal.

federation [ˌfedə'reɪʃən] *n.* federación *f.;* confederación *f.*

fee [fiː] *n.* honorarios *m. pl.*

feeble ['fiːbəl] *adj.* débil; endeble.

feebleness ['fiːbəlnɪs] *n.* debilidad *f.*

feed [fiːd] *n.* **1.** alimento *m.* **2.** (fodder) pienso *m.* ‖ *v. tr.* (p.t. and p.p. fed) **3.** alimentar. **4.** (a baby) dar de comer. ‖ *v. intr.* **5.** (baby) mamar. ‖ **to** ~ **oneself** alimentarse.

feeding ['fiːdɪŋ] *n.* alimentación *f.* ‖ ~ **bottle** biberón.

feel [fi:l](p.t. and p.p. felt) *n.* **1.** tacto *m.* ‖ *v. tr.* **2.** (touch) tocar; palpar. ‖ *v. intr.* **3.** (emotion, perceive) sentir. **to ~ like** apetecer. **to ~ sick** marearse.

feeler ['fi:lər] *n.* (of an animal) antena *f.*

feeling ['fi:lɪŋ] *n.* **1.** (emotion) sentimiento *m.* **2.** (physical) sensación *f.*

feet [fi:t] *n. pl.* pies *m.*

feign ['feɪn] *v. tr.* fingir; aparentar.

felicity [fəˈlɪsəti:] *n.* felicidad *f.*

feline [fi:ˌlaɪn] *adj.* **1.** *Zool.* (animal) felino. ‖ *n.* **2.** *Zool.* felino *m.*

fell [fel] *v. tr.* (tree) talar.

felling ['felɪŋ] *n.* (of trees) tala *f.*

fellow ['felou] *n.* **1.** (guy) tipo. **2.** (companion) compañero *m.* ‖ **~ countryman** compatriota *m.*; paisano *m.* **~ countrywoman** compatriota *f.*

fellowship ['felouˌʃɪp] *n.* **1.** (comradeship) compañerismo *m.* **2.** (organization) asociación *f.* **3.** (scholarship) beca *f.* (de investigación)

felt [felt] *n.* fieltro *m.*

female ['fi:meɪl] *adj.* **1.** femenino. **2.** *Zool.* hembra. ‖ *n.* **3.** (woman) mujer *f.* **4.** *Zool.* hembra *f.*

feminine ['femənɪn] *adj.* femenino.

fence [fens] *n.* **1.** (barrier) valla *f.*; cerca *f.* ‖ *v. tr.* **2.** cercar; vallar.

fencing ['fensɪŋ] *n.*, *Sports* esgrima *f.*

fender ['fendər] *n.*, *Am. E.*, *Car* guardabarros *m. inv.*; parachoques *m. inv.*

fennel ['fenəl] *n.*, *Bot.* hinojo *m.*

ferment [fɜːrˈmənt] *n.* **1.** fermento *m.* ‖ *v. tr. & intr.* **2.** fermentar.

fern [fɜːrn] *n.*, *Bot.* helecho *m.*

ferocious [fəˈrouʃəs] *adj.* feroz; fiero.

ferret ['ferɪt] *n.*, *Zool.* hurón *m.*

ferry ['feri:] *n.* **1.** (small) barca de peaje. **2.** *Nav.* transbordador *m.*; ferry *m.*

fertile ['fɜːrtaɪl] *adj.* **1.** fértil. **2.** *Biol.* (woman, region) fecundo.

fertility [fɜːrˈtɪləti:] *n.* **1.** (of woman) fertilidad *f.* **2.** (of mind) fecundidad *f.*

fertilization [ˌfɜːrtələˈzeɪʃən] *n.* **1.** fertilización *f.* **2.** *Biol.* fecundación *f.*

fertilize, fertilise (Br.E) ['fɜːrtəˌlaɪz] *v. tr.* **1.** *Biol.* fecundar. **2.** *Agr.* abonar.

fertilizer ['fɜːrtəˌlaɪzər] *n.*, *Agr.* abono *m.*; fertilizante *m.*

fervent ['fɜːrvənt] *adj.* **1.** fervoroso. **2.** (hope) ferviente.

fervor, fervour (Br.E) ['fɜːrvər] *n.* (ardor) fervor *m.*; ardor *m.*

festival ['festəvəl] *n.* **1.** *Mus.* festival *m.* **2.** *Rel.* fiesta *f.*; festividad *f.*

festive ['festɪv] *adj.* festivo.

festivity [festɪvəti:] *n.* festividad *f.*

fête or fête [feɪt] *v. tr.* agasajar; festejar.

fetter ['fetər] *v. tr.* encadenar.

fetus, foetus (Br.E) ['fi:təs] *n.*, *Biol.* feto *m.*; engendro *m.*

feud [fju:d] *n.* enemistad *f.*

feudal ['fju:dəl] *adj.*, *Hist.* feudal.

fever ['fi:vər] *n.*, *Med.* fiebre *f.*

feverish ['fi:vərɪʃ] *adj.*, *Med.* febril.

few [fju:](comp. fewer; superl. fewest) *adj.* (also pron.) **1.** (countable nouns) poco [She has few friends. *Tiene pocos amigos.*] ‖ **fewer** *poss. pron.* **2.** menos [Fewer than one hundred people came to his wedding. *A su boda asistieron menos de cien personas.*] ‖ **a ~** alguno [I have a few problems at home. *Tengo algunos problemas en casa.*] alguno [Do you want an apple? I have a few. *¿Quieres una manzana? Tengo algunas.*]

fiancé [fiːˈɑːnseɪ] *n.* **1.** prometido *m.*; novio *m.* ‖ **fiancée** *n.* **2.** prometida *f.*; novia *f.*

fib [fɪb] *n., fam.* bola *f. fam.*; patraña *f.*

fiber, fibre (Br.E) ['faɪbər] *n.* fibra *f.*

fickle ['fɪkəl] *adj.* voluble; inconstante. ‖ **~ person** *fig.* veleta *m. y f.*

fiction ['fɪkʃən] *n.* **1.** ficción *f.* **2.** *Lit.* novela *f.*; ficción *f.*

fictional ['fɪkʃənl] *adj.* novelesco.

fictitious [fɪk'tɪʃəs] *adj.* (imaginary) ficticio; imaginario; irreal.

fiddle ['fɪdəl] *n.* **1.** *Mus., fam.* violín *m.* **2.** (racket) chanchullo *m.*

fidelity [fɪ'delətɪ] *n.* (loyalty) fidelidad *f.*; lealtad *f.* ‖ **high ~** alta fidelidad

field [fi:ld] *n.* **1.** campo *m.* **2.** *fig.* (sphere) ámbito *m.* **3.** *Sports* campo *m.*

fiend [fi:nd] *n.* (person) fiera *f.*

fierce ['fɪrs] *adj.* **1.** (animal) feroz. **2.** (enemy) encarnizado.

fiery ['faɪərɪ: 'faɪrɪ] *adj.* **1.** (burning) ardiente. **2.** (temperament) apasionado.

fifteen [ˌfɪfti:n] *col. num. det.* (also pron. and n.) **1.** quince; decimoquinto. ‖ *card. num. adj.* **2.** quince [Could you please read page fifteen? *¿Podrías leer la página quince, por favor?*] ‖ **fifteen-year-old** *adj.* **3.** quinceañero.

fifteenth [ˌfɪf'ti:nθ] *card. num. adj.* (also n.) **1.** quince [He lives on the fifteenth floor. *Vive en el decimoquinto piso.*]

fifth [fɪfθ] *card. num. adj.* (also n.) **1.** quinto; cinco [It is his fifth birthday. *Es su quinto cumpleaños.*] ‖ *frac. numer. n.* (also adj. and pron.) **2.** quinto [There is only one fifth of the pizza left. *Sólo queda un quinto de la pizza.*]

fiftieth ['fɪftɪəθ] *card. num. adj.* (Also n.) cincuenta [I am sitting on the fiftieth row. *Estoy sentadaen la fila cincuenta.*]

fifty ['fɪftɪ] *col. num. det.* (Also pron. and n.) **1.** cincuenta. ‖ *card. num. adj.*

2. cincuenta [Read chapter fifty. *Lee el capítulo cincuenta.*] ‖ **to go fifty-fifty** ir a medias.

fig [fɪg] *n., Bot.* (fruit) higo *m.* ‖ **early ~** breva *f.* **~ tree** *Bot.* higuera *f.*

fight [faɪt] *n.* **1.** pelea *f.* **2.** (struggle) lucha *f.* **3.** *Sports* combate *m.* ‖ *v. intr.* (p.t. and p.p. fought) **4.** luchar; pelear. ‖ *v. tr.* **5.** *Taur.* torear; lidiar.

fighter ['faɪtər] *n.* **1.** combatiente *m. y f.* **2.** *Aeron.* (plane) caza *m.*

fighting ['faɪtɪŋ] *n.* combate *m.*

figure ['fɪgjər] *n.* **1.** figura *f.*; forma *f.* **2.** *Math.* cifra *f.*; número *m.* **3.** (human shape) tipo *f.*; silueta *f.* ‖ *v. intr.* **4.** (appear) figurar.

filament ['fɪləmənt] *n.* filamento *m.*

filch ['fɪltʃ] *v. tr.* birlar.

file [faɪl] *n.* **1.** (tool) lima *f.* **2.** (dossier) archivo *m.* **3.** (row) fila *f.* **4.** (folder) carpeta *f.* ‖ *v. tr.* **5.** limar. **6.** (documents) archivar.

filet, fillet (Br.E) ['fɪleɪ 'fɪleɪ] *n.* **1.** (of meat, fish) filete *m.* **2.** (of veal) solomillo *m.* (de ternera).

filial ['fɪlɪəl] *adj.* filial.

filing cabinet ['faɪlɪŋˌkæbnɪt] *n.* archivador *m.*; clasificador *m.*

fill [fɪl] *v. tr.* **1.** llenar. **2.** (teeth) empastar. ‖ **to ~ up** (petrol) repostar.

filling ['fɪlɪŋ] *n.* **1.** (of a tooth) empaste *m.* **2.** *Gastr.* relleno *m.*

filly ['fɪlɪ] *n., Zool.* potra *f.*

film [fɪlm] *n.* **1.** *Br. E.* película *f.* **2.** *Phot.* carrete *m.* (de fotos). **3.** (thin covering) película *f.* ‖ *v. tr.* **4.** (scene, event) filmar; rodar.

filter ['fɪltər] *n.* **1.** filtro *m.*; tamiz *m.* ‖ *v. tr.* **2.** filtrar; colar.

filth [fɪlθ] *n.* mugre *f.*; porquería *f.*

filthy ['fɪlθi:] *adj.* guarro; asqueroso.

fin [fɪn] *n.* aleta *f.*

final ['faɪnəl] *adj.* **1.** final. ‖ *n.* **2.** *Br. E., Sports* final *f.* ‖ **finals** *n. pl.* **3.** exámenes finales.

finalist ['faɪnəlɪst] *n., Sports* (sportsman, competitor) finalista *m. y f.*

finalize ['faɪnəˌlaɪz] *v. tr.* ultimar.

finally ['faɪnəli:] *adv.* (lastly) por último; finalmente.

finance [fə'næns, faɪ'næns] *v. tr.* **1.** financiar. ‖ **finances** *n. pl.* **2.** finanzas *f.* ‖ **~ oneself** financiarse.

financial [faɪ'nænʃəl] *adj.* financiero.

financier [ˌfaɪnæn'sɪr] *n.* financiero *m.*

find [faɪnd] *n.* **1.** hallazgo *m.*; descubrimiento *m.* ‖ *v. tr.* (p.t. and p.p. found) **2.** encontrar; hallar. **3.** (come upon) descubrir. **4.** *Law* (guilty or not guilty) declarar. ‖ **to ~ out** averiguar.

fine [faɪn] *adj.* **1.** fino. **2.** (weather) bueno. ‖ *n.* **3.** multa *f.* ‖ *v. tr.* **4.** multar. ‖ **~ arts** bellas artes.

finery ['faɪnəri:] *n.* galas *f. pl.*

finger ['fɪŋɡər] *n.* **1.** *Anat.* (of hand) dedo *m.* ‖ *v. tr.* **2.** tocar; sobar. ‖ **fingerprint** *n.* **3.** huella digital. ‖ **fingernail** *n.* **4.** *Anat.* uña *f.* ‖ **fingertip** *n.* **5.** *Anat.* yema *f.* (del dedo). ‖ **little ~** *Anat.* meñique *m.*

finicky ['fɪnɪki] *adj.* (choosy) melindroso; remilgado; quisquilloso.

finish ['fɪnɪʃ] *n.* **1.** (end) fin *m.* **2.** (polish) acabado *m.* **3.** *Sports* (of race) meta *f.* ‖ *v. tr.* **4.** acabar; concluir. ‖ *v. intr.* **5.** acabar; terminar.

finished ['fɪnɪʃt] *adj.* acabado.

fir [fɜːr] *n., Bot.* abeto *m.*

fire ['faɪr] *n.* **1.** fuego *m.* **2.** (accidental) incendio *m.* ‖ *v. tr.* **3.** (a gun) disparar.

‖ *v. intr.* **4.** (shoot) disparar. **~ alarm** alarma contra incendios. **to set on ~** incendiar.

firearm ['faɪrˌɑːrmz] *n.* arma de fuego.

firecracker ['faɪrˌkrækər] *n.* petardo *m.* ‖ **string of firecrackers** traca *f.*

fireman ['faɪrˌmən] *n.* bombero *m.*

fireplace ['faɪrˌpleɪs] *n.* **1.** chimenea *f.* **2.** (hearth) hogar *m.*

fireproof ['faɪrˌpruːf] *adj.* incombustible.

firewood ['faɪrˌwʊd] *n.* leña *f.*

fireworks ['faɪrˌwɜːks] *n. pl.* fuegos artificiales; fuegos de artificio.

firm [fɜːrm] *adj.* **1.** firme. ‖ *n.* **2.** *Br. E.* firma *f.*; empresa *f.*

firmament ['fɜːrməmənt] *n., Astrol.* firmamento *m., lit.*

firmness ['fɜːrmnɪs] *n.* firmeza *f.*

first [fɜːrst] *card. num. adj.* (also n.) **1.** primero; primer (before a masc. n.); uno [Which was your first job? ¿Cuál fue tu primer trabajo?] ‖ *adv.* **2.** primero [Clean your room first. Primero limpia tu habitación.] ‖ **firstly** *adv.* **3.** primero. ‖ **at ~** al principio [At first, I didn't recognize him. Al principio no le reconocí.] **~ aid** primeros auxilios. **~ and foremost** ante todo [I'm worried first and foremost about your health. Ante todo me preocupa tu salud.] **~ of all** en primer lugar. **first-aid kit** botiquín *m.*

first-born ['fɜːrstˌbɔːrn] *adj. & n., frml.* primogénito *m.*

fiscal ['fɪskəl] *adj.* fiscal.

fish [fɪʃ] *n.* **1.** *Zool.* pez *m.* **2.** (food) pescado *m.* ‖ *v. tr. & intr.* **3.** pescar. ‖ **~ farm** piscifactoría *f.*

fishbone ['fɪʃˌboʊn] *n.* espina *f.*

fisherman ['fɪʃərmən] *n.* pescador *m.*

fishhook ['fɪʃˌhʊk] *n.* anzuelo *m.*

fishing ['fɪʃɪŋ] *n.* pesca *f.* ‖ ~ **boat** barco de pesca. ~ **line** sedal *m.* ~ **rod** caña de pescar. **to go** ~ ir de pesca.

fishmonger ['fɪʃ,mʌŋgər 'fɪʃ,mɒŋgər] *n.* **1.** Br. E. pescadero *m.* ‖ **fishmonger's** *n.* **2.** Br. E. pescadería *f.*

fissure ['fɪʃər] *n.* **1.** grieta *f.* **2.** Anat. fisura *f.*

fist [fɪst] *n.*, Anat. puño *m.*

fit [fɪt] *adj.* **1.** (proper) apropiado; adecuado. ‖ *v. tr.* **2.** acoplar; encajar. **3.** (color, clothes) sentar. **4.** (accommodate) ajustar. ‖ *v. intr.* **5.** (clothes) entallar.

fitter ['fɪtər] *n.* ajustador *m.*

fitting ['fɪtɪŋ] *adj.* **1.** adecuado; apropiado. ‖ *n.* **2.** (of clothes) prueba *f.*

five [faɪv] *col. num. det.* (Also pron. and n.) **1.** cinco. ‖ *card. num. adj.* **2.** cinco; quinto [On chapter five, you can find an explanation. *En el capítulo cinco, podéis encontrar una explicación.*] ‖ ~ **hundred** quinientos. **to give ~** *coll.* choca esos cinco.

fix [fɪks] *n.* **1.** (difficulty) apuro *m.*; aprieto *m.* ‖ *v. tr.* **2.** (fasten) fijar. **3.** (mend) arreglar. ‖ **to be in a** ~ estar en un aprieto. **to ~ up** (arrange) arreglar.

fixed ['fɪkst] *adj.* fijo.

fixings ['fɪksɪŋz] *n. pl.*, Am. E. acompañamiento *m. sing.*; guarnición *f. sing.*

fizzy ['fɪzi] *adj.*, Br. E. gaseoso.

flabbergasted ['flæbər,gæstəd] *adj.* pasmado; alelado; atónito.

flabby ['flæbi] *adj.* fofo.

flag [flæg] *n.* **1.** bandera *f.*; insignia *f.* ‖ *v. intr.* **2.** decaer.

flagstone ['flægs,toun] *n.* losa *f.*

flair [fler] *n.* aptitud *f.*

flake [fleɪk] *n.* **1.** (of snow, cereals) copo *m.* **2.** (of skin, soap) escama *f.*

flamboyant [flæm'bɔɪənt] *adj.* (person, clothes) extravagante.

flame [fleɪm] *n.* **1.** (of fire) llama *f.* ‖ *v. intr.* **2.** (blaze) flamear.

flamenco [flə'menkou] *n.*, Mus. flamenco *m.* ‖ ~ **dancer** bailaor *m.* ~ **singer** Mus. cantaor *m.*

flamingo [flə'mɪŋgou] *n.*, Zool. (bird) flamenco *m.*

flammable ['flæməbəl] *adj.* (combustible) inflamable; combustible.

flank [flæŋk] *n.* **1.** flanco *m.* **2.** (of person) costado *m.*

flannel ['flænəl] *n.* franela *f.*

flap [flæp] *n.* **1.** solapa *f.* **2.** (de una mesa) hoja plegadiza. **3.** . ‖ *v. tr.* **4.** (wings) batir. ‖ *v. intr.* **5.** agitarse.

flare [fler] *n.* **1.** llamarada *f.* ‖ *v. intr.* **2.** (fire) llamear. **3.** fig. encolerizarse.

flash [flæʃ] *n.* **1.** (of lighting) relámpago *m.* **2.** Phot. flash *m.* ‖ *v. intr.* **3.** (light) relampaguear.

flask [flæsk] *n.* frasco *m.*

flat [flæt] *adj.* **1.** (surface) plano. ‖ *n.* **2.** Br. E. piso *m.*; apartamento *m.* **3.** Am. E., Car (of tire) pinchazo *m.*

flatter ['flætər] *v. tr.* halagar; adular.

flatterer ['flætərər] *n.* adulador *m.*; zalame-ro *m.*; meloso *m.*

flattering ['flætərɪŋ] *adj.* (sycophantic) adulador; zalamero.

flattery ['flætəri:] *n.* adulación *f.*

flaunt [flɔːnt] *v. tr.* ostentar.

flavor, flavour (Br.E) ['fleɪvər] *n.* **1.** sabor *m.* ‖ *v. tr.* **2.** Gastr. sazonar; condimentar.

flaw [flɔː] *n.* desperfecto *m.*

flax [flæks] *n.*, Bot. lino *m.*

flea [fliː] *n.*, Zool. pulga *f.*

flee ['fliː](p.t. and p.p. fled) *v. intr.* huir.

fleece [fliːs] *n*. **1.** vellón *m*. ‖ *v. tr*. **2.** esquilar. **3.** *fam* (cheat) desplumar.

fleet [fliːt] *n*. **1.** *Nav*. flota *f*. **2.** *Mil*. (navy) armada *f*.

Flemish [ˈflemɪʃ] *adj*. **1.** (of Flanders) flamenco. ‖ *n*. **2.** (persona) flamenco *m*. **3.** (language) flamenco *m*.

flesh [fleʃ] *n*. carne *f*. ‖ **to be ~ and blood** ser de carne y hueso.

fleshy [ˈfleʃiː] *adj*. carnoso.

flexible [ˈfleksəbəl] *adj*. flexible.

flicker [ˈflɪkər] *v. intr*. parpadear.

flight [flaɪt] *n*. **1.** vuelo *m*. **2.** (escape) fuga *f*.; huida *f*. **3.** (of stairs) tramo *m*.

flimsy [ˈflɪmziː] *adj*. **1.** (material) inconsistente. ‖ *n*. **2.** papel cebolla.

fling [flɪŋ] *v. tr*. (p.t. and p.p. flung) arrojar. ‖ **to ~ oneself** arrojarse.

flint [flɪnt] *n*. pedernal *m*.

flip-flop [ˈflɪpˌflɒp] *n*., *Br. E*. chancla *f*.; (footwear) chinela *f*.

flipper [ˈflɪpər] *n*. aleta *f*.

flirt [flɜːrt] *n*. **1.** coqueto *m*. ‖ *v. intr*. **2.** flirtear; coquetear.

flirtation [flɜːrteɪʃən] *n*. (coquetry) flirteo *m*.; coqueteo *m*.

float [floʊt] *n*. **1.** flotador *m*. ‖ *v. tr*. **2.** (currency) poner en circulación. ‖ *v. intr*. **3.** (on water) flotar.

flock [flɒk] *n*. **1.** (of birds) bandada *f*. **2.** (of sheep) rebaño *m*.

flog [flɒg] *v. tr*. azotar.

flood [flʌd] *n*. **1.** inundación *f*. **2.** *fig*. (people, tears, words) torrente *m*. ‖ *v. tr*. **3.** inundar. ‖ *v. intr*. **4.** desbordarse.

floodgate [ˈflʌdˌgeɪt] *n*., *Tech*. (sluice) compuerta *f*.; esclusa *f*.

floodlight [ˈflʌdˌlaɪt] *n*. proyector *m*.

floor [flɔːr] *n*. (storey) piso *m*.; planta *f*. ‖ **first ~** *Am. E*. planta baja; bajo *m*. *Br. E*.

primera planta; principal *m*. **ground ~** *Br. E*. planta baja; bajo *m*. **second ~** *Am. E*. primera planta; principal *m*.

floppy disk [ˈflɒpiːˌdɪsk] *sust. phr*., *Comput*. disquete *m*.

flora [ˈflɔːrə] *n*., *Bot*. flora *f*.

florist [ˈflɒrɪst ˈflɔːrɪst] *n*. florista *m. y f*. ‖ **florist's shop** floristería *f*.

flotation [floʊteɪʃən] *n*., *Nav*. (buoyancy) flotación *f*.

flour [ˈflaʊər] *n*. harina *f*.

flourish [ˈflʌrɪʃ] *n*. **1.** floritura *f*. ‖ *v. intr*. **2.** florecer; brotar.

flourishing [ˈflʌrɪʃɪŋ] *adj*. **1.** próspero; floreciente. ‖ *n*. **2.** *fig*. florecimiento *m*.

flourmill [ˈflæʊərmɪl] *n*. tahona *f*.

flout [flaʊt] *v. tr. & intr*. mofarse.

flow [floʊ] *n*. **1.** flujo *m*. **2.** (of river) caudal *m*. ‖ *v. intr*. **3.** fluir.

flower [ˈflaʊər] *n*. **1.** *Bot*. flor *f*. ‖ *v. intr*. **2.** *Bot*. florecer. ‖ **~ grower** floricultor *m*.

flowerpot [ˈflaʊərˌpɒt] *n*. maceta *f*.; tiesto *m*.; macetero *m*.

flowery [ˈflaʊəriː] *adj*. florido.

flu [fluː] *n*., *Med*. gripe *f*.

fluctuate [ˈflʌktʃʊeɪt] *v. intr*. fluctuar.

fluency [ˈfluːənsiː] *n*. fluidez *f*.; soltura *f*.

fluent [ˈfluːənt] *adj*. fluido.

fluff [flʌf] *n*. pelusa *f*. ‖ **ball of ~** pelusa *f*.

fluid [ˈfluːɪd] *adj*. **1.** fluido. ‖ *n*. **2.** (liquid) fluido *m*.; líquido *m*.

fluidity [ˈfluːɪdɪtiː] *n*. fluidez *f*.

flunk [flʌŋk] *v. tr*., *Am. E*., *coll*. (students) catear *col*.; suspender.

fluorescent [ˌfluːˈresənt ˌflɔːˈresənt] *adj*. fluorescente.

fluoride [ˈfluːˌraɪd ˈflɔːˌraɪd] *n*. flúor *m*.

fluorine [ˈfluːriːn ˈflɔːriːn] *n*. flúor *m*.

flush [flʌʃ] *n*. **1.** rubor *m*. ‖ *v. intr*. **2.** (blush) sonrojarse; ruborizarse.

flute [flu:t] *n. Mus.* flauta *f.*

flutter ['flʌtər] *n.* **1.** revuelo *m.* ‖ *v. intr.* **2.** (birds) revolotear.

fluvial ['flu:vɪəl] *adj.* fluvial.

flux ['flʌks] *n.*, *Med.* (flow) flujo *m.*

fly¹ ['flaɪ] *n.* **1.** bragueta *f.* ‖ *v. intr.* (p.t. flew ; p.p. flown) **2.** (birds, planes) volar. ‖ **to ~ away** irse volando.

fly² ['flaɪ] *n.*, *Zool.* mosca *f.* ‖ **~ spray** matamoscas *m. inv.*

flying ['flaɪɪŋ] *adj.* **1.** volante. ‖ *n.* **2.** (action) vuelo *m.* ‖ **fear of ~** miedo a volar.

flyswatter ['flaɪˌswɒtər] *n.* (no spray) matamoscas *m. inv.*

foam [foʊm] *n.* **1.** espuma *f.* ‖ *v. intr.* **2.** (bubble) hacer espuma.

foamy ['foʊmi] *adj.* espumoso.

focus ['foʊkəs] *n.* **1.** *Phys.* & *Math* foco *m.* **2.** *fig.* enfoque *m.* ‖ *v. tr.* **3.** enfocar. **4.** (concentrate) concentrar.

fodder ['fɒdər] *n.* pienso *m.;* forraje *m.*

foe [foʊ] *n.* enemigo *m.*

fog [fɒg] *n.*, *Meteor.* niebla *f.*

foil [fɔɪl] *n.* **1.** contraste *m.* ‖ *v. tr.* **2.** frustrar. ‖ **aluminum ~** papel de aluminio.

fold [foʊld] *n.* **1.** pliegue *m.* **2.** (for sheep) redil *m.* ‖ *v. tr.* **3.** plegar; doblar. ‖ *v. intr.* **4.** doblarse.

folder ['foʊldər] *n.* carpeta *f.*

folding ['foʊldɪŋ] *adj.* plegable.

foliage ['foʊlɪdʒ] *n.*, *Bot.* follaje *m.*

folk [foʊk] *adj.* **1.** (song, dance) popular. ‖ *n.* **2.** (people) pueblo *m.* ‖ **folks** *n. pl.* **3.** *Am. E.* (relatives) gente *f. sing.*

folklore ['foʊkˌlɔ:r] *n.* folclore *m.*

follow ['fɒloʊ] *v. tr.* seguir.

follower ['fɒloʊər] *n.* **1.** seguidor *m.* **2.** *Polit.* partidario *m.*

following ['fɒloʊɪŋ] *adj.* siguiente; próximo. ‖ **the ~ week** la próxima semana.

folly ['fɒli] *n.* locura *f.;* desatino *m.*

fond [fɒnd] *adj.* cariñoso.

fondle ['fɒndəl] *v. tr.* acariciar.

fondness ['fɒndnɪs] *n.* **1.** afecto *m.;* cariño *m.* **2.** (liking) afición *f.*

food [fu:d] *n.* **1.** comida *f.* ‖ **canned ~** alimentos en conserva.

fool [fu:l] *n.* **1.** tonto *m.;* bobo *m.* ‖ *v. tr.* **2.** engañar. ‖ *v. intr.* **3.** bromear.

foolish ['fu:lɪʃ] *adj.* tonto; idiota.

foolishness ['fu:lɪʃnɪs] *n.* necedad *f.;* tontería *f.;* estupidez *f.*

foot [fʊt](pl.: feet) *n.* **1.** *Anat.* (of person) pie *m.* **2.** *Zool.* (animal) pata *f.* ‖ **to go on ~** (walk) ir a pie.

football ['fʊtˌbɔ:l] *n.* **1.** balón *m.* **2.** *Br. E.*, *Sports* (soccer) fútbol *m.*

footbridge ['fʊtˌbrɪdʒ] *n.* **1.** puente peatonal. **2.** (bridge) pasarela *f.*

footprint ['fʊtˌprɪnt] *n.* (of person, animal) huella *f.;* pisada *f.*

footstep ['fʊtˌstep] *n.* pisada *f.;* paso *m.*

footwear ['fʊtˌwer] *n.* calzado *m.*

for [fɔ:r] *prep.* **1.** para [This present is for you. *Este regalo es para ti.*] **2.** (purpose) por [I am doing it for the money. *Lo hago por dinero.*] **3.** (questions of purpose) a [*fam.* [What do you do that for? *¿A qué viene lo que estás haciendo?*] **4.** (dishes) de [What do you want for dessert? *¿Qué quieres de postre?*] **5.** (in favour of) en/a favor de; pro [This is a collection for the blind. *Ésta es una colecta pro ciegos.*] **6.** durante [He has talked for five hours. *Habló durante cinco horas.*] ‖ *conj.* **7.** porque; pues; puesto que [I cannot go, for I have to work. *No puedo ir, pues tengo que trabajar.*] ‖ **~ the present** por ahora. **~ years** durante años. **what ~ ?** ¿para qué?

forage ['fɒrɪdʒ] *n.*, *Agr.* forraje *m.*

forbear [fɔːrˈber] *n.* **1.** *frml.* antepasado *m.* ‖ *v. tr.* **2.** *frml.* abstenerse.

forbid [fɔrˈbɪd](p.t. forbade ; p.p. forbidden) *v. tr.* (not allow) prohibir.

forbidden [fərˈbɪdən] *adj.* prohibido.

force [fɔːrs] *n.* **1.** fuerza *f.* **2.** *Mil.* (of police) cuerpo *m.* ‖ *v. tr.* **3.** obligar; forzar. ‖ **by ~** a la fuerza.

forceful ['fɔːrsfəl] *adj.* enérgico.

ford [fɔːrd] *n.* **1.** *Geogr.* (of a river) vado *m.* ‖ *v. tr.* **2.** *Geogr.* (cross a river) vadear.

fore [fɔːr] *n.* delantera *f.*

forearm ['fɔːrˌɑːrm] *n.*, *Anat.* antebrazo *m.*

forecast ['fɔːrkæst] *n.* **1.** (weather) pronóstico *m.* **2.** (prediction) previsión *f.* ‖ *v. tr.* **3.** *Meteor.* pronosticar. ‖ **weather ~** previsión del tiempo.

forefather ['fɔːrˌfɑːðər] *n.* (ancestor) antepasado *m.*; antecesor *m.*

forefinger ['fɔːrˌfɪŋɡər] *n.*, *Anat.* índice *m.*

forego [fɔːrˈɡoʊ](p.t. forewent ; p.p. foregone) *v. tr.* privarse de.

forehead ['fɔːrˌhed] *n.*, *Anat.* frente *f.*

foreign ['fɒrɪn] *adj.* **1.** extranjero. **2.** (policy, trade) exterior. ‖ **~ language** lengua extranjera.

foreigner ['fɒrənər] *n.* extranjero *m.*

foreman ['fɔːrmən] *n.* **1.** capataz *m.* **2.** *Law* presidente del jurado.

foremost ['fɔːrmoʊst] *adj.* principal.

forensic [fəˈrensɪk] *adj.* forense.

foresee [fɔːrˈsiː](p.t. foresaw ; p.p. foreseen) *v. tr.* (see beforehand) prever.

foresight ['fɔːrsaɪt] *n.* previsión *f.*

forest ['fɒrɪst, 'fɔːrɪst] *adj.* **1.** forestal. ‖ *n.* **2.** bosque *m.* ‖ *v. tr.* **3.** *Am. E.* (plant with trees) poblar (de árboles).

forestall [fɔːrˈstɔːl] *v. tr.* (danger) prevenir.

foretaste [fɔːrˈteɪst] *n.* anticipo *m.*

foretell [fɔːrˈtel](p.t. and p.p. told) *v. tr.* pronosticar.; presagiar

forever or for ever [fərˈevər] *adv.* **1.** para siempre [I'll remember him forever. *Lo recordaré siempre.*] **2.** siempre. ‖ **~ and ever** por siempre jamás [They lived together forever and ever. *Vivieron juntos por siempre jamás.*]

forewarn [fɔːrˈwɔːrn] *v. tr.* advertir.

forfeit ['fɔːrfɪt] *n.* (penalty) multa *f.*

forge [fɔːrdʒ] *n.* **1.** fragua *f.* **2.** *Tech.* (smithy) herrería *f.* ‖ *v. tr.* **3.** falsificar. **4.** (metal) forjar.

forgery ['fɔːrdʒəri] *n.* falsificación *f.*

forget [fərˈɡet](p.t. forgot ; p.p. forgotten) *v. tr.* **1.** olvidar. ‖ *v. intr.* **2.** olvidarse de. ‖ **to ~ oneself** perder los estribos.

forgetful [fərˈɡetfəl] *adj.* olvidadizo.

forgetfulness [fərˈɡetfəlnɪs] *n.* (absent-mindedness) olvido *m.*

forgive [fərˈɡɪv](p.t. forgave ; p.p. forgiven) *v. tr.* perdonar.

forgiveness [fərˈɡɪvnɪs] *n.* perdón *m.*

fork [fɔːrk] *n.* **1.** tenedor *m.* **2.** (of bicycle) horquilla *f.* ‖ *v. intr.* **3.** (road) bifurcarse. ‖ **~ out** *fam.*(money) soltar (dinero).

form [fɔːrm] *n.* **1.** (shape) forma *f.*; figura *f.* **2.** (document) formulario *m.* ‖ *v. tr.* **3.** (mold) formar.

formal ['fɔːrməl] *adj.* formal.

formality [fɔːrˈmæləti] *n.* formalidad *f.*

format ['fɔːrmæt] *v. tr.* **1.** *Comput.* formatear. ‖ *n.* **2.** formato *m.*

formation [fɔːrˈmeɪʃən] *n.* formación *f.*

formerly ['fɔːrmərli:] *adv.* antiguamente; antes [My family lived formerly in France. *Mi familia vivía antes en Francia.*]

formidable ['fɔːrˌmɪdəbəl (fɔːrˈmɪdəbəl)] *adj.* formidable; imponente.

formula ['fɔːrmjələ] *n.* fórmula *f.*

forsake [fər'seɪk](p.t. forsook ; p.p. forsaken) *v. tr.* abandonar.

forsaken [fə:r'seɪkən, fər'seɪkən] *adj.* abandonado; desamparado.

forswear [fɔ:r'swer] *v. tr., lit.* (give up, abandon) renunciar; abandonar.

fort [fɔ:rt] *n.* fuerte *m.*

forthwith [,fɔ:rθ'wɪθ] *adv.* sin dilación.

fortieth ['fɔ:rtiəθ] *card. num. adj.* (Also n.) cuarenta.

fortification [,fɔ:rtəfə'keɪʃən] *n., Mil.* fortificación *f.*; fortín *m.*

fortify ['fɔ:rtəfaɪ] *v. tr.* **1.** *fig.* (strengthen) fortalecer. **2.** *Mil.* fortificar.

fortitude ['fɔ:rtətu:d] *n.* fortaleza *f.*

fortnight ['fɔ:rtnaɪt] *n.* quince días; quincena *f.*

fortress ['fɔ:rtrɪs] *n.* fortaleza *f.*; fuerte *m.*

fortuitous [fɔ:r'tuətəs] *adj.* fortuito; casual.

fortunate ['fɔ:rtʃənɪt] *adj.* (lucky) afortunado; feliz.

fortunately ['fɔ:rtʃənɪtli:] *adv.* por fortuna; afortunadamente.

fortune ['fɔ:rtʃən] *n.* **1.** suerte *f.* **2.** (money) fortuna *f.*; millonada *f.* col.

fortune-teller ['fɔ:rtʃən,telər] *n.* adivino *m.*; clarividente *m. y f.*

forty ['fɔ:rti:] *col. num. det.* (Also pron. and n.) **1.** cuarenta. || *card. num. adj.* **2.** cuarenta [Do exercises on page forty. *Haced los ejercicios de la página cuarenta.*]

forward ['fɔ:rwərd] *adj.* **1.** (not shy) atrevido. **2.** (front) delantero. || *n.* **3.** *Sports* (player) delantero *m.* || *adv.* (or "forwards") **4.** hacia adelante; adelante. || **forward!** *interj.* **5.** ¡adelante!

fossil ['fɑsəl] *adj. & n.* fósil *m.*

foster ['fɒstər] *v. tr.* **1.** criar. **2.** (relations) fomentar. || **~ mother** madre adoptiva.

foul [faʊl] *adj.* asqueroso; sucio.

foul-mouthed ['faʊl,maʊθd] *adj.* malhablado; deslenguado.

found¹ ['faʊnd] *v. tr.* **1.** (establish, construct) fundar. **2.** (base) fundamentar.

found² ['faʊnd] *v., Tech.* (metal, glass) fundir; derretir.

foundation [faʊn'deɪʃən] *n.* **1.** fundación *f.* **2.** (basis) fundamento *m.*

founder¹ ['faʊndər] *n.* fundador *m.*

founder² ['faʊndər] *v. intr., Nav.* irse a pique; zozobrar.

foundry ['faʊndri:] *n.* (factory) fundición *f.*

fountain ['faʊntn] *n.* fuente *f.*

four [fɔ:r] *col. num. det.* (Also pron. and n.) **1.** cuatro. || *card. num. adj.* **2.** cuatro; cuarto [Page four. *Página cuatro.*] || **four-eyes** *n.* **3.** *offens.* cuatro ojos. || **~ hundred** cuatrocientos. **to go on all ~** andar a gatas.

fourteen [,fɔ:r'ti:n] *col. num. det.* (Also pron. and n.) **1.** catorce. || *card. num. adj.* **2.** catorce [The answer is on page fourteen. *La respuesta está en la página catorce.*]

fourteenth [,fɔ:r'ti:nθ] *card. num. adj.* (Also n.) **1.** catorce [He was the fourteenth on the line. *Era el decimocuarto de la fila.*]

fourth [fɔ:rθ] *card. num. adj.* (Also n.) cuarto; cuatro [Your room is on the fourth floor. *Su habitación está en la cuarta planta.*]

fowl [faʊl] *n.* ave de corral.

fox [fɑks] *n., Zool.* zorro *m.*; zorra *f.*

foxy ['fɑksi:] *adj.* astuto.

fraction ['frækʃən] *n.* fracción *f.*

fracture ['fræktʃər] *n.* **1.** *Med.* fractura *f.*; rotura *f.* || *v. tr.* **2.** fracturar.

fragile ['frædʒəl] *adj.* frágil.

fragment ['frægmənt] *n.* fragmento *m.*

fragrance ['freɪɡrəns] n. (aroma) fragancia f.; aroma m.

fragrant ['freɪɡrənt] adj. (aromatic) aromático; oloroso.

frail [freɪl] adj. frágil.

frame [freɪm] n. **1.** armazón m. **2.** (of door, picture) marco m. **3.** (of glasses) montura f. **4.** Tech. & Archit. cuadro m. ‖ v. tr. **5.** (images) encuadrar. **6.** (an innocent person) incriminar.

framework ['freɪmˌwɜːrk] n. **1.** armazón amb. **2.** esqueleto (de una edificación) m. **3.** fig. (setting) marco m.

franc ['fræŋk] n., Econ. (former French unit of currecy) franco m.

franchise ['fræntʃaɪz] n., Econ. franquicia f.; licencia f.

frank [fræŋk] adj. franco.

frankness ['fræŋknɪs] n. franqueza f.

frantic ['fræntɪk] adj. frenético.

fraternal [frəˈtɜːrnl] adj. (of brothers) fraternal; fraterno.

fraternity [frəˈtɜːrnəti:] n. (club) fraternidad f.; hermandad f.

fraud [frɔːd] n. fraude m.

fray [freɪ] n. **1.** reyerta f. ‖ v. intr. **2.** deshilacharse; deshilarse.

freak [friːk] n. **1.** (unnatural event) fenómeno m. **2.** (monster) engendro m.

freckle ['frekəl] n. peca f.

free [friː] adj. **1.** libre. **2.** (not fixed) suelto. **3.** Econ. gratis. ‖ v. tr. **4.** (a prisoner) liberar. ‖ ~ **time** tiempo libre.

freedom ['friːdəm] n. libertad f. ‖ ~ **of speech** libertad de palabra.

freethinker [friːˈθɪŋkər] n. librepensador m.

freeway ['friːˌweɪ] n., Am. E. autopista f.

freeze [friːz] n. **1.** Meteor. helada f. ‖ v. tr. (p.t. froze ; p.p. frozen) **2.** helar.

3. (food, salaries, images) congelar. ‖ v. intr. **4.** helarse.

freezer ['friːzər] n. congelador m.

freezing ['friːzɪŋ] n. (food, salaries, images) congelación f.

freight [freɪt] n. carga f. ‖ ~ **car** Am. E. (for goods) vagón m. ~ **platform** (for trains) muelle m.

French [frentʃ] adj. **1.** francés. ‖ n. **2.** (language) francés m.

Frenchman ['frentʃmæn] n. francés m.

Frenchwoman ['frentʃˌwʊmən] n. (person) francesa f.

frenetic [frəˈnetɪk] adj. (frenzied) frenético; desquiciado.

frenzy ['frenzi:] n. frenesí m.

frequency ['friːkwənsi:] n. frecuencia f.

frequent ['friːkwənt] adj. **1.** frecuente. ‖ v. tr. **2.** frecuentar. ‖ **frequently** adv. **3.** con frecuencia.

fresco ['freskoʊ] n. (picture) fresco m.

fresh [freʃ] adj. **1.** (new) nuevo. **2.** (recent) fresco.

fresher ['freʃər] n., Br. E. (at University) novato m.; principiante m. y f.

freshness ['freʃnɪs] n. frescura f.

fret [fret] v. intr. impacientarse.

fretwork ['fretˌwɜːrk] n. calado m.

friar ['fraɪər] n., Rel. fraile m.

friction ['frɪkʃən] n. fricción f.

Friday ['fraɪdi:] n. viernes m.

fried [fraɪd] adj., Gastr. frito.

friend [frend] n. amigo m. ‖ **close** ~ allegado m.

friendly ['frendli:] adj. amigable; amistoso. ‖ ~ **advice** consejo de amigo.

friendship ['frendʃɪp] n. amistad f.

frieze ['friːz] n. greca f.

frigate ['frɪɡɪt] n., Nav. fragata f.

fright [fraɪt] n. susto m.

frighten ['fraɪtən] *v. tr.* **1.** asustar. ‖ *v. intr.* **2.** asustarse. ‖ **to feel frightened** amedrentarse.

frightful ['fraɪtfəl] *adj.* temeroso.

frigid ['frɪdʒɪd] *adj.* (unfriendly) frío.

fringe [frɪndʒ] *n.* **1.** *Br. E.* (hair) flequillo *m.* **2.** (on shawl, carpet) fleco *m.* **3.** (edge) franja *f.*

frippery ['frɪpəri] *n.* fruslería *f.*

frisk ['frɪsk] *v. tr.* cachear.

fritter ['frɪtər] *n.* buñuelo *m.*

frivolity [frɪ'vɒlɪti] *n.* frivolidad *f.*

frivolous ['frɪvələs] *adj.* frívolo.

frog [frɒg] *n., Zool.* rana *f.* ‖ **frogs' legs** *Gastr.* ancas de rana.

frolic ['frɒlɪk] *v. intr.* juguetear.

from [from, fəm, frʌm] *prep.* **1.** (starting point) desde; de [The flight leaves from Gatwick airport. *El vuelo sale del aeropuerto de Gatwick.*] **2.** (time) a partir de; desde [I will be on holidays from Monday. *Estaré de vacaciones desde el lunes.*] **3.** (on the basis of) desde; según [From my experience, this proyect is going to fail. *Según mi experiencia, este proyecto va a fallar.*] **4.** de parte de [I have a message from your mother. *Tengo un mensaje de parte de tu madre.*] **5.** (result of) de [He was tired from his walk. *Estaba cansado de la caminata.*] ‖ **from...to...** *prep. phr.* **6.** desde...hasta...; de...a... [I have been in the hospital from Monday to Friday. *He estado en el hospital desde el lunes hasta el viernes.*]

front [frʌnt] *n.* **1.** (front part) delantera *f.* **2.** *Archit.* fachada *f.* **3.** *Polit. & Mil.* frente *m.* ‖ **in ~** (ahead) delante [He was in front. *Estaba delante.*] **in ~ of** delante de; en frente de; ante.

frontal ['frʌntəl] *adj.* frontal; de frente. ‖ **~ bone** *Anat.* frontal *m.*

frontier ['frʌntɪr] *n.* frontera *f.*

frost [frɒst] *n.* **1.** *Meteor.* (freezing) helada *f.* **2.** *Meteor.* (frozen dew) escarcha *f.*; rocío *m.*

frostbite ['frɒstbaɪt] *n.* congelación *f.*

frosty ['frɒsti] *adj.* helado.

froth [frɒθ] *n.* espuma *f.*

frothy ['frɒθi] *adj.* (beer) espumoso.

frown [fraʊn] *n.* **1.** ceño *m.*; entrecejo *m.* ‖ *v. intr.* **2.** fruncir el ceño.

frozen ['frəʊzən] *adj.* helado.

frugal ['fruːgəl] *adj.* frugal.

fruit [fruːt] *adj.* **1.** frutero. ‖ *n. inv.* **2.** fruta *f.* **3.** *Bot.* fruto *m.* ‖ **~ bowl** (dish) frutero *m.* **~ salad** *Gastr.* macedonia *f.* **~ shop** frutería *f.* **~ tree** árbol frutal. **seasonal ~** fruta de temporada.

fruiterer ['fruːtərər] *n.* (person) frutero *m.*

fruitful ['fruːtfəl] *adj., fig.* fructífero; fructuoso; provechoso.

fruitless ['fruːtlɪs] *adj.* infructuoso.

frustrate ['frʌstreɪt] *v. tr.* frustrar.

fry[1] [fraɪ] *n.* **1.** frito *m.* ‖ *v. tr.* **2.** freír.

fry[2] [fraɪ] *n., Zool.* alevín *m.*

fuchsia ['fjuːʃə] *n.* fucsia *f.*

fuck ['fʌk] *v. tr., vulg.* joder. ‖ **for fuck's sake!** *vulg.* ¡joder!

fuel ['fjuəl] *n.* combustible *m.*

fugitive ['fjuːdʒətɪv] *adj.* **1.** fugitivo; prófugo. ‖ *n.* **2.** fugitivo *m.*; prófugo *m.*

fulfill, fulfil (Br.E) [fʊl'fɪl] *v. tr.* **1.** realizar. **2.** (role, function) desempeñar. **3.** (promise) cumplir.

fulfillment, fulfilment (Br.E) [fʊl'fɪlmənt] *n.* cumplimiento *m.*; realización *m.*

full [fʊl] *adj.* **1.** (filled) lleno. **2.** (complete) completo.

fulminant ['fʊlmənent] *adj., Med., frml.* (sudden and devastating) fulminante.

fulsome ['fʊlsəm] *adj.* (praise) empalagoso; meloso.

fumble ['fʌmbəl] *v. intr.* buscar a tientas.

fume [fjuːm] *v. intr.* **1.** echar humos. || **fumes** *n. pl.* **2.** (gases) humo *m.*

fumigate ['fjʊmɪ‚ɡeɪt] *v. tr.* fumigar.

fun [fʌn] *n.* diversión *f.* **have ~ !** ¡que lo pases muy bien! **in ~** en broma.

function ['fʌŋkʃən] *n.* **1.** *Theat.* función *f.* || *v. intr.* **2.** (operate) funcionar.

functional ['fʌŋkʃənəl] *adj.* funcional.

fund [fʌnd] *n.* **1.** (money reserve) fondo *m.* || **funds** *n. pl.* **2.** fondos públicos

fundamental [‚fʌndə'mentəl] *adj.* (basic) fundamental; primordial.

funeral ['fjuːnərəl] *n.* **1.** (burial) entierro *m.* **2.** (ceremony) funeral *m.* || **~ parlor** *Am. E.* funeraria *f.*

funereal [‚fjuː'nɪrɪəl] *adj.* fúnebre.

fungus ['fʌŋɡəs] (pl.: gi) *n., Bot.* hongo *m.*

funicular [fjuː'nɪkjələr] *n.* (train) funicular *m.*; teleférico *m.*

funnel ['fʌnl] *n.* **1.** (for pouring) embudo *m.* **2.** *Am. E., Nav.* chimenea *f.*

funny ['fʌni] *adj.* divertido; gracioso.

furious ['fjʊrɪəs] *adj.* furioso.

furnish ['fɜːrnɪʃ] *v. tr.* amueblar.

furnishings ['fɜːrmɪʃɪŋz] *n. pl.* (furniture and accessories) ajuar *m. sing.*

furniture ['fɜːrnɪtʃər] *n.* mobiliario *m.*; muebles *m. pl.* || **~ shop** tienda de muebles. **piece of ~** mueble *m.*

furor ['fjʊrɔːr] *n.* furor *m.*

furrier's ['fʌrɪərz] *n.* peletería *f.*

furrow ['fʌroʊ 'fəroʊ] *n.* **1.** *Agr.* surco *m.* || *v. tr.* **2.** *Agr.* surcar.

further ['fɜːrðər] *adj.* compar. **1.** nuevo [Tomorrow there will be a further meeting. *Mañana habrá una nueva reunión.*] || *adv.* **2.** (furthermore) además [Further, I have noticed his indiference. *Además, me he dado cuenta de su indiferencia.*] **3.** (to a greater degree) más [You'll have to loo further in this matter. *Tendrás que estudiar más el tema.*] **4.** más lejos; más allá; más allá [The train goes further. *El tren llega más lejos.*] || *v. tr.* **5.** promocionar; fomentar [United Nations is furthering the cause of peace. *Las Naciones Unidas están promoviendo la paz.*] || **6.** más adelante.

furthermore ['fɜːrðər‚mɔːr] *adv.* además.

furtive ['fɜːrtɪv] *adj.* furtivo.

fury ['fjʊri] *n.* furia *f.*

fusion ['fjuːʒən] *n.* fusión *f.*

fuss [fʌs] *n.* alboroto *m.*

fussy ['fʌsi] *adj.* quisquilloso.

fusty ['fʌsti] *adj.* **1.** que huele a cerrado. **2.** (old-fashioned) desfasado.

futile ['fjuːtaɪl, 'fjuːtl] *adj.* vano.

future ['fjuːtʃər] *adj.* **1.** futuro; venidero [Future generations will have to deal with a lot of problems. *Las generaciones venideras tendrán que resolver muchos problemas.*] || *n.* **2.** futuro *m.*; mañana *m.* [Do you want to know what will happen in the future? *¿Quieres saber lo que pasará en el futur?o.*] **3.** (prospects) porvenir *m.* || **in the ~** en el futuro.

fuze [fjuːz] *n.* **1.** *Electron.* fusible *m.* **2.** (explosive) mecha *f.* || *v. tr.* **3.** (metal) fundir. **4.** *fig.* fusionar. || *v. intr.* **5.** (metals) fundirse. **6.** *fig.* fusionarse.

G

g ['dʒɪ] n. (letter) g f.

gabardine ['gæbər,di:n] n. gabardina f.

gabble ['gæbl] v. intr. cotorrear.

gad [gæd] v. intr. callejear.

gag [gæg] n. **1.** mordaza f. **2.** (joke) chiste m. ‖ v. tr. **3.** amordazar.

gaiety ['geɪəti:] n. alborozo m.; alegría f.

gain [geɪn] n. **1.** Econ. ganancia f.; beneficio m. ‖ v. tr. **2.** ganar.

gait [geɪt] n. andar m.

gala ['gælə] n. (show) gala f.

galaxy ['gæləksi:] n., Astron. galaxia f.

gale [geɪl] n., Meteor. vendaval m.

Galician [gə'lɪsɪən] adj. & n. gallego m.

gallant ['gælənt] adj. **1.** galante; valiente. ‖ n. **2.** (suitor) galán m.

gallantry ['gæləntri:] n. **1.** (bravery) gallardía f. **2.** (chivalry) galantería f.

galleon ['gælɪən] n., Nav. galeón m.

gallery ['gæləri:] n. galería f.

galley ['gæli:] n. **1.** Nav. (ship) galera f. **2.** Nav. (kitchen) cocina f.

gallon ['gælən] n. (measure: 4.55 litres) galón m.

gallop ['gæləp] n. **1.** Horse. galope m. ‖ v. intr. **2.** Horse. galopar.

gallows ['gæləuz] n. pl. horca f. sing.; patíbulo m. sing.

galvanize ['gælvənaɪz] v. tr. galvanizar.

gamble ['gæmbəl] n. **1.** apuesta f. ‖ v. intr. **2.** (lay wager) jugar.

gambler ['gæmblər] n. jugador m.

gambol ['gæmbəl] v. intr. retozar.

game [geɪm] n. **1.** juego m. **2.** (of cards) partida f. **3.** Sports partido m.

gang [gæŋ] n. pandilla f.; panda f.

ganglion ['gæŋglɪən] n., Med. ganglio m.

gangster ['gæŋstər] n. gánster m. y f.

gangway ['gæŋweɪ] n. **1.** Nav. (ship) escalerilla (ship). **2.** Theatr. pasarela f.

ganja ['gænhæ] n., Bot. marihuana f.

gaol [dʒeɪl] n., Br. E. cárcel f.

gap [gæp] n. **1.** hueco m. **2.** (in trees) claro m. **3.** (distance) intervalo m.

gape [geɪp] v. intr. (person) quedarse con la boca abierta.

garage [gə'ra:dʒ, gə'ra:ʒ] n. **1.** (for parking) garaje m. **2.** Car taller m.

garb [gɑːb] n. vestidura f.

garbage ['gɑːbɪdʒ] n., Am. E. basura f.

garden ['gɑːrdn] n. **1.** (for ornamental plants) jardín m. **2.** (for vegetables) huerta f.; huerto m. ‖ **nursery ~** vivero m. **rose ~** rosaleda f.

gardener ['gɑːrdnər] n. jardinero m.

gardenia [gɑːrˈdiːnjə] n., Bot. gardenia f.

gardening ['gɑːrdnɪŋ] n. **1.** jardinería f. **2.** (vegetable growing) horticultura f.

gargle ['gɑːrgəl] n. **1.** gárgara f. ‖ v. intr. **2.** hacer gárgaras.

garland ['gɑːrlənd] n. **1.** guirnalda f. ‖ v. tr. **2.** adornar con guirnaldas.

garlic ['gɑːrlɪk] n. ajo m.

garment ['gɑːrmənt] n. prenda f.

garnet ['gɑːrnɪt] n., Miner. granate m.

garnish ['gɑːrnɪʃ] n. **1.** adorno m. **2.** Gastr. aderezo m.; guarnición f. ‖ v. tr. **3.** adornar. **4.** Gastr. (food) aderezar.

garret ['gærɪt] n. buhardilla f.

garrison ['gærəsən] n., Mil. guarnición f.

garter ['gɑːrtər] n., Am. E. liga f.

gas [gæs] n. **1.** gas m. **2.** Med. anestesia f. ‖ **~ canister/cylinder** bombona f. **~ station** Am. E. gasolinera f.

gas oil ['gæsoɪl] n. gasóleo m.; gas-oil m.

gaseous ['gæsɪəs 'gæʃəs] adj. gaseoso.

gash [gæʃ] n. cuchillada f.

gasoline ['gæsəli:n ,gæsə'li:n] n., Am. E., Car gasolina f.

gastronomy [gæs'trɒnəmi:] *n.* gastronomía *f.*

gate [geɪt] *n.* puerta *f.* ‖ **iron ~** verja *f.*

gather ['gæðər] *v. tr.* **1.** coger. **2.** (pick up) recoger. **3.** (cloth) fruncir. ‖ *v. intr.* **4.** (crowd) reunirse.

gaudy ['gɔːdɪ] *adj.* (color, clothes) chillón; llamativo.

gaunt [gɔːnt] *adj.* chupado de cara.

gauze [gɔːz] *n.* gasa *f.*

gay [geɪ] *adj.* **1.** alegre. ‖ *adj. & n.* **2.** gay *m.*; homosexual *m.*

gaze [geɪz] *v. tr.* mirar (fijamente).

gazelle [gə'zel] *n., Zool.* gacela *f.*

gazette [gə'zet] *n.* (publication) gaceta *f.*

gear [gɪr] *n.* **1.** *Tech.* mecanismo *m.*; engranaje *m.* **2.** coll. (belongings) bártulos *m. pl. col.*; efectos personales.

gearbox ['gɪər,bɒks] *n., Car* caja de cambios.

geese ['giːs] *n. pl.* *goose.

gel [dʒel] *n.* gel *m.* ‖ **hair ~** gomina *f.*

gelatin or gelatine ['dʒelətɪn] *n., Gastr.* (ingredient) gelatina *f.*

gelid ['gelɪd] *adj., lit.* (weather) gélido.

gem [dʒem] *n., Miner.* alhaja *f.*; gema *f.*

Gemini ['dʒemɪnɪ] *p. n., Astrol.* Géminis.

gender ['dʒendər] *n., Ling.* género *m.*

gene ['dʒiːn] *n., Biol.* gen *m.*

genealogy [dʒiː'nælədʒi:] *n.* genealogía *f.*

general ['dʒenərəl] *adj.* **1.** general. ‖ *n.* **2.** *Mil.* general *m.* ‖ **in ~** en general.

generalize, generalise (Br.E) ['dʒenərəlaɪz] *v. intr.* generalizar.

generate ['dʒenəreɪt] *v. tr.* generar.

generation [,dʒenə'reɪʃən] *n.* generación *f.* ‖ **~ gap** diferencia generacional

generator ['dʒenə,reɪtər] *n.* generador *m.*

generosity [,dʒenə'rɒsəti:] *n.* generosidad *f.*; desinterés *m.*

generous ['dʒenərəs] *adj.* generoso.

genetic [dʒə'netɪk] *adj.* **1.** genético. ‖ **genetics** *n. sing.* **2.** genética *f.*

genial ['dʒiːnjəl] *adj.* genial.

genital ['dʒenɪtəl] *adj.* **1.** genital. ‖ **genitals** *n. pl.* **2.** *Anat.* genitales *m.*

genius ['dʒiːnjəs] *n.* genio *m.*

genre ['ʒɑːnrə] *n., Lit.* género *m.*

gent [dʒent] *n.* caballero *m.*

gentle ['dʒentl] *adj.* **1.** (person) dulce; tierno. **2.** (touch) suave.

gentleman ['dʒentlmən] *n.* **1.** (man) caballero *m.*; señor *m.* **2.** (well-bred man) caballero *m.* [My father is a perfect gentleman. *Mi padre es todo un caballero.*]

gentleness ['dʒentlnɪs] *n.* **1.** dulzura *f.* **2.** (of touch) suavidad *f.*

gently ['dʒentli] *adv.* suavemente.

genuine ['dʒenju:ɪn] *adj.* (authentic) genuino; auténtico.

genus ['dʒiːnəs] *n., Biol.* género *m.*

geography [dʒi:'ɒgrəfi:] *n.* geografía *f.*

geology [dʒi:'ɒlədʒi:] *n.* geología *f.*

geometric [,dʒi:ə'metrɪk] *adj.* geométrico.

geometrical [,dʒi:ə'metrɪkəl] *adj., Math.* (shape) geométrico.

geometry [dʒi'ɒmətri:] *n.* geometría *f.*

geranium [dʒə'reɪnɪəm] *n., Bot.* geranio *m.*

germ [dʒɜːrm] *n.* **1.** *Biol.* germen *m.* **2.** *Med.* microbio *m.*

German ['dʒɜːrmən] *adj.* **1.** alemán. ‖ *n.* **2.** (language, person) alemán *m.*

gerund ['dʒerənd] *n., Ling.* gerundio *m.*

gestate [dʒes'teɪt] *v. intr.* gestar.

gestation [dʒes'teɪʃən] *n.* gestación *f.*

gesticulate [dʒes'tɪkju:,leɪt] *v. intr.* (make gestures) gesticular.

gesture ['dʒestʃər] *n.* **1.** gesto *m.*; ademán *m.* ‖ *v. intr.* **2.** gesticular.

get [get](p.t. got ; p.p. got gotten) *v. tr.*
1. obtener; conseguir. || **to ~ along with**
entenderse. **to ~ away** escaparse. **to ~
back** volver. **to ~ back!** ¡atrás! **to ~ off**
(remove) quitarse. (bus, car, train) apearse; bajar. descolgarse. **to ~ onwell** llevarse bien. **to ~ out** (of a car) bajar. **~ out!**
¡fuera! **to ~ up** (from bed) levantarse.

getaway ['getəweɪ] *n.* (quick departure)
huida *f.*; escape *m.*; fuga *f.*

ghastly ['gæstli:] *adj.* horrible; atroz.

ghost [goust] *n.* fantasma *m.*

giant ['dʒaɪənt] *adj.* **1.** gigante; gigantes-
co. || *n.* **2.** gigante *m. y f.*

gibberish ['dʒɪbərɪʃ] *n.* (language) guirigay *m.*; galimatías *m. inv.*

gibbet ['dʒɪbɪt] *n.* **1.** horca *f.*; patíbulo *m.*
|| *v. tr.* **2.** (hang) ahorcar.

giblets ['dʒɪblɪts] *n. pl.*, *Gastr.* (of fowl)
menudos *m.*

giddy ['gɪdi:] *adj.* atolondrado.

gift [gɪft] *n.* **1.** regalo *m.*; obsequio *m.*
2. (ability) don *m.*; dotes *f. pl.*

gigantic [dʒaɪ'gæntɪk] *adj.* (huge) gigantesco; enorme.

gill [gɪl] *n.*, *Zool.* (of fish) branquia *f.*;
agalla *f.*

gimlet ['gɪmlɪt] *n.* (tool) barrena *f.*

gin [dʒɪn] *n.* (drink) ginebra *f.*

giraffe [dʒə'ræf] *n.*, *Zool.* jirafa *f.*

gird [gɜːrd] *v. tr.* **1.** ceñir; ajustar. **2.** (encircle) rodear.

girder ['gɜːrdər] *n.* (of metal) viga *f.*

girdle ['gɜːrdl] *n.* (for woman) faja *f.*

girl [gɜːrl] *n.* **1.** (small) niña *f.*; cría *f. fam.*
2. (young) chica *f.*; joven *f.*

girlfriend ['gɜːrlfrənd] *n.* novia *f.*

girth [gɜːrθ] *n.* cincha *f.*

give [gɪv](p.t. gave ; p.p. given) *v. tr.*
1. dar. **2.** (as a gift) regalar. **3.** (help)

prestar. **to ~ back** devolver. **to ~ in** (assignment) entregar. (yield) ceder; doblegarse. (surrender) entregarse. **to ~
up** abandonar.

given ['gɪvən] *adj.* (specified, disposed)
dado. || **~ to** propenso a.

giver ['gɪvər] *n.* (generous person) generoso; dador *m.*

glacial ['gleɪʃəl] *adj.* glacial.

glacier ['gleɪʃər] *n.*, *Geol.* glaciar *m.*

glad [glæd] *adj.* (happy) alegre; contento.
|| **to be ~** alegrarse.

gladness ['glædnɪs] *n.*, *lit.* alegría *f.*

glance [glæns] *n.* vistazo *m.*; ojeada *f.*
|| **at first ~** a primera vista. **to ~ th-
rough** (book) hojear.

gland [glænd] *n.*, *Anat.* glándula *f.*
|| **mammary ~** *Zool.* mama *f.*

glare [gler] *n.* (stare) mirada hostil.

glass [glæs] *n.* **1.** vidrio *m.* **2.** (for drin-
king) vaso *m.* || **glasses** *n. pl.* **3.** (spec-
tacles) gafas *f.*; lentes *m. y f.*

glaze [gleɪz] *n.* **1.** (varnish) barniz *m.*
|| *v. tr.* **2.** barnizar.

gleam [gli:m] *n.* brillo *m.*; destello *m.*

glib [glɪb] *adj.* (solution, explanation) fácil; sencillo.

glide ['glaɪd] *v. intr.* **1.** (slide) deslizarse.
2. (plane, bird) planear.

glimmer ['glɪmər] *v. intr.* (candles) brillar con luz tenue.

glimpse ['glɪmps] *v. tr.* **1.** vislumbrar; entrever. **2.** (perceive) comprender.

glint [glɪnt] *n.* **1.** (gleam) destello *m.*
|| *v. intr.* **2.** brillar; destellar.

glisten ['glɪsən] *v. intr.* brillar.

glitter ['glɪtər] *n.* **1.** (sparkle) brillo *m.*
|| *v. intr.* **2.** brillar; relucir.

glittering ['glɪtərɪŋ] *adj.* (gleaming) brillante; reluciente.

global ['gloʊbəl] *adj.* global.

globe ['gloʊb] *n.* globo *m.*

globule ['glɒbjuː] *n.* (globe) glóbulo *m.*

gloom [gluːm] *n.* oscuridad *f.*

gloomy ['gluːmi] *adj.* **1.** lúgubre. **2.** *fig.* (person) sombrío.

glorious ['glɔːrɪəs] *adj.* glorioso.

glory ['glɔːriː] *n.* gloria *f.*

gloss [glɒs] *n.* (shine) brillo *m.*

glossary ['glɒsəriː] *n.* glosario *m.*

glossy ['glɒsiː] *adj.* brillante; lustroso.

glove [glʌv] *n.* guante *m.*

glow [gloʊ] *n.* **1.** resplandor *m.*; esplendor *m.* ‖ *v. intr.* **2.** (jewel) brillar.

glowworm ['gloʊˌwɜːrm] *n., Zool.* (insecto) luciérnaga *f.*

glue [gluː] *n.* **1.** cola *f.*; pegamento *m.* ‖ *v. tr.* **2.** encolar; pegar.

gluteus ['gluːtiːəs] *n., Anat.* glúteo *m.*

glutton ['glʌtn] *n.* tragón *m.*; glotón *m.*

gluttony ['glʌtniː] *n.* gula *f.*

glycerine ['glɪsəˌrɪn] *n., Chem.* glicerina *f.*

gnat [næt] *n., Zool.* mosquito *m.*

gnaw ['nɔː] *v. tr.* roer.

gnome [noʊm] *n.* gnomo *m.*

gnu [nuː] *n., Zool.* ñu *m.*

go [goʊ] (p.t. went ; p.p. gone) *v. intr.* **1.** ir. **2.** (depart) marcharse. **3.** (work) marchar. ‖ **to ~ away** irse; marcharse. **to ~ back** volver. **to ~ by** (time) pasar. **~ down** bajar. **to ~ in** entrar. **to ~ into** entrar en. **to ~ on** seguir. **~ on!** ¡adelante! **to ~ out** (people) salir. **to ~ up** subir. **to ~ with** acompañar.

goad [goʊd] *n.* **1.** (stick) aguijón *m.* **2.** *fig.* (stimulus) aguijón *m.* ‖ *v. tr.* **3.** (animal) aguijonear.

goal [goʊl] *n.* **1.** *Sports* (aim) meta *f.* **2.** *Sports* (fútbol) gol *m.*

goalkeeper ['goʊlˌkiːpər] *n., Sports* portero *m.*; guardameta *m. y f.*

goat [goʊt] *n., Zool.* cabra *f.*

goatee [goʊˈtiː] *n.* perilla *f.*; barba de chivo.

gobble ['gɒbl] *v. tr.* **1.** (food) engullir; zampar. ‖ *v. intr.* **2.** zamparse.

goblin ['gɒblɪn] *n.* duende *m.*

god [gɒd] *n.* **1.** dios *m.* ‖ **goddess** *n.* **2.** diosa *f.* ‖ **God** *p. n.* **3.** Dios.

godchild ['gɒdtʃaɪld] *n.* ahijado *m.*

goddaughter ['gɒdˌdɔːtər] *n.* ahijada *f.*

godfather ['gɒdˌfɑːðər] *n., Rel.* (christening) padrino *m.* ‖ **to be ~ to** apadrinar.

godmother ['gɒdˌmʌðər] *n., Rel.* (christening) madrina *f.*

godson ['gɒdˌsʌn] *n.* ahijado *m.*

gold [goʊld] *n.* oro *m.*

golden ['goʊldən] *adj.* de oro; dorado.

goldfinch ['goʊldˌfɪntʃ] *n., Zool.* (bird) jilguero *m.*

goldsmith ['goʊldˌsmɪθ] *n.* orfebre *m.*

golf [gɒlf] *n., Sports* golf *m.*

gondola ['gɒndələ] *n.* góndola *f.*

gong [gɒŋ] *n., Mus.* gong *m.*

good [gʊd] (comp: better, superl: best) *adj.* **1.** (general) bueno; buen (before a masc. n.) [That film is very good for you. *Esa película es muy buena para tí.*] **2.** (kind) amable [She was very good to me. *Fue muy amable conmigo.*] ‖ *n.* **3.** (benefit) bien *m.* [I do everything for your good. *Todo lo hago por tu bien.*] **4.** (value) bien *m.* [Good and evil. *El bien y el mal.*] ‖ **good!** *interj.* **5.** ¡bien! ‖ **good-looking** *adj.* **6.** bien parecido; guapo. ‖ **good-natured** *adj.* **7.** bonachón. ‖ **a ~ time** un buen rato. **for ~** para siempre. **to have a ~ time** divertirse. **to make ~** (for a damage) compensar (por algo).

goodbye [gʊdˈbaɪ] *interj.* **1.** adiós. ‖ *n.* **2.** adiós *m.*; despedida *f.*

good-looking [ˌgʊdˈlʊkɪŋ] *adj.* (man) apuesto; guapo.

good-natured [ˈgʊdˌneɪtʃərd] *adj.* (kind) bondadoso; bueno.

goodness [ˈgʊdnɪs] *n.* **1.** bondad *f.* ‖ **goodness!** *interj.* **2.** ¡por Dios!

goods [ˈgʊds] *n.* (commodity) géneros *m. pl.*; mercancías *f. pl.*

goose [guːs] (pl.: geese) *n.* **1.** *Zool.* ganso *m.*; oca *f.* ‖ **goosepimples** *n.* **2.** carne de gallina.

gooseberry [ˈguːzˌbəri:] *n.*, *Bot.* (fruit) grosella silvestre.

goosefish [ˈguːzˌfɪʃ] *n.*, *Zool.* rape *m.*

gorge [ˈgɔːrdʒ] *n.* **1.** *Geogr.* desfiladero *m.* ‖ *v. intr.* **2.** (with food) hartarse.

gorgeous [ˈgɔːrdʒəs] *adj.* maravilloso; magnífico. ‖ ~ **person** *coll.* monada *f. col.* ~ **thing** monada *f. col.*

gorilla [gəˈrɪlə] *n.*, *Zool.* gorila *f.*

gospel [ˈgɒspəl] *n.*, *Rel.* Evangelio *m.*

gossip [ˈgɒsɪp] *n.* **1.** (rumor) cotilleo *m.* **2.** (person) cotilla *f.* ‖ *v. intr.* **3.** cotillear.

gourmet [ˈgʊrˌmeɪ] *n.* gastrónomo *m.*

gout [gaʊt] *n.*, *Med.* (illness) gota *f.*

govern [ˈgʌvərn] *v. tr.* **1.** (rule) gobernar; regir. ‖ *v. intr.* **2.** gobernar.

governess [ˈgʌvərnɪs] *n.* institutriz *f.*; aya *f.*; educadora *f.*

government [ˈgʌvərnmənt] *adj.* **1.** gubernamental. ‖ *n.* **2.** *Polit.* gobierno *m.*

governmental [ˌgʌvərnˌmentəl] *adj.* gubernamental.

governor [ˈgʌvərnər] *n.* gobernador *m.*

gown [gaʊn] *n.* (of judge) toga *f.*

grab [græb] *v. tr.* agarrar; asir.

grace [greɪs] *n.* **1.** gracia *f.*; desenvoltura *f.* ‖ *v. tr.* **2.** (adorn) adornar. **3.** (honor) honrar.

graceful [ˈgreɪsfəl] *adj.* gracioso; agraciado.

gradation [grəˈdeɪʃən] *n.* gradación *f.*

grade [greɪd] *n.* **1.** *Am. E.* (degree) grado *m.* **2.** *Am. E.* calificación *f.*; nota *f.* **3.** *Mil.* graduación *f.* ‖ *v. tr.* **4.** clasificar. **5.** *Am. E.*, puntuar.

gradual [ˈgrædjʊəl] *adj.* (progressive) gradual; paulatino; progresivo.

graduate [ˈgrædjuːt] *n.* **1.** licenciado *m.* ‖ *v. intr.* **2.** (from university) licenciarse.

graduation [ˌgrædjuːˈeɪʃən] *n.* (at university) graduación *f.*

graffiti [grəˈfɪti] *n.* pintada *f.*

graft [græft] *n.* **1.** *Med.* & *Bot.* injerto *m.* ‖ *v. tr.* & *intr.* **2.** injertar.

grain [greɪn] *n.* grano *m.*

gram, gramme (Br.E) [græm] *n.* (measure) gramo *m.*

grammar [ˈgræmər] *n.* gramática *f.* ‖ ~ **school** *Am. E.* colegio de enseñanza primaria (En UK es un colegio de enseñanza secundaria).

grammatical [grəˈmætɪkəl] *adj.*, *Ling.* gramatical.

granary [ˈgrænəri:] *n.*, *Agr.* granero *m.*

grand [grænd] *adj.* grande; grandioso.

grandchildren [ˈgrænˌtʃɪldrən] *n. pl.* nietos *m.*

granddaughter [ˈgrænˌdɔːtər] *n.* nieta *f.*

grandfather [ˈgrænˌfɑːðər] *n.* **1.** abuelo *m.* ‖ **grandad** *n.* **2.** *fam.* abuelo *m.*

grandiose [ˌgrænˈdɪoʊs] *adj.* grandioso.

grandmother [ˈgrænˌmʌðər] *n.* **1.** abuela *f.* ‖ **grandma** *n.* **2.** *fam.* abuela *f.*

grandparents [ˈgrænˌpɜːrənts] *n. pl.* abuelos *m.*

grandson [ˈgrænsən] *n.* nieto *m.*

granite [ˈgrænɪt] *n.* (rock) granito *m.*

granny [ˈgræni:] *n.* abuela *f.*

grant [grænt] *n.* **1.** concesión *f.* **2.** beca *f.* ‖ *v. tr.* **3.** conceder; otorgar.

granulate ['grænjʊleɪt] v. tr. granular.

granulated ['grænjʊleɪtɪd] adj. granulado.

grape [greɪp] n., Bot. uva f.

grapefruit ['greɪpˌfruːt] n., Bot. pomelo m.

grape-juice ['greɪpˌdʒuːs] n. mosto m.

grapeshot ['greɪpˌʃɒt] n. metralla f.

grapevine ['greɪpˌvaɪn] n., Bot. parra f.

graph ['græf] n., Math. gráfico m.

graphic ['græfɪk] adj. gráfico.

graphite ['græˌfaɪt] n., Miner. grafito m.

grapple ['græpəl] v. tr. & intr. agarrarse.

grasp [græsp] n. **1.** alcance m. ‖ v. tr. **2.** asir. **3.** (understand) captar.

grass [græs] n. **1.** hierba f.; yerba f. ‖ **grassland** n. **2.** pradera f.

grasshopper ['græsˌhɒpər] n., Zool. (insect) saltamontes m. inv.

grate [greɪt] n. **1.** (of chimney) parrilla f. ‖ v. tr. **2.** Gastr. rallar.

grateful ['greɪtfəl] adj. agradecido.

grater ['greɪtər] n. rallador m.

grating ['greɪtɪŋ] n. (iron bars) rejilla f.

gratis ['greɪtɪs, 'grætɪs] adv. gratis.

gratitude ['grætəˌtuːd] n. (gratefulness) gratitud f.; agradecimiento m.

gratuitous [grəˈtuːətəs] adj. (unnecessary) gratuito.

grave [greɪv] adj. **1.** (situation) grave. ‖ n. **2.** (tomb) sepultura f.; tumba f.

gravedigger ['greɪvˌdɪgər] n. enterrador m.; sepulturero m.

gravel ['grævəl] n. grava f.

gravestone ['greɪvˌstoʊn] n. lápida f.

graveyard ['greɪvˌjɑːrd] n. cementerio m.

gravity ['grævəti:] n. gravedad f.

gravy ['greɪvi:] n., Gastr. (for roastbeef) salsa (para la carne) f.

gray, grey (Br.E) [greɪ] adj. **1.** (color) gris. **2.** (hair) canoso. **3.** Meteor. nublado. ‖ n. **4.** (color) gris m. y f.

gray-haired, grey-haired (Br.E) ['greɪˌhɜːrd] adj. (person) canoso.

graze [greɪz] n. **1.** roce m. **2.** Med. (sore) rozadura f. ‖ v. intr. **3.** pacer.

grease [griːs] n. **1.** grasa f. ‖ v. tr. **2.** (lubricate) engrasar.

greasy ['griːsi:] adj. **1.** (oily) grasiento. **2.** (food, hair) graso.

great [greɪt] adj. **1.** grande. **2.** gran (it is used before sing. noun) [You have made me very happy. Me diste una gran alegría.] **3.** (excellent) fenomenal.

great-grandchild [greɪtˈgrændˌtʃaɪld] n. **1.** (boy) bisnieto m. **2.** (girl) bisnieta f.

great-granddaughter ['greɪtˌgrændɔːtər] n. bisnieta f.

great-grandfather [ˌgreɪtˈgrændˌfɑːðər] n. bisabuelo m.

great-grandmother [ˌgreɪtˈgrænˌmʌðər] n. bisabuela f.

great-grandparents [greɪtˈgrænˌpɔːrənts] n. pl. bisabuelos m. pl.

great-grandson [ˌgreɪtˈgrændˌsʌn] n. bisnieto m.

greatness ['greɪtnɪs] n. grandeza f.

Grecian ['griːʃən] adj. & n. griego m.

greed [griːd] n. **1.** (for food) gula f. **2.** (for money) codicia f.

greedy ['griːdi:] adj. **1.** (for money) avaro. **2.** (for food) comilón.

Greek [griːk] adj. **1.** griego. ‖ n. **2.** (person) griego m. ‖ n. **3.** (language) griego m.

green [griːn] adj. **1.** verde. ‖ n. **2.** (color) verde m. **3.** (grass) césped m.

greengage ['griːnˌgeɪdʒ] n., Bot. (fruit) ciruela claudia.

greenhouse ['griːnˌhaʊs] n. (hothouse) invernadero m.

greenish ['griːˌnɪʃ] adj. verdoso.

greenness ['griːnnɪs] *n.* verdor *m.*

greet ['griːt] *v. tr.* saludar.

greeting ['griːtɪŋ] *n.* (spoken) saludo *m.* ‖ **~ card** felicitación *f.*

grenade [grə'neɪd] *n., Mil.* granada *f.*

greyhound ['greɪˌhaʊnd] *n.* galgo *m.*

grid [grɪd] *n.* (pattern) cuadrícula *f.*

grief [griːf] *n.* pena *f.;* dolor *m.*

grieve [griːv] *v. tr.* apenar. ‖ **to be grieved** apenarse; abatirse.

grievous ['griːvəs] *adj.* (loss) doloroso; penoso.

grill [grɪl] *n.* **1.** parrilla *f.;* grill *m.* **2.** *Gastr.* (food) parrillada *f.* ‖ *v. tr.* **3.** *Gastr.* sausages, meat) asar a la parrilla.

grille [grɪl] *n.* **1.** reja *f.* **2.** *Tech.* rejilla *f.*

grimace ['grɪməs, grɪ'meɪs] *n.* **1.** (gesture) mueca *f.;* gesto *m.* ‖ *v. intr.* **2.** hacer muecas.

grime [graɪm] *n.* mugre *f.*

grimy ['graɪmiː] *adj.* mugriento; sucio.

grind [graɪnd] *n.* **1.** *Am. E., fam.* (student) empollón *m.* ‖ *v. tr.* (p.t. and p.p. ground) **2.** (mill) moler.

grinder ['graɪndər] *n.* **1.** (for coffee) molinillo *m.* **2.** (crusher) picadora *f.*

grip [grɪp] *n.* asidero *m.*

grit [grɪt] *n.* (sand) arena *f.*

groan [grəʊn] *n.* **1.** (pain) gemido *m.;* quejido *m.* ‖ *v. intr.* **2.** (with pain, grief) gemir; llorar.

grocer ['grəʊsər] *n.* **1.** tendero *m.* ‖ **grocer's** *n.* **2.** *Br. E.* tienda de ultramarinos; ultramarinos *m. pl.*

grocery store ['grəʊsəriː, 'grəʊsriːstɔːr] *n.* **1.** *Am. E.* tienda de ultramarinos.

groggy ['grɒgiː] *adj.* grogui; atontado.

groin [grɔɪn] *n., Anat.* ingle *f.*

groom [gruːm] *n.* **1.** *Horse.* mozo de cuadras. **2.** (bridegroom) novio *m.*

groove [gruːv] *n.* **1.** ranura *f.;* estría *f.* **2.** (of a record) surco *m.*

grope ['grəʊp] *v. intr.* **1.** andar a tientas. **2.** *slang* (person) manosear; sobar.

gross [grəʊs] *adj.* **1.** grueso. **2.** (coarse) grosero. ‖ **~ weight** peso bruto.

grotesque [grəʊ'tesk] *adj.* grotesco.

grotto ['grɒtəʊ] *n.* (artificial cave) gruta *f.*

grotty ['grɒtiː] *adj.* asqueroso.

grouch ['graʊtʃ] *n.* cascarrabias *m. y f.*

ground [graʊnd] *n.* **1.** tierra *f.;* suelo *m.* **2.** *Geogr.* (land) terreno *m.* **3.** *Sports* cancha *f.*

groundless ['graʊndlɪs] *adj.* infundado.

groundnut ['graʊndˌnʌt] *n., Br. E.* (planta) cacahuete *m.*

group [gruːp] *n.* **1.** grupo *m.;* agrupación *f.* ‖ *v. tr.* **2.** agrupar; juntar. ‖ *v. intr.* **3.** agruparse; juntarse.

grouper ['gruːpər] *n., Zool.* (fish) mero *m.*

grouse [graʊs] *v. intr., fam.* gruñir.

grove [grəʊv] *n.* arboleda *f.*

grovel ['grʌvəl] *v. intr.* arrastrarse.

grow [grəʊ] (p.t. grew ; p.p. grown) *v. tr.* **1.** cultivar. ‖ *v. intr.* **2.** crecer. **3.** (develop skills) cultivarse. ‖ **~ old** envejecer.

growing ['grəʊɪŋ] *adj.* creciente.

growl [graʊl] *v. intr.* **1.** gruñir. **2.** (person) refunfuñar.

grown-up ['grəʊnʌp] *adj. & n.* **1.** adulto *m.;* crecido *m.* ‖ *n.* **2.** adulto *m.*

growth [grəʊθ] *n.* crecimiento *m.;* expansión *f.* ‖ **sudden ~** estirón *m.*

grudge [grʌdʒ] *n.* tirria *f.;* rencor *m.*

gruff [grʌf] *adj.* **1.** brusco; áspero. **2.** (voice, sound) bronco.

grumble ['grʌmbəl] *n.* **1.** (complaint) queja *f.* ‖ *v. intr.* **2.** refunfuñar.

grumbling ['grʌmblɪŋ] *adv.* (complaining) a regañadientes.

grunt [grʌnt] *n.* **1.** (of pig) gruñido *m.* ‖ *v. intr.* **2.** gruñir; refunfuñar.

guarantee ['gærənti:] *n.* **1.** garantía *f.* ‖ *v. tr.* **2.** garantizar.

guarantor ['gærəntər] *n.* fiador *m.*

guard [gɑːrd] *n.* **1.** guardia *m. y f.* ‖ *v. tr.* **2.** defender; proteger.

guardian ['gɑːrdjən] *n.* **1.** guardián *m.*; guarda *m.* **2.** *Law* tutor *m.*

Guatemalan [gwætə'mɑːlən] *adj. & n.* guatemalteco *m.*

guerrilla [gə'rɪlə] *n.* guerrillero *m.* ‖ ~ **group** guerrilla *f.*

guess [ges] *n.* **1.** conjetura *f.*; suposición *f.* ‖ *v. tr. & intr.* **2.** adivinar.

guest [gest] *n.* **1.** (at home) invitado *m.* **2.** (in a hotel) huésped *m. y f.*

guest house ['gestˌhaʊs] *sust. phr.* pensión *f.*; casa de huéspedes.

guffaw [gʊ'fɔː] *n.* carcajada *f.*

guidance ['gaɪdəns] *n.* guía *f.*

guide [gaɪd] *n.* **1.** guía *m. y f.* ‖ *v. tr.* **2.** guiar; orientar.

guideline ['gaɪdˌlaɪn] *n.* pauta *f.*

guild [gɪld] *n.* gremio *m.*; asociación *f.*

guile [gaɪl] *n.* astucia *f.*

guileless ['gaɪllɪs] *adj.* cándido.

guillotine ['gɪləˌtiːn] *n.* guillotina *f.*

guilt [gɪlt] *n.* **1.** (blame) culpa *f.*; falta *f.* **2.** *Law* culpabilidad *f.*

guiltless ['gɪltlɪs] *adj.* (innocent) inocente.

guilty ['gɪlti:] *adj.* culpable.

guitar [gɪ'tɑːr] *n.*, *Mus.* guitarra *f.*

gulf [gʌlf] *n.*, *Geogr.* golfo *m.*

gull [gʌl] *n.*, *Zool.* gaviota *f.*

gullible ['gʌlɪbəl] *adj.* incauto.

gully ['gʌli] *n.*, *Geogr.* barranco *m.*

gulp [gʌlp] *n.* **1.** trago *m.* ‖ *v. tr.* **2.** *fig.* tragar (saliva).

gum [gʌm] *n.* **1.** goma *f.* **2.** *Anat.* encía *f.*

gumboot ['gʌmbuːt] *n.* katiuska *f.*

gun [gʌn] *n.* **1.** (pistol) pistola *f.* **2.** (shotgun) fusil *m.* **3.** (cannon) cañón *m.*

gunnery ['gʌnəri:] *n.*, *Mil.* artillería *f.*

gunpowder ['gʌnˌpaʊdər] *n.* pólvora *f.*

gunshot ['gʌnˌʃɒt] *n.* disparo *m.*

gunwale ['gʌnl] *n.*, *Nav.* borda *f.*

gurgle ['gɜːrgəl] *n.* **1.** (of baby) gorjeo *m.* **2.** (liquid, gas) gorgoteo *m.* ‖ *v. intr.* **3.** (baby) gorjear.

gust [gʌst] *n.* (of wind) ráfaga *f.* ‖ ~ **of wind** racha *f.* ventolera *f.*

gusty ['gʌsti:] *adj.* borrascoso.

gut [gʌt] *n.* **1.** *Anat.* tripa *f.* ‖ *v. tr.* **2.** (chicken, fish) destripar.

guts [gʌts] *n. pl.*, *Zool.* agallas *f.*

gutter ['gʌtər] *n.* **1.** (on roof) canalón *m.* **2.** (in street) arroyo *m.*

guttural ['gʌtərəl] *adj.* gutural.

guy [gaɪ] *n.*, *Am. E., pej.* tipo *m.*; tío *m.*

gym [dʒɪm] *n.* gimnasio *m.*

gymkhana [dʒɪm'kɑːnə] *n.* gincana *f.*

gymnasium [ˌdʒɪm'neɪzɪəm] *n.* gimnasio *m.*

gymnast ['dʒɪmnəst, 'dʒɪmnæst] *n.*, *Sports* gimnasta *m. y f.*

gymnastics [dʒɪm'næstɪks] *n. pl.*, *Sports* gimnasia *f. sing.*

gynecologist [daɪnə'kɒlədʒɪst] *n.*, *Med.* ginecólogo *m.*

gypsum ['dʒɪpsəm] *n.*, *Miner.* yeso *m.*

gypsy or gipsy ['dʒɪpsi:] *adj.* **1.** gitano. ‖ *n.* **2.** gitano *m.*

gyrate [ˌdʒaɪ'reɪt] *v. intr.* girar.

H

h ['eɪʃ] *n.* (letter) h *f.*

haberdashery ['hæbər,dæʃəri:] *n., Br. E.* (notions store) mercería *f.*

habit ['hæbɪt] *n.* **1.** (routine) hábito *m.*; rutina *f.* **2.** *Rel.* hábito *m.*

habitable ['hæbɪtəbəl] *adj.* habitable.

habitat ['hæbətæt] *n.* hábitat *m.*

habitual [hə'bɪtʃuəl] *adj.* común.

hack [hæk] *n.* (cut) corte *m.*

hackney ['hækni:] *n.* caballo de silla.

haft [hæft] *n.* **1.** (of knife) mango *m.* **2.** (of sword) puño *m.*

haggle ['hægəl] *v. intr., Econ.* regatear.

hail [heɪl] *n.* **1.** *Meteor.* (ice) granizo *m.*; pedrisco *m.* ‖ *v. impers.* **2.** *Meteor.* granizar.

hailstone ['heɪl,stoʊn] *n., Meteor.* pedrisco *f.*; granizo *m.*

hailstorm ['heɪl,stɔ:rm] *n., Meteor.* granizada *f.*

hair [her] *n.* **1.** (one) pelo *m.*; cabello *m.* **2.** (in legs) vello *m.* **3.** (mass) cabellera *f.*; cabello *m.* ‖ **to get one's ~ cut** pelarse. **grey/white ~** cana *f.* **~ conditioner** suavizante *m.* **long ~** melena *f.*

hairbrush ['he:r,brʌʃ] *n.* cepillo *m.* (de pelo).

haircut ['her,kʌt] *n.* corte de pelo.

hairdo ['her,du:] *n.* peinado *m.*

hairdresser ['her,dresər] *n.* peluquero *m.*

hairdresser's ['her,dresərz] *n.* peluquería *f.*

hairdryer ['hɜ:r,draɪər] *n.* secador *m.* (de pelo).

hairless ['herlɪs] *adj.* calvo; sin pelo.

hairpiece ['her,pi:s] *n.* peluquín *m.*; postizo (falso) *m.*

hairpin ['her,pɪn] *n.* **1.** (for hair) horquilla *f.* **2.** *Br. E.* pinza *f.*

hair-raising ['her,raɪsɪŋ] *adj.* (horrific) espeluznante; aterrador.

hairspray ['her,spreɪ] *n.* (for hair) laca *f.*

hairy ['heri:] *adj.* peludo; velludo.

hake [heɪk] *n., Zool.* (fish) merluza *f.* ‖ **young ~** *Zool.* (fish) pescadilla *f.*

half [hæf](pl.: halves) *adj.* **1.** medio [I ate only half a sandwich. *Sólo me comí medio sandwich.*] ‖ *adv.* **2.** medio [The tank is half full. *El tanque está medio lleno.*] **3.** (partly) medio [I like meat half cooked. *Me gusta la carne medio hecha.*] **4.** (+ participle) a medio (+ inf.) [Don't leave it half finished. *No lo dejes a medio terminar.*] ‖ *n.* **5.** mitad *f.* [Can I take one half of the money? *¿Me puedo coger una mitad del dinero?*] **6.** *Math.* medio *m.* ‖ **half-breed** *adj.* & *n.* **7.** mestizo *m.* ‖ **half-price** *adj.* **8.** a mitad de precio. ‖ **to go halves** ir a medias. **~ past** y media [It is half past five. *Son las cinco y media.*]

half-mast, at ['hæf,mɑ:st] *adv. phr.* (flag) a media asta.

halfway ['hɑ:f,weɪ] *adv.* a medio camino.

hall [hɔ:l] *n.* **1.** vestíbulo *m.*; hall *m.* **2.** (of lectures) sala *f.* ‖ **entrance ~** recibidor *m.*

hallucinate [hə'lu:səneɪt] *v. intr.* alucinar; tener alucinaciones.

hallucination [hə,lu:sə'neɪʃən] *n.* (vision) alucinación *f.*; visión *f.*

hallway ['hɔ:l,weɪ] *n.* hall *m.*

halo ['heɪloʊ] *n.* **1.** *Astron.* halo *m.* **2.** *Rel.* aureola *f.*; corona *f.*

halt [hɔ:lt] *n.* **1.** parada *f.* ‖ *v. tr.* **2.** (stop) parar; detener. ‖ **halt!** *interj.* **3.** ¡alto!

ham[1] [hæm] *n.* jamón *m.* ‖ **boiled ~** jamón de York. **cured ~** jamón serrano.

ham[2] [hæm] *n.* radioaficionado *m.*

hamburger ['hæm,bɜːrgər] *n., Gastr.* hamburguesa *f.*

hamlet ['hæmlɪt] *n.* caserío *m.*; aldea *f.*

hammer ['hæmər] *n.* **1.** (tool) martillo *m.* ‖ *v. tr.* **2.** martillear.

hammock ['hæmək] *n.* hamaca *f.*

hamper ['hæmpər] *v. tr.* obstaculizar.

hamster ['hæmstər] *n., Zool.* hámster *m.*

hand [hænd] *n.* **1.** *Anat.* mano *m.* **2.** (of clock) aguja *f.*; manecilla *f.* ‖ **one-handed** *adj.* **3.** manco. ‖ **at first ~** de primera mano. **at ~** a mano. **to give sb a ~** echar una mano a algn. **to ~ in** (essay) entregar. **~ in ~** cogidos de la mano. **to ~ out** repartir. **hands up!** ¡arriba las manos! **on the one ~** por un lado; por una parte [On the one hand, this house is marvelous. *Por una parte, esta casa es una maravilla.*] **on the other ~** por otro lado; por otra parte.

handbag ['hænd,bæg] *n.* bolso *m.*

handball ['hænd,bɔːl] *n., Sports* balonmano *m.*

handbell ['hænd,bɔːl] *n.* campanilla *f.*

handcuff ['hænd,kʌf] *v. tr.* **1.** esposar. ‖ **handcuffs** *n.* **2.** esposas *f. pl.*

handful ['hænd,fʊl] *n.* **1.** manojo *m.* **2.** (of rice, pasta) puñado *m.*

handicap ['hændɪ,kæp] *n.* (physical) impedimento *m.*; minusvalía *f.*

handicapped ['hændɪ,kæpt] *adj., Med.* discapacitado; minusválido. ‖ **~ person** *Med.* discapacitado *m.*; minusválido *m.* **mentally ~ person** *Med.* subnormal *m.*; disminuido psíquico

handicraft ['hændɪ,kræft] *n.* **1.** artesanía *f.* ‖ **handicrafts** *n. pl.* **2.** manualidades *f.*

handkerchief ['hænkər,tʃɪf] *n.* pañuelo *m.*

handle ['hændəl] *n.* **1.** (of door) pomo *m.* **2.** (of cup) asa *f.* **3.** (of knife) mango *m.*

4. *Tech.* (for winding) manivela *f.*; palanca *f.* ‖ *v. tr.* **5.** (treat) manejar; tratar. ‖ *v. intr.* **6.** manejarse.

handlebar ['hændəl,bɑːr] *n.* (of a bicycle) manillar (de una bicicleta) *m.*

handling ['hændlɪŋ] *n.* (use) manejo *m.*; maniobra *f.*

handrail ['hænd,reɪl] *n.* baranda *f.*; barandilla *f.*; pasamanos *m. pl.*

handsaw ['hænd,sɔː] *n.* serrucho *m.*

handshake ['hænd,ʃeɪk] *n.* (between men) apretón de manos.

handsome ['hænsəm] *adj.* (man) guapo; apuesto; agraciado.

handwriting ['hænd,raɪtɪŋ] *n.* letra *f.*; caligrafía *f.* [You have a very poor handwriting. *Tienes muy mala letra.*]

hand-written ['hænd,rɪtən] *adj.* manuscrito; escrito a mano.

handy ['hændiː] *adj.* **1.** (nearby) próximo. **2.** (useful) útil.

hang [hæŋ] (p.t. and p.p. hung or hanged) *v. tr.* **1.** colgar. **2.** (criminal) ahorcar; colgar. ‖ **~ out** (clothes to dry) tender (la ropa).

hangar ['hæŋgər] *n., Aeron.* (for planes) hangar *m.*

hanger ['hæŋər] *n.* percha *f.*

hanging ['hæŋɪŋ] *n.* **1.** (execution) ejecución *f.* **2.** (on wall) colgadura *f.*

hangman ['hæŋmən] *n.* verdugo *m.*

hangover ['hæŋ,ouvər] *n.* (for drinking) resaca *f.*

hank [hæŋk] *n.* madeja *f.*

hankie ['hæŋkɪ] *n.* moquero *m.*

happen ['hæpən] *v. intr.* (occur) suceder; ocurrir; acontecer.

happening [(hæpənɪŋ] *n.* (occurrence) suceso *m.*; acontecimiento *m.*

happiness ['hæpɪnɪs] *n.* felicidad *f.*

happy ['hæpi:] *adj.* **1.** feliz; contento. **2.** (fortunate) afortunado. ‖ ~ **ending** final feliz. **to make** ~ alegrar.

harangue [hə'ræŋ] *v. tr.* arengar.

harass [hə'ræs, 'hærəs] *v. tr.* **1.** (persistently annoy) acosar; atosigar. **2.** *Mil.* hostigar; asediar.

harassment [hə'ræsmənt, 'hærəsmənt] *n.* acoso *m.;* asedio *m.*

harbor, harbour (Br.E) ['ha:rbər] *n.* **1.** *Nav.* puerto *m.* ‖ *v. tr.* **2.** (doubts) albergar (dudas).

hard [ha:rd] *adj.* **1.** duro; recio. **2.** (task) arduo. **3.** (knock) fuerte. ‖ *adv.* **4.** (work) duro.

hard shoulder ['ha:rdˌʃoʊldər] *n., Car* arcén *m.*

harden ['ha:rdən] *v. tr.* endurecer.

hardened ['ha:rdənd] *adj.* endurecido; curtido. ‖ **to become** ~ (become tough) curtirse.

hardhearted ['ha:rdˌha:rt] *adj.* cruel; duro de corazón.

hardly ['ha:rdli:] *adv.* apenas; casi (en frases negativas) [I can hardly study with this noise. *Apenas puedo estudiar con este ruido.*] ‖ ~ **ever** casi nunca [He hardly ever reads. *Rara vez lee.*]

hardness ['ha:rdnɪs] *n.* dureza *f.*

hardship ['ha:rdʃɪp] *n.* (suffering) apuro *m.;* penalidad *f.;* privación *f.*

hardware ['ha:rdwer] *n.* **1.** (goods) ferretería *f.* **2.** *Comp.* hardware *m.*

hardwearing ['ha:rdˌwɜ:rɪŋ] *adj.* (color) sufrido; resistente.

hardworking ['ha:rdˌwɜ:rkɪŋ] *adj.* laborioso; hacendoso; trabajador.

hare [her] *n., Zool.* liebre *f.*

haricot bean ['hærɪkoʊtˌbi:n] *n.* alubia *f.*

harlequin ['ha:rləkwɪn] *n.* arlequín *m.*

harm [ha:rm] *n.* **1.** daño *m.;* perjuicio *m.* ‖ *v. tr.* **2.** (person) dañar; hacer daño. **3.** (health) perjudicar.

harmful ['ha:rmful] *adj.* (damaging) dañino; nocivo; perjudicial.

harmless ['ha:rmlɪs] *adj.* inofensivo.

harmonica [ha:r'mɒnɪkə] *n., Mus.* (instrument) armónica *f.*

harmonious [ha:r'moʊniəs] *adj.* armonioso; armónico.

harmonize ['ha:rmənaɪz] *v. tr.* **1.** *Mus.* armonizar. ‖ *v. intr.* **2.** (tendency, style) armonizar.

harmony ['ha:rməni:] *n.* armonía *f.*

harness ['ha:rnɪs] *n.* **1.** (for horses) arreos *m. pl.* ‖ *v. tr.* **2.** (horse) enjaezar.

harp [ha:rp] *n., Mus.* arpa *f.*

harpoon [ha:r'pu:n] *n.* arpón *m.*

harpy ['ha:rpi:] *n.* arpía *f.*

harry ['hæri:] *v. tr.* acosar.

harsh [ha:rʃ] *adj.* **1.** duro. **2.** (voice) áspero. **3.** *Meteor.* crudo.

harshness ['ha:rʃnɪs] *n.* **1.** dureza *f.* **2.** (hardness) aspereza *f.*

hart [ha:rt] *n., Zool.* ciervo *m.*

harvest ['ha:rvɪst] *n.* **1.** *Agr.* cosecha *f.;* siega *f.* ‖ *v. tr.* **2.** *Agr.* cosechar; recoger. **3.** *Agr.* (grapes) vendimiar. ‖ **grape** ~ *Agr.* vendimia *f.*

harvester ['ha:rvɪstər] *n.* **1.** (person) segador *m.* **2.** (machine) segadora *f.*

hash [hæʃ] *n., coll.* hachís *m.*

hashis ['hæʃɪʃ] *n.* hachís *m.*

haste [heɪst] *n.* prisa *f;* celeridad *f.* ‖ **to make** ~ apresurarse.

hasten ['heɪsən] *v. tr.* acelerar.

hastily ['heɪstɪli:] *adv.* (quickly) de prisa; precipitadamente.

hasty ['heɪsti:] *adj.* **1.** apresurado. **2.** (rash) precipitado.

hat [hæt] *n.* sombrero *m.*

hatch[1] [hætʃ] *n. Nav.* escotilla *f.*

hatch[2] [hætʃ] *n.* **1.** (of chicken) nidada *f.* ‖ *v. tr.* **2.** (eggs) empollar; incubar. **3.** *fig.* (plan) tramar.

hatchery ['hætʃəri:] *n.* criadero *m.*

hatchway ['hætʃˌweɪ] *n., Nav.* escotilla *f.*

hate [heɪt] *n.* **1.** odio *m.* ‖ *v. tr.* **2.** (detest) odiar; detestar.

hateful ['heɪtful] *adj.* odioso.

hatred ['heɪtrɪd] *n.* odio *m.*

haughtiness ['hɔ:tɪnɪs] *n.* altanería *f.*; orgullo *m.*; arrogancia *f.*

haughty ['hɔ:ti:] *adj.* altivo; altanero.

haul [hɔ:l] *n.* **1.** tirón *m.* **2.** (journey) trayecto *m.* **3.** (loot) botín *m.* ‖ *v. tr.* **4.** tirar. **5.** (drag) arrastrar.

haunch [hɔ:ntʃ] *n.* (of person) cadera *f.*

haunt [hɔ:nt, hɒnt] *n.* **1.** (for people) guarida *f.* ‖ *v. tr.* **2.** *fig.* (an idea) perseguir. **3.** (frequent) frecuentar.

have ['hæv](p.t. and p.p. had) *v. tr.* **1.** (possess, hold) tener. **2.** (breakfast, drink) tomar. ‖ *v. aux.* **3.** (compound) haber. ‖ **to ~ got** (possess) tener. **~ to** (obligation) tener que.

haversack ['hæɪvərˌsæk] *n.* (knapsack) macuto *m.*; mochila *f.*

hawk [hɔ:k] *n., Zool.* halcón *m.*

hawker ['hɔ:kər] *n.* charlatán *m.*

hawthorn ['hɔ:θɔ:rn] *n., Bot.* espino *m.*

hay [heɪ] *n., Bot.* heno *m.*

hayfork ['heɪˌfɔ:rk] *n., Agr.* horca *f.*

haystack ['heɪˌstæk] *n.* (open-air) pajar *m.*; almiar *m.*

hazard ['hæzərd] *n.* **1.** (risk) riesgo *m.* **2.** (danger) peligro *m.* ‖ *v. tr.* **3.** *frml.* arriesgar; aventurar.

hazardous ['hæzərdəs] *adj.* arriesgado; azaroso; peligroso.

haze [heɪz] *n., Meteor.* neblina *f.*

hazel ['heɪzəl] *n., Bot.* avellano *m.*

hazelnut ['heɪzəlˌnʌt] *n., Bot.* avellana *f.*

hazy ['heɪzi:] *adj.* **1.** *Meteor.* nebuloso. **2.** *fig.* confuso; vago.

he [hi:] *pron. 3rd. person m. sing.* él [He lives in Rome. *Él vive en Roma.*]

head [hed] *n.* **1.** *Anat.* cabeza *f.* **2.** (boss) cabeza *m.* **3.** (of a nail) cabeza *f.* **4.** (front) cabeza *f.*; cabecera *f.* [He was at the head of the demonstration. *Estaba en la cabeza de la manifestación.*] ‖ *v. tr.* **5.** (list) encabezar. ‖ **a ~** por cabeza. **~ of cattle** res *f.*

headache ['hedeɪk] *n.* dolor de cabeza.

headboard ['hedˌbɔ:rd] *n.* cabecera *f.*

heading ['hedɪŋ] *n.* **1.** (title) encabezamiento *m.* **2.** (letterhead) membrete *m.* ‖ **to put a ~** encabezar.

headlight ['hedˌlaɪt] *n.; Car* faro *m.*

headline ['hedlaɪn] *n.* **1.** encabezamiento *m.* **2.** (of newspaper) título *m.*; titular *m.* ‖ *v. tr.* **3.** poner en titulares.

headphones ['hedˌfoʊnz] *n. m. pl.* auriculares *pl.*; cascos *m.*

headquarters ['hedˌkwɔ:rtərz] *n. pl.* **1.** oficina central. **2.** *Mil.* cuartel general.

headstrong ['hedˌstrɒŋ] *adj.* testarudo; cabezón; cabezota.

heal ['hɪəl] *v. tr.* **1.** (illness) curar. ‖ *v. intr.* **2.** *Med.* (wound) cicatrizar.

health [helθ] *n., Med.* salud *f.*; sanidad *f.* ‖ **~ worker** (person) sanitario *m.*

healthy ['helθi:] *adj.* **1.** *Med.* sano. **2.** (economy) saludable.

heap [hi:p] *n.* (of things) montón *m.*; pila *f.*; cúmulo *m.*

hear ['hɪər](p.t. and p.p. heard) *v. tr.* **1.** oír. **2.** (get to know) enterarse. ‖ **to have heard about** conocer de oídas.

hearing ['hɪrɪŋ] n. **1.** (sense) oído m. **2.** Law vista f.; audiencia f.

hearse [hɜːrs] v. tr. coche fúnebre.

heart [hɑːrt] n. **1.** Anat. corazón m. **2.** (lettuce, cabbage) cogollo m. ‖ **by ~** de memoria. **~ attack** Med. infarto m.

heartache ['hɑːrteɪk] n. congoja f.

heartburn ['hɑːrtˌbɜːrn] n., Med. acidez de estómago; ardor de estómago.

hearten ['hɑːrtən] v. tr. animar; alentar.

hearth [hɑːrθ] n. (in home) hogar m.

heartsick ['hɑːrtsɪk] adj. desconsolado.

hearty ['hɑːrtiː] adj. campechano.

heat [hiːt] n. **1.** calor m. **2.** (animal) celo m. **3.** Sports eliminatoria f. ‖ v. tr. **4.** calentar. ‖ **to be in ~** estar en celo. **~ wave** Meteor. ola de calor.

heated ['hiːtəd] adj. fig. (argument) acalorado; caliente. ‖ **to become ~** fig. (argument) calentarse.

heater ['hiːtər] n. calentador m.

heathen ['hiːðən] adj. **1.** Rel. pagano; gentil. ‖ n. **2.** Rel. pagano m.

heating ['hiːtɪŋ] n. calefacción f. ‖ **central ~** calefacción central.

heaven ['hevən] n. **1.** cielo m. **2.** Rel. paraíso m. ‖ **heavens!** ¡cielos!

heavenly ['hevənˌliː] adj. celestial; celeste.

heaven-sent ['hevənˌsent] adj. llovido del cielo; muy oportuno.

heaviness ['hevɪnɪs] n. **1.** (weight) peso m. **2.** (quality) pesadez f.

heavy ['heviː] adj. **1.** (weight) pesado. **2.** (meal, rain) fuerte.

Hebrew ['hiːbruː] adj. **1.** hebreo. ‖ n. **2.** (Israelite) hebreo m. **3.** Ling. (language) hebreo m.

hectare ['hekˌtɑːr] n. hectárea f.

hectic ['hektɪk] adj. **1.** (busy) agitado; ajetreado. **2.** Med. fig. febril.

hectogram ['hektoʊgræm] n. (unit of weight) hectogramo m.

hedge ['hedʒ] n. seto m.

hedgehog ['hedgˌhɒg] n., Zool. erizo m.

heed [hiːd] n. **1.** atención m. ‖ v. tr. **2.** atender. **3.** fig. escuchar.

heel [hiːl] n. **1.** Anat. talón m. **2.** (of shoe) tacón m.

hegemony [hɪ'dʒemənɪ] n., Polit. frml. (supremacy) hegemonía f.

heifer ['hefər] n., Zool. novilla f.; vaquilla f.; becerra f.

height [haɪt] n. **1.** Geogr. altura f. **2.** (of person) estatura f. **3.** (of mountain) cumbre f. ‖ **heights** n. pl. **4.** alturas f.

heighten ['haɪtən] v. tr. **1.** (intensify) realzar. **2.** (increase) elevar.

heinous ['heməs] adj. atroz.

heir [er] n. heredero m.

heiress ['erɪs] n. heredera f.

helicopter ['helɪˌkɒptər] n., Aeron. helicóptero m.

heliport ['heləˌpɔːrt] n. helipuerto m.

hell [hel] n. infierno m.

hello! [he'loʊ] interj. ¡hola!

helmet ['helmɪt] n. casco m.; yelmo m.

helmsman ['helmzˌmæn] n., Nav. timonel m.; guía m.

help [help] n. **1.** ayuda f. ‖ v. tr. **2.** ayudar. ‖ **help!** interj. **3.** ¡socorro! ‖ **to ~ oneself** (food) servirse.

helper ['helpər] n. ayudante m. y f.

helpless [(helplɪs] adj. (defenceless) desamparado; desvalido.

hem [hem] n. dobladillo m.

hemisphere ['heməsˌfɪr] n., Geogr. hemisferio m.

hemorrhage, haemorrhage (Br.E) ['hemrɪdʒ] n., Med. hemorragia f.

hemp [hemp] n., Bot. cáñamo m.

hen [hen] *n.*, Zool. gallina *f.* ‖ **~ party** *fam.* despedida de soltera.

hence [hens] *adv.*, *frml.* de ahí.

henceforth ['hensˌfɔːrθ] *adv.*, *frml.* de aquí en adelante.

henchman ['hentʃmən] *n.* secuaz *m.*

henhouse ['hen,haus] *n.* gallinero *m.*

heptagon ['hep'tægən] *n.* heptágono *m.*

her [hɜːr] *poss. adj. 3rd. person f. sing.* **1.** su; suyo (detrás del s.) [Her mother called me last night. *Su madre me llamó anoche.*] ‖ *pron. pers. accus.* **2.** la [I saw her yesterday. *La vi ayer.*] ‖ *pron. pers. dat.* **3.** le [I gave her a present for her birthday. *Le di un regalo por su cumpleaños.*] ‖ *pron. pers. prep.* **4.** ella [I am not counting on her. *No cuento con ella.*] ‖ **with ~** consigo [She took everything with her. *Se llevó todo consigo.*]

herald ['herəld] *n.* **1.** Hist. heraldo *m.* ‖ *v. tr.* **2.** anunciar.

heraldry ['herəldri] *n.* heráldica *f.*

herb [hɜːrb] *n.*, Gastr. hierba *f.* ‖ **mixed herbs** Gastr. finas hierbas.

herbalist ['hɜːrbəlɪst, 'ɜːrbəlɪst] *n.* **1.** (person) herbolario *m.* ‖ **herbalist's** *n.* **2.** (shop) herbolario *m.*

herbivore ['hɜːrbəˌvɔːr] *n.*, Zool. (animal) herbívoro *m.*

herbivorous [hɜːrbəvərəs] *adj.*, Zool. (animal) herbívoro.

herd [hɜːrd] *n.* **1.** (of cattle) manada *f.* **2.** (of goats) rebaño *m.* **3.** (of pigs) piara *f.* ‖ *v. tr.* **4.** (cattle) arrear.

here [hɪr] *adv.* aquí; acá. ‖ **come ~ !** ¡ven acá! **here's to** (toast) a la salud de. **~ and now** ahora mismo [I can do it here and now. *Puedo hacerlo ahora mismo.*] **~ and there** acá y allá; aquí y allá [He has friends here and there.

Tiene amigos aquí y allá.] **the ~ and now** (this moment) presente.

hereabouts [ˌhɪrəˈbauts] *adv.*, *frml.* por aquí; por acá.

hereafter [hɪrˈæftər] *adv.*, *frml.* (from now on) de aquí en adelante.

heredity [həˈredəti] *n.*, Biol. herencia *f.*

herein ['hɪrɪn] *adv.*, *frml.* aquí (dentro).

heresy ['herəsi] *n.*, Rel. herejía *f.*

heretic ['herətɪk] *n.*, Rel. hereje *m.* y *f.*

heritage ['herətɪdʒ] *n.*, Law herencia *f.*

hermetic [hərˈmetɪkəl] *adj.* hermético. ‖ **~ sealed** con cierre hermético.

hermit ['hɜːrmɪt] *n.* ermitaño *m.*; ermita *f.*

hermitage ['hɜːrmɪtɪdʒ] *n.* ermita *f.*

hernia ['hɜːrnjə] *n.*, Med. hernia *f.*

hero ['hɪrou] *n.* héroe *m.*

heroic [hɪˈrouɪk] *adj.* heroico.

heroin ['herouɪn] *n.* (drug) heroína *f.* ‖ **~ addict** heroinómano *m.* y *f.*

heroine ['herouɪn] *n.* (in novel) heroína *f.*

heroism ['hɪrouɪzəm] *n.* heroísmo *m.*

heron ['herən] *n.*, Zool. garza *f.*

herring ['herɪŋ] *n.*, Zool. (fish) arenque *m.*

hers [hɜːrz] *poss. pron. 3rd. person f. sing.* suyo [Which one is hers? *¿Cuál es el suyo?*] ‖ **of ~** suyo [I don't like those friends of hers. *No me gustan esos amigos suyos.*]

herself [hɜːrˈself] *pron. pers. refl. 3rd. person f. sing.* **1.** se; sí (detrás de prep.) [She hurt herself playing tennis. *Se hizo daño jugando al tenis.*] ‖ *pron. pers. emphat.* **2.** ella misma [She makes everything herself. *Lo hace todo ella misma.*]

hesitant ['hezətənt] *adj.* (undecided).vacilante; indeciso; dudoso.

hesitate ['hesɪteɪt] *v. intr.* vacilar; dudar. ‖ **without hesitating** sin vacilar.

hesitation [ˌhezəˈteɪʃən] *n.* (vacillation) vacilación *f.*; titubeo *m.*

heterogeneous [ˌhetərəˈdʒiːnjəs] *adj.* heterogéneo.

hexagon [ˈheksəgɒn] *n.* hexágono *m.*

hey! [heɪ] *interj.* (surprise) ¡hombre!

heyday [ˈheɪdeɪ] *n.* apogeo *m.*

hi! [haɪ] *interj., coll.* ¡hola!

hiatus [haɪˈeɪtəs] *n., Ling.* hiato *m.*

hibernate [ˈhaɪbəːneɪt] *v. intr., Zool.* (bears) hibernar.

hibernation [ˌhaɪbərˈneɪʃən] *n., Zool.* (bears) hibernación *f.*

hiccuogh [ˈhɪkʌp] *n.* hipo *m.*

hiccup [ˈhɪkʌp] *n.* hipo *m.* ‖ **to have hiccups** tener hipo.

hick [hɪk] *n., Am. E., pej.* (yokel).cateto *m.*; paleto *m.*

hickory [ˈhɪkəriː] *n.* nogal americano.

hidden [ˈhɪdən] *adj.* oculto; escondido.

hide [haɪd] *n.* **1.** (skin) piel *f.* ‖ *v. tr.* **2.** esconder; ocultar. **3.** (truth) encubrir. ‖ *v. intr.* **4.** esconderse; ocultarse.

hide-and-seek [ˈhaɪdənˌsiːk] *n.* escondite *m.* ‖ **to play ~** jugar al escondite.

hideous [ˈhɪdɪəs] *adj.* (very unpleasant) horroroso; horrible.

hiding [ˈhaɪdɪŋ] *n., fam.* paliza; zurra *f.*

hierarchy [ˈhaɪəˌrɑːkiː] *n.* jerarquía *f.*

hieroglyph [ˈhaɪrəˈglɪf] *n.* jeroglífico *m.*

hieroglyphic [ˌhaɪrəˈglɪfɪk] *adj.* jeroglífico.

hi-fi [ˈhaɪfaɪ] *n.* alta fidelidad.

high [haɪ] *adj.* **1.** alto. **2.** (elevated) elevado. **3.** (sonido) agudo. **4.** (culminating) álgido. ‖ *adv.* **5.** alto.

highland [ˈhaɪlænd] *adj.* montañoso. ‖ **highlands** *n. pl.* **2.** *Geogr.* tierras altas

highpitched [ˈhaɪˌpɪtʃt] *adj.* agudo.

highway [ˈhaɪˌweɪ] *n., Am. E.* carretera *f.*

highwayman [ˈhaɪweɪmən] *n.* salteador de caminos; bandolero *m.*

hijack [ˈhaɪdʒæk] *n.* **1.** (of plain) secuestro *m.* ‖ *v. tr.* **2.** (plain) secuestrar.

hike [ˈhaɪk] *n.* caminata *f.*

hiker [ˈhaɪkər] *n., fam.* excursionista *m. y f.*

hill [hɪl] *n.* **1.** *Geogr.* colina *f.*; loma *f.*; cerro *m.* **2.** (slope) cuesta *f.*

hillock [ˈhɪlək] *n.* **1.** *Geogr.* (small hill) loma *f.*; collado *m.* **2.** *Geogr.* (mound) montículo *m.*

hillside [ˈhɪlˌsaɪd] *n., Geogr.* ladera *f.*

him [hɪm] *pron. pers. accus. 3rd. person m. sing.* **1.** lo; le *Esp.* [I kissed him. *Le/lo besé.*] ‖ *pron. pers. dat.* **2.** le [I gave him a letter. *Le di una carta.*] ‖ *pron. pers. prep. 3rd. sing.* **3.** él [Why don't you talk to him? *¿Por qué no hablas con él?*] ‖ **with ~** consigo [He brought his sister with him. *Trajo a su hermana consigo.*]

himself [hɪmˈself] *pron. pers. refl. 3rd. person m. sing.* **1.** se; sí (detrás de prep.) [Se miró al espejo. *He looked at himself in the mirror.*] ‖ *pron. pers. emphat.* **2.** él mismo [He announced it himself. *Lo anunció él mismo.*]

hinder [ˈhɪndər] *v. tr.* (obstruct) estorbar; obstruir; obstaculizar.

hindrance [ˈhɪndrəns] *n.* (impediment) obstáculo *m.*; estorbo *m.*

hinge [hɪndʒ] *n.* bisagra *f.*; gozne *m.*

hinny [ˈhɪniː] *n., Zool.* mula *f.*

hip [hɪp] *n., Anat.* cadera *f.*

hipflask [ˈhɪpˌflɑːsk] *n.* (for drinks) petaca *f.* (para bebidas).

hippie or hippy [ˈhɪpiː] *adj. & n.* hippy *m. y f.*

hippo [ˈhɪpoʊ] *n., Zool., coll.* (also frml. hippopotamus) hipopótamo *m.*

hippopotamus [ˌhɪpəˈpɒtəməs] *n., Zool.* hipopótamo *m.*

hire [ˈhaɪər] *n.* **1.** alquiler *m.*; arriendo *m.* || *v. tr.* **2.** alquilar; arrendar.

his [hɪz] *poss. adj. 3rd. person m. sing.* **1.** su; suyo [Have you seen his girlfriend? ¿Has visto a su novia?] || *pron. poss. m.* **2.** suyo [It is not mine, it is his. No es el mío, es el suyo.] || **of ~** suyo [A friend of his came to town. Un amigo suyo vino a la ciudad.]

Hispanic [hɪsˈpænɪk] *adj.* **1.** *Am. E.* hispano. || *n.* **2.** *Am. E.* hispano *m.*

hiss [hɪs] *n.* **1.** silbido *m.* || *v. tr.* **2.** (boo) sisear; silbar.

historian [ˌhɪsˈtɔːrɪən] *n.* historiador *m.*

historic [ˌhɪsˈtɔːrɪk] *adj.* histórico.

historical [ˌhɪsˈtɔːrɪkəl] *adj.* histórico. || **~ novel** *Lit.* novela histórica.

history [ˈhɪstəri](pl.: ries) *n.* historia *f.*

hit [hɪt] *n.* **1.** golpe. **2.** *coll.* (success) éxito *m.* || *v. tr.* (p.t. and p.p. hit) **3.** golpear; pegar. **4.** (reach) alcanzar. || **to ~ upon** atinar. **to ~ with a stone** dar una pedrada. **smash ~** *coll.* éxito rotundo.

hitch [hɪtʃ] *v. tr.* atar.

hitchhike [ˈhɪtʃˌhaɪk] *v. intr.* hacer autostop; hacer dedo *col.*

hitchhiking [ˈhɪtʃˌhaɪkɪŋ] *n.* autostop.

hither [ˈhɪðər] *adv., arch.* aquí.

hive [haɪv] *n.* **1.** *Zool.* (home of bee) colmena *f.* **2.** *Zool.* (bee colony) enjambre *m.*

hoard [hɔːrd] *n.* **1.** tesoro oculto. || *v. tr.* **2.** (objects) acumular; acaparar. **3.** (money) atesorar.

hoarding [ˈhɔːrdɪŋ] *n.* valla publicitaria.

hoarse [ˈhɔːrs] *adj.* ronco; afónico. || **to be ~** tener la voz ronca.

hoarseness [ˈhɔːrsnɪs] *n.* ronquera *f.*

hoax [hoʊks] *n.* **1.** trola *f.* || *v. tr.* **2.** engañar; gastar una broma.

hobble [ˈhɒbəl] *n.* || *v. intr.* cojear.

hobby [ˈhɒbi] *n.* (pastime) hobby *m.*; afición *f.*; pasatiempo *m.*

hobgoblin [ˈhɒbɡɒblɪn] *n.* duende *m.*

hockey [ˈhɒki:] *n., Sports* hockey *m.*

hoe [hoʊ] *n., Agr.* azada *f.*; azadón *m.*

hog [hɒɡ] *n., Am. E., Zool.* puerco *m.*; cerdo *m.*; marrano *m.* || **~ the limelight** *coll.* acaparar la atención.

hogshead [ˈhɒɡzhed] *n.* (barrel) pipa *f.*

hoist [hɔɪst] *n.* **1.** (crane) grúa *f.* **2.** (freight lift) montacargas *m. inv.* || *v. tr.* **3.** (lift) le-vantar.

hold [hoʊld] *n.* **1.** *Nav.* bodega *f.* || *v. tr.* (p.t. and p.p. held) **2.** tener. **3.** (with the hand) agarrar; coger. **4.** (in hand) aguantar; sujetar. **5.** (opinion) sostener. **6.** (position) ocupar; ostentar. **7.** (a meeting) celebrar. **8.** *Sports* (record) poseer. || **~ back** aguantar. **~ on** agarrarse; cogerse. (wait) esperar. **~ on!** ¡un momento! **~ over** aplazar. **~ up** *fam.* (bank) atracar.

holder [ˈhoʊldər] *n.* **1.** agarrador *m.* **2.** (of passport) titular *m. y f.*

hold-up [ˈhoʊldʌp] *n.* **1.** (robbery) atraco. **2.** (delay) retraso *m.*

hole [hoʊl] *n.* **1.** (small) agujero *m.* **2.** (large) hoyo *m.*; socavón *m.* **3.** (in road) bache *m.* || **to make holes** agujerear.

holiday [ˈhɒlədeɪ] *n.* **1.** día de fiesta; día festivo. || **holidays** *n. pl.* **2.** vacaciones *f.* || **to be on holidays** estar de vacaciones. **summer ~** veraneo *m.*

holiness [ˈhoʊlɪnɪs] *n.* **1.** *Rel.* santidad *f.*

hollow [ˈhɒloʊ] *adj.* **1.** hueco; vacío. **2.** (eyes) hundido. || *n.* **3.** (cavity) hueco *m.* **4.** hondonada *f.* || **~ out** ahuecar.

holly ['hɒli:] *n., Bot.* acebo *m.*

holocaust ['hɒləkɔ:st] *n.* holocausto *m.*

holster ['hoʊlstər] *n.* pistolera *f.*

holy ['hoʊli:] *adj.* **1.** *Rel.* sagrado; santo. **2.** (water, bread) bendito.

homage ['hɒmɪdʒ, 'ɒmɪdʒ] *n.* homenaje *m.*

home [hoʊm] *n.* **1.** hogar *m.;* casa *f.* **2.** (for sick and poor persons) asilo *m.* || *adj.* **3.** *Gastr.* casero. || *adv.* **4.** (stay, be) en casa. **5.** (go, arrive) a casa. **at ~** en casa. **to go ~** ir a casa. **rest ~** residencia de ancianos.

homeland ['hoʊmlænd] *n.* patria *f.*

homeless ['hoʊmlɪs] *adj.* (without home) sin hogar; sin techo.

home-loving ['hoʊmˌlʌvɪŋ] *adj.* casero.

homemade ['hoʊmˌmeɪd] *adj.* casero.

homesickness ['hoʊmˌsɪknɪs] *n.* morriña *f. fam.;* añoranza *f.*

homework ['hoʊmˌwɜ:rk] *n.* deberes *m. pl.;* tareas *f. pl.*

homicidal ['hɒməˌsaɪdəl] *adj.* homicida.

homicide ['hɒməˌsaɪd] *n.* **1.** (crime) homicidio *m.* **2.** (criminal) homicida *m. y f.*

homogeneous [ˌhoʊməˈdʒi:nɪəs] *adj.* homogéneo.

homosexual [ˌhoʊməˈsekʃəl] *adj. & n.* homosexual *m. y f.;* gay *m.*

Honduran [hɒnˈdjʊərən] *adj. & n.* hondureño *m.*

honest ['ɒnɪst] *adj.* honrado; honesto; íntegro.|| **to be ~** ser honesto.

honesty ['ɒnɪsti:] *n.* (probity) honradez *f.;* honestidad *f.*

honey ['hʌni:] *n.* **1.** (sweet substance) miel *f.* **2.** *fam.* (loving word) cariño *m.*

honeycomb ['hʌnɪˌkoʊm] *n.* panal *m.*

honeyed ['hʌnɪd] *adj.* meloso.

honeymoon ['hʌnɪˌmu:n] *n.* (for newlyweds) luna de miel.

honey-suckle ['hʌnɪˌsʌkəl] *n., Bot.* (bush) madreselva *f.*

honor, honour (Br.E) ['ɒnər] *n.* **1.** honor *m.;* honra *f.* || *v. tr.* **2.** (respect) honrar. || **honors** *n. pl.* **3.** *Mil.* (homage) honores *m.*

honorable, honourable (Br.E) ['ɒnərəbəl] *adj.* **1.** honorable. **2.** (person) honrado; honesto.

hood [hʊd] *n.* **1.** capucha *f.* **2.** *Car* (folding roof) capota *f.* || **extractor ~** campana extractora.

hoodoo ['hu:du:] *n.* (bad luck) gafe *m.*

hoof [hu:f] *n.* **1.** *Zool.* (of cow) pezuña *f.* **2.** (of horse) casco *m.*

hook [hʊk] *n.* **1.** gancho *m.* **2.** (fishhook) anzuelo *m.* || *v. tr.* **3.** enganchar. || **by ~ or by crook** por las buenas o por las malas. **~ and eye** corchete *m.*

hooked [hʊkt] *adj.* **1.** ganchudo. **2.** (nose) aguileño; curvo.

hooky ['hʊki] *v. intr., Am. E.* hacer novillos *fam.;* hacer campana.

hooligan [(hu:lɪgən] *n., slang* (vandal) gamberro *m.;* vándalo *m.*

hoop ['hu:p] *n.* aro *m.*

hoot [hu:t] *n.* **1.** (of owl) grito *m.* **2.** (of train) silbido *m.* || *v. tr.* **3.** (train) silbar. || *v. intr.* **4.** (owl) ulular.

hop¹ [hɒp] *n.* **1.** (jump) brinco *m.;* salto *m.* || *v. intr.* **2.** brincar; saltar.

hop² ['hɒp] *n., Bot.* lúpulo *m.*

hope [hoʊp] *n.* **1.** esperanza *f.* **2.** (false) ilusión *f.* || *v. tr. & intr.* **3.** esperar. || **to build one's hopes up** ilusionarse. **I ~ so!** ¡ojalá!

hopeful ['hoʊpfəl] *adj.* **1.** (person) esperanzado. **2.** (promising) esperanzador.

horde [hɔ:rd] *n.* **1.** (of people) horda *f.;* multitud *f.* **2.** (of insects) enjambre *m.*

horizon [həˈraɪzən] n. horizonte m.

horizontal [hɒrɪˈzɒntəl] adj. & n. horizontal m. y f.

hormone [ˈhɔːrmoʊn] n., Biol. hormona f.

horn [hɔːrn] n. **1.** Zool. (of bull) cuerno m.; asta m. **2.** Car claxon m.; bocina f. ‖ **horns** n. pl. **3.** cornamenta f. sing. ‖ **to blow one's ~** tocar la bocina.

hornet [ˈhɔːrnɪt] n., Zool. avispón m.

horoscope [ˈhɔːrəˌskoʊp] n., Astrol. horóscopo m.

horrible [ˈhɒrəbəl ˈhɔːrəbəl] adj. horrible; horrendo; horroroso.

horrify [(hɒrɪˌfaɪ] v. tr. horrorizar.

horrifying [ˈhɒrɪfaɪŋ] adj. (hair-raising) horroroso; horrendo.

horror [ˈhɒrər, ˈhɔːrər] n. horror; pavor.

hors d'oeuvre [ɔːrdɜːrv] n. m., Gastr. entremés m.; entrante m.

horse [hɔːrs] n. **1.** Zool. caballo m. **2.** Sports potro m. ‖ **~ racing** hípica f.; carrera de caballos.

horseback [ˈhɔːrsˌbæk] n. lomo de caballo. ‖ **on ~** Horse. a caballo.

horsehair [ˈhɔːrsˌher] n., Horse crin f. (de caballo).

horseman [ˈhɔːrsmən] n. jinete m.

horsepower [ˈhɔːrsˌpaʊər] n., Car caballo de vapor.

horseshoe [ˈhɔːrsˌʃuː] n. (for horse) herradura f. ‖ **~ arch** arco de herradura.

horsewhip [ˈhɔːrsˌwɪp] n. **1.** látigo m. ‖ v. tr. **2.** fustigar; azotar.

horsewoman [ˈhɔːrsˌwʊmən] n. amazona f.; jinete f.; caballista f.

horticulture [ˈhɔːrtəˌkʌltʃər] n. (gardening) horticultura f.

hose [hoʊz] n. (pipe) manguera f.; manga f.

hospice [ˈhɒspɪs] n. (for the dying people) hospicio m.

hospitable [hɒsˈpɪtəbəl] adj. hospitalario; acogedor. ‖ **~ atmosphere** ambiente acogedor.

hospital [ˈhɒspɪtəl] n. hospital m.

hospitality [ˌhɒspɪˈtæləti] n. (kindness) hospitalidad f.; amabilidad f.

Host [hoʊst] n., Rel. hostia f.; forma f.

host [ˈhoʊst] n. **1.** (at home) anfitrión m. **2.** Biol. (Zool.) huésped m. y f.

hostage [ˈhɒstɪdʒ] n. rehén m. y f.

hostel [ˈhɒstəl] n. hostal m.

hostelry [ˈhɒstəlri:] n. **1.** (inn) posada f.; fonda f. **2.** (hotel) hostería f.

hostess [ˈhoʊstɪs] n. **1.** anfitriona f. **2.** Aeron. (at exhibitions) azafata f.

hostile [ˈhɒstaɪl, ˈhɒstəl] adj. (enemy) hostil; enemigo; rival.

hostility [hɒsˈtɪləti:] n. **1.** hostilidad f. ‖ **hostilities** n. pl. **2.** hostilidades f.

hot [hɒt] adj. **1.** caliente. **2.** Meteor. caluroso. **3.** Gastr. (food) picante. ‖ **~ springs** (hot) termas f. pl.

hotbed [ˈhɒtˌbed] n. fig. hervidero m.

hotel [hoʊˈtel] n. hotel m. ‖ **cheap ~** hostal m. **~ business** hostelería f. **~ management** (studies) hostelería f.

hound [ˈhaʊnd] n. **1.** Zool. lebrel m.; perro de caza. ‖ v. tr. **2.** (prey) acosar.

hour [ˈaʊər] n. hora f. ‖ **every ~** cada hora. **rush ~** hora punta.

house [haʊs] n. **1.** casa f.; vivienda f. **2.** (with a garden) chalé m.; vivienda unifamiliar. **3.** Polit. (of parliament) cámara f. ‖ v. tr. **4.** alojar; albergar. ‖ **boar-ding ~** pensión m.; casa de huéspedes.

household [ˈhaʊshoʊld] n. casa f. ‖ **~ items** artículos de menaje.

housekeeper [ˈhaʊsˌkiːpər] n. ama de llaves; gobernanta f.

housemaid ['haus,meɪd] *n.* (servant) doncella *f.*; chacha *f.*; criada *f.*

housewife ['haus,waɪf] *n.* ama de casa.

housework ['haus,wɜːrk] *n.* tareas domésticas; quehaceres *m. pl.*

housing ['hauzɪŋ] *n.* alojamiento *m.*; vivienda *f.* ‖ ~ **estate** urbanización *f.*

hover ['hʊvər] *v. intr.* revolotear. ‖ **to ~ over** cernerse sobre.

how [hau] *n.* **1.** cómo [I don't want to know the how and why of it. *No quiero saber el cómo ni el por qué.*] ‖ *adv. int.* **2.** cómo [How do you go to school? *¿Cómo vas al colegio?*] ‖ *adv. excl.* **3.** qué [How clever you are! *¡Qué inteligente que eres!*] ‖ ~ **long ..?** ¿cuánto tiempo ...?; cuánto; desde cuándo [How long have you been working here? *¿Cuánto tiempo llevas trabajando aquí?*] ~ **many** cuánto [How many trees are there? *¿Cuántos árboles hay?*] ~ **much** cuánto [How much coffee is left? *¿Cuánto café queda?*] ~ **often** con qué frecuencia; cuántas veces [How often do you go to the theater? *¿Cuántas veces vas al teatro?*]

however [hauˈevər] *adv.* **1.** sin embargo; no obstante [He ran; however, he was late. *Corrió, sin embargo, llegó tarde.*] ‖ *adv.* **2.** (+ adjective) por ... que [However hard he tries, he always fails. *Por más que lo intenta, siempre suspende.*]

howl [haul] *n.* **1.** (cry) chillido *m.*; aullido *m.*; berrido *m.* ‖ *v. intr.* **2.** aullar; berrear.

hub [hʌb] *n.*, *fig.* eje *m.*

hubbub ['hʌbʌb] *n.* (racket) alboroto *m.*; guirigay *m.*; jaleo *m.*

huddle ['hʌdəl] *n.* **1.** (group) corrillo *m.*; pelotón *m.* ‖ *v. intr.* **2.** acurrucarse.

hue [hjuː] *n.* **1.** tinte *m.* **2.** *fig.* color *m.* **3.** (shade) matiz *m.*

huff [hʌf] *n.* enfado *m.*

hug [hʌg] *n.* **1.** abrazo *m.* ‖ *v. tr.* **2.** abrazar. ‖ **to ~ each other** abrazarse.

huge ['hjuːdʒ] *adj.* (enormous) enorme; inmenso; descomunal.

hugeness ['hjuːdʒnɪs] *n.* enormidad *f.*

hulk [hʌlk] *n.* **1.** *Nav.* (of a ship) casco *m.* **2.** (person, thing) cachivache *m.*

hull [hʌl] *n.* **1.** *Nav.* (of a ship) casco *m.* **2.** *Bot.* (shell) cáscara *f.* **3.** *Bot.* (of legume) vaina *f.* ‖ *v. tr.* **4.** (peas) pelar.

hum [hʌm] *n.* **1.** (of bees) zumbido *m.* ‖ *v. tr.* **2.** (song) tararear. ‖ *v. intr.* **3.** (bees, engine) zumbar.

human ['hjuːmən] *adj.* humano. ‖ ~ **being** ser humano. ~ **race** raza humana.

humane [hjuːˈmeɪn] *adj.* humano. ‖ ~ **studies** (university) humanidades *f. pl.*

humanist ['hjuːmənɪst] *n.* humanista *m. y f.*

humanitarian [hjuːmænəˈteriən] *adj.* humanitario; caritativo.

humanity [hjuːˈmænəti:] *n.* **1.** (virtue) humanidad *f.* **2.** (mankind) género humano.

humble ['hʌmbəl] *adj.* **1.** humilde; modesto. ‖ *v. intr.* **2.** humillar. ‖ **to ~ oneself** humillarse.

humbleness ['hʌmbəlnɪs] *n.* (modesty) humildad *f.*; modestia *f.*

humbug ['hʌmbʌg] *n.* **1.** (trick) burla *f.* **2.** (person) farsante *m.*

humid ['hjuːmɪd] *adj.*, *Meteor.* (climate) húmedo.

humidity [hjuːˈmɪdɪti:] *n.* humedad *f.*

humiliate [hjuːˈmɪliət] *v. tr.* humillar.

humiliation [hjuːˌmɪlˈeɪʃən] *n.* humillación *f.*; vejación *f.*

humility [hju:'mɪləti] *n.* humildad *f.*

humor, humour (Br.E) ['hju:mər] *n.* **1.** humor *m.* ‖ *v. tr.* **2.** consentir.

humorist ['hju:mərɪst] *n.* humorista *m. y f.*

humorous ['hju:mərəs] *adj.* (funny) humorístico; jocoso; gracioso.

hump [hʌmp] *n.* (on back) chepa *f. fam.*; joroba *f.*; giba *f.*

humpbacked ['hʌmpˌbækt] *adj.* (hunchbacked) jorobado; chepudo.

hunch [hʌntʃ] *n.* **1.** presentimiento *m.* **2.** (hump) chepa *f. fam.* ‖ **to have a ~** tener un presentimiento.

hunchbacked ['hʌntʃˌbækt] *adj.* (humpbacked) jorobado; giboso.

hundred ['hʌndrɪd] *n.* **1.** *Math.* centena *f.* [Units, tens and cents. *Unidades, decenas y centenas.*] ‖ **hundreds** *n. pl.* **2.** cientos [There were hundreds of children in front of the shop. *Había cientos de niños frente a la tienda.*] ‖ **a/one ~** cien [I have one hundred postcards. *Tengo cien postales.*] ciento [One hundred and fifty. *Ciento cincuenta.*] cien; centésimo; ciento [Turn to page one hundred. *Pasa a la página cien.*] **by the ~** a centenares. **in hundreds** a centenares [Books were sold in hundreds. *Se vendían los libros a centenares.*]

hundredth ['hʌndrɪdθ] *card. num. adj.* (also n.) **1.** centésimo; cien [Today is my grandfather's hundredth birthday. *Hoy es el centésimo cumpleaños de mi abuelo.*] ‖ *frac. numer. n.* (also adj. and pron.) **2.** centésimo; céntimo [A centimeter is a hundredth of a meter. *Un centímetro es la centésima parte de un metro.*]

hunger ['hʌŋɡər] *n.* hambre *f.*

hungry ['hʌŋgri:] *adj.* hambriento. ‖ **to be ~** tener hambre. **to go ~** pasar hambre. **~ person** hambriento *m.*

hunt [hʌnt] *n.* **1.** caza *f.*; cacería *f.* **2.** (search) búsqueda *f.* ‖ *v. tr. & intr.* **3.** cazar. **4.** (search) buscar. **5.** (prey) perseguir (una presa).

hunter ['hʌntər] *n.* cazador *m.*

hunting ['hʌntɪŋ] *n.* caza *f.*; cacería *f.* ‖ **~ ground** coto de caza.

hurdles ['hɜ:rdəlz] *n.* carrera de vallas.

hurdy-gurdy ['hɜ:rdɪˌgɜ:rdi] *n., Mus.* organillo *m.*

hurl ['hɜ:rl] *v. tr. & intr.* **1.** (throw) arrojar. **2.** (insults) vomitar. ‖ **to ~ oneself** arrojarse; tirarse. **to ~ oneself over a cliff** despeñarse.

hurly-burly ['hɜ:rliˌbɜ:rli] *n. fam.* (confusion) bullicio *m.*; alboroto *m.*

hurricane ['hʌrəkeɪn] *n., Meteor.* huracán *m.*; ciclón *m.*

hurried ['hʌrid] *adj.* apresurado.

hurry ['hʌri:] *n.* **1.** prisa *f.*; precipitación *f.* ‖ *v. intr.* **2.** darse prisa; apresurarse; correr. ‖ **to be in a ~** tener prisa. **to ~ up** acelerar; apresurar.

hurt [hɜ:rt] *n.* **1.** (mental) daño *m.* **2.** (physical) herida *f.* ‖ *adj.* **3.** (mentally) dolorido; resentido. **4.** (physically) herido. ‖ *v. tr.* (p.t. and p.p. hurt) **5.** hacer daño. **6.** (person) dañar; lastimar. ‖ *v. intr.* **7.** doler. ‖ **to ~ oneself** hacerse daño.

hurtful ['hɜ:rtfəl] *adj.* dañino.

husband ['hʌzbənd] *n.* marido *m.*; esposo *m.*

husbandry ['hʌzbəndri:] *n., Agr.* agricultura *f.*

hush [hʌʃ] *n.* **1.** silencio *m.* ‖ *v. tr.* **2.** hacer callar; acallar; silenciar. ‖ **hush!** *interj.* **3.** ¡chitón! *fam.*

husky ['hʌski:] *adj.* **1.** (voice) ronco. **2.** *fam.* (brawny) fornido.

hustle ['hʌsəl] *v. intr.* apresurarse.

hut [hʌt] *n.* choza *f.;* cabaña *f.*

hyacinth ['haɪəsɪnθ] *n., Bot.* jacinto *m.*

hybrid ['haɪbrɪd] *adj. & n.* híbrido *m.*

hydrangea [haɪˈdreɪndʒə] *n., Bot.* (plant) hortensia *f.*

hydrant ['haɪdrənt] *n.* boca de riego.

hydraulic [haɪˈdrɔːlɪk] *adj.* hidráulico. ‖ **~ brake** *Car.* freno hidráulico.

hydrogen ['haɪdrədʒən] *n., Chem.* hidrógeno *m.* ‖ **~ peroxide** agua oxigenada.

hydroplane ['haɪdrəˌpleɪn] *n., Am. E., Aeron.* hidroavión *m.*

hyena [haɪˈiːnə] *n., Zool.* hiena *f.*

hygiene ['haɪdʒiːn] *n.* higiene *f.*

hygienic [haɪˈdʒiːnɪk] *adj.* higiénico.

hymn [hɪm] *n.* himno *m.*

hype ['haɪp] *n.* **1.** (publicity) bombo *m.* ‖ *v. tr.* **2.** dar bombo a algo.

hyphen ['haɪfən] *n., Ling.* guión *m.*

hypnotize, hypnotise (Br.E) ['hɪpnətaɪz] *v. tr.* hipnotizar.

hypochondriacal [ˌhaɪpəˈkɒndræakəl] *adj.* hipocondríaco.

hypocondriac [ˌhaɪpəˈkɒndrɪak] *adj. & n.* hipocondríaco *m.*

hypocrisy [hɪˈpɒkrəsiː] *n.* hipocresía *f.*

hypocrite ['hɪpəkrɪt] *n.* hipócrita *m. y f.*

hypocritical [ˌhɪpəˈkrɪtɪkəl] *adj.* (insincere) hipócrita; falso.

hypotenuse [haɪˈpɒtɪnjuːz] *n., Math.* hipotenusa *f.*

hypothesis [haɪˈpɒθəsɪs](pl.:-ses) *n.* hipótesis *f. inv.;* conjetura *f.*

hysteria [hɪsˈterɪə] *n.* histerismo *m.*

hysterical [hɪsˈterɪkəl] *adj.* histérico.

I

I [aɪ] *pron. pers. nomin. 1st. sing.* yo [I am your cousin. *Yo soy tu primo.*]

i [aɪ] *n.* (letter) i *f.*

ice [aɪs] *n.* hielo *m.* ‖ ~ **cube** cubito de hielo. ~ **lolly** granizado *m.* | *Br. E.* polo *m.*

ice cream [ˈaɪsˌkriːm] *n.* helado *m.*

iceberg [ˈaɪsbɜːrg] *n.* iceberg *m.*

icebox [ˈaɪsbɒks] *n.* **1.** *Br. E.* congelador *m.* **2.** *Am. E.* nevera *f.*; frigorífico *m.*

icecap [ˈaɪskæp] *n., Geogr.* casquete glaciar; casquete de hielo.

icon [ˈaɪkɒn] *n.* icono *m.*

icy [ˈaɪsi] *adj.* glacial; helado; gélido.

idea [aɪˈdɪə] *n.* idea *f.*; concepto *m.*

ideal [aɪˈdɪl, aɪˈdɪəl] *adj.* **1.** ideal. ‖ *n.* **2.** (example) ejemplo *m.*

idealist [aɪˈdɪəlɪst] *n.* idealista *m. y f.*

idealistic [aɪˌdɪəˈlɪstɪk] *adj.* idealista.

idealize [aɪˈdɪəˌlaɪz] *v. tr.* idealizar.

idem [ˈɪdəm] *pron.* ídem.

identical [aɪˈdentɪkəl] *adj.* idéntico.

identify [aɪˈdentəˌfaɪ] *v. tr.* identificar; reconocer. ‖ **to ~ with** identificarse con; compenetrarse con algo.

identity [aɪˈdentəti] *n.* identidad *f.* ‖ ~ **card** carné de identidad; Documento Nacional de Identidad; DNI.

ideology [ˌaɪdɪˈɒlədʒi] *n.* ideología *f.*

idiocy [ˈɪdɪəsi] *n.* idiotez *f.*

idiom [ˈɪdɪəm] *n.* **1.** *Ling.* modismo *m.*; frase hecha. **2.** *fig.* estilo *m.*

idiot [ˈɪdɪət] *n.* (foolish person) idiota *m. y f.*; bobo *m.*; tonto *m.*

idiotic [ɪdɪˈɒtɪk] *adj.* idiota.

idle [ˈaɪdəl] *adj.* **1.** (lazy) vago; holgazán; perezoso. **2.** (unoccupied) ocioso; inactivo. **3.** (person) sin trabajo.

idleness [ˈaɪdəlnɪs] *n.* **1.** (laziness) pereza *f.* **2.** (inactivity) ociosidad *f.*

idler [ˈaɪdələr] *n.* holgazán *m.*; vago *m.*

idol [ˈaɪdəl] *n.* ídolo *m.*

idolater [aɪˈdɒlətər] *n.* idólatra *m.*

idolatress [aɪˈdɒlətrəs] *n.* idólatra *f.*

idolatrous [aɪˈdɒlətrəs] *adj.* idólatra.

idolatry [aɪˈdɒlətriː] *n.* idolatría *f.*

if [ɪf] *n.* **1.** incertidumbre *f.*; duda *f.* ‖ *conj.* **2.** si; cuando; como; de (+ inf.) [If you are going to come, call me. *Si vienes, llámame.*] **3.** (though) aunque [He is a nice if arrogant girl. *Es una chica simpática, aunque arrogante.*]

igloo [ˈɪgluː] *n.* iglú *m.*

ignition [ɪgˈnɪʃən] *n.* **1.** *Chem.* inflamación *f.* **2.** *Car* encendido *m.*

ignominy [ˈɪgnoʊmɪni] *n., frml.* (outrage) ignominia *f.*; ultraje *m.*

ignorance [ˈɪgnərəns] *n.* ignorancia *f.*; desconocimiento *m.*

ignorant [ˈɪgnərənt] *adj.* ignorante. ‖ **to be ~ of** ignorar. ~ **person** (illiterate) ignorante *m. y f.*

ignore [ɪgˈnɔːr] *v. tr.* **1.** desoír; hacer caso omiso. **2.** (snub) ignorar.

ill [ɪl] *adj.* enfermo; malo. ‖ **to look ~** tener mala cara. **seriously ~** grave.

illegal [ɪˈliːgəl] *adj.* ilegal.

illegible [ɪˈledʒəbəl] *adj.* ilegible.

illegitimate [ˌɪlɪˈdʒɪtəmɪt] *adj.* ilegítimo.

ill-humored, ill-humoured (Br.E) [ɪlˈhjuːmərd] *adj.* malhumorado.

illicit [ɪˈlɪsɪt] *adj.* **1.** ilícito. **2.** ilegal.

illiterate [ɪˈlɪtərɪt] *adj. & n.* analfabeto *m.*; iletrado *m.*

illness [ˈɪlnɪs] *n., Med.* enfermedad *f.*; mal *m.*; dolencia *f.*

illogical [ˌɪlˈɒdʒɪkəl] *adj.* ilógico.

ill-treat [ˈɪltriːt] *v. tr.* maltratar; vejar.

illuminate [ɪˈluːmɪˌneɪt] *v. tr.* (light) iluminar; alumbrar.

illumination [ɪˌlju:mɪˈneɪʃən] *n.* (ligthing) iluminación *f.*; alumbrado *m.*

illusion [rˈluːʒən] *n.* (daydream) ilusión *f.*; espejismo *m.*; ensueño *m.*

illusory or illusive [ˌrˈluːsəriː] *adj.*, *frml.* (false) ilusorio.

illustrate [ˈɪləstreɪt] *v. tr.* ilustrar.

illustration [ˌɪləsˈtreɪʃən] *n.* ilustración *f.*

illustrious [rˈlʌstriəs] *adj.* (distinguished) ilustre; insigne *form.*; célebre.

image [ˈɪmɪdʒ] *n.* imagen *f.*

imaginary [rˈmædʒənəriː] *adj.* (fictitious) imaginario; ficticio.

imagination [ɪˌmædʒəˈneɪʃən] *n.* imaginación *f.*; fantasía *f.*

imaginative [rˈmædʒənətɪv] *adj.* imaginativo; de gran inventiva.

imagine [rˈmædʒɪn] *v. tr.* **1.** imaginar. ‖ *v. intr.* **2.** imaginarse; figurarse.

imbalance [ˌɪmˈbæləns] *n.* (inequality) desfase *m.*; desequilibrio *m.*

imbecile [ˈɪmbəsɪl] *n.* imbécil *m. y f.*

imbibe [ɪmˈbaɪb] *v. tr.*, *frml.* beber.

imitate [ˈɪmɪteɪt] *v. tr.* imitar; copiar.

imitation [ˌɪmɪˈteɪʃən] *n.* **1.** imitación *f.*; copia *f.* **2.** (book) plagio *m.*

immaculate [rˈmækjʊleɪt] *adj.* impecable; inmaculado.

immature [ˌɪməˈtjʊr] *adj.* inmaduro. ‖ ~ **person** niñato *m.* pey.

immediate [rˈmiːdjət] *adj.* inmediato.

immediately [rˈmiːdjətliː] *adv.* inmediatamente; al instante; enseguida.

immense [rˈmens] *adj.* inmenso; vasto.

immersed [rˈmɜːrst] *adj.* inmerso.

immersion [rˈmɜːʃən] *n.* inmersión *f.*; sumersión *f.*

immigrant [ˈɪməgrənt] *adj. & n.* inmigrante *m. y f.*

immigrate [ˈɪməgreɪt] *v. intr.* inmigrar.

immigration [ɪnməˈgreɪʃən] *n.* inmigración *f.*; migración *f.*

imminent [ˈɪmənənt] *adj.* inminente.

immobile [rˈmoʊbaɪl, rˈmoʊbəl] *adj.* inmóvil; estático; fijo.

immodest [ˌrˈmɒdɪst] *adj.* deshonesto; indecente; impúdico.

immodesty [rˈmɒdɪstiː] *n.* **1.** (conceit) inmodestia *f.* **2.** (indecency) indecencia *f.*

immoral [rˈmɒrəl] *adj.* inmoral.

immortal [rˈmɔːrtəl] *adj.* inmortal.

immortality [ˌɪmɔːrˈtælɪtiː] *n.* inmortalidad *f.*; fama *f.*

immortalize, immortalise (Br.E) [rˈmɔːrtəlaɪz] *v. tr.* inmortalizar. ‖ **to be immortalized** inmortalizarse.

immutable [rˈmjuːtəbəl] *adj.*, *frml.* inmutable; inalterable.

impact [ˈɪmpækt] *n.* impacto *m.*; choque *m.* ‖ **on ~** al chocar.

impair [ɪmˈper] *v. tr.* **1.** desmejorar. **2.** (memory, sight, hearing) dañar.

impartial [ɪmˈpɑːrʃəl] *adj.* imparcial.

impassable [ɪmˈpæsəbəl] *adj.* impracticable; intransitable.

impassioned [ɪmˈpæʃənd] *adj.* (passionate) apasionado; exaltado.

impassive [ɪmˈpæsɪv] *adj.* impasible; imperturbable; impávido.

impatience [ɪmˈpeɪʃəns] *n.* (lack of patience) impaciencia *f.*

impatient [ɪmˈpeɪʃənt] *adj.* impaciente.

impeach [ɪmˈpiːtʃ] *v. tr.*, *Law* (accuse) acusar; imputar *form.*

impeachment [ɪmˈpiːtʃmənt] *n.*, *Law* acusación *f.*; imputación *f.*

impeccable [ɪmˈpekəbəl] *adj.* (unimpeachable) impecable; intachable.

impede [ɪmˈpiːd] *v. tr.* **1.** impedir. **2.** (hinder) estorbar.

impediment [ɪm'pedəmənt] *n.* **1.** impedimento *m.* **2.** (obstacle) estorbo *m.*

impel [ɪm'pel](p.t. and p.p. lled) *v. tr.* (push) impulsar.

impenetrable [ɪm'penətrəbl] *adj.* impenetrable; hermético.

imperative [ɪm'perətɪv] *adj.* **1.** imperativo. ‖ *n.* **2.** *Ling.* (mood) imperativo *m.*

imperceptible [ˌɪmpər'septəbəl] *adj.* imperceptible; inapreciable.

imperfect [ɪm'pɜ:rfɪkt] *adj.* **1.** imperfecto. ‖ *n.* **2.** *Ling.* imperfecto *m.*

imperfection [ˌɪmpər'fekʃən] *n.* imperfección *f.;* defecto *m.*

imperious [ɪm'pɪrɪəs] *adj.* (domineering) autoritario; imperioso.

imperishable [ɪm'perɪʃəbəl] *adj.* imperecedero; perdurable.

impermeable [ɪm'pɜ:rmɪəbəl] *adj.* (impervious) impermeable.

impersonal [ˌɪm'pɜ:rsənəl] *adj.* (objective) impersonal.

impertinence or impertinency [ˌɪm'pɜ:rtənəns] *n.* (rudeness) impertinencia *f.;* descaro *m.*

impertinent [ɪm'pɜ:rtənənt] *adj.* **1.** impertinente. **2.** (imprudent) desvergonzado; descarado.

imperturbable [ˌɪmpər'tɜ:rbəbəl] *adj.* (unruffles) imperturbable.

impetuous [ɪm'petjʊəs] *adj.* (impulsive) impetuoso; lanzado *fam.*

impetus ['ɪmpɪtəs] *n.* ímpetu *m.*

impious ['ɪmpɪəs] *adj.* impío.

implacable [ˌɪm'plækəbəl] *adj.* (unappeasable) implacable; despiadado.

implant ['ɪmplænt] *v. tr.* **1.** *Med.* implantar. **2.** *fig.* (idea) inculcar.

implement ['ɪmpləmənt] *n.* **1.** instrumento *m.* **2.** (tool) utensilio *m.*

implicate ['ɪmpləkeɪt] *v. tr.* (involve) implicar; involucrar.

implication [ˌɪmplə'keɪʃən] *n.* implicación *f.;* repercusión *f.*

implicit [ɪm'plɪsɪt] *adj.* implícito; tácito.

implore [ɪm'plɔ:r] *v. tr.* (beg) implorar; suplicar; rogar.

imply [ɪm'plaɪ] *v. tr.* **1.** implicar; entrañar. **2.** (hint) dar a entender.

impolite [ˌɪmpə'laɪt] *adj.* (rude) maleducado; descortés; insolente.

impoliteness [ˌɪmpə'laɪtnɪs] *n.* descortesía *f.;* descaro; insolencia.

import ['ɪmpɔ:rt ɪm'pɔ:rt] *n.* **1.** *Econ.* importación *f.* ‖ *v. tr.* **2.** (goods) importar. ‖ **imports** *n. pl.* **3.** importaciones *f.*

importance [ɪm'pɔ:rtəns] *n.* **1.** importancia *f.* **2.** (standing) envergadura *f.*

important [ɪm'pɔ:rtənt] *adj.* (fundamental) importante; vital; primordial.

importation [ˌɪmpɔ:r'teɪʃən] *n.* (import) importación *f.*

importunate [ɪm'pɔ:rtju:nɪt] *adj.* (persistent) importuno; insistente.

impose [ɪm'pouz] *v. tr.* imponer.

imposing [ɪm'pouzɪŋ] *adj.* (impressive) imponente; venerable.

imposition [ˌɪmpə'zɪʃən] *n.* (of ideas, taxes) imposición *f.*

impossible [ɪm'pɒsəbəl] *adj.* imposible. ‖ **to ask the ~** pedir lo imposible.

imposter, impostor (Br.E) [ɪm'pɒstər] *n.* impostor *m.*

impotence ['ɪmpətəns] *n.* impotencia *f.*

impoverish [ɪm'pɒvərɪʃ] *v. tr.* empobrecer. ‖ **to become impoverished** empobrecerse; arruinarse.

impracticable [ɪm'præktɪkəbəl] *adj.* (unfeasible) impracticable.

imprecise [ˌɪmprə'saɪs] *adj.* impreciso.

impregnate ['ɪmpreg,neɪt] *v. tr.* (soak) impregnar. ‖ **to become impregnated** impregnarse.

impress [ɪm'pres] *v. tr.* **1.** (make impression) impresionar. **2.** (mark) imprimir. **3.** (pattern) estampar; fijar.

impression [ɪm'preʃən] *n.* (imprint) impresión *f.*; marca *f.*

impressive [ɪm'presɪv] *adj.* (imposing) imponente; impresionante.

imprint ['ɪmprɪnt] *n.* **1.** marca *f.* ‖ *v. tr.* **2.** (stamp) estampar; imprimir. **3.** (on mind) grabar.

imprison [ɪm'prɪsən] *v. tr.* (jail) encarcelar, recluir.

imprisoned [ɪm'prɪzənd] *adj.* (confined) preso; recluso; cautivo.

imprisonment [ɪm'prɪzənmənt] *n.* encarcelamiento *m.*; reclusión *f.*

improbable [ɪm'prɒbəbəl] *adj.* (unlikely) improbable; inverosímil.

improper [ɪm'prɒpər] *adj.* **1.** impropio. **2.** (method) inadecuado. **3.** (indecent) incorrecto.

improve [ɪm'pru:v] *v. tr.* **1.** (make better) mejorar. **2.** (knowledge) perfeccionar. ‖ *v. intr.* **3.** (become better) mejorar. **4.** (increase) aumentar.

improvement [ɪm'pru:v,mənt] *n.* **1.** mejora *f.*; mejoría *f.* **2.** (in skills) perfeccionamiento *m.*

improvisation [,ɪmprəvar'zeɪʃən] *n.* improvisación *f.*

improvise ['ɪmprəvaɪs] *v. tr. & intr.* improvisar; hacer sobre la marcha.

imprudence [ɪm'pru:dəns] *n. frml.* imprudencia *f.*; descaro *m.*; indiscreción *f.*

imprudent [ɪm'pru:dənt] *adj.* (unwise) imprudente; insensato.

impugn [ɪm'pʌn] *v. tr., Law, frml.* (contest) impugnar; rebatir; refutar.

impulse ['ɪmpʌlz] *n.* impulso *m.*

impulsive [ɪm'pʌlsɪv] *adj.* (impetuous) impulsivo; lanzado *fam.*

impunity [ɪm'pju:nəti:] *n.* impunidad *f.*

impure [ɪm'pjur] *adj.* impuro.

impurity [ɪm'pjurəti:] *n.* impureza *f.*

impute [ɪm'pjut] *v. tr.* (attribute) imputar; atribuir; achacar.

in [ɪn] *prep.* **1.** en [Does he live in Sweden? *¿Vive en Suecia?*] **2.** (inside) dentro de; en [You cannot smoke in the bus. *No se puede fumar en el autobús.*] **3.** (after) dentro de [They are getting married in two years. *Se casan dentro de dos años.*] **4.** (during) en [I finished this essay in three hours. *Terminé esta redacción en tres horas.*] **5.** (months, years) en [I was born in 1977. *Nací en 1977.*] **6.** (morning, afternoon) por [I'll see you in the morning. *Te veré por la mañana.*] **7.** (seasons) en [It always snows in Winter. *Siempre nieva en invierno.*] **8.** (description) de [Have you seen that boy in white? *¿Has visto a ese niño de blanco.*] ‖ *adv.* **9.** dentro [I want a croissant with chocolate in. *Quiero un croissant con chocolate dentro.*] **10.** (at home) en casa [Is Michael in? *¿Está Michael en casa?*] ‖ *adj.* **11.** de moda [Pink and purple are the in colours. *El rosa y el morado son los colores de moda.*] ‖ **~ the rain** bajo la lluvia.

in vitro [ɪn'vi:trou] *adj. & adv., Biol.* in vitro.

inaccessible [,ɪnæk'sesəbəl] *adj.* (unapproachable) inaccesible; inalcanzable.

inaccuracy [ɪn'ækjərəsi:] *n.* (imprecision) inexactitud *f.*; incorrección *f.*

inaccurate [ɪn'ækjərɪt] *adj.* **1.** inexacto. **2.** (statement) erróneo.

inactive [ɪn'æktɪv] *adj.* (idle) inactivo; ocioso; pasivo.

inactivity [ɪnək'tɪvətɪ] *n.* inactividad *f.*

inadequacy [ɪn'ædɪkwəsɪ] *n.* **1.** insuficiencia *f.* **2.** (inability) incompetencia *f.*; ineptitud.

inadequate [ɪn'ædəkwɪt] *adj.* **1.** insuficiente. **2.** (unsuitable) inadecuado.

inadmissible [ˌɪnəd'mɪsəbəl] *adj.* inaceptable; inadmisible.

inanimate [ɪn'ænəmət] *adj.* inanimado.

inappropriate [ˌɪnə'prəʊprɪət] *adj.* **1.** inoportuno. **2.** (behavior) impropio.

inasmuch as [ˌɪnəz'mʌtʃ] *conj.*, *frml.* dado que; ya que; por cuanto [You don't know him inasmuch as you haven't recognized him. *No le conoces ya que no lo has reconocido.*]

inattentive [ˌɪnə'tentɪv] *adj.* distraído; desatento; descuidado.

inaudible [ˌɪn'ɔːdəbəl] *adj.* inaudible.

inaugurate [ɪn'ɔːgjəˌreɪt] *v. tr.* (place) inaugurar; abrir.

inauguration [ɪnˌɔːgjə'reɪʃən] *n.* inauguración *f.*; apertura *f.*

inborn ['ɪnbɔːrn] *adj.* innato.

incalculable [ˌɪn'kælkjələbəl] *adj.* (indeterminate) incalculable.

incandescent [ˌɪnkən'desənt] *adj.* (red-hot) incandescente; al rojo.

incapable [ɪn'keɪpəbəl] *adj.* **1.** (unable) incapaz. **2.** (incompetent) incompetente; inepto.

incapacity [ˌɪnkə'pæsətɪ] *n.* (incapability) incapacidad *f.*

incautious [ɪn'kɔːʃəs] *adj.* incauto.

incense[1] [ɪn'sens] *n.* incienso *m.*

incense[2] [[ɪn'sens] *v. tr.* irritar.

incentive [ɪn'sentɪv] *n.* incentivo *m.*; aliciente *m.*; estímulo *m.*

incessant [ɪn'sesənt] *adj.* (continual) incesante; ininterrumpido.

incest ['ɪnˌsest] *n.* incesto *m.*

inch [ɪntʃ] *n.* pulgada *f.*

incident ['ɪnsədənt] *n.* incidente *m.*; episodio *m.* ‖ **without ~** sin novedad.

incidentals [ɪnsɪ'dentəls] *n. pl.* imprevistos *m.*; gastos *m.*

incinerate [ɪn'sɪnəreɪt] *v. tr.* incinerar.

incision [ˌɪn'sɪʒən] *n.*, *Med.* incisión *f.*

incisive [ɪn'saɪsɪv] *adj.* (scathing) incisivo; mordaz; punzante.

incisor [ɪn'saɪzər] *n.* (tooth) incisivo *m.*

incite [ɪn'saɪt] *v. tr.* incitar; instigar.

incitement [ɪn'saɪtmənt] *n.* (provocation) incitación *f.*; provocación *f.*

inclement [ɪn'klemənt] *adj.*, *Meteor.*, *frml.* (weather) inclemente.

inclination [ˌɪnklə'neɪʃən] *n.* **1.** (slope) inclinación *f.* **2.** (tendency) tendencia *f.*

incline [ɪn'klaɪn] *n.* **1.** *frml.* (slope) pendiente. ‖ *v. tr.* **2.** (body, head) inclinar. ‖ *v. intr.* **3.** (slope) inclinarse.

inclined [ɪn'klaɪnd] *adj.* **1.** inclinado. **2.** (disposed) propenso.

include [ɪn'kluːd] *v. tr.* **1.** incluir. **2.** (in series) comprender.

including [ɪŋ'kluːdɪŋ] *prep.* (inclusive) inclusive; incluso.

inclusive [ɪn'kluːsɪv] *adv.* inclusive.

incognito [ˌɪn'kɒgnɪˌtoʊ] *n.* **1.** incógnito *m.* ‖ *adv.* **2.** de incógnito.

incoherent [ˌɪnkoʊ'hɪərənt] *adj.* **1.** (unconnected) incoherente. **2.** (unintelligible) ininteligible.

incombustible [ˌɪnkəm'bʌstəbəl] *adj.* (fireproof) incombustible.

income ['ɪnkʌm] *n.* ingresos *m. pl.*; renta *f.*

incomparable [ɪnkɒm'pərəbəl] *adj.* incomparable; inigualable.

incompatibility [ɪnˌkɒmˌpætəˈbɪləti:] *n.* incompatibilidad *f.*

incompatible [ˌɪnkəmˈpætəbəl] *adj.* incompatible; opuesto.

incompetence [ɪnˈkɒmpətəns] *n.* (ineptitude) incapacidad *f.*; ineptitud *f.*

incompetent [ɪnˈkɒmpətənt] *adj.* **1.** (inept) incompetente; inepto. **2.** (disqualified) incapaz.

incomplete [ˌɪnkəmˈpliːt] *adj.* (unfinished) incompleto; inacabado.

incomprehensible [ˌɪnkɒmprəˈhensəbəl] *adj.* incomprensible.

inconceivable [ˌɪnkənˈsiːvəbəl] *adj.* (unthinkable) inconcebible.

inconsiderable [ˌɪnkənˈsɪdərəbəl] *adj.* (insignificant) insignificante.

inconsistent [ˌɪnkənˈsɪstənt] *adj.* **1.** (contradictory) inconsecuente. **2.** (unstable) inconsistente.

inconstancy [ˌɪnkɒnˈstənsiː] *n., lit.* inconstancia *f.*; inestabilidad *f.*

inconstant [ɪnˈkɒnstənt] *adj.* inconstante.

inconvenience [ˌɪnkənˈviːnjəns] *n.* **1.** (annoyance) incomodidad *f.*; inconveniencia *f.*; molestia *f.* ‖ *v. tr.* **2.** (annoy) molestar; incomodar.

inconvenient [ˌɪnkənˈviːnjənt] *adj.* inconveniente; molesto.

incorporate [ɪnˈkɔːrpəreɪt] *v. tr.* (integrate) incorporar.

incorrect [ˌɪnkəˈrekt] *adj.* **1.** incorrecto; erróneo. **2.** (behavior) informal.

incorrectness [ˌɪnkəˈrektnɪs] *n.* (mistake) incorrección *f.*; error.

incorrigible [ɪnˈkɒrədʒəbəl] *adj.* incorregible; sin remedio.

increase [ˈɪnkriːs] *n.* **1.** aumento *m.* **2.** (in number) incremento *m.* ‖ *v. tr.* **3.** aumentar. ‖ *v. intr.* **4.** aumentar.

increasing [ɪnˈkriːsɪŋ] *adj.* creciente.

incredible [ɪnˈkredəbəl] *adj.* (extraordinable) increíble; inimaginable.

incredulous [ɪnˈkredʒələs] *adj.* (skeptical) incrédulo; desconfiado.

increment [ˈɪnkrəmənt] *n.* (in salary) incremento *m.*; aumento *m.* (de sueldo).

incubate [ˈɪnkjəbeɪt] *v. tr. & intr.* incubar.

incubation [ɪnkjəˈbeɪʃən] *n.* incubación *f.*

incubator [ˈɪnkjəˌbeɪtər] *n.* incubadora *f.*

inculcate [ɪnˈkʌlkeɪt] *v. tr., frml.* (instill) inculcar; imbuir.

inculpate [ˈɪnkʌlpeɪt] *v. tr.* inculpar.

incumbent [ɪnˈkʌmbənt] *n.* (holder) titular *m. y f.* ‖ **to be ~** incumbir.

incurable [ɪnˈkjʊrəbəl] *adj.* **1.** (disease) incurable. **2.** *fig.* (loss) irremediable.

incursion [ɪnˈkɔːrʃən] *n.* incursión *f.*

indebted [ɪnˈdetɪd] *adj.* endeudado.

indecency [ɪnˈdiːsənsiː] *n.* indecencia *f.*; deshonestidad *f.*

indecent [ɪnˈdiːsənt] *adj.* indecente; deshonesto; obsceno.

indecision [ˌɪndəˈsɪʒən] *n.* indecisión *f.*

indecisive [ˌɪndəˈsaɪsɪv] *adj.* indeciso; dudoso; irresoluto.

indeed [ɪnˈdiːd] *adv., frml.* (in fact) efectivamente; en efecto.

indefatigable [ˌɪndəˈfætɪgəbəl] *adj., frml.* infatigable; incansable.

indefinite [ɪnˈdefənɪt] *adj.* **1.** (vague) indefinido. **2.** (indeterminate) indeterminado. **3.** *Ling.* indefinido.

indemnification [ɪnˌdemnəfəˈkeɪʃən] *n.* indemnización *f.*

indemnify [ɪnˈdemnəfaɪ] *v. tr.* (compensate) indemnizar; compensar.

indemnity [ˌɪnˈdemnəti:] *n.* **1.** (insurance) indemnidad *f.* **2.** (compensation) indemnización *f.*; reparación *f.*

independence [ˌɪndəˈpendəns] *n.* independencia *f.*

independent [ˌɪndəˈpendənt] *adj.* (autonomous) independiente. ‖ **to become ~** independizarse.

indescribable [ˌɪndɪsˈkraɪbəbəl] *adj.* indescriptible; inenarrable.

indestructible [ˌɪndɪsˈtrʌktəbəl] *adj.* indestructible; inalterado.

indeterminate [ˌɪndəˈtɜːrmɪnɪt] *adj.* indeterminado; indefinido.

index [ˈɪndeks](pl.: indexes or índices) *n.* índice *m.* ‖ **card ~** ficha *f.*

Indian [ˈɪndjən] *adj. & n.* indio *m.*

indicate [ˈɪndɪkeɪt] *v. tr.* (point out) indicar; designar; señalar.

indication [ˌɪndəˈkeɪʃən] *n.* (sign) indicación *f.;* señal *f.;* síntoma *m.*

indicative [ˌɪnˈdɪkətɪv] *adj.* **1.** indicativo. ‖ *n.* **2.** Ling. (mood) indicativo *m.*

indicator [ˈɪndəkeɪtər] *n.* **1.** indicador *m.* **2.** Br. E., Car intermitente *m.*

indict [ɪnˈdaɪt] *v. tr., Law* acusar.

indifference [ɪnˈdɪfərəns] *n.* indiferencia *f.;* frialdad *f.*

indifferent [ɪnˈdɪfrənt] *adj.* indiferente; frío; pasota *fam.*

indigence [ˈɪndɪdʒəns] *n., lit.* indigencia *f.;* pobreza *f.;* necesidad *f.*

indigenous [ɪnˈdɪdʒənəs] *adj.* (native) nativo; indígena; autóctono.

indigent [ˈɪndədʒənt] *adj.* **1.** *lit.* (poor) indigente. ‖ *n.* **2.** indigente *m. y f.;* pobre *m. y f.*

indigestion [ˌɪndəˈdʒestʃən] *n.* (of food) indigestión *f.;* empacho *m.*

indignant [ɪnˈdɪgnənt] *adj.* indignado. ‖ **to become ~** indignarse.

indignation [ˌɪndɪgˈneɪʃən] *n.* indignación *f.;* enfado *m.*

indirect [ˌɪndəˈrekt] *adj.* indirecto.

indiscreet [ˌɪndəsˈkriːt] *adj.* indiscreto; imprudente; curioso.

indiscretion [ˌɪndəsˈkreʃən] *n.* indiscreción *f.;* imprudencia *f.;* curiosidad *f.*

indiscriminate [ˌɪndəsˈkrɪmənɪt] *adj.* indistinto; indiferente.

indispensable [ˌɪndəsˈpensəbəl] *adj.* indispensable; imprescindible.

indisposed [ˌɪndəsˈpoʊsd] *adj.* indispuesto; destemplado.

indisposition [ˌɪndəspoʊˈzɪʃən] *n., frml.* indisposición *f.;* achaque *m.*

indisputable [ˌɪndəsˈpjuːtəbəl] *adj.* indiscutible; irrefutable.

individual [ˌɪndəˈvɪdjuəl] *adj.* **1.** individual. ‖ *n.* **2.** individuo *m.*

indolence [ˈɪndələns] *n., frml.* (laziness) indolencia *f.;* pereza *f.*

indolent [ˈɪndələnt] *adj., frml.* (lazy) indolente; holgazán; perezoso.

indomitable [ɪnˈdomɪtəbəl] *adj., frml.* indómito *lit.;* indomable.

indoors [ɪnˈdɔːrz] *adv.* **1.** (inside) dentro (de casa). **2.** (at home) en casa.

indubitable [ɪnˈdjuːbɪtəbəl] *adj., frml.* (undoubled) indudable.

induce [ɪnˈduːs] *v. tr.* inducir; incitar.

inducement [ɪnˈduːsmənt] *n.* (incentive) incentivo *m.;* aliciente *m.*

induction [ɪnˈdʌkʃən] *n.* inducción *f.*

indulge [ɪnˈdʌldʒə] *v. tr.* **1.** consentir; mimar. **2.** (whim) consentir.

indulgence [ɪnˈdʌldʒəns] *n.* indulgencia *f.;* benevolencia *f.*

industrial [ɪnˈdʌstrɪəl] *adj.* industrial. ‖ **~ estate** Br. E. polígono industrial. **~ park** Am. E. polígono industrial.

industrialist [ɪnˈdʌstrɪəlɪzm] *n.* industrial *m. y f.;* empresario *m.*

industrialize [ɪnˈdʌstrɪəlaɪz] *v. tr.* industrializar. ‖ **to become industrialized** industrializarse.

industrious [ɪnˈdʌstrɪəs] *adj.* (hard-working) trabajador; hacendoso.

industry [ˈɪndəstri] *n.* industria *f.*

ineffective [ˌɪnɪˈfektɪv] *adj.* ineficaz.

inefficacious [ˌɪnefrˈkəɪʃəs] *adj.* (inept) ineficaz; inepto; inútil.

inefficient [ˌɪnəˈfɪʃənt] *adj.* (inefficacious) ineficiente; ineficaz.

inept [ɪnˈept] *adj.* inepto; negado.

inequality [ˌɪniːˈkwɒləti] *n.* (disparity) desigualdad *f.;* desproporción *f.*

inert [ɪnˈɜːrt] *adj.* inerte.

inertia [ɪnˈɜːrʃə] *n.* inercia *f.*

inescapable [ɪnəsˈkeɪpəbəl] *adj.* ineludible; forzoso; inevitable.

inestimable [ɪnˈestɪməbl] *adj.* **1.** inestimable. **2.** (value) incalculable.

inevitable [ɪnˈevətəbəl] *adj.* (necessary) inevitable; necesario.

inexact [ˌɪnɪgˈzækt] *adj.* inexacto.

inexhaustible [ˌɪnɪgˈzɔːstəbəl] *adj.* (endless) inagotable.

inexpensive [ɪnɪksˈpensɪv] *adj.* (cheap) barato; económico.

inexperienced [ˌɪnɪksˈpɪrɪənst] *adj.* inexperto; novato; novel.

inexplicable [ɪnəksˈplɪkəbəl] *adj.* inexplicable.

infallible [ˌɪnˈfæləbəl] *adj.* infalible.

infamous [ˈɪnfəməs] *adj.* (notorious) infame; ruin; innoble.

infamy [ˈɪnfəmi] *n.* infamia *f.*

infancy [ˈɪnfənsi] *n.* infancia *f.*

infant [ˈɪnfənt] *n.* **1.** (child) criatura *m. y f.* **2.** *Br. E.* párvulo *m.*

infanta [ɪnˈfæntə] *n.* infanta *f.*

infante [ɪnˈfæntɪ] *n.* infante *m.*

infantile [ˈɪnfəntaɪl] *adj., pej.* infantil.

infantry [ˈɪnfəntri:] *n., Mil.* infantería *f.* ‖ ~ **arm** *Mil.* arma de infantería.

infatuated [ɪnˈfætjʊeɪt] *adj.* encaprichado. ‖ **to be ~ with** encapricharse con.

infect [ɪnˈfekt] *v. tr.* **1.** infectar. **2.** (water, food) contaminar. **3.** (an illness) contagiar. ‖ **to become infected** infectarse; contagiarse.

infection [ɪnˈfekʃən] *n., Med.* infección *f.;* contagio *m.*

infectious [ɪnˈfekʃəs] *adj., Med.* infeccioso; contagioso.

infer [ɪnˈfɜːr] *v. tr.* inferir; deducir.

inferior [ɪnˈfɪrɪər] *adj.* **1.** inferior. ‖ *n.* **2.** *pej.* inferior *m. y f.*

inferiority [ɪnfɪrˈɒrɒti:] *n.* inferioridad *f.*

infernal [ɪnˈfɜːməl] *adj.* infernal.

infest [ɪnˈfest] *v. tr.* infestar; plagar.

infidel [ˈɪnfədəl] *adj.* **1.** *Rel.* infiel. ‖ *n.* **2.** *Rel.* infiel *m. y f.*

infidelity [ˌɪnfəˈdeləti:] *n.* infidelidad *f.*

infiltrate [ˈɪnfəltreɪt] *v. tr.* **1.** infiltrar. ‖ *v. intr.* **2.** infiltrarse.

infinite [ˈɪnfənɪt] *adj.* **1.** (limitless) infinito. ‖ *n.* **2.** infinito *m.*

infinitive [ɪnˈfɪnɪtɪv] *n., Ling.* infinitivo *m.*

infinity [ɪnˈfɪnəti:] *n.* **1.** (quantity) infinidad *f.* **2.** *Math.* infinito *m.*

infirm [ɪnˈfɜːrm] *adj.* **1.** (ill) enfermizo. **2.** (weak) enclenque.

infirmary [ɪnˈfɜːrməri:] *n.* (room in a school, prison) enfermería *f.*

inflame [ɪnˈfleɪm] *v. tr.* **1.** encender; enardecer. **2.** *Med.* inflamar. ‖ **to become inflamed** inflamarse.

inflammable [ˌɪnˈflæməbəl] *adj., Br. E.* (material) inflamable.

inflammation [ˌɪnfləˈmeɪʃən] *n., Med.* inflamación *f.;* hinchazón *f.*

inflate [ɪnˈfleɪt] *v. tr.* **1.** inflar; hinchar. ‖ *v. intr.* **2.** inflarse; hincharse.

inflection [ɪnˈflekʃən] *n., Ling.* flexión *f.*; inflexión *f.*

inflexible [ɪnˈfleksəbəl] *adj.* inflexible; rígido; intransigente.

inflict [ɪnˈflɪkt] *v. tr.* infligir; imponer.

inflow [ˈɪnˌfləʊ] *n.* afluencia *f.*; entrada *f.*

influence [ˈɪnflʊəns] *n.* **1.** influencia *f.*; influjo *m.* ‖ *v. tr.* **2.** influir.

influenza [ˌɪnflʊˈenzə] *n., Med.* gripe *f.*

influx [ˈɪnflʌks] *n.* afluencia *f.*; entrada *f.*

inform [ɪnˈfɔːrm] *v. tr.* **1.** informar; notificar. **2.** (police) avisar.

informal [ɪnˈfɔːrməl] *adj.* informal.

information [ˌɪnfərˈmeɪʃən] *n.* información *f.*

informative [ɪnˈfɔːrmətɪv] *adj.* informativo; esclarecedor; instructivo.

informer [ɪnˈfɔːrmər] *n.* informador *m.*; soplón *m.*; confidente *m. y f.*

infraction [ɪnˈfrækʃən] *n.* infracción *f.*; transgresión *f.*

infringe [ɪnˈfrɪndʒ] *v. tr., frml.* (law) infringir; quebrantar.

infuriate [ɪnˈfjʊreɪt] *v. tr.* (anger) enfurecer; encolerizar.

infuse [ɪnˈfjuːs] *v. tr., fig.* (courage) infundir (coraje).

infusion [ɪnˈfjuːʒən] *n.* infusión *f.*

ingenious [ɪnˈdʒiːnjəs] *adj.* (skilful) ingenioso; astuto; sagaz.

ingenuity [ˌɪndʒɪˈnuːɪtiː] *n.* (inventive talent) ingenio *m.*; inventiva *f.*

ingenuous [ɪnˈdʒenjʊəs] *adj.* ingenuo.

ingenuousness [ɪnˈdʒenjʊəsnɪs] *n.* ingenuidad *f.*; candidez *f.*

ingest [ɪnˈdʒest] *v. tr., frml.* ingerir.

ingot [ˈɪŋɡət] *n.* lingote *m.*

ingratitude [ɪnˈɡrætɪtjuːd] *n.* ingratitud *f.*

ingredient [ɪnˈɡriːdɪənt] *n.* **1.** *Gastr.* ingrediente *m.* **2.** *fig.* elemento *m.*

inhabit [ɪnˈhæbɪt] *v. tr., frml.* (live) habitar; ocupar; poblar.

inhabitant [ɪnˈhæbətənt] *n.* **1.** habitante *m. y f.*; vecino *m.* ‖ **inhabitants** *n. pl.* **2.** (residents) vecindario *m. sing.*

inhalation [ˌɪnələˈeɪʃən] *n.* **1.** (breathing in) inspiración *f.* **2.** *Med.* inhalación *f.*; vahos *m. pl.*

inhale [ɪnˈheɪl] *v. tr.* **1.** (gas) inhalar. **2.** (air) aspirar. **3.** (smoke) tragar.

inherit [ɪnˈherɪt] *v. tr. & intr.* heredar.

inheritance [ɪnˈherətəns] *n., Law* herencia *f.*; patrimonio *m.*

inhuman [ɪnˈhjuːmən] *adj.* inhumano.

inhumane [ˌɪnhjuːˈmeɪn] *adj.* (cruel) inhumano; despiadado.

inimical [ɪˈnɪmɪkəl] *adj., frml.* (enemy) adverso; enemigo.

iniquitous [ɪˈnɪkwɪtəs] *adj., frml.* (unfair) injusto; inicuo.

iniquity [ɪˈnɪkwɪtiː] *n., frml.* iniquidad *f.*; maldad *f.*; perversidad *f.*

initial [ɪˈnɪʃəl] *adj. & n.* inicial *f.*

initiate [ɪˈnɪʃɪət] *adj. & n.* **1.** iniciado *m.* ‖ *v. tr.* **2.** iniciar; comenzar.

initiative [ɪˈnɪʃətɪv] *n.* iniciativa *f.*

inject [ɪnˈdʒekt] *v. tr.* inyectar.

injection [ɪnˈdʒekʃən] *n., Med.* inyección *f.* ‖ **to give sb an ~** *Med.* poner una inyección a alguien.

injunction [ɪnˈdʒʌŋkʃən] *n., Law* interdicto *m.*; entredicho *m.*

injure [ˈɪndʒɜːr] *v. tr.* (hurt) herir; lastimar; lesionar.

injured [ˈɪndʒɜːrd] *adj.* herido; accidentado; lesionado.

injury [ˈɪndʒəri] *n.* **1.** herida *f.*; lesión *f.* **2.** *fig.* (harm) daño *m.*

injustice [ɪn'dʒʌstɪs] *n.* injusticia *f.*

ink [ɪŋk] *n.* **1.** tinta *f.;* tinte *m.* ‖ **inkpot** *n.* **2.** tintero *m.*

inkblot ['ɪŋkˌblɒt] *n.* borrón *m.*

inland ['ɪnlənd] *adj.* **1.** *Geogr.* interior; del interior. ‖ *adv.* **2.** tierra adentro.

inlay ['ɪnleɪ] *v. tr.* **1.** (metal, wood) embutir. **2.** (jewels) incrustar.

inlet ['ɪnlet] *n.* **1.** *Geogr.* ensenada *f.* **2.** (between islands) brazo de mar. **3.** *Mec.* admisión *f.*

inmate ['ɪnmeɪt] *n.* **1.** residente *m. y f.* **2.** (of prison) preso *m.;* recluso *m.*

inn [ɪn] *n.* **1.** posada *f.;* fonda *f.* **2.** (in country) venta *f.* **3.** (pub) taberna*f.*

innate ['ɪneɪt] *adj.* innato.

innermost ['ɪnərˌmoʊst] *adj., fig.* (thoughts) recóndito.

innkeeper ['ɪnˌkiːpər] *n., arch.* posadero *m.;* mesonero *m.*

innocence ['ɪnəsəns] *n.* inocencia *f.*

innocent ['ɪnəsənt] *adj.* **1.** inocente. ‖ *n.* **2.** (person) inocente *m. y f.*

innovate ['ɪnoʊveɪt] *v. intr.* innovar.

innovation [ɪnoʊ'veɪʃən] *n.* innovación *f.;* novedad *f.*

innovative or innovatory ['ɪnəˌveɪtɪv] *adj.* novedoso; innovador; original.

innumerable [ɪ'nuːmərəbəl] *adj.* innumerable; incalculable.

inoffensive [ɪnə'fensɪv] *adj.* (harmless) inofensivo.

inopportune [ɪnɒpər'tjuːn] *adj.* inoportuno; inconveniente; intempestivo.

inorganic [ɪnɔːr'gænɪk] *adj.* inorgánico.

input ['ɪnput] *n.* **1.** aportación *f.* **2.** (of capital) inversión *f.* (de capital).

inquiry [ɪn'kwaɪriː] *n.* **1.** (question) pregunta *f.* **2.** (investigation) encuesta *f.;* investigación *f.;* pesquisa *f.*

insane [ɪn'seɪn] *adj.* loco; demente. ‖ ~ **asylum** *Am. E.* manicomio *m.*

insanity [ɪn'sænətiː] *n., Med.* (dementia) locura *f.;* demencia *f.*

insatiable [ɪn'seɪʃəbəl] *adj.* insaciable.

inscribe [ɪns'kraɪv] *v. tr., fig.* inscribir.

inscription [ɪns'krɪpʃən] *n.* inscripción *f.;* leyenda *f.;* escrito.

insect ['ɪnsekt] *n.* insecto *m.* ‖ ~ **bite** picadura *f.* (de un insecto)

insecticide [ɪn'sektəˌsaɪd] *adj. & n.* insecticida *m.*

insecure [ɪnsə'kjʊr] *adj.* (dangerous) inseguro; peligroso.

insecurity [ɪnsə'kjʊrətiː] *n.* (of person, situation) inseguridad *f.;* peligro *m.*

insensitive [ɪn'sensətɪv] *adj.* (unfeeling) insensible; impasible.

inseparable [ɪn'sepərəbəl] *adj.* inseparable. ‖ **to be** ~ ser uña y carne.

insert [ɪn'sɜːrt] *v. tr.* **1.** introducir. **2.** (text) insertar;.incluir.

inside [ɪn'saɪd] *adj.* **1.** interior. ‖ *n.* **2.** interior *m.* ‖ *adv.* **3.** (be, stay) adentro; dentro.‖ **insides** *n. pl. fam.* tripas *f.*

insignificant [ɪnsɪg'nɪfɪkənt] *adj.* (trivial) insignificante; menudo.

insinuate [ɪn'sɪnjueɪt] *v. tr.* (suggest) insinuar; sugerir.

insipid [ɪn'sɪpɪd] *adj.* (bland) insípido; soso; desabrido.

insipidness [ɪn'sɪpɪnəs] *n.* ñoñería *f.*

insist [ɪn'sɪst] *v. intr.* insistir; perseverar. ‖ **to** ~ **on** empeñarse en.

insistence [ɪn'sɪstəns] *n.* insistencia *f.;* persistencia *f.;* empeño *m.*

insistent [ɪn'sɪstənt] *adj.* insistente; machacón; persistente.

insolation [ɪnsoʊ'leɪʃən] *n., Med.* insolación *f.*

insole ['ɪnsoʊl] *n.* (for shoes) plantilla *f.*

insolence ['ɪnsələns] *n.* insolencia *f.*; descaro *m.*; desfachatez *f.*

insolent ['ɪnsələnt] *adj.* (cheek) insolente; descarado.

insoluble [ɪn'sɒljəbəl] *adj.* insoluble.

insolvent [ɪn'sɒlvənt] *adj., Econ.* insolvente; arruinado.

insomnia [ɪn'sɒmnɪə] *n.* insomnio *m.*; desvelo *m.*; vigilia *f.*

insomuch [ˌɪnsoʊ'mʌtʃ] *adv.* de tal modo; puesto que.

inspect [ɪns'pekt] *v. tr.* **1.** inspeccionar; examinar. **2.** (luggage) registrar.

inspection [ˌɪns'pekʃən] *n.* **1.** inspección *f.* **2.** *Mil.* revista *f.* (of troops).

inspector [ɪn'spektər] *n.* **1.** inspector *m.* **2.** (of train) interventor *m.* **3.** (policía) comisario *m.*

inspiration [ˌɪnspə'reɪʃən] *n.* **1.** inspiración *f.* **2.** (by breathing) aspiración *f.* ‖ **poetical ~** *fig.* vena *f.*

inspire [ɪns'paɪə] *v. tr.* inspirar. ‖ **to be inspired by** inspirarse.

inspired [ˌɪns'paɪrd] *adj.* inspirado.

instability [ˌɪnstə'bɪlətiː] *n.* inestabilidad *f.*; inseguridad *f.*

instal, install (Br.E) [ɪn'stɔːl] *v. tr.* instalar; colocar. ‖ **to ~ oneself** instalarse.

installation [ˌɪnstə'leɪʃən] *n.* instalación *f.*

installment, instalment (Br.E) [ˌɪnstə'lmənt] *n.* **1.** *Econ.* plazo *m.* **2.** (of publications) fascículo *m.*; entrega *f.* ‖ **~ plan** *Am. E.* compra a plazos.

instance ['ɪnstəns] *n.* **1.** (example) ejemplo *m.* ‖ *v. tr.* **2.** (an example) mencionar. ‖ **for ~** por ejemplo.

instant ['ɪnstənt] *adj.* **1.** (immediate) inmediato. ‖ *n.* **2.** instante *m.* ‖ **in an ~** (soon) en un decir amén.

instantaneous [ˌɪnstən'teɪnjəs] *adj.* (immediate) instantáneo.

instead [ɪn'sted] *adv.* en cambio [I thought he loved me; instead, he loved my best friend. *Pensé que me quería; en cambio, quería a mi mejor amigo.*] ‖ **~ of** en lugar de, en vez de [Instead of buying a house, he bought a ship. *En vez de comprarse una casa, se compró un barco.*]

instep ['ɪnstep] *n.* (foot, shoe) empeine *m.*

instigate ['ɪnstɪgeɪt] *v. tr.* (provoke) instigar; provocar.

instigator [ˌɪnstə'geɪtər] *n.* provocador *m.*; instigador *m.*; agitador *m.*

instinct ['ɪnstɪŋkt] *n.* instinto *m.*; olfato *m. fig.*; inclinación *f.*

instinctive [ɪns'tɪŋktɪv] *adj.* (instinctual) instintivo; intuitivo.

institute [(ɪnstətuːt] *n.* **1.** instituto *m.* ‖ *v. tr.* **2.** (committee, rule) instituir; crear.

institution [ˌɪnstə'tuːʃən] *n.* institución *f.*; establecimiento *m.*

instruct [ɪns'trʌk] *v. tr.* **1.** (order) instruir. **2.** (teach) enseñar.

instruction [ɪn'strʌkʃən] *n.* (direction, order) instrucción *f.*; enseñanza *f.*

instructor [ˌɪns'trʌktər] *n.* (teacher) instructor *m.*; monitor *m.*

instrument ['ɪnstrəmənt] *n.* instrumento *m.*

insubordinate [ˌɪnsə'bɔːrdəneɪt] *adj.* insubordinado. ‖ **to be ~** insubordinarse.

insufficiency [ˌɪnsə'fɪʃənsiː] *n.* insuficiencia *f.*; falta *f.*

insufficient [ˌɪnsə'fɪʃənt] *adj.* (lack) insuficiente; poco; escaso.

insular ['ɪnsələr] *adj., Geogr.* **1.** (climate) insular. **2.** (people) isleño.

insulate ['ɪnsəleɪt] *v. tr.* aislar.

insulated ['ɪnsə,leɪtəd] *adj.* aislado.

insulation [,ɪnsə'leɪʃən] *n., Tech.* aislamiento (térmico, acústico) *m.*

insult ['ɪnsʌlt] *n.* **1.** insulto *m.;* improperio *m.* **2.** (action) afrenta *f.* ‖ *v. tr.* **3.** insultar; injuriar *form.*

insulting [ɪn'sʌltɪŋ] *adj.* (rude) ofensivo; insultante.

insuperable [ɪn'su:pərəbəl] *adj.* insuperable; invencible.

insurance [ɪn'ʃurəns] *n.* seguro *m.*

insure [ɪn'ʃur] *v. tr.* asegurar.

insurgent [ɪn'sɜ:rdʒənt] *adj. & n.* insurgente *m. y f.;* sublevado *m.*

insurmountable [ɪnsər'maʊntəbəl] *adj.* **1.** insuperable; insalvable. **2.** (obstacle) infranqueable.

insurrection [,ɪnsə'rekʃən] *n.* (uprising) insurrección *f.*

intact [ɪn'tækt] *adj.* intacto.

integral ['ɪntəgrəl] *adj.* **1.** integrante. **2.** (essential) integral, esencial. **3.** (whole) entero

integrate ['ɪntəgreɪt] *v. tr.* **1.** integrar. ‖ *v. intr.* **2.** integrarse.

integration [,ɪntə'greɪʃən] *n.* integración *f.;* incorporación *f.*

integrity [ɪn'tegrəti:] *n.* integridad *f.;* entereza *f.;* honradez *f.*

intellect ['ɪntəlekt] *n.* (faculty) intelecto *m.;* inteligencia *f.*

intellectual [ɪntə'lektʃuəl] *adj. & n.* intelectual *m. y f.*

intelligence [ɪn'telədʒəns] *n.* inteligencia *f.;* mente *f.*

intelligent [,ɪn'telədʒənt] *adj.* inteligente.

intemperate [,ɪn'tempərɪt] *adj.* **1.** *frml.* (behavior) inmoderado. **2.** *frml.* (climate) inclemente.

intend [ɪn'tend] *v. tr.* proponerse.

intense [,ɪn'tens] *adj.* intenso.

intensify [ɪn'tensəfaɪ] *v. tr.* **1.** intensificar. ‖ *v. intr.* **2.** intensificarse.

intensity [ɪn'tensəti:](pl.: ties) *n.* **1.** intensidad *f.* **2.** (of emotion) fuerza *f.*

intent [ɪn'tent] *adj.* **1.** atento. ‖ *n.* **2.** intención *f.;* propósito *m.*

intention [ɪn'tenʃən] *n.* (purpose) intención *f.;* propósito *m.*

intentionally [ɪn'tenʃənælɪti:] *adv.* adrede; a propósito.

inter ['ɪntər] *v. tr., frml.* (bury) enterrar; sepultar.

interactive [,ɪntə'ræktɪv] *adj.* (TV, video, computer) interactivo.

intercalate [ɪn'tɜ:rkəleɪt] *v. tr., frml.* (information) intercalar.

intercede [ɪntər'si:d] *v. intr.* interceder; terciar. ‖ **to ~ on behalf of sb** interceder en favor de alguien.

intercept [ɪntər'sept] *v. tr.* (stop) interceptar; atajar.

interchange ['ɪntər,tʃeɪndʒ] *n.* **1.** intercambio *m.* ‖ *v. tr.* **2.** intercambiar.

intercity [,ɪntɜ:r'sɪti:] *adj.* (train) interurbano.

intercom ['ɪntər,kɒm] *n.* **1.** interfono *m.* **2.** (building) telefonillo *m.* **3.** (at building entrance) portero automático.

intercourse ['ɪntər,kɔ:rs] *n.* relaciones *f. pl.* (sexuales).

interest ['ɪntrɪst, 'ɪntrəst] *n.* **1.** interés *m.* **2.** (benefit) beneficio *m.* ‖ *v. tr.* **3.** (attract) interesar.

interested ['ɪntrəstɪd, 'ɪntrɪstɪd] *adj.* interesado. ‖ **to be ~ in** interesarse. **to become ~ in** aficionarse a.

interesting ['ɪntrɪstɪŋ] *adj.* interesante.

interface ['ɪntər,feɪs] *n., Comput.* interfaz *f.*

interfere [ˌɪntərˈfɪr] *v. tr.* **1.** (telecommunication) interferir. **2.** (get involved) entremeterse; inmiscuirse.

interference [ˌɪntərˈfɪrəns] *n.* **1.** (in telecommunication) interferencia *f.* **2.** (meddling) intromisión *f.*

interior [ɪnˈtɪriər] *adj.* **1.** interior; interno. || *n.* **2.** interior *m.*

interjection [ˌɪntərˈdʒekʃən] *n., Ling.* interjección *f.*

interlace [ˌɪntərˈleɪs] *v.* entrelazar.

interlocutor [ˌɪntərˈlɒkjətər] *n.* (speaker) interlocutor *m.*

interlude [ˈɪntərˌluːd] *n.* **1.** *Theat.* entremés *m.* **2.** (break) intervalo *m.*

intermediary [ˌɪntərˈmiːdɪeri] *adj.* **1.** intermediario. || *n.* **2.** intermediario *m.*

intermediate [ˌɪntərˈmiːdɪət] *adj.* (in between) intermedio.

interment [ɪnˈtɜːrmənt] *n., frml.* entierro *m.*; enterramiento *m.*

interminable [ɪnˈtɜːrmənəbəl] *adj.* interminable; inacabable; sin fin.

intermingle [ˌɪntərˈmɪŋɡəl] *v. tr.* **1.** entremezclar. || *v. intr.* **2.** entremezclarse.

intermission [ˌɪntərˈmɪʃən] *n., Am. E., Theat.* entreacto *m.*; intermedio *m.*; pausa *f.*; descanso *m.*

intermittent [ˌɪntərˈmɪtnt] *adj.* intermitente; discontinuo.

intern [ˈɪntɜːrn] *n.* **1.** *Am. E., Med.* interno *m.* || *v. tr.* **2.** internar.

internal [ɪnˈtɜːrnəl] *adj.* interno; interior.

international [ˌɪntərˈnæʃənəl] *adj.* internacional.

internet [ˈɪntərˌnet] *n., Comput.* internet *m.*

interpose [ˌɪntərˈpoʊz] *v. tr.* **1.** *frml.* interponer. || *v. intr.* **2.** *frml.* interponerse; interferir.

interpret [ɪnˈtɜːrprət] *v. tr.* interpretar.

interpretation [ɪnˌtɜːrprəˈteɪʃən] *n.* interpretación *f.*

interpreter [ɪnˈtɜːrprətər] *n.* intérprete *m. y f.*; traductor *m.*

interrogate [ɪnˈterəɡeɪt] *v. tr.* (ask questions) interrogar; preguntar.

interrogation [ɪnˌterəˈɡeɪʃən] *n.* **1.** (questioning) interrogatorio *m.* **2.** *Comput.* interrogación *f.*

interrogative [ˌɪnteˈrɒɡetɪv] *adj., Ling.* interrogativo.

interrupt [ˌɪntəˈrʌpt] *v. tr. & intr.* interrumpir; cortar.

interruption [ˌɪntəˈrʌpʃən] *n.* interrupción *f.*; pausa.

intersection [ˌɪntərˈsekʃən] *n.* intersección *f.*; cruce.

interval [ˈɪntərvəl] *n.* **1.** intervalo *m.* **2.** *Br. E., Film & Theatr.* intermedio *m.*; entreacto *m.*; descanso *m.*

intervene [ˌɪntərˈviːn] *v. intr.* **1.** intervenir; mediar. **2.** (interrupt) interponerse.

intervention [ˌɪntərˈvenʃən] *n.* intervención *f.*; participación *f.*

interview [ˈɪntərˌvjuː] *n.* **1.** entrevista *f.* || *v. tr.* **2.** entrevistar.

intestine [ɪnˈtestɪn] *n., Anat.* intestino *m.*; tripa *f.*

intimacy [ˈɪntəməsiː] *n.* (closeness) intimidad *f.*; familiaridad *f.*

intimate [ˈɪntəmɪt] *adj.* íntimo; entrañable. || *n.* **2.** (friend) amigo íntimo.

intimidate [ɪnˈtɪmədeɪt] *v. tr.* (scare) intimidar; atemorizar.

intimidation [ɪnˌtəməˈdeɪʃən] *n.* intimidación *f.*; coacción *f.*

into [(ɪntuː] *prep.* en; dentro de [He has just gone into the building. *Acaba de entrar en el edificio.*]

intolerable [ɪn'tɒlərəbəl] *adj.* intolerable; insoportable; inaguantable.

intolerance [ˌɪn'tɒlərəns] *n.* intolerancia *f.*; intransigencia *f.*

intolerant [ɪn'tɒlərənt] *adj.* intolerante; intransigente.

intonation [ˌɪntoʊ'neɪʃən ˌɪntəˌneɪʃən] *n.* entonación *f.*

intone [ɪn'toʊn] *v. tr.* entonar.

intoxicate [ɪn'tɒksəkeɪt] *v. tr.* **1.** *Med.* intoxicar. **2.** (success) embriagar *lit.*

intransigent [ɪn'trænsədʒənt] *adj., frml.* intransigente; intolerante.

intransitive [ɪn'trænsətɪv] *adj., Ling.* intransitivo.

intrepid [ɪn'trepɪd] *adj.* intrépido; impávido; osado.

intrepidity [ˌɪntrə'pɪdəti:] *n.* intrepidez *f.*; valentía *f.*

intricate ['ɪntrɪkɪt] *adj.* complicado; enrevesado.

intrigue [ɪn'tri:g] *n.* **1.** intriga *f.*; trama *f.* ‖ *v. tr. & intr.* **2.** intrigar.

intrinsic [ɪn'trɪnsɪk] *adj., frml.* intrínseco; propio.

introduce [ˌɪntrə'dju:s] *v. tr.* **1.** (bring in) introducir. **2.** (people) presentar. **3.** (reforms) implantar. ‖ **to ~ oneself** (people) presentarse.

introduction [ˌɪntrə'dʌkʃən] *n.* **1.** introducción *f.* **2.** (of people) presentación *f.*

introductory [ˌɪntrə'dʌktəri:] *adj.* preliminar; introductorio.

introvert ['ɪntroʊˌvɜ:rt] *adj. & n.* introvertido *m.*; reservado *m.*

introverted ['ɪntroʊˌvɜ:rtəd] *adj.* introvertido; retraído.

intruder [ɪn'tru:dər] *n.* intruso *m.*

intrusive [ɪn'tru:sɪv] *adj.* intruso; entrometido; metomentodo.

intuit [ɪn'tu:ɪt] *v. tr., frml.* intuir.

intuition [ɪntu'ɪʃən] *n.* intuición *f.*

intuitive [ˌɪn'tu:ətɪv] *adj.* intuitivo.

inundate ['ɪnəndeɪt] *v. tr.* inundar.

inundation [ˌɪnʌn'deɪʃən] *n.* (flood) inundación *f.*

invade [ɪn'veɪd] *v. tr.* invadir.

invalid[1] ['ɪnvælɪd] *adj. & n.* inválido *m.*; minusválido.

invalid[2] [ɪn'vælɪd] *adj.* inválido; nulo.

invalidate [ɪn'vælədeɪt] *v. tr.* invalidar.

invaluable [ɪn'væljuəbəl] *adj.* (inestimable) inestimable.

invariable [ɪn'veriəbəl] *adj.* invariable.

invasion [ɪn'veɪʒən] *n.* invasión *f.*

invent [ɪn'vent] *v. tr.* inventar; idear.

invention [ɪn'venʃən] *n.* **1.** invención *f.* **2.** (device) invento *m.* **3.** (lie) mentira *f.*

inventive [ɪn'ventɪv] *adj.* (resourceful) ingenioso; inventivo.

inventor [ɪn'ventər] *n.* inventor *m.*

inventory ['ɪnvenˌtɔ:ri:] *n.* inventario *m.*; lista *f.*

inverse [ɪn'vɜ:rs] *adj.* inverso.

inversion [ɪn'vɜ:rʒən] *n.* inversión *f.*

invert [ɪn'vɜ:rt] *v. tr.* invertir.

invertebrate [ɪn'vɜ:rtəbreɪt] *adj. & n., Zool.* invertebrado *m.*

inverted commas [ɪn'vertɪdˌkoʊməs] *n. pl., Ling.* comillas *f.* ‖ **to put in ~** entrecomillar.

invest [ɪn'vest] *v. tr.* **1.** investir. **2.** (energy, money) invertir.

investigate [ɪn'vestəgeɪt] *v. tr.* investigar; indagar; explorar.

investigation [ˌɪnvestə'geɪʃən] *n.* investigación *f.*; indagación *f.*

investment [ɪn'vestmənt] *n., Econ.* inversión (económica) *f.*

inveterate [ɪn'vetərɪt] *adj.* empedernido.

invigorate [ɪnˈvɪɡəreɪt] v. tr. vigorizar.

invincible [ˌɪnˈvɪnsəbəl] adj. invencible.

invisible [ɪnˈvɪzəbəl] adj. invisible.

invitation [ˌɪnvəˈteɪʃən] n. invitación f.

invite [ɪnˈvaɪt] v. tr. invitar; convidar.

inviting [ɪnˈvaɪtɪŋ] adj. atrayente.

invoice [ˈɪnvɔɪs] n. **1.** Econ., frml. factura f. ‖ v. tr. **2.** Econ. facturar.

invoicing [ˈɪnvɔɪsɪŋ] n., Econ. facturación f.

invoke [ɪnˈvouk] v. tr., frml. invocar.

involuntary [ɪnˈvɒlənˌteri:] adj. involuntario; espontáneo.

involve [ɪnˈvɒlvə] v. tr. implicar; involucrar. ‖ **to get involved** enredarse.

inwards [ˈɪnwərdz] adv. hacia adentro.

iodine [ˈaɪədaɪn] n., Chem. yodo m.

iota [aɪˈoutə] n. ápice m.

IOU [ˌaɪouˈjuː](I owe you) sust. phr. pagaré m.

irascible [ɪˈræsəbəl] adj., frml. (irritable) irascible; iracundo.

irate [aɪˈreɪt] adj. (angry) airado; iracundo.

ire [(aɪr] n., lit. ira f.; cólera f.

iris [ˈaɪrɪs] n. **1.** Anat. iris m. inv. **2.** Bot. (plant) lirio m.

Irish [ˈaɪrɪʃ] adj. **1.** irlandés. ‖ n. **2.** (laguage) irlandés m.

Irishman [ˈaɪrɪʃmən] n. irlandés m.

Irishwoman [ˈaɪrɪʃwumən] n. irlandesa f.

irksome [ˈɜːrksəm] adj. (annoying) fastidioso; molesto.

iron [ˈaɪərn] n. **1.** (metal) hierro m. **2.** (for clothes) plancha f. ‖ v. tr. **3.** (clothes) planchar.

ironclad [ˈaɪərnˌklæd] adj. acorazado.

ironic [aɪˈrɒnɪk] adj. irónico.

ironmonger [ˈaɪərnˌmʌŋɡər] n. **1.** Br. E. ferretero m. ‖ **ironmonger's** n. **2.** Br. E. ferretería f.

ironworks [ˈaɪərnˌwɜːrk] n. (forge) herrería f.

irony [ˈaɪrəniː](pl.: nies) n. ironía f.

irrational [ɪˈræʃənəl] adj. irracional.

irregular [ɪˈreɡjələr] adj. irregular.

irregularity [ɪˌreɡjəˈlærəti:] n. irregularidad f.; anomalía f.

irremediable [ˌɪrəˈmiːdɪəbl] adj., frml. irremediable; irreparable.

irrepressible [ɪrəˈpresəbəl] adj. (incontrollable) incontenible.

irresistible [ɪrəˈsɪstəbəl] adj. (overpowering) irresistible; incontenible.

irresolute [ɪˈrezəluːt] adj., frml. (hesitant) vacilante.

irresponsible [ɪrəˈspɒnsəbəl] adj. (reckless) irresponsable; insensato.

irreverence [ɪˈrevərəns] n. irreverencia f.

irrigation [ɪrəˈɡeɪʃən] n., Agr. riego m. ‖ ~ **canal** canal de riego. ~ **channel** acequia f.

irritable [ˈɪrɪtəbəl] adj. irritable.

irritate [ˈɪrɪteɪt] v. tr. **1.** (person) enfurecer; encrespar; crispar. **2.** Med. irritar. ‖ **to become irritated** (skin, eyes) irritarse.

irritation [ˌɪrəˈteɪʃən] n. **1.** Med. irritación f. **2.** (annoyance) enfurecimiento m.

Islamism [ˈɪsləmɪzm] n., Rel. islamismo m.

island [ˈaɪlənd] n., Geogr. isla f. ‖ **small** ~ Geogr. islote m.

islander [ˈaɪləndər] n. isleño m.

isle [ˈaɪl] n., Geogr., lit. isla f.

islet [ˈaɪlət] n. islote m.

isolate [ˈaɪsəleɪt] v. tr. aislar; incomunicar. ‖ **to** ~ **oneself** aislarse.

isolated [ˈaɪsəˌleɪtɪd] adj. (remote) iislado; apartado.

isolation [ˌaɪsəˈleɪʃən] n. aislamiento m.

issue ['ɪʃju:] *n.* **1.** (matter) tema de discusión. **2.** (of stamps) emisión *m.* ‖ *v. tr.* **3.** (book) publicar. **4.** (stamp) emitir. **5.** (passport) expedir.

isthmus ['ɪsməs] *n., Geogr.* istmo *m.*

it [ɪt](pl.: they) *pron. pers. nomin. 3rd. person sing.* **1.** él *m.;* ella *f.;* ello *n.* ‖ *pron. pers.* **2.** (direct object) lo *m.;* la *f.* [Where is the key? I put it here. *¿Dónde está la llave? La puse aquí.*] **3.** (indirect object) le [I saw your dog and gave it a bone. *Vi a tu perro y le di un hueso.*] ‖ *pron. pers. prep.* **4.** él *m.;* ella *f.;* ello *n.*

Italian ['ɪtælɪən] *adj.* **1.** italiano. ‖ *n.* **2.** (language, person) italiano *m.*

itch [ɪtʃ] *n.* **1.** picor *m.;* sarna *f.* **2.** (desire) deseo *m.* ‖ *v. tr.* **3.** picar; hormiguear.

item ['aɪtəm] *n.* artículo *m.*

itinerant [ɪ'tɪnərənt] *adj. frml.* ambulante; errante; itinerante.

itinerary [aɪ'tɪnəˌrərɪ] *n.* itinerario *m.*

its [ɪts] *adj. poss.* **1.** su [My dog is always asking for its toy. *Mi perro está siempre pidiendo su juguete.*] ‖ *pron. poss.* **2.** suyo [Don't give it that food, it has its. *No le des esa comida, tiene la suya.*]

itself [ɪt'self] *pron. pers. refl.* se; sí (detrás de prep.) [The association kept the money for itself. *La asociación se guardó el dinero para sí.*]

ivory ['aɪvərɪ] *n.* marfil *m.*

J

j [dʒeɪ] n. (letter) j f.

jab [dʒæb] n. pinchazo m.

jack [dʒæk] n. **1.** Mec. (lifting device) gato m. **2.** (cards) sota f.

jackass ['dʒæk,æs] n., fam. asno m.

jacket ['dʒækɪt] n. **1.** chaqueta f. **2.** (short coat) cazadora f. ‖ **leather ~ sheepskin ~** zamarra f.

jackknife ['dʒæk,naɪf] n. navaja f.

jade [dʒeɪd] n., Miner. jade m.

jagged ['dʒægɪd] adj. (edge) dentado; mellado.

jail [dʒeɪl] n. **1.** (prison) cárcel f.; prisión f.; calabozo. ‖ v. tr. **2.** (imprison) encarcelar; enjaular fam.

jailer or jailor ['dʒeɪlər] n. carcelero m.

jam¹ [dʒæm] n. (of fruits) mermelada f.

jam² [dʒæm] n. **1.** (traffic) atasco m. **2.** fam. (fix) aprieto m.; atolladero f. **3.** coll. (predicament) estrechez f. ‖ v. intr. **4.** atascarse.

janitor ['dʒænətər] n., Am.E. (porter) portero m.; conserje m.

January ['dʒænjʊəri:] n. enero m.

jar¹ [dʒɑːr] n. **1.** tarro m. **2.** (jug) jarra f. ‖ **large earthen ~** tinaja f.

jar² [dʒɑːr] v. intr. (colors, appearance) desentonar.

jargon ['dʒɑːrgən] n. jerga f.; jerigonza f.

jasmine ['dʒæzmɪn] n., Bot. jazmín m.

jauntiness ['dʒɔːnti:nɪs] n. (poise) garbo m.; desenvoltura f.

javelin ['dʒævlɪn] n., Sports jabalina f. ‖ **~ throwing** lanzamiento de jabalina.

jaw [dʒɔː] n. **1.** Anat. mandíbula f.; quijada f. **2.** Tech. mordaza f. ‖ v. intr. **3.** fam. charlar.

jawbone ['dʒɔːˌboʊn] n., Anat. mandíbula f.; quijada f.; maxilar m.

jazz [dʒæz] n., Mus. jazz m.

jealous ['dʒeləs] adj. celoso. ‖ **to be ~** tener celos. **to make ~** dar celos.

jealousy ['dʒeləsi:] n. **1.** celos m. pl. **2.** (envy) envidia f. **3.** fam. (among children) pelusa f.

jeans ['dʒiːns] n. pl. vaqueros m.; pantalones vaqueros.

jeer [dʒɪr] n. **1.** fam. mofa f. ‖ v. intr. **2.** (boo) abuchear. **3.** (mock) burlarse.

jeez! [dʒez] interj., coll. ¡coll!

jelly ['dʒeliː] n. **1.** (as dessert) gelatina f. **2.** (clear jam) jalea f.

jellyfish ['dʒeliˌfɪʃ] n., Zool. medusa f.

jeopardize, jeopardise (Br.E) ['dʒɜːpərˌdaɪz] v. tr. arriesgar.

jerk [dʒɜːrk] n. **1.** (sudden movement) sacudida f. **2.** vulg. gilipollas m. y f.

jersey ['dʒɜːrzi:] n. jersey m.

jest [dʒest] n. **1.** (trick) broma f.; guasa f. ‖ v. intr. **2.** (joke) bromear.

Jesuit ['dʒezjʊɪt] adj. & n. jesuita m.

jet¹ [dʒet] n. **1.** (stream) chorro m. **2.** (spout) surtidor m. ‖ v. intr. **3.** brotar en chorro. ‖ **~ engine** Aeron. reactor m. **~ plane** Aeron. avión de/a reacción.

jet² [dʒet] n., Miner. azabache m.

Jew [dʒu:] n., Rel. judío m.

jewel ['dʒu:əl] n. **1.** joya f.; alhaja f. **2.** fig. (person) perla f. ‖ **~ case** joyero m.

jeweler, jeweller (Br.E) ['dʒu:ələr] n. joyero m.

jewelry, jewellery (Br.E) ['dʒu:əlri:] n. joyas f. pl.

Jewish ['dʒu:ɪʃ] adj., Rel. judío.

jigsaw ['dʒɪgˌsɔː] n. (game) puzzle m.

jilt [dʒɪlt] v. tr., fam. (somebody) plantar; dar calabazas.

jingle ['dʒɪŋgəl] n. tintineo m.

jinx ['dʒɪŋks] n. gafe m. ‖ **to be a ~** ser gafe.

job [dʒɒb] *n.* **1.** trabajo *m.;* faena *f.* **2.** (post) colocación *f.;* empleo *m.;* ocupación *f.* ‖ **odd ~** chapuza *f.*

jockey ['dʒɒki:] *n., Horse.* yóquey *m. y f.*

jocular ['dʒɒkjələr] *adj.* jocoso.

jogging suit ['dʒɒɡɪŋˌsu:t] *sust. phr.* chándal *m.*

join [dʒɔɪn] *v. tr.* **1.** juntar; unir. **2.** (organization, firm) ingresar. **3.** (meet) reunir. **4.** (a road) empalmar. ‖ *v. intr.* **5.** unirse. **6.** (club) afiliarse. ‖ **to ~ up** *Mil.* alistarse.

joiner ['dʒɔɪnər] *n., Br. E.* (de obra) carpintero *m.*

joinery ['dʒɔɪnəri] *n.* carpintería *f.*

joint [dʒɔɪnt] *n.* **1.** juntura *f.* **2.** *Tech.* articulación *f.* **3.** *coll.* (place) antro *m.* **4.** *slang* canuto *m.;* porro *m.* ‖ *adj.* **5.** colectivo.

joist [dʒɔɪst] *n., Archit.* (of wood) viga *f.*

joke [dʒouk] *n.* **1.** (verbal) chiste *m.* **2.** (practical joke) broma *f.* ‖ *v. intr.* **3.** bromear; vacilar. ‖ **practical ~** inocentada *f.* (played on a new student, recruit) novatada *f.* ‖ **to tell a ~** contar un chiste.

joker ['dʒoukər] *n.* **1.** bromista *m. y f.* **2.** (cards) comodín *m.*

jolly ['dʒɒli:] *adj.* jovial.

jolt [dʒoult] *n.* sacudida *f.;* tumbo *m.*

jongleur ['dʒɒŋɡlər] *n., Hist.* juglar *m.*

jostle ['dʒɒsəl] *v. tr.* empujar.

jot [dʒɒt] *n.* ápice *m.;* jota *f.* ‖ **to ~ down** apuntar; anotar.

jota ['dʒɒtə] *n., Mus.* (Spanish dance and music) jota *f.*

joule [dʒoul] *n., Phys.* julio *m.*

journalist ['dʒɜ:rnlɪst] *n.* periodista *m. y f.*

journey ['dʒɜ:rni:] *n.* **1.** (trip) viaje *m.* **2.** (distance) trayecto *m.;* desplazamiento *m.* ‖ *v. intr.* **3.** *lit.* viajar.

joust [dʒaust] *n.* **1.** *Hist.* justa *f.* ‖ *v. intr.* **2.** *Hist.* justar.

jovial ['dʒouvɪəl] *adj.* jovial.

joy [dʒɔɪ] *n.* (delight) alegría *f.;* regocijo *m.;* gozo *m.*

joyful ['dʒɔɪfəl] *adj.* alegre; gozoso.

jubilee ['dʒu:bɪli:] *n.* jubileo *m.*

Judaism ['dʒu:ˌdeɪɪzəm] *n., Rel.* judaísmo *m.*

judge [dʒʌdʒ] *n.* **1.** *Law* juez *m.;* magistrado *m.* ‖ *v. tr.* **2.** juzgar.

judgment or judgement ['dʒʌdʒmənt] *n.* **1.** *Law* sentencia *f.;* fallo *m.* (judicial) **2.** (opinion) juicio *m.*

judicial [dʒu:ˈdɪʃəl] *adj.* judicial. ‖ **~ inquiry** investigación judicial.

judo ['dʒu:ˌdou] *n., Sports* judo; yudo *m.*

judoka [dʒuˈdoukə] *n., Sports* yudoca *m. y f.;* judoca *m. y f.*

jug [dʒʌɡ] *n.* **1.** *Br.E.* jarra *f.;* pote *m.;* jarro *m.* **2.** *slang* (jail) chirona *f.*

juggle ['dʒʌɡəl] *n.* **1.** juego de manos. ‖ *v. intr.* **2.** hacer juegos de manos.

juggler ['dʒʌɡlər] *n.* malabarista *m. y f.*

juggling ['dʒʌɡlɪŋ] *n.* malabarismo *m.*

jugular ['dʒu:ɡjələr] *adj.* **1.** *Anat.* yugular. ‖ *n.* **2.** *Anat.* (vein) yugular *f.*

juice [dʒu:s] *n.* (of fruits) zumo *m.*

juicy ['dʒu:si:] *adj.* (meat, fruit) jugoso. ‖ **juices** *n. pl.* **2.** *Anat.* jugos *m.*

July [dʒu:ˈlaɪ] *n.* (month) julio *m.*

jumble ['dʒʌmbəl] *n.* **1.** revoltijo *m.;* amasijo *m.;* cajón de sastre. ‖ *v. tr.* **2.** hacer un revoltijo; mezclar

jump [dʒʌmp] *n.* **1.** salto *m.* ‖ *v. tr.* **2.** saltar; brincar. ‖ *v. intr.* **3.** saltar; botar.

jumper ['dʒʌmpər] *n., Br. E.* jersey *m.*

junction ['dʒʌŋkʃən] *n.* **1.** (in roads) intersección *f.* **2.** (of trains) empalme *m.*

June [dʒu:n] *n.* junio *m.*

jungle ['dʒʌŋgəl] *n.* **1.** *Geogr.* selva *f.*; jungla *f.* **2.** *fig.* (confusion) maraña *f.*

junior ['dʒuːnjər] *n.* **1.** (younger person) júnior *m.* **2.** *Sports* juvenil *m. y f.*

junk [dʒʌŋk] *n.* **1.** chatarra *f.*; cachivaches *m. pl.* **2.** *Nav.* junco *m.* ‖ ~ **food** comida basura. ~ **mail** (by mail) propaganda *f.* **piece of** ~ trasto *m.*

junkman ['dʒʌŋkmən] *n.*, *Am. E.* (rag and bone man) trapero *m.*

juridical [dʒuˈrɪdɪkəl] *adj.* jurídico.

jurisdiction [ˌdʒurəsˈdɪkʃən] *n.* jurisdicción *f.*; fuero *m.*

juror ['dʒurər] *n.*, *Law* (individual) jurado *m.*; miembro de un jurado

jury ['dʒuri:] *n.* (group) jurado *m.*

just [dʒʌst] *adj.* **1.** (fair) justo. ‖ *adv.* **2.** justo; justamente. ‖ ~ **as** tal como [He painted the wall just as I told him. *Pintó la pared tal como le dije.*] ~ **now** ahora mismo [Do it just now. *Hazlo ahora mismo.*]

justice ['dʒʌstɪs] *n.* **1.** justicia *f.* **2.** (fairness) equidad *f.* **3.** (judge) juez *m.y f.* ‖ **to do** ~ **to** hacer justicia a.

justify ['dʒʌstəfaɪ] *v. tr.* justificar.

jut [dʒʌt] *v. intr.* (stand out) resaltar.

jute [dʒuːt] *n.*, *Bot.* yute *m.*

juxtapose ['dʒʌstəˌpouz] *v. tr.* yuxtaponer; contraponer.

K

k [keɪ] *n.* (letter) k *f.*

kangaroo [ˌkæŋgəˈruː] *n., Zool.* (Australian animal) canguro *m.*

karaoke [ˌkærɪˈoʊkiː] *n.* karaoke *m.*

karat [ˈkærət] *n., Am.E.* quilate *m.*

karate [kəˈrɑːtiː] *n., Sports* kárate *m.*

karateka [ˌkærəˈtekə] *n., Sports* karateca *m. y f.*

keel [kiːl] *n., Nav.* quilla *f.*

keen [kiːn] *adj.* **1.** (edger) entusiasta; aficionado. **2.** (sharp) afilado; puntiagudo. ‖ **to be ~ on** encantar.

keenness [ˈkiːnnɪs] *n.* **1.** entusiasmo *m.* **2.** (sharpness) agudeza *f.*

keep [kiːp] *n.* **1.** manutención *f.* ‖ *v. tr.* (p.t. and p.p. kept) **2.** (set by) guardar. **3.** (a promise) cumplir. ‖ *v. intr.* **4.** (remain) mantenerse. **5.** (food) conservarse. ‖ **~ in a cool place** conservar en lugar fresco. **to ~ on** continuar. **~ quiet!** ¡cállate! **to ~ up** mantener.

keeper [ˈkiːpər] *n.* guarda *m. y f.*; guardián *m.*; vigilante *m. y f.*

kennel [ˈkenəl] *n.* perrera *f.*

kerb [kɜːb] *n., Br.E.* bordillo *m.*

kernel [ˈkɜːnəl] *n.* **1.** (of fruit, nut) pepita *f.*; almendra *f.* **2.** (of corn) grano *m.* ‖ **the ~ of the matter** el meollo de la cuestión.

ketchup [ˈketʃəp] *n.* ketchup *m. angl.*; salsa de tomate.

kettle [ˈketəl] *n.* tetera *f.*

kettledrum [ˈketəlˌdrʌm] *n., Mus.* (instrument) timbal *m.*

key [kiː] *n.* **1.** llave *f.* **2.** (of a mystery) clave *f.* **3.** *Mus.* (of computer) tecla *f.* ‖ *v. tr.* (sth to sth) **4.** adecuar (algo a algo). ‖ **~ ring** llavero *m.* **to ~ up appearances** guardar las apariencias.

keyboard [ˈkiːˌbɔːrd] *n.* teclado *m.*

keyhole [ˈkiːˌhoʊl] *n.* ojo de la cerradura.

keyword [ˈkiːˌwɜːrd] *n.* palabra clave.

khaki [ˈkæki] *n. & adj.* caqui *m.*

kick [kɪk] *n.* **1.** (from person) patada *f.*; puntapié *m.* **2.** (from animal) coz *f.* ‖ *v. intr.* **3.** (person) dar patadas a. **4.** (animal) dar coces. ‖ **to ~ out** echar a puntapiés.

kickoff [ˈkɪkˌɒf] *n.* (football) saque *m.*

kid[1] [kɪd] *n.* **1.** *Zool.* (goat) cabrito *m.*; chivo *m.* **2.** *fam.* (child) niño *m.*; chiquillo *m.* ‖ **rich ~** señorito *m.*

kid[2] [kɪd] *v. intr.* (joke) bromear; tomar el pelo [You are kidding! *¡Me estás tomando el pelo!*]

kidnap [(kɪdˌnæp] *v. tr.* secuestrar; raptar.

kidnapper [ˈkɪdˌnæpər] *n.* (of people) secuestrador *m.*; raptor *m.*

kidnapping [ˈkɪdˌnæpɪŋ] *n.* (of people) rapto *m.*; secuestro *m.*

kidney [ˈkɪdni] *n., Anat.* riñón *m.* ‖ **~ stone** *Med.* cálculo renal.

kill [kɪl] *v. tr.* **1.** matar. ‖ *v. intr.* **2.** acabar con. ‖ **to ~ oneself** matarse; suicidarse. **to ~ oneself laughing** morirse de risa. **to ~ time** matar el tiempo.

killer [ˈkɪlər] *n.* asesino *m.*

killing [ˈkɪlɪŋ] *n.* matanza *f.*; asesinato *m.*

killjoy [ˈkɪlˌdʒɔɪ] *n., coll.* (wet blanket) aguafiestas *m. y f. inv.*

kiln [kɪln] *n.* (for pottery) horno *m.*

kilo [ˈkiːloʊ] *n.* kilo *m.*

kilogram, kilogramme (Br.E) [ˈkɪləgræm] *n.* kilo *m.*; kilogramo *m.*

kilometer, kilometre (Br.E) [kɪˈlɒmɪtər, ˈkɪləmiːtər] *n.* kilómetro *m.*

kimono [kəˈmoʊnoʊ] *n.* quimono *m.*

kind[1] [kaɪnd] *n.* clase *f.*; especie *f.* ‖ **in ~** (payment) en especie.

kind² [kaɪnd] *adj.* amable; afable; bonachón. ‖ **to be so ~ as to** tener la bondad de [Could you be so kind as to close the door? *¿Tendría la bondad de cerrar la puerta?*]

kindergarten ['kɪndər,gɑːrtn] *n.* jardín de infancia.

kind-hearted ['kaɪnd,hɑːrtɪd] *adj.* bondadoso; con buen corazón.

kindle ['kɪndəl] *v. tr.* **1.** encender; prender. ‖ *v. intr.* **2.** encenderse.

kindliness ['kaɪndlɪːnɪs] *n.* amabilidad *f.;* simpatía *f.;* bondad *f.*

kindly ['kaɪndlɪː] *adj.* amable; bondadoso. ‖ **to look ~ on** aprobar.

kindness ['kaɪndnɪs] *n.* (goodness) bondad *f.;* amabilidad *f.*

king [kɪŋ] *n.* rey *m.*

kingdom ['kɪŋdəm] *n.* reino *m.* ‖ **the animal ~** *Biol.* el reino animal.

kiosk ['kɪɒsk] *n.* quiosco *m.;* kiosco *m.*

kipper ['kɪpər] *n.* arenque ahumado.

kiss [kɪs] *n.* **1.** beso *m.* **2.** (touch lightly) roce *m.* ‖ *v. tr.* **3.** besar. ‖ *v. intr.* **4.** besarse. ‖ **~ of life** boca a boca.‖ **~ goodbye** dar un beso de despedida.

kitchen ['kɪtʃən] *n.* cocina *f.*

kitchenware ['kɪtʃən,wer] *n.* menaje de cocina; batería de cocina.

kite [kaɪt] *n.* **1.** (toy) cometa *f.* **2.** *Zool.* (bird) milano *m.*

kiwi [(kiːwiː] *n., Zool.* kiwi *m.* ‖ **~ fruit** *Bot.* kiwi *m.;* quivi *m.*

klutz [klʌts] *n., Am.E.* patoso *m.;* torpe *m. y f.;* ceporro *m.*

knack [næk] *n.* maña *f.;* habilidad *f.* ‖ **to get the ~ off doing something** cogerle el tranquillo a algo.

knapsack ['næp,sæk] *n.* (backpack) mochila *f.;* morral *m.*

knead [niːd] *v. tr.* **1.** *Gastr.* (bread) amasar. **2.** (massage) dar masajes.

knee [niː] *n., Anat.* rodilla *f.* ‖ **~ bandage** *Med.* rodillera *f.* **~ patch** rodillera *f.* ‖ **on one's knees** de rodillas.

kneel [niːl] *v. intr.* (rest on one's knees) arrodillarse; ponerse de rodillas.

kneeling ['niːlɪŋ] *adj.* de rodillas.

kneepad ['niːpæd] *n., Sports* rodillera *f.*

knickers [(nɪkərz] *n. pl.* braga *f.* (se usa más en pl.).

knick-knack ['nɪk,næk] *n.* (trinket) chuchería *f.;* baratija *f.*

knife [naɪf] *n.* **1.** cuchillo *m.* **2.** (large) cuchilla *f.* **3.** (dagger) arma blanca. ‖ *v. tr.* **4.** acuchillar. ‖ **hunting ~** cuchillo de monte. **kitchen ~** cuchillo de cocina. **~ grinder** afilador *m.*

knight [naɪt] *n.* **1.** *Hist.* caballero *n.* **2.** (chess) caballo *m.* ‖ *v. tr.* **3.** armar caballero. ‖ **errant** caballero andante.

knit [nɪt] *v. intr.* **1.** hacer punto; tejer. **2.** (one's brows) fruncir. ‖ **~ together** (bones) soldarse. **to ~ one's brow** *frml.* arrugar el entrecejo.

knitting ['nɪtɪŋ] *n.* (piece of work) punto *m. Esp.;* tejido *m., Amér.* ‖ **~ needle** aguja de hacer punto.

knob [nɒb] *n.* **1.** (on door) pomo *m.* **2.** (on drawers) tirador *m.* **3.** (lump) bulto *m.* **4.** (lsmall) trozo *m.*

knock [nɒk] *n.* **1.** golpe *m.* ‖ *v. tr.* **2.** golpear. ‖ *v. intr.* **3.** (on door) llamar. ‖ **to ~ down** *Car* atropellar.

knocker ['nɒkər] *n.* (on door) aldaba *f.;* llamador *m.*

knock-kneed ['nɒkniːd] *adj.* patizambo.

knoll [noʊl] *n. lit.* loma *f.;* montículo *m.*

knot [nɒt] *n.* **1.** nudo *m.* **2.** (ribbon) lazo *m.* ‖ *v. tr.* **3.** anudar.

knotty ['nɒti:] *adj.* **1.** nudoso. **2.** *fig.* (problema) espinoso.

know [nou] *v. tr. & intr.* saber; conocer. || **to ~ each other** conocerse (dos personas). **to ~ oneself** conocerse (uno mismo).

know-how ['nou-'hau] *n., fam.* conocimientos *m. pl.*

know-it-all ['nouɪt,ɔ:l] *n., Am.E., fam.* sabiondo *m.*; sabelotodo *m.*

knowledge ['nɒlɪdʒ] *n.* **1.** (understanding) conocimiento *m.* **2.** (learning) conocimientos *m. pl.* || **basic ~** nociones *f. pl.* **to be common ~** andar de boca en boca. **lack of ~** falta de conocimiento. **not to my ~** que yo sepa, no. **to improve one's ~** mejorar los conocimientos.

knuckle ['nʌkəl] *n.* **1.** *Anat.* nudillo *m.* **2.** *Gastr.* hueso *m.* || **to ~ down** *fam.* ponerse a trabajar en serio.

koala or koala bear [kouɑ:lə] *n., Zool.* koala *m.*

L

l [el] *n.* l *f.*

la or lah [lɑ:] *n.*, *Mus.* la *m.*

lab [læb] *n.*, *coll.* laboratorio *m.*

label ['leɪbəl] *n.* **1.** etiqueta *f.*; rótulo *m.*; letrero *m.* ‖ *v. tr.* **2.** etiquetar.

labor, labour (Br.E) ['leɪbər] *n.* **1.** mano de obra. **2.** (task) tarea *f.* **3.** *Med.* parto *m.* ‖ *v. intr.* **4.** trabajar. ‖ **to be in** ~ *Med.* estar de parto. ~ **union** *Am.E.* sindicato *m.*

laboratory ['læbrətɔːri] *n.* laboratorio *m.* ‖ **language** ~ laboratorio de idiomas.

laborer, labourer (Br.E) ['leɪbərər] *n.* (in physical work) peón *m.*; obrero *m.* ‖ **day** ~ jornalero *m.*

laborious [ləˈbɔːriəs] *adj.* (work) laborioso; trabajoso.

labyrinth ['læbərɪnθ] *n.* laberinto *m.*

lac [læk] *n.* (resin) laca *f.*

lace [leɪs] *n.* **1.** encaje *m.*; puntilla *f.* **2.** (for shoes) cordón *m.* ‖ *v. tr.* **3.** (place) acordonar. ‖ *v. intr.* **4.** (shoes) atarse.

lack [læk] *n.* **1.** carencia *f.*; falta *f.*; deficiencia *f.* ‖ *v. tr.* **2.** carecer; necesitar. ‖ *v. intr.* **3.** faltar.

lacking ['lækɪŋ] *adj.* falto. ‖ **to be** ~ faltar [The film is lacking in originality. *A la película le falta originalidad.*]

laconic [ləˈkɒnɪk] *adj.* lacónico.

lacquer ['lækər] *n.* **1.** (varnish) laca *f.*; charol *m.* ‖ *v. tr.* **2.** lacar; poner laca.

lactation [lækˈteɪʃən] *n.* lactancia *f.*

lad [læd] *n. Br. E.* (boy) muchacho *m.*; chico *m.*; chaval *m.*

ladder ['lædər] *n.* **1.** escalera *f.* **2.** *fig.* escala *f.* **3.** *Br.E.* (in stockings) carrera *f.*

lade ['leɪd] *v. tr.* cargar.

ladle ['leɪdəl] *n.* cucharón *m.*; cazo *m.*

lady ['leɪdi] *n.* (refined woman) dama *f. form.*; señora *f.*

ladybird ['leɪdəbɜːrd] *n.*, *Br. E.* (insect) mariquita *f.*

ladybug ['leɪdəbʌg] *n.*, *Am. E.* (insect) mariquita *f.*

lagoon [ləˈguːn] *n.*, *Geogr.* (salted water) laguna *f.*; albufera *f.*

lair [ler] *n.* (for animals, criminals) guarida *f.*; madriguera *f.*

lake [leɪk] *n.*, *Geogr.* lago *m.*

lama ['lɑːmə] *n.*, *Rel.* (Buddhist priest) lama *m.*

lamb [læm] *n.* **1.** *Zool.* cordero *m.* **2.** *Gastr.* (meat) carne de cordero. ‖ ~ **chop** *Gastr.* chuleta de cordero. **sucking** ~ *Gastr.* lechazo *m.*

lame [leɪm] *adj.* cojo.

lament [ləˈment] *n.* **1.** (sorrow) lamento *m.* ‖ *v. tr.* **2.** lamentar.

lamentable [ləˈmentəbəl] *adj.* (deplorable) lamentable; penoso.

laminate ['æmɪneɪt] *v. tr.* laminar.

lamp [læmp] *n.* **1.** lámpara *f.* **2.** (light) farol *m.* ‖ **desk** ~ flexo *f.* **oil** ~ candil *m.* **street** ~ farola *f.*

lance [læns] *n.* (weapon) lanza *f.*

land [lænd] *n.* **1.** *Geogr.* tierra *f.* **2.** *Geogr.* (ground) terreno *m.* **3.** (country) país *m.* ‖ *v. tr.* **4.** desembarcar. ‖ *v. intr.* **5.** (plane) aterrizar. ‖ **plot of** ~ parcela *f.*

landed ['lændəd] *adj.* hacendado.

landing ['lændɪŋ] *n.* **1.** (of plane) aterrizaje *m.* **2.** (stairs) descansillo *m.*; rellano *m.* ‖ **crash** ~ *Aeron.* aterrizaje de emergencia. ~ **strip** pista de aterrizaje.

landlady ['lændˌleɪdi] *n.* (of rented dwelling) dueña *f.*; hostelera *f.*

landlord ['lændˌlɔːrd] *n.* **1.** (of rented dwelling) dueño *m.*; casero *m.* **2.** *Br. E.* (of pub, hostel) patrón *m.*

landmark ['lænd,mɑ:rk] *n.* **1.** (milestone) mojón *m.* **2.** *fig.* (event) hito *m.*

landowner ['lænd,ounər] *n., Agr.* terrateniente *m. y f.;* hacendado *m.*

landscape ['lænd,skeɪp] *n.* paisaje *m.*

lane [leɪn] *n.* **1.** sendero *m.;* camino *m.* **2.** (in town) callejón *m.* **3.** *Car* (in road) carril *m.* **4.** *Sports* calle *f.*

language ['læŋgwɪdʒ] *n.* **1.** lenguaje *m.* **2.** *Ling.* (particular tongue) lengua *f.;* idioma *m.* **3.** (speech) habla *f.*

languid ['læŋgwɪd] *adj.* lánguido.

languish ['læŋgɪʃ] *v. intr.* languidecer.

lank [læŋk] *adj.* **1.** (hair) lacio. **2.** (person) larguirucho.

lantern ['læntərn] *n.* **1.** (light) farol *m.* **2.** *Archit.* linterna *f.* ‖ **magic ~** linterna mágica.

lap¹ [læp] *n., Anat.* regazo *m.*

lap² [læp] *n.* **1.** *Sports* etapa *f.* ‖ *v. tr.* **2.** (splash against) lamer *lit.*

lapel [lə'pel] *n.* (jacket) solapa *f.*

lapse [læps] *n.* **1.** lapso *m.* **2.** (error) error *m.* ‖ *v. intr.* **3.** transcurrir. **4.** *Law* (contract) caducar.

larceny ['lɑ:rsəni:] *n.* robo *m.;* hurto *m.*

lard [lɑ:rd] *n.* (using in cooking) manteca *f.* (de cerdo).

larder ['lɑ:rdər] *n.* despensa *f.;* alacena *f.*

large [lɑ:rdʒ] *adj.* **1.** grande. **2.** (sum) considerable. **3.** (wide) amplio. **4.** *fig.* nutrido; numeroso.

largeness ['lɑ:rdʒnɪs] *n.* grandeza *f.*

lark¹ [lɑ:rk] *n., Zool.* alondra *f.*

lark² [lɑ:rk] *n., fam.* (bit of fun) cachondeo *m. col.;* holgorio *m.*

larva ['lɑ:rvə] *n., Zool.* larva *f.*

laser ['leɪzər] *n.* láser *m.*

lash [læʃ] *n.* **1.** *Anat.* (eyelash) pestaña *f.* **2.** (with a whip) azote *m.;* latigazo *m.*

‖ *v. tr.* **3.** azotar; fustigar. **4.** (waves, rain) azotar. **5.** (horses) hostigar.

lashing ['læʃɪŋ] *n.* azote *m.*

lass [læs] *n. Br. E.* muchacha *f.;* chica *f.*

last¹ [læst] *adj.* **1.** último; final. ‖ *v. intr.* **2.** durar; perdurar; permanecer. ‖ **at ~** por fin; por último. ‖ **but one** penúltimo. **~ name** apellido. **that is the ~ straw!** ¡es el colmo!

last² [læst] *n.* (of shoe) horma *f.*

lastly ['læstli:] *adv.* (the last in a list) finalmente; por último.

latch [lætʃ] *n.* picaporte *m.;* pestillo *m.;* pasador *m.*

late [leɪt] *adj.* **1.** tardío. ‖ *adv.* **2.** tarde. ‖ **to be ~** llegar tarde.

latent ['leɪtənt] *adj.* latente.

later ['leɪtər] *adv.* más tarde; luego; después [I will clean the house later. *Luego limpio la casa.*] ‖ **~ on** más tarde; más adelante; después; luego [I'll do it later on. *Lo haré más adelante.*] **no ~ than** a más tardar [The essay has to be handed in no later than Friday. *Tengo que entregar la redacción el viernes a más tardar.*] **see you ~** ¡hasta luego!

lateral ['lætərəl] *adj.* lateral.

latest ['leɪtɪst] *adj.* (superl. of "late") último. ‖ **at the ~** a más tardar.

lathe [leɪð] *n.* (of carpenter) torno *m.*

lather ['læðər] *n.* **1.** (of soap) espuma *f.* ‖ *v. tr.* **2.** (with soap) enjabonar.

lathery ['læðəri:] *adj.* (soap) espumoso.

Latin ['lætn] *adj.* **1.** latino. ‖ *n.* **2.** (language) latín *m.* **3.** (person) latino *m.*

Latin American ['lætɪn,æmərɪkən] *adj. & n.* hispano *m.;* hispanoamericano *m.;* latino *m.*

latitude ['lætə,tu:d] *n., Geogr.* latitud *f.*

latrine [lə'tri:n] *n.* letrina *f.;* retrete *m.*

lattice ['lætɪs] *n.* enrejado *m.*; rejilla *f.*

laud [lɔːd] *v. tr.* alabar; elogiar.

laugh [læf] *n.* **1.** risa *f.* **2.** cachondeo *m. col.* [What a laugh! *¡Qué cachondeo!*] ‖ *v. intr.* **3.** reír; reírse. ‖ **~ at** reírse de.

laughable ['læfəbəl] *adj.* (ridiculous) risible; irrisorio.

laughter ['læftər] *n.* risa *f.* ‖ **to split one's sides with ~** troncharse de risa.

launch [lɔːntʃ] *n.* **1.** *Nav.* (of ship) botadura *f.* **2.** *Econ.* lanzamiento *m.* **3.** *Nav.* lancha *f.* ‖ *v. tr.* **4.** (a ship) botar. **5.** (project, product) lanzar.

launder ['lɔːndər] *v. tr.* **1.** lavar y planchar. **2.** *fig. Econ.* (money) blanquear; lavar (dinero).

launderette ['lɔːndrət] *n., Br. E.* (automatic) lavandería *f.*

laundromat ['lɔːndrəmæt] *n., Am. E.* (automatic) lavandería *f.*

laundry ['lɔːndri] *n.* **1.** lavandería *f.* **2.** *fam.* (dirty clothes) ropa sucia; colada *f.* **3.** (washed clothes) ropa limpia.

laurel ['lɒrəl] *n.* **1.** *Bot.* laurel *m.* ‖ **laurels** *n. pl.* **2.** (honors) laureles *m.* ‖ **to rest on one's laurels** *fig. y fam.* dormirse en los laureles.

lava ['lɑːvə] *n.* lava *f.*

lavatory ['lævətɔːri] *n., Br. E.* lavabo *m.*

lavender ['lævəndər] *n., Bot.* (bush) espliego *m.*; lavanda *f.*

lavish ['lævɪʃ] *adj.* **1.** pródigo. ‖ *v. tr.* **2.** (attention) prodigar.

law [lɔː] *n.* **1.** *Law* ley *f.* **2.** (subject) derecho *m.* **3.** (profession) abogacía *f.*

lawful ['lɔːfəl] *adj.* legal; lícito.

lawless ['lɔːlɪs] *adj.* **1.** sin ley; ilegal. **2.** (people) descontrolado.

lawn [lɔːn] *n.* césped *m.*

lawsuit ['lɔːsuːt] *n.* litigio *m.*; pleito *m.*

lawyer ['lɔːjər] *n.* abogado *m.*; letrado *m. form.* ‖ **lawyer's office** bufete *m.*

lax [læks] *adj.* laxo; relajado.

laxative ['læksətɪv] *adj. & n.* laxante *m.*

lay¹ [leɪ] *adj.* **1.** *Rel.* laico; seglar. **2.** (non-expert) profano.

lay² [leɪ] *v. tr.* (pst. and p.p. laid) **1.** (place) poner; colocar. **2.** (cable) tender. **3.** (eggs, carpet) poner. ‖ **to ~ aside** dejar a un lado. **to ~ down** posar. (rules) establecer. **to ~ out** extender. (arrange) disponer. (money) gastar.

layer ['leɪər] *n.* **1.** (of paint) capa *f.* **2.** *fig.* (class) estrato *m.*; clase *m.* **3.** *Zool.* (hen) gallina ponedora.

layette [leɪ'et] *n.* canastilla *f.* (de bebé).

laying ['leɪɪŋ] *n.* **1.** (eggs) puesta *f.* **2.** (of cable) tendido *m.*

layman ['leɪmən] *n.* **1.** *Rel.* laico *m.*; seglar *m.* **2.** (inexpert) profano *m.*

layoff ['leɪˌɒf] *n.* despido *m.*

laywoman ['leɪˌwʊmən] *n.* **1.** *Rel.* seglar *f.*; laica *f.* **2.** (inexpert) profana *f.*

laziness ['leɪzɪnɪs] *n.* (idleness) pereza *f.*; flojedad *f.*; desidia *f.*

lazy ['leɪzi] *adj.* perezoso; holgazán; vago. ‖ **~ person** holgazán *m.*; vago *m.*; haragán *m.*

lazybones ['leɪzɪˌbəʊnz] *n. inv.* gandul *m.*; zángano *m.*; perezoso *m.*

lead¹ [led] *n.* **1.** (metal) plomo *m.* **2.** (in pencil) mina *f.*

lead² [liːd] *n.* **1.** (position) delantera *f.* **2.** (cards) mano *m.* [It is your leader. *Eres mano.*] **3.** *Br.E.* correa *f.* (de perro). **4.** *Nav.* plomada *f.* ‖ *v. tr.* **5.** llevar; conducir. **6.** (go first) liderar. **7.** (cards) ser mano. ‖ *v. intr.* **8.** (path, steps) llevar. ‖ **it led to nothing** no llevó a nada. **to ~ sb to sth** conducir a alguien a algo.

leader ['li:dər] *n.* jefe *m.;* líder *m. y f.*

leadership ['li:dərʃɪp] *n.* dirección *f.;* jefatura *f.;* mando *m.*

leaf [li:f](pl.: aves) *n.* **1.** *Bot.* hoja *f.* **2.** (of book) hoja *f.;* página *f.* || **dead leaves** *Bot.* hojarasca *f. sing.* **to ~ through** (catalog, magazine) hojear.

leaflet ['li:flət] *n.* **1.** (brochure) folleto *m.* **2.** (one sheet) octavilla *f.;* prospecto *m.*

leafy [li:fi:] *adj., Bot.* frondoso; espeso.

league [li:g] *n.* **1.** liga *f.* **2.** (measure) legua *f.* || **~ championship** *Sports* campeonato de liga.

leak [li:k] *n.* **1.** (in roof) gotera *f.* **2.** (of water, gas) fuga *f.;* escape *m.* || *v. tr.* **3.** (information) filtrar. || *v. intr.* **4.** (a pipe) tener escapes. **5.** (liquid, gas) irse. **6.** (information) filtrarse. **7.** (roof) gotear. **8.** (ship) hacer agua.

lean[1] [li:n] *adj.* **1.** (meat) seco; magro. **2.** (person) chupado; flaco. **3.** (short of) escaso. || *n.* **4.** (pork meat) magro *m.*

lean[2] [li:n] *v. intr.* **1.** (building) ladearse. **2.** (for support) apoyarse. || **to ~ out** asomarse.

leanness ['li:nnɪs] *n.* delgadez *f.*

leap [li:p] *n.* **1.** salto *m.;* brinco *m.* || *v. tr.* (p.t. and p.p. leaped or leapt) **2.** saltar; brincar. || **~ year** año bisiesto.

leaping ['li:pɪŋ] *adj.* saltarín.

learn [lɜ:rn](p.t. and p.p. learned or learnt) *v. tr.* **1.** aprender. **2.** (get to know) saber; enterarse. || *v. intr.* **3.** estudiar. || **to ~ one's lesson** escarmentar.

learned ['lɜ:rnɪd] *adj.* (person) culto; docto; erudito.

learner ['lɜ:rnər] *n.* principiante *m. y f.*

learning ['lɜ:rnɪŋ] *n.* **1.** (knowledge) saber *m.;* ciencia *f.* **2.** (act) aprendizaje *m.*

lease [li:s] *n.* **1.** arrendamiento *m.* || *v. tr.* **2.** (grant use of) arrendar. **3.** (hold under lease) arrendar.

leasehold ['li:s͵hoʊld] *n.* arrendamiento *m.*

leash ['li:ʃ] *n., Am.E.* correa *f.* (de perro).

least [li:st](superl. of "little") *adj.* **1.** menos [She is the one with the least money. *Es la que tiene menos dinero.*] || *adv.* **2.** (preceded by "the") menos [She spends the least. *Es la que menos gasta.*] || **at ~** por lo menos; siquiera [At least I won't get lost. *Por lo menos no me perderé.*] **not in the ~** ni lo más mínimo [She isn't worried in the least. *No le preocupa ni lo más mínimo.*]

leather ['leðər] *n.* **1.** cuero *m.;* piel *f.* || *adj.* de cuero; de piel.

leave[1] [li:v](p.t. and p.p. left) *v. tr.* **1.** dejar. **2.** (abandon) abandonar. **3.** (inheritance) legar. **4.** (desert) desertar. || **to ~ out** omitir; excluir.

leave[2] [li:v] *n.* **1.** licencia *f.;* permiso *m.* || *n.* **2.** (from job) baja *f.* || **~ of absence** permiso *m.*

lectern ['lektərn] *n.* atril *m.*

lecture ['lektʃər] *n.* **1.** (talk) conferencia *f.;* charla *f.* || *v. intr.* **2.** dar una conferencia. || **~ hall** sala de conferencias. **~ room** aula *f.*

lecturer ['lektʃərər] *n.* **1.** *Br. E.* (university teacher) profesor (universitario) *m.*

ledge [ledʒ] *n.* repisa *f.;* alféizar *m.*

leek [li:k] *n., Bot.* puerro *m.*

left [left] *adj.* **1.** izquierdo. **2.** (hand) zurdo. || *n.* **3.** *Polit.* izquierda *f.* || **to be ~** (remain) quedar [There are no more apples left. *No quedan más manzanas.*] **on the ~** a la izquierda [The stairs are on the left. *La escalera está a la izquierda.*]

left-handed ['left,hændɪd] *adj.* (person) zurdo.

leftovers ['left,oʊvərs] *n. pl.* migajas *f.*

left-wing ['left,wɪŋ] *n.*, *Polit.* izquierda *f.*

leg [leg] *n.* **1.** *Anat.* pierna *f.* **2.** *Zool.* (piece of furniture) pata *f.* **3.** *Gastr.* zanca *f.* **4.** (of trousers) pernera *f.* **5.** *Sports* etapa *f.* ‖ **to be on one's last legs** *coll.* estar para el arrastre.

legacy ['legəsi:] *n.*, *Law* legado *m.*; herencia *f.*; patrimonio *m.*

legal ['li:gəl] *adj.* **1.** legal. **2.** *Law* jurídico. ‖ **~ adviser** asesor jurídico.

legalize, legalise (Br.E) ['li:gə,laɪz] *v. tr.* **1.** legalizar; despenalizar. **2.** *Law* (a contract) formalizar.

legate ['legit] *n.*, *Rel.* (delegate) legado *m.*

legend ['ledʒənd] *n.* leyenda *f.*

legendary ['ledʒən'deri:] *adj.* (mythical) legendario; mítico.

legible ['ledʒəbəl] *adj.* legible.

legion ['li:dʒən] *n.* legión *f.*

legionary ['li:dʒənəri:] *adj.* **1.** legionario. ‖ *n.* **2.** (Roman) legionario *m.*

legionnaire ['li:dʒəner] *n.*, *Mil.* (of certain military forces) legionario *m.*

legislate [ledʒəs'leɪt] *v. intr.* legislar.

legislation [,ledʒɪs'leɪʃən] *n.* legislación *f.*

legitimate [lə'dʒɪtəmɪt] *adj.* **1.** legítimo. ‖ *v. tr.* **2.** legitimar.

legitimize [lə'dʒɪtəmeɪt] *v. tr.* legitimar.

legume [(le,gju:m] *n.*, *Bot.* legumbre *f.*

leguminous [lə'gʊmɪnəs] *adj.*, *Bot.* leguminoso. ‖ **~ plant** *Bot.* leguminosa *f.*

leisure ['leʒər] *n.* ocio *m.*; tiempo libre. ‖ **at your ~** a tu tiempo libre.

lemon ['lemən] *n.*, *Bot.* limón *m.* ‖ **~ blossom** (from lemon tree) azahar *m.* **~ ice** granizado de limón. **~ tea** té con limón. **~ tree** *Bot.* limonero *m.*

lemonade [,lemə'neɪd] *n.* **1.** (with fresh lemons) limonada *f.* **2.** *Br. E.* (fizzy drink) gaseosa *f.*

lend [lend] *v. tr.* (loan) prestar; dejar. ‖ **~ a hand** echar una mano. **to ~ oneself** prestarse (a algo).

lending ['lendɪŋ] *n.* prestación *f.*; préstamo *m.* ‖ **~ library** biblioteca pública.

length [leŋθ] *n.* **1.** extensión *f.*; longitud *f.* **2.** (duration) duración *f.* **3.** (distance) largo *m.* ‖ **at ~** a la larga; finalmente.

lengthen ['leŋθən] *v. tr.* **1.** alargar. ‖ *v. intr.* **2.** (meeting) prolongarse. **3.** (clothes) alargarse.

lengthy ['leŋθi:] *adj.* **1.** largo. **2.** (lecture, meeting) prolongado.

lenient ['li:nɪənt] *adj.* (tolerant) indulgente; clemente; benévolo.

lens [lenz] *n.* **1.** (of eye) cristalino *m.* **2.** (of glasses) lente *m. y f.* **3.** *Phot.* objetivo *m.* ‖ **contact lenses** lentillas *f. pl.*

lentil ['lentl] *n.*, *Bot.* lenteja *f.*

Leo ['lioʊ] *p. n.*, *Astrol.* Leo.

leopard ['lepərd] *n.* **1.** *Zool.* leopardo *m.* ‖ **leopardess** *n.* **2.** *Zool.* leopardo hembra.

leotard ['lɪɑːrd] *n.* malla *f.*; leotardo *m.*

leper ['lepər] *n.*, *Med.* leproso *m.*

leprosy ['leprəsi:] *n.*, *Med.* lepra *f.*

leprous ['leprəs] *adj.*, *Med.* leproso.

lesbian ['lezbɪən] *n.* lesbiana *f.*

lesion ['li:ʒən] *n.*, *Med.* lesión *f.*

less [les](comp. of "little") *adj.* (also as pron.) **1.** menos [It is of less importance. *Es de menor importancia.*] ‖ *adv.* **2.** menos [She earns less than me. *Gana menos que yo.*]

lessee [le'si:] *n.* **1.** (leaseholder) arrendatario *m.* **2.** (tenant) inquilino *m.*

lessen ['lesən] *v. tr.* disminuir; atenuar.

lesser ['lesər] *adj.* menor.

lesson ['lesən] *n.* **1.** (class) lección *f.*; clase *f.* **2.** (punishment) escarmiento *m.* **3.** *Rel.* lectura *f.*

lessor ['lesər] *n.* arrendador *m.*

let [let](p.t. and p.p. let) *v. tr.* **1.** (allow) permitir; dejar. **2.** (rent) arrendar; alquilar. ‖ **let's** *abbrev.* **3.** (short for let us) (suggestion, command) a [Let's go to bed! *¡A la cama!*] ‖ **to ~ in** dejar entrar. **to ~ known** hacer saber.

lethal ['li:θəl] *adj.* letal; mortal.

lethargic [lə'θɑ:rdʒɪk] *adj.* desganado; aletargado. ‖ **to feel ~** aletargarse. **to make ~** aletargar.

lethargy ['leθərdʒi:] *n.* letargo *m.*; aletargamiento *m.*

letter ['letər] *n.* **1.** (of alphabet) letra *f.* **2.** (message) carta *f.* ‖ **capital ~** letra mayúscula. **~ box** *Br.E.* buzón *m.* **~ opener** abrecartas. **lowercase ~** letra minúscula. **to the ~** al pie de la letra.

letterhead ['letər,hed] *n.* membrete *m.*

lettuce ['letəs] *n., Bot.* lechuga *f.*

level ['levəl] *adj.* **1.** plano; llano. ‖ *n.* **2.** nivel *m.*; ras *m.* ‖ *v. tr.* **3.** igualar; nivelar. **4.** (a gun) apuntar. **5.** (pull down) arrasar. **~ with** a ras de. **at sea ~** nivel del mar.

lever ['li:vər] *n.* **1.** palanca *f.* ‖ *v. tr.* **2.** (prise with a lever) apalancar.

levity ['levəti:] *n.* ligereza *f.*; frivolidad *f.*

levy ['levi:] *n.* **1.** (of tax) recaudación *f.* **2.** *Mil.* leva *f.* ‖ *v. tr.* **3.** (tax) recaudar.

lexicon ['leksɪ,kɒn] *n.* (dictionary) léxico *m.*

liability [laɪə'bɪləti:] *n., Law* (responsability) responsabilidad *f.* ‖ **~ insurance** seguro a terceros.

liable ['laɪəbəl] *adj.* **1.** *Law* (responsible) responsable. **2.** (susceptible) expuesto; obligado. **3.** (likely) propenso.

liaison [li:'eɪzɒn] *n.* **1.** (coordination) enlace *m.*; contacto *m.* **2.** (love affair) lío *m.*; aventura amorosa.

liana [lɪ'ɑ:nə] *n., Bot.* liana *f.*

liar ['laɪər] *n.* mentiroso *m.*; embustero *m.*; bolero *m.*

libel ['laɪbəl] *n.* **1.** difamación *f.*; calumnia *f.* ‖ *v. tr.* **2.** difamar; calumniar.

libelous, libellous (Br.E) ['laɪbələs] *adj.* infamatorio; calumnioso.

liberal ['lɪbərəl] *adj.* **1.** liberal. **2.** (generous) generoso. ‖ **Liberal** *n.* **3.** *Polit.* liberal *m. y f.*

liberality [,lɪbə'rælɪti:] *n.* (generosity) liberalidad *f.*

liberate ['lɪbə,reɪt] *v. tr.* **1.** liberar. **2.** (hostage) libertar; poner en libertad.

liberation [,lɪbə'reɪʃən] *n.* (of a country) liberación *f.* ‖ **women's ~** liberación de la mujer.

liberator ['lɪbə,reɪtər] *n.* libertador *m.*

liberty ['lɪbərti:] *n.* libertad *f.* ‖ **at ~** en libertad. ‖ **what a ~** ¡qué cara!

Libra ['lɪbrə] *p. n., Astrol.* Libra.

library ['laɪ,brɑri:] *n.* biblioteca *f.* ‖ **~ card** carné de la biblioteca. **public ~** biblioteca pública.

lice ['laɪs] *n. pl., Zool.* piojos *m.*

license, licence (Br.E) ['laɪsəns] *n.* **1.** licencia *f.*; permiso *m.* ‖ *v. tr.* **2.** autorizar. ‖ **driver's ~** *Am.E.* permiso de conducir. **gun ~** licencia de armas.

licentious [laɪ'senʃən] *adj.* (dissolute) licencioso; disoluto.

licentiousness [laɪ'senʃəsnɪs] *n.* libertinaje *m.*; desenfreno *m.*

lichen ['laɪkən] *n., Bot.* liquen *m.*

lick [lɪk] *n.* **1.** lametón *m.* ‖ *v. tr.* **2.** (an ice-cream) lamer. ‖ **a ~ of paint** una mano de pintura. **big ~** lengüetazo *m.* **~ one's lips** relamerse.

licorice, liquorice (Br.E) ['lɪkərɪs, 'lɪkərɪʃ] *n.* regaliz *m.*

lid [lɪd] *n.* **1.** tapa *f.;* tapadera *f.* **2.** *Anat.* (of eye) párpado *m.*

lie¹ [laɪ](pt. and pp. lied) *n.* **1.** mentira *f.;* bola *f.;* trola *f. fam.* ‖ *v. intr.* **2.** mentir. ‖ **white ~** mentira piadosa.

lie² [laɪ] (p.t.t. lay; p.p.p. lain) *v. intr.* **1.** echarse; tumbarse. **2.** (bury) yacer. **3.** (be situated) estar. ‖ **to ~ down** echarse; tumbarse; acostarse. **to ~ in** wait for acechar.

lieutenant [luː'tenənt] *n., Mil.* teniente *m. y f.* ‖ **second ~** *Mil.* alférez *m. y f.*

life [laɪf](pl.: lives) *n.* vida *f.;* existencia *f.* ‖ **to be the ~ of the party** ser el alma de la fiesta. **for the ~ of one** ni a la de tres [He doesn't win for the life of him. *No gana ni a la de tres.*] **~ imprisonment** *Law* cadena perpetua. **~ jacket** chaleco salvavidas. **still ~** naturaleza muerta. **way of ~** modo de vida.

lifebelt ['laɪfˌbelt] *n.* salvavidas *m. inv.*

lifeboat ['laɪfˌbout] *n.* bote salvavidas.

lifeless ['laɪflɪs] *adj.* apagado. muerto.

lift [lɪft] *n.* **1.** alzamiento *m.* **2.** *Br.E.* ascensor. ‖ *v. tr.* **3.** alzar; levantar. **4.** *coll.* (steal) birlar *col.* ‖ **to give a ~** llevar en coche. **to ~ up** (raise) subir; alzar.

liftable ['lɪftəbəl] *adj.* levadizo.

lifting ['lɪftɪŋ] *n.* levantamiento *m.*

ligature ['lɪgətʃə] *n., Med. & Mus.* ligadura *f.*

light¹ [laɪt] *n.* **1.** luz *f.* **2.** (lamp) lámpara *f.* **3.** (flame) lumbre *f.* ‖ *adj.* **4.** claro. ‖ *v. tr.* (p.t. and p.p.p. lit) **5.** encender.

6. (illuminate) iluminar; alumbrar. ‖ *v. intr.* **7.** encenderse. ‖ **against the ~** trasluz. **traffic lights** *Car* semáforo *m.*

light² [laɪt] *adj.* **1.** (weight) ligero; leve. **2.** (cloth) fresco.

lighted ['laɪtɪd] *adj.* alumbrado.

lighten¹ ['laɪtən] *v. tr.* **1.** (color) aclarar. ‖ *v. intr.* **2.** (color) aclararse.

lighten² ['laɪtən] *v. tr.* **1.** (weight) aligerar. **2.** *fig.* (mitigate) aliviar. ‖ *v. intr.* **3.** aligerarse.

lighter¹ ['laɪtər] *n.* encendedor *m.;* mechero *m.*

lighter² ['laɪtər] *n., Nav.* barcaza *f.*

light-hearted ['laɪtˌhɑːrtɪd] *adj.* alegre.

lighthouse ['laɪtˌhaus] *n., Nav.* (tower) faro *m.*

lighting ['laɪtɪŋ] *n.* **1.** (illumination) iluminación *f.* **2.** (on streets) alumbrado *m.* ‖ **to strike by ~** fulminar.

lightly ['laɪtli:] *adv.* a la ligera.

lightness¹ ['laɪtnɪs] *n.* (luminosity) luminosidad *f.* claridad *f.*

lightness² ['laɪtnɪs] *n.* (of weight) ligereza *f.;*

lightning ['laɪtnɪŋ] *n., Meteor.* rayo *m.* ‖ **~ conductor** *Br.E.* pararrayos *m.* **~ rod** *Am.E.* pararrayos *m. inv.*

lightweight ['laɪtˌweɪt] *adj.* (clothes) de entretiempo; ligero.

like¹ [laɪk] *adj.* **1.** (equal) igual. **2.** (similar) parecido; semejante. ‖ *adv.* **3.** como. ‖ *conj.* **4.** (as if) como. ‖ **as you ~** como usted guste. **~ that** así. **~ this** así.

like² [laɪk] *v. tr.* **1.** (want) querer; gustar de. **2.** (take pleasure in) gustar.

likely ['laɪkli] *adj.* **1.** probable; verosímil. ‖ *adv.* **2.** probablemente.

likeness ['laɪknɪs] *n.* (resemblance) parecido *m.;* semejanza *f.*

likewise ['laɪkˌwaɪz] *adv.* **1.** (also) asimismo [He likewise admitted that I was right. *Asimismo reconoció que yo tenía razón.*] **2.** (the same) igualmente.

liking ['laɪkɪŋ] *n.* **1.** (for things) gusto *m.;* afición *f.* **2.** (for people) agrado *m.;* simpatía *f.* || **to take a ~ to somebody** coger cariño a alguien.

lilac ['laɪlək, 'laɪlæk] *n., Bot.* lila *f.*

lily ['lɪli:] *n., Bot.* lirio *m.* || **water ~** *Bot.* nenúfar *m.* **white ~** *Bot.* azucena *f.*

limb [lɪm] *n.* **1.** *Anat.* miembro *m.* **2.** *Bot.* (of tree) rama *f.*

limber ['lɪmbər] *adj.* ágil. || **to ~ up** *Sports* calentar (con ejercicios).

lime[1] [laɪm] *n., Chem.* cal *f.*

lime[2] [laɪm] *n., Br.E., Bot.* (linden) tilo *m.* || **~ blossom** *Bot.* tila *f.* **~ blossom tea** tila *f.* **~ tree** *Bot.* tilo *m.*

lime[3] [laɪm] *n., Bot.* lima *f.*

limelight ['laɪmˌlaɪt] *n.* foco *m.* || **to be in the ~** estar en el candelero.

limit ['lɪmɪt] *n.* **1.** límite *m.* || *v. tr.* **2.** limitar; restringir.

limitation [ˌlɪmɪ'teɪʃən] *n.* limitación *f.*

limited ['lɪmɪtɪd] *adj.* escaso; limitado.

limousine ['lɪməˌziːn] *n., Car* limusina *f.*

limp[1] [lɪmp] *n.* **1.** (lameness) cojera *f.* || *v. intr.* **2.** (hobble) cojear.

limp[2] [lɪmp] *adj.* flojo; fofo.

limpet ['lɪmpət] *n., Zool.* lapa *f.*

limpid ['lɪmpɪd] *adj., lit.* límpido *lit.;* claro.

linden ['lɪndən] *n., Am. E., Bot.* tilo *m.*

line[1] [laɪn] *n.* **1.** línea *f.;* fila *f.* **2.** (drawed) raya *f.;* trazo *m.* **3.** (wrinkle) arruga. **4.** (of text) renglón *m.* **5.** *Am. E.* (queue) cola *f.* || *v. tr.* **6.** (rule) rayar.

line[2] [laɪn] *v. tr.* (clothes) forrar. || **to ~ up** alinear; ponerse en fila. **to stand in ~** hacer cola.

lineage ['lɪnɪɪdʒ] *n.* (descent) linaje *m.;* estirpe *f.;* abolengo *m.*

linen ['lɪnən] *n.* **1.** (textile) lino *m.;* lienzo *m.* **2.** (for bed) ropa blanca.

liner[1] ['laɪnər] *n., Nav.* transatlántico *f.*

liner[2] ['laɪnər] *n.* (lining) forro *m.*

linesman ['laɪnzmən] *n., Sports* juez de línea.

ling[1] [lɪŋ] *n., Bot.* brezo *m.*

ling[2] [lɪŋ] *n., Zool.* abadejo *m.*

linger ['lɪŋɡər] *v. intr.* (take too long) entretenerse; demorarse; tardar.

lingerie ['læŋʒəˌriː] *n.* (for women) lencería *f.*

linguistic [lɪŋ'ɡwɪstɪk] *adj.* lingüístico.

linguistics [lɪŋ'ɡwɪstɪks] *n. sing.* (study of language) lingüística *f.*

liniment ['lɪnəmənt] *n., Med.* (to relieve pain) linimento *m.*

lining ['laɪnɪŋ] *n.* **1.** (of clothes) forro *m.* **2.** *Tech.* revestimiento (interior) *m.*

link [lɪŋk] *n.* **1.** (of chain) eslabón *m.* **2.** (connection) enlace *m.;* vínculo *m.;* nexo *m.* || *v. tr.* **3.** enlazar; conectar. **4.** (jewels) engarzar. **5.** *fig.* vincular. || **to be linked** enlazarse. **cuff links** (of shirt) gemelos *m.*

linseed ['lɪnsiːd] *n.* (flaxseed) linaza *f.* || **~ oil** aceite de linaza.

lintel ['lɪntəl] *n., Archit.* dintel *m.*

lion ['laɪən] *n., Zool.* león *m.* || **lion's den** leonera *f.*

lip [lɪp] *n., Anat.* labio *m.* || **~ service** de boquilla *col.* [She just pays lip service to democracy. *Es demócrata pero sólo de boquilla.*]

lipstick ['lɪpstɪk] *n.* pintalabios *m. inv.*

liquefy ['lɪkwəˌfaɪ] *v. tr., Chem.* licuar; liquidar; destilar.

liqueur [lɪ'kʊr] *n.* (sweet) licor *m.*

liquid ['lɪkwɪd] adj. **1.** líquido. ‖ n. **2.** líquido m.

liquidate ['lɪkwədeɪt] v. tr., Econ. (debts) liquidar; saldar.

liquidation [ˌlɪkwəˈdeɪʃən] n. **1.** frml. liquidación f. **2.** (of debt) saldo m.

liquidize ['lɪkwədaɪz] v. tr., Gastr. licuar.

liquor ['lɪkər] n., Am.E. bebidas alcohólicas; licor m.

liquorice ['lɪkərɪs] n., Br.E. regaliz m.

lira ['lɪrə] n., Econ. (former Italian unit of currency) lira f.

lisp ['lɪsp] v. intr. cecear.

list [lɪst] n. **1.** (of numbres, names) lista f.; enumeración f.; listín m. ‖ v. tr. **2.** enumerar. ‖ **long ~** (string) letanía f. fig. & fam. **waiting ~** lista de espera

listen ['lɪsən] v. intr. escuchar. ‖ **to ~ to** oír. **to ~ to reason** atender a razones.

listener [(lɪsənər] n. **1.** oyente m. y f. **2.** (to the radio) radioyente m. y f.

listening ['lɪsənɪŋ] n. escucha f.

listing ['lɪstɪŋ] n. (list) listado m.

listings ['lɪstɪŋz] n. pl. cartelera f. sing.

litany ['lɪtəni:] n., Rel. letanía f.

liter, litre (Br.E) ['li:tər] n. (measure) litro m.

literal ['lɪtərəl] adj. literal.

literally ['lɪtərəli:] adv. al pie de la letra.

literary ['lɪtəˌreri:] adj. literario. ‖ **~ society** liceo m.

literature ['lɪtərətʃər] n. literatura f.

litigation [ˌlɪtəˈgeɪʃən] n., Law (lawsuit) litigio m.; pleito m.

litigious [lɪˈtɪdʒəs] adj. contencioso.

litter ['lɪtər] n. **1.** (rubbish) basura f. **2.** Zool. camada f. **3.** Med. (stretcher) camilla. ‖ **~ basket** papelera f.

little ['lɪtəl] adj. (comp: littler, superl: littlest) **1.** pequeño [I only like little animals. Sólo me gustan los animales pequeños.] ‖ indef. adj. (comp: less, superl: least) **2.** (with uncount. n.) poco [There is little information about the accident. Hay poca información sobre el accidente.] ‖ **a ~** un poco [You should be thirsty, drink a little. Debes de tener sed, bebe un poco.] algo [My boss is a little rude. Mi jefe es algo maleducado.] **a ~ bit of** algo de [There is a little bit of cheese left. Queda algo de queso.] **~ by ~** poco a poco [Do it little by little. Hazlo poco a poco.] **~ thing** pijada coll.

littoral ['lɪtərəl] adj. **1.** Geogr. litoral. ‖ n. **2.** Geogr. litoral m.

liturgy ['lɪtərdʒi:] n., Rel. liturgia f.

live[1] [lɪv] v. tr. **1.** (an adventure) vivir. ‖ v. intr. **2.** vivir; existir. **3.** (reside) residir; habitar. ‖ **to ~ in** vivir (con la familia). **to ~ from hand to mouth** vivir al día. **to ~ together** cohabitar; convivir. **~ pegarse la gran vida.

live[2] [laɪv] adj. **1.** (alive) vivo. **2.** (radio, TV) en directo.

livelihood ['laɪvlɪˌhʊd] n. medios de vida; sustento m. ‖ **to earn one's up** ganarse la vida.

liveliness ['laɪvlɪˌnɪs] n. **1.** vivacidad f. **2.** (event) animación f.

lively ['laɪvli:] adj. **1.** (person) vivo. **2.** (place) animado.

liver ['lɪvər] n., Anat. hígado m.

livestock ['laɪvˌstɒk] n. (cattle) ganado m.

livid ['lɪvɪd] adj. lívido; pálido.

living ['lɪvɪŋ] adj. **1.** vivo. ‖ n. **2.** vida f. ‖ **~ room** cuarto de estar.

lizard ['lɪzərd] n., Zool. lagarto m. ‖ **wall ~** Zool. lagartija f.

llama ['lɑ:mə] n., Zool. llama f.

load [loud] *n.* **1.** carga *f.*; peso *m.* **2.** (of a lorry) cargamento *m.* ‖ *v. tr.* **3.** cargar. ‖ **loads** *n. pl.* **4.** *fam.* mogollón *m. sing.* ‖ **to have a ~ on** *Am. E.*, *coll.* estar pedo. **to ~ up** cargar.

loader [louder] cargador.

loading ['loudɪŋ] *n.* carga *f.* ‖ **~ dock** *Am.E.* muelle de carga.

loaf¹ [louf](pl.: loaves) *n.* pan *m.* ‖ **large round ~** (of bread) hogaza *f.*

loaf² [louf] *v. intr.* holgazanear; haraganear.

loafer ['loufər] *n.* gandul *m.*; holgazán *m.* ‖ **loafers** *n. pl.*, *Am. E.* (shoes) mocasines *m.*

loan [loun] *n.* **1.** préstamo *m.* ‖ *v. tr. & intr.* **2.** prestar. ‖ **~ translation** *Ling.* calco *m.* **~ word** *Ling.* préstamo *m.*

loathe ['louð] *v. tr.* aborrecer; detestar.

loathing ['louðɪŋ] *n.* (hate) odio *m.*; aborrecimiento *m.*

lob [lɒb] *n.*, *Sports* globo *m.*

lobe [loub] *n.*, *Anat.* (earlobe) lóbulo *m.*; perilla *f.* (de la oreja).

lobster ['lɒbstər] *n.*, *Zool.* (crustacean) langosta *f.*; bogavante *m.*

local ['loukəl] *adj.* local.

locality [lou'kæləti:] *n.* (town) localidad *f.*; ciudad *f.*

localize, localise (Br.E) ['lɒkəlaɪz] *v. tr.*, *frml.* localizar. ‖ **to be/become localized** (pain) localizarse.

locate ['loukeɪt] *v. tr.* **1.** *frml.* localizar. **2.** (situate) ubicar; situar.

location [lou'keɪʃən] *n.* ubicación *f.*

lock¹ [lɒk] *n.* **1.** (on door) cerradura *f.* **2.** (on canal) esclusa *f.* ‖ *v. tr. & intr.* **3.** cerrar con llave. ‖ **to ~ in** (prisoners) encerrar. **to ~ oneself** encerrarse. **security ~** cerradura de seguridad. **under ~ and key** bajo llave.

lock² ['lɒk] *n.*, *lit.* (of hair) mechón *m.*

locker ['lɒkər] *n.* (small closet) taquilla *f.* ‖ **~ room** vestuario *m.*

locket ['lɒkɪt] *n.* **1.** (whit photo) medallón *m.* **2.** (with hair) relicario *m.*; guardapelo *m.*

locksmith ['lɒkˌsmɪθ] *n.* cerrajero *m.*

locomotion [ˌloukə'mouʃən] *n.* locomoción *f.*

locomotive [ˌloukə'moutɪv] *n.* (railway engine) locomotora *f.*

locust ['loukəst] *n.* **1.** *Zool.* (insect) langosta *f.* **2.** *Bot.* (tree) acacia blanca.

locution [lou'kju:ʃən] *n.*, *Ling.* locución (phrase) *f.*

lode [loud] *n.*, *Miner.* filón *m.*; veta *f.*

lodge [lɒdʒ] *n.* **1.** *Br.E.* casa de guarda. **2.** (of porter) portería *f.*; garita *f.* **3.** (of beaver) madriguera *f.* **4.** (Mason) logia *f.* ‖ *v. tr.* **5.** (accommodate) alojar; hospedar. ‖ *v. intr.* **6.** (live) alojarse; hospedarse; albergarse.

lodger ['lɒdʒər] *n.* (in hotel, etc.) huésped *m. y f.*; inquilino *m.*

lodging [(lɒdʒɪŋ] *n.* alojamiento *m.*; hospedaje *m.* ‖ **~ house** casa de huéspedes.

loft [lɒft] *n.* **1.** desván *m.*; buhardilla *f.* **2.** *Agr.* (hayloft) pajar *m.* **3.** *Am.E.* (appartment) ático *m.*

lofty ['lɒfti:] *adj.* **1.** (high) elevado. **2.** *fig.* (haughty) altivo; orgulloso.

log [lɒg] *n.* **1.** tronco *m.*; leño *m.* **2.** *Nav.* barquilla *f.* **3.** *Nav.* (book) cuaderno de bitácora. ‖ *v. tr.* **4.** cortar troncos.

logic ['lɒdʒɪk] *n.* lógica *f.*

logical ['lɒdʒɪkəl] *adj.* lógico.

logo ['lougou] *n.* logotipo *m.*

logotype ['lɔ:gəˌtaɪp] *n.* logotipo *m.*

loin [lɔɪn] *n.* **1.** *Gastr.* (pork) lomo *m.* **2.** (pork meat) magro *m.*

loincloth ['lɔɪn,klɒθ] *n.* taparrabo *m.*

lollipop ['lɒlɪpɒp] *n.* **1.** (flat) piruleta *f.* **2.** (elongated and pointed) piruli *m.*

loneliness ['loʊnli:nɪs] *n.* soledad *f.*

lonely [loʊnli:] *adj.* **1.** (person) solo; solitario. **2.** (place) aislado; retirado.

long¹ [lɒŋ] *adj.* **1.** (size, distance) largo. ‖ **a ~ time** mucho tiempo. **as ~ as** mientras; a cambio de que [I won't go with you, as long as you wear that jacket. *No iré contigo mientras lleves esa chaqueta.*] **before ~** en breve. **for ~** mucho tiempo. **in long-term** a largo plazo. **~ after** mucho después [She left long after. *Ella se marchó mucho después.*] **~ ago** antaño. **no longer** ya no [It no longer exists. *Ya no existe.*]

long² [lɒŋ] *v. intr.* (for, after, to) **1.** añorar. **2.** (yearn) anhelar; ansiar.

long-distance [,lɒŋ'dɪstəns] *adj.* **1.** de larga distancia. ‖ *n.* **2.** (call, bus) interurbano.

longer ['lɒŋgər] *adv.* más.

longing ['lɒŋɪŋ] *n.* **1.** (desire) anhelo *m.*; deseo *m.*; ansia *f.* **2.** (nostalgia) añoranza *f.*; nostalgia *f.*

longitude ['lɒndʒətu:d] *n., Geogr.* longitud *f.*

longitudinal ['lɒndʒətu:dənəl] *adj.* longitudinal.

long-legged ['lɒŋ'legɪd] *adj.* zancudo.

long-range ['lɒŋ,reɪndʒ] *adj.* (misiles) de gran alcance.

long-suffering [,lɒŋ'sʌfərɪŋ] *adj.* (uncomplaining) sufrido; resignado.

longwise, longways ['lɒŋweɪz] *adv.* a lo largo de.

look [lʊk] *n.* **1.** (glance) mirada *f.*; vistazo *m.* **2.** (appearance) aspecto *m.*; facha *f.*

fam.; pinta *f.* **3.** (expression) cara *f.* ‖ *v. intr.* **4.** mirar. **5.** (seem) parecer. ‖ **look! *interj.*** **6.** ¡mira! ‖ **to ~ after** cuidar de; atender; mirar por. **to ~ at** mirar. (consider) enfocar. **to ~ at each other** mirarse. **to ~ for** buscar. **~ forward** esperar (con ansia). **to ~ like** parecerse a. **~ out!** ¡cuidado! **to ~ up** (in a dictionary) buscar. **to take a quick ~** echar un ojo.

lookout ['lʊkaʊt] *n.* **1.** vigía *m. y f.* **2.** (place) atalaya *f.*

loom [lu:m] *n.* (machine) telar *m.*

loony or looney ['lu:ni:] *n., coll.* majareta *m. y f.*; chiflado *m.*

loop [lu:p] *n.* **1.** lazo *m.* **2.** *Comput.* bucle *m.* **3.** (in sewing) presilla *f.*

loophole ['lu:phoʊl] *n.* **1.** *Mil.* (in wall) aspillera. **2.** *Law, fig.* evasiva.

loose [lu:s] *adj.* **1.** flojo; holgado. **2.** (not secure) suelto. ‖ *v. tr.* **3.** (wrath, violence) desatar.

loose-fitting ['lu:s,fɪtɪŋ] *adj.* (clothes) ancho; holgado.

loosen ['lu:sən] *v. tr.* **1.** aflojar; soltar. **2.** (untie) desatar. ‖ *v. intr.* **3.** aflojarse. **4.** (become untied) desatarse.

looseness ['lu:sənɪs] *n.* **1.** soltura *f.* **2.** (clothing) holgura *f.*

loot [lu:t] *n.* botín *m.*

lop ['lɒp] *v. tr.* podar.

loquacious [ləkweɪʃəs] *adj., frml.* (talkative) locuaz; hablador.

lord [lɔ:rd] *n.* (nobleman) lord *m.* ‖ **Lord's prayer** *Rel.* padrenuestro *m.*

lordship ['lɔ:rdʃɪp] *n.* señoría *f.*

lorry ['lɒri:] *n., Br. E.* camión *m.*

lose [lu:z](p.t. and p.p. lost) *v. tr.* perder. **to ~ one's hair** perder el pelo. **to ~ one's looks** desmejorar. **to ~ one's voice** quedarse afónico.

loss [lɒs] *n.* **1.** pérdida *f.*; extravío *m.* **2.** (of hair) caída *f.* ‖ **to be a dead ~** *coll.* ser un caso perdido. **dead ~** *fam.* (person) trasto *m.*; desastre *m.* **to be at a ~** estar desorientado.

lost [lɒst] *adj.* perdido. ‖ **to get ~** extraviarse; perderse. **get ~ !** ¡olvídame!

lot [lɒt] *n.* **1.** (in an auction) lote *m.* **2.** *Am.E.* (plot) solar *m.*; parcela *f.* ‖ **a ~** mucho [Don't buy more cheese, there is a lot in the fridge. *No compres más queso, hay mucho en el frigorífico.*] mucho [He sleeps a lot. *Duerme mucho.*] **a ~ of** mucho [I've read a lot of books during the summer. *He leído muchos libros durante el verano.*] **not a ~** poco [He did not speak a lot. *Habló poco.*] **what a ~ of** qué de; cuánto [What a lot of people! *¡Qué de gente!*]

lotion ['loʊʃən] *n.* loción *f.*; potingue *m. pey.*; mejunje *m. pey.*

lottery ['lɒtəri:] *n.* lotería *f.*; loto *f. fam.*

lotus ['loʊtəs] *n., Bot.* loto *m.*

loud [laʊd] *adj.* **1.** (voice) alto. **2.** (noise) fuerte. **3.** (noisy) ruidoso. **4.** (color, clothes) vistoso; llamativo; estridente. ‖ *adv.* **5.** alto [Don't talk so loud. *No hables tan alto.*]

loudly ['laʊdli:] *adv.* alto [Don't talk so loudly. *No hables tan alto.*]

loudspeaker ['laʊd,spi:kər] *n.* altavoz *m.*; megáfono *m.*

lounge [laʊndʒ] *n. Br. E.* salón *m.* ‖ **departure ~**(at an airport) sala de espera.

louse [laʊs](pl.: lice) *n., Zool.* piojo *m.* ‖ **plant ~** *Zool.* (insect) pulgón *m.*

lout [laʊt] *n.* gamberro *m.*; patán *m.*

lovable ['lʌvəbəl] *adj.* adorable.

love [lʌv] *n.* **1.** amor *m.*; cariño *m.* **2.** (in tennis) cero. ‖ *v. tr.* **3.** amar; querer.

‖ *form.* **4.** (in a letter) un abrazo. ‖ **to be in ~ with** estar enamorado de. **in ~** enamorado. **~ affair** amorío *m.* **~ at first sight** flechazo *m.* **to ~ each other** amarse. **to make ~** hacer el amor. **to fall in ~** enamorarse; prendarse. **to win the ~ of** enamorar.

loveliness ['lʌvlinis] *n.* (beauty) hermosura *f.*; preciosidad *f.*

lovely ['lʌvli:] *adj.* **1.** hermoso; bonito. **2.** (charming) encantador. ‖ **~ person** monada *f. col.*

lover ['lʌvər] *n.* **1.** amante *m.*; enamorado *m.* **2.** (fan) aficionado *m.*; amigo *m.* ‖ **to become lovers** liarse.

loving ['lʌviŋ] *adj.* (affectionate) cariñoso; entrañable; afectuoso.

low[1] [loʊ] *adj.* **1.** bajo. **2.** (figure) pequeño. **3.** (price) ajustado. ‖ *adv.* **4.** bajo. **5.** (speak) bajo. ‖ **in a ~ voice** en voz baja. **to feel ~** sentirse deprimido.

low[2] [loʊ] *v. intr.* (cow) mugir.

low-calorie ['loʊ,kæləri:] *adj.* (food) light; bajo en calorías.

lower ['loʊər] *adj.* (comp. of "low") **1.** inferior. ‖ *v. tr.* **2.** (reduce) bajar; rebajar. **3.** (blind, flag, music) bajar. **4.** (head) agachar. **5.** *Nav.* (flag, sails) arriar. ‖ **to ~ oneself** rebajarse.

lowering ['loʊəriŋ] *adj.* **1.** ceñudo. **2.** (weather) nublado; encapotado.

lowest ['loʊist] *adj.* (super. of "low") ínfimo *form.* mínimo.

low-tar ['loʊtɑ:r] *adj.* (cigarettes) light.

loyal ['lɔiəl] *adj.* leal; fiel.

loyalty ['lɔiəlti:] *n.* lealtad *f.*; fidelidad *f.*

lubricant ['lu:brəkənt] *n.* lubricante *m.*

lubricate ['lu:brəkeit] *v. tr.* **1.** lubricar. **2.** (engine) engrasar.

lubricating ['lubrəkeitiŋ] *adj.* lubricante.

lucid ['lu:sɪd] *adj.* lúcido.

lucidity [lu:'sɪdəti:] *n.* lucidez *f.*

luck [lʌk] *n.* suerte *f.*; fortuna *f.*; ventura *f.* ‖ **bad** ~ mala suerte. **to be in** ~ estar de suerte. **by pure** ~ *fam.* de chiripa.

lucky ['lʌki:] *adj.* (person) fortunado; feliz. ‖ **good** ~ **!** ¡buena suerte; **to be** ~ tener buena suerte; tener buena estrella.

lucrative ['lu:krətɪv] *adj.* lucrativo.

ludicrous ['lu:dəkrəs] *adj.* absurdo.

ludo ['lʊdoʊ] *n., Br.E.* (game) parchís *m.*

luggage ['lʌgɪdʒ] *n., Br.E.* equipaje *m.* ‖ **left** ~ consigna *f.* ~ **rack** *Car* baca *f.*; portaequipajes *m. inv.*

lukewarm ['lu:k̬wɔ:rm] *adj.* (water) tibio; templado.

lull ['lʌl] *n.* **1.** calma *f.* ‖ *v. tr.* **2.** calmar; sosegar. ‖ **to** ~ **to sleep** arrullar; adormecer.

lullaby ['lʌləbaɪ] *n.* nana *f.*

lumber ['lʌmbər] *n.* **1.** *Br.E.* trastos viejos. **2.** *Am. E.* (timber) madera *f.* ‖ ~ **room** *Am. E.* trastero *m.*

luminous ['lu:mənəs] *adj.* luminoso.

lump [lʌmp] *n.* **1.** (of sugar) terrón *m.* **2.** *Med.* bulto *m.*; hinchazón *m.* **3.** (on the head) chichón *m.* **4.** (in sauce) grumo *m.* ‖ ~ **it** *coll.* aguantarse [If you don't like it, you can lump it. *Si no te gusta, te aguantas.*] **soft** ~ (dough) plasta *f.*

lunar ['lu:nər] *adj.* lunar.

lunatic ['lu:nətɪk] *adj.* **1.** loco; lunático. ‖ *n.* **2.** loco *m.*; demente *m.*

lunch [lʌntʃ] *n.* **1.** comida *f.*; almuerzo *m.* ‖ *v. intr.* **2.** almorzar. ‖ **to have** ~ almorzar. ~ **box** *Br.E.* fiambrera *f.*; tartera *f.* ~ **pail** *Am.E.* tartera *f.* ~ **time** mediodía *m.*

luncheon ['lʌntʃən] *n., frml.* (lunch) almuerzo *m.*; comida *f.*

lung [lʌŋ] *n., Anat.* pulmón *m.*

lure [lʊr] *n.* **1.** anzuelo *m.*; cebo *m.* **2.** (for birds) reclamo *m.*

lurk [lɜ:rk] *v. intr.* **1.** acechar; merodear. **2.** (hidden) esconderse.

lust [lʌst] *n.* **1.** (sexual desire) lujuria *f.* **2.** (greed) codicia *f.* ‖ *v. intr.* **3.** codiciar; desear.

luster, lustre (Br.E) ['lʌstər] *n.* (gloss) lustre *m.*; brillo *m.*

lustful ['lʌstfəl] *adj.* lujurioso; lascivo.

lustrum ['lʌstrəm] *n., frml.* lustro *m.*

lute [lu:t] *n. Mus.* laúd *m.*

Lutheran ['lʌθərən] *adj. & n., Rel.* luterano *m.*

Luxembourger ['lʌksəmbɔ:rger] *n.* luxemburgués *m.*

Luxembourgian ['lʌksəmbɔ:rgerən] *adj.* luxemburgués.

luxuriance [lʌg'ʒʊriəns] *n.* lozanía *f.*

luxuriant [lʌg'ʒʊriənt] *adj.* exuberante.

luxurious [lʌg'ʒʊriəs] *adj.* lujoso; fastuoso; de lujo.

luxury ['lʌkʃəri:] *n.* lujo *m.*

lycra ['lɪkrə] *n. f.* licra *f.*; lycra *f.*

lying ['laɪɪŋ] *adj.* **1.** embustero; mentiroso. ‖ *n.* **2.** mentira *f.*

lynch ['lɪntʃ] *v. tr.* linchar.

lynx ['lɪŋks] *n., Zool.* lince *m.*

lyre ['laɪr] *n., Mus.* lira *f.*

lyric ['lɪrɪk] *adj.* lírico. ‖ ~ **poet** lírico *m.* ~ **poetry** lírica *f.*

lyrical ['lɪrɪkəl] *adj.* lírico.

lyricist ['lɪrɪsɪst] *n.* letrista *m. y f.*

M

m [em] *n.* (letter) m *f.*

mac [mæk] *n., Br. E., coll.* (raincoat) impermeable *m.*

macabre [məˈkɑːbrə, məˈkɑːbər] *adj.* (sinister) macabro; siniestro.

macaque [məˈkæk] *n., Zool.* macaco *m.*

macaroni [ˌmækəˈrouniː] *n., Gastr.* (pasta) macarrón *m.*

macaroon [ˌmæˈkəruːn] *n., Gastr.* (biscuit) macarrón *m.*

mace [meɪs] *n.* (weapon) maza *f.*

machete [məˈʃeˌtiː] *n.* machete *m.*

machine [məˈʃiːn] *n.* máquina *f.* ‖ **~ operator** maquinista *m. y f.* **threshing ~** *Agr.* trilladora *f.*

machinery [məˈʃiːnəriː] *n.* **1.** (machine) maquinaria *f.*; artilugio *f.* **2.** (working) mecanismo *m.*

machinist [məˈʃiːnɪst] *n.* (operator) maquinista *m. y f.*; operario *m.*

macho [ˈmætʃou] *adj.* (virile) macho; viril; varonil.

mackerel [ˈmækərəl] *n., Zool.* (fish) caballa *f.*

mad [mæd] *adj.* **1.** loco. **2.** (perro) frenético. ‖ **to drive sb ~** volver loco. **to get ~** mosquearse. cabrearse.

madam [ˈmædəm] *n.* (crazy) señora *f.*

madcap [ˈmædˌkæp] *adj.* descabellado; disparatado; alocado.

madden [ˈmædən] *v. tr.* (drive crazy) enloquecer; volver loco; enfurecer.

madhouse [ˈmædhaʊs] *n., coll.* manicomio *m.*; casa de locos *col.*

madness [ˈmædnɪs] *n., Med.* locura *f.*; delirio *m.*; demencia *f.*

Mafia [ˈmæfɪə] *n.* mafia *f.*

magazine [ˌmægəˈziːn] *n.* **1.** revista *f.* **2.** *Mil.* polvorín *m.* **3.** (on gun) cargador *m.* ‖ **fashion ~** figurín *m.* **~ rack** revistero *m.*

Maghrebi or Maghribi [ˈmægrəbi] *adj. & n.* magrebí *m. y f.*

magic [ˈmædʒɪk] *adj.* **1.** (powers, numbers) mágico. ‖ *n.* **2.** magia *f.* ‖ **~ spell** hechizo *m.*; encanto *m.*

magical [ˈmædʒɪkəl] *adj.* (beauty, place) mágico.

magician [məˈdʒɪʃən] *n.* **1.** (wizard) mago *m.* **2.** (conjurer) prestidigitador *m.*

magisterial [ˌmædʒəˈstɪrɪəl] *adj., frml.* (attitude, tone) magistral.

magistrate [ˈmædʒəstreɪt] *n. Law* (justice of peace) magistrado *m.*; juez *m.*

magnate [ˈmægneɪt, ˈmægnɪt] *n.* magnate *m. y f.*; potentado *m.*

magnet [ˈmægnɪt] *n.* imán *m.*

magnetic [mægˈnetɪk] *adj.* **1.** magnético. **2.** *fig.* (person) carismático. ‖ **~ field** campo magnético.

magnetism [ˈmægnəˌtɪzəm] *n.* magnetismo *m.*; fuerza *f.*

magnetize, magnetise (Br.E) [ˈmægnətaɪz] *v. tr.* magnetizar; imantar.

magnificent [mægˈnɪfəsənt] *adj.* (impresive) magnífico; grandioso.

magnify [ˈmægnɪˌfaɪ] *v. tr.* aumentar; incrementar; ampliar.

magnitude [ˈmægnəˌtuːd] *n.* magnitud *f.*; grandeza *f.*

magnolia [mægˈnoʊljə] *n., Bot.* (flower) magnolia *f.*

magpie [ˈmægˌpaɪ] *n.* **1.** *Zool.* (bird) urraca *f.* **2.** *Am. E., fig.* cotorra *f.*

mahogany [məˈhɒgəniː] *n.* **1.** *Bot.* caoba *f.* **2.** (wood) caoba. **3.** (color) caoba *m.*

maid [meɪd] *n.* **1.** asistenta *f.* ; criada; sirvienta *f.* **2.** *lit.* (young girl) doncella *f.* ‖ **old ~** solterona *f.*

maiden ['meɪdən] *n.* **1.** *lit.* (young girl) doncella *f.*; muchacha *f.* ‖ **~ name** apellido de soltera.

mail[1] [meɪl] *n.* **1.** *Am. E.* correo *m.*; correspondencia *f.* ‖ *v. tr.* **2.** (sent) enviar por correo. **3.** (post) echar al correo. ‖ **air ~** correo aéreo. **~ order** venta por correo. **~ train** tren correo.

mail[2] [meɪl] *n.* (of armor) malla *f.* ‖ **coat of ~** cota de malla.

mailbox ['meɪlbɒks] *n., Am. E.* buzón *m.* ‖ **voice ~** buzón de voz.

mailman ['meɪlmən] *n., Am. E.* cartero *m.*

main [meɪn] *adj.* **1.** (idea, door) principal; esencial. **2.** (street) mayor. ‖ **in the ~** por regla general

maintain [meɪn'teɪn] *v. tr.* **1.** mantener. **2.** (in good condition) conservar; guardar. ‖ *v. intr.* **3.** mantenerse.

maintenance ['meɪntənəns] *n.* **1.** mantenimiento *m.* **2.** *Law* (allowance) manutención *f.*

maize [meɪz] *n., Br. E., Bot.* maíz *m.*

majestic [mə'dʒestɪk] *adj.* majestuoso.

majesty ['mædʒəsti:] *n.* Majestad *f.*

major ['meɪdʒər] *adj.* **1.** mayor; principal. **2.** *Mil.* comandante *m.*

majorette [meɪdʒə'ret] *n.* majorette *f.*

majority [mə'dʒɒrɪti:] *n.* mayoría *f.*

make [meɪk] *n.* **1.** (brand) marca. ‖ *v. tr.* (p.t. and p.p. made) **2.** (produce) hacer. **3.** (manufacture) confeccionar. **4.** (friends, money) hacer. ‖ **to ~ a mistake** cometer un error. **to ~ a move** dar un paso. **to ~ angry** enfadar; enojar. **~ faces** hacer muecas. **to ~ good ~ known** dar a conocer. **to ~ oneself up** maquillarse. **to ~ out** divisar; distinguir. **to ~ sense** tener sentido. **to ~ up** (dress) confeccionar. (with cosmetics) pintarse; maquillar.

‖ (constitute) integrar. **to ~ use of** utilizar; emplear. **to ~ way** abrir paso.

makeup ['meɪkʌp] *n.* **1.** maquillaje *m.*; cosmético *m.* **2.** (composition) composición *f.* ‖ **~ remover** desmaquillador *m.* **to put make-up on** maquillarse.

making ['meɪkɪŋ] *n.* **1.** (production) fabricación *f.* **2.** (of clothes) confección *f.*

maladjustment [mælə'dʒʌstmənt] *n.* inadaptación *f.*

maladministration [mælədmɪnəs'treɪʃən] *n.* mala administración *f.*

malady ['mælədi:] *n., Med.* (illness) mal *m.*; enfermedad *f.*

malaria [mə'leriə] *n., Med.* malaria *f.*; paludismo *m.*

male [meɪl] *adj.* **1.** (person) varonil. **2.** *Zool.* (animal) macho. **3.** *Biol.* masculino. ‖ *n.* **4.** (man) varón *m.* **5.** *Zool.* (animal) macho *m.*

male chauvinism ['meɪl'ʃoʊvənɪzəm] *sust. phr.* machismo *m.*

male chauvinist ['meɪl'ʃoʊvənəst] *adj. & n. phr.* machista *m.*

malediction [mælə'dɪkʃən] *n.* (curse) maldición *f.*

malevolent [mə'levələnt] *adj.* malévolo; perverso; malvado.

malfunction [mæl'fʌŋkʃən] *n.* fallo *m.*; mal funcionamiento. ‖ **to cause a ~** averiar.

malice ['mælɪs] *n.* malicia *f.*

malicious [mə'lɪʃəs] *adj.* malicioso.

malign [mə'laɪn] *adj.* **1.** (influence) maligno. ‖ *v. tr.* **2.** calumniar; difamar.

malignant [mə'lɪgnənt] *adj.* **1.** (person) malvado. **2.** (influence) perverso. maligno;

mall [mɔːl] *n.* **1.** *Am. E.* (for shopping) centro comercial. **2.** (avenue) bulevar *m.*

malleable ['mæləbəl] *adj.* **1.** maleable. **2.** *fig.* (person) manejable; dócil.

mallet ['mælɪt] *n.* (tool) mazo *m.*

mallow ['mælou] *n., Bot.* malva *f.*

malnutrition [,mælnu:'trɪʃən] *n., Med.* (undernourishment) desnutrición *f.*

malt [mɒlt] *n.* (cereal) malta *m.* ‖ **~ whisky** whisky de malta.

maltreat [,mæl'tri:t] *v. tr.* maltratar.

mammal ['mæməl] *n., Zool.* mamífero *m.*

mammalian [mæ'melɪən] *adj.* mamífero.

mammoth ['mæməθ] *n., Zool.* mamut *m.*

man [mæn] (pl.: men) *n.* **1.** varón *m.*; hombre *m.* ‖ *v. tr.* **2.** tripular. ‖ **best ~** (wedding) padrino (de boda) *m.* **fellow ~** prójimo *m.* **old ~** viejo *m.* **right-hand** *fig.* brazo derecho. **young ~** joven *m.*

manacle ['mænɪkəl] *v. tr.* esposar.

manage ['mænɪdʒ] *v. tr.* **1.** dirigir; gestionar. **2.** (property) administrar. **3.** (money) manejar. ‖ *v. intr.* **4.** componérselas; ingeniárselas; manejarse [I can manage, thanks. *Ya puedo, gracias.*]

management ['mænɪdʒmənt] *n.* **1.** (of an enterprise) dirección; administración; gerencia *f.* **2.** (people in charge) gobierno *m.* **3.** (handling) manejo *m.*

manager ['mænədʒər] *n.* **1.** gerente *m.*; manager *m. y f. angl.* **2.** *Sports* director *m.* **3.** (of estate) administrador. ‖ **manager's office** gerencia *f.* **post of ~** (position) gerencia *f.*

managing ['mænɪdʒɪŋ] *adj.* directivo. ‖ **~ editor** redactor jefe.

mandarin ['mændərɪn] *n., Bot.* (fruit) mandarina *f.*

mandate ['mændeɪt] *n., Law* mandato *m.*; orden (judicial) *m.*

mandolin ['mændəlɪn] *n., Mus.* mandolina *f.* ‖ **type of ~** *Mus.* (with 6 pairs of strings) bandurria *f.*

mane [meɪn] *n.* **1.** (of horse) crin *f.* **2.** (of lion) melena *f.*

man-eater ['mæni:tər] *n.* caníbal *m.*

maneuver, manoeuvre (Br.E) [mə'nu:vər] *n.* **1.** maniobra *f.* **2.** *Mil.* evolución *f.* ‖ *v. tr.* **3.** maniobrar. ‖ *v. intr.* **4.** maniobrar [I had to maneuver to park in this street. *Tuve que maniobrar para aparcar en esta calle.*] **5.** *Mil.* maniobrar. ‖ **maneuvers** *n. pl.* **6.** maniobras *f.*

mange [meɪndʒ] *n., Vet.* sarna *f.*; roña *f.* (del ganado).

manger ['meɪndʒər] *n.* (trough) pesebre *m.*; comedero *m.*

mango ['mæŋgou] *n., Bot.* (fruit) mango *m.* ‖ **~ tree** *Bot.* mango *m.*

mania ['meɪnɪə] *n.* **1.** *Med.* manía *f.* **2.** *fig.* (obsession) obsesión *f.*

maniac ['meɪnɪæk] *adj. & n.* maníaco *m.*

manic ['mænɪk] *adj. & n., Med.* maníaco *m.* ‖ **sex ~** obseso sexual.

manicure ['mænɪkjur] *n.* manicura *f.*

manifest ['mænəfest] *adj.* **1.** manifiesto; evidente. **2.** *Nav.* manifiesto *m.* ‖ *v. tr.* **3.** manifestar. ‖ **~ depression** depresión maníaca.

manifesto [,mænə'festou] (pl.: -s or -es) *n., Polit.* manifiesto *m.*; declaración *f.*

manifold ['mænə,fould] *adj.* múltiples.

manipulate [mə'nɪpjə,leɪt] *v. tr.* (handle) manipular; manejar.

mankind [mæn'kaɪnd] *n.* humanidad *f.*; género humano.

manly ['mænli:] *adj.* varonil; viril; macho.

manna ['mænə] *n.* maná *f.*

mannequin ['mænɪkɪn] *n.* (in shop window, model) maniquí *m. y f.*

manner ['mænər] n. 1. (way of behaving) trato m. 2. (way) manera f.; modo m. ‖ **manners** n. pl. 3. maneras f. pl.; modales m. pl.; educación f. 4. (of people) costumbres f. pl.

mannerly ['mænərli:] adj. cortés.

man-of-war ['mænbv,wɔ:r] n., Nav. (ship) buque de guerra.

mansion ['mænʃən] n. (house) mansión f.; palacio m.

manslaughter ['mæn,slɔ:tər] n., Law (involuntary) homicidio m.; asesinato m. (involuntario).

mantilla [,mæn'tɪlə] n. (for woman) mantilla f.; chal m.

mantle ['mæntəl] n. manto m.

manual ['mænjuəl] adj. 1. manual. ‖ n. 2. (handbook) manual m.

manufacture [,mænjə'fæktʃər] n. 1. fabricación f.; manufactura f. 2. (of clothes) confección f. 3. (production) fábrica f. ‖ v. tr. 4. fabricar; manufacturar.

manure [mə'njur] n. 1. estiércol m. ‖ v. tr. 2. (field) estercolar; abonar.

manuscript ['mænjəs,krɪpt] adj. 1. frml. manuscrito. ‖ n. 2. (handwritten) manuscrito m.

many ['meni:] adj. 1. (count. n.) (sometimes preceded by "a great" or "a good") mucho [There were many cars parked in front of your house. Había muchos coches aparcados frente a tu casa.] ‖ pron. 2. mucho [Many criticized the film. Muchos criticaron la película.]

map [mæp] n. 1. (of a country, city) mapa m. 2. (of tube) plano m. ‖ ~ **of the world** mapamundi m.

marabunta [mærə'bu:ntə] n. marabunta f.

maraca [mə'rækə] n., Mus. maraca f.

marathon ['mærəθɒn] n., Sports (race) maratón m.

maraud [mə'rɔ:d] v. intr., Mil. merodear.

marble ['mɑ:rbəl] n. 1. mármol m. 2. (game) canica f. [I like to play marbles. Me gusta jugar a las canicas.]

March [mɑ:rtʃ] n. marzo m.

march [mɑ:rtʃ] n. 1. marcha f. 2. Mil. desfile m. ‖ v. intr. 3. Mil. marchar. ‖ ~ **past** Mil. desfilar.

mare [mer] n., Zool. yegua f.

margarine ['mɑ:rdʒərɪn] n. margarina f.

margarita [mɑ:rgə'ri:tə] n. (cocktail) margarita f.

margin ['mɑ:rdʒɪn] n. 1. (of paper) margen amb. 2. fig. límite.

marginalize, marginalise (Br.E) ['mɑ:rdʒənəlaɪz] v. tr. marginar.

marginalized ['mɑ:rdʒənə,laɪzd] adj. marginado; apartado.

marguerite ['mɑ:rgə,ri:t] n., Bot. (big daisy) margarita f.

mariachi [,mɑ:r'ɑtʃi:] n., Mus. (Mexican musician) mariachi m.

marijuana or marihuana [,mærə'wɑ:nə] n., Bot. marihuana f.

marinate or marinade ['mærə,neɪt] v. tr., Gastr. adobar; marinar.

marine [mə'ri:n] adj. 1. marino; marítimo. ‖ n. 2. Mil. soldado de marina.

marital ['mærətəl] adj. conyugal; marital.

maritime ['mærə,taɪm] adj. marítimo.

mark¹ [mɑ:rk] n. 1. marca f. 2. (stain) mancha f. 3. (imprint) huella f. 4. (sign) señal f. 5. Ling. signo m. 6. Br. E. nota f.; puntuación f.; calificación f. 7. (spot) pinta f. ‖ v. tr. 8. marcar; señalar. 9. Br. E. (an exam) puntuar; calificar. ‖ **exclamation** ~ Br.E. admiración f. **to** ~ **down** apuntar; anotar.

mark² [mɑːrk] *n., Econ.* (former German unit of currency) marco *m.*

marker ['mɑːrkər] *n.* **1.** (to show position) indicador *m.*; marcador *m.* **2.** (felttip pen) rotulador *m.*

market ['mɑːrkɪt] *n.* **1.** mercado *m.* **2.** (stock market) bolsa *f.* (de valores). **3.** (square) plaza *f.* (del mercado). ‖ *v. tr.* **4.** vender. ‖ **black ~** mercado negro. **flea ~** rastro *m.* **street ~** mercadillo *m.*

marketplace ['mɑːrkɪt,pleɪs] *n.* (exchange) lonja *f.*; mercado *m.*

marksman ['mɑːrksmən] *n.* tirador.

marmalade ['mɑːrmə,leɪd] *n.* mermelada de naranja (cítricos).

marmot ['mɑːrmət] *n., Zool.* marmota *f.*

maroon [mə'ruːn] *adj.* (color) granate *m.*

marriage ['mærɪdʒ] *n.* **1.** (institution) matrimonio *m.* **2.** (wedding) boda *f.*; enlace *m.* ‖ **civil ~** matrimonio civil. **~ certificate** certificado de matrimonio. **~ of convenience** matrimonio de conveniencia.

marriage-contracting ['mærɪdʒ ,kɒn'træktɪŋ] *adj.* contrayente.

married ['mærɪd] *adj.* casado. ‖ **~ name** apellido de casada. **to get ~** casarse; desposarse.

marrow ['mærou] *n.* **1.** *Anat.* médula *f.*; tuétano *m.* **2.** (nature) esencia *f.* **3.** *Bot.* (vegetable) calabacín *m.*

marry ['mæri:] *v. tr.* **1.** (couple) casarse. **2.** (perform the ceremony) casar. ‖ *v. intr.* **3.** contraer matrimonio.

marsh [mɑːrʃ] *n.* **1.** *Geogr.* pantano *m.* **2.** *Geogr.* (on coast) marisma *f.*

marshal ['mɑːrʃəl] *n., Mil.* mariscal *m.*

marshy ['mɑːrʃiː] *adj., Geogr.* pantanoso.

mart [mɑːrt] *n.* mercado *m.*

martial ['mɑːrʃəl] *adj.* marcial. ‖ **~ law** ley marcial.

Martian ['mɑːrʃən] *adj. &* n. marciano *m.*

martin ['mɑːrtɪn] *n., Zool.* (bird) vencejo *m.*; avión *m.*

martyr ['mɑːrtər] *n.* **1.** mártir *m. y f.* ‖ *v. tr.* **2.** martirizar; torturar.

martyrdom ['mɑːrtər,dəm] *n.* (death) martirio *m.*; tortura *f.*

marvel ['mɑːrvəl] *n.* **1.** maravilla *f.*; prodigio *m.* ‖ *v. intr.* **2.** maravillarse.

marvelous, marvellous (Br.E) ['mɑːrvələs] *adj.* maravilloso; estupendo. ‖ **how ~ !** ¡qué bien!

Marxism ['mɑːrk,sɪzəm] *n., Polit.* marxismo *m.*

marzipan ['mɑːrz,pæn] *n., Gastr.* (sweet) mazapán *m.*

mascot ['mæskɒt] *n.* (amulet) mascota *f.*

masculine ['mæskjəlɪn] *adj.* **1.** masculino. ‖ *n.* **2.** *Ling.* masculino *m.*

mash [mæʃ] *n.* **1.** *Br.E., coll.* puré de patatas. ‖ *v. tr.* **2.** triturar; machacar.

mask [mæsk] *n.* **1.** máscara *f.* **2.** *Med.* (cosmetics) mascarilla *f.* **3.** (disguise) careta; antifaz. ‖ *v. tr.* **4.** enmascarar. **5.** (conceal) encubrir. ‖ **gas ~** máscara de gas. **to put on a ~** enmascararse.

masked ball ['mɑːskt,bɔːl] *n.* baile de máscaras; baile de disfraces.

masochism ['mæsə,kɪzəm] *n.* masoquismo *m.*

mason ['meɪsən] *n.* **1.** (bricklayer) albañil *m.* **2.** (freemason) masón *m.*

masonry ['meɪsnriː] *n.* **1.** (bricklayer) albañilería. **2.** (rubblework) mampostería *f.*

mass¹ [mæs] *n., Rel.* misa *f.* ‖ **to go to ~** oír misa. **High Mass** misa mayor. **Requiem ~** misa de difuntos. **to say ~** decir misa.

mass² [mæs] *n.* **1.** masa *f.* **2.** (bulk) mole *f.* ‖ *v. intr.* **3.** concentrarse; apelotonarse. ‖ **~ production** producción en serie. **the masses** el vulgo; la multitud.

massacre ['mæsəkər] *n.* (slaughter) masacre *f.*; carnicería *f.*

massage ['mæsɑ:ʒ] *n.* **1.** masaje *m.*; fricción *f.* ‖ *v. tr.* **2.** dar masaje; friccionar.

massif ['mæsɪf] *n.*, *Geogr.* macizo *m.*

mast [mæst] *n.* **1.** *Nav.* mástil *m.*; palo *m.* **2.** (radio, TV) árbol de transmisión.

master ['mɑːstər] *n.* **1.** amo. **2.** (of a house) señor. **3.** (of animal, servant) dueño *m.* **4.** (teacher) maestro *m.*; profesor *m.* **5.** *arch.* señorito *m.* ‖ *v. tr.* **6.** dominar. ‖ **master's degree** máster *m.*

masterful ['mɑːstərfəl] *adj.* dominante.

masterly ['mæstərli:] *adj.* **1.** (performance, book) magistral. ‖ *adv.* **2.** magistralmente; con maestría.

masterpiece ['mæstər,piːs] *n.* (film, painting, book) obra maestra.

mastery ['mæstəri:] *n.* **1.** (expertise, skill) maestría *f.* **2.** (control) dominio *m.*

masthead ['mæst,hed] *n.* **1.** (of a journal) cabecera *f.* **2.** *Nav.* tope *m.*

masticate [mæstɪ,keɪt] *v. tr. & intr.*, *frml.* (chew) masticar; mascar.

mastiff ['mæstɪf] *n.*, *Zool.* (dog) mastín *m.*

mastodon ['mæstə,dɒn] *n.* (giant) mastodonte *m.*; gigante *m.*

masturbate ['mæstərbeɪt] *v. intr.* **1.** masturbarse. ‖ *v. tr.* **2.** masturbar.

mat¹ [mæt](p.t. and p.p. -tted) *n.* **1.** (rushmat) estera *f.* **2.** (doormat) felpudo *m.* **3.** *Sports* colchoneta *f.* **4.** (for glass) posavasos *m. inv.* ‖ *v. intr.* **5.** (hair) enmarañarse.

mat² [mæt] *adj.* (color) mate.

matador ['mætə,dɔːr] *n.*, *Taur.* matador *m.*; torero *m.*

match¹ [mætʃ] *n.* (for fire) cerilla *f.*; fósforo *m.* ‖ **box of matches** caja de cerillas.

match² [mætʃ] *n.* **1.** *Sports* partido *m.*; encuentro *m.* ‖ *v. tr.* **2.** (equal) igualar. **3.** (colors) pegar; casar. **4.** (socks, gloves) emparejar. ‖ *v. intr.* **5.** (harmonize with) hacer juego.

matchless ['mætʃlɪs] *adj.* sin igual; inigualable; sin par.

mate¹ [meɪt] *n.* **1.** *fam.* compañero *m.*; socio *m.* ‖ *v. tr.* **2.** *Zool.* aparear.

mate² [meɪt] *n.* (chess) mate *m.*

material [mə'tɪrɪəl] *adj.* **1.** material. ‖ *n.* **2.** *Econ.* material *m.*; género *m.* **3.** *Tech.* materia *f.* ‖ **building materials** materiales de construcción.

materialist [mə'tɪrɪəlɪst] *n.* materialista *m. y f.*

materialistic [mə,tɪrɪə'lɪstɪk] *adj.* materialista.

materialize, materialise (Br.E) [mə'tɪrɪə,laɪz] *v. tr.* materializar.

maternal [mə'tɜː,məl] *adj.* **1.** (motherly) maternal. **2.** (on mother's side) materno.

maternity [mə'tɜː,nəti:] *n.* maternidad *f.* ‖ **~ dress** vestido premamá. **~ hospital** maternidad *f.*

math, maths (BrE) ['mæθ] *n.*, *coll.* matemática *f.* (usually in pl.).

mathematical [,mæθə'mætɪkəl] *adj.* matemático.

mathematician [,mæθəmæ'tɪʃən] *n.* matemático *m.*

mathematics [,mæθə'mætɪks] *n.* matemática *f.* (often in pl.).

mating ['meɪtɪŋ] *n.*, *Zool.* apareamiento *m.* ‖ **~ season** época de celo

matrimony ['mætrəmoʊni:] *n.* (marriage) matrimonio *m.*

matrix ['meitriks] *n., Math.* matriz *f.*

matt [mæt] *adj.* (color) mate.

matter ['mætər] *n.* **1.** (substance) materia *f.*; substancia *f.* **2.** (question) cuestión *f.*; asunto. ‖ *v. intr.* **3.** (be important) importar. ‖ **as a ~ of fact** en realidad. **~ of** cosa de. **what is the ~ ?** ¿qué pasa?

mattress ['mætris] *n.* colchón *m.* ‖ **spring ~** somier *m.* **straw ~** jergón *m.*

mature [mətʃʊr] *adj.* **1.** (developed, sensible) maduro. **2.** (wine) añejo. ‖ *v. tr.* & *intr.* **3.** (people) madurar.

maturity [mətʃʊrəti: mətʃʊrəti:] *n.* (physical, mentality) madurez *f.*

mausoleum [mɔːsəˈliəm] *n., Archit.* (pantheon) panteón *m.*

mauve [moʊv] *adj.* **1.** (color) malva *inv.* ‖ *n.* **2.** (color) malva *m.*

maw [mɔː] *n., Anat., fam.* (of animal) buche *m.*

mawkishness ['mɔːkiʃnis] *n.* ñoñería *f.*

maxim ['mæksim] *n.* (saying) máxima *f.*; sentencia *f.*

maximum ['mæksəməm] *adj.* **1.** máximo. ‖ *n.* **2.** máximo *m.*; máximum *m.* ‖ **to the ~** al máximo.

May [mei] *n.* mayo *m.*

may [mei](p.t. might) *v. aux.* (possibility, probability, permission) poder; ser posible. ‖ **to be that as ~** *frml.* (nevertheless) sin embargo.

maybe ['meibi:] *adv.* quizá; quizás; tal vez; acaso [Maybe I should go with you. *Tal vez deba acompañarla.*]

mayonnaise ['meɪəneiz] *n., Gastr.* (sauce) mahonesa *f.*; mayonesa *f.*

mayor ['meiər] *n.* alcalde *m.* ‖ **mayor's office** alcaldía *f.*

mayoralty ['meiərəlti:] *n.* alcaldía *f.*

mayoress ['medəkeit] *n.* alcaldesa *f.*

maze [meiz] *n.* laberinto *m.*

me [mi:] *pron. pers. accus. 1st. sing.* **1.** me [He gave me his car. *Me dio su coche.*] **2.** (+ prep.) mí [That present is for me. *Ese regalo es para mí.*] ‖ **with ~** conmigo [He came shopping with me. *Vino de compras conmigo.*]

meadow ['medoʊ] *n., Geogr.* pradera *f.*; prado *m.*

meal[1] [mi:l] *n.* (oats or corn flour) harina *f.*

meal[2] [mi:l] *n.* (food) comida *f.*

mealtime ['mi:l,taim] *n.* hora de comer.

mean[1] [mi:n] (p.t. and p.p. meant) *v. tr.* querer decir; significar.

mean[2] [mi:n] *adj.* **1.** mezquino; **2.** (tight) tacaño, miserable. **3.** (despicable) vil.

mean[3] [mi:n] *adj.* **1.** (average) medio. ‖ *n.* **2.** (average) media *f.*

meaning ['mi:niŋ] *n.* **1.** significado *m.*; significación *f.*; sentido *m.* **2.** (in dictionary) acepción *f.*

meanness ['mi:nnis] *n.* tacañería *f.*; roñosería *f.*; mezquindad *f.*

means [mi:nz] *n. pl.* **1.** (method) medio *m. sing.* **2.** (resources) medios *m.* (de vida). **3.** (of people) posibles *f.*; recursos *m.* (económicos). ‖ **by all ~** ¡por supuesto! **by ~ of** por medio de; mediante. **by no ~** de ningún modo; de ninguna manera.

meantime ['mi:n,taim] *adv.* mientras tanto; entretanto. ‖ **in the ~** mientras tanto; entretanto.

meanwhile ['mi:n,wail] *adv.* mientras tanto; entretanto.

measles ['mi:zəlz] *n., Med.* sarampión *m.* ‖ **German ~** *Med.* rubeola *f.*

measure ['meʒər] *n.* **1.** medida *f.* **2.** *Mus.* compás *m.* ‖ *v. tr.* **3.** medir. **4.** (calculate) graduar; calcular. ‖ **to ~ oneself** medirse.

measurement ['meʒərmənt] *n.* **1.** (act) medición *f. form.* **2.** (dimension) medida *f.*

measuring ['meʒərɪŋ] *n.* medición *f.;* medida *f.*

meat [mi:t] *n.* carne *f.* ‖ **chopped ~** carne troceada. **cold ~** *Gastr.* embutido *m.;* fiambre *m.* **~ pie** *Gastr.* empanada de carne. **minced ~** carne picada.

meatball ['mi:tbɔ:l] *n., Gastr.* albóndiga *f.*

Meccano [me'kɑ:nou] *n.* (game) mecano *m.* •Trademark

mechanic [mə'kænɪk] *n.* (person) mecánico *m.;* técnico *m.*

mechanical [mə'kænɪkəl] *adj.* (automatic) mecánico; automático.

mechanics [mə'kænɪks] *n. sing.* (science) mecánica *f.*

mechanism ['mekə,nɪzəm] *n.* mecanismo *m.;* maquinaria *f.*

medal ['medəl] *n.* **1.** medalla *f.* **2.** (decoration) condecoración *f.*

medallion [mə'dæljən] *n.* medallón *m.*

meddle ['medəl] *v. intr.* entrometerse.

mediate ['mi:dɪeɪt] *v. intr.* mediar.

mediation [,mi:dɪ'eɪʃən] *n.* mediación *f.*

mediator [mi:dɪ'eɪtər] *n.* (intermediary) mediador *m.;* intermediario *m.*

medical ['medɪkəl] *adj.* médico. ‖ **~ certificate** certificado médico.

medication [,medɪ'keɪʃən] *n., Med.* medicación *f.;* tratamiento *m.*

medicinal [mə'dɪsənəl] *adj.* medicinal.

medicine ['medəsən] *n.* **1.** (science, substance) medicina *f.* **2.** (substance) medicamento *m.* ‖ **~ chest/cabinet** botiquín *m.* **practice ~** ejercer la medicina.

medieval [,medɪ'vəl] *adj.* medieval.

mediocre ['mi:dɪ,oukər] *adj.* (ordinary) mediocre; mediano.

meditate ['medɪteɪt] *v. tr. & intr.* (ponder) meditar; reflexionar.

medium ['mi:dɪəm] *adj.* **1.** mediano. ‖ *n.* **2.** (means) medio *m.* **3.** (spiritual intermediary) médium *m.* ‖ **~ wave** (radio) onda media.

medley ['medli:] *n.* **1.** (mixture) mezcla *f.* **2.** *Mus.* popurrí *m.*

medusa [mə'du:sə] *n., Zool.* medusa *f.*

meek [mi:k] *adj.* **1.** (person) manso; dócil. **2.** (humble) humilde.

meekness ['mi:knɪs] *n.* (gentleness) docilidad *f.;* mansedumbre *form.*

meet [mi:t](p.t. and p.p. met) *v. tr.* **1.** (by chance) encontrar. **2.** (know people) conocer. **3.** (hold formal meeting) entrevistarse con. ‖ *v. intr.* **4.** encontrarse. **5.** (hold a formal meeting) entrevistarse. **6.** *Sports* enfrentarse. ‖ **~ accidently** topar. **to ~ somebody** encontrarse con alguien.

meeting ['mi:tɪŋ] *n.* **1.** encuentro *m.* **2.** (of group) reunión *f.;* junta *f.;* asamblea *f.* ‖ **to open the ~** abrir la sesión. **political ~** *Polit.* mitin *m.*

megaphone ['megə,foun] *n.* (loud-hailer) megáfono *m.;* altavoz *m.*

melancholic [melən'kɒlɪk] *adj.* melancólico; triste; afligido.

melancholy ['melən,kɒli:] *adj.* **1.** melancólico. ‖ *n.* **2.** melancolía *f.;* tristeza *f.*

mellow ['melou] *adj.* **1.** maduro. **2.** (voice) pastoso. ‖ *v. tr.* **3.** suavizar.

melodious [mə'loudjəs] *adj.* (tuneful) melodioso; melódico.

melodrama ['melə,drɑ:mə] *n., Film* melodrama *m.*

melody ['melǝdi:] *n.* melodía *f.*

melon ['melǝn] *n., Bot.* melón *m.*

melt [melt] *v. tr.* **1.** derretir. **2.** (metals) fundir. ‖ *v. intr.* **3.** derretirse. **4.** (metals) fundirse. **5.** *fig.* ablandarse.

member ['membǝr] *n.* miembro *m.;* socio *m.* ‖ **to make sb a ~** afiliarse. **to make sb a ~ of sth** afiliar a algn a algo.

membership ['membǝrʃɪp] *n.* conjunto de socios. ‖ **~ card** carné de miembro. **~ fees** cuota *f. sing.*

membrane ['membreɪn] *n.* membrana *f.*

memoir ['memwɑ:r] *n.* **1.** (essay) memoria *f.* ‖ **memoirs** *n. pl.* **2.** (biography) memorias *f.*

memorable ['memǝrǝbǝl] *adj.* (unforgettable) memorable; inolvidable.

memorial [me'mɔ:rǝl] *n.* monumento conmemorativo.

memory ['memǝri:] *n.* **1.** memoria *f.* **2.** (remembrance) recuerdo. ‖ **in ~ of** en memoria de. **loss of ~** *Med.* amnesia *f.*

menace ['menǝs] *n.* **1.** (threat) amenaza *f.* ‖ *v. tr.* **2.** amenazar.

mend [mend] *n.* **1.** remiendo *m.;* apaño *m.* ‖ *v. tr.* **2.** (clothes) remendar; repasar. **3.** (repair) reparar; arreglar. ‖ **to be on the ~** ir mejorando. **to ~ one's ways** enmendarse.

mendicant ['mendɪkǝnt] *n.* **1.** (beggar) mendigo *m.;* pobre *m. y f.* ‖ *adj. & n.* **2.** *Rel.* mendicante *m. y f.*

menhir [menhɪr] *n.* menhir *m.*

meniscus [me'nɪskǝs] *n., Anat.* menisco *m.*

menstruation [ˌmenstrʊ'eɪʃǝn] *n., Med.* menstruación *f.;* regla *f.*

mental ['mentǝl] *adj.* mental. ‖ **~ hospital** *Br. E.* manicomio *m.* **~ patient** demente

m. y f.; enfermo mental. **mentally retarded person** deficiente mental.

mentality [men'tælǝti:] *n.* mentalidad *f.*

mentholated [ˌmenθǝ'leɪtɪd] *adj.* (sweet) mentolado.

mention ['menʃǝn] *n.* **1.** mención *f.* ‖ *v. tr.* **2.** mencionar; nombrar. ‖ **honorable ~** mención honorífica.

menu ['menju:] *n.* **1.** *Gastr.* menú *m.;* carta *f.* **2.** *Comput.* menú *m.* ‖ **today's ~** menú del día.

mercantile ['mɜːrkǝntaɪl] *adj.* (commercial) mercantil; comercial.

merchandise ['mɜːrtʃǝndaɪz] *n.* mercancías *f. pl.;* género *m.*

merchant ['mɜːrʃǝnt] *adj.* **1.** mercante. ‖ *n. Econ.* comerciante *m. y f.;* mercader *m. arc.* **3.** (ship) barco mercante.

merciful ['mɜːsɪfǝl] *adj.* (compassionate) misericordioso; clemente.

merciless ['mɜːsɪlɪs] *adj.* despiadado.

mercury ['mɜːrkjǝri:] *n. Chem.* (symbol Hg) mercurio *m.*

mercy ['mɜːrsi:] *n.* (compassion) piedad *f.;* misericordia *f.;* clemencia *f.* ‖ **~ killing** eutanasia *f.*

mere[1] [mɪr] *adj.* simple; mero.

mere[2] [mɪr] *n., lit.* lago *m.*

merge ['mɜːrdʒ] *v. tr.* **1.** unir. **2.** *Econ.* (firms) fusionar. ‖ *v. intr.* **3.** *Econ.* (firms) fusionarse.

merger ['mɜːrdʒǝr] *n., Econ.* fusión *f.*

meridian [mǝ'rɪdɪǝn] *n., Astron. & Geogr.* meridiano *m.*

meridional [mǝ'rɪdɪǝnǝl] *adj., Geogr.* meridional.

meringue [mǝ'ræŋ] *n., Gastr.* (sweet) merengue *m.*

merit ['merɪt] *n.* **1.** mérito *m.;* merecimiento *m.* ‖ *v. tr.* **2.** (deserve) merecer.

merlon ['mɜ:rlən] *n., Mil* (fortification) almena *f.*

mermaid [,mɜ:rmeɪd] *n., Myth.* sirena *f.*

merriment ['merɪmənt] *n.* (jovial) júbilo *m.; alborozo m.; regocijo m.*

merry ['meri] *adj.* alegre; jovial; jubiloso. ‖ ~ christmas! Feliz Navidad!

merry-go-round ['merɪgoʊ,raʊnd] *n., Br. E.* caballitos *m. pl.;* tiovivo *m.;* atracción *f.;* carrusel *m.*

mesh [meʃ] *n.* **1.** (of net) malla *f.* ‖ *v. tr.* **2.** *Tech.* engranar.

mesmerize, mesmerise (Br.E) ['mezmə,raɪz] *v. tr.* hipnotizar; magnetizar; sugestionar.

mess [mes] *n.* **1.** (disorder) desorden; tinglado *m.* **2.** (mix) revoltijo *m.;* lío *m.* **3.** *Mil.* (food) rancho *m.* ‖ **to ~ around/ about** hacer monerías *col.* **to ~ up** desordenar. (sb's hair) despeinar. **to ~ up one's hair** despeinarse.

message ['mesɪdʒ] *n.* **1.** mensaje *m.;* recado *m.* **2.** (communication) embajada *f.* ‖ **to leave a ~** dejar un recado.

messenger ['mesəndʒər] *n.* mensajero *m.;* enviado *m.;* recadero *m.*

mestizo [mes'ti:zoʊ] *n.* mestizo *m.*

metabolism [mə'tæbə,lɪzəm] *n., Med.* metabolismo *m.*

metal ['metəl] *n.* metal *m.*

metallic [mə'tælɪk] *adj.* metálico *m.*

metallurgic [,metə'lɜ:rdʒɪk] *adj.* metalúrgico.

metallurgy ['metə,lɜ:rdʒi:] *n.* metalurgia *f.*

metalworker ['metəl,wɜ:rkər] *n.* metalúrgico *m.*

metamorphosis [,metə'mɔ:rfəsɪs] *n.* metamorfosis *f.;* transformación *f.*

metaphor ['metə,fɔ:r] *n., Lit.* metáfora *f.*

meteor ['mi:tɪər] *n., Astrol.* meteoro *m.*

meteorite ['mi:tɪə,raɪt] *n., Astrol.* meteorito *m.;* aerolito *m.*

meteorology [,mi:tɪə'rɒlədʒi:] *n.* meteorología *f.*

meter, metre (Br.E) ['mi:tər] *n.* **1.** contador *m.* **2.** *Br. E.* (measure) metro *m.* **3.** *Am. E., Mus.* compás.

method ['meθəd] *n.* **1.** método *m.* **2.** (procedure) procedimiento *m.*

methodical [me'θɒdɪkəl] *adj.* metódico; ordenado; cuidadoso.

meticulous [me'tɪkjələs] *adj.* minucioso; meticuloso; concienzudo.

metropolis [mə'trɒpəlɪs] *n.* (large city) urbe *f.;* metrópoli *m.*

mettle ['metəl] *n.* temple *m.;* entereza *f.*

mettlesome ['metlsəm] *adj.* animoso.

mew [mju:] *n.* **1.** (of cat) maullido *m.* ‖ *v. intr.* **2.** (cat) maullar.

mewl [mju:] *v. intr.* **1.** (baby) gimotear; lloriquear. **2.** (tomcat) maullar.

Mexican ['meksɪkən] *adj. & n.* mexicano *m.*

mezzanine ['mezə,ni:n] *n.* entresuelo *m.*

mi or me [mi:] *n., Mus.* mi *m.*

miaow [mi:'aʊ] *n.* **1.** (of cat) maullido *m.* ‖ *v. intr.* **2.** (cat) maullar.

mickey ['mɪki] *v. intr.* (tease) tomar el pelo. ‖ **to take the ~** (out of) *Br. E., coll.* cachondearse *col.;* pitorrearse, *col.*

microbe ['maɪ,kroʊb] *n., Biol.* microbio *m.;* microorganismo *m.*

microfilm ['maɪkroʊ,fɪlm] *n.* microfilme *m.* ‖ ~ **reader** lector óptico.

microlight ['maɪkroʊ,laɪt] *n., Aeron.* (aircraft) ultraligero *m.*

microorganism [,maɪkroʊ'ɔ:rgənɪzəm] *n., Biol* microorganismo *m.*

microphone ['maɪkrə,foʊn] *n.* (mic) micrófono *m.*

microscope ['maɪkrəˌskoup] *n.* microscopio *m.* ‖ **electron** ~ microscopio electrónico.

microscopic [ˌmaɪkrə'skopɪk] *adj.* (tiny) microscópico; diminuto.

microwave ['maɪkrəˌweɪv] *n.* (oven) microondas *m.*

mid- [mɪd] *adj. pref.* medio [This is my mid-morning tea. *Éste es mi té de media mañana.*]

midday ['mɪdˌdeɪ] *n.* (noon) mediodía *m.* ‖ **at** ~ a mediodía.

middle ['mɪdəl] *n.* **1.** (centre) centro *m.;* medio *m.* **2.** (half-way point) mitad *f.* **3.** *fam.* (waist) cintura *f.* ‖ **in the** ~ en medio. **in the** ~ **of** en medio de. ~ **class** burguesía *f.*

middleman ['mɪdəlˌmæn] *n., Econ.* intermediario *m.;* mediator *m.*

midnight ['mɪdˌnaɪt] *n.* medianoche *f.* ‖ **at** ~ a medianoche.

midway ['mɪdˌweɪ] *adv.* a medio camino.

midwife ['mɪdˌwaɪf] *n., Med.* comadrona *f.;* matrona *f.;* partera *f.*

mien [miːn] *n.* (disposition) talante *m.;* semblante *m. lit.;* humor *m.*

mighty ['maɪti:] *adj.* **1.** fuerte; potente. **2.** (powerful) poderoso.

migrate ['maɪˌgreɪt] *v. intr.* emigrar.

migration [mɪ'greɪʃən] *n.* migración *f.*

mild [maɪld] *adj.* **1.** apacible; dulce. **2.** *Meteor.* templado. **3.** (sanction) leve.

mildew ['mɪlˌduː] *n., Bot.* (on bread, fruit) moho *m.*

mildness ['maɪldnɪs] *n.* (of character) templanza *f.;* afabilidad *f.;* dulzura *f.*

mile [maɪl] *n.* (measure) milla *f.* ‖ **it's miles away** está lejísimos.

milestone ['maɪlˌstoun] *n.* hito *m.;* mojón kilométrico.

militant ['mɪlətənt] *adj. & n., Polit.* militante *m. y f.* ‖ **to be a** ~ *Polit.* militar (un partido).

military ['mɪləˌteri:] *adj.* **1.** militar. **2.** (warlike) bélico. ‖ ~ **service** mili *f.* (shortening for "servicio militar"). **voluntary** ~ **service** *Mil.* voluntariado *m.*

militia [məˈlɪʃə] *n.* milicia *f.*

milk [mɪlk] *adj.* **1.** lechero. ‖ *n.* **2.** leche *f.* ‖ *v. tr.* **3.** ordeñar. ‖ **condensed** ~ leche condensada. ~ **churn** lechera *f.* ~ **jug** lechera *f.* ~ **products** productos lácteos. ~**shake** batido *m.* ~ **tooth** diente de leche. **pasteurized** ~ leche pasteurizada. **powdered** ~ leche en polvo. **skimmed** ~ leche desnatada. **whole** ~ leche entera.

milkmaid ['mɪlˌmeɪd] *n.* (woman) lechera *f.;* ordeñadora *f.*

milkman ['mɪlkˌmæn] *n.* (man) lechero *m.;* repartidor de leche.

milky ['mɪlki:] *adj.* lechoso; lácteo.

mill [mɪl] *n.* **1.** molino *m.* **2.** (coffee) molinillo *m.* ‖ *v. tr.* **3.** (grind) moler. ‖ **paper** ~ (factory) papelera *f.* **textile** ~ telares *m. pl.*

millefeuille ['miːˈlfəɪ] *n., Br. E., Gastr.* milhojas *m. inv.*

millenarian [mɪlə'neriən] *adj.* milenario *m.*

millennium [mɪ'leniəm] *n.* (thousand years) milenio *m.*

miller ['mɪlər] *n.* molinero *m.*

milligram or milligramme ['mɪlɪˌgræm] *n.* miligramo *m.*

milliliter, millilitre (Br.E) ['mɪləˌli:tər] *n.* mililitro *m.*

millimeter, millimetre (Br.E) ['mɪləˌmi:tər] *n.* milímetro *m.*

milling [((mɪlɪŋ] *n.* (grind) molienda *f.*

million ['mɪljən] *n.* **1.** *Math.* millón *m.* [He spent one million dollars in one week. *Se gastó un millón de dólares en una semana.*] **2.** (often pl.) millón *m.* [She owns millions of jewels. *Posee millones de joyas.*]

millionaire [,mɪljə'ner] *adj. & n.* (rich) millonario *m.*; rico *m.*

millionth ['mɪliənθ] *numer. n.* (also adj. and pron.) millonésimo *m.*

millpond ['mɪl,pɒnd] *n.* represa de molino. ‖ **as calm as a ~** *fig. & fam.* como una balsa de aceite *lit.*

millstone ['mɪlstoun] *n.* rueda de molino; muela *f.*

mime [maɪm] *n.* **1.** *Theat.* mímica *f.* **2.** *Theat.* (person) mimo *m. y f.* ‖ *v. tr.* **3.** imitar; emular.

mimesis ['maɪmsɪs] *n.*, *Biol.* (mimicry) mimetismo *m.*

mimicry ['mɪmɪkri:] *n.* **1.** (imitation) imitación *f.* **2.** *Biol.* mimetismo *m.*

mince ['mɪns] *adj.* **1.** (meat) picado. ‖ *n.* **2.** *Gastr.* carne picada. ‖ *v. tr.* **3.** (meat) picar.

mincer [mɪnθər] *n.* (for meat) picadora *f.* (de carne).

mincing ['mɪnsɪŋ] *adj.* afectado.

mind [maɪnd] *n.* **1.** mente *f.*; entendimiento *m.* ‖ *v. tr.* **2.** hacer caso. ‖ *v. intr.* **3.** (be careful) tener cuidado. ‖ **to bear in ~** tener presente. **to change one's ~** cambiar de idea; cambiar de opinión. **to have in ~** tener en mente. **to lose one's ~** perder el juicio. **to make up one's ~** decidirse. **never ~** no te preocupes. **not to be in one's right ~** estar en sus cabales.

mine¹ [maɪn] *poss. pron. 1st. sing.* mío [Your car is more expensive but mine is faster. *Tu coche es más caro pero el mío*

es más rápido.] ‖ **of ~** mío [A friend of mine is in the hospital. *Un amigo mío está en el hospital.*]

mine² [maɪn] *n.* **1.** *Miner.* mina *f.* ‖ *v. tr.* **2.** *Mil.* minar. **3.** (gold, coal) extraer. ‖ **gold ~** mina de oro. | *fig.* (good business) filón *m.*

miner ['maɪnər] *n.* minero *m.*

mineral ['mɪnərəl] *adj.* **1.** mineral. ‖ *n.* **2.** mineral *m.* ‖ **~ water** agua mineral.

mingle ['mɪŋgəl] *v. intr.* mezclarse.

mini ['mɪni:] *n.*, *fam.* (skirt) minifalda *f.*

miniature ['mɪniətʃər] *n.* miniatura *f.*

minimize, minimise (Br.E) ['mɪnə,maɪz] *v. tr.* minimizar.

minimum ['mɪnəməm] *adj.* **1.** mínimo. ‖ *n.* **2.** mínimo *m.*; mínimum *m.* ‖ **~ wage** salario mínimo.

mining ['maɪnɪŋ] *adj.* **1.** (town) minero. ‖ *n.* **2.** *Miner.* minería *f.* **3.** *Mil.* minado *m.* ‖ **~ industry** minería *f.*

minion ['mɪnɪən] *n.* subalterno *m.*

miniskirt ['mɪni:,skɜrt] *n.* minifalda *f.*

minister ['mɪnəstər] *n.* **1.** *Polit.* ministro *m.* **2.** *Rel.* pastor *m.* ‖ **Prime Minister** *Polit.* primer ministro.

ministry ['mɪnəstri:] *n.* **1.** *Br. E.*, *Polit.* ministerio *m.* **2.** *Rel.* sacerdocio *m.* ‖ **Ministry of the Interior** *Am. E.*, *Polit.* Ministerio del Interior.

mink [mɪŋk] *n.*, *Zool.* (animal) visón *m.* ‖ **~ coat** abrigo de visón.

minor ['maɪnər] *adj.* **1.** menor más pequeño. ‖ *n.* **2.** (child) menor de edad.

minority [maɪ'nɒrəti] *adj.* **1.** minoritario. ‖ *n.* **2.** minoría *f.*

minstrel ['mɪnstrəl] *n.* (troubadour) trovador *m.*; juglar *m.*; poeta *m.*

mint¹ [mɪnt] *n.* **1.** casa de la moneda. ‖ *v. tr.* **2.** (coins) acuñar.

mint[2] [mɪnt] *n.* **1.** *Bot.* menta *f.* **2.** *Bot.* (peppermint) hierbabuena *f.*

minus ['maɪnəs] *n.* **1.** *Math.* negativo *m.* ‖ *prep.* **2.** menos [Ten minus two equals eight. *Diez menos dos es igual a ocho.*] ‖ **~ sign** *Math.* menos *m.*

minuscule ['mɪnəˌskuːl] *adj.* minúsculo.

minute ['mɪnɪt] *adj.* **1.** (tiny) diminuto; mínimo. ‖ *n.* **2.** (of time) minuto *m.* ‖ *v. tr.* **3.** levantar acta. ‖ **any ~ now** de un momento a otro. **in a ~** ahora. **~ hand** minutero *m.*

miracle ['mɪrɪkəl] *n.* milagro *m.* ‖ **by a ~** de milagro.

miraculous [mɪˈrækjələs] *adj. fig.* milagroso; extraordinario.

mirage ['mɪrɑːʒ] *n.* espejismo *m.*

mire ['maɪr] *n., lit.* cieno *m.;* fango *m.*

mirror ['mɪrər] *n.* espejo *m.* ‖ **rear-view ~** *Car* retrovisor interior. **wing ~** *Car* retrovisor lateral.

mirth [mɜːθ] *n.* alegría *m.;* regocijo *m.*

miry ['maɪri] *adj., fig.* pantanoso.

misadvise [ˌmɪsədˈvaɪz] *v. tr.* aconsejar mal; malaconsejar.

misappropriate [mɪsəˈprəʊpɪət] *v. tr.* (funds) malversar (fondos).

misbehave [ˌmɪsbɪˈheɪv] *v. intr.* portarse mal; comportarse mal.

misbehavior, misbehaviour (Br.E) [ˌmɪsbɪˈheɪvjər] *n.* mal comportamiento; mala conducta.

miscalculate [mɪsˈkælkjəleɪt] *v. tr. & intr.* calcular mal.

miscarriage [mɪsˈkærɪdʒ] *n., Med.* (spontaneous) aborto *m.*

miscarry [mɪsˈkæri] *v. intr.* **1.** *Med.* abortar (espontáneamente). **2.** (goods, letter) extraviarse; perderse. **3.** *lit.* (project) malograrse; fracasar.

mischief ['mɪstʃɪf] *n.* **1.** travesura *f.;* diablura *f.* **2.** (harm) daño *m.*

mischievous ['mɪstʃɪvəs] *adj.* **1.** travieso. **2.** (arch) malicioso.

misdeed ['mɪsdiːd] *n.* fechoría *f.;* delito *m.;* infracción *f.* (de la ley).

miser ['maɪzər] *n.* tacaño *m.*

miserable ['mɪzərəbəl] *adj.* **1.** triste. **2.** (nasty) desgraciado.

miserly ['maɪzərli:] *adj.* **1.** (mean) tacaño. **2.** (vile) mezquino.

misery ['mɪzəri:] *n.* **1.** (poverty) miseria *f.* **2.** (misfortune) desdicha *f.;* desgracia *f.*

misfortune [mɪsˈfɔːrtʃən] *n.* infortunio *m.;* desgracia *f.;* desdicha *f.*

misgiving [mɪsˈgɪvɪŋ] *n.* (doubt) duda *f.;* recelo *m.*

misgovern [mɪsˈgʌvərn] *v. tr.* gobernar mal.

mishap ['mɪshæp] *n.* contratiempo *m.;* percance *m.* ‖ **without ~** sin novedad.

mislay [mɪsˈleɪ] *v. tr.* (lost) perder; traspapelar; extraviar.

mislead [mɪsˈliːd] *v. tr.* desorientar.

mismanagement [ˌmɪsˈmænɪdʒmənt] *n.* mala administración.

misplace [ˌmɪsˈpleɪs] *v. tr.* extraviar.

misprint [ˌmɪsˈprɪnt] *n., Print.* (erratum) errata *f.;* gazapo *m.*

miss[1] [mɪs] *n.* **1.** (beauty contest) miss *f.* ‖ **Miss** *n.* **2.** señorita *f.*

miss[2] [mɪs] *n.* **1.** (lack of success) fracaso *m.* ‖ *v. tr.* **2.** (fail) errar. **3.** (bus, train, opportunity) perder. **4.** (feel the loss of) echar de menos; extrañar. **5.** (long) añorar.

missile ['mɪsəl] *n.* **1.** *Am. E., Mil.* misil *m.* **2.** *Am. E.* (object) proyectil *m.*

missing ['mɪsɪŋ] *adj.* **1.** desaparecido. **2.** (lost) extraviado. ‖ **to be ~** faltar. **~ person** desaparecido *m.*

mission ['mɪʃən] n. misión f.

missionary ['mɪʃə,neri:] adj. **1.** misionero. ‖ n. **2.** Rel. misionero m.

misspend ['mɪspənd] v. tr. **1.** (money) malgastar; derrochar. **2.** (youth) disipar.

mist [mɪst] n. **1.** Meteor. (fog) niebla f. **2.** Meteor. (thinner) bruma f.; neblina f. ‖ ~ up (glass, mirror) empañar.

mistake [mɪs'teɪk] n. **1.** error m.; fallo m.; equivocación f. **2.** (oversight) descuido m. ‖ v. tr. **3.** (confuse) confundir. ‖ by ~ por error; por equivocación. to make a ~ equivocarse.

mistaken [mɪs'teɪkən] adj. equivocado; incorrecto. ‖ to be ~ equivocarse.

mister ['mɪstər] n. míster m.

mistletoe ['mɪsəl,tou] n. Bot. (for decoration at Christmas) muérdago m.

mistress ['mɪstrɪs] n. **1.** (of house) ama; señora f. **2.** (lover) querida f.

mistrust [mɪs'trʌst] n. **1.** (suspicion) desconfianza f. ‖ v. tr. **2.** desconfiar.

misty ['mɪsti:] adj. **1.** Meteor. nebuloso; brumoso. **2.** (glass) empañado.

misunderstand [,mɪsʌndər'stænd] (p.t. and p.p. tood) v. tr. & intr. entender mal; comprender mal.

misunderstanding [,mɪsʌndər'stændɪŋ] n. **1.** malentendido m. **2.** (mistake) equivocación f.; equívoco m.

misunderstood [,mɪsʌndər'stud] adj. incomprendido.

misuse [mɪs'ju:s] n. **1.** mal uso. **2.** (of power) abuso (de poder). ‖ v. tr. **3.** usar mal; emplear mal.

mite [maɪt] n., Zool. ácaro m.

mitigate ['mɪtəgeɪt] v. tr. mitigar; aliviar.

mitten ['mɪtən] n. manopla f.

mix [mɪks] n. **1.** mezcla f. ‖ v. tr. **2.** mezclar. **3.** (paste) amasar. ‖ v. intr. **4.** mez-

clarse. ‖ **mix-up** n. **5.** enredo m. ‖ to ~ up mezclar., fam. (confuse) confundir.

mixed ['mɪkst] adj. **1.** mixto. **2.** (varied) variado. ‖ to get ~ up (get confused) liarse. of ~ race mestizo m.

mixture ['mɪkstʃər] n. (blend) mezcla f.; mejunje m. pey.; mixtura f.

moan [moun] n. **1.** gemido m.; lamento m.; quejido m. **2.** (complaint) queja f. ‖ v. intr. **3.** Br. E. (with pain, grief) lamentarse; gemir. **4.** Br. E., coll. (complain) quejarse.

moat [mout] n. (in fortifications) foso m.

mob [mɒb] n. **1.** muchedumbre f.; gentío m. **2.** (populace) populacho m.; chusma f. ‖ v. tr. **3.** acosar.

mobile ['moubi:l, 'moubi:l] adj. **1.** móvil. ‖ n. **2.** (phone) móvil m.

mobilize, mobilise (Br.E) ['moubəlaɪz] v. tr. **1.** movilizar. ‖ v. intr. **2.** Mil. (troops) movilizarse.

moccasin ['mɒkəsɪn] n. (shoe) mocasín m.

mocha ['mɒkə] n. moca f.

mock [mɒk] adj. **1.** fingido; simulado. ‖ v. tr. **2.** escarnecer; ridiculizar. ‖ v. intr. **3.** burlarse; hacer burla.

mockery ['mɒkəri:] (pl.: ries) n. burla f.; mofa f.; escarnio m.

mocking ['mɒkɪŋ] adj. burlón.

mock-up ['mɒkʌp] n. maqueta f.

mode [moud] n. **1.** (way) modo m. **2.** (fashion) moda f.

model ['mɒdəl] n. **1.** (example) modelo m. **2.** (sample) muestra f. **3.** (person) maniquí m. y f.; modelo m. y f. **4.** (to be burn in Las Fallas) falla f. ‖ v. tr. **5.** modelar.

moderate¹ ['mɒdəreɪt] adj. **1.** moderado. **2.** (price) módico. ‖ n. **3.** Polit. moderado m.

moderate² ['mɒdəreɪt] *v. tr.* **1.** moderar. ‖ *v. intr.* **2.** moderarse; comedirse.

moderation [,mɒdə'reɪʃən] *n.* (restraint) mesura *f.*; moderación *f.*

moderator ['mɒdəˌreɪtər] *n.* moderador *m.*; mediador *m.*

modern ['mɒdərn] *adj.* moderno.

modernize, modernise (Br.E) ['mɒdərˌnaɪz] *v. tr.* **1.** modernizar; actualizar. ‖ *v. intr.* **2.** modernizarse.

modest ['mɒdɪst] *adj.* **1.** modesto. **2.** (demure) recatado; pudoroso.

modesty ['mɒdəsti:] *n.* **1.** modestia *f.*; decencia *f.* **2.** (purity) pudor *m.*

modification [,mɒdəfə'keɪʃən] *n.* modificación *f.*; corrección *f.*

modify ['mɒdəˌfaɪ] *v. tr.* modificar.

modular ['mɒdʒələr] *adj.* modular.

modulate ['mɒdʒu,leɪt] *v. tr.* modular.

module ['mɒdʒu:l] *n.* módulo *m.*

moist [mɔɪst] *adj.* (wet) húmedo.

moisten ['mɔɪsən] *v. tr.* humedecer; mojar (ligeramente).

moisture ['mɔɪstʃər] *n.* **1.** humedad *f.* **2.** (vapor) vaho *m.*

moisturize ['mɔɪstʃəˌraɪz] *v. tr.* **1.** (skin) hidratar. **2.** (environment) humedecer.

molar ['moʊlər] *adj.* **1.** *Chem.* molar. ‖ *n.* **2.** (tooth) molar *m.*

mold, mould (Br.E) [moʊld] *n.*, *Bot.* (on bread) moho *m.*

mold [moʊld] *n.* **1.** molde *m.* **2.** (shoes) horma *f.* ‖ *v. tr.* **3.** moldear.

molding [(moʊldɪŋ] *n.*, *Archit.* moldura *f.*

moldy, mouldy (Br.E) ['moʊldi] *adj.* mohoso. ‖ **to become ~** (bread, clothes) enmohecerse. **to make ~** (clothes) enmohecer.

mole¹ [moʊl] *n.* (on skin) lunar *m.*

mole² [moʊl] *n.*, *Zool.* topo *m.*

molecule ['mɒləˌkju:l] *n.*, *Biol.* molécula *f.*

mollify ['mɒləfaɪ] *v. tr.* (pacify) apaciguar; mitigar; aplacar.

mollusk, molusc (Br.E) ['mɒləsk] *n.*, *Zool.* molusco *m.*

molt, moult (Br.E) [moʊlt] *n.* **1.** *Zool.* (animals) muda *f.* ‖ *v. intr.* **2.** *Zool.* mudar de pluma.

mom [mɒm] *n.*, *Am.E.* mamá *f.*

moment ['moʊmənt] *n.* momento *m.*; ocasión *f.*; instante *m.* ‖ **at every ~** a cada momento. **at the last ~** a última hora. **for the ~** de momento. **in a ~** dentro de un momento.

momentary ['moʊmənˌtɒri:] *adj.* (ephemeral) momentáneo; efímero.

momentous [moʊ'mentəs] *adj.* (very important) trascendental.

monarch ['mɒnərk] *n.* monarca *m. y f.*

monarchy ['mɒnərki:] *n.* monarquía *f.*

monastery ['mɒnəsteri:] *n.*, *Rel.* monasterio *m.*

Monday ['mʌndeɪ 'mʌndi:] *n.* (day of the week) lunes *m. inv.*

money ['mʌni:] *n.* **1.** dinero *m.*; plata *f.* *Amér.* **2.** (currency) moneda *f.* **3.** *fig.* metal *m.* ‖ **make ~** (person) hacer dinero. **moneylender** *n.* **4.** prestamista *m. y f.* **~ belt** riñonera *f.*

moneybox ['mʌniˌbɒks] *n.* hucha *f.*

moneychanger ['mʌniˌtʃeɪndʒər] *n.* cambista *m. y f.*

moneyed ['mʌnid] *adj.* adinerado; rico.

mongol ['mɒngəl] *n.*, *pej.* mongólico *m.*

Mongolian [mɒŋ'goʊliən] *adj. & n.* mongólico *m.*

mongoloid ['mɒŋgəˌlɔɪd] *adj.*, *Med.*, *pej.* mongólico.

monitor ['mɒnətər] *n.* **1.** (person) monitor *m.* **2.** (screen) monitor *m.*

monk [mʌŋk] *n., Rel.* monje *m.*; religioso *m.*; fraile *m.*

monkey ['mʌŋki:] *n.* **1.** *Zool.* (male) mono *m.* **2.** (female) mona *f.* **3.** (naughty person) bicho *m.* ‖ **long-tailed ~** *Zool.* mico *m.* **~ nut** cacahuete *m.* **~ tricks** travesuras *f. pl.*

monkfish ['mʌŋkfiʃ] *n., Zool.* rape *m.*

monocle ['mɒnəkəl] *n.* monóculo *m.*

monolog, monologue (Br.E) ['mɒnəlɒg] *n.* monólogo *m.*

monopolize, monopolise (Br.E) [mə'nɒpəlaɪz] *v. tr.* **1.** monopolizar. **2.** (attention) acaparar.

monopoly [mə'nɒpəli:] *n.* monopolio *m.*; acaparamiento *m.*

monosyllabic [ˌmɒnəsɪ'læbɪk] *adj., Ling.* (word) monosílabo.

monosyllable ['mɒnəˌsɪləbəl] *n., Ling.* monosílabo *m.*

monotone ['mɒnətoʊn] *n.* (sound) monotonía *f.* ‖ **in a ~** con una voz monótona.

monotonous [mə'nɒtnəs] *adj.* (dreary) monótono; aburrido.

monotony [mə'nɒtni:] *n., fig.* (routine) monotonía *f.*; rutina *f.*

monster ['mɒnstər] *n.* monstruo *m.*

monstrosity [mɒns'trɒsəti] *n.* monstruosidad *f.*; amorfia *f.*

monstrous ['mɒnstrəs] *adj.* **1.** (huge) enorme. **2.** (horrendous) monstruoso.

montage ['mɒntaʒ] *n., Film* montaje *m.*

month [mʌnθ] *n.* mes *m.* ‖ **three months** trimestre *m.*

monthly ['mʌnθli:] *adj.* mensual.

monument ['mɒnjumənt] *n.* monumento *m.*; estatua *f.*

monumental [ˌmɒnju'mentəl] *adj.* (splendid) monumental; grandioso.

moo [mu:] *n.* **1.** (of cow) mugido *m.* ‖ *v. intr.* **2.** (cow) mugir.

mood[1] [mu:d] *n., Ling.* modo *m.* [The indicative mood. *El modo indicativo.*]

mood[2] [mu:d] *n.* humor *m.* ‖ **bad ~** malhumor *m.* **in a bad ~** de mal humor. **in a good ~** de buen humor; de buenas.

moody ['mu:di:] *adj.* taciturno.

moon [mu:n] *n., Astrol.* luna *f.* ‖ **to be over the ~** *fig.* & *fam.* no caber en sí. **full ~** luna llena.

moonlightning ['mu:nˌlaɪtnɪŋ] *n.* pluriempleo *m.*

Moor [mʊr] *n., Hist.* moro *m.*

moor [mʊr] *n.* **1.** páramo *m.* ‖ *v. tr.* **2.** *Nav.* amarrar. **3.** (with anchors) anclar. **4.** (board) abordar.

Moorish ['mʊrɪʃ] *adj., Hist.* moro.

moose ['mu:s] *n. inv., Zool.* (American species) alce *m.*

mop [mɒp] *n.* **1.** (tangle of hair) pelambrera *f.* **2.** (for floor) fregona *f.* ‖ *v. tr.* **3.** (floor) fregar. ‖ **to ~ up** rebañar.

moral ['mɒrəl] *adj.* **1.** moral. ‖ *n.* **2.** (of a fable) moraleja *f.* ‖ **morals** *n. pl.* **3.** (morality) moral *f. sing.*

morale ['mɒræl] *n.* (spirits) moral *f.* ‖ **to raise sb's ~** subirle la moral a alguien.

morality [mə'ræləti:] *n.* moralidad *f.* ‖ **false ~** moralina *f. pey.* **superficial ~** moralina *f. pey.*

morbid ['mɔ:rbɪd] *adj.* **1.** morboso. **2.** (curiosity) malsano.

mordant ['mɔ:rdənt] *adj.* mordaz.

more [mɔ:r](comp. of "much" & "many") *adj. compar.* (also as pron.) **1.** más [In this shop you'll find more shirts. *En esta tienda encontrarás más camisas.*] ‖ *adv.* **2.** más [Concentrate more! *¡Concentraos más!*] ‖ **~ or less** más o menos.

moreover [mɔːˈrouvər] *adv.* (besides) además; por otra parte.

morgue [mɔːrg] *n.*, *Am. E.* tanatorio *m.*; depósito de cadáveres.

moribund [ˈmɒrəbənd] *adj.* moribundo.

morning [ˈmɔːrnɪŋ] *n.* mañana *f.* ‖ **good ~ !** ¡buenos días! **in the ~** de la mañana [It's two o'clock in the morning. *Son las dos de la mañana.*] por la mañana [I'll see him in the morning. *Le veré por la mañana.*]

Moroccan [məˈrɒkən] *adj.* & *n.* marroquí *m. y f.*

moron [ˈmɔːrɒn] *n.*, *coll.* mamón *m.*; mongólico *m. pey.*; subnormal *m.*

moronic [məˈrɒnɪk] *adj.*, *pej.* (stupid) mongólico; subnormal.

morpheme [ˈmɔːrfiːm] *n.*, *Ling.* morfema *f.*

morphology [mɔːrˈfɒlədʒiː] *n.*, *Ling.* morfología *f.*

Morse code [mɔːrsˈkoud] *n.* morse *m.*

mortadella [mɔːrtəˈdelə] *n.* mortadela *f.*

mortal [ˈmɔːtəl] *adj.* **1.** mortal; fatal. ‖ *n.* **2.** mortal *m. y f.*

mortality [mɔːrˈtæləti:] *n.* **1.** (rate) mortalidad *f.* **2.** (loss of life) mortandad *f.*; hecatombe *f.*

mortar [ˈmɔːrtər] *n.* **1.** mortero *m.*; argamasa *f.* **2.** (basin) almirez *m.*

mortgage [ˈmɔːrgɪdʒ] *n.* **1.** *Econ.* hipoteca *f.* ‖ *v. tr.* **2.** hipotecar.

mortify [ˈmɔːrtəˌfaɪ] *v. tr.* **1.** mortificar. ‖ *v. intr.* **2.** mortificarse.

mortuary [ˈmɔːrˌtjueriː] *adj.* **1.** mortuorio; fúnebre. ‖ *n.* **2.** tanatorio *m.*; depósito de cadáveres.

mosaic [mouˈzeɪk] *n.* mosaico *m.*

Moslem [ˈmɒsləm] *adj.* & *n.*, *Rel.* musulmán *m.*

mosque [mɒsk] *n.*, *Rel.* mezquita *f.*

mosquito [məsˈkɪtou](pl.: toes or tos) *n.*, *Zool.* mosquito *m.* ‖ **~ bite** picadura de mosquito. **~net** mosquitero *m.*

moss [mɒs] *n.*, *Bot.* musgo *m.*

most [moust](superl. of "much" and "many") *adj.* (also as pron.) **1.** la mayoría de; la mayor parte de [Most days I go by bus. *La mayoría de los días voy en autobús.*] **2.** más [I am the one who reads (the) most books. *Yo soy el que lee más libros.*] ‖ *adv.* **3.** más [She is the most intelligent person I've ever known. *Es la persona más inteligente que he conocido.*] ‖ **at ~** a lo sumo [She weights 50 kg. at most. *Pesa, a lo sumo, 50 Kg.*]

mote [mout] *n.* (speck) mota *f.*

motel [mouˈtel] *n.* motel *m.*

moth [mɒθ] *n.* *Zool.* polilla *f.* ‖ **to get moth-eaten** apolillarse.

mother [ˈmʌðər] *n.* **1.** madre *f.* ‖ *adj.* **2.** (language) materno. ‖ *v. tr.* **3.** mimar. ‖ **adoring ~** madraza *f. fam.* **doting ~** madraza *f. fam.* **~ tongue** lengua materna. **unmarried ~** madre soltera.

motherhood [ˈmʌðərˌhud] *n.* (maternity) maternidad *f.*

mother-in-law [ˈmʌðərɪnˌlɔː] *n.* suegra *f.*

motherless [ˈmʌðərˌlɪs] *adj.* huérfano (de madre).

motif [mouˈtiːf] *n.* (art) motivo *m.*

motion [ˈmouʃən] *n.*, *Tech.* movimiento *m.* ‖ **to set in ~** poner en movimiento.

motivate [ˈmoutəveɪt] *v. tr.* motivar.

motive [ˈmoutɪv] *n.* **1.** (reason) motivo *m.*; razón *f.* **2.** *Law* móvil *m.*

motocross [ˈmoutəˌkrɒs] *n.*, *Sports* motocross *m.*

motor [ˈmoutər] *n.* motor *m.* ‖ **~ racing** *Sports* automovilismo *m.*

motorboat ['moʊtər,boʊt] *n., Nav.* motora (lancha) *f.*

motorcar ['moʊtər,kɑ:r] *n.* automóvil *m.*

motorcycle ['moʊtər,saɪkəl] *n., Car* moto *f.*; motocicleta *f.*

motorcyclist ['moʊtər,saɪkəlɪst] *n.* motorista *m. y f.*; motociclista *m. y f.*

motoring ['moʊtərɪŋ] *n.* automovilismo *m.* ‖ ~ **accident** accidente automovilístico.

motorist ['moʊtərɪst] *n., Car* automovilista *m. y f.*

motorway ['moʊtə,weɪ] *n., Br. E.* (highway) autopista.

motto ['mɒtoʊ](pl.: oes or os) *n.* (slogan) lema *m.*; divisa *f.*

mound [maʊnd] *n.* **1.** *Geogr.* montículo *m.* **2.** *fig.* montón *m.*

mount [maʊnt] *n.* **1.** *Geogr.* monte *m.* **2.** (horse for riding) montura *f.*; caballería *f.* **3.** (of jewels) montaje *m.* ‖ *v. tr.* **4.** *Horse* montar.

mountain ['maʊtn] *adj., Geogr.* **1.** montañoso. ‖ *n.* **2.** montaña *f.*; monte *m.* ‖ ~ **pass** puerto *m.* ~ **range** cadena montañosa.

mountaineer [,maʊntə'nɪr] *n.* montañero *m.*; alpinista *m. y f.*

mountaineering [,maʊntɪ'nɪərɪŋ] *n.* montañismo *m.*; alpinismo *m.*

mountainous ['maʊntənəs] *adj.* (rocky) montañoso; rocoso.

mourn ['mɔːrn] *v. tr.* llorar; lamentar.

mourning ['mɔːrnɪŋ] *n.* luto *m.*; duelo *m.* ‖ **to be in** ~ estar de luto. **deep** ~ luto riguroso. **dress in** ~ enlutar. **to go into** ~ enlutarse.

mouse [maʊs](pl : mice) *n.* **1.** *Zool.* ratón *m.* **2.** *Comput.* ratón *m.* ‖ **female** ~ *Zool.* ratona *f.*

mousehole ['maʊs,hoʊl] *n.* ratonera *f.*

mousetrap ['maʊs,træp] *n.* ratonera *f.*

mousse [mu:s] *n.* **1.** *Gastr.* mousse *f.* **2.** (for hair) espuma *f.* (para el pelo).

mouth [maʊθ] *n.* **1.** *Anat.* boca *f.* **2.** *fig.* (of tunnel, etc) boca *f.* **3.** (of a river) desembocadura *f.* ‖ **mouthwash** *n.* **4.** enjuague bucal. ‖ **down in the** ~ alicaído. **to make sb's** ~ **water** hacérsele la boca agua a alguien.

mouthful ['maʊθfʊl] *n.* **1.** (of food) bocado *m.* **2.** (of air) bocanada *f.* **3.** (of liquid) sorbo *m.*

movable ['mu:vəbəl] *adj.* movible; móvil.

move [mu:v] *n.* **1.** (movement) movimiento. **2.** (removal) mudanza *f.*; mudanza *m.* **3.** (in games) jugada *f.* ‖ *v. tr.* **4.** mover. **5.** (change position) trasladar. **6.** (emotionally) conmover. ‖ *v. intr.* **7.** desplazarse; moverse. **8.** (of house) trasladarse; mudarse. ‖ **to be moved** conmoverse; afectarse. **to ~ away** apartar; alejar. **to ~ forward** avanzar; adelantar. **on the** ~ en marcha.

movement ['mu:vmənt] *n.* movimiento *m.*; gesto *m.*; maniobra *f.*

mover ['mu:vər] *n., Am. E.* mozo de mudanza.

movie ['mu:vi:] *n.* **1.** *Am.E.* película *f.*; filme *m.* ‖ ~ **projector** cinematógrafo *m.* **silent movies** *Am.E.* cine mudo.

moving ['mu:vɪŋ] *adj.* **1.** en movimiento. **2.** *fig.* (touching) conmovedor.

mow [moʊ](p.t. mowed ; p.p. mowed or mown) *v. tr.* cortar (la hierba); segar.

Mozambiquean [mouzam'bi:kan] *adj. & n.* mozambiqueño *m.*

M.P. ['empi:] *abbrev.* (Member of Parliament), *Br.E.* parlamentario *m.*

Mr ['mɪstər] *abbrev.* señor *m.*; don *m.*

Mrs ['mɪsɪz] *abbrev.* señora *f.*; doña *f.*

much [mʌtʃ] *adj.* **1.** (uncount. n.) (esp. in negat. and interrogat. sentences) mucho [There isn't much milk in the fridge. *No hay mucha leche en el frigorífico.*] ‖ *pron.* **2.** mucho [Although I asked for some information, they didn't give me much. *Aunque pedí información, no me dieron mucha.*] ‖ *adv. quant.* **3.** mucho [Your room is much bigger than mine. *Tu habitación es mucho más grande que la mía.*] ‖ **so ~** tanto. tanto.

mucosity [mjʊˈkɒsətɪ] *n.* mucosidad *f.*

mucus ['mjukəs] *n.* mucosidad *f.*; moco *m.*; secreción *f.*

mud [mʌd] *n.* **1.** barro *m.*; lodo *m.*; fango *m.* ‖ *v. tr.* **2.** embarrar. ‖ **to get covered in ~** encenagarse.

muddle ['mʌdəl] *n.* **1.** (mix-up) enredo *m.*; embrollo *m.* ‖ *v. tr.* **2.** (jumble) embarullar *fam.*

muddy ['mʌdɪ] *adj.* **1.** fangoso; pantanoso. **2.** (water) turbio. ‖ *v. tr.* **3.** enfangar; enlodar. **4.** (water) enturbiar. ‖ **~ area** barrizal *m.*

mudguard ['mʌd‚gɑːrd] *n.*, *Br. E.*, *Car* guardabarros *m. inv.*

muff ['mʌf] *n.* (for hands) manguito *m.*

muffin ['mʌfɪn] *n.*, *Gastr.* magdalena *f.* ‖ **square ~** *Gastr.* mantecada *f.*

muffle ['mʌfəl] *v. tr.* (deaden) amortiguar; ensordecer.

muggy ['mʌgɪ] *adj.* bochornoso.

mulatto [məˈlætoʊ] *adj.* & *n.* mulato *m.*

mulberry ['mʌl‚berɪ] *n.* **1.** (fruit) mora *f.* **2.** (color) morado *m.*

mule[1] [mjuːl] *n.* **1.** *Zool.* mula *f.*; mulo *m.* **2.** *fig.* (person) acémila.

mule[2] [mjuːl] *n.* (slipper) pantufla *f.*; zapatilla (de estar en casa) *f.*

muleta [mjuːˈletə] *n.*, *Taur.* muleta *f.*

muleteer [‚mjuːlɪˈtɪər] *n.* arriero *m.*

multicolored, multicoloured (Br.E) ['mʌltɪ‚kʌlərd] *adj.* multicolor.

multifaceted [‚mʌltɪˈfæsɪtɪd] *adj.* polifacético; múltiple.

multiform [‚mʌltɪˈfɔːrm] *adj.* multiforme; diverso.

multimillionaire [‚mʌltɪmɪljəˈner] *adj.* & *n.* multimillonario *m.*

multinational [‚mʌltɪˈnæʃənəl] *adj.* **1.** multinacional. ‖ *n.* **2.** multinacional *f.*

multiple ['mʌltəpəl] *adj.* **1.** múltiple. ‖ *n.* **2.** *Math.* múltiplo *m.*

multiplication [‚mʌltəpləˈkeɪʃən] *n.*, *Math.* multiplicación *f.* ‖ **~ table** *Math.* tabla de multiplicar.

multiply ['mʌltɪ‚plaɪ] *v. tr.* **1.** *Math.* multiplicar. ‖ *v. intr.* **2.** (procreate) multiplicarse.

multitude ['mʌltətuːd] *n.* (crowd) multitud *f.*; muchedumbre *f.*

mum [mʌm] *n.*, *Br. E.* mamá *f.*

mumble ['mʌmbəl] *v. tr.* hablar entre dientes; mascullar.

mummy[1] ['mʌmɪ](pl.: mies) *n.* momia *f.*

mummy[2] ['mʌmɪ] *n.* mamá *f.*

mumps ['mʌmps] *n. pl.*, *Med.* paperas *f.*

municipal [mjʊˈnɪsəpəl] *adj.* municipal; consistorial.

municipality [mjʊ‚nɪsəˈpæləti:] *n.* municipio *m.* consistorio *m.*

munitions [mjuːˈnɪʃənz] *n. pl.*, *Mil.* munición *f. sing.*

mural ['mjʊrəl] *adj. and n.* mural *m.*

murder ['mɜːrdər] *n.* **1.** (killing) asesinato *m.*; homicidio *m.* ‖ *v. tr.* **2.** (kill) asesinar; matar.

murderer ['mɜːdərər] *n.* (killer) asesino *m.*; homicida *m.*; criminal *m.*

murderous ['mɜːrdərəs] *adj.* **1.** asesino. **2.** (lethal) mortífero; mortal.

murky ['mɜːrkiː] *adj.* lóbrego.

murmur ['mɜːrmər] *n.* **1.** murmullo *m.*; rumor *m.* ‖ *v. tr. & intr.* **2.** (whisper) musitar; murmurar.

muscatel ['mʌskətəl] *adj. & n.* (grape) moscatel *m.*

muscle ['mʌsəl] *n.*, *Anat.* músculo *m.*

muscular ['mʌskjələr] *adj.* **1.** muscular. **2.** (man) musculoso.

muse [mjuːz] *n.* **1.** *Lit.* (inspiration) musa *f.* ‖ **Muse** *n.* **2.** *Myth.* musa *f.*

museum [mjuːˈziːəm] *n.* museo *m.* ‖ **~ piece** pieza de museo. **natural science ~** museo de ciencias naturales. **wax ~** museo de cera.

mushroom ['mʌʃruːm] *n.* **1.** *Bot.* hongo *m.*; seta *f.* **2.** *Gastr.* champiñón *m.*

music ['mjuːzɪk] *n.* música *f.* ‖ **background ~** música ambiental. **~ box** caja de música. **~ center** cadena de música. **~ hall** revista de variedades. **~ score** partitura *f.* **~ stand** atril *m.*

musical ['mjuːzɪkəl] *adj.* **1.** músico; musical. ‖ *n.* **2.** (comedy) musical *m.*

musician [mjuːˈzɪʃən] *n.* músico *m.* y *f.*

musketeer [ˌmʌskəˈtɪr] *n.*, *Hist.* mosquetero *m.*

Muslim ['mʌzlɪm] *adj. & n.* musulmán *m.*

muslin ['mʌzlɪn] *n.* muselina *f.*

mussel ['mʌsəl] *n.*, *Zool.* mejillón *m.*

mussy ['mʌsiː] *adj.* desordenado.

must [mʌst] *v. aux.* **1.** (obligation, necessity) deber; tener que [You must tell her. *Debes decírselo.*] **2.** (probability) deber [He must be ill. *Debe de estar enfermo.*] **3.** (defectivo) haber de/que. ‖ *v. tr.* **4.** (present and future sentences) deber [He must eat. *Debe comer.*]

mustache, moustache (Br.E) ['mʌstæʃ məsˈtæʃ] *n.* bigote *m.*

mustard ['mʌstərd] *n.*, *Gastr. & Bot.* mostaza *f.*

muster ['mʌstər] *n.*, *Mil.* asamblea.

mutant ['mjuːtənt] *adj. & n. Biol.* mutante *m.* y *f.*

mute [mjuːt] *adj.* **1.** *Ling.* mudo. ‖ *n.* **2.** (dumb person) mudo *m.*

mutilate ['mjuːtəˌleɪt] *v. tr.* mutilar.

mutilation [ˌmjuːtəˈleɪʃən] *n.* mutilación *f.*

mutiny ['mjuːtniː] *n.* **1.** motín *m.*; revuelta *f.* ‖ *v. intr.* **2.** *Mil.* amotinarse.

mutism ['mjuːtɪsəm] *n.*, *Med.* mutismo *m.*

mutt ['mʌt] *n.*, *Am. E.*, *fam.* chucho *m.*; perro callejero.

mutter ['mʌtər] *v. tr.* **1.** mascullar; murmurar. ‖ *n.* **2.** murmullo *m.*

mutton ['mʌtən] *n.*, *Gastr.* carne de cordero. ‖ **shoulder of ~** *Gastr.* paletilla de cordero.

mutual ['mjuːtʃuəl] *adj.* mutuo; recíproco. ‖ **by ~ consent** de común acuerdo.

muzzle ['mʌzəl] *n.* **1.** (snout) hocico *m.* **2.** (for dog's mouth) bozal *m.* ‖ *v. tr.* **3.** (dog) amordazar.

my [maɪ] *poss. adj. 1st. sing.* mi; mío (detrás de s.) [Have you seen my new coat? *¿Has visto mi abrigo nuevo?*]

myopia [maɪˈoʊpɪə] *n.*, *Med.* (short-sightedness) miopía *f.*

myopic [maɪˈoʊpɪk] *adj.*, *Med.* miope. ‖ **~ person** *Med.* miope *m.* y *f.*

myorcardial [ˌmaɪɔːrˈkɑːrdɪəl] *adj.* de miocardio. ‖ **~ infarction** *Med.* infarto de miocardio.

myself [maɪˈself] *pron. pers. refl. 1st. person sing.* **1.** me; mí (detrás de prep.) [I am going to look after myself. *Voy a cuidar de mí.*] ‖ *pron. pers. emphat. 1st.*

person sing. **2.** yo mismo [I sewed it myself. *Lo cosí yo misma.*]

mysterious [mɪsˈtɪrɪəs] *adj.* misterioso.

mystery [ˈmɪstəri:] *n.* misterio *m.;* incógnita *f.;* secreto *m.*

mystic [ˈmɪstɪk] *adj.* **1.** místico. ‖ *n.* **2.** místico *m.*

mystical [ˈmɪstəkəl] *adj.* místico.

myth [mɪθ] *n.* mito *m.*

mythology [mɪˈθɒlədʒi:] *n.* mitología *f.*

N

n [en] *n.* (letter) n *f.*

nacre ['neɪkər] *n.* nácar *m.*

nag[1] [næg] *n., pej.* (horse) rocín *m.;* jaco *m.*

nag[2] [næg] (p.t. and p.p. gged) *v. tr.* (annoy) importunar; fastidiar.

nail [neɪl] *n.* **1.** *Anat.* uña *f.* **2.** *Tech.* clavo *m.;* punta *f.* ‖ *v. tr.* **3.** clavar. ‖ **to hit the ~ on the head** dar en el clavo. **~ clippers** cortauñas. **~ file** lima de uñas. **~ polish** esmalte de uñas.

naive or naïve [naɪ'iv] *adj.* (person) cándido; ingenuo; inocente.

naked ['neɪkɪd] *adj.* (unclothed) desnudo; en cueros; en pelotas *col.*

nakedness ['neɪkɪdnɪs] *n.* desnudez *f.*

namby-pamby ['næmbɪˌpæmbɪ] *adj.* & *n.* ñoño *m.;* soso *m.*

name [neɪm] *n.* **1.** nombre *m.* **2.** (reputation) fama *f.;* reputación *f.* ‖ *v. tr.* **3.** (call) llamar; denominar. **4.** (appoint) nombrar. **5.** (indicate) designar. **6.** (ship) bautizar. ‖ **full ~** nombre y apellido. **in the ~ of** en nombre de. **proper ~** nombre propio.

nameless ['neɪmlɪs] *adj.* anónimo.

namesake ['neɪmˌseɪk] *n.* tocayo *m.*

nanny ['nænɪ] *n.* niñera *f.;* tata *f. fam.*

nap[1] [næp] *n.* **1.** siesta *f.* ‖ *v. intr.* **2.** (in afternoon) dormir la siesta; sestear.

nap[2] [næp] *n.* (piece of lint) pelusilla *f.*

nape [neɪp] *n., Anat.* (back of the neck) nuca *f.;* cogote *m.;* cerviz *f.*

naphtalene ['næfθəliːn] *n., Chem.* naftalina *f.*

napkin ['næpkɪn] *n.* (table napkin) servilleta *f.* ‖ **~ ring** servilletero *m.*

nappy ['næpiː] *n., Br. E.* pañal *m.*

narcissist ['nɑːrsɪsɪst] *n.* (person) narcisista *m. y f.;* egocéntrico *n.*

narcissus [nɑː'rsɪsəs] *n., Bot.* narciso *m.*

narcotic [nɑː'rkɒtɪk] *adj.* & *n., Pharm.* narcótico *m.;* estupefaciente *m.*

narrate ['næreɪt] *v. tr.* narrar; contar.

narration [næ'reɪʃən] *n., Lit.* narración *f.;* relato *m.;* cuento *m.*

narrative ['nærətɪv] *adj.* **1.** narrativo. ‖ *n.* **2.** (story) narración *f.* **3.** *Lit.* narrativa *f.*

narrator [nə'reɪtər] *n.* narrador *m.*

narrow ['nærou] *adj.* **1.** estrecho; angosto. ‖ *v. tr.* **2.** (road) estrechar. ‖ *v. intr.* **3.** (road) estrecharse. ‖ **narrow-minded** *adj.* **4.** de miras estrechas.

narrowness ['nærounɪs] *n.* **1.** estrechez *f.;* **2.** *fig.* (poverty) pobreza *f.*

nasal ['neɪzəl] *adj.* **1.** (twanging) gangoso. ‖ *adj.* & *n. Anat.* nasal *f.*

nastiness ['næstɪnɪs] *n.* asquerosidad *f.*

nasty ['næstiː] *adj.* **1.** desagradable. **2.** (dirty) asqueroso.

natal ['neɪtəl] *adj.* natal.

nation ['neɪʃən] *n.* nación *f.*

national ['næʃənəl] *adj.* **1.** (nationwide) nacional. ‖ *n.* **2.** nacional *m. y f.* ‖ **~ holiday** fiesta nacional. **~ insurance** seguridad social.

nationalism ['næʃənəˌlɪzəm] *n.* nacionalismo *m.*

nationalist ['næʃənəˌlɪst] *adj.* & *n.* nacionalista *m. y f.;* regionalista *m. y f.*

nationality [ˌnæʃənˈæləti:] *n.* (citizenship) nacionalidad *f.*

nationalize, nationalise (Br.E) [ˌnæʃənəˌlaɪz] *v. tr.* nacionalizar.

native ['neɪtɪv] *adj.* **1.** autóctono; originario; nativo. **2.** (country) natal. ‖ *n.* **3.** (inhabitant) natural *m. y f.* ‖ **~ language** lengua materna.

natural ['nætʃərəl] *adj.* **1.** natural. **2.** (normal) normal.

naturalize ['nætʃərəˌlaɪz] v. tr. (person) naturalizar; nacionalizar. ‖ **to become naturalized** naturalizarse.

naturalness ['nætʃərəlnɪs] n. naturalidad f.; llaneza f.

nature ['neɪtʃər] n. **1.** naturaleza f. **2.** (kind) índole f. ‖ **good-natured** adj. **3.** de buen carácter.

naughty ['nɔːti] adj. (child) travieso; malo; pícaro.

nausea ['nɔːsɪə 'nɔːzɪə 'nɔːʃə 'nɔːʒə] n., Med. náusea f.; mareo m.

nauseate ['nɔːʃɪeɪt] v. tr., coll. **1.** asquear; repugnar. **2.** (disgust) dar asco.

nauseating ['nɔːʃɪeɪtɪŋ] adj. (disgusting) nauseabundo; repugnante.

nauseous ['nɔːzɪəs, 'nɔːʃəs] adj. (nauseating) nauseabundo.

nautical ['nɔːtɪkəl] adj. náutico.

naval ['neɪvəl] adj. (strengh, warfare) naval. ‖ **~ base** base naval.

nave [neɪv] n., Archit. (of church) nave f.

navel ['neɪvəl] n., Anat. ombligo m.

navigable ['nævəgəbəl] adj. (channel, river) navegable.

navigate ['nævəgeɪt] v. tr. & intr., Nav. navegar; conducir.

navigation [nævəˈgeɪʃən] n., Nav. navegación f. ‖ **air ~** navegación aérea.

navigator ['nævəgeɪtər] n., Nav. navegante m. y f.; oficial m. y f.

navy ['neɪvi] adj. **1.** (blue) marino [He wears a navy blue T-shirt. Lleva una camiseta azul marino.] ‖ n. **2.** Mil. armada f.; marina f. ‖ **Navy Department** Am.E., Polit. Ministerio de Marina.

nay [neɪ] adv. **1.** arch. no. **2.** arch. (or rather) es más; más aún.

near [nɪr] adj. **1.** próximo; cercano. **2.** (relative) allegado. ‖ adv. (Often followed by "to") **3.** cerca [The bus station is near. La estación de autobuses está cerca.] ‖ prep. **4.** cerca de [It is near the office. Está cerca de la oficina.] ‖ v. tr. **5.** acercarse (a algo/algn) [They are nearing the beach. Se están acercando a la playa.] ‖ v. intr. **6.** acercarse [Call me when they near. Llámame cuando se acerquen.]

nearby [ˌnɪrˈbaɪ] adj. cercano.

nearly ['nɪrli] adv. **1.** casi; por poco [I nearly fell down. Casi me caigo.] **2.** (circa) cerca de [He is nearly eighty years old. Tiene cerca de ochenta años.] ‖ **very ~** casi, casi.

nearness ['nɪrnɪs] n. (place) cercanía f.; proximidad f.; vecindad f.

neat [niːt] adj. **1.** (tidy) arreglado. **2.** (person) pulcro; aseado. **3.** (nice) chulo.

neatness ['niːtnɪs] n. (tidyness) pulcritud f.; limpieza f.; esmero f.

necessary ['nesəˌsəri] adj. necesario; preciso; forzoso. ‖ **absolutely ~** imprescindible. **to be ~** precisar.

necessity [nəˈsesəti] n. necesidad f.

neck [nek] n. **1.** Anat. cuello m. **2.** (of animal) pescuezo m. fam. **3.** (of guitar) mástil m. **4.** (low neck) escote m. ‖ **back of the ~** nuca f. **~ or nothing** a toda costa.

necklace ['neklɪs] n. (ornament) collar m.; gargantilla f.

neckline ['nekˌlaɪn] n. (of dress) escote m.

necktie ['nektaɪ] n. corbata f.

necromancer ['nekrəˌmænsər] n. nigromante m. y f.; brujo m.

nectar ['nektər] n. néctar m.

nectarine ['nektəˌriːn] n., Bot. (fruit) nectarina f.

need [niːd] n. **1.** necesidad f.; falta f. ‖ v. tr. **2.** necesitar; precisar.

needle ['ni:dəl] *n.* aguja *f.* ‖ **to look for a ~ in a haystack** *fig.* & *fam.* buscar una aguja en un pajar.

needless ['ni:dlɪs] *adj.* innecesario; inútil.

needlework ['ni:dəl,wɜ:rk] *n.* **1.** (sewing) costura *f.* **2.** (embroidery) bordado *m.* ‖ **to do ~** hacer costura.

needy ['ni:di:] *adj.* (poor) necesitado; pobre. ‖ **~ person** necesitado *m.*

negation [nə'geɪʃən] *n.* (refusal) negación *f.*; negativa *f.*

negative ['negətɪv] *adj.* **1.** negativo. ‖ *n.* **2.** negativa *f.* **3.** *Ling.* negación *f.* **4.** *Phot.* negativo *m.*; cliché *m.*

neglect [nɪ'glekt] *n.* **1.** negligencia *f.*; descuido *m.* ‖ *v. tr.* **2.** descuidar. ‖ **to ~ one's appearance** desaliñarse.

neglectful [nɪ'glektfəl] *adj.* negligente; descuidado; dejado.

negligence ['neglɪdʒəns] *n.* (carelessness) negligencia *f.*; descuido; dejadez *f.*

negligent ['neglɪdʒənt] *adj.* (careless) negligente; descuidado; dejado. ‖ **~ person** negligente *m. y f.*

negotiate [negəʊ,feɪt] *v. tr.* & *intr.* **1.** negociar. ‖ *v. tr.* **2.** (loan) gestionar.

Negro ['ni:grəʊ] (pl.: groes) *n.*, *offens.* (race) negro *m.*

neigh [neɪ] *n.* **1.** (horse) relincho *m.* ‖ *v. intr.* **2.** (horse) relinchar.

neighbor, neighbour (Br.E) ['neɪbər] *n.* **1.** vecino *m.* ‖ *v. tr.* **2.** estar junto a; estar cerca de.

neighborhood, neighbourhood (Br.E) ['neɪbər,hʊd] *n.* **1.** (vicinity) vecindad *f.*; vecindario *m.*; inmediaciones *m. pl.* **2.** (district) barrio *m.*

neighboring, neighbouring (Br.E) ['neɪbərɪŋ] *adj.* **1.** vecino; próximo; cercano. ‖ **~ country** país vecino.

neither ['nɪðər, 'naɪðər] *pron. indef.* (also as adj.) **1.** (of two) ninguno [You wrote two letters but neither arrived. *Escribiste dos cartas pero ninguna llegó.*] ‖ *conj. copul.* **2.** tampoco [I haven't heard the song and neither has my sister. *Yo no he escuchado la canción y mi hermana tampoco.*] ‖ **neither... nor...** ni... ni... [My car is neither white nor blue. *Mi coche no es ni blanco ni azul.*]

nephew ['nefju:] *n.* sobrino *m.*

nerve [nɜ:rv] *n.* **1.** *Anat.* nervio *m.* **2.** *fam.* (cheek) atrevimiento *m.*; frescura *f.* ‖ **to be a bundle of nerves** *fam.* ser un manojo de nervios. **to get on one's nerves** *coll.* crispar los nervios; repatear. **to have got a ~** *fam.* tener jeta [She had got a nerve coming in here and asking me to wash up her dishes. *Tuvo la jeta de venir y pedirme que le fregara sus platos.*]

nervous ['nɜ:rvəs] *adj.* nervioso.

nervousness ['nɜ:rvəsnɪs] *n.* nerviosismo *m.*; intranquilidad *f.*

nervy ['nɜ:rvi:] *adj.* **1.** *Br. E.* nervioso. **2.** *Am. E.*, *fam.* (bold) chulo.

nest [nest] *n.* **1.** (for birds) nido *m.* **2.** (hideout) guarida *f.* ‖ *v. intr.* **3.** (birds) anidar. ‖ **~ egg** ahorros *m. pl.*

net[1] [net] *n.* red *f.*

net[2] [net] *adj.*, *Econ.* neto.

nettle ['netəl] *n.* **1.** *Bot.* ortiga *f.* ‖ *v. tr.* **2.** *fam.* irritar; fastidiar. ‖ **~ rush** *Med.* (illness) urticaria.

network ['net,wɜ:rk] *n.* red *f.*

neuter ['nu:tər] *adj.* **1.** *Ling.* & *Biol.* neutro. ‖ *v. intr.* **2.** castrar; capar.

neutral ['nu:trəl] *adj.* **1.** (impartial) neutral. **2.** (color) neutro.

neutralize ['nu:trə,laɪz] *v. tr.* neutralizar.

never ['nevər] *adv.* nunca; jamás *intens.* [I never saw such a show. *Nunca vi un espectáculo semejante.*] ‖ ~ **again** nunca más [I'll never go out with you again. *Nunca más saldré contigo.*] ~ **ever** nunca jamás [I'll never ever eat cockroaches. *Nunca jamás comeré cucarachas.*] ~ **mind** no importa.

never-ending ['nevər,endɪŋ] *adj.* interminable; inacabable.

nevertheless [,nevərðə'les] *adv.* sin embargo; no obstante [He is nevertheless right. *No obstante, tiene razón.*]

new [nu:] *adj.* nuevo. ‖ **as good as ~** como nuevo. **New Year's Eve** Nochevieja. **New Year** Año Nuevo.

newborn ['nu:,bɔ:rn] *adj.* recién nacido.

newcomer ['nu:,kʌmər] *n.* (recently arrived) recién llegado.

newly ['nu:li] *adv.* (recently) recién; recientemente; últimamente.

newness ['nu:nɪs] *n.* novedad *f.*

news [nu:z] *n.* **1.** noticias *f. pl.;* novedades *f. pl.* **2.** (on TV) noticiario *m.;* telediario *m. Esp.* ‖ ~ **bulletin** boletín informativo. ~ **clipping** recorte de periódico. ~ **program** (TV, radio) informativo *m.*

newsagent ['nu:z,eɪdʒənt] *n., Br. E.* vendedor de periódicos.

newsflash ['nu:z,flæʃ] *n.* flas informativo; noticia de última hora.

newspaper ['nu:z,peɪpər] *n.* periódico *m.;* diario *m.* ‖ ~ **library** hemeroteca *f.*

newsreel ['nu:z,ri:l] *n.* (press) noticiario cinematográfico.

newsstand ['nu:z,stænd] *n.* quiosco *m.*

next [nekst] *adj.* **1.** próximo; siguiente [We'll talk about it in the next class. *Hablaremos de ello en la próxima clase.*]

2. (contiguous) contiguo [She sleeps in the next room. *Duerme en la habitación contigua.*] ‖ *adv.* **3.** luego; después [What did you try next? *¿Qué intentaste después?*] ‖ ~ **time** la próxima vez [Next time, you invite me. *La próxima vez me invitas tú.*] ~ **to** (beside) al lado de; junto a. (after) después de [Next to Madonna, he is my favourite singer. *Después de Madonna, es mi cantante favorito.*]

nib [nɪb] *n.* plumilla *f.*

nibble ['nɪbəl] *n.* **1.** (bite) mordisco *m.* ‖ *v. tr.* **2.** (person) mordisquear. ‖ *v. intr.* **3.** (eat) picotear.

Nicaraguan [nɪkə'rægjuən] *adj. & n.* nicaragüense *m. y f.*

nice [naɪs] *adj.* **1.** simpático; amable; majo. **2.** (pleasant) agradable; bueno. **3.** (beautiful) bonito; mono. **4.** (delicious) rico; delicioso.

niche [nɪtʃ] *n.* nicho *m.*

nick [nɪk] *n.* **1.** (cut) muesca *f.;* mella *f.* ‖ *v. tr.* **2.** (steal) afanar.

nickname ['nɪk,neɪm] *n.* **1.** apodo *m.;* mote *m.* ‖ *v. tr.* **2.** poner motes.

nicotine ['nɪkə,ti:n] *n., Chem.* nicotina *f.*

niece [ni:s] *n.* sobrina *f.*

niggard ['nɪgərd] *adj.* (stingy) mezquino.

niggardliness ['nɪgərdlɪnɪs] *n.* mezquindad *f.;* maldad *f.;* tacañería *f.*

nigger ['nɪgər] *n., offens.* (race) negro *m.*

night [naɪt] *n.* **1.** noche *f.* ‖ *adj.* **2.** nocturno. ‖ **first ~** estreno *m.* **good ~** (goodbye) buenas noches. **last ~** anoche. ~ **owl** noctámbulo *m.* ~ **shift** turno de noche. **the ~ before last** antes de anoche; anteanoche.

nighthawk ['naɪt,hɔ:k] *adj.* **1.** *Am. E.* noctámbulo. ‖ *n.* **2.** *Am.E.* noctámbulo *m.*

nightdress ['naɪtˌdres] *n.* camisón *m.*
‖ **short ~** picardías *m. inv.*

nightfall ['naɪtˌfɔːl] *n.* (dusk) anochecer.
‖ **at ~** al anochecer.

nightgown ['naɪtˌgaʊn] *n.* camisón *m.*

nightie ['naɪti:] *n.*, *coll.* camisón *m.*

nightingale ['naɪtˌɪŋgeɪl] *n.*, *Zool.* (bird)
ruiseñor *m.*

nightly ['naɪtli:] *adv.* todas las noches.

nightmare ['naɪtˌmer] *n.* pesadilla *f.*

nimble ['nɪmbəl] *adj.* ágil; ligero.

nimbleness ['nɪmbəlnɪs] *n.* (of person)
agilidad *f.*; ligereza *f.*; rapidez *f.*

nine [naɪn] *col. num. det.* (also pron. and
n.) **1.** nueve. ‖ *card. num. adj.* **2.** nueve;
noveno [Read page nine. *Leed la página
nueve.*] ‖ **dressed up to the nines** *coll.*
peripuesto. **~ hundred** novecientos.

nineteen [ˌnaɪn'ti:n] *col. num. det.* (also
pron. and *n.*) **1.** diecinueve. ‖ *card.
num. adj.* **2.** diecinueve [Make a summary of chapter nineteen. *Haced un resumen del capítulo diecinueve.*]

nineteenth [ˌnaɪn'ti:nθ] *card. num. adj.*
(also *n.*) diecinueve [He is on the nineteenth place. *Está en decimonoveno lugar.*]

ninetieth ['naɪntɪəθ] *card. num. adj.* (also *n.*) noventa [The last floor is the ninetieth. *El último piso es el noventa.*]

ninety ['naɪnti:] *col. num. det.* (also pron.
and *n.*) **1.** noventa. ‖ *card. num. adj.*
2. noventa [Read the text on page ninety.
Leed el texto de la página noventa.]

ninth ['naɪnθ] *card. num. adj.* (also *n.*)
1. noveno; nueve [The ninth chapter.
El noveno capítulo.] ‖ *frac. numer. n.*
(also adj. and pron.) **2.** noveno [Three
ninths of the population are children.
Tres novenos de la población son niños.]

nip [nɪp] *n.* **1.** (pinch) pellizco *m.* **2.** (bite) mordisco *m.* ‖ *v. tr.* **3.** (pinch) pellizcar. **4.** (bite) mordiscar.

nipple ['nɪpəl] *n.* **1.** *Anat.* (female) pezón
m. **2.** *Anat.* (male) tetilla *f.*

nit [nɪt] *n.*, *Zool.* liendre *f.*

nitric ['naɪtrɪk] *adj.*, *Chem.* nítrico. ‖ **~ acid**
agua fuerte; ácido nítrico.

nitrogen ['naɪtrədʒən] *n.*, *Chem.* (gas)
nitrógeno *m.*

no [noʊ](pl.: noes or nos) *adj.* **1.** ningún;
ninguno [My room has no chair. *Mi habitación no tiene ninguna silla.*] ‖ *n.*
2. (answer) no [Her answer was a clear
no. *Su respuesta fue un claro no.*]
3. (often in pl.) (vote) no [There were
ninety noes and a hundred and thirty
ayes. *Hubo noventa votos en contra y
ciento treinta a favor.*] ‖ *adv. neg.*
4. (+ comp.) no [The church is no further
than the school. *La iglesia no está más
lejos que el colegio.*] ‖ *interj.* **5.** no [No,
I do not know him. *No, no le conozco.*]

no one ['noʊˌwʌn] *pron. pers.* nadie [No
one knew the answer. *Nadie sabía la
respuesta.*]

nobility [ˌnoʊ'bɪləti:] *n.* nobleza *f.*

noble ['noʊbəl] *adj.* noble.

nobleman ['noʊbəlmən] *n.* (aristocrat)
aristócrata *m.*; noble *m.*

noblewoman ['noʊbəlˌmən] *n.* noble *f.*

nobody ['noʊbədi:, 'noʊbʌdi:, 'noʊbɒdi:]
pron. nadie [Nobody remembered my
birthday. *Nadie recordó mi cumpleaños.*]

nocturnal [nɒk'tɜːrnəl] *adj.* nocturno.

nocturne ['nɒktɜːrn] *n.*, *Mus.* (romantic
style) nocturno *m.*

nod [nɒd] *n.* **1.** inclinación de cabeza.
2. (nap) cabezada *f.* ‖ *v. intr.* **3.** dormitar; cabecear. **4.** (one's head) asentir.

noise [nɔɪz] *n.* **1.** ruido *m.* **2.** (racket) estrépito *m.* ‖ **to make a ~** hacer ruido.

noisome ['nɔɪsəm] *adj.* apestoso.

noisy ['nɔɪzi:] *adj.* ruidoso; estrepitoso. ‖ **a ~ crowd** una multitud ruidosa.

nomad ['noʊmæd] *n.* nómada *m. y f.*

nomadic [noʊ'mædɪk] *adj.* nómada.

nominal ['nomənəl] *adj.* **1.** nominal. **2.** *Econ.* (check) nominativo.

nominate ['nomɪneɪt] *v. tr.* (propose) designar como candidato.

nominative ['nomənetɪv] *n., Ling.* (case) nominativo *m.*

none [nʌn] *pron.* **1.** (with countable nouns) ninguno [None of my friends arrived. *No llegó ninguno de mis amigos.*] **2.** (with uncountable nouns) nada [I'm going to buy some milk because there is none. *Voy a comprar leche porque no queda nada.*]

nonentity [nɒ'nentəti] *n.* **1.** cosa inexistente. **2.** (person) nulidad *f.*; persona insignificante.

nonetheless [ˌnʌnðə'les] *adv.* no obstante; sin embargo [He loves her nonetheless. *Sin embargo, la quiere.*]

nonexistent [ˌnɒnɪg'zɪstənt] *adj.* inexistente; imaginario.

nonplus [nɒn'plʌs] *n.* **1.** estupefacción *f.* ‖ *v. tr.* **2.** dejar estupefacto.

nonsense ['nɒnsəns] *n.* tonterías *f. pl.* ‖ **to talk ~** decir tonterías.

nonsensical [nɒn'sensɪkəl] *adj.* (absurd) absurdo; ilógico.

nonstop [ˌnɒn'stɒp] *adj.* **1.** (journey, flight) directo. ‖ *adv.* **2.** sin parar; sin paradas. ‖ **to talk ~** no parar de hablar.

noodle ['nu:dəl] *n., Gastr.* fideo *m.* [Quiero una sopa de fideos. *I want a noodle soup.*]

nook [nʊk] *n.* rincón *m.*

noon [nu:n] *n.* (midday) mediodía *m.* ‖ **at ~** a mediodía.

nor [nɔːr nə] *conj. copul.* tampoco [That chair wasn't cheap nor was it nice. *Esa silla no era barata ni tampoco bonita.*]

Nordic ['nɔːrdɪk] *adj.* (country) nórdico.

norm [nɔːrm] *n.* norma *f.*; pauta *f.*

normal ['nɔːrməl] *adj.* normal.

normative ['nɔːrmətɪv] *adj.* normativo.

Norse [nɔːrs] *adj.* **1.** nórdico. ‖ **Norseman** *n.* **2.** nórdico *m.*

north [nɔːrθ] *n.* **1.** *Geogr.* norte *m.* ‖ *adv.* **2.** (in the north) al norte.

northeast [ˌnɔːrθiːst] *n., Geogr.* nordeste *m.*; noreste *m.*

northern ['nɔːrðən] *adj. Geogr.* norte; nórdico; septentrional. ‖ **~ hemisphere** *Geogr.* hemisferio norte.

northward ['nɔːrθwərd] *adv.* (movement) hacia el norte.

northwest [ˌnɔːrθwest] *n., Geogr.* noroeste *m.*

nose [noʊz] *n.* **1.** *Anat.* nariz *f.*; napia *f. col.* **2.** *Zool.* hocico *m.*; morro *m.* ‖ *v. intr.* **3.** entrometerse; olisquear. ‖ **to ~ around** fisgonear.

nosebag ['noʊzbæg] *n.* morral *m.*

nostalgia [nɒs'tældʒə] *n.* nostalgia *f.*

nostril ['nɒstrəl] *n., Anat.* ventana *f.* (nasal); orificio nasal.

nosy ['noʊzi:] *adj., pej.* fisgón; curioso.

not [nɒt] *adv. neg.* no [No quiero ir. *I do not want to go.*] ‖ **~ at all** de nada.

notable ['noʊtəbəl] *adj.* notable.

notary ['noʊtəri:] *n.* notario *m.*; escribano *m.*; certificador *m.*

notch [nɒtʃ] *n.* muesca *f.*; mella *f.*

note [noʊt] *n.* **1.** (annotation) nota *f.*; apunte *m.*; anotación *f.* **2.** *Econ.* billete *m.* **3.** *Mus.* nota *f.* ‖ *v. tr.* **4.** anotar; apuntar. **5.** (notice) notar. ‖ **false ~** *Mus.* gallo *m.* **promissory ~** pagaré *m.* **quarter ~** *Am. E., Mus.* negra *f.*

notebook ['noʊtˌbʊk] *n.* **1.** (for short-hand) libreta *f.;* bloc *m.* **2.** (exercise note) cuaderno *m.*

noted ['noʊtɪd] *adj.* célebre.

notepad ['noʊtˌpæd] *n.* **1.** bloc *m.* (de notas). cuaderno *m.*

noteworthy ['noʊtˌwɜːrði] *adj.* (interesting) notable; de interés.

nothing ['nʌθɪŋ] *pron. indef.* nada [You never say nothing. *Nunca dices nada.*] ‖ **~ but** nada más que [He does nothing but sleep. *No hace nada más que dormir.*] ‖ **else** nada más.

nothingness ['nʌθɪŋnɪs] *n.* nada *f.*

notice [(noʊtɪs] *n.* **1.** aviso *m.* ‖ *v. tr.* **2.** notar; observar; advertir. ‖ *v. intr.* **3.** fijarse; reparar. ‖ **death ~** (funeral notice) esquela *f.* **~ board** *Br. E.* tablón de anuncios. **to take no ~ of** hacer caso omiso de. **to take ~** prestar atención.

noticeable ['noʊtɪsəbəl] *adj.* (substantial) apreciable; evidente.

notification [ˌnoʊtəfəˈkeɪʃən] *n.* notificación *f.;* convocatoria *f.;* aviso *f.*

notify ['noʊtəˌfaɪ] *v. tr.* (tell) avisar; notificar; comunicar.

notion ['noʊʃən] *n.* noción *f.;* idea *f.* ‖ **notions store** *Am. E.* mercería *f.*

notoriety [ˌnoʊtəˈraɪəti] *n.* notoriedad *f.;* mala reputación.

notwithstanding [ˌnɒtwɪθˈstændɪŋ] *adv., frml.* no obstante; sin embargo.

noun [naʊn] *n., Ling.* nombre *m.;* sustantivo *m.* ‖ **proper ~** nombre propio.

nourish ['nʌrɪʃ] *v. tr.* **1.** nutrir; alimentar. **2.** *fig.* (hopes) abrigar; alentar.

nourished ['nʌrɪʃt] *adj.* nutrido.

nourishing ['nʌrɪʃɪŋ] *adj.* nutritivo.

nourishment ['nʌrɪʃmənt] *n.* **1.** (nutrition) alimentación *f.;* nutrición *f.* **2.** (food) alimento *m.;* comida *f.*

novel[1] ['nɒvəl] *n., Lit.* novela *f.*

novel[2] ['nɒvəl] *adj.* (idea) novedoso; original; peculiar.

novelist ['nɒvəlɪst] *n.* novelista *m. y f.*

novelistic [ˌnɒvəˈlɪstɪk] *adj.* (characteristic of novels) novelesco.

novelty ['nɒvəlti] *n.* novedad *f.*

November [noʊˈvembər] *n.* noviembre *m.*

novena [noʊˈvenə] *n., Rel.* novena *f.*

novice ['nɒvɪs] *n.* **1.** novato *m.;* principiante *m. y f.* **2.** *Rel.* novicio *m.*

now [naʊ] *adv.* **1.** ahora [He is reading now. *Ahora está leyendo.*] **2.** (nowadays) ahora [There was a time when I hated sports but now I like them a lot. *Hubo una época en que odiaba los deportes pero ahora me gustan mucho.*] ‖ **from ~ on** de ahora en adelante; de hoy en adelante [From now on I'll go on foot. *De ahora en adelante iré andando.*] **~ and then/again** (also "every now and then/again") de vez en cuando. **right ~** ahora mismo [I'm busy right now, could you wait, please? *Ahora mismo estoy ocupada, ¿podría esperar, por favor?*]

nowadays ['naʊəˌdeɪz] *adv.* hoy en día; en la actualidad [Nowadays, there is too much violence. *Hoy en día, hay demasiada violencia.*]

nowhere ['noʊwer] *adv.* en ninguna parte; a ninguna parte. ‖ **~ else** en ninguna otra parte.

noxious ['nɒkʃəs] *adj.* nocivo.

nozzle ['nɒzəl] *n.* (of pastry bag, blow-torch) boquilla *f.*

nuance ['nu:əns] *n.* (feature) matiz *m.*

nuclear ['nu:klɪər] *adj.* nuclear.

nucleus ['nu:klɪəs] *n.* núcleo *m.*

nude [nu:d] *adj.* **1.** (naked) desnudo. ‖ *n.* **2.** (art) desnudo *m.*

nudism ['nu:dɪzəm] *n.* nudismo *m.*

nudist ['nu:dɪst] *adj.& n.* nudista *m. y f.*

nugget ['nʌgət] *n., Miner.* pepita *f.* ‖ **gold ~** *Miner.* pepita de oro.

nuisance ['nu:səns] *n.* **1.** molestia *f.;* estorbo *m.* **2.** (person) pegote *m.;* moscardón *m. fam.*

nullification [ˌnʌləfəˈkeɪʃən] *n.* anulación *f.;* cancelación *f.*

nullify ['nʌlɪˌfaɪ] *v. tr.* anular.

nullity ['nʌlɪti:] *n., Law* nulidad *f.*

numb [nʌm] *adj.* **1.** entumecido. ‖ *v. tr.* **2.** entumecer. **3.** (with a substance) adormecer. ‖ **to go ~** entumecerse. | (leg, hand) adormecerse.

number ['nʌmbər] *n.* **1.** *Math.* número *m.;* cifra *f.* ‖ *v. tr.* **2.** numerar. ‖ **numbers** *n. pl.* **3.** numeración *f. sing.* ‖ **catalog ~** (in libraries) signatura *f.* **endless ~** sinfín *m.*

numeral ['nu:mərəl, 'nu:mrəl] *n.* **1.** *Math.* número *m.* ‖ **numerals** *n. pl.* **2.** numeración *f. sing.*

numeration [ˌnu:məˈreɪʃən] *n., Math.* numeración *f.*

numerator ['nu:meˌreɪtər] *n., Math.* numerador *m.*

numerical or numeric [nu:ˈmerɪkəl] *adj.* numérico.

numerous ['nu:mərəs, 'nu:mrəs] *adj.* (substantial) numeroso; cuantioso.

nun [nʌn] *n., Rel.* monja *f.;* madre *f.;* religiosa *f.* ‖ **cloistered ~** monja de clausura.

nuptial ['nʌpʃəl] *adj.* **1.** nupcial. ‖ **nuptials** *n. pl.* **2.** (wedding) boda *f. sing.;* nupcias *f. pl.;* esponsales *m. pl.*

nurse [nɜ:rs] *n.* **1.** enfermero *m.;* enfermera *f.* **2.** (nanny) niñera *f.* ‖ *v. tr.* **3.** *Med.* cuidar. **4.** (baby) acunar. ‖ **wet ~** (of a baby) nodriza *f.*

nursemaid ['nɜ:rsɪˌmeɪd] *n., Am. E.* (child's nurse) niñera *f.;* tata *f.*

nursery ['nɜ:rsəri:, 'nɜ:rsri:] *n.* **1.** (at home) cuarto de los niños. **2.** (breeding ground) criadero *m.* **3.** (crèche) guardería *f.* ‖ **~ school** guardería infantil; jardín de infancia.

nursing ['nɜ:rsɪŋ] *n.* **1.** (career) enfermería *f.* **2.** (care) crianza *f.*

nurture ['nɜ:rtʃər] *n.* **1.** *frml.* crianza *f.;* educación *f.* ‖ *v. tr.* **2.** nutrir; alimentar.

nut [nʌt] *n.* **1.** fruto seco. **2.** *Mec.* tuerca *f.* ‖ **pistachio ~** *Bot.* pistacho *m.* **tiger ~** *Bot.* (fruit) chufa *f.*

nutcase ['nʌtˌkeɪs] *n.* chiflado *m.;* loco *m.*

nutcracker ['nʌtˌkrækər] *n.* (tool) cascanueces *m. inv.*

nutmeg ['nʌtmeg] *n.* nuez moscada.

nutriment ['nu:trəmənt] *n.* alimento *m.*

nutrition [nʌˈtrɪʃən] *n.* nutrición *f.*

nutritious [nu:ˈtrɪʃəs] *adj.* nutritivo.

nuts [nʌts] *adj., coll.* majareta; chalado. ‖ **to be ~** estar como un cencerro *col.;* estar tocado del ala.

nylon ['naɪlɒn] *n.* (fabric) nailon *m.*

O

o [ou] *n.* (letter) o *f.*

oaf [ouf] *n., fig.* acémila *f.*

oak [ouk] *n., Bot.* (wood) roble *m.* ‖ **holm ~** encina *f.* **~ tree** *Bot.* roble *m.*

oar [ɔːr] *n.* (of boat) remo *m.*

oasis [ou'eisis] *n.* oasis *m. inv.*

oat [out] *n.* **1.** *Bot.* (plant) avena *f.* ‖ **oats** *n. pl.* **2.** (seeds) avena *f.*

oath [ouθ] *n., Law* juramento *m.* ‖ **on my ~** palabra de honor. **on ~** *Law* bajo juramento. **to swear an ~ law** prestar juramento.

obedience [ə'biːdiənsv, ou'biːdiəns] *n.* obediencia *f.*; sumisión *f.*

obedient [ə'biːdiənt, ou'biːdiənt] *adj.* obediente; dócil.

obese [ou'biːs] *adj.* (fat) obeso; gordo. ‖ **~ person** obeso *m.*

obesity [ou'biːsəti:] *n.* obesidad *f.*

obey [o'bei] *v. tr. & intr.* obedecer; acatar.

obituary [ə'bitʃuəri:, ou'bitʃuəri:] *n.* necrología *f.*; obituario *m.*

object[1] ['ɒbdʒikt, 'ɒbdʒekt] *n.* **1.** (thing) objeto *m.* **2.** (aim) propósito *m.* **3.** *Ling.* complemento. ‖ **direct ~** *Ling.* complemento directo.

object[2] ['ɒbdʒekt] *v. tr.* **1.** objetar. ‖ *v. intr.* **2.** (disapprove) oponerse.

objection [əb'dʒekʃən] *n.* **1.** objeción *f.*; reparo *m.* **2.** (drawback) inconveniente *m.*; pero. ‖ **vain ~** tiquismiquis *m.*

objective [əb'dʒektiv] *adj.* **1.** objetivo. ‖ *n.* **2.** (aim) objetivo *m.*; fin *m.*; meta *f.*

objector [ob'dʒektər] *n.* objetor *m.* ‖ **conscientious ~** *Mil.* objetor de conciencia.

obligate ['ɒbləgeit] *v. tr.* obligar.

obligation [ˌɒbləˈgeiʃən] *n.* **1.** obligación *f.* **2.** (commitment) compromiso *m.* ‖ **moral ~** obligación moral.

obligatory [ɒ'bligətɔri:] *adj.* obligatorio.

oblige [ə'blaidʒ] *v. tr.* (compel) obligar; forzar. ‖ **to be obliged** (be grateful) estar agradecido.

obliging [ə'blaidʒiŋ] *adj.* (kind) complaciente; servicial; atento.

oblique [ə'bliːk] *adj.* oblicuo.

obliterate [əblitəreit] *v. tr.* (destroy) borrar; obliterar; suprimir.

obliteration [əˌblitəˈreiʃən] *n.* (effacing) borradura *f.*; destrucción *f.*

oblivion [ə'bliviən] *n.* **1.** olvido *m.* **2.** *Med.* (unconsciousness) inconsciencia *f.* **3.** *Law* amnistía *f.*

oblivious [ə'bliviəs] *adj.* (unwitting) inconsciente; instintivo.

oboe ['oubou] *n., Mus.* (instrument) oboe *m.*

oboist ['oubouəst] *n., Mus.* (person) oboe *m. y f.*

obscene [əb'siːn] *adj.* (indecent) indecente; obsceno; atrevido.

obscure [əb'skjur] *adj.* **1.** oscuro; obscuro. **2.** (vague) confuso; vago *m.* ‖ *v. tr.* **3.** oscurecer. **4.** (wide) ocultar.

obscurity [əb'skjurəti:] *n.* tinieblas *f. pl.*; oscuridad *f.* ‖ **to live in ~** vivir en la oscuridad.

obsequious [əb'siːkwiəs] *adj.* servil.

observant [əb'zɜːrvənt] *adj.* (watchful) observador; perspicaz.

observation [ˌɒbzəˈrveiʃən] *n.* **1.** observación *f.*; contemplación *f.* **2.** (remark) anotación *f.*

observatory [əb'zɜːrvətɔːri:] *n., Astron.* observatorio *m.*

observe [əb'zɜːrv] *v. tr.* observar.

observer [əb'zɜːrvər] *n.* observador *m.*

obsession [əb'seʃən] *n.* (mania) manía *f.*; obsesión *f.*; fijación *f.*

obsolete ['ɒbsəli:t] *adj.* (old) anticuado; caído en desuso; obsoleto.

obstacle ['ɒbstəkəl] *n.* obstáculo *m.;* impedimento *m.;* inconveniente *m.* ‖ ~ **race** *Sports* carrera de obstáculos.

obstinacy ['ɒbstənəsi:] *n.* obstinación *f.;* terquedad *f.;* testarudez *f.*

obstinate ['ɒbstənɪt] *adj.* (stubborn) obstinado; terco; tozudo; testarudo.

obstruct [əb'strʌkt] *v. tr.* **1.** (block) obstruir. **2.** (hinder) estorbar. **3.** (make difficult) dificultar.

obstruction [əb'strʌkʃən] *n.* **1.** obstrucción *f.* **2.** (obstacle) estorbo *m.*

obtain [əb'teɪn] *v. tr.* (gain) obtener; conseguir; lograr.

obtainable [əb'teɪnəbəl] *adj.* asequible.

obtaining [əb'teɪnɪŋ] *n.* obtención *f.*

obtuse [əb'tu:s] *adj.* obtuso; lento.

obverse [ɒb'vɜ:rs] *n., frml.* (of a coin) anverso (de una moneda) *m.*

obvious ['ɒbviəs] *adj.* (clear) obvio; evidente; notorio; patente.

occasion [ə'keɪʒən] *n.* **1.** (moment) ocasión *f.* **2.** (opportunity) oportunidad *f.* **3.** (cause) motivo *m.* ‖ *v. tr.* **4.** causar; ocasionar. ‖ **to rise to the ~** estar a la altura de las circunstancias.

occasional [ə'keɪʒnəl] *adj.* ocasional.

occident ['ɒksədənt] *n.* **1.** occidente *m.* ‖ **Occident** *p. n.* **2.** Poniente *m.*

occidental [ˌɒksə'dentəl] *adj., lit., Geogr.* occidental.

occult [ɒ'kʌlt] *adj.* oculto.

occupant ['ɒkjəpənt] *n.* **1.** ocupante *m.* **2.** (tenant) inquilino *m.*

occupation [ˌɒkjə'peɪʃən] *n.* **1.** ocupación *f.* **2.** (profession) oficio *m.*

occupied ['ɒkju:paɪd] *adj.* (seat) ocupado; reservado.

occupy ['ɒkju:paɪ] *v. tr.* **1.** ocupar. **2.** (use) emplear.

occur [ə'kɜ:r] *v. intr.* (happen) ocurrir; suceder; acontecer.

occurrence [ə'kʌrəns] *n.* **1.** acontecimiento *m.* **2.** (incidence) incidencia *f.*

ocean ['əʊʃən] *n.* océano *m.*

ocher, ochre (Br.E) ['əʊkər] *n., Miner.* (color) ocre *m.*

October [ɒk'təʊbər] *n.* octubre *m.*

octopus ['ɒktəpəs] *n., Zool.* pulpo *m.*

ocular ['ɒkjələr] *adj.* ocular.

oculist ['ɒkjəlɪst] *n., Med.* (ophthalmologist) oculista *m. y f.*

odd [ɒd] *adj.* **1.** raro. **2.** *Math.* (number) impar. **3.** (approximately) y pico. ‖ ~ **number** *Math.* impar *m.* **odds and evens** pares y nones.

oddball ['ɒdbɔ:l] *n., fam.* bicho raro.

odds and ends [ˌɒdzæn'endz] *n. pl.* (small thing) cosas *f.* (sueltas).

odious ['əʊdiəs] *adj.* odioso.

odontologist [ˌɒdɒn'tɒlədʒɪst] *n., Med.* odontólogo *m.;* dentista *m. y f.*

odor, odour (Br.E) ['əʊdər] *n.* olor *m.* ‖ **body** ~ olor corporal.

odorless ['əʊdərlɪs] *adj.* inodoro.

odorous ['əʊdərəs] *adj.* oloroso.

of [ʌv, əv, ə] *prep.* **1.** (relationship, material, content) de [This chair is made of wood. *Esta silla es de madera.*] **2.** (superlative) de [It was the lowest chair of all. *Era la silla más baja de todas.*] **3.** (reason) de [She got ill of old age. *Enfermó de vieja.*] **4.** de [He is always talking of love. *Siempre está hablando de amor.*]

off [ɒf] *adv.* **1.** a distancia. ‖ *adj.* **2.** (gas cooker) apagado. **3.** (cancelled) suspendido. ‖ **to be** ~ irse; marcharse. **day** ~ día libre.

off-color [ˌɒfˈkʌlər] *adj.*, *Br. E.* (ill) pocho; indispuesto.

offend [əˈfend] *v. tr.* ofender.

offense, offence (Br.E) [əˈefens] *n.* **1.** *Law* delito *m.* **2.** (insult) ofensa *f.*; injuria *f.* ‖ **to take ~** ofenderse; picarse.

offensive [əˈfensɪv] *adj.* **1.** ofensivo. ‖ *n.* **2.** *Mil.* ofensiva (militar) *f.*

offer [ˈɒfər] *n.* **1.** oferta *f.* **2.** (proposal) propuesta *f.*; ofrecimiento *m.* ‖ *v. tr.* **3.** ofrecer. **4.** (propose) proponer. ‖ *v. intr.* **5.** ofrecerse.

offering [ˈɒfərɪŋ] *n.*, *Rel.* ofrenda *f.*

offhand [ˌɒfˈhænd] *adj.* **1.** brusco. **2.** (impolite) descortés.

office [ˈɒfɪs] *n.* **1.** despacho *m.* **2.** (building) oficina *f.* **3.** (position) cargo *m.* **4.** (task) oficio *m.* **5.** (of lawyer, doctor) gabinete *m.* ‖ **box ~** taquilla *f.* **~ boy** botones *m. sing.* (de oficinas). **~ worker** oficinista *m. y f.*; administrativo *m.* **term of ~** legislatura *f.*

officer [ˈɒfəsər] *n.*, *Mil.* oficial *m.* ‖ **customs ~** aduanero *m.*

official [əˈfɪʃəl] *adj.* **1.** oficial. ‖ *n.* **2.** (government official) funcionario *m.*; administrativo *m.* ‖ **~ note** oficio *m.*

off-road [ˌɒfˈroʊd] *adj.* todoterreno. ‖ **~ vehicle** *Car* todoterreno *m.*

offset [ˈɒfsət] *v. tr.* contrarrestar.

offspring [ˈɒfsprɪŋ] *n.* **1.** vástago *m.*; descendiente *m. y f.* **2.** (descendants) descendencia *f.*

offstage [ˌɔːfˈsteɪdʒ] *adj. & adv.*, *Theat.* entre bastidores.

often [ˈɒfən] *adv.* a menudo.

ogre [ˈoʊgər] *n.* ogro *m.*

oil [ɔɪl] *n.* **1.** aceite *m.* **2.** (petroleum) petróleo *m.* **3.** (gas oil) gasóleo *m.* **4.** (art) óleo *m.* ‖ **cooking ~** aceite para

cocinar. **~ painting** (art) pintura al óleo; cuadro al óleo.

oilcloth [ˈɔɪlklɒθ] *n.* (material) hule *m.*

oilman [ˈɔɪlmən] *n.* petrolero *m.*

oilskin [ˈɔɪlˌskɪn] *n.* **1.** (waterproof clothes) hule *m.* ‖ **oilskins** *n. pl.* **2.** (raincoat) impermeable *m. sing.*

oily [ˈɔɪliː] *adj.* aceitoso; grasiento.

ointment [ˈɔɪntmənt] *n.*, *Pharm* ungüento *m.*; pomada *f.*; bálsamo *m.*

o.k. [oʊˈkeɪ] *interj.* de acuerdo.

old [oʊld] *adj.* **1.** viejo. **2.** (wine) añejo. **3.** (former) antiguo. ‖ **to be thirty years ~** tener treinta años. **how ~ are you?** ¿qué edad tienes?; ¿cuántos años tiene usted? **in an old-fashioned way** a la antigua. **~ age** vejez *f.*

older [ˈoʊldər] *adj.* (compar. of "old") (person) mayor.

oldest [ˈoʊldəst] *adj.* (super. of "old") (person) mayor.

old-fashioned [ˌoʊldˈfæʃənd] *adj.* **1.** (not modern) pasado de moda. **2.** (ideas) anticuado; rancio *fig.*

olive [ˈɒlɪv] *n.* **1.** aceituna *f.*; oliva *f.* ‖ **~ grove** *Agr.* olivar *m.* **~ oil** aceite de oliva. **~ tree** *Bot.* olivo *m.* **stuffed ~** aceituna rellena.

oloroso [ɒləˈroʊsoʊ] *n.* (wine) oloroso *m.* (sherry).

Olympic [əˈlɪmpɪk] *adj.*, *Sports* olímpico. ‖ **~ Games** *Sports* olimpiada *f.* (often in pl.).

omelet, omelette (Br.E) [ˈɒmlɪt] *n.*, *Gastr.* tortilla *f.* ‖ **Spanish ~** *Gastr.* tortilla de patata.

omen [ˈoʊmen] *n.* agüero *m.*; presagio *m.* ‖ **bird of ill ~** pájaro de mal agüero.

ominous [ˈɒmənəs] *adj.* ominoso; fatal.

omission [oʊˈmɪʃən] *n.* omisión *f.*

omit [ə'mɪt] *v. tr.* omitir; prescindir.

on [ɒn] *prep.* **1.** (in contact with) sobre; encima de [Is the jacket on the bed? ¿Está la chaqueta encima de la cama?] **2.** (position) a [My house in on the left side. Mi casa está a la izquierda.] **3.** (by means of) a [I went on foot and they went on horseback. Yo fui a pie y ellos, a caballo.] **4.** (about) sobre [He's reading a book on dogs. Se está leyendo un libro sobre perros.] **5.** Econ. sobre [There's a new tax on imports. Hay un nuevo impuesto sobre las importaciones.] **6.** (according to) según [On past experience, this project is going to fail. Según mi experiencia, el proyecto va a fracasar.] **7.** (week days) en [My birthday falls on Monday. Mi cumpleaños cae en lunes.] ‖ *adj.* **8.** (functioning) encendido [Is the radio on? ¿Está encendida la radio?] ‖ **what's ~ ?** (TV, cinema) ¿qué echan?

once [wʌns] *adv.* **1.** una vez [I see him once a week. Le veo una vez por semana.] **2.** antiguamente [This city was once the capital of the Empire. Esta ciudad fue antiguamente la capital del Imperio.] ‖ *conj.* **3.** una vez que [Once he called me, he calmed down. Una vez que me llamó, se tranquilizó.] ‖ **all at ~** de repente [He decided it all at once. Lo decidió de repente.] ‖ **at ~** ahora mismo; al momento [Wash the dishes at once! ¡Lava los platos ahora mismo!] ‖ **~ and for all** (also once for all) de una vez; de una vez para siempre; de una vez por todas. ‖ **~ more** otra vez.

one [wʌn] *col. num. det.* (also pron. & n.) **1.** uno. ‖ *card. num. adj.* **2.** primero; uno [Let's start with chapter one. Empecemos por el capítulo uno.] ‖ *adj.* **3.** un

tal [One Mr. Smith called you. Te llamó un tal señor Smith.] ‖ *pron.* **4.** uno [One cannot work in Summer. Uno no puede trabajar en verano.]

one-armed [,wʌn'ɑːrməd] *adj.* manco. ‖ **~ bandit** máquina tragaperras.

one-eyed [,wʌn'aɪd] *adj.* tuerto. ‖ **~ person** tuerto *m.*

oneself [wʌn'self] *pron. pers. emphat.* **1.** (impersonal) uno mismo [One has to do that oneself. Eso tiene que hacerlo uno mismo.] ‖ *pron. pers. refl.* **2.** se; sí (detrás de prep.) [One has to look after oneself. Uno tiene que cuidarse.]

onion ['ʌnjən] *n., Bot.* cebolla *f.* ‖ **~ rings** aros de cebolla. ‖ **~ soup** sopa de cebolla. **spring ~** cebolleta *f.*

onlooker ['ɒn,lʊkər] *n.* (of an event) espectador *m.*; mirón *m.*

onlooking ['ɒnlʊkɪŋ] *adj.* mirón.

only ['ounli:] *adj.* **1.** único [I'm the only girl in the family. Soy la única chica de la familia.] ‖ *adv.* **2.** sólo; solamente [I can see you only on Friday. Sólo puedo verte el viernes.] ‖ *conj.* **3.** pero [I wanted to go, only I had to stay at home with my mother. Quería ir, pero tuve que quedarme en casa con mi madre.] ‖ **not ~ ... but also...** no sólo... sino también... [He is not only my cousin but also my friend. No es sólo mi primo sino también mi amigo.]

onset ['ɒnset] *n.* **1.** (attack) arremetida *f.* **2.** (start) comienzo *m.*; inicio *m.*

onslaught ['ɒn,slɔːt] *n.* (attack) embestida *f.*; ataque *m.*; acometida *f.*

onward ['ɒn,wərd] *adj.* **1.** hacia adelante. ‖ *adv.* (or "onwards") **2.** adelante.

ooze[1] [uːz] *v. tr.* **1.** (liquid) rezumar. ‖ *v. intr.* **2.** rezumar.

ooze² [uːz] *n.* lodo *m.*; cieno *m.*

opaque [ouˈpeɪk] *adj.* opaco.

open [ˈoupən] *adj.* **1.** abierto. ‖ *v. tr.* **2.** abrir; destapar. **3.** (inaugurate) inaugurar. ‖ *v. intr.* **4.** abrirse. ‖ **openly** *adv.* **5.** a las claras. ‖ **in the ~ air** al aire libre; a la intemperie. **~ question** cuestión pendiente. **~ secret** secreto a voces. **to ~ up** (talk freely) abrirse.

opening [ˈoupənɪŋ] *n.* **1.** abertura *f.* **2.** (beginning) apertura *f.* **3.** (exhibition) inauguración *f.*

open-mouthed [oupəndˈmauθɪd] *adj.* boquiabierto; asombrado.

openwork [ˈoupənˌwɜːrk] *n.* calado *m.*

opera [ˈɒprə, ˈɒpərə] *n.*, *Mus.* ópera *f.*

operate [ˈɒpəˌreɪt] *v. tr.* **1.** (machine) manipular. ‖ *v. intr.* **2.** *Med.* operar. ‖ **to ~ on** *Med.* operar; intervenir.

operating room [ˈɒpəˌreɪtɪŋˈruːm] *n.*, *Am. E.* quirófano *m.* ‖ **operating theatre** *Br. E.* quirófano *m.*

operation [ˌɒpəˈreɪʃən] *n.* **1.** (functioning) funcionamiento *m.* **2.** *Med.* intervención *f.* (quirúrgica). **3.** *Mil.* operación *f.*; maniobra *f.*

operator [ˈɒpəˌreɪtər] *n.* (telecommunication) operador *m.* ‖ **telephone ~** (person) telefonista *f.*

ophthalmologist [ˌɒpθəlˈmɒlədʒəst] *n.*, *Med.* oftalmólogo *m.*; oculista *m. y f.*

opinion [əˈpɪnjən] *n.* opinión *f.*; sentir *m.*; parecer *m.* ‖ **in my ~** a mi juicio; a mi entender. **~ poll** encuesta *f.*

opponent [əˈpounənt] *n.* adversario *m.*; oponente *m.*; contrincante *m. y f.*

opportune [ˌɒpərˈtuːn] *adj.* oportuno.

opportunity [ˌɒpərˈtuːnəti] *n.* oportunidad *f.*; ocasión *f.*; coyuntura *f.* ‖ **at the first ~** a las primeras de cambio.

oppose [əˈpouz] *v. tr.* **1.** oponer. ‖ *v. intr.* **2.** (disagree with) oponerse a. ‖ **to be opposed** contraponerse.

opposing [əˈpouzɪŋ] *adj.* adversario.

opposite [ˈɒpəzɪt] *adj.* **1.** (contrary) contrario; opuesto. ‖ *n.* **2.** lo contrario. ‖ *adv.* **3.** enfrente [The pub is opposite my house. *El pub está enfrente a mi casa.*]

opposition [ˌɒpəˈzɪʃən] *n.* **1.** oposición *f.* **2.** (contrast) contradicción *m.*

oppress [əˈpres] *v. tr.* **1.** oprimir. **2.** *fig.* (heat, anxiety) agobiar.

oppression [əˈpreʃən] *n.* **1.** opresión *f.* **2.** *fig.* (feeling) agobio *m.*

oppressor [əˈpresər] *n.* opresor *m.*

opprobrium [əˈproubrjəm] *n.*, *frml.* oprobio *m. form.*; afrenta *f.*

opt [(ɒpt] *v. intr.* optar.

optic [ˈɒptɪk] *adj.* óptico.

optical [ˈɒptɪkəl] *adj.* óptico.

optician [ɒpˈtɪʃən] *n.* **1.** óptico *m.* ‖ **optician's** *n. f.* **2.** (shop) óptica *f.*

optics [ˈɒptɪks] *n. sing.*, *Phys.* óptica *f.*

optimism [ˈɒptəˌmɪzəm] *n.* optimismo *m.*

optimist [ˈɒptəmɪst] *n.* optimista *m. y f.*

optimistic [ˌɒptəˈmɪstɪk] *adj.* optimista.

optimum [ˈɒptəməm] *adj.* óptimo.

option [ˈɒpʃən] *n.* opción *f.* [I have no option. *No me queda más opción.*]

optional [ˈɒpʃənəl] *adj.* (subject) optativo; facultativo; opcional.

opulence [ˈɒpjələns] *n.* opulencia *f.*

or [ɔːr ər] *conj.* **1.** o; u (before "o" or "ho") [You can buy a cat or a dog, one thing or the other. *Puedes comprar un gato o un perro, uno u otro.*] **2.** (in negative) ni [I don't have any brothers or sisters. *No tengo hermanos ni hermanas.*] **3.** (approximation) de...a... [I took two or three hours to finish it. *Tardé dos o tres horas en terminarlo.*]

oral ['ɔːrəl] *adj.* **1.** oral. **2.** (hygiene) bucal. || ~ **exam** examen oral.

orange ['ɒrɪndʒ 'ɔːrɪndʒ] *n.* **1.** Bot. naranja *f.* || *adj. and n.* **2.** (color) naranja *m.* || ~ **blossom** (from orange & tree) azahar *m.* ~ **tree** Bot. naranjo *m.*

orangeade [ˌɒrɪnˈdʒeɪd ˌɔːrɪnˈdʒeɪd] *n.* (natural) naranjada *f.*; zumo *m.*

orang-utan [əˈræŋətæn] *n.*, Zool. (large monkey) orangután *m.*

orator ['ɔːrətər, 'ɒrətər] *n.*, frml. (speaker) orador *m.*; disertador *m.*

oratory¹ ['ɒrətɒri:] *n.* (public speaking) oratoria *f.*; elocuencia *f.*

oratory² ['ɒrətɒri:] *n.*, Rel. (chapel) oratorio *m.*; capilla *f.*

orb [ɔːrb] *n.*, frml. orbe *m.* form.

orbit ['ɔːrbɪt] *n.*, Astron. órbita *f.*

orchard ['ɔːrtʃərd] *n.* (of fruit trees) huerta *f.*; huerto *m.*; vergel *m.*

orchestra ['ɔːrkəstrə] *n.* **1.** Mus. orquesta *f.* **2.** Film & Theatr. platea *f.*

orchid ['ɔːrkɪd] *n.*, Bot. orquídea *f.*

ordain [ɔːrˈdeɪn] *v. tr.* **1.** Rel. ordenar (sacerdote). **2.** (decree) decretar.

ordainment [ɔːrˈdeɪnmənt] *n.*, Rel. ordenación (sacerdotal) *f.*

order ['ɔːrdər] *n.* **1.** orden *f.*; mandato *m.* **2.** Econ. orden *f.*; pedido *m.* **3.** (layout) orden *m.* **4.** Rel. orden *f.* || *v. tr.* **5.** ordenar; mandar. **6.** (organize) ordenar. **7.** Econ. encargar. **8.** (restaurant) pedir. || **to get out of** ~ desordenarse. **out of** ~ estropeado; no funciona; averiado.

orderly ['ɔːrdərli:] *adj.* **1.** (tidy) ordenado. || *n.* **2.** Mil. ordenanza *m.*

ordinal ['ɔːrdɪnəl] *adj.* ordinal. || ~ **number** Math. ordinal *m.*

ordinance ['ɔːrdəns] *n.*, frml. (bylaw) ordenanza *f.*; ley municipal.

ordinary ['ɔːrdˌneri:] *adj.* ordinario; común. || **out of the** ~ fuera de lo normal.

ordination [ˌɔːrdˈneɪʃən] *n.*, Rel. ordenación (de un sacerdote) *f.*

ordnance ['ɔːrdnəns] *n.*, Mil. artillería *f.*

oregano [ɒˈregənoʊ] *n.*, Bot. orégano *m.*

organ ['ɔːrgən] *n.*, Mus. & Anat. órgano *m.* || **barrel** ~ Mus. organillo *m.*

organism ['ɔːrgənɪzəm] *n.*, Biol. organismo (de un ser vivo) *m.*

organization [ˌɔːrgənəˈzeɪʃən] *n.* organización *f.*; ordenación *f.*; entidad *f.*

organize, organise (Br.E) ['ɔːrgəˌnaɪz] *v. tr.* organizar. || **to** ~ **oneself** organizarse.

orgy ['ɔːrdʒi:] *n.* orgía *f.*

orient ['ɔːriənt] *n.* **1.** oriente *m.* || *v. tr.* **2.** orientar. || **to** ~ **oneself** orientarse.

oriental [ˌɔːriˈəntəl] *adj.* **1.** oriental. || **Oriental** *n.* **2.** oriental *m. y f.*

orientate ['ɔːriənteɪt] *v. tr.* orientar.

orientation [ˌɔːriənˈteɪʃən] *n.* orientación *f.*; encauzamiento *m.*

orifice ['ɒrəfɪs, 'ɔːrəfɪs] *n.* orificio *m.*

origami [ˌɒrɪˈgɑːmi:] *n.* papiroflexia *f.* || ~ **bird** pajarita de papel.

origin ['ɒrədʒɪn] *n.* (source) origen *m.*; procedencia *f.*; patria *f.*

original [əˈrɪdʒənəl] *adj.* **1.** original. **2.** (first) originario. || *n.* **3.** original *m.*

originate [əˈrɪdʒəneɪt] *v. tr.* **1.** originar. || *v. intr.* **2.** provenir (de).

originating [əˈrɪdʒəˌneɪtɪŋ] *adj.* (native) oriundo; originario. .

ornament ['ɔːrnəmənt] *n.* **1.** adorno *m.*; ornamento *m.*; atavío *m.* || *v. tr.* **2.** frml. adornar; ornamentar.

orphan ['ɔːrfən] *adj.* **1.** huérfano; falto; desamparado. || *n.* **2.** huérfano *m.*

orphanage ['ɔ:rfənɪdʒ] *n.* (institution) orfanato *m.*; hospicio *m.*; asilo *m.*

orthodox ['ɔ:rθəˌdɒks] *adj.* & *n.* ortodoxo *m.*; dogmático *m.*

orthography [ɔ:rθɒˌgrəfi:] *n.*, *frml.*, *Ling.* ortografía *f.*

orthopedic, orthopaedic (Br.E) [ˌɔ:rθəˈpi:dɪk] *adj.* ortopédico.

orthopedist, orthopaedist (Br.E) [ˌɔ:rθəˈpi:dɪst] *n.*, *Med.* traumatólogo *m.*; ortopedista *m.* y *f.*

oscillate ['ɒsɪleɪt] *v. intr.* oscilar.

oscillation [ˌɒsəˈleɪʃən] *n.* oscilación *f.*

osier ['oʊʒər] *n.* **1.** *Bot.* (tree) mimbrera *f.* **2.** *Bot.* (branch) mimbre *m.*

ostentation [ˌɒstenˈteɪʃən] *n.* (show) ostentación *f.*; boato *f.*

ostentatious [ˌɒstenˈteɪʃəs] *adj.* ostentoso; fastuoso; espléndido.

ostrich ['ɒstrɪtʃ] *n.*, *Zool.* avestruz *m.*

other ['ʌðər] *adj. indef.* **1.** otro [Do you want other piece of cake? ¿Quieres otro trozo de tarta?] ‖ *pron. indef.* **2.** otro [He liked that jacket but finally bought other. Le gustaba esa chaqueta pero al final se compró otra.] **the ~ one** el otro.

otherwise ['ʌðərˌwaɪz] *adv.* de otro modo; si no [Do what I tell you; otherwise, you won't be allowed to go out. Haz lo que te digo; de otro modo, no podrás salir.] **2.** (apart from that) por lo demás.

otter ['ɒtər] *n.*, *Zool.* nutria *f.*

ought to ['ɔ:t tʊ] *n.* deber.

our ['aʊər] *poss. adj. 1st. pl* nuestro [This is our present. Éste es nuestro regalo.]

ours ['aʊərz] *poss. pron. 1st. pl* nuestro [Ours is not red but blue. El nuestro no es rojo sino azul.] ‖ **of ~** nuestro [A relative of ours is living in Paris. Un familiar nuestro vive en París.]

ourselves [ˌaʊərˈselvz] *pron. pers. refl. 1st. pl* **1.** nos [We made ourselves some coffee. Nos preparamos un café.] ‖ *pron. pers. emphat. 1st. pl* **2.** nosotros mismos [We fixed it ourselves. Nosotros mismos lo arreglamos.]

out [aʊt] *adv.* **1.** fuera; afuera [Are you sure that the dog is out? ¿Estás seguro de que el perro está fuera?] **2.** gastado. ‖ *adj.* **3.** apagado [There is nobody at home, lights are out. No hay nadie en casa, las luces están apagadas.] **4.** estropeado [That coffee machine is out again. Esa máquina de café está estropeada de nuevo.] **5.** (unconscious) inconsciente [Ana was out for five days because of her accident. Ana estuvo inconsciente cinco días a causa de su accidente.] ‖ **¡ ~ !** *interj.* **6.** ¡fuera! ‖ **~ of** fuera de [My boss is out of town. Mi jefe está fuera de la ciudad.] sin [I didn't have any breakfast because we are out of milk. No he desayunado porque nos quedamos sin leche.] (among) de [Two out of thirty students came to class today. Dos de los treinta alumnos vinieron hoy a clase.]

outbid ['aʊtbɪd] *v. tr.* pujar.

outbreak ['aʊtbreɪk] *n.* **1.** (of violence) estallido *m.* **2.** *Med.* (of infection) brote *m.* **3.** (spots) erupción *f.*

outburst ['aʊtbɜ:rst] *n.* **1.** (of anger, joy) explosión *f.*; arrebato *m.* **2.** (of generosity) arranque *m.*

outclass [aʊtˈklæs] *v. tr.* aventajar.

outcome ['aʊtkʌm] *n.* resultado *m.*; consecuencia *f.*; producto *m.*

outcrop ['aʊtkrɒp] *n.* **1.** *Geol.* afloramiento *m.* ‖ *v. intr.* **2.** aflorar.

outcry ['aʊtkraɪ] *n.* **1.** (protest) protesta *f.* **2.** (clamor) clamor *m.*

outdoor [ˌaʊtˈdɔːr] *adj.* **1.** al aire libre; exterior. **2.** (clothes) de calle.

outdoors [ˌaʊtˈdɔːrz] *adv.* **1.** al aire libre; a la intemperie. || *n.* **2.** aire libre.

outer [ˈaʊtər] *adj.* exterior.

outfit [ˈaʊtˌfɪt] *n.* **1.** (equipment) equipo *m.* **2.** (dress) atuendo *m. form.*

outlaw [ˈaʊtˌlɔː] *n.* **1.** bandido *m.;* forajido *m.;* proscrito *m.* || *v. tr.* **2.** (prohibit) prohibir. **3.** (habit) proscribir.

outlay [ˈaʊtˌleɪ] *n.* **1.** desembolso *m.;* pago *m.* || *v. tr.* **2.** desembolsar; pagar.

outlet [ˈaʊtˌlet] *n.* **1.** salida *f.* **2.** (of water) desagüe *m.* **3.** *Econ.* mercado *m.*

outline [ˈaʊtˌlaɪn] *n.* **1.** bosquejo *m.;* boceto *m.* **2.** (contour) contorno *m.* **3.** (profile) perfil *m.* || *v. tr.* **4.** resumir. **5.** (shape) perfilar. **6.** (an idea) esbozar.

outlive [ˌaʊtˈlɪv] *v. tr.* sobrevivir a.

outlook [ˈaʊtˌlʊk] *n.* **1.** (point of view) punto de vista. **2.** (prospect) perspectiva *f.;* panorama *m.*

outmoded [ˌaʊtˈmoʊdɪd] *adj.* anticuado; obsoleto; pasado de moda.

out-of-date [ˈaʊtəvˌdeɪt] *adj.* (old) pasado; obsoleto.

output [ˈaʊtˌpʊt] *n.* **1.** producción *f.* **2.** *Econ.* (of a machine) rendimiento *m.*

outrage [ˈaʊtˌreɪdʒ] *n.* **1.** (person) ultraje *m.* **2.** (cruel act) atrocidad *f.* || *v. tr.* **3.** ultrajar.

outrageous [ˌaʊtˈreɪdʒəs] *adj.* **1.** atroz. **2.** *fig.* (scandalous) inaudito.

outrageously [ˌaʊtˈreɪdʒəsliː] *adv.* de modo extravagante.

outrun [ˌaʊtˈrʌn] *v. tr.* dejar atrás.

outshine [ˌaʊtˈʃaɪn] *v. tr.* eclipsar.

outside [ˌaʊtˈsaɪd] *n.* **1.** exterior *m.* || *adv.* **2.** fuera; afuera [There is someone waiting for you outside. *Hay alguien es-*

perándote fuera.] || *prep.* (sometimes with "of") **3.** (out of) fuera de [My house is outside the city. *Mi casa está fuera de la ciudad.*] **4.** (apart from) aparte de [He has few goals outside money. *Tiene pocas metas aparte del dinero.*] || *adj.* **5.** remoto [There is only a remote chance left. *Sólo queda una posibilidad remota.*]

outsider [ˌaʊtˈsaɪdər] *n.* **1.** extranjero *m.;* forastero *m.* **2.** (intruder) intruso *m.*

outskirts [ˈaʊtˌskɜːrts] *n. pl.* (of city) alrededores *m.;* afueras *f.;* cercanías *f.*

outstand [ˌaʊtˈstænd] *v. intr., fig.* sobresalir; destacar; resaltar.

outstanding [ˌaʊtˈstændɪŋ] *adj.* **1.** excepcional; destacado. **2.** (prominent) notable; sobresaliente.

outstrip [ˌaʊtˈstrɪp] *v. tr.* adelantar.

outward [ˈaʊtˌwərd] *adj.* **1.** exterior; externo. **2.** (voyage) de ida.

oval [ˈoʊvəl] *adj.* **1.** oval; ovalado. || *n.* **2.** óvalo *m.*

ovary [ˈoʊvəriː] *n., Anat.* ovario *m.*

ovation [oʊˈveɪʃən] *n.* ovación *f.*

oven [ˈʌvən] *n.* horno *m.* || **microwave ~** microondas *m.*

over [ˈoʊvər] *adv.* **1.** (above) por encima [A pigeon flies over every two minutes. *Cada dos minutos pasa por encima una paloma.*] **2.** (there) allá [My sister lives over in America. *Mi hermana vive allá en América.*] || *prep.* **3.** (above) sobre; encima de; por encima de [Your portrait hangs over the fireplace. *Tu retrato está colgado sobre la chimenea.*] **4.** (accross) al otro lado de [My grandmother lives over the road. *Mi abuela vive al otro lado de la carretera.*] **5.** (during) durante; en [Over the next two weeks, we'll study the

French Revolution. *En las dos próximas semanas, estudiaremos la Revolución Francesa.*] **6.** (through) por [This summer I will travel over France. *Este verano, viajaré por Francia.*] **7.** (by the medium of) por [My mother is talking over the phone. *Mi madre está hablando por teléfono.*] **8.** (more than) más de [My uncle died over a year ago. *Mi tío murió hace más de un año.*] ‖ **~ and above** más allá de, además de [He earns a lot of money over and above his salary. *Además de su sueldo, gana mucho dinero.*] **~ here** aquí; acá.

overall [ˌouvərˈɔːl] *adj.* **1.** global. ‖ *n.* **2.** (protective garment) bata *f.* ‖ **overalls** *n. pl.* **3.** (workman's garment) mono *m. sing.* ‖ **child's ~** babi *m.*

overanxious [ˌouvərˈæŋkʃəs] *adj.* (apprehensive) aprensivo.

overbearing [ˌouvərˈbɛrɪŋ] *adj.* (imperious) dominante; autoritario.

overboard [ˈouvərˌbɔːrd] *adj., Nav.* por la borda. ‖ **to fall ~** caer al agua.

overburden [ˌouvərˈbɜːrdən] *v. tr., fig.* (job, worries) sobrecargar.

overcast [ˌouvərˈkæst] *adj., Meteor.* nublado; encapotado. ‖ **to become ~** *Meteor.* (sky) encapotarse.

overcharge [ˌouvərˈtʃɑːrdʒ] *v. tr.* **1.** cobrar demasiado; clavar. **2.** (batteries) sobrecargar.

overcoat [ˈouvərˌkout] *n.* (coat) abrigo *m.*; gabán *m.*

overcome [ˌouvəˈkʌm] *v. tr.* **1.** vencer. **2.** (difficulties) salvar; superar.

overdo [ˌouvərˈduː] *v. tr.* **1.** exagerar. **2.** *Gastr.* cocer demasiado.

overdose [ˌouvərˈdous ˈouvərˌdous] *n.* (drugs) sobredosis *f. inv.*

overdraft [ˈouvərˌdræft] *n., Econ.* descubierto *m.*; sobregiro *m.*

overelaborate [ˌouvərəˈlæbəreɪt] *adj.* (exaggerated) recargado; barroco; exagerado.

overexcited [ˌouvərekˈsaɪtɪd] *adj.* sobreexcitado. ‖ **to get ~** acelerarse.

overflow [ˈouvərˌflou] *n.* **1.** desbordamiento *m.* ‖ *v. tr.* **2.** desbordar. **3.** (liquid) rebosar. ‖ *v. intr.* **4.** desbordarse.

overhead [ˈouvərˌhed] *adv.* **1.** en lo alto. **2.** por encima de (la cabeza).

overhear [ˌouvərˈhɪr] *v. tr.* oír por casualidad; oír sin querer.

overheat [ˌouvərˈhiːt] *v. tr.* **1.** recalentar. ‖ *v. intr.* **2.** recalentarse.

overheating [ˌouvərˈhiːtɪŋ] *n.* recalentamiento *m.*; calentón *f.*

overlay [ˈouvərˌleɪ] *n.* **1.** revestimiento *m.* ‖ *v. tr.* **2.** recubrir.

overleaf [ˌouvərˈliːf] *adv.* al dorso.

overload [ˌouvərˈloud] *n.* **1.** sobrecarga *f.* ‖ *v. tr.* **2.** sobrecargar; recargar.

overlook [ˌouvərˈluk] *v. tr.* **1.** pasar por alto. **2.** (ignore) no hacer caso de.

overlord [ˈouvərˌlɔːrd] *n.* cacique *m.*

overpower [ˌouvərˈpauər] *v. tr.* **1.** dominar. **2.** (affect greatly) abrumar.

override [ˌouvərˈraɪd] *v. tr.* anular.

overripe [ˌouvərˈraɪp] *adj.* (fruit) pasado; pachucho; pocho.

overrule [ˌouvərˈruːl] *v. tr.* anular.

overseas [ˌouvərˈsiːz] *adj.* de ultramar; ultramarino. ‖ **to go ~** ir al extranjero.

oversee [ˌouvərˈsiː] *v. tr.* supervisar.

oversight [ˈouvərˌsaɪt] *n.* descuido *m.* ‖ **through ~** por descuido.

oversleeve [ˌouvərˈsliːv] *n.* (for covering) manguito *m.*

overstock [ˌouvərˈstɒk] *v. tr.* abarrotar.

overt [oʊ'vɜ:rt] *adj.* **1.** (evident) manifiesto; evidente. **2.** *Law* (deliberate) abierto; público.

overtake [ˌoʊvər'teɪk] *v. tr.* adelantar; sobrepasar; exceder.

overthrow [ˌoʊvər'θroʊ] *n.* **1.** (of a leader) derrocamiento *m.* || *v. tr.* **2.** (a government) derribar; derrocar.

overtime ['oʊvərˌtaɪm] *n.* (of work) horas extras. || **to do ~** hacer horas extras

overture ['oʊvərˌtʃər] *n.*, *Mus.* obertura *f.*

overturn [ˌoʊvər'tɜ:rn] *v. tr.* **1.** (car) volcar. || *v. intr.* **2.** (of car) volcar.

overwhelm [ˌoʊvər'welm] *v. tr.* **1.** arrollar. **2.** (overpower) agobiar; abrumar. **3.** (flood) inundar.

overwhelmed [ˌoʊvər'welmd] *adj.* (with difficulties) abrumado; agobiado.

overwhelming [ˌoʊvər'welmɪŋ] *adj.* **1.** arrollador. **2.** (victory) abrumador.

ovine ['oʊvaɪn] *adj.* ovino.

ovum ['oʊvəm] (pl.: ova) *n.*, *Biol.* óvulo *m.*; huevo *m.*; embrión *m.*

owe [oʊ] *v. tr.* deber.

owing ['oʊɪŋ] *adj.* adeudado. || **~ to** debido a; a/por causa de.

owl [aʊl] *n.*, *Zool.* (bird) búho *m.* || **little ~** *Zool.* mochuelo *m.*

owlet ['aʊlɪt] *n.*, *Zool.* mochuelo *m.*

own [oʊn] *adj.* **1.** propio. || *v. tr.* **2.** poseer. || **of my ~** de mi propiedad.

owner ['oʊnər] *n.* dueño *m.*; propietario *m.*; amo *m.* || **joint ~** copropietario *m.*

ownership ['oʊnərˌʃɪp] *n.* propiedad *f.*

oxide ['ɒksaɪd] *n.*, *Chem.* óxido *m.*

oxidize, oxidise (Br.E) ['ɒksəˌdaɪz] *v. tr.* **1.** *Chem.* (metal) oxidar. || *v. intr.* **2.** *Chem.* oxidarse.

oxygen ['ɒksɪˌdʒən] *n.*, *Chem.* oxígeno *m.* || **~ mask** máscara de oxígeno.

oxygenate ['ɒkɛsɪdʒəˌneɪt] *v. tr.*, *Chem.* oxigenar; airear.

oyster ['ɔɪstər] *n.* *Zool.* ostra *f.*

ozone ['oʊˌzoʊn] *n.*, *Chem.* ozono *m.* || **~ layer** capa de ozono.

ox [ɒks] (pl.: oxen) *n.*, *Zool.* buey *m.*

P

P [pi:] *n.* (letter) p *f.*

PA system ['pi:eɪˌsɪstəm] *sust. phr.* (public address system) megafonía *f.*

pacific [pəˌsɪfɪk] *adj.* pacífico.

pacifier ['pæsəˌfaɪər] *n.*, *Am.E.* (dummy) chupete *m.*

pacifism ['pæsəˌfɪzəm] *n.* pacifismo *m.*

pacify ['pæsəˌfaɪ] *v. tr.* **1.** (appease) apaciguar; calmar; sosegar. **2.** (restore peace) pacificar; reconciliar.

pack [pæk] *n.* **1.** (of clothes) fardo *m.* **2.** *Am.E.* (of cigarettes) paquete *m.*; cajetilla *f.* **3.** (of cards) baraja *f.* **4.** (of hounds) jauría *f.* **5.** (of wolves, dogs) manada *f.* ‖ *v. tr.* **6.** empaquetar; embalar; envasar. **7.** (fill) atestar; atiborrar. ‖ *v. intr.* **8.** hacer la maleta.

pack mule ['pækˌmju:l] *n.*, *Zool.* mula de carga.

package ['pækɪdʒ] *v. tr.* **1.** empaquetar; embalar. ‖ *n.* **2.** paquete *m.*

packaging ['pækɪdʒɪŋ] *n.* empaque *m.*; envase *m.*; embalaje *m.*

packet ['pækɪt] *n.* **1.** (small) paquete *m.* **2.** *Br.E.* (of cigarettes) cajetilla *f.*

packing ['pækɪŋ] *n.* empaque *m.*; envase *m.* ‖ **~ case** caja de embalaje.

packsaddle ['pækˌsædəl] *n.* albarda *f.*

pact [pækt] *n.* (between two people) pacto *m.* ‖ **to make a ~** hacer un pacto.

pad [pæd] *n.* **1.** almohadilla *f.* **2.** (of paper) bloc *m.* ‖ *v. tr.* **3.** acolchar; rellenar. ‖ **bachelor ~** piso de soltero. **ink ~** *Print.* tampón *m.* (de tinta). **knee ~** rodillera *f.* **sanitary ~** *Pharm.* compresa *f.* **shoulder ~** hombrera *f.*

padded ['pædɪd] *adj.* guateado.

padding ['pædɪŋ] *n.* **1.** (of cushion) relleno *m.* **2.** (for quilting) guata *f.* **3.** *fig.* (in writing, speech, etc.) paja *f. fig. & fam.*

paddle¹ ['pædəl] *n.* **1.** (oak) remo *m.*; canalete *m.* ‖ *v. intr.* **2.** remar.

paddle² ['pædəl] *v. intr.* chapotear.

padlock ['pædˌlɒk] *n.* candado *m.*

padre ['pɑ:dri: 'pɑ:dreɪ] *n.* capellán *m.*

paella [paˈelə] *n.*, *Gastr.* (Spanish dish) paella *f.* ‖ **~ pan** paellera *f.*

pagan ['peɪɡən] *adj.* **1.** pagano; gentil. ‖ *n.* **2.** *Rel.* pagano *m.*

page¹ [peɪdʒ] *n.* **1.** (servant) paje *m.* **2.** (pageboy) botones *m. inv.*

page² [peɪdʒ] *n.* **1.** página *f.* **2.** (of book) hoja *f.* ‖ **front ~** (of newspaper) portada *f.* **title ~** (of book) portada *f.*

pageant ['pædʒənt] *n.* espectáculo *m.*

pageboy ['peɪdʒˌbɔɪ] *n.* **1.** paje *m.* **2.** (in a hotel) botones *m. inv.*

pail [peɪl] *n.* cubo *m.*; balde *m.*

pain [peɪn] *n.* **1.** dolor *m.* **2.** (sadness) pena *f.* **3.** (sorrow) sufrimiento *m.* **4.** (children language) pupa *f.* ‖ *v. tr.* **5.** doler. ‖ **~ in the neck** *coll.* petardo *m.*; plasta *m. y f.* **sharp ~** pinchazo *m.* **to take great pains** esmerarse.

painful ['peɪnfəl] *adj.* **1.** doloroso; dolorido. **2.** (mentally) penoso.

painkiller ['peɪnˌkɪlər] *n.* calmante *m.*

paint [peɪnt] *n.* **1.** pintura *f.* ‖ *v. tr.* **2.** pintar. ‖ *v. intr.* **3.** pintar. ‖ **coat of ~** capa de pintura. **wet ~** recien pintado.

paintbrush ['peɪntˌbrʌʃ] *n.* (art) brocha *f.*; pincel *m.*

painted ['peɪntɪd] pintado.

painter ['peɪntər] *n.* pintor *m.*

painting ['peɪntɪŋ] *n.* **1.** pintura *f.* **2.** (picture) cuadro *m.* ‖ **oil ~** pintura al oleo.

pair [per] *n.* **1.** (of shoes, gloves, etc.) par *m.* **2.** (couple) pareja *f.* ‖ *v. tr.* **3.** (people) emparejar.

pajamas, pyjamas (Br.E) [pə'dʒɑːməz] *n. pl., Am.E.* (friend) pijama *m.*

pal [pæl] *n. fam.* compañero *m.*; compinche *m.*; colega *m. y f.*

palace ['pælɪs] *n.* palacio *m.*

palate ['pælɪt] *n., Anat.* paladar *m.*

pale [peɪl] *adj.* (pallid) pálido. ‖ ~ **ale** cerveza rubia. **to turn** ~ palidecer.

paleness ['peɪlnɪs] *n.* palidez *f.*

palette ['pælɪt] *n.* (of painter) paleta *f.* ‖ ~ **knife** (art) espátula *f.*

palisade [,pælə'seɪd] *n.* **1.** empalizada *f.* **2.** *Am.E.* (cliff) acantilado *m.*

palliate ['pælɪ,əɪt] *v. tr.* mitigar; paliar.

pallid ['pælɪd] *adj.* (for illness) pálido.

pallor ['pælər] *n.* (for illness) palidez *f.*

palm[1] [pɑːm] *n., Bot.* (tree) palmera *f.* ‖ ~ **grove** palmar *m.* ~ **oil** aceite de palma. ~ **tree** *Bot.* palmera *f.*; palma *f.*

palm[2] [pɑːm] *n., Anat.* palma *f.*

palmate ['pælmət] *adj., Bot.* (leaf, root) palmeado.

palpate ['pælpət] *v. tr., Med.* palpar.

palpitate ['pælpə,teɪt] *v. intr.* palpitar.

palpitation [,pælpə'teɪʃən] *n.* (beat of heart) palpitación *f.*; latido *m.*

palsy ['pɔːlzi:] *n., Med.* parálisis *m. inv.* (cerebral)

paltry ['pɔːltri:] *adj.* mezquino; vil.

pampa ['pæmpə] *n., Geogr.* pampa *f.*

pamper ['pæmpər] *v. tr.* (spoil) mimar; consentir; malcriar.

pampering ['pæmpərɪŋ] *n.* mimo *m.*

pamphlet ['pæm,flɪt] *n.* **1.** (informative) folleto *m.* **2.** (political) panfleto *m.*

pan [pæn] *n.* **1.** (casserole) cacerola *f.* **2.** (of scales) platillo *m.* ‖ **fry** ~ *Am.E.* sartén *f.* **frying** ~ *Br.E.* sartén *f.*

Panamanian [pænə'meɪnɪən] *adj. & n.* panameño *m.*

panda ['pændə] *n., Zool.* (bear) panda *m.*

pane [peɪn] *n.* cristal *m.*; vidrio *m.*

panel ['pænəl] *n.* **1.** panel *m.* **2.** (of control) tablero *m.* **3.** (in a skirt) tabla *f.*

panic ['pænɪk] *n.* pánico *m.*; miedo *m.*

pannier ['pænɪər] *n.* alforja *f.*

pansy ['pænzi:] *n., Bot.* pensamiento *m.*

pant [pænt] *n.* **1.** jadeo *m.*; resoplido *m.* ‖ *v. intr.* **2.** jadear; resoplar. ‖ **pants** *n. pl.* **3.** *Am.E.* pantalón *m. sing.*

pantheon ['pænθɪən] *n., Archit.* (temple) panteón *m.*

panther ['pænθər] *n., Zool.* pantera *f.*

panties ['pænti:z] *n. pl.* braga *f.* (se usa más en pl.). ‖ **a pair of** ~ unas bragas.

pantry ['pæntri:] *n.* despensa *f.*

pantyhose or pantihose ['pæntɪ,hoʊz] *n. pl.* **1.** *Am.E.* medias *f.*; panty *m.* **2.** *Am.E.* (thick) leotardo *m.*

pap [pæp] *n.* (for patients) papilla *f.*

paparazzo [,pɑːpə'rɑːtzoʊ](pl.: paparazzi) *n.* paparazzi *m. y f.*

paper ['peɪpər] *n.* **1.** papel *m.* **2.** (newspaper) periódico *m.* ‖ *v. tr.* **3.** (wall) empapelar. ‖ **carbon** ~ papel carbón. ~ **bag** bolsa de papel. ~ **box** caja de cartón. ~ **money** papel moneda.

paperback ['peɪpər,bæk] *n.* (book) en rústica. ‖ ~ **edition** edición rústica.

paperknife ['peɪpər,naɪf] *n.* (letter-opener) abrecartas *m. inv.*

paperweight ['peɪpər,weɪt] *n.* pisapapeles *m. inv.*

papier-mâché [,pæpɪer'mæʃeɪ] *n.* cartón piedra.

paprika ['pæprɪkə] *n., Bot.* (sweet) pimentón *m.*; paprika *f.*

papyrus [pə'paɪrəs] *n.* **1.** (paper) papiro *m.* **2.** *Bot.* papiro *m.*

parable ['pærəbəl] *n., Rel.* parábola *f.*

parabola [pə'ræbələ] *n., Math.* parábola *f.*

parachute ['pærəʃu:t] *n.* paracaídas *m. inv.* ‖ ~ **down** lanzarse en paracaídas.

parachuting ['pærəʃu:tɪŋ] *n.* paracaidismo *m.*

parade [pə'reɪd] *n.* **1.** (procession) desfile *m.;* cabalgata *f.* ‖ *v. intr.* **2.** *Mil.* desfilar. ‖ **to be on** ~ estar en formación.

paradise ['pærədaɪs] *n.* paraíso *m.*

parador ['pærədɔ:r] *n.* (state-owned hotel) parador *m.*

paragraph ['pærəgræf] *n.* párrafo *m.* ‖ **new** ~ punto y aparte.

Paraguayan [pærə'gwaɪən] *adj. & n.* paraguayo *m.*

parakeet or parrakeet ['pærəki:t] *n., Zool.* (bird) periquito *m.*

parallel ['pærəlel] *adj.* **1.** paralelo. ‖ *n.* **2.** *Geogr.* paralelo *m.* **3.** *Math.* paralela *f.* ‖ ~ **bars** *Sports* barras paralelas.

Paralympic [pærə'lɪmpɪk] *adj., Sports* paraolímpico. ‖ ~ **Games** *Sports* paraolimpiada *f.*

Paralympics [pærə'lɪmpɪks] *n., Sports* paraolimpiada *f.*

paralysis [pə'ræləsɪs] *n., Med.* parálisis *f. inv.;* entumecimiento *m.*

paralytic [pærə'lɪtɪk] *adj. & n., Med.* paralítico *m.;* parapléjico *m.*

paralyze, paralise (Br.E) ['pærəlaɪz] *v. tr.* paralizar; imposibilitar.

paranormal [pærə'nɔ:rməl] *adj.* (supernatural) paranormal.

parapente ['pærəpent] *n.* **1.** *Sports* parapente *m.* **2.** (kind of parachute) parapente *m.*

parapet ['pærəpɪt] *n.* **1.** (breastwork) parapeto *m.* **2.** (of a bridge) antepecho *m.*

parapsychology [pærəsaɪ'koladʒi:] *n.* parapsicología *f.;* metapsíquica *f.*

parasite ['pærəsaɪt] *n.* parásito *m. y f.*

parasitic [pærə'sɪtɪk] *adj.* parásito.

paraskiing [pærə'skɪɪŋ] *n., Sports* parapente *m.*

parasol ['pærəsɒl 'pærəsɔ:l] *n.* (hand) quitasol *m.;* parasol *m.;* sombrilla *f.*

parcel ['pɑ:rsəl] *n.* **1.** (big) paquete *m.* **2.** (of land) parcela *f.* ‖ ~ **post** paquete postal. **to** ~ **up** empaquetar.

parcheesi [pɑ:r'tʃi:zi:] *n., Am.E.,* (game) parchís *m.*

parchment ['pɑ:rtʃmənt] *n.* pergamino *m.* ‖ ~ **paper** papel pergamino.

pardon ['pɑ:rdən] *n.* **1.** perdón *m.* **2.** *Law* indulto *m.* ‖ *v. tr.* **3.** (forgive) perdonar; disculpar. **4.** *Law* indultar. ‖ **pardon?** *phras.* **5.** ¿cómo dice? ‖ **I beg your** ~ ¿perdone?

parent ['perənt 'pærənt] *n.* **1.** (father or mother) padre *m.* ‖ **parents** *n.* **2.** (both) padres *m. pl.*

parenthesis [pə'renθəsɪs] *n., Ling.* paréntesis *m. inv.* ‖ **in** ~ entre paréntesis.

parish ['pærɪʃ] *n., Rel.* (area) parroquia *f.* ‖ ~ **church** *Rel.* parroquia *f.*

parishioner [pə'rɪʃənər] *n., Rel.* parroquiano *m.;* feligrés *m.*

parity ['pærəti:] *n., frml.* paridad *f.;* igualdad *f.;* identidad *f.*

park [pɑ:rk] *n.* **1.** parque *m.* ‖ *v. tr.* **2.** *Car* aparcar; estacionar. ‖ **amusement** ~ parque de atracciones.

parka ['pɑ:rkə] *n.* parka *f.*

parking ['pɑ:rkɪŋ] *n., Car* (action) aparcamiento *m.;* estacionamiento *m.* ‖ ~ **lot** *Am.E., Car* aparcamiento *m.;* estacionamiento *m.;* parking *m.*

parley ['pɑ:rleɪ] *n.* **1.** (negotiation) parlamento *m.* ‖ *v. intr.* **2.** (enemies) parlamentar.

parliament ['pɑːrləmənt] *n. sing., Polit.* parlamento *m.;* cortes *f. pl.*

parliamentary [ˌpɑːrləˈmentəri:] *adj., Polit.* parlamentario.

parlor, parlour (Br.E) ['pɑːrlər] *n., Am. E.* salón *m.* ‖ **beauty ~** salón de belleza. **funeral ~** funeraria. **ice-cream ~** heladería *f.*

parody ['pærədi:] (pl.: dies) *n.* **1.** parodia *f.* ‖ *v. tr.* **2.** parodiar *f.*

parole [pəˈroul] *n.* libertad condicional.

parquet [pɑːrˈkeɪ] *n.* parqué *m.* ‖ **~ floor** suelo de parqué.

parricide ['pærɪsaɪd] *n.* **1.** (person) parricida *m. y f.* **2.** (act) parricidio *m.*

parrot ['pærət] *n., Zool.* (bird) papagayo *m.;* loro *m.;* cotorra *f.*

parry ['pæri:] *n.* **1.** (in boxing, fencing) quite *m.;* parada *f.* ‖ *v. tr.* **2.** desviar.

parsley ['pɑːrsli:] *n., Bot.* perejil *m.*

part [pɑːrt] *n.* **1.** parte *f.* **2.** *Tech.* pieza *f.* **3.** (of publications) fascículo *m.* **4.** *Film & Theatr.* papel *m.* ‖ **spare ~** recambio *m.* **to take ~** intervenir.

partial ['pɑːrʃəl] *adj.* parcial.

participant [pɑːrˈtɪsəpənt] *n.* participante *m. y f.;* concursante *m. y f.*

participate [pɑːrˈtɪsəˌpeɪt] *v. intr.* participar; tomar parte.

participating [pɑːrˈtɪsəˌpeɪtɪŋ] *adj.* participante; concurrente.

participation [pɑːrˌtɪsəˈpeɪʃən] *n.* participación *f.;* intervención *f.*

participatory [ˌpɑːrˈtɪsəpəˌtɔːri:] *adj.* participativo.

participle ['pɑːrtəˌsəpəl (pɑːrtəˌsɪpəl] *n., Ling.* participio *m.* ‖ **past ~** *Ling.* participio de pasado. **present ~** *Ling.* participio de presente.

particle ['pɑːrtɪkəl] *n.* partícula *f.*

particular [pəˈtɪkjələr pərˈtɪkjələr] *adj.* **1.** particular; especial. ‖ *n.* **2.** (detail) pormenor *m.;* detalle *m.*

particularity [pərˌtɪkjəˈlærəti: pəˌtɪkjəˈlærəti:] *n.* particularidad *f.*

particularly [pərˈtɪkjələrli:] *adv.* particularmente; especialmente.

parting ['pɑːrtɪŋ] *n.* **1.** (goodbye) separación *f.* **2.** (in hair) raya *f.*

partisan [pɑːrˈtəzən] *adj.* **1.** *Polit.* partidista. **2.** (supporter) partidario. ‖ *n.* **3.** (supporter) partidario *m.*

partition [pɑːrˈtɪʃən] *n.* **1.** partición *f.* **2.** (wall) tabique *m.* ‖ *v. tr.* **3.** dividir.

partly ['pɑːrtli:] *adv.* en parte.

partner ['pɑːrtnər] *n.* **1.** compañero *m.* **2.** (in game, dance) pareja *f.* **3.** *Econ.* socio *m.* **4.** (in couple) cónyuge *m. y f.*

partnership ['pɑːrtnərˌʃɪp] *n., Econ.* asociación *f.;* sociedad *f.* ‖ **to go into ~** *Econ.* asociarse.

partridge ['pɑːrtrɪdʒ] *n., Zool.* perdiz *f.* ‖ **young ~** *Zool.* perdigón *m.*

party ['pɑːrti:] *n.* **1.** fiesta *f.;* reunión *f.* **2.** *Polit.* partido *m.* ‖ **to join a ~** *Polit.* afiliarse a un partido. **street ~** verbena *f.*

paso doble [ˌpæsəˈdɒbleɪ] *n., Mus.* (dance) pasodoble *m.*

pass [pæs] *n.* **1.** (permission) pase *m.* **2.** (in exam) aprobado *m.* **3.** *Geogr.* (in mountain) desfiladero *m.* ‖ *v. tr.* **4.** pasar. **5.** (an exam) aprobar. **6.** *Polit.* (a law) aprobar. **7.** *Law* (sentence) pronunciar. ‖ *v. intr.* **8.** (go by) pasar. ‖ **to come to ~** acaecer. **to ~ away** fallecer. **to ~ by** pasar de largo. **to ~ off** pasar. **to ~ on** (infection) transmitir. (information) dar.

passable ['pæsəbəl] *adj.* **1.** (path) transitable. **2.** (acceptable) pasable.

passacaglia [ˌpæsəˈkæglɪə] *n.*, *Mus.* pasacalle *m.*

passage [ˈpæsɪdʒ] *n.* **1.** pasaje *m.* **2.** (movement) paso *m.* **3.** (hallway) pasillo *m.*; pasadizo *m.* **4.** (alley) callejón *m.* ‖ **side** ~ lateral *m.*

passenger [ˈpæsəndʒər] *n.* **1.** pasajero *m.*; viajero *m.* **2.** (in motorcycle) paquete *m.* *fam.* ‖ **passengers** *n. pl.* **3.** *Aeron.* pasaje *m. sing.*

passer-by [ˌpæsərˈbaɪ] *n.* transeúnte *m. y f.*; peatón *m. y f.*

passing [ˈpæsɪŋ] *adj.* **1.** pasajero. ‖ *n.* **2.** paso *m.* **3.** (course) transcurso *m.* **4.** (of a law, proyect) aprobación *f.* ‖ **to be ~ through** estar de paso. **in ~** refilón.

passion [ˈpæʃən] *n.* **1.** pasión *f.* **2.** (frenzy) furor *m.*; vehemencia *f.*

passionate [ˈpæʃənɪt] *adj.* **1.** apasionado. **2.** (vehement) ardiente; vehemente.

passive [ˈpæsɪv] *adj.* **1.** (inactive) pasivo; inactivo. ‖ *n.* **2.** *Ling.* pasiva *f.*

Passover [ˈpæsˌoʊvər] *n.*, *Rel.* Pascua judía.

passport [ˈpæsˌpɔːrt] *n.* pasaporte *m.*

password [ˈpæsˌwɜːrd] *n.* contraseña *f.*; santo y seña; consigna *f.*

past [pæst] *adj.* **1.** pasado. **2.** *Ling.* pretérito. ‖ *prep.* **3.** más allá de; después de. ‖ *n.* **4.** pasado *m.*; ayer *m.* ‖ **in the ~** antiguamente; antes.

pasta [ˈpæstə] *n.*, *Gastr.* (for spaghetti) pasta *f.*

paste [peɪst] *n.* **1.** pasta *f.* **2.** (glue) engrudo *m.* ‖ *v. tr.* **3.** pegar.

pasteboard [ˈpeɪstˌbɔːrd] *n.* cartón *m.*

pastry [ˈpeɪstri:] *n.* masa *f.* ‖ ~ **filled with chocolate** napolitana *f.* **puff** ~ *Br.E.*, *Gastr.* hojaldre *m.* **typical Majorcan round** ~ *Gastr.* ensaimada *f.*

pasture [ˈpæstʃər] *n.* **1.** *Agr.* (field) pasto *m.* ‖ *v. tr.* **2.** apacentar. ‖ *v. intr.* **3.** (animals) pastar; pacer.

pasty[1] [ˈpeɪsti:] *adj.* **1.** (substance) pastoso. ‖ *n.* **2.** *Gastr.* empanada *f.*; pastel de carne. ‖ **tuna/meat** ~ *Gastr.* empanadilla (de bonito, carne) *f.*

pasty[2] [ˈpeɪsti:] *adj.* (complexion) pálido. ‖ **to look** ~ estar pálido.

pat [pæt] *n.* **1.** palmadita *f.*; golpecito *m.* ‖ *v. tr.* **2.** dar una palmadita.

patch [pætʃ] *n.* **1.** parche *m.*; remiendo *m.* ‖ *v. tr.* **2.** remendar. **3.** (couple) reconciliarse. ‖ **bad** ~ *Br.E.* bache *m.*

pâté [ˈpɑːteɪ ˈpæteɪ] *n.*, *Gastr.* paté *m.*

patent[1] [ˈpætnt] *adj.* **1.** (obvious) patente; visible. ‖ *n.* **2.** *Econ.* (of invention) patente *f.* ‖ *v. tr.* **3.** *Econ.* patentar.

patent[2] [ˈpætnt] *n.* charol *m.* ‖ ~ **leather** (shoes) charol *m.*

paternal [pəˈtɜːrnəl] *adj.* **1.** (fatherly) paternal. **2.** (on father's side) paterno.

path [pæθ] *n.* **1.** senda *f.*; sendero *m.*; camino *m.* **2.** (of missile) trayectoria *f.*

pathetic [pəˈθetɪk] *adj.* patético. ‖ **a ~ creature** un pobre infeliz.

patience [ˈpeɪʃəns] *n.* paciencia *f.*; aguante *m.* ‖ **to lose one's** ~ perder la paciencia; impacientarse.

patient [ˈpeɪʃənt] *adj.* **1.** (tolerant) paciente; sufrido; tolerante. ‖ *n.* **2.** *Med.* paciente *m. y f.*; enfermo *m.*

patio [ˈpætɪoʊ] *n.* patio *m.*

patrimony [ˈpætrəˌmoʊni:] *n.* **1.** (heritage) patrimonio *m.* **2.** (inheritance) herencia *f.*

patriot [ˈpeɪtrɪət] *n.* patriota *m. y f.*

patriotic [ˌpeɪtrɪˈɒtɪk] *adj.* **1.** (person) patriota. **2.** (act) patriótico.

patriotism [ˈpeɪtrɪətɪzəm] *n.* patriotismo *m.*

patrol [pə'troul] *n.* **1.** *Mil.* patrulla *f.;* ronda *f.* ‖ *v. intr.* **2.** *Mil.* patrullar; rondar. ‖ **to be on** ~ *Mil.* estar de patrulla.

patrolman [pə'troul,mæn] *n., Am. E.* guardia *m. y f.;* policía *m. y f.*

patron ['peɪtrən] *n.* **1.** (sponsor) patrón *m.* **2.** *Econ.* (customer) cliente *m. y f.* (habitual) ‖ ~ **saint** *Rel.* patrón *m.*

patronage ['peɪtrənɪdʒ] *n.* **1.** (clientele) clientela *f.* (habitual) **2.** (sponsorship) patrocinio *m.*

patronize, patronise (Br.E) ['peɪtrə,naɪz 'pætrə,naɪz] *v. tr.* **1.** patrocinar. **2.** (in a shop) ser cliente de.

pattern ['pætərn] *n.* (model) patrón *m.;* modelo *m.* ‖ ~ **book** muestrario *m.*

paunch [pɔ:ntʃ] *n., Anat., coll.* panza *f.*

pauper ['pɔ:pər] *n.* pobre *m. y f.;* indigente *m. y f.;* mendigo *m.*

pause [pɔ:z] *n.* pausa *f.;* intervalo *m.*

pave [peɪv] *v. tr.* adoquinar; empedrar.

paved [peɪvd] *adj.* empedrado.

pavement ['peɪvmənt] *n.* **1.** *Br. E.* piso *m.;* acera *f.* **2.** *Am.E.* (roadway) calzada *f.;* pavimento *m.*

pavilion [pə'vɪljən] *n., Archit.* (for exhibition) pabellón *m.*

paving ['peɪvɪŋ] *n.* empedrado *m.*

paving stone ['peɪvɪŋ,stoun] *n.* adoquín *m.;* baldosa *f.*

paw [pɔ:] *n.* **1.** *Zool.* pata *f.;* garra *f.;* zarpa *f.* ‖ *v. tr.* **2.** *vulg.* sobar.

pawn[1] [pɔ:n] *n.* (chess) peón *m.*

pawn[2] [pɔ:n] *n.* **1.** *fig.* prenda *f.* ‖ *v. tr.* **2.** (a thing) empeñar.

pawnbroker ['pɔ:n,broukər] *n.* prestamista *m. y f.*

pay [peɪ] *n.* **1.** sueldo *m.;* paga *f.;* remuneración *f.* ‖ *v. tr.* **2.** pagar. **3.** (expenses) saldar. **4.** (attention) prestar. ‖ *v.*

intr. **5.** pagar. ‖ **to** ~ **a visit** hacer una visita. **to** ~ **back** (repay) reembolsar. **to** ~ **back in their own coin** pagar en la misma moneda. **to** ~ **beforehand** pagar por adelantado. **to** ~ **out** desembolsar. ~ **roll** (list) nómina *f.*

paymaster ['peɪ,mɑ:stər] *n.* pagador *m.*

payment ['peɪmənt] *n.* **1.** pago *m.;* abono *m.;* paga *f.* **2.** (expense) desembolso *m.* ‖ **monthly** ~ (installment) mensualidad *f.* ‖ ~ **in installments** pago a plazos.

payslip ['peɪ,slɪp] *n.* (receipt of payment) nómina (de sueldo) *f.*

pea [pi:] *n., Bot.* guisante *m.*

peace [pi:s] *n.* paz *f.;* tranquilidad *f.;* quietud *f.* ‖ **leave us in** ~ déjanos en paz.

peaceful ['pi:sfəl] *adj.* (non violent) pacífico; tranquilo; sosegado.

peacemaker ['pi:s,meɪkər] *n.* (pacifier) pacificador *m.;* conciliador *m.*

peach [pi:tʃ] *n., Bot.* (fruit) melocotón *m.* ‖ ~ **tree** *Bot.* melocotonero *m.*

peacock ['pi:kɒk] *n., Zool.* pavo real.

peak [pi:k] *n.* **1.** *Geogr.* (of a mountain) pico *m.;* cima *f.* **2.** *fig.* (highest point) cúspide *f.* **3.** (of a cap) visera *f.* **4.** *fig.* (climax) apogeo *m.*

peal [pi:l] *n.* **1.** repique de campanas. ‖ *v. tr. & intr.* **2.** (bells) repicar; tañer.

peanut ['pi:nʌt] *n., Bot.* cacahuete *m.;* maní *m.* ‖ ~ **butter** crema de cacahuete.

pear [per] *n., Bot.* (fruit) pera *f.* ‖ ~ **tree** *Bot.* peral *m.*

pearl [pɜ:rl] *n.* perla *f.*

peasant ['pezənt] *n.* (farmer) campesino *m.;* labriego *m.;* rústico *m.*

peat [pi:t] *n.* turba *f.*

pebble ['pebəl] *n.* guijarro *m.*

peccadillo [,pekə'dɪlou] (pl.: loes or los) *n., Rel.* pecadillo *m.*

peck [pek] *n.* **1.** (of bird) picotazo *m.*
‖ *v. tr.* **2.** (of bird) picotear; picar.

peculiar [pɪˈkjuːljər] *adj.* (exclusive) peculiar; propio. ‖ **what a ~ taste!** ¡qué
sabor tan raro!

peculiarity [pɪkjuːlɪˈærəti:] *n.* particularidad *f.*; peculiaridad *f.*

pedagogy [ˈpedəgoʊdʒi:] *n.* pedagogía *f.*

pedal [ˈpedəl] *n.* **1.** pedal *m.* ‖ *v. intr.*
2. (bicycle) pedalear.

pedant [ˈpednt] *n.* pedante *m. y f.*

pedantic [pəˈdæntɪk] *adj.* pedante.

pedestal [ˈpedəstəl] *n.* pedestal *m.*; base
m. ‖ **~ lamp** lámpara de pie. **~ table**
velador *m.*

pedestrian [pəˈdestrɪən] *adj.* **1.** pedestre.
‖ *n.* **2.** peatón *m.*; viandante *m. y f.*
‖ **~ crossing** paso de peatones.

pediatrics, paediatrics (Br.E)
[pi:dɪˈætrɪks] *n. sing.*, *Med.* pediatría *f.*

pee [pi:] *n.* **1.** *fam.* pis *fam.*; pipí *m.*
‖ *v. intr.* **2.** *vulg.* mear. ‖ **forever need
to have a ~** *coll.* ser un meón. **to ~ oneself** *vulg.* mearse. **to have a ~** hacer pis.

peel [pi:l] *n.* **1.** (of fruit) piel *f.*; monda *f.*
2. (of lemon, orange) corteza *f.* ‖ *v. tr.* **3.**
(fruit) mondar; pelar. ‖ **to ~ off** pelarse.

peeled [pi:ld] *adj.* (fruit) pelado.

peep¹ [pi:p] *n.* **1.** (glance) ojeada *f.*
‖ *v. intr.* **2.** (look) espiar.

peep² [pi:p] *n.* (of bird) pío *m.*

peephole [ˈpiːpˌhoʊl] *n.* mirilla *f.*

peer¹ [pɪr] *n.* par *m.*; igual *m.*

peer² [pɪr] *v. intr.* (look secretly) mirar
detenidamente.

peevish [ˈpiːvɪʃ] *adj.* malhumorado.

peg [peg] *n.* **1.** *Tech.* clavija *f.* ‖ **clothes ~**
Br. E. pinza *f.* (de la ropa).

Pekinese [pekəˈniːz] *adj. & n.*, *Zool.*
(dog).pequinés *m.*

pelican [ˈpelɪkən] *n.*, *Zool.* pelícano *m.*

pellet [pelɪt] *n.* perdigón *m.*

pelota [pəˈlotə] *n.*, *Sports* (game) frontón
m. ‖ **~ court** *Sports* frontón *m.*

pen [pen] *n.* **1.** pluma *f.* **2.** (ballpoint) bolígrafo *m.* ‖ **felt-tip ~** rotulador *m.*
fountain ~ estilográfica *f.*

penal [ˈpiːnəl] *adj.* (reform) penal. ‖ **~ code** *Law* código penal.

penalize, penalise (Br.E) [ˈpiːnəˌlaɪz]
v. tr. (punish) penar; castigar.

penalty [ˈpenəlti:] *n.* **1.** (punishment) pena *f.* **2.** *Sports* castigo *m.*; condena *m.* **3.**
(football) penalti *m.* ‖ **~ area** área *f.*

penance [ˈpenəns] *n.* **1.** *Rel.* penitencia *f.*
2. (punishment) castigo *m.*

pence [pens] *n. pl.*, *Econ.* (English unit of
currency) peniques *m.*

pencil [ˈpensəl] *n.* lápiz *m.*; lapicero *m.*
‖ **~ case** estuche *m.*

pending [ˈpendɪŋ] *adj.* (unsettled) pendiente. ‖ **to be ~** estar en el aire.

pendulum [ˈpendjələm] *n.* péndulo *m.*

penetrate [ˈpenəˌtreɪt] *v. tr.* **1.** penetrar.
‖ *v. intr.* **2.** (get inside) internarse.

penetrating [ˈpenəˌtreɪtɪŋ] *adj.* (look,
sound) penetrante.

penguin [ˈpeŋgwɪn] *n.*, *Zool.* pingüino *m.*

penicillin [penəˈsɪlɪn] *n.*, *Med. & Pharm.*
penicilina *f.*

peninsula [pɪˈnɪnsjələ] *n.*, *Geogr.* península *f.*

penis [ˈpiːnɪs] *n.*, *Anat.* pene *m.*

penitence [ˈpenətəns] *n.* (remorse) penitencia *f.*; arrepentimiento *m.*

penitent [ˈpenətənt] *adj.* **1.** arrepentido;
apesumbrado. ‖ *n.* **2.** *Rel.* penitente *m. y f.*

penitentiary [penəˈtenʃəri:] *n. Am. E.*
(prison) penitenciaría *f.*; presidio *m.*;
penal *m.*; cárcel *f.*

penknife ['pen,naɪf] *n.* (clasp knife) navaja *f.*; cortaplumas *m. inv.*

pennant ['penənt] *n.* Nav. (small flag) banderín; insignia *f.*

penniless ['penɪlɪs] *adj.* (broke) sin blanca; pelado *fam.*; sin un céntimo. ‖ **to be** ~ no tener un cuarto.

penny ['penɪ] (pl.: -nies or pence) *n.*, *Econ.* (English unit of currency) penique *m.*

pennyroyal ['penɪ,rɔɪəl] *n., Bot.* (infusion) poleo *m.*

pension ['penʃən] *n.* (money) jubilación *f.*; pensión *f.*; retiro *m.* ‖ **to ~ off** jubilar. **retirement** ~ jubilación *f.*

pensioner ['penʃənər] *n.* (old age) pensionista *m. y f.*; jubilado *m.*

pensive ['pensɪv] *adj.* pensativo.

pentagon ['pentə,gɒn] *n., Math.* pentágono *m.*

Pentecost ['pentɪkɒst] *n.* **1.** Rel. (Christian) Pentecostés *m. sing.* **2.** Rel. (Jewish) Pentecostés *m.*

penthouse ['pent,haʊs] *n.* ático *m.*

penultimate [pɪ'nʌltəmɪt] *adj. & n.* (last but one) penúltimo *m.*

penumbra [pə'nʌmbrə] *n.* penumbra *f.*

penury ['penjərɪ] *n.* (shortage) penuria *f.*; escasez *f.*; pobreza *f.*

people ['pi:pəl] *n. pl.* **1.** pueblo *m. sing.*; gente *f. sing.* ‖ *v. tr.* **2.** poblar. ‖ **ordinary** ~ vulgo *m.* ‖ **say** se dice.

pepper ['pepər] *n.* **1.** (spice) pimienta *f.* **2.** Bot. (plant, fruit) pimiento *m.* ‖ *v. tr.* **3.** Gastr. echarle pimienta a. **4.** (pelt) acribillar. ‖ **black** ~ pimienta negra. **cayenne** ~ (hot) pimentón *m.*

per [pɜːr] *prep.* por [He smoked eight cigarettes per hour. *Fumaba ocho cigarrillos por hora.*]

perceive [pər'siːv] *v. tr.* (see, hear) percibir; conocer; ver.

percent or per cent [pər'sent] *adj. and adv.* **1.** por ciento; por cien [Eighty percent of the students passed the exam. *Un ochenta por ciento de los estudiantes aprobaron el examen.*] ‖ *n.* **2.** porcentaje *m.* [What percent of citizens have a car? *¿Qué porcentaje de ciudadanos posee un coche?*]

percentage [pər'sentɪdʒ] *n.* (proportion) porcentaje *m.*; tanto por ciento.

perceptible [pər'septəb:l] *adj.* **1.** sensible. **2.** (visible) perceptible.

perception [pər'sepʃən] *n.* (act) percepción *f.*; recepción *f.*

perch[1] [pɜːrtʃ] *n.* Zool. (fish) perca *f.*

perch[2] [pɜːrtʃ] *n.* **1.** (in birdcage) percha *f.* ‖ *v. intr.* **2.** (birds) posarse.

percussion [pɜːr'kʌʃən] *n.* percusión *f.*

perdition [pɜːr'dɪʃən] *n., Rel., lit.* perdición *f.*

peregrination [,perəgrɪ'neɪʃən] *n., lit.* peregrinación *f.*; peregrinaje*m.*

peremptory [pə'remptəri:] *adj.* perentorio; apremiante; imperioso.

perennial [pə'renjəl] *adj.* **1.** Bot. perenne. **2.** (everlasting) perenne.

perfect ['pɜːrfɪkt] *adj.* **1.** perfecto. **2.** (ideal) ideal; idóneo. ‖ *n.* **3.** Ling. (tense) perfecto *m.* ‖ *v. tr.* **4.** (knowledge) perfeccionar.

perfection [pər'fekʃən] *n.* perfección *f.* ‖ **to ~** a la perfección.

perfectionist [pərfekʃənɪst] *adj.* **1.** detallista. ‖ *n.* **2.** perfeccionista *m. y f.*

perfectly ['pɜːrfɪktli:] *adv.* (very well) a la perfección; de perlas *col.*

perforate ['pɜːrfə,reɪt] *v. tr.* (pierce) perforar; horadar.

perform [pərˈfɔːrm] *v. tr.* **1.** ejecutar; cumplir; llevar a cabo. ‖ *v. intr.* **2.** (act) actuar. **3.** *Theat.* representar.

performance [pərˈfɔːrməns] *n.* **1.** ejecución *f.*; cumplimiento *m.* **2.** *Mus.* (of an actor) interpretación *f.* **3.** *Theat.* función *f.*; representación *f.*

performer [pərˈfɔːrmər] *n.* **1.** (man) actor *m.* **2.** (woman) actriz *f.* **3.** *Mus.* intérprete *m. y f.*

perfume [ˈpɜːrˌfjuːm] *n.* **1.** perfume *f.*; fragancia *f.* ‖ *v. tr.* **2.** perfumar. ‖ **to put ~ on** perfumarse .

perfumery [pɜːrˈfjuːməriː] *n.* perfumería *f.*; perfume shop.

perhaps [pərˈhæps] *adv.* quizá; quizás; tal vez [Perhaps you are right. *Tal vez tengas razón.*]

perilous [ˈperələs] *adj.* arriesgado.

perimeter [pəˈrimatər] *n.* perímetro *m.*

period [ˈpɪriəd] *n.* **1.** período *m.* **2.** (in school) hora *f.* **3.** *Med.* regla *f.* **4.** *Am.E., Ling.* punto final.

periodic [ˌpɪriˈɒdɪk] *adj.* periódico.

periodical [ˌpɪriˈɒdɪkəl] *adj.* **1.** periódico. ‖ *n.* **2.** publicación periódica.

periphery [pəˈrɪfəriː] *n.* periferia *f.*

periscope [ˈperɪˌskoup] *n.* (used in a submarine) periscopio *m.*

perish [ˈperɪʃ] *v. intr.* (die) perecer; morir.

perjured [ˈpɜːrdʒərd] *adj.* perjuro.

perjurer [ˈpɜːrdʒərər] *n.* perjuro *m. y f.*

perm [pɜːrm] *n.* (hair) permanente *f.* ‖ **to give a soft ~ to** (hair) moldear.

permanent [ˈpɜːrmənənt] *adj.* **1.** permanente; duradero. **2.** (job) fijo.

permeate [ˈpɜːrmɪˌeɪt] *v. tr.* **1.** (substance) penetrar. **2.** (soak) calar.

permission [pərˈmɪʃən] *n.* (authorization) permiso *m.*; licencia *f.*

permit [ˈpɜːrmɪt] *n.* **1.** (license) permiso *m.* ‖ *v. tr.* **2.** permitir; consentir.

pernicious [pɜːrˈnɪʃəs] *adj., Med.* pernicioso; perjudicial.

perpendicular [ˌpɜːrpənˈdɪkjələr] *adj. & n., Math.* perpendicular *f.*

perpetrate [ˈpɜːrpəˌtreɪt] *v. tr.* (crime) perpetrar; cometer.

perpetrator [ˈpɜːrpəˌtreɪtər] *n.* (of crime) autor *m.*; ejecutor *m.*; responsable *m.*

perpetual [pərˈpetʃuəl] *adj.* (eternal) perpetuo; perenne.

perpetuate [pəˈpetʃuˌeɪt] *v. tr.* perpetuar; continuar; alargar.

perplex [pərˈpleks] *v. tr.* dejar perplejo.

perplexed [pərˈplekst] *adj.* perplejo.

perplexity [pərˈpleksəti:] *n.* (confusion) perplejidad *f.*; confusión *f.*

persecute [ˈpɜːrsɪˌkjuːt] *v. tr.* perseguir.

persecution [ˌpɜːrsɪˈkjuːʃən] *n.* persecución *f.*; acosamiento *m.*

perseverance [ˌpɜːrsəˈvɪrəns] *n.* perseverancia *f.*; constancia *f.*

persevere [ˌpɜːrsəˈvɪr] *v. intr.* perseverar; persistir; continuar.

persimmon [ˈpɜːrsɪmən] *n., Bot.* caqui *m.*

persist [pərˈsɪst] *v. intr.* persistir; obstinarse; empeñarse.

persistence [pərˈsɪstəns] *n.* **1.** persistencia *f.* **2.** (insistence) insistencia *f.*

person [ˈpɜːrsən] *n.* persona *f.* ‖ **in ~** en persona. **~ in change** encargado *m.*

personage [ˈpɜːrsənɪdʒ] *n., frml.* (important person) personaje *m.*

personal [ˈpɜːrsənəl] *adj.* **1.** (private) personal; particular. **2.** (friend) íntimo. ‖ **~ effects** bienes de uso personal; efectos personales.

personality [ˌpɜːrsəˈnæləti:] *n.* (nature) personalidad *f.*; carácter *m.*

personify [par'sɒnıfaı] *v. tr.* personificar; representar.

personnel [ˌpɜːrsə'nel] *n.* (staff) personal *m.* || ~ **department** departamento de personal. ~ **file** historial personal. ~ **officer** jefe de personal.

perspective [pərs'pektıv] *n.* perspectiva *f.*; prisma *frml.*

perspicacious [ˌpɜːrspə'keıʃəs] *adj., frml.* (sharp) perspicaz; sutil.

perspire [par'spaır] *v. intr.* (sweat) transpirar; sudar.

persuade [pər'sweıd] *v. tr.* persuadir; inducir; convencer.

pert [pɜːrt] *adj.* descarado.

pertinent ['pɜːrtənənt] *adj.* (information) pertinente; oportuno.

perturb [pər'tɜːrb] *v. tr.* **1.** alborotar; inquietar. **2.** (mentally) perturbar.

Peruvian [pər'uːvıan] *adj.& n.* peruano *m.*

perverse [pər'vɜːrs] *adj.* perverso.

perversion [pər'vɜːrʒən pər'vɜːrʃən] *n.* **1.** corrupción *f.* **2.** *Med.* perversión *f.*

pervert [pər'vɜːrt] *n.* **1.** pervertido *m.* (sexual). || *v. tr.* **2.** pervertir.

perverted [pər'vɜːrtıd] *adj.* vicioso.

peseta [pə'seıtə] *n.* (former Spanish unit of currency) peseta *f.*

peso [pesoʊ] *n.* (Latin America unit of currency) peso *m.*

pessary ['pesəri:] *n., Med.* (suppository) óvulo *m.*; supositorio vaginal.

pessimism ['pesəˌmızəm] *n.* pesimismo *m.*; desilusión *m.*

pessimist ['pesəˌmıst] *n.* pesimista *m. y f.*

pessimistic [ˌpesə'mıstık] *adj.* pesimista. || **to be** ~ ser pesimista.

pest [pest] *n.* **1.** *Agr.* plaga *f.* **2.** *fig.* (person, thing) moscón *m.*; tabarra *f.*; peste *f.* || ~ **control** control de plagas.

pester ['pestar] *v. tr.* (bother) hostigar; dar la tabarra; molestar.

pet [pet] *adj.* **1.** favorito. || *n.* **2.** mascota *f.*; animal doméstico. || *v. tr.* **3.** (animal) mimar; acariciar. || *v. intr.* **4.** (sexually) acariciarse. || ~ **expression** muletilla *f.*; latiguillo *m.*

petal ['petəl] *n., Bot.* pétalo *m.* || **to lose its petals** deshojarse. **to pull the petals off** deshojar.

petard [pə'tɑːrd] *n., Mil.* petardo *m.*

petition [pə'tıʃən] *n., Law* (request) petición *f.*; demanda *f.*; instancia *f.*

petrify ['petrıˌʃaı] *v. tr.* petrificar. aterrorizar. || **to become petrified** petrificarse.

petrol ['petroʊl] *n., Car* gasolina *f.* || ~ **station** *Br.E.* gasolinera *f.*

petroleum [pe'troʊlıəm] *n.* petróleo *m.*

petticoat ['petıˌkoʊt] *n.* enagua *f.*

pew [pjuː] *n.* banco *m.* (de la iglesia).

phantom ['fæntəm] *n.* fantasma *m.*

Pharaoh ['feroʊ] *n.* faraón *m.*

pharmaceutical [ˌfɑːrmə'suːtık] *adj.* farmacéutico.

pharmacist ['fɑːrməsıst] *n.* (person) farmacéutico *m.*

pharmacy ['fɑːrməsiː] *n.* **1.** *frml.* (shop) farmacia *f.* **2.** (subject) farmacia *f.*

pharyngitis [ˌfærıŋ'dʒaıtıs] *n., Med.* faringitis *f.*

pharynx ['færıŋks] *n., Anat.* faringe *f.*

phase [feız] *n.* fase *f.* || **to be out of** ~ estar desfasado; haber un desfase.

PhD [piːeıtʃ'diː] *abbrev.* doctorado *m.*

pheasant ['fezənt] *n., Zool.* faisán *m.*

phenomenon [fə'nɒmənɒn fə'nɒmənən] *n.* fenómeno *m.*

philanthropy [fı'lænθrari:] *n.* (altruism) filantropía *f.*; altruismo *f.*

philately [fə'lætəliː] *n.* filatelia *f.*

philology [fɪˈlɒlədʒi:] n. filología f.

philosopher [fəˈlɒsəfər] n. filósofo m.

philosophy [fəˈlɒsəfi:] n. filosofía f.

phlegm [flem] n. flema f.

phone [foʊn] n. **1.** (telephone) teléfono m. ǁ v. tr. & intr. **2.** telefonear.

phosphorescent [ˌfɒsfəˈresent] adj., Phys. fosforescente; fluorescente.

phosphorus [ˈfɒsfərəs] n., Chem. fósforo m.

photocopier [ˈfoʊtoʊˌkɒpiər] n. fotocopiadora f.

photocopy [ˈfoʊtəˌkɒpi:] n. **1.** fotocopia f. ǁ v. tr. **2.** fotocopiar.

photograph [ˈfoʊtəgræf] n. **1.** (picture) fotografía f.; retrato m. ǁ v. tr. **2.** fotografiar; retratar. ǁ to take a ~ fotografiar.

photography [fəˈtɒgrəfi:] n. (art) fotografía f.

photosynthesis [ˌfoʊtoʊˈsɪnθəsɪs] n., Biol. fotosíntesis f. inv.

phrase [freɪz] n., Ling. (expression) frase f.; locución f. ǁ stock ~ frase hecha.

physical [ˈfɪzɪkəl] adj. físico; corporal. ǁ ~ examination reconocimiento médico. ~ exercises ejercicios físicos.

physician [fɪˈzɪʃən] n., Am. E. (doctor) facultativo m.; médico m.

physicist [ˈfɪzəˌsɪst] n. (profession) físico m.

physics [ˈfɪzɪks] n. (science) física f.

physiognomy [ˌfɪzɪˈɒnemi:] n., lit. fisonomía f.; facciones f. pl.

physique [fɪˈziːk] n. (appearance) físico m.; apariencia f.

piano [(pjˈænoʊ] n., Mus. piano m. ǁ grand ~, Mus. piano de cola.

picador [ˈpɪkədɔ:r] n., Taur. picador m.

pick [pɪk] v. tr. **1.** (choose) escoger. **2.** (gather) coger; recoger. **3.** (teeth, ears) escarbar. ǁ to ~ out (choose) escoger entre. to ~ up recoger. (radio station) captar. (make out with somebody) ligar.

pickle [ˈpɪkəl] n. Gastr. escabeche m.

picklock [ˈpɪklɒk] n. ganzúa f.

pickpocket [ˈpɪkˌpɒkɪt] n. ratero m.; carterista m. y f.

pick-up [ˈpɪkˌʌp] n., fam. ligue m.

picky [ˈpɪki:] adj., coll. tiquismiquis.

picnic [ˈpɪknɪk] n. **1.** picnic m.; jira f. **2.** (snack) merienda f.; merendola f. fam. ǁ to go on a ~ ir a una merienda. ~ area merendero m. ~ basket cesta para el picnic.

pictorial [pɪkˈtɔ:rɪəl] adj. pictórico.

picture [ˈpɪktʃər] n. **1.** (painting) cuadro m. **2.** (art) grabado m. **3.** (TV, mental imagen) imagen f. ǁ ~ gallery galería de arte. ~ window ventanal m.

picturesque [ˌpɪktʃəˈresk] adj. (style) pintoresco.

pie [paɪ] n. **1.** (fruit) pastel m. **2.** (meat) empanada f.

piece [pi:s] n. **1.** pedazo m. **2.** Mus. & Lit. pieza f. **3.** (of bread) cacho m. **4.** (in board games) ficha f. **5.** (of bread) chusco m. ǁ a ~ of advice un consejo.

piecework [ˈpi:sˌwɜ:rk] n. destajo m.

pier [pɪr] n. **1.** Nav. muelle m.; embarcadero m.; desembarcadero m. **2.** Archit. (of bridge) estribo m.

pierce [pɪrs] v. tr. **1.** (ear) agujerear. **2.** (with a drill) taladrar; horadar. **3.** (penetrate) penetrar.

piercing [ˈpɪrsɪŋ] adj. (look, cold) penetrante; profundo.

piety [ˈpaɪəti:] n., Rel. (devoutness) piedad f.; devoción f.; religiosidad f.

pig [pɪg] n. **1.** Zool. cerdo m.; gorrino m. **2.** fig. (person) marrano m.; guarro m.

‖ **to ~ out on sth** *coll.* darse una panzada de. **sucking ~** *Gastr.* cochinillo *m.*

pigeon ['pɪdʒən] *n.* **1.** *Zool.* (bird) paloma *f.* **2.** *Gastr.* pichón *m.* ‖ **young ~** *Zool.* pichón *m.*

pigeonhole ['pɪdʒən,hoʊl] *n.* **1.** casilla *f.* ‖ *v. tr.* **2.** encasillar; clasificar.

piggy ['pɪgi:] *n.* cerdito *m.*

piggybank ['pɪgi,bæŋk] *n.* hucha *f.* (en forma de cerdito).

pigheaded ['pɪg,hedɪd] *adj.* cabezudo; cabezota. ‖ **to be a ~** *coll.* ser un cabeza dura. **~ person** cabezota *m. y f.*

pig-headedness ['pɪg,hedɪdnəs] *n.* cabezonería *f.*; terquedad *f.*

pigment ['pɪgmənt] *n.* pigmento *m.*

pigsty ['pɪg,staɪ] *n.* pocilga *f.*

pigtail ['pɪg,teɪl] *n.* **1.** (of bullfighter's) coleta *f.* **2.** (plait) trenza *f.*

pike [paɪk] *n.* **1.** *Mil.* (weapon) pica *f.* **2.** *Zool.* (fish) lucio *m.*

pile [paɪl] *n.* **1.** (of books, things) pila *f.*; montón *m.*; montaña *f. fig.* **2.** *fam.* (money) fortuna *f.* ‖ *v. tr.* **3.** apilar; amontonar; apilar. ‖ **to ~ up** (things) amontonar; apilar. **2.** (accumulate) amontonarse; acumularse.

pilfer ['pɪlfər] *v. tr. & intr.* ratear; sisar; robar.

pilgrim ['pɪlgrəm] *n.* peregrino *m.*

pilgrimage ['pɪlgrəmədʒ] *n.*, *Rel.* peregrinación *f.*; romería *f.* ‖ **to go on a ~** peregrinar; ir en peregrinación.

pill [pɪl] *n.*, *Pharm.* píldora *f.*; gragea *f.*; pastilla *f.* ‖ **sleeping ~** *Pharm.* somnífero *m.* **to take the ~** *Med.* tomar la píldora anticonceptiva.

pillage ['pɪlɪdʒ] *n.* **1.** pillaje *m.*; rapiña *f.* ‖ *v. tr. & intr.* **2.** pillar; saquear.

pillar ['pɪlər] *n.*, *Archit.* pilar *m.*; columna *f.* ‖ **~ box** *Br.E.* buzón *m.*

pillory ['pɪləri:] *n.* picota *f.*

pillow ['pɪloʊ] *n.* almohada *f.*

pillowcase ['pɪloʊ,keɪs] *n.* (pillowslip) funda de almohada.

pilot ['paɪlət] *adj.* **1.** piloto. ‖ *n.* **2.** *Aeron.* (plane, ship) piloto *m.*; aviador *m.* ‖ *v. tr.* **3.** pilotar. ‖ **~ light** piloto *m.*

pimp [pɪmp] *n.* rufián *m.*; chulo *m.*

pimple ['pɪmpəl] *n.*, *Med.* grano *m.*

pin [pɪn] *n.* **1.** alfiler *m.* **2.** *Tech.* clavija *f.* **3.** *Am.E.* (brooch) alfiler *m.* ‖ *v. tr.* **4.** (with needle) prender. ‖ **bobby ~** *Am.E.* (for hair) pasador *m. Am.E.* pinza *f.* **I don't care a ~** me importa un bledo. **safety ~** imperdible *m.*

pinafore ['pɪnəfɔːr] *n.* (apron) delantal *m.* ‖ **~ dress** pichi *m.*

pincers ['pɪnsərs] *n. pl.* **1.** *Tech.* tenaza *f. sing.* **2.** *Zool.* tenaza *f. sing.*

pinch [pɪnʃ] *n.* **1.** (nip) pellizco *m.* **2.** (bit) pizca *f.* ‖ *v. tr.* **3.** (nip) pellizcar. ‖ *v. intr.* **4.** (shoes) apretar.

pincushion [,pɪn'kuʃən] *n.* acerico *m.*

pine¹ [paɪn] *n.*, *Bot.* (wood) pino *m.* ‖ **~ cone** *Bot.* piña *f.* **~ forest** pinar *m.*

pine² [paɪn] *v. intr.* (for sth) anhelar.

pineapple ['paɪn,æpəl] *n.*, *Bot.* (fruit) piña *f.*; ananás *m.*

pinewood ['paɪn,wʊd] *n.* pinar *m.*

Ping-Pong or ping-pong [pɪŋ,pɒŋ] *n.*, *Sports* (game) ping-pong *m.*

pink [pɪŋk] *adj.* **1.** sonrosado. ‖ *n.* **2.** *Bot.* clavel *m.* **3.** (color) rosa *m.*

pinnacle ['pɪnəkəl] *n.* **1.** (mountain) cumbre *f.* **2.** *Archit.* pináculo *m.*

pint [paɪnt] *n.* (measure) pinta *f.*

pinworm ['pɪn,wɜːrm] *n.*, *Med.* lombriz intestinal; tenia *f.*

pioneer [,paɪə'nɪr] *n.* **1.** pionero *m.* **2.** (forerunner) precursor *m.*

pioneering [ˌpaɪə'nɪrɪŋ] *adj.* pionero.

pious ['paɪəs] *adj.* piadoso; pío.

pip [pɪp] *n.* **1.** *Br.E.* (of fruit) pepita *f.* **2.** (of sunflower) pipa *f.*

pipe [paɪp] *n.* **1.** (for gas) tubo *m.*; conducto *m.* **2.** (for smoking) pipa *f.* ‖ **pipes** *n. pl.* **3.** tubería *f. sing.*

piping ['paɪpɪŋ] *n.* **1.** (for water, gas) cañería *f.*; tubería *f.* **2.** (sew) ribete *m.*

piquancy ['pi:kənsɪ] *n.*, *Gastr.* (taste) picante *m.*

pique [pi:k] *n.* pique *m.*; rencilla *f.*

piracy ['paɪrəsɪ] *n.* piratería *f.*

pirate ['paɪrɪt] *n.* pirata *m.* ‖ **~ edition** edición pirata. **~ ship** barco pirata.

pirogue ['paɪroʊg] *n.* piragua *f.*

pirouette [ˌpɪroʊ'et] *n.* **1.** (in ballet) pirueta *f.* ‖ *v. intr.* **2.** hacer piruetas.

Piscis ['paɪsi:z] *p. n.*, *Astrol.* Piscis.

piss [pɪs] *v. intr.*, *Br.E.*, *vulg.* mear. ‖ **to be pissed** *Br.E.*, *coll.* estar pedo. **to get pissed off** *vulg.* cabrearse; enfadarse. **to ~ off** *vulg.* cabrear; enfadar.

pistachio [pɪs'tæʃɪoʊ] *n.*, *Bot.* pistacho *m.*

pistol ['pɪstəl] *n.* pistola *f.* ‖ **at ~ point** a punta de pistola.

piston ['pɪstən] *n.*, *Mec.* (of a machine) pistón *m.*; émbolo *m.*

pit[1] [pɪt] *n.* **1.** (hole) hoyo *m.*; foso *m.* **2.** (large) hoya *f.*; fosa *f.* **3.** *Anat.* (of stomach) boca *f.*

pit[2] [pɪt] *n.*, *Am.E.* (of fruit) hueso *m.*; pepita *f.*

pitch[1] [pɪtʃ] *n.* **1.** *Sports* (in baseball) tiro *m.*; lanzamiento *m.* **2.** *Nav.* (movement) cabezada *f.* ‖ *v. tr.* **3.** (throw) lanzar. **4.** *Nav.* cabecear.

pitch[2] [pɪtʃ] *n.* pez *f.*; brea *f.*

pitcher ['pɪtʃər] *n.*, *Am.E.* (container) cántaro *m.*; jarro *m.*

pitchfork ['pɪtʃˌfɔ:rk] *n.*, *Agr.* horca *f.*

pitfall ['pɪtˌfɔ:l] *n.* (difficulty) dificultad *f.*; escollo *m.*; obstáculo *m.*

pitiful ['pɪtɪfəl] *adj.* lastimoso.

pity [pɪti:] *n.* **1.** piedad *f.*; compasión *f.* **2.** (regret) misericordia *f.*; lástima *f.* ‖ *v. tr.* **3.** compadecer. ‖ **to move to ~** apiadar. **to take ~** (on sb) apiadarse (de algn). **what a ~ !** ¡qué lástima!

pivot ['pɪvət] *n.* pivote *m.*

pizza ['pi:tsə] *n.*, *Gastr.* pizza *f.*

pizzeria ['pi:tsəˌrɪə] *n.* pizzería *f.*

placard ['plækɑ:rd 'plækərd] *n.* cartel *m.*; letrero *m.*; pancarta *f.*

placate [plə'keɪt] *v. tr.* (appease) aplacar; apaciguar; calmar.

place [pleɪs] *n.* **1.** sitio *m.*; puesto *m.*; lugar *m.* **2.** (building) local *m.* ‖ *v. tr.* **3.** (put) colocar; poner. ‖ **any ~** en cualquier parte. **to be placed** situarse. **out of ~** impertinente. **~ between** entremeter.

placed ['pleɪst] *adj.* puesto.

placid ['plæsɪd] *adj.* plácido; apacible.

placing ['pleɪsɪŋ] *n.* colocación.

plagiarize, plagiarise (Br.E) ['pleɪdʒəˌraɪz] *v. tr.* plagiar; copiar.

plague [pleɪg] *n.* **1.** plaga *f.* **2.** *Med.* peste *f.*

plain [pleɪn] *adj.* **1.** claro. **2.** (simple) sencillo. **3.** (no colors) liso. **4.** (person) llano. *m.* **5.** *Geogr.* llano *m.*; llanura *f.*; planicie *m.* ‖ **to speak ~** hablar con franqueza.

plait [plæt] *n.* **1.** *Br.E.* (in hair) trenza *f.* ‖ *v. tr.* **2.** trenzar.

plan [plæn] *n.* **1.** plan *m.*; proyecto *m.* **2.** (scheme) esquema *m.* **3.** *Archit.* traza *f.*; trazado *m.* ‖ *v. tr.* **4.** planear; proyectar. ‖ *v. intr.* **5.** hacer proyectos.

plane[1] [pleɪn] *adj.* **1.** *Math.* plano. ‖ *n.* **2.** *Math.* plano *m.* **3.** *Aeron.* avión *m.*

plane² [pleɪn] *n.* **1.** (tool) cepillo *m.* ‖ *v. tr.* **2.** cepillar; acepillar.

planet ['plænɪt] *n., Astron.* planeta *m.*

planetarium [,plænəˈterɪəm] *n., Astron.* planetario *m.*

plank [plæŋk] *n.* (of wood) tablón *m.*

planning ['plænɪŋ] *n.* planificación *f.* ‖ **city** ~ urbanismo *m.*

plant¹ [plænt] *n.* **1.** *Bot.* planta *f.*; vegetal *m.* ‖ *v. tr.* **2.** *Bot.* plantar; colocar. ‖ **climbing** ~ *Bot.* enredadera *f.*

plant² [plænt] *n.* (factory) fábrica *f.*; planta *f.*

plantation [plænˈteɪʃən] *n., Agr.* (for crops) plantación *f.*

planting ['plæntɪŋ] *n.* (action) plantación *f.* ‖ ~ **season** estación para plantar.

plaque [plæt] *n.* (commemorative) placa *f.* (conmemorativa)

plaster ['plæstər] *n.* **1.** yeso *m.* **2.** *Med.* escayola *f.* ‖ *v. tr.* **3.** enlucir; enyesar. ‖ ~ **cast** *Med.* escayola *f.* **sticking** ~ *Pharm.* esparadrapo *m.*

plastered ['plæstərd] *adj., coll.* borracho. ‖ **to be** ~ *coll.* estar pedo.

plastic ['plæstɪk] *adj.* **1.** plástico. ‖ *n.* **2.** plástico *m.* ‖ ~ **art** plástica *f.*

plasticine ['plæstə,siːn] *n.* plastilina *f.*

plate [pleɪt] *n.* **1.** (dish) plato *m.* **2.** (of metal) plancha *f.*; chapa *f.* **3.** *Print.* lámina *f.* **4.** (sheet) placa *f.* ‖ *v. tr.* **5.** (with gold, silver) bañar. ‖ **license** ~ placa de matrícula. ~ **rack** escurreplatos *m. pl.*

plateau ['plætoʊ] *n., Geogr.* meseta *f.*

platform ['plæt,fɔːrm] *n.* **1.** plataforma *f.* **2.** (tais) estrado *m.*; tarima *f.* **3.** (stand) tribuna *f.* **4.** (in train station) andén *m.* ‖ **portable** ~ *Rel.* andas *f. pl.*

plating ['pleɪtɪŋ] *n.* (covering) baño.

platinum ['plætnəm] *n., Chem.* platino *m.*

play [pleɪ] *n.* **1.** (game) juego *m.* **2.** (maneuver) jugada *f.* **3.** *Theat.* pieza *f.* ‖ *v. tr.* **4.** jugar. **5.** *Mus.* tocar. **6.** *Theat.* desempeñar. ‖ *v. intr.* **7.** (children) jugar. ‖ ~ **dirty** *coll.* jugar sucio. **playing card** naipe *m.*

playback ['pleɪ,bæk] *n.* play-back *m.*

player ['pleɪər] *n.* **1.** *Theat.* actor *m.* **2.** *Sports* jugador *m.* ‖ **football** ~ *Sports* futbolista *m. y f.* **piano** ~ *Mus.* (pianist) pianista *m. y f.*

playful ['pleɪfəl] *adj.* juguetón.

playground ['pleɪˌɡraʊnd] *n.* (in school) patio de recreo.

playtime ['pleɪˌtaɪm] *n.* (school) hora de recreo *m.*

playwright ['pleɪˌraɪt] *n., Theat.* (dramatist) dramaturgo *m.*

plea [pliː] *n.* súplica *f.*; ruego *m.*

plead [pliːd] *v. tr.* **1.** *Law* alegar. ‖ *v. intr.* **2.** (beg) rogar; suplicar.

pleasant ['plezənt] *adj.* **1.** agradable. **2.** (person) simpático; grato.

please [pliːz] *form.* **1.** por favor [May I come in please? ¿*Puedo entrar, por favor?*] ‖ *v. tr.* **2.** agradar; gustar. ‖ *v. intr.* **3.** (somebody) complacer.

pleased ['pliːzd] *adj.* satisfecho; pancho *col.* [He said it and he seemed to be very pleased. *Lo dijo y se quedó tan pancho.*]

pleasing ['pliːzɪŋ] *adj.* **1.** agradable; grato. **2.** (satisfactory) grato.

pleasure ['pleʒər] *n.* placer *m.*; gozo *m.*; deleite *m.* ‖ ~ **trip** viaje de placer. **with** ~ con mucho gusto.

pleat [pliːt] *n.* **1.** (on clothes) pliegue *m.* ‖ *v. tr.* **2.** plisar; plegar.

plebs [plebs] *n. pl.* plebe *sing.*

plectrum ['plektrəm] *n.* (of guitar) púa *f.*

pledge [pledʒ] *n.* **1.** (promise) promesa *f.* **2.** (surety) prenda *f.;* fianza *f.* ‖ *v. tr.* **3.** prometer. **4.** (deposit) empeñar.

plenitude ['plenɪtuːd] *n., lit.* plenitud *f.*

plentiful ['plentəfəl] *adj.* abundante; copioso. ‖ **to be ~** abundar.

plenty ['plenti] *n.* abundancia *f.;* exuberancia *f.* ‖ **~ of money** dinero de sobra.

pliers ['plaɪərz] *n. pl.* (tool). alicates *m. pl.;* tenaza *f. sing.*

plight [plaɪt] *n.* situación (difícil) *f.*

plinth [plɪnθ] *n., Archit.* zócalo *m.*

plot¹ [plɒt] *n.* **1.** complot *m.;* conspiración *f.* **2.** *Theat. & Lit.* argumento; trama *f.;* acción *f.* ‖ *v. tr.* **3.** tramar; maquinar. ‖ *v. intr.* **4.** conspirar.

plot² [plɒt] *n., Br.E., Agr.* (lot) solar *m.;* parcela *f.;* terreno *m.*

plow, plough (Br.E) [plaʊ] *n.* **1.** *Agr.* arado *m.* ‖ *v. tr. & intr.* **2.** *Agr.* arar. **3.** *lit.* (seas) surcar. **to ~ up** roturar.

plowshare, ploughshare (Br.E) ['plaʊʃɜːr] *n., Agr.* reja *f.*

pluck [plʌk] *n.* **1.** ánimo *m.;* coraje *m.* ‖ *v. tr.* **2.** arrancar. **3.** (chicken) pelar; desplumar. **4.** *Mus.* (guitar) puntear.

plug [plʌg] *n.* **1.** tapón *m.* **2.** *Electron.* enchufe *m.;* clavija *f.* **3.** (of wood) taco *m.* ‖ *v. tr.* **4.** tapar. **5.** (block) taponar. ‖ **fire ~** boca de incendios. **~ in** *Electron.* enchufar.

plum [plʌm] *n., Bot.* (fruit) ciruela *f.* ‖ **~ tree** *Bot.* ciruelo *m.*

plumage ['pluːmɪdʒ] *n.* (of birds) plumaje *m.;* plumas *f. pl.*

plumb [plʌm] *n.* **1.** plomada *f.* ‖ *v. tr.* **2.** *Nav.* sondar. **3.** (construction) aplomar.

plumber ['plʌmər] *n.* fontanero *m.*

plumbing ['plʌmɪŋ] *n.* **1.** (profession) fontanería *f.* **2.** (system) cañería *f.*

plume [pluːm] *n.* **1.** penacho *m.* **2.** (as ornament) plumaje *m.*

plump¹ [plʌmp] *adj.* (person) rechoncho; rollizo.

plump² [plʌmp] *v. tr.* (often followed by "up" or "out") (cushion) ahuecar (cojines, almohadas).

plunder ['plʌndər] *n.* **1.** pillaje *m.* **2.** (loot) botín *m.* ‖ *v. tr.* **3.** pillar; saquear.

plundering ['plʌndərɪŋ] *n.* saqueo *m.;* asalto *m.;* pillaje *m.*

plunge [plʌndʒ] *n.* **1.** caída *f.* **2.** (in water) zambullida *f.* ‖ *v. tr.* **3.** sumergir. ‖ *v. intr.* **4.** zambullirse; sumergirse.

plural ['plʊrəl] *adj.* **1.** plural; múltiple. ‖ *n.* **2.** *Ling.* plural *m.*

plus [plʌs] *prep., Math.* más [Ten plus two equals twelve. *Diez más dos es igual a doce.*] ‖ **~ sign** *Math.* más *m.*

plush ['plʌʃ] *n.* felpa *f.;* peluche *m.*

pneumatic [nuːˈmætɪk] *adj.* neumático.

pneumonia [nuːˈmoʊnjə] *n., Med.* neumonía *f.;* pulmonía *f.*

poach [poʊtʃ] *v. tr., Gastr.* (eggs) escalfar. ‖ **poached eggs** *Gastr.* huevos escalfados.

pocket ['pɒkɪt] *n.* **1.** bolsillo *m.* **2.** (of air) bolsa *f.* ‖ *v. tr.* **3.** (money) embolsar. ‖ **to have sb in one's pockets** *fam.* tener a alguien en el bote *fam.*

pockmark ['pɒk,mɑːrk] *n.* **1.** (hole) hoyo *m.* **2.** *Med.* (mark) viruela *f.*

pod [pɒd] *n., Bot.* (of peas, beans) vaina *f.*

podium ['poʊdɪəm] *n., Sports* podio *m.*

poem ['poʊəm] *n., Lit.* poema *m.;* poesía *f.* ‖ **epic ~** *Lit.* epopeya *f.*

poet ['poʊɪt] *n., Lit.* poeta *m.*

poetess [poʊˈtes] *n., Lit.* poetisa *f.*

poetic or poetical [poʊˈetɪk] *adj., Lit.* poético. ‖ **~ licence** licencia poética.

poetry ['pouetri:] n., Lit. poesía f.

point [pɔint] n. **1.** punto m. **2.** (sharp end) punta f. **3.** Sports tanto. ‖ v. tr. **4.** (a gun) apuntar. ‖ **points** n. pl. **5.** Br.E. (rail) agujas f. pl. ‖ **to get to the ~** ir al grano. **~ of view** fig. punto de vista; criterio m. **to ~ out** designar; señalar. **to ~ up** destacar. **weak ~** punto débil.

point-blank [,pɔint'blæŋk] adj. **1.** (categorical) categórico; rotundo. ‖ adv. **2.** (shots) a quemarropa; a bocajarro. ‖ **at ~ range** (shots) a bocajarro.

pointed ['pɔintid] adj. puntiagudo.

pointer ['pɔintər] n. **1.** indicador m. **2.** (for pointing) puntero m. **3.** (piece of advice) consejo m. **4.** (of scales) fiel m.

pointless ['pɔintlis] adj. sin sentido. ‖ **it is ~** carece de sentido.

poise [pɔiz] n. **1.** aplomo m.; garbo m. ‖ v. tr. **2.** equilibrar.

poison ['pɔizən] n. **1.** veneno m.; tóxico m. ‖ v. tr. **2.** envenenar; intoxicar. ‖ **to be poisoned** (involuntarily) envenenarse. **to ~ oneself** (voluntarily) envenenarse.

poisonous ['pɔizənəs] adj. venenoso.

poke [pouk] n. **1.** empujón m. ‖ v. tr. **2.** (with finger, stick) hurgar; escarbar. **3.** (fire) atizar. ‖ **to ~ one's nose** meterse (el dedo en la nariz).

poker¹ ['poukər] n. (for fire) atizador m.

poker² [poukər] n. (cards) póquer m.

polar ['poulər] adj. polar.

pole¹ [poul] n. **1.** palo m.; poste m. **2.** Sports pértiga f. **3.** (for lever) palanca f. ‖ **greasy ~** (game) cucaña f. **telegraph ~** poste telegráfico.

pole² [poul] n., Phys. & Geogr. polo m. ‖ **to be poles apart** ser polos opuestos.

polemic [pə'lemik] n., frml. (controversy) polémica f.; controversia f.

polemical [poəlemikəl] adj. polémico.

police [pə'li:s] adj. **1.** policiaco. ‖ n. pl. **2.** (force) policía f. sing. ‖ **to call the ~** llamar a la policía. **~ car** coche patrulla. **~ headquarters** jefatura de policía.

policeman [pə'li:smən] n. agente de policía; policía m.; municipal m. y f.

policewoman [pə'li:s,wʌmən] n. agente de policía; policía f.

policy ['pɔləsi:] n. **1.** Polit. política f. **2.** (insurance) póliza f. ‖ **foreign ~** Polit. política exterior.

poliomyelitis [,poulioumaiə'laitis] n., Med. (illness) poliomielitis f.

polish ['pɔliʃ] v. tr. **1.** Tech. pulir; enlucir. **2.** (shoes) dar betún. **3.** (floor) encerar. ‖ **nail ~** pintauñas f. inv. **shoe ~** betún m. (para zapatos).

polished ['pɔliʃt] adj. pulido.

polite [pə'lait] adj. (courteous) cortés; educado; fino.

politeness [pə'laitnis] n. cortesía f.; urbanidad f.; educación f.

political [pə'litikəl] adj. político. ‖ **~ asylum** asilo político.

politician [,pɔlə'tiʃən] n. político m.

politics ['pɔlətiks] n. sing. política f.

poll [poul] n. **1.** (ballot) votación f. **2.** (survey) encuesta f.; sondeo m.

pollen ['pɔlən] n., Bot. polen m.

pollute [pɔ'lu:t] v. tr. contaminar.

pollution [pɔ'lu:ʃən] n. polución f.; contaminación f. ‖ **environmental ~** contaminación del medio ambiente.

polo ['poulou] n., Sports polo m.

polo shirt ['poulouʃɜ:rt] sust. phr. niqui m.; polo m.; camiseta f.

polygamy [pə'ligəmi:] n. poligamia f.

polyglot ['poli:glɔt] n. políglota m. y f.; multilingüe m. y f.; polilingüe m. y f.

polygon ['pɒlɪgən] *n., Math.* polígono *m.*

polyhedron [,pɒlɪ'hi:drən] *n., Math.* (more than 3 sides) poliedro *m.*

polyphony [pəlɪfəni:] *n., Mus.* polifonía *f.*

polysemy [,pɒlɪ'sɛmi:] *n., Ling.* (more than 1 meaning) polisemia *f.*

pomegranate ['pɒməgrænɪt] *n., Bot.* granada *f.* || **~ tree** *Bot.* granado *m.*

pomp [pɒmp] *n.* pompa *f.;* aparato *m.*

pompom or pompon ['pɒm,pɒn] *n.* pompón *m.;* borla *f.*

pompous ['pɒmpəs] *adj.* **1.** pomposo; ostentoso. **2.** (person) pedante.

poncho ['pɒntʃou] *n.* poncho *m. Amér.* •The plural of "poncho" is "ponchos".

pond [pɒnd] *n.* (pool) estanque *m.;* charca *f.;* poza *f.*

ponder ['pɒndər] *v. tr. & intr.* considerar con cuidado; meditar; cavilar.

poniard ['pɒnjərd] *v. tr.* apuñalar.

Pontiff ['pɒntɪf] *n., Rel.* Pontífice *m.*

pony ['pouni:] *n., Zool.* poni *m.*

ponytail ['pouni:teɪl] *n.* coleta. *f.*

pool [pu:l] *n.* **1.** (puddle) charco *m.* **2.** (pond) balsa *f.;* estanque *m.* **3.** (billards) billar americano. || **swimming ~** piscina *f.;*alberca *f.*

pools [pu:lz] *n., Br.E.* quiniela *f.* || **~ coupon** *Br.E.* quiniela *f.*

poop [pu:p] *n., Nav.* popa *f.*

poor [pʊr] *adj.* **1.** pobre; necesitado. **2.** (quality) de mala calidad. || **to become ~** empobrecerse. **to have a ~ memory** tener poca memoria.

poorly ['pʊrli] *adv.* **1.** pobremente. **2.** (badly) mal. || *adj.* **3.** *fam.* (person) pachucho; pocho.

pop [pɒp] *n.* **1.** *Mus.* pop *m. inv.* **2.** *Am.E.* (dad) papá *m.* || **~ music** música pop.

popcorn ['pɒp,kɔ:rn] *n.* palomitas de maíz.

Pope [poup] *n., Rel.* papa *m.*

popish ['poupɪʃ] *adj.* papista.

poplar ['pɒplər] *n., Bot.* álamo *m.*

poppy ['pɒpi:] *n., Bot.* amapola *f.*

populace ['pɒpjələs] *n.* populacho *m.*

popular ['pɒpjələr] *adj.* popular. || **by ~ request** a petición del público. **~ opinion** opinión general.

popularity [,pɒpjə'læræti:] *n.* popularidad *f.;* notoriedad *f.*

popularize, popularise (Br.E) ['pɒpjələ,raɪz] *v. tr.* popularizar.

population [,pɒpjœˈleɪʃən] *n.* (inhabitants) población *f.;* ciudad *f.*

porcelain ['pɔ:rslɪn 'pɔ:rsəlɪn] *n.* porcelana *f.* || **~ cup** taza de porcelana.

porch [pɔ:rtʃ] *n.* **1.** (of a house) porche *m.* **2.** (in street) soportal *m.*

porcine ['pɔ:rsaɪn] *adj.* porcino.

porcupine ['pɔ:rkjəpaɪn] *n., Zool.* (animal) puerco espín.

pore [pɔ:r] *n., Anat.* poro *m.*

pork [pɔ:rk] *n.* (meat) cerdo *m.;* carne de cerdo. || **~ chop** *Gastr.* chuleta de cerdo. **~ fat** tocino *m.* **~ products** (pieces of pork) matanza *f.*

pornography [pɔ:r'nɒgrəfi:] *n.* (porn) pornografía *f.*

port [pɔ:rt] *n., Nav.* puerto *m.* || **to put into ~** arribar a puerto.

portable ['pɔ:təbəl] *adj.* portátil.

portage ['pɔ:rtɪdʒ] *n.* porte *m.*

portend [pɔ:rtend] *v. tr., frml.* (predict) augurar; presagiar; predecir.

portent ['pɔ:rtent] *n., frml.* (omen) augurio *m.;* predicción *f.*

portentous [pɔ:rtentəs] *adj.* (prodigious) solemne; majestuoso.

porter ['pɔ:rtər] *n.* **1.** (superintendent) conserje *m.* **2.** (in hotel) portero *m.*

3. *Br.E.* (in hall of students) bedel. **4.** (in offices) ordenanza *m.*

portfolio [pɔːrtˈfoulɪou] *n.* **1.** portafolio *m.* **2.** *Polit.* cartera.

portico [ˈpɔːrtɪˌkou] *n., Archit.* pórtico *m.*

portion [ˈpɔːrʃən] *n.* **1.** (part) porción *f.*; parte *f.* **2.** (of food) ración *f.*

portrait [ˈpɔːrtrɪt] *n.* retrato *m.* ‖ **to paint a ~ of** retratar.

portray [pɔːrˈtreɪ] *v. tr.* **1.** retratar. **2.** (describe) describir. **3.** *Theat.* (play) caracterizar.

Portuguese [pɔːrjuˈgiːz] *adj.* **1.** portugués. ‖ *n.* **2.** (language, person) portugués *m.*; lusitano *m.*; luso *m.*

pose [pouz] *n.* **1.** postura *f.* ‖ *v. tr.* **2.** (questions) formular. ‖ *v. intr.* **3.** (as model) posar.

posh [pɒʃ] *adj. fam.* pijo *col.*

position [pəˈzɪʃən] *n.* **1.** posición *f.* **2.** (job) puesto *m.*; colocación *f.* ‖ **to come out of ~** desencajarse. **to ~ oneself** apostarse.

positive [ˈpɒzətɪv] *adj.* **1.** (affirmative) positivo. **2.** (certain) seguro.

possess [pəˈzes] *v. tr.* **1.** poseer; tener. **2.** (take over) adueñarse de.

possessed [pəˈzest] *adj.* poseído; endemoniado. ‖ **to be ~ by demons** estar poseído por los demonios.

possession [pəˈzeʃən] *n.* posesión *f.* ‖ **to take ~** (of sth) apoderarse (de algo).

possessive [pəˈzesɪv] *adj.* posesivo.

possibility [ˌpɒsəˈbɪlətiː] *n.* posibilidad *f.*; probabilidad *f.*

possible [ˈpɒsəbəl] *adj.* **1.** posible; factible. **2.** (chance) eventual. ‖ **if at all ~** a ser posible. **to be ~** poder.

possum [ˈpɒsəm] *n., Zool.* zarigüeya *f.* ‖ **to play ~** hacerse el muerto.

post¹ [poust] *n.* **1.** poste *m.* **2.** *Constr.* (upright) montante *m.* ‖ **first-aid ~** *Med.* casa de socorro.

post² [poust] *n.* **1.** (mail) correo *m.* ‖ *v. tr.* **2.** echar al correo; destinar. ‖ **~ office** oficina de correos; estafeta *f.* **~ office box** apartado de correos.

post³ [poust] *n.* **1.** (job) puesto *m.*; cargo *m.*; empleo *m.* **2.** *Mil.* puesto *m.* ‖ **to take up one's ~** ocupar el puesto.

postage [ˈpoustɪdʒ] *n.* franqueo *m.* ‖ **~ and packing** gastos de envío. **~ paid** portes pagados.

postal [ˈpoustəl] *adj.* postal. ‖ **~ ballot** *Polit.* votación por correo. **~ district** distrito postal **~ order** giro postal.

postbox [ˈpoustbɒks] *n., Br.E.* buzón *m.*

postcard [ˈpoustˌkɑːrd] *n.* tarjeta postal; postal *f.*

poster [ˈpoustər] *n.* póster *m.*; cartel *m.*

posterior [pɒsˈtɪrɪər] *adj.* **1.** posterior. ‖ *n.* **2.** *Anat.* trasero *m.*; culo *m.*

posterity [pɒsˈterətiː] *n.* posteridad *f.*

postman [ˈpoustmən] *n.* cartero *m.*

postmark [ˈpoustˌmɑːrk] *n.* (mark) matasellos *m. inv.*

postmorten [ˌpoustˈmɔːrtəm] *n., Med.* (autopsy) autopsia *f.*

postpone [ˌpoustˈpoun] *v. tr.* aplazar; posponer; postergar *Amér.*

postponement [ˌpoustˈpounmənt] *n.* aplazamiento *m.*; suspensión *f.*

posture [ˈpɒstʃər] *n.* **1.** (of body) postura *f.* **2.** (attitude) actitud *f.*

pot [pɒt] *n.* **1.** pote *m.* **2.** (for cooking) olla *f.*; puchero *m.* **3.** (for flowers) maceta *f.*; tiesto *m.* **4.** (for children) orinal *m.* **5.** (of games) bote *m.* [My dad won the pot. *Mi padre ganó el bote.*] ‖ *v. tr.* **6.** (food) conservar en tarros. **7.** (plants) plantar en macetas. ‖ **pots and pans** cacharros *m. pl.*

potato [pə'teɪtoʊ, pə'teɪtə] *n.* patata *f.;* papa *f.* ‖ **hot ~** patata caliente. **jacket ~** *Gastr.* patata asada con piel.

potbellied ['pɒtbelɪd] *adj.* panzudo.

potential [pə'tenʃəl] *adj.* **1.** potencial. ‖ *n.* **2.** (possibilities) potencial *m.*

pothole ['pɒthoʊl] *n.* (in road) bache *m.*

potion ['poʊʃən] *n.* pócima *f.;* poción *f.*

potpourri [poʊpuri:] *n.* popurrí *m.*

potter ['pɒtər] *n.* alfarero *m.*

pottery ['pɒtəri:] *n.* cerámica *f.;* alfarería *f.* ‖ **piece of ~** cerámica *f.*

pouch [paʊtʃ] *n.,* *Zool.* (of a kangaroo) bolsa *f.* ‖ **tobacco ~** petaca *f.*

poultice ['poʊltɪs] *n.,* *Med.* cataplasma *m.;* emplasto *m.*

poultry ['poʊltri:] *n.* **1.** (live) aves de corral. **2.** (food) pollos *m. pl.* ‖ **~ farm** granja avícola.

pounce [paʊns] *n.* (spring) salto *m.*

pound¹ [paʊnd] *v. tr.* **1.** golpetear; machacar. ‖ *v. tr.* **2.** *fig.* (noise) martillear.

pound² [paʊnd] *n.* (measure, coin) libra *f.* ‖ **half a ~** (currency) media libra.

pour [pɔ:r] *v. tr.* **1.** verter. **2.** (spill) derramar. **3.** (liquid, salt, etc.) echar. **4.** (hard cider, wine) escanciar. ‖ *v. intr.* **5.** llover torrencialmente.

pouring ['pɔrɪŋ] *n.* **1.** (liquid) derrame *m.* ‖ *adj.* **2.** (rain) torrencial.

pout [paʊt] *n.* **1.** puchero *m.;* mohín *m.* ‖ *v. intr.* **2.** hacer pucheros.

poverty ['pɒvərti:] *n.* indigencia *f.;* pobreza *f.;* miseria *f.*

powder ['paʊdər] *n.* **1.** *Gastr. & Chem.* polvo *m.* ‖ *v. tr.* **2.** empolvar. **3.** (pulverize) pulverizar. ‖ *v. intr.* **4.** (nose) empolvarse. ‖ **face ~** polvos de tocador.

power ['paʊər] *n.* **1.** poder *m.* **2.** (nation) potencia *f.* **3.** *fig.* (energy) energía *f.* ‖ *v. tr.* **4.** (propel) propulsar. ‖ **electric ~** energía eléctrica. **~ cut** apagón *m.*

powerful ['paʊərfəl] *adj.* **1.** (person) poderoso. **2.** (machine) potente.

practicable ['præktɪkəbəl] *adj.* practicable; factible; realizable.

practical ['præktɪkəl] *adj.* **1.** práctico. **2.** (useful) útil. **3.** (person) realista.

practice ['præktɪs] *n.* **1.** práctica *f.;* costumbre *f.* **2.** (exercise) ejercicio *m.*

practice, practise (Br.E) ['præktɪs] *v. tr.* **1.** practicar. **2.** (profession) ejercer; profesar.

practitioner [,præktɪʃənər] *n.* médico *m.* ‖ **general ~** médico de cabecera.

praise [preɪz] *n.* **1.** (approval) alabanza *f.;* elogio *m.;* exaltación *f.* ‖ *v. tr.* **2.** alabar; elogiar. ‖ **to ~ sb to the skies** poner a uno por las nubes.

prance [præns] *v. intr.* (horse) hacer cabriolas; encabritarse.

prank [præŋk] *n.* travesura *f.*

prattle ['prætəl] *n.* **1.** cháchara *f.;* parloteo *m.* ‖ *v. intr.* **2.** parlotear.

prawn [prɔ:n] *n.* **1.** *Zool.* (large) langostino *m.* **2.** *Zool.* (medium) gamba *f.* **3.** *Zool.* (small) camarón *m.* ‖ **~ cocktail** *Br.E.* cóctel de gambas.

pray [preɪ] *v. tr. Rel.* orar; rezar.

prayer [prer] *n. Rel.* oración *f.;* plegaria *f.;* rezo *m.* ‖ **~ book** *Rel.* misal *m.*

preach [pri:tʃ] *v. tr. &intr., Rel.* predicar. ‖ **to ~ to sb** sermonear a alguien.

precarious [prɪ'keriəs] *adj.* precario.

precaution [prɪ'kɔ:ʃən] *n.* precaución *f.;* cuidado *m.*

precede [prɪ'si:d] *v. tr. & intr.* preceder (a); ir delante; aventajar.

precedent ['presədənt] *n.* (antecedent) precedente *m.*; antecedente *m.*

preceding [prɪ'si:dɪŋ] *adj.* (previous) precedente; anterior.

precious ['preʃəs] *adj.* precioso. ‖ ~ **stones** piedras preciosas.

precipice ['presəpɪs] *n.* precipicio *m.*

precipitate [prɪ'sɪpəteɪt] *adj.* **1.** precipitado; apresurado. ‖ *n.* **2.** *Chem.* precipitado *m.* ‖ *v. tr.* **3.** precipitar.

precipitation [prɪ,sɪpə'teɪʃən] *n.*, *Meteor.* (rain) precipitación *f.*; lluvia *f.*

precipitous [prɪ'sɪpətəs] *adj.* (hasty) precipitado; apresurado.

precise [prɪ'saɪs] *adj.* **1.** (exact) preciso. **2.** (meticulous) meticuloso. ‖ **to be more ~ about** matizar.

precision [prɪ'sɪʒən] *n.* precisión *f.*

precocious [prɪ'kouʃəs] *adj.* precoz.

predator ['predətər 'predə,tɔ:r] *n.*, *Zool.* (animal) depredador *m.*

predatory ['predə,tɔri:] *adj.* **1.** (person) depredador. **2.** (animal) rapaz.

predecessor ['predə,sesər] *n.* predecesor *m.*; antecesor *m.*

predestinate [pri:'destə,neɪt] *v. tr.* (predestine) predestinar.

predicament [prɪ'dɪkəmənt] *n.* aprieto *m.*; apuro *m.* ‖ **to be in a ~** (in a fix) estar en un aprieto.

predicate ['predɪ,keɪt] *n.* **1.** *Ling.* predicado *m.* ‖ *v. tr.* **2.** afirmar.

predict [prɪ'dɪkt] *v. tr.* (portend) predecir; pronosticar; vaticinar.

prediction [prɪ'dɪkʃən] *n.* **1.** predicción *f.*; pronóstico *m.*

predilection [,pred'lekʃən, ,pri:d'lekʃən] *n.*, *frml.* predilección *f.*

predispose [prɪdɪ'spouz] *v. tr.* predisponer; inclinar.

predominance [prɪ'dɒmənəns] *n.* (dominance) predominio *m.*

predominate [prɪ'dɒmə,neɪt] *v. intr.* (prevail) predominar.

prefabricated [,pri:'fæbrɪ,keɪtəd] *adj.* prefabricado.

preface ['prefɪs] *n.* **1.** *Lit.* prólogo *m.*; prefacio *m.* ‖ *v. tr.* **2.** prologar.

prefect ['pri:fekt] *n.* prefecto *m.*

prefer [prɪ'fər] *v. tr.* **1.** preferir; anteponer. **2.** *Law* (charges) presentar.

preference ['prefərəns] *n.* **1.** preferencia *f.* **2.** (priority) prioridad *f.* ‖ **in order of ~** en orden de preferencia.

preferment [prə'fɜ:rmənt] *n.*, *frml.* (promotion) ascenso *m.*; promoción *f.*

prefix ['pri:,fɪks] *n.*, *Ling.* prefijo *m.*

pregnancy ['pregnənsi:] *n.* **1.** embarazo *m.* ‖ ~ **test** test de embarazo.

pregnant ['pregnənt] *adj.* **1.** (woman) embarazada; encinta. **2.** (animal) preñada. ‖ ~ **woman** embarazada *f.*

prehistory [,pri:'hɪstəri:] *n.* prehistoria *f.*

prejudge [pri:'dʒʌdʒ] *v. tr.* prejuzgar.

prejudice ['predʒədɪs] *n.* **1.** prejuicio *m.*; preocupación *f.* ‖ *v. tr.* **2.** perjudicar. ‖ **without ~ of** sin perjuicio de.

prelate ['prelɪt] *n.*, *Rel.* prelado *m.*

preliminary [prɪ'lɪmə,nəri:] *adj.* **1.** preliminar. ‖ *n.* **2.** preliminar *m.*

prelude ['prelju:d 'preɪlu:d] *n.* preludio *m.*; comienzo *m.*

premature [,pri:mə'tʃur ,pri:'mə'tur] *adj.* prematuro; temprano.

premeditate [pri:'medə,teɪt] *v. tr.* (crime) premeditar.

premeditated [pri:'medə,teɪtɪd] *adj.* premeditado; alevoso.

premeditation [pri:,medə'teɪʃən] *n.* premeditación *f.*; alevosía *f.*

premiere ['prɪmɪr] *n.* **1.** *Film & Theatr.* (of a movie) estreno *m.* ‖ *v. tr.* **2.** *Film & Theatr.* (a movie) estrenar.

premises ['premɪsɪz] *n. pl.* (building) local *m.*; nave *f.*

premonition [,pri:mə'nɪʃən, ,premə'nɪʃən] *n.* presentimiento *m.*; premonición *f.*

preparation [,prepə'reɪʃən] *n.* **1.** preparación *f.* **2.** (substance) preparado *m.* ‖ **preparations** *n. pl.* **3.** preparativos *m.*

prepare [prɪ'per] *v. tr.* **1.** preparar. ‖ *v. intr.* **2.** prepararse.

preposition [,prepə'zɪʃən] *n., Ling.* preposición *f.*

prepossessing [,pri:pə'zesɪŋ] *adj.* atractivo; agradable. •Used especially after a negative

preposterous [prɪ'pɒstərəs prɪ'pɒstrəs] *adj.* absurdo; disparatado.

prerecorded [,pri:rɪ'kɔ:rdɪd] *adj.* (recorded program) diferido; pregrabado.

prerequisite [,pri:'rekwəzɪt] *n.* requisito previo; condición previa.

presage ['presɪdʒ] *n.* **1.** *frml.* presagio *m.*; agüero. ‖ *v. tr.* **2.** *frml.* presagiar.

preschool [,pri:s'ku:l, ,pri:'sku:l] *adj.* (education) preescolar.

preschooler [,pri:'sku:lər] *n., Am.E.* párvulo *m.*

prescribe [prɪ'skraɪb] *v. tr.* **1.** *Med.* recetar. **2.** (set down) prescribir.

prescription [prɪ'skrɪpʃən] *n. Med.* receta *f.* ‖ **to make up a ~** *Med.* preparar una receta.

presence ['prezəns] *n.* presencia *f.*; empaque *m.* ‖ **in ~ of** en presencia de; ante. **~ of mind** aplomo *m.*; sangre fría.

present¹ ['prezənt] *adj.* **1.** presente. **2.** (current) actual. ‖ *n.* **3.** *Ling.* presente *m.* **4.** (current moment) presente *m.* ‖

at ~ ahora; en la actualidad. **to be ~** asistir. **to be ~ at** presenciar.

present² ['prezənt] *n.* **1.** *Br.E.* regalo *m.*; obsequio *m. form.*; dádiva *f., form.* ‖ *v. tr.* **2.** regalar; obsequiar. **3.** (program) presentar. ‖ **to give presents** obsequiar; dar regalos.

presentation [,prezən'teɪʃən] *n.* (act of presenting) presentación *f.* ‖ **~ ceremony** ceremonia de entrega.

presenter [pre'zəntər] *n.* presentador *m.*

presentiment [prɪ'zentɪmənt] *n., lit.* presentimiento *m.*; corazonada *f.*

presentment [prɪ'zentmənt] *n.* exhibición *f.*; presentación *f.*

preservation [,prezə'reɪʃən] *n.* **1.** preservación *f.* **2.** *Gastr.* conservación *f.*

preservative [prɪ'zɜ:rvətɪv] *n., Gastr.* conservante *m.*

preserve [prɪ'zɜ:rv] *n.* **1.** *Gastr.* conserva *f.* ‖ *v. tr.* **2.** (protect) preservar. **3.** (keep) conservar; guardar.

preside [prɪ'zaɪd] *v. intr.* presidir. ‖ **~ over** (meeting) presidir.

presidency ['prezədənsi:] *n., Polit.* presidencia *f.*

president ['prezədənt] *n.* presidente *m.*

press [pres] *n.* **1.** apretón. **2.** (newspapers) prensa *f.* **3.** (printing press) imprenta *f.* ‖ *v. tr.* **4.** apretar; presionar. **5.** (in press) pulsar. **6.** (pedal) pisar. ‖ *v. intr.* **7.** (people) apiñarse. **8.** (time) apremiar.

press-up ['presʌp] *n., Br.E., Sports* (exercise) flexión *f.*

pressure ['preʃər] *n.* **1.** presión *f.* ‖ *v. tr.* **2.** *Am.E., fig.* (constrain) presionar. ‖ **to put ~ on** *fig.* presionar.

prestige [pres'ti:ʒ] *n.* prestigio *m.* ‖ **to lose ~** desprestigiarse.

presume [prɪ'zu:m] *v. tr.* **1.** presumir; suponer. ‖ *v. intr.* **2.** (suppose) presumir.

presumption [prɪ'zʌmpʃən] *n.* (assumption) presunción *f.*; suposición *f.*

pretend [prɪ'tend] *v. tr.* (feign) fingir; aparentar; simular.

pretender [prɪ'tendər] *n.* (to the throne) pretendiente *m.*

pretense, pretence (Br.E) [prɪ'tens] *n.* **1.** simulacro *m.* **2.** (pretext) pretexto *m.* **3.** (claim) pretensión *f.*

pretentious [prɪ'tenʃəs] *adj.* (affected) pretencioso; ostentoso; cursi.

preterit, preterite (Br.E) ['pretərɪt] *n.*, *Ling.* pretérito *m.*

pretext [pri:tekst] *n.* pretexto *m.*

pretty ['prɪti] *adj.* **1.** bonito; precioso. **2.** (baby, woman) guapo. ‖ *adv.* **3.** *fam.* bastante. ‖ **~ well finished** casi terminado.

prevail [prɪ'veɪl] *v. intr.* **1.** prevalecer. **2.** (predominate) predominar.

prevent [prɪ'vent] *v. tr.* **1.** impedir. **2.** (accident) evitar. **3.** (illness) prevenir.

preview ['pri:vju:] *n.* **1.** anticipo *m.*; avance *m.* **2.** (cinema) preestreno *m.*

previous ['pri:viəs] *adj.* previo; anterior.

prey [preɪ] *n.* **1.** *Zool.* presa *f.* ‖ *v. intr.* **2.** cazar. ‖ **bird of ~** *Zool.* ave de rapiña.

price [praɪs] *n.* **1.** precio *m.*; valor *m.*; coste *m.* ‖ *v. tr.* **2.** poner precio a. ‖ **at any ~** a toda costa. **to fix a ~ for** tasar. **~ list** lista de precios.

prick [prɪk] *n.* **1.** pinchazo *m.*; punzada *f.* **2.** *vulg.* (penis) pijo *m.* ‖ *v. tr.* **3.** (puncture) pinchar; picar; punzar. ‖ **to ~ up one's ears** aguzar el oído.

pricked [prɪkt] *adj.* picado.

prickle ['prɪkəl] *n.* **1.** *Bot.* (thorn) espina *f.* **2.** (spike) pincho *m.* ‖ *v. intr.* **3.** (beard, skin) picar; pinchar.

prickly ['prɪkli] *adj.* (cactus) espinoso.

pride [praɪd] *n.* **1.** orgullo *m.* **2.** (conceit) soberbia *f.* ‖ *v. tr.* **3.** enorgullecer.

priest [pri:st] *n.*, *Rel.* sacerdote *m.*; cura *m.* ‖ **parish ~** *Rel.* párroco *m.*

priesthood ['pri:sthʊd] *n.* **1.** *Rel.* clero *m.* **2.** *Rel.* (office) sacerdocio *m.* ‖ **to enter the ~** *Rel.* hacerse sacerdote.

priggish ['prɪgɪʃ] *adj.* mojigato.

primary ['praɪmərɪ] *adj.* **1.** (main) fundamental. **2.** (basic) primario.

primitive ['prɪmɪtɪv] *adj.* primitivo.

primrose ['prɪmrouz] *n.* **1.** *Bot.* primavera *f.* **2.** (color) amarillo pálido. ‖ *adj.* **3.** de color amarillo claro.

prince [prɪns] *n.* príncipe *m.* ‖ **crown ~** príncipe heredero.

princess ['prɪnses] *n.* princesa *f.*

principal ['prɪnsəpəl] *adj.* **1.** principal; capital. ‖ *n.* **2.** director; principal *m.*

principality [,prɪnsə'pæləti:] *n.* principado *m.*

principle ['prɪnsəpəl] *n.* principio *m.*

print [prɪnt] *n.* **1.** (of finger) estampa *f.*; huella. **2.** *Art* grabado *m.* **3.** (fabric) estampado. ‖ *v. tr.* **4.** *Print.* (texts) imprimir. **5.** (an image) estampar.

printed ['prɪntɪd] *adj.* impreso.

printed matter [prɪntɪd'mætər] *sust. phr.* impresos *m. pl.*

printer ['prɪntər] *n.*, *Comput.* impresora *f.* ‖ **printer's error** error de imprenta

printing ['prɪntɪŋ] *n.* **1.** *Print.* (trade) imprenta *f.* **2.** *Print.* (process) impresión *f.* **3.** *Print.* (print run) tirada *f.*

prior[1] ['praɪər] *adj.* previo.

prior[2] ['praɪər] *n.*, *Rel.* prior *m.*

priority [praɪ'ɒrəti:] *n.* prioridad *f.*

prism ['prɪzəm] *n.* **1.** *Math.* prisma *m.* **2.** *Phys.* prisma *m.*

prison ['prɪzən] *n.* (jail) cárcel *f.*; prisión *f.* || ~ **officer** carcelero *m.* **to be in** ~ estar en la cárcel.

prisoner ['prɪzənər] *n.* **1.** preso *m.*; detenido *m.* **2.** *Mil.* prisionero *m.*

privacy ['praɪvəsi] *n.* intimidad *f.*

private ['praɪvɪt] *adj.* **1.** privado; particular. **2.** (personal) íntimo. **3.** (confidential) confidencial. || ~ **eye** detective privado. ~ **school** colegio privado.

privateer [,praɪvə'tɪr] *n.*, *Nav.* corsario *m.*

privilege ['prɪvɪlɪdʒ 'prɪvəlɪdʒ] *n.* **1.** (prerogative) privilegio *m.*; fuero *m.* **2.** (distiction) distinción *f.*

prize [praɪz] *n.* **1.** premio *m.* || *v. tr.* **2.** tener en gran estima; estimar. || ~ **idiot** tonto de remate. ~ **money** premio en metálico. **to win first** ~ ganar el primer premio.

pro [prou] *prep.* en pro de. || **the pros and cons** pros y contras.

probability [,prɒbə'bɪlɪti:] *n.* probabilidad *f.*; posibilidad *f.*

probable ['prɒbəbəl] *adj.* probable.

probe [proub] *n.* **1.** sonda *f.* **2.** (investigation) exploración *f.* || *v. tr.* **3.** *Med.* sondar. **4.** (investigate) sondear.

problem ['prɒbləm] *n.* problema *m.*

procedure [prə'si:dʒər] *n.* (way) procedimiento *m.*; forma *f.*

proceed [prə'si:d] *v. intr.* (go) proceder; avanzar. || **to** ~ **with caution** avanzar con cuidado.

proceedings [prə'si:dɪŋz] *n. pl.* actas *f.*

process ['prouses 'prɒses] *n.* **1.** proceso *m.* || *v. tr.* **2.** *Comp.* procesar. **3.** (food) tratar.

procession [prə'seʃən] *n.* **1.** desfile *m.* **2.** *Rel.* procesión *f.*; romería *f.*

proclaim [prə'kləɪm] *v. tr.* proclamar; promulgar. || **to** ~ **peace** declarar la paz.

proclamation [,prɒklə'meɪʃən] *n.* (act) proclamación *f.*

procrastination [prə,kræstə'neɪʃən] *n.* demora *f.*; postergación *f.*

procreate ['proukri:eɪt] *v. intr.* procrear.

prod [prɒd] *v. tr.* (goad) pinchar.

prodigal ['prɒdɪgəl] *adj. & n.* despilfarrador *m.*; derrochador *m.*

prodigious [prə'dɪdʒəs] *adj.* (memory) prodigioso; portentoso.

prodigy ['prɒdədʒi:] *n.* prodigio *m.*; portento *m.* || ~ **child** niño prodigio.

produce ['prouduːs] *n.* **1.** *Agr.* producto *m.* || *v. tr.* **2.** producir. **3.** (manufacture) fabricar. **4.** (evidence) aportar.

producer [prə'du:sər] *n.* **1.** productor *m.* **2.** (radio, TV) realizador *m.*

producing [prə'du:sɪŋ] *adj.* productor.

product ['prɒdəkt] *n.*, *Econ.* producto *m.*; producción *f.*; género *m.*

production [prə'dʌʃən] *n.* producción *f.* || ~ **company** *Film* productora *f.*

profane [prou'feɪn] *adj.* **1.** (secular) profano. || *v. tr.* **2.** profanar.

profanity [prou'fænəti:] *n.* blasfemia *f.*

profess [prə'fes] *v. tr. & intr.*, *Rel.* (faith) profesar (fé).

profession [prə'feʃən] *n.* profesión *f.*

professional [prə'feʃənəl] *adj. & n.* profesional *m. y f.*

professor [prə'fesər] *n.* **1.** (holding a chair) catedrático *m.* **2.** (university teacher) profesor *m.*

profile ['proufaɪl] *n.* **1.** *Anat.* (of face) perfil *m.* || *v. tr.* **2.** perfilar.

profit ['prɒfɪt] *n.* **1.** *Econ.* provecho *m.*; beneficio *m.*; ganancia *f.* || **gross** ~ beneficio bruto. **net** ~ beneficio neto.

profitable ['prɒfɪtəbəl] *adj. Econ.* rentable; lucrativo.

profiteer [prɒfɪ'tɪr] *n.* **1.** especulador *m.* ‖ *v. intr.* **2.** especular.

profligate ['prɒflɪ,geɪt] *adj. & n.* **1.** derrochador *m.* **2.** *frml.* libertino *m.*

profound [prə'faʊnd] *adj.* (delf, intense) profundo; hondo.

profundity [prə'fʌndeti:] *n.*, *fig.* (of thought) profundidad *f.*

profuse [prə'fju:s] *adj.* exuberante; profuso; abundante.

profusion [prə'fju:ʒən] *n.* profusión *f.;* exuberancia *f.;* abundancia.

prognosis [prɒg'noʊsɪs] *n.*, *Med.* (diagnosis) pronóstico *m.*

program, programme (Br.E) ['proʊgrəm, 'proʊgræm] *n.* **1.** programa *m.;* plan *m.* ‖ *v. tr.* **2.** programar.

progress ['prɒgres] *n.* **1.** progreso *m.;* marcha *f.* **2.** (advance) avance *m.* ‖ *v. intr.* **3.** avanzar. **4.** (improve) progresar.

progressive [prə'gresɪv] *adj.* **1.** (increasing) progresivo. ‖ *adj. & n.* **2.** *Polit.* progresista *m. y f.*

prohibit [proʊ'hɪbɪt] *v. tr.* (forbid) prohibir; negar; vedar.

prohibition [,proʊə'bɪʃən] *n.* (ban) prohibición *f.;* veda *f.*

project ['prɒdʒekt] *n.* **1.** proyecto *m.* **2.** (plan) plan *m.* ‖ *v. tr.* **3.** proyectar. ‖ *v. intr.* **4.** *Archit.* sobresalir.

projectile [prə'dʒektl prə'dʒek,taɪl] *n.*, *frml.* proyectil *m.*

projecting [prə'dʒektɪŋ] *adj.*, *Archit.* sobresaliente; prominente.

projection [prə'dʒekʃən] *n.* **1.** proyección *f.* **2.** (of a building) saliente *m.*

projector [prə'dʒektər] *n.*, *Film* proyector *m.* (de cine).

proletarian [,proʊlə'terɪən] *adj. & n.* proletario *m.*

prolific [prə'lɪfɪk] *adj.* (writer, land) prolífico; fecundo; productivo.

prolog, prologue (Br.E) ['proʊlɒg] *n.*, *Lit.* prólogo *m.*

prolong [prə'lɒg] *v. tr.* (extend) alargar; prolongar.

promenade [,promə'neɪd] *n.* (avenue) paseo *m.* (marítimo).

prominence ['prɒmənəns] *n.* **1.** prominencia *f.* **2.** *fig.* (importance) relieve *m.*

prominent ['prɒmənənt] *adj.* prominente; saliente; destacado.

promise ['prɒmɪs] *n.* **1.** promesa *f.* ‖ *v. tr.* **2.** (pledge) prometer. ‖ *v. intr.* **3.** comprometerse. ‖ **to show** ~ prometer.

promised ['prɒmɪst] *adj.* prometido.

promote [prə'moʊt] *v. tr.* **1.** (encourage) promover; fomentar. **2.** (in job) ascender; promocionar.

promotion [prə'moʊʃən] *n.* **1.** (in job) ascenso *m.* **2.** (of products) promoción *f.* ‖ **to get** ~ ser ascendido.

prompt [prɒmpt] *adj.* **1.** (quick) pronto. ‖ *n.* **2.** (note) apunte *m.* ‖ *v. tr.* **3.** incitar; sugerir. **4.** (an actor) apuntar.

prompter ['prɒmptər] *n.*, *Theat.* apuntador *m.* ‖ **prompter's box** *Theat.* concha del apuntador.

promptness ['prɒmptnɪs] *n.* prontitud *f.*

promulgate ['prɒmʌl,geɪt] *v. tr.*, *Law* promulgar (una ley).

prone [proʊn] *adj.* **1.** (disposed) propenso. **2.** *frml.* (face downward) boca abajo.

pronoun ['proʊ,naʊn] *n.*, *Ling.* pronombre *m.*

pronounce [prə'naʊns] *v. tr.* **1.** *Ling.* (sounds) pronunciar. **2.** *Law, frml.* (sentences) fallar; dictar.

pronounced [prə'naʊnst] *adj.* marcado; destacado; distinguido.

pronunciation [prəˌnʌnsɪˈeɪʃən] *n.*, *Ling.* pronunciación *f.*

proof [pruːf] *n.* **1.** prueba *f.* **2.** (evidence) evidencia *f.* ‖ **as ~ of** como prueba de.

prop [prɒp] *n.*, *Archit.* puntal *m.*; contrafuerte *m.* ‖ **to ~ up** apuntalar.

propaganda [ˌprɒpəˈgændə] *n.*, *Polit.* propaganda *f.*

propagate [ˈprɒpəgeɪt] *v. tr.* (spread) propagar; divulgar.

proparoxytone [ˌprɒpərɒkˈsɪˌtoʊn] *adj.* **1.** *Ling.* esdrújulo. ‖ *n.* **2.** *Ling.* esdrújula *f.*

propel [prəˈpel] *v. tr.* propulsar.

propeller [prəˈpelər] *n.* hélice *f.*

propensity [prəˈpensɪ] *n.*, *frml.* (tendency) propensión *f.*; tendencia *f.*

proper [ˈprɒpər] *adj.* **1.** apropiado; adecuado. **2.** (characteristic) propio. **3.** (behavior) decente. ‖ **properly** *adv.* **4.** bien. ‖ **the ~ time** el momento oportuno.

property [ˈprɒpərti] *n.* **1.** propiedad *f.* **2.** (estate) finca *f.* ‖ **lost properties** objetos perdidos. **real ~** bienes inmuebles.

prophecy [ˈprɒfəsi] *n.* profecía *f.*

prophesy [ˈprɒfəsaɪ] *v. tr. & intr.*, *Rel.* (foretell) profetizar.

prophet [ˈprɒfɪt] *n.* profeta *m.*

propitious [prəˈpɪʃəs] *adj.* propicio; favorable; oportuno.

proportion [prəˈpɔːrʃən] *n.* **1.** proporción *f.* ‖ *v. tr.* **2.** proporcionar.

proposal [prəˈpoʊzəl] *n.* (offer) oferta *f.*; propuesta *f.* ‖ **~ of marriage** propuesta de matrimonio.

propose [prəˈpoʊz] *v. tr.* proponer.

proposition [ˌprɒpəˈzɪʃən] *n.* (proposal) proposición *f.*; propuesta *f.*

proprietor [prəˈpraɪətər] *n.* propietario *m.*; dueño *m.*

propriety [prəˈpraɪəti] *n.* (decorum) decoro *m.*; decencia *f.*

proscribe [proʊˈskraɪb] *v. tr.*, *frml.* proscribir; desterrar.

prose [proʊz] *n.* *Lit.* prosa *f.*

prosecute [ˈprɒsəˌkjuːt] *v. tr.*, *Law* (try) procesar; enjuiciar.

prosecution [ˌprɒsəˈkjuːʃən] *n.* *Law* (accusation) acusación *f.*

prosecutor [ˈprɒsɪˌkjuːtər] *n.*, *Law* acusador *m.* ‖ **public ~** *Br.E.* fiscal *m. y f.*

prospect [ˈprɒsˌpekt] *n.* **1.** perspectiva *f.*; expectativa *f.* ‖ *v. tr.* **2.** explorar.

prospective [prəˈspektɪv] *adj.* (future) en perspectiva; futuro.

prospectus [prəˈspektəs] *n.* prospecto *m.*

prosper [ˈprɒspər] *v. tr. & intr.* (thrive) prosperar; medrar.

prosperity [prɒsˈperɪti] *n.* (boom) prosperidad *f.*; bonanza *f.*

prosperous [ˈprɒspərəs] *adj.* próspero.

prosthesis [prɒsˈθiːsəs] *n.* **1.** *Med.* prótesis *f. inv.* **2.** *Ling.* prótesis *f. inv.*

prostitute [ˈprɒstəˌtuːt] *n.* **1.** prostituta *f.*; zorra *f.*; ramera *f.* ‖ *v. intr.* **2.** prostituirse. ‖ **male ~** prostituto *m.*; puto *m.*

prostitution [ˌprɒstəˈtuːʃən] *n.* prostitución *f.*

protagonist [proʊˈtægənɪst] *n.* *Film & Lit* protagonista *m. y f.*

protect [prəˈtekt] *v. tr.* **1.** proteger; defender. **2.** (preserve) preservar. ‖ **protected species** *Zool.* especies protegidas. **to be protected from** estar al abrigo de.

protection [prəˈtekʃən] *n.* **1.** protección *f.*; amparo *m* ‖ **under the ~ of** al amparo de.

protective [prəˈtektɪv] *adj.* protector.

protector [prəˈtektər] *n.* **1.** protector *m.* **2.** (sponsor) patrono *m.*

protectress [prəˈtektrɪs] *n.* (defender)

protectora *f.*; madrina *f.*

protein ['prouti:n] *n.* proteína *f.*

protest ['prou,test] *n.* **1.** protesta *f.* ‖ *v. tr.* & *intr.* **2.** protestar.

Protestant ['prɒtəstənt] *adj.* & *n., Rel.* protestante *m. y f.*

prothesis ['prɒθəsɪs] *n., Ling.* prótesis *f. inv.*

protocol ['proutə,kɔ:l] *n.* protocolo *m.*

prototype ['proutə,taɪp] *n.* prototipo *m.*

protuberance [prə'tju:bərəns] *n., frml.* protuberancia *f.*; bulto *f.*

proud [praud] *adj.* (satisfied) orgulloso; ufano. ‖ **to be ~** enorgullecerse; presumir. **to make ~** enorgullecer.

prove [pru:v] *v. tr.* probar; demostrar. ‖ **it's the exception that proves the rule** es la excepción que confirma la regla. ‖ **to ~ oneself** dar pruebas de valor.

proverb ['prɒvɜ:rb] *n.* (saying) proverbio *m.*; refrán *m.*; dicho *m.*

provide [prə'vaɪd] *v. tr.* **1.** (supply) proveer; suministrar. **2.** (evidence) aportar. ‖ **provided with** provisto de.

provided [prə'vaɪdɪd] *conj.* a condición de que; siempre que.

providence ['prɒvədəns] *n., Rel.* providencia *f.*

province ['prɒvɪns] *n.* provincia *f.*

provision [prə'vɪʒən] *n.* **1.** provisión *f.* **2.** (supply) suministro *m.* ‖ **provisions** *n. pl.* **3.** víveres *m.*; provisiones *f.* ‖ **to get provisions** proveerse.

provisional [prə'vɪʒənəl] *adj.* interino; provisional; temporal.

provocative [prə'vɒkətɪv] *adj.* provocador; provocativo.

provoke [prə'vouk] *v. tr.* provocar.

prow [prau] *n., Nav.* proa *f.*

prowl [praul] *v. tr.* & *intr.* rondar; merodear. ‖ **to be on the ~ for** estar al acecho (de algo); merodear.

proximity [prɒk'sɪməti:] *n.* proximidad *f.*; cercanía *f.* ‖ **in the ~ of** en las cercanías de; cerca de.

proxy ['prɒksi:] *n., Law* apoderado *m.* ‖ **by ~** *Law* por poderes.

prude ['pru:d] *n.* mojigato *m.*

prudence ['pru:dns] *n., frml.* (discretion) discreción *f.*; prudencia *f.*

prudent ['pru:dənt] *adj. frml.* (cautious) prudente; cauteloso.

prudish ['pru:dɪʃ] *adj.* mojigato.

prune[1] [pru:n] *n., Bot.* ciruela pasa.

prune[2] [pru:n] *v. tr., Agr.* (plants) podar.

pruning [pru:nɪŋ] *n.* poda *f.* ‖ **~ hook** podadera *f.* ‖ **pruning knife** podera *f.*

pry [praɪ] *v. intr.* **1.** fisgar. **2.** (into sb's affairs) curiosear. ‖ **to ~ out** husmear.

psalm [sɑ:m] *n., Rel.* salmo *m.*

pseudonym ['su:dənɪm] *n.* seudónimo *m.*; pseudónimo *m.*

psychiatrist [sə'kaɪətrɪst] *n., Med.* psiquiatra *m. y f.*

psychiatry [sə'kaɪətri: saɪ'kaɪətri:] *n., Med.* psiquiatría *f.*

psychology [saɪ'kɒlədʒi:] *n.* psicología *f.*

puberty ['pju:bərti:] *n.* pubertad *f.*

pubis ['pju:bɪs] *n., Anat.* pubis *m. inv.*

public ['pʌblɪk] *adj.* **1.** público. ‖ *n.* **2.** público *m.* ‖ **in ~** en público. **to make ~** (secret, news) pregonar.

public-address system [pʌblɪk,æ'dresɪstəm] *sust. phr.* megafonía *f.*

publication [pʌblə'keɪʃən] *n., Print.* publicación *f.*; edición *f.*

publicity [pʌb'lɪsəti:] *n.* publicidad *f.*

publish ['pʌblɪʃ] *v. tr.* publicar; editar. ‖ **published weekly** semanal *m.*

publisher ['pʌblɪʃ] *n.* editor *m.*

publishing ['pʌblɪʃɪŋ] *adj.* (trade) editorial. ‖ ~ **company** editorial *f.*

pucker ['pʌkər] *n.* **1.** (wrinkle) arruga *m.* ‖ *v. tr.* **2.** arrugar; fruncir.

puddle ['pʌdl] *n.* charco *m.*

puerile ['pjʊərəl 'pjʊəraɪl] *adj.* pueril.

Puerto Rican ['pwertoʊriːkən] *adj. & n.* puertorriqueño *m.*

puff [pʌf] *n.* **1.** (of air) soplo *m.* **2.** coll. (of cigarette) calada *f.;* bocanada *f.* ‖ *v. intr.* **3.** resoplar; bufar. ‖ ~ **paste** *Am. E., Gastr.* hojaldre *m.*

puffy ['pʌfi:] *adj.* inflado; hinchado. ‖ ~ **style** estilo ampuloso.

pull [pʊl] *n.* **1.** tirón *m.* ‖ *v. tr.* **2.** tirar; arrastrar. ‖ **to** ~ **down** (building) demoler.**to** ~ **out** (gun, tooth) extraer.

pulley ['pʊli:] *n., Tech.* polea *f.*

pullover ['pʊloʊvər] *n.* jersey *m.*

pulp [pʌlp] *n.* pulpa *f.*

pulpit ['pʊlpɪt] *n., Rel.* púlpito *m.*

pulsate [pʊl'seɪt] *v. intr.* pulsar.

pulse [pʌls] *n., Anat.* pulso *m.*

pulverize, pulverise (Br.E) ['pʌlvəˌraɪz] *v. tr.* (solid thing) pulverizar; desintegrar; hacer polvo.

puma ['pju:mə 'pu:mə] *n., Zool.* puma *m.*

pumice stone ['pʌmɪs] *sust. phr.* piedra pómez.

pump [pʌmp] *n.* **1.** (for air, gas) bomba *f.* ‖ *v. tr.* **2.** bombear.

pumpkin ['pʌmpkɪn] *n. Bot.* calabaza *f.*

punch[1] [pʌntʃ] *n.* **1.** *Tech.* punzón *m.* ‖ *v. tr.* **2.** (make a hole) taladrar. **3.** (ticket) picar. ‖ **to** ~ **in** *Am. E.* fichar (la entrada). **to** ~ **out** *Am.E.* fichar (la salida).

punch[2] [pʌntʃ] *n.* (blow) puñetazo *m.;* golpe *m.*

punch[3] [pʌntʃ] *n.* (drink) ponche *m.*

punctual ['pʌŋktʊəl] *adj.* puntual.

punctuality [ˌpʌŋktʃuːˈæləti:] *n.* puntualidad *f.;* precisión *f.*

punctuate ['pʌŋktʃʊˌeɪt] *v. tr. Ling.* (calificar) puntuar.

punctuation [ˌpʌŋktʃʊˈeɪʃən] *n., Ling.* puntuación *f.* ‖ ~ **mark** *Ling.* signo de puntuación.

puncture ['pʌŋktʃər] *n.* **1.** (of tire) pinchazo *m.* ‖ *v. tr.* **2.** (tire) pinchar. **3.** *Med.* punzar. ‖ *v. intr.* **4.** pincharse.

pungent ['pʌndʒent] *adj.* acre.

punish ['pʌnɪʃ] *v. tr.* castigar; penar; corregir. ‖ ~ **severely** escarmentar.

punishment ['pʌnɪʃment] *n.* **1.** castigo *m.;* pena *f.;* escarmiento *m.* **2.** *Law* penalidad *f.* ‖ **capital** ~ pena de muerte. **corporal** ~ castigo corporal.

puny ['pju:ni:] *adj.* (person) canijo *fam.;* ruin; enclenque.

pupil[1] ['pju:pəl] *n.* (in school) alumno *m.* ‖ **day** ~ alumno externo.

pupil[2] ['pju:pəl] *n., Anat.* (of eye) pupila *f.*

puppet ['pʌpɪt] *n.* **1.** (in a show) marioneta *f.;* títere *m.* **2.** *fig.* (person) pelele *m. y f.* col. ‖ ~ **show** *Br. E.* títeres *m. pl.* ~ **theater** *Am. E.* guiñol *m.*

puppeteer [ˌpʌpəˈtɪr] *n.* titiritero *m.*

puppy ['pʌpi:] *n., Zool.* (dog) cachorro *m.* ‖ ~ **love** amor adolescente.

purchase ['pɜːrtʃəs] *n.* **1.** obtención *f.;* compra *f.;* adquisición *f.* ‖ *v. tr.* **2.** (buy) comprar; adquirir.

pure [pjʊr] *adj.* puro; limpio.

purée [pjʊˈreɪ 'pjʊreɪ] *n., Gastr.* puré *m.*

purgative ['pɜːrgətɪv] *adj.* **1.** *Polit. & Med.* purgante. ‖ *n.* **2.** *Med.* (laxative) purgante *m.;* purga *f.*

purgatory ['pɜːrgəˌtɔːri:] *n., Rel.* (also *fig.*) purgatorio *m.*

‖ *v. tr.* **2.** *Polit. & Med.* purgar. **3.** *Polit.* (party) depurar.

purification [ˌpjərəfəˈkeɪʃən] *n.* purificación *f.*; depuración *f.*

purify [ˈpjʊrəfaɪ] *v. tr.* (depurate) purificar; depurar.

purity [ˈpjʊrəti:] *n.* pureza *f.*; limpieza *f.*

purple [ˈpɜ:rpəl] *adj.* **1.** (color) morado. ‖ *n.* **2.** (color) púrpura *f.*

purpose [ˈpɜ:rpəs] *n.* **1.** (intention) intención *f.*; objeto *m.*; fin *m.* ‖ *v. tr.* **2.** proponer. ‖ **on ~** a propósito; adrede *col.*; aposta, *col.* **to no ~** en balde.

purposely [ˈpɜ:rpəsli:] *adv.* adrede.

purr [pɜ:r] *n.* **1.** ronroneo *m.* ‖ *v. intr.* **2.** (cat, machine) ronronear.

purse [pɜ:rs] *n.* **1.** *Br. E.* monedero *m.*; portamonedas *m. inv.* **2.** *Am. E.* (handbag) bolso *m.*

pursue [pərˈsu:] *v. tr.* **1.** perseguir; seguir. **2.** (carry out) llevar a cabo.

pursuer [pərˈsu:ər] *n.*, *frml.* perseguidor *m.*; hostigador *m.*

pursuit [pərˈsu:t] *n.* persecución *f.*

pus [pʌs] *n.* pus *m.*

push [pʊʃ] *n.* **1.** empujón *m.* ‖ *v. tr.* **2.** empujar. ‖ **to be pushy** avasallar. **~ forward** avanzar.

push-up [ˈpʊʃʌp] *n.*, *Am. E.*, *Sports* (exercise) flexión *f.*

pussy [ˈpʊsi:] *n.* (cat) minino *m. fam.*; gatito *m.*

put [pʊt] (p.t. and p.p. put) *v. tr.* **1.** poner. **2.** (place) colocar; depositar. ‖ **to ~ back** atrasar. **to ~ by** (save money) ahorrar. **to ~ down** (write down) anotar. **to ~ forward** avanzar. (an argument) esgrimir. **to ~ in** (request) presentar. **to ~ off** (postpone) posponer. **~ on** (clothes) ponerse. **to ~ one's shoes on** (shoes) calzarse. **to ~ out** (extend) extender. (cigarette, light) apagar. **to ~ through** (plan, business) llevar a cabo. **to ~ to bed** acostar. **to ~ up** (accommodation) hospedarse. (building) levantar.

putrefaction [ˌpjʊtrəˈfækʃən] *n.* putrefacción *f.*; descomposición *f.*

putrid [ˈpju:trɪd] *adj.*, *frml.* (rotten) podrido; putrefacto.

putty [ˈpʌti:] *n.* masilla *f.*

puzzle [ˈpʌzəl] *n.* **1.** (game) puzle *m.* **2.** (jigsaw) rompecabezas *m. inv.* **3.** (riddle) adivinanza *f.* **4.** (mystery) enigma *m.* ‖ *v. intr.* **5.** estar perplejo. ‖ **puzzles n. 6.** pasatiempos *m. pl.* ‖ **crossword ~** crucigrama *m.*

pyjamas [pəˈdʒɑːməz] *n. pl.*, *Br. E.* pijama *m. sing.*

pyramid [ˈpɪrəmɪd] *n.* pirámide *f.*

python [ˈpaɪθɒn, ˈpaɪθən] *n.*, *Zool.* (snake) pitón *f.*

Q

q [kju:] *n.* (letter) q *f.*

quack [kwæk] *n.* **1.** (of duck) graznido *m.* **2.** *fam.* (doctor) curandero *m.*

quadrangular [kwɒˈdræɡuːlər] *adj.*, *Math.* cuadrangular.

quadrant [ˈkwɒdrənt] *n.* cuadrante *m.*

quadrilateral [kwɒdrɪˈlætərəl] *n.*, *Math.* cuadrilátero *m.*; cuadradro *m.*

quadrille [kwɒˈdrɪl] *n.* cuadrilla *f.*

quadruple [ˈkwɒdruːpəl] *adj. & n.* (fourfold) cuádruple *m.*

quagmire [ˈkwæɡmaɪr] *n.* **1.** (land) cenagal *m.*; lodazal *m.*; barrizal *m.* **2.** *fig.* (situation) atolladero *m.*

quail [kweɪl](pl.: quail or quails) *n.*, *Zool.* (bird) codorniz *f.*

quaint [kweɪnt] *adj.* original; curioso.

qualify [ˈkwɒləfaɪ] *v. tr.* **1.** capacitar; habilitar. ‖ *v. intr.* **2.** clasificarse.

quality [ˈkwɒlɪti] *n.* **1.** (degree of excellence) calidad *f.* **2.** (attribute) cualidad *f.* ‖ ~ **of life** calidad de vida.

qualm [kwɑːm] *n.* escrúpulo *m.*

quantity [ˈkwɒntəti] *n.* cantidad *f.*

quarantine [ˈkwɒrənˌtiːn] *n.*, *Med.* cuarentena *f.*

quarrel [ˈkwɒrəl] *n.* **1.** riña *f.*; pelea *f.* ‖ *v. intr.* **2.** reñir; pelear; regañar. ‖ **petty** ~ pique *m.* **to have a big** ~ pelearse.

quarrelsome [ˈkwɒrəlˌsəm] *adj.* (person). pendenciero; peleón.

quarry [ˈkwɒri] *n.* **1.** *Miner.* cantera *f.* ‖ *v. tr.* **2.** *Miner.* explotar una cantera.

quart [kwɔːrt] *n.* (measurement) cuarto de galón (0,94 litros).

quarter [ˈkwɔːrtər] *numer. n.* (also adj. and pron.) **1.** cuarto [He ate a quarter of the cake. *Se comió un cuarto de la tarta.*] ‖ *n.* **2.** *Econ.* trimestre *m.* **3.** (district) barrio. ‖ *v. tr.* **4.** (cut into quarters) cuartear. **5.** (body) descuartizar. **6.** (accommodate) alojar. ‖ **quarters** *n. pl.* **7.** *Mil.* cuartel *m. sing.* ‖ **first** ~ *Astron.* cuarto creciente. **last** ~ *Astron.* cuarto menguante. **old** ~ casco antiguo.

quarterfinal [ˈkwɔːrtərˌfaɪnəl] *n.*, *Sports* cuartos de final.

quartz [kwɔːrts] *n.*, *Miner.* cuarzo *m.*

quash [kwɒʃ] *v. tr.* **1.** *Law* anular. **2.** (suppress) sofocar.

quaver [ˈkweɪvər] *n.* **1.** temblor *m.* ‖ *v. intr.* **2.** (voice) temblar; vibrar.

quay [kiː] *n.*, *Nav.* muelle *m.*

queasy [ˈkwiːzi] *adj.* descompuesto.

Quechua [ˈketʃuːə] *n.* (people) quechua *m. y f.*

Quechuan [ˈketʃuːən] *adj.* **1.** quechua. ‖ *n.* **2.** (language) quechua *m.*

queen [kwiːn] *n.* **1.** reina *f.* **2.** (in chess, cards) dama *f.* **3.** *offens.* loca *f.*

queer [kwɪr] *n. offens.* (homosexual) marica *m.*; mariquita *m.*

quench [kwentʃ] *v. tr.* **1.** (put out) apagar. **2.** (thrist) matar. ‖ **to** ~ **one's thirst** *fam.* matar la sed.

quest [kwest] *n.* **1.** búsqueda *f.*; busca *f.* ‖ *v. intr.* **2.** buscar; investigar.

question [ˈkwestʃən] *n.* pregunta *f.*; cuestión *f.* ‖ **out of** ~ fuera de toda duda. ~ **mark** *Ling.* signo de interrogación; interrogación *f.*; interrogante *m.*

questioning [ˈkwestʃənɪŋ] *adj.* (doubting) interrogante; inquisitivo.

questionnaire [ˌkwestʃəˈnər] *n.*, *Gal.* cuestionario *m.*

queue [kju:] *n.* **1.** *Br. E.* (of people) cola *f.*; fila *f.* ‖ *v. intr.* **2.** *Br. E.* hacer cola.

quibble ['kwɪbəl] *n.* **1.** objeción *f.* ‖ *v. intr.* **2.** poner pegas.

quick [kwɪk] *adj.* **1.** rápido; pronto. **2.** (clever) listo. ‖ **quick!** *interj.* **3.** ¡aprisa!; ¡deprisa!

quicken ['kwɪkən] *v. tr.* acelerar; aligerar. ‖ **to ~ one's pace** aligerar el paso; apretar el paso.

quicklime ['kwɪk͵laɪm] *n.* cal viva.

quickly ['kwɪkli:] *adv.* (speedily) rápido; rápidamente; aprisa.

quickness ['kwɪknɪs] *n.* rapidez *f.*

quicksand ['kwɪk͵sænd] *n.* arenas movedizas.

quiet ['kwaɪət] *adj.* **1.** (peaceful) tranquilo; pancho *col.*; sosegado. **2.** (silent) callado; silencioso. ‖ *n.* **3.** (calm) sosiego *m.*; quietud *f.* ‖ *v. tr.* **4.** acallar. ‖ **to keep ~** callar.

quieten ['kwaɪətn] *v. tr.* callar. ‖ **to ~ down** (person, animal) calmar; aquietar.

quietly ['kwaɪətli:] *adv.* (silently) bajo; en voz baja; silenciosamente.

quietness ['kwaɪətnɪs] *n.* paz *f.*; tranquilidad *f.*; sosiego.

quill [kwɪl] *n.* (on hedgehog) púa *f.*

quilt [kwɪlt] *n.* **1.** (duvet) edredón *m.* ‖ *v. tr.* **2.** acolchar.

quince [kwɪns] *n., Bot.* (fruit) membrillo *m.* ‖ **~ jelly** *Gastr.* dulce de membrillo. **~ tree** *Bot.* membrillo *m.*

quinquennium [͵kwɪnk'wenɪəm] *n.* quinquenio *m.*; lustro *m.*

quip [kwɪp] *n.* ocurrencia *f.*; salida *f.*

quit [kwɪt] *v. tr.* **1.** (free) dejar; abandonar. ‖ *v. intr.* **2.** (go) marcharse; irse.

quite [kwaɪt] *adv.* **1.** (absolutely) completamente; del todo. **2.** (fairly) bastante; más bien.

quiver ['kwɪvər] *n.* **1.** (movement) estremecimiento *m.*; temblor *m.* ‖ *v. intr.* **2.** estremecerse; temblar.

quota ['kwoʊtə] *n.* (proportional share) cuota *f.*; cupo *m.*

quotation [kwoʊ'teɪʃən] *n.* **1.** (Stock Exchange) cotización *f.* **2.** *Lit.* (from a text) cita *f.* ‖ **to put in ~ marks** entrecomillar. **~ marks** *Ling.* comillas *f. pl.*

quote [kwoʊt] *v. tr.* **1.** *Econ.* (Stock Exchange) cotizar (en bolsa). **2.** *Lit.* (from a text) citar.

quotient ['kwoʊʃənt] *n., Math.* cociente *m.*

R

r [ɑ:r] *n.* (letter) r *f.*

rabbit ['ræbɪt] *n., Zool.* conejo *m.* ‖ **~ hutch** *Zool.* conejera *f.* **young ~** *Zool.* gazapo *m.*

rabble ['ræbəl] *n. pej.* chusma *f.*; gentuza *f.*; muchedumbre *f.*

rabid ['ræbɪd] *adj., Vet.* rabioso.

rabies ['reɪbi:z] *n. sing., Med.* rabia *f.*

race¹ [reɪs] *adj.* **1.** racial. ‖ *n.* **2.** (people) raza *f.*; casta *f.*; estirpe *f.*

race² [reɪs] *n.* **1.** *Sports* carrera *f.* ‖ *v. tr.* **2.** *Sports* competir en una carrera. ‖ *v. intr.* **3.** (run) correr. ‖ **relay ~** *Sports* carrera de relevos. **the races** *Br. E.* las carreras (de caballos).

racecourse ['reɪsˌkɔːrs] *n., Br. E., Horse.* (stadium) hipódromo *m.*

racehorse ['reɪsˌhɔːrs] *n., Sports* caballo de carreras.

racetrack ['reɪsˌtræk] *n., Am. E., Horse.* (stadium) hipódromo *m.*

rachitic [ræˈkɪtɪk] *adj., Med.* raquítico.

racial ['reɪʃəl] *adj.* racial.

racing ['reɪsɪŋ] *n., Sports* carreras *f. pl.* ‖ **~ car** *Car* bólido *m.*

racism ['reɪsɪzəm] *n.* racismo *m.*

racist or racialist [(reɪsɪst] *adj. & n.* racista *m. y f.*; xenófobo *m*

rack [ræk] *n.* **1.** (shelf) estante *m.* **2.** (hanger) percha *f.* **3.** (of torture) potro *m.* ‖ **baggage ~** *Car* portaequipajes *m. inv.* **coat ~** (on wall) perchero *m.*

racket¹ ['rækɪt] *n.* alboroto *m.*; jaleo *m.*; barullo *m.* ‖ **to make a ~** alborotar.

racket² ['rækɪt] *n., Sports* raqueta *f.*

racy ['reɪsi:] *adj.* **1.** (risque) picante. **2.** (lively) animado; vivo.

radar ['reɪdɑːr] *n.* radar *m.*

radiant ['reɪdɪənt] *adj.* radiante; resplandeciente; reluciente.

radiate ['reɪdɪˌeɪt] *v. tr.* **1.** irradiar; difundir. **2.** *Phys.* radiar; emitir radiaciones.

radiator ['reɪdɪeɪtər] *n.* radiador *m.*

radical ['rædəkəl] *adj.* **1.** (person) radical. ‖ *n.* **2.** (person) radical *m. y f.*; extremista *m. y f.*

radio ['reɪdɪou] *n.* **1.** (receiver) radio *f.* ‖ *v. tr.* **2.** radiar. ‖ **~ station** emisora *f.* **radio-cassette player** radiocasete *m.* **transistor ~** *Br. E.* transistor *m.*

radioactive [ˌreɪdɪouˈæktɪv] *adj., Phys.* radiactivo.

radioactivity [ˌreɪdɪouæˈkɪvɪ] *n., Phys.* radiactividad *f.*

radish ['rædɪʃ] *n., Bot.* rábano *m.*

radium ['reɪdɪəm] *n., Chem.* radio *m.*

radius ['reɪdɪəs] *n.* **1.** *Math.* radio *m.* **2.** *Anat.* radio *m.* **3.** (distance) radio *m.*

raffle ['ræfəl] *n.* **1.** rifa *f.*; sorteo *m.* ‖ *v. tr.* **2.** rifar; sortear. ‖ **~ ticket** papeleta *f.*

raft [ræft] *n.* balsa *f.*

rag [ræg] *n.* **1.** harapo *m.*; andrajo *m.* **2.** (for cleaning) trapo *m.* ‖ **in rags** harapiento ~ **and bone man** *Br. E.* trapero *m.* **~ doll** muñeca de trapo.

rage [reɪdʒ] *n.* **1.** (anger) rabia *f.* **2.** furor *m.* ‖ *v. intr.* **3.** rabiar; enfurecerse.

ragged ['rægɪd] *adj.* **1.** andrajoso; harapiento. **2.** (poor) descamisado.

raid [reɪd] *n.* **1.** *Mil.* incursión *f.* **2.** (police) redada *f.*; batida *f.* ‖ *v. tr.* **3.** asaltar.

rail [reɪl] *n.* **1.** barra *f.* **2.** (barrier) barandilla *f.*; barandilla *f.* **3.** (train) carril *m.*; raíl *m.* ‖ **curtain ~** barra de cortina. **to go off the rails** *Br. E., fig.* descarriarse. **towel ~** toallero *m.*

railing ['reɪlɪŋ] *n.* verja *f.*; enrejado *m.*

railroad ['reɪlˌroud] *n. Am. E.* ferrocarril *m.* ‖ **~ track** vía férrea.

railway ['reɪl,weɪ] *n. Br. E.* ferrocarril *m.* ‖ ~ **station** estación de ferrocarril.

rain [reɪn] *n.* **1.** *Meteor.* lluvia *f.* ‖ *v. impers.* **2.** *Meteor.* llover. ‖ **in the** ~ *Meteor.* bajo la lluvia.

rainbow ['reɪnˌboʊ] *n.* arco iris.

raincoat ['reɪnˌkoʊt] *n.* impermeable *m.*; chubasquero *m.*; gabardina *f.*

rainy ['reɪni:] *adj.* lluvioso.

raise [reɪz] *n.* **1.** *Am. E.* (of salary) aumento *m.* ‖ *v. tr.* **2.** levantar; subir. **3.** (move upwards) alzar. **4.** (increase) elevar. **5.** (cattle, children) criar; educar. ‖ ~ **the price of** encarecer.

raisin ['reɪzən] *n., Bot.* pasa *f.*

raising ['reɪzɪŋ] *n., Agr.* cría *f.*; crianza *f.*

rake [reɪk] *n.* **1.** (tool) rastro *m.*; rastrillo *m.* **2.** (libertine) calavera *m. fig.* ‖ *v. tr.* **3.** (with gun) barrer. ‖ **to be as thin as a** ~ *fam.* estar como un fideo.

rally ['ræli:] *n.* **1.** (meeting) concentración *f.* **2.** *Sports* rally *m.* ‖ **political** ~ *Polit.* mitin *m.*

ram [ræm] *n. Zool.* carnero *m.*

ramble ['ræmbəl] *n.* **1.** paseo *m.* ‖ *v. intr.* **2.** pasear. **3.** *fig.* (mind) divagar.

rambling ['ræmblɪŋ] *adj.* **1.** confuso. ‖ *n.* **2.** (of mind) divagación *f.*

ramp [ræmp] *n.* rampa *f.*

rampart ['ræmpɑ:rt] *n.* **1.** *Mil.* (bank) terraplén *m.* **2.** *Archit.* (wall) muralla *f.*

ranch [ræntʃ] *n., Am. E.* rancho *m.*; hacienda *f.*; finca *f.*

rancid ['rænsɪd] *adj.* rancio.

rancor, rancour (Br.E) ['ræŋkər] *n., frml.* rencor *m.*; resentimiento *m.*

random ['rændəm] *adj.* fortuito; inesperado. ‖ **at** ~ al azar.

range [reɪndʒ] *n.* **1.** ámbito *m.* **2.** *Am. E.* (pasture) dehesa *f.* **3.** (of colors, prim

ces...) escala *f.*; abanico *m.*; gama *f.* **4.** (of vehicle) autonomía. **5.** (distance) alcance *m.*; radio *m.* ‖ *v. tr.* **6.** (line up) poner en fila.

rank [ræŋk] *n.* **1.** (row) fila *f.* **2.** *Mil.* graduación *f.*; grado *m.* **3.** (in society) categoría *f.*; rango *m.*

ransack ['rænˌsæk] *v. tr.* desvalijar.

ransom ['rænsəm] *n.* **1.** (amount) rescate *m.* ‖ *v. tr.* **2.** rescatar.

rap [ræp] *n.* **1.** golpe seco. **2.** *Mus.* rap *m.* ‖ *v. tr.* **3.** (knock) golpear. ‖ ~ **music** música rap.

rapacious [rəˈpeɪʃəs] *adj. frml.* rapaz.

rape [reɪp] *n.* **1.** (sexual violation) violación *f.* ‖ *v. tr.* **2.** (sexually) violar; forzar.

rapier ['reɪpɪər] *n.* estoque *m.*

rapine ['ræpaɪn] *n., lit.* rapiña *f.*

rapprochement [ˌræˈprɒʃmənt] *n., frml.* aproximación *f.*; acercamiento *m.*

rapt [ræpt] *adj.* extasiado; ensimismado.

rapture ['ræptʃər] *n.* éxtasis *m.*; embeleso *m.*; admiración *m.*

rare [rer] *adj.* **1.** raro; poco común. ‖ **rarely** *adv.* **2.** rara vez [We rarely go out. *Rara vez salimos.*]

rarefy ['rerɪˌfaɪ] *v. tr.* **1.** enrarecer. ‖ *v. intr.* **2.** (air) enrarecerse.

rarity ['rerəti:] *n.* rareza *f.*

rascal ['ræskəl] *n.* (scoundrel) granuja *m.*; pillo *m.*; bribón *m.*

rascally ['ræskəli:] *adj.* pillo; tunante.

rash¹ [ræʃ] *n., Med.* erupción *f.* (cutánea); sarpullido *m.*

rash² [ræʃ] *adj.* imprudente; irreflexivo.

rasher ['ræʃər] *n., Gastr.* loncha de bacon.

rasp [ræsp] *n.* **1.** *Tech.* escofina *f.* ‖ *v. tr.* **2.** *Tech.* escofinar.

raspberry ['ræzˌbəri:] *n., Bot.* (fruit) frambuesa *f.*

rat [ræt] *n.* **1.** *Zool.* rata *f.* **2.** (person) ruin *m.* ‖ ~ **poison** matarratas *m. inv.*

rate [reɪt] *n.* **1.** tasa *f.* **2.** (level) grado *m.* **3.** (price) tarifa *f.* ‖ **at any** ~ (anyway) en todo caso.

rather ['ræðər] *adv.* **1.** (somewhat) algo [That question is rather silly. *Esa pregunta es algo tonta.*] **2.** (quite) bastante [That book was rather interesting. *Ese libro era bastante interesante.*] **3.** (sentence connector) al contrario [I am not tired. Rather, I am very active. *No estoy cansada. Al contrario, estoy muy activa.*] ‖ **or** ~ (more precisely) más bien; mejor dicho [I saw him walking or rather running. *Le vi andando o, mejor dicho, corriendo.*] ~ **than** más que [I want something to eat rather than to drink. *Quiero algo de comer más que algo de beber.*]

ratify ['rætəfaɪ] *v. tr., frml.* ratificar; confirmar; corroborar.

ration ['ræʃən] *n.* **1.** (allowance) ración *f.*; porción *f.* ‖ *v. tr.* **2.** racionar. ‖ ~ **book** cartilla de racionamiento.

rational ['ræʃənəl] *adj.* racional.

rattle ['rætəl] *n.* **1.** traqueteo *m.* **2.** (for a baby) sonajero *m.*

ravage ['rævɪdʒ] *n.* **1.** estrago *m.* ‖ *v. tr.* **2.** (plunder) devastar; asolar.

rave [reɪv] *v. intr.* **1.** desvariar; delirar. **2.** (be angry) enfadarse.

ravine [rə'viːn] *n., Geogr.* barranco *m.*

raving ['reɪvɪŋ] *adj.* **1.** desvariado; delirante. ‖ *n.* **2.** desvarío *m.*; delirio *m.*

raw [rɔː] *adj.* **1.** (uncooked) crudo. **2.** (unprocessed) sin pulir. **3.** (inexperienced) novato. ‖ ~ **cotton** algodón en rama. ~ **flesh** carne viva.

rawness ['rɔːnɪs] *n.* (of food, weather) crudeza *f.*; dureza *f.*

ray[1] [reɪ] *n.* (beam) rayo *m.*

ray[2] [reɪ] *n., Zool.* (fish) raya *f.*

ray or re [reɪ] *n., Mus.* re *m.*

rayfish ['reɪfɪʃ] *n., Zool.* (fish) raya *f.*

raze [reɪz] *v. tr.* arrasar.

razor ['reɪzər] *n.* navaja de afeitar. ‖ **safety** ~ maquinilla *f.* (de afeitar).

razzmatazz [reɪz] *n., fam.* bulla *f.*; jaleo *m.*

reach [riːtʃ] *n.* **1.** alcance *m.* ‖ *v. tr.* **2.** llegar; alcanzar. ‖ **out of/beyond** ~ fuera del alcance. **within** ~ **of** al alcance de.

react [riː'ækt] *v. intr.* reaccionar.

reaction [riː'ækʃən] *n.* reacción *f.*

reactor [riː'æktər] *n., Phys.* reactor *m.*

read [riːd] *v. tr.* **1.** leer. **2.** *frml.* (at university) estudiar. ‖ *n.* **3.** lectura *f.* ‖ **to** ~ **one's mind** adivinar el pensamiento. **to** ~ **out** leer en alta voz. **to** ~ **through** leer de cabo a rabo.

readable ['riːdəbəl] *adj.* **1.** (interesting) ameno; entretenido. **2.** (legible) legible.

reader ['riːdər] *n.* **1.** lector *m.* **2.** (book) cartilla *f.* (de lectura).

reading ['riːdɪŋ] *n.* lectura *f.*; recital *f.* ‖ ~ **lamp** lámpara de leer. **poetry** ~ recital de poesía. ~ **room** sala de lectura.

ready ['redi:] *adj.* **1.** listo; preparado. ‖ **to get** ~ arreglarse; prepararse. **to have** ~ tener a punto.

real [rɪl] *adj.* **1.** verdadero; real. **2.** (genuine) auténtico; genuino. ‖ *n.* **3.** (Brazilian unit of currency) real *m.*

realism ['rɪəlɪzəm] *n.* realismo *m.*

realist ['rɪəlɪst] *n.* realista *m. y f.*

realistic [rɪə'lɪstɪk] *adj.* realista.

reality [rɪ:ælətiː] *n.* (real existence) realidad *f.* ‖ **in** ~ en realidad.

realize, realise (Br.E) ['rɪəlaɪz] *v. tr.* **1.** realizar. **2.** (become aware of) darse cuenta de; caer en la cuenta.

really ['rɪli:] *adv.* en realidad; de verdad.

reap [ri:p] *v. tr. & intr.* **1.** *Agr.* segar. **2.** *Agr.* (gain) cosechar.

reaping ['ri:pɪŋ] *n., Agr.* siega *f.*

reappear [ri:ə'pɪr] *v. intr.* reaparecer; volver a aparecer.

rear[1] [rɪr] *adj.* **1.** trasero; posterior. ‖ *n.* **2.** retaguardia *f.* ‖ ~ **entrance** puerta de atrás ~ **wheel car** rueda trasera.

rear[2] [rɪr] *v. tr.* **1.** (raise) criar. **2.** (lift up) levantar. **3.** (build) erigir. ‖ *v. intr.* **4.** (building) erguirse. **5.** (horse) encabritarse.

rearguard ['rɪ:ərgɑ:rd] *n., Mil.* retaguardia *f.*; trasera *f.*

rearing ['rɪrɪŋ] *n., Agr.* crianza *f.*

reason ['ri:zən] *n.* **1.** (good sense) razón *f.*; entendimiento *m.* **2.** (cause) motivo *m.*; porqué *m.*; causa *f.* ‖ *v. intr.* **3.** razonar; discurrir. ‖ **for no** ~ sin razón.

reasonable ['ri:zənəbəl] *adj.* **1.** razonable; racional. **2.** (price) asequible.

reasoning ['ri:zənɪŋ] *n.* razonamiento *m.*; argumentación *m.*

rebel ['rebəl] *n.* **1.** rebelde *m. y f.* ‖ *v. intr.* **2.** rebelarse.

rebellion [rə'beljən] *n.* rebelión *f.*; motín *m.*; sublevación *m.*

rebellious [rə'beljəs] *adj.* rebelde.

rebound ['ri:baʊnd] *n.* **1.** rebote *m.* ‖ *v. intr.* **2.** rebotar. **3.** *fig.* repercutir.

rebuff [rɪ'bʌf] *n.* **1.** (slight) rechazo *m.*; desaire *m.*; repulsa *f.* ‖ *v. tr.* **2.** (snub) rechazar; desairar.

rebuild [ri:'bɪld] *v. tr.* reconstruir; reedificar; rehacer.

rebuke [rɪ'bju:k] *n.* **1.** reprensión *f.*; reprimenda *f.* ‖ *v. tr.* **2.** reprender.

recall [rɪ'kɔ:l] *n.* **1.** (revocation) revocación *f.* ‖ *v. tr.* **2.** retirar. **3.** *frml.* (past) evocar; rememorar.

recapitulate [ri:kə'pɪtʃəleɪt] *v. tr., frml.* (summarize) recapitular; resumir.

recede [rɪ'si:d] *v. intr.* retroceder; retirarse; dar marcha atrás.

receipt [rɪ'si:t] *n.* recibo *m.*; justificante *m.*

receive [rɪ'si:v] *v. tr.* **1.** recibir. **2.** (welcome) acoger. ‖ **well received** (news) bien acogido.

receiver [rɪ'si:vər] *n.* **1.** auricular *m.* **2.** (radio, TV) receptor *m.*

receiving [rɪ'si:vɪŋ] *adj.* receptor.

recent ['ri:sənt] *adj.* reciente.

recently ['ri:səntli] *adv.* recién; recientemente; hace poco.

reception [rə'sepʃən] *n.* **1.** recepción *f.* **2.** (welcome) recibimiento *f.*; acogida *f.*

receptionist [rə'sepʃənɪst] *n.* recepcionista *m. y f.*

recess [rɪ'ses] *n.* **1.** (hole) hueco *m.* **2.** (remote) lugar apartado. **3.** (rest) descanso *m.* **4.** (secret) escondrijo *m.*

recharge [ri:'tʃɑ:rdʒ] *v. tr. Electron.* (battery) recargar.

recherché [rə'ʃerʃeɪ] *adj.* (language) rebuscado; enrevesado.

recipe ['resəpi:] *n., Gastr.* receta *f.*

recipient [rə'sɪpɪənt] *n.* receptor *m.*

reciprocal [rə'sɪprəkəl] *adj.* (mutual) mutuo; recíproco; bilateral.

recital [rə'saɪtl] *n.* **1.** *Mus.* recital *f.* **2.** *Lit.* (reading) recital *f.*

recite [rɪ'saɪt] *v. tr. & intr.* (a text, poem) recitar; declamar.

reckless ['reklɪs] *adj.* (rash) temerario; irresponsable.

recklessness ['rekləsnɪs] *n.* temeridad *f.*

reckon ['rekən] *v. tr.* **1.** (calculate) calcular. **2.** (consider) calcular.

reckoning ['rekənɪŋ] *n.* cálculo *m.*; cómputo *m.* ‖ **day of** ~ *fig.* día del juicio final.

recline [rɪ'klaɪn] *v. tr.* **1.** reclinar. ‖ *v. intr.* **2.** reclinarse; recostarse.

recluse [rɪ'klu:s] *n., frml.* ermitaño *m.;* solitario *m.;* recluso *m.*

recognition [ˌrekəg'nɪʃən] *n.* (identification, acceptance) reconocimiento *m.* ‖ **in ~ of** en reconocimiento de.

recognize, recognise (Br.E) ['rekəg‚naɪz] *v. tr.* reconocer; admitir.

recollection [ˌrekə'lekʃən] *n.* (memory) recuerdo *m.*

recommend [ˌrekə'mend] *v. tr.* (advise) recomendar; aconsejar.

recommendation [ˌrekəmen'deɪʃən] *n.* recomendación *f.*

recompense ['rekəm‚pens] *n.* **1.** recompensa *f.;* gratificación *f.;* premio *m.* ‖ *v. tr.* **2.** recompensar; premiar.

reconcile [ˌrekən‚saɪl] *v. tr.* reconciliar. ‖ **to be reconciled** reconciliarse.

reconnoiter, reconnoitre (Br.E) [ˌrekə'nɔɪtər] *v. tr. & intr., Mil.* reconocer; explorar.

reconquer [ri:'kɒŋkər] *v. tr.* (country) reconquistar; recuperar.

reconquest [(ri:'kɒŋkwest] *n.* reconquista (de un territorio) *f.*

reconsider [ˌri:kən'sɪdər] *v. tr.* recapacitar; reconsiderar; reflexionar.

reconstruct [ˌri:kən'strʌkt] *v. tr.* reconstruir; recomponer.

record ['rekɔ:rd] *n.* **1.** *Sports* récord *m.;* marca *f.;* plusmarca *f.* **2.** (document) acta *m.;* documento *m.* **3.** *Mus.* disco *m.* ‖ *v. tr.* **4.** inscribir; registrar. **5.** (records) grabar. ‖ **records** *n. pl.* **6.** anales *m.* ‖ **~ collection** discoteca *f.* **~ player** tocadiscos *m. inv.* **service ~** hoja de servicios.

recorded [re'kɔ:rdəd] *adj.* diferido.

recording [rɪ'kɔ:rdɪŋ] *n.* grabación *f.*

recount [rɪ'kaunt] *n.* **1.** recuento *m.* ‖ *v. tr.* **2.** (tell) relatar; referir. **3.** (count again) contar de nuevo.

recover [rɪ'kʌvər] *v. tr.* **1.** recuperar; rescatar. **2.** *Med.* (conciousness) recobrar. ‖ *v. intr.* **3.** recuperarse; recobrarse. ‖ **~ from** curarse de.

recovery [rɪ'kʌvəri:] *n.* recuperación *f.;* recobro *f.*

recreate [ˌri:kri:'eɪt] *v. tr.* recrear.

recreation [ˌrekrɪ'eɪʃən] *n.* recreación *f.;* recreo *m.*

recreational [ˌrekrɪ'eɪʃənəl] *adj.* (used for recreation) recreativo.

recriminate [rɪ'krɪmə‚neɪt] *v. tr.* (reproach) recriminar; reprobar.

recruit [rɪ'kru:t] *n.* **1.** *Mil.* recluta *m. y f.* ‖ *v. tr.* **2.** *Mil.* (soldiers) reclutar.

recruitment [rɪ'kru:tmənt] *n., Mil.* alistamiento *m.;* reclutamiento *m.*

rectangle ['rek‚tæŋgəl] *n., Math.* rectángulo *m.*

rectify ['rektə‚faɪ] *v. tr.* (correct) rectificar; corregir; enmendar.

recuperate [rɪ'ku:pə‚reɪt] *v. intr.* restablecerse; recuperarse.

recur [rɪ'kɜ:r] *v. intr.* (occur again) volver a ocurrir; repetirse.

recycle [ri:'saɪkl] *v. tr.* reciclar.

red [red] *adj.* **1.** rojo; encarnado; colorado. ‖ *n.* **2.** (color) rojo *m.* ‖ **deep ~** (color) grana *f.;* granate *m.* **~ tape** burocracia *f. pey.;* papeleo *m.* **~ wine** tinto *m.*

redcurrant [red'kʌrənt] *n., Bot.* (fruit) grosella *f.*

redden ['redn] *v. tr.* **1.** (make red) enrojecer; colorear. ‖ *v. intr.* **2.** (blush) enrojecerse; ruborizarse.

reddish ['redɪʃ] *adj.* rojizo.

redeem [rɪ'diːm] *v. tr.* **1.** (sinners) redimir. **2.** (jewels) desempeñar.

redeemer [rɪ'diːmər] *n.* redentor *m.*

redeeming [rɪ'diːmɪŋ] *adj.* redentor.

redemption [rɪ'dempʃən] *n.* **1.** *Rel.* redención *f.* **2.** (of debts) amortización *f.*

red-haired [redˈherd] *adj.* pelirrojo.

red-headed [redˈhedɪd] *adj.* pelirrojo.

redo [riː'duː] *v. tr.* (do again) rehacer

redouble [riː'dʌbl] *v. tr.* (intensify) redoblar; duplicar.

redress [rɪ'dres] *n.* **1.** reparación *f.* ‖ *v. tr.* **2.** reparar; enmendar.

redskin [ˈredˌskɪn] *n.* piel roja.

reduce [rɪ'duːs] *v. tr.* **1.** reducir. **2.** (prices) rebajar; abaratar. **3.** (speed) aminorar. **4.** *Gastr.* espesar.

reduction [rɪ'dʌkʃən] *n.* **1.** reducción *f.* **2.** *Econ.* (in prices) rebaja *f.*

redundance [rɪ'dʌndəns] *n.* redundancia *f.*; reiteración *f.*

redundant [rɪ'dʌndənt] *adj.* (superfluous) redundante; reiterado; repetido.

reed [riːd] *n.* **1.** *Bot.* caña *f.*; junco *m.* **2.** *Mus.* lengüeta *f.*

reef [riːf] *n.* **1.** *Geogr.* arrecife *m.*; escollo *m.* ‖ *v. tr.* **2.** arrizar. ‖ **coral ~** *Geogr.* arrecife de coral.

reek [riːk] *v. intr.* apestar.

reel [riːl] *n.* **1.** carrete *m.*; bobina *f.* **2.** (fishing) carrete *m.* ‖ *v. intr.* **3.** tambalearse. ‖ **cotton ~** bobina de hilo.

re-elect [riː'rlekt] *v. tr.* reelegir.

re-establish [riː:esˈtæblɪʃ] *v. tr.* restablecer; restituir.

refer [rɪ'fɜːr] *v. tr.* (information) remitir. ‖ **to ~ to** referirse; aludir.‖ (mention) hacer referencia a.‖ (concern) concernir.

referee [ˌrefəˈriː] *n.* **1.** *Sports* árbitro *m.* ‖ *v. tr.* & *intr.* **2.** *Sports* arbitrar; pitar.

refereeing [ˌrefəˈriːɪŋ] *n.*, *Sports* (football, boxing) arbitraje *m.*

reference [ˌrefərəns] *n.* **1.** recomendación *f.*; referencia *f.* **2.** (allusion) alusión *f.* **3.** (consultation) consulta *f.* ‖ **~ book** obra de consulta.

referendum [ˌrefəˈrendəm] *n.*, *Polit.* referéndum *m.*; votación *f.*

referent [ˈrefərənt] *n.* referente *m.*

refill [ˈriːˌfɪl] *n.* **1.** recambio *m.*; repuesto *m.* ‖ *v. tr.* **2.** rellenar.

refine [rɪ'faɪn] *v. tr.* refinar.

refined [rɪ'faɪnd] *adj.* **1.** refinado. **2.** (manners) fino. **3.** (taste) exquisito.

refinement [rɪ'faɪnmənt] *n.* (elegance) refinamiento *m.*; finura *f.*

refinery [rɪ'faɪnəriː] *n.* refinería *f.*

reflect [rɪ'flekt] *v. tr.* **1.** reflejar. ‖ *v. intr.* **2.** reflexionar; meditar. ‖ **to be reflected** reflejarse.

reflected [rəˈflektəd] *adj.* reflejado.

reflection [rɪ'flekʃən] *n.* **1.** reflexión *f.* **2.** (in a mirror) reflejo *m.*

reflective [rɪ'flektɪv] *adj.* (person) reflexivo; pensativo.

reflex [ˈriːfleks] *n. sing.* reflejos *m. pl.*

reflexive [rɪ'fleksɪv] *adj.*, *Ling.* (verbs, pronouns) reflexivo.

reflux [ˈriːflʌks] *n.* reflujo *m.*

reforest, reafforest (B.E) [riː'fɒrəst] *v. tr.* reforestar; repoblar (de árboles).

reform [rəˈfɔːrm] *n.* **1.** reforma *f.* ‖ *v. tr.* **2.** reformar.

reformatory [rəˈfɔːrmətɔːriː] *n.* reformatorio *m.*; correccional *m.*

refrain [rɪ'freɪn] *n.* **1.** *Mus.* & *Lit.* estribillo *m.* ‖ *v. intr.* **2.** abstenerse.

refresh [rɪ'freʃ] *v. tr.* refrescar.

refreshments [rɪ'freʃmənts] *n. pl.* refrigerio *m. sing.*

refrigerate [rɪˈfrɪdʒəˌreɪt] *v. tr.* refrigerar; refrescar.

refrigeration [rɪˌfrɪdʒəˈreɪʃən] *n.* (of food) refrigeración *f.*

refrigerator [rɪˈfrɪdʒəˌreɪtər] *n.* (fridge) nevera *f.;* frigorífico *m.*

refuel [riːˈfjuəl] *v. tr. & intr.* repostar (combustible).

refuge [ˈrefjuːdʒ] *n.* refugio *m.;* guarida *f.;* asilo *m.* ‖ **to take ~** refugiarse.

refugee [ˌrefjuːˈdʒiː] *n., Polit.* refugiado *m.;* exiliado *m.*

refund [rɪˈfʌnd] *n.* **1.** reembolso *m.;* devolución *f.* ‖ *v. tr.* **2.** (payment) devolver; reembolsar.

refusal [rəˈfjuːzəl] *n.* negativa *f.*

refuse[1] [ˈrefjuːz] *n.* basura *f.;* desperdicios *m. pl.;* residuos *m. pl.*

refuse[2] [ˈrefjuːz] *v. tr.* **1.** (decline) rechazar; rehusar. **2.** (deny) denegar; negar. ‖ **to ~** negarse a.

refute [rɪˈfjuːt] *v. tr.* refutar; rebatir; discutir.

regain [riːˈgeɪn] *v. tr.* (recover) recobrar; recuperar. ‖ **~ consciousness** recobrar el conocimiento.

regale [rɪˈgeɪl] *v. tr.* agasajar.

regard [rəˈgɑːrd] *n.* **1.** consideración *f.* ‖ *v. tr.* **2.** considerar. ‖ **regards** *n. pl.* **3.** recuerdos *m.* ‖ **as regards** en cuanto a [As regards the exam, I will not say anything. *No diré nada en cuanto al examen.*] **highly regarded** bien mirado. ‖ **in ~ to** en cuanto a [I will not say anything in regard to your note. *No diré nada en relación con tu nota.*]

regarding [rəˈgɑːrdɪŋ] *prep.* respecto a; en cuanto a.

regardless [rəˈgɑːrdlɪs] *adj.* desatento.

regency [ˈriːdʒənsiː] *n.* regencia *f.*

regenerate [riːˈdʒenəˌreɪt] *v. tr., Biol.* regenerar; recomponer.

regent [ˈriːdʒənt] *adj.* **1.** *Polit.* regente. ‖ *n.* **2.** *Polit.* regente *m. y f.*

regime [reˈʒiːm reɪˈʒiːm] *n., Polit.* régimen *m.*

regiment [ˈredʒəmənt] *n., Mil.* regimiento *m;* destacamento *m.*

region [ˈriːdʒən] *n.* región *f.;* comarca *f.*

regional [ˈriːdʒənəl] *adj.* regional.

register [ˈredʒəstər] *n.* **1.** registro *m.;* matrícula *f.* ‖ *v. tr.* **2.** (at school) matricular. ‖ *v. intr.* **3.** inscribirse. **4.** (at university) matricularse.

registered [ˈredʒəstərd] *adj.* certificado.

registration [ˌredʒəsˈtreɪʃən] *n.* **1.** (of trademark) registro *m.* **2.** (enrollment) matrícula *f.;* inscripción *f.* **3.** (luggage) facturación *f.*

regret [rɪˈgret] *n.* **1.** (remorse) arrepentimiento *m.* **2.** (sadness) pena *f.* ‖ *v. tr.* **3.** arrepentirse; lamentar.

regrettable [rɪˈgretəbəl] *adj.* (deplorable) lamentable; deporable.

regular [ˈregjələr] *adj.* regular.

regularity [ˌregjəˈlærətiː] *n.* regularidad *f.*

regulate [ˈregjəˌleɪt] *v. tr.* **1.** regular.

regulation [ˌregjəˈleɪʃən] *n.* **1.** reglamentación *f.;* regulación *f.* **2.** (rule) norma *f.* ‖ **regulations** *n. pl.* **3.** normativa *f. sing.* **4.** reglamento *m. sing.* ‖ **set of regulations** sistema normativo.

rehabilitate [riːhaˈbɪləˌteɪt] *v. tr.* rehabilitar; restituir.

rehearsal [rəˈhɜːrsəl] *n., Theat.* ensayo *m.* ‖ **dress ~** ensayo general.

rehearse [rɪˈhɜːrs] *v. tr., Theat.* ensayar.

reheat [rɪˈhiːt] *v. tr.* recalentar.

reign [reɪn] *n.* **1.** reinado *m.;* reino *m.* ‖ *v. intr.* **2.** reinar; gobernar.

reimburse [rɪˈmbɜːrs] *v. tr., frml.* (money) reembolsar; abonar.

rein [reɪn] *n.* (of horse) rienda *f.* ‖ **to give free ~ to** dar rienda suelta a. **to hold the reins** llevar las riendas.

reindeer [ˈreɪnˌdɪr] *n., Zool.* reno *m.*

reinforce [ˌriːɪnˈfɔːrs] *v. tr.* reforzar.

reinforcement [ˌriːɪnˈfɔːrsmənt] *n.* refuerzo *m.*

reinstate [rɪˈɪnstəns] *v. tr.* **1.** *frml.* reintegrar. **2.** *frml.* (in a job) rehabilitar.

reiterate [riˈtəreɪt] *v. tr., frml.* reiterar.

reject [rɪˈdʒekt] *v. tr.* denegar; desestimar. ‖ **~ from society** marginado social.

rejection [rɪˈdʒekʃən] *n.* (refusal) rechazo *m.*; repulsa *f.*

rejoice [rɪˈdʒɔɪz] *v. tr.* **1.** alegrar. ‖ *v. intr.* **2.** alegrarse; regocijarse.

rejoicing [rɪˈdʒɔɪsɪŋ] *n.* júbilo *m.*

rejuvenate [rɪˈdʒʌvəneɪt] *v. tr.* rejuvenecer.

relapse [rɪˈlæps] *n.* **1.** *Med.* recaída *f.*; retroceso. **2.** *frml.* reincidencia *f.* ‖ *v. intr.* **3.** *Med.* recaer. **4.** *frml.* reincidir.

relate [rəˈleɪt] *v. tr.* **1.** relatar. **2.** (refer) referir. **3.** (connect) relacionar. ‖ **to be related** relacionarse.

relation [rɪˈleɪʃən] *n.* **1.** relación *f.*; conexión *f.* **2.** (family) pariente *m. y f.* ‖ **public ~** relaciones públicas.

relationship [rɪˈleɪʃənˌʃɪp] *n.* **1.** relación *f.* **2.** (kinship) parentesco *m.*

relative [ˈrelətɪv] *adj.* **1.** (not absolute) relativo. ‖ *n.* **2.** pariente *m. y f.*; familiar *m.* **3.** *Ling.* (pronoun) relativo *m.* ‖ **~ to** en relación a.

relax [rəˈlæks] *v. tr.* **1.** relajar. **2.** (loosen) aflojar. ‖ *v. intr.* **3.** esparcirse; relajarse.

relaxation [ˌriːlækˈseɪʃən] *n.* **1.** (rest) relax *m.* **2.** (of rules) relajación *f.*; aflojamiento. **3.** (fun) diversion *f.*

relay [ˈriːleɪ] *n.* **1.** *Sports* relevo *m.* **2.** (radio, TV) retransmisión *f.* ‖ *v. tr.* **3.** (radio, TV) retransmitir.

release [rɪˈliːs] *n.* **1.** (from prison) liberación *f.* ‖ *v. tr.* **2.** (from prison) soltar. **3.** (feelings) descargar. **4.** *Film* (a movie) estrenar. ‖ **press ~** comunicado de prensa.

relent [rəˈlent] *v. intr.* **1.** (person) ablandarse. **2.** (storm) amainar.

relentless [rəˈlentlɪs] *adj.* implacable.

relentlessly [rəˈlentləsliː] *adv.* sin tregua; implacablemente.

relevant [ˈreləvənt] *adj.* pertinente.

reliable [rɪˈlaɪəbəl] *adj.* **1.** (person) de confianza. **2.** (information) fidedigno.

relic [ˈrelɪk] *n.* reliquia *f.*

relief [rəˈliːf] *n.* **1.** (rest) alivio *m.*; descanso *m.* **2.** (aid) ayuda *f.*; auxilio *f.* **3.** *Geogr.* relieve *m.*; realce *m.* **4.** *Mil.* relevo *m.* ‖ **high ~** *Geogr.* alto relieve.

relieve [rɪˈliːv] *v. tr.* **1.** (pain) aliviar; aligerar. **2.** (pain) mitigar. **3.** (substitute) relevar. ‖ **to ~ oneself** hacer sus necesidades; orinar.

religion [rəˈlɪdʒən] *n.* religión *f.*

religious [rəˈlɪdʒəs] *adj.* religioso.

reliquary [ˈrelɪkwəriː] *n., Rel.* relicario *m.*

relish [ˈrelɪʃ] *n.* **1.** *frml.* (enjoyment) gusto *m.* **2.** *Gastr.* salsa *f.*; condimento *m.* ‖ *v. tr.* **3.** gustar. **4.** *Gastr.* saborear.

reload [rɪˈloud] *v. tr.* **1.** (program) recargar. ‖ *v. intr.* **2.** recargarse.

reluctant [rəˈlʌktənt] *adj.* reacio.

relunctantly [rəˈlʌktəntliː] *adv.* a regañadientes; a disgusto.

rely [rɪˈlaɪ] *v. intr.* (trust) contar. ‖ **to ~ on** contar con; confiar en.

remain [rɪˈmeɪn] *v. intr.* **1.** quedarse; permanecer. **2.** (be left) quedar; sobrar.

‖ **remains** *n. pl.* **3.** restos *m.*; sobras *f.*
‖ **mortal remains** restos mortales.

remainder [rəˈmeɪndər] *n.* resto *m.*

remark [rəˈmɑːrk] *n.* **1.** comentario *m.*; observación *f.* ‖ *v. tr.* **2.** observar. ‖ **stupid ~** parida *f. fam.* **witty ~** ocurrencia *f.*

remarkable [rəˈmɑːrkəbəl] *adj.* (notable) notable; extraordinario.

remedy [ˈremədi:] *n.* **1.** *frml.* remedio *m.*; cura *f.* ‖ *v. tr.* **2.** remediar.

remember [rɪˈmembər] *v. tr.* **1.** (recall) recordar; acordarse. ‖ *v. intr.* **2.** hacer memoria de.

remembrance [rɪˈmembrəns] *n.* **1.** *frml.* (memory) recuerdo *m.* **2.** *frml.* (act) conmemoración *f.*

remind [rɪˈmaɪnd] *v. tr.* (cause to remember) recordar.

reminder [rɪˈmaɪndər] *n.* recordatorio *m.*

reminiscence [ˌreməˈnɪsəns] *n.* (memories) reminiscencia *f.*; recuerdos *m. pl.*; memorias *f. pl.*

remiss [rɪˈmɪs] *adj.* **1.** remiso. **2.** (careless) descuidado.

remission [rɪˈmɪʃən] *n.* remisión *f.*

remit [rɪˈmɪt] *v. tr.* **1.** (send) remitir. **2.** (pardon) perdonar.

remittance [rɪˈmɪtəns] *n.* **1.** (of money) remesa *f.* **2.** (sending) envío *m.*

remnant [ˈremnənt] *n.* **1.** remanente. **2.** (textile) retal *m.*; retazo *m.*

remodel [rɪˈmɒdəl] *v. tr.* remodelar.

remonstrance [rəˈmɒnstrəns] *v. intr.* (protest) protesta.

remonstrate [ˈremɒnstreɪt] *v. intr., frml.* protestar; quejarse.

remorse [rəˈmɔːrs] *n.* remordimiento *m.*; cargo de conciencia.

remote [rəˈmoʊt] *adj.* remoto; lejano *fig.* ‖ **~ control** mando a distancia.

removal [rəˈmuːvəl] *n., Br. E.* (from a house) traslado *m.*; mudanza *f.*

remove [rəˈmuːv] *v. tr.* **1.** (take off) sacar; quitar. **2.** (eliminate, get rid of) eliminar. ‖ *v. intr.* **3.** *Br. E., frml.* (move) mudarse. ‖ **~ the grease from** desengrasar.

remover [rəˈmuːvər] *n.* mozo de mudanza. ‖ **nail polish ~** quitaesmalte *m.* **stain ~** quitamanchas *m. inv.*

remunerate [rɪˈmjuːnəreɪt] *v. tr., frml.* remunerar; retribuir.

remuneration [rəmjuːnəˈreɪʃən] *n., frml.* remuneración *f.*

rend [rənd] *v. tr.* desgarrar; rasgar.

render [ˈrendər] *v. tr.* **1.** (give) prestar. **2.** *frml.* (homage) rendir (homenaje). ‖ **to ~ useless** inutilizar.

renew [rɪˈnjuː] *v. tr.* **1.** (reinvigorate) renovar; rehacer. **2.** (activity) reanudar. ‖ **to be renewed** renovarse.

renounce [rɪˈnaʊns] *v. tr., frml.* (give up) renunciar.

renovate [ˈrenoʊveɪt] *v. tr.* **1.** (restore) rehabilitar; reformar. **2.** *Archit.* renovar.

renown [rəˈnaʊn] *n.* (fame) renombre *m.*; fama *f.*

rent [rent] *n.* **1.** alquiler *m.*; renta *f.* **2.** (of land) arriendo *m.* ‖ *v. tr.* **3.** (used paying) alquilar; arrendar.

renunciation [rəˌnʌnsɪˈeɪʃən] *n., frml.* (of claim) renuncia *f.*

reorganize [rɪˈɔːrgənaɪz] *v. tr.* reorganizar; reordenar.

repair [rəˈper] *n.* **1.** reparación *f.*; arreglo *m.* ‖ *v. tr.* **2.** reparar. ‖ **repairs** *n. pl.* **3.** obras *f.*

repass [rɪˈpæs] *v. tr.* repasar.

repay [rɪˈpeɪ] *v. tr.* **1.** (money) reembolsar; devolver. **2.** (debt, favor) pagar; corresponder.

repayment [riːˈpeɪmənt] *n.* reembolso *m.*; pago *m.*

repeal [rəˈpiːl] *n.* **1.** revocación *f.*; derogación *f.* ‖ *v. tr.* **2.** revocar; derogar.

repeat [rəˈpiːt] *n.* **1.** repetición *f.* ‖ *v. tr. & intr.* **2.** repetir.

repeatedly [rəˈpiːtədliː] *adv.* repetidamente; repetidas veces.

repechage [repɪˈʃɑːʒ] *n., Law* repesca *f.*

repel [rɪˈpel] *v. tr.* **1.** repeler; rechazar. **2.** (disgust) repugnar.

repellent [rəˈpelənt] *adj.* repelente.

repent [rəˈpent] *v. tr. & intr.* arrepentirse (de); lamentar.

repentant [rəˈpentənt] *adj.* arrepentido.

repertoire [ˈrepərˌtwɑːr] *n.* repertorio *m.*

repetition [ˌrepəˈtɪʃən] *n.* repetición *f.*

repetitive [rɪˈpetɪtiːv] *adj.* reiterativo; mecánico.

replace [rɪˈpleɪs] *v. tr.* **1.** (put back) reponer. **2.** (substitute) reemplazar; sustituir.

replacement [rəˈpleɪsmənt] *n.* reposición *f.*; sustitución *f.*

replete [rəˈpliːt] *adj., frml.* repleto; lleno.

reply [rɪˈplaɪ] *n.* **1.** respuesta *f.*; contestación *f.* ‖ *v. intr.* **2.** (letter) contestar. **3.** *Law* replicar.

repopulate [rɪˈpɒpjʊleɪt] *v. tr.* repoblar; asentarse.

report [rəˈpɔːrt] *n.* **1.** informe *m.* **2.** (piece of news) noticia *f.* **3.** (on TV, radio) reportaje *m.* **4.** (in newspaper) crónica *f.* ‖ *v. tr. & intr.* **5.** informar. **6.** (relate) relatar. **7.** (tell, complain) denunciar.

reporter [rəˈpɔːrtər] *n.* reportero *m.*; periodista *m. y f.*

repose [rəˈpoʊz] *n.* **1.** reposo *m.*; descanso *m.* ‖ *v. intr.* **2.** *lit.* descansar; reposar.

represent [rɪˈprezənt] *v. tr.* representar; figurar.

representation [ˌreprəzenˈteɪʃən] *n.* representación *f.*

representative [ˌreprəˈzentətɪv] *adj.* **1.** representativo. ‖ *n.* **2.** representante *m. y f.* **3.** *Econ.* delegado *m.* **4.** *Am. E., Polit.* diputado.

repress [rɪˈpres] *v. tr.* reprimir; contener.

repression [rɪˈpreʃən] *n.* represión *f.*

reprieve [rəˈpriːv] *n.* **1.** *Law* suspensión *f.* **2.** *Law* (pardon) indulto *m.* ‖ *v. tr.* **3.** *Law* (pardon) indultar.

reprimand [ˈreprəˌmænd] *n.* **1.** reprimenda *f.*; regañina *f.* ‖ *v. tr.* **2.** reprender; amonestar.

reprint [rɪˈprɪnt] *n.* **1.** reimpresión *f.* ‖ *v. tr.* **2.** reimprimir.

reprisal [rəˈpraɪzəl] *n.* represalia *f.*

reproach [rəˈproʊtʃ] *n.* **1.** *frml.* reproche *m.*; oprobio *m.* ‖ *v. tr.* **2.** reprochar.

reproduce [rɪˈprɪdjuːz] *v. tr.* **1.** reproducir. ‖ *v. intr.* **2.** reproducirse.

reproof [rɪˈpruːf] *n., frml.* reprobación *f.*; reproche *m.*

reprove [rɪˈpruːv] *v. tr., frml.* reprobar.

reptile [ˈreptaɪl] *n., Zool.* reptil *m.*

republic [rəˈpʌblɪk] *n.* república *f.*

repudiate [rəˈpjʊdɪeɪt] *v. tr., frml.* repudiar; repeler.

repugnance [rəˈpʌgnəns] *n.* repugnancia *f.*; asco *m.*

repugnant [rəˈpʌgnənt] *adj.* repugnante. ‖ **to be ~** repugnar.

repulsion [rɪˈpʌlʃən] *n.* **1.** repulsión *f.*; repugnancia *f.* **2.** (rejection) rechazo *m.*

repulsive [rəˈpʌlsɪv] *adj.* repulsivo.

reputation [ˌrepjəˈteɪʃən] *n.* reputación *f.*; nombre *m.*; fama *f.*; opinión *f.*

repute [rəˈpjuːt] *n., frml.* reputación *f.*

request [rəˈkwest] *n.* **1.** petición *f.*; pedido *m.*; solicitud *f.* ‖ *v. tr.* **2.** (ask) pedir;

solicitar. ‖ **at the ~ of** a petición de; a instancias de.

require [rɪ'kwaɪər] *v. tr.* **1.** requerir; necesitar. **2.** (demand) pedir; exigir.

requirement [rɪ'kwaɪrmənt] *n.* **1.** necesidad *f.* **2.** (demand) requisito *m.*

requisite ['rekwəzɪt] *n.* requisito *m.*

requisition [,rekwə'zɪʃən] *v. tr.* requisar.

reread [rɪ'red] *v. tr.* releer.

reredos ['rerədəs] *n.* (art) retablo *m.*

resale [rɪ'seɪl] *n.* reventa *f.*

rescind [rɪ'sɪnd] *v. tr., Law, frml.* rescindir; anular.

rescue ['reskju:] *n.* **1.** rescate *m.;* salvación *f.* **2.** (salvage) salvamento *m.* ‖ *v. tr.* **3.** salvar; rescatar.

research [rɪ'sɜ:rtʃ] *n.* **1.** (scientific) investigación *f.* ‖ *v. tr. & intr.* **2.** investigar.

resemblance [rə'zembləns] *n.* **1.** semejanza *f.;* parecido *m.* **2.** (point of likeness) similitud *f.*

resemble [rə'zembəl] *v. tr.* parecerse a [He resembles his grandfather. *Se parece a su abuelo.*]

resentment [rə'zentmənt] *n.* resentimiento *m.;* rencor *m.;* pique *m.*

reservation [,rezər'veɪʃən] *n.* (booking) reserva *f.* ‖ **to make a ~** hacer una reserva.

reserve [rə'zɜ:rv] *n.* **1.** reserva *f.* **2.** (land) coto *m.* ‖ *v. tr.* **3.** reservar.

reserved [rə'zɜ:rvd] *adj.* (reticent) reservado; cerrado.

reservoir ['rezə,vwɑ:r] *n.* **1.** embalse *m.;* alberca *f.* **2.** (tank) depósito *m.*

reshuffle [ri:'ʃʌfəl] *n.* **1.** *Polit.* reorganización *f.* ‖ *v. tr.* **2.** *Polit.* reorganizar. **3.** (cards) volver a barajar.

reside [rɪ'saɪd] *v. intr.* residir; vivir.

residence ['rezədəns] *n., frml.* residencia *f.;* domicilio *m.* ‖ **hall of ~** *Br. E.* residencia *f.* (universitaria).

resident ['rezədənt] *adj.* **1.** residente. ‖ *n.* **2.** residente *m. y f.*

residential [,rezɪ'denʃəl] *adj.* residencial. ‖ **~ area** barrio residencial.

residue ['rezədu:] *n.* residuo *m.*

resign [rɪ'saɪn] *v. tr.* **1.** (give up) dimitir. ‖ *v. intr.* **2.** renunciar. ‖ **to ~ oneself** resignarse; conformarse.

resignation [,rezɪg'neɪʃən] *n.* renuncia *f.;* dimisión *f.* ‖ **to hand in one's ~** presentar la dimisión.

resin ['rezɪn] *n., Bot.* resina *f.*

resist [rɪ'zɪst] *v. tr. & intr.* **1.** resistir; contrarrestar. ‖ *v. intr.* **2.** (oppose) oponerse; resistirse.

resistance [rə'zɪstəns] *n.* resistencia *f.*

resistant [rɪ'sɪstənt] *adj.* resistente.

resolute ['rezəlu:t] *adj.* (person, character, tone) resuelto; decidido.

resolution [,rezə'lu:ʃən] *n.* resolución *f.;* decisión *f.;* determinación *f.*

resolve [rɪ'zɒlv] *n.* **1.** resolución *f.* ‖ *v. tr.* **2.** solucionar; resolver.

resonance ['rezənəns] *n.* resonancia *f.*

resonant ['rezənənt] *adj.* resonante; retumbante; ruidoso.

resort [rə'zɔ:rt] *n.* **1.** (holiday place) centro turístico. **2.** (recourse) recurso *m.* ‖ *v. intr.* **3.** recurrir. ‖ **as a last ~** como último recurso. **health ~** balneario *m.* **summer holiday ~** lugar de veraneo.

resound [rɪ'saʊnd] *v. intr.* resonar.

resounding [rɪ'zaʊndɪŋ] *adj.* **1.** (reverberating) estrepitoso; resonante. **2.** (unequivocal) rotundo.

resource [rɪ'sɔ:rs] *n.* **1.** recurso *m.* ‖ **sources** *n. pl.* **2.** recursos *m.;* medios *m.*

respect [rəs'peckt] *n.* **1.** (aspect) respecto *m.* **2.** (esteem) estima *f.*; respeto *m.* ‖ *v. tr.* **3.** respetar; estimar. ‖ **respects** *n. pl.* **4.** respetos *m.* [He paid his respects to the Queen. *Presentó sus respetos a la reina.*] ‖ **in some** ~ de algún modo. **lack of** ~ falta de respeto. **without** ~ sin miramientos.

respectable [rəs'pektəbəl] *adj.* respetable; distinguido.

respectful [rɪs'pektfʌl] *adj.* respetuoso; educado; cortés.

respecting [rɪs'pektɪŋ] *prep.* con respecto a; en cuanto a.

respective [rəs'pektɪv] *adj.* respectivo.

respiration [,respə'reɪʃən] *n., Med.* respiración *f.*

respite ['respɪt] *n.* respiro *m.*; tregua *f.*

respond [rɪs'pɒnd] *v. intr.* (reply) responder; contestar.

responsibility [rɪs,pɒnsə'bɪləti:] *n.* responsabilidad *f.*; obligación *f.*; deber *m.* ‖ **to be sb's** ~ competer; incumbir.

responsible [rɪs'pɒnsəbəl] *adj.* responsable. ‖ **to be** ~ **for** ser responsable de.

rest[1] [rest] *n.* **1.** descanso *m.*; reposo *m.* **2.** (of dead people) paz *f.* ‖ *v. tr.* **3.** descansar. **4.** (lean) apoyar. ‖ *v. intr.* **5.** reposar. ‖ ~ **cure** cura de reposo. ~ **room** *Am. E.* aseos *m. pl.*

rest[2] [rest] *n.* **1.** (remainder) resto *m.* ‖ *v. intr.* **2.** quedar.

restaurant ['restɒrɑ:nt 'restərənt] *n.* restaurante *m.* ‖ **old-style** ~ mesón *m.*

restitution [,restə'tu:ʃən] *n., frml.* restitución *f.* ‖ **to make** ~ restituir.

restless ['restlɪs] *adj.* inquieto.

restlessness ['restləsnɪs] *n.* inquietud *f.*; intranquilidad *f.*; agitación *f.*

restock [ri:'stɒk] *v. tr.* repoblar; reforestar.

restoration [,restə'reɪʃən] *n.* **1.** restauración *f.* **2.** (giving back) restitución *f.*; devolución *f.*

restore [rest'ɔ:r] *v. tr.* **1.** devolver; restituir. **2.** (re-establish) reestablecer. **3.** (repair) restaurar.

restrain [res'treɪn]*v. tr.* contener; frenar *fig.* [She couldn't restrain her anger. *Ella no pudo contener su rabia.*]

restraint [rəs'treɪnt] *n.* **1.** traba *f.* **2.** (moderation) moderación *f.*

restrict [rɪs'trɪkt] *v. tr.* restringir; limitar.

restriction [rɪs'trɪkʃən] *n.* restricción *f.*; limitación *f.*

result [rə'zʌlt] *n.* **1.** (outcome) resultado *m.* **2.** (consequence) consecuencia *f.*; conclusión *f.* ‖ *v. intr.* **3.** resultar. ‖ **to** ~ **in** (lead to) acarrear. **as a** ~ **of** como consecuencia de.

resultant [rə'zʌltənt] *adj.* resultante.

resume [rə'sju:m] *v. tr.* reanudar.

resurrection [,rezə'rekʃən] *n.* resurrección *f.*; reencarnación *f.*

resuscitate [rɪ'sʌsθɪtɪeɪt] *v. tr., Med.* resucitar; revivir.

retailer [ri:'teɪlər] *n., Econ.* comerciante al por menor; detallista *m. y f.*

retain [rɪ'teɪn] *v. tr.* retener.

retake ['ri:teɪk] *n., Educ.* (examination) repesca *f.*

retaliate [rə'tælɪeɪt] *v. intr.* tomar represalias; vengarse.

retard [rɪt'tɑ:rd] *v. tr.* retardar; retrasar; posponer.

retention [rɪt'tenʃən] *n.* retención *f.*

reticence ['retəsəns] *n.* reserva *f.*; reticencia *f.*; desconfianza *f.*

retina ['retənə] *n., Anat.* retina *f.*

retinue ['retənu:] *n.* séquito *m.*; comitiva *f.*; acompañamiento *m.*

retire [rɪˈtaɪər] v. tr. **1.** jubilar; retirar. ‖ v. intr. **2.** jubilarse; retirarse. **3.** frml. (retreat) recogerse.

retired [rəˈtaɪrd] adj. jubilado; retirado. ‖ ~ **person** jubilado m.

retiree [rətaˈriː] n., Am. E. jubilado m.

retirement [rɪˈtaɪrmənt] n. retiro m.; jubilación f.

retiring [rəˈtaɪrɪŋ] adj. retraído; reservado; tímido.

retort [rɪˈtɔːrt] n. **1.** réplica f. ‖ v. intr. **2.** replicar.

retouch [riːˈtʌtʃ] v. tr., Phot. retocar.

retouching [riːˈtʌtʃɪŋ] n. retoque m.

retrace [rɪˈtreɪz] v. tr. (go back over) desandar. ‖ **to ~ one's steps** volver sobre sus pasos.

retract [rɪˈtrækt] v. tr. **1.** frml. retirar. **2.** (draw in) retraer. **3.** (a promise) retractar. ‖ v. intr. **4.** (withdraw statement) retractarse; desdecirse.

retrain [rɪˈtreɪn] v. tr. (person) reciclar; recapacitar.

retreat [rɪˈtriːt] n. **1.** Mil. retirada f. **2.** Rel. retiro m. ‖ v. intr. **3.** retirarse; retroceder. **4.** (shelter) refugiarse. ‖ **to beat a ~** Mil. batirse en retirada. **spiritual ~** Rel. ejercicios espirituales.

retrench [rɪˈtrentʃ] v. tr. (expenses) reducir (gastos).

retrieve [rəˈtriːv] v. tr. (recover) recuperar; recobrar.

retrograde [rəˈtroʊɡreɪd] adj. retrógrado; atrasado.

retrogression [ˌretroʊˈɡreʃən] n. retrogresión f.

return [rəˈtɜːrn] n. **1.** retorno m.; vuelta f.; regreso m. **2.** (giving back) devolución f. **3.** (ticket) de ida y vuelta. ‖ v. tr. **4.** devolver; restituir. **5.** (reciprocate)

corresponder a. ‖ v. intr. **6.** volver; regresar. ‖ **in ~ for** a cambio de. ~ **ticket** billete de ida y vuelta.

returnable [rɪˈtɜːməbəl] adj. (bottles, containers) retornable.

reunion [riːˈjuːnjən] n. reunión f.

reunite [rɪˌjuːˈnaɪt] v. tr. **1.** reunir. **2.** (reconcile) reconciliar.

reveal [rɪˈviːəl] v. tr. **1.** revelar; exteriorizar. **2.** (show) desvelar.

reveille [rəˈvælɪ] n., Mil. diana f.

revel [ˈrevəl] v. intr. disfrutar.

revelation [ˌrevəˈleɪʃən] n. revelación f.

reveler, reveller (Br.E) [ˈrevɪlər] n. juerguista m.

revenge [rəˈvendʒ] n. venganza f.; revancha f. ‖ **to take ~** vengarse.

revengeful [rəˈvendʒfəl] adj. vengativo; rencoroso.

revere [rəˈvɜːr] v. tr. frml. reverenciar; venerar; adorar.

reverence [ˈrevərəns] n. **1.** reverencia f. ‖ v. tr. **2.** reverenciar.

reverend [ˈrevərənd] adj. **1.** Rel. reverendo. ‖ n. **2.** Rel., fam. clérigo m.

reverent [ˈrevərənt] adj. reverente.

reverie [ˈrevəriː] n. ensueño m.

reverse [rɪˈvɜːrs] adj. **1.** inverso. ‖ n. **2.** (other side) revés m. **3.** fig. (setback) contratiempo m.; través m. **4.** Car marcha atrás. **5.** (of coin) reverso m. **6.** (of a page) envés m. ‖ v. tr. **7.** (direction) invertir; dar marcha atrás.

reversible [rɪˈvɜːrsəbəl] adj. reversible.

review [rɪˈvjuː] n. **1.** Am. E. (for an exam) repaso m. **2.** (article) reseña f. **3.** Mil. (magazine) revista f. ‖ v. tr. **4.** Am. E. (for an exam) repasar. **5.** (a book) reseñar.

revise [rɪˈvaɪz] v. tr. **1.** Br. E. repasar. **2.** (a text) revisar. **3.** Print. (proofs) corregir.

revision [rə'vɪʒən] *n.* **1.** *Br. E.* (for an exam) revisión *f.*; repaso *m.* **2.** (of proofs) corrección *f.*

revival [rɪ'vaɪvəl] *n.* **1.** renacimiento *m.* **2.** *Theat.* reestreno *m.*

revive [rɪ'vaɪv] *v. tr.* **1.** reavivar. **2.** (conversation) reanimar. **3.** (a fashion) resucitar. **4.** *Theat.* reestrenar. **5.** (hopes) revivir. ‖ *v. intr.* **6.** reanimarse. **7.** *Med.* volver en sí.

revoke [rɪ'voʊk] *v. tr.* **1.** *Law* revocar. **2.** (permission) suspender.

revolt [rɪ'voʊlt] *n.* **1.** sublevación *m.*; revuelta *f.*; rebelión *f.* ‖ *v. intr.* **2.** rebelarse; sublevarse. ‖ *v. tr.* **3.** (disgust) repugnar.

revolution [ˌrevə'luːʃən] *n.* (uprising) revolución *f.*; sublevación *f.*

revolutionize [rɪvə'ljuːʃənaɪt] *v. tr.* revolucionar; alzar.

revolver [rɪ'vɒlvər] *n.* revólver *m.*

revolving [rɪ'vɒlvɪŋ] *adj.* giratorio. ‖ ~ **door** puerta giratoria.

reward [rə'wɔːrd] *n.* **1.** premio *m.*; recompensa *f.*; gratificación *f.* ‖ *v. tr.* **2.** premiar; recompensar. ‖ **as a** ~ **for** en recompensa por.

rewind [ˌriː'waɪnd] *v. tr.* rebobinar.

rheumatism ['ruːmətɪsəm] *n.*, *Med.* reúma *m.*; reumatismo *m.*

rhinoceros [raɪ'nɒsərəs] *n.*, *Zool.* rinoceronte *m.*

rhombus ['rɒmbəs] *n.*, *Math.* rombo *m.*

rhyme [raɪm] *n.* **1.** rima *f.* ‖ *v. intr.* **2.** rimar. ‖ **without** ~ **or reason** sin ton ni son.

rhythm ['rɪðəm] *n.* ritmo *m.*; cadencia *f.*

rhythmic or rhythmical ['rɪðmɪk] *adj.* rítmico; acompasado.

ria ['riːə] *n.*, *Geogr.* ría *f.*

rib [rɪb] *n.* **1.** *Anat.* costilla *f.* **2.** *Bot.* nervio *m.* **3.** (of an umbrella) varilla *f.*

ribbon ['rɪbən] *n.* **1.** cinta *f.*; tira *f.* **2.** (of cloth) listón *m.*

rice [raɪs] *n.* arroz *m.* ‖ **brown** ~ arroz integral. ~ **field** arrozal *m.* ~ **pudding** *Gastr.* arroz con leche.

rich [rɪtʃ] *adj.* **1.** (wealthy) rico. **2.** (soil) fértil. ‖ **to get** ~ hacerse rico; forrarse; enriquecerse. **to make** ~ enriquecer. ~ **kid** *fam.* (boy) pijo *m.*

riches ['rɪtʃəz] *n. pl.* riqueza *f. sing.*

richness ['rɪtʃnɪs] *n.* **1.** riqueza *f.*; fortuna *f.* **2.** (of land) fertilidad *f.*

rickety ['rɪkəti] *adj.* **1.** *Med.* raquítico. **2.** (furniture) destartalado.

rid [rɪd] *v. tr.* librar. ‖ **to get** ~ **of** deshacerse de; librarse.

riddle[1] ['rɪdəl] *n.* **1.** (mistery) enigma *m.*; misterio *m.* **2.** (puzzle) acertijo *m.*; adivinanza *f.*

riddle[2] ['rɪdəl] *n.* **1.** criba *f.* ‖ *v. tr.* **2.** acribillar. **3.** (sieve) cribar.

ride [raɪd] *n.* **1.** (by bicycle, horse) paseo *m.* **2.** (at a funfair) atracción *f.* ‖ *v. tr. & intr.* **3.** (on animal) montar; cabalgar. ‖ **to** ~ **a bicycle** andar en bicicleta.

rider ['raɪdər] *n.* **1.** (of horse) jinete *m.* **2.** *Sports* (of bicycle) ciclista *m. y f.*

ridge [rɪdʒ] *n.* (crest) cresta *f.*

ridicule ['rɪdəkjuːl] *n.* **1.** ridículo *m.* ‖ *v. tr.* **2.** burlarse; ridiculizar.

ridiculous [rə'dɪkjələs] *adj.* ridículo.

riding ['raɪdɪŋ] *n.* equitación *f.* ‖ **horseback** ~ *Am. E.* equitación *f.* ~ **boots** botas de montar. ~ **crop** fusta corta.

rifle[1] ['raɪfəl] *n.* (gun) rifle *m.*; fusil *m.*

rifle[2] ['raɪfəl] *v. tr.* saquear.

rig [rɪg] *n.* **1.** *Nav.* aparejo *m.* ‖ *v. tr.* **2.** *Nav.* aparejar.

right [raɪt] *adj.* **1.** derecho. **2.** (just) justo. **3.** (correct) exacto; correcto. **4.** (right-handed) diestro. || *adv.* **5.** (immediately) inmediatamente. **6.** (correctly) bien. || *n.* **7.** derecho *m.* **8.** (place) derecha *f.* || *v. tr.* **9.** corregir. || *interj.* **10.** (connector) bien. || **to be ~** tener razón. **exclusive ~** (privilege) exclusiva *f.* **to get nothing ~** no dar una *fam.* **to get ~** acertar. **on the ~** a la derecha. **to put ~** arreglar. **~ answer** acierto *m.* **~ away** en el acto; desde luego. **~ hand** derecha *f.*; diestra *f.* **~ here** aquí mismo.

righteousness ['raɪtʃəsnɪs] *n.* rectitud *f.*; honestidad *f.*

rigid ['rɪdʒɪd] *adj.* **1.** rígido; tieso. **2.** (strict) severo; estricto.

rigidity [rɪ'dʒɪdəti:] *n.* rigidez *f.*; inflexibilidad *f.*; dureza *f.*

rigor, rigour (Br.E) ['rɪgər] *n.* rigor; severidad *f.*

rigorous ['rɪgərəs] *adj.* riguroso.

rill [rɪl] *n.*, *Geogr.*, *lit.* riachuelo *m.*; arroyuelo *m.*; arroyo *m.*

rim [rɪm] *n.* **1.** borde *m.* **2.** *Car* (of wheel) llanta *f.* **3.** (of glasses) montura *f.*

ring¹ [rɪŋ] *n.* **1.** (bell) toque *m.* **2.** (doorbell) timbrazo *m.* **3.** (call) llamada *f.* || *v. tr.* **4.** (bell) pulsar; tocar. || *v. intr.* **5.** (bell) sonar. **6.** (call) llamar; tañer. || **to ~ out** (bells) repicar; tañer. **to ~ up** llamar por teléfono.

ring² [rɪŋ] *n.* **1.** (hoop) aro *m.* **2.** (for finger) anillo *m.*; sortija *f.* **3.** (circle) círculo *m.*; cerco *m.* **4.** (gym) anilla *f.* **5.** (in boxing) ring *m.*; cuadrilátero *m.* **6.** (of people) corro *m.* || **rings** *n. pl.* **7.** *Sports* anillas *f. pl.* || **~ finger** anular *m.* **~ under the eyes** ojera *f.*

ring binder ['rɪŋbaɪndər] *n.* archivador *m.*; clasificador *m.*

ringdove ['rɪŋdʌv] *n.*, *Zool.* (bird) paloma torcaz.

ringleader ['rɪŋli:dər] *n.* cabecilla *m. y f.*; líder *m.*

ringlet ['rɪŋlɪt] *n.* (hair) tirabuzón *m.*; rizo *m.*; bucle *m.*

ringworm ['rɪŋwɔ:rm] *n.* *Med.* tiña *f.*

rinse [rɪns] *v. tr.* **1.** enjuagar. **2.** (remove soap) aclarar. || *n.* **3.** enjuague *m.* **4.** (of clothes) aclarado *m.*

riot ['raɪət] *n.* **1.** disturbio *m.*; motín *m.*; tumulto *m.* || *v. intr.* **2.** alborotarse. **3.** (prisoners) amotinarse. || **to read sb the ~ act** *fam.* leerle la cartilla a alguien.

rip [rɪp] *n.* **1.** rasgón *m.*; desgarrón *m.* || *v. tr.* **2.** rasgar; desgarrar. || **~ off** (clothes, buttons) arrancar.

ripe [raɪp] *adj.* **1.** (fruit) maduro. **2.** (ready) preparado; listo.

ripen ['raɪpən] *v. tr. & intr.* (fruit) madurar.

ripeness ['raɪpnɪs] *n.* madurez *f.*; sazón *f.*

ripple ['rɪpəl] *n.* **1.** (water) rizo *m.*; ondulación *f.* || *v. tr.* **2.** (water) ondular; ondear; rizar. || *v. intr.* **3.** rizarse.

rise [raɪz] *n.* **1.** (of slope, temperature, price) subida *f.* **2.** (of hill) elevación *f.* **3.** (in status, job) ascenso *m.* **4.** (price) alza *m.*; aumento *m.* **5.** . || *v. intr.* **6.** (mountain) elevarse. **7.** (waters) crecer. **8.** (level) subir. **9.** (from bed, wind) levantarse. **10.** (river) nacer. **11.** (sun, moon) salir. || **to give ~ to** dar origen a; ocasionar. **to ~ up** alzarse. **~ up in arms** alzarse en armas.

rising ['raɪzɪŋ] *adj.* **1.** ascendente. **2.** (sun) naciente. || *n.* **3.** (sun, moon) salida *f.* **4.** (of prices) subida *f.*

risk [rɪsk] *n.* **1.** riesgo *m.*; peligro *m.* || *v. tr.* **2.** arriesgar; aventurar. **3.** (life) exponer. ‖ *v. intr.* **4.** (oneself) arriesgarse. ‖ **at ~** en peligro. **to ~ one's life** jugarse la vida. **to take the ~** arriesgarse.

risky ['rɪski] *adj.* arriesgado; peligroso.

rite [raɪt] *n.*, *Rel.* rito *m.*

rival ['raɪvəl] *adj.* **1.** rival. ‖ *n.* **2.** rival *m. y f.*; competidor *m.*; contrincante *m. y f.* ‖ *v. tr.* **3.** competir; rivalizar.

rivalry ['raɪvəlri] *n.* rivalidad *f.*; competencia *f.*; enfrentamiento *m.*

river ['rɪvər] *n.*, *Geogr.* río *m.*

riverbed ['rɪvər,bed] *n.*, *Geogr.* lecho *m.* (del río).

riverside ['rɪvər,saɪd] *n.*, *Geogr.* (of river) margen *amb.*; ribera *f.*

rivet ['rɪvɪt] *n.* **1.** *Tech.* remache *m.* ‖ *v. tr.* **2.** *Tech.* remachar.

rivulet ['rɪvjələt] *n.*, *Geogr.* riachuelo *m.*; arroyo *m.*; arroyuelo *m.*

roach [routʃ] *n.*, *Zool.* cucaracha *f.*

road [roud] *n.* **1.** carretera *f.* **2.** (minor) camino *m.* ‖ **~ sign** señal de tráfico. **~ works** obras *f. pl.*

roadway ['roud,weɪ] *n.* calzada *f.*

roam [roum] *v. intr.* vagar; errar.

roar [rɔːr] *n.* **1.** (of animal) rugido *m.* **2.** (sea, wind) bramido *m.* **3.** (of traffic, engine) estruendo *m.* ‖ *v. intr.* **4.** (animal) rugir. **5.** (people, sea, wind) bramar.

roast [roust] *adj.* **1.** (meat) asado. ‖ *n.* **2.** *Gastr.* asado *m.* ‖ *v. tr.* **3.** *Gastr.* (meat) asar. **4.** (coffee) tostar. ‖ *v. intr.* **5.** (people) asarse; achicharrarse [I'm roasting here. *Aquí me achicharro de calor.*] ‖ **~ beef** *Gastr.* carne de novillo asada.

roasted ['roustəd] *adj.* **1.** (nuts, meat) asado. **2.** (coffee) tostado.

rob [rɒb] *v. tr.* robar; atracar.

robber ['rɒbər] *n.* ladrón *m.*

robbery ['rɒbəri:] *n.* robo *m.*; atraco *m.* ‖ **armed ~** atraco a mano armada.

robe [roub] *n.* **1.** (of judge) toga *f.* **2.** (of woman) bata *f.* ‖ **bath ~** albornoz *m.*

robot ['roubɒt] *n.* robot *m.*

robust [rou'bʌst] *adj.* (strong) robusto; recio; fornido.

rock [rɒk] *n.* **1.** roca *f.*; peña *f.* **2.** (stone) piedra *f.* ‖ *v. tr.* **3.** mecer; balancear. **4.** (baby) acunar. ‖ **between the devil and the deep blue sea** entre la espada y la pared. **whisky on the rocks** whisky con hielo.

rock and roll or **rock'n'roll** ['rɒkən'roul] *n.*, *Mus.* rock and roll.

rocket ['rɒkɪt] *n.* cohete *m.* ‖ *v. intr.* **2.** alcanzar gran altura rápidamente. ‖ **to give somebody a ~** echarle la bronca a alguien; regañar a alguien.

rocking chair ['rɒkɪŋtʃɜːr] *n.* mecedora *f.*; balancín *m.*

rod [rɒd] *n.* **1.** (metal) barra *f.* **2.** (stick) vara *f.* **3.** (fishing rod) caña *f.*

rodent ['roudənt] *n.*, *Zool.* roedor *m.*

rodeo ['roudiou] *n.* (show) rodeo *m.*

roe[1] [rou] *n.*, *Zool.* (deer) corzo *m.*

roe[2] [rou] *n.* (fish eggs) hueva *f.*

roebuck ['roubʌk] *n.*, *Zool.* corzo *m.*

rogue [roug] *n.* **1.** bribón *m.*; pillo *m.* **2.** *Lit.* pícaro *m.*

roguery ['rougəri:] *n.* bribonería *f.*

roguish ['rougɪʃ] *adj.* pillo; pícaro.

role [roul] *n.*, *Film & Theatr.* papel *m.* ‖ **leading ~** *Film & Theatr.* papel principal. **supporting ~** papel secundario. **to play a ~** representar un papel.

roll [roul] *n.* **1.** rollo *m.* **2.** (of bread) bollo *m.*; panecillo *m.* **3.** (list) matrícula *f.* ‖ *v. tr.* **4.** (a cigarette) liar. ‖ *v. intr.* **5.** rodar. **6.** (thunder) retumbar. **7.** (a drum) redoblar. || **to call the ~** pasar lista. **electoral ~** censo electoral. **ring-shaped ~** *Gastr.* rosca *f.* **~ around** revolcarse. **~ of fat** (around waist) michelín *m.* **~ of film** carrete *m.* (de fotos). **to ~ one's sleeves up** arremangarse. **to to ~ up** (sleeves) arremangar. (paper) enrollar.

roller ['roulər] *n.* **1.** rodillo *m.* **2.** (hair) rulo *m.* || **~ coaster** montaña rusa.

roller skate ['roulər,skeit] *n.* **1.** patines de ruedas. || *v. intr.* **2.** patinar sobre ruedas.

rolling ['rouliŋ] *adj.* (stone) rodante. || **a rollingstone** un vagabundo. **~ pin** rodillo de cocina.

Roman ['roumən] *n.* romano *m.*

Romance [rou'mæns] *adj.* **1.** *Ling.* romance. || *adj. & n.* **2.** (language) románico *m.*

romance [rou'mæns] *n.* (love affair) romance *m.*; aventura amorosa.

Romanesque [,rəumə'nesk] *adj. & n.*, *Archit.* románico *m.*

romantic [rou'mæntik] *adj.* romántico *m.*

roof [ru:f] *n.* **1.** *Archit.* techo *m.*; tejado *m.* || *v. tr.* **2.** (a house) cubrir. || **flat ~** azotea *f.* **~ rack** baca *f.*

roofing ['ru:fiŋ] *n.* techumbre *f.*

room [rum] *n.* **1.** habitación *f.*; cuarto *m.*; sala *f.* **2.** (space) espacio *m.*; plaza *f.*; sitio *m.* || *v. intr.* **3.** *Am. E.* alojarse. || **back ~** trastienda *f.* **changing ~** *Br. E.* probador *m.* **dining ~** comedor *m.* **fitting ~** *Am. E.* probador *m.* **private ~** reservado *m.* **~ mate** compañero (de habitación). **~ to ~ with somebody** *Am. E.* compartir piso con alguien. **there is no ~ for doubt** no cabe duda. **there is ~** caber [There is room for five people. *Caben cinco personas.*]

roomy ['rumi:] *adj.* espacioso; desahogado; amplio.

roost [ru:st] *n.* **1.** percha *f.*; palo *m.* || *v. intr.* **2.** posarse. **3.** (rest) descansar. || **to rule the ~** *fig.* llevar la batuta; llevar la voz cantante.

rooster ['ru:stər] *n.*, *Am. E.* gallo *m.*

root [ru:t] *n.* **1.** *Bot.* (hair) raíz *f.* **2.** *Ling. & Mat.* radical *m.* || *v. intr.* **3.** *Bot.* (plant) arraigar. || **to put down roots** *fig.* (people) echar raíces. **to take ~** (ideas) arraigarse. || *Bot.* (plants) arraigar. | (person) echar raíces.

rope [roup] *n.* **1.** (big) soga *f.* **2.** (small) cuerda *f.* **3.** *Nav.* cabo *m.* || *v. tr.* **4.** atar. || **skipping ~** comba *f.*

rosary ['rouzeri:] *n. Rel.* rosario *m.* || **to say the ~** *Rel.* rezar el rosario.

rose [rouz] *n.* **1.** *Bot.* (color) rosa *f.* **2.** *Bot.* (bush) rosal *m.* **3.** (watering can, shower) alcachofa *f.* || **~ window** *Archit.* rosetón *m.*

rosebush ['rouz,buʃ] *n.*, *Bot.* rosal *m.*

rosemary ['rouz,meri:] *n.*, *Bot.* romero *f.*

rosette [rou'zet] *n.*, *Archit.* rosetón *m.*

rostrum ['rɒstrəm] *n.* (stand) tribuna *f.*

rosy ['rouzi:] *adj.* sonrosado.

rot [rɒt] *n.* **1.** (decay) podredumbre *f.* || *v. tr.* **2.** pudrir; corromper. || *v. intr.* **3.** pudrirse; corromperse.

rotate ['routeit] *v. tr.* **1.** (alternate) rotar. || *v. intr.* **2.** girar.

rotation [rou'teiʃən] *n.* rotación *f.*; giro *m.* || **in ~** por turnos.

rotten ['rɒtən] *adj.* podrido; descompuesto. || **I feel ~** me siento fatal.

rouge [ru:ʒ] *n.* **1.** colorete *m.* || *v. intr.* **2.** darse de colorete.

rough [rʌf] *adj.* **1.** áspero; rugoso. **2.** (rude) tosco; brusco. **3.** (voice, sound) bronco. **4.** (life) rudo; duro. **5.** (land) accidentado. **6.** (road) desigual. ‖ **to get ~** (the sea) embravecerse; alborotarse. **to play** jugar duro. **~ draft** borrador *m*.

roughness ['rʌfnɪs] *n*. **1.** (of skin) aspereza *f*. **2.** (of manners) rudeza *f*.; tosquedad *f*. **3.** (of terrain) aspereza *f*.

roulette [ru:'let] *n*. ruleta *f*. ‖ **Russian ~** ruleta rusa.

round [raʊnd] *adj*. **1.** redondo. ‖ *n*. **2.** *Gastr*. (of beef) redondo *m*. Esp. **3.** (circle) círculo *m*. **4.** (drinks) ronda *f*. **5.** *Sports* (boxing) asalto *m*. ‖ *adv*. **6.** alrededor. ‖ *prep*. **7.** alrededor de; en torno a/de. ‖ *v. tr*. **8.** redondear. ‖ **qualifying ~** eliminatoria *f*. **to ~ off** (an amount) redondear. **round-trip ticket** Am. E. billete de ida y vuelta.

roundabout ['raʊndəbaʊt] *n*., Br. E., *Car* glorieta *f*.; rotonda *f*.

rout [raʊt] *n*. **1.** *Mil*. derrota *f*. (completa). **2.** (flight) huida en desbandada. ‖ *v. tr*. **3.** (conquer) derrotar. **4.** (put to fight) poner en fuga.

route [ru:t] *n*. **1.** itinerario *m*.; ruta *f*. ‖ *v. tr*. **2.** encaminar; mandar. ‖ **~ map** mapa de carreteras.

routine [ru:'ti:n] *adj*. **1.** rutinario; habitual. ‖ *n*. **2.** rutina *f*.; hábito *m*.

row¹ [roʊ] *n*. fila *f*.; hilera *f*.

row² [roʊ] *n*. **1.** (quarrel) riña *f*.; pelotera *f*.; camorra *f*. fam. ‖ *v. intr*. **2.** (quarrel) pelearse.

row³ [roʊ] *v. tr. & intr*. remar.

rowboat ['roʊboʊt] *n*., Am. E., *Nav*. bote de remos; barca de remos.

rower ['roʊər] *n*. remero *m*.

rowing ['roʊɪŋ] *n*., *Sports* remo *m*. ‖ **~ boat** Br. E. barca de remos.

royal ['rɔɪəl] *adj*. real.

rub [rʌb] *n*. **1.** friega *f*.; fricción *m*. ‖ *v. tr*. **2.** frotar. **3.** (massage) friccionar. **4.** (hard) restregar. **5.** (scrub) fregar. ‖ *v. intr*. **6.** frotarse.

rubber ['rʌbər] *n*. **1.** caucho *m*. **2.** (eraser) goma *f*. (de borrar). ‖ **blackboard ~** borrador de (la pizarra) *m*. **~ ring** (for children) flotador *m*.

rubbing ['rʌbɪŋ] *n*. **1.** frotamiento *m*. **2.** (rub) roce *m*.; fricción *f*.

rubbish ['rʌbɪʃ] *n*. **1.** basura *f*. **2.** (nonsense) disparate *m*.; tonterías *f. pl*. **3.** (little value) porquería *f*. fig.; birria *f*., col. ‖ **rubbish!** *n*. **4.** ¡pamplinas! *f. pl*. ‖ **~ dump** Br. E. basurero *m*. **to talk ~** Br. E. decir paridas.

rubble ['rʌbəl] *n*. escombros *m. pl*.

rubdown ['rʌbdaʊn] *n*. (rub) fricción *f*.

rubella [ru:'belə] *n.*, *Med*. rubeola *f*.

ruby ['ru:bi] *n.*, *Miner*. rubí *m*.

ruck [rʌk] *n*. (in clothes) arruga *f*. ‖ **to ~ up** (clothes) arrugarse.

rucksack ['rʌksæk] *n.*, Br. E. mochila *f*.

ruckus ['rʌkəs] *n*. guirigay *m*.

rudder ['rʌdər] *n.*, *Aeron*. & *Nav*. timón *m*.

ruddy ['rʌdi] *adj*. colorado.

rude [ru:d] *adj*. **1.** tosco; rústico. **2.** (bad-mannered) maleducado; grosero; descortés. **3.** (vulgar) soez; malsonante.

rudeness ['ru:dnɪs] *n*. **1.** (roughness) tosquedad *f*. **2.** (offensiveness) grosería *f*.

rudiment ['ru:dəmənt] *n*. rudimento *m*.

rudimentary [,ru:də'mentəri] *adj.*, *frml*. elemental; rudimentario.

rue [ru:] *n*. **1.** *Bot*. (plant) ruda *f*. ‖ *v. intr*. **2.** arrepentirse.

ruff ['rʌf] *v. tr. & intr*. (cards) fallar.

ruffle ['rʌfəl] *v. tr*. **1.** (sb's hair) despeinar. **2.** (clothes) arrugar. **3.** (feathers) erizar.

rug [rʌg] n. **1.** alfombra. **2.** (on travels) manta f. ‖ **travelling** ~ manta de viaje.

rugby or rugby football [ˈrʌgbi:] n., Sports rugby m.

rugged [ˈrʌgɪd] adj. **1.** (rocks, mountains) escarpado. **2.** (construction) fuerte. **3.** (rough) rudo.

ruggedness [ˈrʌgədnɪs] n. escabrosidad f.

ruin [ˈruɪn] n. **1.** ruina f. ‖ v. tr. **2.** (bankrupt) arruinar. **3.** (destroy) arruinar; destruir. **4.** (spoil) estropear; echar a perder. **5.** (plans) desbaratar. ‖ **ruins** n. pl. **6.** Archit. ruinas f.

rule [ruːl] n. **1.** regla f.; precepto m.; ley m.; norma f. ‖ v. tr. **2.** gobernar; regir. ‖ **rules** n. pl. **3.** reglamento m. sing.; normativa f. sing. ‖ **as a general** ~ por regla general. **to** ~ **out** (dismiss) excluir. **set of rules** sistema normativo.

ruler [ˈruːlər] n. **1.** gobernante m. y f. **2.** (measure) regla f.

ruling [ˈruːlɪŋ] adj. **1.** gobernante; dirigente. ‖ n. **2.** Law fallo m.

rum [rʌm] n. (drink) ron m. ‖ ~ **and coke** (drink) cubalibre m.

rumba or rhumba [ˈrʌmbə] n., Mus. (dance) rumba f.

rumble [ˈrʌmbəl] n. **1.** (of thunder) estruendo m. ‖ v. tr. **2.** Br. E., coll. (catch) calar. ‖ v. intr. **3.** (thunder) retumbar.

ruminant [ˈruːmənənt] adj. **1.** Zool. rumiante. ‖ n. **2.** Zool. rumiante m.

ruminate [ˈruːməneɪt] v. tr., Zool. rumiar; masticar (por segunda vez).

rummage [ˈrʌmɪdʒ] n. **1.** acción de buscar revolviendo. ‖ v. tr. **2.** buscar revolviendo.

rumor, rumour (Br.E) [ˈruːmər] n. **1.** rumor m. ‖ v. tr. **2.** rumorear. ‖ **to be rumored** rumorearse.

rumple [ˈrʌmpəl] v. tr., fam. arrugar; encoger; fruncir.

rumpus [ˈrʌmpəs] n. gresca f. col. ‖ **to raise a** ~ fig. armar la de San Quintín.

run [rʌn] n. **1.** carrera f. ‖ v. tr. **2.** correr. ‖ v. intr. **3.** correr. **4.** (with wheels) rodar. **5.** (manage) administrar. ‖ **in the long** ~ a la larga. **on the** ~ a escape. **to** ~ **across** (find) tropezar con. **to** ~ **away** (escape) escapar; huir. **to** ~ **into** (collide with) chocar con; toparse con. **to** ~ **off in all directions** salir en desbandada. **to** ~ **out** (finish) acabarse. **to** ~ **over** atropellar; arrollar.

runaway [ˈrʌnəweɪ] adj. **1.** (horse) desbocado. ‖ n. **2.** (person) fugitivo m.

rung [rʌŋ] n. peldaño m.; escalón m.

runner [ˈrʌnər] n. **1.** corredor m. **2.** (messenger) mensajero m.

runner-up [ˈrʌnərʌp] n., Sports subcampeón m.; finalista f.

running [ˈrʌnɪŋ] adj. **1.** corredor. **2.** (water) corriente. **3.** (movie, show) en cartelera. ‖ n. **4.** (race) corrida f. **5.** (of machine) marcha f.; funcionamiento m. ‖ ~ **in** Car en rodaje.

run-up [ˈrʌnʌp] n. carrerilla f. [Take a run-up! ¡Coge carrerilla!]

runway [ˈrʌnweɪ] n., Am. E. (models) pasarela f.

rupture [ˈrʌptʃər] n. **1.** fig. (break) ruptura f. Med. (hernia) hernia f. ‖ v. tr. **3.** romper; quebrar.

rural [ˈrʊrəl] adj. rural; campestre.

ruse [ruːz] n. ardid m.; artimaña f.

rush¹ [rʌʃ] n., Bot. (plant) junco m.

rush² [rʌʃ] n. **1.** prisa f.; precipitación f. ‖ v. intr. **2.** (go quickly) ir deprisa; precipitarse.

rust [rʌst] *n*. **1.** (on metal) óxido *m*. ‖ *v. tr.* **2.** oxidar. ‖ *v. intr.* **3.** oxidarse.

rustic ['rʌstɪk] *adj*. **1.** rústico. ‖ *n*. **2.** (hick) paleto *m*.; aldeano *m*.

rustle ['rʌsəl] *n*. **1.** (of paper, leaves) crujido *m*. ‖ *v. intr.* **2.** (leaves, paper) crujir.

rustproof ['rʌst,pruːv] *adj*. inoxidable.

rusty ['rʌstɪ] *adj*. **1.** oxidado. ‖ **to become ~** enmohecerse. **to get ~** oxidarse.

rut [rʌt] *n*. **1.** surco *m*.; carril *m*.; rodada *f*. **2.** (animal) celo *m*. ‖ *v. intr.* **3.** *Zool*. estar en celo. ‖ **to be in ~** *Zool*. estar en celo. **to get out of the ~** salir de la rutina.

ruthless ['ruːθlɪs] *adj*. (cruel) despiadado; cruel; implacable.

rye [raɪ] *n., Bot*. centeno *m*. ‖ **~ bread** pan de centeno.

S

s [es] *n.* (letter) s *f.*

saber, sabre (Br.E) ['seɪbər] *n.* (sword) sable *m.*

sabotage ['sæbə,tɑ:ʒ] *n.* **1.** sabotaje *m.* ‖ *v. tr.* **2.** sabotear.

saccharin ['sækərɪn] *n.* sacarina *f.*

sachet ['sætʃeɪ] *n.*, Br. E. (sugar, gel) sobre *m.*; bolsita *f.*

sack [sæk] *n.* **1.** saco *m.*; costal *m.* **2.** Am. E. bolsa de papel. ‖ *v. tr.* **3.** (from job) despedir. **4.** Mil. saquear. ‖ **to get the ~** ser despedido.

sackcloth ['sæk,klɒθ] *n.* (textile) arpillera *f.*

sacking ['sækɪŋ] *n.* **1.** (layoff) despido *m.* **2.** (textile) arpillera *f.* **3.** (plundering) saqueo *m.*; pillaje *m.*

sacrament ['sækrəmənt] *n.*, Rel. (ceremony) sacramento *m.*

sacred ['seɪkrɪd] *adj.* sagrado; santo.

sacrifice ['sækrə,faɪs] *n.* **1.** sacrificio *m.* ‖ *v. tr.* **2.** sacrificar.

sacrilege ['sækrəlɪdʒ] *n.* sacrilegio *m.*

sad [sæd] *adj.* (unhappy) triste; mustio. ‖ **to grow ~** entristecerse.

sadden ['sædən] *v. tr.* apenar; entristecer; apesadumbrar.

saddle ['sædəl] *n.* **1.** Horse. montura *f.*; silla de montar. **2.** (of bicycle) sillín *m.*; asiento *m.* ‖ *v. tr.* **3.** ensillar. ‖ **to ~ oneself with** cargarse con.

sadness ['sædnɪs] *n.* tristeza *f.*

safari [sə'fɑ:ri] *n.* safari *m.* ‖ **on ~** de safari. **~ park** (zoo) safari *m.*

safe [seɪf] *adj.* **1.** seguro; salvo. ‖ *n.* **2.** (for money, jewels) caja fuerte/de caudales. ‖ *adv.* **3.** a salvo. ‖ **~ and sound** sano y salvo. ‖ **~ house** piso franco.

safe-conduct ['seɪf,kɒndəkt] *n.* salvoconducto *m.*; pase *m.*

safely ['seɪfli:] *adv.* **1.** (without danger) a salvo. **2.** (certainly) con toda seguridad.

safety ['seɪfti:] *n.* seguridad *f.* ‖ **~ belt** Car cinturón de seguridad. **~ measures** medidas de seguridad.

saffron ['sæfrən] *n.* **1.** Gastr. & Bot. azafrán. ‖ *adj.* **2.** (color) azafrán.

sag [sæg] *n.* **1.** Econ. (of prices) baja *f.* ‖ *v. intr.* **3.** combarse. **4.** Econ. (prices) bajar.

sagacity [sə'gæsəti:] *n.* (shrewdness) sagacidad *f.*; astucia *f.*

sage¹ [seɪdʒ] *adj.* **1.** (wise) sabio. ‖ *n.* **2.** (wise person) sabio *m.*

sage² [seɪdʒ] *n.*, Bot. salvia *f.*

Sagittarius [,sædʒɪ'teriəs] *p. n.*, Astrol. (sign of the zodiac) Sagitario.

sail [seɪl] *n.* **1.** Nav. vela *f.* **2.** (of mill) aspa *m.* ‖ *v. intr.* **3.** Nav. (ship) navegar. ‖ **to ~ along the coast** costear.

sailboat ['seɪl,bəʊt] *n.*, Am. E., Nav. (yacht) velero *m.*

sailing ['seɪlɪŋ] *n.* navegación *f.* ‖ **~ boat** Nav. barco de vela.

sailor ['seɪlər] *n.* marinero *m.*

saint [seɪnt] *n.* **1.** santo *m.* ‖ *adj.* **2.** san. ‖ **patron ~** Rel. patrón *m.*; patrono *m.* **saint's day** onomástica *f.*

sake [seɪk] *n.* bien *m.* ‖ **for God's ~** ¡por amor de Dios! **for heaven's ~** ! ¡por Dios! **for the ~ of** con el objeto de.

salad ['sæləd] *n.*, Gastr. ensalada *f.* ‖ **Russian ~** Gastr. (with potato) ensaladilla rusa. **~ bowl** ensaladera *f.*

salamander [,sælə'mændər] *n.*, Zool. salamandra *f.*

salary ['sæləri:] *n.* sueldo *m.*; paga *f.*; salario *m.* ‖ **monthly ~** mensualidad *f.*

sale [seɪl] *n.* **1.** Econ. venta *f.* **2.** (clearance) rebajas *f. pl.*; liquidación *f.* ‖ **sales**

n. **3.** *Econ.* rebajas *f. pl.* ‖ **clearance ~** liquidación total.

salesclerk ['seɪlsˌklɜːrk] *n., Am. E.* (shop assistant) dependiente *m. y f.*

salesman ['seɪlzmən] *n.* vendedor *m.* ‖ **traveling ~** viajante *m.*

saleswoman ['seɪlzˌwʊmən] *n.* vendedora *f.* ‖ **traveling ~** viajanta *f.*

saliva [sə'laɪvə] *n.* saliva *f.*

sallow ['sæloʊ] *adj.* (color) cetrino.

sallowness ['sæloʊnɪs] *n.* palidez *f.*; lividez *f.*; blancura *f.*

sally ['sæliː] *n.* **1.** *Mil.* salida *f.* **2.** (trip) salida *f.* ‖ *v. intr.* **3.** hacer una salida.

salmon ['sæmən] *adj.* **1.** (color) salmón. ‖ *n.* **2.** *Zool.* (fish) salmón.

saloon [sə'luːn] *n., Am. E.* taberna *f.*

salt [sɔːlt] *n.* **1.** sal *f.* ‖ *v. tr.* **2.** salar. ‖ **bath ~** sales de baño. **~ beef** *Gastr.* (cured meat) cecina *f.* **~ mine** salina *f.* **~ shaker** *Am. E.* salero *m.*

saltcellar ['sɔːltˌselər] *n., Br. E.* salero *m.*

salted ['sɒltɪd] *adj.* salado.

salting ['sɔːltɪŋ] *n.* (meat, fish) salazón *m.*

salty ['sɔːltiː] *adj.* (full of salt) salado.

salute [sə'luːt] *n.* **1.** *Mil.* saludo *m.* ‖ *v. tr. & intr.* **2.** *Mil.* saludar. ‖ **gun ~** salva *f.* **~ the flag** *Mil.* jurar bandera.

Salvadoran [ˌsælvə'dɔːrən] *adj. & n.* salvadoreño *m.*

Salvadorian [ˌsælvə'dɔːriən] *adj. & n.* salvadoreño *m.*

salvage ['sælvɪdʒ] *n.* **1.** (rescue) salvamento *m.*; rescate *m.* ‖ *v. tr.* **2.** (rescue) salvar; rescatar.

salvation [sæl'veɪʃən] *n.* salvación *f.*

salvo ['sælvoʊ] *n., Mil.* salva *f.*

samba ['sɑmbə] *n., Mus.* (dance) samba *f.*

same [seɪm] *adj.* **1.** mismo; igual [You have the same car as me. *Tienes el mis-*

mo coche que yo.] ‖ *pron.* **2.** mismo [He always eats the same. *Siempre come lo mismo.*] ‖ **all the ~** con todo; sin embargo [I can't stand him all the same. *Con todo, no puedo soportarlo.*] **it is all the ~ to me** me es indiferente.

sameness ['seɪmnɪs] *n.* **1.** igualdad *f.*; identidad *f.* **2.** (monotony) monotonía *f.*

sample ['sæmpəl] *n.* **1.** (specimen) muestra *f.*; ejemplo *m.* ‖ *v. tr.* **2.** (dish, wine) degustar; probar. ‖ **blood ~** *Med.* muestra de sangre.

sanatorium [ˌsænə'tɔːriəm] *n.* (hospital) sanatorio *m.*; clínica *f.*

sanctify ['sæŋktəˌfaɪ] *v. tr., Rel.* santificar; consagrar.

sanctimonious [ˌsæŋktɪ'moʊniəs] *adj.* santurrón *pey.*; beato, *pey.*

sanction ['sæŋkʃən] *n.* **1.** autorización *f.*; permiso *m.* **2.** (penalty) sanción *f.* ‖ *v. tr.* **3.** *Law* sancionar.

sanctity ['sæŋktəti] *n.* santidad *f.*

sanctuary ['sæŋktʃʊəriː] *n.* **1.** (protection) asilo *m.* **2.** *Rel.* santuario *m.*

sand [sænd] *n.* **1.** arena *f.* ‖ *v. tr.* **2.** *Tech.* lijar. ‖ **~ castle** castillo de arena. **to ~ down** lijar.

sandal ['sændəl] *n.* sandalia *f.*; abarca *f.*

sandboy ['sændˌbɔɪ] *adj.* contento. ‖ **to be as happy as a ~** *Br. E.* estar como unas castañuelas.

sandpaper ['sændˌpeɪpər] *n.* **1.** *Tech.* (paper) lija *f.* ‖ *v. tr.* **2.** lijar.

sandwich ['sændˌwɪtʃ] *n.* **1.** *Gastr.* sándwich *m.*; emparedado *m.* ‖ *v. tr.* **2.** (intercalate) intercalar.

sandy ['sændiː] *adj.* arenoso; arenisco.

sane [seɪn] *adj.* cuerdo.

sangria [ˌsæŋ'griə] *n.* (drink of red wine and fruit) sangría *f.*

sanguine ['sæŋgwɪn] *adj.* **1.** (optimistic) optimista. **2.** (ruddy) sanguíneo; rubicundo. **3.** (blood-red) colorado.

sanitary ['sænɪtəri:] *adj.* **1.** (concerning health) sanitario. **2.** (hygienic) higiénico. ‖ ~ **napkin** *Am. E.* compresa femenina. ~ **towel** *Br. E.* compresa femenina.

sanitation [sænə'teɪʃən] *n.* **1.** sanidad *f.* (pública). **2.** (system) saneamiento *m.*

sanity ['sænɪti:] *n.* (good sense) cordura *f.*; sensatez *f.*

sap[1] [sæp] *n., Bot.* savia *f.*

sap[2] [sæp] *v. tr.* **1.** *Mil.* zapar. **2.** (undermine) minar. **3.** *fig.* debilitar.

sapphire ['sæfaɪər] *n., Miner.* zafiro *m.*

sappy ['sæpi:] *adj.* bobo.

sarcasm ['sɑːrˌkæzəm] *n.* sarcasmo *m.*; recochineo *m. col.*

sarcastic [sɑːrˈkæstɪk] *adj.* (scatting) sarcástico; socarrón; mordaz.

sarcophagus [sɑːrˈkɒfəgəs] *n.* (stone coffin) sarcófago *m.*

sardine [sɑːrˈdiːn] *n., Zool.* (fish) sardina *f.* ‖ **crammed in like** ~ *fig. & fam.* como sardinas en lata.

sarsaparilla [sæspəˈrelə] *n.* (drink) zarzaparrilla *f.*

sash [sæʃ] *n.* banda *f.*; faja *f.*

sassy ['sæsi:] *adj., Am. E., coll.* (cheeky) caradura *fam.*; fresco.

satchel [sætʃəl] *n.* cartera *f.* (para escolares).

satellite ['sætəˌlaɪt] *n.* satélite *m.* ‖ ~ **dish** (TV) parabólica *f.*

satiate ['seɪʃɪeɪt] *v. tr.* hartar; saciar.

satin ['sætɪn] *n.* (fabric) raso *m.*; satén *m.*

satire ['sætaɪər] *n.* sátira *f.*

satirical [səˈtɪrəkəl] *adj.* satírico.

satisfaction [sætəsˈfækʃən] *n.* satisfacción *f.*; contento *m.*

satisfied ['sætəsˌfaɪd] *adj.* satisfecho pancho *col.*; conforme. ‖ **to be** ~ **with** contentarse con.

satisfy ['sætɪsˌfaɪ] *v. tr.* **1.** satisfacer. **2.** (comply with) llenar.

saturate ['sætʃʊˌreɪt] *v. tr.* saturar; empapar *fam.*

Saturday ['sætərˌdi:] *n.* sábado *m.*

satyr ['sætər 'seɪtər] *n., Myth.* sátiro *m.*

sauce [sɔːs] *n. Gastr.* salsa *f.* ‖ **white** ~ *Gastr.* besamel *f.*

saucepan ['sɔːsˌpæn] *n.* cacerola *f.* ‖ **small** ~ cazo *m.*

saucer ['sɔːsər] *n.* (small plate) platillo *m.* ‖ **flying** ~ platillo volante.

sauna ['sɔːnə 'saʊnə] *n.* sauna *f.*

sausage ['sɒsɪdʒ] *n.* **1.** *Gastr.* salchicha *f.* **2.** *Gastr.* (spicy) embutido *m.* ‖ **blood** ~ *Am. E., Gastr.* morcilla *f.* **pork** ~ *Gastr.* longaniza *f.* **seasoned** ~ *Gastr.* (similar to salami) salchichón *m.*

sauté ['sɔːˌteɪ] *adj.* **1.** *Gastr.* salteado. ‖ *v. tr.* **2.** *Gastr.* saltear.

savage ['sævɪdʒ] *adj.* **1.** (tribe) salvaje. **2.** (violent) brutal. ‖ *n.* **3.** salvaje *m. y f.*

savageness ['sævɪdʒnɪs] *n.* **1.** (cruel act) barbarie *f.*; crueldad *f.* **2.** (primitiveness) salvajismo *m.*

savagery ['sævɪdʒəˌri:] *n.* **1.** (cruel act) barbarie *f.*; salvajada *f.* **2.** (primitiveness) salvajismo *m.*

savanna or savannah [səˈvænə] *n., Geogr.* sabana *f.*

save [seɪv] *prep.* **1.** *arch.* salvo; excepto. ‖ *v. tr.* **2.** (rescue) salvar; rescatar. **3.** (money) ahorrar; economizar. **4.** *Comput.* archivar. ‖ **to** ~ **oneself the trouble** ahorrarse la molestia.

saving ['seɪvɪŋ] *n.* **1.** ahorro *m.*; economía *f.* ‖ **savings** *n. pl.* **2.** ahorros *m.*

‖ ~ **account** cuenta de ahorros. **savings bank** caja de ahorros.

savior, saviour (Br.E) ['seɪvjər] *n.* (rescuer) salvador *m.*

savor, savour (Br.E) ['seɪvər] *n.* **1.** sabor *m.* ‖ *v. tr.* **2.** saborear.

saw [sɔː] (p.p. sawn) *n.* **1.** *Tech.* sierra *f.* ‖ *v. tr. & intr.* **2.** serrar; aserrar.

sawdust ['sɔːdʌst] *n.* serrín *m.*

sawmill ['sɔːmɪl] *n.* (factory) aserradero *m.;* serrería *f.*

saxophone ['sæksəfoʊn] *n., Mus.* (instrument) saxofón *m.*

say [seɪ] *v. tr.* (word, sentence) decir. ‖ **to ~ goodbye** decir adiós; despedirse. **that is to ~** es decir.

saying ['seɪɪŋ] *n.* refrán *m.;* dicho *m.;* frase hecha; proverbio *m.* ‖ **as the ~ goes** como dice el refrán.

scab [skæb] *n., Med.* costra *f.;* postilla *f.*

scabies ['skeɪbiːz] *n. inv., Med.* sarna *f.*

scabrous ['skæbrəs] *adj.* (obscene) escabroso; obsceno.

scaffold ['skæfəld] *n.* **1.** *Constr.* andamio *m.;* andamiaje *m.* **2.** (for execution) patíbulo *m.;* cadalso *m.*

scald [skɔːld] *n.* **1.** escaldadura *f.* ‖ *v. tr.* **2.** (with hot water) escaldar.

scale[1] [skeɪl] *n.* **1.** *Zool.* escama *f.* ‖ *v. tr.* **2.** *Zool.* (a fish) escamar.

scale[2] [skeɪl] *n.* **1.** (graduated line) escala *f.* **2.** *Mus.* gama *f.* **3.** (for weighting) peso *m.* ‖ *v. tr.* **4.** escalar. ‖ **on a large ~** a gran escala.

scales [skeɪlz] *n. pl.* balanza *f. sing.*

scallion ['skæljən] *n., Bot.* cebolleta *f.*

scalp [skælp] *n.* **1.** *Anat.* cuero cabelludo. ‖ *v. tr.* **2.** *Am. E., fam.* (tickets) revender (más caro).

scalpel ['skælpəl] *n., Med.* bisturí *m.*

scam [skæm] *n., fam.* chanchullo *m.*

scamp [skæmp] *n.* bribón *m.*

scan [skæn] *v. tr.* **1.** escudriñar. **2.** (horizon) otear. **3.** *Lit.* (verses) medir.

scandal ['skændəl] *n.* escándalo *m.* ‖ **to cause a ~** provocar un escándalo.

scandalize, scandalise (Br.E) ['skændəlaɪz] *v.* escandalizar. ‖ **to be scandalized** escandalizarse.

scandalous ['skændələs] *adj.* escandaloso; bochornoso.

scant [skænt] *adj.* escaso; corto.

scanty ['skænti] *adj.* escaso; exiguo.

scapegoat ['skeɪpɡoʊt] *n.* chivo expiatorio; cabeza de turco.

scapular ['skæpjələr] *n., Rel.* escapulario *m.;* medalla *m.*

scapulary ['skæpjələri] *n., Rel.* escapulario *m.;* medalla *m.*

scar [skɑːr] *n.* **1.** (on skin) cicatriz *f.* ‖ *v. tr.* **2.** marcar con cicatriz.

scarce [skers] *adj.* **1.** (scant) contado. **2.** (rare) raro. ‖ **to be ~** escasear. **to make oneself ~** *coll.* pirarse; esfumarse.

scarcely ['skersli] *adv.* apenas.

scarcity ['skersəti] *n.* (shortage) escasez *f.;* penuria *f.;* carestía.

scare [sker] *n.* **1.** susto *m.;* espanto *m.* ‖ *v. tr.* **2.** asustar; espantar. ‖ **to be scared** sobrecogerse. **to get scared** asustarse. **to ~ away** (or "off") ahuyentar.

scarecrow ['skerkroʊ] *n.* espantapájaros *m. inv.;* espantajo *m.*

scarf [skɑːrf] *n.* **1.** (square) pañuelo *m.* **2.** (of wood) bufanda *f.* **3.** (of silk) fular *m.*

scarlatina [ˌskɑːrləˈtiːnə] *n., Med.* (illness) escarlatina *f.*

scarlet ['skɑːrlɪt] *adj.* **1.** escarlata. ‖ *n.* **2.** (color) escarlata *f.;* rojo *m.*

scatter ['skætər] *v. tr.* **1.** esparcir; desparramar. **2.** (disperse) dispersar. ‖ *v. intr.* **3.** dispersarse; esparcirse.

scatterbrain ['skætər,breɪn] *n., coll.* cabeza de chorlito.

scatterbrained ['skætər,breɪnd] *adj.* atolondrado; atontado.

scene [si:n] *n.* **1.** escena *f.* **2.** (place) escenario *f.* **3.** (view) panorama *f.* **4.** *Theat.* cuadro *m.* ‖ **behind the scenes** *Theat.* entre bastidores.

scenery ['si:nəri] *n.* **1.** escenografía *f.;* paisaje *m.* **2.** *Theat.* decorado *m.*

scenic ['si:nɪk] *adj.* pintoresco.

scenography [si:'nɒɡrəfi] *n.* (art) escenografía *f.*

scent [sent] *n.* **1.** perfume *f.;* aroma *m.;* fragancia *f.* **2.** (trail) rastro *m.;* pista *f.* **3.** (sense) olfato *m.* ‖ *v. tr.* **4.** olfatear; husmear. ‖ **to throw off the ~** despistar.

scepter [(septər] *n.* cetro *m.*

schedule ['skedʒu:l] *n.* **1.** *Am. E.* programa *m.;* agenda *f.;* horario *m.* ‖ *v. tr.* **2.** (plan) programar; planear.

schematic [skə'mætɪk] *adj.* esquemático.

scheme [ski:m] *n.* **1.** esquema *m.* **2.** (plan) plan *m.;* programa *m.* **3.** (trick) ardid. ‖ *v. intr.* **4.** (plot) intrigar.

schism ['skɪzəm] *n., Rel.* cisma *m.*

schnozzle ['ʃnɒzəl] *n., Am. E., slang* (nose) napia *f. col.*

scholar ['skɒlər] *n.* **1.** (pupil) alumno *m.* **2.** (holder of scholarship) becario *m.* **3.** (learned person) erudito *m.;* estudioso *m.;* intelectual *m.*

scholarship ['skɒlərʃɪp] *n.* **1.** erudición *f.* **2.** (grant) beca *f.* (por méritos). ‖ **~ holder** becario *m.*

scholastic [skə'læstɪk] *adj.* escolar.

school [sku:l] *n.* **1.** escuela *f.;* colegio *m* **2.** (drama) academia *f.* ‖ *v. tr.* **3.** (teach) enseñar. **4.** (train) instruir. ‖ **schoolyard** *n.* **5.** patio de escuela. ‖ **boarding ~** *Educ.* internado *m.;* pensionado *m.* **elementary ~** colegio de enseñanza primaria. **high ~** *Am. E.* instituto de enseñanza secundaria; colegio de enseñanza media. **language ~** escuela de idiomas. **law ~** facultad de derecho. **public ~** *Br. E.* colegio *m.* (privado). **~ report** boletín de notas. **~ teacher** maestro de escuela. **secondary ~** *Br. E.* instituto de enseñanza secundaria.

schoolboy ['sku:l,bɔɪ] *n.* colegial *m.*

science ['saɪəns] *n.* ciencia *f.* ‖ **natural ~** (school subject) ciencias naturales.

scientific [saɪən'tɪfɪk] *adj.* científico *m.*

scientist ['saɪəntɪst] *n.* científico *m.*

scintillate ['sɪntəlɪət] *v. intr.* (sparkle) centellear; brillar.

scintillation [,sɪntə'leɪʃən] *n.* centelleo *m.;* brillo *f.*

scion ['saɪən] *n.* **1.** *Bot.* (from plant) esqueje *m.* **2.** *frml.* (descendant) descendiente *m. y f.*

scission ['sɪʒən] *n.* escisión *f.*

scissors ['sɪˌsɔ:rs] *n. pl.* tijera *f. sing.*

scoff [skɒf] *n.* **1.** burla *f.;* escarnio *m.* ‖ *v. intr.* **2.** burlarse.

scold ['skɒld] *v. tr. & intr.* regañar; reñir.

scolding ['skɒldɪŋ] *n.* regañina *f. fam.;* bronca *f., fam.*

scone [skoʊn] *n., Br. E., Gastr.* bollo *m.*

scoop ['sku:p] *n.* **1.** (for flour) pala *f.* **2.** (for ice-cream) cuchara *f.* ‖ *v. tr.* **3.** (with money) forrarse. ‖ **~ out** sacar (con pala).

scope [skoʊp] *n.* **1.** (range) alcance *m.* **2.** (of influence) esfera *f.*

scorch ['skɔːtʃ] *n.* **1.** quemadura *f.* ‖ *v. tr.* **2.** (singe) chamuscar. **3.** (burn superficially) abrasar.

scorching ['skɔːtʃɪŋ] *adj.* abrasador.

score [skɔːr] *n.* **1.** *Sports* tanteo *m.* **2.** (notch) muesca *f.* **3.** (account) cuenta *f.* **4.** (in test) puntuación *f.* **5.** *Mus.* partitura *f.* ‖ *v. tr.* **6.** *Sports* (goal) anotar; marcar. ‖ **scoreboard** *n.* **7.** *Sports* marcador *m.* ‖ **to ~ out** tachar.

scorn [skɔːrn] *n.* **1.** desprecio *m.*; menosprecio *m.*; desdén *m.* ‖ *v. tr.* **2.** despreciar; desdeñar; menospreciar.

scornful ['skɔːrnfəl] *adj.* desdeñoso.

Scorpio ['skɔːrpjoʊ] *p. n.*, *Astrol.* (sign of the Zodiac) Escorpio.

scorpion ['skɔːrpɪən] *n.*, *Zool.* escorpión *m.*; alacrán *m.*

Scot [skɒt] *n.* (person) escocés *m.*

Scotch ['skɒtʃ] *adj.* (whisky) escocés.

scotch [skɒtʃ] *v. tr.* **1.** (efforts) frustrar. **2.** (rumours) acallar; sofocar.

Scotch tape ['skɒtʃ ˌteɪp] *n.*, *Am. E.* celo *m.*; cinta adhesiva.

Scotsman ['skɒtsˌmən] *n.* escocés *m.*

Scotswoman ['skɒtsˌwʊmən] *n.* (person) escocesa *f.*

Scottish ['skɒtɪʃ] *adj.* (city, person) escocés.

scoundrel ['skaʊndrəl] *n.* sinvergüenza *m. y f.*; granuja *m.*; canalla *m. y f.*

scourer ['skaʊrər] *n.* (scouring pad) estropajo *m.*

scourge ['skɜːrdʒ] *n.* **1.** azote *m.* ‖ *v. tr.* **2.** (whip) azotar; flagelar.

scout [skaʊt] *n. Mil.* explorador *m.* ‖ **boy ~** explorador *m.*; boy scout.

scowl [skaʊl] *n.* **1.** ceño (fruncido) *m.* ‖ *v. intr.* **2.** fruncir el ceño.

scrabble ['skræbəl] *v. intr.* escarbar.

scramble ['skræmbəl] *n.* **1.** subida *f.* ‖ *v. intr.* **2.** (clamber) trepar.

scrap [skræp] *n.* **1.** trozo *m.* **2.** (cutting) recorte *m.* **3.** (waste material) chatarra *f.* ‖ *v. tr.* **4.** desechar. **5.** (car, plane) desguazar. **6.** *fig.* descartar. ‖ **scraps** *n. pl.* **7.** sobras *f.*; desechos *m.*

scrape [skreɪp] *n.* **1.** rasguño *m.* **2.** (predicament) aprieto *m.*; apuro *m.* ‖ *v. tr.* **3.** raspar; raer. **4.** (vegetables) rascar.

scraper ['skreɪpər] *n.* raspador *m.*

scratch [skrætʃ] *n.* **1.** arañazo *m.*; rasguño *m.* ‖ *v. tr.* **2.** arañar; raspar. **3.** (surface) rayar. **4.** (ground) escarbar.

scratchy ['skrætʃiː] *adj.* arañado.

scrawl [skrɔːl] *n.* **1.** (mark) garabato *m.* ‖ *v. tr. & intr.* **2.** garabatear.

scream [skriːm] *n.* **1.** grito *m.*; alarido *m.* ‖ *v. intr.* **2.** chillar; gritar. ‖ **to be a real ~** ser la monda. **real ~** cachondo *m.*

screaming ['skriːmɪŋ] *adj.* chillón.

screech ['skriːtʃ] *n.* **1.** chillido *m.*; alarido *m.* ‖ *v. intr.* **2.** chillar; gritar. **3.** (tires) chirriar.

screen [skriːn] *n.* **1.** *Film* pantalla *f.* **2.** (folding) biombo *m.*; mampara *f.* ‖ *v. tr.* **3.** proteger. **4.** (conceal) ocultar; tapar. **5.** (film) proyectar. **6.** *fig.* (candidates for a job) cribar.

screenwriter ['skriːnˌraɪtər] *n.*, *Film* guionista *m. y f.*

screw [skruː] *n.* **1.** tornillo *m.* ‖ *v. tr.* **2.** atornillar. **3.** *vulg.* (sexual intercourse) joder. ‖ **to get screwed up** joderse *fam.* **to ~ up** *coll.* (ruin) cagar *fam.* **to put the screws on** apretar las clavijas a.

screwball ['skruːˌbɔl] *n.*, *Am. E.* (eccentric) estrafalario *m.*; excéntrico *m.*

screwdriver [skruːˌdraɪvər] *n.*, *Tech.* destornillador *m.*

scribble ['skrɪbəl] n. 1. (scrawl) garabato m. || v. tr. & intr. 2. garabatear.

scribe [skraɪb] n., Hist. escribano m.

script [skrɪpt] n. 1. (writing) escritura f. 2. Film guión m.

scriptwriter [skrɪpt,raɪtər] n., Film (person) guionista m. y f.

scroll [skroʊl] n. (of paper) rollo m. (de pergamino).

scrounger ['skraʊndʒər] n. gorrón m.

scrub¹ [skrʌb] n. (bush) maleza f.

scrub² [skrʌb] n. 1. (wash) fregado m.; lavado m. || v. tr. 2. (rub) fregar. 3. (clothes) lavar (ropa).

scruff [skrʌf] n., Anat. (neck) pescuezo m. || ~ **of the neck** Anat. cogote m.

scruple ['skru:pəl] n. 1. escrúpulo m. || v. intr. 2. tener escrúpulos.

scrupulous ['skru:pjələs] adj. (immaculate) escrupuloso; pulcro.

scrutinize, scrutinise (Br.E) ['skru:tɪneɪz] v. tr. 1. (examine) escudriñar. 2. (votes) escrutar.

scrutiny ['skru:tənɪ] n. 1. examen m. 2. Polit. (of votes) escrutinio m.

scuba ['sku:bə] n. equipo de submarinismo. || ~ **diving** Sports submarinismo m.

scuffle ['skʌfəl] n. 1. (fight) refriega f.; riña f. || v. intr. 2. pelearse.

sculptor ['skʌlptər] n. 1. escultor m.

sculpture ['skʌlptʃər] n. 1. escultura f. || v. tr. 2. (art) esculpir.

scum [skʌm] n. 1. (on liquid) espuma f. 2. fig. (people) escoria f.; hez f.

scuttle¹ ['skʌtəl] n. 1. cubo del carbón. 2. Nav. escotilla f.

scuttle² ['skʌtəl] v. intr. barrenar.

scythe [saɪð] n. 1. guadaña f. || v. tr. 2. segar (con guadaña).

sea [si:] n., Geogr. mar amb. || **at** ~ en el mar. **by** ~ por mar. **high seas** alta mar. **out to** ~ mar adentro.

sea bass ['si:,bæs] sust. phr., Zool. (fish) lubina f.

sea bream ['si:,bri:m] n., Zool. (fish) besugo m.

sea urchin ['si:,ɜ:rtʃɪn] sust. phr., Zool. erizo de mar.

seafood ['si:,fu:d] n., Gastr. marisco m.

seagull [(si:gəl] n., Zool. (bird) gaviota f.

seal¹ [si:l] n., Zool. foca f.

seal² [si:l] n. 1. (official) sello m. || v. tr. 2. sellar. 3. (with wax) lacrar. 4. (bottle) precintar.

sealing wax ['si:lɪŋ,wæks] n. lacre m.

seam [si:m] n. 1. costura f. 2. Med. (scar, suture) sutura f. 3. Geol. grieta f. 4. Miner. filón m.; veta f. || **to be bursting at the seams** (full) estar lleno hasta la bandera. **open** ~ descosido.

seaman ['si:mən] n. (sailor) marinero m.; marino m.

seamanship ['si:mən,ʃɪp] n. náutica f.

seaplane ['si:,pleɪn] n. Br. E. hidroavión m.

search [sɜ:rtʃ] n. 1. búsqueda f.; busca f.; rastreo m. || v. tr. & intr. 2. rebuscar. 3. (files) registrar. 4. (a person) cachear. || ~ **for** buscar.

searching ['sɜ:rtʃɪŋ] adj. escrutador.

seashore ['si:,ʃɔ:r] n., Geogr. 1. (littoral) costa f. 2. (beach) playa f.

seasick ['si:,sɪk] adj. (queasy) mareado. || **to be** ~ marearse.

seasickness [,si:'sɪknɪs] n. mareo m.

seaside [si:'saɪd] n. (for holidays) playa f.; costa f.

season¹ ['si:zən] n. 1. (division of year) estación f. 2. (for sport) temporada f. || **to buy a** ~ **ticket** abonarse. **closed** ~

Am. E. (for hunting) veda *f.* **out of ~** fuera de temporada. **~ ticket** abono *m.* **sowing ~** sementera *f.*

season² [si:zən] *v. tr.* **1.** *Gastr.* sazonar; condimentar; aderezar. **2.** (wood) curar.

seasoning ['si:zənɪŋ] *n., Gastr.* condimento *m.*; aliño *m.*; aderezo *m.*

seat [si:t] *n.* **1.** asiento *m.* **2.** *Film & Theatr.* localidad *f.*; butaca *f.*; asiento *m.* **3.** (buttocks) culo *m.*; trasero *m.* **4.** *Polit.* escaño *m.* **5.** (government) sede *f.* ‖ *v. tr.* **6.** sentar; acomodar en asientos. **7.** (fix) asentar. **8.** *Theat.* tener capacidad para. ‖ **front rows of seats** *Taur.* tendido *m.* **to take a ~** tomar asiento.

seated ['si:təd] *adj.* sentado.

seating ['si:tɪŋ] *n.* (number) asientos *m. pl.* ‖ **~ capacity** aforo *m.*

seaweed ['si:wi:d] *n., Bot.* (alga) alga *f.* (marina).

seaworthy ['si:ˌwɜ:rði:] *adj.* (ship) navegable.

secluded [sɪˈklu:dɪd] *adj.* (place) aislado; retirado; apartado.

seclusion [sɪˈklu:ʒən] *n.* reclusión *f.*

second ['sekənd] *card. num. adj.* (also *n.*) **1.** segundo; dos [This is my second child. *Éste es mi segundo hijo.*] ‖ *n.* **2.** segundo *m.* [It will take me thirty seconds. *Tardaré treinta segundos.*] ‖ *adv.* **3.** en segundo lugar [I arrived second. *Llegué en segundo lugar.*] ‖ *v. tr.* **4.** secundar; apoyar. ‖ **second-hand** *adj. & adv.* **5.** de ocasión; de segunda mano [I bought a second-hand house. *Compré una casa de segunda mano.*] ‖ **second-class** *adj.* **6.** (de) pacotilla. ‖ **second-rate** *adj.* **7.** (de) pacotilla.

secondary ['sekənˌderi:] *adj.* secundario; de segundo orden.

secrecy ['si:krəsi:] (pl.: cies) *n.* secreto *m.* ‖ **in ~** en secreto.

secret ['si:krɪt] *adj.* **1.** secreto. ‖ *n.* **2.** secreto *m.* ‖ **to keep something ~** mantener algo en secreto.

secretariat [sekrəˈterɪət] *n.* secretaría *f.*

secretary ['sekrəˌteri:] *n.* **1.** secretario *m.* **2.** *Am. E., Polit.* ministro *m.* ‖ **secretary's office** secretaría *f.*

secretive [sɪˈkri:tɪv] *adj.* (reserved) reservado; callado; introvertido.

sect [sekt] *n.* secta *f.*

section ['sekʃən] *n.* **1.** sección *f.* **2.** (of community) sector *m.* **3.** (stretch) tramo *m.* ‖ *v. tr.* **4.** cortar; seccionar.

sector ['sektər] *n.* sector *m.*

secular ['sekjələr] *adj.* **1.** (not religious) laico; secular. **2.** *Rel.* (priest) seglar.

secure [sɪˈkjʊr] *adj.* **1.** seguro. ‖ *v. tr.* **2.** asegurar. **3.** (obtain) obtener. **4.** *Econ.* (loan) garantizar.

security [sɪˈkjʊrəti:] *n.* **1.** seguridad *f.* **2.** (guarantee) garantía *f.*

sedate [səˈdeɪt] *adj.* **1.** tranquilo; sosegado. ‖ *v. tr.* **2.** *Med.* sedar.

sedative ['sedətɪv] *adj. & n.* sedante *m.*

sedentary ['sedənˌteri:] *adj.* sedentario.

sediment ['sedəmənt] *n.* **1.** sedimento *m.* **2.** (of wine, coffee) poso *m.*

sedition [səˈdɪʃən] *n.* sedición *f.*

seditious [səˈdɪʃəs] *adj.* sedicioso.

seduce [sɪˈdju:z] *v. tr.* seducir.

seducer [sɪˈdju:sər] *n.* seductor *m.*

seduction [səˈdʌkʃən] *n.* seducción *f.*

seductive [sɪˈdʌktɪv] *adj.* **1.** seductor. **2.** (clothes) provocativo.

see¹ [si:] (p.t. saw and p.p. seen) *v. tr.* ver. ‖ **to be seen** verse. **to ~ each other** verse. **to ~ in** celebrar. **~ you!** ¡hasta pronto!; ¡hasta luego!; ¡hasta la vista!

see[2] [si:] *n.*, *Rel.* sede *f.*

seed [si:d] *n.* **1.** *Bot.* semilla *f.*; grano *m.* **2.** *Bot.* (of fruit) pepita *f.* || *v. tr.* **3.** sembrar. **4.** (grapes) despepitar. || *v. intr.* **5.** *Bot.* granar.

seeding ['si:dɪŋ] *n.*, *Bot.* grana *f.*

seem ['si:m] *v. intr.* parecer [She seemed to be really tired. *Ella parecía estar realmente cansada.*]

seeming ['si:mɪŋ] *adj.* aparente; supuesto; simulado.

seemly ['si:mli:] *adj.* (behavior) decente; correcto; honesto.

seer [si:r] *n.* (clairvoyant) vidente *m. y f.*; futurólogo *m.*

seesaw ['si:sɔ:] *n.* **1.** balancín *m.* || *v. intr.* **2.** columpiarse.

seethe ['si:z] *v. intr.* **1.** hervir; cocer. **2.** *fig.* (fume) rabiar.

segment ['seɡmənt] *n.* **1.** segmento *m.* **2.** (orange, lemon) gajo *m.*

segregate ['seɡrəɡeɪt] *v. tr.* segregar.

segregation [ˌseɡrəˈɡeɪʃən] *n.* segregación *f.*; desglose *m.*

seize [si:z] *v. tr.* **1.** asir; prender; coger. **2.** *fig.* apoderarse (de algo) [She was seized with panic. *El pánico se apoderó de ella.*] **3.** (criminal) apresar.

seizure ['si:ʒər] *n.* **1.** incautación *f.* **2.** *Law* (of a property) embargo *m.* **3.** *Med.* ataque *m.* (de apoplejía). **4.** (captives) secuestro *m.*

seldom ['seldəm] *adv.* rara vez [He seldom comes to see me. *Rara vez viene a verme.*]

select [səˈlekt] *adj.* **1.** selecto; escogido. **2.** (of society) granado; florido. || *v. tr.* **3.** elegir; optar; escoger.

selection [səˈlekʃən] *n.* **1.** selección *f.* **2.** (choosing) elección *f.*

self [self] (pl.: selves) *adj.* **1.** sí mismo. || *n.* **2.** personalidad *f.*

self-confidence [ˌselfˈkɒnfɪdənt] *n.* desenfado *m.*; desparpajo *m.*

self-defense [ˌselfdɪˈfens] *n.* (gym, mechanism) autodefensa *f.*

self-denial [ˌselfdɪˈnaɪəl] *n.* (abnegation) abnegación *f.*

self-esteem [ˌselfesˈti:m] *n.* amor propio; orgullo *m.*; autoestima *f.*

selfish ['selfɪʃ] *adj.* egoísta; interesado; aprovechado.

selfishness ['selfɪʃnɪs] *n.* egoísmo *m.*

self-portrait [ˌselfˈpɔ:rtreɪt] *n.* autorretrato *m.*; autoestima *f.*

self-respect [ˌselfrəˈspekt] *n.* amor propio: orgullo *m.*

sell [sel] *v. tr.* vender. || **to be sold out** *Econ.* (product) agotarse. **~ out** venderse. **sold out** *Theat.* (tickets) no hay billetes.

sell-by date ['selbaɪdət] *n.*, *Br. E.* fecha de caducidad. || **to pass its ~** caducar.

sellotape ['seləteɪp] *n.*, *Br. E.* celo *m.*

semantics [səˈmæntɪks] *n.*, *Ling.* semántica *f.*

semen ['si:mən] *n.*, *Biol.* semen *m.*; esperma *amb.*

semester [səˈmestər] *n.* semestre *m.*

semicircle [ˌsemɪˈsɜ:rkəl] *n.*, *Math.* semicírculo *m.*

semicolon [ˌsemɪˈkoʊlən] *n.*, *Ling.* punto y coma.

semidetached [ˌsemɪdɪˈtæʃt] *adj. & n.* (house) adosado *m.*

semifinal [ˌsemɪˈfaɪnəl] *n.* semifinal *f.*

seminar ['semənɑ:r] *n.* seminario *m.*

seminary ['seməneri:] *n.* *Rel.* seminario *m.*; internado *m.*

senate ['senɪt] *n.*, *Polit.* senado *m.*

send ['send] *v. tr.* **1.** enviar; mandar. **2.** (dispatch) despachar. ‖ **to ~ back** devolver. **to ~ down** *Br. E.* (one student) expulsar. **to ~ off** (letter) enviar (por correo). *Br. E., Sports* (player) expulsar. **to ~ sb packing** *coll.* despedir a alguien con cajas destempladas.

sender ['sendər] *n.* remitente *m. y f.*

sending ['sendɪŋ] *n.* envío *m.*

senile ['si:naɪl] *adj.* senil; caduco. ‖ **to be ~** chochear.

senior ['si:njər] *adj.* **1.** (in age) de mayor edad. **2.** (in rank) superior. ‖ **~ citizen** jubilado *m.* **~ teacher** agregado *m.*

seniority [,si:nɪˈɒrəti:] *n.* antigüedad *f.*

sensation [senˈseɪʃən] *n.* sensación *f.*

sensational [senˈseɪʃənəl] *adj.* sensacional; extraordinario.

sense [sens] *n.* **1.** sentido *m.* **2.** sensación *f.* **3.** (head) mollera *f. fam.* **4.** (of a word) acepción *f.* ‖ *v. tr.* **5.** sentir; intuir. ‖ **common ~** sentido común. **good ~** sensatez *f.* **sixth ~** sexto sentido.

sensibility [,sensəˈbɪləti:] *n.* (feeling) sensibilidad *f.*; delicadeza *f.*

sensible ['sensəbəl] *adj.* sensato; juicioso; cuerdo; cauto.

sensitive ['sensɪtɪv] *adj.* **1.** sensible; sentido. **2.** (touchy) susceptible.

sensitivity [,sensəˈtɪvəti:] *n.* sensibilidad *f.*; intuición *f.*

sensual ['senʃʊəl] *adj.* sensual.

sensuous ['sensjʊəs] *adj.* sensual.

sentence ['sentəns] *n.* **1.** *Ling.* oración *f.*; frase *f.* **2.** *Law* sentencia *f.*; condena *f.*; fallo *m.* ‖ *v. tr.* **3.** *Law* (condemn) condenar; sentenciar.

sentimental [,sentəˈmentəl] *adj.* sentimental. ‖ **~ value** valor sentimental.

sentry [(sentri:] *n., Mil.* centinela *m.* ‖ **to be on the ~ duty** *Mil.* estar de guardia. **~ box** *Mil.* garita *f.* (del centinela).

separate ['sepərɪt] *adj.* **1.** separado. **2.** (apart) apartado. ‖ *v. tr.* **3.** separar. **4.** (ideas) deslindar *form.* ‖ *v. intr.* **5.** (move apart) separarse.

separately ['sepərətli:] *adv.* (apart) por separado.

separation [,sepəˈreɪʃən] *n.* **1.** separación *f.* **2.** (of couple) ruptura *f.*

sepia ['si:piə] *n.* **1.** *Zool.* (squid) sepia *f.* **2.** (color) sepia *f.*

September [sepˈtembər] *n.* (month of year) septiembre *m.*

sequence ['si:kwəns] *n.* **1.** secuencia *f.* **2.** (series) serie *f.*; sucesión *f.* **3.** (cards) escalera *f.*

sequestration [,sekwesˈtreɪʃən] *n. Law* embargo *m.*

sequin ['si:kwɪn] *n.* lentejuela *f.* ‖ **sequined dress** vestido de lentejuelas.

serenade [serəˈneɪd] *n.* **1.** *Mus.* serenata *f.*; ronda *f.* ‖ *v. intr.* **2.** *Mus.* rondar; dar una serenata.

serene [səˈri:n] *adj.* sereno; claro.

serenity [səˈrenəti:] *n.* serenidad *f.*

sergeant ['sɑ:rdʒənt] *n., Mil.* sargento *m.*

serial ['sɪriəl] *adj.* **1.** consecutivo; sucesivo. **2.** *Comput.* en serie. ‖ *n.* **3.** (novel) publicado en entregas.

series ['sɪri:z] *n. inv.* serie *f. sing.*

serious ['sɪriəs] *adj.* serio; formal.

seriousness ['sɪriəsnɪs] *n.* seriedad *f.*; formalidad *f.*; gravedad *f.*

sermon ['sɜ:rmən] *n., Rel.* (talk) sermón *m.*; plática *f.*

serum ['sɪrəm] *n., Med.* suero *m.*

servant ['sɜ:rvent] *n.* sirviente *m.*; criado *m.* ‖ **civil ~** funcionario *m.*

servants ['sɜ:rvənts] *n. pl.* servidumbre *f. sing.*; criados *m. pl.*

serve [sɜ:rv] *v. tr.* **1.** servir. **2.** (provide with) abastecer. **3.** (complete) cumplir. **4.** (hard cider, wine) escanciar. ‖ *v. intr.* **5.** servir. **6.** *Sports* (tennis) sacar. ‖ *n.* **7.** *Sports* (tennis) saque *m.* ‖ **to ~ someone right** estarle a uno bien empleado.

service ['sɜ:rvɪs] *n.* **1.** servicio *m.* **2.** (maintenance) mantenimiento *m.* **3.** *Rel.* oficio *m.* **4.** (tennis) saque *m.* ‖ *v. tr.* **5.** (car) revisar. ‖ **civil ~** administración pública. **military ~** servicio militar. **~ station** estación de servicio.

serviette [,sɜ:rvɪ'et] *n.*, *Br. E.* servilleta *f.* ‖ **~ ring** servilletero *m.*

servile ['sɜ:rvəl] *adj.* servil.

servitude ['sɜ:rvə,tu:d] *n.* servidumbre *f.*; esclavitud *f.* ‖ **penal ~** trabajos forzados.

session ['seʃən] *n.* sesión *f.*; junta *f.* ‖ **to be in a ~** estar reunido.

set [set] *n.* **1.** juego *m.* **2.** (TV, cinema) plató *m.* **3.** (group) grupo *m.* ‖ *adj.* **4.** (wage; price) fijo; establecido. ‖ *v. tr.* **5.** poner; colocar. **6.** (a date, price, etc.) fijar. **7.** (locate) situar. **8.** (jewels) engastar; engarzar. **9.** (precedents) sentar. **10.** (make solid) cuajar. **11.** (task) asignar. **12.** (mechanism) ajustar. **13.** (novel, film) ambientar. ‖ *v. intr.* **14.** (sun) ponerse. **to ~ aside** (disregard) apartar; dejar a un lado. **to ~ back** (delay) atrasar; estorbar. **to ~ by** reservar. **to ~ down** (establish) sentar. **to ~ free** liberar. **to ~ off** ponerse en camino; salir. **~ square** (with 2 equal sides) escuadra *f.* **to ~ to work** ponerse a trabajar. **~ up** (statue) erigir. (machine) montar; armar.

setback ['set,bæk] *n.* (hitch) revés *m.*; contrariedad *f.*; percance *m.*

setting ['setɪŋ] *n.* **1.** *Lit.* marco *m.* **2.** (of jewels) montura *f.* **3.** *Astron.* puesta *f.*

settle[1] ['setəl] *n.* (of wood) escaño *m.*; banco *m.*

settle[2] ['setəl] *v. tr.* **1.** colocar. **2.** (a date) acordar; fijar. **3.** (debts) saldar; solventar. **4.** (land) poblar; colonizar. **5.** (nerves) calmar. **6.** *fig.* zanjar. **7.** . ‖ *v. intr.* **8.** (birds) posarse; asentarse. **9.** (sediment, dust) depositarse. **10.** (liquid) reposarse. ‖ **~ down** (in place) instalarse; establecerse; asentarse.

settlement ['setəlmənt] *n.* **1.** acuerdo *m.* **2.** (of debt) saldo *m.* **3.** (of account) liquidación *f.* **4.** (of people) establecimiento *m.* **5.** (colonization) colonización *f.* **6.** (colony) colonia *f.* **7.** (village) poblado *m.*

settler ['setələr] *n.* colono *m.*; poblador *m.*; habitante *m.*

seven ['sevən] *col. num. det.* (also pron. and n.) **1.** siete. ‖ *card. num. adj.* **2.** siete; séptimo [She dies in chapter seven. *Muere en el capítulo siete.*] ‖ **~ hundred** setecientos.

seventeen [,sevən'ti:n] *col. num. det.* (also pron. and n.) **1.** diecisiete. ‖ *card. num. adj.* **2.** diecisiete [I haven't read chapther seventeen. *No he leído el capítulo diecisiete.*]

seventeenth [,sevən'ti:nθ] *card. num. adj.* (also n.) **1.** diecisiete [Read the seventeenth chapter. *Leed el capítulo decimoséptimo.*]

seventh ['sevənθ] *card. num. adj.* **1.** siete; séptimo [It is the seventh pizza you eat! *¡Es la séptima pizza que te comes !*] ‖ *frac. numer. n.* (also adj. and pron.) **2.** séptimo [She left one seventh of the drink. *Dejó la séptima parte de la bebida.*]

seventieth ['sevəntɪəθ] *card. num. adj.* (also n.) setenta [Tomorrow it is my seventieth birthday. *Mañana es mi setenta cumpleaños.*]

seventy ['sevəntɪ] *col. num. det.* (also pron. and n.) **1.** setenta. ‖ *card. num. adj.* **2.** setenta [Could you please read page seventy? *¿Podrías leer la página setenta, por favor?*]

sever ['sɜːvər] *v. tr.* (cut) seccionar.

several ['sevrəl] *adj.* (some) varios *pl.*; diversos *pl.*

severe [sə'vɪr] *adj.* **1.** severo. **2.** (discipline) estricto. **3.** (style) austero. **4.** (difficult) duro. ‖ **to get more ~** arreciar.

severity [sɪ'verətiː] *n.* **1.** severidad *f.*; gravedad *f.* **2.** (austerity) austeridad *f.*

sevillanas [ˌsəviː'ljænæs] *n., Mus.* (four-part popular dance which originated in Seville) sevillanas.

sew ['sjuː] *v. tr. & intr.* coser.

sewage ['suːɪdʒ] *n.* aguas residuales. ‖ **~ system** alcantarillado *m.*

sewer ['suər] *n.* alcantarilla *f.*; cloaca *f.*

sewing ['souɪŋ] *n.* costura *f.* ‖ **~ case** costurero *m.*; neceser de costura. **~ machine** máquina de coser.

sex [seks] *n.* sexo *m.* ‖ **to have ~ with somebody** tener relaciones sexuales con alguien. **~ appeal** atractivo sexual; gancho. **~ education** educación sexual.

sexism ['seksɪzəm] *n.* sexismo *m.*

sexist ['seksɪst] *adj. & n.* sexista *m. y f.*

sexton ['sekstən] *n. Rel.* sacristán *m.*

sexual ['sekʃʊəl] *adj.* sexual.

sexuality [ˌseksjuˈæləti] *n.* sexualidad *f.*

sexy [(seksiː)] *adj.* sexy.

shabby ['ʃæbiː] *adj.* raído; desharrapado. ‖ **a ~ trick** una mala pasada. **~ person** desharrapado *m.*

shack [ʃæk] *n.* choza *f.*; barraca *f.*

shade [ʃeɪd] *n.* **1.** (dark place) sombra *f.* **2.** (hue) matiz *m.* **3.** (of lamp) pantalla *f.* ‖ *v. tr.* **4.** proteger del sol. **5.** (art) sombrear. **in the ~** a la sombra.

shadow ['ʃædou] *n.* **1.** (image) sombra *f.* ‖ *v. tr.* **2.** oscurecer.

shady ['ʃeɪdiː] *adj.* **1.** sombreado. **2.** *fig.* (suspicious) sospechoso.

shaft [ʃæft] *n.* **1.** *Mil.* (of spear, arrow) astil; asta. **2.** (of cart) vara. **3.** *Tech.* eje *m.*; árbol *m.* **4.** *Archit.* fuste *m.* **5.** *Miner.* pozo *m.*

shaggy ['ʃægiː] *adj.* peludo. ‖ **a ~ dog story** un cuento chino.

shake [ʃeɪk] *n.* **1.** sacudida *f.* **2.** (violent) zarandeo *m.* ‖ *v. tr.* **3.** sacudir. **4.** (liquid) agitar. **5.** (building) hacer temblar. ‖ *v. intr.* **6.** temblar. ‖ **to ~ hands** estrecharse la mano. **to ~ off** (dirt) sacudirse. **to ~ one's head** negar con la cabeza; cabecear.

shaking ['ʃeɪkɪŋ] *n.* sacudida *f.*

shaky ['ʃeɪkiː] *adj.* **1.** tembloroso. **2.** (insecure) inseguro.

shallop ['ʃæləp] *n., Nav.* chalupa *f.*

shallow ['ʃælou] *adj.* **1.** (not deep) poco profundo. **2.** *fig.* frívolo; superficial. ‖ **~ dish** plato llano.

sham [ʃæm] *adj.* fingido. ‖ *n.* **2.** (pretense) farsa *f.*; comedia *f.* ‖ *v. tr.* **3.** fingir; simular.

shame [ʃeɪm] *n.* **1.** vergüenza *f.*; bochorno *m.* ‖ *v. tr.* **2.** avergonzar. ‖ **what a ~!** ¡qué lástima!

shamefaced ['ʃeɪmˌfeɪst] *adj.* (ashamed) avergonzado; abochornado; ruborizado.

shameful ['ʃeɪmfəl] *adj.* (disgraceful) vergonzoso; bochornoso.

shameless ['ʃeɪmlɪs] *adj.* desvergonzado; descarado; sinvergüenza.

shamelessness ['ʃeɪmləsnəs] *n.* desvergüenza *f.*; sinvergonzonería *f.*

shampoo [ʃæm'puː] *n.* **1.** champú *m.* ‖ *v. tr.* **2.** lavar el pelo (con champú).

shandy ['ʃændɪ] *n., Br. E.* clara *f.* (cerveza con gaseosa).

shanty ['ʃæntiː] *n.* chabola *f.*

shape [ʃeɪp] *n.* **1.** forma *f.*; talle *m.*; figura *f.* ‖ *v. tr.* **2.** dar forma. **3.** (clay) modelar. **4.** (character) conformar.

share [ʃer] *n.* **1.** parte *f.*; porción *f.*; cuota *f.* **2.** *Econ.* acción. **3.** *Br. E., Econ.* interés *m.*; participación *f.* ‖ *v. tr.* **4.** dividir. **5.** (have in common) compartir.

shareholder ['ʃer,hʊəldər] *n., Econ.* accionista *m. y f.*

shark [ʃɑːrk] *n., Zool.* tiburón *m.*

sharp [ʃɑːrp] *adj.* **1.** afilado. **2.** (knife) puntiagudo. **3.** (pain) agudo; penetrante. **4.** (abrupt) brusco. ‖ *n.* **5.** *Mus.* sostenido *m.* ‖ **look ~** ! ¡muévete!

sharpen ['ʃɑːrpən] *v. tr.* **1.** afilar; aguzar. ‖ **to ~ one's wit** aguzar el ingenio.

sharpener ['ʃɑːrpənərə] *n.* afilador *m.* ‖ **pencil ~** sacapuntas *m. inv.*

sharpening ['ʃɑːrpənɪŋ] *adj.* afilador.

sharpness ['ʃɑːrpnɪs] *n.* **1.** (of pain) agudeza *f.* **2.** (abruptness) brusquedad *f.* **3.** (harshness) mordacidad *f.* **4.** (clarity) nitidez *f.*

shatter ['ʃætər] *v. tr.* **1.** hacer añicos; estrellar. **2.** (confidence, hopes) destruir; quebrantar. **3.** (health, nerves) destrozar. ‖ *v. intr.* **4.** estrellarse.

shave [ʃeɪv] *n.* **1.** afeitado *m.* ‖ *v. tr.* **2.** afeitar. **3.** (hair) rapar. **4.** (wood) acepillar. ‖ *v. intr.* **5.** afeitarse. **6.** (hair) raparse. ‖ **to have a ~** afeitarse.

shaver ['ʃeɪvər] *n.* máquina de afeitar.

shaving ['ʃeɪvɪŋ] *n.* **1.** afeitado *m.* **2.** (of wood) viruta *f.* ‖ **~ cream** crema de afeitar. **~ foam** espuma de afeitar.

shawl [ʃɔːl] *n.* (garment) chal *m.*; toquilla *f.*; mantón *m.*

she [ʃiː] *pron. pers. nomin. 3rd. person f. sing.* ella [She is my best friend. *Ella es mi mejor amiga.*]

sheaf [ʃiːf] (pl. sheaves) *n.* **1.** *Agr.* gavilla *f.* **2.** (of arrows) haz *m.*

sheath [ʃiːθ] *n.* **1.** (for a sword) vaina *f.*; estuche *m.* **2.** (condom) preservativo *m.*; condón *m.*

sheathe ['ʃeð] *v. tr.* (a blade) envainar; enfundar.

shed[1] [ʃed] *n.* cobertizo *m.*; tinglado *m.*

shed[2] [ʃed] *v. tr.* **1.** (tears, blood) derramar. **2.** (light) emitir.

shedding ['ʃedɪŋ] *n. Med.* (blood) derrame (de sangre) *m.*

sheen [ʃiːn] *n.* lustre *m.*; brillo *m.*

sheep [ʃiːp] *n. inv., Zool.* oveja *f.*

sheepfold [(ʃiːfould] *n. Agr.* redil *m.*

sheepskin ['ʃiːpˌskɪn] *n.* (coat) vellón *m.*; zamarro *m.*

sheer[1] [ʃɪr] *adj.* **1.** (pure) puro. **2.** (cliff) escarpado; empinado. ‖ *adv.* **3.** (completely) completamente.

sheer[2] [ʃɪr] *v. intr., Nav.* (a ship) desviarse; alejarse.

sheet [ʃiːt] *n.* **1.** (of bed) sábana *f.* **2.** (of paper) folio *m.*; hoja *f.* **3.** (of metal) chapa *f.*; lámina *f.* ‖ **~ of paper** folio *m.*; cuartilla *f.*

sheik or sheikh ['ʃeɪk] *n.* jeque *m.*

shelf [ʃelf] *n.* **1.** (in cupboard, bookcase) estante *m.* **2.** (on wall) balda; repisa *f.* ‖ **shelves** *n. pl.* **3.** estantería *f. sing.* ‖ **rear ~** *Car* (in a car) bandeja *f.*

shell [ʃel] n. **1.** Zool. (of turtle) concha f.; caparazón m. **2.** (of egg) cáscara f.; cascarón m. ‖ v. tr. **3.** (nuts and dried fruit) mondar. **4.** (peas) desvainar. **5.** Mil. bombardear.

shellfish [ʃel,fiʃ] n. inv. marisco m.

shelter [ʃeltər] n. **1.** (refuge) refugio m.; albergue m. **2.** (protection) protección f.; amparo. ‖ v. tr. **3.** refugiar; amparar. **4.** (criminal) encubrir. ‖ v. intr. **5.** (take refuge) refugiarse; cobijarse.

shelve [ʃelv] v. tr. fig. (postpone) archivar; aparcar.

shelving [ʃelvɪŋ] n. estantería f.

shepherd [ʃepərd] n. (of sheep) pastor m. ‖ **shepherd's pie** Gastr. pastel de carne picada con puré de patata.

shepherdess [ʃepərdɪs] n. (of sheep) pastora f.

shield [ʃiːld] n. **1.** Hist. & Mil. escudo m. ‖ v. tr. **2.** proteger.

shift [ʃɪft] n. **1.** cambio m. **2.** (work period) turno m.; tanda f. ‖ v. tr. **3.** (change) cambiar. ‖ v. intr. **4.** (move) mover.

shifty [ʃɪftiː] adj. (furtive) furtivo.

shilling [ʃɪlɪŋ] n., Econ. (former English unit of currency) chelín m.

shimmer [ʃɪmər] n. **1.** brillo m.; resplandor m. ‖ v. intr. **2.** relucir; rielar. **3.** (shine) brillar débilmente.

shin [ʃɪn] n., Anat. espinilla f. ‖ **~ pad** Sports espinillera f.

shinbone [ʃɪn,boʊn] n., Anat. tibia f.

shine [ʃaɪn] n. **1.** brillo m.; lustre m. ‖ v. intr. **2.** resplandecer; brillar. **3.** (metal) relucir. **4.** lucir. ‖ v. tr. **5.** (shoes) limpiar. ‖ **to ~ brightly** relumbrar.

shining [ʃaɪnɪŋ] adj. **1.** brillante; reluciente. **2.** (face) radiante. **3.** fig. destacado; distinguido.

shiny [ʃaɪniː] adj. brillante.

ship [ʃɪp] n. **1.** Nav. barco m.; navío m.; buque m. ‖ v. tr. **2.** (take on board) embarcar. **3.** (goods) transportar. **4.** (send by ship) enviar. ‖ **merchant ~** buque mercante. **passenger ~** barco de pasajeros. **supply ~** (ship) nave nodriza.

shipment [ʃɪpmənt] n. **1.** (act) embarque m. **2.** (of goods) envío m.; remesa f.; consignación m.

shipowner [ʃɪp,oʊnər] n., Nav. (person) armador m.; naviero m.

shipwreck [ʃɪp,rek] n. **1.** Nav. naufragio m. ‖ v. tr. **2.** Nav. (sink) irse a pique.

shipwrecked [ʃɪpw,rəkt] adj. náufrago. ‖ **to be ~** (person) naufragar.

shipyard [ʃɪp,jɑːrd] n., Nav. astillero m.; arsenal m.

shirk [ʃɜːrk] v. tr. (duty, responsabilities) evitar; rehuir; evadir.

shirker [ʃɜːrkər] n. remolón m.

shirt [ʃɜːrt] n. camisa f. ‖ **to lose one's ~** perder hasta la camisa.

shirtless [ʃɜːrtlɪs] adj. descamisado.

shit [ʃɪt] n. **1.** mierda f. ‖ v. intr. **2.** vulg. cagar. ‖ **to ~ oneself** cagarse.

shiver [ʃɪvər] n. **1.** escalofrío m.; repelús m. **2.** (caused by fever) tiritona f. ‖ v. intr. **3.** tiritar. **4.** (with fear) temblar; estremecerse. ‖ **to give somebody the shivers** coll. dar repelús. **to have the shivers** tener una tiritona.

shivering [ʃɪvərɪŋ] n. (cold) temblor m.; escalofrío m.

shoal [ʃoʊl] n. (of fish) banco m.; bandada f.

shock [ʃɒk] n. **1.** (jar) choque m.; colisión f. **2.** (emotional) conmoción f.; golpe m. fig. **3.** (scare) susto m. ‖ v. tr. **4.** causar fuerte impresión. **5.** (scandalize) escandalizar. ‖ **electric ~** descarga eléctrica.

in state of ~ *Med.* en estado de shock. **to be shocked** impresionarse.

shocking ['ʃɒkɪŋ] *adj.* chocante.

shoe [ʃuː] *n.* **1.** zapato *m.* **2.** (for horse) herradura *f.* **3.** *Mec* (of brakes) zapata *f.* ‖ *v. tr.* **4.** calzar. **5.** (horses) herrar. ‖ *fig. & fam.* **to put in somebody's shoes** ponerse en el pellejo de. **to put somebody's shoes on** calzar [You have to put the girl's shoes on. *Tienes que calzar a la niña.*]

shoeblack ['ʃuːblæk] *n.* limpiabotas *m. y f.*

shoehorn ['ʃuːhɔːrn] *n.* calzador *m.*

shoelace ['ʃuːleɪs] *n.* cordón *m.* (de zapatos).

shoemaker ['ʃuːmeɪkər] *n.* zapatero *m.*

shoot [ʃuːt] *n.* **1.** *Bot.* brote *m.*; vástago *m.* ‖ *v. tr.* **2.** disparar. **3.** (execute) fusilar. **4.** (hunt) cazar. **5.** (a film) filmar. ‖ *v. intr.* **6.** disparar. **7.** *Bot.* (plant) brotar. **8.** *Sports* chutar. ‖ **to ~ down** (with a gun) derribar; abatir. **to ~ up** (prices) dispararse. (a child) dar un estirón. *slang* (heroin) pincharse.

shooting ['ʃuːtɪŋ] *n.* **1.** (shots) tiroteo *m.* **2.** (hunting) caza *f.* **3.** (execution) fusilamiento *m.* **4.** *Film* rodaje *m.*

shop [ʃɒp] *n. Br. E.* tienda *f.*; comercio *m.* ‖ **fur ~** peletería *f.* **to go shopping** ir de compras. **hardware ~** ferretería *f.* **repair ~** *Car* taller *m.* **shoe ~** *Br. E.* zapatería *f.*

shopkeeper ['ʃɒpkiːpər] *n.*, *Br. E.* tendero *m.*; comerciante *m. y f.*

shopping centre ['ʃɒpɪŋˌsentər] *sust. phr.*, *Br. E.* centro comercial.

shore [ʃɔːr] *n.* **1.** orilla *f.* **2.** *Am. E.* (beach) playa *f.* **3.** (coast) costa *f.*

short [ʃɔːrt] *adj.* **1.** corto. **2.** (not tall) bajo. **3.** (small) pequeño. **4.** (brief) breve.

5. (brusque) brusco. ‖ *n.* **6.** *Film* cortometraje *m.* ‖ **a ~ time ago** hace poco. **to cut ~** abreviar. **in ~** en resumen. **in short-term** a corto plazo. **~ cut** atajo *m.* **to take a ~ cut** atajar [We will take a short cut down the park. *Atajaremos por el parque.*] **within a ~ time** en breve plazo.

shortage [(ʃɔːrtɪdʒ] *n.* (lack) escasez *f.*; pobreza *f.*; carencia *f.*

shorten ['ʃɔːrtən] *v. tr.* **1.** acortar. **2.** *Ling.* (word) abreviar.

shorthand ['ʃɔːrtˌhænd] *n.* taquigrafía *f.*

short-lived ['ʃɔːrtˌlɪvd] *adj.* efímero.

shortly ['ʃɔːrtliː] *adv.* (soon) dentro de poco; en breve.

shorts ['ʃɔːrts] *n. pl.* **1.** *Am. E.* calzoncillos *m. pl.* **2.** *Sports* calzón *m.*

short-sighted ['ʃɔːrtˌsaɪtɪd] *adj., Med.* (myopic) miope.

shot [ʃɒt] *n.* **1.** tiro *m.*; disparo *m.* **2.** (drink) trago *m.* ‖ **like a ~** *coll.* como una bala *fam.*

shotgun ['ʃɒtˌɡʌn] *n.* escopeta *f.*

shoulder ['ʃoʊldər] *n.* **1.** *Anat.* hombro *m.* **2.** (of road) arcén *m.* ‖ **to be broad-shouldered** ser ancho de espaldas. **~ blade** *Anat.* paletilla *f.*

shout [ʃaʊt] *n.* **1.** grito *m.*; exclamación *f.* ‖ *v. tr. & intr.* **2.** gritar; vocear.

shouting ['ʃaʊtɪŋ] *n.* griterío *m.*; algarabía *f.*; gritos *m. pl.*; vocerío *m.*

shove [ʃʌv] *n.* **1.** *fam.* empujón *m.*; empellón *m.* ‖ *v. tr. & intr.* **2.** empujar. ‖ **to give somebody a ~** dar un empujón a alguien.

shovel ['ʃʌvəl] *n.* pala *f.*

shovelful ['ʃʌvəl] *n.* palada *f.*

show [ʃoʊ] *n.* **1.** demostración *f.* **2.** (art) exposición *f.* **3.** (theatre & TV) espectáculo *m.*; show *m.* **4.** (display) alarde *m.*; ostentación *f.* ‖ *v. tr.* **5.** mostrar; exhibir. **6.** (facts, paintings) exponer. **7.** (interest) demostrar. **8.** (indicate) indicar. ‖ *v. intr.* **9.** mostrarse; aparecer. ‖ **to ~ off** fardar; fanfarronear; hacer alarde (de algo).

showcase ['ʃoʊkeɪs] *n.* **1.** glass cabinet. **2.** (for exhibition) vitrina *f.*

shower ['ʃaʊər] *n.* **1.** (bath) ducha **2.** *fig.* (presents, insults) lluvia *f.* **3.** *Meteor.* chubasco *m.*: chaparrón *m.* ‖ *v. intr.* **4.** ducharse. ‖ **heavy ~** *Meteor.* aguacero *m.* **~ cap** gorro de baño. **summer ~** *Meteor.* nube de verano.

showing ['ʃoʊɪŋ] *n., Film* pase *m.* ‖ **~ off** fanfarronada *f.*

show-off ['ʃoʊəf] *n.* fanfarrón *m.*

showy ['ʃoʊi] *adj.* **1.** llamativo; vistoso; chillón. **2.** (person) ostentoso.

shrapnel ['ʃræpnəl] *n., Mil.* metralla *f.*

shred [ʃred] *n.* **1.** triza *f.* **2.** (of fabric) jirón *m.* **3.** (of paper) tira *f.* ‖ *v. tr.* **4.** desmenuzar. ‖ **in shreds** hecho trizas.

shrew [ʃru:] *n.* **1.** *Zool.* musaraña *f.* **2.** *fig.* (woman) arpía *f.*

shrewd [ʃru:d] *adj.* **1.** sagaz; pillo; astuto. **2.** (perceptive) perspicaz.

shrewdness ['ʃru:dnɪs] *n.* (insight) perspicacia *f.*; sagacidad *f.*

shriek [ʃri:k] *n.* **1.** alarido *m.*; grito *m.* ‖ *v. intr.* **2.** chillar; gritar.

shrill [ʃrɪl] *adj.* **1.** agudo; chillón. **2.** (sound) estridente.

shrimp [ʃrɪmp] *n., Zool.* (prawn) gamba *f.*; quisquilla *f.*

shrink [ʃrɪŋk] *n.* **1.** encogimiento *m.* ‖ *v. tr.* **2.** (clothes) encoger. ‖ *v. intr.* **3.** (clothes) encogerse; mermar.

shrivel ['ʃrɪvəl] *v. tr.* **1.** encoger. **2.** (skin) arrugar. **3.** (flowers) marchitar. ‖ *v. intr.*

4. encogerse. **5.** (skin) arrugarse. **6.** (flowers) marchitarse.

shroud [ʃraʊd] *n.* **1.** *Rel.* mortaja *f.*; sudario *m.* ‖ *v. tr.* **2.** *Rel.* amortajar.

shrub [ʃrʌb] *n., Bot.* arbusto *m.*; mata *f.*

shrug [ʃrʌg] *n.* encogimiento de hombros. ‖ **to ~ one's shoulders** *fam.* encogerse de hombros.

shudder ['ʃʌdər] *n.* **1.** estremecimiento *m.*; temblor *m.* ‖ *v. intr.* **2.** (with fear) estremecerse.

shuffle ['ʃʌfəl] *v. tr.* **1.** (papers) revolver. **2.** (cards) barajar. **3.** (drag) arrastrar. ‖ **~ one's feet** arrastrar los pies.

shun ['ʃʌn] *v. tr.* rehuir; esquivar; evitar.

shut [ʃʌt] *adj.* **1.** cerrado. ‖ *v. tr.* **2.** cerrar. ‖ *v. intr.* **3.** cerrarse. ‖ **to ~ down** (company) cerrar. **to ~ in** (enclose) encerrar. **to ~ up** *fam.* callar; cerrar el pico.

shutdown ['ʃʌtdaʊn] *n.* **1.** cierre *m.* **2.** (of company) paro *m.*

shutter ['ʃʌtər] *n.* **1.** (of window) contraventana *f.*; postigo *m.* **2.** *Phot.* obturador *m.* ‖ **~ release** *Phot.* disparador *m.*

shutting ['ʃʌtɪŋ] *n.* (closing) cierre *m.*

shuttle ['ʃʌtəl] *n.* **1.** (space) lanzadera *f.* ‖ *v. tr.* **2.** trasladar; transportar. ‖ **~ service** puente aéreo. **space ~** transbordador espacial.

shuttlecock ['ʃʌtl̩kɒk] *n.* (birdie) volante *m.*

shy [ʃaɪ] *adj.* tímido; vergonzoso.

shyness ['ʃaɪnɪs] *n.* (timidity) timidez *f.*; vergüenza *f.*

sick [sɪk] *adj.* **1.** enfermo. **2.** (queasy) mareado. ‖ **to be ~** *Br. E.* vomitar. **to feel ~** tener náuseas. **to get ~** enfermar. **~ leave** baja por enfermedad.

sicken ['sɪkən] *v. tr.* **1.** (disgust) dar asco. **2.** (weary) fastidiar. **3.** *fig.* hartar.

‖ *v. intr.* **4.** *lit.* (become sick) enfermar. **5.** (disgust) asquear.

sickening ['sɪkənɪŋ] *adj.* (nauseating) nauseabundo; repugnante.

sickle ['sɪkəl] *n.*, *Agr.* hoz *f.*

sickly ['sɪkli] *adj.* **1.** enfermizo; enclenque. **2.** (taste, smell) empalagoso.

sickness ['sɪknɪs] *n.* **1.** náusea *f.*; mareo *m.* **2.** (illness) enfermedad *f.*

side [saɪd] *n.* **1.** lado *m.* **2.** (of body) costado *m.* **3.** (of road) margen *amb.* **4.** (of a coin) cara *f.* ‖ *v. tr.* **5.** estar al lado de. ‖ **by my ~** a mi lado. **on sb's ~** del lado de [Are you on my side? *¿Estás de mi lado?*] **on the other ~** al otro lado [The front door is on the other side. *La puerta principal está al otro lado.*] **on this ~ of** a este lado de [The church is on this side of the city. *La iglesia está a este lado de la ciudad.*] **~ dish** *Gastr.* acompañamiento *m.* **~ seat** asiento lateral de coche. **~ view** perfil *m.*

sideboard ['saɪdbɔːrd] *n.* aparador *m.*

sideburn ['saɪdbɜːrn] *n.* patilla *f.*

sidelong ['saɪdlɒŋ] *adj.* (look) de soslayo; oblicuo; de reojo.

sidestep ['saɪdstep] *v. tr.* **1.** esquivar; eludir. ‖ *n.* **2.** *Taur.* quite *m.*

sidewalk ['saɪdwɔːk] *n.*, *Am. E.* (pavement) acera *f.*; piso *m.*

sideways ['saɪdweɪz] *adv.* **1.** de lado. ‖ *adj.* **2.** (movement) lateral. **3.** (glance) de reojo.

siege [siːdʒ] *n.*, *Mil.* sitio *m.*; asedio *m.* ‖ **to lay ~ to** asediar.

siesta [sɪˈestə] *n.* siesta *f.*

sieve [sɪv] *n.* **1.** tamiz *m.*; cedazo *m.* **2.** (coarse) criba *f.* ‖ *v. tr.* **3.** tamizar. **4.** (coarse) cribar.

sift ['sɪft] *v. tr.* (coarse) cerner; cribar.

sigh [saɪ] *n.* **1.** suspiro *m.*; exhalación *f.* ‖ *v. intr.* **2.** suspirar.

sight [saɪt] *n.* **1.** vista *f.* **2.** (vision) visión *f.*; espectáculo *m.* **3.** (on gun) mira *f.* ‖ *v. tr.* **4.** avistar. ‖ **by ~** de vista.

sightless ['saɪtlɪs] *adj.*, *lit.* (blind) ciego; invidente *frml.*

sign [saɪn] *n.* **1.** signo *m.* **2.** (gesture) seña *f.* **3.** (signal) señal *f.* **4.** (indication) indicación *f.* **5.** (trace) rastro *m.* **6.** (board) letrero *m.* ‖ *v. tr.* **7.** firmar; suscribir. **8.** *Sports* (player) fichar. ‖ **as a ~ of** como muestra de. **to ~ up** *Sports* (player) fichar. | (worker) contratar.

signal ['sɪɡnəl] *n.* **1.** señal *f.* ‖ *v. tr.* **2.** (indicate) señalar. **3.** *Am. E.* (gesture) hacer señas. ‖ *adj.* **4.** señalado.

signature ['sɪɡnətʃər] *n.* (signing) firma *f.*; rúbrica *f.*

significance [sɪɡˈnɪfɪkəns] *n.* **1.** significado *m.* **2.** (importance) importancia *f.*; significación *f.*

significant [sɪɡˈnɪfɪkənt] *adj.* **1.** (meaningful) significativo. **2.** (important) importante.

significative [sɪɡˈnɪfɪkətɪv] *adj.* **1.** simbólico. **2.** (meaningful) significativo.

signify ['sɪɡnəfaɪ] *v. tr.* **1.** significar. **2.** (denote) denotar.

signing ['saɪnɪŋ] *n.* **1.** (act) firma *f.* **2.** *Sports* fichaje *m.*

signpost ['saɪnpoʊst] *n.* **1.** señal *f.*; poste indicador. ‖ *v. tr.* **2.** señalizar.

silence ['saɪləns] *n.* **1.** silencio *m.*; mutismo *m.* ‖ *v. tr.* **2.** acallar. ‖ **~ gives consent** quien calla otorga.

silent ['saɪlənt] *adj.* **1.** (night) silencioso. **2.** (person) callado. ‖ **to be ~** callar.

silhouette [ˌsɪluˈət] *n.* silueta *f.*

silk [sɪlk] *n.* seda *f.*

silkworm ['sɪlkˌwɜ:rm] *n.*, Zool. (caterpillar) gusano de seda.

sill [sɪl] *n.* antepecho *m.*; alféizar *m.*

silliness ['sɪlɪnɪs] *n.* **1.** estupidez *f.* **2.** (act) tontería *f.*; bobada *f.*

silly ['sɪlɪ] *adj.* tonto; bobo; idiota.

silver ['sɪlvər] *n.* **1.** Chem. plata *f.* ‖ *adj.* **2.** plateado. ‖ *v. tr.* **3.** platear. ‖ ~ **foil** papel de aluminio.

silversmith [(sɪlvərˌsmɪθ] *n.* platero *m.*; orfebre *m.*; joyero *m.*

silversmithing ['sɪlvərˌsmi:ðɪŋ] *n.* orfebrería *f.*; platería *f.*

silverware ['sɪlvərˌwer] *n.* (cuttery) objetos de plata.

similar ['sɪmələr] *adj.* (alike) similar; semejante; parecido.

similarity [ˌsɪmə'lærəti:] *n.* (likeness) semejanza *f.*; paridad *f.*

simple ['sɪmpəl] *adj.* **1.** simple; sencillo; fácil. **2.** (foolish) memo. ‖ ~ **minded** sencillo.

simpleness ['sɪmpəlnɪs] *n.* sencillez *f.*

simpleton ['sɪmpəltən] *n. arch.* (retarded person) simple *m. y f.*; bobo *m.*

simplicity [sɪm'plɪsəti:] *n.* **1.** sencillez *f.*; llaneza *f.* **2.** (foolishness) simplicidad *f.*

simplify ['sɪmplɪˌfaɪ] *v. tr.* simplificar.

simulate ['sɪmjʊˌleɪt] *v. tr.* simular.

simultaneous [ˌsaɪməl'teɪnjəs] *adj.* simultáneo.

sin [sɪn] *n.* **1.** Rel. pecado *m.*; culpa *f.* ‖ *v. tr.* **2.** Rel. (a sin) cometer. ‖ *v. intr.* **3.** Rel. pecar. ‖ **deadly ~** pecado capital. **mortal ~** Rel. pecado mortal.

since [sɪns] *adv.* **1.** desde entonces [I met him last year and he has been my friend since. Le conocí el año pasado y ha sido mi amigo desde entonces.] ‖ *prep.* **2.** desde [I have not eaten meat since my wedding. No he comido carne desde mi boda.] ‖ *conj.* **3.** (in time) desde que [I have not seen him since he got married. No le he visto desde que se casó.] **4.** *frml.* (because) puesto que; como; pues [You cannot go since you are punished. No puedes ir puesto que estás castigado.] ‖ **long ~** hace mucho tiempo.

sincere [sɪn'sɪr] *adj.* sincero.

sincerity [sɪn'serəti:] *n.* sinceridad *f.*

sinecure ['saɪnɪkjʊər] *n.* sinecura *f.*

sinful ['sɪnfəl] *adj.* **1.** (person) pecador. **2.** (thought) pecaminoso.

sing ['sɪŋ] *v. tr. & intr.* cantar; entonar. ‖ **to ~ out** (loudly) cantar (fuerte).

singe ['sɪŋʒə] *v. tr.* chamuscar.

singer ['sɪŋgər] *n.* cantante *m. y f.*; vocalista *m. y f.*

singing ['sɪŋɪŋ] *n.* **1.** (act, art) canto *m.* **2.** (in ears) zumbido *m.*

single ['sɪŋgəl] *adj.* **1.** solo. **2.** (unmarried) soltero; mozo. **3.** (ticket) sencillo. ‖ ~ **room** habitación individual.

singular ['sɪŋgjələr] *adj.* **1.** Ling. singular. **2.** (unusual) curioso.

singularity [sɪŋgjə'lærəti:] *n.* (peculiarity) rareza *f.*; singularidad *f.*

sinister ['sɪnəstər] *adj.* siniestro.

sink¹ [sɪŋk] *n.* fregadero *m.*; pila *f.* ‖ **kitchen ~** fregadero *m.*

sink² [sɪŋk] *v. tr.* **1.** Nav. hundir. **2.** (immerse) sumir. **3.** (excavate) excavar. ‖ *v. intr.* **4.** hundirse; irse a pique. **5.** Econ. (sun, prices) bajar. **6.** (immerse) sumirse. ‖ **to ~ one's teeth into** *fam.* hincar el diente.

sinner ['sɪnər] *n.* pecador *m.*

sip ['sɪp] *n.* **1.** sorbo *m.*; trago *m* ‖ *v. tr.* **2.** sorber; beber a sorbos.

sir [sɜ:r] *n.* (tittle) señor *m.*; caballero *m.*

siren ['saɪərən] *n.* sirena *f.*

sirloin ['sɜːrlɔɪn] *n., Gastr.* solomillo *m.*

sis ['sɪs] *n., fam.* tata *f.*

sister ['sɪstər] *n.* **1.** hermana *f.* **2.** *Rel.* sor *f.*; monja *f.* **3.** *Br. E. Med.* enfermera jefe.

sisterhood ['sɪstərhʊd] *n.* (association of women) hermandad *f.*; congregación *f.*

sister-in-law ['sɪstər,ɪnlɔː] *n.* cuñada *f.*

sit [sɪt] *v. tr.* **1.** sentar. **2.** *Br. E.* (exams) presentarse (a un examen). ‖ *v. intr.* **3.** sentarse. ‖ **to ~ down** sentarse. **to ~ up** (get up) incorporarse.

sitting ['sɪtɪŋ] *adj.* **1.** sentado. ‖ *n.* **2.** (meeting) sesión *f.* ‖ **~ room** (living room) sala *f.* (de estar).

situate ['sɪtʃʊeɪt] *v. tr., frml.* situar; ubicar.

situated ['sɪtʃʊeɪtɪd] *adj.* situado; sito *form.* ‖ **to be ~** ubicarse; radicar.

situation [,sɪtʃuːˈeɪʃən] *n.* **1.** (position) situación *f.*; ubicación *f.* **2.** (job) posición *f.* ‖ **critical ~** trance *m.* **~ vacant** bolsa de trabajo.

six [sɪks] *col. num. det.* (also pron. and n.) **1.** seis. ‖ *card. num. adj.* **2.** seis; sexto [Read chapter six. *Leed el capítulo seis.*] ‖ **~ hundred** seiscientos.

sixteen [,sɪksˈtiːn] *col. num. det.* (also pron. and n.) **1.** dieciséis. ‖ *card. num. adj.* **2.** dieciséis [Read chapter sixteen for tomorrow. *Leed el capítulo dieciséis para mañana.*]

sixteenth [sɪksˈtiːnθ] *card. num. adj.* (also n.) dieciséis [On the sixteenth volume you can find Voltaire's biography. *Puedes encontrar la biografía de Voltaire en el decimosexto tomo.*]

sixth ['sɪksθ] *card. num. adj.* (also n.) **1.** sexto; seis [The sixth sense. *El sexto sentido.*] ‖ *frac. numer. adj.* (also adj. and pron.) **2.** sexto [You can only spend one sixth of the money. *Sólo te puedes gastar un sexto del dinero.*]

sixtieth ['sɪkstɪəθ] *card. num. adj.* (also n.) sesenta [Today is her sixtieth birthday. *Hoy es su sesenta cumpleaños.*]

sixty ['sɪksti:] *col. num. det.* (also pron. and n.) **1.** sesenta. ‖ *card. num. adj.* **2.** sesenta [The last chapter of the book is the sixtieth. *El último capítulo del libro es el sesenta.*]

size¹ [saɪz] *n.* **1.** medida *f.*; tamaño *m.* **2.** (of clothes) talla *f.* **3.** (of shoes, etc.) número *m.* ‖ *v. tr.* **4.** (cloth) aprestar. ‖ **like ~** tamaño natural. **what ~ do you take?** (clothes) ¿qué tallas usas? | (shoes) ¿qué número calzas?

size² [saɪz] *v. tr.* (wall, paper) encolar.

skate¹ [skeɪt] *n.* **1.** patín *m.* ‖ *v. intr.* **2.** patinar. ‖ **ice ~** *Sports.* patinaje sobre hielo.

skate² [skeɪt] *n., Zool.* (fish) raya *f.*

skateboard ['skeɪtbɔːrd] *n.* (without handlebars) monopatín *m.*

skein ['skeɪn] *n.* (yarn) madeja *f.*

skeleton ['skelətən] *n.* **1.** *Anat.* esqueleto *m.* **2.** *Constr.* (of building, vehicle) armazón *m.* **3.** (of book, report) esquema *m.*

skeptic, sceptic (Br.E) ['skeptɪk] *adj.* **1.** escéptico. ‖ *n.* **2.** escéptico *m.*

skeptical, sceptical (Br.E) ['skeptɪkəl] *n.* incrédulo *m.*

sketch [sketʃ] *n.* **1.** croquis *m. inv.* **2.** (brief outline) boceto *m.*; esbozo *m.* ‖ *v. tr.* **3.** (draw) dibujar. **4.** (outline) esbozar; bosquejar.

sketcher ['sketʃər] *n.* dibujante *m. y f.*

ski [ski:] *n.* **1.** *Sports* esquí *m.* ‖ *v. intr.* **2.** *Sports* esquiar. ‖ **~ instructor** monitor de esquí. **~ mask** pasamontañas *m.*

sing. ~ **resort** estación de esquí. ~ **run** pista de esquí. ~ **stick/pole** bastón *m.*

skid [skɪd] *n.* **1.** *Car* patinazo *m.* ‖ *v. intr.* **2.** *Car* patinar; derrapar.

skiing ['ski:ɪŋ] *n., Sports* esquí *m.*

skilfulness ['skɪlfəlnɪs] *n.* habilidad *f.*

skill [skɪl] *n.* **1.** habilidad *f.;* destreza *f.* **2.** (talent) maestría *f.* **3.** (technique) arte.

skilled [skɪld] *adj.* **1.** práctico. **2.** (pilot, negotiator) hábil; entendido.

skillful, skilful (Br.E) ['skɪlfəl] *adj.* hábil; mañoso *fam.;* diestro.

skim [skɪm] *v. tr.* **1.** (milk) desnatar; descremar. **2.** (brush) rozar.

skimmer ['skɪmər] *n.* (spoon for skimming) espumadera *f.*

skin [skɪn] *n.* **1.** *Anat.* & *Zool.* piel *f.* **2.** (of face) cutis *m. inv.* **3.** (complexion) tez *f.* **4.** *Zool.* (of animal) pellejo *m.* **5.** (hide) cuero *m.* **6.** *Bot.* (of fruit) cáscara. **7.** (on boiled milk) nata *f.* ‖ *v. tr.* **8.** (animal) desollar; despellejar.

skinflint ['skɪnˌflɪnt] *n., arch.* (tight-fisted) roñica *m. y f.;* tacaño *m.*

skinny ['skɪnɪ] *adj.* (thin) flaco; escuálido; enjuto; delgado.

skip [skɪp] *n.* **1.** salto *m.;* brinco *m.* ‖ *v. intr.* **2.** (jump) saltar; brincar. ‖ *v. tr.* **3.** (classes) saltarse (clases).

skipping ['skɪpɪŋ] *n.* comba *f.*

skirmish ['skɜ:rmɪʃ] *n.* **1.** *Mil.* escaramuza *f.* **2.** (fight) refriega *f.*

skirt [skɜ:rt] *n.* **1.** falda *f.* ‖ *v. tr. & intr.* **2.** (coast) bordear. ‖ ~ **pleated** (clothing) falda plisada.

skirting board ['skɜ:rtɪŋ] *n., Br. E.* rodapié *m.;* zócalo *m.*

skit [skɪt] *n. Lit.* sátira *f.*

skittish ['skɪtɪʃ] *adj.* (capricious) frívolo; caprichoso.

skulduggery or skullduggery [ˌskʌl'dʌgəri:] *n., coll.* tejemaneje *m.*

skull [skʌl] *n., Anat.* cráneo *m.*

skullcap ['skʌlˌkæp] *n.* casquete *m.*

skunk [skʌŋk] *n., Zool.* mofeta *f.*

sky [skaɪ] *n.* (pl.:skies) *n.* cielo *m.;* firmamento *m.* ‖ ~ **blue** celeste *m.;* azul celeste.

sky-blue ['skaɪˌblu:] *adj.* celeste.

skylark ['skaɪlɑ:rk] *n., Zool.* (bird) alondra *f.*

skylight ['skaɪˌlaɪt] *n., Archit.* tragaluz *m.;* claraboya *f.*

skyscraper ['skaɪˌskreɪpər] *n.* (building) rascacielos *m. inv.*

slab [slæb] *n.* **1.** losa *f.* **2.** (of chocolate) tableta *f.* **3.** (of cake) pedazo *m.*

slack [slæk] *adj.* **1.** flojo. **2.** (lax) descuidado. **3.** (lazy) vago. ‖ *v. intr.* **4.** (be lazy) flojear; holgazanear.

slacken ['slækən] *v. tr.* **1.** (rope) aflojar. **2.** (pace) aflojar (el paso). ‖ *v. intr.* **3.** aflojarse. **4.** (storm) amainar.

slackness ['slæknɪs] *n.* **1.** flojedad *f.* **2.** (carelessness) descuido *m.* **3.** (laziness) pereza *f.*

slag [slæg] *n., Miner.* escoria *f.;* zafra *f.*

slake ['sleɪk] *v. tr.* **1.** *Chem.* (lime) apagar. **2.** (thirst) aplacar.

slam [slæm] *n.* **1.** portazo *m.* ‖ *v. tr.* **2.** cerrar de golpe. ‖ **to ~ the door in someone's face** *fig.* & *fam.* darle con la puerta en las narices a alguien *col.*

slander ['slændər] *n.* **1.** calumnia *f.;* difamación *f.* ‖ *v. tr.* **2.** calumniar; difamar.

slang [slæŋ] *n.* **1.** jerga *f.;* argot *m.* ‖ *v. tr.* **2.** insultar. ‖ **slanging match** intercambio de insultos.

slant [slænt] *n.* **1.** inclinación *f.* **2.** (slope) pendiente *f.* ‖ *v. tr.* **3.** inclinar. ‖ *v. intr.* **4.** inclinarse.

slap [slæp] *n.* **1.** *fam.* (on face) bofetada *f.*; guantada *f.*; torta *f.* **2.** (on back) palmada *f.*; manotazo *m.* ‖ *v. tr.* **3.** abofetear; dar una bofetada.

slapdash ['slæp,dɑ:ʃ] *adj.* (sloppy) chapucero *fam.*; descuidado.

slash [slæʃ] *n.* **1.** cuchillada *f.* ‖ *v. tr.* **2.** (with a knife) acuchillar.

slate [sleɪt] *n.*, *Miner.* pizarra *f.* ‖ **to wipe the ~ clean** *fig.* & *fam.* hacer borrón y cuenta nueva.

slaughter ['slɔːtər] *n.* **1.** matanza *f.* ‖ *v. tr.* **2.** matar. **3.** (animal) sacrificar.

slaughterhouse [(slɔːtər,haʊs] *n.*, *Am. E.* matadero *m.*

slave [sleɪv] *adj.* **1.** esclavo. ‖ *n.* **2.** esclavo *m.*; siervo *m.*

slaver [sleɪvər] *n.* **1.** (saliva) baba *f.* ‖ *v. intr.* **2.** babear.

slaverer [sleɪvərər] *n.* baboso *m.*

slavery ['sleɪvəriː] *n.* esclavitud *f.*

sled ['sled] *n.* **1.** *Am. E.* trineo *m.* ‖ *v. intr.* **2.** *Am. E.* viajar en trineo.

sledge [sledʒ] *n.* **1.** *Br. E.* trineo *m.* ‖ *v. intr.* **2.** *Br. E.* viajar en trineo.

sleek [sliːk] *adj.* **1.** (hair) liso. ‖ *v. tr.* **2.** alisarse el pelo.

sleep [sliːp] *n.* **1.** sueño *m.* **2.** (in eyes) legaña *f.* ‖ *v. intr.* **3.** dormir. ‖ **to ~ like a log** dormir como un tronco *col.* **to ~ on sth** *coll.* consultar algo con la almohada. **to ~ soundly** dormir a pierna suelta *col.* **to ~ with sb** acostarse con algn.

sleeper ['sliːpər] *n.* **1.** (person) durmiente *m. y f.* **2.** (rail) traviesa *f.* **3.** *Am. E.* (sleeping car) coche cama.

sleepiness ['sliːpənɪs] *n.* (drausiness) somnolencia *f.*

sleeping ['sliːpɪŋ] *adj.* durmiente. ‖ **~ car** (in train) coche cama.

sleepwalker ['sliːp,wɔːkər] *n.* (somnambulist) sonámbulo *m.*

sleepy ['sliːpiː] *adj.* (drowsy) soñoliento. ‖ **to be ~** tener sueño. **to make ~** dar sueño; adormecer.

sleepyhead ['sliːpɪ,hed] *n.* marmota *f. fam.*; dormilón *m.*

sleet [sliːt] *n.*, *Meteor.* aguanieve *f.*

sleeve [sliːv] *n.* **1.** (of shirt) manga *f.* **2.** *Tech.* manguito *m.*

slender ['slendər] *adj.* **1.** delgado; esbelto. **2.** (means) escaso.

slenderness ['slendərnɪs] *n.* **1.** delgadez *f.*; esbeltez *f.* **2.** (means) escasez *f.*

sleuth [sluːθ] *n.*, *arch.* (detective) sabueso *m.*; detective *m. y f.*

slice [slaɪs] *n.* **1.** (of bread) rebanada *f.*; tajada *f.* **2.** (of orange, lemon) rodaja *f.* **3.** (of ham, cheese) loncha *f.*; lonja *f.* **4.** (of watermelon) raja *f.* ‖ *v. tr.* **5.** (food) cortar; rajar.

slide [slaɪd] *n.* **1.** deslizamiento *m.* **2.** (slip) resbalón *m.* **3.** (for children) tobogán *m.* **4.** *Phot.* filmina *f.*; diapositiva *f.* ‖ *v. tr.* **5.** deslizar. **6.** (furniture) correr. ‖ *v. intr.* **7.** resbalar; deslizarse.

sliding ['slaɪdɪŋ] *adj.* corredizo.

slight [slaɪt] *adj.* **1.** ligero. **2.** (insignificant) leve. **3.** (person) menudo. ‖ *n.* **4.** (snub) desaire *m.* ‖ *v. tr.* **5.** desairar.

slightest ['slaɪtəst] *adj.* alguno (después de un s.) [He doesn't have the slightest hope. *No tiene la mínima esperanza.*]

slightly ['slaɪtliː] *adv.* (a little) algo [She is slightly slim. *Está algo delgada.*]

slim [slɪm] *adj.* **1.** delgado; esbelto. ‖ *v. tr.* **2.** adelgazar. ‖ *v. intr.* **3.** (diet) hacer régimen. ‖ **to ~ down** adelgazar.

slime [slaɪm] *n.* **1.** lodo *m.*; cieno *m.* **2.** *Zool.* (of snail) baba *f.*

slimy ['slaimi:] *adj.* **1.** (liquid) viscoso. **2.** (surface) pegajoso. **3.** *fig.* (person) falso; hipócrita.

sling [slɪŋ] *n.* **1.** (weapon) honda *f.* ‖ *v. tr.* **2.** (throw) tirar; lanzar.

slingshot ['slɪŋˌʃɒt] *n., Am. E.* tirachinas *m. inv.*; tirador *m.*

slip [slɪp] *n.* **1.** (slide) resbalón *m.* **2.** (trip) traspié *m.* **3.** (mistake) error *m.*; tropiezo *m.*; lapsus *m. inv.* ‖ *v. tr.* **4.** deslizar. ‖ *v. intr.* **5.** (slide) resbalar. **6.** (move quickly) escurrirse; deslizarse. **7.** (hand, foot) irse. ‖ **~ of the tongue** lapsus linguae. **to ~ out** (secret) escaparse. **to ~ up** *fig.* (make a mistake) patinar.

slipknot ['slɪpˌnɒt] *n.* nudo corredizo.

slipper ['slɪˌpər] *n.* zapatilla *f.*; pantufla *f.*

slippery ['slɪpəri:] *adj.* **1.** (surface) resbaladizo. **2.** (elusive) escurridizo.

slit [slɪt] *n.* **1.** corte *m.* **2.** (in a skirt) abertura *f.* ‖ *v. tr.* **3.** cortar; rajar. ‖ **to ~ the throat** degollar; yugular.

slither ['slɪðər] *v. intr., Zool.* (snail, snake) deslizarse; reptar.

slobber ['slɒbər] *v. intr.* babear.

slogan ['slougən] *n., Polit.* (motto) eslogan *m.*; lema *m.*

slope [sloup] *n.* **1.** *Geogr.* cuesta *f.*; pendiente *f.* **2.** (up) subida *f.* **3.** (down) declive *m.* **4.** *Geogr.* (of mountain) falda *f.*; ladera *f.* **5.** (incline) inclinación *f.* ‖ *v. intr.* **6.** inclinarse. ‖ **steep ~** repecho *m.*

sloping ['slɒpɪŋ] *adj.* inclinado.

sloppy [(slɒpi:] *adj.* **1.** (careless) estrafalario. **2.** (kiss) baboso.

slot [slɒt] *n.* **1.** ranura *f.* **2.** (groove) muesca *f.* ‖ **~ machine** *fam.* tragaperras *f. inv.* **3.** (opening) abertura *f.*

sloth [slouθ] *n.* **1.** *Zool.* perezoso *m.* **2.** *frml.* (laziness) pereza *f.*

slovenly ['slʌvənli:] *adj.* estrafalario.

slow [slou] *adj.* **1.** lento. **2.** (stupid) retrasado. ‖ *v. tr.* **3.** (pace) aflojar (el paso). ‖ **in ~ motion** a cámara lenta.

slowly ['slouli:] *adv.* despacio.

slowness ['slounɪs] *n.* **1.** lentitud *f.*; pachorra *f. col.* **2.** (stupidity) torpeza *f.*

slug [slʌg] *n., Zool.* babosa *f.*

sluggard ['slʌgərd] *n.* (idler) holgazán *m.*; haragán *m.*; gandul *m.*

sluggish ['slʌgɪʃ] *adj.* lento.

sluggishness ['slʌgɪʃnɪs] *n.* (slowness) pachorra *f. col.*; calma *f.*

sluice [slu:s] *n.* **1.** (waterway) canal *m.* **2.** (gate) compuerta *f.* ‖ *v. tr.* **3.** (arenas auríferas) lavar. ‖ **sluicegate** *n.* **4.** (floodgate) esclusa *f.*

slum [slʌm] *n.* barrio bajo.

slump ['slʌmp] *n.* **1.** bajón *m.*; caída repentina. ‖ *v. intr.* **2.** desplomarse.

slur [slə:r] *n.* **1.** (insult) difamación *f.* ‖ *v. tr.* **2.** manchar; mancillar. **3.** (words) comerse.

slut [slʌt] *n. pej.* (woman) perra *f. pey.*; pendón *f.*; ramera *f.*

sly [slai] *adj.* **1.** astuto; taimado. **2.** (naughty) travieso. **3.** (roguish) cuco.

slyness ['slainɪs] *n.* **1.** (cunning) astucia *f.* **2.** (roguishness) malicia *f.*

smack¹ [smæk] *n.* **1.** bofetada *f.*; sopapo *m.* ‖ *v. tr.* **2.** abofetear. **3.** *fig.* relamerse.

smack² [smæk] *n., slang* (heroin) caballo *m.*; heroína *f.*

small [smɔ:l] *adj.* **1.** pequeño; chico. **2.** (in height) menudo. **3.** (insignificant) insignificante. **4.** *Ling.* (letter) minúscula. ‖ **~ change** cambio suelto.

smallness ['smɔ:lnɪs] *n.* **1.** pequeñez *f.*; menudencia *f.* **2.** (scantiness) escasez *f.*

smallpox ['smɔ:lˌpɒks] *n., Med.* viruela *f.*

smart [smɑ:rt] *adj.* **1.** elegante; arreglado. **2.** (clever) listo. **3.** (sharp) hábil. ‖ *v. intr.* **4.** *Med.* (wound, eyes) escocer.

smartness ['smɑ:rtnɪs] *n.* **1.** elegancia *f.* **2.** (cleverness) inteligencia *f.*; viveza *f.*

smarty ['smɑ:ti:] *adj.* sabihondo.

smash [smæʃ] *n.* **1.** estrépito *m.* ‖ *v. tr.* **2.** (in pieces) romper; destrozar. **3.** (destroy) destripar. ‖ *v. intr.* **4.** (in pieces) romperse. ‖ **to ~ to pieces** hacer trizas.

smashing ['smæʃɪŋ] *adj., fam.* **1.** estupendo. **2.** (attractive) macizo.

smattering ['smætərɪŋ] *n. sing.* nociones *f. pl.*; idea *f.*

smear [(smɪr] *n.* **1.** mancha *f.* **2.** *fig.* calumnia *f.* ‖ *v. tr.* **3.** untar. **4.** (with chocolate, grease) embadurnar.

smell [smel] *n.* **1.** olor *m.* **2.** (sense) olfato *m.* ‖ *v. tr.* **3.** oler; olfatear. ‖ *v. intr.* **4.** oler. **5.** (stink) apestar. ‖ **~ a rat** *coll.* mosquearse. **to ~ out** (stink) oler mal.

smelly ['smeli:] *adj.* (stinking) maloliente; apestoso.

smelt ['smelt] *v. tr.* (ore) fundir.

smelting ['smeltɪŋ] *n.* (works) fundición (de metales) *f.*

smile [smaɪl] *n.* **1.** sonrisa *f.* ‖ *v. intr.* **2.** (person) sonreír.

smiling ['smaɪlɪŋ] *adj.* risueño; sonriente. ‖ **keep smiling!** ¡ánimo!

smite [smaɪt] *v. tr.* **1.** *arch.* (hit) golpear. **2.** (conscience) castigar.

smith [smɪθ] *n.* herrero *m.*

smithereens [ˌsmɪðə'ri:nz] *n. pl.* (pieces) añicos *m.*; pedazos *m.*

smock [smɒk] *n.* **1.** blusón *m.* **2.** (overall) bata *f.* ‖ **child's ~** babi *m.*

smoke [smoʊk] *n.* **1.** humo *m.* ‖ *v. tr.* **2.** (cigarette, cigar) fumar. **3.** (fish) ahumar. ‖ *v. intr.* **4.** (chimney, bonfire) hu-

mear; echar humo. ‖ **cloud of ~** humareda *f.* **to ~ up** *Am. E.* ahumar.

smoked ['smoʊkt] ahumado.

smoker ['smoʊkər] *n.* fumador *m.*

smoking ['smoʊkɪŋ] *adj.* **1.** humeante. ‖ *n.* **2.** fumar *m.* ‖ **"no ~"** prohibido fumar. **~ room** cuarto para fumar.

smoky ['smoʊki:] *adj.* **1.** humeante. **2.** (food, color) ahumado.

smooth [smu:ð] *adj.* **1.** liso. **2.** (skin) suave; terso. **3.** (even) llano. **4.** (sticky) meloso *fig.* **5.** (style) fluido. ‖ *v. tr.* **6.** (down/out) alisar; suavizar. **7.** (surface) igualar. ‖ *v. intr.* **8.** alisarse (el pelo).

smoothness ['smu:ðnɪs] *n.* **1.** llanura *f.*; suavidad *f.* **2.** (peacefulness) tranquilidad *f.*

smother ['smʌðər] *v. tr.* **1.** ahogar; asfixiar. **2.** (suffocate) sofocar. ‖ *v. intr.* **3.** ahogarse; asfixiarse.

smudge ['smʌdʒ] *n.* **1.** (of ink) borrón *m.* ‖ *v. tr.* **2.** manchar; ensuciar. **3.** (text) emborronar; garabatear.

smug [smʌg] *adj.* engreído.

smuggler ['smʌglər] *n.* (person) contrabandista *m. y f.*

smuggling ['smʌglɪŋ] *n.* contrabando *m.*

smut [smʌt] *n.* **1.** (dirt) mancha *f.*; suciedad *f.* **2.** (indecency) obscenidad *f.* ‖ *v. tr.* **3.** manchar.

snack [snæk] *n.* piscolabis *m.*; tentempié *m.* ‖ **afternoon ~** merienda *f.* **bar ~** pincho *m.* **to have a mid-morning ~** almorzar. **to have a ~** matar el gusanillo *fam.* **to have an afternoon ~** merendar.

snail [sneɪl] *n., Zool.* caracol *m.* ‖ **at ~ pace** *coll.* a paso de tortuga.

snake [sneɪk] *n.* **1.** *Zool.* (big) serpiente *f.* **2.** *Zool.* (small) culebra *f.*

snap [snæp] *n.* **1.** (sound) chasquido *m.* **2.** (on clothes) automático *m.* ‖ *v. tr.* **3.** partir (en dos). **4.** *Phot.* hacer una instantánea. ‖ *v. intr.* **5.** romperse.

snappy ['snæpi:] *adj.* **1.** rápido. **2.** (stylish) elegante. **3.** (person) respondón.

snapshot ['snæpˌʃɒt] *n.* *Phot.* instantánea *f.*

snare [sner] *n.* **1.** trampa *f.*; cepo *m.* ‖ *v. tr.* **2.** atrapar; prender.

snatch [snætʃ] *n.* **1.** arrebatamiento *m.* **2.** *fam.* (theft) robo *m.* ‖ *v. tr.* **3.** arrebatar. **4.** (steal) robar.

sneak [sni:k] *n.* **1.** chivato *m.*; soplón *m.* ‖ **to ~ away** escabullirse. **to ~ in** colarse.

sneaking ['sni:kɪŋ] *adj.* secreto.

sneer [snɪr] *n.* **1.** burla *f.* ‖ *v. intr.* **2.** (mock) decir con desprecio; decir con burla. ‖ *v. tr.* **3.** expresar con desprecio.

sneering ['snɪrɪŋ] *adj.* burlón.

sneeze [sni:z] *n.* **1.** estornudo *m.* ‖ *v. intr.* **2.** estornudar.

sniff [snɪf] *n.* **1.** olor *m.* **2.** (by animal) olfateo *m.* ‖ *v. tr.* **3.** oler. **4.** (with suspicious) olfatear; olisquear. ‖ **to ~ out** (suspect) oler; olfatear.

snip [snɪp] *n.* **1.** tijeretazo *m.*; corte *m.* **2.** (small) recorte *m.* ‖ *v. tr.* **3.** tijeretear.

snipe [snaɪp] *n.* **1.** *Zool.* (bird) agachadiza *f.* ‖ *v. intr.* **2.** criticar. **3.** (shoot) disparar. ‖ **to ~ at** tirotear.

snivel ['snɪvəl] *v. intr.* *Br. E.* (whimper) lloriquear; gimotear.

sniveling, snivelling (Br.E) ['snɪvəlɪŋ] *n.* lloriqueo *m.*

snooker ['snu:kər] *n.* billar *m.* (ruso).

snoop ['snu:p] *n.* **1.** fisgón *m.* ‖ *v. intr.* **2.** *fam.* fisgar; hurgar.

snooper ['snu:pər] *n.* fisgón *m.*

snore [snɔ:r] *n.* **1.** (when you sleep) ronquido *m.* ‖ *v. intr.* **2.** roncar.

snoring ['snɔ:rɪŋ] *n.* ronquido *m.*

snort [snɔ:rt] *n.* **1.** bufido *m.*; resoplido *m.* ‖ *v. intr.* **2.** bufar; resoplar.

snotty [(snɒti:)] *adj.* **1.** (nose) mocoso. **2.** (snooty) presumido; snob.

snout [snaʊt] *n.*, *Zool.* (of animal) hocico *m.*; morro *m.*; jeta *f.*

snow [snoʊ] *n.* **1.** *Meteor.* nieve *f.* ‖ *v. intr.* **2.** *Meteor.* nevar.

snowcapped ['snoʊˌkæpt] *adj.* nevado.

snowdrift ['snoʊˌdrɪft] *n.* ventisquero *m.*

snowfall ['snoʊˌfɔ:l] *n.*, *Meteor.* nevada *f.*

snowflake ['snoʊˌfleɪk] *n.*, *Meteor.* copo de nieve.

snowplough ['snoʊˌplaʊ] *n.*, *Br. E.* quitanieves *m. inv.*

snowplow ['snoʊˌplaʊ] *n.*, *Am. E.* quitanieves *m. inv.*

snowshoe ['snoʊˌʃu:] *n.* raqueta *f.* (de nieve).

snowstorm ['snoʊˌstɔ:rm] *n.* ventisca *f.*

snub [snʌb] *n.* **1.** desaire *m.*; desprecio *m.* ‖ *v. tr.* **2.** desairar; despreciar.

snuff [snʌf] *n.* **1.** tabaco en polvo. ‖ *v. intr.* **2.** *Br. E.* (die) palmar *fam.*

snug [snʌg] *adj.* **1.** cómodo. **2.** (tight) ajustado; ceñido.

snuggle ['snʌgəl] *v. intr.* arrimarse; acurrucarse (en la cama).

so [soʊ] *adv.* **1.** tan; tanto. **2.** (in this way) así; de esta manera [Do not talk to me like that. *No me hables así.*] **3.** (too) también [Your brother is tired and so am I. *Tu hermano está cansado y yo, también.*] **4.** (intensifier) más [He is so crazy! *¡Esta más loco!*] ‖ *conj.* **5.** pues bien [So, as I said, I disagree. *Pues bien, como ya dije, no estoy de acuerdo.*] **6.** (result) así que; de modo que [I'm feeling better so I'll go to the party. *Ya me encuentro me-*

jor así que iré a la fiesta.] ‖ *interj.* **7.** bueno. ‖ **and ~ on/forth** etcétera; y así sucesivamente. **or** ~ más o menos. **~ far** hasta aquí [So far, every-thing is alright. *Hasta aquí todo va bien.*] **~ long!** ¡hasta luego! **~ many** tanto [I didn't think so many people come. *No pensé que vendría tanta gente.*] tanto. **~ that** de modo que.

soak [souk] *v. tr.* **1.** empapar; calar. ‖ *v. intr.* **2.** (clothes, foood) estar en remojo. ‖ **to ~ up** (liquid) absorber. **an old ~** un borracho perdido. | (information) embeber.

soaked ['soukt] *adj.* empapado; calado. ‖ **to be ~** (with milk, honey) empaparse. **to get ~** calarse. **to get ~ to the skin** calarse hasta los huesos.

soaking [(soukiŋ] *n.* remojo *m.*

so-and-so [(souæn,sou] *n.*, *fam.* fulano *m.*; mengano *m.*; zutano *m.*

soap [soup] *n.* **1.** jabón *m.* ‖ *v. tr.* **2.** enjabonar; dar jabón. ‖ **bar of ~** pastilla de jabón. **shaving ~** jabón de afeitar. **~ bubble** pompa de jabón. **~ dish** jabonera *f.* **~ opera** telenovela *f.* **soft-soap someone** dar jabón a alguien.

soar [sɔːr] *v. intr.* **1.** (birds, planes) remontarse. **2.** (morale, building) elevarse; erguirse.

sob [sɒb] *n.* **1.** sollozo *m.* ‖ *v. intr.* **2.** sollozar. ‖ **~ story** tragedia *f.*

sober ['soubər] *adj.* sobrio.

sobriety [sə'braiəti] *n.* **1.** *frml.* sobriedad *f.* **2.** (good sense) sensatez *f.*

soccer ['sɒkər] *n.*, *Am. E.*, *Sports* fútbol *m.*; balompié *m.* ‖ **~ match** *Am. E.*, *Sports* partido fútbol. **~ player** *Am. E.*, *Sports* futbolista *m.*

sociable ['souʃəbəl] *adj.* sociable.

social ['souʃəl] *adj.* **1.** social. ‖ *n.* **2.** acto social. ‖ **~ work** asistencia social. **~ worker** asistente social.

socialist ['souʃəlɪst] *adj. & n.*, *Polit.* socialista *m. y f.*

socialize, socialise (Br.E) ['souʃə,laɪz] *v. tr. & intr.* alternar (con gente); socializar.

society [sə'saɪəti:] *n.* **1.** (association) sociedad *f.* **2.** (community) comunidad *f.* **3.** (company) compañía *f.*

sock[1] [sɒk] *n.* **1.** calcetín *m.* **2.** *Am. E.* (stocking) media *f.*

sock[2] [sɒk] *n.* **1.** (blow) puñetazo *m.* ‖ *v. tr.* **2.** pegar; golpear.

socket ['sɒkɪt] *n.* **1.** (of eye) órbita *f.*; cuenca *f.* **2.** *Electron.* (power point) enchufe *m.* ‖ **multiple ~** *Electron.* ladrón *m.*

soda ['soudə] *n.*, *Am. E.* (drink) gaseosa *f.* ‖ **baking ~** bicarbonato *m.*

sodden ['sɒdən] *adj.* (soaked) mojado; empapado.

sofa ['soufə] *n.* sofá *m.* ‖ **~ bed** sofá cama.

soft [sɒft] *adj.* **1.** blando; mullido. **2.** (flabby) fofo. **3.** (food) tierno. **4.** (skin) suave. **5.** (consonant, person) débil. **6.** (indulgent) blando. **7.** (muscle) flojo.

soften ['sɒftən] *v. tr.* **1.** ablandar; reblandecer. **2.** (skin) suavizar. **3.** (knock) amortiguar. ‖ *v. intr.* **4.** ablandarse; reblandecerse.

softness ['sɒftnɪs] *n.* **1.** blandura *f.* **2.** (skin, hair, fabric, colors) suavidad *f.*

soft-soap ['sɒft,soup] *n.* **1.** coba *f.* ‖ *v. tr.* **2.** dar coba; adular.

software [(sɒft,wer] *n.*, *Comput.* software *m.*

soil [sɔɪl] *n.* **1.** *Agr.* tierra *f.* ‖ *v. tr.* **2.** ensuciar; manchar. ‖ *v. intr.* **3.** (clothes) ensuciarse. ‖ **native ~** *fig.* terruño *m.*

solar ['soulər] *adj.* solar.

solder ['soldər] *n.* **1.** (with tin) soldadura *f.* ‖ *v. tr.* **2.** soldar; unir.

soldering ['soldərɪŋ] *n.* soldadura *f.*

soldier [(souldʒər] *n.* **1.** *Mil.* soldado *m.* **2.** militar *m. y f.*

sole[1] [soul] *n.* **1.** (of foot) planta *f.* **2.** (of shoe) suela *f.* ‖ *v. tr.* **3.** (shoes) poner suelas a.

sole[2] [soul] *adj.* (only) solo; único.

sole[3] [soul] *n., Zool.* (fish) lenguado *m.*

solemn ['soləm] *adj.* solemne.

solemnity [sə'lemnəti:] *n.* solemnidad *f.*

solemnize ['soləmnaɪz] *v. tr.* solemnizar.

solicit [sə'lɪsɪt] *v. tr.* solicitar; pedir; instar.

solicitor [sə'lɪsɪtər] *n. Br. E., Law* (lawyer) abogado *m.*

solid ['solɪd] *adj.* **1.** sólido; macizo. **2.** (firm) firme. ‖ *n.* **3.** sólido *m.*

solidarity [solɪ'dærəti:] *n.* solidaridad *f.*

solidify [sɒ'lɪdɪfaɪ] *v. tr.* solidificar.

solidity [sə'lɪdəti:] *n.* solidez *f.*

solitaire ['solətər] *n.* solitario *m.*

solitary ['solətəri:] *adj.* **1.** (alone) solitario. **2.** (person) retraído.

solitude ['solətu:d] *n.* soledad *f.*

soloist ['soulouɪst] *n., Mus.* solista *m. y f.*

soluble ['soljəbəl] *adj.* soluble.

solution [sə'lu:ʃən] *n.* solución *f.*

solve ['soːlv] *v. tr.* **1.** (mystery) resolver. **2.** (difficulties) solventar. **3.** (problem) solucionar; aclarar.

solvent ['solvənt] *adj.* solvente.

some [sʌm] *adj.* **1.** (with countable nouns) alguno; uno [Compra algunas manzanas. *Buy some apples.*] **2.** (with uncountable nouns) algo de [He dropped some milk on the carpet. *Se le cayó algo de leche en la alfombra.*] **3.** (unspecified person or thing) alguno [We

talked to some expert. *Hablamos con algún experto.*] **4.** algún. ‖ *pron.* **5.** alguno [Some rejected the motion. *Algunos rechazaron la moción.*]

somebody ['sʌmbədi:] *pron.* alguien [Alguien me dio su número de teléfono. *Somebody gave me your telephone number.*]

someday ['sʌmdeɪ] *adv.* algún día.

somehow ['sʌmhaʊ] *adv.* de algún modo; en cierto modo.

someone ['sʌmwʌn] *pron.* alguien [He found someone in the store. *Se encontró a alguien en la tienda.*]

somersault ['sʌmərsɔːlt] *n.* voltereta *f.*

something ['sʌmθɪŋ] *pron.* algo [There is something in the oven. *Hay algo en el horno.*]

sometime ['sʌmtaɪm] *adv.* en algún momento [You'll have to do it sometime. *Tendrás que hacerlo en algún momento.*]

sometimes ['sʌmtaɪmz] *adv.* algunas veces; a veces [Sometimes I go to work by car. *A veces voy al trabajo en coche.*]

somewhat ['sʌmwɒt] *adv.* algo.

somewhere ['sʌmwer] *adv.* en alguna parte; por ahí [Your coat must be somewhere. *Tu abrigo debe de estar en alguna parte.*]

son [sʌn] *n.* **1.** hijo *m.* ‖ **son-in-law** *n.* **2.** hijo político; yerno *m.*

song [soŋ] *n.* **1.** canción *f.* **2.** (of bird) canto *m.* **3.** (popular) copla *f.*; cantar *m.* ‖ **the same old ~** la misma canción.

songbook ['soŋbʊk] *n., Mus.* (songs and poetry) cancionero *m.*

songster ['soŋstər] *n.* **1.** (poet) cantante *m. y f.* **2.** (songbird) pájaro cantor.

sonnet ['sonɪt] *n., Lit.* soneto *m.*

sonorous [sə'nɔ:rəs] *adj.* sonoro.

soon [su:n] *adv.* pronto [Pronto tendrán un bebé. *They'll soon have a baby.*] ‖ **sooner** (comp. of "soon") *adv.* antes. ‖ **as ~ as** tan pronto como; en cuanto; apenas [As soon as she came in, she sat down. *En cuanto entró, se sentó.*] **as ~ as possible** cuanto antes; a la mayor brevedad posible. **no sooner... than...** apenas [No sooner had he got in the shower than the telephone rang. *Apenas se metió en la ducha, sonó el teléfono.*] **sooner or later** tarde o temprano.

soothe [su:ð] *v. tr.* **1.** (pain) aliviar; calmar. **2.** (rage) aplacar.

soothing ['su:ðɪŋ] *adj.*, *Pharm.* (tranquilizer) tranquilizante; calmante.

sophisticated [sə'fɪstɪˌkeɪtɪd] *adj.* (refined) sofisticado; refinado.

soprano [sə'prɑːnou] *n.*, *Mus.* soprano *f.*

sorcerer ['sɔ:rsərər] *n.* (wizard) hechicero *m.*; brujo *m.*

sorcery ['sɔ:səri] *n.* (witchcraft) hechicería *f.*; brujería *f.*

sordid [(sɔ:rdɪd] *adj.* sórdido.

sordidness ['sɔ:rdɪnɪs] *n.* sordidez *f.*

sore [sɔ:r] *adj.* **1.** *Med.* dolorido. **2.** (eyes) irritado. ‖ *n.* **3.** *Med.* llaga *f.* ‖ **cold ~** (on lips) pupa *f.*

sorrow ['sɒrou] *n.* **1.** dolor *m.*; pesar *m.*; pena *f.* **2.** *fig.* (grief) luto *m.*

sorrowful ['sɒroufəl] *adj.* (grieved) afligido; pesaroso.

sorry ['sɒri] *adj.* **1.** (sad) triste. ‖ *interj.* **2.** (apology) ¡perdón! ‖ **to be deeply ~** sentirlo en el alma. **to be ~** compadecerse.

sort [sɔ:rt] *n.* **1.** (kind) género *m.*; especie *f.* ‖ *v. tr.* **2.** (classify) clasificar. **3.** (mend) arreglar.

so-so ['souˌsou] *adv. fam.* así así.

souk [suk] *n.* zoco *m.*

soul [soul] *n.* **1.** *Rel.* alma *f.* **2.** (spirit) espíritu *m.* **3.** (person) alma *f.* ‖ **every living ~** todo bicho viviente. **~ mate** compañero del alma.

sound¹ [saund] *n.* **1.** sonido *m.* **2.** (noise) ruido *m.* ‖ *v. tr.* **3.** tocar. **4.** *Med.* auscultar. ‖ *v. intr.* **5.** sonar. ‖ **~ barrier** barrera del sonido. **to ~ out** *fig.* (opinions) sondear. **to ~ the horn** pitar.

sound² [saund] *adj.* **1.** (healthy) sano. **2.** (sleep) profundo.

sounding¹ ['saundɪŋ] *adj.* retumbante.

sounding² ['saundɪŋ] *n. Nav.* sondeo *m.*

soundness ['saundnɪs] *n.* solidez *f.*

soundtrack ['saundˌtræk] *n.*, *Film* banda sonora.

soup [su:p] *n.*, *Gastr.* sopa *f.* ‖ **~ dish** plato llano. **~ spoon** cuchara sopera. **vegetable ~** *Gastr.* (with pulses) potaje (de verduras) *m.*

sour ['sauər] *adj.* **1.** (sharp) ácido; agrio. **2.** *fig.* (character) avinagrado. ‖ *v. tr. & intr.* **3.** (milk) agriar. **4.** *fig.* (a day, situation) amargar. ‖ **to turn ~** agriarse; avinagrarse.

source [sɔ:rs] *n.* **1.** fuente *f.*; principio *m.* **2.** *Med.* (of infection) foco.

sourness ['sauərnɪs] *n.* acidez *f.*

souse [saus] *n.* **1.** *Gastr.* escabeche *m.* ‖ *v. tr.* **2.** *Gastr.* escabechar.

soutane ['souteɪn] *n.*, *Rel.* sotana *f.*

south [sauθ] *n.*, *Geogr.* sur *m.*

South American [ˌsauθ æ'merɪkən] *adj. & n.* sudamericano *m.*

southeast ['sauθˌi:st] *adj. & n.*, *Geogr.* sudeste *m.*

southern ['sʌðərn] *adj.*, *Geogr.* sur; meridional; austral.

southerner [(sʌðərnər] *n.*, *Geogr.* (inhabitant) meridional *m. y f.*

souvenir [suːvəˈnɪr] *n.* souvenir *m.*; recuerdo *m.*

sovereign [ˈsɒvrɪn ˈsɒvərɪn] *adj.* **1.** soberano. ‖ *n.* **2.** soberano *m.*; monarca *m.*

sovereignty [ˈsɒvrəntiː] *n.* soberanía *f.*

sow[1] [ˈsəʊ] *v. tr.* (seeds) sembrar. ‖ **to ~ discord** *fig. y fam.* sembrar cizaña. **sown field** sementera *f.*

sow[2] [ˈsəʊ] *n.*, *Zool.* (female pig) cerda *f.*

sowing [ˈsəʊɪŋ] *n.*, *Agr.* siembra *f.*

soy [ˈsɔɪ] *n.*, *Am. E.*, *Bot.* soja *f.*

spa [ˈspɑː] *n.* balneario *m.*

space [speɪs] *n.* **1.** espacio *m.* **2.** (room) sitio. **3.** (gap) claro. **4.** (capacity) cabida *f.* ‖ *v. tr.* **5.** espaciar. ‖ **blank ~** espacio en blanco. **~ station** estación espacial.

spaceship [ˈspeɪsˌʃɪp] *n.* astronave; nave espacial.

spacious [ˈspeɪʃəs] *adj.* (roomy) espacioso; amplio.

spade[1] [speɪd] *n.* (for digging) pala *f.*

spade[2] [speɪd] *n.* (card) pica *f.*

spaguetti [spəˈɡetɪ] *n. pl.*, *Gastr.* (pasta) espaguetis *m.*

span [spæn] *n.* **1.** (of hand) palmo *m.* **2.** (of time) espacio *m.* **3.** (de puente) ojo *m.* ‖ **like ~** duración de vida.

Spaniard [ˈspænɪərd] *n.* español *m.*; hispano *m.*

Spanish [ˈspænɪʃ] *adj.* **1.** español. ‖ *n.* **2.** (language) español *m.*; castellano *m.*

Spanish American [ˈspænɪʃ æˈmerɪkən] *adj. & n.* (person) hispano *m.*; hispanoamericano *m.*

Spanish-speaker [ˈspænɪʃˈspiːkər] *n.* hispanohablante *m. y f.*

Spanish-speaking [ˈspænɪʃˈspiːkɪŋ] *adj.* hispanohablante.

spank [ˈspæŋk] *n.* **1.** azote *m.* ‖ *v. tr.* **2.** (whip) azotar; dar azontes.

spanking [ˈspæŋkɪŋ] *n.* azotaina *f. fam.*

spar[1] [spɑːr] *n. Nav.* palo *m.*; verga *f.*

spar[2] [spɑːr] *v. intr.* (argue) reñir.

spar[3] [spɑːr] *n.*, *Miner.* espato *m.*

spare [sper] *adj.* **1.** (surplus) de más. ‖ *v. tr.* **2.** prescindir (de). **3.** (save) ahorrar. ‖ **~ bed** cama supletoria. **~ part** pieza de recambio; repuesto *m.* **~ room** habitación de invitados. **~ time** tiempo libre; tiempo de ocio.

sparing [ˈsperɪŋ] *adj.* parco; escaso.

spark [spɑːrk] *n.* **1.** chispa *f.*; centella *f.* **2.** *Electron.* chispazo *m.* **3.** *fig.* (trace) chispa *f.* ‖ *v. intr.* **4.** (fire) chispear; chisporrotear.

spark plug [ˈspɑːrk ˈplʌɡ] *n.*, *Car* bujía *f.*

sparkle [ˈspɑːrkəl] *n.* **1.** destello *m.* ‖ *v. intr.* **2.** centellear; brillar; destellar.

sparkling [ˈspɑːrklɪŋ] *adj.* **1.** (jewels) brillante. **2.** (eye) centelleante. **3.** (lively) chispeante. **4.** (effervescent) gaseoso. ‖ **~ wine** espumoso *m.*

sparrow [ˈspærəʊ] *n.* *Zool.* gorrión *m.*

sparrowhawk [ˈspærəʊˌhɔːk] *n.*, *Zool.* (bird) gavilán *m.*

spartan [ˈspɑːrtən] *adj.* (life) frugal.

spasm [ˈspæzəm] *n.*, *Med.* espasmo *m.*

spat [spæt] *n.* **1.** polaina *f.* **2.** *coll.* (quarrel) discusión *f.*

spate [speɪt] *n.* (of words, orders) chaparrón *m. fig.*; aluvión *m.*

spatial or spacial [ˈspeɪʃəl] *adj.* espacial; cósmico.

spatter [ˈsplætər] *n.* **1.** (splashing) salpicadura *f.* ‖ *v. tr.* **2.** salpicar; rociar.

spatula [ˈspætʃʊlə] *n. f.* espátula.

speak [spiːk] (p.t. spoke ; p.p. spoken) *v. intr.* **1.** hablar. **2.** (make speech) hablar. ‖ *v. tr.* **3.** decir. **4.** (language) hablar. ‖ **not to say a word** no decir esta boca es mía. **to ~ loud** hablar alto. **to ~ to each other** hablarse. **to ~ up** hablar más alto.

speaker [(spi:kər] *n.* **1.** orador *m.* **2.** (in conversation) interlocutor *m.*

speaking ['spi:kɪŋ] *n.* **1.** (skill) habla *f.* ‖ *adv.* **2.** al habla. ‖ **~ clock** *Br. E.* (telephone) información horaria.

spear [spɪr] *n.* **1.** (weapon) lanza *f.* **2.** (for fishing) arpón *m.*

special ['speʃəl] *adj.* **1.** especial; extraordinario. **2.** (specific) particular. ‖ **nothing ~** nada del otro mundo. **~ agent** agente secreto. **~ edition** (newspaper, magazine) edición especial.

specialist ['speʃəlɪst] *adj.* **1.** especialista. ‖ *n.* **2.** especialista *m. y f.*

specialize, specialise (Br.E) ['speθɪəˌlaɪz] *v. intr.* especializarse [He specialized in plastic surgery. *Se especializó en cirugía plástica.*]

specially ['speθɪəlɪ] *adv.* particularmente; especialmente.

specialty, speciality (Br.E) [ˌspeʃɪˈcæləti] *n.* especialidad *f.*

species [(spi:ʃi:z] *n. inv.*, *Biol.* especie *f.*

specific [spəˈsɪfɪk] *adj.* **1.** específico. **2.** (definite) concreto. ‖ *n.* **3.** *Med.* (medicament) específico *m.*

specify ['speθɪˌfaɪ] *v. tr.* especificar; precisar; puntualizar.

specimen ['spesɪmɪn] *n.* ejemplar *m.*; muestra *f.* ‖ **blood ~** *Med.* muestra de sangre. **~ copy** ejemplar de muestra.

specious [(spi:ʃəs] *adj.* engañoso; especioso *form.*

speck [spek] *n.* **1.** (mote) mota *f.* **2.** (stain) manchita *f.* ‖ *v. tr.* **3.** manchar.

spectacle ['spektəkəl] *n.* (sight) espectáculo *m.*

spectacles ['spektəkəlz] *n. pl.* lentes *m. y f.*; gafas *f.* ‖ **~ case** funda para gafas.

spectator [spekˈteɪtər] *n.* espectador *m.*

specter, spectre (Br.E) ['spektər] *n.* espectro *m.*; fantasma *m.*

spectrum ['spektrəm] *n.* espectro *m.*

speculate ['spekjuˌleɪt] *v. intr.* especular; conjeturar. ‖ **to ~ about** especular; adivinar. **to ~ on** especular; comerciar.

speculation [ˌspekjəˈleɪʃən] *n.* (conjetura) especulación *f.*

speech [spi:tʃ] *n.* **1.** habla *f.* **2.** (oration) discurso *m.*; disertación *f.* ‖ **freedom of ~** libertad de expresión. **opening ~** (in festivals) pregón *m.*

speechless ['spi:tʃlɪs] *adj.*, *fig.* (dumb) sin habla; mudo.

speed [spi:d] *n.* **1.** velocidad *f.* **2.** (quickness) rapidez *f.* **3.** (gear) marcha *f.* ‖ *v. tr.* **4.** acelerar. ‖ *v. intr.* **5.** (person) darse prisa; apresurarse. ‖ **at full ~** a toda velocidad. **~ limit** límite de velocidad. **to ~ up** acelerar.

speleology or spelaelogy [ˌspi:lɪˈrɒlədʒi:] *n.* espeleología *f.*

spell[1] [spel] *v. tr.* deletrear.

spell[2] [spel] *n.* (curse) hechizo *m.*; encanto *m.*; maleficio *m.* ‖ **to cast a ~ on somebody** hechizar a alguien.

spell[3] [spel] *n.* **1.** (period) temporada *f.* **2.** (short period) racha *f.*

spelling ['spelɪŋ] *n.* **1.** ortografía *f.* **2.** (of a word) grafía *f.* ‖ **~ book** cartilla *f.*

spend [spend] *v. tr.* **1.** (time, money) gastar. **2.** (time) pasar. **3.** (exhaust) agotar. ‖ *v. intr.* **4.** (money) gastarse. ‖ **to ~ the night** pernoctar. **to ~ the summer holidays** veranear.

spendthrift ['spendˌθrɪft] *adj.* **1.** derrochador; manirroto. ‖ *n.* **2.** derrochador *m.*; manirroto *m.*

sperm [(spɜːrm] *n., Biol.* esperma *amb.* ‖ ~ **bank** banco de esperma.

sperm whale ['spɜːrmˌweɪl] *n., Zool.* cachalote *m.*

spermatozoon [ˌspɜːrmətoʊˈzoʊn] (pl.: spermatozoa) *n., Biol.* espermatozoide *m.*

spew ['spjuː] *v. tr. & intr.* (lava, flames) arrojar.

sphere [sfɪr] *n.* **1.** esfera *f.* **2.** *fig.* (circle) ámbito *m.*; círculo *m.*

spherical ['sferɪkl] *adj.* esférico.

sphinx ['sfɪŋks] *n.* esfinge *f.*

spice [spaɪs] *n.* **1.** *Gastr.* especia *f.* **2.** *fig.* sazón *m.*; salsa *f.* ‖ *v. tr.* **3.** *Gastr.* condimentar; sazonar. **4.** *fig.* (story) dar interés a una cosa.

spicy ['spaɪsi] *adj.* **1.** *Gastr.* (food) picante. **2.** *fig.* (gossip) sabroso.

spider ['spaɪdər] *n.* **1.** *Zool.* araña *f.* ‖ **spiderweb** *n.* **2.** *Am. E.* telaraña *f.*

spike¹ [spaɪk] *n.* **1.** pincho *m.*; púa *f.* ‖ *v. tr.* **2.** (a sharp piece) clavar.

spike² [spaɪk] *n., Bot.* (of flowers) espiga *f.*

spikenard ['spaɪkˌnɑːrd] *n., Bot.* (aromatic plant) nardo *m.*

spiky ['spaɪki] *adj.* **1.** puntiagudo. **2.** (hedgehog) erizado.

spill [spɪl] *n.* **1.** (of liquid) derrame *m.* **2.** (fall) caída *f.* ‖ *v. tr. & intr.* **3.** (liquid) derramar. **4.** (pour) verter.

spilling ['spɪlɪŋ] *n.* (of liquid) derrame *m.*

spin [spɪn] *v. tr.* **1.** hacer girar. **2.** (cotton) hilar. **3.** (spider) tejer. **4.** (a top) bailar. ‖ *v. intr.* **5.** dar vueltas; girar.

spinach ['spɪnɪdʒ] *n., Bot.* espinaca *f.*

spindle ['spɪndəl] *n.* **1.** (instrument) huso *m.* **2.** *Tech.* eje *m.*

spine [spaɪn] *n.* **1.** *Anat.* espina *f.*; espinazo *m.* **2.** *Zool.* (on hedgehog) púa *f.* **3.** (of book) lomo *m.*

spinster ['spɪnstər] *n.* soltera *f.*

spiny ['spaɪni] *adj., Bot.* (plant) espinoso; con espinas.

spiral ['spaɪrəl] *adj.* **1.** espiral. ‖ *n.* **2.** espiral *f.*; rosca *f.* ‖ ~ **staircase** escalera de caracol.

spire ['spaɪr] *n. Archit.* aguja *f.*

spirit ['spɪrɪt] *n.* **1.** (soul) espíritu *m.* **2.** (mood) humor *m.* **3.** (courage) coraje *m.* ‖ **spirits** *n. pl.* **4.** ánimo *m.*

spirited ['spɪrətɪd] *adj.* **1.** (person) animoso. **2.** (horse) brioso; fogoso.

spiritless ['spɪrɪtləs] *adj.* apagado.

spirits ['spɪrɪts] *n. pl.* licor *m. sing.*

spiritual ['spɪrɪtʃʊəl] *adj.* espiritual.

spit [spɪt] *n.* **1.** saliva *f.* ‖ *v. intr.* **2.** escupir. **3.** (rain) chispear. ‖ **gob of ~** escupitajo *m. fam.* ~ **curl** *Am. E.* caracol *m.*

spite [spaɪt] *n.* despecho *m.* ‖ **out of ~** a pesar de; no obstante (lit.) [In spite of his readiness, he was not chosen. *A pesar de su disposición, no lo eligieron.*]

spiteful ['spaɪtfəl] *adj.* **1.** (malevolent) malévolo. **2.** (resentful) rencoroso.

spittle ['spɪtəl] *n.* baba *f.*; saliva *f.*

splash [splæʃ] *n.* **1.** (into the water) chapoteo *m.* ‖ *v. tr.* **2.** chapotear. **3.** (with liquid) salpicar; rociar.

spleen [spliːn] *n. Anat.* bazo *m.*

splendid [(splendɪd] *adj.* espléndido; magnífico; estupendo.

splendor, splendour (Br.E) ['splendər] *n.* esplendor *m.*

splint [splɪnt] *n.* **1.** *Med.* tablilla *f.* ‖ *v. tr.* **2.** *Med.* entablillar.

splinter ['splɪntər] *n.* **1.** (of wood) astilla *f.* ‖ *v. tr.* **2.** (wood) astillar. ‖ *v. intr.* **3.** (wood) astillarse.

split [splɪt] *adj.* **1.** partido; hendido. ‖ *n.* **2.** grieta *f.*; hendedura *f.*; raja *f.* **3.** (división) división *f.*; cisma *m.* ‖ *v. tr.* **4.** (wood) hender. **5.** (cut) partir. **6.** (tear) rajar. **7.** (skin, plaster, glass, rock) cuartearse. ‖ *v. intr.* **8.** henderse. **9.** (clothes) rajarse. **10.** (in two parts) partirse. ‖ **to ~ one's sides laughing** *fig.* & *fam.*desternillarse (de risa).

splutter ['splʌtər] *v. intr.* **1.** (person) farfullar. **2.** (flames) chisporrotear.

spoil [spɔɪl] *v. tr.* **1.** estropear; chafar; aguar. **2.** (pamper) mimar. ‖ *v. intr.* **3.** (food) estropearse. ‖ **spoils** *n. pl.* **4.** botín *m. sing.*; trofeo *m. sing.*

spoiled ['spɔɪld] *adj.* mimado; malcriado.

spoke [spouk] *n.* (of wheel) radio *m.*

spokesman ['spouksmən] *n.* portavoz *m.*; representante *m.*

spokeswoman ['spouk,wumən] *n.* portavoz *f.*; representante *m.*

sponge [spʌndʒ] *n.* **1.** esponja *f.* ‖ *v. tr.* **2.** (scrounge) gorronear (dinero). ‖ **~ cake** *Br. E. Gastr.* bizcocho *m.* **~ case** *Br. E.* neceser *m.*

sponger ['spʌndʒər] *n.* gorrón *m.*

spongy ['spʌndʒi:] *adj., Gastr.* (cake, bread) esponjoso; blando.

sponsor ['spɒnsər] *n.* **1.** patrocinador *m.* **2.** *Rel.* (man) padrino *m.* **3.** *Rel.* (woman) madrina *f.* ‖ *v. tr.* **4.** patrocinar. **5.** *Rel.* apadrinar.

spontaneous [spɒn'teɪnjəs] *adj.* espontáneo; involuntario.

spooky ['spu:ki:] *adj.* espeluznante.

spool [spu:l] *n., Phot.* carrete (de fotos) *m.*; bobina *f.*

spoon [spu:n] *n.* cuchara *f.* ‖ **coffee ~** cucharilla de café. **dessert ~** cuchara de postre. **wooden ~** cuchara de madera.

spoonful [spu:nful] *n.* cucharada *f.*

sporadic [spə'rædɪk] *adj.* esporádico.

sport [spɔ:rt] *n.* **1.** deporte *m.*; juego *m.* ‖ **sporty** *adj.* **2.** deportista.

sporting ['spɔ:rtɪŋ] *adj.* (spirits) deportivo. ‖ **~ event** *Sports* acontecimiento deportivo.

sports [spɔ:rts] *adj.* **1.** deportivo. ‖ *n. pl.* **2.** deportes *m.* ‖ **~ center** polideportivo *m.* **~ lottery ticket** *Am. E.* quiniela *f.*

sportsman [(spɔ:rtsmən] *n.* deportista *m.*; atleta *m.*

sportswoman ['spɔ:rts,wumən] *n.* deportista *f.*

spot [spɒt] *n.* **1.** (stain) mancha *f.*; pinta *f.* **2.** (dot) lunar *m.* **3.** (place) sitio *m.*; lugar *m.*; punto *m.* ‖ *v. tr.* **4.** (mistake) descubrir. ‖ *v. intr.* **5.** mancharse. ‖ **to put on the ~** poner en un aprieto.

spotless ['spɒtlɪs] *adj.* inmaculado.

spotlight ['spɒt,laɪt] *n.* **1.** *Electron.* (beam) reflector *m.*; foco *m.* **2.** *fig.* centro de atención [Football has been this week's spotlight. *El fútbol ha sido el centro de la atención esta semana.*]

spotter ['spɒtər] *n.* observador *m.* ‖ **~ plane** *Mil.* avión de reconocimiento.

spouse [spaus] *n.* cónyuge *m. y f.*

spout [spaut] *n.* **1.** (of jar) pico *m.* **2.** (of kettle) pitorro *m.* **3.** (of fountain) surtidor *m.* **4.** (of water) chorro *m.* ‖ *v. tr.* **5.** (liquid) arrojar. **6.** (verses) declamar.

sprain ['spreɪn] *n.* **1.** *Med.* esguince *m.* ‖ *v. tr.* **2.** *Med.* torcer. ‖ *v. intr.* **3.** *Med.* torcerse; distenderse.

sprawl ['sprɔ:l] *v. intr.* **1.** tumbarse; echarse. **2.** (city) extenderse.

spray [spreɪ] *n.* **1.** aerosol *m.*; spray *m.* ‖ *v. tr.* **2.** (with water) rociar. **3.** (liquid) pulverizar.

spread [spred] *n.* **1.** extensión. **2.** (ideas) difusión; diseminación *f.* **3.** (of disease) propagación *f.* ‖ *v. tr.* **4.** desplegar. **5.** (lay out) extender. **6.** (news, ideas) divulgar; difundir. **7.** (illness) propagar. **8.** (paint) esparcir. ‖ *v. intr.* **9.** extenderse. **10.** (news, ideas) difundirse; cundir. ‖ **to ~ out** desplegarse.

spreading [spredɪŋ] *n.* expansión *f.*

sprightliness [spraɪtlɪnɪs] *n.* agilidad *f.*

sprightly [spraɪtli:] *adj.* **1.** (agile) ágil. **2.** (lively) vivo.

spring[1] [sprɪŋ] *n.* (season) primavera *f.* ‖ **~ roll** *Gastr.* (Chinese food) rollo de primavera.

spring[2] [sprɪŋ] *n.* **1.** *Geogr.* (of water) manantial *m.*; fuente *f.* **2.** (jump) salto *m.*; brinco *m.* **3.** (of sofa) muelle *m.*; resorte *m.* ‖ *v. intr.* **4.** saltar. **5.** (plants) brotar. **6.** (doubts) provenir. ‖ **hot springs** aguas termales. **to ~ up** surgir.

springboard [sprɪŋbɔːrd] *n.* (swimming) trampolín *m.*

springy [sprɪŋi:] *adj.* **1.** (grass, sofa) mullido. **2.** (elastic) elástico.

sprinkle [sprɪŋkəl] *v. tr.* (scatter) rociar; espolvorear.

sprinkling [sprɪŋklɪŋ] *n. fig.* pizca *f.*

sprint [sprɪnt] *n., Sports* esprint *m.*

sprite [spraɪt] *n.* duende *m.*

sprout [spraʊt] *n.* **1.** *Bot.* retoño *m.*; brote *m.* ‖ *v. intr.* **2.** (seeds) brotar; despuntar. **3.** (spurt) surgir.

spur [spɜːr] *n.* **1.** espuela *f.*; acicate *m.* **2.** (incentive) aguijón; acicate *m.* **3.** *Zool.* espolón *m.* ‖ *v. tr.* **4.** *fig.* aguijonear. ‖ **to ~ on** (horse) espolear.

spurious [spjʊriəs] *adj.* falso; espurio.

spurn [spɜːm] *v. tr.* (disdain) despreciar; desdeñar.

spurt or spirt [spɜːrt] *n.* **1.** chorro *m.* ‖ *v. intr.* **2.** salir a chorro. ‖ **final ~** esfuerzo final.

sputter [spʌtər] *v. intr.* chispear. chisporrotear.

spy [spaɪ] *n.* **1.** espía *m. y f.* ‖ *v. intr.* **2.** espiar. ‖ **~ ring** red de espionaje. **to ~ on** espiar.

spyglass [spaɪglæs] *n.* catalejo *m.*

spying [spaɪŋ] *n.* espionaje *m.*

squad [skwɒd] *n.* **1.** *Mil.* pelotón *m.* **2.** (of police) brigada *f.* **3.** *Sports* (team) equipo *m.*

squadron [skwɒdrən] *n.* **1.** *Mil.* escuadrón *m.* **2.** *Aeron.* escuadrilla *f.* **3.** *Nav.* escuadra *f.*

squalid [skwɒlɪd] *adj.* **1.** sucio. **2.** (existence) miserable. **3.** (sordid) sórdido.

squall[1] [skwɔːl] *n., Meteor.* chubasco *m.*; chaparrón *m.*

squall[2] [skwɔːl] *n.* **1.** chillido *m.*; berrido *m.* ‖ *v. intr.* **2.** berrear.

squally [skwɔːli:] *adj., Meteor.* (weather) borrascoso.

squander [skwændər] *v. tr.* **1.** (money) derrochar; despilfarrar. **2.** (resources, means) malgastar. **3.** (inheritance) dilapidar; gastar.

square [skwer] *adj.* **1.** cuadrado. ‖ *n.* **2.** *Math.* (shape) cuadrado *m.*; cuadro *m.* **3.** (on crossword) casilla *f.* **4.** (in a village) glorieta *f.*; plaza *f.* ‖ *v. tr.* **5.** cuadrar. **6.** *Math.* elevar al cuadrado. ‖ *v. intr.* **7.** concordar. ‖ **~ meal** comida abundante. **~ root** raíz cuadrada.

squash[1] [skwɒʃ] *v. tr.* aplastar. ‖ **orange ~** (drink) zumo de naranja.

squash² [skwɒʃ] *n., Sports* squash *m.*

squash³ [skwɒʃ] *n., Bot.* calabaza *f.*

squashy ['skwɒʃi:] *adj.* blando.

squeak ['skwi:k] *n.* **1.** chillido *m.* **2.** (of wheel) chirrido *m.* ∥ *v. intr.* **3.** chillar. **4.** (wheel) chirriar. **5.** (shoes) crujir.

squeal [skwi:l] *n.* **1.** chillido *m.* ∥ *v. intr.* **2.** chillar. ∥ *v. intr.* **3.** *fam.* (inform) delatar a un cómplice; chivarse.

squeeze [skwi:z] *n.* **1.** (of hands) apretón *m.* ∥ *v. tr.* **2.** apretar. **3.** (orange, lemon) exprimir. **4.** (person) estrujar; achuchar. **to ~ in** encajonar. **to ~ out** (juice) exprimir. **to ~ up** apretarse.

squid [skwɪd] *n., Zool.* calamar *m.*

squire ['skwaɪr] *n.* **1.** *Mil. & Hist.* escudero *m.* **2.** (landowner) hacendado *m.*

squirrel ['skwɜrəl] *n., Zool.* ardilla *f.*

squirt [skwɜːrt] *n.* **1.** *coll.* (person) mequetrefe *m. y f. fam.* ∥ *v. intr.* **2.** (liquid) salir a chorro.

stab [stæb] *n.* **1.** (with a knife) puñalada *f.* **2.** (with a sword) estocada *f.* ∥ *v. tr.* **3.** apuñalar; acuchillar.

stability [stə'bɪləti:] *n.* estabilidad *f.*

stabilize, stabilise (Br.E) ['steɪbəˌlaɪz] *v. tr.* **1.** estabilizar. ∥ *v. intr.* **2.** (situation) estabilizarse.

stable¹ ['steɪbəl] *adj.* estable; firme.

stable² ['steɪbəl] *n.* (for horses) establo *m.*; cuadra *f.*; caballeriza *f.*

stack [stæk] *n.* **1.** pila *f.*; montón *m.* ∥ *v. tr.* **2.** apilar; amontonar.

stadium ['steɪdɪəm] *n., Sports* estadio *m.*

staff [stæf] *n.* **1.** plantilla *f.*; personal *m.* **2.** (stick) bastón *m.*; palo *m.* **3.** *Rel.* báculo. **4.** (of flag) asta *m.* **5.** *Mus.* pentagrama *m.* **6.** (teachers) claustro *m.* (de profesores). ∥ **editorial ~** (team) redacción *f.*

stag [stæg] *n., Zool.* ciervo *m.*; venado *m.* ∥ **~ party** despedida de soltero.

stage [steɪdʒ] *n.* **1.** plataforma *f.*; tablado *m.* **2.** *Theat.* escenario *m.*; escena *f.* **3.** (profession) teatro *f.* **4.** (phase) fase *f.*; etapa *f.* ∥ *v. tr.* **5.** (a play) poner en escena. ∥ **~ fright** miedo escénico. **~ manager** director de escena. **~ name** nombre artístico.

stagecoach ['steɪdʒˌkoʊtʃ] *n.* (carriage) diligencia *f.*

stagger ['stægər] *v. intr.* **1.** tambalearse. ∥ *v. tr.* **2.** (payments, holidays) escalonar.

staggering ['stægərɪŋ] *adj.* (amazing) asombroso; sorprendente.

stagnant ['stægnənt] *adj.* estancado. ∥ **to become ~** estancarse.

stagnate ['stægneɪt] *v. intr.* estancarse.

stagnation [stæg'neɪʃən] *n.* estancamiento *m.*; paralización *f.*

stain [steɪn] *n.* **1.** (of dirt) mancha *f.*; lamparón *m.* ∥ *v. tr.* **2.** (mark) manchar; ensuciar. **3.** (dye) teñir. ∥ *v. intr.* **4.** mancharse. ∥ **damp ~** gotera *f.* **to ~ with blood** ensangrentar.

stainless ['steɪnləs] *adj.* **1.** inmaculado. **2.** (metal) inoxidable. ∥ **~ steel** acero inoxidable.

stair ['ster] *n.* **1.** (single step) escalón *m.*; peldaño *m.* ∥ **upstairs** *adv.* **2.** en el piso superior. ∥ **downstairs** *adv.* **3.** en el piso inferior. ∥ **stairs** *n. pl.* **4.** escalera *f. sing.* ∥ **service stairs** (in buildings) escalera de servicio.

staircase ['sterˌkeɪs] *n.* escalera *f.* ∥ **spiral ~** escalera de caracol.

stake¹ [steɪk] *n.* **1.** (stick) estaca *f.* ∥ *v. tr.* **2.** (with stakes) estacar.

stake² [steɪk] *n.* **1.** (bet) apuesta *f.* ∥ *v. tr.* **2.** jugar. ∥ **at ~** en juego.

stalactite ['stælək,taɪt] *n.*, *Geol.* (from the roof) estalactita *f.*

stalagmite ['stælə,maɪt] *n.*, *Geol.* (upwards from the floor) estalagmita *f.*

stalk[1] [stɔːk] *n.* **1.** *Bot.* (of plants) tallo *m.* **2.** *Bot.* (of fruits) rabo *m.*

stalk[2] [stɔːk] *v. tr.* **1.** (animal) acechar. **2.** (detective) seguir los pasos.

stall [stɔːl] *n.* **1.** (in a market) puesto *m.* **2.** *Agr.* establo *m.* **3.** (manger) pesebre *m.* **4.** *Film* & *Theatr.* butaca *f.* ‖ *v. tr.* **5.** (a motor) calar. ‖ *v. intr.* **6.** (a motor) calarse. ‖ **newspaper stall** quiosko de periódicos.

stallion ['stæljən] *n.* *Zool.* (horse) caballo semental; garañón *m.*

stalwart ['stɔːl,wərt] *adj.* **1.** fornido; fuerte. ‖ *n.* **2.** incondicional *m. y f.*

stamen ['stæmən] *n.*, *Bot.* estambre *m.*

stamina [(stæmənə] *n.* (strength) fuerza *f.*; aguante *m.*; energía *f.*

stammer ['stæmər] *n.* **1.** (stuttering) tartamudeo *m.* ‖ *v. tr.* **2.** balbucear. ‖ *v. intr.* **3.** tartamudear.

stammerer ['stæmərər] *n.* tartamudo *m.*

stammering ['stæmərɪŋ] *adj.* **1.** tartamudo. ‖ *n.* **2.** tartamudez *f.*

stamp [stæmp] *n.* **1.** sello *m.*; timbre *m.* **2.** (for metals) cuño *m.* **3.** (with foot) pisotón *m.* ‖ *v. tr.* **4.** estampar; imprimir. **5.** (passport) sellar. ‖ *v. intr.* **6.** patalear. ‖ **fiscal** ~ póliza *f.* **~ album** álbum de sellos. **~ collecting** filatelia *f.* **to** ~ **on** (trample) pisotear. **to** ~ **one's heels** taconear.

stampede [stæm'piːd] *n.* **1.** desbandada *f.*; estampida *f.* ‖ *v. intr.* **2.** salir en estampida.

stanch ['stæntʃ] *v. tr.* (bleeding) estancar; contener.

stand [stænd] *n.* **1.** posición *f.* **2.** (of lamp) pie *m.* **3.** (at a fair) caseta *f.*; puesto *m.* **4.** *Sports* grada *f.*; tribuna *f.* ‖ *v. intr.* **5.** estar (de pie); quedarse. ‖ *v. tr.* **6.** (bear) sufrir. ‖ **to** ~ **aside** apartarse. **to** ~ **firm** plantarse. **to** ~ **for** (mean) significar. (tolerate) tolerar. **to** ~ **in for** suplir. **to** ~ **in the way** estorbar. **to** ~ **out** descollar; destacar. ‖ (person) destacarse. **to** ~ **up** ponerse en pie; levantarse.

standard ['stændərd] *n.* **1.** nivel *m.* **2.** (norm) norma *f.*; pauta *f.* **3.** (measure) patrón *m.* **4.** *Mil.* & *Hist.* estandarte *m.*; pendón *m.* ‖ *adj.* **5.** normal; estándar. ‖ ~ **of living** nivel de vida. ~ **lamp** lámpara de pie. ~ **time** hora oficial.

standardize ['stændə,raɪz] *v. tr.* normalizar; estandarizar.

standing ['stændɪŋ] *adj.* **1.** (permanent) permanente; fijo. **2.** (upright) derecho; en pie. ‖ *n.* **3.** (social) posición *f.*; situación *f.* **of high** ~ de alto standing.

stanza ['stænzə] *n.*, *Lit.* estrofa *f.*; copla *f.*

staple[1] ['steɪpəl] *n.* **1.** grapa *f.* ‖ *v. tr.* **2.** (papers) grapar.

staple[2] ['steɪpəl] *adj.* **1.** (food) básico. ‖ *n.* **2.** alimento básico.

stapler ['steɪplər] *n.* grapadora *f.*

star [stɑːr] *n.* **1.** *Astron.* estrella *f.*; astro *m.* **2.** (person) astro *m.*; divo *m.* ‖ *v. tr.* **3.** (to decorate with stars) estrellar. ‖ *v. intr.* **4.** *Film* (movie) protagonizar. ‖ **bright** ~ *Astrol.* lucero *m.* **evening** ~ lucero de la tarde. **morning** ~ lucero del alba. **shooting** ~ estrella fugaz; exhalación *f.* **Stars and Stripes** *Am. E.* barras y estrellas; bandera de Estados Unidos.

starboard ['stɑːr,bɔːrd] *n.*, *Nav.* (of a ship) estribor *m.*

starch [stɑːtʃ] *n.* **1.** almidón. **2.** (in food) fécula *f.* ‖ *v. tr.* **3.** (laundry) almidonar.

stare [ster] *n.* **1.** mirada *f.* (fija). ‖ *v. intr.* **2.** clavar la vista. ‖ **to ~ one in the face** saltar a la vista.

stark [stɑːrk] *adj.* desolado; desierto.

start [stɑːrt] *n.* **1.** inicio *m.;* principio *m.;* comienzo *m.* **2.** *Sports* salida *f.* ‖ *v. tr.* **3.** empezar. **4.** (set out) emprender. **5.** (a conversation) entablar. **6.** (car) arrancar. ‖ *v. intr.* **7.** comenzar. **8.** (originate) originarse.

startle ['stɑːrtəl] *v. tr.* sobresaltar. ‖ **to be startled** sobresaltarse.

starve [stɑːrv] *v. intr.* pasar hambre. ‖ **~ to death** morirse de hambre.

starving ['stɑːrvɪŋ] *adj.* muerto de hambre; hambriento.

state [steɪt] *adj.* **1.** *Polit.* estatal. ‖ *n.* **2.** estado *m.* ‖ *v. tr.* **3.** (facts) afirmar; declarar. ‖ **~ of emergency** estado de emergencia. ‖ **~ of mind** estado de ánimo.

stately ['steɪtli:] *adj.* (majestic) majestuoso; pomposo; solemne.

statement ['steɪtmənt] *n.* (declaration) declaración *f.;* manifestación *f.*

statesman ['steɪtsmən] *n., Polit.* estadista *m.;* hombre de estado.

stateswoman ['steɪts͵wʊmən] *n., Polit.* estadista *f.;* mujer de estado.

static ['stætɪk] *adj.* **1.** estático. ‖ **statics** *n. sing.* **2.** estática *f.*

station ['steɪʃən] *n.* **1.** (train, bus) estación *f.* ‖ *v. tr.* **2.** (troops) estacionar; apostar.

stationery ['steɪʃnəri:] *n.* (materials) artículos de escritorio. ‖ **~ store** (shop) papelería *f.*

statistic [stæ'tɪstɪk] *n., Math.* estadística *f.*

statistician [stæ'tɪsɪʃən] *n., Math.* estadista *m. y f.*

statistics [stæ'tɪstɪk] *n. pl.* (science) estadística *f. sing.*

statue ['stætʃuː] *n.* estatua *f.;* imagen *f.*

stature ['stætʃər] *n.* estatura *f.;* talla *f.*

status ['steɪtəs (stætəs] *n.* estado *m.;* condición *f.* ‖ **marital ~** estado civil. **social ~** posición social.

statute ['stætjuːt] *n., Law* estatuto *m.;* ley *f.* ‖ **~ book** código de leyes.

staunch [stɔːtʃ] *adj.* (loyal) fiel.

stay [steɪ] *n.* **1.** estancia *f.;* permanencia *f.* ‖ *v. intr.* **2.** quedarse; permanecer. **3.** (temporarily) hospedarse; alojarse. ‖ *v. tr.* **4.** (remain) quedar. ‖ **to ~ in** (home) quedarse en casa.

steadiness ['stedɪnɪs] *n.* **1.** (perseverance) firmeza *f.* **2.** (stability) estabilidad *f.*

steady [(stedi:] *adj.* **1.** firme; seguro. **2.** (constant) constante. ‖ **~ hand** pulso *m.* **~ job** empleo fijo.

steak [steɪk] *n.* bistec *m.;* filete *m.*

steal [stiːl] *v. tr. & intr.* robar; hurtar.

stealth [stelθ] *n.* sigilo *m.*

stealthy ['stelθi:] *adj.* furtivo.

steam [stiːm] *n.* **1.** vapor *m.;* humo *m.* ‖ *v. intr.* **2.** (soap, coffee) humear. ‖ **to ~ up** (glasses) empañarse.

steamer ['stiːmər] *n., Nav.* (ship) buque de vapor; barco de vapor.

steaming ['stɜːmɪŋ] *adj.* (food, coffee) humeante.

steamroller ['stɜː͵mͺrəʊlər] *n.* **1.** apisonadora *f.* ‖ *v. tr.* **2.** apisonar; aplanar.

steed [stiːd] *n.* corcel *m. lit.*

steel [stiːl] *n.* acero *m.*

steep [stiːp] *adj.* (mountain, slope) abrupto; escarpado; empinado.

steeping ['stiːpɪŋ] *n.* remojo *m.*

steeple ['stiːpəl] *n., Archit.* (spire) aguja *f.;* chopitel *m.*

steeplechase ['stɪː.pəl,tʃeɪs] *n., Sports* carrera de obstáculos.

steer[1] [stɪr] *v. tr.* **1.** (vehicle) dirigir; conducir. **2.** *Nav.* (ship) gobernar.

steer[2] [stɪr] *n., Zool.* (young bull) novillo *m.*; becerro *m.*

steering ['stɪrɪŋ] *n., Car* dirección *f.* ‖ ~ **wheel** *Car* volante *m.*

stem [stem] *n.* **1.** *Bot.* (of plant) tallo *m.*; tronco *m.* **2.** *Ling.* raíz *f.*

tench [stentʃ] *n.* (stink) hedor *m.*; tufo *m.*; pestilencia *f.*

stenography [stəˈnɒɡrəfɪ] *n., Am. E.* taquigrafía *f.*

step [step] *n.* **1.** (footstep) paso *m.* **2.** (single step) escalón *m.*; peldaño *m.* **3.** (measure) medida *f.* **4.** (formality) trámite *m.* ‖ *v. intr.* **5.** dar un paso. ‖ **steps** *n. pl.* **6.** (in stadium) graderío *m. sing.* **7.** (of plane) escalerilla *f. sing.* ‖ **to be out of ~** haber un desfase. **to ~ aside** quitarse de en medio; hacerse a un lado. **to ~ back** retroceder. **to ~ by ~** paso a paso.

stepbrother ['step,brʌðər] *n.* hermanastro *m.*; medio hermano.

stepdaughter ['step,dɔːtər] *n.* hijastra *f.*

stepfather ['step,fɑːðər] *n.* padrastro *m.*

stepmother ['step,mʌðər] *n.* madrastra *f.*

teppe [step] *n., Geogr.* estepa *f.*

stepsister ['step,sɪstər] *n.* hermanastra *f.*; medio hermana.

stepson ['stepsʌn] *n.* hijastro *m.*

stereo ['steriou] *adj.* **1.** estéreo. ‖ *n.* **2.** (system) estéreo *m.*

sterility [stəˈrɪlətiː] *n.* esterilidad *f.*

sterilize ['stera,laɪz] *v. tr.* esterilizar.

stern[1] [stɜːrn] *adj.* **1.** severo; austero. **2.** (warning) duro.

stern[2] [stɜːrn] *n., Nav.* popa *f.*

stethoscope ['steθəsˌkoup] *n., Med.* estetoscopio *m.*

stew [stuː] *n.* **1.** *Gastr.* guiso *m.*; estofado *m.*; puchero *m.* ‖ *v. tr.* **2.** *Gastr.* estofar; guisar. ‖ **bean ~** *Gastr.* fabada *f.* ~ **pot** olla *f.* **stewed apple** *Gastr.* compota de manzana. **vegetable ~** *Gastr.* menestra *f.*

steward [stjʊərd] *n.* **1.** administrador *m.* **2.** (on plane) auxiliar de vuelo.

stick [stɪk] *n.* **1.** (of wood) palo *m.*; vara *f.* **2.** (for fire) varilla *f.* **3.** (for walking) bastón *m.* ‖ *v. tr.* **4.** (thrust) clavar. **5.** (glue) pegar; adherir. **6.** (project) asomar [Stick your head out the window. *Asoma la cabeza por la ventana.*] ‖ *v. intr.* **7.** (adhere) pegarse; adherirse. **8.** (become fixed) atascarse. **to ~ around** quedarse.

sticker [stɪkər] *n.* pegatina *f.*

sticky ['stɪkiː] *adj.* pegajoso; adhesivo.

stiff [stɪf] *adj.* (rigid) rígido; tieso. ‖ ~ **neck** *Med.* tortícolis *m.*

stiffen ['stɪfən] *v. intr.* **1.** almidonar. **2.** (muscles) agarrotarse.

stiffness ['stɪfnɪs] *n.* rigidez *f.*

stifle ['staɪfəl] *v. tr.* ahogar; sofocar.

stigma ['stɪɡmə] *n.* estigma *m.*

still[1] [stɪl] *adj.* **1.** (motionless) quieto; inmóvil. **2.** (calm) tranquilo. **3.** (subdued) tenue. ‖ *n.* **4.** *Phot.* fotograma *m.* ‖ *adv.* **5.** aún; todavía [I still have money. *Todavía tengo dinero.*] **6.** no obstante; con todo [He has everything he wanted and still isn't happy. *Tiene todo lo que pidió; con todo, no está contento.*] ‖ *v. tr.* **7.** acallar. ‖ **keep ~** ¡estate quieto!

still[2] [stɪl] *n.* (distillery) destilería *f.*

stillness ['stɪlnɪs] *n.* quietud *f.*; sosiego *m.*; tranquilidad *f.*

stilt [stɪlt] *n.* zanco *m.*

stimulant [ˈstɪmjələnt] *n., Pharm.* estimulante *m.*; excitante *m.*

stimulate [ˈstɪmjʊˌleɪt] *v. tr.* (encourage) estimular; animar; alentar.

stimulating [ˈstɪmjəˌleɪtɪŋ] *adj.* estimulante; excitante.

stimulation [ˌstɪmjəˈleɪʃən] *n.* estímulo *m.*; incitación *f.*

stimulus [ˈstɪmjələs] *n.* **1.** *Biol.* & *Phys.* estímulo *m.* **2.** (encouragement) incentivo *m.*

sting [stɪŋ] (p.t. and p.p. stung) *n.* **1.** *Zool.* aguijón. **2.** (bee) picadura *f.* **3.** (de serpiente). **4.** *Med.* escozor *m.* ‖ *v. tr.* & *intr.* **5.** (bee) picar. **6.** *Med.* (wound, eyes) escocer.

stingy [ˈstɪndʒiː] *adj. coll.* (tight-fished) rácano; roñoso; tacaño.

stink [stɪŋk] *n.* **1.** (stench) hedor *m.*; peste *f.*; tufo *m.* ‖ *v. intr.* **2.** apestar; oler mal. **3.** *fig.* apestar [This business stinks. *Este asunto apesta.*] ‖ **~ bomb** bomba fétida. **to ~ up** atufar [It stank the whole room. *Atufó toda la habitación.*]

stinking [ˈstɪŋkɪŋ] *adj.* (smelly) hediondo; maloliente; fétido.

stipulate [ˈstɪpjʊˌleɪt] *v. tr.* (agree) estipular; pactar; acordar.

stipulation [ˌstɪpjəˈleɪʃən] *n.* estipulación *f.*; pacto *m.*; acuerdo *m.*

stir [stɜːr] *n.* **1.** (movement) movimiento *m.*; agitación *f.* ‖ *v. tr.* **2.** remover.

stirrup [ˈstɪrəp] *n., Horse.* estribo *m.*

stitch [stɪtʃ] *n.* **1.** (in sewing) punto *m.*; puntada *f.* **2.** *Med.* punzada *f.* ‖ *v. tr.* **3.** (sew) coser.

stitching [ˈstɪtʃɪŋ] *n.* cosido *m.*

stock [stɒk] *n.* **1.** (supply) provisión *f.* **2.** *Econ.* (goods) existencias *f. pl.* **3.** *Econ.* (share) acción *m.* **4.** (descent)

estirpe *f.*; linaje *m.* **5.** *Gastr.* caldo *m.* **6.** *Hort.* (of vine) cepa *f.* ‖ *v. tr.* **7.** (provide) abastecer. **8.** (goods) almacenar. ‖ **laughing ~** hazmerreír *m.* **~ exchange** *Econ.* bolsa *f.* **~ market** *Econ.* bolsa *f.*; mercado de valores. **to ~ up** (provisions) abastecerse; repostar. **take ~** hacer un balance.

stockade [stɒˈkeɪd] *n.* (palisade) empalizada *f.*; estacada *f.*

stockbroker [ˈstɒkˌbroʊkər] *n., Econ.* corredor de bolsa.

stockholder [ˈstɒkˌhoʊldər] *n., Am. E.* accionista *m. y f.*

stocking [ˈstɒkɪŋ] *n.* **1.** media *f.* ‖ **a pair of ~** medias *f. pl.* **body ~** malla *f.* **~ stitch** punto de media.

stocktaking [ˈstɒkˌteɪkɪŋ] *n., Econ.* inventario *m.*; relación *f.*

stockyard [ˈstɒkjɑːrd] *n., Hort.* corral *m.*

stoic [ˈstoʊɪk] *adj.* **1.** estoico. ‖ *n.* **2.** estoico *m. y f.*

stoical [ˈstoʊɪkəl] *adj.* estoico.

stoke [stoʊk] *v. tr.* & *intr.* (fire) atizar; avivar (el fuego).

stomach [ˈstʌmək] *n.* **1.** *Anat.* estómago *m.* **2.** (belly) barriga *fam.* ‖ **stomachache** *n.* **3.** dolor de estómago.

stone [stoʊn] *n.* **1.** piedra *f.* **2.** *Br. E.* (of fruit) hueso *m.* **3.** *Med.* (in kidney) cálculo *m.* ‖ *v. tr.* **4.** (to death) apedrear. ‖ **boundary ~** hito *m.*; mojón. **precious stones** pedrería *f. sing.* **rough ~** pedrusco *m. fam.*

stony [ˈstoʊniː] *adj.* pedregoso.

stool [stuːl] *n.* **1.** (bench) taburete *m.*; banca *f.*; banqueta *f.*

stoop [stuːp] *n.* **1.** (of body) inclinación *f.* ‖ *v. intr.* **2.** agacharse; encorvarse. ‖ **~ very low** caer muy bajo.

stop [stɒp] n. **1.** paro m.; detención f. **2.** (halt) alto m. **3.** (of bus, subway) parada f. ‖ v. tr. **4.** detener; parar. **5.** (+ ing) (cease) cesar de (+ inf.). **6.** (finish) cesar. **7.** (traffic) paralizar. ‖ v. intr. **8.** pararse; detenerse. ‖ **stop!** interj. **9.** ¡alto! ‖ **~ sign** stop m.

stopped [stɒpt] adj. detenido; parado.

stopper ['stɒpər] n. tapón m.

stopwatch ['stɒp.wɒtʃ] n., Sports cronómetro m.; cronógrafo m.

store [stɔːr] n. **1.** (stock) provisión f. **2.** (warehouse) depósito m. **3.** Am. E. (shop) tienda f.; comercio m. ‖ v. tr. **4.** almacenar. **5.** (with goods) abastecer. ‖ **cold ~** cámara frigorífica. **shoe ~** Am. E. zapatería f.

storehouse ['stɔː.rhaʊs] n. almacén m.

storekeeper ['stɔː.rkiːpər] n. Am. E. tendero m.; comerciante m. y f.

storeroom ['stɔː.rum] n. despensa f.

stork ['stɔːrk] n., Zool. cigüeña f.

storm ['stɔːrm] n. **1.** Meteor. tormenta f. **2.** Meteor. (at sea) tempestad f.; temporal m. ‖ v. tr. **3.** Mil. (attack) asaltar.

stormy ['stɔːrmiː] adj. **1.** (weather) tormentoso; revuelto. **2.** fig. tempestuoso.

story ['stɔːriː] n. **1.** historia f. **2.** (story) narración f. **3.** (tale) relato m. ‖ **to be a different ~** ser capítulo aparte. **endless ~** cuento de nunca acabar. **short ~** Lit. cuento m. **tall ~** cuento de chino.

storyteller ['stɔː.rɪ.telər] n., Lit. narrador m.

stout [staʊt] adj. **1.** robusto; corpulento; grueso. **2.** (strong) fuerte. ‖ n. **3.** (beer) cerveza negra.

stoutness ['staʊtnɪs] n. corpulencia f.

stove [stoʊv] n. **1.** (for warmth) estufa f. **2.** (for cooking) cocina f.; fogón m. **3.** (burner) hornillo m.

stowaway ['stoʊə.weɪ] n., Nav. (en un barco) polizón m.

straight [streɪt] adj. **1.** recto; seguido; derecho. **2.** (hair) liso. ‖ **~ away** sin rodeos; sin más ni más. **~ on** seguido.

straighten ['streɪtən] v. tr. enderezar; erguir. ‖ **~ out** (problems) desenredar. **to ~ up** enderezarse.

straightforwardness [ˌstreɪtˈfɔːrwərdnɪs] n. llaneza f.; sencillez f.

strain [streɪn] n. **1.** tensión f.; tirantez f. **2.** Med. torceradura f. ‖ v. tr. **3.** extender. **4.** (exert) forzar. **5.** (vegetables) colar. ‖ v. intr. **6.** esforzarse. ‖ **to become strained** enrarecerse.

strainer ['streɪnər] n. Gastr. (clander) colador m.; pasador m.

strait [streɪt] n. **1.** Geogr. estrecho m. ‖ **straits** n. pl. **2.** aprietos m. pl.

straitjacket ['streɪt.dʒækɪt] n. camisa de fuerza.

strand [strænd] n. **1.** (of rope, string) ramal m. **2.** (of thread, wool) hebra f. **3.** (of hair) pelo m.

strange ['streɪndʒ] adj. **1.** (unfamiliar) desconocido. **2.** (odd) extraño.

strangeness ['streɪndʒnɪs] n. extrañeza f.; rareza f.; singularidad f.

stranger ['streɪndʒər] n. (outsider) extraño m.; forastero m.

strangle ['stræŋɡəl] v. tr. **1.** estrangular. ‖ v. intr. **2.** ahogarse.

strangulation [ˌstræŋɡjəˈleɪʃən] n. estrangulación f.

strap [stræp] n. **1.** correa f.; tira f.

stratagem ['strætədʒəm] n. (trick) estratagema f.; artimaña f.

strategy ['strætədʒiː] n. estrategia f.

stratum ['streɪtəm] n., Geol. estrato m.; nube f.

stratus ['strætəs] *n., Meteor.* (cloud) estrato *m.;* nube *f.*

straw [strɔː] *n. Agr.* paja *f.* ‖ **I don't care a ~** me importa un bledo.

strawberry ['strɔːˌbəri:] *n., Bot.* (fruit) fresa *f.*

straw-colored, straw-coloured (Br.E) ['strɔːˌwˌkʌlərd] *adj.* pajizo.

stray [streɪ] *adj.* **1.** descarriado; extraviado. **2.** (dog) callejero. ‖ *v. intr.* **3.** desviarse. ‖ **~ bullet** bala perdida.

streak [striːk] *n.* **1.** raya *f.;* línea *f.* **2.** *Miner.* veta *f.* **3.** (hair) mecha *f.*

stream [striːm] *n.* **1.** (current) corriente *f.* **2.** *Geogr.* riachuelo *m.;* arroyo *m.* **3.** *fig.* torrente *m.* ‖ *v. intr.* **4.** correr; manar.

streamer ['striːmər] *n.* serpentina *f.*

street [striːt] *n.* calle *f.* ‖ **side ~** travesía *f.* **~ map** callejero *m.*

streetcar ['striːtˌkɑːr] *n., Am. E.* tranvía *f.*

strength [strəŋθ] *n.* **1.** fuerza *f.* **2.** (health) fortaleza *f.* (física). **3.** (of emotion, conviction) intensidad *f.* ‖ **~ of character** entereza *f.*

strengthen ['strenðən] *v. tr.* **1.** reforzar. **2.** (muscles) fortalecer; robustecer. **3.** (friendship, position) consolidar.

strenuous ['strenjʊəs] *adj.* **1.** (ardent) enérgico. **2.** (effort) agotador.

stress [stres] *n.* **1.** *Med.* estrés *m.;* tensión *f.* **2.** *Ling.* (accent) acento *m.* ‖ *v. tr.* **3.** recalcar; remarcar. **4.** *Ling.* (syllable) acentuar. ‖ **to lay ~ on** hacer hincapié.

stretch [stretʃ] *n.* **1.** (length) tramo *m.;* trecho *m.* ‖ *v. tr.* **2.** extender; estirar. **3.** (hand) alargar. **4.** (sweater, shoes) ensanchar. ‖ *v. intr.* **5.** estirarse. **6.** (prolong) alargarse. **7.** (person) desperezarse. ‖ **~ mark** estría *f.* **to ~ out** (make last longer) estirar.

stretcher ['stretʃər] *n.* (for ill person) camilla *f.;* bastidor *m.*

strict [strɪkt] *adj.* **1.** severo; estricto. **2.** (rigurous) riguroso; rígido. **3.** (complete) absoluto.

strictness ['strɪknɪs] *n.* (severity) rigor *m.;* severidad *f.;* rigidez *f.*

stride [straɪd] *n.* zancada *f.*

strike [straɪk] (p.t. and p.p. struck) *n.* **1.** huelga *f.* ‖ *v. tr.* **2.** pegar; golpear. **3.** (coin) acuñar. **4.** (a match) encender. **5.** (obstacle) tropezar con. **6.** *Nav.* (flag, sails) arriar. **7.** *Mus.* tocar. ‖ *v. intr.* **8.** (hit) asestar. **9.** (clock) dar hora. **10.** (fish) picar. ‖ **to go on ~** declararse en huelga. **hunger ~** huelga de hambre. **to ~ a deal** cerrar un trato. **to ~ back** volver un golpe. **to ~ out** tachar; borrar.

string [strɪŋ] *n.* **1.** cuerda *f.* **2.** (lace) cordón *m.;* cinta *f.* **3.** (of garlic, onion) ristra *f.;* horca *f.* **4.** *fig.* (of lies) sarta *f.* (de mentiras). ‖ *v. tr.* **5.** (beads) ensartar. **6.** (pearls) enhebrar. ‖ **~ of lies** sarta de mentiras.

stringent ['strɪndʒənt] *adj.* (strict) severo; estricto; rígido.

stringer ['strɪŋər] *n., Constr.* larguero *m.*

strip¹ [strɪp] *n.* **1.** tira *f.* **2.** (of wood) listón *m.* ‖ **striped fabric** milrayas *m.*

strip² [strɪp] *v. tr. & intr.* **1.** desnudar. **2.** (deprive) despojar. **3.** (from bed) quitar (las sábanas).

stripe [straɪp] *n.* **1.** (colored) raya *f.;* lista *f.* **2.** *Mil.* (on uniform) galón *m.* ‖ *v. tr.* **3.** (cloth) rayar.

striped [straɪpt] *adj.* listado; a rayas.

strive [straɪv] *v. intr.* esforzarse. ‖ **~ to** (+ inf.) empeñarse.

stroke [stroʊk] *n.* **1.** golpe *m.* **2.** (of oar) palada *f.* **3.** (in swimming) brazada *f.*

4. (of a bell) campanada *f.* **5.** *Sports* carrera *f.* **6.** (of pen) trazo *m.;* palote *m.* **7.** (caress) caricia *f.* **8.** *Med.* ataque de apoplejía. ‖ *v. tr.* **9.** (hair, animal) acariciar.

strong [strɒŋ] *adj.* **1.** fuerte. **2.** (person) robusto; vigoroso. **3.** (powerful) poderoso. **4.** (gestures) marcado; pronunciado. **5.** (durable) resistente. ‖ **to become stronger** fortalecerse; robustecerse.

structure ['strʌktʃər] *n.* (framework) estructura *f.;* hechura *f.*

struggle ['strʌgəl] *n.* **1.** lucha *f.* **2.** (fight) combate *m.;* pelea *f.* ‖ *v. intr.* **3.** luchar; combatir. **4.** (thrash around) forcejear. **5.** *fig.* (strive) pelear.

stub [stʌb] *n.* **1.** (of cigarette) colilla *f.* **2.** (of candle) cabo *m.*

stubble ['stʌbəl] *n.* rastrojo *m.*

stubborn ['stʌbərn] *adj.* (obstinate) obstinado; terco; testarudo.

stubbornness [(stʌbərnnɪs] *n.* terquedad *f.;* cabezonería *f.;* obstinación *f.*

stuck [stʌk] *adj.* (unable to move) atascado. ‖ **to get ~** atascarse.

stud [stʌd] *n.* **1.** tachuela *f.* **2.** (on clothes) tachón *m.* **3.** (macho man) semental *m.* ‖ *v. tr.* **4.** (decorate) tachonar.

student ['stu:dent] *n.* alumno *m.;* estudiante *m. y f.* ‖ **fellow ~** condiscípulo *m.* **occasional ~** *Educ.* oyente *m. y f.* **~ card** carné de estudiante. **~ teacher** profesor en prácticas.

studio ['stu:dɪoʊ] *n.* **1.** (of an artist) estudio *m.* **2.** (apartment) estudio *m.*

studious ['stu:dɪəs] *adj.* (student) estudioso; aplicado.

study ['stʌdi:] *n.* **1.** estudio *m.* **2.** (room) despacho *m.;* gabinete *m.* ‖ *v. tr.* **3.** estudiar; cursar. ‖ **studies** *n. pl.* **4.** (uni-

versity) carrera *f.* (universitaria). ‖ **~ to be a teacher** estudiar para profesor.

stuff [stʌf] *n.* **1.** (matter) materia *f.* **2.** (items) cosas *f. pl.;* bártulos *m. pl. col.* ‖ *v. tr.* **3.** (fit) rellenar; embutir. **4.** (a gap) tapar. **5.** (an animal) disecar. ‖ **to ~ oneself** (with sth), *fam.* (food, drink) atiborrarse (de algo); atracarse.

stuffing ['stʌfɪŋ] *n., Gastr.* (of turkey) relleno *m.*

stuffy ['stʌfi:] *adj.* **1.** (air) viciado. **2.** *fam.* (person) estirado; tieso.

stultify ['stʌltəˌfaɪ] *v. tr.* **1.** anular. **2.** (atrophy) atrofiar.

stumble ['stʌmbəl] *n.* **1.** tropezón *m.;* tropiezo *m.;* traspié *m.* ‖ *v. intr.* **2.** tropezar.

stump [stʌmp] *n.* **1.** (of cigarette) colilla *f.* **2.** (of tree) cepa *f.* **3.** *Anat.* muñón *m.*

stun [stʌn] *v. tr.* aturdir; atontar. **2.** (unconscious) dejar sin sentido.

stunned [stʌnd] *adj.* **1.** (boxing) grogui.

stunner ['stu:nər] *n., coll.* (girl) bombón *m.* [Your sister is a real stunner. *Tu hermana es un bombón.*]

stunning ['stʌnɪŋ] *adj.* **1.** aturdidor. **2.** (woman) despampanante *fam.*

stupefaction [ˌstu:pɪˈfækʃən] *n.* estupefacción *f.;* desconcierto *m.*

stupefy ['stu:pɪfaɪ] *v. tr.* **1.** atontar; aturdir. **2.** (astonish) dejar estupefacto.

stupid ['stu:pɪd] *adj.* **1.** (silly) estúpido; bobo; tonto. ‖ *n.* **2.** estúpido *m.;* imbécil *m.* ‖ **~ thing** estupidez *f.;* sandez *f.;* pijada *f. col.*

stupidity [stu:ˈpɪdəti:] *n.* estupidez *f.;* idiotez *f.;* gansada *f.*

stupor ['stu:pər] *n., Med.* estupor *m.*

sturdiness ['stɜːrdɪnɪs] *n.* (robustness) robustez *f.;* energía *f.*

stutter ['stʌtər] *n.* **1.** tartamudeo *m.* ‖ *v. intr.* **2.** tartamudear.

stutterer ['stʌtərər] *n.* tartamudo *m.*

stuttering ['stʌtərɪŋ] *adj.* tartamudo.

stye [staɪ] *n., Med.* orzuelo *m.*

style [staɪl] *n.* **1.** estilo *m.* **2.** (elegance) elegancia *f.* ‖ *v. tr.* **3.** *frml.* (name) llamar. **4.** (hair) marcar. ‖ **in ~** de modo. ‖ (live) por todo lo alto.

stylish ['staɪlɪʃ] *adj.* elegante; a la moda.

subdue [sʌb'dju] *v. tr.* **1.** someter. **2.** (ire, desire) domeñar. **3.** (feelings) contener. **4.** (conquer) sojuzgar.

subject ['sʌbdʒɪkt] *n.* **1.** (citizen) súbdito *m.;* vasallo *m.* **2.** (topic) tema *m.;* tópico *m.;* asunto *m.* **3.** *Educ.* materia *f.;* asignatura *f.* ‖ *v. tr.* **4.** someter. ‖ **~ matter** asunto que se trata.

subjection [səb'dʒekʃən] *n.* **1.** sometimiento *m.* **2.** (subjugation) sujeción *f.*

subjective [səb'dʒektɪv] *adj.* subjetivo.

subjugate ['sʌbdʒəgeɪt] *v. tr.* (subordinate) subyugar; avasallar; someter.

subjunctive [səb'dʒʌŋktɪv] *n., Ling.* subjuntivo *m.*

sublime [sə'blaɪm] *adj.* sublime.

sub-machine-gun ['sʌbˌmɪtʃiːnˌgʌn] *n.* ametralladora *f.;* metralleta *f.*

submarine ['sʌbmərɪn] *adj.* **1.** *Nav.* (under the sea) submarino *m.* ‖ *n.* **2.** *Nav.* submarino *m.* **3.** (sandwich) bocadillo *m.;* bocata *m. fam.*

submerge [sʌb'mɜːrdʒ] *v. tr.* **1.** (cover) sumergir. ‖ *v. intr.* **2.** sumergirse.

submerged [səˌbmɜːrdʒd] *adj.* inmerso.

submission [səbˈmɪʃən] *n.* sumisión *f.*

submissive [səbˈmɪsɪv] *adj.* sumiso; rendido; resignado.

submit [sʌb'mɪt] *v. tr.* **1.** someter. ‖ *v. intr.* **2.** rendirse; someterse.

subnormal ['sʌbnɔːrməl] *adj.* **1.** subnormal. ‖ *n.* **2.** subnormal *m.*

subordinate [səœbɔːrdənɪt] *adj.* **1.** *Ling.* subordinado. ‖ *n.* **2.** (worker) subalterno *m.;* subordinado *m.* ‖ *v. tr.* **3.** subordinar.

suborn [sʌ'bɔːrn] *v. tr., frml.* sobornar; untar *fam.;* comprar *fig.*

subscribe [sʌb'skraɪv] *v. tr.* **1.** suscribir. ‖ *v. intr.* **2.** abonarse; suscribirse .

subscription [səb'skrɪpʃən] *n.* suscripción *f.;* abono *m.*

subside [sʌb'saɪd] *v. intr.* **1.** (road, land) hundirse. **2.** (storm, wind) amainar; calmar; ceder.

subsidence [sʌb'saɪdəns] *n.* **1.** (of road, land) hundimiento *m.* **2.** *fig.* (of ire) apaciguamiento *m.*

subsidiary [səb'sɪdjəriː] *adj.* **1.** subsidiario. ‖ *n.* **2.** *Econ.* filial *f.*

subsidize ['sʌbsədaɪz] *v. tr.* (finance) subvencionar; financiar.

subsistence [səb'sɪstəns] *n.* subsistencia *f.;* mantenimiento *m.*

subsoil ['səbˌsɔɪl] *n., Geogr.* subsuelo *m.*

substance ['sʌbstəns] *n.* **1.** sustancia *f.;* substancia *f.* **2.** (essence) esencia *f.*

substantial [səb'stænʃəl] *adj.* **1.** sólido. **2.** (considerable) importante. **3.** (fundamental) sustancial.

substitute ['səbstətuːt] *n.* **1.** (person) sustituto *m.;* suplente *m. y f.* **2.** (thing) sucedáneo *m.* ‖ *v. tr.* **3.** sustituir.

substitution [səbstə'tuːʃən] *n.* sustitución *f.;* relevo *m.*

subterfuge ['sʌbtərˌfjuːdʒ] *n.* subterfugio *m.;* evasiva *f.;* escapatoria *f.*

subterranean [ˌsʌbtəˈreɪmɪən] *adj.* (underground) subterráneo.

subtitle ['sʌbˌtaɪtəl] *n.* **1.** *Film* subtítulo *m.* ‖ *v. tr.* **2.** *Film* subtitular.

subtle ['sʌtəl] *adj.* **1.** (ingenious) sutil; ingenioso. **2.** (tactful) delicado.

subtlety ['sʌtəlti:] *n.* (ingenuity) sutileza *f.*; ingenio *m.*

subtract [sʌbs'trӕk] *v. tr. Math.* (take away) sustraer; restar.

subtraction [səb'trӕkʃən] *n., Math.* resta *f.*; sustracción *f. form.*

suburb ['sʌbɜ:rb] *n.* **1.** (of city) periferia *f.*; suburbio *m.* ‖ **suburbs** *n. pl.* **2.** afueras *f.*; suburbios *m.*

subway ['sʌb‚wei] *n.* **1.** *Br. E.* (tunnel) subterráneo *m.* **2.** *Am. E.* (transport) metro *m.*

succeed [sək'si:d] *v. intr.* **1.** suceder. **2.** (have success) tener éxito; triunfar.

success [sək'ses] *n.* éxito *m.*

successful [sək'sesfəl] *adj.* próspero; exitoso. ‖ **to be ~** tener éxito.

succession [sək'seʃən] *n.* sucesión *f.*

successive [sək'sesɪv] *adj.* seguido; sucesivo; subsiguiente.

successor [sək'sesər] *n.* sucesor *m.*

succinct [sək'sɪŋkt] *adj.* sucinto.

succulent ['sʌkjələnt] *n.* (meat, fruit) suculento; exquisito.

succumb [sə'kʌm] *v. intr.* sucumbir.

such [sʌtʃ] *adj.* **1.** así; tal [I'd never wear such (a) dress. *Nunca me pondría un vestido así.*] ‖ *pron.* **2.** tal [Such were her first words. *Tales fueron sus primeras palabras.*] ‖ **~ a** (emphasis) tal [I have such a headache. *Tengo tal dolor de cabeza.*] **~ as** como [There were exotic animals, such as monkeys and parrots. *Había animales exóticos como monos y papagayos.*]

suck [sʌk] *n.* **1.** chupada *f.* ‖ *v. tr.* **2.** aspirar. **3.** (liquid) sorber. ‖ *v. intr.* **4.** chupar; libar. **5.** (baby) mamar.

sucker ['sʌkər] *n.*, *Zool.* ventosa *f.*

sucking pig ['sʌkɪŋpɪg] *sust. pbr.*, *Br. E.* lechón *m.*; cochinillo *m.*

suckle ['sʌkəl] *v. tr.* **1.** (mother) amamantar. ‖ *v. intr.* **2.** (child, animal) mamar.

suckling ['sʌklɪŋ] *adj.* (child) lactante.

suckling pig ['sʌklɪŋ pɪg] *sust. pbr.*, *Zool. Am. E.* lechón *m.*

sudden ['sʌdən] *adj.* **1.** súbito; repentino. **2.** (unexpected) inesperado; imprevisto. **3.** (abrupt) brusco.

suddenly ['sʌdənli:] *adv.* (unexpectedly) de repente; de pronto.

sue [su:] *v. intr.*, *Law* demandar; poner un pleito; querellarse.

suede [sweɪd] *n.* ante *m.*

suffer ['sʌfər] *v. tr.* **1.** sufrir. **2.** (an illness) padecer. **3.** (defeat) experimentar. **4.** (tolerate) aguantar; soportar.

suffice ['sʌfɪs] *v. tr. & intr.* bastar; ser bastante; ser suficiente.

sufficient [sə'fɪʃənt] *adj.* (enough) bastante; suficiente.

suffix ['sʌfɪks] *n.*, *Ling.* sufijo *m.*

suffocate ['sʌfə‚keit] *v. tr.* **1.** asfixiar; sofocar. ‖ *v. intr.* **2.** asfixiarse.

suffocating ['sʌfə‚keitiŋ] *adj.*, *Meteor.* sofocante; agobiante.

suffocation ['sʌfə‚keiʃən] *n.* **1.** *Med.* asfixia. **2.** *fig.* (discomfort) asfixia *f.*

suffrage ['sʌfrɪdʒ] *n.* sufragio *m.*

suffuse [sə'fju:z] *v. tr.*, *Lit.* bañar; cubrir.

sugar ['ʃʊgər] *n.* **1.** azúcar *m. y f.* ‖ *v. tr.* **2.** azucarar; endulzar. ‖ **brown ~** azúcar moreno. **~ refinery** refinería de azúcar. **~ beet** *Bot.* remolacha azucarera. **~ cane** caña de azúcar. **~ lump** azucarillo *m.* **sugared almond** peladilla *f.*

suggest [sə'dʒest] *v. tr.* **1.** sugerir; proponer. **2.** (advise) aconsejar.

suggestion [sə'dʒestʃən] *n.* **1.** sugerencia *f.* **2.** (insinuation) insinuación *f.*

suicidal [ˌsuə'saɪdl] *adj.* suicida.

suicide ['suə'saɪd] *n.* **1.** (act) suicidio *m.* **2.** (person) suicida *m. y f.* || **to commit ~** (person) suicidarse.

suit [su:t] *n.* **1.** traje *m.* (de chaqueta). **2.** *Law* proceso *m.* **3.** *Games* (cards) palo *m.* || *v. tr.* **5.** convenir. **6.** (color, clothes) sentar. **7.** (look good with) ir. || **bathing ~** traje de baño. **to follow ~** *fig.* seguir el ejemplo.

suitability [ˌsu:tə'bɪləti:] *n.* conveniencia *f.*; provecho *f.*

suitable ['su:təbəl] *adj.* **1.** conveniente. **2.** (appropiate) adecuado; apropiado. **3.** (apt) idóneo; apto.

suitcase ['su:tˌkeɪs] *n.* (case) maleta *f.*; valija *f.* Amér.

suite [swi:t] *n.* **1.** comitiva *f.* **2.** (hotel) suite *f.* **3.** *Mus.* (composition) suite *f.*

suitor ['su:tər] *n.* (of a girl) pretendiente *m.*; candidato *m.*

sulfur, sulphur (Br.E.) ['sʌlfər] *n.*, *Chem.* azufre *m.*

sullen ['sʌlən] *adj.* (person, nature) hosco; huraño *pey.*

sullenness ['sʌlənnɪs] *n.* malhumor *m.*

sully ['sʌli:] *v. tr.* **1.** ensuciar; manchar. **2.** (honor) mancillar.

sultan ['sʌltən] *n.* sultán *m.*

sultry ['sʌltri:] *adj.* bochornoso; sofocante. || **~ weather** *Meteor.* bochorno *m.*

sum [sʌm] *n.* **1.** suma *f.*; total *m.* **2.** (of money) suma *f.* || **to ~ up** resumir.

summarize, summarise (Br.E) ['sʌməraɪz] *v. tr.* (sum up) resumir; compendiar; sintetizar.

summary ['sʌməri:] *n.* (resumé) sumario *m.*; resumen *m.*

summer ['sʌmər] *adj.* **1.** estival; veraniego. || *n.* **2.** verano *m.*; estío *m.*

summit ['sʌmɪt] *n.* **1.** (of a mountain) cúspide; cumbre *f.* **2.** (of hill) cresta *f.*

summon ['sʌmən] *v. tr.* **1.** convocar. **2.** *Law* citar. **3.** (send for) llamar.

summons ['sʌmənz] *n.* **1.** llamada *f.* **2.** *Law* citación *f.* (judicial). || *v. tr.* **3.** *Law* emplazar.

sumptuous ['sʌmptʃʊəs] *adj.* suntuoso.

sun [sʌn] *n.* **1.** sol *m.*; astro rey *lit.* || **sun-bath** *n.* **2.** baño de sol. || **sunbathe** *v. intr.* **3.** tomar el sol. || **~ lounger** tumbona *f.*

sunburn ['sʌnbɜ:rn] *n.* quemadura *f.*

sunburned ['sʌnbɜ:rnd] *adj.* tostado.

sunburnt ['sʌnbɜ:rnt] *adj.* (painfully) quemado por el sol.

Sunday ['sʌndi:] *n.* domingo *m.* || **Easter ~** *Rel.* Domingo de Resurrección. **Palm ~** *Rel.* Domingo de Ramos.

sundries ['sʌndrɪs] *n. pl.*, *Econ.* (goods) artículos diversos.

sunflower ['sʌnˌflaʊər] *n.*, *Bot.* girasol *m.*

sunglasses ['sʌnˌglæs] *n. pl.* gafas de sol.

sunrise ['sʌnˌraɪz] *n.* (dawn) salida del sol. || **at ~** al amanecer. **from ~ to sunset** de sol a sol.

sunset ['sʌnˌset] *n.* **1.** puesta del sol; ocaso *m.* || **at ~** al atardecer.

sunshade ['sʌnˌʃeɪd] *n.* **1.** parasol *m.*; sombrilla *f.*; quitasol *m.* **2.** (for beach) toldo *m.*

sunshine ['sʌnˌʃaɪn] *n.* sol *m.*

sunstroke ['sʌnˌstrouk] *n.*, *Med.* insolación *f.* || **to get a ~** *Med.* coger una insolación; insolarse.

suntan ['sʌnˌtæn] *n.* bronceado *m.*; moreno *m.* || **to get a ~** broncearse. **~ lotion** bronceador.

suntanned ['sʌn,tænd] *adj.* moreno; bronceado (por el sol).

sup [sʌp] *v. tr.* beber (a sorbos).

super ['su:pər] *adj.* **1.** óptimo; tremendo. ‖ *n.* **2.** (petrol) gasolina super.

superb [su:'pɜ:rb] *adj.* (splendid) soberbio; magnífico; espléndido.

supercilious [,su:pər'sɪlɪəs] *adj.* (conceited) altanero; vanidoso.

superficial [,su:pər'fɪʃəl] *adj.* (shallow) superficial; somero.

superficially [,su:pər'fɪʃəli:] *adv.* por encima; superficialmente.

superfluous [su:'pərfluəs] *adj.* (unnecessary) superfluo; innesario.

superhuman [,su:pər'hjumən] *adj.* sobrehumano.

superintendent [,su:pərɪn'tedənt] *n.* **1.** encargado *m.* **2.** *Am. E.* superintendente *m. y f.* **3.** *Br. E.* comisario *m.*

superior [sʊ'pɪərɪər] *adj.* **1.** superior. ‖ *n.* **2.** superior *m.* **3.** (jefe) mayor *m.*

superlative [sʊ'pərlətɪv] *adj. & n.* superlativo *m.*

supermarket ['su:pər,mɑ:rkɪt] *n.* supermercado *m.* ‖ **large ~** hipermercado *m.*

supernatural [,su:pər'nætʃərəl] *adj.* sobrenatural; prodigioso.

superstition [,sʊpər'stɪʃən] *n.* superstición *f.*

superstitious [,su:pər'stɪʃəs] *adj.* supersticioso.

supervise ['sʌpɜ:r,vaɪz] *v. tr.* **1.** (watch over) vigilar. **2.** (project) supervisar. **3.** (essay) dirigir.

supper [sʌpər] *n.* cena *f.* ‖ **to have for ~** cenar [She had spaguetti for supper. *Cenó espaguetis.*] **to have ~** cenar.

supple ['sʌpəl] *adj.* **1.** (leather) flexible. **2.** (person) elástico.

supplement ['sʌpləmənt] *n.* **1.** suplemento *m.* ‖ *v. tr.* **2.** complementar.

supplementary [,sʌplə'mentəri:] *adj.* adicional; suplementario.

supplier [sə'plaɪər] *n.* proveedor *m.*

supply [sə'plaɪ] *n.* **1.** suministro *m.* **2.** *Econ.* provisión *f.*; abastecimiento *m.* ‖ *v. tr.* **3.** suministrar; abastecer; proveer. **4.** (information) facilitar; proporcionar. **5.** *Míl.* aprovisionar. ‖ **supplies** *n. pl.* **6.** víveres *m.*; provisiones *f.* ‖ **supplies** *n. pl.* **7.** (provisions) munición *f.* ‖ **~ and demand** oferta y demanda.

support [sə'pɔ:rt] *n.* **1.** soporte *m.*; apoyo *m.* **2.** *fig.* (moral) respaldo *m.*; apoyo *m.* **3.** (sustenance) sustento *m.* **4.** *Econ.* ayuda (económica). ‖ *v. tr.* **5.** (hold up) soportar; sostener. **6.** (corroborate) respaldar. **7.** (encourage) apoyar. **8.** *Film* secundar. **9.** (keep) mantener. **10.** (feed) sustentar. ‖ **to ~ oneself** sostenerse.

supporter [sə'pɔ:rtər] *n.* **1.** *Polit.* partidario *m.* **2.** *Sports* forofo *m.*; hincha *m. y f.*; defensor *m.* ‖ **supporters** *n. pl.* **3.** *Sports* afición *f.*

suppose [sə'pəʊz] *v. tr.* (assume) suponer; presumir; presuponer.

supposed [sə'pəʊzd] *adj.* supuesto; presunto.

supposition [,sʌpə'zɪʃən] *n.* (conjecture) suposición *f.*; conjetura *f.*

suppository [sʌ'pɒzɪtəri:] *n., Med. & Pharm.* supositorio *m.*

suppress [sʌ'pres] *v. tr.* **1.** suprimir. **2.** (feelings) reprimir; contener.

suppression [sə'preʃən] *n.* **1.** supresión *f.* **2.** (of feelings) represión *f.*

supremacy [sʊ'preməsi:] *n.* (dominance) supremacía *f.*; hegemonía *f.*

supreme [suːˈpriːm] *adj.* (sovereign) supremo; soberano; sumo.

surcharge [ˈsɜːrtʃɑːrdʒ] *n.* recargo *m.*

sure [ʃʊr] *adj.* **1.** seguro; cierto. ‖ *adv.* **2.** (certainly) con toda seguridad; ciertamente. ‖ **sure!** *interj.* **3.** ¡claro! ‖ **for ~** de fijo. **to make ~** asegurarse; cerciorarse.

sureness [ˈʃʊrnɪs] *n.* seguridad *f.*

surety [ˈʃʊrəti:] *n.* garantía *f.;* fianza *f.*

surf [sɜːrf] *v. intr.* **1.** *Sports* hacer surf. **2.** *Comp* (internet) navegar.

surface [ˈsɜːrfɪs] *n.* **1.** superficie *f.* ‖ *v. intr.* **2.** aflorar. ‖ **to come to the ~** aflorar.

surfeit [ˈsɜːrfɪt] *n.* **1.** *frml.* exceso *m.* **2.** (of food) empacho *m.;* indigestión *f.* ‖ *v. intr.* **3.** hartarse.

surfer [ˈsʌfər] *n.* **1.** *Sports* surfista *m. y f.* **2.** *Comput.* internauta *m. y f.*

surfing [ˈsɜːrfɪŋ] *n., Sports* surf *m.*

surge [sɜːrdʒ] *n.* **1.** aumento *m.* **2.** (sea) marejada *f.;* oleaje *m.* ‖ *v. intr.* **3.** (sea) levantarse.

surgeon [ˈsɜːrdʒən] *n.* cirujano *m.* ‖ **dental ~** dentista *m. y f.*

surgery [ˈsɜːrdʒəri:] *n.* cirugía *f.*

surgical [ˈsɜːrdʒɪkəl] *adj.* quirúrgico.

surly [ˈsɜːrli:] *adj.* hosco; malhumorado.

surname [ˈsɜːrˌneɪm] *n.* apellido *m.*

surpass [sɜːrˈpæs] *v. tr.* (better) superar; sobrepasar; exceder.

surplus [ˈsɜːrpləs] *adj.* **1.** excedente; sobrante. ‖ *n.* **2.** *Econ.* (of stock) excedente *m.;* sobrante *m.*

surprise [sərˈpraɪz] *n.* **1.** sorpresa *f.* ‖ *v. tr.* **2.** sorprender; extrañar. ‖ **to be surprised** extrañarse; sorprenderse.

surprised [sɜːrˈpraɪzd] *adj.* sorprendido; asombrado.

surprising [sərˈpraɪzɪŋ] *adj.* sorprendente; pasmoso.

surrender [səˈrendər] *n.* **1.** *Mil.* rendición *f.* **2.** (of documents) entrega *f.* ‖ *v. tr.* **3.** *Mil.* rendir; entregar. ‖ *v. intr.* **4.** (submit) entregarse; rendirse.

surround [səˈraʊnd] *v. tr.* **1.** (encircle) rodear; cercar. **2.** *Mil.* sitiar; cercar. ‖ **to ~ oneself** rodearse.

surrounding [səˈraʊndɪŋ] *adj.* **1.** circundante. ‖ **surroundings** *n.* **2.** alrededores *m. pl.;* cercanías *f. pl.* ‖ **~ area** inmediaciones *f. pl.*

survey [ˈsɜːrveɪ] *n.* **1.** inspección *f.;* reconocimiento *m.* **2.** (trends) estudio *m.;* encuesta *f.*

survival [sərˈvaɪvəl] *n.* supervivencia *f.*

survive [sərˈvaɪv] *v. intr.* sobrevivir.

survivor [səˈvaɪvər] *n.* superviviente *m. y f.;* sobreviviente *m. y f.*

suspect [səsˈpekt] *n.* **1.** sospechoso *m.* ‖ *v. tr.* **2.** sospechar; recelar.

suspend [sʌsˈpend] *v. tr.* suspender.

suspended [səˈspendəd] *adj.* **1.** suspendido.**2.** (student) expulsado. **3.** *Sports.* (player) sancionado.

suspender [səˈspendər] *n.* **1.** (for stockings) liga *f.* ‖ **suspenders** *n. pl.* **2.** *Am. E.* tirantes *m.*

suspense [səˈspens] *n.* **1.** incertidumbre *f.* **2.** *Film* suspense *m.*

suspension [səˈspenʃən] *n.* suspensión *f.* ‖ **~ bridge** puente colgante. **~ points** *Am. E.* puntos suspensivos.

suspicion [səsˈpɪʃən] *n.* **1.** sospecha *f.;* recelo *m.* **2.** (little bit) pizca *f.*

suspicious [səˈspɪʃəs] *adj.* **1.** sospechoso. **2.** (wary) desconfiado; receloso. ‖ **to be ~** recelarse. **to make sb ~** mosquear. ‖ **a ~ of garlic** una pizca de ajo.

suss [sʌs] *v. tr.*, *Br. E.*, *fig. fam.* fichar.

sustain [səˈsteɪn] *v. tr.* **1.** sostener. **2.** (maintain) sustentar.

sustenance [ˈsʌstənəns] *n.* sustento *m.*; sostén *m.*; aliento *m.*

suture [ˈsətjuːr] *n.*, *Med.* sutura *f.*

swallow[1] [ˈswɒloʊ] *n.* **1.** (gulp) trago *m.* ‖ *v. tr.* **2.** (take in) tragar. **3.** *fig.* (believe) tragarse. ‖ **to ~ up** (eat) tragarse.

swallow[2] [ˈswɒloʊ] *n.*, *Zool.* (bird) golondrina *f.*

swamp [swɒmp] *n.* **1.** *Geogr.* pantano *m.*; marisma *f.*; ciénaga *f.* ‖ *v. tr.* **2.** inundar; anegar.

swampy [ˈswɒmpiː] *adj.*, *Geogr.* (marshy) pantanoso; cenagoso.

swan [swɒn] *n.*, *Zool.* cisne *m.*

swap [swɒp] *n.* **1.** intercambio *m.*; canje *m.* ‖ *v. tr.* **2.** canjear; cambiar.

swarm [swɔːrm] *n.* **1.** *Zool.* enjambre *m.* **2.** *fig.* (of people) hervidero *m.* ‖ *v. intr.* **3.** enjambrar.

swashbuckler [ˈswɒˌʃbʌklər] *n.* (adventurer) aventurero *m.*

sway [sweɪ] *n.* **1.** vaivén *m.*; balanceo *m.* ‖ *v. intr.* **2.** balancearse; mecerse.

swear [swer] *v. intr.* **1.** jurar. **2.** (curse) perjurar; decir palabrotas. ‖ **to ~ in** *Law* tomar juramento a.

swearword [ˈswerˌwɜːrd] *n.* palabrota *f.*; taco *m.*; juramento *f.*

sweat [swet] *n.* **1.** sudor *m.*; transpiración *f.* ‖ *v. tr.* **2.** sudar; transpirar.

sweater [ˈswetər] *n.* jersey *m.*

sweatshirt [ˈswetˌʃɜːrt] *n.* sudadera *f.*

sweep [swiːp] *n.* **1.** barrido *m.* **2.** (movement) movimiento *m.* **3.** (search) peinado *m.* **4.** (of a windmill) aspa *f.* ‖ *v. tr.* **5.** (floor) barrer. **6.** (search) rastrear. **7.** (remove) arrastrar.

sweeper [ˈswiːpər] *n.* barrendero *m.*

sweepings [ˈswiːpɪŋz] *n. pl.* (dirt) basura *f. sing.*

sweet [swiːt] *adj.* **1.** dulce. **2.** (with sugar) azucarado. **3.** (nice) agradable. **4.** (person) meloso. ‖ *n.* **5.** *Br. E.* golosina *f.*; caramelo *m.* ‖ **sweets** *n. pl.* **6.** dulces *m.* ‖ **~ basil** *Bot.* albahaca *f.* **~ corn** *Bot.* maíz tierno.

sweet potato [ˈswiːtpəˌteɪtoʊ] *n.*, *Bot.* batata *f.*; boniato *m.*

sweeten [ˈswiːtən] *v. tr.* **1.** endulzar; dulcificar. **2.** *fig.* (attitude) ablandar.

sweetener [ˈswiːtənər] *n.* edulcorante *m.*

sweetheart [ˈswiːtˌhɑːrt] *n.* (darling) enamorado *m.*; novio *m.*

sweetmeat [ˈswiːtˌmiːt] *n.* dulce *m. lit.*

sweetness [ˈswiːtnɪs] *n.* dulzura *f.*

sweet-toothed [ˈswiːtˌtuːθ] *adj.* goloso.

swell [swel] *n.* **1.** oleaje *m.*; marejada *f.* **2.** *fig.* (movement) oleada *f.* ‖ *v. tr.* **3.** hinchar; engrosar. ‖ *v. intr.* **4.** hincharse; inflarse. ‖ **~ with pride** *fig. y fam.* estar muy ancho.

swelling [ˈswelɪŋ] *n. Med.* hinchazón *m.*; bulto *m.*

swelter [ˈsweltər] *v. intr.* abrasarse (de calor); ahogarse.

swift [swɪft] *adj.* veloz; rápido.

swim [swɪm] *n.* **1.** baño *m.* ‖ *v. intr.* **2.** *Sports* nadar. ‖ **to ~ with the tide** bailar al son que le tocan. **to go swimming** ir a nadar.

swimmer [ˈswɪmər] *n.*, *Sports* nadador *m.*

swimming [ˈswɪmɪŋ] *adj.* **1.** a nado. ‖ *n.* **2.** *Sports* natación *f.* ‖ **~ cap** gorro de baño. **~ costume** bañador *m.* **~ trunks** bañador *m. sing.*

swimsuit [ˈswɪmˌsuːt] *n.* bañador *m.*; traje de baño *m.*; maillot *m.*

swindle ['swɪndəl] *n.* **1.** (con) estafa *f.*; timo *m.* ‖ *v. tr.* **2.** estafar; timar.

swindler ['swɪndələr] *n.* (con man) estafador *m.*; timador *m.*

swine [swaɪn] *n. inv.* **1.** *Zool.* cerdo *m.*; puerco *m.* **2.** *fig.* (person) cabrón *m.*; mamón *m.*; cabrito *m. fam.*

swing [swɪŋ] *n.* **1.** balanceo *m.*; vaivén *m.* **2.** (to play) columpio *m.* ‖ *v. tr.* **3.** balancear. **4.** (on a swing) columpiar. ‖ *v. intr.* **5.** balancearse; mecerse. ‖ **to ~ one's hips** contonearse.

swinging ['swɪŋɪŋ] *adj.* (lively, fashionable) con mucha marcha.

swipe [swaɪp] *n.* **1.** golpe *m.*; zarpazo *m.* ‖ *v. tr.* **2.** (hit) golpear; pegar. **3.** *coll.* (steal) mangar; robar.

swirl [swɜːrl] *n.* **1.** remolino *m.* ‖ *v. intr.* **2.** (dust, papers) arremolinarse. **3.** (people, skirts) girar.

Swiss [swɪs] *adj.* **1.** suizo. ‖ *n.* **2.** (person) suizo *m.* ‖ **~ roll** *Gastr.* (sweet) brazo de gitano.

switch [swɪtʃ] *n.* **1.** *Electron.* interruptor *m.* **2.** (change) cambio *m.* ‖ *v. tr.* **3.** cambiar. **4.** (glance, conversation) desviar. ‖ **switches** *n. pl.* **5.** *Am. E.* (train) agujas *f. pl.* ‖ **to ~ off** (TV, machine) desconectar. | (light) apagar. **to ~ on** (electricity) conectar.

switchback ['swɪtʃˌbæk] *n.* **1.** carretera *f.* (con muchos cambios de rasante). **2.** *Br. E.* montaña rusa.

switchboard ['swɪtʃˌbɔːrd] *n.* (in hotels, offices) centralita *f.*

swollen ['swoʊlən] *adj.* **1.** hinchado. **2.** (river, etc) crecido.

swoon [swuːn] *n.* **1.** desvanecimiento *m.*; desmayo *m.* ‖ *v. intr.* **2.** (faint) desvanecerse; desmayarse.

sword [sɔːrd] *n.* (arma) espada *f.*

swordfish ['sɔːrdˌfɪʃ] *n.*, *Zool.* (fish) pez espada.

swordsman ['sɔːrdzmən] *n.* espadachín *m.*; espada *f.*

sworn [swɔːrn] *adj.* jurado.

swot ['swɒt] *n.* **1.** *Br. E.* (student) empollón *m.* ‖ *v. tr.* **2.** (study) empollar; estudiar; chapar.

sycophant ['sɪkəˌfænt] *n.* adulador.

syllable ['sɪləbəl] *n.*, *Ling.* sílaba *f.*

syllabus ['sɪləbəs] *n.* (of subject) programa *m.* (de estudios).

symbol ['sɪmbəl] *n.* símbolo *m.*

symbolic [sɪm'bɒlɪk] *adj.* simbólico.

symbolical [sɪm'bɒlɪkəl] *adj.* (used as a symbol) simbólico.

symbolize ['sɪmbəˌlaɪz] *v. tr.* simbolizar; representar.

symmetry ['sɪmɪtriː] *n.* simetría *f.*

sympathetic [ˌsɪmpəˈθetɪk] *adj.* **1.** compasivo; caritativo. **2.** (understanding) comprensivo.

symphony ['sɪmfəniː] *n.* sinfonía *f.*

symptom ['sɪmptəm] *n.*, *Med.* síntoma *m.*; indicio *m.* ‖ **to show symptoms of** dar señales de.

synagogue ['sɪnəˌgɒg] *n.*, *Rel.* (Jews Church) sinagoga *f.*

synchronize ['sɪnkrəˌnaɪz] *v. tr.* (make coincidence) sincronizar.

synchrony ['sɪnkrəniː] *n.* sincronía *f.*

syncope ['sɪnkoʊp] *n.*, *Med.* síncope *m.*; desfallecimiento *m.*

syndicate ['sɪndɪkət] *n.*, *Econ.* sindicato *m.*; corporación *f.*

syndrome ['sɪnˌdroʊm] *n.*, *Med.* síndrome *m.* ‖ **Down's ~** *Med.* síndrome de Down.

synonym ['sɪnənɪm] *n.*, *Ling.* sinónimo *m.*

synonymous [sɪ'nɒnɪməs] *adj., Ling.* sinónimo.

synopsis [sɪ'nɑːpsɪs] *n.* sinopsis *f. inv.*

syntagma or syntagm [‚sɪn'tægmə] *n., Ling.* sintagma *m.*

syntax ['sɪntæks] *n., Ling.* sintaxis *f.*

synthesis ['sɪnθəˌsɪs] *n.* síntesis *f. inv.*

synthetic [sɪn'θetɪk] *adj.* sintético; artificial.

synthetical [sɪn'θetɪkəl] *adj.* (artificial) sintético; artificial.

syringe [sə'rɪndθ] *n.* **1.** *Med.* jeringa *f.;* jeringuilla *f.* ‖ *v. tr.* **2.** *Med.* inyectar.

syrup ['sɪrəp] *n.* jarabe *m.;* almíbar *m.* ‖ **cough ~** jarabe para la tos. **strausberry ~** sirope de fresa.

system ['sɪstəm] *n.* **1.** sistema *m.;* método *m.* **2.** *Polit.* régimen *m.* ‖ **digestive ~** *Anat.* aparato digestivo. **metric ~** sistema métrico.

systematic [‚sɪstə'mætɪk] *adj.* (methodical) sistemático; metódico.

T

t [tiː] *n.* (letter) t *f.*

tabernacle ['tæbərˌnækəl] *n., Rel.* tabernáculo *m.;* sagrario *m.*

table ['teɪbəl] *n.* **1.** mesa *f.* ‖ *v. tr.* **2.** *Am. E.* posponer. ‖ ‖ **dressing ~** tocador *m.* **to lay the ~** poner la mesa. **to set the ~** poner la mesa. **~ cover** tapete *m.* **~ linen** mantelería *f.* **~ mat** salvamanteles *m. inv.*

tablecloth ['teɪbəlˌklɒθ] *n.* mantel *m.*

tablespoon *n.* cuchara sopera.

tablet ['tæblɪt] *n.* **1.** *Pharm.* tableta *f.;* gragea *f.;* comprimido *m.* **2.** (commemorative) lápida *f.;* placa *f.* **3.** *Am. E.* (for writing) bloc *m.*

taboo [tæ'buː] *n.* tabú *m.*

tacit ['tæsɪt] *adj.* tácito; sobreentendido.

taciturn ['tæsətɜːrn] *adj.* taciturno.

tack [tæk] *n.* **1.** tachuela *f.* ‖ *v. tr.* **2.** (sew) hilvanar. ‖ *v. intr.* **3.** *Nav.* virar. ‖ **to get down to brass tacks** *fig.* ir al grano.

tackle ['tækəl] *n.* **1.** (equipment) equipo *m.* (de deporte). **2.** *Nav.* polea *f.* ‖ *v. tr.* **3.** (problems) abordar.

tact [tækt] *n.* (discretion) tacto *m.;* pulso *m. fig.;* discreción *f.*

tactful ['tæktfəl] *adj.* (diplomatic) diplomático; político; discreto.

tactics ['tæktɪks] *n. pl.* táctica *f. sing.*

tactile ['tæktəl 'tæktaɪl] *adj.* táctil.

tadpole ['tædˌpoʊl] *n., Zool.* renacuajo *m.*

tag [tæg] *n.* **1.** etiqueta *f.* **2.** *Ling.* coletilla *f.;* muletilla *f.* ‖ *v. tr.* **3.** etiquetar.

tail [teɪl] *n.* **1.** cola *f.* **2.** *Zool.* rabo *m.* **3.** (of shirt, coat) faldón *m.* **4.** *Astron.* cabellera *f.* ‖ **tails** *n. pl.* **5.** *fam.* (of a coin) cruz *m.* **6.** *fig.* (coat) frac *m.*

tailor ['teɪlər] *n.* **1.** sastre *m.* ‖ **tailor's** *sust. phr.* **2.** (shop) sastrería *f.*

tailoring ['teɪlərɪŋ] *n.* (of suits) confección *f.;* sastrería *f.*

tailor-made ['teɪləˌmeɪd] *adj.* hecho a la medida.

taint [teɪnt] *n.* **1.** (dishonor) mancha *f.* ‖ *v. tr. & intr.* **2.** (honor) manchar.

take [teɪk] (p.t. took ; p.p. taken) *n. sing.* **1.** *Film* toma *f.* **2.** (earnings) ingresos *m. pl.* ‖ *v. tr.* **3.** tomar; coger. **4.** (bus, train) coger. **5.** (carry, accompany) llevar. **6.** (escort) dar. **7.** (continue) seguir. **8.** (subtract) quitar. ‖ *v. intr.* **9.** prender. **10.** (accept) tomarse. **11.** (steal, remove) llevarse. ‖ **to ~ apart** desencajar; desmontar. **to ~ away** (remove) retirar; quitar. (subtract) restar. (food) para llevar. **to ~ care of** cuidar de. **to ~ down** (write) anotar. (lower) bajar. **to ~ in** (shelter) acoger. **to ~ occasion** aprovechar la ocasión/ oportunidad. **to ~ off** (plane) despegar. **to ~ off one's cap** descubrirse. **to ~ off one's hat** descubrirse. **to ~ on** (staff) contratar. **to ~ over** tomar posesión de. **to ~ place** tener lugar; acontecer. **to ~ religious vows** *Rel.* profesar. **to~the opportunity** aprovechar la ocasión/oportunidad.**to ~ too much/many** abusar (de algo). **to ~ up** (occupy) ocupar. (space) abultar. **to ~ upon oneself** asumir.

take-off ['teɪkˌɒf] *n., Aeron.* (plane) despegue *m.*

taking ['teɪkɪŋ] *n., Mil.* toma *f.*

talc [tælk] *n., Miner.* talco *m.*

talcum powder ['tælkəmˌpaʊdər] *sust. phr.* polvos de talco.

tale [teɪl] *n.* cuento *m.;* historia *f.* ‖ **fairy ~** cuento de hadas.

talent ['tælənt] *n.* (aptitude) talento *m.;* ingenio *m.;* don *m.*

talisman ['tælɪsmən] *n.* talismán *m.*

talk [tɔ:k] *n.* **1.** charla *f.;* conversación *f.* ‖ *v. tr.* **2.** (chat) parlamentar. ‖ *v. intr.* **3.** hablar; decir. **4.** (converse) hablar; conversar. ‖ **to ~ big** fanfarronear. **to ~ nineteen to the dozen** hablar por los codos. **to ~ shop** hablar de trabajo.

talkative ['tɔ:kətɪv] *adj.* (chatty) hablador; charlatán; locuaz.

talkativeness ['tɔ:kətɪvnəs] *n.* (loquacity) palabrería *f.;* localidad *f.*

tall [tɔ:l] *adj.* alto.

tally ['tæli:] *n.* **1.** *Econ.* cuenta *f.* ‖ *v. intr.* **2.** *Econ.* cuadrar (cuentas).

talon ['tælən] *n.,* *Zool.* (of bird) garra *f.*

tambourine [ˌtæmbəˈri:n] *n.,* *Mus.* (instrument) pandereta *f.*

tame [teɪm] *adj.* **1.** (animal) manso; dócil. **2.** (tamed) domesticado. ‖ *v. tr.* **3.** (animal) domar; domesticar. **4.** (person) amansar; calmar.

tamp ['tæmp] *v. tr.* apisonar.

tampon ['tæmpɒn] *n.,* *Med.* tampón *m.*

tan [tæn] *n.* **1.** bronceado *m.* ‖ *v. tr.* **2.** (leather) curtir; adobar. **3.** (skin) broncear. ‖ *v. intr.* **4.** broncearse; tostarse.

tang [tæŋ] *n.* **1.** (taste) sabor fuerte. **2.** (smell) olor penetrante.

tangent ['tændʒənt] *n.* tangente *f.* ‖ **to go off at a ~** salirse por la tangente. irse por los cerros de Úbeda.

tangerine [tændʒəˈri:n] *n.* *Bot.* (fruit) mandarina *f.*

tangle ['tæŋɡəl] *n.* **1.** enredo *m.;* embrollo *m.;* maraña *f.* ‖ *v. tr.* **2.** enmarañar; enredar. ‖ **to be in a ~** estar hecho un lío **to get tangled** enredarse. **to ~ up** enredar.

tango ['tæŋɡoʊ] *n.,* *Mus.* (dance) tango *m.*

tank [tæŋk] *n.* **1.** tanque *m.;* depósito *m.;* cisterna *f.* **2.** *Mil.* tanque *m.;* carro de combate. ‖ **fish ~** (rectangular) pecera *f.* **petrol ~** depósito de gasolina.

tanker ['tæŋkər] *n.,* *Nav.* (oil) petrolero *m.* barco cisterna.

tanned [tænd] *adj.* **1.** (leather) curtido. **2.** (skin) tostado. ‖ **to become ~** curtirse. **to get a ~** ponerse moreno.

tanner ['tænər] *n.* curtidor *m.*

tanning ['tænɪŋ] *n.* **1.** (leather) curtido *m.* **2.** (of skin) bronceado *m.*

tantrum ['tænˌtrəm] *n.* berrinche *m.;* pataleta *f.* *fam.*

tap[1] [tæp] *n.* **1.** golpecito *m.;* palmadita *f.* ‖ *v. intr.* **2.** dar golpecitos.

tap[2] [tæp] *n.,* *Br. E.* grifo *m.;* llave *f.;* espita *f.* ‖ **~ water** agua del grifo.

tapa ['tæpə] *n.,* *Gastr.* tapa *f.*

tape [teɪp] *n.* cinta *f.* ‖ **~ measure** cinta métrica. **~ recorder** magnetófono *m.* grabadora *m.*

taper ['teɪpər] *n.* **1.** (candle) cirio *m.;* vela *f.* ‖ *v. tr.* **2.** estrechar.

tapestry ['tæpəstri:] *n.* tapiz *m.;* tapicería *f.*

tapeworm ['teɪpˌwɜːrm] *n.,* *Med.* tenia *f.*

tapioca [ˌtæpiɒkə] *n.* mandioca *f.*

tar [tɑːr] *n.* **1.** alquitrán *m.;* brea *f.;* pez *f.* ‖ *v. tr.* **2.** alquitranar.

tarantula [təˈræntʃələ] *n.,* *Zool.* (tropical spider) tarántula *f.*

target ['tɑːrɡɪt] *n.* **1.** blanco *m.;* objetivo *m.* **2.** (of criticisms) blanco *m.* **3.** (board) diana *f.* ‖ **to hit the ~** dar en el blanco. **to shoot at the ~** tirar al blanco.

tariff [(tærɪf] *n.,* *Econ.* tarifa *f.;* arancel *m.*

tarnish ['tɑːrnɪʃ] *v. tr.* **1.** empañar. ‖ *v. intr.* **2.** empañarse.

tarpaulin ['tɑːrpəlɪn] *n.* lona *f.*

tarry ['tæri] *adj.* **1.** alquitranado. ‖ *v. intr.* **2.** (remain) permanecer. **3.** (delay) detenerse.

tart¹ [tɑːrt] *n.*, *Gastr.* tarta *f.*

tart² [tɑːrt] *adj.* agrio.

task [tæsk] *n.* tarea *f.*; faena *f.*; labor *m.*

tassel ['tæsəl] *n.* borla *f.*

taste [teɪst] *n.* **1.** gusto *m.* **2.** (flavor) sabor *m.* ‖ *v. tr.* **3.** probar; paladear.

tasteless ['teɪstlɪs] *adj.* **1.** insípido; desabrido. **2.** *Gastr.* soso.

tasty ['teɪsti] *adj.* sabroso; apetitoso.

tatami [tæ'tɑːmiː] *n.*, *Sports* tatami *m.*

tatters ['tætərz] *n. pl.* (rags) andrajos *m. pl.* ‖ **in ~** andrajoso.

tattoo [tæ'tuː] *n.* **1.** (mark) tatuaje *m.* ‖ *v. tr.* **2.** tatuar.

tattooing [tæ'tuːɪŋ] *n.* (act) tatuaje *m.*

Taurus ['tɑʊrəs] *p. n.*, *Astrol.* (a sign of the zodiac) Tauro *m.*

taut [tɔːt] *adj.* tirante; tenso.

tawdry ['tɔːdriː] *adj.* chabacano; hortera.

tawny ['tɔːniː] *adj.* leonado; rojizo.

tax [tæks] *n.* **1.** *Econ.* contribución *f.*; impuesto *m.* **2.** imposición *m.* ‖ *v. tr.* **3.** gravar. **4.** *Law* (possessions) tasar. ‖ **~ collector** recaudador *m.* **~ haven** *Econ.* paraíso fiscal. **~ return** *Econ.* declaración de la renta.

taxation [ˌtæk'seɪʃən] *n.* (taxes) impuestos *m. pl.*; cargas fiscales.

taxi ['tæksi] *n.* taxi *m.* ‖ **~ driver** taxista *m. y f.* **~ stand** parada de taxis.

taximeter ['tæksɪˌmiːtər] *n.*, *Br. E.*, *frml.* taxímetro *m.*

tea [tiː] *n.* **1.** té *m.* **2.** (afternoon snack) merienda *f.* ‖ **teatime** *n.* **3.** hora del té. ‖ **to have ~** merendar. **not for all the ~ in China** *coll.* por nada del mundo. **~ bag** bolsita de té. **~ break** descanso. **~ party** (meeting) té *m.*

teach [tiːtʃ] *v. tr.* enseñar; instruir; educar. ‖ **~ sb a lesson** dar un escarmiento

a; escarmentar. **to ~ to read and write** alfabetizar.

teacher ['tiːtʃər] *n.* maestro *m.*; profesor *m.* ‖ **substitute ~** *Am. E.* profesor interino. **supply ~** *Br. E.* profesor interino. **~ training** (degree) magisterio *m.*

teaching ['tiːtʃɪŋ] *adj.* **1.** docente. ‖ *n.* **2.** enseñanza *f.*; instrucción *f.*; doctrina *f.*; magisterio *m.* ‖ **~ hours** horas lectivas. **~ staff** profesorado *m.*

team [tiːm] *n.* **1.** *Sports* equipo *m.* **2.** (of animals) yunta *f.* ‖ **to ~ up** (with sb) asociarse; unirse.

teapot ['tiːpɒt] *n.* tetera *f.*

tear¹ ['tɪər] *n.* lágrima *f.* ‖ **to burst into tears** ponerse a llorar.

tear² [ter](p.t. tore ; p.p. torn) *n.* **1.** rasgón *m.* ‖ *v. tr.* **2.** rasgar. **3.** (paper, cloth) romper. ‖ *v. intr.* **4.** (become torn) rasgarse. **5.** (muscle) desgarrarse. ‖ **to ~ down** (building) derribar. **to ~ into strips** hacer tiras. **to ~ open** abrir rasgando. **to ~ out** arrancar. **to ~ to pieces** despedazar. **to ~ up** (paper) romper.

tearful ['tɪərfəl] *adj.* (lachrymose) lloroso; lagrimoso [She got a bit tearful. *Se le saltaron las lágrimas.*]

tearing ['terɪŋ] *adj.* violento; furioso.

tease [tiːz] *v. tr.* tomar el pelo.

teaspoon ['tiːspuːn] *n.* cucharilla *f.*; cuchara de café.

teat [tiːt tɪt] *n.* **1.** *Zool.* (of animal) teta *f.*; tetilla *f.* **2.** (feeding bottle) tetina *f.*

technical ['teknɪkəl] *adj.* técnico. ‖ **~ college** *Br. E.* instituto de formación profesional.

technician [tek'nɪʃən] *n.* técnico *m.*

technics ['teknɪks] *n.* (science) técnica *f.*

technique [tek'niːk] *n.* (ability) técnica *f.*

technology [tek'nɒlədʒiː] *n.* tecnología *f.*

tedious ['ti:dɪəs] *adj.* tedioso; aburrido.

teem ['tem] *v. intr., fam.* **1.** (abound) rebosar. **2.** (pour) diluviar. [*It's teeming. Está diluviando.*]

teenage ['ti:neɪdʒ] *adj.* adolescente.

teenager ['ti:neɪdʒər] *n.* adolescente.

teeth [ti:θ] *n.* **1.** (of person, animal) dientes *m. pl.* **2.** (collection of tooth) dentadura *f.* ‖ **false ~** dentadura postiza. **milk ~** dientes de leche.

teetotal ['ti:toʊtəl] *adj.* abstemio.

teetotaler, teetoller (Br.E) ['ti:toʊtlər] *n.* abstemio *m.*

telecommunication [ˌteləkəmjuːnɪˈkeɪʃən] *n.* telecomunicación *f.*

telegram ['teləgræm] *n.* telegrama *m.*

telegraph ['teləgræf] *n.* **1.** (method) telégrafo *m.* ‖ *v. tr. & intr.* **2.** telegrafiar. ‖ **~ pole** poste de telégrafos.

telegraphic [ˌteləˈgræfɪk] *adj.* (message) telegráfico.

telegraphy [teˈlegræfi:] *n.* telegrafía *f.*

telepathy [teˈlepəθi:] *n.* telepatía *f.*

telephone ['teləfoʊn] *n.* **1.** teléfono *m.* ‖ *v. tr. & intr.* **2.** telefonear. ‖ **mobile ~** teléfono portátil. **~ booth** *Am. E.* cabina telefónica. **~ box** *Br. E.* cabina telefónica. **~ directory** listín telefónico.

teleprinter [ˌteləˈprɪntər] *n., Br. E.* teletipo *m.*

telescope ['teləskoʊp] *n., Astron.* telescopio *m.* ‖ *v. tr.* **2.** resumir.

teletext ['telətekst] *n.* teletexto *m.*

teletypewriter [ˌteləˈtaɪpˌraɪtər] *n., Am. E.* teletipo *m.*

televise ['telɪvaɪz] *v. tr.* televisar.

television ['teləˌvɪʒən] *n.* televisión *f.* ‖ **~ set** televisor *m.*

tell ['tel] *v. tr.* **1.** decir. **2.** (relate) contar; narrar. ‖ **to ~ off** reprender.

teller ['telər] *n.* **1.** (cashier) cajero *m.* **2.** (of a story) contador *m.*

telltale ['tel,teɪl] *n.* (person) soplón *m.*; chivato; delator *m.*

temerity [təˈmerəti:] *n.* temeridad *f.*

temper ['tempər] *n.* **1.** humor *m.* **2.** (temperament) temperamento *m.*; genio *m.* **3.** *Tech.* temple *m.* ‖ *v. tr.* **4.** templar. **5.** *fig.* (moderate) moderar. ‖ **to lose one's ~** perder los estribos.

tempera ['tempərə] *n.* (painting) témpera *f.*; pintura al temple.

temperament ['tempərəmənt] *n.* (character) temperamento *m.*

temperance ['tempərəns] *n.* (moderation) templanza *f.*; moderación *f.*

temperate ['tempərɪt] *adj.* **1.** *Meteor.* templado. **2.** (moderate) moderado.

temperature ['temprətʃər] *n.* **1.** temperatura *f.* **2.** *Med.* (fever) fiebre *f.*

tempest ['tempɪst] *n.* **1.** tempestad *f.* **2.** *Meteor.* (storm) temporal *m.*

tempestuous [temˈpestʃʊəs] *adj.* tempestuoso; tormentoso.

temple¹ ['templ] *n., Rel.* templo *m.*

temple² ['templ] *n., Anat.* sien *f.*

temporary ['tempəˌreri:] *adj.* (provisional) temporal; provisional; interino.

tempt ['tempt] *v. tr.* tentar.

temptation [ˌtempˈteɪʃən] *n.* tentación *f.* ‖ **~ to yield to** caer en la tentación *f.*

tempting ['temptɪŋ] *adj.* (attractive) tentador; atractivo.

ten [ten] *col. num. det.* (also pron. and n.) **1.** diez. ‖ *card. num. adj.* **2.** diez; décimo [*Turn to page ten. Buscad la página diez.*] ‖ *n.* **3.** *Math.* decena *f.* [*Units, tens and cents. Unidades, decenas y centenas.*]

tenacious [təˈneɪʃəs] *adj.* tenaz.

tenacity [tə'næsəti:] *n.* (firmness) tenacidad *f.*; tesón *m.*; insistencia *f.*

tenant ['tenənt] *n.* (lessee) arrendatario *m.*; inquilino *m.*

tend ['tend] *v. tr.* **1.** cuidar (de). ‖ *v. intr.* **2.** (be inclined) tender.

tendency ['tendənsi:] *n.* tendencia *f.*; inclinación *f.*; propensión *f.*

tender[1] ['tendər] *adj.* **1.** (sensitive) tierno. **2.** (food) blando.

tender[2] ['tendər] *n.* **1.** *Econ.* oferta *f.* ‖ *v. tr.* **2.** (offer) ofrecer. ‖ **legal ~** moneda de curso legal.

tenderness ['tendərnɪs] *n.* ternura *f.*

tendon ['tendən] *n.*, *Anat.* tendón *m.*; nervio *m.*

tendril ['tendrɪl] *n.*, *Bot.* zarcillo *m.*

tennis ['tenɪs] *n.*, *Sports* tenis *m.* ‖ **to play ~** *Sports* jugar al tenis. **table ~** *Sports* ping-pong. **~ court** *Sports* pista de tenis.

tenor ['tenər] *n.*, *Mus.* tenor *m.*

tenpin ['ten,pɪn] *n.* **1.** bolo *m.* ‖ **tenpins** *n.* **2.** *Am. E.* bolos *m. pl.*

tense[1] [tens] *adj.* **1.** tenso; tieso. **2.** (situation) tirante. ‖ *v. tr.* **3.** crispar.

tense[2] [tens] *n.*, *Ling.* tiempo *m.*

tenseness ['tensnɪs] *n.* tirantez *f.*

tension ['tenʃən] *n.* tensión *f.*

tent [tent] *n.* tienda de campaña. ‖ **to pitch a ~** montar una tienda de campaña.

tentacle ['tentəkəl] *n.*, *Zool.* tentáculo *m.*

tentative ['tentətɪv] *adj.* provisional.

tenth [tenθ] *card. num. adj.* (Also n.) **1.** décimo; diez [He has written his tenth novel. *Ha escrito su décima novela.*] ‖ *frac. numer. n.* (also adj. and pron.) **2.** *Math.* décimo *m.* [One tenth. *Un décimo.*] ‖ **~ share of a lottery ticket** décimo (de lotería).

tepid ['tepɪd] *adj.* tibio.

Tergal ['tɜːrgæl] *n.* (registered trademark) tergal *m.*

term [tɜːrm] *n.* **1.** término *m.* **2.** (period) plazo *m.* **3.** *Educ.* trimestre *m.* **4.** *Ling.* vocablo *m.* ‖ **terms** *n. pl.* **5.** condiciones *f.*; términos *m.* ‖ **to be on good terms** llevarse bien. **to come to terms** aceptar. **to make terms** llegar a un acuerdo.

terminal ['tɜːrmɪnəl] *adj.* **1.** *Med.* terminal. ‖ *n.* **2.** *Comput. & Electron.* terminal *m.* **3.** *Aeron.* terminal *f.*

terminate ['tɜːrməneɪt] *v. tr.* **1.** terminar; poner fin a. ‖ *v. intr.* **2.** terminarse.

termination [tɜːrmə'neɪʃən] *n.* **1.** terminación *f.*; fin *m.* **2.** *Ling.* desinencia *f.*

terrace ['terəs] *n.* **1.** terraza *f.* ‖ *v. tr.* **2.** (land) escalonar. **3.** (build) construir terrazas.

terrible ['terəbəl] *adj.* (horrific) terrible; horrible; espantoso.

terrific [tə'rɪfɪk] *adj.* estupendo.

terrify ['terəfaɪ] *v. tr.* aterrar; aterrorizar. ‖ **to feel terrified** amedrentarse.

terrifying ['terɪfaɪŋ] *adj.* terrorífico.

territory ['terətɔ:ri:] *n.* territorio *m.*

terror ['terər] *n.* terror *m.*; espanto *m.*

terrorism ['terə,rɪzəm] *n.* terrorismo *m.*

terrorist ['terə,rɪst] *adj. & n.* (group) terrorista *m. y f.*

terrorize ['terə,raɪz] *v. tr.* aterrorizar.

test [test] *n.* **1.** prueba *f.*; ensayo *m.*; experimento *m.* **2.** (exam) examen *m.*; test *m.* ‖ *v. tr.* **3.** experimentar; probar. **4.** (students) examinar. ‖ **blood ~** *Med.* análisis de sangre. **to stand the ~** pasar la prueba. **~ tube** *Chem.* probeta *f.*

testament [(testəmənt] *n.* testamento *m.*

testicle ['testɪkəl] *n.*, *Anat.* testículo *m.*

testify ['testəfaɪ] *v. tr. Law* (declare) declarar; testificar; atestiguar.

testimony ['testəmouni:] *n.* testimonio *m.* ‖ **to bear ~** (to sth) atestiguar.

tether ['teðər] *n.* **1.** (halter) ronzal *m.* ‖ *v. tr.* **2.** (animals) atar.

text [tekst] *n.* **1.** texto *m.* ‖ **textbook** *n.* **2.** libro de texto.

textile ['tekstaɪl] *adj. & n.* textil *m.*

texture ['tekstʃər] *n.* textura *f.*

than [ðæn] *conj.* que. ‖ **more ~ once** más de una vez.

thank [θæŋk] *v. tr.* agradecer. ‖ **~ goodness** menos mal. **~ you** gracias *f. pl.*

thankful ['θæŋfəl] *adj.* agradecido.

thankfulness ['θæŋfəlnɪs] *n.* (gratitude) gratitud *f.*; agradecimiento *m.*

thankless ['θæŋklɪs] *adj.* (task) ingrato; desagradecido.

thanks ['θæŋks] *n. pl.* gracias *f.*

thanksgiving ['θæŋksgɪvɪŋ] *n.* acción de gracias. ‖ **Thanksgiving Day** *Am. E.* el día de Acción de Gracias.

that [ðæt] (pl.: those) *adj. dem.* **1.** ese [That baby is very naughty. *Ese bebé es muy travieso.*] **2.** (to refer to sth more distant) aquel [Could you pass me that book over there? *¿Podrías pasarme aquel libro de allí?*] ‖ *det. pron. sing.* **3.** ese [That is my brother. *Ése es mi hermano.*] **4.** (neuter) eso [That is a bicycle. *Eso es una bicicleta.*] **5.** (to refer to sth more distant) aquel [I need an umbrella, could I take that? *Necesito un paraguas, ¿puedo coger aquel?*] **6.** (to refer to sth more distant) (neuter) aquello [He appeared just when I said that. *Apareció justo cuando dije aquello.*] ‖ *pron. rel.* **7.** que; quien (persona) [The girl that is reading is my girlfriend. *La*

chica que está leyendo es mi novia.] ‖ *adv.* **8.** tan [There is no one that so intelligent. *No hay nadie tan inteligente.*] ‖ *conj. sust.* **9.** que [I believe that he is wrong. *Creo que está equivocado.*]

thaw [θɔ:] *n., Meteor.* **1.** deshielo *m.* ‖ *v. tr.* **2.** derretir; deshacer.

the [ðə, ði:] *art. def.* el *m. sing.*; la *f. sing.*; los *m. pl.*; las *f. pl.* ‖ **~ more ~ better** cuanto más mejor.

theater, theatre (Br.E) ['θɪətər] *n.* **1.** teatro *m.* **2.** *Med.* quirófano *m.*

theatrical [θɪˈætrɪkəl] *adj.* teatral. ‖ **~ company** compañía de teatro.

theft [θeft] *n.* robo *m.*

their [ðer] *poss. adj. 3rd. person pl.* su; suyo (detrás del s.) [Is that their car? *¿Es ése su coche?*]

theirs [ðerz] *poss. pron. 3rd. person pl.* suyo [That's not their car, theirs is brown. *No es su coche, el suyo es marrón.*] ‖ **of ~** suyo [A friend of theirs told me the news. *Un amigo suyo me dio la noticia.*]

them [ðem] *pron. pers. accus. 3rd. person pl.* **1.** los; las *f.* [I saw them in the park. *Los vi en el parque.*] ‖ *pron. pers. dat.* **2.** les [Yesterday I bought them some sweets. *Ayer les compré caramelos.*] ‖ *pron. pers. prep.* **3.** ellos, -llas [We are not talking to them. *No nos hablamos con ellos.*] ‖ **with ~** consigo [They brought a dog with them. *Trajeron un perro consigo.*]

theme [θi:m] *n., Mus. & Lit.* motivo *m.*

themselves [ðəmˈselvz] *pron. pers. refl. 3rd. person pl.* **1.** se; sí (detrás de prep.) [They keep everything for themselves. *Lo guardan todo para sí.*] ‖ *pron. pers. emphat.* **2.** ellos mismos [They built their house themselves. *Ellos mismos construyeron su casa.*

then [ðen] *adv.* **1.** entonces; allí [I wanted then to be a teacher. *Entonces quise ser profesora.*] **2.** después; luego [He answered the phone and then left the house. *Contestó el teléfono y después salió de la casa.*] **3.** (besides) además [Then there is another possibility. *Además hay otra posibilidad.*] **4.** también [He is very stubborn but then he is right. *Es muy cabezota pero, también, tiene razón.*] **5.** pues [If you don't like chicken, then don't eat it. *Si no te gusta el pollo, pues no te lo comas.*] ‖ *adj.* **6.** (before n) entonces [To the meeting came the then president. *A la reunión acudió el entonces presidente.*] ‖ **by ~** para entonces [By then, he was 100 km. away. *Para entonces ya estaba a cien kilómetros de distancia.*] **from ~ on** de ahí en adelante; desde entonces.

thence [ðens] *adv.* **1.** *lit.* desde allí. **2.** *arch.* (time) desde entonces.

thenceforth or thenceforward [ðens,fɔ:rθ] *adv.*, *lit.* de allí en adelante; desde entonces.

theology [θɪˈɒlədʒi:] *n.*, *Rel.* teología *f.*

theory [ˈθɪəri:] *n.* teoría *f.*

therapy [ˈθerəpi:] *n.* terapia *f.*

there [ðer] *adv. of place* ahí; allí; allá [I parked the car there. *Aparqué el coche allí.*] ‖ **~ and then** en el acto [I decided it there and then. *Lo decidí en el acto.*]

thereabout or thereabouts [ˈðerə,baʊt] *adv.* **1.** (time) alrededor de [She is 25 years old or thereabout. *Tiene alrededor de 25 años.*] **2.** (place) en los alrededores [The car was found in London or thereabout. *Encontraron el co-*

che en Londres o en los alrededores.] •Usually after "or"

thereafter [ðerˈæftər] *adv.*, *frml.* después de eso; de allí en adelante.

thereby [ˈðer,baɪ] *adv.* de ese modo.

therefore [ˈðer,fɔ:r] *adv.* así pues; luego.

therefrom [ˈðer,frɒm] *adv.*, *arch.* de ahí [Milk and products derived therefrom are very healthy. *La leche y los productos derivados de ella son muy sanos.*]

thermometer [θərˈmɒmətər] *n.* termómetro *m.*

thermos [ˈθɜ:r,məs] *n.* termo *m.*

thermostat [ˈθɜ:rməs,tæt] *n.* termostato *m.*; regulador *m.*

these [ˈði:z] (plural of "this") *det. adj. pl.* **1.** estos [These books are very valuable. *Estos libros son muy valiosos.*] ‖ *det. pron. pl.* **2.** estos [These are my best friends. *Éstos son mis mejores amigos.*]

thesis [ˈθi:sɪs] (pl.: ses) *n.* tesis *f. inv.*

they [ðeɪ] *pron. pers. nomin. 3rd. person pl.* ellos, -llas [They are my classroom mates. *Ellos son mis compañeros de clase.*]

thick [θɪk] *adj.* **1.** grueso; gordo. **2.** (liquid) espeso. **3.** (dense) denso.

thicken [ˈθɪkən] *v. tr.* espesar.

thicket [ˈθɪkɪt] *n.* (bushes) espesura *f.*; matorral *m.*; maleza *f.*

thickhead [ˈθɪkhed] *n.* (stupid) mendrugo *m.*; burro *m.*

thickness [ˈθɪknɪs] *n.* espesor *m.*; grosor *m.*; grueso *m.*

thief [θi:f] *n.* ladrón *m.*

thieving [ˈθi:vɪŋ] *adj.* **1.** ladrón. ‖ *n. sing.* **2.** robos *m. pl.*

thigh [θaɪ] *n.*, *Anat.* muslo *m.*

thimble [ˈθɪmbəl] *n.* dedal *m.*

thin [θɪn] *adj.* **1.** delgado; fino. **2.** (liquid) claro. ‖ **to become thinner** afinarse.

hing [θιη] n. **1.** cosa f. **2.** fam. cachivache. **3.** coll. (children little penis) pilila f. ‖ **huge ~** pej. (object) mamotreto m. **the... thing** (+ adj.) lo [That's the worst thing of this job. *Eso es lo peor de este trabajo.*]

think [θιηk](p.t. and p.p. thought) v. tr. **1.** pensar. **2.** (believe) creer; estimar. ‖ v. intr. **3.** pensar. ‖ **I ~ so** creo que sí. **to ~ it over** pensárselo. **to ~ over** pensar detenidamente. (proposal) estudiar. **~ to oneself** pensar para sus adentros. **to ~ up** (devise) imaginar. (excuse) inventar.

thinker [θιηkǝr] n. pensador m.

thinking [θιηkιη] n. pensamiento m. ‖ **way of ~** manera de pensar.

thinness [θιnnιs] n. (of person) delgadez f.; flaqueza f.

third [θɜ:rd] card. num. adj. (also n.) **1.** tercero; tercer (before a masc. n.); tres [This is my third year in university. *Es mi tercer año de universidad.*] ‖ numer. n. (also adj. and pron.) **2.** tercio; tercera parte [Drink one third of the bottle. *Bébete un tercio de la botella.*] ‖ n. **3.** Car tercera f. [Put it in the third (gear). *Mete la tercera (marcha).*] ‖ **third-rate** adj. **4.** pej. de tres al cuarto. ‖ **~ from last** antepenúltimo. **~ party** tercero. **Third World** Tercer Mundo.

thirst [θɜ:rst] n. sed f.

thirsty [θɜ:rsti:] adj. sediento. ‖ **to be ~** tener sed.

thirteen [θɜ:rti:n] col. num. det. (also pron. and n.) **1.** trece. ‖ card. num. adj. **2.** trece [Turn to page thirteen. *Pasa a la página trece.*]

thirteenth [θɜ:rti:nθ] card. num. adj. (also n.) trece [He lives on the thirteenth floor. *Vive en el decimotercer piso.*]

thirtieth [θɜ:rtiǝθ] card. num. adj. (also n.) treinta [Today is their thirtieth wedding anniversary. *Hoy es su treinta aniversario de boda.*]

thirty [θɜ:rti] col. num. det. (also pron. and n.) **1.** treinta. ‖ card. num. adj. **2.** treinta [Read page thirty. *Leed la página treinta.*]

this [ðιs] (pl.: these) det. adj. sing. **1.** este, -ta [This house was built by my grandfather. *Mi abuelo construyó esta casa.*] ‖ det. pron. sing. **2.** este [This is my favorite shop. *Ésta es mi tienda favorita.*] **3.** (neuter) esto [This is dangerous. *Esto es peligroso.*] ‖ **~ one** este.

thistle [θιsǝl] n., Bot. cardo m.

thither [ðιðǝr] adv., arch. allí.

thong [θɒŋ] n., Am. E. chancla f.; chinela f.

thorax [θɔ:ræks] n., Anat. tórax m.

thorn [θɔ:rn] n., Bot. espina f.

thorny [θɔ:ni:] adj. espinoso.

those [ðoʊz] (plural of "that") det. adj. pl. **1.** esos [Take those letters with you. *Llévate esas cartas.*] **2.** (to refer to sth more distant) aquellos [Those flowers are very beautiful. *Aquellas flores son muy bonitas.*] ‖ pron. dem. pl. **3.** esos [That is my sister and those are my parents. *Ésa es mi hermana y ésos, mis padres.*] **4.** (to refer to sth more distant) aquellos [Aren't those your friends? *¿No son aquéllos tus amigos?*]

though [ðoʊ] adv. **1.** sin embargo [It is a simple task, though. *Sin embargo, es una tarea sencilla.*] ‖ conj. **2.** aunque [She knew the story, though she hadn't read the book. *Conocía la historia aunque no había leído el libro.*] ‖ **as ~** como si [He looked as though he knew her. *La miró como si la conociera.*]

thought [θɔ:t] *n.* pensamiento *m.*

thoughtful [ˈθɔ:tfəl] *adj.* **1.** pensativo; meditabundo. **2.** (considerate) atento. **3.** (careful) mirado.

thoughtless [ˈθɔ:tlɪs] *adj.* (unthinking) irreflexivo; descuidado.

thoughtlessness [ˈθɔ:tlʌlnəs] *n., fig.* (lack of reflection) inconsciencia *f.*

thousand [ˈθauzənd] *col. num. det. inv.* (also pron.) **1.** mil [Six thousand. *Seis mil.*] ‖ *n.* (often pl.) **2.** mil *m.*; millar *m.* [She has thousands of pictures of you. *Tiene miles de fotos de ti.*] ‖ **thousand-year-old** *adj.* **3.** milenario. ‖ **per ~** por mil. ~ **million** Br. E. millardo *m.*

thousandth [ˈθauzəndθ] *card. num. adj.* (also n.) **1.** milésimo; mil. ‖ *numer. n.* (also adj. and pron.) **2.** milésimo.

thrash [θræʃ] *v. tr.* zurrar.

thrashing [ˈθræʃɪŋ] *n., vulg.* (beating, defeat) tunda *f.*; paliza *f.*

thread [θred] *n.* **1.** hilo *m.*; hebra *f.*; filamento *m.* **2.** *fig.* (of argument) hilo *m.* ‖ *v. tr.* **3.** (a needle) enhebrar.

thready [ˈθredi:] *adj., Med.* (pulse, voice) débil; endeble.

threat [θret] *n.* amenaza *f.*

threaten [ˈθretən] *v. tr. & intr.* (menace, endanger) amenazar.

threatening [ˈθretənɪŋ] *adj.* (look) amenazador; desafiante.

three [θri:] *col. num. det.* (also pron. and n.) **1.** tres. ‖ *card. num. adj.* **2.** tres [Chapter three is about politics. *El capítulo tres trata de política.*] ‖ **~ hundred** trescientos.

thresh [θreʃ] *v. tr., Agr.* trillar.

thresher [ˈθreʃər] *n., Agr.* trillo *m.*

threshing [ˈθreʃɪŋ] *n., Agr.* trilla *f.* ‖ **~ floor** *Agr.* era *f.*

threshold [ˈθreʃˌhould] *n.* umbral *m.*

thrift [θrɪft] *n.* economía *f.*; ahorro *m.*

thrifty [ˈθrɪfti:] *adj.* (economic) económico; ahorrador; frugal.

thrill [θrɪl] *n.* **1.** emoción *f.* **2.** (quiver) estremecimiento *m.* ‖ *v. tr.* **3.** emocionar. ‖ *v. intr.* **4.** estremecerse.

thriller [ˈθrɪlər] *n.* (novel, movie) de suspense; de misterio [He went to see a thriller movie. *Fue a ver una película de suspense.*]

thrilling [ˈθrɪlɪŋ] *adj.* emocionante; apasionante. ‖ **hown ~!** ¡qué emocionante!

thrive [ˈðraɪv] (p.t. throve ; p.p. thriven) *v. intr.* **1.** *Med.* (person) tener salud. **2.** (plants) medrar. **3.** *fig.* (business) prosperar.

throat [θrout] *n., Anat.* garganta *f.* ‖ **to clear one's ~** aclararse la voz. **sore ~** *Med.* dolor de garganta.

throat-cutting [ˈθroutˌkʌtɪŋ] *n.* (slaughter) degüello *m.*

throb [θrɒb] *n.* **1.** (of heart) latido *m.* **2.** (of wound) palpitación *f.* ‖ *v. intr.* **3.** latir. **4.** (with pain) palpitar.

throe [θrou] *n.* dolor *m.*; agonía *f.* ‖ **to be in the throes of death** agonizar. **death throes** agonía *f.*

throne [θroun] *n.* trono *m.* ‖ **to be on the ~** ocupar el trono.

throng [θrɒŋ] *n.* **1.** gentío *m.* ‖ *v. tr.* **2.** atestar. ‖ *v. intr.* **3.** agolparse; apiñarse.

throttle [ˈθrɒtəl] *n.* **1.** acelerador. ‖ *v. tr.* **2.** ahogar. **3.** *Tech.* (car) estrangular.

through [θru:] *adj.* **1.** (train, bus) directo. ‖ *prep.* **2.** por; a través de [They sent the packet through road. *El paquete lo mandaron por carretera.*] **3.** (by) mediante; por medio de [They got the document through an acquantance. *Lo*

*graron el documento por medio de un
conocido.*]

throw [θroʊ] (p.t. threw ; p.p. thrown) *n.*
1. tiro *m.* **2.** (games) tirada *f.* ‖ *v. tr.*
3. arrojar; echar. **4.** (dice) tirar. **5.** (discard) botar *Amér.* ‖ **2.** *coll.* (children little
penis) pilila **to ~ away** (discard) tirar.
(money) malgastar. **to ~ oneseff over a
cliff** (person) despeñarse. **to ~ oneself**
arrojarse. **to ~ out** desechar. **to ~ over a
cliff** despeñar. **to ~ stones** apedrear. **to
~ the covers off** (in the bed) destaparse.

throwing [ˈθroʊɪŋ] *n.* lanzamiento *m.*

thrust [θrʌst] (p.t. and p.p. thrust) *n.*
1. (energy) empuje *m.* **2.** (with sword) estocada *f.* **3.** (of bull) cornada *f.* ‖ *v. tr.* **4.**
empujar (con fuerza). ‖ **to ~ on** imponer.

thug [θʌg] *n.* matón *m.;* macarra *m.*

thumb [θʌm] *n.* **1.** *Anat.* pulgar *m.*
‖ *v. tr.* **2.** manosear.

thumbtack [ˈθʌmˌtæk] *n., Am. E.* chincheta *f.;* tachuela *f.*

thump [θʌmp] *n.* **1.** (blow) porrazo *m.;*
golpazo *m.* ‖ *v. tr.* **2.** golpear.

thunder [ˈθʌndər] *n.* **1.** *Meteor.* trueno
m. **2.** (of applause, etc.) estruendo *m.*
‖ *v. intr.* **3.** *Meteor.* tronar.

thunderstruck [ˈθʌndərˌstrʌk] *adj.* (astonished) atónito; estupefacto.

Thursday [ˈθɜːrzdi: ˈθɜːrzdeɪ] *n.* jueves *m.*
[We are moving on Thursday. *El jueves
nos mudamos.*] ‖ **Maundy ~** Jueves Santo.

thus [ðʌs] *adv.* así; de este modo [Thus,
I'll be able to see you. *De este modo,
podré verte.*]

thwart [θwɔːrt] *v. tr.* (plans) frustrar.

thyme [taɪm] *n., Bot.* tomillo *m.*

ti or te [tiː] *n., Mus.* si *m.*

tiara [tɪˌɑːˈrə] *n.* **1.** diadema *f.* **2.** *Rel.* (papal crown) tiara *f.*

tibia [ˈtɪbɪə] *n., Anat.* tibia *f.*

tic [tɪk] *n., Med.* tic *m.*

tick[1] [tɪk] *n.* **1.** tictac *m.* **2.** (mark) marca
f. ‖ *v. tr.* **3.** (an answer) marcar. ‖ *v. intr.*
4. hacer tictac.

tick[2] [tɪk] *n., Zool.* garrapata *f.*

ticket [ˈtɪkɪt] *n.* **1.** (bus, train) billete *m.*
2. *Film & Theatr.* localidad *f.;* entrada *f.*
3. (lottery) cupón *m.;* boleto *m.* ‖ **pawn
~** papeleta *f.* **single ~** billete sencillo.
~ inspector revisor *m.* **~ office** taquilla.

tickle [ˈtɪkəl] *n. sing.* **1.** cosquillas *f. pl.*
‖ *v. tr.* **2.** hacer cosquillas.

tickling [ˈtɪkəlɪŋ] *n.* cosquilleo *m.*

ticklish [ˈtɪkəlɪʃ] *adj.* (difficult) peliagu-
do. ‖ **to be ~** tener cosquillas.

tidbit [ˈtɪdbɪt] *n., Am. E.* golosina *f.*

tide [taɪd] *n.* marea *f.* ‖ **high ~** marea alta.
low ~ marea baja.

tidings [ˈtaɪdɪŋz] *n. pl.* noticias *f.*

tidy [ˈtaɪdi:] *adj.* **1.** arreglado; ordenado.
2. (clean) limpio; pulcro. ‖ *v. tr.* **3.** poner en orden; arreglar. ‖ **to ~ away** poner las cosas en su sitio.

tie [taɪ] *n.* **1.** lazo *m.* **2.** (hindrance) traba
f. **3.** (necktie) corbata *f.* **4.** *Am. E.* empate *m.* ‖ *v. tr.* **5.** anudar. **6.** (fasten)
atar. ‖ *v. intr.* **7.** anudarse. **8.** *Am.E.,
Sports* empatar. ‖ **to ~ down** atar; encadenar. **to ~ the hands of** maniatar.

tiepin [ˈtaɪˌpɪn] *n.* alfiler de corbata.

tiger [ˈtaɪɡər] *n., Zool.* tigre *m.*

tight [taɪt] *adj.* **1.** ajustado; apretado.
2. (clothes) ceñido. **3.** *fam.* (mean) aga-
rrado; tacaño.

tighten [ˈtaɪtən] *v. tr.* **1.** apretar; ajustar.
2. (bonds) estrechar. ‖ *v. intr.* **3.** apretarse. **4.** (muscles) tensarse.

tightfisted [ˈtaɪtˌfɪstɪd] *adj.* rácano.

tight-fitting [ˈtaɪtˌfaɪtɪŋ] *adj.* ajustado.

tightness ['taɪtnɪs] *n.* **1.** tirantez *f.* **2.** (of clothes, shoes) estrechez *f.* **3.** *Med.* (in chest) opresión *f.*

tights ['taɪts] *n. pl.* **1.** panty *m.* (also in pl.). **2.** *Br. E.* (thick) leotardo *m.* (also in pl.). **3.** *Br. E.* medias *f.*

tightwad ['taɪtwɒd] *n.*, *Am. E.* rácano *m.*

tigress ['taɪgrəs] *n.*, *Zool.* tigresa *f.*

tilde ['tɪldi:] *n.*, *Ling.* (diacritical mark) tilde *f.*

tile [taɪl] *n.* **1.** (of roof) teja *f.* **2.** (for floor) baldosa *f.* ‖ **floor ~** baldosa *f.* **glazed ~** (for wall) azulejo *m.*

till¹ [tɪl] *prep.* **1.** hasta [He will stay in Madrid until December. *Se quedará en Madrid hasta diciembre.*] ‖ *conj.* **2.** hasta que [I am staying here until you listen to me. *Me voy a quedar aquí hasta que me escuches.*]

till² [tɪl] *n.* caja registradora.

tilt [tɪlt] *n.* **1.** inclinación *f.* ‖ *v. tr.* **2.** (incline) inclinar; ladear. ‖ *v. intr.* **3.** acometer. **4.** (incline) inclinarse; ladearse.

timber ['tɪmbər] *n.* **1.** *Br. E.* (wood) madera *f.* **2.** (beam) madero *m.*

timbre ['tɜːmbr] *n.* timbre *m.*

time [taɪm] *n.* **1.** tiempo *m.* **2.** (by clock) hora *f.* [What's the time? *¿Qué hora es?*] **3.** (often pl.) (epoch) época *f.* [The Victorian times. *La época victoriana.*] **4.** vez *f.* [I go to the theatre five times a year. *Voy al teatro cinco veces al año.*] ‖ **at that ~** en aquel entonces. **at the present ~** hoy por hoy. **at the same ~** a la vez. **for the ~ being** por ahora; de momento. **from ~ to ~** de cuando en cuando; de vez en cuando. **full ~** a tiempo completo. **in no ~** en un momento. **in the course of ~** con el paso del tiempo. **in ~** a tiempo [We arrived just in time. *Llegamos justo a tiempo.*] **just in ~** a punto. **to take ~** tardar. **what ~ is it?** ¿qué hora es?

timetable ['taɪmˌteɪbəl] *n.*, *Br. E.* (transport, scholl) horario *m.*

timid ['tɪmɪd] *adj.* tímido.

tin [tɪn] *n.* **1.** *Br. E.* lata; bote *m.* **2.** *Chem.* estaño *m.* ‖ *v. tr.* **3.** *Br. E.* (food) enlatar. ‖ **biscuit ~** caja para galletas. **~ opener** abrelatas *m. inv.* **tinned food** alimentos enlatados

tinder ['tɪndər] *n.* yesca *f.*

tinfoil ['tɪnˌfɔɪl] *n.* papel de aluminio.

tinge [tɪndʒ] *n.* **1.** (of color) matiz *m.* ‖ *n.* **2.** cosquilleo *m.*

tingle ['tɪŋgəl] *v. intr.* **1.** producir cosquilleo. ‖ *n.* **2.** cosquilleo *m.*

tingling ['tɪŋgəlɪŋ] *n.* hormigueo *m.*

tinker ['tɪŋkər] *n.* **1.** (gipsy) gitano *m.* ‖ *v. tr.* **2.** (mend) arreglar.

tinplate ['tɪnˌpleɪt] *n.* hojalata *f.*

tiny ['taɪni:] *adj.* (minute) diminuto; menudo; mínimo; minúsculo.

tip¹ [tɪp] *n.* **1.** extremidad *f.*; punta *f.* **2.** (of cigarette) filtro *m.*

tip² [tɪp] *n.* **1.** (dump) basurero *m.*; vertedero *m.* ‖ *v. tr.* **2.** (tilt) inclinar; ladear. ‖ *v. intr.* **3.** (tilt) inclinarse; ladearse. ‖ **to ~ over** volcarse.

tip³ [tɪp] *n.* **1.** (gratuity) propina *f.*; gratificación *f.* **2.** *Sports* pronóstico *m.* ‖ *v. tr.* **3.** dar propina. **4.** *Sports* pronosticar.

tipsy ['tɪpsi:] *adj.* (slightly drunk) ebrio; achispado *fam.*

tiptoe ['tɪptoʊ] *v. intr.* andar de puntillas. ‖ **on ~** de puntillas.

tire, tyre (Br.E) ['taɪər] *v. tr.* **1.** cansar; fatigar. ‖ *v. intr.* **2.** (become weary) cansarse; fatigarse.

tire ['taɪər] *n.*, *Car* neumático *m.*; llanta *f.*

tired ['taɪərd] *adj.* (fatigued) cansado; rendido. ‖ **to be dead ~** estar muerto de cansancio. **to get ~** cansarse; fatigarse. **- out** agotado.

tiredness ['taɪərdnɪs] *n.* cansancio *m.*

tireless ['taɪərlɪs] *adj.* (person) incansable; infatigable.

tiresome ['taɪərsəm] *adj.* (bored) aburrido; pesado.

tissue ['tɪʃjuː] *n.* **1.** *Anat.* tejido *m.* **2.** (handkerchief) pañuelo de papel.

tit [tɪt] *n.*, *Anat.*, *vulg.* teta *f.*

titbit ['tɪt,bɪt] *n.*, *Am. E.* (dainty) golosina *f.*; chuchería *f.*

tithe [taɪð] *n.* diezmo *m.*

title ['taɪtl] *n.* **1.** título *m.*; rótulo *m.* ‖ *v. tr.* **2.** (book, song) titular ‖ **~ page** portada *f.*; carátula *f.*

to [tuː] *adv.* **1.** cerrado [None of the doors were to. *Ninguna puerta estaba cerrada.*] ‖ *prep.* **2.** (marking the indirect object) a [Yesterday, I wrote a letter to Michael. *Ayer le escribí una carta a Michael.*] **3.** (destination) a. **4.** (+ infinitive) (purpose) para (+ infinitive) [I called to wish him luck. *Llamé para desearle suerte.*] **5.** (indicating purpose after verbs of motion) a [He went to ask the teacher. *Fue a preguntar al profesor.*] **6.** (proportion) por [Three parts milk to one part chocolate. *Tres partes de leche por cada parte de chocolate.*] **7.** hasta [I work from Monday to Friday. *Trabajo desde el lunes hasta el viernes.*] **8.** con [Do you want to talk to the doctor? *¿Desea hablar con el doctor?*] **9.** (according to) según [To the police, he has been kidnapped. *Según la policía, ha sido secuestrado.*]

toad [toʊd] *n.*, *Zool.* sapo *m.*

toast¹ [toʊst] *n.* **1.** tostada *f.* ‖ *v. tr.* **2.** (bread) tostar. ‖ **a slice of ~** una tostada. **French ~** *Gastr.* torrija *f.*

toast² [toʊst] *n.* **1.** (with drinks) brindis *m.* ‖ *v. tr.* **2.** (drink tribute to) brindar.

toasted ['toʊstɪd] *adj.* (bread) tostado.

tobacco [təˈbækoʊ] *n.* tabaco *m.* ‖ **cut ~** picadura *f.* **~ pouch** petaca *f.*

tobacconist's [təˈbækənɪsts] *n.* (shop) estanco *m.*

today [təˈdeɪ] *adv.* hoy [Today I have too much work. *Hoy tengo demasiado trabajo.*]

toe [toʊ] *n.*, *Anat.* (of foot) dedo *m.* ‖ **big ~** *Anat.* dedo gordo (del pie). **~ the line** *fam.* entrar/pasar por el aro.

together [təˈgəðər] *adv.* **1.** junto (in pl.) [My parents always go out together. *Mis padres siempre salen juntos.*] **2.** a la vez; al mismo tiempo [We left home together. *Nos fuimos de casa a la vez.*] ‖ **~ with** junto con [My sister brought a cake, together with the presents. *Mi hermana trajo una tarta junto con los regalos.*]

toilet ['tɔɪlɪt] *n.* servicio *m.*; váter *m.* ‖ **~ case** neceser *m.* **~ paper** papel higiénico. **~ roll** rollo de papel higiénico. **~ soap** jabón de tocador.

token ['toʊkən] *n.* **1.** señal *f.*; prueba *f.* **2.** (for telephone) ficha *f.* ‖ **book ~** vale para comprar libros.

tolerable ['tɒlərəbəl] *adj.* llevadero.

tolerance ['tɒlərəns] *n.* tolerancia *f.*

tolerant ['tɒlərənt] *adj.* (patient) paciente; tolerante; resignado.

tolerate ['tɒləreɪt] *v. tr.* tolerar; aguantar.

toleration [,tɒləˈreɪʃən] *n.* tolerancia *f.*

toll¹ [toʊl] *n.* **1.** *lit.* (of bell) tañido *m.* ‖ *v. tr. & intr.* **2.** (bells) tañer; doblar.

toll² [toʊl] *n.* **1.** *Car* peaje *f.*; cuota *f.* **2.** (loss) perdidas *f. pl.*

tomato [təˈmeɪtoʊ] *n.*, *Bot.* tomate *m.* ‖ **field of tomatos** *Bot.* tomatal *m.* ~ **sauce** *Gastr.* salsa de tomate.

tomb [tu:m] *n.* tumba *f.*; sepulcro *m.*

tombola [ˈtɒmbələ] *n.*, *Br. E.* tómbola *f.*

tombstone [ˈtu:m‚stoʊn] *n.* (funeral) lápida *f.*; losa *f.* (sepulcral)

tome [toʊm] *n.* tomo *m.*; volumen *m.*

tomorrow [təˈmɒroʊ] *adv.* **1.** mañana [I don't want to do it now, I'll do it tomorrow. *No quiero hacerlo ahora, lo haré mañana.*] ‖ *n.* **2.** (no art.) mañana *m.* [I don't want to know what tomorrow will bring. *No quiero saber lo que me deparará el mañana.*] ‖ **see you ~ !** ¡hasta mañana! **the day after ~** pasado mañana. ~ **morning** mañana por la mañana.

ton [tʌn] *n.* **1.** tonelada *f.* ‖ **tons** *n. pl.* **2.** una barbaridad; bestialidad *f.*

tonality [toʊˈnæləti:] *n.* **1.** *Mus.* tonalidad *f.* **2.** (color) tonalidad *f.*

tone [toʊn] *n.* **1.** tono *m.* ‖ *v. intr.* **2.** armonizar. **3.** (colors) entonar. ‖ **to ~ down** atenuar. **to ~ up** *Med.* (muscle) entonar.

tongs [tɒŋz] *n. pl.* **1.** tenacillas *f.* **2.** (for chimney) tenaza *f. sing.*

tongue [tʌŋ] *n.* **1.** *Anat.* lengua *f.* **2.** (language) idioma *m.* **3.** (of shoe) lengüeta *f.* ‖ **to hold one's ~** morderse la lengua. ~ **twister** trabalenguas *f. inv.* **venomous ~** lengua viperina.

tonic [ˈtɒnɪk] *adj.* **1.** tónico. ‖ *n.* **2.** *Med.* tónico *m.* **3.** (drink) tónica *f.*

tonight [təˈnaɪt] *adv.* esta noche [See you tonight! *Nos vemos esta noche.*]

tonsil [ˈtɒnsəl] *n.*, *Anat.* amígdala *f.*

too [tu:] *adv.* **1.** también [I like that shirt too. *También me gusta esa camisa.*] **2.** (+ adj.) demasiado [That skirt is too long. *Esa falda es demasiado larga.*] ‖ ~ **many** (count. n.) demasiado [There are too many animals in this house! ¡*Hay demasiados animales en esta casa.*] ~ **much** (uncount. n.) demasiado [We cannot play, there is too much snow. *No podemos jugar, hay demasiada nieve.*] (excessively) demasiado [He has always talked too much. *Siempre ha hablado demasiado.*]

tool [tu:l] *n.* **1.** (workman's) herramienta *f.*; utensilio *m.* **2.** (instrument) instrumento *m.* ‖ ~ **shed** cobertizo *m.* (para herramientas).

tooth [tu:θ] (pl.: teeth) *n.* **1.** *Anat.* diente *m.* **2.** (of comb) púa *f.* ‖ **back ~** (molar) muela *f.* **fight ~ and nail** luchar a brazo partido. **to have a sweet ~** ser goloso. ~ **decay** caries *f.*

toothbrush [ˈtu:θ‚brʌʃ] *n.* cepillo de dientes.

toothed [tu:θt] *adj.* dentado.

toothless [ˈtu:θlɪs] *adj.* desdentado.

toothpaste [ˈtu:θ‚peɪst] *n.* pasta dentífrica; dentífrico *m.*

toothpick [ˈtu:θ‚pɪk] *n.* palillo (de dientes) *m.*; mondadientes *m. inv.* ‖ ~ **holder** palillero *m.*

top¹ [tɒp] *n.* **1.** (of a mountain) cima *f.*; pico *m.* **2.** (of a tree) copa *f.* **3.** (of a career) cima *f.* **4.** (of bottle) tapa *f.* **5.** (head) cabeza *f.* [She is at the top of the league. *Está en la cabeza de la clasificación.*] ‖ *adj.* **6.** de arriba; último; superior [The address is written in the top part of the page. *La dirección aparece en la parte superior de la página.*] **7.** (speed, temperature) máximo. ‖ *v. tr.* **8.** encabezar [He tops the list of candidates. *Encabeza la lista de candidatos.*] **9.** (mountain) coronar. ‖ **from ~ to bottom** de arriba abajo. **on ~** por encima; arriba; encima [The ice cream has a cherry on top. *El helado tiene una cereza encima.*] **on ~ of** (above) encima de. | (besides) encima de. **on ~ of that** encima. **~ it all** para colmo. **~ hat** chistera *f.* **to ~ oneself** *Am. E.*, *coll.* superarse.

top² [top] *n.* peonza *f.*; peón *m.*

topic ['topɪk] *n.* tema *m.*; tópico *m.*

topical ['topɪkəl] *adj.* tópico.

topknot ['top,not] *n.* (on the head) moño *m.* ‖ **to be in ~** sufrir mucho.

torch [tɔːrtʃ] *n.* **1.** (flame) antorcha *m.* **2.** *Br. E.* (on batteries) linterna *f.*

torment ['tɔːrment] *n.* **1.** (ordeal) tormento *m.*; martirio *m.* ‖ *v. tr.* **2.** atormentar; martirizar.

torn [tɔːrn] *adj.* (paper, cloth) roto.

torpedo [ˌtɔːrˈpiːdoʊ] *n.* **1.** *Mil.* torpedo *m.* ‖ *v. tr.* **2.** *Mil.* torpedear. ‖ **~ boat** torpedero *m.*

torrent ['tɒrənt] *n.*, *Geogr.* torrente *m.*

torrential [tɒˈrenʃəl] *adj.* torrencial.

torrid ['tɒrɪd] *adj.* tórrido.

tortilla [ˌtɔːrˈtiːlə] *n.*, *Mex.* tortilla *f.*

tortoise ['tɔːrtəs] *n.*, *Br. E.*, *Zool.* tortuga *f.* ‖ **freshwater ~** *Zool.* galápago *m.*

torture ['tɔːrtʃər] *n.* **1.** tortura *f.*; tormento *m.* ‖ *v. tr.* **2.** atormentar; torturar.

toss [tɒs] *n.* **1.** lanzamiento *m.* ‖ *v. tr.* **2.** arrojar; lanzar. **3.** (shake) zarandear. ‖ *v. intr.* **4.** echar a cara o cruz [We'll toss for it. *Lo echaremos a cara o cruz.*]

total [(toʊtəl] *adj.* **1.** total; global. ‖ *n.* **2.** total *m.* ‖ *v. tr.* **3.** (amount) ascender. ‖ **totally** *adv.* **4.** del todo.

totter ['tɒtər] *v. intr.* tambalearse.

touch [tʌtʃ] *n.* **1.** toque *m.* **2.** (sense) tacto *m.* ‖ *v. tr.* **3.** tocar. **4.** (lightly) rozar. **5.** (move) conmover; enternecer. **6.** (feel) palpar. ‖ **to keep in ~ with** mantenerse en contacto con.

touched ['tʌtʃt] *adj.* emocionado; tocado.

touchline ['tʌtʃt,laɪn] *n.* *Sports* (rugby) línea de banda *f.*

touchy ['tʌtʃiː] *adj.* (compar. hier superl. hiest) quisquilloso.

tough [tʌf] *adj.* **1.** duro; recio. **2.** (strong) resistente. **3.** *fig.* (difficult) escabroso. ‖ **tough-looking person** macarra *m.*

toughen ['tʌfən] *v. tr.* **1.** endurecer; fortalecer. ‖ *v. intr.* **2.** endurecerse.

toughness ['tʌfnɪs] *n.* (of material) dureza *f.*; rigidez *f.*

toupee [tuːˈpeɪ] *n.* peluquín *m.*

tour ['tur] *n.* **1.** viaje *m.* **2.** (of a town, building) visita *f.* **3.** (musical, of theatrical company) gira *f.*; tour *m.* ‖ **walking ~** excursión a pie.

tourism ['tu,rɪzəm] *n.* turismo *m.*

tourist ['turɪst] *n.* turista *m. y f.* ‖ **~ agency** agencia de viajes. **~ class** clase turista. **~ guide** (book) guía turística.

tournament ['turnəmənt] *n.*, *Sports* (ge-mes) torneo *m.*

touting ['tʌtɪŋ] *n.* *Br. E.* (tickets) reventa *f.*

tow [toʊ] *n.* **1.** remolque *m.* **2.** (fibers for rope) estopa *f.* ‖ *v. tr.* **3.** remolcar.

toward or towards [təˈwɔːrd] *prep.* **1.** (direction) hacia [He is going toward the east. *Va hacia el este.*] **2.** (approximate) hacia [He comes home toward five o'clock. *Vuelve a casa hacia las cinco.*] **3.** (contribution) para [I'm saving money toward a bicycle. *Estoy ahorrando dinero para una bicicleta.*] **4.** con [I don't like your attitude toward the teacher. *No me gusta tu actitud con la profesora.*]

towel ['tauəl] *n.* toalla *f.* ‖ **hand** ~ toalla de manos. ~ **rail** toallero *m.*

tower ['tauər] *n.* torre *f.* ‖ **bell** ~ campanario *m.* **fortified** ~ *Mil.* torreón *m.*

towing ['touɪŋ] *n.* remolque *m.*

town [taun] *n.* ciudad *f.*; población *f.* ‖ **to go to** ~ echar/tirar la casa por la ventana. **small** ~ (village) pueblo *m.* ~ **council** ayuntamiento *m.* ~ **hall** casa consistorial; ayuntamiento *m.*

townsman ['taunzmən] *n.* ciudadano *m.*

toxic ['tɒksɪk] *adj.*, *Med.* tóxico *m.*

toxin ['tɒksɪn] *n.*, *Med.* tóxico *m.*

toy [tɔɪ] *n.* **1.** juguete *m.* ‖ *v. intr.* **2.** jugar. ‖ ~ **store** juguetería *f.*

trace [treɪs] *n.* **1.** (track) rastro *m.*; pista *f.* **2.** (sign) señal; vestigio *m.* ‖ *v. tr.* **3.** rastrear. **4.** (copy) calcar.

tracing ['treɪsɪŋ] *n.* (copy) calco *m.*

track [træk] *n.* **1.** rastro *m.*; huella *f.* **2.** (path) camino *m.*; senda *f.* **3.** *Sports* pista *f.* ‖ *v. tr.* **4.** rastrear; seguirle la pista de. ‖ **cattle** ~ cañada *f.* **to jump the tracks** descarrilarse.

tracksuit ['træk,suːt] *n.* chándal *m.*

tractor ['træktər] *n.* tractor *m.*

trade [treɪd] *n.* **1.** *Econ.* comercio *m.* **2.** (of women) trata *f.* **3.** (goods) tráfico *m.* ‖ *v. tr.* **4.** traficar. ‖ *v. intr.* **5.** *Econ.* negociar; comerciar. ‖ ~ **mark** marca de fábrica. **to** ~ **on** *pej.* explotar. ~ **union** *Br. E.* sindicato *m.*

trader ['treɪdər] *n.* comerciante *m. y f.*

tradesman ['treɪdzmən] *n.* (shopkeeper) comerciante *m.*; tendero *m.*

tradition [trə'dɪʃən] *n.* tradición *f.*

traditional [trə'dɪʃənəl] *adj.* (pure) tradicional; castizo.

traffic ['træfɪk] *n.* *Car* tráfico *m.*; circulación *f.* ‖ ~ **circle** *Am. E.*, *Car* glorieta *f.*; rotonda *f.* **to** ~ **in drugs** traficar con drogas. ~ **jam** *Car* atasco *m.*; embotellamiento *m.*

tragedy ['trædʒədi:] *n.* tragedia *f.*

tragic ['trædʒɪk] *adj.* trágico.

trail [treɪl] *n.* **1.** pista *f.*; huellas *f. pl.* **2.** (of smoke, plane, rocket) estela *f.*

trailer ['treɪlər] *n.* **1.** *Car* remolque *m.* **2.** *Am. E.* (caravan) caravana *f.*; roulotte *f.* **3.** *Film* anuncio de próxima película.

train [treɪn] *n.* **1.** tren *m.* **2.** (of dress) cola *f.* ‖ *v. tr.* **3.** adiestrar; amaestrar. **4.** (teach) educar; formar. **5.** *Sports* entrenar. ‖ *v. intr.* **6.** *Sports* entrenarse.

trainer ['treɪnər] *n.*, *Am. E.*, *Sports* entrenador *m.*; míster *m.*

training ['treɪnɪŋ] *n.* **1.** formación *f.*; instrucción *f.*; preparación *f.* **2.** *Sports* entrenamiento *m.* ‖ ~ **ship** buque escuela.

trait [treɪt] *n.* característica *f.*; rasgo *m.*

traitor ['treɪtər] *n.* traidor *m.*

traitorous ['treɪtərəs] *adj.* traidor.

tram [træm] *n.*, *Br. E.* tranvía *f.*

tramp [træmp] *n.* **1.** (person) vagabundo *m.* **2.** (walk) caminata *f.* ‖ *v. intr.* **3.** recorrer a pie.

trample ['træmpəl] *v. tr.* pisotear. ‖ **to** ~ **on** pisotear; atropellar.

trance [træns] *n.* trance *m.*

tranquil ['træŋkwɪl] *adj.* (clam) tranquilo; apacible; sereno.

tranquility, tranquillity (Br.E) [træŋ'kwɪləti:] *n.* tranquilidad *f.*

tranquilize, tranquillise (Br.E) ['træŋ,kwɪlaɪz] *v. tr.* tranquilizar.

tranquilizer, tranquillizer (Br.E) ['træŋkwə,laɪzər] *n.*, *Pharm.* tranquilizante *m.*; calmante *m.*

transaction [træn'zækʃən] *n. Econ.* operación *f.* (comercial); transacción *f.*

transatlantic [ˌtrænzə'tlæntɪk] *adj.* (trip) transatlántico.

transcribe [træns'kraɪv] *v. tr.* transcribir.

transept ['trænsəpt] *n., Archit.* (crossing) crucero *m.*

transfer ['trænsfɜːr] *n.* **1.** (person) traslado *m.* **2.** (of funds) transferencia *f.* **3.** *Sports* traspaso *m.* **4.** (design) calcomanía *f.* ‖ *v. tr.* **5.** (person) trasladar. **6.** (funds) transferir. **7.** (design) imprimir.

transfix [træns'fɪks] *v. tr.* (impale) traspasar; atravesar.

transform [træns'fɔːrm] *v. tr.* (modify) transformar; modificar.

transfusion [træns'fjuːʒən] *n., Med.* (blood) transfusión *f.* (de sangre).

transgress [træns'gres] *v. tr. Law* (infringe) transgredir *form.*; quebrantar.

transient ['trænziənt 'trænʃənt] *adj.* (leeting) pasajero; transitorio.

transistor [træn'zɪstər] *n., Electron.* transistor *m.*

transit ['trænzɪt] *n.* tránsito *m.*

transition [træn'zɪʒən] *n.* transición *f.*

transitive ['trænzɪtɪv] *adj., Ling.* (verb) transitivo.

transitory ['trænzətɔːriː] *adj.* transitorio; pasajero.

translate [ˌtræn'sleɪt] *v. tr.* traducir.

translation [ˌtræn'sleɪʃən] *n.* traducción *f.*

translator [ˌtræn'sleɪtər] *n.* traductor *m.*

transmit [træns'mɪt] *v. tr. & intr.* **1.** transmitir; emitir. **2.** *Med.* (a disease) contagiar; pegar.

transmitter [ˌtrænz'mɪtər] *n.* transmisor *m.*; radiotransmisor.

transparency [ˌtræns'perənsiː] *n.* **1.** transparencia *f.* **2.** *Phot.* diapositiva *f.*

transparent [ˌtræns'perənt] *adj.* (clear) transparente; cristalino.

transpire ['trænspaɪər] *v. intr., Bot. & Biol.* transpirar.

transplant ['træns,plænt] *sust. phr.* **1.** *Med. & Bot.* transplante *m.* ‖ *v. tr.* **2.** *Med. & Bot.* trasplantar.

transport [træns,pɔːrt] *n.* **1.** *Br. E.* transporte *m.* **2.** . ‖ *v. tr.* **3.** transportar. ‖ **to be transported** transportarse.

transportation [ˌtrænspɔːr'teɪʃən] *n., Am. E.* transporte *m.*

transversal [trænz'vɜːrsəl] *n., Math.* transversal *f.*

transverse [trænz'vɜːrs] *adj., frml.* transversal; inclinado.

transvestite [trænz'vestaɪt] *n.* travestido *m.*; travestí *m.*

trap [træp] *n.* **1.** trampa *f.* ‖ *v. tr.* **2.** atrapar. ‖ **to set a ~** poner una trampa.

trapeze [trə'piːz] *n.* (show) trapecio *m.* ‖ **~ artist** trapecista *m. y f.*

trapezoid ['træpə,zɔɪd] *n., Am. E., Math.* trapecio *m.*

trash [træʃ] *n. Am. E.* basura *f.* ‖ **~ can** *Am. E.* cubo de basura.

trauma ['trɔmə] *n., Med.* trauma *m.*

travel ['trævəl] *n.* **1.** viaje *m.* ‖ *v. intr.* **2.** viajar. **3.** (go) ir.

traveler, traveller (Br.E) ['trævələr] *n.* viajero *m.* ‖ **traveler's checks** cheques de viajes.

traveling, travelling (Br.E) ['trævəlɪŋ] *adj.* ambulante; itinerante. ‖ **~ bag** bolsa de viaje.

traverse ['trævɜːrs] *n.* **1.** travesía *f.* ‖ *v. tr.* **2.** atravesar; recorrer.

tray [treɪ] *n.* bandeja *f.*

treacherous ['tretʃərəs] *adj.* traidor.

treachery ['tretʃəriː] *n.* traición *f.*

tread [tred] *n.* **1.** paso *m.* **2.** (of stairs) peldaño. ‖ *v. tr.* **3.** pisar. ‖ ~ **on** pisar.

treason ['tri:zən] *n.* traición *f.*

treasure ['treʒər] *n.* **1.** tesoro *m.* ‖ *v. tr.* **2.** atesorar. ‖ **Secretary of the Treasure** *Polit.* Ministro de Hacienda. ~ **hunt** la caza del tesoro.

treasurer ['treʒərər] *n.* tesorero *m.*

treasury ['treʒəri:] *n.*, *Am. E.* tesorería *f.*; fisco *m.*

treat [tri:t] *n.* **1.** regalo *m.* ‖ *v. tr.* **2.** tratar. **3.** *Med.* (patient, disease) curar; tratar.

treatise ['tri:tɪz] *n.* (book) tratado *m.*

treatment ['tri:tmənt] *n.* **1.** trato *m.* **2.** *Med.* medicación *f.*; tratamiento *m.*

treaty ['tri:ti:] *n.* tratado *m.*; convenio *m.*

treble ['trebəl] *adj.* **1.** triple. ‖ *n.* **2.** *Mus.* (singer) tiple *m.* ‖ *v. tr.* **3.** triplicar. ‖ *v. intr.* **4.** triplicarse.

tree [tri:] *n.*, *Bot.* árbol *m.* ‖ **plane ~** *Bot.* plátano *m.* ‖ **to climb a ~** subirse a un árbol.

trefoil [ )trefɔil] *n.*, *Bot.* trébol *m.*

tremble ['trebəl] *v. intr.* (fear) temblar; estremecerse.

trembling ['tremblɪŋ] *adj.* **1.** (shaking) tembloroso. ‖ *n.* **2.** (fear) temblor *m.*

tremendous [trəˈmendəs] *adj.* (fantastic) tremendo; fenomenal.

tremor ['tremər] *n.* temblor *m.*

tremulous ['tremjələs] *adj.* **1.** trémulo; tembloroso. **2.** (timid) tímido.

trench [trentʃ] *n.* **1.** (ditch) foso *m.*; zanja *f.* **2.** *Mil.* trinchera *f.*

trend [trend] *n.* **1.** (tendency) tendencia *f.*; propensión *f.* **2.** *Geogr.* dirección *f.*

trepidation [trepəˈdeɪʃən] *n.* **1.** (worry) trepidación *f.* **2.** (fear) miedo *m.*

trespasser ['trespæsər 'trespəsər] *n.* (intruder) intruso *m.*

trestle ['tresəl] *n.* caballete *m.*

trial ['traɪəl] *n.* **1.** (test) ensayo *m.* **2.** *Law* juicio *m.*; proceso *m.* ‖ **on** ~ a prueba.

triangle ['traɪæŋgəl] *n. Math.* triángulo *m.*

triangular [traɪˈæŋgjələr] *adj.*, *Math.* triangular.

tribe [traɪb] *n.* tribu *f.*

tribulation [trɪbjəˈleɪʃən] *n.*, *lit.* (sorrow) tribulación *f.*; congoja *f.*; pena *f.*

tribunal [traɪˈbju:nəl] *n.* (court) tribunal *m.*; juzgado *m.*

tributary ['trɪbjətəri:] *n.* **1.** *Geogr.* (river) afluente *m.* ‖ *adj.* **2.** tributario.

trice [traɪs] *n.* tris *m.* ‖ **in a ~** en un periquete; en un tris; en un santiamén.

trick [trɪk] *n.* **1.** ardid *m.*; treta *f.*; estratagema *f.* **2.** (dishonest) estafa *f.*; engaño *m.* **3.** (feat) truco *m.* **4.** (at cards) baza *f.* ‖ *v. tr.* **5.** engañar. ‖ **dirty ~** *fam.* jugarreta *f. fam.*; mala pasada.

trickery ['trɪkəri:] *n.* (pl.: ries) malas artes; artimañas *f. pl*

trickle ['trɪkəl] *n.* **1.** hilo *m.*; chorrito *m.* ‖ *v. intr.* **2.** (liquid) gotear.

tricky ['trɪki:] *adj.* **1.** tramposo; astuto. **2.** (crafty) pícaro.

tricycle ['traɪsɪkəl] *n.* triciclo *m.*

tried [traɪd] *adj.* (method) experimentado; probado.

triennium [traɪˈeniʊm] *n.* trienio *m.*

trifle ['traɪfəl] *n.* **1.** bagatela *f.*; fruslería *f.* **2.** *Br. E.*, *Gastr.* dulce de bizcocho borracho (con bizcocho, jerez, gelatina, frutas, nata).

trigger ['trɪgər] *n.* **1.** (of gun) gatillo *m.* **2.** (of machine) disparador *m.*

trillion ['trɪljən] *n. m.* **1.** *Am. E.* billón *m.* **2.** *Br. E.* trillón *f.*

trim [trɪm] *n.* **1.** adorno. ‖ *adj.* **2.** (clean, neat) compuesto. ‖ *v. tr.* **3.** (cut) recortar. **4.** (tree, bush) podar. **5.** (decorate) adornar; guarnecer.

rimming ['trɪmɪŋ] *n.* **1.** (cut) recorte *m.* **2.** (of tree, bush) poda *f.* **3.** (on clothes, hair) adorno *m.*

rinket ['trɪŋkɪt] *n.* baratija *f.*; chuchería *f.*

rio ['trɪoʊ] *n.* trío *m.*

rip [trɪp] *n.* **1.** (journey) viaje *m.* **2.** (excursion) excursión *f.* **3.** (with foot) zancadilla *f.* ‖ *v. tr.* **4.** hacer la zancadilla a. ‖ *v. intr.* **5.** (stumble) tropezar.

tripe ['traɪp] *n.*, *Gastr.* callos *m. pl.*

triphthong ['trɪpθɒŋ] *n.*, *Ling.* (of voisels) triptongo *m.*

triple ['trɪpəl] *adj.* **1.** triple. ‖ *n.* **2.** triple *m.* ‖ *v. tr.* **3.** (figures) triplicar. ‖ *v. intr.* **4.** triplicarse.

triplet ['trɪplət] *n.* **1.** (offspring) trillizo *m.* **2.** *Lit.* (in poetry) tercero *m.*

tripod ['traɪpɒd] *n.* trípode *m.*

trisyllabic [ˌtraɪsɪ'labɪk] *adj.*, *Ling.* trisílabo.

trisyllable [traɪ'sɪləbəl] *n.*, *Ling.* trisílabo *m.*; trisílaba *f.*

trite [traɪt] *adj.* gastado; trillado.

triumph ['traɪəmf] *n.* **1.** triunfo *m.* ‖ *v. intr.* **2.** triunfar.

trivial ['trɪvɪəl] *adj.* trivial; frívolo.

trolley ['trɒli] *n.* **1.** *Am. E.* tranvía *m.* **2.** *Br. E.* (for shopping) carro *m.*

trombone [trɒm'boʊn] *n.*, *Mus.* (instrument) trombón.

troop [truːp] *n.* **1.** tropa *f.* **2.** *Mil.* (smaller) escuadrón *m.* **3.** (unit) compañía *f.*

trooper ['truːpər] *n.*, *Mil.* soldado de caballería. ‖ **to swear like a ~** *fam.* jurar como un carretero.

troops [truːps] *n. pl.*, *Mil.* tropas *f.*

trophy ['troʊfi] *n.* trofeo *m.*

tropic ['trɒpɪk] *n.* trópico *m.*

tropical ['trɒpɪkəl] *adj.*, *Geogr.* & *Meteor.* tropical. ‖ **the ~ rain forest** la selva tropical.

trot [trɒt] *n.* **1.** trote *m.* ‖ *v. intr.* **2.** trotar.

troubadour ['truːbədɔːr] *n.*, *Hist.* trovador *m.*

trouble ['trʌbəl] *n.* **1.** problema *m.* **2.** (effort) trabajo *m.*; molestia *f.* ‖ *v. tr.* **3.** (bother) molestar. ‖ *v. intr.* **4.** (bother) molestarse. ‖ **to be troubled without cause** ahogarse en un vaso de agua. **to get into ~** meterse en líos. **to look for ~** buscar camorra *fam.*

trouble-making ['trʌbəlˌmeɪkɪŋ] *adj.* (confusing) lioso; embrollado.

troublesome ['trʌbəlsəm] *adj.* molesto; pesado; incómodo.

trough [trɒf] *n.* **1.** *Agr.* abrevadero *m.* **2.** *Geogr.* (on land) depresión *m.* ‖ **kneading ~** artesa *f.*

trousers ['traʊzərz] *n. pl.*, *Br. E.* pantalón *m. sing.* ‖ **short ~** pantalón corto.

trousseau ['truːsoʊ] *n.* ajuar *m.*

trout [traʊt] *n.*, *Zool.* (fish) trucha *f.*

trowel ['traʊel] *n.* (of builder) paleta *f.*

truant ['truːənt] *n.* alumno *m.* (que hace novillos). ‖ **to play ~** hacer novillos.

truce [truːs] *n.*, *Mil.* tregua *f.*

truck [trʌk] *n.*, *Am. E.* camión *m.*

trudge [trʌdʒ] *v. intr.* (walk wearily) caminar con dificultad.

true [truː] *adj.* cierto; verdadero. ‖ **to come ~** (dream) hacerse realidad.

truly ['truːli] *adv.* en verdad.

trump ['trʌmp] *n.* **1.** (cards) triunfo *m.* ‖ *v. tr.* **2.** (cards) fallar.

trumpet ['trʌmpɪt] *n.* **1.** *Mus.* trompeta *f.* ‖ *v. intr.* **2.** (elephant) berrear. **3.** *Mus.* tocar la trompeta. ‖ *v. tr.* **4.** pregonar a los cuatro vientos.

trumpeter ['trʌmpətər] *n. Mil.* trompeta *m. y f.;* trompetista *m. y f.*

truncheon ['trʌtʃən] *n., Br. E.* (billy club) cachiporra *f.;* porra *f.*

trunk [trʌŋk] *n.* **1.** (of person, tree) tronco *m.* **2.** (case) baúl *m.* **3.** *Zool.* (of elephant) trompa *f.* ‖ **~ call** (teléfono) conferencia *f.*

trust [trʌst] *n.* **1.** confianza *f.* **2.** *Law* (custody) fideicomiso *m.* ‖ *v. tr.* **3.** confiar. ‖ *v. intr.* **4.** fiarse. ‖ **on ~** a crédito.

trustful or trusting ['trʌstfəl] *adj.* (gullible) confiado; crédulo.

trustworthy ['trʌst,wɜːrði:] *adj.* fidedigno; digno de confianza; legal.

truth [truθ] *n.* verdad *f.* ‖ **in ~** en verdad.

truthful ['truːθfəl] *adj.* veraz; verídico.

truthfulness ['truːθfəlnɪs] *n.* (veracity) veracidad *f.;* autenticidad *f.*

try [traɪ] *n.* **1.** intento *m.* ‖ *v. tr.* **2.** intentar. **3.** (test, taste) probar. ‖ **~ hard** esforzarse; matarse. **to ~ on** (clothes) probarse. **to ~ out** ensayar. **to ~ to** tratar de.

T-shirt ['tiː,ʃɜːrt] *n.* camiseta *f.*

tuba ['tuːbə] *n., Mus.* tuba *f.*

tube [tuːb] *n.* tubo *m.;* canuto *m.*

tuber ['tuːbər] *n., Bot.* tubérculo *m.*

tubercle [təˌbɜːrkjəl] *n., Med. & Bot.* tubérculo *m.*

tuberose ['tuːbɜːroʊs] *n., Bot.* nardo *m.*

tuck [tʌk] *n.* pliegue *m.* ‖ **to ~ up** arropar.

Tuesday ['tuːzdeɪ 'tuːzdiː] *n.* (day of the week) martes *m. inv.*

tuft [tʌft] *n.* **1.** (of wool, hair) mechón *m.* **2.** (of grass) mata *f.;* césped *m.* **3.** (of feather) penacho *m.* ‖ **~ accountant** corredor de apuestas.

tug [tʌg] *n.* **1.** tirón *m.* **2.** *Nav.* remolcador *m.* ‖ *v. tr.* **3.** arrastrar.

tulip ['tjuːlɪp] *n., Bot.* tulipán *m.*

tumble ['tʌmbəl] *n.* **1.** caída *f.* **2.** (somersault) voltereta *f.* ‖ *v. intr.* **3.** (person) caerse. **4.** (turn a somersault) voltear.

tummy ['tʌmi] *n., coll.* (stomach) barriga *f. fam.;* tripa *f.*

tumor, tumour (Br.E) ['tjuːmər] *n., Med.* tumor *m.*

tumult ['tuːmʌlt] *n.* tumulto *m.*

tumultuous [tuːˈmʌltjʊəs] *adj.* (impassioned) tumultuoso; apasionado.

tuna ['tuːnə] *n., Zool. & Gastr.* (fish) atún *m.;* bonito *m.*

tune [tuːn] *n.* **1.** melodía *f.* ‖ *v. tr.* **2.** afinar. ‖ **to be out of ~** desafinar. **to go out of ~** desentonar. **to play out of ~** desafinar. **to ~ in** sintonizar.

tuneful ['tuːnfəl] *adj.* melodioso.

tunic ['tuːnɪk] *n.* túnica *f.*

tunnel ['tʌnəl] *n.* **1.** túnel *m.* ‖ *v. intr.* **2.** abrir un túnel.

tunny ['tʌni:] *n., Zool.* (fish) atún *m.*

turban ['tɜːrbən] *n.* turbante *m.*

turbid ['tɜːrbɪd] *adj.* turbio.

turbine ['tɜːrbɪn 'tɜːrbaɪn] *n.* turbina *f.*

turbulent ['tɜːrbjələnt] *adj.* turbulento.

tureen ['tʊriːn] *n.* sopera *f.*

turkey ['tɜːrki:] *n., Zool.* pavo *m.* ‖ **~ hen** *Zool.* (turkey female) pava *f.*

turn [tɜːrn] *n.* **1.** vuelta *f.* **2.** (place in chain) turno *m.;* vez *f.* **3.** (of direction) giro *m.* ‖ *v. tr.* **4.** volver. **5.** (transform) convertir. **6.** (change course) doblar. **7.** (corner) torcer. ‖ *v. intr.* **8.** (vehicle) virar. **9.** (rotate) girar. **10.** (person) volverse. ‖ **take turns** turnarse. **to ~ away** alejarse. **to ~ off** (light) apagar. (off road) desviarse. **to ~ on** (light, gas) encender. (radio, TV) poner. (gas, water) abrir la llave de. dar. **to ~ out** resultar. **to ~ out to be** resultar. **to ~red** enrojecerse. **~ signal**

Am. E., Car intermitente *m*. **to ~ to** acudir; recurrir a. **to ~ up** (appear) aparecer. **to wait one's ~** esperar la vez.

turning ['tɜːrnɪŋ] *adj*. rotatorio.

turnip ['tɜːrnɪp] *n., Bot*. nabo *m*.

turnout ['tɜːrnaut] *n*. concurrencia *f*.

turpentine ['tɜːrpəntaɪn] *n*. aguarrás *m*.

turquoise ['tɜːrkwɔɪz] *n., Miner*. (color) turquesa *f*.

turret ['tʌrɪt] *n. Archit*. torrecilla *f*.

turtle ['tɜːrtəl] *n., Am. E., Zool*. tortuga *f*.

turtledove ['tɜːrtəl,dʌv] *n., Zool*. (bird) tórtola *f*.

tusk [tʌsk] *n., Zool*. (of elephant) colmillo *m*. (de elefante).

tutelage ['tuːtlɪdʒ] *n., Law, frml*. tutela *f*.; custodia *f*.; guarda *f*.

tutor [(tuːtər] *n., Educ*. tutor *m*. ‖ **private ~** *Educ*. preceptor *m*.

tutti-frutti ['tuːtɪ,fruːtɪ] *n*. tutti-frutti *m*.

tutu ['tuːtuː] *n*. tutú *m*.

tuxedo [,tʌk'siːdou] *n., Am. E.* (dinner jacket) esmoquin *m*.; smoking *m*.

TV [tiː'viː] *abbrev., coll*. tele *f*. ‖ **~ movie** telefilme *m*.

twee [twiː] *adj., Br. E.* repipi.

tweet [twiːt] *n.* **1.** pío *m*. ‖ *v. intr.* **2.** piar.

tweezers ['twiːzɜːrz] *n*. (for eyebrows) pinzas *f. pl*.

twelfth [twelfθ] *card. num. adj.* (also n.) **1.** duodécimo; doce [This is the twelfth. *Es el duodécimo*.] ‖ *frac. numer.* (also adj. and pron.) **2.** duodécimo [I ate one twelfth of the pizza. *Me comí la duodécima parte de la pizza*.] ‖ **Twelfth Night** Noche de Reyes.

twelve [twelv] *col. num. det.* (also pron. and n.) **1.** doce. ‖ *card. num. adj.* **2.** doce; duodécimo [Look at page twelve. *Mira la página doce*.]

twentieth ['twentɪəθ] *card. num. adj.* (also n.) **1.** vigésimo; veinte [What do you want for your twentieth birthday? *¿Qué quieres para tu vigésimo cumpleaños?*]

twenty ['twenti] *col. num. det.* (also pron. and n.) **1.** veinte. ‖ *card. num. adj.* **2.** veinte; vigésimo [There is a picture of Hitler on page twenty. *En la página veinte, hay una foto de Hitler*.] ‖ *n.* **3.** veintena *f*. ‖ **twenty-year-old** *adj.* **4.** veinteañero. ‖ **about ~** veintena.

twenty-eight [,twentɪ'eɪt] *col. num. det.* veintiocho.

twenty-five [,twentɪ'faɪv] *col. num. det.* veinticinco.

twenty-four [,twentɪ'fɔːr] *col. num. det.* veinticuatro.

twenty-nine [,twentɪ'naɪn] *col. num. det.* veintinueve.

twenty-one [,twentɪ'ʊn] *col. num. det.* veintiuno; veintiún (before n).

twenty-seven [,twentɪ'sevən] *col. num. det.* veintisiete.

twenty-six [,twentɪ'sɪks] *col. num. det.* veintiséis.

twenty-three [,twentɪ'θriː] *col. num. det.* veintitrés.

twenty-two [,twentɪ'tʊ] *col. num. det.* veintidós.

twice [twaɪs] *adv.* dos veces [I visit my grandmother twice a week. *Visito a mi abuela dos veces por semana*.]

twig [twɪg] *n., Bot.* ramita *f*.

twilight ['twaɪ,laɪt] *n.* crepúsculo *m*.

twin [twɪn] *adj.* & *n.* gemelo *m*.; mellizo *m*. ‖ **identical twins** gemelos idénticos.

twinge [twɪndʒ] *n.* (of pain) punzada *f*.

twinkle ['twɪŋkəl] *n.* **1.** centelleo *m*. ‖ *v. intr.* **2.** centellear; titilar.

twinkling ['twɪŋklɪŋ] n. centelleo m. ‖ **in the ~ of an eye** en un abrir y cerrar de ojos; en un periquete.

twirl [twɜ:rl] n. **1.** giro (rápido). ‖ v. intr. **2.** girar; dar vueltas.

twirp, twerp (Br.E) [twɜ:rp] n., coll. (idiot) besugo m.

twist [twɪst] n. **1.** vuelta f. **2.** (in road) recodo m. **3.** Med. torcedura f. ‖ v. tr. **4.** torcer. **5.** (coil, screw) retorcer. **6.** (words) tergiversar. ‖ v. intr. **7.** retorcerse.

twisted ['twɪstɪd] adj. torcido.

two [tu:] col. num. det. (also pron. and n.) **1.** dos. ‖ card. num. adj. **2.** dos; segundo [I didn't like chapter two. No me gustó el segundo capítulo.] ‖ **two-colored** adj. **3.** bicolor. ‖ **to put ~ and ~ together** atar cabos. **~ at a time** a pares. **~ by ~** de dos en dos; de a dos

Amer. **~ hundred** doscientos. **~ of a kind** tal para cual.

tympanum ['tɪmpənəm] n., Archit. & Anat. tímpano m.

type [taɪp] n. **1.** (sort) tipo m. ‖ v. tr. **2.** escribir a máquina; teclear.

typewriter ['taɪpˌraɪtər] n. máquina de escribir.

typewriting [ˌtaɪpˈraɪtɪŋ] n. mecanografía f.

typical ['tɪpəkəl] adj. típico.

typist ['taɪpɪst] n. mecanógrafo m.

tyrannize, tyrannise (Br.E) ['tɪrænaɪz] v. tr. tiranizar.

tyranny ['tɪrəni:] n. tiranía f.

tyrant ['taɪərənt] n. tirano m.

tzar [zɑ:r] n. zar m.

tzarina [zɑˈri:nə] n. zarina f.

U

u [ju:] *n.* (letter) u *f.*

udder ['ʌdər] *n., Zool.* (of cow) ubre *f.*

UFO ['ju:fou] *n.* (unidentified flying object) ovni *m.* (objeto volante no identificado)

ugliness ['ʌglɪnɪs] *n.* fealdad *f.*

ugly [(ʌgli:] *adj.* (unpleasant appearance) feo. ‖ **to be butt** ~ *fam.* ser un coco.

ulcer ['ʌlsər] *n.* **1.** *Med.* (outer) llaga *f.* **2.** *Med.* (inner) úlcera *f.* ‖ **stomach** ~ *Med.* úlcera de estómago.

ulterior [ʌl'tɪrɪər] *adj., frml.* ulterior.

ultimate ['ʌltəmɪt] *adj.* **1.** último. **2.** (objetive) final. **3.** (basic) esencial.

ultimatum [ʌltə'meɪtəm] *n.* ultimátum *m.* ‖ **to give sb an ultimatum** ~ darle a alguien un ultimátum.

ultralight [ʌltrə'laɪt] *adj.* ultraligero.

ultraviolet [ʌltrə'vaɪəlɪt] *adj., inv.* (rays) ultravioleta.

umbilical [ʌm'bɪləkəl] *adj.* umbilical. ‖ ~ **cord** *Anat.* cordón umbilical.

umbrage ['ʌmbrɪdʒ] *n.* (bitterness) resentimiento *m.;* pique *m.*

umbrella [ʌm'brelə] *n.* **1.** (against rain) paraguas *m. inv.* **2.** (against sun) sombrilla *f.* (para la playa). ‖ ~ **stand** paragüero *m.*

umpire ['ʌmpaɪr] *n.* **1.** *Sports* árbitro *m.* ‖ *v. tr. & intr.* **2.** *Sports* (tennis, baseball) arbitrar.

umpiring ['ʌmpaɪərɪŋ] *n., Sports* (tennis, baseball) arbitraje *m.*

unable [ʌn'eɪbəl] *adj.* incapaz. ‖ **to be** ~ ser incapaz; no poder.

unacceptable [ʌnək'septəbəl] *adj.* (inadmissible) inaceptable; inadmisible.

unacquainted [ʌnə'kweɪntɪd] *adj.* extraño. ‖ **to be** ~ desconocer algo.

unadorned [ʌnə'dɔːrnd] *adj.* escueto.

unaffected [ʌnə'fektɪd] *adj.* natural.

unalterable [ʌn'ɔːltərəbəl] *adj.* inalterable; definitivo.

unanimity [ju:nə'nɪməti:] *n.* (concordance) unanimidad *f.;* concordancia *f.*

unanimous [ju:'nænəməs] *adj.* unánime; acorde.

unanswerable [ʌn'ɑːnsərəbəl] *adj.* (irrefutable) incontestable; irrefutable.

unapproachable [ʌnə'proutʃəbəl] *adj.* inaccesible; inasequible.

unassuming [ʌnə'su:mɪŋ] *adj.* (unpretentious) modesto; sin pretensions.

unattainable [ʌnə'teɪnəbəl] *adj.* **1.** irrealizable. **2.** (unachievable) inaccesible.

unavoidable [ʌnəɔvɔɪdəbəl] *adj.* (inevitable) inevitable; ineludible.

unaware [ʌnə'wer] *adj.* inconsciente. ‖ **to be** ~ **of** ignorar.

unbalance [ʌn'bæləns] *v. tr.* descompensar; desequilibrar.

unbar [ʌm'bɑːr] *v. tr.* desatrancar.

unbearable [ʌn'berəbəl] *adj.* inaguantable; intolerable; insoportable.

unbeatable [ʌm'bi:təbəl] *adj.* (price, quality) insuperable.

unbelievable [ʌnbə'li:vəbəl] *adj.* (incredible, extraordinary) increíble.

unbeliever [ʌnbə'li:vər] *n., Rel.* incrédulo *m.;* no creyente.

unbelieving [ʌnbə'li:vɪŋ] *adj., Rel.* incrédulo; no creyente..

unbind [ʌm'baɪnd] *v. tr.* desatar; desligar.

unblock [ʌn'blɒk] *v. tr.* desatascar; desobstruir; desatrancar.

unbolt [ʌn'boʊlt] *v. tr.* descerrajar; descorrer el pestillo.

unbound [ʌn'baʊnd] *adj.* (book) sin encuadernar.

unbridled [ʌnˈbraɪdəld] *adj.* desenfrenado; desaforado.

unbroken [ʌnˈbroʊkən] *adj.* (intact) intacto; entero.

unburden [ʌnˈbɜːrdən] *v. tr.* **1.** aliviar. **2.** (relieve) descargar.

unbutton [ʌnˈbʌtən] *v. tr.* desabotonar; desabrochar.

uncanny [ʌnˈkæniː] *adj.* (astonishing) raro; extraño.

uncaring [ʌnˈkerɪŋ] *adj.* descastado; indiferente. ‖ ~ **person** descastado.

unceremonious [ˈʌnˌserəˈmoʊnjəs] *adj.* brusco; poco ceremonioso.

uncertain [ʌnˈsɜːrtən] *adj.* **1.** inseguro. **2.** (doubtful) incierto; dudoso.

uncertainty [ʌnˈsɜːrtəntiː] *n.* incertidumbre *f.*; inseguridad *f.*

unchain [ʌnˈtʃeɪn] *v. tr.* (unshackle) desencadenar; desatar.

uncivil [ʌnˈsɪvəl] *adj.* (impolite) descortés; maleducado.

uncivilized, uncivilised (Br.E) [ʌnˈsɪvəˌlaɪzd] *adj.* (tribe) salvaje; incivilizado.

uncle [ˈʌŋkəl] *n.* tío *m.*

unclog [ʌnˈklɒg] *v. tr.* (drain) desatrancar; desatascar.

uncomfortable [ʌnˈkʌmfərtəbəl] *adj.* incómodo; molesto.

uncomfortableness [ʌnˈkʌmfərtəbəlnɪs] *n.* incomodidad *f.*

uncommon [ʌnˈkɒmən] *adj.* (rare) poco común; raro.

uncommunicative [ʌnkəˈmju:nɪkətɪv] *adj.* taciturno; reservado.

unconcerned [ʌnkənˈsɜːrnd] *adj.* indiferente; campante; despreocupado.

unconditional [ʌnkɒnˈdɪʃənəl] *adj.* (wholehearted) incondicional.

unconscious [ʌnˈkɒnʃəs] *adj.* **1.** (unwitting) inconsciente; involuntario. **2.** *Med.* inconsciente.

unconsciousness [ʌnˈkɒnʃəsnɪs] *n.*, *Med.* inconsciencia *f.*

uncontrollable [ʌnkənˈtroʊləbəl] *adj.* incontenible; incontrolable.

uncork [ʌnˈkɔːrk] *v. tr.* descorchar.

uncountable [ʌnˈkaʊntəbəl] *adj.* (countless) incontable; innumerable.

uncouple [ʌnˈkʌpəl] *v. tr.* (train) desacoplar; desenganchar.

uncover [ʌnˈkʌvər] *v. tr.* **1.** destapar. **2.** *fig.* (conspiracy) descubrir.

uncovered [ʌnˈkʌvərd] *adj.* descubierto; destapado.

unction [ˈʌŋkʃən] *n.*, *Rel.* unción *f.* ‖ **extreme** ~ *Rel.* extremaunción *f.*

uncultivated [ʌnˈkʌltəveɪtɪd] *adj.*, *Agr.* (land) baldío; inculto *form.*

uncultured [ʌnˈkʌltʃərd] *adj.* inculto.

uncut [ʌnˈkʌt] *adj.* (grass) sin cortar.

undamaged [ʌnˈdæmɪdʒt] *adj.* indemne; sin daños; intacto.

undeceive [ʌndɪˈsiːv] *v. tr.*, *frml.* (disillusion) desengañar; decepcionar.

undecided [ʌndɪˈsaɪdɪd] *adj.* (not solved) indeciso; irresoluto.

undefended [ʌndɪˈfendɪd] *adj.* (place) indefenso; desguarnecido.

undeniable [ʌndɪˈnaɪəbəl] *adj.* (unanswerable) innegable; irrefutable.

under [ˈʌndər] *prep.* **1.** bajo; debajo de [There is a rock under the tree. *Hay una roca debajo del árbol.*] **2.** (less than) menos de [You cannot go in; you are under twenty. *No puedes entrar; tienes menos de veinte años.*] ‖ *adv.* **3.** debajo; abajo.

underbrush [ˈʌndərˌbrʌʃ] *n.* maleza *f.*

undercurrent [ˈʌndərˌkʌrənt] *n.* **1.** *Nav.* resaca *f.* **2.** (of water) contracorriente *f.*

underdeveloped [ˌʌndərdɪˈveləpt] *adj.* subdesarrollado.

underestimate [ˌʌndərˈestɪmeɪt] *v. tr.* (underrate) menospreciar; desestimar.

underestimation [ˌʌndərˌestəˈmeɪʃən] *n.* menosprecio *m.*

undergo [ˌʌndərˈgou] *v. tr.* (changes) experimentar; padecer *fig.*

underground [ˈʌndərˌgraund] *adj.* **1.** subterráneo. **2.** *fig.* clandestino. ‖ *adv.* **3.** (under the earth) bajo tierra. ‖ *n.* **4.** *Br. E.* (transport) metro *m.*

undergrowth [ˈʌndərˌgrouθ] *n., Br. E.* (underbrush) maleza *f.*

underhand [ˈʌndərˌhænd] *adj.* **1.** (illicit) ilícito; clandestino. ‖ *adv.* **2.** bajo cuerda; clandestinamente.

underline [ˈʌndərˌlaɪn] *v. tr.* **1.** subrayar. **2.** (emphasize) remarcar.

underling [ˈʌndərlɪŋ] *n.* subordinado *m.*; inferior *m.*; subalterno *m.*

undermine [ˌʌndərˈmaɪn] *v. tr.* **1.** (foundations) socavar. **2.** (health) minar.

undermost [ˈʌndərˌmoust] *adj.* (lowest) ínfimo *form.*

underneath [ˌʌndərˈniːθ] *prep.* **1.** (under) debajo de; bajo. ‖ *adv.* **2.** debajo. ‖ *n.* **3.** parte inferior.

underpants [ˈʌndərˌpænts] *n. pl.* calzoncillos *m. pl.* (also in sing.).

underpin [ˈʌndərpɪn] *v. tr.* **1.** apuntalar. **2.** (support) sostener.

undershirt [ˈʌndərˌʃɜːrt] *n., Am. E.* camiseta *f.* (interior).

underskirt [ˈʌndərˌskeːrt] *n.* combinación *f.*; enaguas *f. pl.*

understand [ˌʌndərˈstænd] (p.t. and p.p. understood) *v. tr. & intr.* comprender; entender [You must understand that this is my life, not yours. *Tienes que entender que ésta en mi vida, no la tuya.*]

understanding [ˌʌndərˈstændɪŋ] *adj.* **1.** comprensivo. ‖ *n.* **2.** entendimiento *m.* **3.** (interpretation) interpretación *f.* **4.** (sympathy) comprensión *f.*

understood [ˌʌndərˈstɔːd] *adj.* entendido. ‖ **to be ~** entenderse.

undertake [ˌʌndərˈteɪk] *v. tr.* **1.** asumir. **2.** (labor) emprender. **3.** (promise) comprometerse. **4.** (with energy) acometer; abordar.

undertaker [ˈʌndərˌteɪkər] *n.* funerario *m.*; empresario *m.* (de pompas fúnebres). ‖ **undertaker's** *n.* **2.** *Br. E.* funeraria *f.*

undertaking [ˌʌndərˈteɪkɪŋ] *n.* **1.** (duty) responsabilidad *f.*; deber. **2.** (task) tarea; empresa *f.*

undervaluation [ˌʌndərˌvæljuːˈeɪʃən] *n.* (contempt) menosprecio *m.*

undervalue [ˌʌndərˈvælju] *v. tr.* **1.** subvalorar. **2.** (person) menospreciar.

underwater [ˌʌndərˈwɔːtər] *adj.* **1.** *Nav.* submarino. ‖ *adv.* **2.** debajo del agua.

underwear [ˈʌndərˌwer] *n.* ropa interior. ‖ **a change of ~** una muda.

undeserved [ˌʌndəˈzɜːrvd] *adj.* (unmerited) inmerecido; injusto.

undesirable [ˌʌndɪˈzaɪərəbəl] *adj. & n.* indeseable *m. y f.*

undetermined [ˌʌndəˈtɜːrmɪnd] *adj.* indeterminado; indefinido.

undigested [ˈʌndɪˈdʒestɪd] *adj.* (food) indigesto; no digerido.

undo [ʌnˈduː] *v. tr.* **1.** desatar. **2.** (cancel) anular. **3.** (destroy) deshacer. ‖ **come undone** desabrocharse.

undoubted [ʌnˈdautɪd] *adj.* indudable.

undress [ʌnˈdres] *v. tr.* **1.** desnudar; desvestir. ‖ *v. intr.* **2.** desnudarse; desvestirse; destaparse.

undulate [ˈʌndjəleɪt] *v. intr.* (hair) ondular; ondear.

undulating [ʌndjəˈleɪtɪŋ] *adj.* (land) ondulado.

undulation [ʌndjʊœleɪʃən] *n.* ondulación *f.;* ondulante.

unearth [ʌnˈɜ:rθ] *v. tr.* desenterrar.

uneasiness [ʌnˈi:zɪnɪs] *n.* **1.** intranquilidad *f.* **2.** (tension) malestar *m.*

unemployed [ʌnɪmˈplɔɪd] *adj.* parado; desocupado. ‖ **~ person** (without a job) parado *m.*

unemployment [ʌnɪmˈplɔɪmənt] *n.* desempleo *m.;* paro *m.* ‖ **~ compensation** *Am. E.* subsidio de desempleo.

unequal [ʌnˈi:kwəl] *adj.* desigual. ‖ **to be ~ to** no estar a la altura de.

unerring [ʌnˈɜ:rɪŋ] *adj.* infalible; certero.

uneven [ʌnˈi:vən] *adj.* **1.** desigual; irregular. **2.** (rough) escabroso.

unevenness [ʌnˈi:vənnɪs] *n.* desnivel *m.;* desigualdad *f.*

unexpected [ʌnɪksˈpekɪd] *adj.* **1.** (sudden) inesperado; repentino. **2.** (event) imprevisto.

unfair [ʌnˈfer] *adj.* injusto.

unfaithful [ʌnˈfeɪθfəl] *adj.* **1.** (couple) infiel. **2.** (friend) desleal.

unfaithfulness [ʌnˈfeɪθfəlnɪs] *n.* **1.** (in a couple) infidelidad *f.* **2.** (of a friend) deslealtad *f.*

unfasten [ʌnˈfæsən] *v. tr.* **1.** (undo) desatar. **2.** (trousers, belt) desabrochar.

unfavorable, unfavourable (Br.E) [ʌnˈfeɪvərəbəl] *adj.* desfavorable.

unfeasible [ʌnˈfi:zəbəl] *adj.* (plan) irrealizable; impractible.

unfinished [ʌnˌfɪnɪʃt] *adj.* (incomplete) incompleto; inacabado.

unfit [ʌnˈfɪt] *adj.* inhábil; inadecuado.

unfold [ʌnˈfəʊld] *v. tr. & intr.* **1.** (wings) desplegar. **2.** (paper) desdoblar. **3.** (newspaper) abrir.

unforeseen [ʌnfɔːˈrsiːɪŋ] *adj.* (unexpected) imprevisto; inesperado.

unforgettable [ʌnfɔːˈrɡetəbəl] *adj.* inolvidable; imborrable.

unfortunate [ʌnˈfɔːrtʃnɪt] *adj.* infeliz; desdichado; desafortunado.

unfortunately [ʌnˈfɔːrtʃənətli:] *adv.* por desgracia; desgraciadamente.

unfounded [ʌnˈfaʊndɪd] *adj.* infundado.

unfriendly [ʌnˈfrendli:] *adj.* (unsociable) antipático; hostil; arisco.

ungodly [ʌnˈɡɒdli:] *adj.* impío.

ungovernable [ʌnˈɡʌvərnəbəl] *adj.* **1.** *Polit.* (people) ingobernable; indomable. **2.** (feelings) incontrolable.

ungrateful [ʌnˈɡreɪtfəl] *adj.* **1.** desagradecido; descastado. **2.** (unthankful) ingrato. ‖ **~ person** descastado *m.*

unhappiness [ʌnˈhæpɪnɪs] *n.* desdicha *f.;* infelicidad *f.*

unhappy [ʌnˈhæpi:] *adj.* **1.** (sad) infeliz. **2.** (pitiable) desgraciado; desdichado.

unharmed [ʌnˈhɑːrmd] *adj.* (unhurt) ileso; indemne.

unhealthy [ʌnˈhelθi:] *adj.* **1.** (ill) enfermizo; enclenque. **2.** (immoral) malsano.

unheard [ʌnˈhɜːrd] *adj.* no oído. ‖ **~ of** insólito. inaudito.

unhinge [ʌnˈhɪndʒ] *v. tr.* (drive crazy) trastornar; desquiciar; enloquecer.

unhook [ʌnˈhʊk] *v. tr.* **1.** (dress) desabrochar; desenganchar. **2.** (curtains) descolgar.

unhurt [ʌnˈhɜːrt] *adj.* ileso; indemne.

unicorn ['juːnəˌkɔːrn] *n.*, *Myth.* (white horse with a long horn) unicornio *m.*

uniform ['juːnəˌfɔːrm] *adj.* **1.** uniforme; homogéneo. || *n.* **2.** uniforme *m.* || *v. tr.* **3.** (pupils, soldiers) uniformar.

unify ['juːnəfaɪ] *v. tr.* unificar.

unilateral [juːnəˈlætərəl] *adj.* unilateral.

unimpeachable [ˌʌnɪmˈpiːtʃəbəl] *adj.* (impeccable) intachable; impecable.

unimportant [ˌʌnɪmˈpɔːrtənt] *adj.* sin importancia; insignificante.

uninhabited [ˌʌnɪnˈhæbɪtɪd] *adj.* (unoccuped) deshabitado.

uninterrupted [ˌʌnɪntəˈrʌptɪd] *adj.* (continuous) ininterrumpido.

union ['juːnjən] *n.* **1.** unión *m.* **2.** (trade union) gremio *m.* || **Union Jack** bandera británica.

unique [juːˈniːk] *adj.* **1.** único. **2.** (exceptional) singular; excepcional.

unison ['juːnɪzn] *n.* **1.** *Mus.* unísono *m.* || **in ~** al unísono.

unisonous 'juːˈnɪsənəz] *adj.* unísono.

unit ['juːnɪt] *n.* **1.** *Econ.* unidad *f.* **2.** (furniture) módulo *m.*

unitary ['juːnəˌteri:] *adj.* unitario.

unite [jʊˈnaɪt] *v. tr.* **1.** unir. || *v. intr.* **2.** unirse; aliarse.

united [juːˈnaɪtɪd] *adj.* unido.

unity ['juːnəti:] *n.* unidad *f.*; unión *f.*

universal [juːnɪˈvɜːrsəl] *adj.* universal.

universe ['juːnɪˌvɜːrs] *n.* universo *m.*

university [juːnɪˈvɜːrsəti:] *n.* universidad *f.* || **~ graduate** universitario *m.* **~ student** universitario *m.*

unjust [ʌnˈdʒʌst] *adj.* injusto.

unkempt [ʌnˈkempt] *adj.* **1.** descuidado. **2.** (hair) despeinado.

unkind [ʌnˈkaɪnd] *adj.* **1.** (unpleasant) poco amable. **2.** (cruel) cruel.

unknown [ʌnˈnoʊn] *adj.* **1.** desconocido; inédito. || *n.* **2.** desconocido *m.* **3.** *Math.* incógnita *f.*

unlace [ʌnˈleɪs] *v. tr.* desatar.

unlatch [ʌnˈlætʃ] *v. tr.* (unbolt) descorrer el pestillo.

unlawful [ʌnˈlɔːfəl] *adj.* **1.** (activity) ilegal. **2.** (possession) ilícito.

unlearned [ʌnˈlɜːmɪd] *adj.* ignorante.

unleash [ʌnˈliːʃ] *v. tr.* **1.** (dog) desatar. **2.** (provoke) desencadenar.

unless [ʌnˈles] *conj.* a menos que; a no ser que [Unless he is still sick, we'll go to a party tomorrow. *A no ser que siga enfermo, iremos a una fiesta mañana.*]

unlike ['ʌnˈælaɪk] *adj.* **1.** diferente; distinto. **2.** . || *prep.* **3.** (in contrast to) a diferencia de.

unlikely [ʌnˈlaɪkliː] *adj.* (improbable) improbable; inverosímil.

unlimited [ʌnˈlɪmɪtɪd] *adj.* ilimitado.

unload [ʌnˈloʊd] *v. tr.* **1.** descargar. **2.** (ship, cargo) desembarcar.

unloading [ʌnˈloʊdɪŋ] *n.* descarga *f.*

unlock [ʌnˈlɒk] *v. tr.* (door) abrir (con llave).

unloose or unloosen [ʌnˈluːs] *v. tr.* (belt, knot) desatar; aflojar.

unlucky [ʌnˈlʌkiː] *adj.* **1.** (unfortunate) desafortunado; desgraciado. **2.** (person) con mala suerte.

unmarried [ʌnˈmærɪd] *adj.* soltero.

unmask [ʌnˈmæsk] *v. tr.* desenmascarar; quitar la careta.

unmindful [ʌnˈmaɪndfəl] *adj.* (forgetful) olvidadizo; distraído.

unmitigated [ʌnˈmɪtəˌgeɪtɪd] *adj.* (absolute) absoluto; total.

unmoved [ʌnˈmuːvd] *adj.* (impassive) impasible; inalterable.

unnecessary [ʌn'nesəsəri:] *adj.* innecesario. || **to be** ~ estar de más.

unnerve [ʌn'nɜːrv] *v. tr.* (intimidate) acobardar; poner nervioso.

unnoticed [ʌn'noutɪst] *adj.* desapercibido; inadvertido.

unoccupied [ʌn'ɒkjəpaɪd] *adj.* **1.** (person) desocupado. **2.** (house) deshabitado. **3.** (place) vacante; libre.

unpack [ʌn'pæk] *v. tr.* desembalar; desempaquetar.

unpaired [ʌn'perd] *adj.* desparejado.

unpleasant [ʌn'plezənt] *adj.* **1.** desagradable; antipático. **2.** (weather) destemplado. **3.** (situation) feo.

unplug [ʌn'plʌg] *v. tr.* desenchufar.

unpopular [ʌn'pɒpjələr] *adj.* impopular.

unprecedented [ʌn'presədəntɪd] *adj.* **1.** inaudito; sorprendente. **2.** (without precedent) sin precedente.

unprententious [ʌnprɪ'tenʃəs] *adj.* sin pretensiones.

unprepared [ʌnprɪ'perd] *adj.* (not ready) desprevenido.

unprincipled [ʌn'prɪnsəpəld] *adj.* sin escrúpulos; sin principios.

unproductive ['ʌnprə'dʌktɪv] *adj.* improductivo; infructuoso.

unprofitable [ʌn'prɒfɪtəbəl] *adj.* (unproductive) improductivo; poco rentable.

unpublished [ʌn'pʌblɪst] *adj.* inédito; no publicado.

unpunished [ʌn'pʌnɪʃt] *adj.* impune.

unquestionable [ʌn'kwestʃənəbəl] *adj.* **1.** (incontestable) indiscutible. **2.** (beyond question) indudable.

unravel [ʌn'reɪvəl] *v. tr.* (mystery) desentrañar; desenredar.

unreal [ʌn'rɪəl / ʌn'rɪl] *adj.* (false) irreal; ilusorio *form.*

unrecognizable [ʌn'rekəgnaɪzəbəl] *adj.* irreconocible; desconocido.

unreliable [ʌnrɪ'laɪəbəl] *adj.* (person) informal; indigno de confianza.

unripe [ʌn'raɪp] *adj.* (fruit) verde.

unroll [ʌn'roul] *v. tr.* **1.** desenrollar. || *v. intr.* **2.** desenrollarse.

unruly [ʌn'ru:li:] *adj.* rebelde; revoltoso. || ~ **person** zascandil *m. fam.*

unsafe [ʌn'seɪf] *adj.* inseguro; peligroso.

unscrew [ʌn'skru:] *v. tr.* **1.** desatornillar. **2.** (lid) desenroscar.

unscrupulous [ʌn'skru:pjələs] *adj.* desaprensivo; sin escrúpulos.

unselfish [ʌn'selfɪʃ] *adj.* (person) generoso; desprendido.

unselfishness [ʌn'selfɪʃnɪs] *n.* (generosity) desinterés *m.*; generosidad *f.*

unsettle [ʌn'setəl] *v. tr.* (disturb) perturbar; inquietar.

unsettled [ʌn'setəld] *adj.* **1.** nervioso. **2.** (weather, situation) inestable. **3.** *Econ.* (unpaid) por pagar.

unsheathe [ʌn'si:θ] *v. tr.* (draw) desenvainar; desenfundar.

unskillful, unskilful (Br.E) [ʌn'skɪlful] *adj.* (clumsy) torpe; inhábil.

unsociable [ʌn'souʃəbəl] *adj.* (unfriendly) insociable; arisco; huraño *pey.*

unsound [ʌn'saund] *adj.* **1.** poco sólido. **2.** (unstable) inestable. **3.** (wrong) erróneo; falso.

unstable [ʌn'steɪbəl] *adj.* inestable; inconstante.

unsteadiness [ʌn'stedɪnɪs] *n.* inestabilidad *f.*; inseguridad *f.*

unsteady [ʌn'stedi:] *adj.* inestable.

unstick [ʌn'stɪk] *v. tr.* despegar. || **to come unstuck** despegarse.

unstitch [ʌn'stɪtʃ] *v. tr.* descoser.

unstitched [ʌn'stɪtʃt] *adj.* descosido. ‖ **to come ~** descoserse.

unstressed [ʌn'strest] *adj., Ling.* átono.

unsuccessful [ˌʌnsək'sesfəl] *adj.* infructuoso; fracasado; fallido.

unsuitable [ʌn'su:təbəl] *adj.* **1.** no apto. **2.** (thing) impropio; inadecuado.

unsuspecting [ˌʌnsəs'pektɪŋ] *adj.* (trusting) confiado; desprevenido.

untamable or untameable [ʌn'teɪməbəl] *adj.* (animal) indomable.

untamed [ʌn'teɪmd] *adj.* indómito.

unthinking [ʌn'θɪŋkɪŋ] *adj.* (thoughtless) irreflexivo.

untidy [ʌn'taɪdi:] *adj.* **1.** (house) desordenado. **2.** (appearance) desaliñado. ‖ **~ hair** greña *f.* (chiefly in pl.).

untie [ʌn'taɪ] *v. tr.* **1.** desatar. **2.** (set free) soltar; desligar.

until [ʌn'tɪl] *prep.* **1.** hasta [He won't arrive until Sunday. *No llegará hasta el domingo.*] ‖ *conj.* **2.** hasta que [My mother always waits until I arrive. *Mi madre espera siempre hasta que llego.*]

untimely [ʌn'taɪmli:] *adj.* **1.** (end) prematuro. **2.** (inopportune) inoportuno. **3.** (hour) intempestivo. ‖ *adv.* **4.** prematuramente.

untroubled [ʌn'trʌbəld] *adj.* (calm) apacible; tranquilo.

untrustworthy [ʌn'trʌstˌwɜ:rði:] *adj.* (person) de poca confianza.

untruth [ʌn'tru:θ] *n., frml.* falsedad *f.*

untwist [ʌn'twɪst] *v. tr.* destorcer.

unusual [ʌn'ju:ʒuəl] *adj.* (exceptional) insólito; excepcional.

unvarnished [ʌn'vɑ:rnɪʃt] *adj.* (not varnished) sin barnizar.

unveil [ʌn'veɪl] *v. tr.* **1.** descubrir; desvelar. **2.** *fig.* (secret) revelar.

unwary [ʌn'weri:] *adj.* (unsuspecting) incauto; desprevenido; confiado.

unwelcome [ʌn'welkəm] *adj.* (visit, suggestion) inoportuno.

unwilling [ʌn'wɪlɪŋ] *adj.* (reluctant) reacio; no dispuesto.

unwillingly [ʌn'wɪlɪŋli:] *adv.* de mala gana; a disgusto.

unwise [ʌn'waɪz] *adj.* (foolish) desatinado; imprudente; poco sensato.

unwitting [ʌn'wɪtɪŋ] *adj.* **1.** involuntario. **2.** (unconscious) inconsciente.

unworthy [ʌn'wɜ:rði:] *adj.* indigno. ‖ **to be ~ of** (praise, reward) desmerecer.

unwrap [ʌn'ræp] *v. tr.* desenvolver.

unyielding [ʌn'ji:ldɪŋ] *adj.* **1.** inflexible. **2.** (person) implacable.

up [ʌp] *adv.* **1.** (position) arriba [Your jacket is up in my room. *Tu chaqueta está arriba, en mi habitación.*] **2.** (direction) hacia arriba [The bird flew up. *El pájaro voló hacia arriba.*] **3.** acabado [Time is up! *Se ha acabado el tiempo.*] **4.** (awaken) en pie [I've been up since five o'clock. *Llevo levantada desde las cinco.*] **5.** (upright position) de pie. **6.** (well informed) al corriente [My father is always up on the news. *Mi padre siempre está al corriente de las noticias.*] ‖ *prep.* **7.** (direction) a lo alto de [We went up the mountain. *Subimos a lo alto de la montaña.*] **8.** (position) en lo alto de [The money is up the wardrobe. *El dinero está en lo alto del armario.*] ‖ **it is ~ to you** es cosa tuya. **~ and down** (vertically) de arriba abajo [Why do you look me up and down? *¿Por qué me miras de arriba abajo?*] (back and forth) de acá para allá [Stop walking up and down! *¡Deja de ir de acá para* *allá*‖ ~ **to** hasta [The mud was up to his chest. *El barro le llegaba hasta el pecho.*] ~ **to this time** hasta ahora. **ups and downs** vicisitudes. **what's ~ ?** ¿qué pasa?; ¿qué hay?

update [ʌp'deɪt] *v. tr.* (information) actualizar; poner al día.

uphill [ʌp'hɪl] *adj.* **1.** ascendente. **2.** *fig.* arduo. ‖ *adv.* **3.** cuesta arriba.

upholster [ʌp'hoʊlstər] *v. tr.* tapizar.

upholstery [ə'poʊlstəri; ʌp'hoʊlstəri] *n.* (craft) tapicería *f.*

upkeep ['ʌpki:p] *n.* (maintenance) mantenimiento *m.*; conservación *f.*

uplift [ʌp'lɪft] *n.* **1.** (spiritual) exaltación *f.*; elevación *f.* ‖ *v. tr.* **2.** (spirit, mind) elevar; edificar.

upon [ə'pɒn] *prep., frml.* (on) sobre; encima de.

upper ['ʌpər] *adj.* **1.** (numerically) superior. **2.** (in rank) alto.

uppermost ['ʌpər,moʊst] *adj.* **1.** más alto. ‖ *adv.* **2.** (above) encima.

upright ['ʌpraɪt] *adj.* **1.** (vertical) vertical. **2.** (posture) derecho. **3.** (honest) honrado; íntegro; recto. ‖ *n.* **4.** *Constr.* (post) montante *m.*

uprising ['ʌp,raɪzɪŋ] *n.* levantamiento *m.*; alzamiento *m.*

uproar ['ʌprɔ:r] *n.* alboroto *m.*; jaleo *m.*

uproot [ʌp'ru:t] *v. tr.* **1.** (person) desarraigar. **2.** *Bot.* (plants) arrancar de cuajo; arrancar de raíz.

upset [ʌp'set] *n.* **1.** (reversal) contratiempo *m.* **2.** *Med.* trastorno *m.* ‖ *adj.* **3.** indispuesto. **4.** (displeased) enfadado. ‖ *v. tr.* **5.** volcar. **6.** (shock) trastornar; desquiciar. **7.** (displease) disgustar. ‖ **to get ~** disgustarse; alterarse; rebotarse *fam.*

upstairs [ʌp'sterz] *adv.* **1.** arriba. **2.** (in building) de arriba [The people upstairs are very friendly. *Mis vecinos de arriba son muy amables.*] ‖ **to be ~** estar arriba. **to go ~** subir.

upstream [ʌp'stri:m] *adv.* aguas arriba; río arriba.

up-to-date [ˌʌptə'deɪt] *adv.* (current) al día; actualizado.

upward ['ʌpwərd] *adv.* hacia arriba.

urban ['ɜ:rbən] *adj.* urbano.

urbanization [ˌɜ:rbənə'zeɪʃən] *n.* (process) urbanización *f.*

urge [ɜ:rdʒ] *n.* **1.** impulso *m.*; ganas *f. pl.* ‖ *v. tr.* **2.** instar; impulsar.

urgency ['ɜ:rdʒənsi:] *n.* urgencia *f.*; premura *f.* ‖ **of great ~** muy urgente.

urgent ['ɜ:rdʒent] *adj.* urgente. ‖ **to be ~** urgir; apremiar.

urinal ['jʊrɪnəl] *n.* urinario *m.*

urinary ['jʊrɪnəri] *adj.* urinario.

urinate ['jʊrɪ,neɪt] *v. intr., frml.* orinar.

urine ['jʊərɪn] *n.* orina *f.*

urn [ɜ:rn] *n.* urna *f.*

Uruguayan [jʊrʊ'gweɪən] *adj. & n.* uruguayo *m.*

us [ʌs] *pron. pers.* **1.** (object) nos [He invited us to his wedding. *Nos invitó a su boda.*] **2.** (after prep.) nosotros [They are coming with us. *Vienen con nosotros.*]

usage ['ju:zɪdʒ] *n.* uso *m.*; usanza *f.*

use [ju:z] *v. tr.* **1.** usar; utilizar; emplear. **2.** (consume) gastar. ‖ *n.* **3.** uso *m.*; empleo *m.*; utilización *f.* **~ by date** *Am. E.* fecha de caducidad. **to ~ for the first time** estrenar. **to ~ to** soler. **to ~ up** agotar.

used [ju:zd] *adj.* usado; gastado. ‖ **to be ~ to** estar acostumbrado a. **to get ~ to** acostumbrarse.

useful ['ju:sfəl] *adj.* útil. ‖ **to be ~** servir; venir bien.

usefulness ['ju:sfəlnɪs] *n.* utilidad *f.*

useless ['ju:slɪs] *adj.* inútil; inservible. ‖ **~ thing** *pej.* (object) mamotreto *m.*

uselessness ['ju:sləsnɪs] *n.* inutilidad *f.*

user ['ju:zər] *n.* usuario *m.*

usher [ʌʃər] *n.* **1.** *Film & Theatr.* acomodador *m.* **2.** *Br. E., Law* (in courts) ujier *m.*

usherette [ʌʃəret] *n., Br. E., Film & Theatr.* acomodadora.

usual [(ju:ʒʊəl] *adj.* usual; habitual; común. ‖ **as ~** como siempre.

usurer ['ju:ʒəzər] *n.* usurero *m.*

usurp [ə'sɜ:rp] *v. tr., frml.* usurpar.

usury ['ju:ʒəri:] *n.* usura *f.*

utensil [ju:tensəl] *n.* utensilio *m.* ‖ **kitchen ~** bateria de cocina.

utility [ju:tɪləti:] *n.* utilidad *f.*

utilization ['jutɪləseɪʃən] *n. frml.* (use) utilización *f.;* uso *m.*

utilize, utilise (Br.E) ['jutəlaɪz] *v. tr.* (use) utilizar; emplear.

utmost ['ʌtmoust] *adj.* extremo; sumo.

Utopia [ju:toupiə] *n.* utopía *f.*

utopian [ju:toupiən] *adj.* utópico.

utter[1] ['ʌtər] *v. tr.* **1.** pronunciar; decir. **2.** (cry) proferir. ‖ **to ~ a word** (of protest) rechistar.

utter[2] ['ʌtər] *adj.* (absolute) total; completo; absoluto.

uvula ['ju:vjələr](pl.: -las or -lae) *n., Anat.* campanilla *f.;* úvula *f.*

V

v [vi:] *n.* (letter) v *f.*

vacancy ['veɪkənsi:] *n.* vacante *f.* ‖ **no ~** (hotel) completo. **~ for a delivery man** se necesita repartidor.

vacant ['veɪkənt] *adj.* **1.** (empty) desocupado; vacío. **2.** (post) vacante. **3.** (seat, room) libre.

vacate [ˌvəˈkeɪt] *v. tr.* (move out of) desocupar; dejar vacante un empleo.

vaccinate ['væksəneɪt] *v. tr., Med.* vacunar; inmunizar.

vaccination [ˌvæksəˈneɪʃən] *n., Med.* vacunación *f.*

vaccine ['væksi:n] *n., Med.* vacuna *f.*

vacuum ['vækjuəm] *n.* **1.** vacío. ‖ *v. tr.* **2.** aspirar. ‖ **~ cleaner** aspirador *m.*

vagabond ['vægəˌbɒnd] *adj. & n.* vagabundo *m.;* nómada *m.*

vagary ['veɪɡəri:] *n.* capricho *m.*

vagina [vəˈdʒaɪnə] *n., Anat.* vagina *f.*

vagrant ['veɪɡrənt] *adj.* **1.** vagabundo. ‖ *n.* **2.** vagabundo *m.*

vague [veɪɡ] *adj.* vago; impreciso.

vagueness ['veɪɡnɪs] *n.* (imprecision) vaguedad *f.;* imprecisión *f.*

vain [veɪn] *adj.* **1.** vanidoso; presumido. **2.** (futile) vano. ‖ **to become ~** envanecerse. **in ~** en vano; en balde. **to make ~** envanecer.

Valencian [væˈlensɪən] *adj. & n.* valenciano *m.*

valiant ['væljənt] *adj.* valiente; valeroso.

valid ['vælɪd] *adj.* válido; valedero.

validity [væˈlɪdəti:] *n.* validez *f.*

valise [vəˈli:z] *n., Am. E.* (small case) maleta *f.* (de mano).

valley ['væli:] *n., Geogr.* valle *m.*

valor, valour (Br.E) ['vælər] *n.* valor *m.;* valentía *f.;* intrepidez *f.*

valuable ['væljʊbəl] *adj.* valioso.

valuation [ˌvæljuˈeɪʃən] *n.* **1.** valoración *f.* **2.** (price) valor *m.*

value ['vælju:] *n.* **1.** valor *m.* **2.** (price) precio *m.;* importe *m.* **3.** (worth) valía *f.;* mérito *m.* ‖ *v. tr.* **4.** valorar. **5.** (appreciate) apreciar. ‖ **~ highly** apreciar en mucho. **~ lightly** apreciar en poco.

valued ['væljud] *adj.* apreciado.

valve [vælv] *n.* **1.** *Tech. & Anat.* válvula *f.* **2.** *Zool.* valva *f.* **3.** *Bot.* valva *f.*

vampire ['væmˌpaɪr] *n.* vampiro *m.*

van [væn] *n.* **1.** *Car* camioneta *f.;* furgoneta *f.* **2.** *Br. E.* (train) furgón *m.* ‖ **delivery ~** camioneta de reparto.

vandalism ['vændəˌlɪzəm] *n.* (hooliganism) vandalismo *m.;* barbarie *f.*

vanguard ['vænɡɑːrd] *n.* vanguardia *f.*

vanilla [vəˈnɪlə] *n.* vainilla *f.*

vanish ['vænɪʃ] *v. intr.* (disappear) desvanecerse; desaparecer; esfumarse. ‖ **to make ~** escamotear.

vanity ['vænəti:] *n.* vanidad *f.;* presunción *f.* ‖ **~ case** neceser *m.*

vantage ['væntɪdʒ] *n.* ventaja *f.* ‖ **~ point** posición ventajosa; posición estratégica. ‖ (balcony) balcón *m.*

vapor, vapour (Br.E) ['veɪpər] *n.* **1.** (on glass) vaho *m.* **2.** (steam) vapor *m.*

vaporize ['væpəraɪz] *v. tr.* **1.** vaporizar. ‖ *v. intr.* **2.** (change into vapor) evaporarse; vaporizarse.

vaporizer ['veɪpəˌraɪzər] *n.* vaporizador *m.*

vaporous ['veɪpərəs] *adj.* vaporoso.

variable ['verɪəbəl] *adj.* (changeable) variable; cambiante; versátil.

variant ['verɪənt] *n.* variante *f.*

variation [ˌverˈeɪʃən] *n.* variación *f.*

varicella [ˌværɪˈzələ] *n., Med., frml.* (chickenpox) varicela *f.*

varied ['verɪd] *adj.* variado. ‖ **show ~** espectáculo de variedades.

variety [vǝˈraɪǝti:] *n.* (diversity) variedad *f.*; diversidad *f.*

various ['verɪǝs] *adj.* **1.** (motives, ways) vario; varios. **2.** (different) diferente; diversos *pl.*

varnish ['vɑːrnɪʃ] *n.* **1.** barniz *m.* **2.** *Br. E.* (for nails) esmalte *m.* ‖ *v. tr.* **3.** barnizar; lacar. ‖ **nail ~** *Br. E.* pintaúñas *m. inv.*

vary ['veri] *v. tr. & intr.* variar.

vase [veɪz] *n.* florero *m.*; jarrón *m.*

vassal ['væsǝl] *n.*, *Hist.* vasallo *m.*

vast [væst] *adj.* **1.** (huge) vasto; extenso; enorme.

VAT [væt] *acron.* (Value-Added Tax) Iva (Impuesto sobre el Valor Añadido).

vault [vɔːlt] *n.* **1.** *Archit.* bóveda *f.* **2.** (cellar) sótano *m.* ‖ *v. tr.* **3.** abovedar. ‖ **bank ~** cámara acorazada. **wine ~** bodega *f.*

vaunt [vɔːnt] *v. tr. & intr.* hacer gala de; hacer alarde de.

veal [viːl] *n.*, *Gastr.* (meat) carne de ternera; ternera *f.*

vegetable ['vedʒtǝbǝl] *n.* **1.** vegetal *m.* **2.** (food) verdura *f.*; hortaliza *f.* ‖ **cold ~ soup** gazpacho *m.* **~ garden** huerta *f.*; huerto *m.* **~ oil** aceite vegetal.

vegetarian [ˌvedʒǝˈteriǝn] *adj. & n.* vegetariano *m.*

vegetate ['vedʒǝteɪt] *v. intr.* vegetar.

vegetation [ˌvedʒǝˈteɪʃǝn] *n.*, *Bot.* vegetación *f.*

vehemence ['viːǝmǝns] *n.* (energy) vehemencia *f.*; ímpetu *f.*

vehement ['viːǝmǝnt] *adj.* vehemente.

vehicle ['viːkǝl] *n.* vehículo *m.*

veil [veɪl] *n.* **1.** velo *m.* ‖ *v. tr.* **2.** velar; taparse (con velo).

vein [veɪn] *n.* **1.** *Anat.* vena *f.* **2.** *Miner.* veta *f.*; filón *m.* **3.** *fig.* humor *m.*

velodrome [ˌvelǝˈdroʊm] *n.*, *Sports* velódromo *m.*

velvet ['velvɪt] *n.* terciopelo *m.*

venal ['viːnǝl] *adj.* venal *form.*; sobornable; corruptible.

vending machine ['vendɪŋ ˌmǝˈʃiːn] *sust. phr.* distribuidor automático.

venerable ['venǝrǝbǝl] *adj.* venerable.

venerate ['venǝreɪt] *v. tr.* venerar.

veneration [ˌvenǝˈreɪʃǝn] *n.* veneración *f.*; culto *m.*; adoración *f.*

Venezuelan [vǝˈnezuǝlǝn] *adj. & n.* venezolano *m.*

venison ['venǝzǝn] *n.*, *Gastr.* (meat) carne de venado; venado *m.*

venom ['venǝm] *n.* (malice) veneno *m.*

venomous ['venǝmǝs] *adj.* venenoso.

venous ['viːnǝs] *adj.*, *Anat.* venoso.

vent [vent] *n.* **1.** orificio *m.* ‖ *v. tr.* **2.** (feelings) desahogar; desfogar. ‖ **to give ~ to** desahogar. **to ~ one's anger/frustration** desahogarse; desfogarse.

ventilate ['ventɪleɪt] *v. tr.* ventilar; airear; renovar (el aire).

ventilation [ventǝˈleɪʃǝn] *n.* ventilación *f.*; aireación *f.*

ventilator [ˌventǝˌleɪtǝr] *n.* **1.** ventilador *m.* **2.** *Med.* respirador (artificial).

ventricle ['ventrǝkǝl] *n.*, *Anat.* ventrículo *m.*

ventriloquist [ˌvenˌtrɪlǝkwɪst] *n.* ventrílocuo *m.*

venture ['ventʃǝr] *n.* **1.** aventura *f.*; riesgo *m.* ‖ *v. tr.* **2.** aventurar; arriesgar. ‖ *v. intr.* **3.** aventurarse; atreverse. ‖ **a risky ~** una empresa arriesgada.

venturesome ['ventʃǝrsǝm] *adj.* (person) atrevido; osado.

Venus ['vi:nəs] *n.* lucero *m.*; Venus *m.*

veracious [və'reɪʃəs] *adj., frml* (credible) veraz; sincero.

veranda or verandah [və'rændə] *n.* (gallery) galería *f.*; terraza *f.*

verb [vɜ:rb] *n., Ling.* verbo *m.*

verbal ['vɜ:rbəl] *adj.* verbal.

verbose [vɜ:r'boʊs] *adj.* (style) verboso; locuaz.

verbosity [vɜ:r'bɒsəti:] *n.* verbosidad *f.*

verdict ['vɜ:rdɪkt] *n., Law* veredicto *m.*; fallo *m.*; setencia *f.*

verge [vɜ:rdʒ] *n.* borde *m.*; margen *m.*

verger ['vɜ:rdʒər] *n., Rel.* sacristán *m.*

verification [ˌverəfə'keɪʃən] *n.* comprobación *f.*; verificación *f.*

verify ['verɪfaɪ] *v. tr.* verificar; comprobar.

vermilion [vər'mɪljən] *n.* **1.** bermellón *m.* || *adj.* **2.** bermejo.

vermin ['vɜ:rmɪn] *n. inv.* **1.** *Zool.* (animals) alimañas *f. pl.* **2.** *Zool.* (insects) bichos *m. pl.* **3.** *Fig.* (people) sabandijas *f. pl.*

versatile ['vɜ:rsətaɪl] *adj.* (many-sided) versátil; polifacético.

versatility [ˌvɜ:rsə'tɪləti:] *n.* versatilidad *f.*

verse [vɜ:rs] *n.* **1.** verso *m.* **2.** *Lit.* (stanza) estrofa *f.* **3.** (of song) copla *f.*

versed ['vɜ:rst] *adj.* versado.

versify ['vɜ:rsəfaɪ] *v. tr. & intr., Lit.* versificar; rimar.

version ['vɜ:rʒən] *n.* versión *f.*

vertebra ['vɜ:rtəbrə] *n., Anat.* vértebra *f.*

vertebrate ['vɜ:rtəˌbreɪt] *adj. & n.* (animal) vertebrado *m.*

vertex ['vɜ:rteks] (pl.: vertexes or vertices) *n.* **1.** *Math. & Anat.* vértice *m.* **2.** *fig.* cúspide *f.*; cima *f.*

vertical ['vɜ:rtɪkəl] *adj.* **1.** vertical. || *n.* **2.** *Math.* vertical *f.*

vertigo ['vɜ:rtɪgoʊ] *n., Med.* vértigo *m.*

very ['veri:] *adj.* **1.** (prenominal) mismo [I saw him at that very moment. *Le vi en ese mismo momento.*] || *adv. quant.* **2.** muy [It is very cold this mornig. *Hace mucho frío esta mañana.*]

vesicle ['vesɪkəl] *n., Anat.* vesícula *f.*

vesper ['vespər] *adj.* **1.** vespertino. || **vespers** *n. pl.* **2.** *Rel.* vísperas *f.*

vessel ['vesəl] *n.* **1.** vasija *f.* **2.** *Nav.* navío *m.*; barco *m.*; buque *m.* **3.** *Anat. & Bot.* vaso *m.* || **oil ~** (big and metal) zafra *f.*

vest [vest] *n.* **1.** *Am. E.* chaleco *m.* **2.** *Br. E.* (undergarment) camiseta *f.* (interior).

vet [vet] *n.* veterinario *m.*

veteran ['vetərən] *adj. & n.* veterano *m.*

veterinarian [vetərɪ'nɜ:rɪən] *n., Am. E.* veterinario *m.*

veterinary ['vetərənɜ:ri:] *adj.* veterinario. || **~ science** veterinaria *f.* **~ surgeon** *Br. E.* veterinario *m.*

veto ['vi:toʊ] *n.* **1.** veto *m.*; prohibición *f.* || *v. tr.* **2.** vetar. **3.** (forbid) vedar.

vex ['veks] *v. tr.* **1.** (annoy) molestar. **2.** (worry) contrariar.

vexation [vek'seɪʃən] *n.* **1.** (annoyance) vejación *f.* **2.** (worry) preocupación *f.*

vexatious [vek'seɪʃəs] *adj. frml.* (humiliating) vejatorio.

via ['vaɪə] *prep.* vía; por.

viable ['vaɪəbəl] *adj.* viable; factible.

viaduct ['vaɪədʌkt] *n.* viaducto *m.*

viand ['vaɪənd] *n.* **1.** vianda *f.* || **viands** *n. pl.* **2.** viandas *f. pl.*

viaticum [vaɪ'ætɪkəm] *n., Rel.* viático *m.*

vibrate ['vaɪbreɪt] *v. intr.* vibrar.

vibration [vaɪ'breɪʃən] *n.* vibración *f.*

vicar ['vɪkər] *n., Rel.* vicario *m.*; cura *m.*

vice [vaɪs] *n.* vicio *m.*

vice versa [vaɪs'vɜ:rsə] *adv.* viceversa.

vice-president [ˌvaɪsˈprezədənt] *n.* vicepresidente *m.*

vicinity [vəˈsɪnəti:] *n.* (neighborhood) vecindad *f.;* inmediaciones *f. pl.*

vicious [ˈvɪʃəs] *adj.* cruel; malvado.

viciousness [ˈvɪʃəsnɪs] *n.* depravación *f.*

vicissitude [vɪˈsɪsətu:d] *n.* vicisitud *f.*

victim [ˈvɪktəm] *n.* víctima *f.*

victor [ˈvɪktər] *n.* (winner) vencedor *m.;* triunfador *m.*

victorious [vɪkˈtɔ:riəs] *adj.* victorioso; triunfante; vencedor.

victory [ˈvɪktəri:] *n.* victoria *f.;* triunfo *m.*

victual [ˈvɪtəl] *v. tr. frml.* avituallar.

video [ˈvɪdiou] *n.* 1. vídeo *m.* 2. *Mus.* videoclip *m.* ‖ ~ **club** videoclub *m.* ~ **game** videojuego *m.* ~ **game system** videoconsola *f.*

view [vju:] *n.* 1. vista *f.;* panorama *f.* 2. (opinion) opinión *f.* ‖ *v. tr.* 3. ver; mirar. 4. (look on) contemplar. ‖ **in** ~ **of** en vista de.

viewer [ˈvju:ər] *n.* (TV) telespectador *m.;* televidente *m.*

viewpoint [ˈvju:pɔɪnt] *n., fig.* óptica; punto de vista.

vigilance [ˈvɪdʒələns] *n.* vigilancia *f.*

vignette [vɪˈnjet] *n., Print.* viñeta *f.*

vigor, vigour (Br.E) [ˈvɪgər] *n.* vigor *m.;* energía *f.;* fuerza *f.*

vigorous [ˈvɪgərəs] *adj.* (energetic) vigoroso; enérgico.

vile [vaɪl] *adj.* vil; bastardo.

vileness [ˈvaɪlnɪs] *n.* vileza *f.*

vilify [ˈvɪləfaɪ] *v. tr.* (reuile) vilipendiar; difamar.

villa [ˈvɪlə] *n.* villa *f.;* casa de campo.

village [ˈvɪlɪdʒ] *n.* 1. (small town) poblado. 2. (larger) pueblo *m.* ‖ **small** ~ aldea *f.*

villager [ˈvɪlɪdʒər] *n.* aldeano *m.*

villain [ˈvɪlən] *n.* 1. malvado *m.;* malo *m.;* villano *m.* 2. *Lit.* pícaro *m.*

villainous [ˈvɪlənəs] *adj.* (wicked) malvado; bellaco.

villainy [ˈvɪləni:] *n.* (despicable act) villanía *f.;* infamia *f. lit.;* vileza *f.*

vinaigrette [vinəˈgret] *n., Gastr.* (sauce) vinagreta *f.*

vindication [ˌvɪndəˈkeɪʃən] *n.* vindicación *f.;* justificación *f.*

vindictive [vɪnˈdɪktɪv] *adj.* (vengeful) vengativo; vindicativo.

vindictiveness [vɪnˈdɪktɪvnɪs] *n.* carácter vengativo.

vine [vaɪn] *n.* 1. *Bot.* vid *f.* 2. (climbing) parra *f.* ‖ ~ **grower** viticultor *m.*

vinegar [ˈvɪnəgər] *n.* vinagre *m.* ‖ ~ **bottle** vinagrera *f.*

vinegary [ˈvɪnəgəri:] *adj.* (taste) avinagrado; ácido.

vineyard [ˈvɪnjərd] *n.* viña *f.;* viñedo *m.*

vintage [(ˈvɪntɪdʒ] *adj.* 1. (wine) añejo. ‖ *n.* 2. (year) cosecha *f.* 3. (harvest) vendimia *f.;* recogida *f.*

violate [ˈvaɪəleɪt] *v. tr.* violar.

violation [ˌvaɪəˈleɪʃən] *n.* violación *f.*

violence [ˈvaɪələns] *n.* violencia *f.*

violent [ˈvaɪələnt] *adj.* violento.

violet [ˈvaɪəlɪt] *n.* 1. *Bot.* (flower) violeta *f.* 2. (color) violeta *m.*

violin [ˈvaɪəlɪn] *n., Mus.* violín *m.*

violoncello [ˌvaɪələnˈtʃelou] *n., Mus.* (instrument) violonchelo *m.*

viper [ˈvaɪpər] *n., Zool.* víbora *f.*

virago [vɪˈregou] *n.* mujer varonil.

virgin [ˈvɜ:rdʒən] *n.* 1. virgen *m. y f.;* doncella *f.* ‖ *adj.* 2. virgen. ‖ ~ **olive oil** aceite virgen.

Virgo [ˈvɜ:rgɒ] *p. n., Astrol.* Virgo.

virile ['vɪraɪl] *adj.* viril; varonil.

virtual ['vɜ:rtʃʊəl] *adj.* virtual.

virtue ['vɜ:rtu:] *n.* **1.** virtud *f.* **2.** (advantage) ventaja *f.* ‖ **by ~ of** en virtud de.

virtuoso [vɜrtʃu:'oʊsoʊ] *n., Mus.* virtuoso *m.*; artista *m. y f.*

virtuous ['vɜ:rtʃʊəs] *adj.* virtuoso.

virus ['vaɪrəs] *n., Med.* virus *m. inv.*

visa ['vi:sə] *n.* **1.** visado *m.*; visa *f. Amér.* ‖ *v. tr.* **2.** (passport) visar.

viscosity [vɪs'kɒsəti:] *n.* viscosidad *f.*

viscous ['vɪskəs] *adj.* viscoso.

viscus ['vɪskəs] (pl.: viscera) *n., Anat.* víscera *f.*; entrañas *f. pl.*

visibility [vɪzə'bɪləti:] *n.* visibilidad *f.*

visible ['vɪzəbəl] *adj.* visible.

vision ['vɪʒən] *n.* **1.** (faculty) visión *f.* **2.** (eyesight) vista *f.*

visionary ['vɪʒnəri:] *adj.* **1.** visionario. ‖ *n.* **2.** visionario *m.*

visit ['vɪzɪt] *n.* **1.** visita *f.* ‖ *v. tr.* **2.** visitar.

visitor [vvɪzətər] *n.* visita *f.*; visitante *m. y f.*

visor ['vaɪzər] *n.* (of a helmet) visera *f.*

visual ['vɪʒwəl] *adj.* visual.

vital ['vaɪtəl] *adj.* **1.** (necessary for life) vital. **2.** (essential) esencial.

vitality [vaɪtæləti:] *n.* vitalidad *f.*

vitamin ['vaɪtəmɪn] *n.* vitamina *f.*

vitiate ['vɪtɪɪt] *v. tr. Law* viciar.

vivacious [vaɪ'veɪtʃəs] *adj.* (lively) vivaz; vivo; vivaracho.

vivacity [vɪ'væsəti:] *n.* (vivaciousness) vivacidad *f.*; viveza *f.*

vivid ['vɪvɪd] *adj., fig.* vivo; intenso.

vividness ['vɪvədnɪs] *n.* viveza *f.*; intensidad *f.*; vehemencia *f.*

vizier [vɪ'zɪər] *n., Polit.* visir *m.*

vocabulary [voʊ'kæbjəleri:] *n.* vocabulario *m.*; léxico *f.*

vocal ['voʊkəl] *adj.* vocal.

vocalist ['voʊkəlɪst] *n.* cantante *m. y f.*; vocalista *m. y f.*

vocalize, vocalise (Br.E) ['vɒkəlaɪz] *v. tr.* vocalizar.

vocation [voʊ'keɪʃən] *n.* vocación *f.*

vogue [voʊg] *n.* boga *f.*; moda *f.* ‖ **in ~** en boga; de moda.

voice [vɔɪs] *n.* **1.** voz *f.* ‖ *v. tr.* **2.** (opinion) expresar. ‖ **in a loud ~** en voz alta. **loss of ~** *Med.* afonía *f.*

voiceless ['vɔɪslɪs] *adj.* **1.** mudo. **2.** *Ling.* (consonant) sorda.

void [vɔɪd] *adj.* **1.** vacío. **2.** *Law* nulo. ‖ *n.* **3.** vacío *m.* ‖ *v. tr.* **4.** *Law* anular.

volatile ['vɒlətaɪl] *adj.* volátil.

volcanic [vɒl'kænɪk] *adj.* volcánico.

volcano [vɒl'keɪnoʊ] *n., Geol.* volcán *m.*

volleyball ['vɒlɪˌbɔ:l] *n., Sports* balonvolea *m.*; voleibol *m.*

volt [voʊlt] *n., Electron.* voltio *m.*

voltage ['voʊltɪdʒ] *n., Electron.* voltaje *m.*

volume ['vɒlju:m] *n.* **1.** *Math.* volumen *m.* **2.** *Phys.* (sound) volumen *m.* **3.** (tome) volumen *m.* ‖ **hefty ~** *pej.* (book) mamotreto *m.* **huge ~** *pej.* (book) mamotreto *m.*

voluminous [və'lu:mənəs] *adj.* (large) voluminoso; abultado.

voluntary ['vɒləntəri:] *adj.* voluntario. ‖ **~ contribution** donativo *m.* **~ worker** voluntario *m.*

volunteer [ˌvɒlən'tɪr] *n.* **1.** voluntario *m.* ‖ **volunteers** *n. pl.* **2.** voluntariado *m. sing.* ‖ **to call for volunteers** pedir voluntarios.

voluptuous [və'lʌptʃʊəs] *adj.* (sensual) voluptuoso; sensual.

voluptuousness [və'lʌptʃʊəsnɪs] *n.* voluptuosidad *f.*

vomit ['vɒmɪt] *n*. **1.** vómito *m*. || *v. intr.* **2.** vomitar.

voracious [və'reɪʃəs] *adj*. voraz.

voracity [vɒ'ræsəti:] *n*. voracidad *f*.

vote [voʊt] *n*. **1.** voto *m*.; sufragio *m*. || *v. intr.* **2.** votar.

voter ['voʊtər] *n*. votante *m. y f*.; elector *m*. || **~ registration** censo electoral.

voting ['voʊtɪŋ] *n*. votación *f*. || **~ paper** *Br. E., Polit*. papeleta *f*.

vouch [vaʊtʃ] *v. tr*. garantizar; asegurar.

voucher ['vaʊtʃər] *n*. **1.** *Br. E.* vale *m*. **2.** (document) resguardo *m*.

vow [vaʊ] *n*. **1.** *Rel*. voto *m*. || *v. intr.* **2.** hacer voto de.

vowel ['vaʊəl] *n. Ling*. vocal *f*.

voyage ['vɔɪdʒ] *n*. viaje.

voyeur ['vɒɪər] *n*. mirón *m. pey*.

vulcanize, vulcanise (Br.E) ['vʌlkənaɪz] *v. tr*. vulcanizar.

vulgar [('vʌlgər) *adj*. **1.** vulgar; ordinario; grosero. **2.** (tasteless) de mal gusto.

vulgarity [vʌl'gærəti:] *n*. grosería *f*.; vulgaridad *f*.; ordinariez *f*.

vulnerable ['vʌlnərəbəl] *adj*. (weak) vulnerable; débil.

vulture ['vʌltʃər] *n*. **1.** *Zool*. buitre *m*. **2.** *fig*. (person) buitre *m*. || **bearded ~** *Zool*. quebrantahuesos *m. inv*.

vulva ['vʌlvə] *n., Anat*. vulva *f*.

w ['dʌbəlju] n. (letter) w f.

wad [wɒd] n. **1.** (of paper) taco m. **2.** (of bills) fajo m. ‖ v. tr. **3.** rellenar.

wadding ['wɒdɪŋ] n. (for quilting) guata f.; relleno m.

wafer ['weɪfər] n. **1.** Gastr. barquillo m.; oblea f. **2.** Rel. hostia f.

waffle¹ ['wɒfəl] n., Gastr. gofre m.

waffle² ['wɒfəl] n., fig. (in writing, speech, etc.) paja f.

wag¹ [wæg] v. tr. **1.** (tail) menear; mover. ‖ v. intr. **2.** (tail) menearse. ‖ n. **3.** (waggle) meneo m.

wag² [wæg] n. bromista m. y f.; guasón m.

wage [weɪdʒ] n. **1.** (rate of pay) sueldo m.; salario m. ‖ **wages** n. pl. **2.** (salary) nómina f. sing. ‖ **day's ~** (daily) jornal m. **~ claim** reivindicación salarial.

wager ['weɪdʒər] n. **1.** apuesta f. ‖ v. tr. & intr. **2.** lit. apostar. ‖ **to lay a ~** hacer una apuesta.

waggish ['wægɪʃ] adj. bromista.

wagon, waggon (Br.E) [(wægən] n. **1.** carreta f. **2.** (lorry) furgón m. **3.** Br. E. (for goods) vagón m.

wail [weɪl] n. **1.** lamento m. ‖ v. intr. **2.** (wind, people) ulular.

wailing ['weɪlɪŋ] n. sing. lamentaciones f. pl.; quejidos m. pl.

waist [weɪst] n., Anat. cintura f.; talle m.

waistcoat ['weɪskoʊt] n., Br. E. chaleco m.

wait [weɪt] n. **1.** espera f. ‖ v. intr. **2.** esperar; aguardar. ‖ **to lay in ~** estar al acecho. **to ~ for** esperar; aguardar.

waiter ['weɪtər] n. camarero m.; mozo m.

waiting ['weɪtɪŋ] n. espera f. ‖ **~ room** sala de espera. **~ list** lista de espera.

waitress ['weɪtrɪs] n. camarera f.

wake¹ [weɪk] v. intr. n. **1.** despertarse. ‖ **2.** (for a death) velatorio m. ‖ **to ~ up** despertar; despabilarse.

wake² [weɪk] n., Nav. (of ship) estela f. (en el agua).

wakefulness ['weɪkfəlnɪs] n. (sleeplessness) desvelo m.; vela f.; vigilia f.

walk [wɔːk] n. **1.** (short) paseo m.; vuelta f. **2.** (long) caminata f. **3.** (gait) paso m. ‖ v. intr. **4.** caminar; andar. ‖ v. tr. **5.** (dog) pasear. ‖ **to go for a ~** salir a pasear; pasear.

walker ['wɔːkər] n. **1.** caminante m. **2.** (of a baby) tacatá m. ‖ **tightrope ~** equilibrista m. y f.

walkie-talkie [wɔːkɪ'tɔːki] n. walkie-talkie m.

walking ['wɔːkɪŋ] n. andadura f.; andar f. ‖ **~ stick** bastón m.

Walkman ['wɔːkˌmæn] n. (trademark) walkman m.

wall [wɔː] n. **1.** muro m.; tapia f.; muralla f. **2.** (in a house) pared f. ‖ v. tr. **3.** amurallar. ‖ **partition ~** tabique m.

wallet [(wɒlɪt] n. cartera f.; billetero m.

wallflower ['wɔːlˌflaʊər] n., Bot. (plant) alhelí m.

wallow ['wæloʊ] v. intr. **1.** (animal) revolcarse. **2.** fig. (in wealth) nadar.

walnut ['wɔːlnət 'wɔːlnʌt] n. **1.** Bot. (nut) nuez f. **2.** (wood) nogal m. ‖ **walnut-tree** n. **3.** (tree) nogal m.

walrus ['wɒlrəs] n., Zool. morsa f.

waltz [wɔːls] n., Mus. vals m.

wander ['wɒndər] n. **1.** paseo m.; vuelta f. ‖ v. intr. **2.** pasear. **3.** (aimlessly). **4.** (mind) divagar.

wanderer ['wɒndərər] n. (globetrotter) trotamundos m. inv.; nómada f.

wandering ['wɒndərɪŋ] adj. (vagabond) errante; peregrino.

wane [weɪn] v. intr. **1.** amainar; calmar. **2.** (moon) menguar.

waning ['weɪnɪŋ] adj. menguante [Waning-moon. *Cuarto menguante.*]

want [wɒnt] n. **1.** necesidad f. **2.** (poverty) pobreza f. ‖ v. tr. **3.** querer; desear. **4.** (need) necesitar.

war [wɔːr] n. guerra f. ‖ **to be at ~** estar en guerra. **world ~** guerra mundial.

warble ['wɔːrbəl] n. **1.** trino m. ‖ v. intr. **2.** *Mus.* (bird) trinar.

ward [wɔːrd] n. **1.** sala f. (de hospital). **2.** (person) pupilo m. **3.** (of key) guarda f.

warden ['wɔːrdən] n. **1.** guardián m. **2.** (of hostel, house) encargado m.

wardrobe ['wɔːrdroʊb] n. **1.** armario m.; ropero m. **2.** (clothes cupboard) guardarropa m. **3.** (clothes) vestuario m.

warehouse ['werˌhaʊs] n. **1.** almacén m.; depósito m. ‖ v. tr. **2.** almacenar.

warfare ['wɔːrˌfer] n. guerra f.

wariness ['werɪnɪs] n. (caution) cautela f.; precaución f.

warlike ['wɔːrˌlaɪk] adj. (bellicose) guerrero; belicoso.

warm [wɔːrm] adj. **1.** (hands) caliente. **2.** *Meteor.* cálido; caluroso. **3.** (welcome) acogedor. ‖ v. tr. **4.** calentar. ‖ **to be ~** hacer calor. **to keep ~** abrigar. **to ~ up** calentar.

warmth [wɔːrmθ] n. calor m.

warn ['wɔːrn] v. tr. **1.** avisar; advertir; prevenir. **2.** *Sports* amonestar.

warning ['wɔːrnɪŋ] n. **1.** (of danger) aviso m.; advertencia f. **2.** (punishment) amonestación f.

warp [wɔːrp] n. **1.** (of table) alabeo m. ‖ v. tr. **2.** alabear; combar.

warrant ['wɒrənt] n. **1.** *Law* citación f.; orden f. (judicial). ‖ v. tr. **2.** justificar. **3.** (guarantee) garantizar; asegurar.

warranty ['wɒrənti:] n., *Econ.* garantía f.

warrior ['wɒriər] n. guerrero m.

warship ['wɔːrˌʃɪp] n., *Nav.* buque de guerra.

wart ['wɔːrt] n., *Med.* verruga f.

wary ['weri:] adj. cauteloso; prudente. ‖ **to make ~** *fig.* escamar.

wash [wɒʃ] n. **1.** colada f. **2.** (of paint) capa f. **3.** (of water) remolino m. ‖ v. tr. **4.** lavar. **5.** (dishes) fregar. ‖ **to ~ one's hands** lavarse las manos. **to ~ one's hands of sth** desentenderse de. **to ~ oneself** lavarse; asearse.

washable ['wɒʃəbəl] adj. lavable.

washbasin ['wɒʃˌbeɪsɪn] n. **1.** *Br. E.* lavabo m. **2.** *Br. E.* (bowl) palangana f.

washbowl ['wɒʃˌboʊl] n. **1.** *Am. E.* lavabo m. **2.** *Am. E.* (bowl) palancana f.

washer ['wɒʃər] n. **1.** *Tech.* (ring) arandela f. **2.** (washing machine) lavadora f.

washing ['wɒʃɪŋ] n. **1.** (action) lavado m. ‖ **to do the ~** hacer la colada. **~ machine** lavadora f.

washing-up ['wɒʃɪŋʌp] n., *Br. E.* fregado m. ‖ **~ liquid** *Br. E.* lavavajillas f. inv.

washroom ['wɒʃˌruːm] n., *Am. E.* lavabo m.; servicio m.

washstand ['wɒʃˌstrænd] n. lavabo m.

washy [(wɒʃiː] adj. **1.** aguado; diluido. **2.** (person) insulso.

wasp [wɒsp] n., *Zool.* avispa f. ‖ **wasps' nest** *Zool.* avispero m.

waste [weɪst] adj. **1.** desechado. **2.** (land) baldío. ‖ n. **3.** desperdicio m.; desecho m. **4.** (of money) derroche m. **5.** (of effort, time) pérdida f. ‖ v. tr. **6.** desperdiciar. **7.** (money) derrochar; despilfarrar; malgastar. **8.** (opportunity, space) desaprovechar. **9.** (time) perder. ‖ **to ~ away** consumirse.

wastebasket ['weɪstˌbæskɪt] *n., Am. E.* papelera *f.*

wasteful ['weɪstfəl] *adj.* (spendthrift) manirroto; derrochador.

wastefulness ['weɪstfəlnɪs] *n.* (waste) despilfarro *m.*; derroche *m.*

wasteland ['weɪstˌlænd] *n., Geogr.* (wasteground) yermo *m.*; baldío *m.*

watch [wɒtʃ] *n.* **1.** vigilancia *f.* **2.** (for wrist) reloj *m.* ‖ *v. tr.* **3.** observar; mirar. ‖ *v. intr.* **4.** (keep an eye on) vigilar.

watchband ['wɒtʃˌbænd] *n., Am. E.* correa *f.* (de reloj).

watchfulness ['wɒtʃfəlnɪs] *n.* (vigilance) vigilancia *f.*; custodia *f.*

watchmaker ['wɒtʃˌmeɪkər] *n.* **1.** relojero *m.* ‖ **watchmaker's** *n.* **2.** (shop) relojería *f.*

watchman ['wɒtʃmən] *n.* vigilante *m.* ‖ **night** ~ sereno *m. Esp.*

watchstrap ['wɒtʃˌstræp] *n., Br. E.* correa *f.* (de reloj).

watchtower ['wɒtʃˌtaʊər] *n.* (tower) atalaya *f.*; vigía *f.*

watchword ['wɒtʃˌwɜːrd] *n.* (password) contraseña *f.*; consigna *f.*

water ['wɔːtər] *n.* **1.** agua *m.* ‖ *v. tr.* **2.** (plant) regar. **3.** (cattle) abrevar. ‖ *v. intr.* **4.** (eyes) llorar. ‖ **watercolor** *n.* **5.** acuarela *f.* **to make** ~ orinar. **mineral** ~ agua mineral. **rain** ~ agua de lluvia. **running** ~ agua corriente. **salt** ~ agua salada. **spring** ~ agua de manantial. **still** ~ agua sin gas. ~ **carrier** (seller) aguador *m.* ~ **closet** retrete *m.* **to** ~ **down** (a drink) aguar. ~ **heater** calentador de agua. ~ **meter** contador de agua. ~ **polo** *Sports* waterpolo *m.* ~ **supply** abastecimiento de agua. ~ **tank** depósito de agua. **well** ~ agua de pozo.

watercourse ['wɔːtərˌkɔːrsə] *n.* cauce *m.*; rambla *f.*; lecho *m.*

watercress ['wɔːtərˌkres] *n., Bot.* berro *m.*

waterfall ['wɔːtərˌfɔːl] *n.* **1.** *Geogr.* cascada *f.* **2.** *Geogr.* (large) catarata *f.*

watering ['wɔːtərɪŋ] *n.* (of plants) riego *m.* ‖ ~ **place** abrevadero *m.*

watermelon ['wɔːtərˌmelən] *n., Bot.* (fruit) sandía *f.*

waterproof ['wɔːtərˌpruːv] *adj.* **1.** (material) impermeable. ‖ *n.* **2.** impermeable *m.* ‖ *v. tr.* **3.** impermeabilizar.

watersport ['wɔːtərˌspɔːrt] *n.* tromba *f.*

water-wheel ['wɔːtərˌwiːl] *n.* (to get water) noria *f.*

watt [wɒt] *n., Electron.* vatio *m.*

wave [weɪv] *n.* **1.** (sea) ola *f.* **2.** (in hair) onda *f.*; ondulación *f.* **3.** *fig.* (of ire, crime) oleada *f.* ‖ *v. tr.* **4.** agitar. **5.** (flag, hair) ondular. ‖ *v. intr.* **6.** (flag, hair) ondear. ‖ **short** ~ onda corta.

wavy ['weɪviː] *adj.* ondulado.

wax¹ [wæks] *n.* **1.** cera *f.* **2.** (in ear) cerumen *m.* ‖ *v. tr.* **3.** encerar.

wax² [wæks] *v. intr.* (moon) crecer.

way [weɪ] *n.* **1.** (route) camino *m.*; ruta *f.* **2.** (means) manera *f.*; forma *f.*; modo *m.* ‖ **by the** ~ por cierto; a propósito [By the way, who is he? *Por cierto, ¿quién es él?*]. **in one's own** ~ a su modo. **that** ~ por allí [The supermarket is that way. *El supermercado está por allí.*]. **this** ~ por aquí [Come this way. *Ven por aquí.*]. ~ **in** (entrance) entrada *f.* ~ **out** (exit) salida *f.* (solution) escapatoria *f.*

wayfarer ['weɪˌferər] *n.* caminante *m. y f.*

wayside ['weɪˌsaɪd] *n.* borde del camino.

wayward ['weɪwərd] *adj.* **1.** caprichoso. **2.** (non-conformist) rebelde.

we [wi:] *pron. pers. nomin. 1st. pl* nosotros, -tras [We can't go tomorrow with you. *Nosotros no podemos ir mañana con vosotros.*]

weak [wi:k] *adj.* **1.** débil; lánguido. **2.** (soft) blando. **3.** (person) endeble. **4.** (arguments) inconsistente.

weaken ['wi:kən] *v. tr.* **1.** debilitar. **2.** (person) flojear. || *v. intr.* **3.** (physically) debilitarse; desfallecer. **4.** (began to flag) flaquear.

weakness ['wi:knɪs] *n.* (frailty) debilidad *f.*; flaqueza *f.*

wealth [welθ] *n.* riqueza *f.*; opulencia *f.*

wealthy ['welθi:] *adj.* (rich) poderoso; adinerado; acaudalado.

wean ['wi:n] *v. tr.* (child) destetar.

weapon ['wepən] *n.* arma *f.*

wear [wer] *n.* **1.** uso *m.* **2.** (deterioration) desgaste *m.* || *v. tr.* **3.** llevar puesto; vestir. **4.** (shoes) calzar. || *v. intr.* **5.** (erode) deteriorar. **6.** (clothes, shoes) durar. || **~ away** gastar. **to ~ down** desgastar. **to ~ for the first time** (a dress) estrenar. **to ~ out** desgastar., | *fig.* agotar. | (shoes, trousers) gastarse.

weariness ['wɪrɪnɪs] *n.* (tiredness) cansancio *m.*; hastío *m.*; fatiga *f.*

wearisome ['wɪrɪsəm] *adj.* aburrido.

weary ['wɪri] *adj.* aburrido. || *v. tr.* **2.** cansar; aburrir. || *v. intr.* **3.** cansarse; aburrirse.

weather ['weðər] *n. Meteor.* tiempo *m.* || **~ permitting** si el tiempo lo permite. **~ vane** veleta *f.* **what's the ~ like?** ¿qué tiempo hace?

weathercock ['weðər,kɒk] *n.* veleta *f.*

weave [wi:v] *n.* **1.** (of fabric) tejido *m.* || *v. tr.* **2.** tejer. **3.** (intrigues) urdir.

webbed ['webəd] *adj., Zool.* palmeado.

wedding ['wedɪŋ] *n.* boda *f.*; matrimonio *m.* || **golden ~** bodas de oro. **silver ~** bodas de plata. **~ dress** vestido de novia. **~ night** noche de bodas. **~ ring** alianza; anillo de boda.

wedge [wedʒ] *n., Tech.* cuña *f.*; zapata *f.*

Wednesday ['wenzdi:] *n.* miércoles *m.*

weed [wi:d] *n.* **1.** *Bot.* mala hierba. || *v. tr.* **2.** (garden) escardar; desherbar.

week [wi:k] *n.* semana *f.* || **during the ~** entre semana.

weekend ['wi:kend] *n.* fin de semana; weekend *m. angl.*

weekly ['wi:kli:] (pl. lies) *adj.* **1.** semanal. || *n.* **2.** (publication) semanario *m.* || *adv.* **3.** semanalmente.

weenie ['wi:ni:] *n., Am. E., coll.* (children little penis) pilila *f. vulg.*; pito *m., vulg.*; pipí, *Amér.*

weep ['wi:p] *v. tr.* **1.** (tears) derramar. || *v. intr.* **2.** (cry) llorar.

weeping ['wi:pɪŋ] *adj.* **1.** llorón; lloroso. || *n.* **2.** lloro *m.*; llanto *m.* || **~ willow** *Bot.* sauce llorón.

weepy ['wi:pi:] *adj.* (person) lacrimógeno; llorón *m.*

weft [weft] *n.* (woof) trama *f.*

weigh ['weɪ] *v. tr. & intr.* **1.** pesar. **2.** *fig.* (ponder) ponderar. || **to ~ down** abrumar. **to ~ up** (consider carefully) medir.

weighing-scale ['weɪŋˌskeɪl] *n.* báscula *f.*

weight ['weɪt] *n.* **1.** peso *m.* **2.** (of scales) pesa *f.* **to lose ~** adelgazar. **to put on ~** engordar; echar carnes. **to ~ oneself** pesarse.

weightiness ['weɪtɪnɪs] *n.* (importance) importancia *f.*; peso *m.*

weightlifting ['weɪtˌlɪftɪŋ] *n., Sports* halterofilia *f.*

weird [wɪrd] *adj.* (strange) raro; extraño.

weirdo ['wɪrdoʊ] *n.*, *coll.* bicho raro.

welcome ['welkəm] *adj.* **1.** bienvenido. ‖ *n.* **2.** bienvenida *f.;* acogida *f.;* recibimiento *m.* ‖ *v. tr.* **3.** dar la bienvenida; acoger; recibir. ‖ **welcome!** *interj.* **4.** ¡bienvenido! **you're ~ !** ¡de nada!

welcoming ['welkəmɪŋ] *adj.* (hospitable) hospitalario; acogedor.

weld ['weld] *v. tr.* soldar.

welfare ['wel,fer] *n.* bienestar *m.* ‖ **social ~** bienestar social.

well¹ [wel] (comp: better, superl: best) *adv.* **1.** bien. ‖ *adv.* **2.** (sentence connector) bueno; pues [Well, you'll have to think about it. *Pues, tendrás que pensártelo.*] ‖ **well!** *interj.* **3.** ¡vaya!; ¡anda! ‖ **well-being** *n.* **4.** bienestar *m.* ‖ **well-known** *adj.* **5.** conocido; famoso [My brother is a well-known painter. *Mi hermano es un conocido pintor.*] ‖ **well-off** *adj.* **6.** rico. ‖ **as ~** también [He is coming as well. *Él también viene.*] **as ~ as** además de [Además de cantar, compone. *She composes as well as sings.*] **~ done!** ¡bien hecho!; ¡bravo!; ¡bien!

well² [wel] *n.* pozo *m.*

well-built ['wel,bɪlt] *adj.* fornido. ‖ **to be ~** tener buena percha *fig. fam.*

Wellington boot ['welɪŋtənbu:t] *sust. phr.*, *Br. E.* katiuska *f.*

Welsh ['welʃ] *adj.* **1.** galés. ‖ *n.* **2.** (language) galés *m.*

Welshman ['welʃmən] *n.* galés *m.*

Welshwoman ['welʃ,wʊmən] *n.* galesa *f.*

west [west] *n.* **1.** oeste *m.;* occidente *m.* ‖ *adj.* **2.** occidental. ‖ **West** *p. n.* **3.** Poniente *m.*

West Indian ['west'ɪndɪən] *adj. & n.* antillano *m.*

Western ['westərn] *adj.* **1.** occidental. ‖ *n.* **2.** *Film* película del oeste; western *m. angl.*

westerner ['westənər] *n.* occidental *m. y f.*

westward, westwards (Br.E) ['westwərd] *adv.* hacia el oeste.

westwind ['west,wɪnd] *n.* (wind) poniente *m.*

wet [wet] *adj.* **1.** mojado. **2.** (moist) húmedo. **3.** (rainy) lluvioso. ‖ *v. tr.* **4.** mojar; humedecer. ‖ *v. intr.* **5.** mojarse. ‖ **wetting** *adj.* **6.** meón. ‖ **to get ~** mojarse. **to get ~ through** empaparse. **to ~ oneself** mearse *col.;* orinarse, *form.*

wet blanket ['wet,blæŋkɪt] *n.*, *coll.* aguafiestas *m. y f. inv. col.*

whale [weɪl] *n.*, *Zool.* ballena *f.* ‖ **to have a ~ of a time** *coll.* pasarlo bomba *col.* **killer ~** *Zool.* orca *f.*

wharf [wɔ:f] *n.*, *Nav.* muelle *m.;* embarcadero *m.;* desembarcadero *m.*

what [wɒt] *adj. int.* **1.** qué [What book are you reading? *¿Qué libro estás leyendo?*] ‖ *pron. int.* **2.** qué [What are you eating? *¿Qué estás comiendo?*] ‖ *pron. rel.* **3.** lo que [Tell me what you need. *Dime lo que necesitas.*] ‖ **what?** *interj.* **4.** *coll.* ¿cómo? ‖ **~ a...** qué [What a perfect day! *¡Qué día más perfecto!*]

whatever [wɒt'evər] *pron.* cuanto [My father lets me do whatever I like. *Mi padre me deja hacer cuanto quiero.*]

wheat [wi:t] *n.*, *Bot.* trigo *m.* ‖ **~ germ** germen de trigo.

wheedle ['wi:dəl] *v. tr.* engatusar.

wheel [wi:l] *n.* rueda *f.* ‖ **ferris ~** *Am. E.* (to enjoy) noria *f.* **sprocket ~** *Mec.* (of bicycle) piñón *m.*

wheelbarrow ['wi:l,bæroʊ] *n.* carretilla *f.*

when [wen] *n.* **1.** cuándo *m.* [Fix the when. *Fija el cuándo.*] ‖ *pron. rel.* **2.** en que [There were times when I wanted to go back. *Había momentos en que quería regresar.*] ‖ *conj.* **3.** cuando [Call me when you are ready. *Llámame cuando estés listo.*] **4.** (although) cuando [He drives when he might walk. *Va en coche cuando podría ir andando.*] ‖ *adv. int.* **5.** cuándo [When are you going to bed? *¿Cuándo te vas a acostar?*] ‖ *adv. excl.* **6.** cuándo [When will he become independent! *¡Cuándo se independizará!*] ‖ **since ~ ?** ¿de cuándo acá?

whence [wens] *adv., lit.* de donde [I don't know the place when they came. *No sé el lugar de donde vinieron.*]

whenever [wen'evər] *conj.* **1.** cada vez que; siempre que [Whenever I see that car, I think of you. *Siempre que veo ese coche, pienso en ti.*] **2.** cuando quiera que [He will help you whenever you need it. *Te ayudará cuando quiera que lo necesites.*]

whensoever [,wensoʊ'evər] *adv. & conj.* **1.** *frml.* cada vez que. **2.** *frml.* cuando quiera que.

where [wer] *n.* **1.** dónde *m.* ‖ *adv.* **2.** dónde [Where is your house? *¿Dónde está tu casa?*] **3.** (with verbs of movement) adónde [Where are you going to go? *¿Adónde vas a ir?*] **4.** (as a relative) donde; adonde [That is the building where I work. *Éste es el edificio donde trabajo.*]

whereabouts ['weərə,baʊts] *n.* (place) paradero *m.*

whereas [wer'æz] *conj.* mientras que [I like skiing whereas my husband hates it. *A mí me gusta esquiar mientras que mi marido lo odia.*]

whereupon [,werə'pɒn] *conj., frml.* con lo cual.

wherever [wer'evər] *conj.* dondequiera que [Wherever I go, I bump into him. *Dondequiera que vaya, me lo encuentro.*]

whet [wet] *v. tr.* **1.** (tool) afilar. **2.** (appetite) estimular. ‖ **to ~ one's appetite** abrir el apetito.

whether [weðər] *conj.* si [He doesn't know whether she comes or not. *Él no sabe si ella viene o no.*]

whetstone ['wet,stoʊn] *n.* (tool) piedra de afilar.

whey [weɪ] *n.* (of milk) suero *m.*

which [wɪtʃ] *adj. int.* **1.** qué [Which shirt are you wearing? *¿Qué camisa llevas?*] ‖ *pron. int.* **2.** cuál [Which is your house? *¿Cuál es tu casa?*] ‖ *pron. rel.* **3.** que; el cual [That is the car which I wanted to buy. *Ése es el coche que me quería comer.*]

while [waɪl] *conj.* **1.** mientras [I have breakfast while the baby is asleep. *Desayuno mientras el bebé duerme.*] **2.** (whereas) mientras que [While her brother is very tall, she is even shorter than me. *Mientras que su hermano es muy alto, ella es incluso más baja que yo.*] **3.** (although) aunque [He has good ideas, while most of them are unrealistic. *Tiene buenas ideas, aunque la mayoría no son realistas.*] ‖ *n.* **4.** rato *m.* [You'll have to wait a while. *Tendrás que esperar un rato.*] ‖ **once in a ~** de vez en cuando.

whim [wɪm] *n.* capricho *m.*; antojo *m.*

whimper ['wɪmpər] *n.* **1.** gimoteo *m.* ‖ *v. intr.* **2.** gimotear; lloriquear.

whimpering ['wɪmpərɪŋ] *n.* lloriqueo *m.*

whimsical ['wɪmzɪkəl] *adj.* (capricious) caprichoso; antojadizo.

whine [waɪn] *n.* **1.** (of pain) quejido *m.* **2.** (of animal) gemido *m.* ‖ *v. tr.* **3.** decir gimoteando. ‖ *v. intr.* **4.** (child) gimotear. **5.** (of animal) gemir.

whining ['waɪnɪŋ] *adj. coll.* (child) quejica; ñoño.

whinny ['wɪni] *n.* **1.** (of a horse) relincho *m.* ‖ *v. intr.* **2.** relinchar.

whip [wɪp] *n.* **1.** látigo *m.* **2.** *Horse.* fusta *f.* ‖ *v. tr.* **3.** azotar; fustigar. **4.** *Gastr.* (egg whites, cream) batir; montar. **5.** (horses) hostigar. ‖ **whipped cream** *Gastr.* nata montada.

whirl [wɜːrl] *n.* **1.** vuelta. **2.** (of dust) remolino *m.* ‖ *v. intr.* **3.** dar vueltas.

whirlpool ['wɪrpuːl] *n.* remolino *m.*

whirlwind ['wɜːrlˌwɪnd] *n.* (twister) torbellino *m.*

whisk [wɪsk] *n.* **1.** movimiento *m.* **2.** (brush) escobilla *f.* ‖ *v. tr.* **3.** sacudir. **4.** (eggs) batir.

whisker ['wɪskər] *n.* bigote *m.*

whiskey, whisky (Br.E) ['wɪski:] *n.* (drink) whisky *m.*

whisper ['wɪspər] *n.* **1.** susurro *m.*; murmullo *m.* ‖ *v. intr.* **2.** cuchichear; susurrar; murmurar.

whistle ['wɪsəl] *n.* **1.** silbato *m.*; pito *m.* **2.** (sound) silbido *m.*; pitido *m.* ‖ *v. intr.* **3.** silbar. **4.** (with a device) pitar.

whistling ['wɪsəlɪŋ] *n.* silbido *m.*

white [waɪt] *adj.* **1.** (color) blanco. **2.** (skin) pálido. **3.** (hair) canoso. ‖ *n.* **4.** (color) blanco *m.* **5.** (of egg) clara *f.* (de huevo).

whiten ['waɪtən] *v. tr.* **1.** blanquear. ‖ *v. intr.* **2.** (face) palidecer.

whiteness ['waɪtnɪs] *n.* blancura *f.*

whitewash ['waɪtˌwɒʃ] *n.* **1.** lechada *f.* ‖ *v. tr.* **2.** (wall) encalar; blanquear.

whiz or whizz [wɪz] *n.* **1.** silbido *m.* **2.** (buzzing) zumbido *m.* **3.** (genius) lumbrera *f.*

who [huː] *pron. int.* **1.** quién [Who is going to go the concert? ¿Quiénes van a ir al concierto?] ‖ *pron. rel.* **2.** que; quien; el cual [The girl who won the contest is my girlfriend. La chica que ganó el concurso es mi novia.]

whoever [huːˈœvər] *pron.* quien; quienquiera (+ frase relativa) [Whoever arrives first has to air the room. Quienquiera que llegue antes tiene que ventilar la habitación.]

whole [houl] *adj.* **1.** entero; íntegro. ‖ *n.* **2.** conjunto *m.*; total *m.* ‖ **as a ~** in general; en conjunto.

wholesaler ['houlseɪlər] *n.* comerciante al por mayor; mayorista *m. y f.*

wholly ['houli:] *adv.* (entirely) íntegramente; completamente.

whom [huːm] *pron. int.* **1.** quién (+ prep.) [Whom is she marrying? ¿Con quién se casa?] ‖ *pron. rel.* **2.** quien (+ prep.); el cual [Those are the girls whom I called. Ésas son las chicas a quienes llamé.]

whoop [huːp] *n.* **1.** grito *m.* (de alegría). ‖ *v. intr.* **2.** chillar (de alegría).

whore [wɔːr] *n. vulg.* (tart) prostituta *f.*; zorra *f.* pey.

whose [huːz] *adj. rel.* **1.** cuyo [That is my uncle whose wife is your teacher. Ése es mi tío cuya esposa es tu profesora.] ‖ *pron. rel.* **2.** (in questions) de quién [Whose is that car? ¿De quién es ese coche?]

why [waɪ] *adv.* **1.** cómo [Why didn't you tell me? *¿Cómo no me avisaste?*] ‖ *conj.* **2.** por qué [Why did you go? *¿Por qué fuiste?*] ‖ *n.* **3.** porqué *m.* ‖ **that is ~** de ahí que [That's why he wanted to go. *De ahí que quisiera irse.*]

wick [wɪk] *n.* (candle) mecha *f.*

wicked ['wɪkɪd] *adj.* malvado; perverso.

wickedness ['wɪkɪdnɪs] *n.* (evilness) maldad *f.*; malicia *f.*; crueldad *f.*

wicker ['wɪkər] *n.* mimbre *m.*

wicket ['wɪkɪt] *n.* (of door) postigo *m.*

wide [waɪd] *adj.* **1.** ancho. **2.** (know-ledge) extenso. **3.** (area) amplio. ‖ **~ of** lejos de. **a ~ variety** una gran variedad.

wide-awake ['waɪdə,weɪk] *adj.* (awake) despierto.

widen ['waɪdən] *v. tr.* ensanchar; ampliar; agrandar.

widening ['waɪdənɪŋ] *n.* ensanche *m.*

wide-open ['waɪd,oʊpən] *adj.* de par en par; abierto.

widow ['wɪdoʊ] *n.* viuda *f.* ‖ **to become a ~** enviudar.

widowed ['wɪdoʊd] *adj.* viudo.

widower ['wɪdoʊər] *n.* viudo *m.* ‖ **to become a ~** enviudar.

widowhood ['wɪdoʊ,hʊd] *n.* viudedad *f.*

width [wɪdθ] *n.* anchura *f.*

widthways ['wɪdθ,weɪz] *adv.* a lo ancho.

wield ['wɪəld] *v. tr.* (weapon) empuñar; esgrimir; blandir.

wife [waɪf] *n.* esposa *f.*; señora *f.*; mujer *f.*

wig [wɪg] *n.* peluca *f.*

wiggle ['wɪgəl] *v. tr.* (hips) menear *fam.*; contornear.

wild [waɪld] *adj.* **1.** salvaje. **2.** (garden) silvestre. **3.** (unruly) desenfrenado. **4.** (animal) fiero.

wildcat ['waɪld,kæt] *n.*, *Zool.* gato montés.

wildebeest ['wɪldə,biːst] *n.*, *Zool.* ñu *m.*

wilderness ['wɪldərnɪs] *n.* **1.** *Geogr.* yermo *m.* **2.** *Geogr.* (desert) páramo *m.*

wildness ['waɪldnɪs] *n.* **1.** fiereza *f.* **2.** (of behavior) desenfreno *m.*

wiles [waɪlz] *n.* artimañas *f. pl.*

will¹ [wɪl] *n.* **1.** voluntad *f.* **2.** *Law* testamento *m.* ‖ *v. tr.* **3.** querer. ‖ **to make one's ~** testar.

will² [wɪl] *v. aux.* **1.** (+ infinitive) futuro [He will come. *Vendrá.*] **2.** ser [It will be right. *Será correcto.*]

willful, wilful (Br.E) ['wɪlfəl] *adj.* (willing) voluntarioso.

willing [(wɪlɪŋ] *adj.* **1.** servicial; gustoso. ‖ **willingly** *adv.* **2.** de buena gana; por las buenas.

willingness ['wɪlɪnnɪs] *n.* buena voluntad; talante *m.*

willow ['wɪloʊ] *n. Bot.* (tree) sauce *m.*; mimbrera *f.*

willowy ['wɪloʊi:] *adj.* esbelto.

wilt ['wɪlt] *v. tr.* **1.** *Bot.* marchitar. ‖ *v. intr.* **2.** *Bot.* marchitarse.

wily ['waɪli:] *adj.* astuto.

win [wɪn] *n.* **1.** triunfo *m.*; victoria *f.* ‖ *v. tr.* **2.** ganar; vencer.

wind¹ [wɪnd] *n.* **1.** viento *m.*; aire *m.* **2.** (breath) aliento *m.* **3.** *Med.* flato *m.* ‖ **strong ~** vendaval *m.*

wind² [wɪnd] *v. tr.* **1.** arrollar; devanar. **2.** (clock) dar cuerda. ‖ *v. intr.* **3.** (river, path) serpentear. **4.** (snake) enroscarse. ‖ **~ up** concluir.

windmill ['wɪnd,mɪl] *n.* molino de viento.

window ['wɪndoʊ] *n.* **1.** ventana *f.* **2.** (small) ventanilla *f.* ‖ **large ~** ventanal *m.* **shop ~** escaparate *m.* **stained glass ~** vidriera *f.* **~ box** jardinera *f.* **~ cleaner** limpiacristales *m. y f. inv.*

windscreen ['wɪndskriːn] *n., Br. E., Car* parabrisas *m. inv.* ‖ **~ wiper** *Car* limpiaparabrisas *m. inv.*

windshield ['wɪndˌʃiːld] *n., Am. E., Car* parabrisas *m. inv.* ‖ **~ wiper** *Am. E., Car* limpiaparabrisas *m. inv.*

windsurfing ['wɪndˌsɜːrfɪŋ] *n., Sports* windsurf *m.*

windy ['wɪndiː] *adj.* ventoso.

wine [waɪn] *n.* vino *m.* ‖ **~ cellar** bodega *f.* **red ~** vino tinto. **to ~ and dine** agasajar. **~ tasting** cata de vinos.

wineglass ['waɪnˌɡlæs] *n.* copa *f.* (de vino).

wine-producing ['waɪnprəˌduːsɪŋ] *adj.* (area, region) vinícola.

wineskin ['waɪnˌskɪn] *n.* bota *f.* (de vino); pellejo *m.*

wing [wɪŋ] *n.* **1.** ala *f.* **2.** (building) ala *f.* **3.** *Sports* (player) extremo *m.*; ala *f.* **4.** *Polit.* ala *f.* **5.** *Br. E., Car* alero *m.*; aleta *f.* ‖ **wings** *n. pl.* **6.** *Theat.* bastidores *m. pl.* ‖ **to clip sb's ~** *fig. y fam.* cortar a alguien las alas.

wingspan ['wɪŋzˌpæn] *n.* envergadura *f.*

wink [wɪŋk] *n.* **1.** guiño *m.* ‖ *v. tr.* **2.** guiñar. ‖ *v. intr.* **3.** (eyes) guiñar. **4.** (light) parpadear. ‖ **to ~ at somebody** guiñar el ojo a alguien.

winner ['wɪnər] *n.* ganador *m.*; vencedor *m.*; campeón *m.*

winning ['wɪnɪŋ] *adj.* (victorious) ganador; victorioso; vencedor.

winter ['wɪntər] *n.* **1.** invierno *m.* ‖ *v. intr.* **2.** invernar. ‖ **~ clothes** ropa de invierno.

wintry ['wɪntriː] *adj.* invernal.

wipe [waɪp] *n.* **1.** pasada *f.* ‖ *v. tr.* **2.** (with a cloth) limpiar. ‖ **to ~ away** (tears) enjugar. **to ~ clean** rebañar. **to ~ out** *fam.* (erase) borrar.

wire ['waɪər] *n.* **1.** alambre *m.* **2.** (telegram) cable *m.* ‖ *v. tr.* **3.** telegrafiar.

wiretap ['waɪərˌtæp] *n.* (by police) escucha telefónica.

wisdom ['wɪzdəm] *n.* sabiduría *f.*; sapiencia *f.* ‖ **~ tooth** muela del juicio.

wise [waɪz] *adj.* sabio. ‖ **~ person** sabio *m.* **to ~ up** despabilar.

wish [wɪʃ] *n.* **1.** deseo *m.* ‖ *v. tr.* **2.** desear; querer. ‖ **best wishes** (in a letter) un abrazo. **I ~ !** ¡ojalá!

wit [wɪt] *n.* **1.** gracia *f.*; ingenio *m.*; salero *m. fig.* **2.** (humor) chispa *f.* ‖ **to be out of one's ~** estar fuera de sí.

witch ['wɪtʃ] *n.* bruja *f.*; hechicera *f.*

witchcraft ['wɪtʃˌkræft] *n.* brujería *f.*; hechicería *f.* ‖ **~ hunt** caza de brujas.

with [wɪð] *prep.* **1.** (using) con [He cut the rope with a knife. *Cortó la cuerda con un cuchillo.*] **2.** (accompanying) con; junto con; en compañía de [My sister came with her boyfriend. *Mi hermana vino con su novio.*] **3.** (description) con [Look at that man with the red hat. *Mira a ese hombre con el sombrero rojo.*] **4.** (caused by) de [She was shaking with fear. *Temblaba de miedo.*]

withdraw [wɪðˈdrɔː] *n.* **1.** *Mil.* repliegue *m.* ‖ *v. tr.* **2.** (money) retirar; sacar (dinero). ‖ *v. intr.* **3.** replegarse.

withdrawal [wɪðˈdrɔːəl] *n.* retirada *f.* ‖ **~ symphoms** *Med.* síndrome de abstinencia.

wither ['wɪðər] *v. intr. Bot.* (flower, plant) marchitarse.

withered ['wɪðərəd] *adj., Bot.* (plants) marchito; mustio.

withhold [ˌwɪðˈhoʊld] *v. tr.* **1.** (money) retener. **2.** (truth, information) ocultar. **3.** (deny) negar.

within [wɪˈðɪn] *adv.* **1.** dentro. ‖ *prep.* **2.** dentro de.

without [wɪˈðaʊt] *prep.* sin [I couldn't live without love. *No podría vivir sin amor.*]

withstand [wɪðˈstænd] *v. tr.* (inside) aguantar; soportar.

witness [ˈwɪtnɪs] *n.* **1.** testigo *m. y f.* ‖ *v. tr.* **2.** presenciar; atestiguar.

witticism [ˈwɪtɪˌsɪzəm] *n.* **1.** agudeza *f.* **2.** gracia *f.;* golpe *m.*

witty [ˈwɪtɪ] *adj.* **1.** agudo; ingenioso. **2.** (lively) chispeante. ‖ **~ remark** agudeza *f.;* ingenio *f.*

wizard [ˈwɪzərd] *n.* (sorcerer) hechicero *m.;* brujo *m.;* mago *m.*

wobble [ˈwɒbəl] *n.* **1.** (of furniture) tambaleo *m.* ‖ *v. intr.* **2.** tambalear; cojear (muebles).

wobbly [ˈwɒblɪ] *adj.* cojo.

woe [woʊ] *n.* pena *f.;* aflicción *f.*

wolf [wʊlf] *n., Zool.* lobo *m.* ‖ **~ cub** *Zool.* lobato *m.*

woman [ˈwʊmən] (pl.: women) *n.* mujer *f.;* hembra *f.* ‖ **dull ~** (dummy) pava *f.* **mannish ~** *offens.* marimacho *m.* **old ~** vieja *f.*

womanizer [ˈwʊməˌnaɪzər] *n., pej.* ligón *m.;* tenorio *m.*

womankind [ˈwʊmənˌkaɪnd] *n.* las mujeres.

womb [wu:m] *n., Anat.* (uterus) útero *m.;* matriz *f.;* seno *m.*

women [ˈwɪmɪn] **woman.

wonder [ˈwʌndər] *n.* **1.** maravilla *f.;* portento *m.;* prodigio *m.* ‖ *v. intr.* **2.** preguntarse.

wonderful [ˈwʌndərfəl] *adj.* **1.** (marvelous) maravilloso; formidable; extraordinario. ‖ **wonderfully** *adv.* **2.** fenomenal; de maravilla.

wont [woʊnt] *adj.* **1.** *frml.* habituado. ‖ *n.* **2.** costumbre *f.* ‖ **to be ~ to** soler.

woo [ˈwu:] *v. tr. & intr.* (court) cortejar; galantear.

wood [wʊd] *n.* **1.** (material) madera *f.* **2.** (for making fire) leña *f.* ‖ **woods** *n. pl.* **3.** bosque *m. sing.;* monte *m. sing.*

woodcutter [ˈwʊdˌkʌtər] *n.* leñador *m.*

wooden [ˈwʊdən] *adj.* de madera; de palo. ‖ **~ spoon** cuchara de madera.

woodland [ˈwʊdˌlænd] *n.* bosque *m.*

woodworm [ˈwʊdˌwɜːrm] *n., Zool.* (termite) carcoma *f.;* termita *f.*

wooing [ˈwu:ɪŋ] *n.* cortejo *m.*

wool [wʊl] *n.* lana *f.*

woolen, woollen (Br.E.) [ˈwʊlən] *adj.* (pullover) de lana.

word [wɜːrd] *n.* **1.** *Ling.* palabra *f.;* voz *f.;* vocablo *m.* **2.** (password) santo y seña. **four-letter ~** palabrota *f.;* taco *m.* **to keep one's ~** cumplir su palabra.

work [wɜːrk] *n.* **1.** trabajo *m.;* faena *f.* **2.** (action) obra *f.;* labor *m.* ‖ *v. tr.* **3.** trabajar. ‖ *v. intr.* **4.** trabajar. **5.** (machine) funcionar. **6.** (operate) obrar. **7.** (a mine) explotar. ‖ **works** *n. pl.* **8.** fábrica *f.* **to get worked up** agobiarse *col.* **hard ~** ajetreo *m.* **to ~ out** (plan) elaborar. (problem) resolver. **to ~ together** cooperar.

worker [ˈwɜːrkər] *n.* trabajador *m.;* peón *m.;* obrero *m.* ‖ **face ~** (in a mine) picador *m.* **self-employed ~** autónomo *m.*

working [ˈwɜːrkɪŋ] *adj.* **1.** obrero. **2.** (day) laborable. ‖ *n.* **3.** *Tech.* funcionamiento *m.* **4.** *Miner.* explotación *f.* ‖ **~ class** clase obrera. **~ day** jornada *f.* (laboral). **~ lunch** comida de negocios.

workman [ˈwɜːrkmən] *n.* trabajador *m.;* obrero *m.;* operario *m. form.*

workshop ['wɜːkʃɒp] n. **1.** Tech. taller m. **2.** Educ. (study group) estudio m.

world [wɜːld] adj. **1.** mundial. ‖ n. **2.** mundo m.; orbe m. form. ‖ **it's a small ~** el mundo es un pañuelo. **not for anything in the ~** por nada del mundo. **the other ~** el más allá. **the Third World** el Tercer Mundo.

worldly ['wɜːldli:] adj. mundano.

worldwide ['wɜːld,waɪd] adj. mundial; global; universal.

worm [wɜːm] n. **1.** Zool. gusano m. **2.** Zool. (earth) lombriz f. (de tierra).

worm-eaten ['wɜːm,iːtən] adj. carcomido; roído.

worn [wɔːrn] adj. gastado.

worn-out ['wɔːr,naʊt] adj. gastado.

worried ['wʌrɪd] adj. (anxious) preocupado; inquieto.

worry ['wʌri:] n. **1.** inquietud f.; preocupación f. ‖ v. tr. **2.** inquietar; preocupar. ‖ v. intr. **3.** inquietarse; preocuparse. ‖ **to be worried to death** estar con el alma en un hilo.

worse [wɜːrs] adj. compar. **1.** peor [He is worse teacher than his father. Él es peor profesor que su padre.] ‖ adv. compar. **2.** peor [He plays football worse. Juega peor al football.] ‖ **from bad to ~** de mal en peor. **to get ~** agravarse; empeorar; empeorarse. **to grow ~** arreciar. **to make ~** empeorar; agravar.

worsen ['wɜːrsən] v. tr. & intr. (get worse) empeorar; agravar.

worship ['wɜːrʃɪp] n. **1.** Rel. adoración f.; culto m.; veneración f. ‖ v. tr. **2.** Rel. adorar.

worst [wɜːrst] adj. sup. **1.** peor [She is the worst pupil in the school. Ella es la peor alumna del colegio.] **2.** ínfimo

form. ‖ adv. sup. **3.** peor [This is the restaurant where you eat worst. Éste es el restaurante donde peor se come.]

worth [wɜːrθ] n. **1.** valor m.; valía f. ‖ adj. **2.** digno de. ‖ **to be ~** valer. merecer.

worthless ['wɜːrθlɪs] adj. **1.** sin valor. **2.** (person) despreciable.

worthwhile ['wɜːrθ,waɪl] adj. que vale la pena. ‖ **to be ~** merecer la pena.

worthy ['wɜːrði:] adj. (deserving) digno; merecedor; acreedor.

wound ['waʊnd] n. **1.** herida f. ‖ v. tr. **2.** herir. **to ~ in one's head** descalabrarse. **to ~ in the head** descalabrar.

wounded ['wuːndɪd] adj. herido. ‖ **~ person** herido m.

wow ['woʊ] n. **1.** éxito m. (sensacional). ‖ **wow!** interj. **2.** ¡atiza!; ¡zambomba!

wrap [ræp] n. **1.** chal m. ‖ v. tr. **2.** envolver. ‖ **~ in paper** empapelar. **to ~ oneself up** abrigarse.

wrapper ['ræpər] n. (of food, sweet) envoltorio m.; envoltura f.

wrapping ['ræpɪŋ] n. envoltorio m.; envoltura f. ‖ **~ paper** papel de envolver.

wrath [ræθ] n., lit. ira f.; cólera f.

wrathful ['ræθfəl] adj. (furious) iracundo; colérico.

wreath [riːθ] n. (of flowers and leaves) corona f. ‖ **laurel ~** corona de laurel.

wreck [rek] n. **1.** Nav. naufragio m. ‖ v. tr. **2.** Nav. zozobrar. **3.** fig. (life, career) arruinar. ‖ **to be wrecked** (ship) naufragar; hundirse.

wrecking ['rekɪŋ] n. (demolition) derribo m.; demolición f.; destrucción f.

wrench [rentʃ] n. **1.** tirón m. **2.** Med. torcedura f. **3.** Mec. llave f. ‖ v. tr. **4.** Med. dislocar.

wrest ['wrest] v. tr. arrebatar.

wrestle ['resəl] *v. intr., Sports* (fight) luchar; combatir.

wrestling ['reslɪŋ] *n., Sports* lucha *f.;* lucha libre. ‖ **~ match** combate de lucha.

wretch [retʃ] *n.* miserable *m. y f.;* desdichado *m.;* desgraciado *m.*

wretched ['retʃɪd] *adj.* (miserable) miserable; infeliz; desdichado.

wring ['wrɪŋ] *v. tr.* **1.** (clothes) escurrir; exprimir. **2.** (hands) retorcer.

wrinkle ['rɪŋkəl] *n.* **1.** arruga *f.* **2.** *Am. E.* (paper, cloth) arruga *f.* ‖ *v. tr.* **3.** (skin) arrugar. **4.** *Am. E.* (paper, cloth) arrugar. ‖ *v. intr.* **5.** arrugarse.

wrist [rɪst] *n., Anat.* muñeca *f.* ‖ **~ band** muñequera *f.*

writ [rɪt] *n., Law* auto *m.;* mandato *m.*

write ['wraɪt] *v. tr.* **1.** escribir. **2.** (essay) redactar. ‖ **to ~ back** contestar por escrito. **to ~ down** anotar. **to ~ to each other** escribirse.

writer ['raɪtər] *n.* (autor) escritor *m.;* literato *m.;* autor *m.*

writhe ['wraɪð] *v. intr.* (with pain) retorcerse; contornearse.

writing ['raɪtɪŋ] *n.* **1.** escritura *f.* **2.** (document) escrito *m.* **3.** (by hand) letra *f.* ‖ **~ desk** escritorio *m.*

wrong [rɒŋ] *adj.* **1.** erróneo; falso. **2.** (incorrect) mal; incorrecto. ‖ *adv.* **3.** mal. ‖ *n.* **4.** (injustice) injusticia *f.* **5.** (offence) agravio *m.* ‖ **to be ~** colarse; equivocarse. **to get ~** colarse; equivocar. **~ side** revés *m.;* envés *m.*

wrongdoer [ˌrɒŋˈduːər] *n.* (criminal) malhechor *m.;* delincuente *m.*

wrongly ['rɒŋliː] *adv.* mal; incorrectamente; erróneamente.

X

x ['eks] *n.* (letter) x *f.*

x-chromosome [num.] *n., Biol.* cromosoma x. [X-chromosome exists in pairs in female cells. *El cromosoma x aparece en parejas en las células femeninas.*]

xenofobe ['zenǝfoub] *n.* xenófobo *m.*

xenon ['zenɒn] *n., Chem.* xenón *m.*

xenophobia [zenǝ'foubɪǝ] *n.* xenofobia *f.*

xenophobic [zenǝ'foubɪk] *adj.* xenófobo.

xeropgraphy [zɪ'rɒgrǝfɪ] *n.* xerografía *f.*

xerox [zɪra:ks] *v. tr.* fotocopiar; xerografiar.

xilography [zar'lɒgrǝfi:] *n.* (art) xilografía *f.*

XL [eks'el] *abbrev., coll.* (talla) grande.

Xmas ['ekrsmǝs] *abbrev., coll.* (Christmas) Navidad *f.*

X-ray ['eks,reɪ] *n.* **1.** radiografía *f.* ‖ *v. tr.* **2.** *Med.* radiografiar. ‖ **X-rays** *n. pl.* **3.** rayos X.

xylograph ['zaɪlɒ,græf] *n., Print.* xilografía *f.*

xylography ['zaɪlɒ,grǝfɪ] *n.* xilografía *f.*

xylophone ['zaɪlǝ,foun] *n., Mus.* (instrument) xilófono *m.*

xylophonist [zar'lɒfǝnɪst] *n.* xilofonista *m. y f.*

Y

y ['waɪ] *n.* (letter) y *f.*

yacht [jɒt] *n.* **1.** *Nav.* yate *m.* ‖ *v. intr.* **2.** *Nav.* ir en yate. ‖ ~ **club** club náutico. **yatch race** *Nav.* regata *f.*

yam [jæm] *n.* **1.** *Bot.* ñame *m.* **2.** *Am. E.* (sweet potato) boniato *m.*

yard¹ [jɑ:rd] *n.* **1.** (measure) yarda *f.* (0,914 m metros) **2.** *Nav.* verga *f.*

yard² [jɑ:rd] *n.* **1.** patio *m.* **2.** (stockyard) corral *m.*

yawn [jɔ:n] *n.* **1.** bostezo *m.* ‖ *v. intr.* **2.** bostezar.

yawning ['jɔ:nɪŋ] *adj.* profundo.

year [jɪr] *n.* **1.** año *m.* **2.** (academic) promoción *f.* (académica). ‖ **years** **3.** *fig.* abriles *m.* años *m.* ‖ **current** ~ año en curso. **five-year period** lustro *m.* **leap** ~ año bisiesto. **two-year period** bienio *m.*

yearbook ['jɪr,bʊk] *n.* anuario *m.*

yearly ['jɪrli:] *adv.* **1.** anualmente; cada año. ‖ *adj.* **2.** anual.

yearn [jɜ:rn] *v. intr.* (for sth) ansiar; anhelar; añorar.

yearning ['jɜ:rnɪŋ] *n.* anhelo *m.;* ansia *f.*

yeast [ji:st] *n.,* *Gastr.* levadura *f.*

yell [jel] *n.* **1.** grito *m.;* alarido *m.* ‖ *v. intr.* **2.** gritar; vociferar.

yellowish ['jeloʊɪʃ] *adj.* amarillento.

yes [jes] *adv.* **1.** (affirmation) sí. ‖ *n.* **2.** (affirmation) sí *m.*

yesterday ['jestərdeɪ] *adv.* **1.** ayer [Yesterday I had to go to the hospital. *Ayer tuve que ir al hospital.*] ‖ *n.* **2.** ayer *m.* [I don't like yesterday's bread. *No me gusta el pan de ayer.*] ‖ **the day before** ~ antes de ayer.

yet [jet] *adv.* **1.** todavía; aún [I haven't seen her yet. *Todavía no la he visto.*] **2.** pero [She is nice yet a bit rude. *Es simpática pero un poco maleducada.*] ‖ **not** ~ aún no.

yield [ji:ld] *n.* **1.** *Econ.* rendimiento *m.;* producción *f.* ‖ *v. tr.* **2.** (results) producir. **3.** (surrender) rendir. **4.** (money) rentar. ‖ *v. intr.* **5.** rendirse; claudicar. **6.** (give way) ceder.

yoga ['joʊgə] *n.* yoga *m.*

yoghurt or yoghourt or yogurt ['joʊgərt] *n.,* *Gastr.* yogur *m.*

yoke [joʊk] *n.* **1.** yugo *m.* **2.** (of animals) yunta *f.* **3.** (of shirt, dress) canesú *m.*

yokel ['joʊkəl] *n. Br. E.* (bumpkin) cateto; paleto *m.*

yolk [joʊk] *n.* (of egg) yema *f.*

you [ju:] *pron. pers. nomin. 2nd. person* **1.** (familiar, singular) tú; vos *Amér.* [You don't know me. *Tú no me conoces.*] **2.** (familiar, plural) vosotros, -tras [You will dress in white. *Vosotros os vestiréis de blanco.*] **3.** (polite) usted [Are you the person in charge? *¿Es usted el encargado?*] ‖ *pron. pers.* (objective) **4.** (familiar, singular) te [Can I help you? *¿Te puedo ayudar?*] **5.** (familiar, singular, + prep.) ti [I have something for you. *Tengo algo para ti.*] **6.** (familiar, plural) os [I bring you some news. *Os traigo noticias.*] **7.** (familiar, plural, + prep.) vosotros, -tras [Can I count on you? *¿Puedo contar con vosotros?*] **8.** (polite) le *m.;* les *m. pl.;* la *f.;* las *f. pl.* [Les ofrezco mi casa. *I offer you my house.*] **9.** (polite, + prep) usted [Me gustaría hablar con ustedes. *I would like to talk to you.*] ‖ *pron. indef.* **10.** (impersonal) uno; se [Sometimes, you have to give in. *A veces uno tiene que ceder.*] ‖ **with** ~ (familiar, singular) contigo [Can I go with you tonight? *¿Puedo ir contigo* esta noche.] (polite) consigo [Are you taking your dog with you? ¿Se llevan a su perro consigo?]

young [jʌŋ] adj. **1.** joven. **2.** (vegetables) tierno. ‖ ~ **people** juventud f.

youngster ['jʌŋstər] n. (boy) muchacho m.; chico m.

your [jɔːr] poss. adj. 2nd. person **1.** (familiar, singular) tu; tuyo (detrás del s.) [Who is your uncle? ¿Quién es tu tío?] **2.** (familiar, plural) vuestro [Your parents will be here soon. Vuestros padres llegarán pronto.] **3.** (formal) su; suyo (detrás del s.) [Is that your car? ¿Es ése su coche?]

yours [jɔːrz] poss. pron. 2nd. person **1.** (familiar, singular) tuyo [It is not mine, it is yours. No es el mío, es el tuyo.] **2.** (familiar, plural) vuestro [This book must be yours. Este libro debe de ser vuestro.] **3.** (formal) suyo [Are you sure it is yours? ¿Está seguro de que es suyo? ‖ **of ~** tuyo (detrás del s.) [I didn't like that friend of yours. No me ha gustado ese amigo tuyo.] (familiar, plural) vuestro [This cat of yours is driving me crazy. Este gato vuestro me está volviendo loco.] (formal) suyo (detrás del s.).

yourself [jɔːr'self] pron. pers. refl. 2nd. sing. **1.** (familiar) te; ti (detrás de prep.) [You are always thinking about you.

Siempre piensas en ti.] **2.** (formal) se; sí (detrás de prep.) [Do you want to see yourself in the mirror? ¿Quiere verse en el espejo? ‖ pron. pers. emphat. 2nd. sing. **3.** (familiar) tú mismo [Did you write it yourself? ¿Lo escribiste tú mismo? **4.** (formal) usted mismo (form.) [Did you sew it yourself? Lo cosió usted misma?]

yourselves [jɔːr'selvz] pron. pers. refl. 2nd pl. **1.** (familiar) os [Don't hurt yourselves! ¡No os hagáis daño! **2.** (formal) se; sí (detrás de prep.) [Could you introduce yourself, please? ¿Pueden presentarse, por favor? ‖ pron. pers. emphat. **3.** (familiar) vosotros mismos [Have you mended it yourselves? ¿Lo habéis arreglado vosotros mismos? **4.** (formal) ustedes mismos [Did you write the letter yourselves? ¿Escribieron ustedes mismos la carta?]

youth [ju:θ] n. **1.** juventud f. **2.** (man) joven m. ‖ ~ **hostel** albergue juvenil.

youthful ['ju:θfəl] adj. juvenil.

youthfulness [ju:θfəlnɪs] n. juventud f.

yowl [joʊl] n. **1.** aullido m.; alarido m. ‖ v. intr. **2.** aullar.

yo-yo [(joʊjoʊ] n. yoyó m.

yummy ['jʌmi] adj., fam. de rechupete.

yuppie or yuppy ['jʌpi:] n. yuppie m. y f.

Z

z ['zed] *n.* (letter) z *f.*

zapping ['zæpɪŋ] *n.* (TV) zapping *m.*

zarzuela [zɑːrˈsʊelə] *n., Mus.* zarzuela *f.*

zeal [ziːl] *n.* celo *m.*; afán *m.*

zealot ['zelət] *n.* fanatic.

zebra ['ziːbrə] *n., Zool.* cebra *f.* ‖ **~ crossing** *Br. E.* paso de cebra.

zebu ['ziːbuː] *n.* cebú *m.*

zenith ['ziːnɪθ] *n.* **1.** *Astron.* cenit *m.*; mediodía *f.* **2.** *fig.* apogeo *m.*

zero ['zɪroʊ] *n.* **1.** cero *m.* **2.** (at school) rosco *m. col.*

zigzag ['zɪɡˌzæɡ] *n.* zigzag *m.*

zinc [zɪŋk] *n., Chem.* cinc *m.*; zinc *m.*

zip-fastener [ˌzɪpˈfɑːsnər] *n., Br. E.* cremallera *f.*

zipper ['zɪpər] *n., Am. E.* cremallera *f.*

zodiac ['zoʊdɪæk] *p. n., Astrol.* Zodiaco.

zombie or zombi ['zɒmbiː] *n.* **1.** zombi *m.* **2.** *fig.* (apathetic person) zombi *m. y f.*; atontado *m.*

zone [zoʊn] *n.* zona *f.*

zoo [zuː] *n.* zoo *m.*; zoológico *m.*

zoological [ˌzoʊˈlɒdʒəkəl] *adj.* zoológico.

zoology [ˌzoʊˈɒlədʒiː] *n.* zoología *f.*

zoom [zuːm] *n.* zoom *m.*